Arbeitsrecht

Kollektivarbeitsrecht
Lehrbuch
für Studium und Praxis

von

Prof. Dr. Ulrich Preis
Universitätsprofessor
Köln

2. Auflage

2009

oVs
Verlag
Dr. Otto Schmidt
Köln

*Bibliografische Information
der Deutschen Nationalbibliothek*

Die Deutsche Nationalbibliothek verzeichnet diese Publikation in der Deutschen Nationalbibliografie; detaillierte bibliografische Daten sind im Internet über http://dnb.d-nb.de abrufbar.

Verlag Dr. Otto Schmidt KG
Gustav-Heinemann-Ufer 58, 50968 Köln
Tel. 02 21/9 37 38-01, Fax 02 21/9 37 38-943

ISBN 978-3-504-42673-6

©2009 by Verlag Dr. Otto Schmidt KG, Köln

Das Werk einschließlich aller seiner Teile ist urheberrechtlich geschützt. Jede Verwertung, die nicht ausdrücklich vom Urheberrechtsgesetz zugelassen ist, bedarf der vorherigen Zustimmung des Verlages. Das gilt insbesondere für Vervielfältigungen, Bearbeitungen, Übersetzungen, Mikroverfilmungen und die Einspeicherung und Verarbeitung in elektronischen Systemen.

Das verwendete Papier ist aus chlorfrei gebleichten Rohstoffen hergestellt, holz- und säurefrei, alterungsbeständig und umweltfreundlich.

Einbandgestaltung: Jan P. Lichtenford, Mettmann
Satz: Griebsch & Rochol, Hamm
Druck und Verarbeitung: Kösel, Krugzell
Printed in Germany

Vorwort

Das im Jahre 2003 erschienene Lehrbuch zum Kollektivarbeitsrecht ist von den Nutzern sehr freundlich aufgenommen worden. Die Neuauflage ist nach umfangreichen Rechtsänderungen in Gesetzgebung und Literatur notwendig geworden. Wesentlich vertieft wurde der Bereich des Tarifvertrags- und Arbeitskampfrechts. Zeitgleich erscheint in dritter Auflage das Lehrbuch zum Individualarbeitsrecht. Die Werke bauen aufeinander auf und beruhen auf einem Gesamtkonzept, das in der Gliederungssystematik zum Ausdruck kommt.

Das Werk verfolgt insbesondere das Ziel, Studierenden der Rechts- und Wirtschaftswissenschaft, aber auch ausgebildeten Juristen, die sich in die Materie des Arbeitsrechts berufsbedingt einarbeiten müssen, das zur Verfügung zu stellen, was sie zur vertieften Bewältigung des Stoffes brauchen. Dabei erlaubt die Struktur des Werkes sowohl dem Anfänger die Einarbeitung in das Arbeitsrecht, bietet aber auch den Studenten mit dem Schwerpunkt Arbeitsrecht die geeignete Grundlage für tiefergehende Fragestellungen des Individual- und Kollektivarbeitsrechts.

Das Lehrbuch hat den Anspruch, dem Nutzer die Lösung der wesentlichen Grundfragen des Arbeitsrechts zu ermöglichen. Das hat zur Folge, dass die gesamte Rechtsprechung zum Arbeitsrecht ausgewertet und auf den wesentlichen Kern reduziert werden musste. Das bedeutet in Zahlen: Von rund 30.000 veröffentlichten Entscheidungen des BAG wurden knapp 3000 Entscheidungen verarbeitet.

In Weiterentwicklung der Vorauflage wurde auf die methodische Vertiefung Wert gelegt. Ohne methodisches Rüstzeug können der Einfluss des Verfassungsrechts und des Europarechts sowie die Folgen einer immer stärkeren Rechtszersplitterung juristisch nicht mehr bewältigt werden. Ob der Versuch der Synthese zwischen Verständlichkeit und praktischer Verwendbarkeit gelungen ist, mögen die Leser beurteilen.

Der bisweilen stark anschwellende Fußnotenapparat in Lehrbüchern wird von Lesern nur selten genutzt. Aus diesem Grunde wird versucht, bei der Literaturauswahl derart zu unterstützen, dass zu dem jeweiligen Abschnitt ausgewählte Aufsatzliteratur zitiert wird, die der interessierte Leser zur Problemvertiefung nachlesen kann. Im Arbeitsrecht ist die Lektüre von Entscheidungen des BAG von wesentlicher Bedeutung. Aus diesem Grunde werden in dem Lehrtext oftmals auszugsweise Originalzitate zur Verfügung gestellt. Der Text wird zur Veranschaulichung vielfach aufgelockert durch Beispiels- und Übungsfälle sowie Übersichten und Prüfungsschemata.

Abgesehen wurde aus wirtschaftlichen Gründen von einer Neuauflage der Lehrbücher mit ergänzender CD. Obwohl gerade dieser Aspekt als die große Innovation der Lehrbücher angesehen wurde, hat sich im Marktverhalten der Nutzer gezeigt, dass in erster Linie auf das geschriebene Wort Wert gelegt wurde. Die CD wurde als eigenständiges Produkt kaum nachgefragt. Der Erstellungsaufwand ist jedoch für Lehrstuhl und Verlag so hoch, dass eine Fortführung des Konzepts nicht mehr vertretbar erschien.

Der hauptsächliche Vorteil der CD, nämlich Gesetzestexte und Urteile verfügbar zu haben, ist durch einschlägige, frei zugängliche Angebote im Internet weitgehend gewährleistet. Die einschlägigen Gesetzestexte sind im Internet unter http://bundesrecht.juris.de stets in aktuellster Fassung verfügbar. Urteile des Bundesarbeitsgerichts sind im Volltext der letzten vier Jahre erhältlich (www.bundesarbeitsgericht.de). Ältere Entscheidungen sind über einschlägige, zumeist kostenpflichtige Datenbanken erhältlich, sie sind zum Teil aber auch im Internet verfügbar.

Ergänzt werden die Lehrbücher jedoch weiterhin durch eine besondere Informations- und Lernplattform, die im Netz unter **www.aus-portal.de** zur Verfügung steht.

Zu danken für stete Diskussionsbereitschaft habe ich zahllosen Studierenden, die mir in Evaluationen immer wieder ein weiterführendes Feedback gegeben haben. Zu danken habe ich ferner allen Mitarbeiterinnen und Mitarbeitern des Instituts für Deutsches und Europäisches Arbeits- und Sozialrecht (IDEAS), die an vielen Stellen bei der Überarbeitung Hand angelegt haben. Schließlich hat die Kooperation mit dem Verlag Dr. Otto Schmidt erneut vorzüglich funktioniert.

Das Werk gibt den Rechtsstand zum 31.12.2008 wieder.

Der Verfasser freut sich über Kritik und Verbesserungsvorschläge der Nutzer.

Köln, im Januar 2009   Ulrich Preis

Inhaltsübersicht

	Seite
Vorwort	V
Inhaltsverzeichnis	XIII
Abkürzungsverzeichnis	XXXIII
Literaturverzeichnis	XLIV

Erster Teil:
Einführung in das System des kollektiven Arbeitsrechts

§ 75	Begriff des kollektiven Arbeitsrechts	1
§ 76	Zweck des kollektiven Arbeitsrechts	2
§ 77	Bedeutung des kollektiven Arbeitsrechts	3
§ 78	Struktur des kollektiven Arbeitsrechts	6
§ 79	Literatur zum kollektiven Arbeitsrecht	9

Zweiter Teil:
Das Recht der Koalitionen

1. Abschnitt: Einführung		15
§ 80	Aufgaben der Koalitionen	15
§ 81	Historische Entwicklung des Koalitionsrechts	16
2. Abschnitt: Koalitionsbegriff und Koalitionsfreiheit		18
§ 82	Der Koalitionsbegriff	18
§ 83	Der Schutzbereich der Koalitionsfreiheit nach Art. 9 Abs. 3 GG	30
§ 84	Grenzen der Koalitionsfreiheit	42
3. Abschnitt: Aufbau und Organisation der Koalitionen		60
§ 85	Das Industrieverbandsprinzip	60
§ 86	Gewerkschaften	61
§ 87	Arbeitgeberverbände	63

Dritter Teil:
Tarifvertragsrecht

1. Abschnitt: Abschluss des Tarifvertrags		64
§ 88	Funktionen des Tarifvertrags	64
§ 89	Zustandekommen des Tarifvertrags	68
§ 90	Tariffähigkeit	69
§ 91	Tarifzuständigkeit	95
§ 92	Schriftform	101
§ 93	Bekanntgabe des Tarifvertrags	102

2. Abschnitt: Inhalt des Tarifvertrags ... 103
§ 94 Allgemeines ... 103
§ 95 Normativer Teil ... 109
§ 96 Schuldrechtlicher Teil ... 118
§ 97 Auslegung von Tarifverträgen ... 126

3. Abschnitt: Normwirkung ... 134
§ 98 Der Rechtsnormcharakter ... 134

4. Abschnitt: Tarifgebundenheit und Geltungsbereich ... 170
§ 99 Tarifgebundenheit ... 171
§ 100 Geltungsbereich ... 203
§ 101 Tarifkonkurrenz und Tarifpluralität ... 219

5. Abschnitt: Rechtsnatur des Tarifvertrags/Grenzen der Regelungsmacht . 229
§ 102 Rechtsnatur des Tarifvertrags ... 229
§ 103 Grundlage der Normsetzungsbefugnis ... 230
§ 104 Verhältnis der Tarifnormen zu anderen Rechtsquellen ... 235
§ 105 Grenzen der Regelungsmacht ... 239

6. Abschnitt: Internationales Tarifvertragsrecht ... 267
§ 106 Überstaatliche Tarifverträge ... 268
§ 107 Tarifrecht mit Auslandsberührung ... 271

Vierter Teil:
Arbeitskampf und Schlichtungswesen

1. Abschnitt: Einführung ... 273
§ 108 Grundgedanken und Grundlagen des Arbeitskampfrechts ... 274
§ 109 Rechtsgrundlage des Arbeitskampfs ... 282
§ 110 Ausgestaltung des Arbeitskampfrechts durch Gesetz und Richterrecht ... 290
§ 111 Grundsätze des Arbeitskampfrechts ... 295

2. Abschnitt: Begriff und Mittel des Arbeitskampfs ... 303
§ 112 Begriff des Arbeitskampfs ... 303
§ 113 Arbeitskampfmittel ... 304

3. Abschnitt: Rechtmäßigkeitsvoraussetzungen eines Arbeitskampfs ... 315
§ 114 Zulässiges Arbeitskampfziel ... 316
§ 115 Anforderungen an die Kampfparteien ... 327
§ 116 Voraussetzungen für den Kampfbeginn ... 337
§ 117 Verhältnismäßigkeitsgrundsatz ... 340
§ 118 Wahrung der Rechtsordnung als Schranke des Arbeitskampfs ... 358

4. Abschnitt: Zur Vertiefung: Rechtmäßigkeit besonderer Arbeitskampfmittel und -taktiken ... 360
§ 119 Wellenstreik ... 360
§ 120 Betriebsblockade und -besetzung ... 362
§ 121 Schlechtleistung und partielle Arbeitsniederlegung ... 363
§ 122 Suspendierende Betriebsstilllegung ... 365

| § 123 | Streikbruchprämie | 367 |
| § 124 | Massen(änderungs)kündigung | 368 |

5. Abschnitt: Rechtsfolgen rechtmäßiger Arbeitskämpfe ... 370
§ 125	Suspendierung der arbeitsvertraglichen Pflichten	370
§ 126	Lösende Wirkung	375
§ 127	Anderweitige Rechtsfolgen	376

6. Abschnitt: Rechtsfolgen rechtswidriger Arbeitskämpfe ... 379
§ 128	Rechtsfolgen eines rechtswidrigen Streiks	380
§ 129	Rechtsfolgen einer rechtswidrigen Aussperrung	387
§ 130	Sozialrechtliche Auswirkungen	389

7. Abschnitt: Rechtsfolgen für nicht unmittelbar beteiligte Dritte ... 390
§ 131	Arbeitsvergütung	390
§ 132	Lohnersatzleistungen	393
§ 133	Einführung von Kurzarbeit	393

8. Abschnitt: Arbeitskampfstreitigkeiten ... 394
| § 134 | Allgemeine Voraussetzungen | 394 |
| § 135 | Einstweiliger Rechtsschutz | 396 |

9. Abschnitt: Internationales Arbeitskampfrecht ... 398
§ 136	Arbeitskampfstatut	399
§ 137	Beispiele für Arbeitskämpfe mit Auslandsbezug	400
§ 138	Sonderproblem: Streiks mit Europarechtsbezug	401

10. Abschnitt: Tarifliches Schlichtungsrecht ... 406
§ 139	Grundlagen des Schlichtungsrechts	407
§ 140	Vereinbarte Schlichtung	409
§ 141	Staatliche Schlichtung	410

Fünfter Teil:
Mitbestimmungsrecht

1. Abschnitt: Einführung in das System des Mitbestimmungsrechts ... 412
§ 142	Grundlagen der Mitbestimmung	412
§ 143	System der Mitbestimmung im deutschen Arbeitsrecht	416
§ 144	Geschichtliche Entwicklung	424

2. Abschnitt: Betriebsverfassungsrecht ... 431
§ 145	Gliederung des Betriebsverfassungsrechts	431
§ 146	Leitprinzipien des Betriebsverfassungsgesetzes	438
§ 147	Geltungsbereich und Zuständigkeitsabgrenzungen des Betriebsverfassungsrechts	449
§ 148	Wahl, Organisation und Rechtsstellung des Betriebsrats	503
§ 149	Rechtsstellung der Koalitionen	544
§ 150	Rechtsstellung der Arbeitnehmer	549
§ 151	Beteiligungsrechte des Betriebsrats	552
§ 152	Instrumente der gemeinsamen Entscheidungstätigkeit	572
§ 153	Mitbestimmung in sozialen Angelegenheiten	610

§ 154	Gestaltung von Arbeitsplatz, Arbeitsablauf und Arbeitsumgebung	665
§ 155	Mitbestimmung in personellen Angelegenheiten	667
§ 156	Mitbestimmung in wirtschaftlichen Angelegenheiten	722

3. Abschnitt: Sprecherausschussgesetz ... 755
§ 157	Grundlagen der Sprecherverfassung	755
§ 158	Organisation der Sprecherverfassung	759
§ 159	Mitwirkung der leitenden Angestellten	763

4. Abschnitt: Personalvertretungsrecht ... 767
§ 160	Grundlagen des Personalvertretungsrechts	767
§ 161	Organisation der Personalvertretung	769
§ 162	Beteiligungsrechte im Personalvertretungsrecht	770

5. Abschnitt: Einführung in die Grundstruktur der Mitbestimmung auf Unternehmensebene ... 772
| § 163 | Grundlagen | 772 |
| § 164 | Beteiligung der Arbeitnehmer an unternehmerischen Entscheidungen | 774 |

6. Abschnitt: Mitbestimmungsgesetz 1976 ... 778
§ 165	Geltungsbereich	778
§ 166	Mitbestimmung in Aufsichtsrat und Unternehmensleitung	780
§ 167	Gegenstand der Mitbestimmung im Aufsichtsrat	783

7. Abschnitt: Drittelbeteiligungsgesetz 2004 ... 783
§ 168	Weitergeltung und Anwendungsbereich	783
§ 169	Mitbestimmung nur im Aufsichtsrat	785
§ 170	Gegenstand der Mitbestimmung	786

8. Abschnitt: Montanmitbestimmung ... 786
§ 171	Geltungsbereich	786
§ 172	Mitbestimmung in Aufsichtsrat und Unternehmensleitung	788
§ 173	Gegenstand der Mitbestimmung im Aufsichtsrat	789

9. Abschnitt: Mitbestimmung in grenzüberschreitenden Unternehmen und Unternehmensgruppen ... 790
| § 174 | Europäischer Betriebsrat | 790 |
| § 175 | Mitbestimmung in der Europäischen Gesellschaft (Societas Europaea, SE) | 797 |

Sechster Teil:
Arbeitsgerichtliches Verfahren

1. Abschnitt: Die Arbeitsgerichtsbarkeit ... 806
| § 176 | Funktionen und Besonderheiten | 806 |

2. Abschnitt: Das Urteilsverfahren ... 814
| § 177 | Zulässigkeit | 814 |
| § 178 | Verfahrensablauf und Verfahrensbeendigung | 836 |

3. Abschnitt: Die Rechtsmittel im Urteilsverfahren 845
§ 179 Berufung 845
§ 180 Revision 850
§ 181 Beschwerde 853

4. Abschnitt: Das Beschlussverfahren 854
§ 182 Zulässigkeit 855
§ 183 Verfahrensablauf und Verfahrensbeendigung 860
§ 184 Rechtsmittel 863

Stichwortverzeichnis 865

Inhaltsverzeichnis

	Seite
Vorwort	V
Inhaltsübersicht	VII
Abkürzungsverzeichnis	XXXIII
Literaturverzeichnis	XLIV

Erster Teil:
Einführung in das System des kollektiven Arbeitsrechts

§ 75	Begriff des kollektiven Arbeitsrechts	1
§ 76	Zweck des kollektiven Arbeitsrechts	2
§ 77	Bedeutung des kollektiven Arbeitsrechts	3
	I. Betriebsverfassungs- und Mitbestimmungsrecht	4
	II. Tarifvertrags- und Arbeitskampfrecht	5
§ 78	Struktur des kollektiven Arbeitsrechts	6
§ 79	Literatur zum kollektiven Arbeitsrecht	9
	I. Lehrbücher	10
	II. Fallsammlungen/Wiederholungsfragen	11
	III. Handbücher und Monographien	11
	IV. Kommentare	13
	1. Zum Tarifvertragsrecht	13
	2. Zum Betriebsverfassungsrecht	13

Zweiter Teil:
Das Recht der Koalitionen

1. Abschnitt: Einführung		15
§ 80	Aufgaben der Koalitionen	15
§ 81	Historische Entwicklung des Koalitionsrechts	16
2. Abschnitt: Koalitionsbegriff und Koalitionsfreiheit		18
§ 82	Der Koalitionsbegriff	18
	I. Vereinigung	19
	1. Freiwillige privatrechtliche Vereinigung	20
	2. Auf Dauer angelegte Vereinigung	20
	3. Organisationsform mit Gesamtwillensbildung	21
	II. Wahrung und Förderung der Arbeits- und Wirtschaftsbedingungen als Vereinigungszweck	22
	1. Vereinigungszweck	22
	2. Arbeits- und Wirtschaftsbedingungen	22
	3. Wahrung und Förderung	23

Inhaltsverzeichnis

III. Weitere Voraussetzungen der Vereinigung	24
1. Vereinigung von Arbeitnehmern oder Arbeitgebern	25
2. Freiwilligkeit	25
3. Allgemeine Unabhängigkeit	26
a) Gegnerunabhängigkeit	26
b) Überbetrieblichkeit	28
4. Bekenntnis zur freiheitlichen Ordnung	28
5. Demokratische Willensbildung	29
6. Soziale Mächtigkeit	29
IV. Zusammenfassung	29
§ 83 Der Schutzbereich der Koalitionsfreiheit nach Art. 9 Abs. 3 GG	**30**
I. Grundsätzliches	31
II. Persönlicher Schutzbereich	31
1. Individuelle Koalitionsfreiheit	31
2. Kollektive Koalitionsfreiheit	32
III. Sachlicher Schutzbereich	32
1. Individuelle Koalitionsfreiheit	32
a) Bildung einer Koalition	32
b) Beitritt zu einer bestehenden Koalition	33
c) Verbleiben in einem Verband	33
d) Negative Koalitionsfreiheit	34
2. Kollektive Koalitionsfreiheit Bestands- und Betätigungsrecht der Verbände	36
a) Bestandsgarantie	36
b) Verbandsautonomie	37
c) Betätigungsgarantie	37
aa) Bestandssicherung	39
bb) Instrumentelle Garantie	39
cc) Sonstige Betätigungsfreiheiten	42
dd) Erstreckung der Betätigungsfreiheit auf den individuellen Schutzbereich	42
§ 84 Grenzen der Koalitionsfreiheit	**42**
I. Kernbereichslehre	43
II. Ausgestaltung durch den Gesetzgeber	43
III. Eingriffe in die Koalitionsfreiheit	45
IV. Einzelne Kollisionslagen	46
1. Kollision von individueller Koalitionsfreiheit und Verbandsautonomie	46
a) Ausschluss von Mitgliedern extremistischer Organisationen	47
b) Ausschluss von Streikbrechern	48
c) Kandidatur auf fremden Listen	48
2. Kollision von negativer Koalitionsfreiheit und Tarifautonomie	49
3. Kollision von Betätigungsfreiheit und Arbeitgebergrundrechten	53
V. Übungsklausur zu § 84	55
3. Abschnitt: Aufbau und Organisation der Koalitionen	**60**
§ 85 Das Industrieverbandsprinzip	**60**
§ 86 Gewerkschaften	**61**
I. Entwicklung der Gewerkschaften	61

II. Aktuelle Situation der Gewerkschaften 62
§ 87 Arbeitgeberverbände 63

Dritter Teil:
Tarifvertragsrecht

1. Abschnitt: Abschluss des Tarifvertrags 64
§ 88 Funktionen des Tarifvertrags 64
    I. Schutzfunktion 65
    II. Friedensfunktion 66
    III. Ordnungsfunktion 66
    IV. Verteilungsfunktion 67
    V. Kartellfunktion 67
§ 89 Zustandekommen des Tarifvertrags 68
§ 90 Tariffähigkeit 69
    I. Grundsätzliches 70
    II. Tariffähigkeit von Gewerkschaften 73
        1. Bedeutung der Tariffähigkeit 73
        2. Voraussetzungen der Tariffähigkeit 74
            a) Demokratische Organisation 75
            b) Tarifwilligkeit 75
            c) Anerkennung des geltenden Tarifrechts 76
            d) Arbeitskampfbereitschaft 76
            e) Soziale Mächtigkeit 77
            f) Vertiefungsproblem „relative Tariffähigkeit" 82
    III. Tariffähigkeit der Arbeitgeber 83
        1. Tariffähigkeit des einzelnen Arbeitgebers 83
        2. Tariffähigkeit des Arbeitgeberverbands 85
            a) Mächtigkeit des Arbeitgeberverbands 85
            b) Demokratische Organisation der Verbände 86
            c) Sonderfall: Firmenbezogener Verbandstarifvertrag 86
    IV. Tariffähigkeit von Spitzenorganisationen und Unterverbänden 87
    V. Gesetzlich angeordnete Tariffähigkeit 89
    VI. Gewollte Tarifunfähigkeit 89
    VII. Beendigung der Tariffähigkeit 89
    VIII. Fehlende Tariffähigkeit 90
    IX. Gerichtliche Kontrolle der Tariffähigkeit 91
    X. Übungsklausur 91
§ 91 Tarifzuständigkeit 95
    I. Grundsätzliches 95
    II. Bestimmung nach der Verbandssatzung 96
    III. Überschneidungen der Tarifzuständigkeiten 98
    IV. Wegfall der Tarifzuständigkeit 100
    V. Gerichtliche Kontrolle der Tarifzuständigkeit 101
§ 92 Schriftform 101
§ 93 Bekanntgabe des Tarifvertrags 102

2. Abschnitt: Inhalt des Tarifvertrags ... 103

§ 94 Allgemeines ... 103
  I. Unterscheidung zwischen normativem und schuldrechtlichem Teil ... 103
  II. Abgrenzung von anderen Vereinbarungen der Tarifvertragsparteien. ... 104
  III. Arten von Tarifverträgen ... 106
    1. Firmen- und Verbandstarifvertrag ... 106
    2. Manteltarifvertrag ... 106
    3. Lohn- und Gehaltstarifvertrag ... 107
    4. Lohnrahmentarifverträge ... 107
    5. Anschlusstarifverträge ... 108
    6. Mehrgliedrige Tarifverträge ... 108

§ 95 Normativer Teil ... 109
  I. Inhaltsnormen ... 109
  II. Abschlussnormen ... 110
    1. Abschlussgebote und -verbote ... 110
    2. Formvorschriften ... 111
  III. Beendigungsnormen ... 112
  IV. Betriebliche und betriebsverfassungsrechtliche Tarifnormen ... 113
    1. Betriebsnormen ... 113
      a) Grundsätzliches ... 113
      b) Qualitative und quantitative Besetzungsregeln ... 114
    2. Betriebsverfassungsrechtliche Tarifnormen ... 115
  V. Bestimmungen über gemeinsame Einrichtungen ... 116

§ 96 Schuldrechtlicher Teil ... 118
  I. Friedenspflicht ... 119
  II. Durchführungspflicht ... 121
  III. Weitere schuldrechtliche Vereinbarungen ... 125

§ 97 Auslegung von Tarifverträgen ... 126
  I. Auslegung des normativen Teils ... 126
    1. Methodenstreit ... 126
    2. Auslegungskriterien ... 128
      a) Wortlaut ... 129
      b) Wille der Tarifvertragsparteien ... 130
      c) Gesamtzusammenhang ... 130
      d) Tarifgeschichte ... 131
    3. Weitere Auslegungsgrundsätze ... 131
    4. Ergänzende Auslegung ... 132
  II. Auslegung des schuldrechtlichen Teils ... 134

3. Abschnitt: Normwirkung ... 134

§ 98 Der Rechtsnormcharakter ... 134
  I. Unmittelbare Wirkung ... 135
  II. Zwingende Wirkung ... 136
    1. Das Günstigkeitsprinzip ... 136
      a) Abmachungen i.S.d. § 4 Abs. 3 TVG ... 137
      b) Der Günstigkeitsvergleich ... 139
        aa) Blickwinkel des Günstigkeitsvergleichs ... 139
        bb) Die Vergleichsgegenstände ... 140

	c)	Vertiefungsproblem 1: Wochenarbeitszeitverkürzung	143
	d)	Vertiefungsproblem 2: Betriebliche Bündnisse für Arbeit	146
	e)	Vertiefungsproblem 3: Effektiv- und Verrechnungsklauseln..	154

- c) Vertiefungsproblem 1: Wochenarbeitszeitverkürzung 143
- d) Vertiefungsproblem 2: Betriebliche Bündnisse für Arbeit 146
- e) Vertiefungsproblem 3: Effektiv- und Verrechnungsklauseln.. 154
  - aa) Effektivgarantieklauseln 155
  - bb) Begrenzte Effektivklausel 156
  - cc) Verdienstsicherungsklauseln 158
  - dd) Besitzstandsklauseln 158
  - ee) Anrechnungs- und Verrechnungsklauseln 159
- 2. Tariföffnungsklauseln 160
- 3. § 4 Abs. 4 TVG: Schutz vor Verlust tariflicher Rechte 161
  - a) Verzicht tariflicher Rechte 161
  - b) Verwirkung 162
  - c) Ausschlussfristen 163
    - aa) Inhalt und Zweck 163
    - bb) Grenzen 164
    - cc) Zweistufige Ausschlussfristen 167
- III. Rechtsfolgen bei Verstoß gegen § 4 Abs. 1 TVG 168

4. Abschnitt: Tarifgebundenheit und Geltungsbereich 170

§ 9 Tarifgebundenheit 171
- I. Tarifgebundenheit durch Mitgliedschaft 172
  - 1. Beginn der Tarifgebundenheit 172
  - 2. Tarifgebundenheit nach Beendigung der Verbandsmitgliedschaft 173
    - a) Zweck und Wirkung des § 3 Abs. 3 TVG 173
    - b) Beendigung i.S.d. § 3 Abs. 3 TVG 176
      - aa) Kündigungsmöglichkeit 176
      - bb) Änderungen des Tarifvertrags 177
      - cc) Ausscheiden aus dem Geltungsbereich 177
      - dd) Auflösung eines Verbands 177
      - ee) Verbandswechsel 178
    - c) Vertiefungsproblem: Beendigung der Mitgliedschaft 179
    - d) Vertiefungsproblem: OT-Mitgliedschaft 180
- II. Tarifgebundenheit des einzelnen Arbeitgebers 183
- III. Tarifgebundenheit bei betrieblichen und betriebsverfassungsrechtlichen Tarifnormen 184
- IV. Tarifgebundenheit durch Allgemeinverbindlicherklärung 184
  - 1. Wirkung der Allgemeinverbindlicherklärung 184
  - 2. Zweck der Allgemeinverbindlicherklärung 185
  - 3. Rechtsnatur der Allgemeinverbindlicherklärung 186
  - 4. Verfassungsmäßigkeit der Allgemeinverbindlicherklärung 187
  - 5. Voraussetzungen 188
    - a) Antrag einer Tarifvertragspartei 188
    - b) Wirksamer Tarifvertrag 189
    - c) Tarifbindung der Arbeitgeber von 50 % der betroffenen Arbeitnehmer 190
    - d) Öffentliches Interesse an der Allgemeinverbindlicherklärung 190
    - e) Öffentliche Bekanntmachung 191
    - f) Ausnahme 191
  - 6. Ende der Allgemeinverbindlicherklärung 191
- V. Geltungserstreckung nach § 1 Abs. 3 und § 1 Abs. 3a AEntG 191

VI.	Tarifgebundenheit bei Betriebsübergang nach § 613a BGB	192
VII.	Arbeitsvertragliche Bezugnahme auf Tarifverträge	194
	1. Möglichkeiten der Bezugnahme	195
	2. Wirkung der Bezugnahme	196
	3. Zweck der Bezugnahme	197
	4. Inhaltskontrolle	201
	5. Vertiefungsproblem: Bezugnahme und NachwG	202

§ 100 Geltungsbereich 203
    I. Allgemeines 204
    II. Persönlicher Geltungsbereich 205
    III. Räumlicher Geltungsbereich 205
    IV. Fachlicher/betrieblicher/branchenmäßiger Geltungsbereich 206
    V. Zeitlicher Geltungsbereich 208
       1. Beginn der Tarifnormwirkung 208
       2. Beendigung des Tarifvertrags 211
          a) Ordentliche Kündigung............................... 212
          b) Außerordentliche Kündigung.......................... 212
          c) Störung der Geschäftsgrundlage 214
          d) Rechtsfolgen der Beendigung von Tarifverträgen 214
       3. Nachwirkung gem. § 4 Abs. 5 TVG 214
          a) Normwirkung 214
          b) Abmachung i.S.d. § 4 Abs. 5 TVG....................... 216
          c) „Ablauf" i.S.v. § 4 Abs. 5 TVG 217
          d) Gegenstand der Nachwirkung 218

§ 101 Tarifkonkurrenz und Tarifpluralität 219
    I. Tarifkonkurrenz 220
    II. Tarifpluralität 223
    III. Vertiefungsprobleme 227
       1. Konkurrenz betrieblicher und betriebsverfassungsrechtlicher Normen 227
       2. Verbandswechsel des Arbeitgebers oder Arbeitnehmers 228
       3. Tarifpluralität im Nachwirkungszeitraum und nach Betriebsübergang 228
       4. Tarifkonkurrenz und arbeitsvertragliche Bezugnahme 229

5. Abschnitt: Rechtsnatur des Tarifvertrags/Grenzen der Regelungsmacht . 229

§ 102 Rechtsnatur des Tarifvertrags 229

§ 103 Grundlage der Normsetzungsbefugnis 230

§ 104 Verhältnis der Tarifnormen zu anderen Rechtsquellen 235
    I. Zweiseitig zwingendes Gesetzesrecht 235
    II. Einseitig zwingendes Gesetzesrecht 236
    III. Gesetz ohne zwingende Wirkung 236
    IV. Abgrenzung zwischen zweiseitig und einseitig zwingendem Gesetzesrecht 237
    V. Rechtsfolgen bei Verstoß gegen zwingendes Gesetzesrecht 237
    VI. Tarifvertragliche Bezugnahme auf Gesetze 238

§ 105 Grenzen der Regelungsmacht 239
    I. Gesetzliche Grenzen 240

II. Gemeinwohlbindung	249
III. Rechtsstaatsgebot	251
IV. Tarifverantwortung	251
V. Grundrechtsbindung der Tarifvertragsparteien	252
1. Die grundsätzliche Bindung an die Grundrechte	252
2. Bindung an Art. 3 GG	254
3. Bindung an Art. 12 Abs. 1 GG	257
a) Tarifliche Arbeitszeitregelungen	258
b) Tarifliche Altersgrenzen	259
4. Grundrechtsbindung bei Allgemeinverbindlicherklärung	263
VI. Bindung an das Gemeinschaftsrecht	263
1. Primärrecht	263
2. Sekundärrecht	264
a) Verordnungen	264
b) Richtlinien	264
VII. Gerichtliche Kontrolle	266

6. Abschnitt: Internationales Tarifvertragsrecht 267

§ 106 Überstaatliche Tarifverträge	268
§ 107 Tarifrecht mit Auslandsberührung	271

Vierter Teil:
Arbeitskampf und Schlichtungswesen

1. Abschnitt: Einführung 273

§ 108 Grundgedanken und Grundlagen des Arbeitskampfrechts	274
I. Sinn und Zweck von Arbeitskämpfen	274
II. Historische Entwicklung des Arbeitskampfrechts	275
1. Mittelalter bis Neuzeit	275
2. Arbeitskampf in der Weimarer Republik	277
3. Nationalsozialismus	277
4. Entwicklung in der Bundesrepublik Deutschland	277
III. Wirtschaftliche Bedeutung des Arbeitskampfs	278
§ 109 Rechtsgrundlage des Arbeitskampfs	282
I. Verfassungsrechtliche Grundlage	282
II. Internationale Quellen	288
§ 110 Ausgestaltung des Arbeitskampfrechts durch Gesetz und Richterrecht	290
I. Kodifikation und Richterrecht	291
II. Die Ausgestaltung des Grundrechts der Koalitionsfreiheit im Arbeitskampfrecht	292
III. Richterliche Prüfungskompetenz	293
§ 111 Grundsätze des Arbeitskampfrechts	295
I. Grundsatz der Parität	295
1. Funktionsfähigkeit der Tarifautonomie	295
2. Inhalt des Paritätsprinzips	298
a) Formelle Parität	298

	b) Normative Parität	299
	c) Materielle Parität	299
	II. Grundsatz der staatlichen Neutralität	301

2. Abschnitt: Begriff und Mittel des Arbeitskampfs 303

§ 112 Begriff des Arbeitskampfs 303

§ 113 Arbeitskampfmittel 304
- I. Streik 305
  1. Gemeinschaftliche Arbeitsniederlegung 306
  2. Zur Erreichung eines gemeinsamen Ziels 306
  3. Gewerkschaftliche Organisation 307
  4. Arten des Streiks 308
- II. Aussperrung 309
- III. Boykott 310
- IV. Sonstige Formen des kollektiven Arbeitskampfs 310
  1. Schlechtleistung 311
  2. Partielle Leistungsverweigerung 311
  3. Betriebsbesetzung und Betriebsblockade 312
  4. Gründung von Konkurrenzunternehmen 313
  5. Betriebsstilllegung 313
  6. Zahlung von Streikbruchprämien 313
- V. Sonstige Formen außerhalb des kollektiven Arbeitskampfs 314
  1. Massen(änderungs)kündigung durch die Arbeitnehmer 314
  2. Gemeinschaftliche Ausübung des individualrechtlichen Zurückbehaltungsrechts 314

3. Abschnitt: Rechtmäßigkeitsvoraussetzungen eines Arbeitskampfs 315

§ 114 Zulässiges Arbeitskampfziel 316
- I. Tarifvertrag 316
- II. Vertiefungsproblem: Streik um einen Tarifsozialplan 321
- III. Vertiefungsproblem: Unterstützungsarbeitskampf 322

§ 115 Anforderungen an die Kampfparteien 327
- I. Verbände als Träger des Arbeitskampfrechts 327
  1. Gewerkschaften 327
  2. Arbeitgebervereinigungen 328
- II. Individuelle Beteiligung 328
  1. Arbeitnehmer 328
     a) Mütter und Schwerbehinderte 330
     b) Minderjährige und Auszubildende 330
     c) Betriebsratsmitglieder 331
     d) Leitende Angestellte und Organe juristischer Personen 332
     e) Beamte und Angestellte des Öffentlichen Dienstes 332
  2. Arbeitgeber 333
     a) Verbandsangehöriger Arbeitgeber 334
     b) Außenseiter-Arbeitgeber 336

§ 116 Voraussetzungen für den Kampfbeginn 337
- I. Einhaltung der Friedenspflicht 337
  1. Relative Friedenspflicht 337
  2. Absolute Friedenspflicht 338

II. Verbandsbeschluss – interne Vorgaben 338
III. Erklärung über den Beginn und die Beendigung des Arbeitskampfs . 339

§ 117 Verhältnismäßigkeitsgrundsatz 340
    I. Elemente des Verhältnismäßigkeitsgrundsatzes 341
    II. Das Kriterium der Geeignetheit 344
    III. Das Kriterium der Erforderlichkeit 344
        1. Ultima-ratio-Grundsatz 345
            a) Festlegung des Zeitpunkts des Scheiterns der Verhandlungsmöglichkeiten 346
            b) Vertiefungsproblem: Warnstreik und neue Beweglichkeit ... 347
        2. Kriterium des „mildesten Mittels" 349
            a) Grundsätzliches 349
            b) Vertiefungsproblem: Aussperrungsquoten 350
            c) Suspendierung statt Lösung des Arbeitsverhältnisses 351
    IV. Die Verhältnismäßigkeit i.e.S. (Angemessenheit, Proportionalität) . 353
    V. Zusammenfassendes Prüfungsschema 356

§ 118 Wahrung der Rechtsordnung als Schranke des Arbeitskampfs 358
    I. Konkurrenz mit Grundrechten 358
    II. Beachtung der Strafgesetze 359

4. Abschnitt: Zur Vertiefung: Rechtmäßigkeit besonderer Arbeitskampfmittel und -taktiken 360

§ 119 Wellenstreik 360

§ 120 Betriebsblockade und -besetzung 362

§ 121 Schlechtleistung und partielle Arbeitsniederlegung 363

§ 122 Suspendierende Betriebsstilllegung 365

§ 123 Streikbruchprämie 367

§ 124 Massen(änderungs)kündigung 368
    I. Massen(änderungs)kündigung durch die Arbeitnehmer 368
    II. Massen(änderungs)kündigung durch den Arbeitgeber 369

5. Abschnitt: Rechtsfolgen rechtmäßiger Arbeitskämpfe 370

§ 125 Suspendierung der arbeitsvertraglichen Pflichten 370
    I. Auswirkungen auf die Arbeitsverpflichtung 371
    II. Auswirkungen auf die Arbeitsvergütung 372
        1. Lohnrisiko 372
        2. Sonderprämien 373
        3. Lohnersatzansprüche 373
        4. Mutterschaftsgeld 374
        5. Erholungsurlaub und Urlaubsentgelt 374
        6. Betriebsratstätigkeit 374

§ 126 Lösende Wirkung 375

§ 127 Anderweitige Rechtsfolgen 376
    I. Kündigung des Arbeitsverhältnisses 376
    II. Schadensersatzansprüche und anderweitige Maßregelungen 377
    III. Mietverhältnis über Werkwohnung 377
    IV. Sozialrechtliche Auswirkungen 377

1. Beitragspflicht	377
2. Kranken- und Rentenversicherung	377
3. Arbeitslosengeld	378
4. Unfallversicherung	378
V. Berechnungszeiten für die Betriebszugehörigkeit	378
VI. Einführung von Kurzarbeit	379

6. Abschnitt: Rechtsfolgen rechtswidriger Arbeitskämpfe ... 379

§ 128 Rechtsfolgen eines rechtswidrigen Streiks ... 380
- I. Erfüllungspflicht ... 380
- II. Lohnanspruch ... 381
- III. Kündigung des Arbeitsverhältnisses ... 381
- IV. Kündigung des Tarifvertrags ... 382
- V. Schadensersatzansprüche ... 382
  - 1. Vertragliche Ansprüche ... 382
    - a) Anspruchsberechtigte und Anspruchsgegner ... 382
    - b) Vertragliche Anspruchsgrundlagen ... 383
    - c) Vertretenmüssen ... 383
  - 2. Deliktische Ansprüche ... 384
    - a) Deliktische Handlungen des Arbeitnehmers ... 384
      - aa) Anspruchsgrundlagen ... 384
      - bb) Schadensumfang ... 385
    - b) Deliktische Handlungen der Gewerkschaft und ihrer Organe ... 385
  - 3. Unterlassungsanspruch ... 386

§ 129 Rechtsfolgen einer rechtswidrigen Aussperrung ... 387
- I. Lohnanspruch ... 387
- II. Beschäftigungspflicht ... 387
- III. Schadensersatzansprüche ... 387
  - 1. Vertragliche Schadensersatzansprüche ... 388
  - 2. Deliktische Schadensersatzansprüche ... 388
  - 3. Unterlassungsanspruch ... 389

§ 130 Sozialrechtliche Auswirkungen ... 389
- I. Beitragsrecht ... 389
- II. Leistungsrecht ... 389

7. Abschnitt: Rechtsfolgen für nicht unmittelbar beteiligte Dritte ... 390

§ 131 Arbeitsvergütung ... 390

§ 132 Lohnersatzleistungen ... 393

§ 133 Einführung von Kurzarbeit ... 393

8. Abschnitt: Arbeitskampfstreitigkeiten ... 394

§ 134 Allgemeine Voraussetzungen ... 394
- I. Zuständigkeit der Arbeitsgerichte ... 394
- II. Verfahrensarten ... 395

§ 135 Einstweiliger Rechtsschutz ... 396
- I. Gerichtsstand ... 396
- II. Verfügungsanspruch ... 397
- III. Verfügungsgrund ... 397

9. Abschnitt: Internationales Arbeitskampfrecht ... 398
§ 136 Arbeitskampfstatut ... 399
    I. Anknüpfungspunkt für das Arbeitskampfstatut ... 399
    II. Vereinbarkeit ausländischen Rechts mit nationalem Recht ... 400
    III. Reichweite des Arbeitskampfstatuts ... 400
§ 137 Beispiele für Arbeitskämpfe mit Auslandsbezug ... 400
§ 138 Sonderproblem: Streiks mit Europarechtsbezug ... 401

10. Abschnitt: Tarifliches Schlichtungsrecht ... 406
§ 139 Grundlagen des Schlichtungsrechts ... 407
    I. Begriff und Zweck der Schlichtung ... 407
    II. Gestaltungsformen der tariflichen Schlichtung ... 407
    III. Historische Entwicklung der tariflichen Schlichtung ... 408
§ 140 Vereinbarte Schlichtung ... 409
    I. Schlichtungsabkommen als vertragliche Grundlage ... 409
    II. Schlichtungsverfahren ... 409
        1. Schlichtungsstelle ... 409
        2. Verfahrensablauf ... 410
    III. Schlichtungsspruch ... 410
§ 141 Staatliche Schlichtung ... 410
    I. Freiwilliger Charakter der staatlichen Schlichtung ... 410
    II. Schlichtungsverfahren ... 411
        1. Schlichtungsorgane ... 411
        2. Verfahrensablauf ... 411
        3. Schlichtungsspruch ... 411

Fünfter Teil:
Mitbestimmungsrecht

1. Abschnitt: Einführung in das System des Mitbestimmungsrechts ... 412
§ 142 Grundlagen der Mitbestimmung ... 412
    I. Mitbestimmung als gesellschaftspolitisches Leitprinzip ... 412
    II. Sinn und Zweck der Mitbestimmung ... 413
    III. Verfassungsrechtliche Verankerung der Mitbestimmung ... 414
§ 143 System der Mitbestimmung im deutschen Arbeitsrecht ... 416
    I. Kategorien der Mitbestimmung ... 416
    II. Betriebliche Mitbestimmung ... 416
    III. Unternehmensbezogene Mitbestimmung ... 418
    IV. Verhältnis von betrieblicher zu unternehmensbezogener Mitbestimmung ... 420
    V. Vor- und Nachteile der Mitbestimmung ... 422
    VI. Rolle der Gewerkschaften ... 423
§ 144 Geschichtliche Entwicklung ... 424
    I. Betriebsverfassungsrecht ... 424
        1. Entwicklung der Betriebsverfassung bis zum Jahre 2000 ... 424
        2. Reform der Betriebsverfassung im Jahre 2001 ... 426

　　　　a) Entwicklung der Reform 427
　　　　b) Durchführung der Reform 427
　　　　c) Kritik der Neuregelungen 428
　　II. Unternehmensmitbestimmung 429

2. Abschnitt: Betriebsverfassungsrecht 431

§ 145 Gliederung des Betriebsverfassungsrechts 431
　　I. Das BetrVG von 1972 in der Fassung der Bekanntmachung vom
　　　　27.7.2001 431
　　II. Sonstige gesetzliche Regelungen 432
　　III. Betriebsvereinbarung und Tarifvertrag 433
　　　　1. Betriebsverfassungsrechtliche Organisation 433
　　　　2. Mitwirkungs- und Mitbestimmungsrechte 433
　　　　　　a) Beschränkung der Mitbestimmungsrechte 434
　　　　　　b) Erweiterung der Mitbestimmungsrechte 435

§ 146 Leitprinzipien des Betriebsverfassungsgesetzes 438
　　I. Prinzip der vertrauensvollen Zusammenarbeit 438
　　II. Friedenspflicht 441
　　III. Verbot der parteipolitischen Betätigung 442
　　IV. Grundsätze für die Behandlung von Betriebsangehörigen (§ 75
　　　　BetrVG) 445
　　　　1. Bedeutung der Vorschrift 445
　　　　2. Diskriminierungsverbote 446
　　　　3. Freie Entfaltung der Persönlichkeit 447

§ 147 Geltungsbereich und Zuständigkeitsabgrenzungen des Betriebsverfassungsrechts 449
　　I. Überblick 449
　　II. Räumlicher Geltungsbereich 451
　　III. Persönlicher Geltungsbereich 452
　　　　1. Arbeitgeber 452
　　　　2. Arbeitnehmer und sonstige Beschäftigte 453
　　　　　　a) Inhalt des § 5 Abs. 1 S. 1 BetrVG 453
　　　　　　b) Arbeitnehmerähnliche Personen; Heimarbeiter und Leiharbeitnehmer 456
　　　　　　c) Anwendung auf im Ausland tätige Beschäftigte 459
　　　　3. Leitende Angestellte 461
　　IV. Sachlicher Geltungsbereich 466
　　　　1. Betrieb, Unternehmen, Konzern 466
　　　　2. Betriebsratsfähiger Betrieb (Schwellenwert) 469
　　　　3. Bestimmung des „Nukleus" der Betriebsverfassung 472
　　　　　　a) Der Betriebsbegriff 472
　　　　　　　　aa) Traditionelle Begriffsbildung 472
　　　　　　　　bb) Teleologische Begriffsbildung 472
　　　　　　b) Zuordnung von Betriebsteilen und Kleinstbetrieben 475
　　　　　　　　aa) Betriebsteile 475
　　　　　　　　bb) Kleinstbetriebe 478
　　　　　　　　cc) Nebenbetriebe 479
　　　　4. Der so genannte Gemeinschaftsbetrieb mehrerer
　　　　　　Unternehmen 480

	5.	Organisation der Betriebsverfassung durch Kollektivvertrag	483
	6.	Modifikationen des Geltungsbereichs	485
		a) Tendenzbetriebe	485
		b) Seeschifffahrt und Luftfahrt	488
	7.	Ausnahmen vom sachlichen Geltungsbereich	488
		a) Religionsgemeinschaften	488
		b) Öffentlicher Dienst	490
V.	Zuständigkeitsabgrenzungen der Betriebsräte		490
	1.	Der Betriebsrat	491
		a) Freiwillige Bildung	491
		b) Zuständigkeit	491
	2.	Der Gesamtbetriebsrat	492
		a) Zwingende Bildung	492
		b) Zuständigkeit	493
	3.	Der Konzernbetriebsrat	498
		a) Fakultative Bildung	498
		b) Zuständigkeit	500
VI.	Weitere betriebsverfassungsrechtliche Organe und Gremien		501
	1.	Die Jugend- und Auszubildendenvertretung	501
	2.	Die Betriebsversammlung	501
	3.	Der Wirtschaftsausschuss	502
	4.	Die Arbeitsgruppe als Mitbestimmungsorgan	502

§ 148 Wahl, Organisation und Rechtsstellung des Betriebsrats 503
- I. Stellung des Betriebsrats 504
- II. Zusammensetzung des Betriebsrats 506
- III. Wahl des Betriebsrats 507
  - 1. Das Wahlrecht 507
    - a) Aktives Wahlrecht 507
    - b) Passives Wahlrecht 508
  - 2. Der Wahlvorstand 510
    - a) Bestellung des Wahlvorstands 510
    - b) Aufgaben des Wahlvorstands 511
  - 3. Das Wahlverfahren 513
    - a) Grobe und offensichtliche Verstöße gegen wesentliche Wahlvorschriften 513
    - b) Verstöße gegen wesentliche Wahlvorschriften 515
    - c) Verstöße gegen nicht wesentliche Wahlvorschriften 517
  - 4. Schutz der Wahl 517
  - 5. Vereinfachtes Wahlverfahren in Kleinbetrieben 518
- IV. Amtszeit des Betriebsrats 519
  - 1. Zeitpunkt der Betriebsratswahlen 519
  - 2. Erlöschen des Betriebsratsamts 520
  - 3. Das Übergangsmandat 521
  - 4. Das Restmandat 524
- V. Geschäftsführung 526
  - 1. Vorsitzender/Stellvertreter 526
  - 2. Kosten der Geschäftsführung des Betriebsrats 527
    - a) Grundsatz und Voraussetzungen 527
    - b) Grundsatz der Erforderlichkeit 528

	c) Ausstattung mit Informations- und Kommunikationstechnik gem. § 40 Abs. 2 BetrVG	530
	d) Kosten für Schulungsveranstaltungen (§ 37 Abs. 6 und 7 BetrVG)	532
VI.	Rechtsstellung der Betriebsratsmitglieder	534
	1. Ehrenamtliche Tätigkeit	534
	2. Arbeitsbefreiung und Freizeitausgleich	535
	3. Schulungs- und Bildungsveranstaltungen	538
	4. Schutz der Betriebsratsmitglieder	541

§ 149 Rechtsstellung der Koalitionen 544
- I. Gewerkschaften und Betriebsräte 544
- II. Gewerkschaftsrechte im Betrieb 546
- III. Zutrittsrecht der Gewerkschaften zum Betrieb 547
- IV. Koalitionswerbung und -arbeit im Betrieb 548

§ 150 Rechtsstellung der Arbeitnehmer 549
- I. Individualrechte des einzelnen Arbeitnehmers 549
  1. Rechte gegenüber dem Arbeitgeber 549
  2. Rechte gegenüber dem Betriebsrat 550
- II. Unterrichtungsrechte der Gesamtheit der Arbeitnehmer in betriebsratslosen Betrieben 550
- III. Mitbestimmung des Betriebsrats auch gegen den Willen des Arbeitnehmers? 551

§ 151 Beteiligungsrechte des Betriebsrats 552
- I. Arten der Beteiligungsrechte 552
  1. Informations- und Unterrichtungsrechte 553
     - a) Allgemeines 553
     - b) Unterrichtungspflicht bei allgemeinen Aufgaben des Betriebsrats (§ 80 BetrVG) 554
  2. Anhörungsrechte 555
  3. Beratungsrechte 556
  4. Widerspruchsrechte 556
  5. Zustimmungserfordernisse 556
  6. Mitbestimmungsrechte 557
  7. Initiativrechte 557
- II. Durchsetzung der Rechte 558
  1. Allgemeines 558
  2. Gesetzlicher Unterlassungsanspruch 561
- III. Die Einigungsstelle 562
  1. Allgemeines 562
  2. Die Einigungsstelle bei erzwingbarer Mitbestimmung 564
     - a) Fälle erzwingbarer Mitbestimmung 564
     - b) Einsetzung der Einigungsstelle 564
     - c) Verfahren vor der Einigungsstelle 565
     - d) Entscheidung der Einigungsstelle 566
     - e) Gerichtliche Überprüfung des Einigungsstellenspruchs 567
        - aa) Beschlussverfahren 567
        - bb) Urteilsverfahren 568
        - cc) Antrag auf Erlass einer einstweiligen Verfügung 569
  3. Die Einigungsstelle bei freiwilliger Mitbestimmung 570

IV. Betriebsverfassung und Arbeitskämpfe 570
§ 152 Instrumente der gemeinsamen Entscheidungstätigkeit 572
    I. Betriebsvereinbarung 573
        1. Wirkung 573
            a) Grundsatz der unmittelbaren Wirkung 573
            b) Grundsatz der zwingenden Wirkung 574
            c) Günstigkeitsprinzip 574
        2. Inhalt von Betriebsvereinbarungen 577
        3. Arten von Betriebsvereinbarungen 578
        4. Zustandekommen von Betriebsvereinbarungen 579
            a) Schriftformerfordernis 579
            b) Sonstige Abschlussmängel 581
            c) Bekanntmachung 582
        5. Beendigung und Nachwirkungen 582
        6. Verhältnis zum Tarifvertrag (Tarifvorrang) 587
        7. Verhältnis Betriebsvereinbarung zu Betriebsvereinbarung 592
        8. Verhältnis zum Arbeitsvertrag 593
        9. Grenzen der Betriebsautonomie 596
    II. Formlose Einigung 607
    III. Spruch der Einigungsstelle 609
§ 153 Mitbestimmung in sozialen Angelegenheiten 610
    I. Die Mitbestimmungsrechte nach § 87 BetrVG 611
        1. Mitbestimmung bei formellen wie auch bei materiellen Arbeitsbedingungen 611
        2. Individuelle oder kollektive Tatbestände 612
        3. Vorrang des Gesetzes 613
        4. Vorrang des Tarifvertrags 615
        5. Zum Verhältnis von § 87 Abs. 1 Eingangssatz BetrVG zu § 77 Abs. 3 BetrVG 618
    II. Die Mitbestimmung im Einzelnen 620
        1. Unternehmerische Entscheidung 620
        2. Eilfälle 621
        3. Notfälle 621
        4. Initiativrecht 622
        5. Ausübung der Mitbestimmung 623
        6. Rechtsfolgen mangelnder Beteiligung 624
    III. Die einzelnen Mitbestimmungsrechte des § 87 Abs. 1 BetrVG 626
        1. Ordnung des Betriebs und des Verhaltens der Arbeitnehmer im Betrieb (Nr. 1) 626
        2. Beginn und Ende der täglichen Arbeitszeit (Nr. 2) 633
        3. Vorübergehende Verlängerung oder Verkürzung der Arbeitszeit (Nr. 3) 637
        4. Auszahlung des Arbeitsentgelts (Nr. 4) 641
        5. Urlaub (Nr. 5) 642
        6. Kontrolleinrichtungen (Nr. 6) 644
        7. Arbeits- und Gesundheitsschutz (Nr. 7) 649
        8. Betriebliche Sozialeinrichtungen (Nr. 8) 651
        9. Werkmietwohnungen (Nr. 9) 652
        10. Betriebliche Lohngestaltung (Nr. 10) 654

11. Akkordlohn (Nr. 11) 660
12. Betriebliches Vorschlagswesen (Nr. 12) 661
13. Aufstellung von Grundsätzen über die Durchführung von Gruppenarbeit (Nr. 13) 662
IV. Freiwillige Betriebsvereinbarungen 663
V. Arbeitsschutz und betrieblicher Umweltschutz 665
§ 154 Gestaltung von Arbeitsplatz, Arbeitsablauf und Arbeitsumgebung . 665
§ 155 Mitbestimmung in personellen Angelegenheiten 667
   I. Allgemeine personelle Angelegenheiten 668
     1. Personalplanung 668
     2. Beschäftigungssicherung 670
     3. Ausschreibung von Arbeitsplätzen 670
     4. Personalfragebogen, Beurteilungsgrundsätze 672
     5. Auswahlrichtlinien 673
  II. Berufsbildung 675
 III. Mitbestimmung bei personellen Einzelmaßnahmen 679
     1. Mitbestimmungspflichtige Maßnahmen 680
        a) Einstellung 680
        b) Ein- und Umgruppierungen 684
        c) Versetzung 686
     2. Zustimmungsverweigerungsgründe 691
        a) Verstoß gegen Gesetze und andere Normen (Nr. 1) 691
        b) Verstoß gegen Auswahlrichtlinien (Nr. 2) 692
        c) Besorgnis der Benachteiligung anderer Arbeitnehmer (Nr. 3) . 693
        d) Benachteiligung des betroffenen Arbeitnehmers (Nr. 4) 694
        e) Fehlende Ausschreibung im Betrieb (Nr. 5) 697
        f) Gefahr für den Betriebsfrieden (Nr. 6) 697
     3. Verfahren der Mitbestimmung 698
     4. Rechtsstellung des Arbeitnehmers 700
 IV. „Mitbestimmung" bei Kündigungen 702
     1. Allgemeines 703
     2. Sachlicher Geltungsbereich 703
     3. Persönlicher Geltungsbereich 704
        a) Leitende Angestellte – Sprecherausschussgesetz 704
        b) Im Ausland tätige/ausländische Arbeitnehmer 705
     4. Betriebsratsanhörung nach Betriebsübergang 705
     5. Gegenstand der Anhörung 706
        a) Beendigungs- und Änderungskündigungen 706
        b) Sonstige Beendigungstatbestände 707
     6. Inhalt und Umfang der Unterrichtungspflicht des Arbeitgebers . 708
        a) Adressat der Arbeitgebermitteilung 708
        b) Mindestinhalt der Unterrichtung 708
        c) Insbesondere: Kündigungsgrundbezogener Inhalt der Mitteilung 710
           aa) Allgemeines 710
           bb) Nachschieben von Kündigungsgründen 712
           cc) Personenbedingte Kündigung 713
           dd) Verhaltensbedingte Kündigung 714
           ee) Betriebsbedingte Kündigung 714

	ff) Änderungskündigung	715
	gg) Kündigungen außerhalb des KSchG	715
7.	Stellungnahmefrist des Betriebsrats – Beendigung des Anhörungsverfahrens	715
8.	Rechtsfolgen eines fehlerhaften Anhörungsverfahrens	717
	a) Fehler im Bereich des Arbeitgebers	717
	b) Fehler im Bereich des Betriebsrats	718
9.	Widerspruch des Betriebsrats	719
V.	Außerordentliche Kündigung und Versetzung von Betriebsratsmitgliedern	721
VI.	Entfernung betriebsstörender Arbeitnehmer	722

§ 156 Mitbestimmung in wirtschaftlichen Angelegenheiten — 722
- I. Mitbestimmung über den Wirtschaftsausschuss — 723
  1. Funktion des Wirtschaftsausschusses — 723
  2. Errichtung des Wirtschaftsausschusses — 723
  3. Zusammensetzung des Wirtschaftsausschusses — 725
  4. Aufgaben und Befugnisse des Wirtschaftsausschusses — 726
  5. Beilegung von Meinungsverschiedenheiten — 728
- II. Mitbestimmung über den Betriebsrat — 728
  1. Voraussetzungen der Beteiligungsrechte — 729
  2. Unterrichtung und Beratung — 733
  3. Interessenausgleich — 735
  4. Sozialplan — 737
     - a) Gegenstand, Rechtsnatur und Zweck des Sozialplans — 737
     - b) Erzwingbarkeit und freiwillige Regelungen — 744
     - c) Zustandekommen und Zeitpunkt der Vereinbarung — 746
     - d) Inhalt und Schranken des Sozialplans — 747
     - e) Kündigung und Änderung des Sozialplans — 752
  5. Nachteilsausgleich — 754

3. Abschnitt: Sprecherausschussgesetz — 755

§ 157 Grundlagen der Sprecherverfassung — 755
- I. Einführung — 755
- II. Leitprinzipien der Sprecherverfassung — 757
  1. Zusammenarbeit der Betriebspartner — 757
  2. Behandlung der leitenden Angestellten — 758
- III. Geltungsbereich der Sprecherverfassung — 758

§ 158 Organisation der Sprecherverfassung — 759
- I. Sprecherausschuss — 759
- II. Versammlung der leitenden Angestellten — 761
- III. Gesamtsprecherausschuss — 762
- IV. Unternehmenssprecherausschuss — 762
- V. Konzernsprecherausschuss — 763

§ 159 Mitwirkung der leitenden Angestellten — 763
- I. Formen der Beteiligung — 763
- II. Mitwirkungsrechte — 764

4. Abschnitt: Personalvertretungsrecht ... 767

§ 160 Grundlagen des Personalvertretungsrechts ... 767
I. Einführung ... 767
II. Beschäftigte im öffentlichen Dienst ... 768
III. Leitprinzipien des Personalvertretungsrechts ... 769

§ 161 Organisation der Personalvertretung ... 769

§ 162 Beteiligungsrechte im Personalvertretungsrecht ... 770
I. Formen der Beteiligung ... 770
II. Beteiligungsrechte ... 771

5. Abschnitt: Einführung in die Grundstruktur der Mitbestimmung auf Unternehmensebene ... 772

§ 163 Grundlagen ... 772

§ 164 Beteiligung der Arbeitnehmer an unternehmerischen Entscheidungen ... 774

6. Abschnitt: Mitbestimmungsgesetz 1976 ... 778

§ 165 Geltungsbereich ... 778

§ 166 Mitbestimmung in Aufsichtsrat und Unternehmensleitung ... 780
I. Aufsichtsrat ... 780
II. Arbeitsdirektor als Mitglied der Unternehmensleitung ... 782

§ 167 Gegenstand der Mitbestimmung im Aufsichtsrat ... 783

7. Abschnitt: Drittelbeteiligungsgesetz 2004 ... 783

§ 168 Weitergeltung und Anwendungsbereich ... 783

§ 169 Mitbestimmung nur im Aufsichtsrat ... 785

§ 170 Gegenstand der Mitbestimmung ... 786

8. Abschnitt: Montanmitbestimmung ... 786

§ 171 Geltungsbereich ... 786

§ 172 Mitbestimmung in Aufsichtsrat und Unternehmensleitung ... 788
I. Aufsichtsrat ... 788
II. Arbeitsdirektor als Mitglied der Unternehmensleitung ... 789

§ 173 Gegenstand der Mitbestimmung im Aufsichtsrat ... 789

9. Abschnitt: Mitbestimmung in grenzüberschreitenden Unternehmen und Unternehmensgruppen ... 790

§ 174 Europäischer Betriebsrat ... 790
I. Geltungsbereich des EBRG ... 790
  1. Sachlicher und räumlicher Geltungsbereich ... 791
  2. Persönlicher Geltungsbereich ... 792
  3. Auskunftsanspruch ... 792
II. Zwingende Mitwirkung, aber Vorrang der Verhandlungslösung ... 793
  1. Besonderes Verhandlungsgremium (BVG) ... 794
  2. Vereinbarung über die Errichtung eines Europäischen Betriebsrats (EBR) ... 795

3. Vereinbarung über ein Verfahren zur Unterrichtung und Anhörung 795
　　　4. Subsidiär: Errichtung eines Europäischen Betriebsrats kraft Gesetzes 796
§ 175 **Mitbestimmung in der Europäischen Gesellschaft (Societas Europaea, SE)** 797
　　I. Europäische Gesellschaft (SE) 798
　　　1. Rechtliche Grundlagen 798
　　　2. Gründung der SE 799
　　　3. Unternehmensverfassung (Aufbau der SE) 799
　　II. Beteiligung der Arbeitnehmer 800
　　　1. Beteiligung der Arbeitnehmer kraft Vereinbarung 800
　　　2. Beteiligung der Arbeitnehmer kraft Gesetzes 803
　　　3. Verhältnis zum EBRG und zum nationalen Mitbestimmungsrecht 805

Sechster Teil:
Arbeitsgerichtliches Verfahren

1. Abschnitt: Die Arbeitsgerichtsbarkeit 806
§ 176 **Funktionen und Besonderheiten** 806
　　I. Entstehung 806
　　II. Aufbau der Arbeitsgerichtsbarkeit 808
　　III. Streitentscheidung im Arbeitsrecht 810
　　IV. Arbeitsgerichtsbarkeit und Zivilgerichtsbarkeit 810
　　V. Verhältnis der Arbeitsgerichtsbarkeit zu weiteren Gerichtsbarkeiten 813

2. Abschnitt: Das Urteilsverfahren 814
§ 177 **Zulässigkeit** 814
　　I. Rechtswegzuständigkeit 815
　　II. Örtliche Zuständigkeit 819
　　III. Internationale Zuständigkeit 821
　　IV. Ordnungsgemäße Klageerhebung 822
　　　1. Klage auf Zahlung von Arbeitsentgelt 822
　　　2. Kündigungsschutzklage 823
　　　3. Allgemeine Feststellungsklage 827
　　　4. Verhältnis von allgemeiner Feststellungsklage zur Kündigungsschutzklage 830
　　　　a) Allgemeine Feststellungsklage statt Kündigungsschutzklage. 830
　　　　b) Allgemeine Feststellungsklage neben Kündigungsschutzklage 831
　　　5. Entfristungsklage 832
　　　6. Sonstige Klagen 833
　　V. Partei- und Postulationsfähigkeit 835
§ 178 **Verfahrensablauf und Verfahrensbeendigung** 836
　　I. Verfahrensgrundsätze 836
　　II. Klageerhebung 838

III. Güteverhandlung	839
IV. Kammertermin	841
V. Beendigung des Verfahrens	843
3. Abschnitt: Die Rechtsmittel im Urteilsverfahren	845
§ 179 Berufung	845
I. Zulässigkeit	846
II. Begründetheit	848
§ 180 Revision	850
I. Zulässigkeit	850
II. Begründetheit	852
§ 181 Beschwerde	853
4. Abschnitt: Das Beschlussverfahren	854
§ 182 Zulässigkeit	855
I. Rechtswegzuständigkeit und richtige Verfahrensart	855
II. Örtliche Zuständigkeit	856
III. Ordnungsgemäßer Antrag	856
IV. Beteiligtenfähigkeit	858
V. Antragsbefugnis	859
§ 183 Verfahrensablauf und Verfahrensbeendigung	860
I. Verfahrensgrundsätze und Besonderheiten im Verfahrensablauf	860
II. Verfahrensbeendigung	862
§ 184 Rechtsmittel	863
Stichwortverzeichnis	865

Abkürzungsverzeichnis

a.A.	anderer Ansicht
a.a.O.	am angegebenen Ort
abgedr.	abgedruckt
AbgG	Gesetz über die Rechtsverhältnisse der Mitglieder des Deutschen Bundestages (Abgeordnetengesetz)
Abk.	Abkommen
ABl.	Amtsblatt
abl.	ablehnend
ABl. EG	Amtsblatt der Europäischen Gemeinschaften; vor 1958: Amtsblatt der EGKS
ABM	Arbeitsbeschaffungsmaßnahmen
Abs.	Absatz
Abschn.	Abschnitt
abw.	abweichend
AcP	Archiv für die civilistische Praxis, Zeitschrift
a.E.	am Ende
AEntG	Gesetz über zwingende Arbeitsbedingungen bei grenzüberschreitenden Dienstleistungen (Arbeitnehmerentsendegesetz)
AEUV	Vertrag von Lissabon zur Änderung des Vertrages über die europäische Union und des Vertrages zur Gründung der Europäischen Gemeinschaft
a.F.	alte Fassung
AFG	Arbeitsförderungsgesetz
AG	Aktiengesellschaft; Ausführungsgesetz; Die Aktiengesellschaft, Zeitschrift
AGB	Allgemeine Geschäftsbedingungen
AGG	Allgemeines Gleichbehandlungsgesetz
AiB	Arbeitsrecht im Betrieb, Zeitschrift
AktG	Recht der Aktiengesellschaften und der Kommanditgesellschaften auf Aktien (Aktiengesetz)
allg.	allgemein
Alt.	Alternative
AltersteilzeitG	Altersteilzeitgesetz
a.M.	anderer Meinung
amtl.	amtlich
Amtl. Begr.	Amtliche Begründung
ÄndG	Gesetz zur Änderung
AngKSchG	Gesetz über die Fristen für die Kündigung von Angestellten
Anh.	Anhang
Anm.	Anmerkung
AOG	Gesetz zur Ordnung der nationalen Arbeit
AöR	Archiv des öffentlichen Rechts, Zeitschrift
AP	Nachschlagewerk des Bundesarbeitsgerichts (seit 1954, vorher: Arbeitsrechtliche Praxis)
AR-Blattei	Arbeitsrecht-Blattei

ArbG	Arbeitsgericht
ArbGeb.	Der Arbeitgeber, Zeitschrift
ArbGG	Arbeitsgerichtsgesetz
ArbNErfG	Gesetz über Arbeitnehmererfindungen
ArbPlSchG	Gesetz über den Schutz des Arbeitsplatzes bei Einberufung zum Wehrdienst (Arbeitsplatzschutzgesetz)
ArbRB	Arbeitsrechts-Recht-Berater, Zeitschrift
ArbRBerG	Gesetz zur Änderung des Kündigungsrechts und anderer arbeitsrechtlicher Vorschriften (Arbeitsrechtsbereinigungsgesetz)
ArbRGegw.	Das Arbeitsrecht der Gegenwart, Jahrbuch
ArbSchG	Arbeitsschutzgesetz
ArbStättR	Arbeitsstättenrichtlinie
ArbStättVO	VO über Arbeitsstätten
ArbStoffVO	VO über gefährliche Arbeitsstoffe (Arbeitsstoffverordnung)
ArbuR	Arbeit und Recht, Zeitschrift für arbeitsrechtliche Praxis; s. auch AuR
ArbVG 92	Entwurf eines Arbeitsvertragsgesetzes (1992)
ArbVG-E 2007	Diskussionsentwurf eines Arbeitsvertragsgesetzes (2007)
ArbZG	Arbeitszeitgesetz
ARGE	Arbeitsgemeinschaften von Baugesellschaften für gemeinsame Bauprojekte
ARS	Arbeitsrechtssammlung: Entscheidungen des Reichsarbeitsgerichts und der Landesarbeitsgerichte ab 1934 (vorher Bensheimer Sammlung)
ARST	Arbeitsrecht in Stichworten
Art.	Artikel
ÄrzteBefrG	Gesetz über befristete Arbeitsverträge mit Ärzten in der Weiterbildung
ASiG	Gesetz über Betriebsärzte, Sicherheitsingenieure und andere Fachkräfte für Arbeitssicherheit (Arbeitssicherheitsgesetz)
AT	Allgemeiner Teil
ATG	Altersteilzeitgesetz
AuA	Arbeit und Arbeitsrecht, Zeitschrift
AufenthG/EWG	Gesetz über Einreise und Aufenthalt von Staatsangehörigen der Mitgliedstaaten der Europäischen Wirtschaftsgemeinschaft
Aufl.	Auflage
AÜG	Gesetz zur Regelung der gewerbsmäßigen Arbeitnehmerüberlassung (Arbeitnehmerüberlassungsgesetz)
AuR	Arbeit und Recht, Zeitschrift
ausf.	ausführlich
AuslG	Ausländergesetz
AVE	Allgemeinverbindlicherklärung
AVmG	Altersvermögensgesetz
AWbG	Arbeitnehmerweiterbildungsgesetz(e der Länder)
Az.	Aktenzeichen
AZO	Arbeitszeitordnung
BA	Bundesanstalt für Arbeit
BAG	Bundesarbeitsgericht
BAGE	Sammlung der Entscheidungen des Bundesarbeitsgerichts

BÄO	Bundesärzteordnung
BArbBl.	Bundesarbeitsblatt
BAT	Bundes-Angestelltentarifvertrag
BAT-O	Tarifvertrag zur Anpassung des Tarifrechts – Manteltarifliche Vorschriften
BB	Betriebs-Berater, Zeitschrift
BBergG	Bundesberggesetz
BBG	Bundesbeamtengesetz
BBiG	Berufsbildungsgesetz
Bd.	Band
BDA	Bundesvereinigung Deutscher Arbeitgeberverbände
BDI	Bundesverband der Deutschen Industrie
BDSG	Gesetz zum Schutz vor Missbrauch personenbezogener Daten bei der Datenverarbeitung (Bundesdatenschutzgesetz)
BEEG	Bundeselterngeld- und Elternzeitgesetz
Begr.	Begründung
Beil.	Beilage
BEM	betriebliches Eingliederungsmanagement
Bergmanns VersorgungsScheinG	Bergmannversorgungsscheingesetz
BErzGG	Bundeserziehungsgeldgesetz
bes.	besonders
BeschFG (1985)	Gesetz über arbeitsrechtliche Vorschriften zur Beschäftigungsförderung (Beschäftigungsförderungsgesetz 1985)
Beschl.	Beschluss
betr.	betreffend
BetrAV	Betriebliche Altersversorgung, Zeitschrift
BetrAVG	Gesetz zur Verbesserung der betrieblichen Altersversorgung
BetrVG (1972)	Betriebsverfassungsgesetz (Betriebsverfassungsgesetz 1972)
BetrVG (2001)	Betriebsverfassungsgesetz (Betriebsverfassungsgesetz 2001)
BfA	Bundesversicherungsanstalt für Angestellte
BGB	Bürgerliches Gesetzbuch
BGBl.	Bundesgesetzblatt
BGH	Bundesgerichtshof
BGHZ	Sammlung der Entscheidungen des Bundesgerichtshofs in Zivilsachen
BGV	Berufsgenossenschaftliche Vorschriften
BImSchG	Bundesimmissionsschutzgesetz
BiUrlG	Bildungsurlaubsgesetz(e der Länder)
BKV	Berufskrankheitenverordnung
BlStSozArbR	Blätter für Steuerrecht, Sozialversicherung und Arbeitsrecht, Zeitschrift
BMA	Bundesminister(ium) für Arbeit und Sozialordnung (bis Okt. 2002)
BMT-G	Bundesmanteltarifvertrag für Arbeiter gemeindlicher Verwaltungen und Betriebe
BMWA	Bundesminister(ium) für Wirtschaft und Arbeit (ab Okt. 2002)
BPersVG	Bundespersonalvertretungsgesetz
BR-Drs.	Drucksache des Deutschen Bundesrates

BRD	Bundesrepublik Deutschland
BRG	Betriebsrätegesetz
BRRG	Beamtenrechtsrahmengesetz
BRTV	Bundesrahmentarifvertrag
BSchG	Beschäftigungsschutzgesetz
BSG	Bundessozialgericht
BSGE	Sammlung der Entscheidungen des BSG
Bsp.	Beispiel
bspw.	beispielsweise
BT	Deutscher Bundestag; Besonderer Teil
BT-Drs.	Drucksache des Deutschen Bundestages
BT-Prot.	Stenographische Berichte des Deutschen Bundestages (zit. nach Legislaturperiode u. S.)
Buchst.	Buchstabe
BUrlG	Mindesturlaubsgesetz für Arbeitnehmer (Bundesurlaubsgesetz)
BVerfG	Bundesverfassungsgericht
BVerfGE	Sammlung der Entscheidungen des BVerfG
BVerfGG	Gesetz über das Bundesverfassungsgericht
BVerwG	Bundesverwaltungsgericht
BVG	Besonderes Verhandlungsgremium
BZRG	Bundeszentralregistergesetz
ca.	circa
CEEP	Europäische Zentrale der Öffentlichen Wirtschaft
CGD	Christlicher Gewerkschaftsbund Deutschland
CGM	Christliche Gewerkschaft Metall
CR	Computer und Recht, Zeitschrift
DAG	Deutsche Angestelltengewerkschaft
DAF	Deutsche Arbeitsfront
DB	Der Betrieb, Zeitschrift
DBB	Deutscher Beamtenbund
DDR	Deutsche Demokratische Republik
DFB	Deutscher Fußballbund
DGB	Deutscher Gewerkschaftsbund
d.h.	das heißt
Diss.	Dissertation
DJ	Deutsche Justiz, Zeitschrift
DJT	Deutscher Juristentag
DM	Deutsche Mark
DöD	Der öffentliche Dienst, Zeitschrift
DRiG	Deutsches Richtergesetz
DrittelbG	Drittelbeteiligungsgesetz
DRiZ	Deutsche Richterzeitung, Zeitschrift
DStR	Deutsches Steuerrecht, Zeitschrift
dt.	deutsch
DVBl	Deutsches Verwaltungsblatt, Zeitschrift
DVLuftPersV	Erste Durchführungsverordnung zur Verordnung über Luftfahrtpersonal
DZWir	Deutsche Zeitschrift für Wirtschaftsrecht

E	Entwurf; Entscheidung (in der amtlichen Sammlung)
EAS	Europäisches Arbeits- und Sozialrecht, Rechtsvorschriften, Systematische Darstellungen und Entscheidungssammlung
EBRG	Gesetz über Europäische Betriebsräte
EFZG	Gesetz über die Zahlung des Arbeitsentgeltes an Feiertagen und im Krankheitsfall (Entgeltfortzahlungsgesetz)
EG	Europäische Gemeinschaften; Einführungsgesetz; Vertrag zur Gründung der Europäischen Gemeinschaft (1999)
EGB	Europäischer Gewerkschaftsbund
EGBGB	Einführungsgesetz zum Bürgerlichen Gesetzbuch
EGKS	Europäische Gemeinschaft für Kohle und Stahl
EGMR	Europäischer Gerichtshof für Menschenrechte
EGV	Vertrag zur Gründung der Europäischen Gemeinschaft (alte Fassung)
EhrRiEntschG	Gesetz über die Entschädigung ehrenamtlicher Richter
Einl.	Einleitung
ELR	European Law Reporter, Zeitschrift
EMRK	Konvention zum Schutze der Menschenrechte und Grundfreiheiten
Entw.	Entwurf
ESC	Europäische Sozialcharta
EStG	Einkommensteuergesetz
EU	Europäische Union
EuGH	Gerichtshof der Europäischen Gemeinschaften
EuGHE	Sammlung der Entscheidungen des Gerichtshofs der Europäischen Gemeinschaften
EuGRZ	Europäische Grundrechte Zeitschrift
EuGVÜ	Übereinkommen über die gerichtliche Zuständigkeit und die Vollstreckung gerichtlicher Entscheidungen in Zivil- und Handelssachen
EuZA	Europäische Zeitschrift für Arbeitsrecht
EuZW	Europäische Zeitschrift für Wirtschaftsrecht
e.V.	eingetragener Verein
EV	Vertrag zwischen der BRD und der DDR über die Herstellung der Einheit Deutschlands vom 31.8.1990 (BGBl. II S. 889)
EWG	Europäische Wirtschaftsgemeinschaft
EWG-R	Richtlinien der Europäischen Wirtschaftsgemeinschaft
EWG-VO	Verordnung der Europäischen Wirtschaftsgemeinschaft
EWGV	Vertrag zur Gründung einer Europäischen Wirtschaftsgemeinschaft
EWiR	Entscheidungen zum Wirtschaftsrecht, Zeitschrift
EzA	Entscheidungen zum Arbeitsrecht, hrsg. von Stahlhacke
EzBAT	Entscheidungssammlung zum BAT
EzS	Entscheidungssammlung zum Sozialversicherungsrecht
f., ff.	folgend(e); für
FahrpersonalG	Gesetz über das Fahrpersonal von Kraftfahrzeugen und Straßenbahnen
FA	Fachanwalt Arbeitsrecht, Zeitschrift
FeiertagsG	Feiertagsgesetz

FlaggRG	Gesetz über das Flaggenrecht der Seeschiffe und die Flaggenführung der Binnschiffe
FS	Festschrift
FSU	Seemannsunion Finnlands
GA	Generalanwalt
GBl.	Gesetzblatt
GbR	Gesellschaft bürgerlichen Rechts
GDL	Gewerkschaft Deutscher Lokomotivführer
GefStoffVO	Gefahrstoffverordnung
gem.	gemäß
GEW	Gewerkschaft Erziehung und Wissenschaft
GewO	Gewerbeordnung
GG	Grundgesetz
ggf.	gegebenenfalls
GKG	Gerichtskostengesetz
GleiBG	Gesetz zur Durchsetzung der Gleichberechtigung von Frauen und Männern (2. Gleichberechtigungsgesetz)
GLG	Gleichstellungsgesetz
GmbH	Gesellschaft mit beschränkter Haftung
GmbHG	Gesetz über die Gesellschaften mit beschränkter Haftung
GmbHR	GmbH Rundschau, Zeitschrift
GRC	Europäische Grundrechtecharta
grdl.	grundlegend
grds.	grundsätzlich
GS	Großer Senat, Gedächtnisschrift
GVG	Gerichtsverfassungsgesetz
GWB	Gesetz gegen Wettbewerbsbeschränkungen
h.A.	herrschende Ansicht
HaftPflG	Haftpflichtgesetz
HAG	Heimarbeitsgesetz
Halbs.	Halbsatz
HandwO	Handwerksordnung
HG	Hochschulgesetz
HGB	Handelsgesetzbuch
h.L.	herrschende Lehre
h.M.	herrschende Meinung
HRG	Hochschulrahmengesetz
Hrsg.	Herausgeber
HwB AR	Handwörterbuch des Arbeitsrechts
IAB	Institut für Arbeitsmarkt- und Berufsforschung
IAO	Internationale Arbeitsorganisation
i.d.F.	in der Fassung
i.d.R.	in der Regel
i.e.S.	im engeren Sinne
IfSG	Gesetz zur Verhütung und Bekämpfung von Infektionskrankheiten (Infektionsschutzgesetz)
IG	Industriegewerkschaft

IHK	Industrie- und Handelskammer
i.H.v.	in Höhe von
ILO	International Labour Organisation (Internationale Arbeitsorganisation)
inkl.	inklusive
insb.	insbesondere
InsO	Insolvenzordnung
int.	international
IPR	Internationales Privatrecht
i.R.d.	im Rahmen der/des
i.S.d.	im Sinne der/des
i.S.v.	im Sinne von
ITF	Internationale Transport-Arbeiter-Föderation
i.V.m.	in Verbindung mit
JA	Juristische Arbeitsblätter, Zeitschrift
JArbSchG	Gesetz zum Schutz der arbeitenden Jugend (Jugendarbeitsschutzgesetz)
JbArbR	Jahrbuch des Arbeitsrechts
JR	Juristische Rundschau, Zeitschrift
JSchG	Jugendschutzgesetz
Jura	Jura, Ausbildungszeitschrift
JuS	Juristische Schulung, Zeitschrift
JZ	Juristenzeitung, Zeitschrift
Kap.	Kapitel
KAPOVAZ	Kapazitätsorientierte variable Arbeitszeit
Kfz	Kraftfahrzeug
KG	Kommanditgesellschaft
KGaA	Kommanditgesellschaft auf Aktien
KJ	Kritische Justiz, Zeitschrift
Km	Kilometer
KO	Konkursordnung
KOM	Kommissionsdokumente
Komm.	Kommentar
KRG	Kontrollratsgesetz
krit.	kritisch
KSchG	Kündigungsschutzgesetz
KTS	Zeitschrift für Insolvenzrecht (Konkurs, Treuhand, Sanierung)
KUG	Gesetz betreffend das Urheberrecht an Werken der bildenden Künste und der Photographie (Kunsturhebergesetz)
LadSchlG	Gesetz über den Ladenschluss
LAG	Landesarbeitsgericht
LAGE	Sammlung der Entscheidungen der Landesarbeitsgerichte, hrsg. von Stahlhacke
Lfg.	Lieferung
LG	Landgericht
LGG	Landgerichtsgesetz
lit.	Buchstabe

LM	Nachschlagewerk des Bundesgerichtshofs, hrsg. von Lindenmaier, Möhring u.a.
LohnFG	Lohnfortzahlungsgesetz
LPVG, LPersVG	Landespersonalvertretungsgesetz
LSG	Landessozialgericht
LVA	Landesversicherungsanstalt
m.w.N.	mit weiteren Nachweisen
MDR	Monatsschrift für Deutsches Recht
MfS	Ministerium für Staatssicherheit
MindArbbG	Gesetz über Mindestarbeitsbedingungen
MitbestG	Gesetz über die Mitbestimmung der Arbeitnehmer (Mitbestimmungsgesetz)
Montan MitbestErgG	Montan-Mitbestimmungsergänzungsgesetz
Montan-MitbestG	Gesetz über die Mitbestimmung der Arbeitnehmer in den Aufsichtsräten und Vorständen der Unternehmen des Bergbaus und der Eisen und Stahl erzeugenden Industrie (Montan-Mitbestimmungsgesetz)
MTV	Manteltarifvertrag
MuSchG	Gesetz zum Schutz der erwerbstätigen Mutter (Mutterschutzgesetz)
MuSchVO	Verordnung zum Schutze der Mütter am Arbeitsplatz
NachwG	Gesetz über den Nachweis der für ein Arbeitsverhältnis geltenden wesentlichen Bestimmungen (Nachweisgesetz)
n.F.	neue Fassung
NJ	Neue Justiz, Zeitschrift
NJOZ	Neue Juristische Online Zeitschrift
NJW	Neue Juristische Wochenschrift, Zeitschrift
NJW-RR	NJW-Rechtsprechungs-Report Zivilrecht
Nr.	Nummer
n.rkr.	nicht rechtskräftig
NRW, NW	Nordrhein-Westfalen
n.v.	nicht veröffentlicht
NVwZ	Neue Zeitschrift für Verwaltungsrecht
NVwZ-RR	NVwZ-Rechtsprechungs-Report
NZA	Neue Zeitschrift für Arbeitsrecht
NZA-RR	NZA-Rechtsprechungs-Report Arbeitsrecht
NZS	Neue Zeitschrift für Sozialrecht
o.Ä.	oder Ähnliche(s)
o.g.	oben genannt
OHG	offene Handelsgesellschaft
OLG	Oberlandesgericht
OT	Ohne Tarifbindung
ÖTV	Gewerkschaft öffentliche Dienste, Transport und Verkehr
OVG	Oberverwaltungsgericht

PersF	Personalführung, Zeitschrift
PersR	Personalrat, Zeitschrift
PersV	Personalvertretung, Zeitschrift
PersVG	Personalvertretungsgesetz (des Landes)
PflegeZG	Pflegezeitgesetz
pVV	positive Vertragsverletzung
qm	Quadratmeter
RAG	Reichsarbeitsgericht
RAGE	Amtl. Sammlung der Entscheidungen des RAG
RdA	Recht der Arbeit, Zeitschrift
RdErl.	Runderlass
RdSchr.	Rundschreiben
RefE	Referentenentwurf
RegEntw.	Regierungsentwurf
RG	Reichsgericht
RGBl.	Reichsgesetzblatt
RGZ	Sammlung der Entscheidungen des Reichsgerichts in Zivilsachen
rkr.	rechtskräftig
RL	Richtlinie
Rn.	Randnummer
Rs.	Rechtssache
Rspr.	Rechtsprechung
RTV	Rahmentarifvertrag
RVO	Reichsversicherungsordnung
RWS-Forum	Forum des RWS-Verlags
RzK	Rechtsprechung zum Kündigungsrecht
s.	siehe
S.	Seite; Satz
s.a.	so auch; siehe auch
SAE	Sammlung arbeitsrechtlicher Entscheidungen, Zeitschrift
SchuldRModG	Schuldrechtsmodernisierungsgesetz
SchwArbG	Gesetz zur Bekämpfung der Schwarzarbeit
SchwbG	Schwerbehindertengesetz
SchwbWO	Wahlordnung zum Schwerbehindertengesetz
SE	Societas Europaea
SEBG	Gesetz über die Beteiligung der Arbeitnehmer in einer Europäischen Gesellschaft
SeemG	Seemannsgesetz
SG	Sozialgericht
SGB	Sozialgesetzbuch
SGB I	Allgemeiner Teil
SGB II	Grundsicherung für Arbeitssuchende
SGB III	Arbeitsförderung
SGB IV	Gemeinsame Vorschriften für die Sozialversicherung
SGB V	Gesetzliche Krankenversicherung
SGB VI	Gesetzliche Rentenversicherung

SGB VII	Gesetzliche Unfallversicherung
SGB VIII	Kinder- und Jugendhilfe
SGB IX	Rehabilitation und Teilhabe behinderter Menschen
SGB X	Verwaltungsverfahren
SGB XI	Soziale Pflegeversicherung
SGG	Sozialgerichtsgesetz
Slg.	Sammlung von Entscheidungen, Gesetzen etc.
sog.	so genannt(e)
SprAuG	Gesetz über die Sprecherausschüsse der leitenden Angestellten (Sprecherausschussgesetz)
SR	Sonderregelung (zum BAT)
st.	ständig(e)
StGB	Strafgesetzbuch
STPO	Strafprozessordnung
str.	streitig
StrlSchVO	Strahlenschutzverordnung
StVG	Straßenverkehrsgesetz
StVollzG	Gesetz über den Vollzug der Freiheitsstrafe und der freiheitsentziehenden Maßregeln der Besserung und Sicherung
TKG	Telekommunikationsgesetz
TSG	Transsexuellengesetz
TV	Tarifvertrag
TVG	Tarifvertragsgesetz
TVL	Tarifvertrag für den öffentlichen Dienst der Länder
TVöD	Tarifvertrag für den öffentlichen Dienst
TVVO	Tarifvertragsverordnung
TzBfG	Teilzeit- und Befristungsgesetz
UE-APME	Union Européenne de l'Artisanat et des Petites et Moyennes Entreprises (Dachverband für die mittelständische Wirtschaft)
UKlaG	Gesetz über Unterlassungsklagen bei Verbraucherrechts- und anderen Verstößen (Unterlassungsklagengesetz)
umstr.	umstritten
UmwG	Umwandlungsgesetz
UNICE	Union der Industrien der Gemeinschaft
unstr.	unstreitig
Unterabs.	Unterabsatz
Urt.	Urteil
u.U.	unter Umständen
u.v.m.	und viele(s) mehr
UVV	Unfallverhütungsvorschriften
UWG	Gesetz gegen den unlauteren Wettbewerb
v.	vom; von
VA(e)	Verwaltungsakt(e)
VAG	Versicherungsaufsichtsgesetz
Var.	Variante
Ver.di	Vereinte Dienstleistungsgewerkschaft

VereinsG	Gesetz zur Regelung des öffentlichen Vereinsrechts (Vereinsgesetz)
Verf.	Verfassung
VergGr	Vergütungsgruppe
VerglO	Vergleichsordnung
Verh.	Verhandlungen
Veröff.	Veröffentlichungen
VersR	Versicherungsrecht, Zeitschrift
VG	Verwaltungsgericht
vgl.	vergleiche
v.H.	vom Hundert
VO	Verordnung
Vorb.	Vorbemerkung
VVaG	Versicherungsverein auf Gegenseitigkeit
VwGO	Verwaltungsgerichtsordnung
VwVfG	Verwaltungsverfahrensgesetz
WahlO	Wahlordnung; s. auch WO
WehrpflG	Wehrpflichtgesetz
WiB	Wirtschaftsberatung, Zeitschrift
WissZeitVG	Gesetz über befristete Arbeitsverträge in der Wissenschaft (Wissenschaftszeitvertragsgesetz)
WO	Wahlordnung; s. auch WahlO
WRV	Verfassung des Deutschen Reiches v. 11.8.1919 (Weimarer Reichsverfassung)
WSI-Mitteilungen	Mitteilungen des Wirtschafts- und Sozialwissenschaftlichen Instituts, Zeitschrift
zahlr.	zahlreich
z.B.	zum Beispiel
ZDG	Zivildienstgesetz
ZESAR	Zeitschrift für europäisches Sozial- und Arbeitsrecht
ZEuP	Zeitschrift für europäisches Privatrecht
ZFA	Zeitschrift für Arbeitsrecht
ZG	Zeitschrift für Gesetzgebung
ZHR	Zeitschrift für das gesamte Handelsrecht und Wirtschaftsrecht
ZIAS	Zeitschrift für ausländisches und internationales Arbeits- und Sozialrecht
Ziff.	Ziffer
ZIP	Zeitschrift für Wirtschaftsrecht
zit.	zitiert
ZMR	Zeitschrift für Miet- und Raumrecht
ZPO	Zivilprozessordnung
ZRP	Zeitschrift für Rechtspolitik
z.T.	zum Teil
ZTR	Zeitschrift für Tarif-, Arbeits- und Sozialrecht des öffentlichen Dienstes
zust.	zuständig; zustimmend

Literaturverzeichnis

Übergreifende oder abgekürzt zitierte Literatur; Schrifttum zu Einzelfragen befindet sich jeweils zu Beginn eines Abschnitts.

BAUMBACH/BEARBEITER	BAUMBACH/LAUTERBACH/ALBERS/HARTMANN, Kommentar zur ZPO, 66. Aufl., 2008
BROX/RÜTHERS	BROX/RÜTHERS (Hrsg.), Arbeitskampfrecht, 2. Aufl., 1982
BROX/RÜTHERS/HENSSLER	Arbeitsrecht, 17. Aufl., 2007
DÄUBLER/BEARBEITER	DÄUBLER (Hrsg.), Kommentar zum Tarifvertragsgesetz, 2. Aufl., 2006
DÄUBLER	DÄUBLER, Arbeitskampfrecht, 2. Aufl., 1987
DÄUBLER, ArbR I/II	Das Arbeitsrecht, Bd. I, 16. Aufl., 2006; Bd. II, 11. Aufl., 1998
DKK/BEARBEITER	DÄUBLER/KITTNER/KLEBE (Hrsg.), Kommentar zum Betriebsverfassungsgesetz, 11. Aufl., 2008
DL/BEARBEITER	DÜWELL/LIPKE (Hrsg.), Arbeitsgerichtsgesetz, Kommentar, 2. Aufl., 2005
ErfK/BEARBEITER	MÜLLER-GLÖGE/PREIS/SCHMIDT (Hrsg.), Erfurter Kommentar zum Arbeitsrecht, 9. Aufl., 2009
FITTING	FITTING/ENGELS/SCHMIDT/TREBINGER/LINSENMAIER, Betriebsverfassungsgesetz mit Wahlordnung, Handkommentar, 24. Aufl., 2008
FUCHS/REICHOLD	Tarifvertragsrecht, 2. Aufl., 2006
GAMILLSCHEG KollArbR I	Kollektives Arbeitsrecht, Bd. I, 1997
GAMILLSCHEG KollArbR II	Kollektives Arbeitsrecht, Bd. II, 2008
GK-ArbGG/BEARBEITER	Gemeinschaftskommentar zum Arbeitsgerichtsgesetz, bearb. von BADER, DÖRNER, LEINEMANN, MIKOSCH, SCHULZ, WENZEL, Loseblatt
GK-BetrVG/BEARBEITER	Gemeinschaftskommentar zum Betriebsverfassungsgesetz, 2 Bände, 8. Aufl., 2005
GMP/BEARBEITER	GERMELMANN/MATTHES/PRÜTTING/MÜLLER-GLÖGE, Arbeitsgerichtsgesetz, Kommentar, 6. Aufl., 2008
HANAU/ADOMEIT	Arbeitsrecht, 14. Aufl., 2007
HAUCK/HELML	Arbeitsgerichtsgesetz, Kommentar, 3. Aufl., 2006
HROMADKA/MASCHMANN	Arbeitsrecht, 4. Aufl., Bd. 1, 2008, Bd. 2, 2007

HSWG/BEARBEITER	HESS/SCHLOCHAUER/WORZALLA/GLOCK/NICOLAI, Kommentar zum Betriebsverfassungsgesetz, 7. Aufl., 2008
HUECK/NIPPERDEY	Lehrbuch des Arbeitsrechts, 7. Aufl., Bd. I 1967; Bd. II, 1. und 2. Halbbd. 1967, 1970
HWK/BEARBEITER	HENSSLER/WILLEMSEN/KALB (Hrsg.), Arbeitsrecht Kommentar, 3. Aufl., 2008
JARASS/PIEROTH	Grundgesetz für die Bundesrepublik Deutschland, Kommentar, 9. Aufl., 2007
JACOBS/KRAUSE/OETKER	Tarifvertragsrecht, 2007
KEZA/BEARBEITER	KEMPEN/ZACHERT, Tarifvertragsgesetz (TVG), Kommentar, 4. Aufl., 2006
KISSEL	Arbeitskampfrecht, 2002
KITTNER	Arbeitskampf – Geschichte – Recht – Gegenwart, 2005
LIEB/JACOBS	Arbeitsrecht, 9. Aufl., 2006
LÖWISCH/RIEBLE	Tarifvertragsgesetz, Kommentar, 2. Aufl., 2004
MD/BEARBEITER	MAUNZ/DÜRIG, Grundgesetz, Kommentar, Loseblattausgabe
MüArbR/BEARBEITER	Münchener Handbuch zum Arbeitsrecht, 3 Bände, 2. Aufl., 2000, mit Ergänzungsband, 2001
NIKISCH	Arbeitsrecht, Bd. I, 3. Aufl., 1961; Bd. II, 2. Aufl., 1959; Bd. III, 2. Aufl., 1966
OTTO AK	Arbeitskampf und Schlichtungsrecht, 2006
PREIS	PREIS (Hrsg.), Der Arbeitsvertrag, 3. Aufl., 2009
RICHARDI/BEARBEITER	RICHARDI (Hrsg.), Betriebsverfassungsgesetz mit Wahlordnung, Kommentar, 11. Aufl., 2008
SACHS/BEARBEITER	SACHS (Hrsg.), Kommentar zum Grundgesetz, 5. Aufl., 2009
SÄCKER/OETKER	Grundlagen und Grenzen der Tarifautonomie, 1992
SCHAUB/BEARBEITER	Arbeitsrechts-Handbuch, 12. Aufl., 2007
SEITER	SEITER, Streikrecht und Aussperrungsrecht, 1975.
SÖLLNER/WALTERMANN	Arbeitsrecht, 14. Aufl., 2007
STEIN	Tarifvertragsrecht, 1997
UHH/BEARBEITER	ULMER/HABERSACK/HENSSLER, Mitbestimmungsrecht, 2. Aufl., 2006
WIEDEMANN/BEARBEITER	Tarifvertragsgesetz, Kommentar, 7. Aufl., 2007
WP/BEARBEITER	WOLTZKE/PREIS, Betriebsverfassungsgesetz, 3. Aufl., 2006
WWKK/BEARBEITER	WLOTZKE/WISSMANN/KOBERSKI/KLEINSORGE, Mitbestimmungsrecht, 3. Aufl., 2008
ZÖLLNER/LORITZ/HERGENRÖDER	Arbeitsrecht, 6. Aufl., 2008

Erster Teil:
Einführung in das System des kollektiven Arbeitsrechts

§ 75 Begriff des kollektiven Arbeitsrechts

Das kollektive Arbeitsrecht umfasst das Recht der Koalitionen, des Tarifvertrags, des Arbeitskampfs einschließlich des Schlichtungswesens sowie das Mitbestimmungsrecht auf Unternehmens- und Betriebsebene. Vom Individualarbeitsrecht unterscheidet es sich dadurch, dass es sich ausschließlich mit denjenigen Bereichen des Arbeitsrechts beschäftigt, in denen die **Arbeitnehmer** ihrem Arbeitgeber und seiner Interessenvertretung (Arbeitgeberverband) als **Kollektiv** und nicht als Individuen gegenüberstehen. Die Gemeinschaft der Arbeitnehmer kann hierbei sowohl aus der freiwilligen Mitgliedschaft in einer Vereinigung zur Wahrung und Förderung der Arbeits- und Wirtschaftsbedingungen (Gewerkschaft) resultieren als auch aus der Zugehörigkeit zu einem Betrieb bzw. zu einem Unternehmen. Im letzteren Fall können die Arbeitnehmer dem Arbeitgeber als Kollektiv unmittelbar (Arbeitskampf) oder mittelbar durch ihre betriebliche Interessenvertretung (Betriebsrat) gegenüberstehen. Kollektives Arbeitsrecht ist daher das Recht, das die Rechtsbeziehungen zwischen der Gemeinschaft der Arbeitnehmer und den aus dieser resultierenden Interessenvertretungen auf der einen Seite und dem Arbeitgeber bzw. Arbeitgeberverband auf der anderen Seite erfasst.

Recht der Koalitionen, des Tarifvertrags, des Arbeitskampfs und der Mitbestimmung in Betrieb und Unternehmen

Die Abgrenzung der begrifflichen Kategorien des Arbeitsrechts macht seit jeher Schwierigkeiten. Das Arbeitsvertragsrecht bzw. das Individualarbeitsrecht fußt auf dem Prinzip der Privatautonomie, das allerdings durch mannigfache zwingende Rechtsregeln durchbrochen wird. Das Arbeitsschutzrecht, das den technischen und den sozialen Arbeitsschutz beinhaltet, ist öffentlich-rechtlich konzipiert. Das kollektive Arbeitsrecht ist ein Zwitter zwischen möglichst dem Gedanken der Privatautonomie verpflichteter Konfliktlösung einerseits und staatlich sanktionierter Zwangsordnung andererseits. Verfassungsrechtlicher Ausdruck des Autonomiegedankens ist die Gewährleistung der Tarifautonomie durch Art. 9 Abs. 3 GG. Die Zwangsordnung spiegelt sich in der zwingenden Wirkung der Tarifverträge (§ 4 TVG) und Betriebsvereinbarungen (§ 77 Abs. 4 BetrVG) wider. Es handelt sich bei ihnen um privatrechtliche Normenverträge mit staatlich sanktionierter Zwangswirkung.

Begriffliche Abgrenzung des kollektiven Arbeitsrechts

Das kollektive Arbeitsrecht geht in seiner historischen Entwicklung von dem Grundverständnis aus, dass nur durch eine Gruppenrepräsentation der Arbeitnehmerschaft, sei es auf der Ebene von Betrieb oder Unternehmen (Betriebsverfassung), sei es in den Aufsichtsgremien der Kapitalgesellschaft (Mitbestimmung) oder in der Interessenvertretung zur Regelung der Arbeits- und Wirtschaftsbedingun-

Gruppenrepräsentation

gen (Koalitionsrecht, Tarifvertragsrecht und Arbeitskampfrecht) das Arbeitsleben sinnvoll und sozial gestaltet werden kann. Das kollektive Arbeitsrecht dient damit auch wie das gesamte Arbeitsrecht der Kompensation der strukturellen Unterlegenheit der Arbeitnehmerschaft.

„Arbeitsrechtliche Normen dienen vor allem dem Schutz der Arbeitnehmer, weil diese sich beim Abschluss von Arbeitsverträgen typischerweise in einer Situation struktureller Unterlegenheit befinden [. . .]." (BVerfG 29.12.2004 AP Nr. 2 zu § 3 AEntG)

§ 76 Zweck des kollektiven Arbeitsrechts

Literatur: GAMILLSCHEG, Kollektives Arbeitsrecht Bd. I, S. 1 ff.

Parität zwischen Arbeitnehmern und Arbeitgebern

Das kollektive Arbeitsrecht ergänzt die individualarbeitsrechtlichen und arbeitsschutzrechtlichen Schutzmechanismen zugunsten der Arbeitnehmer. Wie das Individualarbeitsrecht findet es seinen Ursprung in der Zielsetzung, einen tatsächlichen Ausgleich, das heißt **Parität** (siehe unter § 1) zwischen den Arbeitnehmern und dem ihnen wirtschaftlich überlegenen Arbeitgeber zu schaffen. Im Wege kollektiven Gegengewichts auf der Arbeitnehmerseite soll ein Verhandlungsgleichgewicht von Arbeitnehmern und Arbeitgebern erzielt werden, so dass die strukturelle Unterlegenheit des einzelnen Arbeitnehmers durch kollektives Handeln ausgeglichen werden kann. Erreicht werden soll dies im Einzelnen über die Interessenvertretungen auf gewerkschaftlicher, betrieblicher und Unternehmensebene, die eine gleichberechtigte Beteiligung der Arbeitnehmer bei der Schaffung der Arbeitsbedingungen mittels Tarifverträgen, Betriebsvereinbarungen und der eigenverantwortlichen Konfliktlösung im Arbeitskampf ermöglichen sollen. Mit dem kollektiven Arbeitsrecht tritt damit neben das Individualarbeitsrecht ein weiteres Regelungssystem, das dem Schutz der Arbeitnehmer vor der Übermacht des wirtschaftlich überlegenen Arbeitgebers dient.

Historischer Ursprung

Die Herausbildung dieser zwischen Individualvertrag und Gesetz angesiedelten Ebene ist historisch zu erklären. Im 19. Jahrhundert eröffnete einerseits die Vertragsfreiheit im Privatrecht, die sich als grundlegendes Prinzip durchsetzte und keine rechtlichen Schranken bei der Vertragsgestaltung auferlegte, und der Überschuss an billigen Arbeitskräften andererseits, der auf die gestiegene Lebenserwartung, Verbesserungen in der Landwirtschaft und praktisch schrankenlos zulässige Kinder- und Frauenarbeit zurückzuführen war, den Arbeitgebern die Möglichkeit, ihre wirtschaftliche Macht gegen die Arbeitnehmer auszuspielen und so die Arbeitsbedingungen faktisch zu diktieren. Um den Arbeitgebern in einer annähernd gleichwertigen Position gegenübertreten zu können, versuchten die Arbeitnehmer, dieses **Ungleichgewicht durch Zusammenschlüsse** zu Gewerkschaften und Betriebsräten **zu kompensieren**. Unter dem Schutz dieser Zusammenschlüsse forderten sie die Aushandlung von Arbeitsbedingungen, insbesondere der Lohnfestsetzung, auf kollektiver Ebene zwischen den Gewerkschaften auf der einen Seite und den einzelnen Arbeitgebern, später auch den Arbeitgeberverbänden auf der anderen Seite. Darüber hinaus sollte die Unternehmerfreiheit beschränkt werden, indem Arbeiterausschüsse die Gewinnbeteiligung der Arbeitnehmer kontrollieren sollten. Ferner wurde gefordert, die Unternehmen zu verpflichten, mit den Arbeitnehmern eine Arbeitsordnung zu vereinbaren, die verbindlich Arbeitszeiten, Kündigungsfristen und die Art der Lohnfortzahlung festschreiben sollte. Damit waren die Grundlagen für die Interessenvertretungen im Wege des Koalitions-, Tarifvertrags- und Mitbestimmungsrechts gelegt (näher zur geschichtlichen Entwicklung des Arbeitsrechts siehe unter § 3; zur historischen Entwicklung des Koalitionsrechts siehe unter § 81; zur Entwicklung des Mitbestimmungsrechts siehe unter § 144).

Der Schutz des Arbeitnehmers als Mitglied des Kollektivs lässt das Selbstbestimmungsrecht des Arbeitnehmers allerdings nicht entfallen. Gewerkschaften und Betriebsräte sind **nicht Vormund** des einzelnen Arbeitnehmers, sondern seine **Interessenvertreter**, die ihm im Wege der kollektiven Interessenwahrung eine gleichberechtigte Teilhabe an den das Arbeitsverhältnis gestaltenden Bedingungen ermöglichen sollen. Der einzelne Arbeitnehmer ist daher frei in seiner Entscheidung, ob er Mitglied einer Gewerkschaft werden will. In die bestehende Betriebsverfassung ist der Einzelne dagegen zwangsweise eingeordnet. Er ist allerdings frei darin, ob und wen er als Repräsentanten der Arbeitnehmerinteressen in Unternehmen und Betrieb wählt. Ausdruck der Privatautonomie ist, dass das kollektive Arbeitsrecht mit dazu beiträgt, zwingende Mindestarbeitsbedingungen zu schaffen. Der einzelne Arbeitnehmer ist aber frei darin, nach dem **Günstigkeitsprinzip** für sich selbst mit dem Arbeitgeber bessere Arbeitsbedingungen zu vereinbaren.

Keine Bevormundung des einzelnen Arbeitnehmers

§ 77 Bedeutung des kollektiven Arbeitsrechts

Das kollektive Arbeitsrecht ist von nicht zu unterschätzender Bedeutung sowohl für die Arbeitsrechtsordnung als auch für das Wirtschaftssystem. Denn das System der Interessenvertretungen der Arbeitnehmer durch Gewerkschaften sowie im Betrieb und Unternehmen ermöglicht es dem Staat, die Regelung der Arbeitsbedingungen in die Verantwortung derer zu legen, die von ihnen betroffen sind, das heißt in die Verantwortung der Arbeitsvertragsparteien und ihrer Interessenvertretungen, und dabei zugleich die staatliche Regelungsmacht auf die Schaffung von Rahmenvorschriften zu beschränken. Das kollektive Arbeitsrecht trägt daher im Wesentlichen dazu bei, dass die Arbeitsbedingungen nicht durch staatliche Reglementierung geprägt sind, sondern durch die Interessen und Interessengegensätze der Arbeitsvertragsparteien. Damit ist das kollektive Arbeitsrecht zugleich auch Ausdruck einer liberalen Wirtschaftsordnung.

Ausdruck liberaler Wirtschaftsverfassung

Dem kollektiven Arbeitsrecht kommt darüber hinaus eine wesentliche sozialpolitische Bedeutung zu, die in der Sozialpartnerschaft zwischen Arbeitnehmervertretungen und Arbeitgebern ihren Ausdruck findet. Nicht selten wird das kollektive Arbeitsrecht überdies angesichts seiner demokratisch gewählten Interessenvertretung im Betriebsverfassungs-, Personalvertretungs- und Sprecherausschussrecht als „Vorschule der Demokratie" erachtet (siehe unter § 142).

I. Betriebsverfassungs- und Mitbestimmungsrecht

Betriebsverfassung

Die Bedeutung des Betriebsverfassungs- und Mitbestimmungsrechts lässt sich nicht sicher aus dem Geltungsbereich der Gesetze erschließen. So bestimmt § 1 BetrVG zwar, dass in Betrieben mit in der Regel fünf wahlberechtigten Arbeitnehmern Betriebsräte gewählt werden. In der Realität sind aber nur in ca. 15 % der betriebsratsfähigen Betriebe Betriebsräte gewählt worden (HROMADKA/MASCHMANN § 11 Rn. 11). Der Grund liegt darin, dass in Klein- und Mittelbetrieben Betriebsräte seltener anzutreffen sind. Nur 7 % der Betriebe zwischen 5 und 50 Beschäftigten verfügen über einen Betriebsrat. Allerdings sind in den größeren Unternehmen zumeist Betriebsräte gebildet. Mehr als 80 % der Betriebe mit mehr als 200 Beschäftigten verfügen über einen Betriebsrat, so dass etwa die Hälfte aller Arbeitnehmer in Deutschland in den Genuss einer betriebsverfassungsrechtlichen Vertretung kommt. eine umfassende Bestandsaufnahme ist im Bericht der Kommission Mitbestimmung der Bertelsmann Stiftung und der Hans-Böckler-Stiftung (Mitbestimmung und neue Unternehmenskulturen, Bilanz und Perspektiven, Gütersloh 1998) enthalten. Aktuelle Zahlen ermittelt das Institut für Arbeitsmarkt und Berufsforschung der Bundesagentur für Arbeit (www.iab.de).

– 1994 wurden in 40 000 Betrieben Betriebsräte mit insgesamt 220 000 Mitgliedern gewählt.
– Insgesamt wurden im Jahre 1994 jedoch nur 39,5 % aller Arbeitnehmer in der Privatwirtschaft durch einen Betriebsrat repräsentiert. Der Anteil ist bis zum Jahr 2005 auf über 40 % gestiegen.
– Etwa drei Viertel der Betriebsratssitze fallen auf Kandidaten, die in Gewerkschaften des DGB organisiert sind.
– Bei Betrieben mit einer Beschäftigtenzahl zwischen 5 und 50 lag der Anteil der Betriebe mit Betriebsrat bei 7 Prozent; bei Betrieben mit mehr als 500 Beschäftigten bei 89 (West) bzw. 86 (Ost) Prozent (vgl. ELLGUTH, WSI-Mitteilungen 2007, 155 ff.).

Unternehmensverfassung

Da die Mitbestimmung in den Unternehmensorganen nur größere Unternehmen betrifft, die in der Regel auch Betriebsräte bilden, dürften praktisch in allen Unternehmen, die nach den entsprechenden Mitbestimmungsgesetzen die erforderliche Rechtsform und Unternehmensgröße haben, die entsprechenden mitbestimmten Organe gebildet worden sein. Unter den Geltungsbereich des

MontanMitbestG fielen 1996 nur noch etwa 45 montanproduzierende Unternehmen mit etwa 300 000 Beschäftigten. Die Zahlen sind seitdem rückläufig. Unter den Geltungsbereich des wichtigsten Mitbestimmungsgesetzes, des MitbestG 1976, das ab einer Unternehmensgröße von 2000 Arbeitnehmern greift, fielen im Jahre 1996 728 Unternehmen mit etwa 5,2 Millionen Beschäftigten (vgl. Bericht der Kommission Mitbestimmung der Bertelsmann Stiftung und der Hans-Böckler-Stiftung a.a.O.). Im Jahr 2005 lag die Zahl der unter das MitbestG 1976 fallenden Unternehmen bei 729 (Mitbestimmung 2006, 64). Über die Zahl der unter das Mitbestimmungsregime des DrittelbG (Unternehmen mit 500 bis 2000 Arbeitnehmern) fallenden Unternehmen gibt es keine gesicherten Daten. Die Zahl soll aber bei über 1000 Unternehmen liegen (MüArbR/WISSMANN § 383 Rn. 1).

II. Tarifvertrags- und Arbeitskampfrecht

Vorrangige Bedeutung haben Tarifverträge vor allem für die Tarifgebundenen, d.h. für die Mitglieder der Tarifvertragsparteien. Allein die **DGB-Gewerkschaften** zählen ca. 6,5 Millionen Mitglieder (Stand: Ende 2007), das entspricht einem Organisationsgrad von ca. 20 % aller Arbeitnehmer. Der Organisationsgrad auf **Arbeitgeberseite** soll sogar zwischen 80 % und 90 % liegen (siehe THÜSING, ZTR 1996, 481). Ende 2005 waren beim Tarifregister beim Bundesarbeitsministerium rund 64 341 gültige Tarifverträge in Deutschland registriert, etwa 2550 mehr als im Vorjahr. Der Anwuchs beruht z.T. darauf, dass die Tariflandschaft flexibler und differenzierter wird. Dies resultiert nicht zuletzt aus einer steigenden Zahl von Firmen- und Haustarifverträgen. Im Jahr 2005 wurden 5416 neue Tarifverträge geschlossen (WSI-Tarifhandbuch 2006; Angaben des BMA, Tarifvertragliche Arbeitsbedingungen im Jahre 2004).

Organisationsgrad

Die Tarifbindung lag dabei unter den Beschäftigten bei ca. 68 % (2004). Der Anteil der tarifgebundenen Betriebe lag 2004 bei ca. 43 % (West), bzw. 23 % (Ost). Die Tarifbestimmungen erfassen in der Praxis aber nicht nur die Mitglieder der Tarifvertragsparteien. Durch staatliche Anordnung oder Verweisung in Arbeitsverträgen auf Tarifverträge füllen Tarifnormen auch eine hohe Anzahl der Arbeitsverhältnisse von Nichtorganisierten aus. In den alten Bundesländern soll der **Erfassungsgrad** der Arbeitnehmer bei ca. **84 %** liegen (Quelle: Angaben des BMAS, Tarifvertragliche Arbeitsbedingungen 2004).

Erfassungsgrad

Die Resonanz in der Öffentlichkeit und in den Medien bei Abschluss oder Scheitern von Tarifverhandlungen zeigt die **Bedeutung des Tarifvertragsrechts** für das gesamte Wirtschaftssystem Deutschlands. Vor dem Hintergrund der Beschäftigungskrise der 90er Jahre und der anhaltend hohen Arbeitslosigkeit wird die ökonomische Bedeutung des Tarifvertrags kontrovers diskutiert (kritisch zum volkswirtschaftlichen Nutzen von Tarifverträgen ZÖLLNER/LORITZ/HERGEN-

Standortfaktor

RÖDER § 34 II). Aus diesem Grund wird auch von einer Krise des Tarifvertrags gesprochen (vgl. hierzu HANAU, RdA 1998, 65 ff.). Dabei handelt es sich weniger um eine Krise des Tarifrechts als vielmehr um eine Krise der Tarifpolitik, die sehr differenzierter Betrachtung bedarf. Die allgemein schlechte Laune, die in Wirtschaftsteilen deutscher Zeitungen verbreitet wird, ist unüberhörbar. Wiederkehrend wird über Störungen und Erstarrungen im Bereich der Verbände geklagt und man kann nicht umhin festzustellen, dass Arbeitgeberverbände und Gewerkschaften es vielen schwer machen, ein konstruktives lösungsorientiertes Verhalten zu erkennen. In der Beratungspraxis ist es zum Volkssport geworden, Wege aus der Tarifbindung zu finden oder die Funktionsdefizite der Tarifautonomie so geschickt zu nutzen, dass der Preis der Arbeit möglichst verringert wird. Andererseits zeigt die neuere tarifpolitische Entwicklung , dass die Tarifvertragsparteien durch zunehmende Differenzierung und Dezentralisierung von Tarifverträgen auf die veränderten ökonomischen Rahmenbedingungen reagiert haben. Die weitgehend durch Rechtsprechung gestaltete Rahmenordnung des Tarif- und Arbeitskampfrechts in der Bundesrepublik Deutschland, die in Zeiten des Wirtschaftsaufschwungs eine Erfolgsgeschichte war, scheint gegenwärtig dennoch an einem Scheideweg zu stehen. In vielen Bereichen sind die Gewerkschaften nicht mehr durchsetzungsfähig, ja sind sogar Tarifabschlüsse feststellbar, die einen existenzsichernden Lohn nicht mehr garantieren. Andererseits erstarken Berufs- und Spezialistengewerkschaften, die sehr respektable materielle Arbeitsbedingungen erkämpfen (Ärzte, Piloten). Freilich ist als Standortfaktor zu würdigen, dass das deutsche System, letztlich bis zum heutigen Tag, vermocht hat, Strukturveränderungen durchzustehen und soziale Unruhen zu vermeiden. Weltweit ist die Bundesrepublik, nur noch übertrumpft von der Schweiz, Marktführer, wenn es um das Stichwort sozialen Friedens geht.

Auswirkung auf andere Bereiche der Rechtsordnung

Die **Bedeutung** der Tariflöhne für Nichtorganisierte zeigt sich aber auch **in anderen Bereichen der Rechtsordnung**: Nach § 612 Abs. 2 BGB ist ohne Vereinbarung die **übliche Vergütung** zu zahlen. Üblich soll i.d.R. der entsprechende Tariflohn sein, auch für Nichttarifgebundene (ErfK/PREIS § 612 BGB Rn. 38). Sogar strafrechtliche Auswirkungen hat der Tariflohn, wenn er als Vergleichsmaßstab für den Tatbestand des **Wuchers** (§ 302a Abs. 1 S. 1 Nr. 3 StGB) dient (so der BGH 22.4.1997 AP Nr. 52 zu § 138 BGB; vgl. dazu KANIA/PETERS-LANGE, ZTR 1996, 534 ff.).

§ 78 Struktur des kollektiven Arbeitsrechts

Mehrgliedrigkeit der Interessenvertretung

Zum kollektiven Arbeitsrecht als dem Recht der Rechtsbeziehungen von Arbeitgeber bzw. Arbeitgeberverband und Interessenvertretungen der Arbeitnehmer gehören die Regeln über die Voraussetzungen und Grenzen des Tätigwerdens von Gewerkschaften, Arbeitgebervertretern, einzelnen Arbeitgebern, Betriebsräten und Arbeitnehmervertretungen in den Organen der Kapitalgesellschaften. Seine Teilbereiche regeln die Rechte und Pflichten von Zusammenschlüssen der Arbeitnehmer zu Gewerkschaften bzw. der Arbeitgeber zu Arbeitgeberverbänden (**Koalitionsrecht**, siehe unter §§ 80 ff.), den Inhalt von Tarifverträgen und die Voraussetzungen, unter denen Arbeitgeber bzw. Arbeitgeberverbände und Gewerkschaften als Tarifvertragsparteien Tarifverträge für einzelne Industriezweige schließen können (**Tarifvertragsrecht**, siehe unter §§ 88 ff.), die Mittel und ihre Rechtsfolgen, die den Tarifvertragsparteien im Streit um den Inhalt von Tarifverträgen zur Verfügung stehen (**Arbeitskampfrecht**, siehe unter §§ 108 ff.) sowie unter welchen Voraussetzungen und mit welchen Befugnissen Interessenvertretungen in Betrieb (**Betriebsverfassungsrecht**, siehe unter §§ 145 ff.) und Unternehmen (**Unternehmensmitbestimmung**, siehe unter §§ 163 ff.) begründet werden können. Im Betriebsverfassungsrecht ist hierbei die Betriebsvereinbarung als Vertrag zur Regelung der betrieblichen Belange zwischen der Betriebsbelegschaft und dem Arbeitgeber von besonderer Bedeutung. Das Unternehmensmitbestimmungsrecht befasst sich wiederum mit der Entsendung demokratisch gewählter Arbeitnehmervertretungen in die Organe der Kapitalgesellschaften. Damit vereint das kollektive Arbeitsrecht verschiedene Konzepte der Interessenvertretung, die in ihrer Zielsetzung, dem Ausgleich zwischen Arbeitnehmer- und Arbeitgeberinteressen, übereinstimmen, diese jedoch durch verschiedene Gruppen (Gewerkschaften, betriebliche Interessenvertretungen, Arbeitnehmervertretungen in Unternehmensorganen, Arbeitgeber, Arbeitgeberverbände) auf unterschiedlichen Gebieten (Tarifvertrag, Mitbestimmung in Betrieb und Unternehmen) verfolgen.

Die differierenden Konzepte der Interessenvertretung ermöglichen es, das kollektive Arbeitsrecht in zweierlei Hinsicht zu gliedern: einerseits nach den Ebenen der Interessenvertretung, andererseits nach den Trägern der Interessenvertretungen.

Ebenen der Interessenvertretung

Als Ebenen der Interessenvertretung lassen sich der Bereich oberhalb von Betrieb und Unternehmen und innerhalb von Betrieb und Unternehmen unterscheiden. Zu dem Bereich **oberhalb von Unternehmen und Betrieb** sind das **Koalitionsrecht**, das **Tarifvertragsrecht** sowie das **Arbeitskampfrecht** zu zählen, die unabhängig von einem Unternehmen oder Betrieb die Rechtsbeziehungen der Arbeitgeberverbände bzw. des einzelnen Arbeitgebers und der auf Mitgliedschaft beruhenden Interessenvertretung der Gewerkschaften regeln. Sie finden ihre verfassungsrechtliche Grundlage in der in Art. 9 Abs. 3 GG verankerten Koalitionsfreiheit. Mit Ausnahme des Tarifvertragsrechts, das im TVG geregelt ist, fehlt es indes an weiteren gesetzlichen Normierungen. Das Recht der Koalitionen sowie das des Arbeitskampfs einschließlich des Schlichtungswesens sind daher weitestgehend durch die Rechtsprechung geprägt.

Zu dem Bereich **innerhalb des Unternehmens** zählen demgegenüber die **Unternehmensmitbestimmung** sowie die **Mitbestimmung auf betrieblicher Ebene**, die aus der Zugehörigkeit der Arbeitnehmer zu einem Unternehmen bzw. einem Betrieb resultieren. Die Unternehmensmitbestimmung ist im MontanMitbestG, im MontanMitbestErgG, im DrittelbG und im MitbestG geregelt. Ihr Ziel ist es, dem Schutzbedürfnis der Arbeitnehmer im Wege der Einbeziehung der Arbeitnehmerinteressen in die Unternehmensplanung Rechnung zu tragen. Die betriebliche Mitbestimmung ist im BetrVG 1972, im SprAuG, im Europäischen Betriebsrätegesetz sowie im BPersVG und in den LPersVG geregelt. Sie zielt darauf, die Arbeitnehmer an den ihr tägliches Berufsdasein betreffenden Entscheidungen teilhaben zu lassen.

Träger der Interessenvertretung

Träger der Interessenvertretung oberhalb von Unternehmen und Betrieb sind Gewerkschaften und Arbeitgeberverbände. Innerhalb von Betrieb und Unternehmen sind es zum einen der (Gesamt-)Betriebsrat, Sprecherausschuss und Personalrat auf betrieblicher Ebene sowie zum anderen die Organe der Kapitalgesellschaften, in denen Arbeitnehmervertretungen mitwirken. Angesichts des Nebeneinanders von (Gesamt-)Betriebsrat und Personalrat einerseits sowie Gewerkschaften andererseits als Träger der Interessenvertretung spricht man auf Arbeitnehmerseite vom **dualen System** der Interessenvertretung.

Zwingendes Recht, autonome Ausübung

Das kollektive Arbeitsrecht hat **keine einheitliche Normstruktur**. Das Recht der Mitbestimmung ist in umfassenden Kodifikationen geregelt, das Koalitions- und Arbeitskampfrecht dagegen nicht, kann sich aber auf eine verfassungsrechtliche Garantie stützen. Zwar gewährleistet der Staat durch **zwingende Rechtsregeln** Mitbestimmung und kollektivvertragliche Regelungen. Das kollektive Arbeitsrecht ist jedoch insgesamt von einer **Initiative der Arbeitnehmerschaft** abhängig. So wird kein Betriebsrat ohne arbeitnehmerseitige Initiative gewählt (siehe unter § 147 V 1 a). Das Recht der Mitbestimmung in den Unternehmensorganen ist zwar ebenfalls zwingend, doch bleibt der faktische Verzicht auf Mitbestimmung durch die Arbeitnehmerschaft ohne Sanktion (MüArbR/Wissmann § 375 Rn. 16). Der Staat gewährleistet durch das Tarifvertragsgesetz (§ 4 TVG) und das Betriebsverfassungsgesetz (§ 77 Abs. 4 BetrVG) die zwingende Normwirkung von Tarifverträgen und Betriebsvereinbarungen. Doch liegt es prinzipiell in der autonomen Entscheidung der Tarifparteien und Betriebsparteien, ob und welche Regeln zum Gegenstand einer Vereinbarung gemacht werden.

Regelungsinstrumente und Konfliktlösung

Uneinheitlich und konfliktbehaftet sind die Regelungsinstrumente des kollektiven Arbeitsrechts. Der Tarifvertrag erstreckt sich in seiner Normwirkung grundsätzlich nur auf tarifgebundene Arbeitgeber und Arbeitnehmer (§ 3 Abs. 1 TVG), wenn er auch in seiner praktischen Bedeutung darüber hinaus reicht. Die Betriebsvereinbarung erstreckt sich dagegen normativ auf alle Arbeitnehmer des Betriebs, unabhängig von der Zugehörigkeit zu einer Gewerkschaft und unabhängig von ihrer Zustimmung. Die Konfliktlösung erfolgt in den **mitbestimmten Unternehmensorganen** durch Abstimmungen nach dem **Mehrheitsprinzip**. Für **Tarifvertrag** und **Betriebsvereinbarung** gilt dagegen das **Konsensprinzip**. Da sich hier kollidierende Interessen gegenüberstehen, bedarf es für den Fall der Nichteinigung spezifischer Konfliktlösungsmechanismen. Im Betriebsverfassungsrecht ist dies die Zwangsschlichtung durch die Einigungsstelle in mitbestimmungspflichtigen Angelegenheiten (§ 76 BetrVG). Im Tarifvertragsrecht geschieht die Konfliktlösung durch Arbeitskampf und freiwillige Schlichtung.

Das kollektive Arbeitsrecht stellt damit kein in sich abgeschlossenes System dar. Seine Teilbereiche weisen jedoch zahlreiche Verflechtungen untereinander auf, beispielsweise zwischen dem Tarifvertrags- und dem Betriebsverfassungsrecht, indem etwa § 77 Abs. 3 S. 1 BetrVG einen Vorrang der tarifvertraglichen Regelungen vorsieht (siehe unter § 152 I 5), wie auch zum Gesellschafts- (Unternehmensorganisationsrecht), zum Verwaltungs- (Personalvertretungsrecht), zum Verfassungs- (vorwiegend Art. 9 Abs. 3 GG) und vor allem zum Individualarbeitsrecht. Das Individualarbeitsrecht bildet hierbei die Basis. Es schafft die Grundlage (Eingliederung des Arbeitnehmers in den Betrieb, arbeitsvertragliche Verweisungsklauseln auf Tarifverträge), aufgrund derer die kollektiven Interessenvertretungen das Arbeitsverhältnis mitgestalten. So wirken sich Tarifverträge beispielsweise im Hinblick auf die Schaffung und Erhaltung von Mindestarbeitsbedingungen auf die arbeitsvertraglichen Hauptleistungspflichten aus (siehe unter § 95). Aber auch die Mitbestimmungsrechte des Betriebsrats in den Fragen der Eingruppierung und Versetzung (§§ 95 Abs. 3, 99 BetrVG) sowie im Fall der Kündigung (§ 102 BetrVG) können die Rechtmäßigkeit individualrechtlich erfolgter Eingruppierungen, Versetzungen und Kündigungen berühren (siehe unter § 151). Ebenso greift das Recht, einen Arbeitskampf zu führen, unmittelbar in das Arbeitsvertragsrecht ein, indem im Fall eines rechtmäßigen Streiks die Hauptleistungspflichten suspendiert werden (siehe unter § 125).

Verknüpfung von Kollektiv- und Individualarbeitsrecht

§ 79 Literatur zum kollektiven Arbeitsrecht

Im kollektiven Arbeitsrecht kommt der Literatur und den Entscheidungssammlungen – nicht anders als im Individualarbeitsrecht – eine besondere Bedeutung zu. Die Gesetzes- und Entscheidungssammlungen, die Zeitschriften mit arbeitsrechtlichem Schwerpunkt sowie die Nachschlagewerke erfassen hierbei regelmäßig sowohl das Individual- als auch das Kollektivarbeitsrecht. Die in Band I unter § 5 empfohlenen Literaturangaben gelten daher auch für das kollektive Arbeitsrecht.

Neben der aktuellen Lehrbuchliteratur, die sowohl das Individual- als auch das Kollektivarbeitsrecht beinhaltet, gibt es zum kollektiven Arbeitsrecht jedoch weitere Hand- und Lehrbücher, die sich eigens mit dem Tarifvertrags-, Betriebsverfassungs-, Mitbestimmungs-, Arbeitskampfrecht sowie dem Arbeitsgerichtsverfahren befassen.

I. Lehrbücher

Lehrbücher, die sich gesondert mit dem kollektiven Arbeitsrecht beschäftigen, nehmen auf Grund der zunehmenden Bedeutung des kollektiven Arbeitsrechts im Bereich der Schwerpunktausbildung der Juristenausbildung zu.

Als „große" Lehrbücher sind aus neuerer Zeit vor allem die Werke von HROMADKA/MASCHMANN und JACOBS/KRAUSE/OETKER zu erwähnen, wobei letzteres sich bereits jetzt als umfassendes Handbuch zum Tarifvertragsrecht begreift, während HROMADKA/MASCHMANN das gesamte kollektive Arbeitsrecht aufarbeiten. Für die vertiefte Lektüre sind beide Werke uneingeschränkt zu empfehlen. Dies gilt auch für DÄUBLERS Lehrbuch zum kollektiven Arbeitsrecht, das sich im besonderen Maße auch den gesellschaftlichen Rahmenbedingungen, unter denen sich das kollektive Arbeitsrecht entwickelt, zuwendet.

Als Kurzlehrbuch zum kollektiven Arbeitsrecht, hat das Werk von RICHARDI einen besonderen Status, da sich entsprechende Kurzdarstellungen häufig nur in den Lehrbüchern zum gesamten Arbeitsrecht (siehe unter § 4) finden. Einen Schwerpunkt bildet in diesem Lehrbuch das Betriebsverfassungrecht heraus. Zu dessen vertieftem Verständnis ist ferner das Lehrbuch von VON HOYNINGEN-HUENE zu empfehlen. Das gleiche gilt für die knappere Darstellung von EDENFELD. Für einen ersten Zugang zum Tarifvertragsrecht und das Verständnis seiner Grundstrukturen sind die Werke von STEIN, wenn auch mitterweile in die Jahre gekommen, und FUCHS/REICHOLD zu empfehlen.

➲ **Tabellarischer Überblick:**
- DÄUBLER, Das Arbeitsrecht 1, 16. Aufl. 2006
- EDENFELD, Recht der Arbeinehmermitbestimmung, 2. Aufl. 2005
- FUCHS/REICHOLD, Tarifvertragsrecht, 2. Aufl. 2006
- von HOYNINGEN-HUENE, Betriebsverfassungsrecht, 6. Aufl. 2007
- HROMADKA/MASCHMANN, Arbeitsrecht, Bd. 2, Kollektivarbeitsrecht und Arbeitsrechtsstreitigkeiten, 4. Aufl. 2007
- HUECK/NIPPERDEY, Lehrbuch des Arbeitsrechts, Kollektives Arbeitsrecht, Bd. II/1, 7. Aufl. 1966 und Bd. II/2, 7. Aufl. 1970
- JACOBS/KRAUSE/OETKER, Tarifvertragsrecht, 2007
- RICHARDI, Kollektives Arbeitsrecht, 2007
- STEIN, Tarifvertragsrecht, 1997

II. Fallsammlungen/Wiederholungsfragen

Die Lehr- und Handbuchliteratur wird von Fallsammlungen ergänzt, die entweder Musterklausurlösungen oder Fragen zur Wissensüberprüfung enthalten. Nachfolgend eine Auswahl von Fallsammlungen, die ausschließlich das kollektive Arbeitsrecht zum Gegenstand haben. Auch diese haben mit dem Falllehrbuch von SÄCKER, sowie dem neu erschienenen Klausurenband von OETKER an Vielfalt und Qualität gewonnen. Zur Wiederholung des gelernten ist der Klassiker „Prüfe dein Wissen" in der Neubearbeitung von KRAUSE sehr zu empfehlen.

◯ Überblick:
- BOEMKE/LUKE/ULRICI, Fallsammlung zum Schwerpunktbereich Arbeitsrecht, 2008
- KRAUSE, Prüfe Dein Wissen: Arbeitsrecht II – Kollektives Arbeitsrecht, 1. Aufl. 2007
- OETKER, 30 Klausuren aus dem Arbeitsrecht – Kollektives Arbeitsrecht, 7. Aufl. 2008
- SÄCKER, Kollektives Arbeitsrecht case by case, 2006

III. Handbücher und Monographien

Zum kollektiven Arbeitsrecht gibt es eine Vielzahl an Monographien, aber nur wenige Handbücher. Das Jahrhundertwerk von GAMILLSCHEG zum kollektiven Arbeitsrecht, das mittlerweile durch den 2. Band zum Mitbestimmungsrecht komplettiert ist, stellt dabei die wohl umfassendste und tiefgreifendste Gesamtdarstellung des kollektiven Arbeitsrechts dar, die gegenwärtig zur Verfügung steht. Sowohl zur vertieften Lektüre als auch für das Verständnis grundsätzlicher Fragen erweist es sich als zeitlose Grundlagenliteratur.
- GAMILLSCHEG, Kollektives Arbeitsrecht Bd. I, 1997, Bd. 2, 2008

Diesem Werk kommt damit eine historische Bedeutung zu, die ansonsten wohl nur durch die Lehrbücher von HUECK/NIPPERDEY und – mit Einschränkungen – NIKISCH erreicht worden sind. Diese sind trotz ihres mittlerweile erheblichen Alters nach wie vor zum Verständnis der Entwicklung des kollektiven Arbeitsrechts unverzichtbar.
- HUECK/NIPPERDEY, Lehrbuch des Arbeitsrechts, Kollektives Arbeitsrecht, Bd. II/1, 7. Aufl. 1966 und Bd. II/2, 7. Aufl. 1970
- NIKISCH, Arbeitsrecht, Bd. II, 2. Aufl. 1959

Aus dem Bereich der aktuelleren Gesamtdarstellungen ragt ferner heraus.
- RICHARDI/WLOTZKE, Münchener Handbuch zum Arbeitsrecht, 2. Auflage, Bd. 3, §§ 240–394, 2000

Dieses Werk war – mit einer Vielzahl namhafter Autoren – als Nachfolgewerk zu den zuvor erwähnten Werken gedacht.

Aus der unüberschaubaren monographischen Literatur zum **Tarifrecht** hat besondere Bedeutung das Werk von
- SÄCKER/OETKER, Grundlagen und Grenzen der Tarifautonomie, 1992.

Angesichts der Komplexität des kollektiven Arbeitsrechts befassen sich viele Dissertationen und zahlreiche Habilitationsschriften mit Fragen des kollektiven Arbeitsrechts. Klassiker sind:
- BIEDENKOPF, Grenzen der Tarifautonomie, 1964
- RICHARDI, Kollektivgewalt und Individualwille bei der Gestaltung des Arbeitsverhältnisses, 1968
- SÄCKER, Grundprobleme der kollektiven Koalitionsfreiheit, 1969
- SÄCKER, Gruppenautonomie und Übermachtkontrolle im Arbeitsrecht, 1972
- SCHOLZ, Die Koalitionsfreiheit als Verfassungsproblem, 1971

Wichtige neuere Habilitationsschriften stammen von
- BAYREUTHER, Tarifautonomie als kollektiv ausgeübte Privatautonomie, 2005
- RICKEN, Autonomie und tarifliche Rechtsetzung, 2006

Im **Arbeitskampfrecht** stehen mehr monographische Werke zur Verfügung.
- BROX/RÜTHERS, Arbeitskampfrecht, 2. Aufl. 1982
- DÄUBLER, Arbeitskampfrecht, 2. Aufl. 1987
- KISSEL, Arbeitskampfrecht, 2002
- KITTNER, Arbeitskampf, Geschichte, Recht, Gegenwart, 2005
- LÖWISCH, Arbeitskampf- und Schlichtungsrecht, 1997
- OTTO, Arbeitskampf- und Schlichtungsrecht, 2006
- SEITER, Streikrecht und Aussperrungsrecht, 1975.

Alle genannten Werke bieten eine tiefgreifende Durchdringung des richterrechtlich geprägten Arbeitskampfrechts, insbesondere die Klassiker von BROX/RÜTHERS, DÄUBLER, LÖWISCH, OTTO und SEITER als Werke aus der Hand von Wissenschaftlern. Besondere Bedeutung haben auch arbeitskampfrechtliche Werke aus der Hand früher Präsidenten des Bundesarbeitsgerichts. Hier ist die Monographie von KISSEL ebenso zu erwähnen wie die ambitionierte Abhandlung von DIETERICH im Erfurter Kommentar zu Art. 9 GG. Für das Verständnis des Arbeitskampfrechts, aber auch die Geschichte des Arbeitsrechts insgesamt, bietet die wissenschaftliche Glanzleistung von KITTNER eine beeindruckende, tiefschürfende und in dieser Form einzigartige Gesamtdarstellung. Sie sei zur vertiefenden Lektüre wärmstens empfohlen.

IV. Kommentare

1. Zum Tarifvertragsrecht

Neben den zahlreichen Kommentierungen in den Gesamtkommentaren zum Arbeitsrecht (DIETERICH und FRANZEN im Erfurter Kommentar, HENSSLER in Henssler/Willemsen/Kalb Arbeitsrecht Kommentar) gibt es 4 zentrale Kommentarwerke zum Tarifvertragsrecht. Die Kommentare sind allesamt, bei unterschiedlicher Konzeption und Zielgruppe, exzellente Ausarbeitungen und nicht nur für die Praxis, sondern auch für den wissenschaftlichen Diskurs unverzichtbar.

- DÄUBLER, Tarifvertragsgesetz, 2. Aufl. 2006
- KEMPEN/ZACHERT, Tarifvertragsgesetz, 4. Aufl. 2005
- LÖWISCH/RIEBLE, Tarifvertragsgesetz, 2. Aufl. 2004
- WIEDEMANN, Tarifvertragsgesetz, 7. Aufl. 2007

2. Zum Betriebsverfassungsrecht

Das Betriebsverfassungsgesetz erfreut sich einer Vielzahl unterschiedlicher Kommentierungen mit unterschiedlichstem Autoren- und Adressatenkreis. Als Klassiker fungieren hier der FITTING, der traditionell von einem Autorenkollektiv, d.h. ohne Nennung der Bearbeiter, verfasst wird. Dieser hat nicht zuletzt auf Grund der Beteiligung zweier Richter des Bundesarbeitsgerichts erhebliches Gewicht. Die Werke

- FITTING/ ENGELS/SCHMIDT/TREBINGER/LINSENMAIER, Betriebsverfassungsgesetz, 24. Aufl. 2008
- DÄUBLER/KITTNER/KLEBE, Betriebsverfassungsgesetz mit Wahlordnung und EBR-Gesetz, 11. Aufl. 2008

haben allein aufgrund Ihres hohen Verbreitungsgrades die größte praktische Bedeutung.

Wissenschaftliche vertiefte Großkommentare sind

- KRAFT/WIESE/KREUTZ/OETKER/RAAB/WEBER/FRANZEN, Gemeinschaftskommentar zum Betriebsverfassungsgesetz Bd. 1, §§ 1 – 73b, 8. Aufl. 2005 und Bd. 2, §§ 74–132, 8. Aufl. 2005
- RICHARDI, Betriebsverfassungsgesetz mit Wahlordnung, 11. Aufl. 2008

Praxisorientierte Kommentare, die sich im Wesentlichen in der (kritischen) Aufarbeitung der BAG-Rechtsprechung erschöpfen, sind die Werke von

- HESS/SCHLOCHAUER/WORZALLA/GLOCK/NICOLAI, Kommentar zum Betriebsverfassungsgesetz, 7. Aufl. 2008
- LÖWISCH/KAISER, Betriebsverfassungsgesetz, 5. Aufl. 2002

- STEGE/WEINSPACH/SCHIEFER, Betriebsverfassungsgesetz, 9. Aufl. 2002
- WLOTZKE/PREIS, Betriebsverfassungsgesetz, 3. Aufl. 2006

Weitere Literaturangaben befinden sich in den jeweiligen Abschnitten dieses Lehrbuches.

Zweiter Teil:
Das Recht der Koalitionen

1. Abschnitt:
Einführung

Den Ausgangspunkt für das kollektive Arbeitsrecht bildet die in Art. 9 Abs. 3 GG verankerte **Koalitionsfreiheit**. Sie beeinflusst das gesamte kollektive Arbeitsrecht, insbesondere das Tarif- und Arbeitskampfrecht. Es wird daher zunächst das Koalitionsrecht behandelt.

§ 80 Aufgaben der Koalitionen

Die Bedeutung der Koalitionen zeigt sich insbesondere an deren Aufgabenbereich. Der Abschluss von **Tarifverträgen** und die Durchführung von **Arbeitskämpfen** bilden die Schwerpunkte der Tätigkeiten von Koalitionen. Hinzu kommt die Beteiligung der Koalitionen an der **Betriebsverfassung** und an der **Unternehmensmitbestimmung** (siehe unter § 145 und § 163).

<small>Originärer Aufgabenbereich</small>

Die Tätigkeit der Koalitionen beschränkt sich jedoch nicht auf diese originären Aufgaben; sie werden in vielfältiger Weise an Gesetzgebung und Verwaltung beteiligt. Obwohl keine gesetzliche Rechtsgrundlage besteht, werden sie wegen ihrer überragenden Bedeutung im politischen Leben bei allen sozialpolitischen Gesetzentwürfen angehört. Gesetzlich festgeschrieben ist ihre Beteiligung in verschiedenen Ausschüssen, die Normsetzungs- und Verwaltungsaufgaben wahrnehmen, wie z.B. bei der Allgemeinverbindlicherklärung von Tarifverträgen (vgl. § 5 Abs. 1 und 5 TVG, dazu siehe unter § 99 IV). Sie entsenden Mitglieder in die Ausschüsse für Mindestarbeitsbedingungen (§§ 2, 5, 6 Mindestarbeitsbedingungsgesetz), in die Heimarbeitsausschüsse (§§ 4, 5, 22 Abs. 3 HAG) sowie in die Ausschüsse, die bei Massenentlassungen zu bilden sind (§§ 20, 21 KSchG) und wirken so bei der Aufgabenerfüllung dieser Ausschüsse unmittelbar mit. Außerdem sind die Koalitionen zur Vertretung ihrer Mitglieder vor den Arbeitsgerichten befugt (§ 11 ArbGG) und haben Mitwirkungsrechte bei der Errichtung und Organisation der Arbeitsgerichte (§§ 14, 15, 34, 36 ArbGG).

<small>Anhörungs- und Antragsrechte</small>

Neben diesen Anhörungs- und Antragsrechten gegenüber Gesetzgebung, Verwaltung und Rechtsprechung stehen den Koalitionen noch zahlreiche Benennungs- und Entsendungsrechte zu, die sich auf alle Bereiche der Sozialpolitik erstrecken. Sie reichen von der **Benennung der ehrenamtlichen Richter für Arbeits- und Sozialgerichte** aller Instanzen (§§ 20-29, 37, 43 ArbGG; § 14 Abs. 2 SGG) bis zur Entsendung von Mitgliedern in den Wirtschafts- und Sozialaus-

<small>Benennungs- und Entsendungsrechte</small>

schuss der EG (Art. 257 EG). Bedeutsam ist auch ihr Einfluss im Bereich der Selbstverwaltung der Sozialversicherungsträger (vgl. §§ 43 ff. SGB IV).

Gesellschaftspolitische Betätigung

Da die Koalitionen ihre Aufgaben selbst bestimmen, beschränken sie sich nicht auf die ihnen gesetzlich zugeschriebenen Felder, sondern haben mittlerweile ihre Aktivitäten auf den wirtschaftlichen, sozialen, bildungspolitischen und kulturellen Bereich ausgedehnt (davon ist die Frage zu trennen, inwieweit solche Betätigungen von Art. 9 Abs. 3 GG geschützt sind; siehe unter § 83).

§ 81 Historische Entwicklung des Koalitionsrechts

Literatur: DORNDORF, Die Entstehung des Arbeitsrechts in Deutschland, 1998; ENGLBERGER, Tarifautonomie im Deutschen Reich, 1995; KEMPEN, Der lange Weg der Unternehmensmitbestimmung in der Koalitionsfreiheit, FS Richardi, S. 587 ff.; NÖRR, Grundlinien des Arbeitsrechts in der Weimarer Reichsverfassung, ZfA 1986, 403 ff.; NIPPERDEY, „Artikel 159 Koalitionsrecht" in: Nipperdey, Hans Carl, Die Grundrechte und Grundpflichten der Reichsverfassung, Kommentar zum zweiten Teil der Reichsverfassung, Dritter Band, 1930, S. 385 ff.; RICHARDI, Das Grundrecht der Koalitionsfreiheit im Wandel der Zeit, FS Scholz (2007), S. 337 ff.; RICHARDI, Von der Tarifautonomie zur tariflichen Ersatzgesetzgebung, FS Konzen (2006), S. 791 ff.; KITTNER, Arbeitskampf, Geschichte, Recht, Gegenwart, 2005.

Erster Ansatz im Mittelalter

Erste kollektive Vereinbarungen von Arbeitsbedingungen gab es bereits im Mittelalter zwischen Zunftmeistern und Zunftgesellen. Es entstanden Gesellenbünde oder Gesellenschaften. Die Grundlagen des heutigen kollektiven Arbeitsrechts wurden aber Mitte des letzten Jahrhunderts gelegt.

Entscheidende Faktoren im 19. Jahrhundert

◌ Vor allem drei Faktoren führten zu dieser Entwicklung:
- die **„industrielle Revolution"**, also der Übergang vom Handwerk zur industriellen Produktion und eine gleichzeitige Konzentration des Kapitals;
- die Freisetzung menschlicher Arbeitskraft auf dem Land durch die **„Bauernbefreiung"** und die daraus folgende **Zuwanderung der Landbevölkerung** in die Städte; erstmals wurden in der Industrie mehr Arbeiter beschäftigt als in der Landwirtschaft;
- die Philosophie des **Liberalismus** und die damit verbundene **Gewerbefreiheit**; der Arbeitsvertrag war Austauschvertrag wie jeder andere Vertrag auch; das Machtgefälle zwischen Arbeitgeber und Arbeitnehmer wurde zunächst nicht von Arbeitnehmer-Schutzgesetzen ausgeglichen.

Entwicklung im 19. Jahrhundert

Im Jahre 1845 wurde in Preußen das Koalitionsverbot in die preußische Gewerbeordnung aufgenommen. Diese stellte die Beteiligung an Streiks unter Strafe. Ein Umbruch erfolgte nach der Märzrevolution 1848. Die Vereinsfreiheit wurde anerkannt; in Mainz kam es zur Gründung des Nationalen **Buchdruckervereins**. Erst 1871 wurden die Koalitionsverbote in der Reichsgewerbeverordnung aufgehoben. Erstmals erkannte § 152 der Reichsgewerbeordnung die Möglichkeit des Abschlusses kollektiver Vereinbarungen im gesamten Deutschen Reich an. Allerdings galten die kollektiven Absprachen als unverbindlich, und das Vereinsrecht war repressiv. Mit der dann einsetzenden Bildung von Gewerkschaften begann der Abschluss von Tarifverträgen. **1873** wurde der **Buchdruckertarifvertrag** als erster bedeutender Tarifvertrag nach zahlreichen Streiks abgeschlossen. Das Buchdruckergewerbe spielte also eine Vorreiterrolle im Tarifvertragswesen.

Die Anerkennung des Tarifwesens vollzog sich sowohl bei den Gewerkschaften als auch bei den Arbeitgebern recht langsam (ausführlich zur Geschichte des Tarifvertragsrechts WIEDEMANN/OETKER Geschichte Rn. 1 ff., KITTNER S. 196 ff.). 1913 galten im damaligen Deutschen Reich annähernd 13 500 Tarifverträge, die für 218 000 Betriebe mit zwei Millionen Beschäftigten Mindestarbeitsbedingungen festsetzten. In Kernbereichen der Wirtschaft, wie etwa Schwerindustrie und Bergbau, kam es allerdings kaum zu Tarifvertragsabschlüssen. **Rechtsgrundlage** für die Geltung der Tarifregelungen bildeten **zivilrechtliche Rechtsfiguren**, wie die der Vertretung oder des Vertrags zugunsten Dritter.

<small>Entwicklung zur Jahrhundertwende</small>

Eine gesetzliche Regelung erfolgte erst nach der Novemberrevolution **1918**. Die **Tarifvertragsverordnung** (TVVO) erkannte den Tarifvertrag erstmals an und ordnete seine unmittelbare und zwingende Wirkung an. In der Weimarer Verfassung wurden auch die Koalitionsfreiheit und die Tarifautonomie in den Art. 159, 165 Abs. 1 verankert.

<small>TVVO</small>

⮕ **Art. 159 WRV:**

„Die Vereinigungsfreiheit zur Wahrung und Förderung der Arbeits- und Wirtschaftsbedingungen ist für jedermann und für alle Berufe gewährleistet. Alle Abreden und Maßnahmen, welche diese Freiheit einzuschränken oder zu behindern suchen, sind rechtswidrig."

⮕ **Art. 165 Abs. 1 WRV:**

„Die Arbeiter und Angestellten sind dazu berufen, gleichberechtigt in Gemeinschaft mit den Unternehmen an der Regelung der Lohn- und Arbeitsbedingungen sowie an der gesamten wirtschaftlichen Entwicklung der produktiven Kräfte mitzuwirken. Die beiderseitigen Organisationen und ihre Vereinbarungen werden anerkannt."

1923 erging die **SchlichtungsVO**, die erstmals die Möglichkeit einer kollektivrechtlichen **Zwangsschlichtung** vorsieht. Während des **Dritten Reiches** verboten die Nationalsozialisten Gewerkschaften und den Abschluss von Tarifverträgen. Die TVVO wurde aufgehoben. An die Stelle der Arbeitnehmer- und Arbeitgeberverbände wurde die **Deutsche Arbeitsfront** (DAF) gesetzt, die Arbeitnehmer

<small>Entwicklung bis 1945</small>

und Arbeitgeber einheitlich zusammenfasste. Aufgrund des Gesetzes über die nationale Arbeit (AOG) wurden von staatlichen Behörden Tarifordnungen erlassen.

Tarifvertragsrecht nach 1945

Nach dem Zweiten Weltkrieg wurden Tarifverträge zunächst ohne Rechtsgrundlage vereinbart. Erste Regelungen zur Koalitionsfreiheit trafen die Länderverfassungen. Das **Tarifvertragsgesetz** (TVG) galt zunächst nur im Vereinten Wirtschaftsgebiet der amerikanischen und britischen Zone. 1953 wurde es per Gesetz auf das gesamte Bundesgebiet erstreckt. 1969 erhielt das TVG die heutige Fassung.

Die Koalitionsfreiheit ist seit Inkrafttreten des Grundgesetzes am 24.5.1949 in Art. 9 Abs. 3 GG verankert.

2. Abschnitt: Koalitionsbegriff und Koalitionsfreiheit

§ 82 Der Koalitionsbegriff

Literatur: BADURA, Das Recht der Koalitionen – Verfassungsrechtliche Fragestellungen, Das Arbeitsrecht der Gegenwart, Band 15, 17; DÜTZ, Zur Entwicklung des Gewerkschaftsbegriffs, DB 1996, 2385; HÖFLING, Der verfassungsrechtliche Koalitionsbegriff, RdA 1999, 182; PIEROTH, Koalitionsfreiheit, Tarifautonomie und Mitbestimmung, FS 50 Jahre BVerfG II, S. 293 ff.; REUSS, Koalitionseigenschaft und Tariffähigkeit, FS Kunze (1969); RICHARDI, Koalitionsfreiheit und Tariffähigkeit, FS Wißmann (2005), S. 159 ff.; vgl. auch die Literatur zu § 90.

➲ **Übersicht:**

I. Voraussetzungen einer Vereinigung i.S.d. Art. 9 Abs. 1 GG
  1. Freiwillige privatrechtliche Vereinigung
  2. Auf Dauer angelegte Vereinigung
  3. Organisationsform mit Gesamtwillensbildung
II. Vereinigungszweck
  1. Arbeits- und Wirtschaftsbedingungen
  2. Wahrung und Förderung
III. Weitere Voraussetzungen der Vereinigung
  1. Vereinigung von Arbeitnehmern oder Arbeitgebern
  2. Allgemeine Unabhängigkeit
    a) Gegnerunabhängigkeit
    b) Überbetrieblichkeit
  3. Bekenntnis zur freiheitlichen Ordnung
  4. Demokratische Willensbildung
  5. Soziale Mächtigkeit

I. Vereinigung § 82

Um den Umfang der Gewährleistungen der Koalitionsfreiheit in Art. 9 Abs. 3 GG verständlich zu machen, soll zunächst der **Koalitionsbegriff** erläutert werden. Trotz der Bedeutung der Koalitionen fehlt ein Verbändegesetz, welches die rechtlichen Anforderungen an eine Koalition, ihre innere Struktur sowie ihre Rechte und Pflichten regelt. Lediglich im gemeinsamen Protokoll zum Staatsvertrag über die Währungs-, Wirtschafts- und Sozialunion v. 18.5.1990 mit der damaligen DDR sind bisher diesbezügliche Rechtsgrundsätze festgelegt worden. Für die Bundesrepublik entfalten sie allerdings keine Bindungskraft (BAG 6.6.2000 AP Nr. 9 zu § 97 ArbGG 1979; Wiedemann/Oetker § 2 Rn. 6). Ebenso wenig existiert eine europarechtliche Vorgabe des Koalitionsbegriffs.
Keine gesetzliche Definition

Da die Wahrnehmung der Aufgaben der Koalitionen infolge ihrer Bedeutung für die soziale Wirklichkeit eines Großteils der Bevölkerung nicht jedem beliebigen Zusammenschluss von Interessenvertretern überlassen werden kann, haben Rechtsprechung, insbesondere das BVerfG und das BAG, und Lehre den Koalitionsbegriff konkretisiert.
Konkretisierung durch Rechtsprechung und Lehre

Ausgangspunkt der Ausprägung des Koalitionsbegriffs ist dabei der Wortlaut des Art. 9 Abs. 3 GG, der das Recht der Koalitionsfreiheit denjenigen Vereinigungen, die zur Wahrung und Förderung der Arbeits- und Wirtschaftsbedingungen gebildet werden, zuordnet. Damit ist verfassungsrechtlich vorgegeben, dass es sich bei einer Koalition um eine in bestimmter Weise zweckgebundene Vereinigung handeln muss.
Wortlaut des Art. 9 Abs. 3 GG

I. Vereinigung

Zunächst ist der Begriff der **Vereinigung** näher zu bestimmen. Dabei greift die h.M. auf den Vereinsbegriff des Art. 9 Abs. 1 GG zurück, da die Koalitionsfreiheit als eine **spezielle Ausformung der allgemeinen Vereinigungsfreiheit** i.S.d. Art. 9 Abs. 1 GG angesehen wird (MüArbR/Löwisch/Rieble § 243 Rn. 45, m.w.N.). Die Gegenansicht weist darauf hin, es sei unüblich, dass die speziellere Norm einen weiteren Adressatenkreis besitze. Die Koalitionsfreiheit sei ein Menschenrecht, die allgemeine Vereinigungsfreiheit dagegen nur ein Bürger- oder Deutschenrecht. Weiterhin handele es sich bei der Koalitionsfreiheit um das einzige Grundrecht mit ausdrücklicher Drittwirkung. Neben ihrem Charakter als Abwehrrecht habe die Koalitionsfreiheit auch eine über die Vereinigungsfreiheit hinausgehende Ordnungsfunktion für das Arbeitsleben. Allgemeine Vereinigungsfreiheit und Koalitionsfreiheit stellten demnach unterschiedliche, selbständige Freiheitsrechte dar (Gamillscheg KollArbR I S. 152 m.w.N.).
Verhältnis zu Art. 9 Abs. 1 GG

„Den Koalitionen ist durch Art. 9 Abs. 3 GG die Aufgabe zugewiesen und in einem Kernbereich gewährleistet, die Arbeits- und Wirtschaftsbedingungen in eigener Verantwortung und im wesentlichen ohne staatliche Einflußnahme zu gestalten. Sie erfüllen dabei eine öffentliche

Aufgabe. Sie haben von Verfassungs wegen einen Status, der über den der in Art. 9 Abs. 1 GG genannten Vereinigungen hinausgeht [...]."
(BVerfG 26.5.1970 AP Nr. 16 zu Art. 9 GG)

Bezug zu Art. 9 Abs. 1 GG

Unabhängig von der Frage nach einer selbständigen Bedeutung des Art. 9 Abs. 3 GG besteht jedenfalls ein unleugbarer systematischer Zusammenhang zur allgemeinen Vereinigungsfreiheit. Dieser ermöglicht es, zumindest hinsichtlich des Vereinigungsbegriffs auf Art. 9 Abs. 1 GG Bezug zu nehmen, ohne hierdurch die Besonderheit der Koalitionsfreiheit zu schmälern.

„Die Koalitionsfreiheit, die in dem Element des ‚Sich-Vereinigens' die gleiche Bedeutung hat wie die allgemeine Vereinigungsfreiheit ..."
(BVerfG 1.3.1979 AP Nr. 1 zu §1 MitbestG).

Definition im VereinsG

Eine Koalition muss daher zunächst die Voraussetzungen einer Vereinigung i.S.d. Art. 9 Abs. 1 GG und damit eines Vereins gemäß § 2 VereinsG erfüllen. Entsprechend gilt § 2 Abs. 1 VereinsG, der den **Begriff des Vereins** wie folgt legaldefiniert:

⇨ **§ 2 Abs. 1 VereinsG:**

„Verein im Sinne dieses Gesetzes ist ohne Rücksicht auf die Rechtsform jede Vereinigung, zu der sich eine Mehrheit natürlicher oder juristischer Personen für längere Zeit zu einem gemeinsamen Zweck freiwillig zusammengeschlossen und einer organisierten Willensbildung unterworfen hat."

Daraus ergeben sich bereits folgende Voraussetzungen:

1. Freiwillige privatrechtliche Vereinigung

Freiwilligkeit

Das Erfordernis eines freiwilligen Zusammenschlusses folgt aus der Konzeption der Koalitionsfreiheit als **Freiheitsrecht** (siehe unter § 83 I). Ausgeschlossen sind daher Zwangsverbände. Öffentlich-rechtliche Vereinigungen mit gesetzlicher Zwangsmitgliedschaft (z.B. Ärztekammern, Industrie- und Handelskammern) oder Innungen erfüllen die Merkmale des Koalitionsbegriffs nicht. Damit ist allerdings noch nicht gesagt, dass nicht auch öffentlich-rechtliche Zusammenschlüsse tariffähig sind, wie am Beispiel der Innungen zu sehen ist (siehe unter § 90 V).

2. Auf Dauer angelegte Vereinigung

Ausschluss von ad-hoc-Koalitionen

Der Zusammenschluss muss auf eine gewisse Dauer angelegt sein, das heißt, es muss ein gewisses Maß an zeitlicher und organisatorischer Stabilität gewährleistet sein; es genügt keine einmalige Versammlung. Ausgeschlossen sind somit auch so genannte **Ad-hoc-Koalitionen**. Dieses Problem stellt sich vor allem im Arbeitskampfrecht, wenn etwa eine Vereinigung zu dem Zweck gegründet wird, einen einmaligen Streik durchzuführen, um so die Rechtswidrigkeit

I. Vereinigung § 82

des „wilden Streiks" zu umgehen (siehe unter § 115). Die h.M. fordert den Zusammenschluss für eine bestimmte Dauer im Hinblick auf die Gefahr, dass geschädigte Dritte ansonsten nicht auf eine konkrete Haftungsmasse zurückgreifen können (WIEDEMANN/OETKER § 2 Rn. 272 m.w.N.). Dagegen wird eingewandt, dass der Wortlaut des Art. 9 Abs. 3 GG gegen eine solche Beschränkung spreche (DÄUBLER/ DÄUBLER TVG Einl. Rn. 94.). Hiervon zu unterscheiden sind Vereinigungen, die zwar ein gewisses Maß an zeitlicher und organisatorischer Stabilität aufweisen, die sich aber einen vorübergehenden oder zeitlich limitierten Zweck gesetzt haben. Diese so genannten **Initiativen** fallen zumindest unter den Vereinigungsbegriff des Art. 9 Abs. 3 GG.

3. Organisationsform mit Gesamtwillensbildung

Die Koalitionseigenschaft hängt von keiner bestimmten Organisationsform ab, insbesondere bedarf es keiner eigenen Rechtspersönlichkeit der Vereinigung; ausreichend ist ein nicht eingetragener Verein i.S.d. § 54 BGB. Voraussetzung ist lediglich die Möglichkeit einer **Gesamtwillensbildung**. Die Koalitionen sind deswegen i.d.R. körperschaftlich organisiert. — *Körperschaftliche Organisation*

Gefordert wird überwiegend auch eine Vereinigungsform mit korporativem Charakter. Der **korporative Charakter** bezeichnet die Unabhängigkeit des Bestands einer Vereinigung vom Austritt oder Eintritt ihrer Mitglieder. Dies dient aber eher der Voraussetzung einer auf Dauer angelegten Vereinigung. Eine derartige Organisationsform setzt regelmäßig eine **organschaftliche Struktur** voraus, d.h., dass die Vereinigung Organe zur Vertretung des Willens der Mitglieder zu bestellen hat. Teilweise wird dies für entbehrlich gehalten (MüArbR/LÖWISCH/RIEBLE § 243 Rn. 50). — *Korporativer Charakter*

Die Rechtsform des eingetragenen Vereins (vgl. 21 ff. BGB; Vereinsgesetz) kommt dem korporativen Charakter am nächsten, da ein Verein als juristische Person vom Bestand seiner Mitglieder unabhängig ist und mit dem Vorstand ein Organ besteht, der den Verein nach außen vertritt (vgl. § 26 BGB). Die meisten **Arbeitgeberverbände** sind daher **eingetragene Vereine**. — *Eingetragener Verein*

Demgegenüber sind die **Gewerkschaften** aus historischen Gründen als **nichtrechtsfähige Vereine** (§ 54 BGB) organisiert. Der Grund liegt darin, dass die Verfasser des BGB am Ende des 19. Jahrhunderts die Gewerkschaften zwingen wollten, sich den Kontrollen des – repressiven – Vereinsrechts durch die Eintragung in das Vereinsregister zu unterwerfen. Mit dem Zusammenschluss zu nichtrechtsfähigen Vereinen versuchten die Gewerkschaften, sich dieser Kontrollmöglichkeit zu entziehen. Eine Ausnahme gilt für Ver.di, die seit dem 2.7.2001 in das Vereinsregister eingetragen ist. Praktisch hat diese Entwicklung keine Bedeutung mehr, weil die Rechtsprechung die wichtigsten Bestimmungen des Vereinsrechts, wie die Haftung nach § 31 BGB, analog auf den nichtrechtsfähigen Verein anwendet und — *Nichtrechtsfähiger Verein* daher auch die Gewerkschaften korporativ strukturiert sind. Trotz der fehlenden Rechtsfähigkeit sind die Gewerkschaften im Prozess passiv und aktiv parteifähig. Im Arbeitsgerichtsprozess ergibt sich dies bereits aus § 10 ArbGG (siehe unter § 177 V).

II. Wahrung und Förderung der Arbeits- und Wirtschaftsbedingungen als Vereinigungszweck

Die Besonderheit des Koalitionsbegriffs liegt darin, dass in Art. 9 Abs. 3 GG der **Zweck der Vereinigung** ausdrücklich bestimmt ist: **die Wahrung und Förderung der Arbeits- und Wirtschaftsbedingungen.**

1. Vereinigungszweck

Hauptzweck

Die Festlegung auf einen bestimmten Vereinigungszweck bedeutet zunächst, dass nur solche Vereinigungen unter den Koalitionsbegriff fallen können, die diesen Zweck als **Hauptziel** verfolgen. Die Verfolgung anderer Interessen, beispielsweise allgemeinpolitischer Zielsetzungen, ist jedoch zulässig, wenn sie lediglich einen **Nebenzweck** darstellt. Welchen Zweck eine Koalition verfolgt, kann in aller Regel ihrer Satzung entnommen werden.

2. Arbeits- und Wirtschaftsbedingungen

Inhalt des Vereinigungszwecks

Der **Hauptzweck** der Koalition muss in der Wahrung und Förderung der Arbeits- und Wirtschaftsbedingungen liegen. Diese Voraussetzung ergibt sich unmittelbar aus Art. 9 Abs. 3 S. 1 GG und ist das zentrale Merkmal für die Koalitionseigenschaft. Von der Deutung dieses Begriffspaars hängt im Wesentlichen ab, was zum kollektiven Arbeitsrecht gezählt wird, also welche Materien etwa durch Tarifvertrag geregelt werden können (siehe unter § 105 I).

Arbeitsbedingungen sind alle konkreten Umstände, unter denen abhängige Arbeit geleistet wird. Hierunter fallen insbesondere Regelungen des Inhalts, sowie der Begründung und der Beendigung von Arbeitsverhältnissen.

Wirtschaftsbedingungen

Schwieriger ist der Begriff der **Wirtschaftsbedingungen** zu definieren. Im Schrifttum herrscht hierzu eine nahezu unübersichtliche Lage (Nachweise bei GAMILLSCHEG KollArbR I S. 221). Jedenfalls kann es sich bei den Wirtschaftsbedingungen nicht bloß um Arbeitsbedingungen aus Sicht der Arbeitgeber handeln (so aber ZÖLLNER/LORITZ/ HERGENRÖDER S. 95), denn das Erbringen von Arbeitsleistung stellt nur einen Teil der für den Arbeitgeber relevanten wirtschaftlichen Umstände dar. Zudem bedeutete dies, dass inhaltlich nur Arbeitsbedingungen Gegenstand koalitionsspezifischer Betätigung sein könnten, was den Koalitionsbegriff zu stark einschränkte. Demgegenüber griffe der natürliche Wortsinn, wonach alle Faktoren der allgemeinen Wirtschaftsordnung miteinbezogen werden müssten,

II. Wahrung und Förderung der Arbeits- und Wirtschaftsbedingungen § 82

viel zu weit. Hier gilt es zu beachten, dass die Wirtschaftsbedingungen in Zusammenhang mit den Arbeitsbedingungen als Zweck in Art. 9 Abs. 3 GG genannt sind, es handelt sich also um ein **einheitliches Begriffspaar**. Daraus folgt, dass nur diejenigen Wirtschaftsfaktoren gemeint sein können, die einen direkten Bezug zu den Arbeitsbedingungen aufweisen. Wirtschaftsbedingungen sind demnach alle rechtlichen, sozialen oder politischen Angelegenheiten, die in einem unmittelbaren Zusammenhang mit abhängiger Arbeit stehen.

Die Wirtschafts- und Arbeitsbedingungen sind als **einheitliches, nicht inhaltsgleiches Begriffspaar** zu interpretieren. Sie bilden eine „funktionale Einheit" (DIETERICH, RdA 2002, 1, 9). Der Schwerpunkt liegt bei der Regelung der Arbeitsbedingungen, da diese in einem näheren Verhältnis zur abhängigen Arbeit stehen als die Wirtschaftsbedingungen. Eine Koalition muss demnach zumindest die Wahrung und Förderung von Arbeitsbedingungen bezwecken. Die Förderung der Wirtschaftsbedingungen allein genügt nicht. Daher sind Vereinigungen des allgemeinen Wirtschaftslebens, die ausschließlich die wirtschaftlichen Interessen ihrer Mitglieder vertreten, keine Koalitionen, wie etwa Industrieverbände, Kartelle oder Verbraucherschutzverbände. Diese können selbstverständlich unter den Schutz des Art. 9 Abs. 1 GG fallen. Auch hier gilt jedoch, dass die Förderung von Wirtschaftsinteressen der Mitglieder als Nebenzweck der Vereinigung zulässig ist. Eine Koalition kann also nebenbei Wirtschaftsverband sein.

Keine Alternativität der Begriffe

Bei alldem ist zu beachten, dass der Gegenstand der Gewährleistung, wirtschaftliche und soziale Bedingungen, sich laufend wandelt. Den Koalitionen muss daher mehr als bei anderen Freiheitsrechten die Möglichkeit zu Modifikationen und Fortentwicklungen gelassen werden (vgl. BVerfG 1.3.1979 AP Nr. 1 zu § 1 MitbestG). Daher werden auch **moderne Entwicklungen des Arbeitslebens** von Art. 9 Abs. 3 GG erfasst.

Wandel der Arbeits- und Wirtschaftsbedingungen

3. Wahrung und Förderung

Wahrung und Förderung von Arbeitsbedingungen bedeutet, dass es Ziel der Vereinigung sein muss, Arbeitsbedingungen zu gestalten und erlangte Positionen zu verteidigen, bzw. durchzusetzen.

Umstritten ist, ob der Vereinigungszweck notwendig die Bereitschaft umfassen muss, bestimmte Mittel der Durchsetzung anzuwenden. Hierzu zählen insbesondere die **Bereitschaft zum Abschluss von Tarifverträgen**, die **Arbeitskampfbereitschaft** und das **Bekenntnis zur Schlichtung**.

Tarifvertrags- und Arbeitskampfbereitschaft

Tarifvertrag, Arbeitskampf und Schlichtungsverfahren stellen die geeigneten und gebräuchlichsten Mittel der Gestaltung und Durchsetzung von Arbeitsbedingungen dar, was nicht zuletzt dadurch zum Ausdruck kommt, dass sie den Parteien des Arbeitslebens von der Rechtsordnung zur Verfügung gestellt werden. Nur wer sich dieser

Mittel bedienen will, bedeutet für den Gegner eine ernsthafte Gefahr, und ist daher auf den besonderen Schutz des Art. 9 Abs. 3 GG angewiesen. Daraus und aus der historischen Entwicklung der Koalitionen leitet ein Teil der Literatur (HUECK/NIPPERDEY II/1 § 6 S. 105; SCHAUB § 187 Rn. 19 f.) ab, dass der Wille, diese Mittel anzuwenden, notwendiger Bestandteil des Vereinigungszwecks sein muss.

Freiheit der Koalitionsmittel

Diese Festlegung auf die Bereitschaft, bestimmte Koalitionsmittel anzuwenden, kann jedoch kein wesentliches Element des Vereinigungszwecks sein. Dadurch würde nämlich die Selbstverpflichtung, einfachgesetzlich ausgestaltete Rechte in Anspruch zu nehmen, Voraussetzung für die Anerkennung des verfassungsrechtlich garantierten Status der Koalition. Dies wäre nur dann legitim, wenn allein hierdurch ein funktionierendes Tarifvertragssystem und damit letztlich die in Art. 9 Abs. 3 GG verbrieften Koalitionsrechte gewährleistet werden könnten. Aufgrund der einfachgesetzlichen Ausgestaltung des Tarifvertragsrechts können jedoch hier einzelne Befugnisse, wie z.B. das Recht und die Fähigkeit, Tarifverträge abzuschließen, an spezifische Kriterien gebunden und so ein intaktes Tarifvertragssystem garantiert werden. Dabei sind die Auswirkungen, die eine Ablehnung des Abschlusses von Tarifverträgen oder des Arbeitskampfs als Koalitionsmittel hat, zu berücksichtigen. Für den Koalitionsbegriff genügt aber die Zielsetzung als solche, unabhängig von der Bereitschaft, dieses Ziel mit bestimmten Mitteln zu verfolgen; Tarifverträge und Arbeitskämpfe sind nur zwei Varianten, daneben existieren eine Reihe weiterer, gesetzlich nicht geregelter Mittel der Interessendarstellung und Auseinandersetzung mit dem Gegenspieler, die auch für sich genommen unter den Schutz des Art. 9 Abs. 3 GG fallen müssen. Der besondere Schutzzweck der Koalitionsfreiheit resultiert nämlich nicht aus der Wahl bestimmter als besonders intensiv erachteter Mittel, sondern daraus, dass überhaupt ein Zweck verfolgt wird, der in unmittelbarem Zusammenhang mit dem an sich sensiblen Thema der Ordnung von Arbeitsbedingungen steht. Hierfür muss der Koalitionsbegriff aber frei von jeglicher Festlegung auf einzelne Mittel bleiben.

III. Weitere Voraussetzungen der Vereinigung

Rückwirkung der Zweckbindung auf die Organisationsform

Die Tatsache, dass nur solche Vereinigungen Koalitionen sein können, die sich zu dem Zweck der Wahrung und Förderung von Arbeits- und Wirtschaftsbedingungen zusammengeschlossen haben, hat weiterhin konkrete Auswirkungen auf die Organisationsform. Aus ihr geht hervor, dass nur solche Vereinigungen Koalitionen sein können, die auch tatsächlich in der Lage sind, dieses Ziel zu erreichen. Verhindern daher organisatorische Umstände von vornherein, dass die Vereinigung ihren Zweck sinnvoll erfüllen kann, müssen diese vom Schutz der Koalitionsfreiheit ausgeschlossen sein. Die Zweckbindung des Art. 9 Abs. 3 GG schränkt die allgemeine Vereinigungsfreiheit damit nicht nur inhaltlich, sondern auch organisatorisch ein.

III. Weitere Voraussetzungen der Vereinigung

1. Vereinigung von Arbeitnehmern oder Arbeitgebern

Grundsätzlich steht die Koalitionsfreiheit **jedermann** zu und ist **für alle Berufe** gewährleistet. Der persönliche Schutzbereich der Koalitionsfreiheit reicht weiter als der der Vereinigungsfreiheit, die lediglich als „Deutschengrundrecht" ausgestaltet ist. Ausschließlicher Gegenstand der Zweckbindung ist die Gestaltung abhängiger Arbeit (siehe unter § 82 II 2), woraus folgt, dass es sich bei einer Koalition um eine Vereinigung von **Arbeitnehmern** oder **Arbeitgebern** handeln muss. Maßgeblich ist dabei nicht der einfachrechtliche Arbeitnehmerbegriff, sondern die persönliche Arbeitsleistung in wirtschaftlicher Abhängigkeit und das Erfordernis, die individuelle Verhandlungsschwäche mit Hilfe kollektiver Interessenvertretung auszugleichen (MüArbR/Löwisch/Rieble § 243 Rn. 22). Es handelt sich bei Art. 9 Abs. 3 GG also um ein sogenanntes sozial qualifiziertes Menschenrecht. Auf den arbeitsrechtlichen Status im Übrigen kommt es nicht an, das Koalitionsrecht besteht ebenso für leitende Angestellte und Auszubildende wie für Angestellte des öffentlichen Dienstes und sogar Beamte (§ 57 BRRG) (BVerfG 30.11.1965 AP Nr. 7 zu Art. 9 GG), Richter (§ 46 DRiG), Soldaten (§ 6 S. 1 SG), arbeitnehmerähnliche Personen, Arbeitslose und Rentner. Demgegenüber können Zusammenschlüsse von Schülern, Studenten oder Strafgefangenen keine Koalitionen bilden, da sie selbst im erweiterten Sinne keine abhängige Arbeit leisten.

Arbeitnehmer- oder Arbeitgebervereinigung

Bei Vereinigungen von Angehörigen freier Berufe ist danach zu unterscheiden, welcher Zweck jeweils verfolgt wird. So können Zusammenschlüsse von Freiberuflern, die ausschließlich deren Tätigkeitsbedingungen fördern wollen, mangels Bezug zu abhängiger Arbeit keine Koalitionen sein (MD/Scholz Art. 9 GG Rn. 180). Liegt der Vereinigungszweck jedoch darin, die Interessen von Freiberuflern in ihrer Eigenschaft als Arbeitgeber zu wahren, kann es sich auch um eine Koalition handeln.

Freie Berufe

2. Freiwilligkeit

Der Zusammenschluss muss freiwillig sein. Die Koalitionsfreiheit gewährleistet nicht nur das Recht, einer Arbeitnehmervereinigung beizutreten, sondern auch, einer solchen fern zu bleiben (negative Koalitionsfreiheit). Erforderlich ist, dass die Mitglieder einer Koalition sich freiwillig zusammenschließen und der Beitritt ohne erheblichen Druck auf das Mitglied erfolgt. Problematisch ist dies insbesondere dann, wenn Arbeitgeber ihre Arbeitnehmer bei Abschluss des Arbeitsvertrags oder im laufenden Beschäftigungsverhältnis zwingen, Mitglied einer vom Arbeitgeber präferierten Gewerkschaft zu werden.

Freiwilligkeit des Zusammenschlusses

⊃ **Beispiel:**
Solche Fälle wurden zuletzt im Falle der sogenannten „Gewerkschaft der Neuen Brief- und Zustelldienste" oder in der Leih-

arbeitsbranche bekannt. In der Postbranche ging es den Arbeitgebern darum, sich eine eigene arbeitgeberfreundliche „gelbe" Gewerkschaft zu schaffen, um den Postmindestlohn zu unterlaufen (siehe unter § 82 III 3 a).

3. Allgemeine Unabhängigkeit

Alleinige Vertretung der Mitgliederinteressen

Um die **Interessen ihrer Mitglieder** wahren und fördern zu können, muss die Vereinigung unabhängig sein. Eine Koalition darf daher weder vom Staat, einer Partei, der Kirche oder insbesondere vom sozialen Gegner abhängig sein. Wesentlich hierfür ist, dass kein äußerer Einfluss auf die Willensbildung und Entscheidung der Vereinigung genommen werden kann. Die bloße Nähe zu einer gesellschaftlichen Institution ist hingegen unschädlich und tatsächlich verbreitet; es ist also **keine parteipolitische oder weltanschauliche Neutralität** erforderlich (ErfK/Franzen § 2 TVG Rn. 6).

Ämtervielfalt

In diesem Zusammenhang wird häufig die Frage erörtert, ob es zulässig ist, dass Funktions- oder Mandatsträger politischer Parteien, des Staates oder sonstiger gesellschaftlicher Institutionen gleichzeitig Mitglieder von Koalitionen sind bzw. dort sogar Ämter innehaben. Hier ist im Einzelfall danach zu entscheiden, ob durch diese personelle Verquickung bereits die Gefahr einer Einflussnahme auf die Willensbildung und Entscheidung der Koalition besteht. Eine Doppelmitgliedschaft für sich genommen ist unschädlich (Wiedemann/Oetker § 2 Rn. 334).

a) Gegnerunabhängigkeit

Unabhängigkeit vom Tarifgegner

Koalitionen können nur Arbeitnehmer- oder Arbeitgebervereinigungen sein. Die Unabhängigkeit vom Tarifgegner muss in personeller, finanzieller und organisatorischer Hinsicht bestehen. Lediglich bei Bestehen einer solchen Unabhängigkeit kann es zu einem „gerechten" oder „richtigen" Ausgleich der entgegenstehenden Interessen kommen. Dieses Erfordernis ist auch historisch zu verstehen: In der Weimarer Republik gründeten oder unterstützen die Arbeitgeber sogenannte **„Gelbe Gewerkschaften"** oder **Harmonieverbände**. Zweck dieser Verbände war es, die Verhandlungsposition der Gewerkschaften zu schwächen. Diese Verbände setzten sich häufig aus Arbeitgebern und Arbeitnehmern zusammen. Das Erfordernis der Gegnerunabhängigkeit wurde ursprünglich entwickelt, um die unabhängigen Verbände vor Auszehrung und Mitgliederverlust zu schützen. Mittlerweile wird das Prinzip der Gegnerfreiheit maßgeblich auf das Wesen des Vertragsmechanismus gestützt. Ein echter Vertrag setzt ein kontradiktorisches Verfahren voraus, in dem sich zwei verschiedene Interessenträger im Wege des gegenseitigen Nachgebens einigen. Abhängige Verbände können diesem Prinzip nur formal Rechnung tragen, weil sie real den Interessen der Gegenseite dienen (Wiedemann/Oetker § 2 Rn. 298 ff.; Gamillscheg KollArbR I S. 415 f.). Eine fehlende Gegnerunabhängigkeit liegt insbesondere

III. Weitere Voraussetzungen der Vereinigung § 82

bei einer direkten oder indirekten Finanzierung von Gewerkschaften durch Arbeitgeber oder arbeitgebernahe Repräsentanten vor. Davon werden auch Strohmannkonstruktionen erfasst, bei denen die Arbeitgeber für Dienstleistungen der Gewerkschaft gegenüber betriebszugehörigen Arbeitnehmern (z.B. Schulungen) Entgelte entrichten, die nicht den Zweck der Vergütung der Dienstleistung haben, sondern als Gegenleistung für andere Gefälligkeiten (z.B. den Abschluss arbeitgeberfreundlicher Haustarifverträge) dienen.

„Koalitionen müssen allerdings in der Tat von der Gegenseite unabhängig sein. Dabei ist das Erfordernis der Unabhängigkeit nicht formal, sondern im materiellen Sinne zu verstehen (...). Das bedeutet für eine Koalition, die wie der Kläger die Arbeits- und Wirtschaftsbedingungen ihrer Mitglieder durch Abschluß von Tarifverträgen wahren und fördern will, daß sie dem tariflichen Gegenspieler gegenüber unabhängig genug sein muß, um die Interessen ihrer Mitglieder wirksam und nachhaltig vertreten zu können. Die Koalition muß über ihre eigene Organisation und ihre Willensbildung selbst entscheiden." (BVerfG 17.2.1998 AP Nr. 87 zu Art. 9 GG)

Das Prinzip der Gegnerunabhängigkeit lässt sich jedoch nicht vollständig realisieren. Es darf deshalb nicht absolut, sondern nur **relativ** verstanden werden. Gegnerunabhängigkeit ist **nicht** mit **absoluter Gegnerfreiheit** gleichzusetzen.

Keine absolute Gegnerunabhängigkeit

⊃ **Beispiele:**
- Gewerkschaften führen selbst Arbeitgeberfunktionen aus.
- Die von den Arbeitnehmern entsandten Arbeitsdirektoren nehmen in der Montanindustrie Arbeitgeberaufgaben wahr.
- Leitende Angestellte sind oftmals mit Arbeitgeberfunktionen betraut.

Umstritten war etwa, ob die verfassungsrechtlich erforderliche Unabhängigkeit vom sozialen Gegenspieler durch das **MitbestG** von 1976 leer laufen würde. Aufgrund dieses Gesetzes sind die Arbeitnehmer an der Bestimmung der Führung von Unternehmen mit mehr als 2000 Arbeitnehmern beteiligt. Allerdings ist die Mitbestimmung nicht wirklich paritätisch, da letztlich die Arbeitgeberseite den Vorsitzenden des Aufsichtsrats wählt und dieser bei Stimmengleichheit eine zweite Stimme hat (siehe unter § 166). Deswegen verneinte das BVerfG einen Verstoß gegen Art. 9 Abs. 3 GG (BVerfG 1.3.1979 AP Nr. 1 zu § 1 MitbestG).

Keine Abhängigkeit aufgrund des MitbestG

„Insofern kommt es zunächst darauf an, ob bei einem Nebeneinander von erweiterter Mitbestimmung und Tarifvertragssystem die Unabhängigkeit der Tarifpartner in dem Sinne hinreichend gewahrt bleibt, dass sie nach ihrer Gesamtstruktur gerade dem Gegner gegenüber unabhängig genug sind, um die Interessen ihrer Mitglieder auf arbeits- und sozialrechtlichem Gebiet wirksam und nachhaltig zu vertreten [...]....; sie [die Koalitionsfreiheit] schützt auch die Selbstbestimmung der Koalitionen über ihre eigene Organisation, das Verfahren ihrer Willensbildung und die Führung ihrer Geschäfte. Hiermit kann eine Fremdbestimmung durch die Gegenseite in Konflikt geraten." (BVerfG 1.3.1979 AP Nr. 1 zu § 1 MitbestG)

Keine Abhängigkeit des Verbandes der Gewerkschaftsbediensteten

Ob das Erfordernis der Gegnerunabhängigkeit von Vereinigungen der Arbeitnehmer von Gewerkschaften erfüllt ist, ist fraglich. Ihre Mitgliedschaft besteht aus Personen, die als Arbeitnehmer der Gewerkschaften in aller Regel auch deren Mitglied sind. Das BAG hat die daraus resultierende Doppelmitgliedschaft in zwei Koalitionen gebilligt. Das Recht zum Beitritt zu einer Koalition wird nicht durch einen einmaligen Beitritt verbraucht.

„Ein vertraglicher Verzicht auf die in Art. 9 Abs. 3 GG gewährleistete Beitrittsfreiheit ist nach Art. 9 Abs. 3 Satz 2 GG nicht möglich. Diese Freiheit ist auch nie verbraucht, sondern kann immer wieder von neuem ausgeübt werden. Wer Mitglied einer Koalition ist, kann sich jederzeit dafür entscheiden, aus ihr auszutreten und sich einer anderen Koalition anzuschließen.

Für die Koalitionseigenschaft des Klägers ergibt sich nichts anderes daraus, daß er die gleichzeitige Zugehörigkeit seiner Mitglieder zu derjenigen Gewerkschaft akzeptiert, bei der sie jeweils beschäftigt sind. Art. 9 Abs. 3 GG läßt sich nicht entnehmen, daß die gleichzeitige Mitgliedschaft in zwei Koalitionen ausgeschlossen wäre." (BAG 17.2.1998 AP Nr. 87 zu Art. 9 GG)

b) Überbetrieblichkeit

Überbetrieblichkeit der Arbeitnehmervereinigungen

Die Überbetrieblichkeit ist eine **Voraussetzung für Arbeitnehmervereinigungen**. Der Grund für dieses Erfordernis ist darin zu sehen, dass Koalitionen, die sich nur auf der Ebene eines Betriebs oder eines Unternehmens betätigen würden, zu starken Einflüssen der Arbeitgeber ausgesetzt wären, da ihr Mitgliederbestand unmittelbar von den Einstellungen und Entlassungen abhängig wäre. Die Überbetrieblichkeit ist letztlich nur eine **spezielle Ausprägung der Gegnerunabhängigkeit** (FUCHS/REICHOLD Rn. 44). Auch sie kann nicht absolut gelten. Maßgeblich ist, ob die Beschränkung auf einen Betrieb oder ein Unternehmen die Unabhängigkeit gefährdet. Keine Überbetrieblichkeit wird daher bei den Arbeitnehmerverbindungen großer Monopolunternehmen gefordert, wie etwa bei der Bahn oder der Post (STEIN Rn. 37). Teilweise wird die Notwendigkeit der Überbetrieblichkeit bezweifelt, da aufgrund der heute sehr weitgehenden Kündigungsschutzbestimmungen eine Einflussnahme des Arbeitgebers auf die Koalition mittels Kündigung ihrer Funktionäre oder Mitglieder nahezu ausgeschlossen ist (ErfK/FRANZEN § 2 TVG Rn. 6).

4. Bekenntnis zur freiheitlichen Ordnung

Kein Machtmissbrauch

Als Erfordernis einer Koalition wird zudem das Bekenntnis zur freiheitlichen demokratischen Grundordnung genannt. Der Grund hier-

IV. Zusammenfassung

für liegt in der Macht und einem möglichen Missbrauch der Koalitionsmittel, wie etwa des Streiks. Allgemein anerkannt ist aber, dass die Schranke des Art. 9 Abs. 2 GG auch für Koalitionen gilt. Demnach sind solche Koalitionen verboten, die den Strafgesetzen zuwiderlaufen oder sich gegen die verfassungsmäßige Ordnung richten.

5. Demokratische Willensbildung

Ob der Koalitionsbegriff bereits eine demokratische Struktur voraussetzt oder ob dies nur eine Voraussetzung der Tariffähigkeit ist, wird unterschiedlich beurteilt (MüArbR/LÖWISCH/RIEBLE § 243 Rn. 69 ff.; KeZa/KEMPEN Grundlagen Rn.67 ff). Grund für das Erfordernis der demokratischen Struktur ist die Normsetzungsbefugnis der Koalitionen gegenüber ihren Mitgliedern. Koalitionsfähigkeit und Tariffähigkeit sind jedoch nicht gleichzusetzen; nicht alle Koalitionen setzen Tarifnormen. Aus diesem Grund kann diese Rechtsprechung nicht bereits im Bereich der Koalitionsfähigkeit herangezogen werden.

Keine zwingende Voraussetzung

6. Soziale Mächtigkeit

Kein unabdingbares Wesensmerkmal einer Koalition ist ihre „**soziale Mächtigkeit**". Das Erfordernis sozialer Mächtigkeit bedeutete, dass nur solche Vereinigungen, die aufgrund einer bestimmten Mitgliederstärke spürbaren Druck auf den sozialen Gegenspieler ausüben können, Koalitionen wären. Der Grundrechtsschutz kann jedoch nicht von der **Durchsetzungsfähigkeit der Vereinigung** abhängig gemacht werden, da Art. 9 Abs. 3 GG auch die Entstehung und Bildung von Koalitionen schützt. Hinzu kommt, dass sich die konkrete Durchsetzungsfähigkeit immer an dem hierzu gewählten Mittel bemisst. Wie gesehen (siehe unter § 82 II 3) ist dem Koalitionsbegriff aber schon kein bestimmtes Mittel der Durchsetzung immanent, so dass es praktisch unmöglich wäre, das für die Koalitionseigenschaft erforderliche Maß an Durchsetzungsfähigkeit konkret zu bestimmen. Verlangt wird aber teilweise, dass die Vereinigung die soziale Mächtigkeit zumindest anstreben muss (SCHMIDT-BLEIBTREU/KLEIN/KANNENGIESSER GG Art. 9 Rn. 22). Von der Frage der Koalitionseigenschaft zu unterscheiden ist aber, ob an die Tariffähigkeit einer Vereinigung derartige Anforderungen gestellt werden können (siehe unter dazu näher § 90 II 2 e).

Keine Voraussetzung der Koalitionsfähigkeit

IV. Zusammenfassung

Nach alldem ergeben sich folgende abschließende Voraussetzungen des Koalitionsbegriffs:

➲ Eine **Koalition** ist eine
  1. freiwillige privatrechtliche Vereinigung
  2. von Arbeitnehmern oder -gebern, die

3. auf Dauer angelegt,
4. gegnerunabhängig und
5. überbetrieblich ist und deren
6. Hauptzweck in der Wahrung und Förderung ihrer Interessen bei der Gestaltung von Arbeits- und Wirtschaftsbedingungen liegt.

§ 83 Der Schutzbereich der Koalitionsfreiheit nach Art. 9 Abs. 3 GG

Literatur: BADURA, Arbeitsgesetzbuch, Koalitionsfreiheit und Tarifautonomie, RdA 1974, 129; BAYREUTHER, Tarifautonomie als kollektiv ausgeübte Privatautonomie, 2005; BIEBACH, Neue Strukturen der Kaolitionsfreiheit, AuR 2000, 201 ff.; BUTZER, Verfassungsrechtliche Grundlagen zum Verhältnis zwischen Gesetzgebungshoheit und Tarifautonomie, RdA 1994, 375; DIETERICH, Arbeitsgerichtlicher Schutz der kollektiven Koalitionsfreiheit, FS Wissmann (2005), 114; DIETERICH, Flexibilisiertes Tarifrecht und Grundgesetz, RdA 2002, 1 ff.; DORNDORF: Das Verhältnis von Tarifautonomie und individueller Freiheit als Problem dogmatischer Theorie, FS Kissel (1994), S. 479 ff.; HANAU, Die Koalitionsfreiheit sprengt den Kernbereich, ZIP 1996, 447; HÖFLING, Grundelemente einer Bereichsdogmatik der Koalitionsfreiheit. Kritik und Reformulierung der sog. Kernbereichslehre, in: FS Friauf (1996), S. 377; HÖFLING, Verfassungsmäßigkeit des sog Lohnabstandsgebots bei Arbeitsbeschaffungsmaßnahmen, JZ 2000, 44; DIETLEIN, Die arbeits- und wirtschaftsrechtliche Vereinigungsfreiheit, in: Stern, Das Staatsrecht der Bundesrepublik Deutschland Band IV/1, 2005, § 112 V.; KISSEL, Verblassende negative Koalitionsfreiheit?, in: FS Hanau (1999), S. 547; KOCHER, Mindestlöhne und Tarifautonomie, NZA 2007, 600 ff.; LADEUR, Methodische Überlegungen zur gesetzlichen „Ausgestaltung" der Koalitionsfreiheit; AÖR 131 (2006), 643 ff.; OETKER, Arbeitsrechtlicher Kündigungsschutz und Tarifautonomie, ZfA 2001, 287 ff.; OSSENBÜHL/CORNILS, Staatliche Gesetzgebung und Tarifautonomie, 2000; PREIS/ULBER, Tariftreue als Verfassungsproblem NJW 2007, 465; RICHARDI, Gewerkschaftliche Mitgliederwerbung in Betrieben – Zugangsrecht betriebsfremder Gewerkschaftsbeauftragter – Betätigungsfreiheit der Gewerkschaften – Schutzbereich des Art 9 Abs 3 S 1 GG Anm. zu BAG AP Nr. 127 zu Art. 9 GG ; SCHMIDT, Die Ausgestaltung der kollektiven Koalitionsfreiheit durch die Gerichte, FS Richardi (2007), S. 765 ff.; SCHUBERT, Ist der Außenseiter vor der Normsetzung durch die Tarifvertragsparteien geschützt?, RdA 2001, 197; STEINER, Zum verfassungsrechtlichen Stellenwert der Tarifautonomie, FS Schwerdtner (2003), S. 355 ff.; THÜSING, Vom verfassungsrechtlichen Schutz des Günstigkeitsprinzips, GS Heinze (2005), S. 901; THÜSING, Anm. zu EzA Nr. 60 zu Art. 9 GG; WIEDEMANN, Tarifautonomie und staatliches Gesetz, FS Stahlhacke (1995), S. 675

➲ Übersicht:
    I. Persönlicher Schutzbereich
        1. Individuelle Koalitionsfreiheit
        2. Kollektive Koalitionsfreiheit
           a) Ausländische Koalitionen
           b) Europäische Koalitionen

II. Sachlicher Schutzbereich
  1. Individuelle Koalitionsfreiheit
     a) Bildung einer Koalition
     b) Beitritt zu einer bestehenden Koalition
     c) Verbleiben in einem Verband
     d) Negative Koalitionsfreiheit
  2. Kollektive Koalitionsfreiheit
     a) Bestandsgarantie
     b) Verbandsautonomie
     c) Betätigungsfreiheit
        aa) Bestandssicherung
        bb) Instrumentelle Garantie
        cc) Sonstige Betätigungsfreiheiten
        dd) Erweiterung der Betätigungsgarantie auf den individuellen Bereich

I. Grundsätzliches

Die Koalitionsfreiheit ist verfassungsrechtlich in Art. 9 Abs. 3 GG verankert. Sie ist in erster Linie ein **Freiheitsrecht** (BVerfG 1.3.1979 AP Nr. 1 zu § 1 MitbestG). Als solches ist sie ein **Abwehrrecht** gegen Eingriffe des Staates (status negativus). Des Weiteren hat die Koalitionsfreiheit eine „objektiv-rechtliche" Dimension. Sie verpflichtet den Gesetzgeber zur Ausgestaltung, d.h. zur Schaffung der Rechtsinstitute und Normkomplexe, die erforderlich sind, um die grundrechtlich garantierten Freiheiten ausüben zu können (BVerfG 1.3.1979 AP Nr. 1 zu § 1 MitbestG). Es besteht eine staatliche Schutzpflicht für die Koalitionsfreiheit (BVerfG 4.7.1995 AP Nr. 4 zu § 116 AFG).

Abwehrrecht

Darüber hinaus ist die Koalitionsfreiheit auch vor Eingriffen Privater geschützt (Art. 9 Abs. 3 S. 2 GG). Insoweit besteht eine **unmittelbare Drittwirkung**. Maßnahmen i.S.v. Art. 9 Abs. 3 S. 2 GG sind rechtswidrig. Gegen rechtswidrige Eingriffe Privater können Grundrechtsträger auf Unterlassung klagen (BAG 2.6.1987 AP Nr. 49 zu Art. 9 GG). Das BAG zählt das Grundrecht aus Art. 9 Abs. 3 GG zu den von § 823 BGB geschützten Rechtsgütern, gegen deren Verletzung ein Unterlassungsanspruch aus § 1004 Abs. 1 S. 2 BGB besteht (BAG 20.4.1999 AP Nr. 89 zu Art. 9 GG).

Unmittelbare Drittwirkung des Art. 9 Abs. 3 S. 2 GG

II. Persönlicher Schutzbereich

1. Individuelle Koalitionsfreiheit

Die Koalitionsfreiheit gilt zunächst für „**jedermann und für alle Berufe**", sie ist also vom Wortlaut des Art. 9 Abs. 3 GG als individuel-

Individuelle Koalitionsfreiheit

les Freiheitsrecht konzipiert. Der persönliche Schutzbereich erstreckt sich dabei auf alle Arbeitnehmer und Arbeitgeber (im untechnischen Sinne). Für die Arbeitgeberseite wird dies teilweise bestritten. Bedeutsam ist dieser Streit vor allem für die Frage, ob Art. 9 Abs. 3 GG auch das Recht zur Aussperrung beinhaltet (siehe unter § 109 I). Wer im Einzelnen vom persönlichen Schutzbereich erfasst wird, wurde bereits im Rahmen des Koalitionsbegriffs erörtert (siehe unter § 82 III 1).

2. Kollektive Koalitionsfreiheit

Doppelgrundrecht — Die Koalitionsfreiheit gewährleistet vom Wortlaut her nur, dass jedermann das Recht hat, Vereinigungen zur Wahrung und Förderung der Arbeits- und Wirtschaftsbedingungen zu bilden. Damit ist aber die gebildete Vereinigung – also die Koalition – selbst das zentrale Medium zur Verwirklichung des verfassungsrechtlichen Zwecks, so dass sie auch selbst der grundrechtlichen Garantie unterfallen muss. Dementsprechend ist allgemein anerkannt, dass auch die Koalitionen an sich und in ihrer Betätigung verfassungsrechtlich vom Schutzbereich des Grundrechts erfasst sind (siehe unter § 83 III). Bei Art. 9 Abs. 3 GG ist also zwischen der Koalitionsfreiheit des Einzelnen – sog. **individuelle Koalitionsfreiheit** – und der Koalitionsfreiheit der Verbände selbst – sog. **kollektive Koalitionsfreiheit** – zu unterscheiden. Man spricht deswegen auch von einem **Doppelgrundrecht**. Stimmen in der Literatur sehen den Schutz der Koalitionen nicht in Art. 9 Abs. 3 GG, sondern in Art. 19 Abs. 3 GG begründet (MD/Scholz Art. 9 GG Rn. 170, 240). Die Einordnung als Doppelgrundrecht kann zu Kollisionen zwischen individueller und kollektiver Koalitionsfreiheit führen.

III. Sachlicher Schutzbereich

1. Individuelle Koalitionsfreiheit

Überblick — Die Grundrechtsausübung oder der Grundrechtsgebrauch kann in einem **Handeln** oder **Unterlassen** bestehen. Zu unterscheiden ist daher zwischen positiver und negativer Koalitionsfreiheit.

Aus Art. 9 Abs. 3 GG ergibt sich zunächst für den Einzelnen unmittelbar das Recht, mit anderen Personen eine Koalition zu bilden bzw. einer bestehenden beizutreten und in ihr zu verbleiben. Ebenso geschützt ist das Recht des Einzelnen, sich innerhalb und außerhalb des Verbandes koalitionszweckrealisierend zu betätigen (Sachs/Höfling Art. 9 Rn. 64; siehe unter § 83 II 2. c) dd).

a) Bildung einer Koalition

Koalitionspluralismus — Die Koalition bedarf keiner staatlichen Zulassung. Durch die „**Bildungsfreiheit**" ist zugleich ein **Verbandspluralismus** gesichert. Aufgrund der unmittelbaren Drittwirkung des Art. 9 Abs. 3 S. 2 GG darf

III. Sachlicher Schutzbereich § 83

z.B. auch eine Gewerkschaft nicht die Gründung einer Arbeitgeberkoalition oder einer konkurrierenden Arbeitnehmervereinigung verhindern (MüArbR/Löwisch/Rieble § 245 Rn. 7 ff.).

b) Beitritt zu einer bestehenden Koalition

Arbeitnehmer und Arbeitgeber sind in ihrer Entscheidung frei, ob und welchem Verband sie beitreten. Da die Koalitionsfreiheit auch unmittelbar Dritten gegenüber geschützt ist, wäre es beispielsweise unzulässig, eine Einstellung von der Mitgliedschaft bei einer bestimmten Koalition abhängig zu machen. Allerdings bestehen in einigen Industrie- und Berufsbereichen nur einzelne Verbände. Allein aus Art. 9 Abs. 3 GG ergibt sich aber kein Anspruch auf Beitritt zu einer bestehenden Koalition. Einem solchen **Aufnahmezwang** stünde zum einen der Charakter der Koalitionsfreiheit als Abwehrrecht und zum anderen die **Satzungsautonomie** eines Verbands entgegen. Hier stehen sich individuelle und kollektive Koalitionsfreiheit entgegen.

Kein Beitrittsrecht aus Art. 9 Abs. 3 GG

Indes besteht allgemein bei **Monopolverbänden** ein Aufnahmezwang. Dieser beruht i.d.R. auf einer **überragenden Machtstellung** des Verbands und einem wesentlichen Interesse an der Mitgliedschaft. Der BGH (BGH 10.12.1984 BGHZ 93, 151, 153, 151, 153) hat im Hinblick auf die umfassende Wahrnehmung der Arbeitnehmerinteressen in Staat und Gesellschaft durch Gewerkschaften und ihre Mitspracherechte einen Aufnahmezwang bejaht, so etwa bei der IG Metall:

Beitrittsrecht gegenüber Monopolverbänden

„Ein Metall-Arbeitnehmer ist daher auf die Mitgliedschaft bei der Beklagten angewiesen, wenn er im sozialen Bereich angemessen und schlagkräftig repräsentiert sein will. Die Beklagte ist nach alledem einem Aufnahmezwang für beitrittswillige Bewerber ihres Wirkungskreises unterworfen; für sie gelten infolgedessen dieselben Regeln, die bislang für bestimmte Monopolverbände entwickelt worden sind [...]." (BGH 10.12.1984 BGHZ 93, 151, 153)

Anspruchsgrundlage für eine Aufnahme ist in einem solchen Fall § 823 BGB (vgl. Sachse, ArbuR 1985, 276 ff.).

Anspruchsgrundlage § 823 BGB

c) Verbleiben in einem Verband

Unzulässig ist weiterhin der Ausschluss aufgrund eines **staatlichen Eingriffs**, nicht hingegen durch **verbandsinternen Beschluss**. Hier kommt es wiederum zu einem Spannungsverhältnis zwischen individueller und kollektiver Koalitionsfreiheit (siehe unter § 83 II). Das Recht zum Verbleiben ist aber auch gegen Private geschützt. Dies wirkt sich etwa dann aus, wenn ein Arbeitgeber die Einstellung vom Austritt aus der Gewerkschaft abhängig macht. Dies ist unzulässig (BAG 2.6.1987 AP Nr. 49 zu Art. 9 GG).

Verbandsausschluss

„Ein Arbeitgeber, der die Einstellung von Bewerbern vom Austritt aus der Gewerkschaft abhängig macht, greift unmittelbar in das verfassungsrechtlich geschützte Recht einer Koalition auf Bestand und Betätigung ein. [...] Arbeitnehmer, die sich den Gewerkschaften anschließen wollen, dürfen nicht durch wirtschaftlichen Druck gehindert werden. Sie müssen sich frei für den Beitritt zu einer Gewerkschaft entscheiden können. Der Arbeitgeber darf weder wegen der Gewerkschaftszugehörigkeit das Arbeitsverhältnis kündigen noch wegen dieser Gewerkschaftszugehörigkeit den Abschluss eines Arbeitsvertrags verweigern. Das Arbeitsverhältnis sichert einem Arbeitnehmer die wirtschaftliche Existenz. Diese darf nicht vom Beitritt oder Austritt aus einer Gewerkschaft abhängig gemacht werden." (BAG 2.6.1987 AP Nr. 49 zu Art. 9 GG)

d) Negative Koalitionsfreiheit

Literatur: GAMILLSCHEG, Kollektives Arbeitsrecht Bd. I, S. 374 ff.; GAMILLSCHEG, Ihr naht euch wieder, schwankende Gestalten, NZA 2005, 146; HANAU, Neue Rechtsprechung zur negativen Tarifvertragsfreiheit, FS Scholz (2007); HÖFLING/RIXEN, Tariftreue oder Verfassungstreue, RdA 2007, 360; KISSEL, Verblassende negative Koalitionsfreiheit?, FS Hanau (1999), S. 547; KREILING, Tariflohn kraft staatlicher Anordnung?, NZA 2001, 1118; NEUMANN, Der Schutz der negativen Koalitionsfreiheit, RdA 1989, 243; SCHUBERT, Ist der Außenseiter vor der Normsetzung durch die Tarifvertragsparteien geschützt?, RdA 2001, 197; SCHLEUSENER, Der Begriff der betrieblichen Norm im Lichte der negativen Koalitionsfreiheit (Art. 9 Abs. 3 GG) und des Demokratieprinzips (Art. 20 GG), ZTR 1998, 100; SEIFERT, Rechtliche Probleme von Tariftreueerklärungen, ZFA 2001, 1 ff.

Umfang Nach h.M. korrespondiert mit der Mitgliedschaftsgarantie, also den Rechten des Beitritts und des Verbleibens in einer Koalition, das Recht des Einzelnen, einer Koalition **fernzubleiben** bzw. aus ihr wieder **auszutreten**. Art. 9 Abs. 3 GG schützt demnach auch die **negative Koalitionsfreiheit**, also das Recht, von einer positiven Freiheit keinen Gebrauch zu machen (BAG GS 29.11.1967 AP Nr. 13 zu Art. 9 GG).

„Der Begriff der Koalition im Sinne des Art. 9 Abs. 3 GG umfasst daher nur freiwillige Zusammenschlüsse, und das setzt das Bestehen einer ebenfalls aus Art. 9 Abs. 3 GG herzuleitenden negativen Koalitionsfreiheit voraus. [...] Der Große Senat vertritt daher die Ansicht, dass dem Individualgrundrecht der positiven Koalitionsfreiheit notwendig das Individualgrundrecht der negativen Koalitionsfreiheit entspricht und dass das Individualgrundrecht der negativen Koalitionsfreiheit den vollen Schutz des Art. 9 Abs. 3 Satz 1 und Satz 2 GG genießt." (BAG GS 29.11.1967 AP Nr. 13 zu Art. 9 GG)

Die Gegenauffassung lehnt eine direkte negative Koalitionsfreiheit aus Art. 9 Abs. 3 GG ab, bejaht aber einen Schutz der negativen Koalitionsfreiheit aus Art. 9 Abs. 1 GG, bzw. des Art. 2 Abs. 1 GG (GAMILLSCHEG KollArbR I S. 382 ff.).

Kein Beitrittszwang Die negative Koalitionsfreiheit richtet sich zunächst gegen den direkten oder mittelbaren Zwang, einer bestimmten Koalition beitre-

III. Sachlicher Schutzbereich § 83

ten zu müssen. Dieser Schutz besteht auch hier wieder zuerst gegenüber dem Staat.

Aber auch **Vereinbarungen Privater**, insbesondere Arbeitgeberverbände und Gewerkschaften, können dann gegen die negative Koalitionsfreiheit verstoßen, wenn sie einen **unzulässigen Druck** auf Nichtorganisierte dahingehend ausüben, dass diese sich zum Beitritt gezwungen sehen. Dies kann beispielsweise dann der Fall sein, wenn Gewerkschaften und Arbeitgeber vereinbaren, dass nur Koalitionsmitglieder in den Genuss vertraglicher oder freiwilliger Vergünstigungen kommen sollen, sog. **Differenzierungsklauseln**. Einen Unterfall solcher Differenzierungsklauseln bilden die **Abstands- oder Spannungsklauseln**, die ein Vergütungsgefälle zwischen organisierten und nichtorganisierten Arbeitnehmern festlegen. Ebenfalls hierher gehören Regelungen, wonach sich der Arbeitgeber verpflichtet, die Einstellung eines Arbeitnehmers von der Zugehörigkeit zu einer Arbeitnehmervereinigung abhängig zu machen, sog. **Closed-shop-Regelungen**. Alle diese Vereinbarungen zwischen einer Gewerkschaft und einem Arbeitgeber oder einer Arbeitgebervereinigung können geeignet sein, auf einen nicht organisierten Arbeitnehmer einen gewissen Druck auszuüben, sich der jeweiligen Koalition anzuschließen. Damit betreffen sie auch insgesamt den Schutzbereich der negativen Koalitionsfreiheit; ob sie hingegen tatsächlich unzulässig sind, ist eine Frage der Grenzen der Koalitionsfreiheit (siehe unter § 84).

Kein unzulässiger Druck auf Außenseiter Austrittsrecht

Von der negativen Koalitionsfreiheit wird auch das Recht umfasst, aus einem Verband auszutreten. Es darf entsprechend **kein unzulässiger Druck zum Verbleiben** ausgeübt werden.

Dies wirkt sich auf **Satzungsbestimmungen der Verbände** aus. So soll etwa eine Kündigungsfrist für einen Austritt von mehr als einem halben Jahr gegen die negative Koalitionsfreiheit verstoßen (BGH 22.9.1980 AP Nr. 33 zu Art. 9 GG). Das gleiche gilt für privatrechtliche Vereinbarungen, die einen Arbeitgeber auf Dauer verpflichten, Mitglied eines Arbeitgeberverbandes zu bleiben. (BAG 19.9.2006 AP Nr. 22 zu § 3 TVG Verbandszugehörigkeit)

Keine unzulässigen Kündigungsfristen

Die negative Koalitionsfreiheit schützt hingegen nicht vor der Geltungserstreckung fremder Tarifverträge auf Außenseiter oder anders Organisierte. Dies ist insbesondere deshalb von Bedeutung, weil eine Vielzahl von Meinungsstreitigkeiten im kollektiven Arbeitsrecht sich an der Frage der Außenseiterbindung entzündet.

Keine negative Tarifvertragsfreiheit

„Das Grundrecht der negativen Koalitionsfreiheit schützt nicht dagegen, dass der Gesetzgeber die Ergebnisse von Koalitionsvereinbarungen zum Anknüpfungspunkt gesetzlicher Regelungen nimmt, wie es besonders weitgehend bei der vom BVerfG für verfassungsrechtlich zulässig angesehenen Allgemeinverbindlicherklärung von Tarifverträgen geschieht [...]. Allein dadurch, dass jemand den Vereinbarungen fremder Tarifvertragsparteien unterworfen wird, ist ein spezifisch koalitions-

35

rechtlicher Aspekt nicht betroffen (...)." (BVerfG 11.7.2006 AP Nr. 129 zu Art. 9 GG)

2. Kollektive Koalitionsfreiheit Bestands- und Betätigungsrecht der Verbände

Art. 9 Abs. 3 GG ist als Einzelgrundrecht ausgestaltet; der strenge Wortlaut räumt der Koalition als Vereinigung, die sich zur Wahrung der Arbeits- und Wirtschaftsbedingungen bildet, keinen grundrechtlichen Schutz ein. Da jedoch die individuelle positive Koalitionsfreiheit nur optimal verwirklicht werden kann, wenn neben der Gründungs- und Beitrittsfreiheit, der Freiheit des Austritts und des Fernbleibens auch der Bestand und die Betätigung der Koalitionen selbst grundrechtlichen Schutz genießen, schützt Art. 9 Abs. 3 GG auch die Koalition als solche (BVerfG 24.4.1996 AP Nr. 2 zu § 57a HRG).

„Die individualrechtliche Gewährleistung setzt sich nach feststehender Rechtsprechung des BVerfG in einem Freiheitsrecht der Koalitionen fort. Es schützt sie in ihrem Bestand und garantiert ihnen die Bestimmung über ihre Organisation, das Verfahren ihrer Willensbildung und die Führung ihrer Geschäfte. Den Schutz von Art. 9 Abs. 3 GG genießen ferner Betätigungen der Koalitionen, soweit sie den dort genannten Zwecken dienen [...]." (BVerfG 24.4.1996 AP Nr. 2 zu § 57a HRG)

a) Bestandsgarantie

Schutz vor staatlichen und privaten Eingriffen

Bestandteil der kollektiven Koalitionsfreiheit ist vor allem die Bestandsgarantie der Koalitionen. Von der Gewährleistung umfasst ist bereits der **Gründungsvorgang**. Darüber hinaus wird eine bestehende Koalition gegen Einflüsse geschützt, die den Wegfall eines notwendigen Merkmals des Koalitionsbegriffs zur Folge hätten (etwa Eingriff in die Unabhängigkeit des Verbands). Sowohl Angriffe des Staates (durch ein Verbot) als auch Privater, insbesondere des sozialen Gegenspielers oder konkurrierender Verbände (Aufruf zum Massenaustritt oder closed-shop-Vereinbarungen hinsichtlich anders Organisierter), auf die Existenz der Verbände sind unzulässig.

Umfang der Bestandsgarantie

Bestandsgarantie bedeutet nicht, dass jede einzelne Koalition zu schützen oder der Staat zu bestandsfördernden oder bestandserhaltenden Maßnahmen verpflichtet ist. Nicht erfasst werden somit **Existenzgefährdungen durch verbandsinterne Vorgänge**, etwa Verlust der Mächtigkeit durch Mitgliederaustritt oder schwindende Leistungsfähigkeit oder aufgrund einfacher Konkurrenz anderer Verbände. Der Staat muss den Koalitionen nur genügend Freiräume lassen, um sich, sei es durch Eigenwerbung oder andere den Mitgliederbestand sichernde Maßnahmen, als geeignet zur Wahrnehmung der Interessen der Mitglieder darstellen zu können (vgl. Lieb/Jacobs Rn. 431).

III. Sachlicher Schutzbereich § 83

b) Verbandsautonomie

Literatur: SACHSE, Das Aufnahme- und Verbleiberecht in den Gewerkschaften, ArbuR 1985, 267.

Einen weiteren Bestandteil des kollektiven Koalitionsrechts bildet die Verbands- oder Organisationsautonomie, die es der Koalition erlaubt, frei über ihre Organisationsform und -struktur zu entscheiden. Frei ist etwa die Wahl des Organisationsprinzips, d.h. ob sich die Verbände nach dem **Industrie- oder Berufsverbandsprinzip** organisieren. In Deutschland ist nach dem Zweiten Weltkrieg das Industrieverbandsprinzip herrschend (siehe unter § 85).

Wahl des Organisationsprinzips

Zur Verbandsautonomie zählt auch die **Satzungsautonomie**, die es den Verbänden ermöglicht, z.B. Beitritt und Austritt zu regeln, sowie sich gegen Störungen und Gefahren zu wehren, die der Zielsetzung und der inneren Ordnung des Verbands aus den eigenen Reihen drohen. Solche Regelungen tangieren jedoch stets die individuelle Koalitionsfreiheit der Mitglieder, so dass die Frage nach der Zulässigkeit einer entsprechenden Ausschlussregelung die Grenzen zwischen individueller und kollektiver Koalitionsfreiheit betrifft (siehe unter § 84).

Satzungsautonomie

c) Betätigungsgarantie

Literatur: BROCK, Gewerkschaftliche Betätigung im Betrieb nach Aufgabe der Kernbereichslehre, 2002; DIETERICH, Gewerkschaftswerbung im Betrieb – Besprechung des Urteils BAG v. 28.2.2006 -1 AZR 460/04, RdA 2007, 110; DIETERICH, Arbeitsgerichtlicher Schutz der kollektiven Koalitionsfreiheit, FS Wißmann (2005), S. 114; DIETERICH, Die grundrechtsdogmatischen Grenzen der Tarifautonomie in der Rechtsprechung des Bundesarbeitsgerichts, FS Wiedemann (2002), S. 229 ff.; HANAU, Die Koalitionsfreiheit sprengt den Kernbereich, ZIP 1996, 447; HEILMANN, Koalitionsfreiheit als normales Grundrecht, ArbuR 1996, 121; LINSENMAIER, Kollektives Arbeitsrecht im Spannungsfeld von Freiheit und Ordnung, JArbR 44 (2007), 111; NEUMANN, Legislative Einschätzungsprärogative und gerichtliche Kontrolldichte bei Eingriffen in die Tarifautonomie, RdA 2007, 71 ff.; PIEROTH, Koalitionsfreiheit, Tarifautonomie, Mitbestimmung, FS 50 Jahre BVerfG II, S. 293; SCHOLZ, Anm. zu BVerfG v. 14.11.1995, SAE 1996, 320; THÜSING, Anm. zu EzA Nr. 60 zu Art. 9 GG.

Eine Koalition kann nur dann wirkungsvoll ihren grundrechtlichen Zweck, die Wahrung und Förderung der Arbeits- und Wirtschaftsbedingungen, verfolgen, wenn sie auch in der hierfür erforderlichen Betätigung hinreichend geschützt ist. Wenn sich die kollektive Koalitionsfreiheit nämlich in der Bestandsgarantie und der Verbandsautonomie erschöpfte, liefe sie leer. Vom Schutzbereich des Art. 9 Abs. 3 GG umfasst werden daher **alle koalitionsspezifischen Betätigungen** (BVerfG 24.4.1996 AP Nr. 2 zu § 57a HRG). Es kann demnach von einer **Funktionsgarantie** gesprochen werden.

Funktionsgarantie

Früher war umstritten, ob die Betätigungsfreiheit allgemein restriktiv auszulegen und auf einen Kernbereich zu beschränken sei. Das BVerfG ging in ständiger Rechtsprechung davon aus, dass nur die Betätigungen in den Schutzbereich der Koalitionsfreiheit fielen, die für

Alte Kernbereichsformel

die Erhaltung und Sicherung der Existenz und des Zwecks der Koalition als absolut unerlässlich anzusehen waren (BVerfG 18.12.1974 AP Nr. 23 zu Art. 9 GG).

„Klarstellende" Auslegung der früheren Rechtsprechung

Von dieser restriktiven Interpretation des Schutzbereichs der Koalitionsfreiheit hat sich das BVerfG in seinen letzten Entscheidungen gelöst. In seinem Beschluss vom 14.11.1995 (AP Nr. 80 zu Art. 9 GG) geht das BVerfG ausführlich auf seine bisherige Rechtsprechung ein, die es falsch interpretiert sieht.

„Diese Formulierungen [Kernbereich und unerlässlich] können in der Tat den Eindruck erwecken, als schütze Art. 9 Abs. 3 GG jedenfalls die koalitionsmäßige Betätigung von vornherein nur in einem inhaltlich eng begrenzten Umfang. [...] Das in der Rechtsprechung des BVerfG entwickelte Verständnis der Koalitionsfreiheit wird damit jedoch nur unvollständig wiedergegeben. Ausgangspunkt der Kernbereichsformel ist die Überzeugung, dass das Grundgesetz die Betätigungsfreiheit der Koalitionen nicht schrankenlos gewährleistet, sondern eine Ausgestaltung durch den Gesetzgeber zulässt [...]. Mit der Kernbereichsformel umschreibt das Gericht die Grenze, die dabei zu beachten ist; sie wird überschritten, soweit einschränkende Regelungen nicht zum Schutz anderer Rechtsgüter von der Sache her geboten sind [...]. Das BVerfG wollte den Schutzbereich des Art. 9 Abs. 3 GG aber nicht von vornherein auf den Bereich des Unerlässlichen beschränken." (BVerfG 14.11.1995 AP Nr. 80 zu Art. 9 GG)

Einordnung in die allgemeine Grundrechtsdogmatik

Bisher musste gefragt werden, ob die Betätigung zum unerlässlichen Kernbereich zählte, um vom Schutzbereich des Art. 9 Abs. 3 GG erfasst zu sein. Dagegen besteht nunmehr eine **grundsätzliche Vermutung für den Schutz koalitionsspezifischer Betätigungen**, die nur durch Rechtsgüter mit Verfassungsrang eingeschränkt werden können, ohne dass die Koalitionsfreiheit von vornherein auf einen Kernbereich beschränkt ist (Hanau, ZIP 1996, 447). Damit besteht kein Unterschied mehr zu anderen ausgestaltungsbedürftigen Grundrechten (Thüsing, Anm. zu EzA Nr. 60 zu Art. 9 GG). Das BAG hat den **grundrechtsdogmatischen Wandel** in seiner neueren Rechtsprechung konsequent vollzogen. Die gesamte ältere Judikatur des BAG wird vor dem Hintergrund des neuen weiten Verständnisses der koalitionsspezifischen Betätigungsgarantie auf den Prüfstand gestellt werden müssen. Ein Beispiel für eine bereits vollzogene Anpassung der Rechtsprechung durch das BAG bietet die Frage der Zulässigkeit von Unterstützungsstreiks (BAG 19.6.2007 AP Nr. 173 zu Art. 9 GG Arbeitskampf; siehe unter § 114 III)

„Soweit den Ausführungen des Senats im Urteil vom 5. März 1985 (...) die Beurteilung zugrunde gelegen haben sollte, ein Unterstützungsstreik unterfalle von vorneherein nicht dem Schutzbereich des Art. 9 Abs. 3 GG, beruhte dies, wie die vom Senat in diesem Urteil angeführten Entscheidungen des Bundesverfassungsgerichts deutlich machen, noch auf der bis dahin vom Bundesverfassungsgericht verwendeten „Kernbereichsformel", die weithin dahin (miss-)verstanden wurde, Art. 9 Abs. 3 GG schütze die Betätigungsfreiheit der Koalitionen nur in

III. Sachlicher Schutzbereich § 83

einem Kernbereich. Bei einem solchen Verständnis wird jedoch die „Kernbereichsformel" unvollständig wiedergegeben und der Schutzbereich des Art. 9 Abs. 3 GG unzulässig verkürzt. Dies hat das Bundesverfassungsgericht im Beschluss vom 14. November 1995 (...) klargestellt und hieran in der Folgezeit festgehalten (...). Der Senat hat sich dem hiernach gebotenen, alle koalitionsspezifischen Betätigungen umfassenden Verständnis des Schutzbereichs des Art. 9 Abs. 3 GG in ständiger Rechtsprechung angeschlossen." (BAG 19.6.2007 AP Nr. 173 zu Art. 9 GG Arbeitskampf)

aa) Bestandssicherung

Zu den koalitionsspezifischen Tätigkeiten zählen zunächst die Betätigungen, die den Bestand sichern, etwa die **Werbung** von neuen Mitgliedern (BVerfG 26.5.1970 AP Nr. 16 zu Art. 9 GG).

Mitgliederwerbung

„Sind auch die Koalitionen selbst in den Schutz des Grundrechts der Koalitionsfreiheit einbezogen [...], wird also durch Art. 9 Abs. 3 GG nicht nur ihr Entstehen, sondern auch ihr Bestand gewährleistet [...], so müssen nach Sinn und Zweck der Bestimmung grundsätzlich auch diejenigen Betätigungen verfassungsrechtlich geschützt sein, die für die Erhaltung und Sicherung der Existenz der Koalition unerlässlich sind." (BVerfG 26.5.1970 AP Nr. 16 zu Art. 9 GG)

Gewerkschaften haben zum Zweck der Mitgliederwerbung ein Zutrittsrecht zum Betrieb. Die umstrittene Frage, ob dieses Recht auch durch betriebsfremde Arbeitnehmer ausgeübt werden darf, hat das BAG bejaht (BAG 28.2.2006 AP Nr. 127 zu Art. 9 GG; siehe unter § 84 IV 3).

bb) Instrumentelle Garantie

Darüber hinaus müssen die Verbände aber auch ihrem Zweck nachgehen und diesen umsetzen können. Die hierfür erforderlichen Mittel werden von der **Koalitionsmittelgarantie** erfasst. Die Koalitionen sind dabei grundsätzlich in der Wahl ihrer Mittel frei (BVerfG 26.6.1991 AP Nr. 117 zu Art. 9 GG Arbeitskampf mit Anm. RIEBLE). Wichtigstes Mittel ist jedoch der Abschluss von Tarifverträgen, so dass der Tarifautonomie ein zentraler Stellenwert innerhalb der kollektiven Betätigungsfreiheit zukommt.

Zweckverfolgung

„Die Wahl der Mittel, die sie zur Erreichung dieses Zwecks für geeignet halten, überlässt Art. 9 Abs. 3 GG grundsätzlich den Koalitionen [...]. Soweit die Verfolgung des Vereinigungszwecks von dem Einsatz bestimmter Mittel abhängt, werden daher auch diese vom Schutz des Grundrechts umfasst. Zu den geschützten Mitteln zählen auch Arbeitskampfmaßnahmen, die auf den Abschluss von Tarifverträgen gerichtet sind." (BVerfG 26.6.1991 AP Nr. 117 zu Art. 9 GG Arbeitskampf)

Der Schutzbereich der kollektiven Koalitionsfreiheit erstreckt sich daher vor allem auf Verhandlungen und Vereinbarungen mit anderen

Tarifautonomie

Koalitionen, so auf den Abschluss von Tarifverträgen (BVerfG 24.4.1996 AP Nr. 2 zu § 57a HRG). Die Parteien des Arbeitslebens sind mithin grundsätzlich frei darin, die Arbeits- und Wirtschaftsbedingungen eigenverantwortlich durch Gesamtvereinbarungen zu regeln. Hierdurch soll die strukturelle Unterlegenheit des einzelnen Arbeitnehmers beim Abschluss eines Arbeitsvertrags durch kollektives Handeln ausgeglichen werden. Gleiches gilt aber auch für die mögliche Unterlegenheit des einzelnen Arbeitgebers gegenüber der Gesamtheit seiner Arbeitnehmer. Dem Kern nach geht es also um ein „freies Spiel gleichwertiger Kräfte", das idealerweise zu einem interessengerechten Ausgleich führt.

„Die Aushandlung von Tarifverträgen gehört zu den wesentlichen Zwecken der Koalitionen. Hierin sollen sie nach dem Willen des Grundgesetzes frei sein [...]. Der Staat enthält sich in diesem Betätigungsfeld grundsätzlich einer Einflussnahme [...] und überlässt die erforderlichen Regelungen der Arbeits- und Wirtschaftsbedingungen zum großen Teil den Koalitionen, die sie autonom durch Vereinbarung treffen." (BVerfG 24.4.1996 AP Nr. 2 zu § 57a HRG)

Dafür ist es zunächst erforderlich, dass ein inhaltlich freier Raum für autonome Regelungen besteht, das heißt, die Garantie der Tarifautonomie schützt zum einen davor, dass der Staat auf dem Gebiet der Arbeits- und Wirtschaftsbedingungen flächendeckend abschließende Regelungen schafft. Insoweit hat die Tarifautonomie die Funktion eines klassischen Abwehrrechts.

Zum anderen hat der Staat aber sicherzustellen, dass ein freies Spiel der Kräfte überhaupt möglich ist. Er muss den Parteien ein zur Funktionserfüllung unerlässliches Instrumentarium zur Verfügung stellen, damit diese mit dessen Hilfe in der Lage sind, wirkungsvolle Regelungen zu treffen. Um also die von der Verfassung gegebene Tarifautonomie sinnvoll ausgestalten zu können, bedarf es eines funktionierenden Tarifvertragssystems, dessen konkrete Ausgestaltung wiederum dem Gesetzgeber überlassen ist. Dabei kann der Gesetzgeber zum Schutz der Tarifautonomie auch in konfligierende Grundrechtspositionen eingreifen, um die Funktionsfähigkeit der Tarifautonomie zu gewährleisten.

„Schließlich darf der Gesetzgeber die Ordnungsfunktion der Tarifverträge unterstützen, indem er Regelungen schafft, die bewirken, dass die von den Tarifparteien ausgehandelten Löhne und Gehälter auch für Nichtverbandsmitglieder mittelbar zur Anwendung kommen. Dadurch wird die von Art. 9 Abs. 3 GG intendierte, im öffentlichen Interesse liegende (...) autonome Ordnung des Arbeitslebens durch Koalitionen abgestützt, indem den Tarifentgelten zu größerer Durchsetzungskraft verholfen wird [...]." (BVerfG 11.7.2006 AP Nr. 129 zu Art. 9 GG)

Keine Garantie des jetzigen Tarifvertragsrechts

Zwar besteht eine **Einrichtungsgarantie eines Tarifvertragssystems**, zu beachten ist aber, dass nicht das gegenwärtige Tarifvertragssystem als solches geschützt wird. Der Gesetzgeber ist zwar verpflich-

III. Sachlicher Schutzbereich § 83

tet, ein solches zur Verfügung zu stellen, in der konkreten Ausgestaltung ist er dann aber weitgehend frei (siehe unter § 84 III). Im Rahmen seines **Gestaltungsauftrags** hat der Gesetzgeber das **Paritätsgebot** zu beachten. Nur soweit sich zwei gleichstarke und unabhängige Verhandlungspartner gegenüber sitzen, kann von einem interessengerechten Ausgleich ausgegangen werden (BVerfG 26.6.1991 AP Nr. 117 zu Art. 9 GG Arbeitskampf). Die Funktionsfähigkeit des Systems kollektiven Interessenausgleichs und die Schutzfunktion des Tarifvertragssystems bilden damit die Grenzen der Ausgestaltungsbefugnis des Gesetzgebers.

In diesem Zusammenhang steht auch die These von der **Richtigkeitsgewähr** des Tarifvertrags. Die These der Richtigkeitsgewähr wird unterschiedlich aufgefasst. Nach einem Teil der Literatur soll sie besagen, dass eine Vermutung dafür besteht, dass das Ergebnis des Aushandelns relativ „richtig" ist (vgl. etwa GAMILLSCHEG KollArbR I S. 285). Zutreffender erscheint es, die Richtigkeitsgewähr als „**Richtigkeitschance**" zu begreifen (KEZA/KEMPEN Grundlagen Rn. 94). Das tarifliche Verfahren und der Paritätsgrundsatz garantieren kein richtiges Ergebnis, sondern ein **korrektes und faires Verfahren**, das wiederum zu einem ausgewogenen Ergebnis führen kann.

Richtigkeitsgewähr

Dieses Ergebnis ist dann nicht mehr einer richterlichen Inhaltskontrolle zugänglich. Der Richter kann den Tarifvertragsinhalt nicht auf seine materielle „Richtigkeit" überprüfen, d.h. er darf nicht kontrollieren, ob die Tarifparteien die gerechteste und zweckmäßigste Vereinbarung getroffen haben. Dies wäre ansonsten eine **Tarifzensur**, die dem Grundsatz der Tarifautonomie widerspräche (BVerfG 26.6.1991 AP Nr. 117 zu Art. 9 GG Arbeitskampf). Tarifverträge unterliegen mithin auch keiner Billigkeitskontrolle (BAG 12.2.1992 AP Nr. 5 zu § 620 BGB Altersgrenze).

Keine Inhaltskontrolle

„Tarifverträge unterliegen keiner Billigkeitskontrolle [...]. Es ist nicht Sache der Gerichte zu prüfen, ob die Tarifvertragsparteien die gerechteste und zweckmäßigste Regelung getroffen haben. Sie haben lediglich zu kontrollieren, ob die Grenzen der Tarifautonomie überschritten sind [...]. Tarifverträge sind von den Gerichten nur darauf zu überprüfen, ob sie gegen zwingende staatliche Rechtssätze verstoßen." (BAG 12.2.1992 AP Nr. 5 zu § 620 BGB Altersgrenze)

Das BAG ist mit Blick auf die Koalitionsfreiheit auch ansonsten zurückhaltend bei der Kontrolle tarifvertraglicher Vereinbarungen. So sollen nach der Rechtsprechung des BAG auf Grund der Richtigkeitsgewähr des Tarifvertrags Entgeltvereinbarungen nur dann von den Gerichten als sittenwidrig beanstandet werden, wenn der Tariflohn unter Berücksichtigung aller Umstände des räumlichen, fachlichen und persönlichen Geltungsbereichs des Tarifvertrags sowie der im Geltungsbereich des Tarifvertrags zu verrichtenden Tätigkeiten einen „Hungerlohn" darstellt (BAG 24.3.2004 AP Nr. 59 zu § 138 BGB).

Arbeitskampf Schließlich gehört es heute anerkanntermaßen zu den wichtigsten Aspekten der Tarifautonomie, dass die Tarifvertragsparteien auch in den Betätigungen frei sind, die dazu dienen, überhaupt erst ein Verhandeln über Arbeits- und Wirtschaftsbedingungen zu ermöglichen bzw. Interessengegensätze außerhalb des Verhandelns wirkungsvoll auszutragen. Damit sind auch Arbeitskampfmittel und -maßnahmen von der grundsätzlichen Garantie der Betätigungsfreiheit mitumfasst (BAG 19.6.2007 AP Nr. 172 zu Art. 9 GG Arbeitskampf).

cc) Sonstige Betätigungsfreiheiten

Von der Grundrechtsgewährleistung des Art. 9 Abs. 3 GG sind schließlich auch solche Betätigungen erfasst, die nicht direkt der Bestandssicherung oder der Gestaltung von Arbeits- und Wirtschaftsbedingungen dienen. Hierunter fallen beispielsweise die Einrichtung von Sozialkassen sowie die gerichtliche und außergerichtliche Beratung und Vertretung von Mitgliedern.

dd) Erstreckung der Betätigungsfreiheit auf den individuellen Schutzbereich

Soweit die Betätigungsfreiheit aus dem Koalitionszweck abgeleitet wird, sind unmittelbar nur die Koalitionen selbst berechtigt. Allerdings kann die Koalition nur durch ihre Mitglieder im natürlichen Sinne handeln, so dass auch diese von der kollektiven Betätigungsgarantie geschützt werden, wenn sie den Bestand und die Erfüllung des Koalitionszwecks durch ihr eigenes Tun sichern bzw. fördern. Sie partizipieren auch dann an der kollektiven Betätigungsfreiheit, wenn sie nicht im Auftrag der Koalition sondern aus eigenem Antrieb tätig werden. Erforderlich ist lediglich, dass ihr Handeln koalitionsspezifisch ist.

§ 84 Grenzen der Koalitionsfreiheit

➲ **Übersicht:**
  I. Kernbereichslehre
  II. Ausgestaltung der Koalitionsfreiheit
  III. Eingriffe in die Koalitionsfreiheit
  IV. Einzelne Kollisionslagen
    1. Kollision von individueller Koalitionsfreiheit und Verbandsautonomie
    2. Kollision von negativer Koalitionsfreiheit und Tarifautonomie
    3. Kollision von Betätigungsfreiheit und Arbeitgebergrundrechten

II. Ausgestaltung durch den Gesetzgeber § 84

Es wäre Sache des Gesetzgebers, ausgehend von Art. 9 Abs. 3 GG Umfang und Grenzen der koalitionsgemäßen Betätigung in einem Gesetz konkret zu regeln. Da ein solches Gesetz bis heute nicht existiert und eine Kodifizierung in Zukunft nicht zu erwarten ist, haben die Gerichte die kollektive Koalitionsfreiheit konkretisiert. Probleme wirft dabei vor allem die Frage nach den **Schranken der koalitionsgemäßen Betätigung** auf. Es geht um ein allgemeines verfassungsrechtliches Problem, das sich auch bei anderen Grundrechten stellt. Einige Grundrechte, wie etwa die Meinungsfreiheit, bestimmen selbst, unter welchen Voraussetzungen Einschränkungen zulässig sind. Doch auch die sog. **vorbehaltlos gewährleisteten Grundrechte**, also diejenigen, die wie Art. 9 Abs. 3 GG keine Einschränkungen vorsehen, werden **nicht schrankenlos** gewährleistet. So ist es anerkannt, dass diese Grundrechte mit den anderen Grundrechten und Verfassungswerten kollidieren und somit auch eingeschränkt werden können (**verfassungsimmanente Schranken**).

Schranken vorbehaltlos gewährter Grundrechte

I. Kernbereichslehre

Eine weitere Folge des früheren Kernbereichsbegriffs des BVerfG (siehe unter § 83) war, dass sich aus diesem auch Aussagen für die Einschränkbarkeit der Koalitionsfreiheit ableiten ließen. In dem durch die Unerlässlichkeit für die Freiheitsausübung gekennzeichneten Kernbereich der Koalitionsfreiheit konnte nämlich durchaus eine schlechthin unantastbare Tabuzone gesehen werden, die gleich einer erweiterten Wesensgehaltsgarantie als Gegenschranke jede Rechtfertigung eines Eingriffs in diesen Kernbereich ausschlösse. Doch auch hier ist durch die neue Rechtsprechung des BVerfG klargestellt, dass der Kernbereich nur die Grenze beschreibt, bis zu der der Gesetzgeber ohne besonderes Rechtfertigungserfordernis zum Schutze anderer Rechtsgüter von seiner Gestaltungskompetenz Gebrauch machen kann (BVerfG 14.11.1995 AP Nr. 80 zu Art. 9 GG). Diese Grenze ist aber durchaus unter den allgemeinen verfassungsrechtlichen Voraussetzungen überschreitbar (so auch die ganz herrschende Auffassung in der Literatur, vgl. nur SÄCKER/OETKER S. 95).

Kein unantastbarer Kernbereich

II. Ausgestaltung durch den Gesetzgeber

Literatur: DIETERICH, Tarifautonomie – Altes Modell – neue Realitäten, KJ 2008, 71; DÖRNER, Die Einschätzungsprärogative des Gesetzgebers und die grundrechtlich geschützte Tarifautonomie, FS Däubler (1999), S. 31; ENGELS, Verfassungsrechtliche Determinanten staatlicher Lohnpolitik, JZ 2008, 490; HENSSLER, Tarifautonomie und Gesetzgebung, ZfA 1998, 1 ff.; LADEUR, Methodische Überlegungen zur gesetzlichen „Ausgestaltung" der Koalitionsfreiheit, AÖR 131(2006), 643 ff.; MASCHMANN, Tarifautonomie im Zugriff des Gesetzgebers, 2007; OETKER, Gesetz und Tarifvertrag als komplementäre Instrumente zur Regulierung des Arbeitsrechts, ZG 1998, 155; OETKER, Das private Vereinsrecht als Ausgestaltung der Koalitionsfreiheit, RdA 1999, 96 ff.; OPPOLZER/ZACHERT, Gesetzliche Karenztage und Tarifautonomie, BB 1993, 1353; RÜFNER, Verantwortung des Staates für die Parität der Sozialpartner?, RdA 1997, 130; SCHMIDT, Die Ausgestaltung der kollektiven Koalitionsfreiheit durch die Gerichte, FS Richardi (2007), S. 765 ff.; SCHWARZE, Die verfassungsrechtliche Garantie des Arbeitskampfes – BVerfGE 84, 212, JuS 1994, 653 ff.; SÖLLNER, Tarifmacht Grenzen und Grenzverschiebungen, NZA 2000, Sonderbeilage zu Heft 24, 33; WANK, Anm. zu AP Nr. 76 zu Art. 9 GG; WIEDEMANN, Tarifautonomie und staatliches Gesetz, FS Stahlhacke, S. 675 ff.

Zulässige Ausgestaltung

Kein Eingriff in die Koalitionsfreiheit liegt jedenfalls vor, wenn der Gesetzgeber das Grundrecht in zulässiger Weise ausgestaltet. Im Wege der Ausgestaltung schafft der Gesetzgeber erst die Voraussetzungen, die zur Wahrnehmung des Grundrechts erforderlich sind. Das BVerfG hat bereits frühzeitig bekundet, dass die **Koalitionsfreiheit ausgestaltungsbedürftig** und der Gesetzgeber zur Ausgestaltung verpflichtet seien. Dies gilt insbesondere hinsichtlich eines funktionsfähigen Tarifvertragssystems. Eine solche Regelungsbedürftigkeit eines Grundrechts ist dem Grundgesetz nicht unbekannt. So wird auch die Rundfunkfreiheit als ein ausgestaltungsbedürftiges Grundrecht angesehen.

Grenzen der Ausgestaltungsfreiheit

Dem Gesetzgeber ist es aber verwehrt, mittels einer Ausgestaltung das Grundrecht auszuhöhlen. Er ist in seiner Ausgestaltungsfreiheit beschränkt. Auch durch gesetzliche Ausgestaltung darf die Betätigungsfreiheit nicht eingeschränkt werden, soweit sie für die Koalitionsfreiheit unerlässlich ist. Hierbei handelt es sich um eine institutionelle Wesensgehaltsgarantie, wie sie auch bei anderen Grundrechten existiert.

Ausgestaltung durch TVG

Der Gesetzgeber ist seiner Aufgabe zur **Ausgestaltung eines Tarifvertragssystems** mit Erlass des **TVG** nachgekommen. Diese konkrete Ausgestaltung ist aber nicht vom Schutz des Art. 9 Abs. 3 GG erfasst (BVerfG 19.10.1966 AP Nr. 24 zu § 2 TVG).

„Art. 9 Abs. 3 GG gewährleistet mit der Koalitionsfreiheit auch die sog. Tarifautonomie und damit den Kernbereich eines Tarifvertragssystems, weil sonst die Koalitionen ihre Funktion, in dem von der staatlichen Rechtssetzung frei gelassenen Raum das Arbeitsleben im Einzelnen durch Tarifverträge zu ordnen, nicht sinnvoll erfüllen können [...]. Eine solche Gewährleistung ist aber ganz allgemein und umfasst nicht die besondere Ausprägung, die das Tarifvertragssystem in dem zur Zeit des Inkrafttretens des Grundgesetzes geltenden Tarifvertragsgesetz erhalten hat. Sie lässt dem einfachen Gesetzgeber einen weiten Spielraum zur Ausgestaltung der Tarifautonomie. Die ihm dadurch gesetzten Grenzen hat der Gesetzgeber nicht überschritten, wenn er den Innungen und Innungsverbänden die Teilnahme an der Tarifautonomie gestattet, also die Tariffähigkeit verliehen hat." (BVerfG 19.10.1966 AP Nr. 24 zu § 2 TVG)

Richterliche Ausgestaltung des Arbeitskampfrechts

Im Hinblick auf das Arbeitskampfrecht ist der **Gesetzgeber untätig** geblieben. Aus diesem Grund haben die **Arbeitsgerichte** die Koalitionsfreiheit insoweit ausgestaltet (siehe unter § 110; zur Bedeutung des Richterrechts im Arbeitsrecht siehe unter § 13).

§ 146 SGB III

Eine **gesetzliche Ausgestaltung** besteht aber in Form des § 146 SGB III (Zahlung von Arbeitslosengeld während eines Arbeitskampfs).

Die **Verfassungsmäßigkeit** dieser Bestimmung, früher § 116 AFG, ist umstritten. Das BVerfG (4.7.1995 AP Nr. 4 zu § 116 AFG) hat sie bejaht. Die **Herstellung der Parität der Tarifvertragsparteien** sei ein legitimes Ziel der Gesetzgebung. Die Parität wiederum ist eine Voraussetzung für die Funktionsfähigkeit der Tarifautonomie (vgl. Rüfner, RdA 1997, 130 ff.)

III. Eingriffe in die Koalitionsfreiheit

Das Grundrecht der Koalitionsfreiheit ist zwar vorbehaltlos gewährleistet. Wie bei jedem anderem Grundrecht auch bestehen aber **verfassungsimmanente Schranken**, d.h. die Koalitionsfreiheit wird durch Grundrechte anderer oder durch andere Werte von Verfassungsrang (kollidierendes Verfassungsrecht) beschränkt (Thüsing, Anm zu EzA Nr. 60 zu Art. 9 GG). Der Staat darf also im Bereich dieser immanenten Schranken der Koalitionsfreiheit zugunsten anderer Verfassungswerte tätig werden (BVerfG 24.4.1996 AP Nr. 2 zu § 57a HRG).

Verfassungsimmanente Schranken

„Die Koalitionsfreiheit ist zwar vorbehaltlos gewährleistet. Das bedeutet aber nicht, dass dem Gesetzgeber jede Regelung im Schutzbereich dieses Grundrechts verwehrt wäre. Soweit das Verhältnis der Tarifvertragsparteien zueinander berührt wird, die beide den Schutz des Art. 9 Abs. 3 GG genießen, bedarf die Koalitionsfreiheit der gesetzlichen Ausgestaltung [...]. Aber auch im Übrigen ist dem Gesetzgeber die Regelung von Fragen, die Gegenstand von Tarifverträgen sein können, nicht von vornherein entzogen. Art. 9 Abs. 3 GG verleiht den Tarifvertragsparteien in diesem Bereich zwar ein Normsetzungsrecht, aber kein Normsetzungsmonopol. Das ergibt sich bereits aus der Gesetzgebungszuständigkeit des Art. 74 Abs. 1 Nr. 12 GG. Eine gesetzliche Regelung in dem Bereich, der auch Tarifverträgen offen steht, kommt jedenfalls dann in Betracht, wenn der Gesetzgeber sich dabei auf Grundrechte Dritter oder andere mit Verfassungsrang ausgestattete Rechte stützen kann [...] und den Grundsatz der Verhältnismäßigkeit wahrt." (BVerfG 24.4.1996 AP Nr. 2 zu § 57a HRG)

In diesem Zusammenhang ist oft von einer **Normsetzungsprärogative** der Tarifvertragsparteien die Rede (BVerfG 24.5.1977 AP Nr. 15 zu § 5 TVG; vgl. Butzer, RdA 1994, 375, 379; Lieb/Jacobs Rn. 449 ff.). Diese besagt, dass die Tarifvertragsparteien mittels ihrer Normsetzungsbefugnis primär normative Regelungen im Bereich der Arbeits- und Wirtschaftsbedingungen setzen können. Nach dieser Sichtweise ist der Staat weiterhin subsidiär zuständig. Er darf aber **kein die Arbeitsbedingungen abschließend regelndes Arbeitsrechtssystem** schaffen (Stein Rn. 380).

Normsetzungsprärogative

Die Normsetzungsprärogative bedeutet nicht, dass die Tarifvertragsparteien ein Normsetzungsmonopol in dem Bereich der Arbeits- und Wirtschaftsbedingungen haben. Auch der **Staat** kann Arbeits- und Wirtschaftsbedingungen regeln. Seine formale **Zuständigkeit** ergibt sich bereits aus Art. 74 Abs. 1 Nr. 12 GG. Es kommt insofern zu ei-

Kein Normsetzungsmonopol

nem Nebeneinander von Regelungsbefugnissen. Dem Gesetzgeber ist es nicht verwehrt, auch solche Lebensbereiche zu regeln, für welche die Tarifvertragsparteien zuständig sein können. Soweit der Gesetzgeber selbst im Bereich der Arbeits- und Wirtschaftsbedingungen Regelungen trifft, muss er noch Regelungsbereiche für Tarifvertragsparteien offen lassen, denn grundsätzlich ist es den Tarifvertragsparteien überlassen, die Arbeits- und Wirtschaftsbedingungen durch Tarifnormen zu ordnen (BVerfG 24.5.1977 AP Nr. 15 zu § 5 TVG). Eine Grenze findet dies dort, wo die Tarifvertragsparteien nicht mehr in der Lage sind, die Ordnungsfunktion wahrzunehmen, die die Verfassung von ihnen erwartet.

„Art. 9 Abs. 3 GG gewährleistet eine Ordnung des Arbeits- und Wirtschaftslebens, bei der der Staat seine Zuständigkeit zur Rechtssetzung weit zurückgenommen und die Bestimmung über die regelungsbedürftigen Einzelheiten des Arbeitsvertrags grundsätzlich den Koalitionen überlassen hat." (BVerfG 24.5.1977 AP Nr. 15 zu § 5 TVG)

Charakter gesetzlicher Regelungen

Die Tarifnormsetzung darf durch staatliche Regelungen ihren Anwendungsspielraum nicht vollständig verlieren. Einen Ausweg aus der Einschränkung des Anwendungsbereiches der Tarifnormsetzung können **tarifdispositive Gesetzesregelungen** bieten. (Allerdings sind nach ganz h.M. arbeitsrechtliche Schutzgesetze im Zweifel einseitig zwingend; siehe unter § 104 IV). Der **Gesetzgeber** hat bei der Frage, ob eine tariffeste (zweiseitig zwingende) Normierung erforderlich ist, einen **Gestaltungsspielraum** (vgl. Butzer, RdA 1994, 375, 383).

Verhältnismäßigkeit eines Eingriffs

Greift der Gesetzgeber in bestehende Tarifnormen ein, dann muss dieser **Eingriff verfassungsrechtlich gerechtfertigt**, insbesondere verhältnismäßig sein. Bestehende Tarifverträge genießen einen stärkeren Schutz als andere Bereiche der Tarifautonomie (BVerfG 24.4.1996 AP Nr. 2 zu § 57a HRG; siehe auch Lieb/Jacobs Rn. 452 ff.). Die Grenzen eines Eingriffs in bestehende Tarifverträge wurden z.B. im Zusammenhang mit einer beabsichtigten Einführung von Karenztagen diskutiert (vgl. Oppolzer/Zachert, BB 1993, 1353 ff.).

IV. Einzelne Kollisionslagen

1. Kollision von individueller Koalitionsfreiheit und Verbandsautonomie

Entschließt sich ein Verband dazu, bestimmte Mitglieder aus dem Verband auszuschließen, so greift der Verband damit in die individuelle Koalitionsfreiheit der betreffenden Mitglieder ein, die grundsätzlich auch Dritten gegenüber geschützt ist. Ein Verbleib in der Koalition kann aber wiederum deren innere Ordnung und Zielsetzung gefährden und damit das kollektive Koalitionsrecht auf freie Festlegung der Verbandsstruktur.

IV. Einzelne Kollisionslagen § 84

◯ Solche Kollisionslagen treten insbesondere bei Mitgliedern auf, die
- gewerkschaftsfeindliche Organisationen unterstützen, insb. durch Mitgliedschaft in extremistischen Vereinigungen,
- die einen von der Gewerkschaft geführten oder unterstützten Streik brechen oder
- die bei Betriebsratswahlen auf fremden Listen kandidieren.

Die Entscheidung eines Verbands, eines seiner Mitglieder auszuschließen, ist von den staatlichen Gerichten daraufhin zu überprüfen, ob die **Ausschließungsentscheidung eine Grundlage in der Satzung** hat, in einem ordnungsgemäßen **Verfahren** zustande gekommen und durch **sachliche Gründe** gerechtfertigt, d.h. nicht unbillig ist (BGH 15.10.1990 EzA Nr. 50 zu Art. 9 GG). Eine Monopolstellung eines Verbands allein steht dem Ausschluss von Mitgliedern nicht entgegen, denn auch eine solche Vereinigung ist nicht genötigt, Mitglieder in ihren Reihen zu dulden, die den satzungsmäßig bestimmten Vereinsgrundsätzen nachhaltig zuwiderhandeln.

Rechtmäßigkeit eines Verbandsausschlusses

a) Ausschluss von Mitgliedern extremistischer Organisationen

In besonderem Maße spielt diese Frage eine Rolle, wenn Gewerkschaften Mitglieder **extremistischer Organisationen** ausschließen wollen. Das Ergebnis kann nur mittels einer **umfassenden Interessenabwägung** gewonnen werden.

Kollisionslösung durch Interessenabwägung

„Das in Art. 9 Abs. 3 GG verfassungsrechtlich garantierte Recht des Einzelnen, einer Koalition beizutreten, sich in ihr zu betätigen und in ihr zu verbleiben, findet seine Grenze an dem ebenfalls durch Art. 9 Abs. 3 GG gewährleisteten Recht des Verbandes, seine innere Ordnung gegen Mitglieder zu verteidigen, die sich im Widerspruch zu ihrer Pflicht, jederzeit für die gewerkschaftlichen Ziele einzutreten, zu politischen Gruppen bekennen und diese aktiv fördern, deren Bestrebungen darauf hinauslaufen, die Gewerkschaften in ihrem durch die historische Entwicklung geprägten, vom Gesetzgeber anerkannten und von der überwältigenden Mehrheit der Gewerkschaftsmitglieder bejahten Erscheinungsbild zu beseitigen oder wesensmäßig umzugestalten." (BGH 15.10.1990 EzA Nr. 50 zu Art. 9 GG)

Bei der Interessenabwägung kommt es auf die **Intensität der extremistischen Haltung** des Mitglieds an. Eine bloße Opposition gegen die Gewerkschaftspolitik reicht ebenso wenig aus wie die bloße Mitgliedschaft in einer extremistischen Partei. Entscheidend ist, ob das Mitglied z.B. die Auflösung freier Gewerkschaften anstrebt, die Tarifautonomie und Friedenspflicht ablehnt und in welchem Maße es seine Auffassung gegenüber der Gewerkschaft zum Ausdruck bringt.

Kriterien für die Interessenabwägung

◯ **Beispiele:**
- Bei der NPD und der MLPD konnten der BGH und das BVerfG eine gewerkschaftsfeindliche Haltung ausmachen (etwa BGH

47

28.9.1972 AP Nr. 21 zu Art. 9 GG; BVerfG 21.12.1992 AP Nr. 61 zu Art. 9 GG).
– Bei den Republikanern konnte der BGH solche Tendenzen hingegen nicht erkennen (BGH 27.9.1993 AP Nr. 70 zu Art. 9 GG). Einige Instanzgerichte sind dieser Meinung nicht gefolgt. LG und OLG Düsseldorf bestätigten die Auffassung der Gewerkschaft, dass die Republikaner eine undemokratische Vereinigung sind (OLG Düsseldorf 18.5.1994 ArbuR 1995, 381; LG Düsseldorf 22.9.1994 ArbuR 1995, 382 mit gemeinsamer Anm. Sachse).

b) Ausschluss von Streikbrechern

Verbandsdisziplin

Gerade die Gewerkschaften sind in einem Arbeitskampf auf die erforderliche **Solidarität und Geschlossenheit** angewiesen. Aus diesem Grund müssen sie mit **verbandsrechtlichen Mitteln gegen Streikbrecher** vorgehen können. Etwas anderes gilt allerdings dann, wenn ein Streik nicht satzungsgemäß durchgeführt wurde (vgl. BGH 19.1.1978 AP Nr. 56 zu Art. 9 GG Arbeitskampf).

c) Kandidatur auf fremden Listen

Freie Betriebsratswahlen

Im Vorfeld von **Betriebsratswahlen** können Wahllisten mit Kandidaten aufgestellt werden. Streitig ist nun, ob ein Mitglied ausgeschlossen werden kann, das auf einer Liste kandidiert, die mit der gewerkschaftlich unterstützten Liste konkurriert (vgl. Sachse, ArbuR 1985, 267 ff.). Der BGH hat dies verneint (vgl. BGH 27.2.1978 AP Nr. 27 zu Art. 9 GG). Ein Gewerkschaftsmitglied habe nach Eintritt in den Verband zwar Satzung und Ziele zu beachten, aber nicht auf den Schutz des § 20 Abs. 2 BetrVG verzichtet. Diese Vorschrift bestimmt, dass niemand die Wahl des Betriebsrats beeinflussen darf. Dieser Auffassung des BGH hat das BVerfG jetzt widersprochen und entsprechende Urteile der Zivilgerichte auf der Grundlage einer Verfassungsbeschwerde aufgehoben. Das BVerfG meint, dass diese Entscheidungen, die § 20 Abs. 2 BetrVG dahingehend auslegen und anwenden, dass sie Verbandsmaßnahmen (Ausschlüsse und Funktionsverbote) von Gewerkschaftsmitgliedern, die bei Betriebsratswahlen auf einer konkurrierenden Liste kandidierten, für unwirksam erklärten, die Ausstrahlungswirkung von Art. 9 Abs. 3 GG verkennen (BVerfG 24.2.1999 AP Nr. 18 zu § 20 BetrVG 1972).

„Für Koalitionen im Sinne von Art. 9 Abs. 3 GG sind die Solidarität ihrer Mitglieder und ein geschlossenes Auftreten nach außen von besonderer Bedeutung. Vor allem darauf beruht ihre Fähigkeit, die Arbeits- und Wirtschaftsbedingungen ihrer Mitglieder wirksam zu fördern und zu wahren. Tarifautonomie steht von Verfassungs wegen nur solchen Koalitionen zu, die in der Lage sind, den von der staatlichen Rechtsordnung freigelassenen Raum des Arbeitslebens durch Tarifverträge sinnvoll zu gestalten. Voraussetzungen dafür sind die Geschlossenheit der Organisation und die Durchsetzungskraft gegenüber dem sozialen Gegenspieler. Gegnerfreiheit gehört zum Wesen der durch Art. 9 Abs. 3 GG geschützten Koalitionen. Verbandsinterne Regularien, die diese Voraussetzungen sicherstellen sollen, sind daher zentrales Schutzgut des Art. 9 Abs. 3 GG." (BVerfG 24.2.1999 AP Nr. 18 zu § 20 BetrVG 1972)

2. Kollision von negativer Koalitionsfreiheit und Tarifautonomie

Literatur: DÄUBLER, Tarifliche Leistungen nur für Gewerkschaftsmitglieder?, BB 2002, 1643-1648; FRANZEN, Vorteilsregelungen für Gewerkschaftsmitglieder, RdA 2006, 1; GAMILLSCHEG, Ihr naht euch wieder, schwankende Gestalten – „Tarifbonus" für Gewerkschaftsmitglieder, NZA 2005, 146; HANAU, Gemeingebrauch am Tarifvertrag? – BAG (GS) AP Art. 9 Nr. 13, JuS 1969, 213; LEYDECKER, Bonus für Gewerkschaftsmitgliedschaft, ArbuR 2006, 11; ULBER/STRAUSS, Differenzierungsklauseln im Lichte der neueren Rechtsprechung zur Koalitionsfreiheit, DB 2008, 1970; WIEDEMANN, Der nicht organisierte Arbeitnehmer im kollektiven Arbeitsrecht, RdA 2007, 65; ZACHERT, Renaissance der tariflichen Differenzierungsklausel?, DB 1995, 322.

Einen weiteren Kollisionsfall bilden die sog. **Differenzierungsklauseln**, welche dazu dienen, Außenseiter von Vergünstigungen auszuschließen, und zwar auch im Bereich freiwilliger oder vertraglicher Gewährung. Die Arbeitgeber werden hierdurch verpflichtet, im Hinblick auf bestimmte Vorteile zwischen Gewerkschaftsmitgliedern und Außenseitern zu differenzieren und Nichtorganisierte von den Tarifvorteilen auszuschließen.

Es ist darauf hinzuweisen, dass es sich um zwischen Arbeitgeber und Gewerkschaft vereinbarte Sondervorteile für Gewerkschaftsmitglieder handeln muss, die nicht von der Gewerkschaft selbst geleistet werden und daher nicht innerverbandlicher Art sind. Kein Verstoß gegen die negative Koalitionsfreiheit liegt deswegen dann vor, wenn die **Zahlung von Streikgeld** sich auf die Gewährung innerverbandlicher Vorteile beschränkt.

Abgrenzung zu innerverbandlichen Vorteilen

⊃ **Beispiele für Differenzierungsklauseln:**
- In sog. Closed-shop-Regelungen vereinbaren Gewerkschaft und Arbeitgeber, die Einstellung eines Arbeitnehmers von dessen Zugehörigkeit zu einer Arbeitnehmervereinigung abhängig zu machen. (Solche tariflichen Einstellungsverbote ließen sich im Übrigen nur im schuldrechtlichen Teil eines Tarifvertrags absichern, da Tarifnormen nur Wirkungen gegenüber tarifgebundenen Mitgliedern entfalten können.)
- Abstands- oder Spannungsklauseln legen Vergütungsspannen zwischen Gewerkschaftsmitgliedern und Nichtorganisierten fest. Dem Arbeitgeber ist es dabei nicht verwehrt, die den Gewerkschaftsangehörigen vorbehaltene Leistung an Außenseiter auszuschütten. Die Spannungsklausel bestimmt aber, dass in diesem Fall die Gewerkschaftsmitglieder zusätzlich einen Anspruch auf diese dem Außenseiter gewährte Leistung erhalten. Damit bleibt der Abstand zwischen Außenseitern und Gewerkschaftsmitgliedern stets erhalten.

— Einfache Differenzierungsklauseln knüpfen einen Anspruch im Tarifvertrag an die Zugehörigkeit zu einer Gewerkschaften oder zu einer konkreten Gewerkschaft. Teilweise verpflichten sich die Arbeitgeber, einen entsprechenden Anspruch nicht an Außenseiter oder anders organisierte Arbeitnehmer auszukehren. In anderen Klauseln wird dem Arbeitgeber dies gestattet.

Rechtsprechung Problematisch ist hier, dass solche Vereinbarungen, die inhaltlich grundsätzlich der Tarifautonomie der Koalitionen unterfallen, einen Druck auf nichtorganisierte Arbeitnehmer entfalten können, dem jeweiligen Verband beizutreten, um so auch in den Genuss der Vergünstigungen zu gelangen. Andererseits haben die Koalitionen ein legitimes Interesse daran, die Attraktivität eines Beitritts zu erhöhen. Bei einer solchen Kollision muss abgewogen werden, welche der kollidierenden Garantien den Vorrang verdient. Die grundlegende Entscheidung zur Zulässigkeit von Differenzierungsklauseln hat der Große Senat des BAG getroffen (BAG GS 29.11.1967 AP Nr. 13 zu Art. 9 GG):

„Sämtliche Differenzierungsklauseln haben den völlig unverhohlenen, nirgendwo verborgenen oder geheimgehaltenen und ganz ausdrücklich ausgesprochenen Zweck, mit Hilfe des Arbeitgebers die Außenseiter zum gewerkschaftlichen Beitritt und damit zur Stärkung der gewerkschaftlichen Macht zu veranlassen. Die Differenzierungen sollen einmal den Vorteil ausgleichen, den die Außenseiter dadurch haben, dass sie die Erfolge gewerkschaftlicher Arbeit in weitem Umfang mitgenießen, ohne zur gewerkschaftlichen Arbeit finanziell beizutragen. [...] Insgesamt soll der Beitritt zur Gewerkschaft attraktiver gemacht und ein Werbeeffekt erzielt werden. [...] Für das Individualgrundrecht der Koalitionsfreiheit ergibt die Rechtsprechung des Bundesverfassungsgerichts, dass dieses Recht legitimen und sozialadäquaten Druck hinnehmen muss [...]. Deshalb üben derartige Differenzierungsklauseln einen sozialinadäquaten Druck aus, den anders oder nicht Organisierte ebenso wenig hinzunehmen brauchen, wie Organisierte es nicht hinzunehmen brauchten, wenn ein Arbeitgeber Nichtorganisierte generell besser bezahlen würde als Organisierte." (BAG GS 29.11.1967 AP Nr. 13 zu Art. 9 GG)

Sozialinadäquater Druck Nach der **Rechtsprechung** ist also festzustellen, ob durch Tarifvertragsregelungen auf Außenseiter ein solcher Druck zum Beitritt ausgeübt wird, der **sozialinadäquat** und damit nicht mehr hinnehmbar ist.

Kritik der Literatur Diese Rechtsprechung, die anschließend bestätigt wurde (vgl. BAG 21.1.1987 AP Nr. 46 zu Art. 9 GG), ist in der Literatur auf Kritik gestoßen, insbesondere die Heranziehung des Begriffs der Sozialadäquanz. Auch wird mit Recht darauf hingewiesen, dass die Entscheidungsbegründung durchaus Spielraum für zulässige Differenzierungsklauseln lässt (Franzen, RdA 2006, 1, 4). Teilweise wird die Zulässigkeit von Spannungs- oder Abstandsklauseln generell bejaht (Däubler/Hensche § 1 TVG Rn. 868 ff). Andere Teile der Literatur se-

IV. Einzelne Kollisionslagen §84

hen Differenzierungsklauseln zumindest dann als zulässig an, wenn die Vorteile wertmäßig unterhalb des Jahresmitgliedsbeitrags der Gewerkschaftsmitglieder bleiben. Denn in diesem Falle würde lediglich ausgeglichen, dass die Außenseiter ohne eigene Leistung in den Genuss der tarifvertraglichen Regelung gelangen. (KeZa/Kempen, TVG Grundlagen Rn. 162 ff.; Gamillscheg, KollArbR I S. 355 ff.). In der Tat ist die Rechtsprechung des BAG einseitig und undifferenziert. Sie versperrt den Weg zu einem schonenden Ausgleich der kollidierenden Interessen. Denkbarer Lösungsansatz wäre eine unterschiedliche Bewertung je nach Art und Umfang der Differenzierungsklausel. Dabei ist aber zu berücksichtigen, dass die tarifschließenden Verbände – jedenfalls nach Aufgabe der Kernbereichsrechtsprechung – über eine geschützte Verfassungsposition verfügen, die in hinreichendem Umfang zur Geltung kommen muss. Andererseits ist auch zu berücksichtigen, dass die Vertragsfreiheit von Außenseitern und anders organisierten Arbeitnehmern nicht unverhältnismäßig beeinträchtigt werden darf. Auch die Interessen konkurrierender Verbände sind zu berücksichtigen. Dabei wird keine der Positionen sich absolut durchsetzen können, so dass eine differenzierende, grundrechtsschonende und am Einzelfall orientierte Betrachtungsweise geboten erscheint.

In letzter Zeit ist eine neue Form der Differenzierung praktiziert worden. Dabei entrichtet der Arbeitgeber Leistungen an die Gewerkschaft oder gewerkschaftsnahe Vereine, Stiftungen oder Einrichtungen. Diese sind mit der Auflage verbunden, Gewerkschaftsmitglieder zu unterstützen und zu fördern. In einer neueren Entscheidung hält das LAG Niedersachsen eine sogenannte einfache Differenzierungsklausel, die lediglich einen Anspruch aus dem Tarifvertrag an die Gewerkschaftszugehörigkeit koppelt, ohne die Gleichstellung zu verhindern, für zulässig.

Neuere Entwicklung

„Bei einer abschließenden Gesamtschau hält das Berufungsgericht die streitgegenständliche Differenzierungsklausel für wirksam. Es handelt sich bei ihr um eine sogenannte einfache Differenzierungsklausel, welche dem Arbeitgeber eine Leistung an einen Tarifaußenseiter weder verbietet noch erschwert. Das Rechtsverhältnis eines Außenseiters wird durch diese Norm nicht geregelt, sodass ein Verstoß gegen das Tarifvertragsgesetz durch Überschreitung der sogenannten Tarifmacht nicht ersichtlich ist.

Auch ein Verstoß gegen die negative Koalitionsfreiheit nach Art. 9 Abs. 3 GG ist nicht erkennbar. Das Motiv der Gewerkschaften, Mitglieder zu gewinnen, ist ein legitimes nachvollziehbares und führt nicht dazu, eine derartige Differenzierungsklausel von vornherein als inadäquat und damit als rechtswidrig anzusehen. Umfang und Ausmaß der Differenzierung üben keinen besonderen Druck aus, der den Kernbereich der negativen Koalitionsfreiheit gemäß Art. 9 Abs. 3 GG verletzt. Es handelt sich bei dieser streitgegenständlichen Klausel um eine Vorschrift, die einem Außenseiter lediglich (je nach Verdienst) maximal den doppelten Jahresgewerkschaftsbeitrag vorenthält. Auch wird nur demjenigen Außenseiter der Vorteil vorenthalten, auf dessen Arbeitsverhältnis kraft einzelvertraglicher Verweisung (sogenannter Gleichstellungsabrede) der Tarifvertrag im Übrigen Anwendung findet. Andere Außenseiter haben ohnedies aufgrund der klaren Regelung des Tarifvertragsgesetzes (§§ 3 Abs. 1, 4 Abs. 1 TVG) keinen Anspruch auf die Leistungen dieses Tarifvertrages. Schließlich verhindert dieser Tarifvertrag in keiner Weise, dass Außenseiter und Arbeitgeber individuell dasselbe aushandeln, was Inhalt der streitbefangenen Differenzierungsklausel ist. (LAG Niedersachen 11.12.2007 DB 2008, 1977)

Das LAG Köln hält weitergehend auch die Beeinträchtigung von konkurrierenden Gewerkschaften für zulässig, die sich aus Differenzierungsklauseln ergeben könne.

„Allerdings ist der Schutz nicht von vornherein auf einen Kernbereich koalitionsgemäßer Betätigung beschränkt. Er erstreckt sich vielmehr auf alle Verhaltensweisen, die koalitionsspezifisch sind ..(). Die Vereinbarung behindert den Kläger aber auch nicht in seiner weit gefassten koalitionsspezifischen Betätigungsfreiheit. Es ist ihm unbenommen, mit der Beklagten Verhandlungen über eine ähnliche Vereinbarung aufzunehmen. Auch wenn es ihm nicht gelingen sollte, zu einem Abschluss zu kommen, und daraus ein mittelbarer Wettbewerbsnachteil gegenüber der Streitverkündeten resultieren würde, so wäre dies kein unzulässiger Eingriff in die koalitionsspezifische Betätigungsfreiheit des Klägers. Denn nicht jede Benachteiligung im Wettbewerb konkurrierender Verbände überschreitet die Schwelle des Unerlaubten. Immerhin kann sich die Streitverkündete ebenfalls auf den Grundrechtsschutz des Artikel 9 Abs. 3 GG berufen, weil sie mit dem Abschluss der streitbefangenen Vereinbarung von ihrer Tarifautonomie Gebrauch gemacht hat. Zur Betätigungsfreiheit gehört auch das Recht einer Koalition, ihre Schlagkraft durch Maßnahmen mit dem Ziel der Mitgliedererhaltung und der Mitgliederwerbung zu stärken (...). Es kommt dann im Bereich der Mitgliederwerbung zu einer Kollision der Grundrechte der konkurrierenden Koalitionen. Dem Abwehrrecht der einen Gewerkschaft aus Artikel 9 Abs. 3 S. 2 GG steht das Betätigungsrecht der anderen aus Artikel 9 Abs. 3 S. 1 GG gegenüber.

Bei einer solchen Kollision geht das Abwehrrecht dem Betätigungsrecht nicht zwingend vor. Vielmehr muss im Wege der Abwägung praktische Konkordanz zwischen den kollidierenden Grundrechtspositionen hergestellt werden. Der Koalitionspluralismus bringt es mit sich, dass die Gewerkschaften in Konkurrenz treten und wechselseitig um Mitglieder werben können. Damit verbundene Nachteile sind grundsätzlich hinzunehmen. Die Grenzen der Mitgliederwerbung liegen dort, wo sie mit unlauteren Mitteln erfolgt oder auf die Existenzvernichtung der konkurrierenden Koalition gerichtet ist (...). Diese Grenzen sind hier nicht überschritten, wie bereits das Arbeitsgericht im Einzelnen ausgeführt hat. (LAG Köln 17.1.2008 DB 2008, 1979)

Es bleibt abzuwarten, ob und in welchem Umfang das BAG den Instanzgerichten folgt.

IV. Einzelne Kollisionslagen §84

3. Kollision von Betätigungsfreiheit und Arbeitgebergrundrechten

Schließlich gewährt die koalitionäre Betätigungsfreiheit den Verbänden das Recht der **koalitionsspezifischen Betätigung**. Hierzu gehört, sich innerhalb einer Koalition zweckfördernd zu betätigen sowie außerhalb werbewirksam tätig zu sein (BVerfG 14.11.1995 AP Nr. 80 zu Art. 9 GG). Ein sich vergrößernder Mitgliederbestand erhöht naturgemäß das Gewicht und den Einfluss einer Koalition und ist daher der Förderung der Arbeits- und Wirtschaftbedingungen dienlich. Da die Werbung das geeignetste Mittel hierzu ist, steht sie in einem spezifischen Zusammenhang mit der Koalitionszweckverwirklichung und ist somit auch grundsätzlich von dem Schutzbereich des Art. 9 Abs. 3 GG erfasst.

Betätigungsfreiheit

„Zu den geschützten Tätigkeiten gehört auch die Mitgliederwerbung durch die Koalitionen selbst. Diese schaffen damit das Fundament für die Erfüllung ihrer in Art. 9 Abs. 3 GG genannten Aufgaben. Durch die Werbung neuer Mitglieder sichern sie ihren Fortbestand. Von der Mitgliederzahl hängt ihre Verhandlungsstärke ab. Aber auch das einzelne Mitglied einer Vereinigung wird durch Art. 9 Abs. 3 GG geschützt, wenn es andere zum Beitritt zu gewinnen sucht. Wer sich darum bemüht, die eigene Vereinigung durch Mitgliederzuwachs zu stärken, nimmt das Grundrecht der Koalitionsfreiheit wahr. [...] Die Mitgliederwerbung ist auch nicht, wie das BAG meint, nur in dem Maße grundrechtlich geschützt, in dem sie für die Erhaltung und die Sicherung des Bestandes der Gewerkschaft unerlässlich ist. Der Grundrechtsschutz erstreckt sich vielmehr auf alle Verhaltensweisen, die koalitionsspezifisch sind." (BVerfG 14.11.1995 AP Nr. 80 zu Art. 9 GG)

Nehmen nun einzelne Mitglieder an dieser Freiheit teil, indem sie beispielsweise an ihrem Arbeitsplatz für ihre Koalition Werbung betreiben, kann es in mehrfacher Hinsicht zu Interessenkonflikten mit dem Arbeitgeber kommen. Der Arbeitgeber wird generell ein Interesse daran haben, dass in seinem Betrieb die Arbeit störungsfrei abläuft und der Betriebsfrieden gesichert ist. Dieses Interesse ist durch mehrere Grundrechte auch verfassungsrechtlich geschützt, so durch die allgemeine Unternehmerfreiheit aus Art. 12 GG, das aus Art. 13 GG resultierende Hausrecht sowie das Recht am eingerichteten und ausgeübten Gewerbebetrieb aus Art. 14 GG (BAG 28.2.2006 AP Nr. 127 zu Art. 9 GG). Die Werbung innerhalb eines Betriebs ist von daher sehr konfliktträchtig: Durch sie können sowohl die werbenden als auch die beworbenen Arbeitnehmer von ihrer Arbeitsleistung abgehalten werden. Störungen können sich gleichfalls daraus ergeben, dass möglicherweise konkurrierende Verbände innerhalb einer Arbeitsstätte aufeinandertreffen.

Gewerkschaftswerbung im Betrieb

Dennoch führt dies nicht dazu, dass der Arbeitsplatz grundsätzlich eine Tabuzone für koalitionsmäßige Betätigungen bildet, denn dieser stellt als Mittelpunkt des Arbeitslebens gerade den Bereich dar, an dem die einzelnen Arbeitnehmer besonders empfänglich sind für Themen der Interessenvertretung von Arbeitnehmern.

53

"Zu den geschützten Tätigkeiten, die dem Erhalt und der Sicherung einer Koalition dienen, gehört deren Mitgliederwerbung [...]. Durch diese schaffen die Koalitionen das Fundament für die Erfüllung ihrer Aufgaben und sichern ihren Fortbestand. Ferner hängt von der Mitgliederzahl ihre Verhandlungsstärke ab [...]. Ohne Werbung um neue Mitglieder besteht die Gefahr, dass der Mitgliederbestand einer Gewerkschaft im Laufe der Zeit in einem Umfang zurückgeht, dass sie ihrer Aufgabe, die Arbeits- und Wirtschaftsbedingungen zu wahren und fördern, nicht mehr sachgemäß nachkommen kann [...]. Zu der Betätigungsfreiheit einer Gewerkschaft gehört daher das Recht, ihre Schlagkraft mit dem Ziel der Mitgliedererhaltung und Mitgliederwerbung zu [...]. Dabei ist für die Gewerkschaften die Mitgliederwerbung in den Betrieben von besonderer Bedeutung. Eine effektive Werbung setzt Aufmerksamkeit und Aufgeschlossenheit der umworbenen Arbeitnehmer voraus. Hiervon kann vor allem im Betrieb ausgegangen werden. Dort werden die Fragen, Aufgaben und Probleme deutlich, auf die sich das Tätigwerden einer Gewerkschaft bezieht und an welche die Werbung um neue Mitglieder anknüpfen kann [...]. Eine Gewerkschaft kann daher nicht generell darauf verwiesen werden, sie könne auch außerhalb des Betriebs werben. (BAG 28.2.2006 AP Nr. 127 zu Art. 9 GG)

Duldungsrecht bei angemessenem Interessenausgleich

Damit wird Art. 9 Abs. 3 GG zur Anspruchsgrundlage für ein **Duldungsrecht** gegenüber dem Arbeitgeber. Allerdings nur für solche **Tätigkeiten**, die die Rechte des Arbeitgebers nicht über Gebühr beschränken. Das ist etwa dann nicht der Fall, wenn die Werbung unter Inanspruchnahme fremden Eigentums, genauer dem des Arbeitgebers, erfolgt und die Werbung ebenso gut mit anderen Mitteln durchgeführt werden kann.

➲ **Beispiele:**

- Die Benutzung eines hausinternen Postverteilungssystems des Arbeitgebers zur Verteilung gewerkschaftlicher Werbe- und Informationsschriften ist nach der Rechtsprechung unzulässig (BAG 23.9.1986 AP Nr. 45 zu Art. 9 GG).
- Ein Aufkleber mit Gewerkschaftsemblem auf einem Schutzhelm, der im Eigentum des Arbeitgebers steht, wird nach der Rechtsprechung nicht von der Betätigungsfreiheit nach Art. 9 Abs. 3 GG geschützt (BAG 23.2.1979 AP Nr. 30 zu Art. 9 GG mit Anm. MAYER-MALY).

Neubewertung durch neue Kernbereichsformel

Die Rspr. zur Werbung unter Inanspruchnahme von Arbeitgebereigentum ist jedoch maßgeblich durch das alte Verständnis des BAG von der Kernbereichslehre geprägt, da eine Werbung mit derartigen Mitteln offensichtlich nicht unerlässlich für die Zweckverwirklichung einer Koalition ist. Bei Heranziehung der heutigen Rspr. müssten derartige Fälle dahingehend überprüft werden, ob das beeinträchtigte Eigentumsrecht des Arbeitgebers aus Art. 14 Abs. 1 GG das kollidierende Recht der Koalition überwiegt. Dies ist nicht der Fall, wenn eine tarifzuständige Gewerkschaft sich über die betrieblichen E-Mailadressen mit Werbung und Informationen an die Arbeitnehmer wendet (BAG 20.1.2009 - 1 AZR 515/08H).

Es ist weiterhin nicht einzusehen, warum eine Werbung gerade während der Arbeitszeiten erfolgen muss, wenn sie auch außerhalb dieser z.B. in den Pausen möglich ist, ohne in den Arbeitsablauf einzugreifen. Hinzu kommt, dass die werbenden Mitglieder nicht durch Art. 9 Abs. 3 GG für ihre Tätigkeit von der Arbeitspflicht befreit sind. Koalitionen und ihre Mitglieder sind an die allgemeine Rechtsordnung gebunden, zu der auch das Vertragsrecht gehört. So besteht z.B. kein Anspruch auf Verteilung von Werbematerial während der Arbeitszeit (BAG 23.2.1979 AP Nr. 29 zu Art 9 GG). Möglicherweise hat der Arbeitgeber aber im Rahmen seines **Direktionsrechts** die Koalitionsbetätigung eines Arbeitnehmers zu beachten (MüArbR/LÖWISCH/RIEBLE § 245 Rn. 25).

Keine Befreiung von der Arbeitspflicht

Nicht geschützt sein soll die Verteilung einer Gewerkschaftszeitung in einem Betrieb, wenn sie lediglich an die eigenen Mitglieder vergeben wird. Hier geht es nur um den „**innergewerkschaftlichen Verteilungsmodus**", der eine Verteilung im Betrieb nicht erfordert (BAG 23.2.1979 AP Nr. 29 zu Art. 9 GG).

Kein Schutz von gewerkschaftsinternen Vorgängen

Gewerkschaften haben zum Zweck der Mitgliederwerbung ein Zutrittsrecht zum Betrieb. Umstritten ist, ob dieses auch dann besteht, wenn die Gewerkschaft es durch betriebsfremde Gewerkschaftsbeauftragte ausübt. Das BAG hat die Frage dahingehend entschieden, dass ein Zutrittsrecht besteht, sofern dies die Interessen des Arbeitgebers an einem störungsfreien Arbeitsablauf und der Wahrung des Betriebsfriedens nicht unverhältnismäßig beeinträchtigt. Dies folgt sowohl aus der durch Art. 9 Abs. 3 GG gewährleisteten Betätigungsfreiheit als auch aus der Garantie der freien Wahl der Koalitionsmittel. Werden die Interessen des Arbeitgebers unzumutbar beeinträchtigt, hat er einen Abwehranspruch aus § 1004 Abs. 1 S. 2 BGB.

Zutrittsrecht betriebsfremder Gewerkschaftsmitglieder

„Art. 9 Abs. 3 GG überlässt einer Koalition grundsätzlich die Wahl der Mittel, die sie bei ihrer koalitionsspezifischen Betätigung für geeignet und erforderlich hält [...]. Dementsprechend kann eine Gewerkschaft selbst darüber befinden, an welchem Ort, durch welche Personen und in welcher Art und Weise sie um Mitglieder werben will. Damit unterfällt auch ihre Entscheidung, Mitgliederwerbung im Betrieb und durch von ihr ausgewählte betriebsexterne Beauftragte durchzuführen, dem Schutzbereich des Art. 9 Abs. 3 GG Dieser ist grundsätzlich umfassend und nicht etwa auf notwendige Werbemaßnahmen beschränkt." (BAG 28.2.2006 AP Nr. 127 zu Art. 9 GG).

V. Übungsklausur zu § 84

⊃ Die Beschäftigten mehrerer Einzelgewerkschaften gründen Anfang 2000 die „Vereinigung der Gewerkschaftsangestellten (VGA)". Deren Ziel ist es, die Interessen der Mitglieder gegenüber den insofern als Arbeitgeberinnen auftretenden Gewerkschaften zu vertreten. Hierzu will die VGA Haustarifverträge mit den einzelnen Gewerkschaften abschließen. Die VGA wird als Verein in das Vereinsregister eingetragen und hat etwa 500 Mitglieder. Hauptsitz der VGA ist eine angemietete Büroetage in

Köln-Marienburg, in der zur Zeit sieben hauptamtliche Mitarbeiter beschäftigt werden.

Der VGA sind u.a. 50 Arbeitnehmer der X-Gewerkschaft als Mitglieder beigetreten. Im Sommer 2001 tritt die VGA an die X-Gewerkschaft heran und will mit dieser über den Abschluss eines Haustarifvertrags verhandeln. Der Vorstand der X-Gewerkschaft ist der Auffassung, bei der VGA handele es sich um keine Gewerkschaft, und lehnt daher Verhandlungen mit der VGA ab.

Gleichzeitig überlegt der Vorstand der X-Gewerkschaft, wie er jeglichen Kontakt mit der VGA in Zukunft vermeiden kann.

Alle Arbeitnehmer der X-Gewerkschaft sind gleichzeitig auch Mitglieder derselben. In den Arbeitsverträgen mit ihren Beschäftigten hat die X-Gewerkschaft folgende Bedingung aufgenommen:

„§ 9 ... Der Ausschluss aus der X-Gewerkschaft berechtigt zur fristlosen Kündigung des Arbeitsverhältnisses ..."

In der Satzung der X-Gewerkschaft heißt es zudem:

„§ 10 ... Ein Mitglied kann ausgeschlossen werden, wenn es einer Organisation beitritt, für die der Vorstand die Unvereinbarkeit der Mitgliedschaft mit der Mitgliedschaft in der X-Gewerkschaft erklärt hat. ..."

Der Vorstand erklärt nunmehr die Unvereinbarkeit der Mitgliedschaft in der VGA mit der Mitgliedschaft in der X-Gewerkschaft. Danach teilt er per Aushang allen Beschäftigten mit, dass denjenigen, die nicht unverzüglich wieder aus der VGA austreten, bzw. denjenigen, die von diesem Zeitpunkt ab in die VGA eintreten, die fristlose Kündigung drohe.

Die VGA erhebt daraufhin Klage vor dem örtlich zuständigen Arbeitsgericht und verlangt von der X-Gewerkschaft die Unterlassung dieser und ähnlicher Bekanntmachungen. Zur Begründung führt sie an, dass diese Ankündigung in ihre verfassungsrechtlich garantierte Koalitionsfreiheit eingreife. Die X-Gewerkschaft erwidert hierauf, die angekündigten Maßnahmen dienten der Aufrechterhaltung der inneren Ordnung. Es könne nicht angehen, dass ihre Mitglieder anderen Gewerkschaften angehörten. Dies gelte insbesondere für die bei ihr Beschäftigten, da diese die eigene Leistungsfähigkeit garantierten. Von daher könne sich auch die X-Gewerkschaft auf Art. 9 Abs. 3 GG berufen.

Ist die Klage der VGA begründet?

➲ **Lösungsvorschlag:**

Die Klage der VGA ist begründet, wenn ihr gegen die X-Gewerkschaft ein Anspruch auf Unterlassung der Kündigung von bei dieser beschäftigten Mitgliedern der VGA sowie auf Unterlassung derartiger Ankündigungen zustände. Ein solcher Anspruch könnte sich hier aus § 1004 Abs. 1 S. 2 BGB analog i.V.m. § 823 BGB und Art. 9 Abs. 3 GG ergeben.

V. Übungsklausur zu § 84

I. § 1004 Abs. 1 S. 2 BGB analog i.V.m. § 823 BGB und Art. 9 Abs. 3 GG als Anspruchsgrundlage

§ 1004 BGB betrifft dem Wortlaut nach nur das Eigentum. Nach h.M. findet aber eine analoge Anwendung auf die durch § 823 Abs. 1 BGB geschützten Rechtsgüter statt. Fraglich ist daher, ob die Koalitionsfreiheit zu diesen Rechtsgütern zählt. Dies ist aufgrund der unmittelbaren Drittwirkung nach Art. 9 Abs. 3 S. 2 GG der Fall.

II. Möglicher Verletzungstatbestand

Die VGA müsste sich hier also auf eine Verletzung ihrer durch Art. 9 Abs. 3 GG geschützten Rechte berufen können. Als mögliche Verletzung kommt hier der Umstand in Betracht, dass durch die Ankündigung seitens der X-Gewerkschaft die bei dieser beschäftigten Arbeitnehmer davon abgehalten werden, der VGA beizutreten. Dadurch wird es der VGA nicht unerheblich erschwert, neue Mitglieder zu werben und gegenüber der X-Gewerkschaft einen gewissen Einfluss zu gewinnen. Der Unterlassungsanspruch ist daher begründet, wenn sich die VGA auf die Koalitionsfreiheit berufen kann und diese tatsächlich ungerechtfertigt verletzt ist.

1. Verletzung des Art. 9 Abs. 3 GG

Die Ankündigung der X-Gewerkschaft müsste demnach in den Schutzbereich des Art. 9 Abs. 3 GG eingreifen.

a) Persönlicher Schutzbereich – Koalitionseigenschaft der VGA

Dann müsste zunächst der persönliche Schutzbereich der Koalitionsfreiheit betroffen sein, wofür es sich bei der VGA um eine Koalition handeln müsste. Eine Koalition ist eine frei gebildete, auf Dauer angelegte, demokratische, unabhängige Vereinigung, die das Ziel verfolgt, die Arbeits- und Wirtschaftsbedingungen ihrer Mitglieder zu wahren und zu fördern. Daran, dass es sich bei der VGA um eine frei gebildete, auf Dauer angelegte, demokratische Vereinigung handelt, die das Ziel verfolgt, die Arbeits- und Wirtschaftsbedingungen ihrer Mitglieder zu wahren und zu fördern, besteht kein Zweifel. Fraglich ist, ob die VGA auch gegnerunabhängig ist.

aa) Gegnerunabhängigkeit

In dem vorliegenden Fall könnte es an dem für die Koalitionseigenschaft wesentlichen Merkmal der Gegnerunabhängigkeit insoweit fehlen, als die Mitglieder der VGA, die bei der X-Gewerkschaft beschäftigt sind, gleichzeitig auch Mitglieder derselben sind. Bei einer rein formalen Betrachtungsweise müsste diese Doppelmitgliedschaft bei der VGA und der X-Gewerkschaft zu der Annahme einer Abhängigkeit führen. Nach Sinn und Zweck des Unabhängigkeitskriteriums (Vermeidung sog. gelber Gewerkschaften) schadet eine Doppelmitgliedschaft dann nicht, wenn hierdurch kein Einfluss auf die freie Meinungsbildung und

Entscheidung der Gewerkschaft genommen werden kann. Davon ist hier aus mehreren Gründen auszugehen. Zunächst handelt es sich nur um eine begrenzte Anzahl von Mitgliedern der VGA, bei denen die relevante Doppelmitgliedschaft vorliegt. Weiterhin ist die Mitgliedschaft in der X-Gewerkschaft im Zusammenhang mit dem Arbeitsverhältnis bei dieser zu sehen. Insoweit bestehen aber gegenüber jedem Arbeitgeber gewisse Loyalitätspflichten, die allgemein nicht ausreichen, eine Abhängigkeit der organisierten Arbeitnehmer zu begründen. Nach alledem ist hier auch das Kriterium der Gegnerunabhängigkeit erfüllt.

bb) Soziale Mächtigkeit

Fraglich ist ferner, ob die VGA noch das Kriterium der sozialen Mächtigkeit aufweisen muss, um eine Koalition im Sinne von Art. 9 Abs. 3 GG zu sein. Nach der Lehre vom „einheitlichen Gewerkschaftsbegriff" sind Koalitions- und Gewerkschaftsbegriff nicht identisch, so dass hier noch zu prüfen wäre, ob die VGA einen nicht unerheblichen Druck auf ihren sozialen Gegenspieler ausüben kann. Dies könnte zumindest insoweit fraglich sein, als die VGA bisher lediglich 500 Mitglieder zählt und überdies nur begrenzte personelle und sachliche Mittel für die Erfüllung der organisatorischen Arbeit zur Verfügung hat. Unabhängig davon kann jedoch der grundrechtliche Schutz nicht von der Durchsetzungsfähigkeit der Vereinigung abhängen. Zum einen schützt Art. 9 Abs. 3 GG auch die Entstehung und Bildung von Koalitionen, die in diesem Stadium naturgemäß noch keine relevante Mächtigkeit erlangt haben können. Zum anderen sieht Art. 9 Abs. 3 GG nicht ausschließlich den Tarifvertrag als das einzige Mittel zur Erfüllung der Aufgabe, die Arbeits- und Wirtschaftsbedingungen zu wahren. Dann darf aber auch die Tariffähigkeit nicht Voraussetzung für den Schutz des Art. 9 Abs. 3 GG sein. Damit kommt es hier für die Koalitionseigenschaft der VGA nicht auf das Merkmal der sozialen Mächtigkeit an.

Zwischenergebnis: Bei der VGA handelt es sich demnach um eine Koalition i.S. des Art. 9 Abs. 3 GG

b) Sachlicher Schutzbereich

Schließlich müsste der sachliche Schutzbereich der Koalitionsfreiheit betroffen sein. Die VGA wehrt sich gegen die Ankündigung der X-Gewerkschaft, Arbeitnehmer, die der VGA beitreten bzw. nicht wieder aus dieser austreten, zu entlassen. Aus Sicht der VGA ist dadurch ihr konkreter Bestand an Mitgliedern gefährdet sowie die Werbung neuer Mitglieder erschwert. Damit ist die von Art. 9 Abs. 3 GG umfasste Bestandsgarantie der Koalitionen betroffenen.

c) Eingriff

Der Aushang der X-Gewerkschaft muss konkret in die Koalitionsfreiheit der VGA eingreifen. Dies ist der Fall, wenn hierdurch potentielle Mitglieder von dem Beitritt zur VGA abgehalten werden (bzw. schon beigetretene wieder austreten). Ein Nachweis darüber, dass durch den Aushang tatsächlich potentielle Mitglieder vom Beitritt abgehalten wurden, ist nicht erforderlich. Es genügt, dass die Maßnahme diese Wirkung haben soll und hierzu objektiv geeignet ist. Die X-Gewerkschaft will die VGA nicht als Koalition anerkennen und beabsichtigt mit ihrer Ankündigung, jegliche Einflussnahme der VGA auf ihre Arbeitnehmer zu verhindern. Diese Maßnahme bezweckt also gerade, der VGA ihre koalitionsspezifische Betätigung unmöglich zu machen. Von daher ist vorliegend von einem Eingriff in Art. 9 Abs. 3 GG auszugehen.

2. *Rechtfertigung*

Der Eingriff in die Koalitionsfreiheit der VGA könnte jedoch wiederum durch schützenswerte Rechte der X-Gewerkschaft gerechtfertigt sein.

a) Beschränkbarkeit von Art. 9 Abs. 3 GG

Zunächst müsste Art. 9 Abs. 3 GG überhaupt beschränkbar sein. Die Koalitionsfreiheit ist ebenso wie andere vorbehaltlos gewährleistete Grundrechte durch verfassungsimmanente Schranken beschränkbar. Die X-Gewerkschaft müsste sich demnach auf eigene Rechtspositionen berufen können, die Verfassungsrang haben.

b) Berufung auf Art. 9 Abs. 3 GG der X-Gewerkschaft

Die X-Gewerkschaft beruft sich hier selbst auf Art. 9 Abs. 3 GG, indem sie anführt, durch die Doppelmitgliedschaft einiger Arbeitnehmer sei ihre innere Ordnung gefährdet. Die Verteidigung der inneren Ordnung ist grundsätzlich durch Art. 9 Abs. 3 GG geschützt, fraglich ist hier alleine, ob diese überhaupt bedroht ist. Zwar sind sowohl die X-Gewerkschaft als auch die VGA Gewerkschaften. Da sie jedoch auf völlig unterschiedliche soziale Gegner ausgerichtet sind, konkurrieren sie nicht miteinander. Weiterhin stellt sich die X-Gewerkschaft gegenüber den Mitgliedern, die die VGA wirbt, nicht als Gewerkschaft, sondern bloß in ihrer Funktion als Arbeitgeberin dar, so dass überhaupt in Zweifel zu ziehen ist, ob sich die X-Gewerkschaft in dieser Beziehung auf Art. 9 Abs. 3 GG berufen kann. Schließlich befinden sich die Beschäftigten der X-Gewerkschaft durch ihre Mitgliedschaft bei der VGA in einem Interessengegensatz, wobei es sich jedoch bloß um den allgemeinen Interessenkonflikt handelt, in dem jeder Arbeitnehmer steht, der einerseits zur Loyalität gegenüber seinem Arbeitgeber verpflichtet ist, und der andererseits seine Interessen durch einen Verband wahren lässt. Dieser Gegensatz ist nicht unzulässig im Sinne von Art. 9 Abs. 3 GG, sondern wird von diesem Grundrecht geradezu vorausgesetzt.

Somit kann das Recht der Koalitionen, ihre innere Ordnung zu verteidigen, nicht den Eingriff in die Koalitionsfreiheit der VGA rechtfertigen. Es liegt eine Verletzung der Koalitionsfreiheit der VGA seitens der X-Gewerkschaft vor.

III. Wiederholungsgefahr

Die für eine Verurteilung zur Unterlassung nach §§ 1004 Abs. 1 S. 2 BGB i.V.m. § 823 Abs. 1 BGB und Art. 9 Abs. 3 GG erforderliche Wiederholungsgefahr resultiert bereits daraus, dass sich die X-Gewerkschaft weigert, die VGA als Koalition anzuerkennen.

Die Klage der VGA ist begründet (vgl. BAG 17.2.1998 AP Nr. 87 zu Art 9 GG).

3. Abschnitt: Aufbau und Organisation der Koalitionen

§ 85 Das Industrieverbandsprinzip

Organisationsprinzipien

Die Gewerkschaften und Arbeitgeberverbände sind frei darin, ihre Organisationsform satzungsmäßig zu gestalten. Auf Seiten der Gewerkschaften ist dabei die Unterscheidung zwischen Berufs- und Industrieverbandsprinzip die häufigste.

Berufsverbandsprinzip

Historisch gesehen älter ist das **Berufsverbandsprinzip,** bei dem die Mitglieder einer Gewerkschaft alle den gleichen Beruf ausüben oder dieselbe Ausbildung besitzen. Von daher werden solche Gewerkschaften auch häufig Fachverbände genannt. Ungelernte Hilfsarbeiter finden bei solchen Gewerkschaften in der Regel keine Aufnahme. Die bekanntesten nach dem Berufsverbandsprinzip organisierten Gewerkschaften sind der Marburger Bund (Vereinigung der angestellten Ärzte) Cockpit (Vereinigung der Kapitäne, Flugoffiziere und -ingenieure) sowie die Gewerkschaft der Lokführer (GDL).

Industrieverbandsprinzip

Demgegenüber ist der überwiegende Anteil der Gewerkschaften heute nach dem **Industrieverbandsprinzip** organisiert, bei dem sich die Zuständigkeit einer Gewerkschaft für einen bestimmten Arbeitnehmer nicht nach dessen erlerntem oder ausgeübtem Beruf richtet, sondern nach dem Wirtschaftszweig, dem der Betrieb zugeordnet ist, in dem er arbeitet. Sinn und Zweck des Industrieverbandsprinzips ist die Vereinbarung einheitlicher Arbeits- und Wirtschaftsbedingungen für bestimmte Branchen. Es dient der Vermeidung der Schwächung der Verhandlungsposition der Arbeitnehmerseite durch „gespaltene Belegschaften". Im Industrieverbandsprinzip gehören beispielsweise alle Arbeitnehmer der Metallindustrie der IG Metall an, auch der Schreiner oder die Sekretärin, die in einem Metallbetrieb beschäftigt sind.

Keine gesetzliche Vorgabe

Das Industrieverbandsprinzip beruht auf **keiner gesetzlichen Grundlage.** Eine Pflicht zur Organisation nach diesem Prinzip verstieße gegen die kollektive Koalitionsfreiheit, die auch die Gründungsfreiheit umfasst.

I. Entwicklung der Gewerkschaften

„Das Industrieverbandsprinzip [...] ist keine Rechtsnorm, die die Satzungsautonomie einer Gewerkschaft beschränkt. Es handelt sich dabei vielmehr um einen Organisationsgrundsatz der im DGB zusammengeschlossenen Gewerkschaften, der im Interesse einer effektiven Gewerkschaftsarbeit sicherstellen will, dass die Arbeitnehmer eines Industriezweiges durch eine DGB-Gewerkschaft vertreten werden." (BAG 19.11.1985 AP Nr. 4 zu § 2 TVG Tarifzuständigkeit)

§ 86 Gewerkschaften

I. Entwicklung der Gewerkschaften

Die Gewerkschaften sind heutzutage vor allem nach dem **Industrieverbandsprinzip** organisiert. Dies betrifft alle **DGB-Gewerkschaften**.

Bis 1933 hatte in Deutschland das **Berufsverbandsprinzip** erheblich mehr Bedeutung als das Industrieverbandsprinzip. Es gab drei große Gewerkschaftsrichtungen, die sich keiner parteipolitischen und weltanschaulichen Neutralität verpflichtet fühlten: Die freien Gewerkschaften mit sozialistischer Grundhaltung, die christlichen Gewerkschaften und die liberalen Gewerkschaften. Daneben bestanden noch kleinere Verbände. Die Vielfalt der Organisationen führte zu Problemen der **Tarifpluralität** (siehe unter § 101 II).

Historische Entwicklung bis 1933

Nach dem Zweiten Weltkrieg organisierten sich die Gewerkschaften neu, jetzt nach dem **Industrieverbandsprinzip**. Anders als vor 1933 und in den meisten Staaten Westeuropas, wie z.B. in Spanien und Frankreich, nahmen die deutschen Gewerkschaften nach 1945 damit auch eine Abkehr vom Prinzip der stark politisierten **Richtungsgewerkschaften** vor. Noch unter den negativen Erfahrungen der politischen Flügelkämpfe aus der Weimarer Republik bekannten sich die Gewerkschaften zur weltanschaulich und parteipolitisch **neutralen Einheitsgewerkschaft**.

Entwicklung seit 1945

Am 14.10.1949 erfolgte die Gründung des Deutschen Gewerkschaftsbunds (**DGB**), dem **Dachverband**. Nach 1945 kam es zur Bildung weiterer Gewerkschaften, die sich der Organisationsstruktur des DGB aus unterschiedlichen Gründen nicht unterwerfen wollten. Die bedeutendsten sind heute noch der Deutsche Beamtenbund (**DBB**) mit ca. 1,25 Mio. Mitgliedern sowie der 1957 gegründete Christliche Gewerkschaftsbund (0,3 Mio. Mitgliedern). Daneben gibt es noch kleinere Gewerkschaften wie z.B. den „Marburger Bund", in dem die angestellten Ärzte organisiert sind. Auch haben sich mehrere Verbände zur spezifischen Interessenwahrnehmung der leitenden Angestellten gebildet, wie etwa der VAA (Verband der angestellten Akademiker und leitenden Angestellten der chemischen Industrie), dem das BAG die Koalitionseigenschaft zuerkannt hat (BAG 16.11.1982 AP Nr. 32 zu § 2 TVG). In neuerer Zeit sind vor allem kleinere Verbände wie die christlichen Gewerkschaften und die Spartengewerkschaften verstärkt in Erscheinung getreten.

II. Aktuelle Situation der Gewerkschaften

Mitgliederschwund

Der DGB leidet seit 1992 unter **sinkenden Mitgliedszahlen**. Der Mitgliedszuwachs im Zuge der deutschen Einheit war nur vorübergehender Natur. Aufgrund des Tarifstreits hinsichtlich der Lohnfortzahlung im Krankheitsfall fanden die Gewerkschaften nach 1996 kurzzeitig wieder größeren Zuspruch.

Zusammenschlüsse

Ferner ist die Tendenz auszumachen, dass sich die Gewerkschaften zu größeren Verbänden zusammenschließen. 1997 haben etwa die IG Metall und die Gewerkschaft Textil-Bekleidung (GTB) fusioniert. Das gleiche gilt für die IG Chemie; IG Bergbau und Energie sowie die IG Leder, jetzt IG Bergbau, Chemie, Energie (IG BCE). Am 18.5.2001 fand der bisher größte und bedeutendste Zusammenschluss statt, die Deutsche Angestelltengewerkschaft (DAG), die Deutsche Postgewerkschaft (DPG), die Gewerkschaft Handel Banken und Versicherungen (HBV), die IG Medien und die ÖTV schlossen sich zu der Vereinigten Dienstleistungsgesellschaft (ver.di) zusammen, die mit 2 205 145 Mitgliedern die nach der IG Metall mit 2 306 283 Mitgliedern die zweitgrößte Einzelgewerkschaft bildet.

Mitgliederentwicklung

Mitgliederentwicklung beim Deutschen Gewerkschaftsbund 1998-2007 (nach Angaben des DGB):

Gewerkschaft	31.12.1998	31.12.2001	31.12.2004	31.12.2007
DAG	480 225	ver.di	ver.di	ver.di
Deutscher Gewerkschaftsbund	8 310 783	7 899 009	7 013 037	6 441 045
Vereinigte Dienstleistungsgewerkschaft (ver.di)	–	2 773 887	2 464 510	2 205 145
IG Metall	2 772 916	2 710 226	2 425 005	2 306 283
Öff. Dienste, Transport und Verkehr	1 582 776	ver.di	ver.di	ver.di
IG Bergbau, Chemie, Energie	955 734	862 364	770 582	713 253
Bauen, Agrar, Umwelt	614 650	509 690	424 808	351 723
Handel, Banken und Versicherungen	471 333	ver.di	ver.di	ver.di
TRANSNET	352 161	306 002	270 221	239 468

Gewerkschaft	31.12.1998	31.12.2001	31.12.2004	31.12.2007
Gew. Erziehung und Wissenschaft	281 236	268 012	254 673	248 793
Nahrung-Genuss-Gaststätten	282 521	250 839	225 328	207 947
Gewerkschaft der Polizei	193 578	185 380	177 910	168 433
IG Medien	184 656	ver.di	ver.di	ver.di

Der **DGB** ist die **Spitzenorganisation** der angeschlossenen Einzelgewerkschaften. Seine Aufgabe ist die Koordination und die allgemeine Ausrichtung der Politik der Mitglieder. Der DGB besitzt aber weder Finanz- noch Tarifhoheit, d.h. er schließt selbst keine Tarifverträge ab. Die Finanzierung der Gewerkschaften erfolgt durch Mitgliedsbeiträge, i.d.R. 1 % des Bruttolohns. Der gewerkschaftliche Organisationsgrad, also der prozentuale Anteil der im DGB organisierten Arbeitnehmer, liegt mittlerweile bei weniger als 20 % der Gesamtzahl der Arbeiter und Angestellten. Damit nimmt die Bundesrepublik im Vergleich zu anderen Staaten einen Mittelplatz ein.

DGB

§ 87 Arbeitgeberverbände

Die **Arbeitgeberverbände** sind i.d.R. ebenfalls nach dem **Industrieverbandsprinzip** organisiert. Zusammengefasst sind die meisten in der Bundesvereinigung der Deutschen Arbeitgeberverbände (**BDA**). Ihr gehören sowohl die fachlich organisierten als auch die gemischt gewerblichen Zentral- und Landesverbände an. In der Regel ist ein Arbeitgeber in **zwei Verbänden** vertreten: dem **Fachverband** (d.h. Verband eines Wirtschaftszweigs, z.B. dem Gesamtverband metallindustrieller Arbeitgeberverbände, Gesamtmetall) und dem **gemischt gewerblichen Verband** (d.h. nach dem **räumlichen Bereich**, z.B. dem Märkischen Arbeitgeberverband), der die **branchenübergreifenden** Interessen wahrnimmt. Diese Verbände sind wiederum in Fachspitzenverbänden (z.B. Gesamtmetall) oder Landesverbänden (z.B. Vereinigung der Arbeitgeberverbände in Nordrhein-Westfalen) zusammengeschlossen. Die meisten dieser Spitzenverbände sind ihrerseits Mitglied in der BDA.

Verbandsstruktur

Aufgrund recht hoher Tariflohnabschlüsse haben auch die Arbeitgeberverbände einen Mitgliederschwund erfahren müssen. Diese „Flucht aus dem Arbeitgeberverband" zieht allerdings auch rechtliche Probleme nach sich (siehe unter § 99 I 2).

Aktuelle Situation

Dritter Teil:
Tarifvertragsrecht

1. Abschnitt:
Abschluss des Tarifvertrags

⊃ **Übersicht:**

Voraussetzungen des Tarifvertrags
1. Vertragsschluss nach §§ 145 ff. BGB (siehe unter § 89)
2. Tariffähige Vertragsparteien (siehe unter § 90)
    a) Voraussetzungen der Tariffähigkeit: (siehe unter § 90 II 2)
        aa) Koalitionseigenschaft i.S.d. Art. 9 Abs. 3 GG (siehe unter § 82)
        bb) Demokratische Organisation (siehe unter § 90 II 2 a)
        cc) Tarifwilligkeit (siehe unter § 90 II 2 b)
        dd) Anerkennung des geltenden Tarifrechts (siehe unter § 90 II 2 c)
        ee) Arbeitskampfbereitschaft (str., h.M.: ablehnend; siehe unter § 90 II 2 d)
        ff) Soziale Mächtigkeit (nur für Gewerkschaften; siehe unter § 90 II 2 e)
    b) Einzelne Arbeitgeber (§ 2 Abs. 1 TVG; siehe unter § 90 III 1)
    c) Spitzenorganisationen (§ 2 Abs. 3 TVG; siehe unter § 90 IV)
    d) Gesetzlich angeordnete Tariffähigkeit, z.B. Innungen (siehe unter § 90 V)
3. Tarifzuständigkeit (siehe unter § 91)
4. Schriftform gem. § 1 Abs. 2 TVG (siehe unter § 92)
5. Bekanntgabe des Tarifvertrags (nicht konstitutiv; siehe unter § 93)

§ 88 Funktionen des Tarifvertrags

Literatur: Dorndorf, Das Verhältnis von Tarifautonomie und individueller Freiheit als dogmatischer Theorie, FS Kissel (1994), S. 139; Reuter, Möglichkeiten und Grenzen einer Auflockerung des Tarifkartells, ZfA 1995, 1; Richardi, Die rechtliche Ordnung der Arbeitswelt, JA 1986, 289; Rieble, Arbeitsmarkt und Wettbewerb, 1996; Wiedemann, Die Gestaltungsaufgabe der Tarifvertragsparteien, RdA 1997, 297.

⇨ Übersicht:
  I. Schutzfunktion
  II. Friedensfunktion
  III. Ordnungsfunktion
  IV. Verteilungsfunktion
  V. Kartellfunktion

Hauptbestandteil der Koalitionsfreiheit ist die durch Art. 9 Abs. 3 GG gewährleistete Tarifautonomie, die die Tarifparteien ermächtigt, innerhalb des durch das Tarifvertragsgesetz geschaffenen Tarifsystems die Arbeits- und Wirtschaftsbedingungen ihrer Mitglieder in kollektiven Verträgen mit zwingender Wirkung selbständig und selbstverantwortlich zu regeln. Dabei erfüllt das Tarifwesen vielschichtige gesellschaftliche und wirtschaftliche Aufgaben, die zwar keine Geltungsvoraussetzung oder Legitimationsgrundlage der einzelnen Tarifverträge darstellen, deren Bestimmung aber dem grundlegenden Verständnis und der Auslegung des Gesetzes dient.

I. Schutzfunktion

Die historisch älteste Funktion der Tarifverträge ist die des Schutzes des einzelnen Arbeitnehmers. Ihr liegt die grundsätzliche Annahme zugrunde, dass der einzelne Arbeitnehmer gegenüber dem jeweiligen Arbeitgeber aufgrund seiner wirtschaftlichen Abhängigkeit strukturell unterlegen ist, was die generelle Gefahr einer Übervorteilung bei der Ausgestaltung der Arbeitsbedingungen in sich birgt. Denn bei Abschluss des Arbeitsvertrags ist der einzelne Arbeitnehmer in der Regel nicht in der Lage, eigene Interessen und Vorstellungen durchzusetzen (BVerfG 28.1.1992 AP Nr. 2 zu § 19 AZO). Diese strukturelle Unterlegenheit ist nicht durch Schaffung gesetzlicher Mindeststandards beseitigt worden, sondern dadurch, dass auf Seiten der Arbeitnehmer mit den Koalitionen ein eigenes Machtpotential gebildet wurde. Die Schutzfunktion verwirklicht sich damit in der Schaffung angemessener Arbeitsbedingungen mit Hilfe paritätischer Verhandlung der Tarifvertragsparteien. Die Schutzfunktion des Tarifvertrags gewinnt gerade in Zeiten allgemeiner wirtschaftlicher Schwäche und hoher Arbeitslosigkeit besonders an Bedeutung, da das hohe Angebot an Arbeitskräften den Einzelnen verstärkt unter Druck setzt, für einen Arbeitsplatz schlechtere Arbeitsbedingungen in Kauf zu nehmen. Die so erzeugte **Stabilität der Arbeitsbedingungen** dient aber nicht nur dem **Schutz der Arbeitnehmer**, deren Existenzgrundlage das Arbeitsverhältnis ist, sondern auch die Arbeitgeber haben ein Interesse an einer sicheren **Kalkulationsgrundlage**.

II. Friedensfunktion

Indem die Tarifparteien die Arbeits- und Wirtschaftsbedingungen zwingend regeln, tragen sie maßgeblich zur Befriedung des Arbeitslebens bei.

„Die aus der Koalitionsfreiheit entspringende Tarifautonomie verfolgt den im öffentlichen Interesse liegenden Zweck, in dem von der staatlichen Rechtssetzung frei gelassenen Raum das Arbeitsleben im Einzelnen durch Tarifverträge sinnvoll zu ordnen, insbesondere die Höhe der Arbeitsvergütung für die verschiedenen Berufstätigkeiten festzulegen und so letzlich die Gemeinschaft sozial zu befrieden." (BVerfG 6.5.1964 AP Nr. 15 zu § 2 TVG)

Dies geschieht auf verschiedene Weise, zuallererst dadurch, dass sich die Tarifparteien durch Abschluss eines Tarifvertrags dazu verpflichten, während dessen Laufzeit keine Arbeitskampfmaßnahmen durchzuführen. Darüber hinaus tragen verbindlich geregelte Sachbereiche naturgemäß dazu bei, das Konfliktpotential zwischen Arbeitnehmer und Arbeitgeber zu verringern. Dies gilt umso stärker, je umfangreicher diese Sachgebiete sind und je differenzierter die Regelungen ausfallen. Schließlich wird durch den Tarifvertragsabschluss dem Arbeitnehmer die Gewissheit vermittelt, durch seine Interessenvertretung mittelbar gestaltend an dem eigenen sozialen und finanziellen Lebensstandard mitgewirkt zu haben. Dies führt auch zu ökonomisch sinnvollen Ergebnissen, weil einerseits sogenannte wilde Streiks verhindert werden und andererseits zu vermuten ist, dass sich die Beteiligung der Arbeitnehmer an der Gestaltung der Arbeitsbedingungen produktivitätssteigernd auswirkt (Franz, Arbeitsmarktökonomik, S. 257).

III. Ordnungsfunktion

Tarifverträge haben weiterhin eine Ordnungsfunktion. Der Staat hält sich im Bereich der Arbeitsbedingungen mit gesetzlichen Regelungen zurück. Diesen Raum füllen Tarifverträge aus und ordnen so das Arbeitsleben, entlasten aber auch den Gesetzgeber. Außerdem wirken Tarifverträge auch rationalisierend, indem auf sie Bezug genommen werden kann. Für Unternehmen bedeutet der Tarifvertrag damit eine erhebliche Reduzierung sogenannter Transaktionskosten. Die Ordnungsfunktion wurde durch den Gesetzgeber anerkannt und unterstützt, indem er in § 4 Abs. 5 TVG die Nachwirkung der Tarifnormen anordnete, um so die geschaffene Ordnung aufrecht zu erhalten (vgl. Wiedemann/Wiedemann Einl. TVG Rn. 18). Ebenfalls Ausdruck findet sie in § 4 Abs. 2 TVG, wonach die Tarifparteien überbetriebliche Organisationen schaffen können, um arbeits- und sozialpolitische Aufgaben zu bewältigen. In die gleiche Richtung geht auch § 3 Abs. 2 TVG, wonach Tarifnormen, die betriebliche oder betriebsverfassungsrechtliche Fragen regeln, auch für nicht organisierte Arbeitnehmer gelten, wenn der Arbeitgeber tarifgebunden ist. Gleichzeitig steht die Ordnungsfunktion aber in einem besonderen Spannungsfeld zu der individuellen Vertrags- und Berufsfreiheit. Ihre Grenzen sind über einen ausgewogenen Ausgleich zwischen Art. 9 Abs. 3 GG auf der einen Seite und Art. 2, 3 und 12 Abs. 1 GG auf der anderen Seite zu bestimmen (siehe unter § 105). Auch die Gesetzgebungskompetenz des Gesetzgebers, der nach Art. 74 Nr. 12 GG im gleichen Maße wie die Tarifvertragsparteien zur Ordnung der Arbeits- und Wirtschaftsbedingungen befugt ist, kann hier zu Konflikten führen. Schließlich kann die Ordnungsfunktion des Tarifvertrages nur angenommen werden, wenn bestimmte organisatorische Grundvoraussetzungen, die im Merkmal der Tariffähigkeit gebündelt sind (siehe unter § 90), bei den Akteuren gegeben sind.

„Gleichwohl kann es nicht der Sinn der in Art. 9 Abs. 3 GG gewährleisteten Koalitionsfreiheit sein, daß der Gesetzgeber schlechthin jede Koalition zum Abschluß von Tarifverträgen zulassen, also als tariffähig behandeln muß. Geht man nämlich davon aus, daß einer der Zwecke des Tarifvertragssystems eine sinnvolle Ordnung des Arbeitslebens, insbesondere der Lohngestaltung, unter Mitwirkung der Sozialpartner sein soll, so müssen die sich aus diesem Ordnungszweck ergebenden Grenzen der Tariffähigkeit auch im Rahmen der Koalitionsfreiheit wirksam werden." (BVerfG 18.11.1954 AP Nr. 1 zu Art. 9 GG)

IV. Verteilungsfunktion

Den hauptsächlichen Regelungsgegenstand von Tarifverträgen bildet der Lohn. Dabei bestimmen die Tarifvertragsparteien nicht nur die Höhe der Arbeitsentgelte sondern auch die Relation zueinander, indem innerhalb des Geltungsbereichs eines Tarifvertrags ein verbindliches Lohn- und Gehaltsgefüge festgesetzt wird (GAMILLSCHEG KollArbR I § 12 7 c). Diese Funktion der Verteilungsgerechtigkeit findet in den häufig in Tarifverträgen vorgenommenen Eingruppierungen der Arbeitnehmer in bestimmte Lohngruppen ihren Niederschlag und führt so zu einer **überbetrieblichen Lohngerechtigkeit**.

V. Kartellfunktion

Flächentarifverträge haben zudem eine Kartellfunktion (vgl. MüArbR/LÖWISCH/RIEBLE § 247 Rn. 6 f., RIEBLE, Rn. 1305 ff.). Sie vereinheitlichen die Arbeitsbedingungen; ein „freier Markt" der Arbeitskräfte findet im Geltungsbereich des Tarifvertrags nicht statt. Zwischen den Anbietern der Arbeitsleistung, den Arbeitnehmern, besteht in Form der Tarifverträge also eine „Absprache", den Wettbewerb zu beschränken. Die Mindestlöhne sind vereinheitlicht, insoweit sind für Unternehmen die Bedingungen gleich. Auch Kritiker dieser Funktion des Tarifvertrages erkennen die „Kartellwirkung" des Tarifvertrags nach der Konzeption des TVG jedenfalls für die tarifgebundenen Arbeitgeber und Arbeitnehmer an (LÖWISCH/RIEBLE § 5 TVG Rn. 7). Soweit es um Nichtorganisierte geht, finde jedoch Wettbewerb auf dem Arbeitsmarkt statt. Der Dumpingwettbewerb durch Nichtorganisierte kann aber unter den Voraussetzungen der staatlichen Geltungserstreckung von Tarifverträgen (insbesondere § 5 TVG) begrenzt werden (siehe unter § 99 IV).

§ 1 GWB   Lohntarifverträge werden nicht von § 1 GWB erfasst (REUTER, ZfA 1995, 1, 2); umstritten ist dies hingegen für andere tarifliche Regelungsgebiete, wie z.B. Arbeitszeit-, Arbeitssicherheits- oder sonstige Produktionsregelungen. Nach der Rechtsprechung des BAG werden Tarifverträge jedoch generell nicht von dem Kartellverbot erfasst (BAG 27.6.1989 AP Nr. 113 zu Art. 9 GG Arbeitskampf). Dabei stellt das BAG hauptsächlich darauf ab, dass sich die Tarifparteien bei dem Abschluss eines Tarifvertrags nicht am Geschäftsverkehr des Gütermarkts beteiligten, sondern allein der gesetzmäßigen Funktion des Art. 9 Abs. 3 GG nachkämen, so dass sie nicht als Unternehmen i.S.d. § 1 GWB qualifiziert werden könnten. Zu beachten ist auch, dass eine Unterwerfung der Tarifverträge unter § 1 GWB zu einer verfassungsrechtlich bedenklichen Tarifzensur führen würde. Der Arbeitsmarkt bildet demnach einen **kartellrechtlichen Ausnahmebereich**.

§ 89 Zustandekommen des Tarifvertrags

Grundsätzliches   Wie bereits gesehen ist es Bestandteil der kollektiven Koalitionsfreiheit nach Art. 9 Abs. 3 GG, dass die Koalitionen aktiv ihren Vereinigungszweck verwirklichen können. Ausfluss dieser kollektiven Betätigungsgarantie ist die Tarifautonomie, wonach die Parteien des Arbeitslebens grundsätzlich die Bedingungen, unter denen abhängige Arbeit geleistet wird, durch Gesamtvereinbarungen – Tarifverträge – selbst regeln können. Diese Ausübungsfreiheit wird jedoch erst dadurch ermöglicht, dass der Gesetzgeber verfassungsrechtlich verpflichtet ist, den Sozialpartnern hierfür eine funktionierende Ordnung zur Verfügung zu stellen, in der er Verfahren und Wirkungen der Gesamtvereinbarungen regelt. Dies hat er durch das Tarifvertragsgesetz (TVG) von 1949 getan. Damit können aber nur diejenigen Gesamtvereinbarungen Tarifverträge sein, die sich innerhalb dieser vom Gesetzgeber ausgestalteten Ordnung bewegen, die also in den Anwendungsbereich des TVG fallen.

Definition   Der Begriff des Tarifvertrags ergibt sich aus § 1 TVG. Ein Tarifvertrag ist die schriftliche Einigung mindestens zweier tariffähiger natürlicher oder juristischer Personen, in dem Rechtsnormen zur Regelung von Arbeits- und Wirtschaftsbedingungen festgesetzt und Rechte und Pflichten der Tarifvertragsparteien selbst begründet werden (BAG 6.11.1996 AP Nr. 17 zu §§ 22, 23 BAT Zuwendungs-TV). Streitig ist zwar, ob das Schriftformerfordernis aus § 1 Abs. 2 TVG Bestandteil der Begriffsdefinition ist (bejahend HUECK/NIPPERDEY II/1, S. 209; a.A. GAMILLSCHEG KollArbR I § 12 1), dies kann aber mangels praktischer Auswirkungen dahinstehen.

Der Tarifvertrag kommt trotz seiner Normwirkung in einem Vertragsverfahren zustande. Er ist somit **Rechtsgeschäft**. Dieses erfordert übereinstimmende **Willenserklärungen** der Vertragsparteien. Mindestens zwei Tarifparteien müssen sich also auf den Inhalt des Tarifvertrags einigen. Sind mehrere Tarifvertragsparteien beteiligt, so spricht man von einem **mehrgliedrigen Tarifvertrag**.

Vertragsverfahren

Gesetzliche Bestimmungen über das genaue Verfahren und die Voraussetzungen des Vertragsschlusses bestehen nicht. Der Tarifvertrag ist aber trotz seines normativen Teils ein **Institut des Privatrechts** (siehe unter § 102). Daher kann grundsätzlich wie bei jedem anderen privatrechtlichen Vertrag auf die allgemeinen Bestimmungen der Willenserklärung und des Rechtsgeschäftes im BGB zurückgegriffen werden. Das Zustandekommen eines Tarifvertrags beurteilt sich somit nach den Vorschriften des BGB über den Vertragsschluss (§§ 145 ff. BGB).

Anwendung zivilrechtlicher Vorschriften

Dies gilt jedoch **nicht unbeschränkt**. Die **normative Wirkung** des Tarifvertrags gegenüber Dritten, genauer den Verbandsmitgliedern, erfordert Ausnahmen aus **Gründen der Rechtssicherheit und Rechtsklarheit**, so dass bei jeder Anwendung von Vorschriften des BGB geprüft werden muss, inwiefern sie mit der Rechtsnatur der Gesamtvereinbarung zu vereinbaren sind. So wird z.B. überwiegend die Anwendung des § 139 BGB oder die ex-tunc-Wirkung der Anfechtung nach § 142 BGB für Tarifverträge ausgeschlossen. Ebenso wenig finden die Vorschriften über den Dissens Anwendung. Weder offene noch verdeckte Einigungsmängel berühren die Wirksamkeit des Tarifvertrags. Regelungslücken sind unter Umständen durch ergänzende Vertragsauslegung zu schließen (siehe unter § 97). Die Vorschriften über die Stellvertretung (§§ 164 ff. BGB) sollen hingegen gelten (BAG 10.11.1993 AP Nr. 43 zu § 1 TVG Tarifverträge Einzelhandel). Aufgrund der Normwirkung von Tarifregelungen werden noch weitere Voraussetzungen für einen wirksamen Tarifvertragsabschluss verlangt.

Besonderheiten aufgrund der Normwirkung

Das Bestehen oder Nichtbestehen eines Tarifvertrags kann im Urteilsverfahren vor den Arbeitsgerichten überprüft werden, vgl. § 2 Abs. 1 Nr. 1 ArbGG.

Gerichtliche Kontrolle

§ 90 Tariffähigkeit

Literatur: Dütz, Zur Entwicklung des Gewerkschaftsbegriffs, DB 1996, 2385; Greiner, Anm. zu EzA § 2 TVG Nr. 28; Henssler/Heiden, Anm. zu AP § 2 TVG Tariffähigkeit Nr. 4; Kempen, „Form follows function" – Zum Begriff der „Gewerkschaft" in der tarif- und arbeitskampfrechtlichen Rechtsprechung des Bundesarbeitsgerichts, FS 50 Jahre BAG (2004), S. 733 ff; Zachert, Verfassungsrechtlicher Schutz für „Gelbe" Gewerkschaften?, ArbuR 1986, 321.

⊃ Übersicht:
  I. Grundsätzliches
  II. Tariffähigkeit von Gewerkschaften
    1. Bedeutung der Tariffähigkeit
    2. Voraussetzungen der Tariffähigkeit
      a) Demokratische Legitimation
      b) Tarifwilligkeit
      c) Anerkennung des geltenden Tarifrechts
      d) Arbeitskampfbereitschaft
      e) Soziale Mächtigkeit
      f) Vertiefungsproblem: relative Tariffähigkeit
  III. Tariffähigkeit der Arbeitgeber
    1. Tariffähigkeit des einzelnen Arbeitgebers
    2. Tariffähigkeit des Arbeitgeberverbands
      a) Mächtigkeit des Verbands
      b) Demokratische Organisation
  IV. Tariffähigkeit von Spitzenorganisationen und Unterverbänden
  V. Gesetzlich angeordnete Tariffähigkeit
  VI. Gewollte Tarifunfähigkeit
  VII. Beendigung der Tariffähigkeit
  VIII. Gerichtliche Kontrolle

Definition

Einen Tarifvertrag können nur tariffähige Parteien abschließen. Tariffähigkeit ist die rechtliche Fähigkeit, durch Vereinbarung mit dem sozialen Gegenspieler Arbeitsbedingungen tarifvertraglich mit der Wirkung zu regeln, dass sie für die tarifgebundenen Personen unmittelbar und unabdingbar wie Rechtsnormen gelten. Sie ist dabei nicht gleichzusetzen mit der Rechtsfähigkeit (Gewerkschaften sind i.d.R. nichtrechtsfähige Vereine). Die Tariffähigkeit ist Voraussetzung für den wirksamen Abschluss eines Tarifvertrags.

I. Grundsätzliches

Tarifvertragsparteien

Wer **Tarifvertragspartei** sein kann, bestimmt zunächst § 2 Abs. 1 TVG. Danach sind Gewerkschaften, einzelne Arbeitgeber sowie Vereinigungen von Arbeitgebern Tarifvertragsparteien. Ferner können Spitzenorganisationen nach § 2 Abs. 2 TVG Tarifverträge abschließen. Aufgrund gesetzlicher Bestimmungen sind Innungen und Innungsverbände tariffähig, §§ 54 Abs. 3 Nr. 1, 82 S. 2 Nr. 3, 85 Abs. 2 HandwO.

Gewerkschaftsbegriff

Das TVG hat den Begriff der **Gewerkschaft** nicht näher bestimmt. Umstritten ist daher, ob der Gewerkschaftsbegriff mit dem Koaliti-

I. Grundsätzliches § 90

onsbegriff des Art. 9 Abs. 3 GG (siehe unter § 82) gleichzusetzen ist, d.h. ob sich die Tariffähigkeit nach der Koalitionseigenschaft richtet (so HUECK/NIPPERDEY II/1 § 6 S. 105). Die ganz überwiegende Ansicht geht davon aus, dass Art. 9 Abs. 3 GG hinsichtlich der Betätigungsfreiheit der Koalitionen einen Ausgestaltungsauftrag enthält.

Dieser Auftrag verpflichtet den Gesetzgeber dazu, den Parteien des Arbeitslebens eine funktionierende Ordnung zur Verfügung zu stellen, innerhalb derer sie eigenständig die Arbeits- und Wirtschaftsbedingungen regeln können. In der Konsequenz dieses Ausgestaltungsauftrags liegt es dann auch, für einzelne Bereiche wie die hier in Rede stehende Ordnung des Tarifvertragsrechts gewisse Anforderungen an die beteiligten Parteien zu stellen, wenn dies für das Funktionieren der Gesamtordnung unerlässlich ist.

Funktionsfähigkeit der Tarifautonomie

„Zur Rechtfertigung einer Beschränkung der Betätigungsfreiheit grundsätzlich geeignet ist insbesondere die im Allgemeininteresse liegende Funktionsfähigkeit der Tarifautonomie.

Nach der Rechtsprechung des Bundesverfassungsgerichts verpflichtet Art. 9 Abs. 3 GG den Staat dazu, ein Tarifvertragssystem überhaupt erst bereit zu stellen; allerdings ist es nicht Sinn der in Art. 9 Abs. 3 GG gewährleisteten Koalitionsfreiheit, dass der Gesetzgeber schlechthin jede Koalition zum Abschluss von Tarifverträgen zulässt (...). Vielmehr steht Tarifautonomie von Verfassungs wegen nur solchen Koalitionen zu, die in der Lage sind, den von der staatlichen Rechtsordnung frei gelassenen Raum des Arbeitslebens durch Tarifverträge sinnvoll zu gestalten. Das setzt Geschlossenheit der Organisation und Durchsetzungskraft gegenüber dem sozialen Gegenspieler voraus (...). Die Anforderungen rechtfertigen sich aus der Funktion der Tarifautonomie. Diese ist darauf angelegt, die strukturelle Unterlegenheit der einzelnen Arbeitnehmer beim Abschluss von Tarifverträgen durch kollektives Handeln auszugleichen und damit ein annähernd gleichgewichtiges Aushandeln der Löhne und Arbeitsbedingungen zu ermöglichen." (BAG 28.3.2006 AP Nr. 4 zu § 2 TVG Tariffähigkeit)

Soweit hierdurch mit der Tarifautonomie auch nur ein Aspekt der verfassungsrechtlich geschützten Betätigungsfreiheit betroffen ist, bleiben den Koalitionen noch genügend andere Mittel der Zweckverwirklichung, so dass Beschränkungen für die Tarifvertragsordnung zumindest generell keinen unzulässigen Eingriff in Art. 9 Abs. 3 GG darstellen. Erhebliche Bedenken wirft hingegen der „einheitliche Gewerkschaftsbegriff" auf, der die Tariffähigkeit im Ergebnis auch über die Eröffnung zahlreicher anderer Betätigungsfelder entscheiden lässt (siehe unter 90 II 1). Das BAG hingegen geht unter Verweis auf die Entstehungsgeschichte in ständiger Rechtsprechung von einem einheitlichen Gewerkschaftsbegriff aus (BAG 19.9.2006 AP Nr. 5 zu § 2 BetrVG 1972). Immerhin können die nicht tariffähigen Arbeitnehmervereinigungen mit Arbeitgebern oder Arbeitgeberverbänden schuldrechtliche Vereinbarungen (sog. **Koalitionsvereinbarungen**) schließen, denen es allerdings an der normativen Wirkung des Tarifvertrags mangelt.

§ 90 Tariffähigkeit

Verfassungskonformes Richterrecht

Damit ist nach allgemeiner Ansicht die Tariffähigkeit nicht mit der Koalitionseigenschaft kongruent (BAG 15.3.1977 AP Nr. 24 zu Art. 9 GG). Nicht jede Arbeitnehmerkoalition ist automatisch tariffähig und somit eine Gewerkschaft im Sinne des § 2 Abs. 2 TVG (BVerfG 20.10.1981 AP Nr. 31 zu § 2 TVG). Durch die Rechtsprechung des BAG sind daher weitere Anforderungen an die Tariffähigkeit, insbesondere das Kriterium der sozialen Mächtigkeit entwickelt worden. Diese richterliche Konkretisierung ist verfassungsgemäß.

„Weder das GG noch das Tarifvertragsgesetz haben die Voraussetzungen der Tariffähigkeit geregelt und bestimmt, wann eine Koalition der Arbeitnehmer als Gewerkschaft anzusehen ist. Solange der Gesetzgeber auf die Normierung der Voraussetzungen für die Gewerkschaftseigenschaft und die Tariffähigkeit im Einzelnen verzichtet hat, sind die Gerichte der Arbeitsgerichtsbarkeit befugt, die unbestimmten Rechtsbegriffe im Wege der Auslegung des Tarifvertragsgesetzes im Lichte des Art. 9 Abs. 3 GG auszufüllen, also die Voraussetzungen für die Tariffähigkeit einer Arbeitnehmer-Koalition näher zu umschreiben. Es ist mit dem Grundrecht der Koalitionsfreiheit vereinbar, nur solche Koalitionen an der Tarifautonomie teilnehmen zu lassen, die in der Lage sind, den von der staatlichen Rechtsordnung freigelassenen Raum des Arbeitslebens durch Tarifverträge sinnvoll zu gestalten, um so die Gemeinschaft sozial zu befrieden [...]. Demgemäß ist es verfassungsrechtlich nicht zu beanstanden, wenn die Rechtsprechung die Tariffähigkeit von gewissen Mindestvoraussetzungen abhängig macht." (BVerfG 20.10.1981 AP Nr. 31 zu § 2 TVG)

Darlegungslast

Was die von der Rechtsprechung geforderten zusätzlichen Voraussetzungen an eine tariffähige Koalition anbelangt, ist aber jeweils darauf zu achten, dass diese sachlich veranlasst sind und nicht dazu führen, dass sie die Bildung und Betätigung von Koalitionen derart über Gebühr erschweren, dass der Schutz des Art. 9 Abs. 3 GG praktisch leer läuft. Dabei differenziert das BAG zwischen Koalitionen, die sich noch in der **Gründungsphase** befinden, und solchen, die sich bereits länger als Tarifpartei betätigen.

„Für die gerichtliche Prüfung der Tariffähigkeit einer Arbeitnehmervereinigung ist wesentlich, ob diese bereits aktiv am Tarifgeschehen teilgenommen hat. Hat eine Arbeitnehmervereinigung schon in nennenswertem Umfang Tarifverträge geschlossen, belegt dies regelmäßig ihre Durchsetzungskraft und Leistungsfähigkeit. [...]. Hat die Arbeitnehmervereinigung dagegen noch nicht aktiv am Tarifgeschehen teilgenommen, bedarf es der Darlegung von Tatsachen, die den Schluss rechtfertigen, die Arbeitgeberseite werde die Arbeitnehmervereinigung voraussichtlich nicht ignorieren können." (BAG 28.3.2006 AP Nr.4 zu § 2 TVG Tariffähigkeit)

Verfahren zur Feststellung der Tariffähigkeit

Zur Feststellung der Tariffähigkeit enthält das Arbeitsgerichtsgesetz in den §§ 2a Abs. 1 Nr. 4, 97 ArbGG ein gesondertes Verfahren. Dieses kann **auf Antrag** einer räumlich und sachlich zuständigen Vereinigung von Arbeitnehmern oder von Arbeitgebern, der obersten Arbeitsbehörde des Bundes oder der obersten Arbeitsbehörde eines

II. Tariffähigkeit von Gewerkschaften

Landes, auf dessen Gebiet sich die Tätigkeit der Vereinigung erstreckt, eingeleitet werden (§ 97 Abs. 1 ArbGG). Eine weitere Möglichkeit führt über das Aussetzungsverfahren nach §§ 97 Abs. 5, 2a Abs. 1 Nr. 4 ArbGG. Hängt die Entscheidung eines Rechtsstreits von der Tariffähigkeit einer Arbeitnehmervereinigung ab, so hat das Gericht das Verfahren bis zum Abschluss des **Beschlussverfahrens** über die Tariffähigkeit auszusetzen. Auch dieses Verfahren bedarf eines Antrags, der allerdings in diesem Fall auch von den Parteien des Ausgangsverfahrens gestellt werden kann (§ 97 Abs. 5 S. 2 ArbGG).

Im Rahmen der Prüfung der Tariffähigkeit sind alle bekannten Tatsachen zu berücksichtigen, auch solche, die durch Presseberichterstattung allgemein bekannt werden (BAG 28.1.2008 NZA 2008, 489). Das Verfahren zur Klärung der Tariffähigkeit nach § 97 Abs. 1 bis 4 ArbGG ist ein verobjektiviertes Verfahren. Im Beschlussverfahren über die Tariffähigkeit gilt der Amtsermittlungsgrundsatz.

„Zu Recht sind die Vorinstanzen davon ausgegangen, dass eine Aussetzungspflicht immer besteht, wenn entweder die Tariffähigkeit dieser Gewerkschaft streitig ist (...) oder aber, wenn gegen diese Bedenken bestehen (...). Mit dem Landesarbeitsgericht ist dabei davon auszugehen, dass allgemein bekannt gewordene Bedenken zu berücksichtigen und vom Arbeitsgericht aufzugreifen sind. Zu Recht nimmt das Landesarbeitsgericht an, dass nur so das objektivierte Verfahren der §§ 97 Abs. 1 bis 4 ArbGG stattfinden kann, das – auch wegen des dort vorgesehenen Amtsermittlungsgrundsatzes (§ 97 Abs. 2 iVm. § 83 Abs. 1 ArbGG) – besser geeignet ist, die Tariffähigkeit zu klären als einzelne Rechtsstreitigkeiten zwischen Privaten. Diese Bedenken sind, einschließlich der erwogenen Tatsachengrundlagen, durch das Gericht in das Verfahren einzuführen und im Aussetzungsbeschluss näher darzulegen. Dabei kann auch auf Erkenntnisse in der rechtswissenschaftlichen Literatur und sonstigen allgemeinen Quellen zurückgegriffen werden." (BAG 28.1.2008 NZA 2008, 489).

II. Tariffähigkeit von Gewerkschaften

1. Bedeutung der Tariffähigkeit

Neben der Möglichkeit, Tarifverträge wirksam abzuschließen, kommt der Tariffähigkeit eine weitergehende Bedeutung zu, denn die **Rechtsprechung** setzt den allgemeinen Gewerkschaftsbegriff mit der Tariffähigkeit einer Arbeitnehmerkoalition gleich (BAG 15.3.1977 AP Nr. 24 zu Art. 9 GG). Der **Gewerkschaftsbegriff** spielt auch in anderen Gesetzen eine wichtige Rolle, ohne diesen aber selbst zu regeln (z.B. lassen § 11 Abs. 2 und 4 ArbGG eine Prozessvertretung in allen Instanzen der Arbeitsgerichtsbarkeit durch Gewerkschaften zu; vgl. dazu BAG 15.3.1977 AP Nr. 24 zu Art. 9 GG; zu der Arbeitnehmervertretung im Aufsichtsrat nach dem MitbestG gehören Vertreter der Gewerkschaften, § 7 Abs. 2 MitbestG; zum Gewerkschaftsbegriff des BetrVG vgl. BAG 19.9.2006 AP Nr. 5 zu § 2 BetrVG 1979). Der einheitliche Gewerkschaftsbegriff hat zur Fol-

Einheitlicher Gewerkschaftsbegriff

ge, dass nicht tariffähigen Arbeitnehmervereinigungen auch sekundäre Gewerkschaftsrechte, etwa gemäß § 11 Abs. 2 und 4 ArbGG, vorenthalten bleiben. Die überwiegende Literatur kritisiert den einheitlichen Gewerkschaftsbegriff als verfassungswidrigen Eingriff in Art. 9 Abs. 3 GG (vgl. Dütz, DB 1996, 2385, 2390; Gamillscheg, KollArbR I § 9 IV 3 d). Tatsächlich wird tarifunfähigen Arbeitnehmerkoalitionen damit die Möglichkeit vorenthalten, durch Tätigkeiten auf anderen Gebieten nach und nach in die Tariffähigkeit „hineinzuwachsen". Methodisch ist die statische, undifferenzierte Begriffsbildung zu kritisieren, die nicht immer tragfähig scheint. Das BAG hat seine Rechtsprechung allerdings unlängst nochmals unter Verweis auf die Entstehungsgeschichte des Gewerkschaftsbegriffs bestätigt. Dieser habe schon zu Zeiten der Weimarer Republik die Tariffähigkeit vorausgesetzt. Für die Annahme, dass der Gesetzgeber in unterschiedlichen rechtlichen Zusammenhängen ein unterschiedliches Verständnis des Gewerkschaftsbegriffs zu Grunde gelegt hat, gebe es in den entsprechenden Gesetzesmaterialien keinerlei Hinweis (BAG 19.9.2006 AP Nr. 5 zu § 2 BetrVG).

2. Voraussetzungen der Tariffähigkeit

Koalitionseigenschaft

Zunächst müssen die Voraussetzungen einer **Koalition i.S.d.** Art. 9 Abs. 3 GG vorliegen (siehe unter § 82). Darüber hinaus müssen aus den besagten Gründen weitere Erfordernisse erfüllt sein. Das BAG fasst die Anforderungen an die Tariffähigkeit einer Arbeitnehmerkoalition wie folgt zusammen:

„Sie muss sich als satzungsgemäße Aufgabe die Wahrnehmung der Interessen ihrer Mitglieder in deren Eigenschaft als Arbeitnehmer gesetzt haben und willens sein, Tarifverträge abzuschließen. Sie muss frei gebildet, gegnerfrei, unabhängig und auf überbetrieblicher Grundlage organisiert sein und das geltende Tarifrecht als verbindlich anerkennen. Weiterhin ist Voraussetzung, dass die Arbeitnehmervereinigung ihre Aufgabe als Tarifpartnerin sinnvoll erfüllen kann. Dazu gehört einmal die Durchsetzungskraft gegenüber dem sozialen Gegenspieler, zum anderen aber auch eine gewisse Leistungsfähigkeit der Organisation." (BAG 14.12.2004 AP Nr. 1 zu § 1 TVG Tariffähigkeit)

Diese Definition ist auch in den Staatsvertrag über die Schaffung einer Währungs-, Wirtschafts- und Sozialunion zwischen der Bundesrepublik Deutschland und der Deutschen Demokratischen Republik vom 18.5.1990 eingeflossen. A III 2 des Staatsvertrags lautet:

„Tariffähige Gewerkschaften und Arbeitgeberverbände müssen frei gebildet, gegnerfrei, auf überbetrieblicher Grundlage organisiert und unabhängig sein sowie das geltende Tarifrecht als für sich verbindlich anerkennen; ferner müssen sie in der Lage sein, durch Ausüben von Druck auf den Tarifpartner zu einem Tarifabschluß zu kommen."

Es bestand zunächst Streit darüber, ob dieser Leitsatz eine verbindliche Wirkung entfaltet (so z.B. Gitter, FS Kissel [1994], S. 265). Das

II. Tariffähigkeit von Gewerkschaften § 90

BAG hat dies mit der Begründung abgelehnt, dass der Staatsvertrag – auch durch das Zustimmungsgesetz des deutschen Bundestages vom 25.6.1990 – kein materielles Gesetz geworden ist. Allerdings sei der im Zustimmungsgesetz zum Ausdruck kommende Wille der Gesetzgebungsorgane bei der Auslegung zu beachten (BAG 28.3.2006 AP Nr. 4 zu § 2 TVG Tariffähigkeit; BAG 6.6.2000 AP Nr. 9 zu § 97 ArbGG 1979).

a) Demokratische Organisation

Soweit eine demokratische Organisation nicht bereits als Voraussetzung der Koalitionseigenschaft angenommen wird, ist sie Bedingung für die Tariffähigkeit einer Gewerkschaft. Tarifvertragsparteien setzen **normativ wirkende** (siehe unter § 98) **Arbeitsbedingungen** für ihre Mitglieder. Diese zwingende Wirkung der Tarifregelungen begründet eine **Machtstellung** der Verbände, die wiederum eine gewisse **Legitimation** erforderlich macht. Die Binnenstruktur muss bestimmte Mindestvoraussetzungen erfüllen, um den Mitgliedern einen angemessenen Einfluss auf die Willensbildung der Organe zu sichern. Dazu zählen etwa:

Machtstellung aufgrund der Normwirkung

- Wahl der Funktionäre auf Zeit
- gleiche Mitwirkungs- und Stimmrechte für alle Mitglieder
- angemessener Schutz von Minderheiten

Das BAG lässt die Frage, ob eine demokratische Binnenstruktur erforderlich ist, offen und hält es jedenfalls für ausreichend, wenn die Statuten einer Arbeitnehmervereinigung grundsätzlich die Gleichheit der Mitglieder und deren Teilnahme am innerverbandlichen Willensbildungsprozess vorsehen (BAG 28.3.2006 AP Nr. 4 zu § 2 TVG Tariffähigkeit)

Ausgeschlossen sind daher etwa Verbände mit einem „**Führerprinzip**". Uneinheitlich wird die Frage beurteilt, ob die Mitglieder an der Entscheidung über einen Arbeitskampf (**Urabstimmung**) zu beteiligen sind oder ob dies den Gewerkschaften im Rahmen ihrer Satzungsautonomie frei steht (vgl. LÖWISCH/RIEBLE, § 2 TVG Rn. 32; BAUER/RÖDER, DB 1984, 1096 ff.).

Konsequenzen

b) Tarifwilligkeit

Das Merkmal der Tarifwilligkeit wird fast allgemein (kritisch: STEIN Rn. 42), insbesondere aber von der Rechtsprechung aufgestellt. Demnach muss der Abschluss von Tarifverträgen eine satzungsmäßige Verbandsaufgabe sein (BAG 10.9.1985 AP Nr. 34 zu § 2 TVG).

Inhalt

„Die Arbeitnehmervereinigung muss sich als satzungsgemäße Aufgabe die Wahrnehmung der Interessen ihrer Mitglieder in ihrer Eigenschaft als Arbeitnehmer gesetzt haben und willens sein, Tarifverträge abzuschließen." (BAG 10.9.1985 AP Nr. 34 zu § 2 TVG)

In der Literatur ist umstritten, ob die Tarifwilligkeit tatsächlich in der Satzung verankert sein muss. Teilweise wird darauf abgestellt, ob sich aus dem Handeln und Auftreten einer Vereinigung ergibt, dass diese den Abschluss von Tarifverträgen anstrebt (DÄUBLER/PETER, § 2 TVG Rn. 46).

Satzungsgemäße Aufgabe

Bedeutung hat dieses Erfordernis zum einen hinsichtlich der Spitzenorganisationen. § 2 Abs. 3 TVG bestimmt, dass sie selbst nur dann Tarifvertragspartei sein können, wenn es zu ihrer satzungsgemäßen Aufgabe gehört, Tarifverträge abzuschließen. Zum anderen ist die **satzungsgemäße Aufgabe**, Tarifverträge abzuschließen, **Legitimationserfordernis**, um Mitglieder binden zu können. Zudem verdeutlicht die Tarifwilligkeit den Unterschied zu dem Koalitionsbegriff. Eine Koalition kann auch andere Mittel als den Tarifvertrag zur Interessenvertretung wählen.

c) Anerkennung des geltenden Tarifrechts

Anerkennung des Rechtssystems

Das **BAG** fordert von tariffähigen Verbänden, dass sie das geltende Tarif-, Schlichtungs- und Arbeitskampfrecht anerkennen (BAG 25.11.1986 AP Nr. 36 zu § 2 TVG). Diesem Erfordernis liegt die Überlegung zugrunde, dass nur derjenige sich im **System des Tarif-, Arbeitskampf- und Schlichtungsrechts** bewegen soll, der dessen Spielregeln beachtet. Dies wird von Teilen der Literatur kritisch gesehen (vgl. KeZa/KEMPEN, § 2 TVG Rn. 72 ff.). Die Anerkennung des geltenden Tarifrechts wird dabei nicht bereits durch einzelne Verstöße, also z.B. einen einzelnen rechtswidrigen Streik, in Frage gestellt.

Keine Tariffähigkeit von Beamtenverbänden

Ausgeschlossen sind Tarifabschlüsse für Beamte. Die Arbeitsbedingungen unterliegen der **Regelungsgewalt des Staates**. Trotz Koalitionseigenschaft sind Beamtenverbände nicht tariffähig (kritisch: KeZa/KEMPEN, § 2 TVG Rn. 56). Etwas anderes kann nur gelten, soweit sie sich auch Arbeitnehmern öffnen.

d) Arbeitskampfbereitschaft

Frühere Rechtsprechung

Die Rechtsprechung des **BAG** (BAG 19.1.1962 AP Nr. 13 zu § 2 TVG) verlangte früher als notwendiges Merkmal der Gewerkschaften die Bereitschaft, Arbeitskämpfe zu führen. Auch Teile der Literatur fordern die Arbeitskampfbereitschaft, um ausgewogene Tarifverträge sicherzustellen (ansonsten seien Tarifverhandlungen „**kollektives Betteln**").

Rechtsprechung des BVerfG

Dem ist das BVerfG entgegengetreten. Die Tarifparteien sind frei in der Wahl ihrer Mittel (BVerfG 6.5.1964 AP Nr. 15 zu § 2 TVG).

„Das Recht zum Arbeitskampf schließt nicht die Pflicht zur Kampfbereitschaft ein. Die Koalitionsfreiheit umfasst die Bildung, die Betätigung und die Entwicklung der Koalitionen in ihrer Mannigfaltigkeit und überlässt ihnen grundsätzlich die Wahl der Mittel, die sie zur Erreichung ihres Zwecks für geeignet halten; dem freien Spiel der Kräfte

II. Tariffähigkeit von Gewerkschaften § 90

bleibt es überlassen, ob sie mit den gewählten Mitteln den erstrebten Erfolg erreichen." (BVerfG 6.5.1964 AP Nr. 15 zu § 2 TVG).

Allerdings kann die vorhandene Bereitschaft und Fähigkeit zum Arbeitskampf ein Indiz für die soziale Mächtigkeit einer Arbeitnehmervereinigung sein.

e) Soziale Mächtigkeit

Die wohl stärkste und entscheidende Einschränkung des Begriffs der Tariffähigkeit hat das BAG aber mit dem Kriterium der sozialen Mächtigkeit (BAG 15.3.1977 AP Nr. 24 zu Art. 9 GG) aufgestellt. Diesen Ansatz hat das BVerfG (BVerfG 20.10.1981 AP Nr. 31 zu § 2 TVG) gebilligt. Danach sollen nur diejenigen Koalitionen tariffähig sein, die ihrer Struktur nach ein gewisses Gewicht gegenüber ihrem sozialen Gegenspieler aufweisen. Da die Tarifautonomie der Kompensation struktureller Unterlegenheit der Arbeitnehmer bei Abschluss des Arbeitsvertrags dient, muss die Tariffähigkeit auf solche Verbände beschränkt bleiben, die hierfür eine hinreichende Gewähr bieten. *(Durchsetzungskraft)*

„[Zu den Mindestvoraussetzungen, von denen die Tariffähigkeit abhängig gemacht werden kann] gehört eine Durchsetzungskraft gegenüber dem sozialen Gegenspieler, die sicherstellt, dass dieser wenigstens Verhandlungsangebote nicht übersehen kann. Denn ein angestrebter Interessenausgleich durch Tarifvertrag kann nur dann zustande kommen, wenn eine Arbeitnehmer-Koalition so leistungsfähig ist, dass sich die Arbeitgeberseite veranlasst sieht, auf Verhandlungen über tarifliche Regelungen der Arbeitsbedingungen einzugehen und zum Abschluss eines Tarifvertrags zu kommen. [...] Es muss nur erwartet werden, dass sie vom Gegner überhaupt ernst genommen wird, so dass die Regelung der Arbeitsbedingungen nicht einem Diktat der einen Seite entspringt, ..." (BVerfG 20.10.1981 AP Nr. 31 zu § 2 TVG)

Wann eine solche Durchsetzungsfähigkeit vorliegt, muss bei jeder Koalition anhand ihrer konkreten Situation im Einzelfall beurteilt werden. Die Rechtsprechung hat immer wieder bei der Gewichtung einzelner Kriterien geschwankt (WIEDEMANN/OETKER TVG § 2 Rn. 389). Maßgeblich ist eine Gesamtbetrachtung aller nachfolgender Gesichtspunkte. *(Kriterien)*

Ein Kriterium hierfür ist die **Mitgliederzahl**, wobei aus dieser keine absoluten Schlüsse gezogen werden können. So kann eine mitgliederschwache Vereinigung auch dann eine besondere Durchsetzungskraft besitzen, wenn den in ihr vereinigten Arbeitnehmern eine ganz entscheidende Bedeutung für den Arbeitsablauf in einem Betrieb oder Unternehmen zukommt (sog. Schlüsselpositionen), so zum Beispiel bei den Piloten einer Fluggesellschaft (BVerfG 20.10.1981 AP Nr. 31 zu § 2 TVG). Denn diese seien im Falle eines Arbeitskampfes **nicht oder nur schwer ersetzbar**. Konsequent wäre es bei dieser Sicht, dass das BAG – jedenfalls bei Kleinstgewerkschaf- *(Mitgliederstärke)* ten – doch das Kriterium der Bereitschaft zum Arbeitskampf bei der Beurteilung der Tariffähigkeit heran zieht. Denn ohne diese entfällt das Argument für die Tariffähigkeit von Spezialistengewerkschaften. Dabei ist auch zu beachten, dass eine Arbeitnehmervereinigung, die ihre Zuständigkeit auf einen kleinen Bereich begrenzt, auch nur in dem von ihr selbst gewählten Zuständigkeitsbereich über eine hinreichende Mitgliederstärke verfügen muss (BAG 14.12.2004 AP Nr. 1 zu § 2 TVG Tariffähigkeit). Umgekehrt steigen die Anforderungen bei einem weit gefassten Zuständigkeitsbereich.

Das BAG hat aber neuerdings auf das Erfordernis einer hinreichenden Mitgliederstärke verzichtet, wenn das Ausmaß der Beteiligung am Tarifgeschehen belegt, dass eine Arbeitnehmervereinigung von der Arbeitgeberseite wahr- und erstgenommen wird (BAG 28.3.2006 AP Nr. 4 zu § 2 TVG Tariffähigkeit). Damit erlangt das Kriterium der **Teilnahme am Tarifgeschehen** eine erhöhte Bedeutung.

Teilnahme am Tarifgeschehen

Die bisherige Teilnahme einer Arbeitnehmervereinigung am Tarifgeschehen kann ein gewichtiges Indiz für die Annahme der sozialen Mächtigkeit sein. Dies gilt insbesondere dann, wenn kontinuierlich Tarifverträge vereinbart werden. Dabei sollen nicht nur der Abschluss originärer Tarifverträge (eigenständiger Tarifabschluss), sondern auch der **Abschluss von sog. Anerkennungs- oder Anschlusstarifverträgen** (Übernahme eines fremden Tarifvertrags) die soziale Mächtigkeit belegen können. Die Durchsetzung eigener tarifpolitischer Vorstellungen sei nicht erforderlich. Der Abschluss von Anschlusstarifverträgen zeige, dass die Arbeitgeberseite die Arbeitnehmervereinigung hinreichend ernst nehme. Das BAG geht dabei von einer (widerleglichen) Indizwirkung des Abschlusses von Anschlusstarifverträgen für die soziale Mächtigkeit aus. Das BAG geht dabei so weit, Feststellungen über die Umstände des Zustandekommens der Tarifverträge für entbehrlich zu halten (BAG 28.3.2006 AP Nr. 4 zu § 2 TVG Tariffähigkeit). Die Rechtsprechung des BAG führt zu einer massiven Abschwächung des Kriteriums der sozialen Mächtigkeit.

„Indizielle Wirkung für das Vorliegen der sozialen Mächtigkeit entfalten auch die von einer Arbeitnehmervereinigung in nennenswertem Umfang geschlossenen sog. Anerkennungs- oder Anschlusstarifverträge, mit denen diese für die von ihr vertretenen Arbeitnehmer die von einer anderen Gewerkschaft mit der Arbeitgeberseite vereinbarten Tarifverträge übernimmt. Solche Tarifverträge sind ein zuverlässiges Anzeichen dafür, dass die Vereinigung von den Arbeitgebern ernstgenommen wird und Durchsetzungskraft besitzt. An der im Beschluss vom 14. März 1978 (...) geäußerten Einschätzung, Anschlusstarifverträge würden „in aller Regel ... dem Verhandlungsübergewicht der einen Seite (entspringen), die ihren Gegner überhaupt nicht als sozialen Gegenspieler ernst nimmt", hält der Senat nicht fest. Zum einen ist es eher ein Zeichen von Stärke als von Schwäche der Arbeitnehmervereinigung, wenn es ihr gelingt, durch den Abschluss von Anschlusstarifverträgen die normative Geltung tariflicher Regelungen auch auf bislang nicht erfasste Arbeitsverhältnisse zu erstrecken. Zum anderen ist es nicht sachgerecht, von Arbeitnehmervereinigungen zum Beleg ihrer Tariffähigkeit den Abschluss originärer Tarifverträge zu verlangen. Insbesondere dann, wenn eine „große" Gewerkschaft in ihrem Zuständigkeitsbereich bereits einschlägige Tarifverträge geschlossen hat, wird es einer „kleineren", konkurrierenden Arbeitnehmervereinigung kaum jemals gelingen, einen für die Arbeitnehmer günstigeren Tarifvertrag durchzusetzen. Auch erscheint es in einer solchen Situation angesichts des vom Bundesarbeitsgericht bislang vertretenen Prinzips der Tarifeinheit und des praktischen Bedürfnisses an einheitlichen tariflichen Regelungen innerhalb eines Betriebs wenig sinnvoll, durch einen originären Tarifvertrag abweichende Arbeitsbedingungen zu vereinbaren. Der kleineren Arbeitnehmervereinigung bleibt – will sie nicht einen Tarifvertrag mit schlechteren Arbeitsbedingungen schließen – kaum eine andere Möglichkeit als der Abschluss von Anschlusstarifverträgen." (BAG 28.3.2006 AP Nr. 4 zu § 2 TVG Tariffähigkeit)

Liegt hingegen noch keine Teilnahme am Tarifgeschehen vor, so soll es ausreichen, wenn sich die Arbeitgeberseite ernsthaft auf Verhandlungen eingelassen hat oder dies aufgrund einer Prognose ernsthaft zu erwarten ist (BAG 25.11.1986 AP Nr. 36 zu § 2 TVG). In diesem Fall liegt die Beweislast für die soziale Mächtigkeit aber bei der Arbeitnehmervereinigung.

○ **Beispiel:**
Die Gewerkschaft der Kraftfahrer Deutschlands wurde 1993 gegründet. Ende 1994 hatte die Vereinigung 364 Mitglieder; ein Jahr später bereits 586. Mitte 1996 beträgt die Mitgliederzahl 668. Insgesamt sind in Deutschland ca. 2,5 Mio. Kraftfahrer tätig.
Das LAG Berlin (LAG 21.6.1996 AP Nr. 48 zu § 2 TVG) hat keine entsprechende Mächtigkeit festgestellt. Angesichts der Gesamtzahl der Kraftfahrer beträgt der Organisationsgrad lediglich 0,27 Promille. Auch der Mitgliederzuwachs lasse keine entsprechende Prognose zu. 1995 habe die Zuwachsrate zwar 61 % betragen; diese habe sich 1996 aber wieder halbiert.

Kein Indiz ist hingegen der Abschluss bloßer **Gefälligkeitstarifverträge, Scheintarifverträge oder** von Tarifverträgen, die einem einseitigen **Diktat** der Arbeitgeberseite entspringen. Gleiches kann – entgegen der Rechtsprechung. des BAG – für **Anerkennungs-** oder **Anschlusstarifverträge** gelten, wenn lediglich der Inhalt eines mit einer anderen Gewerkschaft abgeschlossenen Tarifvertrags übernommen wird, ohne eigene Vorstellungen in die Tarifverhandlungen einzubringen. Hier ist die schwirige Abgrenzung zu vollziehen, ob Anerkennungs- und Anschlusstarifverträge wirklich ein Indiz für eine eigenständige Verhandlungsmacht sind oder wenigstens als bewusste Entscheidung für eine gewillkürte Tarifeinheit gewertet werden können. Es ist also die Abgrenzung zu vollziehen, ob Anschluss-

Keine Umgehung

und Anerkennungstarifverträge nicht „nur" Schein- oder Gefälligkeitstarifverträge sind.

Schein- und Gefälligkeitstarifverträge

Scheintarifverträge sind solche Vereinbarungen, die lediglich der äußeren Form, nicht aber dem Inhalt nach ein Tarifvertrag sind. Ein **Gefälligkeitstarifvertrag** liegt einerseits vor, wenn Vereinbarungen von der Arbeitgeberseite nur geschlossen werden, um der Arbeitnehmervereinigung einen Gefallen zu erweisen, etwa um ihr das Etikett einer Gewerkschaft zu verleihen. Zum anderen fallen darunter auch solche Vereinbarungen, bei denen die Arbeitnehmervereinigung der Arbeitgeberseite gefällig ist.

Das BAG verlangt für die Annahme einer solchen Konstellation besondere Anhaltspunkte. Dabei soll es nicht ausreichen, dass die abgeschlossenen Tarifverträge ungünstiger sind als die anderer „mächtigerer" Gewerkschaften. Außerdem soll erst eine Vielzahl solcher Tarifverträge die indizielle Wirkung der restlichen abgeschlossenen Tarifverträge entkräften. Ein Gefälligkeitstarifvertrag liegt aber dann vor, wenn in einem Tarifvertrag unter Ausnutzung einer gesetzlichen Tariföffnungsklausel gesetzliche Mindestbedingungen ohne Kompensation unterschritten werden oder ein besonders krasses Missverhältnis zwischen den vereinbarten Leistungen vorliegt (BAG 28.3.2006 AP Nr. 4 zu § 2 TVG Tariffähigkeit).

➲ **Hinweis:**

Schließt eine Gewerkschaft solche Gefälligkeitstarifverträge, kann bereits ihre Koalitionseigenschaft fraglich sein. In der Regel indiziert der Abschluss von Gefälligkeitstarifverträgen, dass es sich bei der Gewerkschaft um eine sogenannte „gelbe" Gewerkschaft handelt (siehe unter § 82 III 3 a). Ob der großzügige Prüfungsmaßstab angesichts von Vorgängen, wie sie im Zusammenhang mit der Gründung der Gewerkschaft der Neuen Brief- und Zustelldienste (GNBZ), offenbar geworden sind, ausreicht, ist zweifelhaft. Das BAG hat seine Erwägungen erkennbar darauf gestützt, dass es sich den Abschluss von Tarifverträgen durch arbeitgeberfinanzierte Gewerkschaften nicht vorstellen konnte. Die Rechtsprechung muss durch Schärfung der Sanktionen bei klarem Missbrauch der Tarifmacht an die Realität der Tariflandschaft angepasst werden.

Leistungsfähigkeit

In seiner früheren Rechtsprechung hat das BAG (BAG 6.6.2000 AP Nr. 55 zu § 2 TVG, mit teilweise kritischer Anmerkung von OETKER) die organisatorische Leistungsfähigkeit einer Arbeitnehmervereinigung als eigenständige Voraussetzung für die soziale Mächtigkeit benannt. Die Gewerkschaften müssen durch eine funktionierende interne Organisation sicherstellen können, dass getroffene **Tarifregelungen umgesetzt** werden. Dafür sind eine ausreichende Finanzkraft sowie eine genügende Personal- und Sachmittelausstattung erforderlich. Auch dieses Kriterium wird jüngst deutlich relativiert und zu Recht die Autonomie der Koalition bei der

II. Tariffähigkeit von Gewerkschaften § 90

Ausgestaltung ihrer Binnenorganisation in den Vordergrund gestellt (BAG 28.3.2006 AP Nr. 4 zu § 2 TVG Tariffähigkeit). So ist es unbedenklich, wenn die Koalition in erheblichem Umfang auf ehrenamtliche Mitarbeiter zurückgreift.

„Der mit dem Erfordernis der organisatorischen Leistungsfähigkeit verbundene Eingriff in die Betätigungsfreiheit einer Arbeitnehmervereinigung ist im Interesse einer funktionsfähigen Tarifautonomie gerechtfertigt. Diese ist ohne eine leistungsfähige Organisation der tarifschließenden Parteien nicht gewährleistet. Allerdings dürfen auch insoweit die Anforderungen an die erforderliche Organisation nicht überspannt werden. Art. 9 Abs. 3 GG überlässt einer Koalition grundsätzlich die Wahl der Mittel, die sie bei ihrer koalitionsspezifischen Betätigung für geeignet und erforderlich hält [...]. Dementsprechend unterfällt die Art und Weise der innergewerkschaftlichen Organisation grundsätzlich der Betätigungsfreiheit der Koalition. Meist wird eine leistungsfähige Organisation einen hauptamtlichen Mitarbeiterapparat erfordern. Unabdingbare Voraussetzung ist die Beschäftigung hauptamtlicher Mitarbeiter aber nicht. Es ist nicht von vornherein ausgeschlossen, eine leistungsfähige Organisation auf der Grundlage ehrenamtlicher Mitarbeit aufzubauen." (BAG 28.3.2006 AP Nr. 4 zu § 2 TVG Tariffähigkeit)

Das Erfordernis der sozialen Mächtigkeit wird in der Literatur z.T. als zu weitgehende Einschränkung der **Koalitionsfreiheit** abgelehnt (vgl. ZÖLLNER/LORITZ/HERGENRÖDER § 35 I 2 a; JACOBS/KRAUSE/OETKER § 2 Rn. 96). Diese Voraussetzung **verletze** die Koalitionsfreiheit kleinerer oder neubegründeter Gewerkschaften, da ihnen das attraktivste Betätigungsfeld verwehrt und es ihnen somit erschwert werde, überhaupt Mitglieder zu gewinnen. Darüber hinaus seien die Kriterien der Durchsetzungskraft und der Leistungsfähigkeit derart unbestimmt, dass eine nachvollziehbare Gewichtung kaum überzeugend vorgenommen werden könne. Das **BVerfG** (BVerfG 20.10.1981 BVerfGE 58, 233, 250) verweist allerdings darauf, dass die Bildung und Betätigung solcher Koalitionen auf anderen Gebieten frei bleibt, d.h. sie unterfallen auch ohne Tariffähigkeit dem Schutz des Art. 9 Abs. 3 GG. Demgegenüber garantiere die Voraussetzung der sozialen Mächtigkeit eine gewisse Parität der Tarifvertragsparteien, ohne die eine angemessene Ordnung und Befriedung des Arbeitslebens nicht sichergestellt sei. Das Kriterium dient dem Erhalt einer funktionsfähigen Tarifautonomie.

Kritik in der Literatur

„Tarifautonomie steht von Verfassungs wegen nur solchen Koalitionen zu, die in der Lage sind, den von der staatlichen Rechtsordnung freigelassenen Raum des Arbeitslebens durch Tarifverträge sinnvoll zu gestalten. Voraussetzungen dafür sind die Geschlossenheit der Organisation und die Durchsetzungskraft gegenüber dem sozialen Gegenspieler." (BVerfG 24.2.1999 AP Nr. 18 zu § 20 BetrVG 1972)

f) Vertiefungsproblem „relative Tariffähigkeit"

Literatur: BENECKE, Anm. zu BAG 25.9.1996, SAE 1998, 60; OETKER, Anm. zu BAG v. 25.9.1996 AP Nr. 4 zu § 97 ArbGG 1979.

Aus dem Erfordernis der sozialen Mächtigkeit ergibt sich für einzelne Fallkonstellationen ein Folgeproblem. Ausgehend von der Situation, dass eine an sich tariffähige Arbeitnehmerkoalition mit einem einzelnen Arbeitgeber, der nach § 2 Abs. 1 TVG ebenfalls tariffähig ist, einen Tarifvertrag abschließen will, stellt sich die Frage, ob hierfür eine konkrete Mächtigkeit gerade diesem Arbeitgeber gegenüber bestehen muss. Dies bedeutete, dass eine Gewerkschaft nur solchen Arbeitgebern gegenüber tariffähig wäre, in deren Unternehmen oder Betrieben eine entsprechende Anzahl von Mitgliedern beschäftigt werden, in denen die jeweilige Gewerkschaft also über eine „Hausmacht" verfügt. In Anbetracht der Argumentation für das Erfordernis der sozialen Mächtigkeit wäre die Annahme einer derartigen „relativen Tariffähigkeit" auf Unternehmensebene durchaus konsequent.

Gegen eine Rechtsfigur, welche die generelle Tariffähigkeit einer Gewerkschaft für Firmentarifverträge im Einzelfall ausschließt, bestehen jedoch grundlegende Bedenken. Die Tariffähigkeit bezeichnet die grundsätzliche Fähigkeit, aus einem Tarifvertrag berechtigt und verpflichtet zu werden. Darin ist sie der allgemeinen Rechts- oder Geschäftsfähigkeit ähnlich. Solche Fähigkeiten können aber in aller Regel nicht im Hinblick auf den Vertragspartner relativiert werden. Weiterhin hätte eine derartige Verlagerung der sozialen Mächtigkeit auf die betriebliche Ebene zur Folge, dass Vereinigungen, die ausschließlich bei einem Arbeitgeber eine „Hausmacht" besitzen, ansonsten aber über keine nennenswerte Mitgliederstruktur verfügen, zumindest für diesen Arbeitgeber die Tariffähigkeit zuerkannt werden müsste. Dieses Problem wäre zwar dadurch lösbar, dass man die „relative Tariffähigkeit" nicht alternativ sondern kumulativ zur allgemeinen Tariffähigkeit verstünde, eine derart ausgeweitete und spezifizierte Durchsetzungskraft als Erfordernis der Tariffähigkeit müsste dann aber noch eine verfassungsgemäße Ausgestaltung der Tarifautonomie im Sinne des Art. 9 Abs. 3 GG darstellen. Dabei ist zu beachten, dass es nicht Zweck der gesetzlichen oder richterlichen Ausgestaltung des Tarifvertragswesens ist, eine völlige Parität der jeweiligen Sozialpartner im Einzelfall herzustellen. Es genügt, wenn strukturell die Voraussetzungen für einen gerechten Interessenausgleich geschaffen sind. Ob eine Gewerkschaft dann mit einem einzelnen, eventuell überlegenen Arbeitgeber in Verhandlungen über einen Firmentarifvertrag treten will, bleibt ihrer eigenen Entscheidung vorbehalten und darf nicht durch das Erfordernis einer kumulativen „relativen Tariffähigkeit" von vornherein ausgeschlossen werden.

Das BAG hat die Frage dahingehend entschieden, dass es eine partielle oder relative Tariffähigkeit nicht gibt (BAG 28.3.2006 AP Nr. 4 zu § 2 TVG; a.A. LÖWISCH/RIEBLE § 2 TVG Rn. 37 ff.). Dies stützt das

BAG darauf, dass die einheitliche und unteilbare Tariffähigkeit dem Allgemeininteresse an einer funktionsfähigen Tarifautonomie dient. Die Theorie der relativen Tariffähigkeit verursache Rechtsunsicherheiten, weil für jeden Tarifvertrag die Tariffähigkeit als Wirksamkeitsvoraussetzung isoliert geprüft werden müsste. Dies würde die Funktionsfähigkeit der Tarifautonomie ernsthaft beeinträchtigen. Die Mächtigkeit einer Arbeitnehmervereinigung in einem zumindest nicht unbedeutenden Teil des von ihr beanspruchten Zuständigkeitsbereichs lasse erwarten, dass diese sich beim Abschluss von Tarifverträgen nicht einfach den Forderungen der Arbeitgeberseite unterwirft. (BAG 28.3.2006 AP Nr. 4 zu § 2 TVG).

„Die Tariffähigkeit einer Arbeitnehmervereinigung für den beanspruchten Zuständigkeitsbereich ist einheitlich und unteilbar. Hierfür genügt es, dass die Arbeitnehmervereinigung Durchsetzungskraft und organisatorische Leistungsfähigkeit in einem zumindest nicht unerheblichen Teil des beanspruchten Zuständigkeitsbereichs besitzt. Eine partielle, auf bestimmte Regionen, Berufskreise oder Branchen beschränkte Tariffähigkeit gibt es nicht.

Das Konzept einer unteilbaren, an eine signifikante Repräsentanz anknüpfenden Tariffähigkeit entspricht dem Allgemeininteresse an einer funktionsfähigen Tarifautonomie und ist verfassungsrechtlich unbedenklich. Die Mächtigkeit einer Arbeitnehmervereinigung in einem zumindest nicht unbedeutenden Teil des von ihr beanspruchten Zuständigkeitsbereichs lässt im Normalfall erwarten, dass sich die Arbeitnehmerkoalition auch in den Bereichen, in denen es ihr an Durchsetzungskraft fehlt, beim Abschluss von Tarifverträgen nicht den Forderungen der Arbeitgeberseite unterwirft." (BAG 28.3.2006 AP Nr. 4 zu § 2 TVG)

Demnach ist die Rechtsfigur der „relativen Tariffähigkeit" insgesamt abzulehnen. Ob eine Gewerkschaft hingegen selbst ihre tarifliche Betätigung ausschließlich auf den Abschluss von Verbandstarifverträgen beschränken kann, ist keine Frage der Tariffähigkeit, sondern der Tarifzuständigkeit (siehe unter § 91). Einschränkungen des Umfangs der Tariffähigkeit durch die Satzung einer Vereinigung sind nicht möglich.

III. Tariffähigkeit der Arbeitgeber

Grundsätzlich sind die Voraussetzungen der Tariffähigkeit für Arbeitnehmer- und Arbeitgeberverbände die gleichen. Es bestehen jedoch insbesondere zur Frage der sozialen Mächtigkeit **Unterschiede**, die systembedingt verständlich zu machen sind.

Unterschiede zu Arbeitnehmervereinigungen

1. Tariffähigkeit des einzelnen Arbeitgebers

Literatur: FISCHINGER, Die Tarif- und Arbeitskampffähigkeit des verbandsangehörigen Arbeitgebers, ZTR 2006, 518; JACOBS, Die Erkämpfbarkeit von firmenbezogenen Tarifverträgen mit verbandsangehörigen Arbeitgebern,

ZTR 2001, 249; MATTHES, Der Arbeitgeber als Tarifvertragspartei, FS Schaub (1998), S. 477.

Zweck des § 2 Abs. 1 TVG

Unterschiede ergeben sich zum einen aus dem Umstand, dass der Gesetzgeber auch dem einzelnen Arbeitgeber in § 2 Abs. 1 TVG die Tariffähigkeit zugesprochen hat. Die Verleihung der Tariffähigkeit dient der **Funktionstauglichkeit des Tarifvertragssystems**. Ansonsten könnten die Arbeitgeber sich durch Ausübung ihrer negativen Koalitionsfreiheit jeder Tarifverhandlung entziehen.

Konsequenzen

Jeder Arbeitgeber ist tariffähig, unabhängig davon, wie viele Arbeitnehmer er beschäftigt (WIEDEMANN/OETKER § 2 TVG Rn. 137 ff.). Es bedarf **keiner Tarifwilligkeit** des einzelnen Arbeitgebers. Die Tariffähigkeit des einzelnen Arbeitgebers erlischt nicht mit seinem Beitritt zu einem Arbeitgeberverband (vgl. BAG 25.9.1996 AP Nr. 10 zu § 2 TVG Tarifzuständigkeit; a.A. MATTHES, FS Schaub, S. 482 f.; zu der daraus folgenden Problematik bei Vorliegen von Firmentarif- und Verbandstarifverträgen siehe unter § 101 II). Konsequenzen hat dies auch für einen Arbeitskampf gegen einen einzelnen Arbeitgeber, der Mitglied eines Verbands ist (siehe unter § 115).

„Bereits der Wortlaut des § 2 Abs. 1 TVG ist eindeutig. Danach wird dem einzelnen Arbeitgeber ohne Einschränkung die Tariffähigkeit zuerkannt. Eine Differenzierung nach der Verbandszugehörigkeit des Arbeitgebers sieht das Gesetz nicht vor. Die Gesetzessystematik spricht ebenfalls gegen eine Einschränkung der Tariffähigkeit einzelner Arbeitgeber. Denn während § 54 Abs. 3 Nr. 1 HandwO die Tariffähigkeit der Handwerksinnungen ausdrücklich auf die Fälle beschränkt, in denen der Innungsverband nach § 82 Satz 2 Nr. 3 HandwO keine einschlägigen Tarifverträge abgeschlossen hat, sieht das Tarifvertragsgesetz im Verhältnis von einzelnen Arbeitgebern und Arbeitgeberverbänden eine entsprechende Subsidiarität gerade nicht vor (...). Auch Sinn und Zweck des § 2 Abs. 1 TVG gebieten nicht dessen „teleologische Restriktion" (...). Zutreffend ist zwar, daß die dem einzelnen Arbeitgeber in § 2 Abs. 1 TVG zuerkannte Tariffähigkeit der effektiven Verwirklichung der Tarifautonomie dient, indem sie verhindert, daß sich der Arbeitgeber durch Fernbleiben von oder Austritt aus einem Verband tarifunfähig macht und sich so der Inanspruchnahme auf den Abschluß von Tarifverträgen entzieht (...). Dieser Zweck entfällt daher, wenn der Arbeitgeber Mitglied eines tarifwilligen Arbeitgeberverbands ist. Gleichwohl rechtfertigt dies nicht die Reduktion des § 2 Abs. 1 TVG. Denn dessen Zweck erschöpft sich nicht darin, für die Gewerkschaft einen Verhandlungsgegner bereitzustellen. Vielmehr gehört die Tariffähigkeit des einzelnen Arbeitgebers zu dessen durch Art. 9 Abs. 3 GG geschützter Betätigungsfreiheit (...). Diese wäre eingeschränkt, wenn der Arbeitgeber durch die Verbandszugehörigkeit seine Tariffähigkeit verlöre. Er wäre dann nämlich nicht einmal mehr in der Lage, freiwillig mit der Gewerkschaft Tarifverträge über Gegenstände abzuschließen, die durch Verbandstarifverträge nicht geregelt sind (...).

Die Tariffähigkeit des einzelnen Arbeitgebers und die Wirksamkeit eines von ihm abgeschlossenen Tarifvertrags hängt auch nicht davon ab, ob nach der Satzung des Arbeitgeberverbands der Abschluß von Firmentarifverträgen durch einen verbandszugehörigen Arbeitgeber zulässig ist. Die Satzung begründet verbandsinterne Pflichten der Verbandsmitglieder. Sie vermag jedoch nicht deren Außenverhältnis zu Dritten zu gestalten." (BAG 10.12.2002 AP Nr. 162 zu Art. 9 GG Arbeitskampf)

2. Tariffähigkeit des Arbeitgeberverbands

§ 2 Abs. 1 TVG bestimmt, dass neben den Gewerkschaften und dem einzelnen Arbeitgeber auch Vereinigungen von Arbeitgebern tariffähig sind. Hierbei kann es zu Auslegungsproblemen kommen, wenn eine Arbeitgeberkoalition die Mitgliedschaft auch für juristische oder natürliche Personen ohne Arbeitgebereigenschaft eröffnet, beispielsweise für Fachverbände. Bei einer engen Auslegung des Wortlauts von § 2 Abs. 1 TVG könnten diese Vereinigungen nur tariffähig sein, wenn ihnen ausschließlich Arbeitgeber angehören. Das BAG (BAG 22.3.2000 AP Nr. 49 zu § 2 TVG) hat eine solche restriktive Auslegung jedoch abgelehnt und lässt es genügen, dass die Koalition überhaupt Arbeitgeber vereinigt. In Anbetracht des Zwecks, ein funktionierendes Tarifvertragswesen zu garantieren, wäre es nicht nachvollziehbar, warum eine Vereinigung, die sich auch aus anderen Mitgliedern als ausschließlich Arbeitgebern zusammensetzt, ihre Aufgabe als Interessenvertreterin und Tarifvertragspartei nicht wirksam erfüllen könnte. Die Grenze einer noch zulässigen extensiven Auslegung des Begriffs Arbeitgebervereinigung ist jedoch erreicht, wenn der Anteil der Mitglieder ohne Arbeitgebereigenschaft die deutliche Mehrheit in einer Koalition ausmacht. Die Mitgliedschaft von Arbeitgebern, die der Unternehmensmitbestimmung unterliegen, steht der Tariffähigkeit unter dem Gesichtspunkt der Gegnerunabhängigkeit nicht entgegen (vgl. siehe unter § 142 III)

a) Mächtigkeit des Arbeitgeberverbands

Literatur: GITTER, Durchsetzungsfähigkeit als Kriterium der Tariffähigkeit für einzelne Arbeitgeber und Arbeitgeberverbände, FS Kissel (1994), S. 265 ff.; HERGENRÖDER, Anm. zu EzA Nr. 20 zu § 2 TVG.

Aufgrund der Tariffähigkeit des einzelnen Arbeitgebers wird nach h.M. (BAG 20.11.1990 AP Nr. 40 zu § 2 TVG; GITTER, FS Kissel S. 278 f.) **keine Durchsetzungskraft** (Mächtigkeit) eines Arbeitgeberverbands gefordert. Sinn und Zweck der Verleihung der Tariffähigkeit an einzelne Arbeitgeber ist, dass den Gewerkschaften unabhängig von dem Eintritt der Arbeitgeber in einen Verband **Tarifverhandlungspartner** zur Verfügung stehen. Sieht sich ein einzelner Arbeitgeber als zu schwach an, kann er einem mächtigen Verband beitreten.

Rechtsprechung

„Verleiht aber § 2 Abs. 1 TVG dem einzelnen Arbeitgeber ohne Berücksichtigung seiner Durchsetzungskraft die Tariffähigkeit, kann die Tariffähigkeit des Arbeitgeberverbandes nicht von einem besonderen Erfordernis der Mächtigkeit abhängen. Andernfalls käme man möglicherweise zu dem Ergebnis, dass der tariffähige Arbeitgeber sich einem Tarifvertrag entziehen könnte, indem er sich mit anderen Arbeitgebern zu einem Verband zusammenschlösse, dem ein – wie auch immer bestimmtes – Durchsetzungsvermögen fehlte." (BAG 20.11.1990 AP Nr. 40 zu § 2 TVG)

Kritik Diese Rechtsprechung findet in der Literatur auch Kritik (HERGENRÖDER Anm. zu EzA Nr. 20 zu § 2 TVG). Es wird darauf verwiesen, dass ein wesentlicher Grundsatz des Tarifvertragsrechts und der Koalitionsfreiheit die Parität zwischen den Tarifvertragsparteien sei. Ohne entsprechende Mächtigkeit eines einzelnen Arbeitgebers, der zwingend immer mächtigen Gewerkschaften gegenüberstehe, sei dieses Gleichgewicht gefährdet. Aus diesem Grund sei eine einschränkende Auslegung des Arbeitgeberbegriffs in § 2 Abs. 1 TVG bedenkenswert.

b) Demokratische Organisation der Verbände

Keine Stimmengleichheit Auch im Hinblick auf den Grundsatz der Gleichheit aller Mitglieder, insbesondere der Stimmengleichheit bei Wahlen der Verbandsvertreter gibt es Unterschiede. Arbeitgeber können ein wesentlich **unterschiedliches wirtschaftliches Gewicht** haben, das durch Stimmengleichheit verzerrt würde (vgl. KeZa/STEIN, § 2 TVG Rn. 114; STEIN Rn. 59).

c) Sonderfall: Firmenbezogener Verbandstarifvertrag

Literatur: FISCHINGER, Anm. zu BAG AP Nr. 2 zu § 1 TVG Sozialplan

Zulässigkeit Zulässig ist, dass der Arbeitgeberverband einen firmenbezogenen Verbandstarifvertrag abschließt. Die Tarifautonomie gestattet es den Verbänden, bei Abschluss des Tarifvertrags den personellen Geltungsbereich und dabei insbesondere auch den Kreis der betroffenen Unternehmen selbst festzulegen (BAG 24.4.2007 AP Nr. 2 zu § 1 TVG Sozialplan).

„Der Abschluss eines solchen Tarifvertrags ist von Art. 9 Abs. 3 GG gedeckt. Den Koalitionen steht im Rahmen der ihnen verfassungsrechtlich verbürgten Tarifautonomie bei der Festlegung des Geltungsbereichs eines Tarifvertrags ein weiter Gestaltungsspielraum zu. Dies gilt nicht nur im Hinblick auf den erfassten Arbeitnehmerkreis (...), sondern auch für die Festlegung der betroffenen Unternehmen. Der Ausübung der Tarifautonomie setzen insoweit lediglich der Gleichheitssatz des Art. 3 Abs. 1 GG und die Diskriminierungsverbote des Art. 3 Abs. 2, 3 GG Grenzen (...). Diese Beschränkungen stehen der grundsätzlichen Zulässigkeit solcher Tarifverträge nicht entgegen (...).

bb) Firmenbezogene Verbandstarifverträge sind nicht wegen Verstoßes gegen den vereinsrechtlichen Gleichbehandlungsgrundsatz unwirksam (...). Andernfalls würden vereinsrechtliche Binnenschranken der Koalitionsbetätigung eines Arbeitgeberverbands in das Außenverhältnis zum

Tarifpartner übertragen. Für eine solche Außenwirkung gibt es keine tragfähige Begründung. Weder die Tariffähigkeit noch die Tarifzuständigkeit des Arbeitgeberverbands werden durch eine vereinsinterne Ungleichbehandlung beeinträchtigt." (BAG 24.4.2007 AP Nr. 2 zu § 1 TVG Sozialplan)

Insbesondere können solche Tarifverträge auch erstreikt werden. Das BAG sieht darin weder eine Verletzung der individuellen noch der kollektiven Koalitionsfreiheit.

„Die kollektive Koalitionsfreiheit des Verbands wird durch einen Streik auf Abschluss eines Tarifvertrags für eines seiner Mitgliedsunternehmen nicht verletzt. Die Gewerkschaft verlangt von ihm einen innerhalb seiner Tarifzuständigkeit liegenden Tarifabschluss. Der Verband hat keinen Anspruch darauf, dass die Ausübung solchen Drucks auf ihn unterbleibt. Aus Art. 9 Abs. 3 GG folgt nicht, dass die Gewerkschaft nur Tarifverträge fordern könnte, die für alle Verbandsmitglieder gelten sollen (...). Ein mit dem Streik um einen firmenbezogenen Verbandstarifvertrag möglicherweise einhergehender Verlust an „Anziehungskraft" des Verbands für das betroffene Mitgliedsunternehmen schränkt die kollektive Koalitionsfreiheit des Verbands nicht in rechtlich erheblicher Weise ein (...). Eine Verletzung der kollektiven Betätigungsfreiheit des Arbeitgeberverbands käme erst dann in Betracht, wenn der Streik gerade darauf gerichtet wäre, das betreffende Unternehmen zur Aufgabe seiner Mitgliedschaft im Verband zu veranlassen. Bei einem allein auf die Gestaltung von Arbeits- und Wirtschaftsbedingungen gerichteten Streik ist dies aber regelmäßig nicht der Fall. Dies gilt beim Streik um einen firmenbezogenen Verbandstarifvertrag typischerweise ebenso wie beim Streik um einen mit dem verbandsangehörigen Arbeitgeber abzuschließenden Firmentarifvertrag (...).

Ebenso wenig ist die individuelle Koalitionsfreiheit des verbandsangehörigen Arbeitgebers – und auf diese Weise ein Recht des Verbands selbst – verletzt. Gilt dies schon für den Streik um einen Firmentarifvertrag (...), so erst recht im Fall eines Streiks um den Abschluss eines auf das Unternehmen bezogenen Verbandstarifvertrags. Die Einbeziehung des Verbands bedeutet typischerweise eine Stärkung der Position des einzelnen Arbeitgebers." (BAG 24.4.2007 AP Nr. 2 zu § 1 TVG Sozialplan)

IV. Tariffähigkeit von Spitzenorganisationen und Unterverbänden

Literatur: OETKER, Anm. zu BAG v. 22.3.2000, RdA 2001, 172; OETKER, Untergliederungen von Gewerkschaften und Arbeitgebervereinigungen, AuR 2001, 82; ULBER, Tariffähigkeit und Tarifzuständigkeit der CGZP als Spitzenorganisation?, NZA 2008, 438; WIEDEMANN/THÜSING, Die Tariffähigkeit von Spitzenorganisationen und der Verhandlungsanspruch der Tarifvertragsparteien, RdA 1995, 288.

Nach **§ 2 Abs. 2 und 3 TVG** können auch die so genannten **Spitzenorganisationen**, also die Zusammenschlüsse von Gewerkschaften

Verbandszusammenschlüsse

und Arbeitgeberverbänden, Tarifverträge abschließen Eine Tarifvereinbarung kann dann entweder im eigenen Namen erfolgen, wenn der Abschluss von Tarifverträgen zu den satzungsgemäßen Aufgaben gehört, oder im Namen der angeschlossenen Verbände. Voraussetzung ist allerdings, dass die Spitzenorganisation eine entsprechende Vollmacht der angeschlossenen Mitgliedsverbände vorweisen kann. Schließt die Spitzenorganisation einen Tarifvertrag nach § 2 Abs. 3 TVG, bei dem sie selbst Partei des Tarifvertrags wird, ist umstritten, wie die Tariffähigkeit zu bestimmen ist. Das BAG (BAG 2.11.1960, DB 1961, 275) und ein Teil der Lehre (DÄUBLER/PETER, § 2 TVG Rn. 56) halten die Tariffähigkeit aller Mitglieder der Tarifgemeinschaft für erforderlich. Hierfür sprechen die Gesetzessystematik und die Gefahr des Missbrauchs der Vorschrift: Verhindert werden soll, dass nicht tariffähigen Verbänden „durch die Hintertür" die Tariffähigkeit verliehen wird. Von anderer Seite wird es als ausreichend erachtet, dass die tariffähigen Verbände maßgeblich die Spitzenorganisation prägen (WIEDEMANN/OETKER, § 2 TVG Rn. 423 ff.). Die Tarifzuständigkeit der Spitzenorganisationen i.S.d. § 2 Abs. 3 TVG ist stets auf die Tarifzuständigkeit der angeschlossenen (tariffähigen) Verbände beschränkt.

Eine Spitzenorganisation, die mangels satzungsgemäßer Kompetenz keine eigene Tariffähigkeit besitzt, kann nach § 2 Abs. 1 TVG tariffähig sein, und zwar dann, wenn sie neben Vereinigungen auch Einzelmitglieder aufnimmt. Die Tariffähigkeit der Spitzenorganisation beschränkt sich dann jedoch ausschließlich auf diese Einzelmitglieder (BAG 22.3.2000 AP Nr. 49 zu § 2 TVG).

Tarifgemeinschaften

Keine Spitzenorganisationen im Sinne des § 2 Abs. 2 TVG liegen hingegen vor bei bloßen Zusammenschlüssen von Gewerkschaften oder Arbeitgeberverbänden mit dem Ziel, gemeinsam mit einer Vertragspartei einen Tarifvertrag abzuschließen. Hierbei handelt es sich um so genannte Tarifgemeinschaften. Die von diesen abgeschlossenen Tarifverträge werden „mehrgliedrige Tarifverträge" genannt (siehe unter § 94 II 6).

Unterverbände

Gewerkschaften sind als Massenorganisationen vielfach nach fachlichen oder örtlichen Gesichtspunkten untergliedert, beispielsweise in Landes-, Bezirks- und Kreisverbände. Fraglich ist nun, ob diese Unterverbände selbst tariffähig sein können. Dies wird überwiegend dann angenommen, wenn sie selbst körperschaftlich strukturiert sind und ihnen innerhalb des Hauptverbandes die Befugnis zum selbständigen Abschluss von Tarifverträgen zugewiesen ist. Die heute ganz überwiegende Ansicht fordert jedoch, dass eine tarifvertragsschließende Partei stets auch über eine hinreichende finanzielle Gewähr für die Erfüllung der Tarifpflichten zu verfügen habe, um so beispielsweise im Falle eines Tarifbruchs als solventer Schadensersatzgläubiger haftbar zu sein. Allgemein ausreichen soll es, wenn der Unterverband etwa 10 bis 20 % der für den Hauptverband eingezogenen Beiträge für die Wahrnehmung eigener Aufgaben verwenden kann (OETKER, AuR 2001, 89).

V. Gesetzlich angeordnete Tariffähigkeit

Der Gesetzgeber hat bestimmten Vereinigungen die Tariffähigkeit verliehen, die nicht die Eigenschaften einer Koalition aufweisen. Hierzu gehören **Innungen** und **Innungsverbände** nach §§ 54 Abs. 3 Nr. 1, 82 S. 2 Nr. 3 und 85 Abs. 2 HandwO. Das BVerfG hat die Tariffähigkeit der Innungen bestätigt (BVerfG 19.10.1966 AP Nr. 24 zu § 2 TVG).

Tariffähigkeit ohne Koalitionseigenschaft

„Durch eine solche Ausdehnung der Tariffähigkeit auf der Arbeitgeberseite will das Gesetz den Koalitionen der Arbeitnehmer erleichtern, einen Tarifpartner zu finden und mit ihm durch den Abschluss eines Tarifvertrags die Arbeitsbedingungen zu regeln. Die Ausdehnung begünstigt also unmittelbar den Abschluss von Tarifverträgen und damit mittelbar auch die Realisierung der Koalitionsfreiheit." (BVerfG 19.10.1966 AP Nr. 24 zu § 2 TVG)

Eine weitere gesetzliche Verleihung der Tariffähigkeit insbesondere an die Handwerks- oder Industrie- und Handelskammern ist nicht erfolgt.

VI. Gewollte Tarifunfähigkeit

Literatur: LÖWISCH, Gewollte Tarifunfähigkeit im modernen Kollektivarbeitsrecht, ZfA 1974, 29.

Es ist streitig, ob **an sich tariffähige Arbeitgeberverbände** auf ihre Tariffähigkeit verzichten können, indem sie diese in ihrer Satzung ausschließen oder gar nicht erst vorsehen (dagegen: DÄUBLER/PETER, § 2 Rn. 108; KeZa/STEIN, § 2 Rn. 103). Für Spitzenorganisationen ergibt sich diese Möglichkeit bereits aus dem Gesetz. Im Hinblick auf die Koalitions- und Koalitionsmittelfreiheit muss die gewollte Tarifunfähigkeit bejaht werden (GAMILLSCHEG, KollArbR I § 14 I 6). Sie ist nichts anderes als eine Tarifunwilligkeit, deren Möglichkeit schon aus dem Erfordernis der Tarifwilligkeit folgt. Ausgeschlossen ist aber die Beschränkung der Tariffähigkeit i.S.e. Teiltariffähigkeit (vgl. BUCHNER, NZA 1994, 2, 4; WIEDEMANN/OETKER, § 2 TVG Rn. 102 ff.). Unter dem Stichwort „gewollte Tarifunfähigkeit" wird auch die Problematik einer sog. OT-Mitgliedschaft (siehe unter § 91 VI) diskutiert.

Tarifunwilligkeit

VII. Beendigung der Tariffähigkeit

Löst sich eine Koalition durch Beschluss auf und stellt sie ihre Betätigung ein, dann endet ihre Tariffähigkeit (vgl. BAG 25.9.1990 AP Nr. 8 zu § 9 TVG 1969). Gleiches gilt bei Verlust einer für die Tariffähigkeit unverzichtbaren Eigenschaft. Hiervon zu unterscheiden ist die Frage, ob die von einer aufgelösten Koalition abgeschlossenen Tarifverträge ebenfalls ab dem Zeitpunkt der Beendigung der Tariffähigkeit ihre Wirksamkeit verlieren (siehe unter § 100 V 2).

Verlust der Tariffähigkeit

VIII. Fehlende Tariffähigkeit

Fehlende Tariffähigkeit

Die Tariffähigkeit kann nicht nur verloren gehen, sondern auch von Anfang an fehlen. Da die Tariffähigkeit Wirksamkeitsvoraussetzung für den Tarifvertrag ist, hat ihr Fehlen zur Folge, dass der Tarifvertrag nichtig ist (BAG 15.11.2006 AP Nr. 34 zu § 4 TVG Tarifkonkurrenz). Die fehlende Tariffähigkeit kann dabei weder geheilt werden noch kann ein wegen fehlender Tariffähigkeit nichtiger Tarifvertrag nach § 140 BGB in eine schuldrechtliche Abrede umgedeutet werden. Hinsichtlich der zeitlichen Wirkung der Nichtigkeit ist zu differenzieren. Wird eine Tarifvertragspartei, die ursprünglich tariffähig war, später tarifunfähig, so behält der Tarifvertrag seine Wirksamkeit bis zu diesem Zeitpunkt. Wird hingegen festgestellt, dass eine Tarifvertragspartei von Anfang an tarifunfähig war, so ist der Tarifvertrag rechtlich nie existent gewesen und damit von Anfang an nichtig. Die Tariffähigkeit entfällt dabei nicht erst mit der gerichtlichen Entscheidung über die Tariffähigkeit. Vielmehr stellt diese lediglich fest, dass die Tariffähigkeit von Anfang an fehlte.

„Ohne Erfolg rügt der Beklagte, das Landesarbeitsgericht habe zu Unrecht angenommen, der MTV CGD/DHV sei von Anfang an nichtig gewesen. Dieser Tarifvertrag wurde, soweit er von der CGD abgeschlossen wurde, nicht erst mit dem Beschluss des Arbeitsgerichts Gera vom 17. Oktober 2002 unwirksam. Die Entscheidung über die Tariffähigkeit einer Vereinigung nach § 2a Abs. 1 Nr. 4, § 97 ArbGG begründet oder beendet nicht erst die Tariffähigkeit, sondern stellt die Tariffähigkeit oder Tarifunfähigkeit nur fest. Das wird auch aus der Regelung in § 97 Abs. 5 ArbGG deutlich, wonach das Gericht das Verfahren bis zur Erledigung des Beschlussverfahrens nach § 2a Abs. 1 Nr. 4 ArbGG auszusetzen hat, wenn die Entscheidung des Rechtsstreits davon abhängt, ob eine Vereinigung tariffähig ist. Diese Verpflichtung zur Aussetzung des Verfahrens wäre weitgehend sinnlos und überflüssig, wenn die Entscheidung über die Tariffähigkeit oder Tarifunfähigkeit einer Vereinigung entsprechend der Rechtsauffassung des Beklagten nur für die Zeit nach der Verkündung der Entscheidung von Bedeutung wäre." (BAG 15.11.2006 AP Nr. 34 zu § 4 TVG Tarifkonkurrenz)

Auch die Grundsätze des Vertrauensschutzes führen nicht zu einer abweichenden Bewertung. Der gute Glaube an die Tariffähigkeit wird nicht geschützt (WIEDEMANN/OETKER, § 2 TVG Rn. 15; BAG 15.11.2006 AP Nr. 34 zu § 4 TVG Tarifkonkurrenz).

Mehrgliedrige Tarifverträge

Werden mehrgliedrige Tarifverträge (siehe unter 94 II 6) abgeschlossen (z.B. durch eine Tarifgemeinschaft siehe unter 90 IV), so ist zu differenzieren. Fehlt es einer Tarifvertragspartei auf einer Seite eines einheitlichen Tarifvertrags an der Tariffähigkeit, so ist dieser insgesamt nichtig. Werden hingegen lediglich mehrere Tarifverträge in einer Urkunde zusammen gefasst, so ist lediglich der Tarifvertrag, der von der nicht tariffähigen Vereinigung geschlossen wurde, nichtig.

"Bei dem MTV CGD/DHV handelt es sich um einen mehrgliedrigen Tarifvertrag, bei dessen Abschluss auf der Gewerkschaftsseite sowohl die CGD als auch der DHV und somit auf einer Seite mehrere Vereinigungen beteiligt waren (...). Wollten CGD und DHV einen einzigen, sie gemeinsam bindenden einheitlichen Tarifvertrag abschließen, führte die Tarifunfähigkeit der CGD ungeachtet einer Tariffähigkeit des DHV zur Nichtigkeit des MTV CGD/DHV." (BAG 15.11.2006 AP Nr. 34 zu § 4 TVG Tarifkonkurrenz)

IX. Gerichtliche Kontrolle der Tariffähigkeit

Zur Klärung der Tariffähigkeit steht ein eigenes **Beschlussverfahren** nach § 2a Abs. 1 Nr. 4 **i.V.m. § 97 ArbGG** zur Verfügung. Antragsberechtigt sind sowohl Arbeitnehmer- als auch Arbeitgeberverbände und einzelne Arbeitgeber (KeZa/STEIN § 2 TVG Rn. 139). Hängt die Entscheidung eines Rechtsstreits von dieser Frage ab, muss der Rechtsstreit vom Gericht ausgesetzt werden. Die Aussetzung hat nach § 97 Abs. 5 ArbGG von Amts wegen zu erfolgen (vgl. BAG 23.10.1996 AP Nr. 15 zu § 3 TVG Verbandszugehörigkeit). Für die Einleitung des Verfahrens über die Tariffähigkeit ist in diesem Fall ein Antrag einer der beteiligten Parteien nach § 97 Abs. 5 S. 2 ArbGG erforderlich. Durch ein solches Verfahren wird **größere Rechtssicherheit** über die Wirksamkeit von Tarifnormen oder die Rechtmäßigkeit eines Arbeitskampfs erreicht.

Beschlussverfahren

X. Übungsklausur

⊃ A, ein Unternehmen der Arbeitnehmerüberlassung, ist Mitglied im Arbeitgeberverband Z. Der Z hat mit der neu gegründeten Gewerkschaft D einen Tarifvertrag zur Arbeitnehmerüberlassung (TVA) geschlossen, der – unter Abweichung von § 9 Nr. 2 AÜG – eine schlechtere Bezahlung für Leiharbeitnehmer als für vergleichbare Arbeitnehmer des Entleihbetriebes vorsieht.

Die Gewerkschaft D wurde etwa 3 Monate vor Inkrafttreten des TVA gegründet. Die Gründung der D wurde dabei vom Vorsitzenden (V) des Arbeitgeberverbandes Z auf einer Pressekonferenz angekündigt. Dieser hatte seiner Verärgerung darüber Luft gemacht, dass die G, eine für die Arbeitnehmerüberlassung zuständige und tariffähige Gewerkschaft, nicht zu einem Tarifabschluss zu den vom Z gewünschten Konditionen bereit gewesen sei. Dieses Verhalten gefährde Arbeitsplätze. V hält daher die Gründung einer neuen Gewerkschaft für wünschenswert, die die wahren Interessen der Arbeitnehmer und der Arbeitslosen vertrete. Ohne eine solche Gewerkschaft sei der dringend benötigte Abschluss von „angemessenen Tarifverträgen" nicht möglich. Denn durch Arbeitsverträge könne man nicht von dem „kontraproduktiven" Equal-Pay-Grundsatz des § 9 Nr. 2 AÜG abweichen. Die Vergütung der Leiharbeitnehmer müsse aber geringer als die vergleichbarer Stammarbeitnehmer sein. Wenige Tage später wurde die Gründung der D-Gewerkschaft bekannt gegeben.

Der Vorstand der D besteht aus Führungspersonal, unter anderem Mitarbeitern der Personalabteilung des A. Die 14 Gründungsmitglieder geben als Ziel der Gewerkschaft „gerechte und bezahlbare Löhne für alle, sowie den Erhalt von Arbeitsplätzen" an. Arbeitskampfmaßnahmen lehnt die D ab, die durch „Argumente überzeugen" will. Einige Tage später nimmt die D ihre bundesweite Tätigkeit von einem 25 qm großen Büro aus auf, das sich in den Räumen einer Unternehmensberatung befindet, die auch für Mitglieder des Z tätig ist. Ein Mitgliedsunternehmen des Z lässt der D für die Gründungsphase eine Spende in Höhe von 150 000 Euro zukommen. Die D lässt 150 000 Flyer drucken und an Arbeitnehmer in den Mitgliedsunternehmen des Z verteilen. Die Verteilung übernehmen Mitglieder der Personalabteilungen der Unternehmen. Die D wird von der Großkanzlei P beraten, die für die von ihr geleisteten Dienste ca. 400 Euro pro Stunde berechnet. Die Kanzlei hat die Satzungsentwürfe der D gestaltet. Der hauptamtliche Vorsitzende der D, ein Unternehmensberater, erhält als „Aufwandsentschädigung" 10 000 Euro pro Monat. Die D hat nach eigenen Angaben etwa 1400 Mitglieder, wobei der durchschnittliche monatliche Mitgliedsbeitrag bei etwa 10 Euro liegt. In der Leiharbeitsbranche sind ca. 600 000 Personen beschäftigt. In der Folge hat die D einige Firmentarifverträge geschlossen. Diese dienen hauptsächlich der Abweichung von § 9 Nr. 2 AÜG und sehen Entgelte vor, die für die Leiharbeitnehmer bis zu 50 % geringere Entgelte gegenüber vergleichbaren Stammarbeitnehmern vorsehen.

Ist die D tariffähig?

⇨ **Lösungsvorschlag**

Fraglich ist die Tariffähigkeit der D-Gewerkschaft.

I. Koalition i.S.d. Art. 9 Abs. 3 GG

D müsste zunächst überhaupt eine Koalition im Sinne des Art. 9 Abs. 3 GG sein. Dazu müsste D eine freiwillige privatrechtliche Vereinigung von Arbeitnehmern sein, die auf Dauer angelegt, gegnerunabhängig und überbetrieblich ist und deren Hauptzweck in der Wahrung und Förderung ihrer Interessen bei der Gestaltung von Arbeits- und Wirtschaftsbedingungen liegt. Nach h.M ist die Bereitschaft zum Arbeitskampf angesichts der durch Art. 9 Abs. 3 GG geschützten Kampfmittelfreiheit kein Kriterium für die Koalitionseigenschaft. Diese kann aber unter Umständen im Rahmen des Kriteriums der sozialen Mächtigkeit relevant sein.

Problematisch ist im vorliegenden Fall die Gegnerunabhängigkeit der D. Für eine wirkliche Interessenvertretung der Mitglieder ist eine finanzielle, personelle und organisatorische Unabhängigkeit vom tariflichen Gegenspieler erforderlich.

Gegen alle drei Gesichtspunkte bestehen im vorliegenden Fall Bedenken. Dies betrifft zunächst die finanzielle Unabhängigkeit. Hier liegen starke Hinweise auf eine Finanzierung der D durch die Arbeitgeberseite vor. Dies betrifft zunächst einmal die Anschubfinanzierung durch ein Mitgliedsunternehmen des Arbeitgeberverbandes in Höhe von 150 000 Euro. Des Weiteren verursacht die Betätigung der D erhebliche Kosten, ohne dass ersichtlich wäre, dass diese durch die Mitgliedsbeiträge finanziert werden könnten. Zwar ist nicht genau ersichtlich, woher Geld zufließt, aber auch die strukturelle Unterfinanzierung aus den Mitgliedsbeiträgen ist ein Indiz für eine Finanzierung durch den tariflichen Gegenspieler.

Auch die organisatorische Unabhängigkeit der D ist fraglich. Dies betrifft nicht nur die räumliche Ansiedlung in den Räumen einer mit Mitgliedsunternehmen des Z verbundenen Unternehmensberatung. Auch dass die Gewerkschaft für die Mitgliederwerbung auf Mithilfe der Arbeitgeber angewiesen ist, spricht für eine organisatorische Abhängigkeit.

Auch in personeller Hinsicht bestehen Bedenken gegen die Gegnerunabhängigkeit. So kann zwar grundsätzlich auch Führungspersonal Funktionen in Gewerkschaften übernehmen, allerdings ist in diesem Fall streng darauf zu achten, dass keine übermäßigen Interessenkollisionen entstehen. Diese könnten bei Mitarbeitern der Personalabteilungen, die gleichzeitig Arbeitgeberfunktionen ausüben, durchaus auftreten.

Insgesamt bestehen damit durchgreifende Bedenken gegen die Gegnerunabhängigkeit der D in finanzieller, organisatorischer und personeller Hinsicht.

Damit ist bereits die Koalitionseigenschaft der D nicht gegeben (a.A. vertretbar).

II. Gewerkschaft i.S.d § 2 Abs. 1 TVG

Geht man – entgegen der hier vertretenen Auffassung davon aus, die D sei eine Koalition i.S. des Art. 9 Abs. 3 GG, ist zu prüfen, ob die „D-Gewerkschaft" tariffähig ist. Tariffähig sind nur Gewerkschaften i.S.d. § 2 Abs. 1 TVG. Der Begriff der Gewerkschaft ist nicht legaldefiniert. Daher ist umstritten, ob neben den Anforderungen an eine Koalition i.S.d. Art. 9 Abs. 3 GG noch weitere Voraussetzungen erfüllt sein müssen. Anerkannt sind insofern die Erfordernisse einer demokratischen Organisation und der Anerkennung des geltenden Tarifrechts. Diese beiden Kriterien sind im vorliegenden Fall unproblematisch.

1. Soziale Mächtigkeit der D

Problematisch ist im vorliegenden Fall allerdings das Erfordernis der sozialen Mächtigkeit. Fraglich ist jedoch, ob dieses Kriterium überhaupt zulässig ist oder eine nicht gerechtfertigte Einschränkung der Koalitionsfreiheit bedeutet.

Nach der Rechtsprechung des BVerfG und des BAG ist es nicht Sinn der in Art. 9 Abs. 3 GG gewährleisteten Koalitionsfreiheit, dass der Gesetzgeber schlechthin jede Koalition zum Abschluss von Tarifverträgen zulässt. Vielmehr steht die Tarifautonomie von Verfassungs wegen nur solchen Koalitionen zu, die in der Lage sind, den von der staatlichen Rechtsordnung frei gelassenen Raum des Arbeitslebens durch Tarifverträge sinnvoll zu gestalten. Das setzt Geschlossenheit der Organisation und Durchsetzungskraft gegenüber dem sozialen Gegenspieler voraus. Die Anforderungen rechtfertigen sich aus der Funktion der Tarifautonomie. Diese ist darauf angelegt, die strukturelle Unterlegenheit der einzelnen Arbeitnehmer beim Abschluss von Tarifverträgen durch kollektives Handeln auszugleichen und damit ein annähernd gleichgewichtiges Aushandeln der Löhne und Arbeitsbedingungen zu ermöglichen. (BAG 28.3.2006 AP Nr. 4 zu § 2 TVG Tariffähigkeit). Damit muss die D über eine hinreichende soziale Mächtigkeit verfügen, um tariffähig zu sein.

Die soziale Mächtigkeit ergibt sich aus einer objektiven Gesamtbetrachtung der Durchsetzungsfähigkeit der Koalition. Für die gerichtliche Prüfung der Tariffähigkeit einer Arbeitnehmervereinigung ist wesentlich, ob diese bereits aktiv am Tarifgeschehen teilgenommen hat. Hat eine Arbeitnehmervereinigung schon in nennenswertem Umfang Tarifverträge geschlossen, belegt dies regelmäßig ihre Durchsetzungskraft und Leistungsfähigkeit. Hat die Arbeitnehmervereinigung dagegen noch nicht aktiv am Tarifgeschehen teilgenommen, bedarf es der Darlegung von Tatsachen, die den Schluss rechtfertigen, die Arbeitgeberseite werde die Arbeitnehmervereinigung voraussichtlich nicht ignorieren können. (BAG 28.3.2006 AP Nr. 4 zu § 2 TVG Tariffähigkeit). Bei der D handelt es sich indes um eine neue Vereinigung, die bisher kaum Tarifverträge abgeschlossen hat. Die von der D abgeschlossenen Tarifverträge können ihre Tariffähigkeit auch nicht indizieren. Der TVA diente – ebenso wie die sonstigen Tarifverträge – allein der Absenkung gesetzlicher Standards. Die Tarifverträge waren damit für die Arbeitgeberseite insgesamt günstiger als der rechtliche Status quo. Dass der Abschluss der Tarifverträge im Interesse der Arbeitgeberseite lag und insofern diesen nicht „abgerungen" werden musste, zeigt auch die Erklärung des Präsidenten des Arbeitgeberverbandes. Damit zeigen die abgeschlossenen Tarifverträge keine Durchsetzungsmacht gegenüber der Arbeitgeberseite.

Die D verfügt auch nicht über eine hinreichende Mitgliederzahl, um auf Grund des Kriteriums der Organisationsstärke als tariffähig anzusehen zu sein. Dass sie über besonders streikfähige Spezialisten verfügt, ist nicht ersichtlich.

Ebensowenig erfüllt die D das Kriterium der organisatorischen Leistungsfähigkeit. Sie hat fast keine personelle Infrastruktur und verfügt lediglich über ein Büro für das gesamte Bundesgebiet.

Der D fehlt es somit auch an der sozialen Mächtigkeit.

2. *Ergebnis*

Somit ist die D keine Gewerkschaft i.S.d. § 2 Abs. 1 TVG.

III. *Ergebnis*

Die D ist somit nicht tariffähig.

§ 91 Tarifzuständigkeit

Literatur: BUCHNER, Tarifzuständigkeit bei Abschluss von Verbands- und Firmentarifverträgen, ZfA 1995, 95; HANAU/KANIA, Zur personellen Beschränkung der Tarifzuständigkeit, FS Däubler (1999), S. 437; HEINZE, Tarifzuständigkeit von Gewerkschaften und Arbeitgebern/Arbeitgeberverbänden, DB 1997, 2122; RICKEN, Neues zur Tarifzuständigkeit, RdA 2007, 35.

I. Grundsätzliches

Die **Tarifzuständigkeit** eines Verbands bestimmt den Geschäftsbereich, innerhalb dessen der Verband Tarifverträge abschließen kann (BAG 12.11.1996 AP Nr. 11 zu § 2 TVG Tarifzuständigkeit). Sie betrifft den betrieblichen, fachlichen, räumlichen und persönlichen (str.) Bereich (BAG 23.10.1996 AP Nr. 15 zu § 3 TVG Verbandszugehörigkeit). — *Definition*

„Die Tarifzuständigkeit eines Verbandes bestimmt den Geschäftsbereich, innerhalb dessen der Verband Tarifverträge abschließen kann. Er richtet sich grundsätzlich nach dem in der Satzung des Verbandes festgelegten Organisationsbereich." (BAG 12.11.1996 AP Nr. 11 zu § 2 TVG Tarifzuständigkeit)

Nach h.M. ist die Tarifzuständigkeit der Tarifvertragsparteien **Wirksamkeitsvoraussetzung** eines Tarifvertrags, d.h. es können keine Tarifverträge außerhalb ihres Zuständigkeitsbereiches geschlossen werden (kritisch: V. VENROOY, ZfA 1983, 49 ff.; z.T. wird die Tarifzuständigkeit auch als Element der Tariffähigkeit angesehen). Ein solcher Tarifvertrag wäre **nichtig**. Wirksame Tarifnormen können Tarifvertragsparteien nur insoweit setzen, als ihre jeweiligen Tarifzuständigkeiten sich decken (**Zuständigkeitskongruenz**). Dabei muss die Tarifzuständigkeit **im Zeitpunkt des Vertragsabschlusses** vorliegen. Die Tarifvertragsparteien können eine fehlende Zuständigkeit nachträglich nicht durch eine Erweiterung heilen, erforderlich wäre vielmehr ein Neuabschluss des Tarifvertrags mit Geltung für die Zukunft. Im Einzelfall kann sich jedoch eine Normwirkung aufgrund des gerechtfertigten Vertrauens einzelner von der Wirkung des Tarifvertrags erfasster Personen auch für die Vergangenheit ergeben. Dies gilt insbesondere dann, wenn der Tarifvertrag bereits in Kraft gesetzt wurde und die erfassten Arbeitsverhältnisse inhaltsleer zu werden drohen (DÄUBLER/PETER § 2 TVG Rn. 174a). Ein allgemeiner Gutglaubensschutz besteht indessen nicht. — *Rechtsfolge*

Zweck — Der Grund für das Erfordernis der Tarifzuständigkeit wird etwa darin gesehen, dass die **verfassungsrechtliche Legitimation**, für Arbeitnehmer und Arbeitgeber verbindliche Rechtsnormen zu erlassen, bei Überschreiten der Tarifzuständigkeit nicht mehr gegeben wäre, was zur Unwirksamkeit der tariflichen Regelung führe. Das TVG selbst kennt den Begriff der Tarifzuständigkeit nicht, allerdings ist er im ArbGG übernommen worden (§ 2a Abs. 1 Nr. 4 und § 97 ArbGG).

II. Bestimmung nach der Verbandssatzung

Da die Tarifzuständigkeit im TVG gesetzlich nicht geregelt ist, obliegt es den Vereinigungen aufgrund der **Satzungsautonomie**, ihren Organisationsbereich selbst zu fixieren.

„Da kein Koalitionstypenzwang besteht, steht dessen Ausgestaltung dem jeweiligen Verband frei. Jede Gewerkschaft kann also für sich entscheiden, für welche Arbeitnehmer in welchen Wirtschaftsbereichen sie tätig werden will [...]." (BAG 12.11.1996 AP Nr. 11 zu § 2 TVG Tarifzuständigkeit)

Grundlage der Tarifzuständigkeit — Das Recht auf autonome Festlegung der Tarifzuständigkeit gilt grundsätzlich unbegrenzt, d.h. es besteht keine koalitions- oder tarifrechtliche Verpflichtung einer Gewerkschaft, ihren eigenen Zuständigkeitsbereich auf Branchen, Gebiete oder bestimmte Arbeitnehmer zu beschränken, die nicht bereits von anderen Gewerkschaften erfasst werden (BAG 19.11.1985 AP Nr. 4 zu § 2 TVG Tarifzuständigkeit). Auch das Industrieverbandsprinzip gebietet nicht zwingend, dass eine Gewerkschaft ihre Tarifzuständigkeit nur auf Betriebe bestimmter Industriezweige erstreckt. Dieses Prinzip hat nur Bedeutung für Verbände, die durch Anerkennung der Satzung eines Dachverbands, dessen Mitglieder sich nach dem Industrieverbandsprinzip organisieren (Beispiel: DGB), sich selbst in ihrer Satzungsautonomie beschränkt haben.

Zur Ermittlung der Tarifzuständigkeit bedarf es also der **Auslegung der Verbandssatzung**.

Konsequenzen aus der Satzungsfreiheit — Jeder Verband bestimmt selbst, ob sich seine Tarifzuständigkeit nach dem Industrie- oder Berufsverbandsprinzip richtet. Aus diesem Grund kann es zu **Überschneidungen** der satzungsgemäßen Zuständigkeiten von Verbänden, gerade auch bei Gewerkschaften, kommen. Diese Überschneidungen der Tarifzuständigkeit führen dann zur Problematik der **Tarifpluralität** oder **Tarifkonkurrenz** (siehe unter § 101).

Änderung der Tarifzuständigkeit — Ein Verband kann seine satzungsgemäße Tarifzuständigkeit nachträglich ändern, also auch erweitern oder klarstellen (so z.B. BAG 19.11.1985 AP Nr. 4 zu § 2 TVG Tarifzuständigkeit mit kritischer Anm. Reuter). Stellt ein Arbeitsgericht die Tarifunzuständigkeit einer Gewerkschaft für einen bestimmten Bereich fest, bleibt es dieser unbenommen, ihre Satzung nachträglich entsprechend zu ändern,

II. Bestimmung nach der Verbandssatzung § 91

um die Tarifzuständigkeit mit Wirkung für die Zukunft herbeizuführen. Dem steht nicht entgegen, dass dann möglicherweise etwa mehrere Gewerkschaften für einen Betrieb zuständig sind.

⊃ **Beispiel:**

Die ÖTV erstreckte durch Satzungsänderung vom 24. Mai 1989 ihre Zuständigkeit auch auf Betriebe des Tauchergewerbes (Berufstaucher werden beispielsweise für das Ausbessern von Brückenpfeilern benötigt). Die Arbeitgeberseite kann die Tarifzuständigkeit der ÖTV nicht etwa mit der Begründung bestreiten, es fehle an sachlichen Gründen für die Einbeziehung des Tauchergewerbes (vgl. BAG 24.7.1990 AP Nr. 7 zu § 2 TVG Tarifzuständigkeit).

Unzulässig ist es hingegen, wenn eine tariffähige Koalition ihre satzungsgemäße Zuständigkeit sachlich beschränkt. Weder Art. 9 Abs. 3 GG noch das TVG sehen Teilzuständigkeiten für tarifliche Regelungen von Arbeits- und Wirtschaftsbedingungen vor. So genannte „Tabu-Kataloge", in denen Vereinigungen ihre Tarifzuständigkeit für bestimmte sachliche Materien ausschließen, sind demnach unwirksam, was beispielsweise für die Rechtmäßigkeit eines hierüber geführten Arbeitskampfs von Bedeutung ist. Ebenso ist es einer Vereinigung verwehrt, die Tarifzuständigkeit auf ihren jeweiligen Mitgliederbestand zu begrenzen. Die damit verbundenen Rechtsunsicherheiten für den sozialen Gegenspieler würden zu einer nicht hinnehmbaren Beeinträchtigung der Funktionsfähigkeit der Tarifautonomie führen (BAG 18.7.2006 AP Nr. 19 zu § 2 TVG). Diese Thematik ist von der Frage zu trennen, ob ein Verband in seiner Satzung die Möglichkeit einer Mitgliedschaft ohne Tarifbindung (**OT-Mitgliedschaft**) vorsehen kann (siehe unter 99 I 2 d). Von Bedeutung ist sie aber für die Frage, ob die Tarifsperre des § 77 Abs. 3 BetrVG greift.

Einschränkungen der Tarifzuständigkeit

Ob der einzelne Arbeitgeber seine Tarifzuständigkeit selbst bestimmen kann, ist umstritten. Ein Teil der Literatur nimmt an, der Arbeitgeber sei bei seiner Beteiligung an der tariflichen Rechtsetzung ebenso autonom wie die Verbände. Dies folge aus der verfassungsrechtlich abgesicherten unternehmerischen Organisationsautonomie (Heinze, DB 1997, 2122 ff.). Daher könne er seine Tarifzuständigkeit selbst bestimmen, solange sicher gestellt sei, dass die mit ihm bestehenden Arbeitsverhältnisse einer tariflichen Regelung zugänglich sind. Demgegenüber wird von der h.M. der Arbeitgeber stets als tarifzuständig für sein Unternehmen angesehen (Wiedemann/Oetker, § 2 TVG Rn. 63 m.w.N.). Dies wird damit begründet, dass ansonsten ein Widerspruch zu § 2 Abs. 1 TVG entsteht. Dieser verleiht dem einzelnen Arbeitgeber die Tariffähigkeit, um sicher zu stellen, dass den Gewerkschaften stets ein Verhandlungspartner zur Verfügung steht. Eine autonome Entscheidung des Arbeitgebers über seine Tarifzuständigkeit würde diesen Zweck vereiteln. Dies hat auch zur Folge, dass der Arbeitgeber nicht durch Beitritt zu einem Arbeit-

Tarifzuständigkeit des einzelnen Arbeitgebers

geberverband in seiner Tarifzuständigkeit auf dessen Zuständigkeitsbereich beschränkt wird (a.A. HEINZE, DB 1997, 2122). Der Arbeitgeber besitzt kraft Gesetzes die Tarifzuständigkeit für sein gesamtes Unternehmen und die einzelnen Betriebe. Folge ist, dass eine Gewerkschaft auch nur für einzelne Betriebe eines Arbeitgebers tarifzuständig sein und insoweit Firmentarifverträge abschließen kann (BAG 25.9.1996 AP Nr. 10 zu § 2 TVG Tarifzuständigkeit). Damit kann die „Tarifeinheit" im Unternehmen u.U. durchbrochen werden. Relevant wird diese Frage vor allem dann, wenn Unternehmen versuchen, sich durch Ausgliederung einzelner Betriebe insoweit der Tarifzuständigkeit einer Gewerkschaft zu entziehen. Dadurch wird u.U. eine unternehmenseinheitliche tarifvertragliche Regelung im gesamten Unternehmen erschwert. Dies ist aber mit Blick darauf, dass der Arbeitgeber auch ansonsten nicht verhindern kann, dass verschiedene Gewerkschaften einen Tarifabschluss von ihm verlangen, hinzunehmen (WIEDEMANN/OETKER, § 2 TVG Rn. 63; kritisch ErfK/FRANZEN, § 2 TVG Rn. 37).

Tarifzuständigkeit von Spitzenorganisationen

Die Tarifzuständigkeit von Spitzenorganisationen kann nicht über den Zuständigkeitsbereich der ihr angehörenden tariffähigen Verbände hinaus reichen. Ansonsten wäre eine Umgehung der Anforderungen an die Tariffähigkeit möglich.

III. Überschneidungen der Tarifzuständigkeiten

Aufgrund der Tatsache, dass die Verbände ihre Tarifzuständigkeit selbst in ihren Satzungen festlegen können, kommt es häufig zu Konkurrenzsituationen, in denen mehrere Verbände einen sozialen Gegenspieler in ihren Organisationsbereich einbeziehen. Diese Konkurrenzen können im Streitfall bei Gewerkschaften, die derselben Spitzenorganisation angehören, meist durch eine genaue Satzungsauslegung aufgelöst werden.

„Für die Tarifzuständigkeit einer Gewerkschaft ist ihre Satzung entscheidend. Bei deren Auslegung ist auf den objektivierten Willen des Satzungsgebers abzustellen. Maßgeblich sind insbesondere der Wortlaut, der Sinn und Zweck, die Entstehungsgeschichte und der Gesamtzusammenhang der Satzung (...). Zu dem Gesamtzusammenhang gehören satzungsmäßige Verpflichtungen, welche die Gewerkschaft gegenüber Dritten eingegangen ist. Hat sich eine DGB-Gewerkschaft zur Einhaltung der DGB-Satzung verpflichtet, wird daher in Zweifelsfällen diejenige Auslegung der Gewerkschaftssatzung vorzuziehen sein, die nicht gegen die Satzung des DGB verstößt." (BAG 27.9.2005 AP Nr. 18 zu § 2 TVG Tarifzuständigkeit)

Tarifkonkurrenz zwischen DGB-Gewerkschaften

Doppelzuständigkeiten sind bei **DGB-Gewerkschaften** nach dem Grundsatz **„Ein Betrieb – eine Gewerkschaft"** im Zweifel auszuschließen. Streitigkeiten zwischen DGB-Gewerkschaften werden nach § 16 DGB-Satzung durch Schiedsverfahren entschieden. Ist das Schiedsverfahren noch nicht durchgeführt, bleibt es bei der Zustän-

III. Überschneidungen der Tarifzuständigkeiten § 91

digkeit der Gewerkschaft, die vor Entstehen der Konkurrenzsituation zuständig war (BAG 12.11.1996 AP Nr. 11 zu § 2 Tarifzuständigkeit). Der **Schiedsspruch** hat verbindliche Wirkung, auch gegenüber dem sozialen Gegenspieler und den Arbeitsgerichten (vgl. BAG 25.9.1996 AP Nr. 10 zu § 2 TVG Tarifzuständigkeit). Der Schiedsspruch führt zu einem verbandsinternen Tarifunterlassungsanspruch der obsiegenden Partei, der auch gerichtlich durchsetzbar wäre. Allerdings wären diejenigen Tarifverträge, die unter Missachtung des Ausübungsverbots geschlossen würden, bereits aufgrund der Außenwirkung als unwirksam anzusehen.

◌ **Beispiel:**
Die Zuständigkeit für die in den Sparkassen Beschäftigten war zwischen der Gewerkschaft Handel, Banken und Versicherung und der ÖTV umstritten. In einem Schiedsverfahren wurde die Zuständigkeit der ÖTV bestimmt.

Diese Verbindlichkeit für den Arbeitgeber oder einen Arbeitgeberverband nimmt das BAG nunmehr nicht nur für den Schiedsspruch an, sondern auch dann, wenn sich die beteiligten DGB-Gewerkschaften in einem Vermittlungsverfahren nach § 16 DGB-Satzung selbst über die Tarifzuständigkeit einigen (BAG 14.12.1999 AP Nr. 14 zu § 2 Tarifzuständigkeit).

Allerdings müssen sich Schiedsspruch und Einigung über die Tarifzuständigkeit in den Grenzen des Wortlauts der jeweiligen Satzungsbestimmungen halten.

„Schon deshalb können die Vorstände der Gewerkschaften in Einigungen vor dem Schiedsgericht nicht uneingeschränkt über die Tarifzuständigkeit der von ihnen vertretenen Gewerkschaften disponieren. Eine derartige unbeschränkte Dispositionsbefugnis wäre auch mit der Vereins- und Tarifautonomie der Gewerkschaften schwerlich vereinbar. Wie der Senat – zur früheren DGB-Satzung – ausgeführt hat, können die Schiedsstellen im Rahmen eines ihnen zuzubilligenden Beurteilungsspielraums die Tarifzuständigkeiten interpretatorisch klarstellen, eine Satzung aber nicht im Sinne einer echten Zuständigkeitserweiterung ergänzen (...). Dieselbe Kompetenz hat der Senat den beteiligten Gewerkschaften bei einer Einigung vor der Schiedsstelle eingeräumt (...)."
(BAG 27.9.2005 AP Nr. 18 zu § 2 TVG Tarifzuständigkeit)

Die Rechtsprechung, die eine bindende Außenwirkung aller in dem Schiedsverfahren nach § 16 DGB-Satzung getroffenen Entscheidungen über die Tarifzuständigkeit annimmt, ist in der Literatur teilweise auf verfassungsrechtliche Bedenken gestoßen (MERTENS, Anm. zu BAG 19.11.1985, AP Nr. 4 zu § 2 TVG Tarifzuständigkeit; KRAFT, FS Schnorr von Carolsfeld, S. 255 f.). So könne eine nach außen verbindliche Zuständigkeitsregelung nur über die Satzung der konkurrierenden Gewerkschaften erfolgen, für eine Satzungsänderung oder Gestaltung fehle dem DGB und damit auch der Schiedsstelle die nötige Legitimation und Kompetenz (LÖWISCH/RIEBLE, § 2 TVG

Kritik in der Literatur

Rn. 99 ff.). Dem ist jedoch entgegenzuhalten, dass die einzelnen Gewerkschaften mit ihrer Mitgliedschaft beim DGB dessen Satzung anerkannt und sich somit selbst beschränkt haben. Überdies ist in dem Ergebnis des Schiedsverfahrens eine Verpflichtung der unterlegenen Partei zu sehen, ihre satzungsgemäße Zuständigkeit zu Gunsten einer anderen DGB-Gewerkschaft nicht zu beanspruchen, von dieser in einem konkreten Fall also keinen Gebrauch zu machen. Eine derartige tarifpolitische Ermessensfrage bedarf aber weder einer Satzungsänderung noch einer Legitimation durch die Mitglieder. Im Übrigen hat das BAG der Schiedsstelle auch keinerlei satzungserweiternde oder satzungsergänzende Kompetenz zugebilligt. Vielmehr wird die Satzung lediglich ausgelegt. Dies wahrt die Satzungsautonomie der Verbände, weil diese durch eine hinreichend klare Fassung der Satzung ihre Tarifzuständigkeit stets vollumfänglich in der Hand haben.

Tarifzuständigkeit für Mischbetriebe

Der einzelne Arbeitgeber ist für die Betriebe seines Unternehmens tarifzuständig (einschränkend BUCHNER, ZfA 1995, 95, 118). Probleme können aber bei einem Firmentarifvertrag für **Mischbetriebe** im Hinblick auf die Tarifzuständigkeit von Gewerkschaften auftreten, die nach dem Industrieverbandsprinzip organisiert sind (die Tarifzuständigkeit berufsverbandsorientierter Verbände richtet sich nach der fachlichen Ausrichtung der Arbeitnehmer, gleich in welchem Betrieb; siehe BUCHNER, ZfA 1995, 95, 99).

Rechtsprechung

Nach früherer Auffassung des BAG richtet sich die Tarifzuständigkeit nach dem **überwiegenden Unternehmensgegenstand** des Arbeitgebers. Diejenige Gewerkschaft sei zuständig, deren satzungsgemäßer Organisationsbereich dieser Tätigkeit entspreche (BAG 22.11.1988 AP Nr. 5 zu § 2 TVG Tarifzuständigkeit). Habe ein Unternehmen mehrere Betriebe, so gebe die Tätigkeit, die dem Unternehmen das Gepräge verleihe, den Ausschlag. Das BAG hat dann jedoch klargestellt, dass ein Arbeitgeber keinen einheitlichen Tarifvertrag für alle Betriebe seines Unternehmens abschließen muss. Er kann einen **Firmentarifvertrag auch für einzelne Betriebe** abschließen und zwar auch mit einer Gewerkschaft, deren Tarifzuständigkeit sich auf diese Betriebe beschränkt (BAG 25.9.1996 AP Nr. 10 zu § 2 TVG Tarifzuständigkeit; kritisch HEINZE, DB 1997, 2122 ff.).

IV. Wegfall der Tarifzuständigkeit

Die Tarifzuständigkeit kann nicht nur von Anfang an fehlen, sondern auch nachträglich wegfallen. Dies kann dadurch geschehen, dass Gewerkschaft oder Arbeitgeberverband ihre Satzung ändern. In diesem Fall kann die Tarifzuständigkeit für einzelne Unternehmen entfallen. In der Literatur besteht Einigkeit darüber, dass in diesem Fall die Rechtswirkungen des Tarifvertrags nicht entfallen sollen. Strittig ist allerdings, ob dies durch Nachbindung des Tarifvertrags entsprechend § 3 Abs. 3 TVG (DÄUBLER/PETER, § 2 Rn. 175 ff.) oder durch Nachwirkung entsprechend § 4 Abs. 5 TVG (KeZa/WENDELING-SCHRÖDER, § 2 Rn. 172 ff.) erfolgen soll.

Eine andere Frage ist, welche Folgen sich ergeben, wenn ein Arbeitgeber seinen Unternehmenszweck ändert, so etwa bei Umstellung von Metall- auf Kunststoffverarbeitung. Hier besteht eine Parallele zum Hinauswachsen aus dem Geltungsbereich des Tarifvertrags (siehe unter § 100 V 3 c).

Änderung des Unternehmenszwecks

V. Gerichtliche Kontrolle der Tarifzuständigkeit

Meinungsverschiedenheiten über die Tarifzuständigkeit eines Verbands können ebenso wie die Frage der Tariffähigkeit im arbeitsgerichtlichen Beschlussverfahren nach §§ 2a Abs. 1 Nr. 4, 97 ArbGG geklärt werden. Zum Teil lassen auch Gewerkschaften ihre Tarifzuständigkeit überprüfen, um sicherzustellen, dass ein von ihnen beabsichtigter Arbeitskampf nicht rechtswidrig sein wird (BAG 17.2.1970 AP Nr. 3 zu § 2 TVG Tarifzuständigkeit).

Beschlussverfahren

§ 92 Schriftform

Literatur: MANGEN, Die Form des Tarifvertrags gem. § 1 Abs. 2 TVG, RdA 1982, 229.

Nach § 1 Abs. 2 TVG bedürfen Tarifverträge der Schriftform. Das Verhandlungsergebnis ist schriftlich niederzulegen und von beiden Seiten zu unterzeichnen (§ 126 BGB). Verstöße gegen das Schriftformerfordernis führen zur **Nichtigkeit** des Tarifvertrags nach **§ 125 BGB**. § 1 Abs. 2 TVG gilt auch für die Änderung eines bestehenden Tarifvertrags, d.h. es bedarf eines Änderungstarifvertrags (BAG 21.3.1973 AP Nr. 12 zu § 4 TVG Geltungsbereich). Nach der Rechtsprechung (BAG 8.9.1976 AP Nr. 5 zu § 1 TVG Form) ist ein **Aufhebungsvertrag** hingegen mangels gesetzlicher Bestimmungen nicht schriftlich zu fixieren (a.A. GAMILLSCHEG, KollArbR I § 13 II 1 a; differenzierend – nur für Tarifvertragsnormen – WIEDEMANN/THÜSING, § 1 TVG Rn. 319; MANGEN, RdA 1982, 229, 234).

Voraussetzung nach § 1 Abs. 2 TVG

Das Schriftformerfordernis des § 1 Abs. 2 TVG hat lediglich **Klarstellungs- und Kundgebungsfunktion**. Im Gegensatz zur grundsätzlichen Funktion des Schriftformerfordernisses im Vertragsrecht sollen die Tarifvertragsparteien nicht vor der übereilten Abgabe von Willenserklärungen geschützt werden. Vielmehr dient die Schriftform den Normunterworfenen, die sich so über den Inhalt vergewissern können.

Funktion der Schriftform

Aus diesem Grund sieht die h.M. in der Verweisung in Tarifverträgen auf andere Bestimmungen keinen Verstoß gegen § 1 Abs. 2 TVG, solange die in Bezug genommene Regelung anderweitig schriftlich verfasst ist (BAG 9.7.1980 AP Nr. 7 zu § 1 TVG Form).

Zulässigkeit von Verweisungen

⊃ **Beispiel für eine Verweisungsklausel:**

„Wird im Tarifgebiet NRW ein neuer, anders lautender oder ergänzender Tarifvertrag abgeschlossen, tritt er mit Inkrafttreten im Tarifgebiet auch für den Bereich der Firma Z. automatisch in Kraft." (BAG 10.11.1982 AP Nr. 8 zu § 1 TVG Form)

Das eigentliche Problem bei der Frage nach der Zulässigkeit von Verweisungen, insbesondere von **Blankettverweisungen**, liegt darin, ob in einer solchen Verweisung eine verdeckte **Delegation der Normsetzungsbefugnis** zu sehen ist und ob eine solche Delegation der **Tarifverantwortung** der Tarifparteien noch entspricht (siehe unter § 105 IV).

§ 93 Bekanntgabe des Tarifvertrags

Auslegung im Betrieb

Das TVG beinhaltet keine für Rechtsnormen üblichen Vorschriften über deren Veröffentlichung und Verkündung. Für eine gewisse **Publizität** sorgt § 8 TVG. Danach sind die Arbeitgeber verpflichtet, die für ihren Betrieb maßgebenden Tarifverträge an geeigneter Stelle auszulegen. § 8 TVG ist jedoch nur eine reine **Ordnungsvorschrift**. Unterbleibt die Auslegung des Tarifvertrags, ist dieser weder nichtig, noch kann der einzelne Arbeitnehmer bei Verletzung der Auslegungspflicht Schadensersatz nach § 823 Abs. 2 BGB verlangen, z.B. mit der Begründung, er habe eine Ausschlussfrist nicht gekannt (BAG 8.1.1970 AP Nr. 43 zu § 4 TVG Ausschlussfristen; a.A. LÖWISCH/RIEBLE, § 8 TVG Rn. 14). Die Verletzung der Auslegungspflicht ist somit nur schwach sanktioniert. Die Gewerkschaften haben aber einen einklagbaren Anspruch gegen den Arbeitgeber auf Auslegung des Tarifvertrags, denn diese wird von der Durchführungspflicht des Arbeitgebers umfasst (KEZA/ZACHERT, § 8 TVG Rn. 12; siehe unter § 96 II).

Tarifregister

Gemäß § 6 TVG ist jeder Tarifvertrag in das **Tarifregister** des Bundesministeriums für Arbeit und Soziales aufzunehmen. Auch diese Eintragung hat nur **deklaratorischen Charakter**, d.h. die Tarifverträge treten auch ohne ihre Eintragung in Kraft.

§ 2 Abs. 1 S. 1 NachwG bei Verweisungen

Eine besondere Bedeutung kommt der Publizität von Tarifverträgen dort zu, wo diese kraft individualvertraglicher Bezugnahme für ein Arbeitsverhältnis gelten (siehe unter § 99 VI). Hier stellt sich die Frage, wie genau die in Bezug genommenen Regelungen des fremden Tarifvertrags in dem Arbeitsvertrag fixiert sein müssen, um dem Informationsinteresse des Arbeitnehmers zu genügen (siehe unter § 99 VI 5).

2. Abschnitt:
Inhalt des Tarifvertrags

⊃ **Übersicht:**

I. Abgrenzungen (siehe unter § 94)
  1. Sonstige Vereinbarungen der Tarifparteien (siehe unter § 94 II)
  2. Verschiedene Arten von Tarifverträgen, etwa Lohn- oder Manteltarifvertrag (siehe unter § 94 III)
II. Normativer Teil des Tarifvertrags (siehe unter § 95)
  1. Inhaltsnormen (siehe unter § 95 I)
  2. Abschlussnormen (siehe unter § 95 II)
  3. Beendigungsnormen (siehe unter § 95 III)
  4. Betriebliche und betriebsverfassungsrechtliche Normen (siehe unter § 95 IV)
  5. Gemeinsame Einrichtungen (siehe unter § 95 V)
III. Schuldrechtlicher Teil (siehe unter § 96)
  1. Friedenspflicht (siehe unter § 96 I)
  2. Durchführungspflicht (siehe unter § 96 II)
IV. Auslegung von Tarifverträgen (siehe unter § 97)
  1. Auslegungsmethode (siehe unter § 97 I 1)
  2. Auslegungsgrundsätze (siehe unter § 97 I 3)

§ 94 Allgemeines

I. Unterscheidung zwischen normativem und schuldrechtlichem Teil

§ 1 Abs. 1 TVG definiert den Tarifvertrag als einen Vertrag, „der die Rechte und Pflichten der Tarifvertragsparteien regelt und Rechtsnormen enthält, die den Inhalt, den Abschluss und die Beendigung von Arbeitsverhältnissen sowie betriebliche und betriebsverfassungsrechtliche Fragen ordnen können". Der Tarifvertrag beschränkt sich demnach nicht auf die Festlegung der Rechte und Pflichten der Tarifvertragsparteien (sog. **schuldrechtlicher Teil**), sondern er enthält auch Rechtsnormen (sog. **normativer Teil**). Während ein Vertrag nach dem BGB grundsätzlich nur die Vertragsparteien bindet, besteht die Besonderheit des Tarifvertrags darin, dass sein normativer Teil unmittelbare Rechte und Pflichten für alle Tarifunterworfenen erzeugt (vgl. § 4 Abs. 1 TVG). Für den schuldrechtlichen Teil bestehen hingegen keine Besonderheiten: Verpflichtet und berechtigt werden nur die Tarifvertragsparteien, nicht deren Mitglieder. I.d.R. hat jeder Tarifvertrag einen schuldrechtlichen und einen normativen

Bestandteile des Tarifvertrags

Teil; zumindest ist einem Tarifvertrag mit Tarifnormen die schuldrechtliche Friedens- und Durchsetzungspflicht immanent.

Zulässigkeit von Tarifverträgen ohne Tarifnormen

Uneinigkeit besteht hinsichtlich der Frage, ob Tarifvertragsparteien nur schuldrechtlich wirkende Vereinbarungen in einem Tarifvertrag treffen können. Als Beispiel sei hier genannt die Vereinbarung von Auskunftsrechten oder die Verhandlungspflicht. Während die h.M. (KeZa/ZACHERT, § 1 TVG Rn. 730 m.w.N.) den Tarifvertragsparteien diese Freiheit zugesteht, wendet sich eine Minderheit in der Literatur dagegen. Der normative Teil eines Tarifvertrags sei dessen Kernstück, der ihm seinen typischen Charakter verleihe. Vereinbarungen ohne Tarifnormen könnten nicht als Tarifvertrag bezeichnet werden (NIKISCH, § 69 I 2). Relevant ist diese Frage nur hinsichtlich der **Formbedürftigkeit** eines Tarifvertrags nach § 1 Abs. 2 TVG.

II. Abgrenzung von anderen Vereinbarungen der Tarifvertragsparteien

Sonstige Vereinbarungen der Tarifparteien

Tarifvertragsparteien sind **Subjekte des Privatrechts**. Sie können daher im Rahmen der allgemeinen Vertragsfreiheit anstelle von Tarifverträgen Vereinbarungen verschiedenster Art treffen, aus denen sich auch Verpflichtungen und Ansprüche ergeben. Solche Abreden sind nicht durch Art. 9 Abs. 3 GG, aber von Art. 2 Abs. 1 GG geschützt. Sie sind **keine Tarifverträge**, d.h. sie wirken weder normativ noch bedürfen sie der **Schriftform** nach § 1 Abs. 2 TVG (BAG 28.7.1988 AP Nr. 1 zu § 5 Tarifvertrag Bundespost). In der Regel stehen solche Abreden aber in Zusammenhang mit Tarifverträgen; sie sind deren „Annex" (WIEDEMANN/THÜSING, § 1 TVG Rn. 945 ff.).

„Zwar können Tarifvertragsparteien im Rahmen von Art. 2 Abs. 1 GG im Zusammenhang mit oder aus Anlass des Tarifabschlusses Abreden verschiedenster Art treffen, aus denen sich auch Verpflichtungen und Ansprüche ergeben können. Diese Abreden bedürfen – zumindest dann, wenn es sich um Vorverträge handelt – auch nicht der Schriftform." (BAG 28.7.1988 AP Nr. 1 zu § 5 Tarifvertrag Bundespost)

➲ **Beispiele:**
- Die Tarifvertragsparteien können etwa **Vorverträge** abschließen, in denen sie sich zum Abschluss von Tarifverträgen verpflichten. Die erzielten Verhandlungsergebnisse müssen dann in Normen gefasst werden.
- Tarifvertragsparteien können sich verpflichten, gemeinsam einen Antrag auf Allgemeinverbindlicherklärung zu stellen.
- Die Tarifparteien können selbstverständlich auch andere Schuldverträge, etwa Kauf- oder Gesellschaftsverträge, miteinander abschließen.
- Sozialpartnervereinbarungen der chemischen Industrie, etwa zum Chemie-Berufsbildungsrat (vgl. dazu EICH, NZA 1994, 149, 154).

II. Abgrenzung von anderen Vereinbarungen der Tarifvertragsparteien § 94

Ohnehin muss nicht jede schriftliche Vereinbarung der Tarifparteien Tarifnormen enthalten (BAG 28.9.1983 AP Nr. 2 zu § 1 TVG Tarifverträge: Seniorität; LÖWISCH/RIEBLE § 1 TVG Rn. 12). Schriftliche Vereinbarungen sind allerdings meist als Tarifvertrag anzusehen. Ob eine solche als „Tarifvertrag" bezeichnet wird, ist nicht entscheidend. Es kommt vielmehr auf den Willen der Tarifparteien an. Erforderlich ist ein **Normsetzungswille**. Ob ein solcher vorliegt, ist durch **Auslegung** zu ermitteln (vgl. z.B. BAG 26.1.1983 AP Nr. 20 zu § 1 TVG).

Normsetzungswille

„Damit ist es rechtlich möglich, das ‚Verhandlungsergebnis' vom 12. April 1978 als Tarifvertrag zu betrachten. Dennoch kommt ihm diese Rechtsqualität nicht zu. Nicht jede dem Schriftformerfordernis des § 126 BGB und damit des § 1 Abs. 2 TVG entsprechende schriftliche Vereinbarung der Tarifvertragsparteien ist nämlich ein Tarifvertrag im Sinne des TVG. Das muss selbst dann gelten, wenn die schriftliche Vereinbarung der Tarifvertragsparteien den Abschluss, die Ergänzung oder die Änderung von Tarifverträgen betrifft. Vielmehr muss beachtet werden, dass als Tarifvertrag im Sinne des TVG nur ein zwischen einer Gewerkschaft und einem oder mehreren Arbeitgebern bzw. Vereinigungen von Arbeitgebern abgeschlossener schriftlicher Vertrag angesehen werden kann, der – abgesehen von den vorliegend nicht interessierenden schuldrechtlichen Vereinbarungen der Tarifvertragsparteien – der Festlegung von Rechtsnormen zur Regelung von Arbeits- und Wirtschaftsbedingungen dient und damit tarifliche Rechte und Pflichten der tarifunterworfenen Arbeitnehmer und Arbeitgeber unmittelbar begründen soll [...]. Im Interesse der Rechtssicherheit und Rechtsklarheit muss der darauf gerichtete Wille der Tarifvertragsparteien hinreichend deutlich und überprüfbar hervortreten. In Zweifelsfällen muss nach den allgemeinen Grundsätzen des bürgerlichen Rechts (§ 133, § 157 BGB) von den Gerichten für Arbeitssachen ermittelt werden, ob die Tarifvertragsparteien einen Tarifvertrag abschließen oder unter Wahrung der Form des § 126 BGB, § 1 Abs. 2 TVG eine andersartige schriftliche Vereinbarung haben treffen wollen. [...]

Vielmehr stellt sich die schriftliche Vereinbarung der Tarifvertragsparteien als so genannter Vorvertrag dar, durch den sich unter dem Vorbehalt beiderseitiger Zustimmung die Tarifvertragsparteien schuldrechtlich zur Normierung bestimmter tariflicher Regelungen verpflichtet haben. Da ein derartiger Vertrag der Tarifvertragsparteien nicht oder nicht unmittelbar der Normsetzung dient, ist er jedenfalls kein Tarifvertrag im Sinne des TVG [...]. Daraus folgt zugleich, dass aus einem derartigen Vorvertrag, der erst der späteren Normsetzung dienen soll, keine tariflichen Ansprüche entstehen und hergeleitet werden können. Das muss vorliegend auch der Kläger gegen sich gelten lassen." (BAG 26.1.1983 AP Nr. 20 zu § 1 TVG)

Tarifvertragsparteien vereinbaren oft sog. **Protokollnotizen**. Diese können unter anderem Erläuterungen und Absichtserklärungen enthalten. Soweit sie das **Schriftformerfordernis** erfüllen, sind sie selbst Tarifvertrag, unabhängig von der Bezeichnung. Dann sind sie selbst Gegenstand der Auslegung. Sie können aber auch nur Erklärungen

Rechtscharakter von Protokollnotizen

der Tarifvertragsparteien sein, sog. Ergebnisniederschriften. In diesem Fall sind sie nur Auslegungshilfen (BAG 27.8.1986 AP Nr. 28 zu § 7 BUrlG Abgeltung). Protokollnotizen können somit von unterschiedlicher Qualität sein. Ihr **Rechtscharakter** ist ebenfalls durch **Auslegung** zu ermitteln (vgl. BAG 12.1.1993 AP Nr. 101 zu § 99 BetrVG; BAG 24.11.1993 AP Nr. 114 zu § 1 TVG Tarifverträge: Metallindustrie).

➲ **Beispiel:**

„Protokollnotiz zu § 5 Ziff. 3:

Die Tarifvertragsparteien stimmen darin überein, dass § 5 Ziff. 3 zumindest für die Geltungsdauer des § 63.5 AFG nicht zur Anwendung kommt. Dies ist die Grundlage noch zu führender Verhandlungen."

Das BAG sah diese „Protokollnotiz" als Bestandteil des normativen Teils des Tarifvertrags an. Sie enthält damit eine eigenständige Regelung und nicht lediglich Hinweise auf die Auslegung einzelner Tarifnormen. Im vorliegenden Fall wurde die Anwendbarkeit des § 5 Ziff. 3 vorläufig ausgeschlossen (BAG 24.11.1993 AP Nr. 114 zu § 1 TVG Tarifverträge: Metallindustrie).

III. Arten von Tarifverträgen

Einteilung

Aus praktischen Gründen werden die Tarifverträge in verschiedene Gruppen eingeteilt. Die Differenzierung hat auf die rechtliche Qualität der Tarifverträge keinen Einfluss.

1. Firmen- und Verbandstarifvertrag

Abgrenzung nach der Tarifpartei auf Arbeitgeberseite

Die meisten Tarifverträge sind **Verbandstarifverträge**, d.h. sie werden zwischen den **Arbeitgeberverbänden** und den **Gewerkschaften** abgeschlossen. Schließt ein **einzelner Arbeitgeber** einen Tarifvertrag mit einer Gewerkschaft – was nach § 2 Abs. 1 TVG zulässig ist – spricht man von einem **Firmen-, Haus- oder Werkstarifvertrag**. Um einen sog. **firmen- oder unternehmensbezogenen Verbandstarifvertrag** handelt es sich, wenn ein Arbeitgeberverband einen Tarifvertrag für ein einzelnes Unternehmen abschließt. Die Einteilung zwischen Verbands- und Firmentarifvertrag vollzieht sich also entscheidend nach der Tarifpartei auf Arbeitgeberseite. Verbandstarifverträge sind zugleich **Flächentarifverträge**; sie decken ein bestimmtes Tarifgebiet (i.d.R. regional) ab.

2. Manteltarifvertrag

Regelung der allgemeinen Arbeitsbedingungen

Eine weitere Gruppe bilden die sog. Manteltarifverträge, welche die **allgemeinen Arbeitsbedingungen** wie Arbeitszeit, Erholungs- und Sonderurlaub, Überstunden, Kündigungsfristen usw. regeln. Welche

III. Arten von Tarifverträgen § 94

Aspekte in Mantel- und welche in speziellen Tarifverträgen geregelt werden, ist keine juristische, sondern eine tarifpolitische Frage.

3. Lohn- und Gehaltstarifvertrag

In den Lohntarifverträgen wird die **Höhe des Arbeitsentgelts** für die einzelnen Lohngruppen festgesetzt. Infolge der nicht vorhersehbaren wirtschaftlichen Entwicklungen und Inflationssteigerungen beträgt die Laufzeit der Lohntarifverträge meist nur ein bis zwei Jahre.

<small>Regelung des Entgelts</small>

Die Unterscheidung zwischen Lohn- und Gehaltstarifvertrag ist auf die Einteilung der Arbeitnehmer in Arbeiter und Angestellte zurückzuführen. Diese Differenzierung zwischen Arbeitern und Angestellten wird mehr und mehr obsolet. Gewerkschaften und Arbeitgeberverbände arbeiten daran, auch in diesen Bereichen die Unterscheidung der Gruppen aufzuheben und **einheitliche Entgelttarifverträge** zu entwickeln.

<small>Einheitliche Entgelttarifverträge</small>

4. Lohnrahmentarifverträge

Von Lohnrahmentarifverträgen wird gesprochen, soweit sie verschiedene **Lohngruppen** vorgeben. Sie nehmen meist anhand von Kriterien wie z.B. Ausbildung, Ausbildungsdauer, Beschäftigung im erlernten Beruf usw. eine Einteilung der unterschiedlichen Tätigkeiten der Arbeitnehmer in bestimmte Lohngruppen vor.

<small>Lohngruppen</small>

Da die Lohngruppenaufteilung mitunter nur nach abstrakten Kriterien erfolgt, wirft die Zuordnung der einzelnen konkreten Tätigkeit zu einer Lohngruppe, die sog. **Eingruppierung**, erhebliche Schwierigkeiten auf. Eingruppierungsfragen gehören zu den häufigsten Rechtsfragen in der höchstrichterlichen Rechtsprechung, insbesondere im Geltungsbereich der Tarifverträge des öffentlichen Dienstes (TVöD, TVL, früher BAT). Häufig finden sich in den Rahmentarifverträgen im Anschluss an die abstrakten Kriterien auch konkrete Tätigkeitsbeispiele. Dies hat nach der ständigen Rechtsprechung des BAG folgende Bedeutung:

<small>Eingruppierung</small>

„Übt der Arbeitnehmer eine der Beispielstätigkeiten aus, dann sind nach dem Willen der Tarifvertragsparteien die Merkmale der betreffenden Vergütungsgruppe erfüllt. Nur wenn dies nicht der Fall ist, ist zu prüfen, ob die allgemeinen Merkmale der begehrten Vergütungsgruppe aus anderen Gründen erfüllt sind." (BAG 15.6.1994 AP Nr. 9 zu §§ 22, 23 BAT Krankenkassen)

Der **Eingruppierung durch den Arbeitgeber** kommt nur **deklaratorische**, also klarstellende **Funktion** zu, weil der Arbeitgeber kein Ermessen bei der Eingruppierung hat und sich nicht über die tarifliche Regelung hinwegsetzen kann (Vorrang des Tarifrechts). Sind sich Arbeitnehmer und Arbeitgeber darüber einig, dass der Arbeitnehmer das Entgelt einer höheren Lohngruppe erhalten soll, liegt darin eine **einzelvertragliche Regelung**, die i.S.d. Günstigkeitsprinzips gem. § 4

<small>Eingruppierungsprobleme</small>

107

Abs. 3 TVG (siehe unter § 98 II 1) zulässig ist. Der Arbeitnehmer wird allerdings nicht tariflich höher gruppiert, denn die Höhergruppierung setzt die Zuweisung des Tätigkeitsbereichs voraus, welcher der Bezahlung entsprechen würde. Hat der Arbeitgeber den Arbeitnehmer irrtümlich höher eingruppiert, gilt nichts anderes. Das BAG (BAG 20.10.1983 AP Nr. 13 zu § 1 KSchG Betriebsbedingte Kündigung) sieht darin einen unbeachtlichen Motivirrtum des Arbeitgebers und verneint ein Anfechtungsrecht nach § 119 Abs. 2 BGB. Der Arbeitgeber kann auch in diesem Fall nur im Wege einer Vertragsänderung eine tarifgerechte Entlohnung herbeiführen. Das BAG hat allerdings eine irrtümliche Höhergruppierung als mögliches dringendes betriebliches Erfordernis für eine **Änderungskündigung** zum Zwecke der Rückstufung angesehen (vgl. BAG 15.3.1991 AP Nr. 28 zu § 2 KSchG 1969).

Verhältnis Lohn-/Lohnrahmentarifvertrag

Den tatsächlichen Lohn setzt der **Lohntarifvertrag** fest (z.B.: für Lohngruppe 3 ist ein Stundenlohn von 7 Euro, für Lohngruppe 4 von 8 Euro zu zahlen). Tritt jedoch ein Lohn- und Gehaltstarifvertrag an die Stelle eines Rahmentarifvertrags, richtet sich der tarifliche Entgeltanspruch nur nach den Eingruppierungsmerkmalen dieses Lohn- und Gehaltstarifvertrags (BAG 10.11.1993 AP Nr. 4 zu § 1 TVG Tarifverträge: Land- und Forstwirtschaft).

Lohnfindungssystem

Lohnrahmentarifverträge regeln zumeist auch das **Lohnfindungssystem**, also die Frage, ob die Arbeitnehmer nach Zeit-, Akkord- oder Prämiensystem entlohnt werden. Darüber hinaus legen sie i.d.R. das Verfahren für Vorgabezeiten fest, also welcher Zeitaufwand für die jeweilige Aufgabe erforderlich ist. Da die durch die Rahmentarifverträge geregelten Fragen keinen kurzzeitigen Schwankungen unterliegen, haben sie meist eine Laufzeit von mindestens drei Jahren.

5. Anschlusstarifverträge

Übernahme anderer Abschlüsse

Unter einem **Anschlusstarifvertrag** versteht man einen Tarifvertrag, bei dem die Tarifparteien den ausgehandelten Inhalt von Tarifverträgen anderer Tarifpartner übernehmen. Insbesondere **kleinere Gewerkschaften** schließen sich dem Verhandlungsergebnis von Arbeitgeber und einer größeren Gewerkschaft regelmäßig an. Rechtstechnisch handelt es sich um **Verweisungen**.

6. Mehrgliedrige Tarifverträge

Mehrere Tarifvertragsparteien

Von **mehrgliedrigen Tarifverträgen** spricht man, wenn auf einer oder beiden Seiten des Tarifvertrags mehrere Tarifvertragsparteien beteiligt sind. Dies geschieht regelmäßig in Form von Tarifgemeinschaften. Ein Beispiel für einen mehrgliedrigen Tarifvertrag ist der Tarifvertrag für den öffentlichen Dienst (TVöD), an dem auf der Arbeitgeberseite die Bundesrepublik Deutschland und die Vereinigung der kommunalen Arbeitgeberverbände beteiligt sind. Mehrgliedrige Tarifverträge können aber auch genutzt werden, um den

Unternehmen eines Konzerns einen gemeinsamen Tarifabschluss zu ermöglichen und insoweit Tarifeinheit im Konzern herzustellen.

Mehrgliedrige Tarifverträge können in zwei Erscheinungsformen auftreten. Sie können mehrere **rechtlich selbständige** Tarifverträge in einer einheitlichen Urkunde zusammenfassen. Dann sind die einzelnen Tarifverträge isoliert zu bewerten. Bei einem **Einheitstarifvertrag** wird ein alle Parteien gemeinsam bindender einheitlicher Tarifvertrag geschlossen. Dies hat zunächst zur Folge, dass die Parteien, die auf derselben Seite des Tarifvertrages stehen, ihre Rechte nur gemeinsam ausüben können. Von besonderer Bedeutung ist die Abgrenzung, wenn eine der beteiligten Parteien nicht tariffähig oder tarifzuständig ist und der Tarifvertrag deswegen unwirksam sein kann. Liegen mehrere selbständige Tarifverträge vor, so bleiben die von den anderen Tarifvertragsparteien geschlossenen Tarifverträge wirksam. Bei einem einheitlichen Tarifvertrag ist dieser insgesamt nichtig. Die Frage, welche Art von Tarifvertrag vorliegt, ist durch Auslegung (§§ 133, 157 BGB) zu ermitteln. Dabei kommt es regelmäßig darauf an, ob den einzelnen Parteien ein eigenständiges Kündigungsrecht zusteht (BAG 8.11.2006 AP Nr. 33 zu § 5 TVG).

Selbständiger Tarifvertrag oder einheitliches Tarifwerk

§ 95 Normativer Teil

Der normative Teil ist das **Charakteristikum des Tarifvertrags**. Normative Wirkung entfalten nur Bestimmungen über den Inhalt, den Abschluss oder die Beendigung von Arbeitsverhältnissen, über betriebliche oder betriebsverfassungsrechtliche Fragen (§ 4 Abs. 1 TVG) und über gemeinsame Einrichtungen der Tarifvertragsparteien (§ 4 Abs. 2 TVG). Andere Regelungen sind zwar grundsätzlich zulässig, soweit sie sich auf die Arbeits- und Wirtschaftsbedingungen im Sinne von Art. 9 Abs. 3 S. 1 GG beziehen, gelten aber nicht unmittelbar und zwingend für die Tarifunterworfenen.

Mögliche Bestimmungen des normativen Teils

I. Inhaltsnormen

Die Inhaltsnormen erstrecken sich praktisch auf alle Rechte und Pflichten, die auch **Gegenstand des einzelnen Arbeitsvertrags** sein können. Sie regeln also den Inhalt des Arbeitsverhältnisses der Normunterworfenen.

Inhalt des Arbeitsverhältnisses

⊃ **Beispiele:**
- Arbeitnehmerpflichten: Arbeitszeit (regelmäßige Arbeitszeit, tägliche Arbeitszeit, Wochenendarbeit, Schichtarbeit, Mehrarbeit, Kurzarbeit) – Arbeitnehmerhaftung – Nebentätigkeitsabreden – Wettbewerbsverbote

- Arbeitgeberpflichten: Entgelt – Sonderleistungen – Vergütung trotz Nichtleistung – Urlaub – Arbeitgeberhaftung – Altersversorgung
- Weitere Inhaltsnormen: Ausschluss- und Verfallfristen (siehe unter § 98 II 3 c)

Die Tarifvertragsparteien können auch sogenannte negative Inhaltsnormen vereinbaren. Durch diese werden bestimmte arbeitsvertragliche Vereinbarungen ausgeschlossen. Dazu kann etwa die Einschränkung von Überstunden oder die Untersagung der Vereinbarung von Wettbewerbsverboten gehören (JACOBS/KRAUSE/OETKER, § 4 Rn. 22).

II. Abschlussnormen

Begriff   Abschlussnormen sind solche Tarifbestimmungen, die den Vertragsschluss und die Modalitäten des **Zustandekommens eines Arbeitsverhältnisses** regeln. Dazu gehören:
- Bestimmungen über die Vertragsanbahnung, z.B. Kosten der Vorstellung oder Einstellungsuntersuchung

⊃ **Beispiel:**

„Hat der Arbeitgeber vor der Einstellung eine persönliche Vorstellung des Arbeitnehmers verlangt, so hat er die Kosten für die Reise und den Aufenthalt nach Maßgabe der betrieblichen Reisekostenordnung oder bei Fehlen einer Reisekostenordnung im Rahmen der steuerlich zulässigen Beträge zu ersetzen. Zeugnisse oder sonstige den Bewerbungsunterlagen beigefügte Originalunterlagen sind dem Arbeitnehmer zurückzugeben."

- die Verpflichtung, bestimmte Arbeitnehmer einzustellen bzw. nicht einzustellen
- Form des Arbeitsvertrags

1. Abschlussgebote und -verbote

Einstellungs-   **Abschlussgebote** legen dem Arbeitgeber einen **Kontrahierungszwang**
verpflichtungen   auf. Für Arbeitnehmer, deren Arbeitsverhältnisse beendet würden oder beendet waren, kann sich so ein **Wiedereinstellungsanspruch** ergeben. Häufig besteht die Verpflichtung, Auszubildende nach erfolgreicher Beendigung der Ausbildung einzustellen. Früher waren Einstellungsverpflichtungen nach Arbeitskämpfen von großer Bedeutung. Inzwischen kommt nach weitaus überwiegender Ansicht Arbeitskampfmaßnahmen keine lösende Wirkung zu (siehe unter § 126). Wiedereinstellungsansprüche bestehen in der Bauindustrie nach Entlassungen wegen schlechter Witterung. Ähnliche Vereinbarungen gibt es bei betriebsbedingten Kündigungen. Der Kreis der Anspruchsberechtigten muss jedenfalls bestimmbar sein. Die Tarif-

II. Abschlussnormen

vertragsparteien können für den Fall, dass mehr Arbeitnehmer einen Anspruch auf Abschluss eines Arbeitsvertrages haben als Arbeitsplätze zur Verfügung stehen, Auswahlkriterien festlegen.

Eine Besonderheit besteht bei Tarifnormen in Bezug auf befristete Arbeitsverhältnisse. Sie können Abschluss- **oder Beendigungsnorm** sein.

<small>Befristete Arbeitsverhältnisse</small>

➲ **Beispiel:**

Protokollnotiz Nr. 1 zu Nr. 1 SR 2 y BAT hat folgenden Wortlaut:

„Zeitangestellte dürfen nur eingestellt werden, wenn hierfür sachliche oder in der Person des Angestellten liegende Gründe vorliegen."

Das BAG (BAG 14.2.1990 AP Nr. 12 zu § 1 BeschFG 1985) hat diese Tarifnorm als Abschlussnorm eingeordnet (a.A. GAMILLSCHEG, KollArbR I § 15 V 3 e):

„Eine tarifvertragliche Befristungsregelung kann sowohl eine Abschluss- als auch eine Beendigungsnorm darstellen. Die Zuordnung zu der jeweiligen Normkategorie ist durch Auslegung zu ermitteln. [...]. Um eine Abschlussnorm handelt es sich bei einer tarifvertraglichen Befristungsregelung insbesondere dann, wenn die Zulässigkeit befristeter Arbeitsverträge von dem Vorliegen bestimmter Voraussetzungen (etwa in Form einer das Erfordernis eines sachlichen Grundes postulierenden Generalklausel oder in Gestalt einer Beschränkung der Zulässigkeit auf bestimmte Sachgründe) bei Vertragsabschluss abhängig gemacht wird. Derartige tarifvertragliche Befristungsregelungen beziehen sich auf den Abschluss des Arbeitsvertrags, denn sie bestimmen mit normativer Wirkung, welche Voraussetzungen für einen befristeten Arbeitsvertrag die tarifunterworfenen Vertragsparteien bei der Begründung des Arbeitsverhältnisses zu beachten haben. Weitere Beispiele für Abschlussnormen sind tarifvertragliche Befristungsregelungen, die den Abschluss von befristeten Arbeitsverträgen generell oder für bestimmte Arbeitnehmergruppen verbieten (sog. Abschlussverbote), die für Befristungen des Arbeitsverhältnisses mit konstitutiver Wirkung die Schriftform anordnen [...]." (BAG 14.2.1990 AP Nr. 12 zu § 1 BeschFG 1985)

Abschlussverbote sind von geringer Bedeutung. Zu beachten ist, dass Tarifnormen Außenstehende nicht binden können. Verbote gegenüber ihren Mitgliedern werden Gewerkschaften kaum vereinbaren. Denkbar ist dies lediglich zugunsten der Arbeitnehmer, etwa Arbeitsverbote aus Gründen des Gesundheitsschutzes.

<small>Schutzfunktion von Abschlussverboten</small>

2. Formvorschriften

Für Arbeitsverträge bestehen keine gesetzlichen Formvorschriften. Dies gilt auch im Hinblick auf § 2 NachwG von 1995, der lediglich den Arbeitgeber verpflichtet, die wesentlichen Vertragsbedingungen eines bereits zustande gekommenen Arbeitsverhältnisses nieder-

<small>Tarifliche Formvorschriften</small>

zuschreiben. Tarifverträge hingegen sehen häufig den schriftlichen Abschluss von Arbeitsverträgen vor.

◯ **Beispiele:**
1. „Der Arbeitsvertrag ist schriftlich abzuschließen. Das gilt auch für Nebenabreden."
2. „Im Arbeitsvertrag sind die Tarifgruppe, die Höhe und Zusammensetzung der Bezüge sowie eine etwaige Probezeit und besonders vereinbarte Kündigungsfristen festzulegen. Die getroffenen Vereinbarungen sind schriftlich zu bestätigen."

Formvorschrift i.S.v. § 125 BGB

Dabei fragt es sich, ob solche Tarifnormen Formvorschriften i.S.v. § 125 BGB enthalten. Tarifnormen sind **materielles Recht** und deswegen **Gesetze i.S.v. § 2 EGBGB**. Tarifnormen können daher gesetzliche Formvorschriften i.S.v. § 125 BGB darstellen. Rechtsfolge eines Verstoßes wäre die Nichtigkeit des Vertrags und die Entstehung eines faktischen Arbeitsverhältnisses, wenn trotzdem gearbeitet wird (siehe unter § 23 II).

Deklaratorischer Charakter von Formvorschriften

Ob eine derartige Vorschrift für ein Arbeitsverhältnis konstitutiv, also rechtsbegründend ist, muss durch **Auslegung der Tarifnorm** festgestellt werden. Aufgrund der für Arbeitnehmer nachteiligen Rechtsfolge der Nichtigkeit geht eine starke Meinung davon aus, dass solche Klauseln im Zweifel nur deklaratorischen Charakter haben, d.h. dass ein mündlich abgeschlossener Arbeitsvertrag dennoch wirksam ist (STEIN, Rn. 413 f.). Genau genommen sind solche deklaratorischen Formvorschriften Inhaltsnormen (KeZa/ZACHERT § 1 TVG Rn. 71). Zumindest Beispiel 2. ist aufgrund seines Wortlauts lediglich als deklaratorische Klausel anzusehen.

Nebenabreden

Bei Schriftformklauseln für einzelne Nebenabreden gelten andere Maßstäbe. Da hier nicht der Arbeitsvertrag als solcher nichtig wird, sondern lediglich die Nebenabrede, spricht mehr für einen konstitutiven Charakter.

III. Beendigungsnormen

Inhalt

Beendigungsnormen regeln die **Beendigung von Arbeitsverhältnissen** durch Aufhebung, Befristung oder Kündigung. Kündigungsbestimmungen enthalten zumeist Form- und Fristregelungen, z.T. auch Kündigungsverbote durch Ausschluss der ordentlichen Kündigung. Als Ausgleich für flexiblere Arbeitszeiten und Lohnzurückhaltung sind in letzter Zeit betriebsbedingte Kündigungen ausgeschlossen worden, um so die Beschäftigung zu sichern.

Bedeutsam sind in der Praxis auch tarifvertragliche Altersgrenzen (siehe unter § 105 V 1 b). **Formvorschriften** für die Kündigung sind i.d.R. konstitutiv, d.h. ein Verstoß führt zur Nichtigkeit der Kündigung. Die Tarifvertragsparteien können die Zulässigkeit der ordentlichen Kündigung an die Zustimmung des Betriebsrats binden. Die

Kündigungsfristen können nach § 622 Abs. 4 BGB abweichend von der gesetzlichen Regelung des § 622 Abs. 1 bis 3 BGB geregelt werden.

IV. Betriebliche und betriebsverfassungsrechtliche Tarifnormen

Literatur: DIETERICH, Zur Verfassungsmäßigkeit tariflicher Betriebsnormen, FS Däubler (1999), S. 451; H. HANAU, Zur Verfassungsmäßigkeit von tarifvertraglichen Betriebsnormen am Beispiel der qualitativen Besetzungsregeln, RdA 1996, 158; LORITZ, Betriebsnormen und Außenseiter – Überlegungen zum gegenwärtigen Stand der Diskussion, FS Zöllner (1998), S. 865; SCHLEUSENER, Der Begriff der betrieblichen Norm im Lichte der negativen Koalitionsfreiheit (Art. 9 Abs. 3 GG) und des Demokratieprinzips (Art. 20 GG), ZTR 1998, 100; SCHUBERT, Ist der Außenseiter vor der Normsetzung durch die Tarifvertragsparteien geschützt? – Ein Beitrag zum sachlichen Schutzbereich der negativen Koalitionsfreiheit, RdA 2001, 199 ff.

1. Betriebsnormen

a) Grundsätzliches

Betriebliche Normen behandeln Fragen eines Betriebs, die sich auf die ganze Belegschaft beziehen und daher nur betriebseinheitlich geregelt werden können. Es sind Fragen der Betriebsorganisation, die früher in **Solidarnormen, Ordnungsnormen und Zulassungsnormen** unterschieden wurden (JAKOBS/KRAUSE/OETKER § 4 Rn. 57). Sie betreffen den einzelnen **Arbeitnehmer als Mitglied der Belegschaft**. Ein Anspruch auf Erfüllung steht dem einzelnen Arbeitnehmer grundsätzlich nicht zu; zu denken ist aber an ein Zurückbehaltungsrecht (GAMILLSCHEG KollArbR I § 15 VI 2).

Regelungen zur Betriebsorganisation

⊃ **Beispiele für Betriebsnormen:**
  – Einrichtung von Wasch- und Umkleidekabinen
  – Arbeitsschutzeinrichtungen
  – Einführung eines Rauchverbotes
  – Durchführung von Torkontrollen

Die Qualifizierung als Betriebsnorm ist von erheblicher Bedeutung. Gemäß § 3 Abs. 2 TVG gelten Betriebsnormen auch für nichtorganisierte Arbeitnehmer, Voraussetzung ist lediglich die Tarifgebundenheit des Arbeitgebers. Teilweise wird aus diesem Grund im Hinblick auf die negative Koalitionsfreiheit § 3 Abs. 2 TVG für verfassungsrechtlich bedenklich gehalten (vgl. SCHLEUSENER, ZTR 1998, 100, 108 f.). Dies stützt sich maßgeblich auf die Annahme, der Außenseiter sei durch die negative Koalitionsfreiheit vor der Einbeziehung in den Geltungsbereich von Tarifbestimmungen geschützt. Nach der Rechtsprechung des BVerfG ist dies indes nicht der Fall (BVerfG 11.7.2006 AP Nr. 129 zu Art. 9 GG). § 3 Abs. 2 TVG verstößt auch nicht gegen die Berufsfreiheit der Außenseiter (BAG 7.11.1995 AP

Bedeutung

Nr. 1 zu § 3 TVG Betriebsnormen). Nach h.M. ist § 3 Abs. 2 TVG daher verfassungsmäßig (BAG 7.11.1995 AP Nr. 1 zu § 3 TVG Betriebsnormen; WIEDEMANN/OETKER, § 3 Rn, 172 ff.; GAMILLSCHEG KollArbR I § 17 I 1 d). Allerdings wird von Teilen der h.M. eine restriktive Anwendung bevorzugt (ZÖLLNER/LORITZ/HERGENRÖDER, § 37 III 2).

Definition der Rechtsprechung

Die Rechtsprechung (BAG 26.4.1990 EzA Nr. 20 zu § 4 TVG Druckindustrie) nimmt eine **Betriebsnorm** immer dann an, wenn eine individualvertragliche Regelung wegen evident sachlogischer Unzweckmäßigkeit ausscheidet und eine einheitliche Geltung auf betrieblicher Ebene deshalb unerlässlich ist.

„Gerade im Hinblick auf die negative Koalitionsfreiheit der Außenseiter legt der Senat den sachlich-gegenständlichen Bereich der Betriebsnormen restriktiv aus. [...] Immer dann, wenn eine Regelung nicht Inhalt eines Individualarbeitsvertrags sein kann, handelt es sich um Betriebsnormen und nicht um Inhalts- oder Abschlussnormen. Dabei ist das Nichtkönnen nicht i.S. einer naturwissenschaftlichen Unmöglichkeit zu verstehen, da theoretisch fast jede Sachmaterie als Arbeitsbedingung im Arbeitsvertrag geregelt werden kann (z.B. sogar auch die Voraussetzungen für die Benutzung einer Kantine). Würde man für die Annahme von betrieblichen Normen verlangen, dass es wissenschaftlich unmöglich sei, die Frage in Inhaltsnormen zu regeln, bliebe bei einer solch restriktiven Anwendung schon in sachlich-gegenständlicher Hinsicht kein Anwendungsbereich für Betriebsnormen mehr. [...] Es muss für die Annahme von Betriebsnormen ausreichen, wenn eine individualvertragliche Regelung wegen evident sachlogischer Unzweckmäßigkeit ausscheidet." (BAG 26.4.1990 EzA Nr. 20 zu § 4 TVG Druckindustrie)

b) Qualitative und quantitative Besetzungsregeln

Rationalisierungsschutz

Sog. **qualitative Besetzungsregeln** werden ebenfalls als Betriebsnormen eingeordnet, obwohl sie weder Solidar- noch Ordnungsnorm sind (SÄCKER/OETKER S. 150 f.). Solche Regelungen verpflichten den Arbeitgeber, bestimmte Arbeitsplätze mit **bestimmten Fachkräften** zu besetzen. Entscheidend ist hier also die Qualifikation. In erster Linie war es die frühere IG Druck (dann IG Medien und heute ver.di), die den Abschluss von Tarifverträgen durchsetzte, wonach bestimmte Arbeitsplätze vorrangig mit Fachkräften der Druckindustrie zu besetzen sind. Ihr Zweck besteht zum Teil in der Abmilderung der negativen Konsequenzen, welche die Einführung neuer Technologien für die Beschäftigtensituation im Druckgewerbe hervorrief. Die Einführung rechnergesteuerter Textsysteme ließ den Arbeitsplatz von Schriftsetzern vielfach fortfallen. Qualitative Besetzungsregeln dienen somit teilweise als **Rationalisierungsschutz**. Sie werden aber auch vereinbart, um sicherzustellen, dass nur hinreichend qualifizierte Arbeitnehmer Aufgaben übernehmen, und verfolgen damit das Ziel, bestimmte Gruppen von Arbeitnehmern vor Überforderungen zu schützen. Auch können sie der Qualitätssicherung der Produktion oder dem Anreiz der Qualifizierung von Arbeitnehmern dienen (WIEDEMANN/WIEDEMANN, TVG Einl. Rn. 322). Soweit sie allein arbeitsmarktpolitischen Zielen dienen, ist ihre Zulässigkeit im Hinblick auf Art. 12 GG umstritten (vgl. LÖWISCH/RIEBLE, § 1 TVG Rn. 806 ff.; SÄCKER/OETKER S. 292 ff.). Die Rechtsprechung hat zumindest dann keine Bedenken, wenn die qualitativen Besetzungsregeln mehreren Zielen dienen (BAG 26.4.1990 EzA Nr. 20 zu § 4 TVG Druckindustrie).

„Die Vereinbarung qualitativer Besetzungsregeln in der Druckindustrie diente seit jeher mehreren Zielen: Eine Funktion der qualitativen Besetzungsregeln ist es, einen Beschäftigungsschutz für Fachkräfte der Druckindustrie zu schaffen [...]. Dieser Zweck stand ganz im Vordergrund bei der Vereinbarung des Tarifvertrags über die Einführung und Anwendung rechnergesteuerter Textsysteme vom 20. März 1978 (RTS-TV), dessen erklärtes Ziel es war, die negativen Auswirkungen der Einführung dieser neuen Technologie auf die Arbeitnehmer zu begrenzen, indem vereinbart wurde, bestimmte Tätigkeiten für einen Zeitraum von acht Jahren vorzugsweise durch die überflüssig gewordenen Fachkräfte der Druckindustrie ausüben zu lassen. Anders als in dem RTS-TV enthalten die Manteltarifverträge der Druckindustrie seit dem Inkrafttreten des Setzmaschinentarifs vom 1. Januar 1900 qualitative Besetzungsregeln gerade für Facharbeiten, die nicht überflüssig geworden sind und eine gründliche Ausbildung erfordern. Sie sind unabhängig von einschneidenden technologischen Entwicklungen immer wieder vereinbart worden. Sie versperren nicht für Arbeitnehmer mit anderer oder ohne Berufsausbildung den Zugang zu den Arbeitsplätzen der Druckindustrie. Sie verpflichten den Arbeitgeber nur zur vorrangigen Beschäftigung von Fachkräften mit entsprechender Berufsausbildung bei Facharbeiten bestimmter Lehrberufe. Damit wird dreierlei erreicht: Es werden Hilfskräfte ohne Ausbildung und angelernte Hilfskräfte vor Überforderung geschützt; es wird die Arbeitsqualität gefördert, indem ein Anreiz geschaffen wird, eine Ausbildung für die anspruchsvollen Tätigkeiten der Druckindustrie auf sich zu nehmen, und es wird den Fachkräften der Druckindustrie ein besonderer Beschäftigungsschutz gewährt. Dabei bedingen alle drei Ergebnisse einander." (BAG 26.4.1990 EzA Nr. 20 zu § 4 TVG Druckindustrie)

In einem Manteltarifvertrag für gewerbliche Arbeitnehmer erreichte die IG Druck sogar die Festlegung einer verbindlichen Mindestzahl von Arbeitnehmern, die mit der Bedienung einer Maschine betraut sind (**quantitative Besetzungsregeln**). Solche Normen legen fest, wie viele Arbeitnehmer bei einer Tätigkeit oder an einer Maschine zu beschäftigen sind. Auch ihre Zulässigkeit ist im Hinblick auf die Berufsfreiheit des Arbeitgebers nach Art. 12 Abs. 1 GG umstritten (vgl. SÄCKER/OETKER S. 306 ff.).

<small>Anzahl der Arbeitnehmer für eine Tätigkeit</small>

2. Betriebsverfassungsrechtliche Tarifnormen

Betriebsverfassungsrechtliche Normen behandeln die Rechtsstellung der Arbeitnehmerschaft im Betrieb und deren Organe. Diese ist zwar grundsätzlich im BetrVG geregelt, unter den Voraussetzungen

<small>Regelungen zur Betriebsverfassung</small>

des § 3 BetrVG kann jedoch bezüglich organisatorischer Bestimmungen von den Regelungen des BetrVG durch Tarifvertrag abgewichen werden (vgl. hierzu ausführlich siehe unter § 147 IV 5).

➲ **Beispiel:**

Nach § 47 Abs. 4 BetrVG kann die Mitgliederzahl des Gesamtbetriebsrats durch Tarifvertrag abweichend von § 47 Abs. 2 S. 1 geregelt werden.

Erweiterte Mitbestimmungsrechte

Höchst umstritten war die Frage, inwieweit dem Betriebsrat durch Tarifvertrag **erweiterte Mitbestimmungsrechte** eingeräumt werden können. Das BAG hat sich der Auffassung angeschlossen, dass die Beteiligungsrechte des Betriebsrats verstärkt und erweitert werden können (vgl. BAG 18.8.1987 EzA Nr. 18 zu § 77 BetrVG; siehe unter § 145 III).

V. Bestimmungen über gemeinsame Einrichtungen

Literatur: OETKER, Die Rechtsformen gemeinsamer Einrichtungen als Gegenstand autonomer Rechtsetzung der Tarifvertragsparteien, FS „Soziale Sicherheit durch Sozialpartnerschaft", FS zum 50-jährigen Bestehen der Zusatzversorgungskasse des Baugewerbes (2007), S. 123 ff.; PREIS/TEMMING, Die Urlaubs- und Lohnausgleichskasse im Kontext des Gemeinschaftsrechts, 2006; PREIS/TEMMING, „Was ist die Einrichtung i.S. des § 1 Abs. 3 AEntG?, FS zum 50-jährigen Bestehen der Zusatzversorgungskasse des Baugewerbes (2007), S. 273 ff.; OTTO/SCHWARZE, Tarifnormen über Gemeinsame Einrichtungen und deren Allgemeinverbindlicherklärung, ZfA 1995, 639.

Definition

Die Tarifvertragsparteien können nach § 4 Abs. 2 TVG die Errichtung, Erhaltung und Benutzung gemeinsamer Einrichtungen regeln. Als Beispiel nennt das TVG Lohnausgleichs- und Urlaubskassen. Die Rechtsprechung definiert die gemeinsamen Einrichtungen wie folgt:

„Gemeinsame Einrichtungen sind von den Tarifvertragsparteien geschaffene und von ihnen abhängige Organisationen, deren Zweck und Organisationsstruktur durch Tarifvertrag festgelegt wird." (BAG 25.1.1989 AP Nr. 5 zu § 1 GesamthafenbetriebsG)

Inhalt der Tarifnormen

In den Tarifnormen werden die Rechtsform, das Innenrecht (Satzungen) der Einrichtungen sowie das Verhältnis der Arbeitnehmer und Arbeitgeber zu der gemeinsamen Einrichtung festgelegt, etwa ob und welche Ansprüche Arbeitnehmer haben. Träger der Einrichtungen sind die Tarifvertragsparteien. Eine Besonderheit besteht insoweit, als der Arbeitnehmer nicht zwingend in einem Arbeitsverhältnis stehen muss, etwa bei Zusatzrenten (GAMILLSCHEG KollArbR I § 15 IX 1). Im Übrigen werden die wichtigsten Tarifverträge über gemeinsame Einrichtungen für **allgemeinverbindlich** erklärt.

Funktion gemeinsamer Einrichtungen

Die Funktion solcher Einrichtungen ist darin zu sehen, dass bestimmte Leistungen von allen Arbeitgebern gemeinsam getragen werden, zu deren Leistung sie einzeln nicht in der Lage wären. Es

V. Bestimmungen über gemeinsame Einrichtungen § 95

kommt so zu einer Form des **Lastenausgleichs**. Die Einrichtungen bilden insoweit eine Art „Gesamtarbeitgeber" (LIEB/JACOBS Rn. 545). Grundlage solcher Tarifnormen sind deswegen Verbandstarifverträge.

⊃ **Beispiel:**

Hafeneinzelbetriebe können so einen Gesamthafenbetrieb bilden. Dort werden die Arbeitgeberfunktionen derart gebündelt, dass der Gesamthafenbetrieb als eine Art Gesamtarbeitgeber auftritt. Zielsetzung der Tarifvertragsparteien ist hier, durch Herstellung fortdauernder Arbeitsverhältnisse den Sozialschutz der Hafenarbeiter zu verbessern (BAG 25.1.1989 EzA Nr. 16 zu § 2 ArbGG; OTTO/SCHWARZE, ZfA 1995, 639, 655 f.).

Die größte Bedeutung besitzen die Sozialkassen (Urlaubs-, Lohnausgleichs- und Zusatzversorgungskassen) in der Bauwirtschaft, die aus den Beiträgen der Arbeitgeber finanziert werden. Damit tragen solche Kassen den Besonderheiten dieser Branche Rechnung: **Witterungsabhängigkeit** und hohe **Fluktuationsrate** der Beschäftigten.

Sozialkassen in der Bauwirtschaft

⊃ **Beispiel:**

– Die Urlaubskassen koordinieren die Urlaubsansprüche der im Bausektor Beschäftigten und ermöglichen damit auch solchen Arbeitnehmern ihren Jahresurlaub am Stück zu nehmen, die mehrmals jährlich ihren Arbeitsplatz wechseln und deshalb die Wartezeit gem. § 4 BUrlG für einen zusammenhängenden Urlaub nicht erfüllen. Sie gewähren auch das Urlaubsentgelt und ein zusätzliches Urlaubsgeld. Mit den Kosten werden so alle tarifgebundenen Arbeitgeber der Baubranche belastet.

– Die Zusatzversorgungskasse des Baugewerbes leistet Beihilfen zur Sozialrente und Hinterbliebenengeld. Ihr Bilanzsumme betrug 1993 5,7 Milliarden DM (hierzu ausführlich GAMILLSCHEG KollArbR I § 15 IX 6).

Eine Besonderheit bei der Geltung von für allgemeinverbindlich erklärten Tarifverträgen besteht im Bereich der Urlaubskassen des Baugewerbes. Nach § 1 Abs. 1 und 3 AEntG finden die Rechtsnormen solcher Tarifverträge auch auf einen ausländischen Arbeitgeber und seinen im räumlichen Geltungsbereich des Tarifvertrages beschäftigten Arbeitnehmer zwingend Anwendung. Dies ist nach der Rechtsprechung des EuGH dann mit der Dienstleistungsfreiheit nach Art. 49 EGV vereinbar, wenn die entsandten Arbeitnehmer nach den Rechtsvorschriften des Mitgliedsstaats, in dem ihr Arbeitgeber niedergelassen ist, keinen im Wesentlichen vergleichbaren Schutz genießen, sie durch die Anwendung der Regelung des § 1 Abs. 3 AEntG einen tatsächlichen Vorteil erlangen und die Anwendung verhältnismäßig ist (EuGH 25.10.2001 NZA 2001, 377 ff.). Das deutsche Recht erfüllt diese Anforderungen zunächst durch zwei Einschränkungen in § 1 Abs. 3 AEntG. Denn die Rechtsnormen der

Anwendung auf entsandte Arbeitnehmer

Tarifverträge kommen nur zur Anwendung, wenn in den betreffenden Tarifverträgen oder auf sonstige Weise sichergestellt ist, dass der ausländische Arbeitgeber nicht gleichzeitig zu Beiträgen nach dieser Vorschrift und Beiträgen zu einer vergleichbaren Einrichtung im Staat seines Sitzes herangezogen wird und das Verfahren der gemeinsamen Einrichtung der Tarifvertragsparteien eine Anrechnung derjenigen Leistungen vorsieht, die der ausländische Arbeitgeber zur Erfüllung des gesetzlichen, tarifvertraglichen oder einzelvertraglichen Urlaubsanspruchs seines Arbeitnehmers bereits erbracht hat. Wendet man in dieser Situation den Grundsatz der Tarifeinheit an (siehe unter § 101), könnten inländische Arbeitgeber die allgemeinverbindlichen Tarifverträge nach § 1 Abs. 1 AEntG aber durch Abschluss speziellerer Tarifverträge unterlaufen. Dadurch träte eine Benachteiligung ausländischer Arbeitgeber ein. Diesen Effekt hat der Gesetzgeber durch eine Änderung des § 1 Abs. 3 AEntG vermieden: Es wurde ausdrücklich klargestellt, dass inländische Arbeitgeber an die erstreckten Tarifverträge in jedem Fall gebunden sind. Dies führt im Anwendungsbereich des AEntG zu einer Durchbrechung des Grundsatzes der Tarifeinheit (BAG 20.7.2004 AP Nr. 18 zu § 1 AEntG; BAG 18.10.2006 AP Nr. 287 zu § 1 TVG Tarifverträge: Bau). Der EuGH hat die Vereinbarkeit des § 1 Abs. 3 AEntG mit europäischem Recht unlängst erneut bestätigt (EuGH 18.7.2007 NZA 2007, 917 ff.).

§ 96 Schuldrechtlicher Teil

Literatur: BLANK, Die Warnstreikprozesse in der Metall-Tarifrunde 1987, NZA 1988 Beil. 2, S. 9 ff.; FRANZEN, Anm. zu EzA Nr. 134 zu Art. 9 GG Arbeitskampf; JACOBS, Die Erkämpfbarkeit von firmenbezogenen Tarifverträgen mit verbandsangehörigen Arbeitgebern, ZTR 2001, 249 ff.; STAHLHACKE, Aktuelle Probleme tariflicher Friedenspflicht, FS Molitor (1988), S. 351.

Vereinbarungsfreiheit
Der schuldrechtliche oder obligatorische Teil eines Tarifvertrags ist grundsätzlich wie ein **schuldrechtlicher Vertrag** zwischen Privaten i.S.d. BGB zu behandeln. Verpflichtet und berechtigt werden lediglich die Tarifvertragsparteien. Es steht ihnen demnach frei, welche Rechte und Pflichten sie vereinbaren.

Immanente Nebenpflichten
Jedem Tarifvertrag mit Tarifnormen sind zumindest die **Friedens-** und die **Durchführungspflicht** auch ohne ausdrückliche Vereinbarung immanent. Diese basieren auf der Friedensfunktion eines Tarifvertrags (siehe unter § 88 III). Es entstehen schuldrechtliche Nebenpflichten, welche die Funktionen der Tarifnormen unterstützen und absichern (vgl. ZÖLLNER/LORITZ/HERGENRÖDER § 34 VI 2). Der Tarifvertrag ist primär Normenvertrag.

I. Friedenspflicht

Aus dem Tarifvertrag ergibt sich für die Tarifvertragsparteien eine beiderseitige Friedenspflicht. Der Tarifvertrag soll Mindestarbeitsbedingungen festlegen und so das Arbeitsleben für seine Laufzeit befrieden (Friedensfunktion). Die **Friedenspflicht** besagt, dass die Tarifvertragsparteien während des Laufs eines Tarifvertrags keine Arbeitskampfmaßnahmen zur Änderung bereits geregelter Bereiche ergreifen dürfen. Diese Pflicht besteht auch dann, wenn sie nicht ausdrücklich im Tarifvertrag geregelt ist. Das BAG (BAG 26.4.1990 EzA Nr. 20 zu § 4 TVG Druckindustrie) konkretisiert die Friedensfunktion wie folgt:

Verbot von Arbeitskampfmaßnahmen

„Aus dem Tarifvertrag ergibt sich für die Tarifvertragsparteien eine beiderseitige Friedenspflicht. Sie braucht nicht besonders vereinbart zu werden, sondern wohnt dem Tarifvertrag als einer Friedensordnung wesensmäßig inne. Jede Tarifvertragspartei trifft die vertragliche Pflicht, keine Arbeitskämpfe gegen den Tarifvertrag zu führen und auch die Anstiftung ihrer Mitglieder zu einem solchen Arbeitskampf zu unterlassen." (BAG 26.4.1990 EzA Nr. 20 zu § 4 TVG Druckindustrie)

Die Friedenspflicht hat eine **positive** und eine **negative Komponente**. Sie verbietet der Koalition, Kampfmaßnahmen zu ergreifen, dazu aufzufordern oder sie zu unterstützen (**Unterlassungspflicht**). Sie verpflichtet die Tarifparteien des Weiteren gegen Mitglieder vorzugehen, die gegen die Friedenspflicht verstoßen (**Einwirkungspflicht**).

Einwirkungspflicht

➲ **Beispiel:**
Nimmt ein Arbeitnehmer an einem tarifvertragswidrigen Arbeitskampf teil, so verstößt er selbst nicht gegen die tarifvertragliche Friedenspflicht, da diese nur schuldrechtliche Wirkung zwischen den Tarifparteien entfaltet. Dagegen verstößt er gegen seine einzelvertragliche Pflicht zur Arbeitsleistung sowie gegen seine verbandsrechtliche Verpflichtung, die von seiner Gewerkschaft übernommenen Tarifpflichten zu respektieren. Die Gewerkschaft verstößt allerdings gegen die Friedenspflicht, wenn sie nicht auf ihre Mitglieder einwirkt, tarifwidrige Arbeitskampfmaßnahmen zu unterlassen.

Die einem Tarifvertrag immanente Friedenspflicht ist nur eine **relative**, d.h. sie bezieht sich nur auf die **tarifvertraglich geregelte Materie**. Was nicht Inhalt des Tarifvertrags geworden ist, kann Gegenstand eines Arbeitskampfes sein. Daher verstößt ein sog. Unterstützungsstreik nach Auffassung des BAG i.d.R. nicht gegen die Friedenspflicht (BAG 19.6.2007 AP Nr. 173 zu Art. 9 GG Arbeitskampf, siehe unter § 114 II). Soweit die sachliche Reichweite des Tarifvertrags nicht eindeutig ist, muss sie durch **Auslegung** ermittelt werden. Nach h.M. werden von dem Arbeitskampfverbot alle Arbeitsbedingungen erfasst, die mit der geregelten Materie in einem **in-**

Relative Friedenspflicht

neren sachlichen Zusammenhang stehen (BAG 21.12.1982 AP Nr. 76 zu Art. 9 GG).

„Die tariflich geregelte Materie soll während der Laufzeit des Tarifvertrags kollektiven Auseinandersetzungen entzogen sein. Das mit dem Tarifvertrag unmittelbar verbundene Kampfverbot bezieht sich daher nur auf die in dem betreffenden Tarifvertrag geregelten Gegenstände. Man spricht insoweit von einer relativen Friedenspflicht. Sie untersagt lediglich einen Arbeitskampf, der sich gegen den Bestand des Tarifvertrags oder gegen einzelne seiner Bestimmungen richtet, der also seine Beseitigung oder Abänderung anstrebt." (BAG 21.12.1982 AP Nr. 76 zu Art. 9 GG Arbeitskampf)

⇨ **Beispiel:**

Die einem Lohntarifvertrag immanente Friedenspflicht verbietet während der Laufzeit des Tarifvertrags nur Arbeitskampfmaßnahmen, die auf eine höhere Entlohnung gerichtet sind. Dagegen steht sie Arbeitskampfmaßnahmen, die sich auf andere Regelungsgegenstände, wie beispielsweise eine Arbeitszeitverkürzung beziehen, nicht entgegen.

Auslegungsprobleme

Umstritten ist häufig die Frage, ob ein hinreichender innerer sachlicher Zusammenhang zwischen Regelungen besteht. Dieser ist dann gegeben, wenn die bisherige tarifvertragliche Regelung ihren Charakter grundlegend ändert. Bei der Auslegung ist zu berücksichtigen, ob Regelungen im gleichen Tarifvertrag oder in diesen ergänzenden Tarifverträgen mit gleicher **Laufzeit** enthalten sind (DÄUBLER/REIM § 1 TVG Rn. 1021 f.). Bei der **Auslegung** kommt es häufig zu Schwierigkeiten, wenn innerhalb von Sachgruppen Detailregelungen getroffen sind oder das Äquivalenzverhältnis betroffen ist. So hat das BAG einen Streik für unzulässig gehalten, dessen Ziel ein **Ausbau bereits bestehender umfassender tarifvertraglicher Regelungen war**, die das Kündigungsrecht des Arbeitgebers einschränkten (BAG 10.12.2002 AP Nr. 162 zu Art. 9 GG Arbeitskampf). Zulässig ist ein Arbeitskampf aber dann, wenn nur ein Teil des Regelungskomplexes, beispielsweise lediglich die Kündigungsfristen, geregelt ist. Aber auch in diesem Fall kann die Friedenspflicht eingreifen, wenn sich aus dem Tarifvertrag ergibt, dass die Tarifvertragsparteien den Komplex **abschließend und umfassend** regeln wollten. Besonders umstritten ist auch die Frage, ob ein Entgelttarifvertrag die Forderung nach einer **Arbeitszeitverkürzung bei vollem Lohnausgleich** ausschließt (für einen Ausschluss: LÖWISCH, NZA 1988, Beil. Nr. 2, 3 ff.; STAHLHACKE, FS Molitor, S. 321 ff.; a.A. GAMILLSCHEG KollArbR I § 22 II 2 b; KeZa/ZACHERT § 1 Rn. 685).

Absolute Friedenspflicht

Von der **absoluten Friedenspflicht** spricht man, wenn sich die Tarifparteien verpflichten, **jegliche Kampfhandlungen zu unterlassen**. Eine absolute Friedenspflicht kann nur **ausdrücklich vereinbart** werden. Nicht ausreichend ist der jahrelange Abschluss von Tarifverträgen zwischen zwei Verbänden, um eine konkludente Erweiterung der Friedenspflicht anzunehmen (BAG 21.12.1982 AP Nr. 76 zu Art. 9 GG Arbeitskampf).

„Die Befriedungsfunktion des Tarifvertrags fordert keine Ausdehnung der Friedenspflicht über die tariflichen Regelungsgegenstände hinaus. Allein die Zahl der von denselben Tarifvertragsparteien abgeschlossenen Tarifverträge kann kein Maßstab für die Reichweite der tariflichen Friedenspflicht sein. Aus der Vielzahl der Tarifverträge und aus dem Umstand, dass die Prozessparteien schon seit vielen Jahren miteinander tarifliche Regelungen treffen, lässt sich auch nicht auf einen übereinstimmenden Willen der Parteien schließen, den Umfang der tariflichen Friedenspflicht über die tariflichen Regelungsgegenstände hinaus auszudehnen und sie zu einer umfassenden Friedenspflicht zu erweitern." (BAG 21.12.1982 AP Nr. 76 zu Art. 9 GG Arbeitskampf)

Die Friedenspflicht ist auf die **Laufzeit des Tarifvertrags** beschränkt. Sie kann aber durch Vereinbarung der Tarifparteien verlängert werden. Die Dauer der Friedenspflicht ist für die Rechtmäßigkeit eines Arbeitskampfs von Bedeutung (siehe unter § 116).

Dauer der Friedenspflicht

Von besonderer Bedeutung für das **Arbeitskampfrecht** ist die Frage, inwieweit Firmentarifverträge erstreikt werden können, wenn das Unternehmen einem Arbeitgeberverband angehört, der Tarifverträge abgeschlossen hat. Es geht dabei um das Problem, inwieweit die Friedenspflicht des Verbandstarifvertrags das einzelne Unternehmen schützt. Der verbandsangehörige Arbeitgeber ist tariffähig (siehe unter § 90 III 1), daher ist der Abschluss von Firmentarifverträgen grundsätzlich möglich. Allerdings gelten auch hier die Grundsätze der Friedenspflicht. Diese hindert die Gewerkschaft daran, einen Firmentarifvertrag über Gegenstände zu erstreiken, die bereits im Verbandstarifvertrag abschließend geregelt sind.

Ausschluss von Firmentarifverträgen

„Der verbandsangehörige Arbeitgeber ist durch die sich aus den Verbandstarifverträgen ergebende Friedenspflicht gegen einen Streik geschützt, der auf den Abschluß von Firmentarifverträgen über dieselbe Regelungsmaterie gerichtet ist. Die Friedenspflicht muß nicht besonders vereinbart werden. Sie ist vielmehr dem Tarifvertrag als einer Friedensordnung immanent (...). Der Tarifvertrag ist in seinem schuldrechtlichen Teil, zu dem die Friedenspflicht gehört, zugleich ein Vertrag zugunsten Dritter und schützt die Mitglieder der Tarifvertragsparteien davor, hinsichtlich der tariflich geregelten Materie mit Arbeitskampfmaßnahmen überzogen zu werden (...). Dies gilt auch, wenn gegenüber einem verbandsangehörigen Arbeitgeber ein Firmentarifvertrag erstreikt werden soll (...)." (BAG 10.12.2002 AP Nr. 162 zu Art 9 GG Arbeitskampf)

II. Durchführungspflicht

Literatur: BUCHNER, Abschied von der Einwirkungspflicht der Tarifvertragsparteien, DB 1992, 572; RIEBLE, Anm. zu EzA Nr. 3 zu § 1 TVG Durchführungspflicht; WALKER, Der tarifvertragliche Einwirkungsanspruch, FS Schaub

(1998), S. 743; ZACHERT, Tarifliche Durchführungs- und Einwirkungspflicht, AiB 1992, 643.

Einwirkung auf die Mitglieder

Die **Durchführung der Tarifbestimmungen** kann nur durch die **Normadressaten** erfolgen. Jede Tarifpartei trifft aber die Pflicht, nicht nur Maßnahmen zu unterlassen, die der Verwirklichung der tarifvertraglichen Ziele entgegenstehen könnten, sondern darüber hinaus auch für die tatsächliche Durchführung der Tarifvertragsbestimmungen zu sorgen, d.h. auf die eigenen Mitglieder einzuwirken, die Tarifnormen einzuhalten. Deswegen wird auch von einer **Einwirkungspflicht** der Tarifvertragsparteien gesprochen (vgl. HAS/FUCHS § 29 Rn. 50, der die Durchführungspflicht in eine Tariferfüllungspflicht und eine Einwirkungspflicht aufteilt). Die Durchführungspflicht ist lediglich eine Konkretisierung des Prinzips des allgemeinen Schuldrechts, dass Verträge zu halten und zu erfüllen sind („**pacta sunt servanda**"; BAG 29.4.1992 AP Nr. 3 zu § 1 TVG Durchführungspflicht). Die Durchführungspflicht muss daher nicht ausdrücklich im Tarifvertrag vereinbart sein. Die Tarifvertragsparteien können sie aber im Tarifvertrag erweitern oder konkretisieren.

„Diese so genannte Durchführungspflicht der Tarifvertragsparteien aufgrund abgeschlossener Tarifverträge ist eine Nebenpflicht, die jedem privatrechtlichen Vertrag, um den es sich auch bei dem Tarifvertrag handelt, immanent ist. Die Durchführungspflicht ist die Konkretisierung des allgemeinen Prinzips ‚pacta sunt servanda' (Verträge sind zu halten) und des Grundsatzes von Treu und Glauben (§ 242 BGB). Wer einen Vertrag geschlossen hat, muss sich daran halten und dafür sorgen, dass die sich daraus ergebenden Verpflichtungen im Sinne des wirklich Gewollten erfüllt werden [...]. Jede Vertragspartei ist verpflichtet, alles zu tun, um den vereinbarten Leistungserfolg vorzubereiten, herbeizuführen und zu sichern, und alles zu unterlassen, was den vereinbarten Erfolg beeinträchtigen oder gefährden könnte [...]. Tarifvertragsparteien haben auch alles zu unterlassen, was die tarifvertraglichen Regelungen leer laufen lassen könnte." (BAG 29.4.1992 AP Nr. 3 zu § 1 TVG Durchführungspflicht).

Unterrichtung der Mitglieder

Die Durchführungspflicht verpflichtet die Tarifvertragsparteien darüber hinaus, ihre Mitglieder über den Inhalt der Tarifnormen zu unterrichten. Eine solche Unterrichtung enthält stillschweigend die Aufforderung an die Mitglieder, sich entsprechend zu verhalten (vgl. BAG 29.4.1992 AP Nr. 3 zu § 1 TVG Durchführungspflicht). Die Durchführungspflicht geht jedoch nach h.M. nicht so weit, dass sie bei jeder Verletzung von tariflichen Pflichten zur Einwirkung verpflichtet sind, sondern nur dann, wenn die tarifmäßige Ordnung verletzt wird (a.A. DÄUBLER/REIM, § 1 TVG Rn. 977). Zum stärksten Mittel, dem Verbandsausschluss, müssen Verbände nur bei äußerst schwerwiegenden Verstößen greifen (ZÖLLNER/LORITZ/HERGENRÖDER § 36 II 2 b). Andererseits dürfen sie sich nicht lediglich mit symbolischen Maßnahmen begnügen.

II. Durchführungspflicht § 96

◯ **Beispiel:**
Wegen einer einmaligen untertariflich vorgenommenen Vergütung eines tarifgebundenen Arbeitnehmers hat die Gewerkschaft noch keinen Anspruch gegen den Arbeitgeberverband, dass dieser mit Mitteln des Verbandsrechts auf das Mitglied einwirkt. Etwas anderes gilt, wenn der Arbeitgeber mehrmals den Tariflohn unterschreitet. Dann ist der Arbeitgeberverband zur Einwirkung verpflichtet. Darüber hinaus haftet er nicht, wenn sich der Arbeitgeber weiterhin weigert, den Tariflohn zu bezahlen. Ihn trifft also keine Einstandspflicht für tarifwidriges Verhalten der Mitglieder.

Allerdings ist eine solche Einwirkungspflicht nach der **Rechtsprechung** nur dann gegeben, wenn eindeutig erkennbar ist, dass das Verhalten des Verbandsmitglieds dem Tarifvertrag nicht entspricht. Ist die Rechtslage insoweit zweifelhaft, so ist der Tarifvertragspartei nicht zuzumuten, auf ihr Mitglied einzuwirken, Maßnahmen zu unterlassen, obwohl das Verhalten möglicherweise rechtmäßig ist (BAG 29.4.1992 AP Nr. 3 zu § 1 TVG Durchführungspflicht).

Unzumutbarkeit bei unklarer Rechtslage

„Denn bei einer – wie vorliegend – strittigen und rechtlich ungeklärten Tarifauslegung kann eine Tarifvertragspartei von ihrem Tarifpartner nicht verlangen, dass er eine bestimmte, von ihm nicht für richtig gehaltene Auslegung gegenüber seinen Verbandsmitgliedern vertritt und gegebenenfalls gegen seine Überzeugung durchsetzt. [...] Gerade weil die Einwirkungspflicht einer Tarifvertragspartei auf ihre Verbandsmitglieder aus dem Grundsatz von Treu und Glauben abzuleiten ist, kann ihr nur ein Einschreiten zugemutet werden, wenn für sie eindeutig erkennbar ist, dass das Verhalten des Verbandsmitglieds nicht dem Tarifvertrag entspricht. Ist die Rechtslage zweifelhaft, kann also nicht mit Sicherheit beurteilt werden, ob das Verhalten des Verbandsmitglieds rechtmäßig ist, kann der Tarifvertragspartei, die von der Rechtmäßigkeit des Verhaltens ihres Mitglieds ausgeht, nicht zugemutet werden, auf ihr Mitglied einzuwirken, Maßnahmen zu unterlassen, obwohl diese möglicherweise tarifgerecht und rechtmäßig sind. Keine Partei ist bei der Leistungsdurchführung verpflichtet, gleichrangige Eigeninteressen gegenüber Belangen des anderen Teils zurückzustellen." (BAG 29.4.1992 AP Nr. 3 zu § 1 TVG Durchführungspflicht)

Der überwiegende Teil der Lehre teilt die Auffassung des BAG nicht (JAKOBS/KRAUSE/OETKER § 4 Rn 135). Eingewendet wird, dass grundsätzlich die später durch Gerichte festgestellte Rechtslage bereits von Anfang an gegolten habe. Das **Risiko, eine falsche Rechtsauffassung** zu vertreten, müsse jede Partei selbst tragen. Ansonsten wären umstrittene Pflichten nicht mehr durchsetzbar (RIEBLE Anm. zu EzA Nr. 3 zu § 1 TVG Durchführungspflicht). Im Übrigen könne die Frage, ob der Tarifvertrag ein bestimmtes Verhalten verlangt, auch im Rahmen der Einwirkungsklage geklärt werden.

Risikoverteilung

⊃ **Beispiel:**

Arbeitgeber A und Betriebsrat schließen eine Betriebsvereinbarung, nach der Wochenendarbeit zugelassen wird. Die Gewerkschaft ist der Ansicht, dass der einschlägige Tarifvertrag dem widerspricht und verlangt von dem Arbeitgeberverband, auf den Arbeitgeber A einzuwirken, die Betriebsvereinbarung nicht durchzuführen. Dem Tarifvertrag ist aber nicht eindeutig zu entnehmen, dass die Tarifvertragsparteien Wochenendarbeit ausschließen wollten.

Durchsetzung

Der Anspruch auf Erfüllung der Durchführungspflicht ist **einklagbar**. Problematisch ist allerdings regelmäßig die **Bestimmtheit des Klageantrags** (vgl. BAG 29.4.1992 AP Nr. 3 zu § 1 TVG Durchführungspflicht). Einer Tarifpartei stehen i.d.R. mehrere Möglichkeiten zur Einwirkung auf ihre Mitglieder offen. Nach neuerer Rechtsprechung (BAG 29.4.1992 EzA Nr. 2 zu § 1 TVG Durchführungspflicht) ist eine Klage auf Einwirkung zur Durchführung eines Tarifvertrags auch dann als Leistungsklage zulässig, wenn kein bestimmtes Einwirkungsmittel benannt wird. In diesem Fall bleibt es allerdings dem verurteilten Verband überlassen, das Einwirkungsmittel auszuwählen und durchzuführen. Eine Besonderheit gilt für Firmentarifverträge. Hier hat die Gewerkschaft einen unmittelbaren Anspruch gegen den tarifschließenden Arbeitgeber, der auf Erfüllung des Firmentarifvertrags gegenüber den Arbeitnehmern gerichtet ist. Diesen kann sie durch Leistungsklage geltend machen (BAG 14.6.1995 AP Nr. 4 zu § 1 TVG Durchführungspflicht).

„Der Klägerin ist es nicht verwehrt, die Beklagte auf Erfüllung des Tarifvertrages gegenüber den Arbeitnehmern in Anspruch zu nehmen. Bei einem Firmen- oder Werkstarifvertrag ist der Arbeitgeber der Gewerkschaft gegenüber direkt verpflichtet, die Tarifnormen einzuhalten. Ist jedoch der Tarifpartner nicht zugleich auch der Arbeitgeber, so kann die Gewerkschaft von ihrem Tarifpartner nur verlangen, daß er auf seine Mitglieder einwirkt, um sie zu tarifgerechtem Verhalten zu veranlassen. Für eine Einwirkungsklage ist im vorliegenden Fall jedoch kein Raum. Die Beklagte ist zugleich Tarifpartner und Arbeitgeber. Sie ist der Klägerin gegenüber unmittelbar zur Erfüllung der Tarifverträge verpflichtet." (BAG 14.6.1995 AP Nr. 4 zu § 1 TVG Durchführungspflicht)

Schwächen der Einwirkungspflicht

Auf Grund des nur schwach ausgestalteten Rechtsschutzes wird die Einwirkungspflicht weitgehend als wenig wirksam angesehen. Die Verbände werden gegenüber ihren Mitgliedern aus Angst vor dem Mitgliedsverlust regelmäßig Milde walten lassen. Auch können keine konkreten Einwirkungsmittel eingeklagt werden. Vor diesem Hintergrund kritisieren Teile der Literatur die Rechtsprechung und verlangen einen unmittelbaren Anspruch der Gewerkschaft gegen den Arbeitgeber auf Tariferfüllung (GAMILLSCHEG KollArbR I § 15 X 2 d ; a.A. BAG 8.11.1957 AP Nr. 7 zu § 256 ZPO). Die Problematik entfaltet sich maßgeblich bei der Frage, ob sogenannte betriebliche Bündnisse zulässig sind (siehe unter § 98 II 1). Hier hat das BAG einen unmittelbaren Unterlassungsanspruch der Gewerkschaften gegenüber dem Arbeitgeber aus §§ 1004 BGB i.V.m. § 823 BGB und Art. 9 Abs. 3 GG für möglich gehalten.

III. Weitere schuldrechtliche Vereinbarungen

Die Tarifvertragsparteien können – neben den jedem Tarifvertrag mit normativem Teil immanenten Pflichten – weitere schuldrechtliche Vereinbarungen treffen. Dazu gehören vor allem **Schlichtungsvereinbarungen** oder **Arbeitskampfregelungen**. Es besteht auch die Möglichkeit, dass Arbeitsbedingungen schuldrechtlich geregelt werden. Diese haben dann keine normative, d.h. unmittelbare und zwingende Wirkung. Allerdings können die Tarifvertragsparteien **Verträge zugunsten Dritter** i.S.d. § 328 BGB schließen. Ansprüche der Verbandsmitglieder richten sich dann nicht gegen den Arbeitsvertragspartner, sondern gegen den tarifschließenden Verband. Ein unmittelbarer Anspruch gegen den Arbeitgeber liegt aber bei einem Firmentarifvertrag zugunsten Dritter vor. Hier ist der Arbeitgeber selbst Partei des Tarifvertrags. Der Umfang der schuldrechtlichen Regelungsmacht ergibt sich aus Art. 9 Abs. 3 GG. Auch schuldrechtliche Vereinbarungen müssen sich danach auf den Bereich der Wahrung und Förderung der Arbeits- und Wirtschaftsbedingungen beschränken. Allerdings steht den Tarifvertragsparteien die Möglichkeit sonstiger Koalitionsvereinbarungen im Rahmen ihrer Vertragsfreiheit offen (siehe unter § 94 II). Nach einer mittlerweile überholten Ansicht, die insbesondere im Zusammenhang mit der Frage der Zulässigkeit tariflicher Differenzierungsklauseln (siehe unter § 83 II 2) entwickelt wurde, sollten die Tarifvertragsparteien durch schuldrechtliche Vereinbarungen keine Absprachen treffen dürfen, die ihnen im Rahmen ihrer Normsetzungsbefugnis verwehrt sind. Richtigerweise lehnt die h.M. dies ab (WIEDEMANN/THÜSING, § 1 TVG Rn. 961; DÄUBLER/REIM, § 1 TVG Rn. 961; ErfK/FRANZEN, § 1 Rn. 80). Die h.M. argumentiert, dass es auch Absprachen gibt, die normativ nicht getroffen werden können, sondern ausschließlich schuldrechtlich geregelt werden können (z.B. die Vereinbarung eines obligatorischen Schlichtungsverfahrens vor Arbeitskämpfen). Maßgeblich sei vielmehr, ob der Grund für die Unzulässigkeit der normativen Abrede auch für die schuldrechtliche Abrede greift.

Sonstige Vereinbarungen

Ein weiteres Beispiel für eine schuldrechtliche Regelung ist die Vereinbarung eines Anspruchs auf Tarifvertragsverhandlungen, etwa nach Ablauf oder vor einer beabsichtigten Kündigung eines Tarifvertrags. Streitig ist hingegen, ob eine Tarifpartei grundsätzlich einen Verhandlungsanspruch gegen den Tarifgegner hat, entweder direkt aus **Art. 9 Abs. 3 GG** oder aus dauerhaften Geschäftsbeziehungen (dafür ZÖLLNER/LORITZ/HERGENRÖDER § 34 IV 3; ablehnend WAAS, ArbuR 1991, 334 ff.). Das BAG (grundlegend BAG 14.7.1981 AP Nr. 1 zu § 1 TVG Verhandlungspflicht) verneint in ständiger Rechtsprechung einen derartigen Anspruch im Hinblick auf die Tarifautono-

Anspruch auf Tarifverhandlungen

mie, was vom BVerfG bestätigt wurde (BVerfG 20.10.1982 AP Nr. 2 zu § 1 TVG Verhandlungspflicht). (Vgl. hierzu auch § 105 VI.)

§ 97 Auslegung von Tarifverträgen

Literatur: SCHAUB, Auslegung und Regelungsmacht von Tarifverträgen, NZA 1994, 597; WANK, Die Auslegung von Tarifverträgen, RdA 1998, 71; WIEDEMANN, „Tarifvertrag und Diskriminierungsschutz – Rechtsfolgen einer gegen Benachteiligungsverbote verstoßenden Kollektivvereinbarung", NZA 2007, 950 ff.

Bedeutung

Tarifverträge kommen oft nur unter erheblichem **Zeitdruck** zustande, und der Zwang zu **Kompromissen**, unter dem die Tarifverhandlungen stehen, führt häufig zur Aufnahme sehr allgemein gefasster Formulierungen. Viele Klauseln rufen daher **Unklarheiten** hervor, so dass Auslegungsfragen gerade bei Tarifverträgen eine bedeutende praktische Rolle spielen.

I. Auslegung des normativen Teils

Grundsätze der Vertragsauslegung

Die Auslegung herkömmlicher Verträge erfolgt gem. §§ 133, 157 BGB anhand der **Ermittlung des wirklichen Willens** der vertragsschließenden Parteien, der Vorrang vor dem objektiven schriftlichen oder mündlichen Erklärungswert hat. Dem tatsächlichen Willen kann der Vorrang eingeräumt werden, weil sich die Vertragsfolgen regelmäßig auf den Kreis der vertragsschließenden Parteien beschränken.

1. Methodenstreit

Besonderheiten des Tarifvertrags

Tarifnormen betreffen hingegen nicht die vertragsschließenden Parteien, sondern eine **unbestimmte Zahl von Tarifgebundenen**. Sie gelten für eine Vielzahl künftiger Fälle, genau wie formelle Gesetze.

Objektive Methode

Aus diesem Grund ziehen Rechtsprechung (BAG 30.9.1971 AP Nr. 121 zu § 1 TVG Auslegung) und h.M. (vgl. SCHAUB, NZA 1994, 597) die **objektive Methode** der Gesetzesauslegung für den normativen Teil des Tarifvertrags heran. Ausgangspunkt und Grenze der Auslegung des normativen Teils ist nach der Rechtsprechung der Wortlaut der Tarifnorm. Der Wille der Tarifvertragsparteien kann nur insoweit berücksichtigt werden, als er in den Tarifregelungen erkennbar zum Ausdruck kommt. Begründet wird dies mit den Grundsätzen der Rechtsklarheit und Rechtssicherheit. Denn die Tarifunterworfenen müssten den Inhalt des für sie geltenden Tarifvertrags stets erkennen können, so dass nicht ausschließlich auf den Willen der Tarifvertragsparteien abgestellt werden könne. Eine Standardformel der Rechtsprechung lautet (BAG 21.7.1993 AP Nr. 144 zu § 1 TVG Auslegung):

I. Auslegung des normativen Teils § 97

„Die Auslegung des normativen Teils eines Tarifvertrags, über die hier zwischen den Parteien Streit besteht, folgt nach ständiger Rechtsprechung des Bundesarbeitsgerichts den für die Auslegung von Gesetzen geltenden Regeln. Danach ist zunächst vom Tarifwortlaut auszugehen, wobei der maßgebliche Sinn der Erklärung zu erforschen ist, ohne am Buchstaben zu haften. Soweit der Tarifwortlaut jedoch nicht eindeutig ist, ist der wirkliche Wille der Tarifvertragsparteien mit zu berücksichtigen, soweit er in den tariflichen Normen seinen Niederschlag gefunden hat. Abzustellen ist ferner auf den tariflichen Gesamtzusammenhang, weil dieser Anhaltspunkte für den wirklichen Willen der Tarifvertragsparteien liefern und nur so der Sinn und Zweck der Tarifnorm zutreffend ermittelt werden kann. Lässt dies zweifelsfreie Auslegungsergebnisse nicht zu, dann können die Gerichte für Arbeitssachen ohne Bindung an eine Reihenfolge weitere Kriterien wie die Entstehungsgeschichte des Tarifvertrags, gegebenenfalls auch eine praktische Tarifübung ergänzend heranziehen. Auch die Praktikabilität denkbarer Auslegungsergebnisse gilt es zu berücksichtigen; im Zweifel gebührt derjenigen Tarifauslegung der Vorzug, die zu einer vernünftigen, sachgerechten, zweckorientierten und praktisch brauchbaren Regelung führt." (BAG 21.7.1993 AP Nr. 144 zu § 1 TVG Auslegung)

Die Gegenansicht (vgl. WANK, RdA 1998, 71, 78 ff.) lehnt die objektive Methode ab und wendet die allgemeinen Grundsätze der Vertragsauslegung an, sog. **subjektive Methode**. Auslegungsziel ist hier der **Wille der Vertragspartner**. Nach dieser Auffassung berücksichtigt die objektive Methode nicht hinreichend das Vertragsverfahren. Im Gegensatz zu förmlichen Gesetzen seien Tarifnormen das Ergebnis autonomer Gestaltung. Eine Auslegung entgegen dem Willen der Tarifvertragsparteien stelle einen Eingriff in die Tarifautonomie dar. Die Grundsätze der Vertragsauslegung richteten sich allerdings auch nicht allein an dem Willen der Vertragsparteien aus. Empfangsbedürftige Willenserklärungen seien vom **Empfängerhorizont** auszulegen und beinhalteten insofern ebenfalls ein normatives Element. Bei Tarifverträgen sei deshalb vom Empfängerhorizont der Tarifgebundenen auszugehen.

Subjektive Methode

Der Methodenstreit hat **nur geringe praktische Bedeutung** (SCHAUB, NZA 1994, 597). Beide Methoden werden nicht streng verfolgt. Auch die objektive Methode berücksichtigt den Willen der Tarifvertragsparteien, soweit er Niederschlag im Tarifwortlaut gefunden hat. Nach der subjektiven Theorie ist der Wille der Tarifvertragsparteien hingegen das Auslegungsziel. Der wesentliche Unterschied sind die Anwendung des **versteckten Dissens nach § 155 BGB** (BAG 9.2.1983 AP Nr. 128 zu § 1 TVG Auslegung), sowie des **falsa-demonstratio-non-nocet-Grundsatzes** (BAG 2.6.1961 AP Nr. 68 zu Art. 3 GG). Nach ihm gilt der wirkliche Wille der Vertragsparteien, unabhängig von einer falschen Bezeichnung. Dieser Grundsatz gilt im Tarifvertragsrecht lediglich nach der subjektiven Methode (vgl. WANK, RdA 1998, 71, 80).

Bedeutung des Meinungsstreits

Bei Firmentarifverträgen hingegen misst das BAG dem subjektiven Willen des Arbeitgebers eine höhere Bedeutung zu. Hier soll der sub-

Besonderheit Firmentarifvertrag

jektive Wille des Arbeitgebers auch dann berücksichtigt werden, wenn er im Tarifvertrag nur unzureichend zum Ausdruck kommt und dies zu Gunsten der Arbeitnehmer geht. Das BAG begründet seine Ansicht damit, dass der Arbeitgeber beim Firmentarifvertrag selbst Vertragspartei sei. Daher entstehen die oben genannten Probleme der Rechtssicherheit nicht.

„Die objektive Auslegung von Tarifverträgen und Betriebsvereinbarungen dient vor allem dem Schutz der Normunterworfenen. Der an der Normsetzung beteiligte Arbeitgeber bedarf indessen keines solchen Schutzes. Dies spricht dafür, dass ein subjektiver Wille des normsetzenden Arbeitgebers, der ihn belastet und die Arbeitnehmer begünstigt, auch dann zu berücksichtigen ist, wenn dieser Wille nur unzureichend zum Ausdruck gebracht (BAG 30.7.2002 AP Nr. 180 zu § 1 TVG Auslegung)."

Authentische Interpretationen

Gegenstand der Auslegung ist der gesamte Inhalt einer Tarifnorm. Die Tarifvertragsparteien können Auslegungsprobleme durch Definitionen, authentische Interpretationen sowie Auslegungshilfen (z.B. in Anlagen zum Tarifvertrag) vermeiden. Sind sie selbst Tarifnorm, gehen sie anderen Auslegungsmitteln vor.

Protokollnotizen

In diesem Zusammenhang sind Protokollnotizen von Bedeutung. Sie erläutern regelmäßig im Anhang zu einem Tarifvertrag oder als Fußnoten zu tarifvertraglichen Bestimmungen die tariflichen Regelungen. Protokollnotizen enthalten also regelmäßig authentische Interpretationen. Sie sind Bestandteil des Tarifvertrags, wenn sie das Schriftformerfordernis erfüllen und mit Normsetzungswillen vereinbart worden sind. Andernfalls finden sie bei der Auslegung als Hilfsmittel Verwendung.

2. Auslegungskriterien

Reihenfolge der Kriterien

Eine feste Reihenfolge der Auslegungskriterien besteht nicht (BAG 12.9.1984 AP Nr. 135 zu § 1 TVG Auslegung; a.A. früher BAG 26.4.1966 AP Nr. 117 zu § 1 TVG Auslegung). Im Ergebnis unterscheidet die Rechtsprechung aber **zwei Gruppen** von Auslegungskriterien: Zunächst zu berücksichtigen sei der Wortlaut des Tarifvertrags. Über den reinen Wortlaut hinaus sei der wirkliche Wille der Tarifvertragsparteien und der damit beabsichtigte Sinn und Zweck der Tarifnormen mitzuberücksichtigen, sofern und soweit sie in den tariflichen Normen ihren Niederschlag gefunden haben. Zu diesem Zweck sei auch auf den tariflichen Gesamtzusammenhang abzustellen, weil nur daraus und nicht aus der einzelnen Tarifnorm auf den wirklichen Willen geschlossen und der Sinn und Zweck der Tarifnormen zutreffend ermittelt werden könne. Diese Punkte sind damit nach der Rechtsprechung vorrangig zu berücksichtigen. Ergeben sie ein eindeutiges Ergebnis, brauchen nach der Rechtsprechung des BAG die weiteren Kriterien nicht mehr geprüft zu werden.

Verblieben hingegen noch Zweifel, könne zur Ermittlung des wirklichen Willens auf weitere Kriterien wie die Tarifgeschichte, die praktische Tarifübung und die Entstehungsgeschichte des jeweiligen Tarifvertrags zurückgegriffen werden. Eine Begründung für diese Vorrangstellung wird vom BAG nicht gegeben (vgl. BAG 12.9.1984 AP Nr. 135 zu § 1 TVG Auslegung mit krit. Anm. Pleyer).

Von der Rechtsprechung werden somit folgende Kriterien verwendet: Wortlaut, Wille der Tarifparteien, tariflicher Gesamtzusammenhang, Tarifgeschichte und Tarifübung. Warum die Rechtsprechung bei Anwendung der Grundsätze der Gesetzesauslegung nicht die entsprechenden Auslegungskategorien anwendet, ist unklar, letztlich ist aber dasselbe gemeint (vgl. Wank, RdA 1998, 71, 77). Zu beachten sind daher die grammatische, historische, systematische und teleologische Auslegung.

Die Kriterien

a) Wortlaut

Ausgangspunkt einer jeden Auslegung ist der Wortlaut des Tarifvertrags. Häufig finden sich im Tarifvertrag Hinweise, wie bestimmte Begriffe zu verstehen sind. Dies kann durch eine eigene Definition der Tarifvertragsparteien geschehen. Häufig werden von den Tarifvertragsparteien auch sogenannte **Klammerzusätze** oder **Klammerdefinitionen** verwandt. Dabei ist allerdings darauf zu achten, dass solche Klammerzusätze mehrere Funktionen haben können.

Wortlaut

⇨ **Beispiele**

Für eine echte Klammerdefinition:

§ 7 Nr. 2.2 BRTV Bau sah folgende Regelung vor:

„Wegezeitvergütung"

Ein Arbeitnehmer, der auf einer Bau- oder Arbeitsstelle außerhalb des Betriebes arbeitet und dem kein Auslösungsanspruch zusteht, hat Anspruch auf eine Wegezeitvergütung (Verpflegungszuschuß), wenn die Bau- oder Arbeitsstelle, auf der er beschäftigt ist, mindestens 10 km vom Betrieb entfernt ist und der Arbeitnehmer dem Arbeitgeber schriftlich bestätigt, daß er ausschließlich aus beruflichen Gründen mehr als 10 Stunden von der Wohnung abwesend war."

Diese Vorschrift wurde vom Arbeitgeber dahingehend verstanden, dass die Vergütung nur fällig würde, wenn der Arbeitnehmer direkt von zu Hause zur Bau- oder Arbeitsstelle fährt. Denn nur dann entstünden ihm Kosten für die Wegstrecke, die nicht vergütet wird, weil die Arbeitszeit erst auf der Baustelle beginnt. Das BAG hingegen hat auch Arbeitnehmern, die vom Betriebsgelände zur Baustelle fuhren, den Anspruch auf Wegezeitvergütung gewährt, weil die Tarifvertragsparteien durch den Klammerzusatz „Verpflegungszuschuß" den Begriff der Wegezeitvergütung abweichend vom natürlichen Wortsinn definiert hatten (BAG 28.4.1982 AP Nr. 39 zu § 1 TVG Tarifverträge Bau).

Für eine bloße Beispielsfunktion:
Nach § 7 Abs. 1 MTV TechnÜbwVereine i.V.m. VergGr. A 7 Fallgruppe 7 sind zu vergüten Angestellte, die die folgenden Merkmale erfüllen:

„Einstellungsgruppe für Mitarbeiter mit einschlägiger Lehrabschlußprüfung (Kaufmannsgehilfenbrief) oder mit Abschlußprüfung an einer Staatlichen bzw. Städtischen Höheren Handelsschule, in beiden Fällen mit mehrjähriger Berufspraxis."

Hier hat das BAG angenommen, der Kaufmannsgehilfenbrief sei lediglich ein **Beispiel** für eine abgeschlossene Lehrabschlussprüfung. Eine Beschränkung des Wortlauts darauf, dass nur der Kaufmannsgehilfenbrief die Voraussetzungen der Vorschrift erfülle, sei mit dem Wortlaut der Vorschrift nicht zu vereinbaren (BAG 9.3.1983 AP Nr. 128 zu § 1 TVG Auslegung).

Des Weiteren können solche Klammerdefinitionen die Funktion haben, lediglich die Rechtslage wiederzugeben (BAG 10.5.1994 AP Nr. 3 zu § 1 TVG Tarifverträge Verkehrsgewerbe). Zu berücksichtigen ist auch, wie ein Begriff in anderen Vorschriften desselben Tarifvertrags oder in Tarifverträgen derselben Tarifvertragsparteien verwendet wird. Im Zweifel ist von einem einheitlichen Verständnis auszugehen. Bei einem **redaktionellen Versehen** ist entscheidend, ob dieses objektiv aus dem Tarifvertrag ersichtlich ist. Schließlich kann auch die umgangssprachliche Bedeutung eines Begriffs zur Auslegung herangezogen werden.

b) Wille der Tarifvertragsparteien

Wille der Tarifvertragsparteien

Relevant für die Auslegung des Tarifvertrags ist auch der Wille der Tarifvertragsparteien. Allerdings muss dieser im Normtext irgendeinen Ausdruck gefunden haben (**Andeutungstheorie**). Die Auslegung ist damit auch hier **objektiviert**. Es ist zu ermitteln, welchen Zweck die Tarifvertragsparteien mit der Vorschrift verfolgt haben, wobei sich dieser auch aus dem Gesamtzusammenhang und der Tarifgeschichte ergeben kann.

c) Gesamtzusammenhang

Gesamtzusammenhang

Tarifliche Regelungen, die mehrere Auslegungen zulassen, sind unter Berücksichtigung des Gesamtzusammenhangs des Tarifvertrages auszulegen. Dabei ist insbesondere der eine Vorschrift umgebende Normkomplex zu berücksichtigen (LÖWISCH/RIEBLE, § 1 TVG Rn. 567). Die Systematik des Tarifvertrags – insbesondere Überschriften – ist für das BAG von erheblicher Bedeutung bei der Auslegung. Ebenso heranzuziehen sind die Vorschriften in anderen Tarifverträgen derselben Tarifvertragsparteien.

d) Tarifgeschichte

Der Inhalt einer Tarifnorm, insbesondere der Wille der Tarifvertragsparteien, lässt sich gelegentlich nur anhand der **Entstehungsgeschichte** ermitteln. Hier kann beispielsweise auf Verhandlungsniederschriften zurückgegriffen werden. Allerdings zieht das BAG diese nur dann zur Auslegung heran, wenn die Auslegung anhand Wortlaut und Gesamtzusammenhang zu keinem eindeutigen Ergebnis geführt hat (BAG 12.9.1984 AP Nr. 135 zu § 1 TVG Auslegung). Diese Einschränkung wird in der Literatur kritisch gesehen (WIEDEMANN/WANK, § 1 TVG Rn. 1024). Die Rechtsprechung hängt mit der stark verobjektivierten Sichtweise des BAG zusammen, da die Entstehungsgeschichte sich regelmäßig nicht aus dem Tarifvertrag entnehmen lässt. Allerdings lassen sich häufig Rückschlüsse aus dem Verhältnis zu Vorgängerregelungen in vorangegangenen Tarifverträgen ziehen. Nach der Rechtsprechung des BAG soll insbesondere dann, wenn die Tarifvertragsparteien eine Tarifnorm, die die Rechtsprechung in einer bestimmten Weise ausgelegt hat, wortgleich übernehmen, dieser Tarifnorm das Verständnis der Rechtsprechung zu Grunde liegen, sofern im Tarifvertrag nicht ausdrücklich ein abweichendes Verständnis zum Ausdruck kommt (BAG 18.9.2001 AP Nr. 3 zu § 3 ATG). Dies wird von der Literatur – nicht zu Unrecht – als „selbstheilende Auslegungsrechtsprechung" kritisiert, weil die Auslegung dem Willen der Tarifvertragsparteien zu folgen habe und nicht der Wille der Tarifvertragsparteien der Auslegung durch das BAG (LÖWISCH/RIEBLE, § 1 TVG Rn. 573, 588).

Tarifgeschichte

Ebenso nachrangig, aber im Zweifelsfalle heranzuziehen ist nach der Rechtsprechung die **Tarifübung**, also die Handhabung des Tarifvertrags in der Vergangenheit. Einschränkend ist aber zu verlangen, dass diese mit Wissen und Wollen der Tarifvertragsparteien erfolgt ist. Auf die Kenntnis des einzelnen Arbeitnehmers soll es nicht ankommen (BAG 25.8.1982 AP Nr. 2 zu § 1 TVG tarifliche Übung).

3. Weitere Auslegungsgrundsätze

Tarifnormen sind im Zweifel so auszulegen, dass sie nicht gegen Europa-, Verfassungs- oder Gesetzesrecht verstoßen (vgl. BAG 21.7.1993 AP Nr. 144 zu § 1 TVG Auslegung; BAG 29.7.1992 AP Nr. 32 zu § 1 TVG Einzelhandel). Allerdings ist mit Blick auf die verfassungskonforme Auslegung die Frage zu berücksichtigen, inwieweit die Tarifvertragsparteien an Grundrechte gebunden sind (siehe unter § 105 V). Ebenso ist bei der europarechtskonformen Auslegung zwischen Primär- und Sekundärrecht zu differenzieren (siehe unter § 14). Bei tarifdispositivem Gesetzesrecht gilt der Grundsatz, dass eine abweichende Regelung im Tarifvertrag eindeutig und unmissverständlich geregelt sein muss (BAG 17.9.1970 AP Nr. 11 zu § 13 BUrlG). Im Zweifel hat die gesetzliche Regelung Vorrang.

Gesetzeskonforme Auslegung

Wird eine gesetzliche Vorschrift im Tarifvertrag lediglich übernommen oder wird auf diese verwiesen, so ist umstritten, ob die Verwei-

Verweisung auf Gesetz

sung als konstitutiv oder deklaratorisch zu verstehen ist (vgl. unter § 104 VI).

Zweckorientierte Auslegung

Im Zweifel hat ferner diejenige Tarifauslegung Vorrang, die zu einer vernünftigen, sachgerechten, zweckorientierten und praktisch brauchbaren Regelung führt (BAG 12.9.1984 AP Nr. 135 zu § 1 TVG Auslegung). Dieser Grundsatz darf allerdings nicht dahingehend missverstanden werden, dass die Tarifparteien keine unzweckmäßigen Tarifregelungen vereinbaren können. Es darf mittels der Auslegung **keine Tarifzensur** vorgenommen werden.

Arbeitnehmerschutzprinzip

Abzulehnen ist hingegen die Auffassung, dass im Zweifel eine Tarifnorm zugunsten der Arbeitnehmer auszulegen ist (WIEDEMANN Anm. zu AP Nr. 16, 17 zu § 1 TVG Tarifverträge: Bau). Begründet wird diese Ansicht mit dem Arbeitnehmerschutzprinzip, das auch den Tarifnormen zugrunde läge. Das Tarifrecht an sich dient der Herstellung eines Gleichgewichts zwischen Arbeitnehmer und Arbeitgeber. Zwischen den Verbänden besteht ein **Paritätsverhältnis**, so dass ein besonderer Arbeitnehmerschutz nicht erforderlich ist (vgl. dazu etwa LAG Hamm 26.6.1991 LAGE Nr. 5 zu § 1 TVG Auslegung; WANK, RdA 1998, 71, 79).

Auffassung der beteiligten Berufskreise

Auch die Auffassung der beteiligten Berufskreise ist kein eigenständiger Auslegungsgrundsatz.

„Dagegen ist die „Auffassung der beteiligten Berufskreise" kein selbständiges Auslegungskriterium, weil sie für sich allein über den Willen der Tarifvertragsparteien nichts aussagt und für sich genommen zum Tarifrecht keinen Bezug hat. Hingegen kann die „Auffassung der beteiligten Berufskreise" von den Tarifvertragsparteien zum Gegenstand einer tariflichen Regelung gemacht werden. Dann ist sie bereits im Rahmen des Tarifwortlautes und des tariflichen Gesamtzusammenhanges nach den allgemeinen Grundsätzen zu berücksichtigen (...). Darüber hinaus kommt der Auffassung der beteiligten Berufskreise nur eine ergänzende und zur Bestätigung geeignete Funktion zu." (BAG 12.9.1984 AP Nr. 135 zu § 1 TVG Auslegung)

4. Ergänzende Auslegung

Unzulässigkeit bei bewussten Lücken

Eine ergänzende Auslegung des Tarifvertrags wird nur sehr eingeschränkt vorgenommen. Grund ist auch hier der **Schutz der Tarifautonomie**. Durch eine ergänzende Tarifvertragsauslegung kann das Verhandlungsergebnis im nachhinein verändert werden; der Kompromiss wird dann zugunsten einer Seite verfälscht. Deswegen besteht Einigkeit, dass sog. bewusste Regelungslücken nicht ergänzt werden dürfen (vgl. BAG 26.5.1993 AP Nr. 29 zu § 1 TVG Tarifverträge: Druckindustrie; BAG 13.6.1973 AP Nr. 123 zu § 1 TVG Auslegung).

„Wie bei lückenhaftem Gesetzesrecht ist auch bei der Anwendung von Tarifverträgen eine Rechtsfortbildung möglich, wenn sich eine planwidrige Unvollständigkeit feststellen lässt. [...] Während die staatliche

I. Auslegung des normativen Teils § 97

Rechtsordnung als umfassend zu denken ist, der Richter also zu jeder auftretenden Rechtsfrage irgendeine Antwort zu finden hat, treten Tarifverträge von vornherein nicht mit dem Anspruch auf, die Arbeitsbedingungen vollständig zu regeln. Vielmehr bleiben zahlreiche Fragen bewusst oder auch unbewusst der Regelung durch andere Gestaltungsmittel (z.B. durch Gesetz oder Einzelarbeitsvertrag) überlassen [...]. Würde der Richter solche tarifpolitischen Lücken schließen, erweiterte er den Bereich der autonomen Rechtssetzung. Das ist ihm nicht gestattet." (BAG 13.6.1973 AP Nr. 123 zu § 1 TVG Auslegung)

Ob eine Lücke vorliegt und ob sie bewusst ist, muss durch Auslegung ermittelt werden. Eine **bewusste Regelungslücke** ist dann anzunehmen, wenn die Tarifvertragsparteien eine regelungsbedürftige Frage bewusst ungeregelt lassen und dies seinen Ausdruck findet. Die bewusste Unterlassung einer Regelung kann ihren Grund auch darin haben, dass die Tarifparteien sich nicht einigen konnten (vgl. BAG 26.8.1987 AP Nr. 138 zu §§ 22, 23 BAT 1975). Hingegen liegt eine Regelungslücke nach der Rechtsprechung nicht bereits deshalb vor, weil zwischen den Tarifvertragsparteien Uneinigkeit über die Auslegung einer Tarifvertragsvorschrift besteht (BAG 23.2.2005 AP Nr. 33 zu § 1 TVG Tarifverträge Lufthansa). Dies soll sogar dann gelten, wenn die unterschiedlichen Auffassungen im Tarifvertrag dokumentiert sind.

Bewusste Regelungslücken

„Im Schriftwechsel der Tarifvertragsparteien wird vielmehr nur die unterschiedliche Auslegung der tariflichen Regelung in § 6 Abs. 3 TV ÜV-Cockpit 2000 dokumentiert. Das steht der Wirksamkeit der darin getroffenen Regelung nicht entgegen, deren Inhalt durch Auslegung ermittelt werden kann. Ein Dissens der Tarifvertragsparteien über die Auslegung der tariflichen Regelung kann an der tarifrechtlichen Wirksamkeit eines gültig zustande gekommenen Tarifvertrages wegen dessen Normencharakters nichts ändern (...), selbst wenn bereits zum Zeitpunkt des Tarifvertragsabschlusses die abweichenden Vorstellungen zur Auslegung des Tarifvertrages bestanden haben. Maßgeblich ist der nach außen zum Ausdruck gekommene Normbefehl. Das gilt auch dann, wenn vorliegend diese schriftlich dokumentierten unterschiedlichen Auffassungen dem Tarifvertrag beigefügt worden sind, wie der Kläger vorgetragen hat." (BAG 23.2.2005 AP Nr. 33 zu § 1 TVG Tarifverträge: Lufthansa)

Unbewusste Regelungslücken, also solche, die ungewollt und planwidrig sind, können hingegen durch ergänzende Vertragsauslegung gefüllt werden. Erforderlich sind allerdings sichere Anhaltspunkte dafür, welche Regelung die Tarifvertragsparteien getroffen hätten (vgl. BAG 23.9.1981 AP Nr. 19 zu § 611 BGB Lehrer, Dozenten) oder es nur eine einzige zulässige Möglichkeit zur Lückenschließung gibt. Dies ist in der Regel nicht der Fall, wenn es mehrere Möglichkeiten zur Lückenschließung gibt (BAG 14.10.2004 AP Nr. 3 zu § 2 BAT 2 Sr). Nachträglich auftretende Lücken sollen die Tarifvertragsparteien durch rückwirkende Tarifvereinbarungen nach Möglichkeit selbst schließen.

Unbewusste Regelungslücken

„Eine unbewusste Tariflücke müssen die Gerichte für Arbeitssachen im Wege einer ergänzenden Vertragsauslegung schließen, wenn sich unter Berücksichtigung von Treu und Glauben ausreichende Anhaltspunkte für einen entsprechenden Regelungswillen der Tarifvertragsparteien ergeben (...). Das scheidet allerdings aus, wenn den Tarifvertragsparteien ein Spielraum zur Lückenschließung bleibt und es ihnen wegen der verfassungsrechtlich geschützten Tarifautonomie überlassen bleiben muss, die von ihnen für angemessen gehaltene Lösung zu finden." (BAG 14.10.2004 AP Nr. 3 zu § 2 BAT 2 Sr)

Gleichheitswidrige und diskriminierende Regelungen

Soweit Lücken in Tarifverträgen auf Grund von Verstößen gegen verfassungs- und europarechtliche Gleichheitsgebote oder Diskriminierungsverbote entstehen, sind diese nach der Rechtsprechung des EuGH und tendenziell auch des BAG durch eine Angleichung nach oben zu schließen. Der benachteiligte oder diskriminierte Arbeitnehmer erhält in diesem Fall einen Anspruch auf Gleichstellung mit den begünstigten Arbeitnehmern (EuGH 7.2.1991 AP Nr. 25 zu § 23a BAT; BAG 7.3.1995 AP Nr. 26 zu § 1 BetrAVG; vgl. WIEDEMANN, NZA 2007, 950 ff.)

II. Auslegung des schuldrechtlichen Teils

Für die Auslegung des schuldrechtlichen Teils von Tarifverträgen gelten die dargestellten Grundsätze nicht. Für den schuldrechtlichen Teil des Tarifvertrags sind die Regeln über das Zustandekommen und die Auslegung schuldrechtlicher Verträge gemäß §§ 133, 157 BGB maßgeblich.

3. Abschnitt: Normwirkung

Literatur: SINGER, Tarifvertragliche Normenkontrolle am Maßstab der Grundrechte, ZFA 1995, 611; WISSKIRCHEN, Über Abweichungen von den Normen eines Tarifvertrags, FS Hanau (1999), S. 623.

§ 98 Der Rechtsnormcharakter

⮞ Übersicht:
    I. Unmittelbare Wirkung
    II. Zwingende Wirkung
        1. Ausnahme: Günstigkeitsprinzip
            a) Abmachungen i.S.d. § 4 Abs. 3 TVG
            b) Günstigkeitsvergleich
                aa) Blickwinkel des Günstigkeitsvergleichs
                bb) Vergleichsgegenstände

I. Unmittelbare Wirkung § 98

  c) Vertiefungsproblem 1: Wochenarbeitszeitverkürzung
  d) Vertiefungsproblem 2: Betriebliche Bündnisse für Arbeit
  e) Vertiefungsproblem 3: Effektiv- und Verrechnungsklauseln
   aa) Effektivgarantieklauseln
   bb) Begrenzte Effektivklausel
   cc) Verdienstsicherungsklauseln
   dd) Besitzstandsklauseln
   ee) Anrechnungs- und Verrechnungsklauseln
 2. Tariföffnungsklauseln
 3. Schutz tariflicher Rechte § 4 Abs. 4 TVG
  a) Verzicht auf tarifliche Rechte
  b) Verwirkung
  c) Ausschlussfristen
   aa) Inhalt und Zweck
   bb) Grenzen
   cc) Zweistufige Ausschlussfristen
III. Rechtsfolgen bei Verstoß gegen § 4 Abs. 1 TVG

Die normative Wirkung der Tarifbestimmungen ist in § 4 Abs. 1 TVG angeordnet. Die Rechtsnormen des Tarifvertrags gelten danach unmittelbar und zwingend für alle Tarifgebundenen. Tarifnormen wirken daher wie Gesetze auf die Arbeitsverhältnisse der Tarifgebundenen ein. Tarifnormen sind **materielles Gesetz**; sie sind Gesetz i.S.d. Art. 2 EGBGB, d.h. Tarifnormen können gesetzliche Verbote i.S.d. § 134 BGB oder gesetzliche Formvorschriften i.S.d. § 125 BGB enthalten. Ebenso können sie als Schutzgesetze im Sinne des § 823 Abs. 2 BGB Schadensersatzansprüche auslösen. Normwirkung

„Bei der Normsetzung durch die Tarifparteien handelt es sich um Gesetzgebung im materiellen Sinne, die Normen im rechtstechnischen Sinne erzeugt [...]." (BVerfG 24.5.1977 AP Nr. 15 zu § 5 TVG)

I. Unmittelbare Wirkung

Die Unmittelbarkeit der Tarifnormwirkung in § 4 Abs. 1 TVG legt den Rechtsnormcharakter fest. Sie besagt, dass die Geltung der Tarifnormen weder von einer einzelvertraglichen Vereinbarung noch von der Kenntnis der Arbeitsvertragsparteien abhängt (BAG 21.9.1989 AP Nr. 43 zu § 77 BetrVG 1972). Diese sogenannte **Tarifautomatik** wird beispielsweise bei Eingruppierungen in Entgeltgruppen eines Tarifvertrags relevant. Die Eingruppierung durch den Arbeitgeber hat lediglich deklaratorische Funktion. Keine Kenntnis der Arbeitsvertragsparteien

„‚Unmittelbare Wirkung' einer Betriebsvereinbarung oder eines Tarifvertrags bedeutet, dass die Bestimmungen des normativen Teils der Betriebsvereinbarung oder des Tarifvertrags – wie anderes objektives Recht auch – den Inhalt der Arbeitsverhältnisse unmittelbar (automatisch) gestalten, ohne dass es auf die Billigung oder Kenntnis der Vertragsparteien ankommt. Es bedarf dazu keiner Anerkennung, Unterwerfung oder Übernahme dieser Normen durch die Parteien des Einzelarbeitsvertrags [...]." (BAG 21.9.1989 AP Nr. 43 zu § 77 BetrVG 1972)

Rechte und Pflichten

Zwischen den Arbeitsvertragsparteien bestehen somit unmittelbar aus den Tarifnormen Rechte und Pflichten. Tarifnormen sind deswegen **Anspruchsgrundlagen.**

➲ **Beispiel:**

Arbeitnehmer A vereinbart mit seinem Arbeitgeber B einen Stundenlohn von 8,75 Euro. Beide sind tarifgebunden. Der Tarifvertrag, dessen Inhalt A und B nicht kennen, setzt einen Stundenlohn i.H.v. 9,10 Euro fest. A hat daher gegen B einen Anspruch auf 9,10 Euro Stundenlohn aus der entsprechenden Tarifnorm.

II. Zwingende Wirkung

Nicht abdingbar

Die zwingende Wirkung besagt, dass Tarifnormen nicht von den Arbeitsvertragsparteien abgeändert werden können. Sie sind nichtdispositives Recht (BAG 21.9.1989 AP Nr. 43 zu § 77 BetrVG 1972). Die zwingende Wirkung des Tarifvertrags ist die zentrale Schaltstelle des Tarifsystems, über die die Schutzfunktion der Tarifautonomie realisiert wird. Dementsprechend war sie schon durch die Weimarer Reichsverfassung geschützt (RAG 12.1.1932 RAG E 12, 63). Das Grundgesetz hat die entsprechende Gewährleistung übernommen. Die zwingende Wirkung setzt sich gegenüber allen vertraglichen Abreden oder Maßnahmen durch.

„Sie [die ‚zwingende Wirkung' eines Tarifvertrags oder einer Betriebsvereinbarung] besagt, dass die Parteien des Arbeitsvertrags nichts vereinbaren können, was gegen den Tarifvertrag oder die Betriebsvereinbarung verstößt. Inhaltsnormen einer Betriebsvereinbarung oder eines Tarifvertrags müssen sich gegenüber allen vertraglichen Abreden durchsetzen [...]." (BAG 21.9.1989 AP Nr. 43 zu § 77 BetrVG 1972)

Ausnahmen

Dieser Grundsatz wird allerdings von zwei Ausnahmen nach **§ 4 Abs. 3 TVG** durchbrochen: dem Günstigkeitsprinzip und Öffnungsklauseln.

1. Das Günstigkeitsprinzip

Literatur: DÄUBLER, Abschaffung der Tarifautonomie mit Hilfe des Günstigkeitsprinzips?, ArbuR 1996, 347; DIETERICH, Tarif- und Betriebsautonomie – ein Spannungsverhältnis, FS Richardi (2007), S. 117; DORNDORF, Das Verhältnis von Tarifautonomie und individueller Freiheit als Problem dogmatischer Theorie, FS Kissel (1994), S. 139 ff.; HEINZE, Tarifautonomie und sogenanntes

II. Zwingende Wirkung § 98

Günstigkeitsprinzip, NZA 1991, 329; Körner, Zum Verständnis des tarifvertraglichen Günstigkeitsprinzips, RdA 2000, 140; Martens, Das tarifliche Günstigkeitsprinzip und der Günstigkeitsvergleich, FS Zeuner (1994), S. 101; Neumann, Arbeitszeit und Flexibilisierung, NZA 1990, 961; Schliemann, Tarifliches Günstigkeitsprinzip und Bindung der Rechtsprechung, NZA 2003, 122; Thüsing, Vom verfassungsrechtlichen Schutz des Günstigkeitsprinzips – Eine Skizze zu neueren Thesen im Lichte der Rechtsprechung des BVerfG, GS Heinze (2005), S. 901; Wiedemann, Individueller und kollektiver Günstigkeitsvergleich, FS Wissmann (2005), S. 185; Zachert, Rechtsfragen zu den aktuellen Tarifverträgen über Arbeitszeitverkürzung und Beschäftigungssicherung, AuR 1995, 1; Zöllner, Die Zulässigkeit einzelvertraglicher Verlängerung der tariflichen Wochenarbeitszeit, DB 1989, 2121.

Tarifverträge dienen nach ihrer ursprünglichen Idee dem **Arbeitnehmerschutz**. Geht man mit dem BVerfG davon aus, dass die Tarifautonomie durch die Kompensation der strukturellen Unterlegenheit des Arbeitnehmers bei Abschluss des Arbeitsvertrages fundiert ist, so muss die vertragliche Abweichung vom Tarifvertrag zu Lasten des Arbeitnehmers unzulässig sein. Ansonsten würde die Tarifautonomie ihre Schutzfunktion verlieren. Andererseits bedarf es dort keines Schutzes, wo der Arbeitnehmer individuell in der Lage ist, gegenüber dem Tarifvertrag günstigere Regelungen des Arbeitsverhältnisses durchzusetzen. Die Tarifnormen sollen demnach grundsätzlich nur Mindestarbeitsbedingungen setzen. Diesem **Zweck** dient das Günstigkeitsprinzip in § 4 Abs. 3 TVG (zur dogmatischen Begründung siehe BAG GS 16.9.1986 EzA Nr. 17 zu § 77 BetrVG). Danach sind vom Tarifvertrag abweichende Vereinbarungen zulässig, wenn sie **zugunsten des Arbeitnehmers** sind. Tarifnormen sind somit immer nur einseitig zwingend. Im Verhältnis zu günstigeren Regelungen für den Arbeitnehmer erweisen sie sich als dispositiv. Sie setzen **Mindestarbeitsbedingungen**, da dem Arbeitnehmer gegenüber ungünstigere Arbeitsbedingungen unzulässig sind. Die Tarifvertragsparteien können folglich **keine Höchstarbeitsbedingungen** festlegen. Das Günstigkeitsprinzip selbst ist zwingend und kann nicht von den Tarifvertragsparteien abbedungen werden. Es gilt unabhängig davon, ob eine vertragliche Absprache bei Abschluss des Tarifvertrags bereits besteht oder diesem nachfolgt.

Mindestarbeitsbedingungen

⇨ **Beispiel:**
Ein Tarifvertrag sieht einen Jahresurlaub von 28 Arbeitstagen vor. In einem Arbeitsvertrag können Tarifunterworfene etwa auch einen Urlaub von 30 Tagen vereinbaren. Sieht der Arbeitsvertrag hingegen einen geringeren Urlaubsanspruch als 28 Tage vor, so hat der Arbeitnehmer dennoch Anspruch auf den tariflichen Jahresurlaub.

a) Abmachungen i.S.d. § 4 Abs. 3 TVG

Abmachungen i.S.d. § 4 Abs. 3 TVG können nur Vereinbarungen sein, die in der **Normhierarchie** rangniedriger sind als Tarifverträge. Gegenüber ranghöheren Rechtsquellen können Tarifverträge ohnehin keine Grenzen bilden. Im Verhältnis zu **gleichrangigen Rechts-**

Rangniedrigere Rechtsquellen

quellen, also anderen Tarifverträgen, gilt das Günstigkeitsprinzip nicht. Hier herrscht vielmehr das **Ablöse-** oder **Ordnungsprinzip** bzw. die Zeitkollisionsregel, nach der ein jüngerer Tarifvertrag den älteren verdrängt, auch wenn er ungünstiger ist (vgl. dazu BAG 16.5.1995 AP Nr. 15 zu § 4 TVG Ordnungsprinzip). **Abmachungen** nach § 4 Abs. 3 TVG sind folglich **Betriebsvereinbarungen** (hier sind aber §§ 77 Abs. 3, 87 Abs. 1 BetrVG zu beachten) und **Arbeitsverträge**. Der Arbeitnehmer kann für sich demnach individuell günstigere Konditionen aushandeln.

Anwendungsbereich

Das Günstigkeitsprinzip gilt nicht nur im Verhältnis des Tarifvertrags zu nachträglichen Abmachungen, sondern auch zu vortariflichen Vereinbarungen. Auf welche Arten von Tarifnormen sich das Günstigkeitsprinzip erstreckt, ist umstritten. Fraglich ist die Anwendbarkeit des Günstigkeitsprinzips auf Abschlussnormen, betriebliche und betriebsverfassungsrechtliche Tarifnormen und Formvorschriften. Hingegen wird die Anwendung des Günstigkeitsprinzips auf Tarifnormen über gemeinsame Einrichtungen allgemein abgelehnt. Einigkeit besteht darüber, dass Beendigungsnormen erfasst werden. Grundsätzlich erfasst sind auch Inhaltsnormen.

Negative Inhaltsnormen

Allerdings hat die ältere Rechtsprechung des BAG für sogenannte negative Inhaltsnormen (siehe unter § 95 I), die lediglich ein Verbot einer bestimmten Regelung enthalten, die Anwendbarkeit des Günstigkeitsprinzips abgelehnt (BAG 7.12.1956 AP Nr. 1 zu § 817 BGB). Dem folgt ein Teil der Literatur mit der Begründung, dass, wenn etwas verboten ist, eine Erlaubnis nicht günstiger sein kann (GAMILLSCHEG KollArbR I § 18 V 4. b). Dem wird von der überwiegenden Auffassung in der Literatur entgegen gehalten, dass das Günstigkeitsprinzip unabhängig davon gelten müsse, ob es sich um ein Ge- oder Verbot handele (LÖWISCH/RIEBLE § 4 TVG Rn. 272; DÄUBLER/DEINERT § 4 Rn. 600). Hintergrund des Streits ist, dass negative Inhaltsnormen häufig dem Gesundheitsschutz des Arbeitnehmers dienen. Das Problem lässt sich sachgerecht auf der Ebene des Günstigkeitsvergleichs lösen. Dies geschieht dadurch, dass eine gesundheitlich belastendere Regelung regelmäßig als ungünstiger anzusehen ist.

Abschlussnormen

Die Anwendbarkeit des Günstigkeitsprinzips auf Abschlussnormen (siehe unter § 95 II) ist allein mit Blick auf Abschlussverbote fraglich. Teilweise wird angenommen, diese seien bereits wegen ihrer Schutzfunktion für die Arbeitnehmer einem Günstigkeitsvergleich entzogen. Ebenso wird darauf verwiesen, dass, sofern die Tarifvertragsparteien mit dem Verbot ihre Regelungsmacht überschritten hätten, die Tarifnorm bereits aus diesem Grund unwirksam und daher eine Korrektur über das Günstigkeitsprinzip entbehrlich sei (DÄUBLER/DEINERT § 4 Rn. 602).

Betriebsnormen und betriebsverfasssungsrechtliche Normen

Es ist umstritten, ob gegenüber betrieblichen Normen (siehe unter § 95 IV 1) das Günstigkeitsprinzip gilt. Eine Anwendung scheint jedenfalls denkbar, wenn durch die betriebliche Norm nur ein Mindeststandard gesetzt werden soll. Anderseits darf durch die Anwendung des Günstigkeitsprinzips nicht der Zweck der Betriebs-

II. Zwingende Wirkung § 98

norm unterlaufen werden. Für betriebsverfassungsrechtliche Normen (siehe unter § 95 IV 2) hat das BAG eine Geltung des Günstigkeitsprinzips zwar abgelehnt (BAG 18.12.1997 AP Nr. 46 zu § 2 KSchG 1969). Allerdings ist auch hier eine Übertragung der Grundsätze zu den Betriebsnormen denkbar.

b) Der Günstigkeitsvergleich

Schwierigkeiten wirft die Frage auf, wann eine einzelvertragliche Abmachung günstiger als eine tarifvertragliche Regelung ist. Zunächst muss bestimmt werden, aus welcher Sicht der Vergleich erfolgt und dann, welche Regelungen zum Vergleich herangezogen werden. *[Vergleich]*

aa) Blickwinkel des Günstigkeitsvergleichs

Die Frage, aus welcher Sicht der Günstigkeitsvergleich vorzunehmen ist, erscheint zunächst wenig problematisch. Eine Lösung aus der Sicht des jeweils betroffenen Arbeitnehmers scheidet aber aus. Tarifverträge schützen den Arbeitnehmer auch vor sich selbst und seiner möglichen Nachgiebigkeit gegenüber dem Arbeitgeber (vgl. § 4 Abs. 4 TVG: kein Verzicht auf tarifliche Rechte; dazu siehe unter § 98 II 3). Dennoch ist die Betrachtungsweise des Günstigkeitsvergleichs eine individuell auf den Arbeitnehmer bezogene. Es ist danach zu fragen, ob die betreffende Regelung für den einzelnen Arbeitnehmer günstiger ist, nicht hingegen, ob dies z.B. aus Sicht der Gesamtbelegschaft (kollektive Sichtweise) der Fall ist. Etwas anderes kann nur bei betrieblichen und betriebsverfassungsrechtlichen Tarifnormen gelten. Hier ist auf den Zweck der Norm abzustellen, der grundsätzlich kollektiven Interessen dient. Bezugspunkt des Vergleichs ist also grundsätzlich der individuelle Arbeitnehmer. Problematisch ist aber, welcher Maßstab für den Vergleich anzulegen ist. *[Entscheidende Sichtweise]*

Einen **subjektiven Maßstab** begründet HEINZE (NZA 1991, 329, 333) mit verfassungsrechtlichen Argumenten. Privatautonome Vereinbarungen gingen kollektiven Regelungen dann vor, wenn wirklich eine Vertragsgestaltungsfreiheit des Arbeitnehmers bei den vereinbarten Abweichungen vom Tarifvertrag bestehe. Dem wird entgegen gehalten, dass diese Ansicht gerade aus verfassungsrechtlichen Gesichtspunkten abzulehnen sei, weil die Tarifautonomie ausgehöhlt werde, wenn allein subjektive Elemente den Ausschlag geben (JACOBS/KRAUSE/OETKER § 7 Rn. 43; DÄUBLER/DEINERT, § 4 TVG Rn. 686). Eine a.A. (vgl. STEIN Rn. 603) beurteilt den Günstigkeitsvergleich aus der **Sicht der Tarifvertragsparteien**. Deren Interessenbewertung soll entscheidend sein. Als Begründung wird angeführt, dass auch der Verzicht auf tarifliche Rechte nur in einem Vergleich möglich sei, der von den Tarifvertragsparteien gebilligt wird, § 4 Abs. 4 S. 1 TVG. Dies wird wiederum abgelehnt mit dem Hinweis, dass Zweck des Günstigkeitsprinzips gerade die Einschränkung der Kollektivmacht zugunsten des Individualwillens sei (vgl. NEUMANN, NZA 1990, 961, *[Meinungsstreit]*

962). Die h.M. (LÖWISCH/RIEBLE, § 4 TVG Rn. 310; DÄUBLER/DEINERT, § 4 TVG Rn. 686 ff.; JOOST, ZfA 1984, 173, 178) stellt auf die **Sicht eines objektiven, vernünftig abwägenden Arbeitnehmers** ab. Dies begründet sich mit dem schonenden Ausgleich der Verfassungspositionen der Tarifautonomie und der Vertragsfreiheit. Durch den rein subjektiven Maßstab könnte der Schutzgedanke der Tarifautonomie nicht gewahrt werden. Diese soll die strukturelle Unterlegenheit des Arbeitnehmers bei Abschluss des Arbeitsvertrages kompensieren. Ein rein subjektiver Maßstab würde damit die Schutzfunktion der Tarifautonomie aufheben. Andererseits soll das Günstigkeitsprinzip die Privatautonomie des Arbeitnehmers nicht übermäßig einschränken. Daher kann auch eine rein kollektive Betrachtungsweise nicht ausschlaggebend sein.

bb) Die Vergleichsgegenstände

Vergleichsgegenstände

Verglichen werden Tarifnormen und Abmachungen, nicht aber Lebensumstände (vgl. GAMILLSCHEG KollArbR I § 18 V 1 b (3)). Maßgebend ist damit allein die rechtliche Position des Arbeitnehmers mit Blick auf den Tarifvertrag. Diese muss sich verbessern. Externe (Lebens-)Umstände, die nicht im Zusammenhang mit der bestehenden vertraglichen Beziehung stehen, sind nicht zu berücksichtigen (BAG 18.12.1997 AP Nr. 46 zu § 2 KSchG 1969 m. Anm. WIEDEMANN).

⊃ **Beispiel:**
Ein bisher arbeitsloser Arbeitnehmer wird einen untertariflich bezahlten Arbeitsplatz als günstiger ansehen als gar nicht eingestellt zu werden. Dieser Gesichtspunkt kann nicht berücksichtigt werden.

Vergleich von Gesamtregelungen

Die Frage nach den in den Vergleich einzubeziehenden Regelungen gestaltet sich ebenfalls problematisch, wenn die abweichenden Abmachungen sowohl günstigere als auch nachteiligere Bestimmungen enthalten.

⊃ **Beispiel:**
Ein Tarifvertrag sieht mehr Lohn, aber weniger Urlaub als der Einzelvertrag vor.

Rosinentheorie

Denkbar wäre, dass die jeweils für den Arbeitnehmer günstigere Rechtsfolge gilt. Verglichen würden jeweils nur die einzelnen Bestimmungen; diese Vorgehensweise wird entsprechend als **Einzelvergleich** oder auch als „**Rosinentheorie**" bezeichnet (vgl. HANAU/ADOMEIT Rn. 250). Für den Arbeitnehmer wäre dann der Lohn des Tarifvertrags und der Urlaub des Einzelvertrags maßgebend (vgl. allerdings einschränkend DÄUBLER/DEINERT § 4 Rn. 663 ff.). Tarifverträge sind i.d.R. ein ausgewogenes System und bilden zusammenhängende Regelungskomplexe. Die **Kompromisse** werden erreicht,

II. Zwingende Wirkung § 98

indem die Tarifparteien jeweils in einigen Punkten nachgeben, um so andere Tarifziele zu erreichen. Ein solcher Regelungskomplex darf im Günstigkeitsvergleich nicht auseinandergerissen werden. Ein isolierter Vergleich i.S.d. Rosinentheorie würde den Willen der Tarifparteien nicht hinreichend berücksichtigen.

Die Beurteilung könnte auch anhand eines Gesamtvergleichs von Tarifvertrag und Arbeitsvertrag erfolgen (vgl. HEINZE, NZA 1991, 329, 335). Doch wäre ein solches Vorgehen praktisch nur sehr schwer durchführbar und von zu vielen Wertungen abhängig. Im Übrigen stünde damit die zwingende Wirkung des Tarifvertrags weitestgehend zur Disposition der Vertragsparteien. Schon gegen den Sachgruppenvergleich wird geltend gemacht, er verstoße gegen den Wortlaut des Art. 4 Abs. 3 TVG, der nur die Änderung von Regelungen, nicht aber des gesamten Tarifvertrags zulasse (JACOBS/KRAUSE/OETKER § 7 Rn. 36). *Gesamtvergleich*

Die h.M. (BAG 20.4.1999 NZA 1999, 887, 893 m.w.N.; WIEDEMANN/WANK, § 4 TVG Rn. 436 ff.) führt einen **Gruppenvergleich** durch und vergleicht nur diejenigen Regelungen, die zueinander in einem **sachlichen Zusammenhang** stehen. *Gruppenvergleich*

Gleichwohl birgt der Begriff des sachlichen Zusammenhangs Unschärfen, die das BAG sieht. Der innere Zusammenhang von Regelungen ist dabei eine Auslegungsfrage, die insbesondere danach zu beurteilen ist, ob sich die tarifvertraglichen Regelungen auf einen gemeinsamen Regelungsgegenstand beziehen. Innerhalb dieses Bezugspunktes sind dann auch Abweichungen von einzelnen Regelungen zu Lasten des Arbeitnehmers möglich, solange diese innerhalb der Vergleichsgruppe durch für den Arbeitnehmer günstige Regelungen kompensiert werden. Einheitliche Kriterien konnten bisher nicht aufgestellt werden. Das BAG meint allerdings, dass mangels gesetzgeberischer Regelung einer Auslegung im Lichte des Art. 9 Abs. 3 GG der Vorrang zu geben sei, der den Vorrang des Tarifvertrags wahre (BAG 20.4.1999 NZA 1999, 887, 893).

⮕ **Beispiele:**
- Ein Sachzusammenhang besteht beispielsweise zwischen der Höhe des Grundlohns und Leistungszulagen, nicht dagegen zwischen dem Grundlohn und der Weihnachtsgratifikation oder zwischen den Leistungslöhnen und Sozialzulagen (vgl. ZÖLLNER/LORITZ/HERGENRÖDER § 37 II 1 c cc).
- Übertariflicher Lohn kann mit untertariflichem Urlaub nicht ausgeglichen werden. Ein hinreichender sachlicher Zusammenhang fehlt bei den Lohn- und Urlaubsregelungen, weil sie jeweils unterschiedliche selbständige Regelungskomplexe im Tarifvertrag darstellen. Der Arbeitnehmer kann daher den tariflichen Urlaub und gem. § 4 Abs. 3 TVG den einzelvertraglich vereinbarten Lohn verlangen.

– Ein sachlicher Zusammenhang besteht regelmäßig zwischen einer Urlaubsregelung im Arbeitsvertrag, die 30 Tage bezahlten Urlaub und 5 Euro Urlaubsgeld pro Tag vorsieht, und einer tariflichen Regelung über 25 Tage bezahlten Urlaub und 6 Euro Urlaubsgeld, weil der gewährte Urlaub in einem unmittelbaren Zusammenhang zum Urlaubsgeld steht (BROX/RÜTHERS/HENSSLER Rn. 686; kritisch KeZa/ZACHERT, § 4 TVG Rn. 312). Die gesamte Urlaubsregelung im Arbeitsvertrag (30 Tage bezahlter Urlaub und insgesamt 150 Euro Urlaubsgeld) ist günstiger als die tarifvertragliche Regelung (25 Tage bezahlter Urlaub und insgesamt 150 Euro Urlaubsgeld). Sie geht dem Tarifvertrag insgesamt vor, der Arbeitnehmer kann jedoch nicht 30 Tage Urlaub und 6 Euro pro Tag Urlaubsgeld verlangen.

Ergebnis des Vergleichs

Ergebnis des Gruppenvergleichs kann sein, dass kein Sachzusammenhang besteht. Dann sind die einzelnen Bestimmungen des Tarifvertrags und des Arbeitsvertrags zu vergleichen. Es gilt allein die jeweils günstigere Regelung. Ist hingegen ein Sachzusammenhang zu bejahen, dann ist im Wege eines Gruppenvergleichs die insgesamt günstigere Regelung zu ermitteln.

➲ **Beispiele:**

Günstiger sind
– der stärkere Schutz von Persönlichkeitsrechten und Vermögensgütern,
– die Vermehrung beruflicher Qualifikationen,
– die Verbesserung der Durchsetzung von Rechten,
– die Verbesserung des Gesundheitsschutzes.

Zweifelsregelung

Kann die Günstigkeit nicht deutlich festgestellt werden, gelten nach h.M. die tariflichen Bestimmungen (BAG 12.4.1972 AP Nr. 13 zu § 4 TVG Günstigkeitsprinzip; a.A. HEINZE, NZA 1991, 329, 333; JOOST, ZfA 1984, 173, 183). § 4 Abs. 3 TVG stellt eine **Ausnahmeregelung** dar, die lediglich dann greift, wenn eine günstigere Abmachung feststeht. Daher gilt auch eine Regelung, deren Günstigkeit nicht sicher prognostiziert werden kann, die sich also je nach Lage des Einzelfalles als günstiger oder ungünstiger darstellen kann, als nicht günstiger. Folglich setzt sich in diesen Fällen die tarifliche Regelung durch. Ein Beispiel hierfür ist die pauschale Abgeltung von Überstunden durch ein „übertarifliches Gehalt".

„Je nach dem Anfall von Mehrarbeit wären günstigere oder ungünstigere Auswirkungen anzunehmen. Eine solche ambivalente Vereinbarung setzt sich gegenüber tariflichen Regelungen nicht durch; denn es ist nicht im voraus feststellbar, daß sie sich für den Arbeitnehmer vorteilhaft auswirkt (...). Gerade das ist angesichts der gegenüber den Tarifgehältern unwesentlichen Steigerung und, weil die Pauschalvereinbarung keine Begrenzung der Zahl der Mehrarbeitsstunden enthält,

II. Zwingende Wirkung §98

nicht der Fall. Zudem steht die Höhe des Entgelts für die tarifliche Arbeitszeit nicht einmal fest. Sind – wie im Streitfalle – regelmäßig Mehrarbeitsstunden in hoher Zahl zu leisten, erweist sich selbst eine auf den ersten Blick günstigere Regelung als ungünstiger." (BAG 17.4.2002 AP Nr. 40 zu § 611 BGB Mehrarbeitsvergütung)

c) Vertiefungsproblem 1: Wochenarbeitszeitverkürzung

Literatur: BENGELSDORF, Tarifliche Arbeitszeitbestimmungen und Günstigkeitsprinzip, ZfA 1990, 563; BUCHNER, Beschäftigungssicherung unter dem Günstigkeitsprinzip, DB 1996, Beil. 12, 1; JOOST, Tarifrechtliche Grenzen der Verkürzung der Wochenarbeitszeit, ZfA 1984, 173; LIEB, Mehr Flexibilität im Tarifvertragsrecht? „Moderne" Tendenzen auf dem Prüfstand, NZA 1994, 289; NEUMANN, Arbeitszeit und Flexibilisierung, NZA 1990, 961; RICHARDI, Kollektivvertragliche Arbeitszeitregelung, ZfA 1990, 211; WALTERMANN, Tarifvertragliche Öffnungsklauseln für betriebliche Bündnisse für Arbeit – zur Rolle der Betriebsparteien, ZfA 2005, 505; ZÖLLNER, Die Zulässigkeit einzelvertraglicher Verlängerung der tariflichen Wochenarbeitszeit, DB 1989, 2121.

Heftig umstritten waren und sind die Folgen einer **Arbeitszeitverkürzung**. Im Mittelpunkt steht dabei die Frage, ob es für die Arbeitnehmer günstiger ist, weniger zu arbeiten, dafür aber letztlich entsprechend weniger Lohn zu erhalten. Die Relation zwischen Arbeitsleistung und Vergütung verbessert sich allerdings bei teilweisem oder vollem **Lohnausgleich**; der Stundenlohn wird also höher. Trotzdem bleibt die Arbeitszeit Berechnungsfaktor des Entgelts. *(Ausgangslage)*

⊃ **Beispiel:**

Der Tarifvertrag sieht eine wöchentliche Arbeitszeit von 38,5 Stunden vor. Arbeitnehmer A vereinbart einzelvertraglich eine Wochenarbeitszeit von 40 Stunden und erhält dementsprechend mehr Lohn. Fällt die einzelvertragliche Regelung unter § 4 Abs. 3 TVG?

Die Frage, ob die Tarifvertragsparteien eine Höchstarbeitszeit verbindlich festlegen wollen, lediglich eine unverbindliche Festlegung einer Regelarbeitszeit anstreben oder mit der Angabe der Arbeitszeit lediglich die Bemessungsgrundlage für das Arbeitsentgelt treffen wollen, ist durch Auslegung zu ermitteln. Dabei können sowohl ein beschäftigungspolitischer Hintergrund des Tarifvertrags als auch Regelungen zur Vergütung bei Mehrarbeit für eine zwingende Wirkung der tariflich geregelten Arbeitszeitdauer sprechen.

Zunächst stellt sich die Frage, ob die Tarifvertragsparteien überhaupt **Höchstarbeitszeiten** festlegen können. Bedenken ergeben sich hier sowohl aus dem Grundsatz, dass Tarifverträge **Mindestarbeitsbedingungen** festlegen, als auch aus Art. 12 GG (Berufsfreiheit von Arbeitgeber und Arbeitnehmer) und der Frage, ob die Tarifparteien für **Beschäftigungspolitik** ein Mandat haben. Eine Arbeitszeitverkürzung zum Schutz der Arbeitnehmer, d.h. aus gesundheitlichen Gründen, wird verbreitet als nicht mehr erforderlich angesehen. Die *(Zulässigkeit von Höchstarbeitszeiten)*

Gewerkschaften haben in den 90er Jahren beschäftigungspolitische Gründe für die Reduzierung der Arbeitszeit angegeben. Mittlerweile dürften auch familienpolitische Erwägungen sowie die Einräumung von Freiräumen zur Persönlichkeitsentfaltung eine Rolle spielen. Die Zulässigkeit einer Arbeitszeitverkürzung aus beschäftigungspolitischen Gründen wird unterschiedlich beurteilt (dafür: BUCHNER, DB 1996 Beil. 12, 1, 13; DÄUBLER, DB 1989, 2534, 2535; dagegen BENGELSDORF, ZfA 1990, 563, 570). Umstritten ist in diesem Zusammenhang, ob die Tarifvertragsparteien über ein beschäftigungspolitisches Mandat verfügen (dafür: HANAU/THÜSING, ZTR 2001, 1, 6; ZACHERT, DB 2001, 1198, 1199). Ein Teil der Lehre verneint dies und vertritt daher, die Tarifvertragsparteien hätten keine Regelungsmacht für beschäftigungspolitisch motivierte Höchstarbeitszeiten (ZÖLLNER, DB 1989, 2121, 2122). Das BAG ist der entsprechenden Auffassung nicht gefolgt (BAG 28.6.2001 AP Nr. 24 zu § 611 BGB Arbeitszeit).

„Dem kann von der Klägerseite nicht mit Erfolg entgegengehalten werden, den Tarifvertragsparteien stehe kein beschäftigungspolitisches Mandat zu mit dem Recht, grundrechtseinschränkende Tarifregelungen dieser Art zu treffen, ein solches besäßen seines Gesamtbezugs wegen nur die demokratisch gewählten bzw. legitimierten Staatsorgane. Dieser im Schrifttum vertretenen Auffassung (vgl. ZÖLLNER, DB 1989, 2121 f.; RIEBLE, ZTR 1993, 54; LÖWISCH, BB 2000, 821, 824) halten HANAU/THÜSING (ZTR 2001, 1, 6) und ZACHERT (DB 2001, 1198, 1199) entgegen, dass die Sicherung von Beschäftigung dem historisch überkommenen Verständnis der Tarifautonomie entspricht. Dem ist jedenfalls insoweit zu folgen, als es um die hier in Frage stehende Legitimation der Tarifvertragsparteien geht, tarifvertragliche Normen zu setzen, die beschäftigungssichernde Auswirkungen auf die Arbeitsverhältnisse der dem Tarifvertrag unterfallenden Arbeitnehmer haben (...). Beschäftigungspolitisch intendiert ist in diesem Sinne praktisch jede nach § 1 Abs. 1 TVG zulässige Tarifregelung, die in der Erwartung getroffen wird, durch sie würden vorhandene Arbeitsplätze erhalten oder neue geschaffen. Die Verknappung des Arbeitsangebots mag dazu geführt haben, dass dieses Tarifziel nach Einschätzung der dafür zuständigen Tarifpartner nicht mehr allein durch Vereinbarungen über die Höhe des Lohns erreicht werden kann, sondern dass außerdem durch Absenkung von regelmäßiger Arbeitszeit die Arbeit auf mehr Arbeitnehmer verteilt werden und so dem Beschäftigungsmangel entgegengewirkt werden muss. Auch solche Regelungen sind durch Art. 9 Abs. 3 GG gedeckt." (BAG 28.6.2001 AP Nr. 24 zu § 611 BGB Arbeitszeit).

Urteil des LAG Baden-Württemberg Auslöser der Diskussion war ein Urteil des LAG Baden-Württemberg (14.6.1989 DB 1989, 2028 mit krit. Anm. BUCHNER). Das Gericht kommt in dem Beispielsfall zu dem Ergebnis, dass die einzelvertragliche Regelung nicht günstiger ist als die tarifliche und sieht in ihr einen Verstoß gegen den Tarifvertrag. Das Gericht stellt in seiner Begründung nicht auf die subjektiven Vorstellungen der Arbeitnehmer ab, sondern geht von einem „verständigen Arbeitnehmer" der jeweiligen Branche aus. Es führt aus, dass in der gegenwärtigen Phase der Arbeitszeitverkürzung eine verlängerte Freizeit aus den verschiedensten Gründen für den Arbeitnehmer einen anderen, in der Regel höheren Stellenwert als ein korrespondierender Entgeltanspruch hat.

„Dies [ein Vergleich] ist jedoch nicht möglich bei einem Entgeltanspruch und einer Arbeitszeitregelung. Es fehlt hier ein objektiver Sachzusammenhang. Zwar kann die Arbeitszeit entsprechend dem Verdienst des Arbeitnehmers in einen Entgeltanspruch umgerechnet werden, doch gibt das Umrechnungsergebnis nicht die Wertigkeit wieder, die Arbeitnehmer üblicherweise diesem Entgeltanspruch zubilligen. Bei der Wertschätzung des Freizeitanspruchs und des Entgeltanspruchs ist nicht von den subjektiven Vorstellungen des Klägers auszugehen, sondern von einem verständigen Arbeitnehmer bei Berücksichtigung der in der Metallindustrie verbreiteten Verkehrsanschauung. In der gegenwärtigen Phase der Arbeitszeitverkürzung hat eine verlängerte Freizeit aus den verschiedensten Gründen für den Arbeitnehmer einen anderen, i.d.R. höheren Stellenwert als ein korrespondierender Entgeltanspruch. [...] Ferner ist gerade in der Metallindustrie das Bestreben vorhanden, durch Arbeitszeitverkürzung neue Arbeitsplätze zu schaffen und auf einen höheren Verdienst zu verzichten." (LAG Baden-Württemberg 14.6.1989 DB 1989, 2028, 2029)

Die **Kritik** gegen dieses Urteil richtet sich vor allem gegen die pauschale Verallgemeinerung, für Arbeitnehmer sei eine kürzere Arbeitszeit günstiger als der durch eine 40-Stunden-Woche erzielbare höhere Lohn. Es bestehe inzwischen **ausreichend Freizeit**. Arbeitnehmer hätten auch das Interesse, ihrem Beruf vollständig nachzugehen (Stichwort: **Selbstverwirklichung**; BENGELSDORF, ZfA 1990, 563, 585 ff.; kritisch unter Verweis darauf, dass es letztendlich Sache der Gewerkschaften sei, wie sie das Freizeitbedürfnis ihrer Mitglieder im Verhältnis zur Vergütung gewichten, JACOBS/KRAUSE/OETKER § 7 Rn. 57), wie der Anspruch auf Beschäftigung zeige (vgl. ZÖLLNER, DB 1989, 2121, 2126). Soweit das Gericht einen sachlichen Zusammenhang und damit die Vergleichbarkeit verneint, wird zu Recht dagegen vorgebracht, dass es kaum einen stärkeren Zusammenhang als zwischen Arbeitsumfang und Entgeltumfang gibt (KRAMER, DB 1994, 426; JOOST, ZfA 1984, 173, 177).	Kritik
Im Kern geht es darum, dass mit der Zulassung einer einzelvertraglich vereinbarten höheren Wochenarbeitszeit das tarifpolitische Ziel der Wochenarbeitszeitverkürzung unterlaufen zu werden droht. Daran wird auch die Bedeutung des § 4 Abs. 3 TVG **als Kollisionsnorm** anschaulich.	Unterlaufen der Tarifpolitik
Die Befürworter übertariflicher Arbeitszeiten berufen sich auf die **individuelle Entscheidungsmöglichkeit** des einzelnen Arbeitnehmers, während die Gegenmeinung auf die **wirtschaftliche Übermacht des Arbeitgebers** auf individualrechtlicher Ebene hinweist, die im Ergebnis keine freie Entscheidung zulasse. Es drohe eine Aushöhlung der Tarifautonomie, wenn mit Hinweis auf das Kriterium der Freiwilligkeit ein tarifliches Verbot unterlaufen werden könne (DÄUBLER/DEINERT, § 4 TVG Rn. 706 ff.). Teile der Literatur sind hingegen der Auf-	Meinungsstreit

fassung, dass sich unter Zugrundelegung eines objektiven Beurteilungsmaßstabs keine günstigere Regelung feststellen lasse; deswegen ergebe sich aus dem Grundsatz nach § 4 Abs. 3 TVG, dass die individualrechtliche Bestimmung unwirksam sei (KeZa/ZACHERT, § 4 TVG Rn. 321 f.).

Wahlrecht als Lösungsvorschlag

Als Lösung wird vorgeschlagen, den Arbeitnehmern ein **Wahlrecht** einzuräumen. Die individuelle, auf die eigenen Bedürfnisse abgestimmte Wahl sei stets günstiger als starre tarifliche Festlegungen (vgl. NEUMANN, NZA 1990, 961, 963; BUCHNER, DB 1996 Beil. 12, 1, 10; BENGELSDORF, ZfA 1990, 563, 598). Am günstigsten sei, wenn der Arbeitnehmer seine regelmäßige Arbeitszeit und damit indirekt seine Vergütung selbst bestimmen könne. Dies gelte gerade bei Arbeitszeitbestimmungen, da diese weder Mindestarbeitsbedingungen (Teilzeitarbeit) noch Höchstarbeitsbedingungen (nicht von der Tarifautonomie erfasst) darstellten. Deswegen seien solche Regelungen ohnehin für individualvertragliche Regelungen offen (vgl. HEINZE, NZA 1991, 329, 335). Diese Ansicht wird teilweise dahingehend eingeschränkt, dass das Wahlrecht nur dann bestehen soll, wenn dem Arbeitnehmer eine Rückkehr zur tarifvertraglichen Regelung ermöglicht wird (LÖWISCH/RIEBLE § 4 Rn. 318 ff., 324). Der Arbeitnehmer müsse davor geschützt werden, bei einer Änderung seiner persönlichen Situation nicht mehr zur zwingenden Wirkung des Tarifvertrags zurückkehren zu können.

Allerdings werden gegen die Einräumung eines Wahlrechts im Schrifttum Einwände erhoben (WIEDEMANN, FS Wissmann, 192; WIEDEMANN/WANK § 4 Rn. 492). Das Wahlrecht gewährleiste zwar eine Entscheidungsmöglichkeit des Arbeitnehmers, nicht aber deren freiwillige Ausübung. Wenn die zwingende Wirkung des Tarifvertrags gerade darauf gestützt wird, dass der einzelne Arbeitnehmer sich bei Vertragsverhandlungen mit seinem Arbeitgeber in einer Situation struktureller Unterlegenheit befindet, kann die Einräumung eines Wahlrechts nicht überzeugen. Hat der Arbeitnehmer den Hinweg zur Regelung nicht freiwillig eingeschlagen, dann wird ihm der Rückweg häufig ebenfalls verwehrt sein (WIEDEMANN, FS Wissmann, S. 192).

d) Vertiefungsproblem 2: Betriebliche Bündnisse für Arbeit

Literatur: ADOMEIT, Das Günstigkeitsprinzip – neu verstanden, NJW 1984, 26; BUCHNER, Beschäftigungssicherung unter dem Günstigkeitsprinzip, DB 1996, Beil. 12, 1; DIETERICH, Arbeitsgerichtlicher Schutz der kollektiven Koalitionsfreiheit, ArbuR 2005, 121 ff.; FRANZEN, Tarifrechtssystem und Gewerkschaftswettbewerb – Überlegungen zur Flexibilisierung des Flächentarifvertrags, RdA 2001, 1; GOTTHARDT, Grenzen von Tarifverträgen zur Beschäftigungssicherung durch Arbeitszeitverkürzung, DB 2000 1642; KORT, Arbeitszeitverlängerndes „Bündnis für Arbeit" zwischen Arbeitgeber und Betriebsrat – Verstoß gegen die Tarifautonomie?, NJW 1997, 1476; RICHARDI, „Betriebliche Bündnisse für Arbeit" – korporatistische oder rechtsgeschäftliche Ordnung des Arbeitslebens, FS Küttner (2006), S. 453; SCHWARZE, Was wird aus dem gewerkschaftlichen Unterlassungsanspruch?, RdA 2005, 159;

WALTERMANN, Tarifvertragliche Öffnungsklauseln für betriebliche Bündnisse für Arbeit – zur Rolle der Betriebsparteien, ZfA 2005, 505.

Um die Jahrhundertwende sind sog. „betriebliche Bündnisse für Arbeit" in den Mittelpunkt des Interesses von Rechtsprechung und Lehre gerückt. Um Arbeitsplätze im Inland zu sichern und die Verlagerung von Produktionsbereichen ins billigere Ausland zu verhindern, vereinbaren einige tarifgebundene Arbeitgeber mit ihren Betriebsräten eine im Vergleich zum einschlägigen Tarifvertrag **höhere Wochenarbeitszeit** und einen **niedrigeren Stundenlohn** als Gegenleistung für den **Verzicht auf betriebsbedingte Kündigungen**.

Verzicht auf betriebsbedingte Kündigungen

⇨ **Beispiele:**
- Im Fall Viessmann (vgl. ArbG Marburg 7.8.1996 NZA 1996, 1331 ff.; ArbG Frankfurt 28.10.1996 NZA 1996, 1340 ff.) stimmten 96 % der Mitarbeiter solchen Änderungen der Arbeitsbedingungen einzelvertraglich zu (der Rechtsstreit ist inzwischen mittels eines Aufsehen erregenden Firmentarifvertrags beendet worden; der Tarifvertrag beinhaltet eine Tariföffnungsklausel, nach der durch Einzelvertrag eine von der tariflichen abweichende Arbeitszeit vereinbart werden kann).
- Eine ähnliche Konstellation gelangte dann 1999 mit dem Fall Burda zur Entscheidung des BAG (BAG 20.4.1999 AP Nr. 89 zu Art. 9 GG). Hier wurde den betroffenen Arbeitnehmern zeitlich begrenzt eine Beschäftigungsgarantie im Gegenzug zu einem Verzicht auf bestimmte tarifvertragliche Mindestarbeitsbedingungen – namentlich einer Erhöhung der wöchentlichen Arbeitszeit und einer niedrigeren Überstundenvergütung – gewährt.

Derartige Abweichungen von Flächentarifverträgen sollen häufig eine Korrektur der ökonomischen Lasten eines Unternehmens aus den betreffenden Tarifverträgen bewirken. Da Flächentarifverträge in der Vergangenheit häufig stark generalisierende Regelungen enthielten, wurde nur in begrenztem Umfang auf die in der wirtschaftlichen Existenzkrise verschobenen Interessen der Arbeitnehmer Rücksicht genommen. Die Tarifvertragsparteien reagieren auf diese Entwicklung mit tarifvertraglichen Öffnungsklauseln und anderen Instrumentarien, die eine stärkere Flexibilisierung von Tarifverträgen auf der betrieblichen Ebene bewirken. Ebenso zeigt sich in den letzten Jahren eine massive Zunahme des Abschlusses von Haustarifverträgen. Dennoch bleibt die rechtliche Problematik von Abweichungen von Tarifverträgen auf betrieblicher Ebene dort bedeutsam, wo entsprechende Öffnungsklauseln nicht existieren oder überschritten werden.

Praktisches Bedürfnis nach Abweichungen vom Tarifvertrag

Zunächst ist fraglich, in welcher Form derartige Vereinbarungen getroffen werden können. Am naheliegendsten wäre der Abschluss einer Betriebsvereinbarung, da diese gem. § 77 Abs. 4 BetrVG zwingende Wirkung hätte. Dem steht jedoch nach ganz überwiegender

Rechtsnatur betrieblicher Bündnisse für Arbeit

Ansicht § 77 Abs. 3 BetrVG entgegen. Denn selbst bei fehlender Tarifbindung der Arbeitgeberseite wäre die Regelung von Arbeitszeiten oder Löhnen durch Betriebsvereinbarung bei einem bestehenden Tarifvertrag unwirksam (FRANZEN, RdA 2001, 4). Möglich ist jedoch die Abweichung durch eine lediglich schuldrechtlich wirkende betriebliche Regelungsabrede (BAG 20.4.1999 AP Nr. 89 zu Art. 9 GG). Weiterhin kann auch einzelvertraglich von tariflichen Mindestleistungen zur Arbeitsplatzsicherung abgewichen werden. Der Arbeitgeber unterbreitet dann den Arbeitnehmern ein entsprechend ausgehandeltes Angebot zur Abänderung des Arbeitsvertrags.

Eine derartige betriebliche oder einzelvertragliche Abweichung von einem Tarifvertrag ohne Öffnungsklausel ist nach § 4 Abs. 3 Alt. 2 TVG jedoch nur dann möglich, wenn sie eine günstigere Regelung für den Arbeitnehmer enthält. Es stellt sich also zunächst die Frage, ob hier die Beschäftigungsgarantie in Form des Verzichts auf betriebsbedingte Kündigungen in einem Sachzusammenhang mit den vom Tarifvertrag abweichenden Arbeitszeit- und Lohnregelungen steht, damit diese überhaupt in einen Günstigkeitsvergleich einbezogen werden kann.

Rechtsprechung des BAG — Das BAG hatte bereits in einem obiter dictum seine Tendenz geäußert, dass nur die einschlägige tarifliche und die abweichende vertragliche Regelung zu vergleichen seien (BAG 18.12.1997 AP Nr. 46 zu § 2 KSchG mit zust. Anm. ZACHERT). Bereits aus dem Wortlaut des § 4 Abs. 1 und 3 TVG ergebe sich, dass die tarifliche Regelung mit der abweichenden Abmachung und nicht mit den **Lebensumständen** zu vergleichen sei, die ohne die Abmachung bestünden. Das BAG (BAG 20.4.1999 AP Nr. 89 zu Art. 9 GG) hat einen entsprechenden Gruppenvergleich mit der Begründung abgelehnt, eine Beschäftigungsgarantie berühre sich thematisch weder mit der Arbeitszeit noch mit dem Arbeitsentgelt. Es handele sich um einen Vergleich von „Äpfeln mit Birnen". Der Ausgleich zwischen den Interessen der Arbeitnehmer an möglichst hohen Löhnen und der Wettbewerbsfähigkeit des Unternehmens sei eine typische Aufgabe der Tarifvertragsparteien. Diese würden schon auf Grund des eigenen Interesses, keine Mitglieder zu verlieren, einen sachgerechten Ausgleich treffen. Es drohe eine Aushöhlung der Tarifautonomie, die unterlaufen würde, sofern eine Arbeitsplatzgarantie in den Günstigkeitsvergleich einbezogen werde.

„Ein derartiger Vergleich von Regelungen, deren Gegenstände sich thematisch nicht berühren, ist indessen methodisch unmöglich („Äpfel mit Birnen") und mit § 4 Abs. 3 TVG nicht vereinbar. (...)

Arbeitszeit und Arbeitsentgelt einerseits und eine Beschäftigungsgarantie andererseits sind jedoch völlig unterschiedlich geartete Regelungsgegenstände, für deren Bewertung es keinen gemeinsamen Maßstab gibt. Sie können nicht miteinander verglichen werden. Eine Beschäftigungsgarantie ist nicht geeignet, Verschlechterungen beim Arbeitsentgelt oder bei der Arbeitszeit zu rechtfertigen.

II. Zwingende Wirkung §98

Nur dieses Verständnis entspricht dem Zweck des Tarifvertragsgesetzes, welches zum Schutz der Arbeitnehmer die Normwirkung von Tarifverträgen gewährleistet. Die wertende Entscheidung darüber, wie bei der Regelung der Arbeitsbedingungen das Interesse der Arbeitnehmer an möglichst hohen Entgelten mit dem unternehmerischen Interesse an geringen Arbeitskosten um der Wettbewerbsfähigkeit willen und damit auch zur Sicherung der Arbeitsplätze in Einklang gebracht werden kann, ist eine tarifpolitische Grundsatzfrage und gehört zu den typischen Aufgaben der Tarifvertragsparteien. Diesen ist es überlassen, nach ihren gemeinsamen Zweckmäßigkeitsvorstellungen einerseits Kostenfaktoren für die unternehmerische Tätigkeit und andererseits Untergrenzen der Arbeitsbedingungen, insbesondere der Arbeitseinkommen, zu bestimmen. Diese Kompetenz können die Tarifvertragsparteien freilich in der Praxis nicht beliebig ausschöpfen. Sie stehen nämlich unter koalitionspolitischem Konkurrenzdruck. So muß die Gewerkschaft den Verlust von Mitgliedern fürchten, wenn sie bei ihrer Tarifpolitik deren Günstigkeitsvorstellungen, z.B. von Arbeitsentgelt und Arbeitsplatzsicherheit, nicht hinreichend berücksichtigt. Auf Arbeitgeberseite kommt als Korrektiv der Wettbewerb mit Unternehmen hinzu, die nicht der Tarifbindung unterliegen.

Die Rechtsprechung würde nicht nur ihre Möglichkeiten rationaler Kontrolle überschreiten, sondern auch in Wertungsfragen der Tarifpolitik eindringen, wollte sie die gemeinsame Meinungsbildung der Tarifvertragsparteien daraufhin überprüfen, ob sich eine andere Gewichtung der betroffenen Interessenlage für die Arbeitnehmer einzelner Betriebe günstiger auswirkt. Der nach § 4 Abs. 3 TVG vorzunehmende Günstigkeitsvergleich ist Normvollzug. Seine Maßstäbe müssen aus den Wertungen des Tarifvertrags abgeleitet werden. Ein Versuch, die normierten Wertungen im Rahmen des Günstigkeitsvergleichs zu überwinden, muß schon deshalb scheitern, weil es insoweit an handhabbaren Kriterien fehlt. So lassen sich vielfach – wie auch im vorliegenden Fall – die Arbeitsplatzrisiken nicht hinreichend objektivieren. Die Entscheidung über die Schließung oder Verlegung eines Betriebs, die zum Abbau von Arbeitsplätzen führt, steht im Ermessen des Unternehmers. Seine diesbezüglichen Erwägungen, etwa zu Gewinnzielen und -erwartungen sowie zur Einschätzung von Kosten und Marktchancen, entziehen sich weitgehend richterlicher Kontrolle. Wären die Arbeitsplatzrisiken, die sich aus einer solchen Maßnahme ergeben können, in einem Günstigkeitsvergleich zu berücksichtigen, so stünde die Wirkung zwingenden Tarifrechts praktisch zur Disposition einzelner Arbeitgeber." (BAG 20.4.1999 AP Nr. 89 zu Art. 9 GG)

In dem anschließenden Günstigkeitsvergleich, in den die Beschäftigungsgarantie nicht einbezogen wurde, kam das BAG dann zu dem Ergebnis, dass die abweichenden Bestimmungen für den einzelnen Arbeitnehmer nicht günstiger seien, so dass diese nicht von § 4 Abs. 3 TVG gedeckt seien (BAG 20.4.1999 AP Nr. 89 zu Art. 9 GG).

Diese Rechtsprechung ist in der Literatur auf Zustimmung, aber auch verbreitet auf **Kritik** gestoßen: *Kritik in der Literatur*

Zum einen wird es als falsch erachtet, dass das BAG einen Sachzusammenhang zwischen Arbeitszeit- und Lohnregelungen einerseits und der Beschäftigungsgarantie andererseits verneint hat. Betriebliche Beschäftigungsaspekte stellten nämlich keine eigene Sachgruppe dar, sondern seien die Grundlage aller Sachgruppen. Es handele sich hierbei nicht um irgendeinen Aspekt der Ausgestaltung des Arbeitsverhältnisses, sondern vielmehr um dessen existenzielle Voraussetzung, die damit generell mit jeder Sachgruppe verglichen werden könne (NIEBLER/SCHMIEDL, BB 2001, 1631 ff.). Somit könne die Beschäftigungsgarantie sehr wohl mit den Arbeitszeit- und Lohnregelungen verglichen werden, wobei dieser bei einer nicht allzu gravierenden Abweichung stets der Vorrang eingeräumt werden müsse.

Ein anderer Ansatzpunkt stellt darauf ab, dass bei einer drohenden Betriebsschließung eine notstandsähnliche Situation gegeben sei, die es rechtfertige, innerhalb des Günstigkeitsvergleichs nicht auf den verständigen Modellarbeitnehmer sondern auf den konkret betroffenen Arbeitnehmer abzustellen (TRAPPEH/LAMBRICH, NJW 1999, 3217 ff.). Dass diese der Arbeitsplatzsicherung den Vorzug gäben, würde durch die Zustimmung zu einer derartigen Regelung sichtbar, wobei es grundsätzlich den Arbeitsvertragsparteien nach dem Grundsatz der Privatautonomie überlassen bleibe, die Beschäftigungsgarantie in einer derartigen Grenzsituation zu einer für die Günstigkeitsbewertung maßgeblichen Vergleichsgröße zu machen (KRAUSS, DB 2000, 1962 ff.).

Lösungsmöglichkeiten auf Grundlage der BAG-Rechtsprechung

Diese Ansätze tragen der BAG-Rechtsprechung keine Rechnung und sind damit für die Praxis unbrauchbar. Wenn nach der Rechtsprechung des BAG weder eine betriebliche noch eine einzelvertragliche Abweichung möglich ist, kann eine solche nur tarifvertraglich erfolgen. Das BAG hat eine entsprechende Vereinbarung, die der Betriebsrat mit dem Arbeitgeber unter Beteiligung der Gewerkschaft geschlossen hatte, dann auch entgegen der Bezeichnung als Betriebsvereinbarung als (Haus-)Tarifvertrag ausgelegt und so ein „betriebliches Bündnis für Arbeit" auf tarifvertraglicher Ebene gebilligt (BAG 7.11.2000 AP Nr. 171 zu § 1 TVG Auslegung).

„[...] Aus der Entstehungsgeschichte des Konsolidierungsvertrags und dem Umstand, dass eine Betriebsvereinbarung mit dem Inhalt des Konsolidierungsvertrags auf Grund der Sperrwirkung des § 77 Abs. 3 BetrVG unwirksam wäre, ist indessen zu schließen, dass der Konsolidierungsvertrag ein (Haus-)Tarifvertrag ist. Der Wille der vertragschließenden Parteien, des Betriebsrats, der Arbeitgeberin und der IG Metall, musste darauf gerichtet sein, einen Tarifvertrag abzuschließen, denn sie wollten eine wirksame Vereinbarung treffen. Wirksam konnte der Inhalt des Konsolidierungsvertrags jedoch in der vorliegenden Konstellation nur als Tarifvertrag vereinbart werden, da er in bestehende tarifliche Regelungen eingriff, § 77 Abs. 3 BetrVG. Die Mitunterzeichnung der Vereinbarung über den Konsolidierungsvertrag durch die IG Metall zeigt, dass die Gewerkschaft die Regelung mitverantworten sollte. Sie konnte eine Betriebsvereinbarung nicht wirksam abschließen, sie kann

II. Zwingende Wirkung § 98

die beabsichtigte Regelung nur in Form eines Tarifvertrags mittragen [...]." (BAG 7.11.2000 AP Nr. 171 zu § 1 TVG Auslegung)

Später hat das BAG dann noch einmal klargestellt, dass derartige **Haustarifverträge**, die nachteilige Regelungen zu Lasten der Arbeitnehmer enthalten, **günstigeren Regelungen des Flächentarifvertrags vorgehen** (BAG 24.1.2001 EzA Nr. 14 zu § 4 TVG Tarifkonkurrenz):

„[...] Für die Anwendbarkeit des Günstigkeitsprinzips nach § 4 Abs. 3 TVG, das die Revision angesprochen hat, ist kein Raum. Dieses stellt eine Kollisionsregelung für das Verhältnis von schwächeren zu stärkeren Rechtsnormen dar. Es ist nicht anzuwenden, wenn mehrere tarifvertragliche und damit gleichrangige Regelungen zusammentreffen. Gerade dies ist bei Tarifkonkurrenzen wie hier zwischen einem Verbandstarifvertrag und einem Firmentarifvertrag der Fall. In solchem Fall ist zu entscheiden, welcher Tarifvertrag anzuwenden ist. Das richtet sich nach den Grundsätzen der Tarifkonkurrenz (...). Firmentarifverträge stellen gegenüber Verbandstarifverträgen stets die speziellere Regelung dar (...). Darauf, dass der TV Besch 1998 keine Öffnungsklausel für Firmentarifverträge vorsieht, kommt es nicht an. [...]" (BAG 24.1.2001 EzA Nr. 14 zu § 4 TVG Tarifkonkurrenz)

Die Lösung des BAG besteht also darin, bei einer Abweichung vom Flächentarifvertrag zur Beschäftigungssicherung immer die Gewerkschaften zu beteiligen, um diese mit in die Verantwortung für beschäftigungspolitische Probleme zu nehmen. Das dafür zulässige Mittel ist der Firmentarifvertrag. Wie diese Fragen allerdings im Falle einer Akzeptanz von Tarifpluralitäten (siehe unter § 101 II) gelöst werden sollen, ist offen. Sollte sich das BAG zur Aufgabe des Prinzips der Tarifeinheit im Betrieb entschließen, ist zweifelhaft, ob überhaupt noch verbindliche Beschäftigungszusagen gemacht werden können, wenn diese nicht auf die gesamte Belegschaft bezogen werden. Ebenso offen bleibt, wie bei sich mit Blick auf den Umfang der Beschäftigungszusage inhaltlich widersprechenden Haustarifverträgen zu verfahren ist. Hier ist mit Blick auf das beschäftigungspolitische Mandat der Tarifvertragsparteien nach Lösungen zu suchen.

Durch die Verlagerung der Lösung von der betrieblichen auf die tarifliche Ebene verlieren allerdings die konkret betroffenen Arbeitnehmer zumindest an rechtlichem Einfluss auf das „Bündnis für Arbeit". Es ist jetzt nämlich durchaus denkbar, dass sich die Unternehmen mit dem Anliegen, Personalkosten zu reduzieren, direkt an die zuständigen Gewerkschaften wenden, ohne die Belegschaft unmittelbar zu beteiligen. In einem solchen Fall besteht naturgemäß die Gefahr, dass die Akzeptanz einer Vereinbarung, die Lohneinbußen auf Arbeitnehmerseite vorsieht, deutlich geringer ist.

Keine Verletzung von Arbeitnehmerrechten

Wird beispielsweise eine **reduzierte Arbeitszeit** vereinbart, könnte hierin eine verdeckte Umwandlung von Vollzeitbeschäftigungsverhältnissen in Teilzeitbeschäftigungen gesehen werden, die dann unmittelbar in das aus Art. 12 Abs. 1 GG und Art. 2 Abs. 1 GG geschützte Recht der Arbeitnehmer auf Beschäftigung eingriffe.

Recht auf Beschäftigung

Diesem Einwand ist das BAG jedoch entgegengetreten, indem es darauf abgestellt hat, dass eine Arbeitszeitverkürzung zur Beschäftigungssicherung nur vorübergehend erfolge und damit eine beschränkte Kurzarbeit darstelle, die nicht als Teilzeitarbeit definiert wird (BAG 25.10.2000 NZA 2001, 328).

Die Arbeitszeitverkürzung, auch wenn sie nur vorübergehend erfolgt, stellt jedoch umgekehrt in jedem Fall eine Festlegung von Höchstarbeitszeiten dar, die ebenfalls vor dem Hintergrund eines Eingriffs in das Arbeitnehmerrecht auf Beschäftigung kritisch zu prüfen ist. Hier sieht das BAG jedoch einen angemessenen Ausgleich zwischen der Tarifautonomie und dem Beschäftigungsrecht dadurch geschaffen, dass den Arbeitnehmern eine Beschäftigungsgarantie als Gegenleistung gewährt wird:

„[...] Der vorübergehenden Verkürzung der regelmäßigen wöchentlichen Arbeitszeit zur Überbrückung von nicht als dauerhaft prognostiziertem Arbeitsmangel stehen in diesem Firmentarifvertrag als Gegenleistung ein Teillohnausgleich und ein Bestandsschutz gegenüber. Das ist von der Tarifmacht gedeckt. Denn Leistungs- und Gegenleistungsverhältnis sind angesprochen. Diese zu regeln liegt in der Tarifmacht, gehört zu der Zuständigkeit der Tarifvertragsparteien. Es handelt sich hier mit der Einführung einer Höchstarbeitszeit gerade nicht um einseitig nur den Arbeitnehmer belastende tarifvertragliche Vorschriften, weil der Arbeitnehmer eine Gegenleistung durch einen Teillohnausgleich und einen Bestandsschutz erhält. Deshalb stellt sich die Frage der verfassungsrechtlichen Grenzen der Koalitionsfreiheit aufgrund kollidierenden Verfassungsrechts bei der Festsetzung von absoluten Höchstarbeitszeitgrenzen in Tarifverträgen nicht. Den vom TV SozG betroffenen Arbeitnehmern fließt für die Beschränkung der Arbeitszeit eine Gegenleistung in Form eines Teillohnausgleiches und eines erhöhten Bestandsschutzes ihrer Arbeitsverhältnisse zu. Damit haben die Tarifvertragsparteien die Arbeitszeitbegrenzung in ein Synallagma gestellt und damit ‚tarifiert' (...). Ob diese Gegenleistungen, insbesondere wegen des allenfalls partiellen Bestandsschutzes als ausreichend anzusehen sind, haben die Gerichte nicht zu entscheiden. Eine Tarifzensur findet nicht statt. [...]" (BAG 25.10.2000 NZA 2001, 328)

Diese starke Betonung der Beschäftigungsgarantie als Gegenleistung für die Arbeitszeitverkürzung erscheint allerdings vor dem Hintergrund, dass das BAG – wenn auch in einem anderen dogmatischen Zusammenhang – behauptet, diese beiden Aspekte seien wie „Äpfel und Birnen" nicht miteinander vergleichbar, widersprüchlich. Sie lässt sich nur mit der Überlegung rechtfertigen, dass hier die Normsetzung durch die Tarifvertragsparteien selbst geprüft wird, denen mit Blick auf die Tarifautonomie eine weitreichende Einschätzungsprärogative hinsichtlich der Angemessenheit von Leistung und Gegenleistung zugebilligt wird. Dies unterscheidet sich von der Situation, in der eine arbeitsvertragliche Abweichung vom Tarifvertrag geprüft wird, bei der nicht von einem Verhandlungsgleichgewicht

II. Zwingende Wirkung § 98

ausgegangen werden darf und daher auch die Kontrollmaßstäbe modifiziert werden müssen.

Die vorübergehende Senkung der regelmäßigen wöchentlichen Arbeitszeit stellt **keine unzulässige tarifliche Umgehung des Kündigungsschutzgesetzes** dar, da es sich hierbei nicht um eine dauerhafte Veränderung des Arbeitsverhältnisses handelt, sondern lediglich um eine zeitlich begrenzte Änderung der Arbeitsbedingungen. Davor schützt das KSchG den Arbeitnehmer jedoch nicht (GOTTHARDT, DB 2000, 1462 ff.).

Umgehung des KSchG

Die zwingende Gewerkschaftsbeteiligung an „Bündnissen für Arbeit" begegnet demnach keinen rechtlichen Einwänden. In der Literatur ist ein weiteres Modell entwickelt worden, nach dem für die betroffenen Arbeitnehmer eine eigene Tariffähigkeit für den Abschluss derartiger Konsolidierungsverträge angenommen wird (FRANZEN, RdA 2001, 1 ff.). Eine derartige Konstruktion ist indessen unvereinbar mit den geltenden Prinzipien des Tarifvertragsrechts.

In absoluten Härtefällen, in denen nachweislich die Existenz eines Unternehmens durch das Festhalten an einem Flächentarifvertrag gefährdet ist, ist allerdings auch eine außerordentliche Kündigung des Tarifvertrags gem. § 314 Abs. 1 BGB denkbar (siehe unter § 100 V 2), da eine Erfüllung des Tarifvertrags unzumutbar wäre. Das Kündigungsrecht steht hierbei jedoch nicht dem betroffenen Unternehmen selbst zu, sondern nur dem jeweiligen Verband, der jedoch zunächst mildere Mittel ausschöpfen muss, wie zum Beispiel die nachträgliche Vereinbarung einer Öffnungsklausel. Sollten Verhandlungen mit der Gewerkschaft hierüber scheitern, kann er eine **personelle Teilkündigung** für das betroffene Unternehmen aussprechen (WIEDEMANN/WANK § 4 TVG Rn. 34).

Außerordentliche Kündigung des Tarifvertrags

Werden in Betrieben tarifwidrige betriebliche Bündnisse für Arbeit praktiziert, so hat die tarifschließende Gewerkschaft einen Unterlassungsanspruch aus §§ 1004, 823 Abs. 1 BGB, Art. 9 Abs. 3 GG auf Grund einer Verletzung ihrer Koalitionsfreiheit gegen den Arbeitgeber (BAG 20.4.1999 AP Nr. 89 zu Art. 9 GG). Das BAG verlangt allerdings, dass die Gewerkschaft im Rahmen der Unterlassungsklage die Namen der tarifgebundenen Mitglieder nennt (BAG 19.3.2003 AP Nr. 41 zu § 253 ZPO). Ansonsten sei der Unterlassungsanspruch nicht hinreichend bestimmt (§ 253 Abs. 2 Nr. 2 ZPO). Daher kann die Gewerkschaft den Unterlassungsanspruch nur mit der Zustimmung ihrer Mitglieder zur Namensnennung in der Klageschrift geltend machen. Genau diese werden aber Arbeitnehmer, insbesondere in wirtschaftlichen Krisenzeiten, nicht zu erteilen bereit sein (SCHWARZE RdA 2005, 159, 160). Auch nach bisheriger Rechtsprechung mussten die Namen der Gewerkschaftsmitglieder offen gelegt werden, allerdings erst im Rahmen der Zwangsvollstreckung des Unterlassungsanspruch. Das ist zu einem Zeitpunkt, in dem der Erfolg der Klage bereits feststeht und die Angst der Arbeitnehmer, sich ohne Gewissheit über den Erfolg der Klage zu offenbaren, entfallen

Unterlassungsanspruch der Gewerkschaften bei tarifwidrigen betrieblichen Bündnissen

ist. Die neuere Rechtsprechung des BAG hat den Unterlassungsanspruch damit praktisch entwertet.

Änderung des § 4 Abs. 3 TVG

Im Schrifttum findet sich bisweilen unter Verweis auf die Problematik der Betrieblichen Bündnisse die Forderung nach einer Aufhebung der zwingenden Wirkung von Tarifverträgen oder der Schaffung gesetzlicher Öffnungsklauseln. Dies würde allerdings die Tarifautonomie ihres Sinn und Zwecks berauben. Sie dient der Kompensation der strukturellen Unterlegenheit des Arbeitnehmers bei Abschluss des Arbeitsvertrags. Diesen Zweck würde sie bei einer Aufhebung der zwingenden Wirkung nicht mehr erreichen können. Hinsichtlich von Öffnungsklauseln für betriebliche Bündnisse bestehen mit Blick auf die Erpressbarkeit der Betriebsparteien unter Hinweis auf die Standortschließung ebenfalls Bedenken (vgl. zum ganzen DIETERICH, RdA 2002, 1 ff.)

e) Vertiefungsproblem 3: Effektiv- und Verrechnungsklauseln

Literatur: OETKER, Die Auswirkungen tariflicher Entgelterhöhungen für den Effektivverdienst im Zielkonflikt von individueller Gestaltungsfreiheit und kollektivrechtlicher Gewährleistung innerbetrieblicher Verteilungsgerechtigkeit, RdA 1991, 16.

Ausgangssituation bei übertariflichen Löhnen

Das Günstigkeitsprinzip ermöglicht, dass tarifgebundene Arbeitnehmer einen höheren als den im Tarifvertrag festgeschriebenen Lohn aushandeln können. Allerdings stellt sich dann die Frage nach den Auswirkungen einer **Tariflohnerhöhung** auf den arbeitsvertraglichen Anspruch, wenn der Arbeitsvertrag hierzu keine Regelungen enthält.

⮕ **Beispiel:**

Der Tariflohn beträgt 7,50 Euro pro Stunde. A hat in seinem Arbeitsvertrag einen Stundenlohn von 8 Euro vereinbart. Nach einer neuen Tarifrunde wird der Tariflohn auf 8,50 Euro angehoben. Der Arbeitsvertrag enthält keine Regelung über die Auswirkungen einer Tariflohnerhöhung. Wie viel Lohn erhält A, wenn er und sein Arbeitgeber tarifgebunden sind?

Aufsaugungsprinzip

Der Tarifvertrag ist hier günstiger als der Arbeitsvertrag. A steht daher ein Anspruch auf einen Stundenlohn von 8,50 Euro zu. Dagegen hat er weder aus dem Arbeits- noch aus dem Tarifvertrag einen Anspruch auf einen Stundenlohn, der 0,50 Euro über dem Tariflohn liegt. Die übertarifliche Entlohnung wird daher durch die Tariflohnerhöhung aufgesaugt, **Aufsaugungs- bzw. Anrechnungsprinzip** (BAG 25.6.2002 AP Nr. 36 zu § 4 TVG Übertariflicher Lohn und Tariflohnerhöhung). Seine Grenzen findet das Aufsaugungsprinzip dort, wo der **Zweck** einer arbeitsvertraglichen Zulage und der Zweck des erhöhten Tarifentgelts nicht übereinstimmen. Wird also beispielsweise eine außertarifliche Zulage vereinbart, bei der die Arbeitsvertragsparteien durch eine fehlende Anknüpfung an tarifvertraglich erfasste Sachverhalte zu erkennen geben, dass sie eine eigenständige,

II. Zwingende Wirkung § 98

vom Tariflohn unabhängige Zulage vereinbaren wollen, so findet keine Aufsaugung statt. Entscheidend ist also, ob die Zulage an den Tarifvertrag anknüpft (**übertarifliche Zulage**) oder eigenständig ist (**außertarifliche Zulage**). Im Zweifel werden besondere Leistungszulagen (z.B. für die Arbeitsqualität o.ä.) von einer Anrechnung oder Aufsaugung nicht erfasst.

Die Gewerkschaften sind bemüht, die übertariflichen Zulagen abzusichern, weil nach zum Teil längeren Arbeitskämpfen errungene Lohnerhöhungen für Gewerkschaftsmitglieder keinen realen Lohnzuwachs brächten, wenn diese zuvor über Tarif bezahlt wurden. Die Bereitschaft dieser Gruppe, sich für gewerkschaftliche Ziele einzusetzen, droht ansonsten abzunehmen. So genannte Effektivklauseln sollen dem Aufsaugungsprinzip nun entgegenstehen. Ihre Zulässigkeit wird gerade im Hinblick auf das Günstigkeitsprinzip zum Teil abgelehnt. Die Klauseln werden je nach Wirkungsgrad wie folgt unterteilt. *(Ziel der Gewerkschaften)*

aa) Effektivgarantieklauseln

Bei sog. Effektivgarantieklauseln oder allgemeinen Effektivklauseln soll der bisherige übertarifliche Teil des Entgelts erhalten bleiben, indem er auf den höheren Tariflohn aufgestockt oder aufgesattelt wird, d.h. er soll zum **Bestandteil des Tariflohns** werden. *(Effektivgarantieklauseln)*

⊃ **Beispiel:**
„Bisher gezahlte übertarifliche Zulagen sind dem erhöhten Grundgehalt hinzuzurechnen und gelten als Bestandteil des Tariflohns."

Bei Zulässigkeit einer solchen Aufstockungsklausel wären individualvertragliche Ansprüche zur Disposition der Tarifvertragsparteien gestellt, denn die individualvertraglich vereinbarte übertarifliche Zulage würde Tarifwirkung erlangen, wenn der Tarifvertrag den Arbeitgeber verpflichtet, die Höhe der Zulage auf den Tariflohn aufzustocken. Die Tarifparteien sind aber nur zu Eingriffen in individuell ausgehandelte Lohnvereinbarungen ermächtigt, um **Mindestarbeitsbedingungen** festzulegen. Darüber hinaus gilt das Günstigkeitsprinzip. Dieser Teil der Arbeitsbedingungen ist den Tarifparteien entzogen. Im übertariflichen Raum sind die Arbeitsvertragsparteien aufgrund des Günstigkeitsprinzips frei; dort sind Kollektivvereinbarungen grundsätzlich ausgeschlossen (BAG 16.9.1987 AP Nr. 15 zu § 4 TVG Effektivklausel; kritisch: KeZa/ STEIN § 4 Rn. Rn. 386.). Als weiteres Argument wird z.T. die **Tarifverantwortung** der Tarifparteien angeführt. Die Verbände würden den Inhalt der Individualvereinbarungen nicht kennen und könnten diese deshalb auch nicht wirksam in ihren Normsetzungswillen aufnehmen (vgl. LÖWISCH/RIEBLE, § 1 TVG Rn. 830). Des Weiteren wird geltend gemacht, für die getroffene Vereinbarung fehle es an der Schriftform nach § 1 Abs. 2 TVG, da sich der Tariflohn bei einer Ef- *(Unzulässigkeit)* fektivlohnklausel nicht aus dem Tarifvertrag entnehmen lasse (kritisch KeZa/STEIN § 4 Rn. 386).

Das BAG (14.2.1968 AP Nr. 7 zu § 4 TVG Effektivklausel) hat aus diesen Gründen die Effektivklauseln als unwirksam erkannt. Zudem sieht das Gericht einen Verstoß gegen den **Gleichheitssatz** nach Art. 3 Abs. 1 GG. Es besteht daher weitgehend Einigkeit über die Unzulässigkeit der Effektivgarantieklausel (LIEB/JACOBS Rn. 496; a.A. DÄUBLER/DEINERT § 4 Rn. 791 ff.).

„Die Effektivgarantieklausel verstößt nämlich, indem sie zusätzlich zu dem erhöhten Tariflohn auch die bisher gezahlten übertariflichen Lohnbestandteile zu tariflichen Mindestlöhnen macht, gegen den Gleichheitssatz des Art. 3 Abs. 1 GG. [...] In Wirklichkeit werden für gleiche Tatbestände ohne sachliche Rechtfertigung völlig unterschiedliche Mindestlöhne festgesetzt, indem die im Zeitpunkt des Tarifabschlusses in ganz verschiedener Höhe gewährten übertariflichen Lohnbestandteile tariflich ‚zementiert' werden. [...]

Die Effektivgarantieklausel verstößt auch gegen Grundprinzipien des Tarifrechts. Gegenstand kollektiver Regelung durch tarifliche Inhaltsnormen kann, wie sich aus § 4 Abs. 1 und 3 TVG ergibt, nur die Festsetzung allgemeiner und gleicher Mindestarbeitsbedingungen sein. [...]

In ihrer unmittelbaren und zwingenden Wirkung würde die tarifliche Effektivgarantieklausel ferner einen Eingriff in den Bereich darstellen, der nicht nur nach dem Günstigkeitsprinzip (§ 4 Abs. 3 TVG) nicht durch Setzung von Höchstnormen nach oben begrenzt werden darf, sondern überhaupt der individuellen einzelvertraglichen Gestaltung vorbehalten ist." (BAG 14.2.1968 AP Nr. 7 zu § 4 TVG Effektivklausel)

bb) Begrenzte Effektivklausel

Begrenzte Effektivklausel

Bei sog. begrenzten Effektivklauseln wird der übertarifliche Lohnteil nicht in den Tariflohn mit einbezogen; vielmehr soll er eine **eigenständige Zulage** sein. Diese Klausel untersagt jedoch die Aufsaugung des übertariflichen Lohns; die Zulage ist weiterhin ungeschmälert zu gewähren. **Rechtsgrundlage** für die Zulage soll aber allein der **Arbeitsvertrag** sein, über den die Parteien des Arbeitsvertrags weiterhin die Vereinbarungsbefugnis haben. Der Arbeitgeber ist so nicht gehindert, mit den Mitteln des Arbeitsvertragsrechts (z.B. Widerrufsvorbehalt, Änderungskündigung) die Zulage abzubauen.

➲ **Beispiele:**
– „Diese Tariflohnerhöhung muss in jedem Fall zusätzlich zu dem tatsächlich gezahlten Lohn gewährt werden."
– „Die Tariflohnerhöhung muss voll wirksam werden."

Befürworter

Die Zulässigkeit dieser begrenzten Effektivklauseln ist umstritten. Ein Teil der Literatur (STEIN Rn. 334 ff.; GAMILLSCHEG KollArbR I § 18 VI 2 c (2); auch LAG Hamburg 12.7.1990 ArbuR 1991, 120) befürwor-

II. Zwingende Wirkung § 98

tet die Zulässigkeit. Den Arbeitsvertragsparteien verblieben einzelvertragliche Mittel, die Zulage abzubauen. Ein Verstoß gegen Art. 3 Abs. 1 GG liege nicht vor, wenn der Arbeitgeber eines Betriebs übertarifliche Löhne allen Arbeitnehmern gewährt. Unterschiede im Lohn seien nicht im Tarifvertrag, sondern in den Zulagen begründet. § 1 Abs. 1 TVG spreche lediglich von Rechtsnormen, stehe aber keinen tariflichen Regelungen entgegen, die von dem Grundsatz der Festlegung allgemeiner und gleicher Mindestarbeitsbedingungen für sämtliche Tarifunterworfenen abweichen, sofern die Bestimmungen wie bei der beschränkten Effektivklausel für eine unbestimmte Zahl von Fällen gelten und dort jeweils dasselbe anordnen.

Nachdem das BAG zunächst die begrenzte Effektivklausel für wirksam angesehen hatte (BAG 30.6.1961 AP Nr. 1 zu § 276 BGB Vertragsbruch), änderte es 1968 seine Rechtsprechung und begründet nun die **Unzulässigkeit** damit, dass die Klausel dem Arbeitnehmer einen Anspruch verschaffe, der ihm nach dem Arbeitsvertrag nicht zustehe (BAG 14.2.1968 AP Nr. 7 zu § 4 TVG Effektivklausel). Da die begrenzte Effektivklausel einen Anspruch auf einen den Tariflohn übersteigenden Lohnteil normativ begründe, stellt nach Auffassung des BAG auch die begrenzte Effektivklausel in unzulässiger Weise einen einzelvertraglich begründeten Anspruch zur Disposition der Tarifvertragsparteien. Das Gericht sieht darin ebenfalls einen Verstoß gegen den Gleichheitssatz des Art. 3 Abs. 1 GG, weil für gleiche Tatbestände ohne sachliche Rechtfertigung völlig unterschiedliche Mindestlöhne festgesetzt werden, indem die im Zeitpunkt des Tarifabschlusses in ganz verschiedener Höhe gewährten übertariflichen Lohnbestandteile „zementiert" werden.

Rechtsprechung

„Durch Tarifvertrag kann deshalb nicht bewirkt werden, dass ein Anspruch auf einen den Tariflohn übersteigenden Lohnteil, durch eine tarifliche Effektivklausel, also normativ begründet wird, dass aber dieser Lohnteil dennoch nicht als Tariflohn, sondern als arbeitsvertraglicher geschuldet wird. In dieser Weise können die Rechtsquellen für Ansprüche aus dem Arbeitsverhältnis nicht vertauscht werden. (...) Es steht aber nicht zur Disposition der Tarifvertragsparteien, einen kraft Normwirkung begründeten Anspruch als einzelvertraglichen fortbestehen zu lassen. (...) Denn ein solcher vertraglicher Anspruch hätte seinen eigenen Rechtsgrund und sein eigenes Schicksal." (BAG 14.2.1968 AP Nr. 7 zu § 4 TVG Effektivklausel)

Die Rechtsprechung des BAG zu den Effektivklauseln kann als gefestigt bezeichnet werden. In neueren Urteilen gibt das BAG keine weiteren Stellungnahmen ab. Dadurch, dass Effektivklauseln für unzulässig gehalten werden, spielt sich der Streit um Anrechnungen der übertariflichen Bezahlung auf die Tariflohnerhöhung auf anderem Gebiet ab, nämlich bei der Mitbestimmung des Betriebsrats nach § 87 Abs. 1 Nr. 10 BetrVG (siehe unter § 153 III 10).

Auswirkung auf betriebliche Mitbestimmung

cc) Verdienstsicherungsklauseln

Verdienstsicherungsklauseln

Verdienstsicherungsklauseln sind dagegen nach h.M. zulässig (a.A. BROX/RÜTHERS/HENSSLER Rn. 694). Verdienstsicherungsklauseln verfolgen den Zweck, Arbeitnehmern, die aus Gründen wie Alter oder Rationalisierungsabkommen geringerwertige Tätigkeiten ausüben, vor Verdiensteinbußen zu schützen. Bei einer **Versetzung des Arbeitnehmers** soll der Effektivlohn erhalten bleiben.

⇨ **Beispiel:**

Fallen Arbeitsplätze aus Rationalisierungs- oder sonstigen betriebsbedingten Gründen weg und führt dies infolge einer dadurch bedingten Umsetzung zu einer Minderung des durchschnittlichen Verdienstes, so erhält der Arbeitnehmer als Verdienstschutz für die Dauer von sechs Monaten einen Verdienstausgleich in der Weise, dass er im Durchschnitt seinen bisherigen Verdienst erreicht (vgl. STEIN Rn. 341).

Zulässigkeit

Dieser Effektivlohn ist jedoch nur eine **Berechnungsgrundlage**; die Zulagen selbst werden nicht tariflich abgesichert. Der Arbeitgeber ist danach nicht gehindert, bei Tariflohnerhöhungen eine Anrechnung freiwilliger Zulagen auf den Tariflohn vorzunehmen, da es nicht mit dem Gleichheitssatz des Art. 3 Abs. 1 GG vereinbar ist, den verdienstgesicherten Arbeitnehmer besserzustellen (BAG 7.2.1995 AP Nr. 6 zu § 4 TVG Verdienstsicherung). Verdienstsicherungsklauseln, die einem Arbeitnehmer für eine Übergangszeit den bisherigen Verdienst sichern, sind somit zulässig. Dies gilt aber nicht für solche, die ein übertarifliches Entgelt auf Dauer festschreiben wollen (LÖWISCH/RIEBLE, § 1 TVG Rn. 830).

dd) Besitzstandsklauseln

Besitzstandsklauseln

Besitzstandsklauseln begründen keinen neuen Anspruch. Die Arbeitgeber werden lediglich gehindert, bestehende übertarifliche Zulagen wegen des Abschlusses des Tarifvertrags „umzugestalten", d.h. **Gestaltungsrechte** auszuüben.

⇨ **Beispiel:**

„Aus Anlass des Inkrafttretens dieses Tarifvertrags dürfen bestehende günstigere betriebliche und einzelvertragliche Regelungen der allgemeinen Arbeitsbedingungen nicht geändert werden."

Zulässigkeit

Rechtsprechung und h.M. (BAG 5.9.1985 AP Nr. 1 zu § 4 TVG Besitzstand; GAMILLSCHEG KollArbR I § 18 VI 3; a.A. HWK/HENSSLER, § 1 TVG Rn. 111) sehen derartige Klauseln als zulässig an. Ein Teil der Lehre sieht in ihnen eine unzulässige begrenzte Effektivgarantieklausel, weil auch hier ein übertariflicher Lohnbestandteil geregelt werde, der den Tarifvertrag nichts angehe (WIEDEMANN/WANK § 4 TVG Rn. 524).

II. Zwingende Wirkung § 98

ee) Anrechnungs- und Verrechnungsklauseln

Anrechnungs- und Verrechnungsklauseln, auch **negative Effektivklauseln** genannt, bewirken das Gegenteil von Effektivklauseln. Diese Klauseln sehen vor, dass die neuen tariflichen Leistungen mit den bisher freiwillig gezahlten übertariflichen Leistungen verrechnet werden. Sie bewirken also die **Aufsaugung** der tariflichen Lohnerhöhung.

Anrechnungsklauseln

⟳ **Beispiel:**
„Auf die sich aus diesem Tarifvertrag ergebenden Erhöhungen können alle übertariflichen Zulagen einschließlich Leistungszulagen angerechnet werden." (Vgl. zur Unzulässigkeit derartiger Klauseln BAG 18.8.1971 AP Nr. 8 zu § 4 TVG Effektivklausel)

Eine „negative Effektivklausel" würde den Arbeitgeber von einer zugesagten **arbeitsvertraglichen Verpflichtung** befreien. Nach dem Günstigkeitsprinzip haben günstigere Regelungen des Einzelarbeitsvertrags Vorrang vor den tariflichen Bestimmungen. Tarifvertragliche Anrechnungsklauseln sind daher unwirksam, denn ein Tarifvertrag kann keine Höchstlöhne, sondern **nur Mindestlöhne** festsetzen. Sie verstoßen gegen § 4 Abs. 3 TVG (BAG 16.9.1987 AP Nr. 15 zu § 4 TVG Effektivklausel).

Unzulässigkeit

„Besonders deutlich wird das in tariflichen Anrechnungsklauseln [...], mit denen die Tarifvertragsparteien das Aufsaugen eines übertariflichen Lohnteiles ohne Rücksicht darauf vorschreiben, wie er einzelvertraglich und damit u.U. auch tariffest vereinbart ist. Das käme unzulässigen Höchstlöhnen gleich und verstieße gegen das gesetzlich zwingende Günstigkeitsprinzip (§ 4 Abs. 3 TVG)." (BAG 16.9.1987 AP Nr. 15 zu § 4 TVG Effektivklausel)

Will der Arbeitgeber in Zukunft lediglich den Tariflohn bezahlen, so kann er dies nur mit einer **Änderung des Arbeitsvertrags** erreichen. In der Praxis gewähren die Arbeitgeber daher die übertarifliche Bezahlung meist unter dem Vorbehalt der Anrechnung. In Arbeitsverträgen finden sich oft Verrechnungsklauseln.

Auswirkungen in der Praxis

⟳ **Beispiel:**
„Die übertarifliche Zulage kann ganz oder teilweise auf Erhöhungen des Tariflohns und/oder eine Verkürzung der tariflichen Arbeitszeit angerechnet werden." (PREIS, Der Arbeitsvertrag, II V 70 Rn. 31)

Es soll allerdings möglich sein, dass der Tarifvertrag Leistungen nur dann gewährt, wenn der Arbeitnehmer diese nicht schon als übertarifliche Zulagen erhält (LÖWISCH/RIEBLE, § 1 TVG Rn. 832).

2. Tariföffnungsklauseln

Literatur: HANAU, Die Deregulierung von Tarifverträgen durch Betriebsvereinbarungen als Problem der Koalitionsfreiheit (Art. 9 Abs. 3 GG), RdA 1993, 1; LIEB, Mehr Flexibilität im Tarifvertragsrecht? „Moderne" Tendenzen auf dem Prüfstand, NZA 1994, 289; WALKER, Der rechtliche Rahmen für tarifpolitische Reformen, ZTR 1997, 193; WANK, Empfiehlt es sich, die Regelungsbefugnisse der Tarifparteien im Verhältnis zu den Betriebsparteien neu zu ordnen?, NJW 1996, 2273.

Verzicht auf zwingende Wirkung

Abweichende Abmachungen sind nach § 4 Abs. 3 TVG auch dann zulässig, wenn die Tarifvertragsparteien dies tarifvertraglich in sog. **Tariföffnungsklauseln** gestatten. Damit kommt zum Ausdruck, dass die Tarifparteien auf die zwingende Wirkung der Tarifnormen verzichten können. Die Tarifnormen sind in solchen Fällen dispositiv. Die Tarifvertragsparteien können die Öffnungsklauseln sowohl in ihrem Umfang beschränken, als auch formelle Voraussetzungen für eine Abweichung vom Tarifvertrag aufstellen. So kann die Abweichungsbefugnis beispielsweise auf Betriebsvereinbarungen beschränkt werden.

Funktion

Wirtschaftlich ermöglichen solche Tariföffnungsklauseln eine **größere Flexibilität**. Flächentarifverträge gelten für eine Vielzahl von Unternehmen und Arbeitnehmern. Die Bedürfnisse und Möglichkeiten der verschiedenen Betriebe sind aber oft sehr unterschiedlich. Tariföffnungsklauseln können dazu dienen, diesen Unterschieden gerecht zu werden. Im Gegensatz zum Günstigkeitsprinzip dienen Tariföffnungsklauseln vor allem dazu, **Abweichungen** von den Tarifnormen **zu Lasten der Arbeitnehmer** zuzulassen, z.B. durch ein betriebliches Rationalisierungsabkommen (BAG 11.7.1995 AP Nr. 10 zu § 1 TVG Tarifverträge Versicherungsgewerbe).

⇨ **Beispiel:**

Der Bundesarbeitgeberverband Chemie und die IG Chemie haben am 3.6.1997 den Chemie-Bundesentgelttarifvertrag zum 1.1.1998 um eine Tariföffnungsklausel ergänzt:

„§ 10 Tariföffnungsklausel

Zur Sicherung der Beschäftigung und/oder zur Verbesserung der Wettbewerbsfähigkeit am Standort Deutschland, insbesondere auch bei wirtschaftlichen Schwierigkeiten, können Arbeitgeber und Betriebsrat mit Zustimmung der Tarifvertragsparteien für Unternehmen und Betriebe durch befristete Betriebsvereinbarung bis zu 10 % von den bezirklichen Tarifentgeltsätzen abweichende niedrigere Entgeltsätze unter Beachtung des § 76 Abs. 6 BetrVG vereinbaren. Diese mit Zustimmung der Tarifvertragsparteien betrieblich abweichend festgelegten Entgeltsätze gelten als Tarifentgeltsätze. Sie verändern sich – soweit die Betriebsvereinbarung nichts anderes regelt – bei einer Veränderung der in den bezirklichen Entgelttarifverträgen geregelten Tarifentgelte um den gleichen Prozentsatz wie diese. [...]

II. Zwingende Wirkung § 98

Beschäftigungssichernd und wettbewerbsverbessernd sind unter anderem beschäftigungserhaltende und beschäftigungsfördernde Investitionen am Standort, die Vermeidung von Entlassungen, die Vermeidung der Verlagerung von Produktion, sonstiger Aktivitäten oder Investitionen ins Ausland oder die Vermeidung von Ausgliederungen. Die Verbesserung der Wettbewerbsfähigkeit umfasst auch ihre Wiederherstellung oder Erhaltung sowie sonstige existenzsichernde Maßnahmen für das Unternehmen oder den Betrieb...." (vgl. RdA 1997, 242 f.)

Problematisch sind allerdings solche Öffnungsklauseln, die lediglich vom Tarifvertrag abweichende Betriebsvereinbarungen zulassen (die Sperre des § 77 Abs. 3 BetrVG gilt dann nicht). Im Streit steht hier, inwieweit darin eine **unzulässige Delegation der Normsetzungsbefugnis** auf die Betriebspartner zu sehen ist und Außenseiter durch Betriebsvereinbarungen wirksam erfasst werden können (hierzu WANK, NJW 1996, 2273, 2280 ff.). Bei Vereinbarung von Tariföffnungsklauseln haben die Tarifvertragsparteien die allgemeinen Grenzen ihrer Normsetzungsbefugnis zu beachten. Daher dürfen sie sich ihrer Normsetzungsbefugnis nicht vollständig begeben, in dem sie diese weitgehend delegieren (BAG 18.8.1987 AP Nr. 23 zu § 77 BetrVG 1972).

Zulässigkeit

„Es mag Fälle geben, in denen Tarifvertragsparteien die einem Tarifvertrag immanenten Grenzen der Regelungsbefugnis durch Verzicht auf inhaltliche Gestaltung des Arbeitsverhältnisses überschreiten. Werden materielle Arbeitsbedingungen in größerem Umfang nicht durch den Tarifvertrag selbst geregelt, wird die Regelungsbefugnis vielmehr auf die Parteien eines Betriebs verlagert, ist dies mit erheblichen Gefahren für die Tarifautonomie verbunden (vgl. KISSEL, NZA 1986, 73, 77 ff.). Über die möglichen rechtlichen Grenzen braucht der Senat im vorliegenden Fall nicht zu entscheiden." (BAG 18.8.1987 AP Nr. 23 zu § 77 BetrVG 1972).

Das BAG (BAG 20.4.1999 NZA 1999, 1059) hat zugelassen, dass tarifwidrige Betriebsvereinbarungen rückwirkend durch eine Öffnungsklausel genehmigt werden können. Begrenzt wird diese Rückwirkung jedoch durch Grundsätze des Vertrauensschutzes (siehe unter § 100 V 1).

3. § 4 Abs. 4 TVG: Schutz vor Verlust tariflicher Rechte

a) Verzicht tariflicher Rechte

§ 4 Abs. 4 S. 1 TVG verbietet weitgehend den Verzicht auf entstandene tarifliche Rechte. Nur in einem von den Tarifvertragsparteien gebilligten Vergleich ist ein solcher Verzicht zulässig. § 4 Abs. 4 TVG rundet damit die **Schutzfunktion der tariflichen Normwirkung** ab. Normwirkung und Günstigkeitsprinzip wären letztlich nutzlos, wenn der Tarifgebundene anschließend auf den entstandenen Anspruch verzichten kann, möglicherweise auf Veranlassung des Ver-

Verzichtsverbot

tragspartners. Daraus folgt aber auch, dass Ansprüche aus den Bereichen eines Tarifvertrags, denen keine zwingende Wirkung zukommt, nicht geschützt werden, etwa im Bereich des Günstigkeitsprinzips oder der Nachwirkung (LÖWISCH/RIEBLE, § 4 TVG Rn. 337). Dies gilt selbstverständlich auch, soweit der Tarifvertrag nur aufgrund arbeitsvertraglicher Verweisung zur Anwendung kommt. Nach h.M. (HWK/HENSSLER, § 4 TVG Rn. 52) dient § 4 Abs. 4 S. 1 TVG dem **Arbeitnehmerschutz**. Nach anderer Ansicht dient er auch dem Schutz der Tarifautonomie (KeZa/STEIN, § 4 TVG Rn. 442 f.; GAMILLSCHEG KollArbR I § 18 II 1 a).

Tarifliche Rechte i.S.d. § 4 Abs. 4 S. 1 TVG

Ein Verzicht im Sinne der Vorschrift sind nicht nur einseitige rechtsgeschäftliche Erklärungen des Arbeitnehmers, sonder alle Rechtsgeschäfte, die auf den teilweisen oder vollständigen Verlust tariflicher Rechtspositionen gerichtet sind oder deren Durchsetzbarkeit hemmen. Vom Verbot erfasst werden etwa negative Schuldanerkenntnisse, Erlassverträge (§ 397 BGB), nicht von den Tarifparteien gebilligte Vergleiche sowie der einseitige Verzicht bei Gestaltungsrechten (vgl. LÖWISCH/RIEBLE § 4 TVG Rn. 346 ff.). Geschützt werden sämtliche Tarifansprüche, soweit dies dem Schutzzweck der Norm entspricht (KeZa/STEIN § 4 TVG Rn. 445). Ausgenommen werden etwa die vereinbarte Arbeitszeitkürzung oder Aufhebungsverträge. Rechtsfolge von Verstößen gegen das Verbot ist die **Nichtigkeit** eines entsprechenden Rechtsgeschäfts nach **§ 134 BGB**.

Ausgleichsquittung

Wichtigster Anwendungsfall in der Praxis ist die sog. **Ausgleichsquittung**. Der Arbeitgeber lässt sich am Ende des Arbeitsverhältnisses häufig bestätigen, dass keine gegenseitigen Ansprüche mehr bestehen. Soweit darin nicht nur eine deklaratorische Erklärung, sondern ein Verzicht des Arbeitnehmers auf tarifliche Rechte liegt, ist dieser nach § 4 Abs. 4 S. 1 TVG unwirksam. Die Beendigung des Arbeitsverhältnisses ändert daran nichts (ausführlich GAMILLSCHEG KollArbR I § 18 II 2).

b) Verwirkung

Meinungsstreit

Ebenso wie der Verzicht ist die Verwirkung tariflicher Rechte ausgeschlossen, § 4 Abs. 4 S. 2 TVG. Allerdings ist umstritten, was von dem Begriff in § 4 Abs. 4 S. 2 TVG umfasst wird. Ein Teil der Literatur (KeZa/STEIN, § 4 TVG Rn. 450) legt den Begriff weit aus, d.h. **jede Art des Rechtsmissbrauchs** nach § 242 BGB soll ausgeschlossen sein. Die Rechtsprechung und h.M. (BAG 9.8.1990 AP Nr. 46 zu § 615 BGB; WIEDEMANN/WANK, § 4 TVG Rn. 695 ff;) sehen hingegen den Einwand der allgemeinen Arglist und der unzulässigen Rechtsausübung (**venire contra factum proprium**) nicht erfasst. Ausgeschlossen ist danach nur der Rechtsmissbrauch wegen illoyal verspäteter Rechtsausübung. Dies kann zu einem Widerspruch insofern führen, als ein ausdrücklich vereinbarter Verzicht nach § 4 Abs. 4 S. 1 TVG nicht zum Verlust tariflicher Rechte führt (vgl. STEIN Rn. 650). Der Arbeitnehmer kann also trotz Vereinbarung jederzeit

II. Zwingende Wirkung §98

seine Rechte einfordern. Andererseits kann nicht jedes Verhalten des Arbeitnehmers schutzwürdig sein. Der Arbeitgeber kann jedenfalls **kein schutzwürdiges Vertrauen** aufbauen, tarifliche Pflichten nicht erfüllen zu müssen. Vom Schutz des § 4 Abs. 4 S. 2 TVG werden sämtliche tariflichen Rechte umfasst, nicht aber außer- oder übertarifliche Leistungen.

c) Ausschlussfristen

Literatur: MATTHIESSEN, Arbeitsvertragliche Ausschlussfristen und das Klauselverbot des § 309 Nr. 7 BGB, NZA 2007, 361 ff.; PLÜM, Tarifliche Ausschlussfristen im Arbeitsverhältnis, MDR 1993, 14; PREIS, Auslegung und Inhaltskontrolle von Ausschlussfristen in Arbeitsverträgen, ZIP 1989, 885.

aa) Inhalt und Zweck

Materielle Ausschluss- oder Verfallfristen führen nach Ablauf des entsprechenden Zeitraums zum **Erlöschen des betroffenen Anspruchs**. Im Gegensatz etwa zu Verjährungsfristen gewähren sie dem Schuldner nicht nur eine Einrede (BAG 8.8.1979 AP Nr. 67 zu § 4 TVG Ausschlussfristen). Das Erlöschen des tariflichen Anspruchs ist deswegen in einem gerichtlichen Verfahren von Amts wegen zu berücksichtigen (BAG 15.6.1993 AP Nr. 123 zu § 4 TVG Ausschlussfristen). Auch eine Aufrechnung ist nicht mehr möglich (BAG 30.3.1973 AP Nr. 4 zu § 390 BGB). Wird trotz abgelaufener Ausschlussfrist geleistet, dann kann die Leistung nach §§ 812 ff. BGB zurückgefordert werden. Die Verfallfristen sind in der Praxis üblich und wegen ihrer **anspruchsvernichtenden** Wirkung von großer Bedeutung.

Rechtsfolgen von Ausschlussfristen

➲ **Beispiel:**

§ 37 Abs. 1 TVöD lautet:

„Ausschlussfrist

Ansprüche aus dem Arbeitsverhältnis verfallen, wenn sie nicht innerhalb einer Ausschlussfrist von sechs Monaten nach Fälligkeit von der/dem Beschäftigten oder vom Arbeitgeber schriftlich geltend gemacht werden. Für denselben Sachverhalt reicht die einmalige Geltendmachung des Anspruchs auch für spätere fällige Leistungen aus.

Die tariflichen Ausschluss- oder Verfallfristen verfolgen den Zweck, Ansprüche der Arbeitsvertragsparteien schnell zu klären und abzuwickeln. Sie haben eine **Klarstellungsfunktion**. Damit dienen sie zugleich der **Rechtssicherheit** und dem **Rechtsfrieden** (BAG 7.2.1995 AP Nr. 54 zu § 1 TVG Tarifverträge: Einzelhandel).

Funktion der Ausschlussfristen

„Sie dienen der Rechtssicherheit und dem Rechtsfrieden. Der Schuldner soll sich darauf verlassen können, nach Ablauf der tariflichen Verfallfristen nicht mehr in Anspruch genommen zu werden. Der Nichtschuldner soll nach Ablauf längerer Fristen vor einem Beweisnotstand bewahrt werden. Umgekehrt soll der Gläubiger angehalten werden, innerhalb kurzer Fristen Begründetheit und Erfolgsaussichten seiner Ansprüche zu prüfen." (BAG 7.2.1995 AP Nr. 54 zu § 1 TVG Tarifverträge: Einzelhandel)

Zweck des § 4 Abs. 4 S. 3 TVG

Nach § 4 Abs. 4 S. 3 TVG können Ausschlussfristen für die Geltendmachung tariflicher Rechte nur im Tarifvertrag vereinbart werden. Damit sichert auch diese Vorschrift die **Unabdingbarkeit tariflicher Normen**.

Auswirkungen für die Arbeitnehmer

Zu beachten ist aber, dass Ausschlussfristen größtenteils **zu Lasten des Arbeitnehmers** wirken. Dieser muss i.d.R. vorleisten (§ 614 BGB). Dem Arbeitgeber steht grundsätzlich die einfache und schnelle Möglichkeit offen, mit den Entgeltansprüchen des Arbeitnehmers aufzurechnen und sich so zu befriedigen (allerdings nicht nach Ablauf der Verfallfrist; vgl. z.B. BAG 26.4.1978 AP Nr. 64 zu § 4 TVG Ausschlussfristen). Die Möglichkeit tariflicher Ausschlussfristen durch die Tarifparteien ist dennoch **systemgerecht**. Sie sind es, die die tariflichen Rechte im Tarifvertrag begründen; nur sie können auf tarifliche Ansprüche wirksam verzichten.

Auswirkung auf Sozialbeiträge

Nach der Rechtsprechung des BSG (BSG 30.8.1994 AP Nr. 128 zu § 4 TVG Ausschlussfristen; krit. PETERS-LANGE, NZA 1995, 657; PREIS, NZA 2000, 914) entfaltet der Ablauf einer Verfallfrist keine Wirkung auf die Beitragspflicht zur Sozialversicherung. Dies bedeutet, dass die Sozialversicherungsbeiträge auch für das Arbeitsentgelt zu entrichten sind, das aufgrund einer Ausschlussfrist nicht ausgezahlt wird.

bb) Grenzen

Erfasste Rechte

§ 4 Abs. 4 S. 3 TVG verleiht den Tarifvertragsparteien keine weitergehende Tarifmacht. Verfallfristen können deswegen nur Tarifgebundene erfassen. Freilich können Ausschlussfristen auch kraft Bezugnahme im Arbeitsvertrag gelten. Ansprüche zwischen einer Arbeitsvertragspartei und einem Dritten werden von einer Ausschlussfrist nicht betroffen. Nach der Rechtsprechung des BAG, der ein Teil der Literatur folgt, können die Tarifparteien sämtliche Rechte im Arbeitsverhältnis regeln. Aus diesem Grund könnten Ausschlussfristen auch **vertragliche** – meist übertarifliche – Leistungen und **gesetzliche Rechte** einbeziehen (BAG 26.4.1978 AP Nr. 64 zu § 4 TVG Ausschlussfristen; LÖWISCH/RIEBLE, § 1 TVG Rn. 656). Begründet wird dies damit, dass die zwingende Natur des gesetzlichen Anspruchs lediglich bedeute, dass er nach Inhalt und Voraussetzungen nicht umgestaltet werden könne. Ausschlussfristen beträfen hingegen die zeitliche Geltendmachung des Anspruchs. Allerdings hat das BAG in einer Entscheidung erklärt, dass zum Inhalt eines Rechts auch die Dauer, innerhalb derer es geltend gemacht werden könne, gehöre (BAG 5.4.1984 AP Nr. 16 zu § 13 BUrlG; kritisch MATTHIESSEN, NZA 2007, 361, 362 f.). In der Literatur wird deshalb gefordert, dass Ausschlussfristen für zwingende gesetz-

II. Zwingende Wirkung § 98

liche Ansprüche nur vereinbart werden können, wenn der gesetzliche Anspruch tarifdispositiv ausgestaltet ist (PREIS, Der Arbeitsvertrag, II A 150 Rn. 26).

„Es ist im Gegenteil davon auszugehen, dass tarifliche Ausschlussklauseln ihrem Zweck entsprechend möglichst umfassend die gegenseitigen Ansprüche der Arbeitsvertragsparteien einbeziehen sollen. [...] Diesem Zweck würde nur unvollkommen Rechnung getragen, wollte man die wechselseitigen Ansprüche nicht nach ihrem Entstehungsbereich, dem Arbeitsverhältnis, sondern nach ihrer materiellrechtlichen Anspruchsgrundlage beurteilen." (BAG 26.4.1978 AP Nr. 64 zu § 4 TVG Ausschlussfristen)

Welche Ansprüche im Einzelfall erfasst werden sollen, ist eine Auslegungsfrage. Aufgrund der einschneidenden Wirkung will die h.M. tarifliche Ausschlussfristen grundsätzlich **eng auslegen** (vgl. GAMILLSCHEG KollArbR I § 18 IV 1 a (2)). Dieser Auslegungsgrundsatz setzt aber voraus, dass der Umfang der Verfallfrist nicht zweifelsfrei feststeht. Im Einzelfall kann daher auch eine weite Auslegung und sogar eine ergänzende Vertragsauslegung für Ausschlussfristen angezeigt sein (BAG 7.2.1995 AP Nr. 54 zu § 1 TVG Tarifverträge Einzelhandel).

Auslegung der Tarifnorm

Unklar sind Formulierungen wie „Ansprüche aus dem Arbeitsverhältnis". Das BAG hält es für möglich, dass Ausschlussklauseln nur **einseitig**, d.h. zuungunsten der Arbeitnehmer gelten. Stimmen in der Literatur lehnen dies ab (KeZa/STEIN § 4 TVG Rn. 467). Nur einheitliche Fristen dienten dem Zweck der Ausschlussfristen, dem Rechtsfrieden und der Rechtssicherheit. In jedem Fall sind die Tarifvertragsparteien an den allgemeinen Gleichbehandlungsgrundsatz (Art. 3 Abs. 1 GG) gebunden, es muss also ein Sachgrund für die Differenzierung bestehen. Dieser besteht nach der Rechtsprechung des BAG darin, dass der durchschnittliche Arbeitgeber eine Vielzahl von Arbeitnehmern beschäftigt und daher ein erheblicher Unterschied bestehe, ob der einzelne Arbeitnehmer einen Anspruch gegenüber dem Arbeitgeber geltend machen müsse oder der einzelne Arbeitgeber gegenüber einer Vielzahl von Arbeitnehmern (BAG 15.11.1967 AP Nr. 3 zu § 390 BGB). Damit ist ein Verstoß gegen Art. 3 Abs. 1 GG nur in Ausnahmefällen denkbar. Im **Zweifel** geht auch das BAG davon aus, dass die Ausschlussfrist **zweiseitig** wirkt.

Auslegung in Zweifelsfällen

„Die Bestimmung soll zu einer alsbaldigen Bereinigung der Streitigkeiten über unregelmäßig anfallende Lohn- und Gehaltsbestandteile beitragen. Hätten nur Ansprüche des Arbeitnehmers von der zweimonatigen Ausschlussfrist erfasst werden sollen, so hätte dies im Tarifvertrag deutlich zum Ausdruck kommen müssen (...). Ohne nähere Anhaltspunkte kann nicht davon ausgegangen werden, dass die zweimonatige Ausschlussfrist der Nr. 116 MTV einseitig nur für Ansprüche des Arbeitnehmers und nicht auch für solche des Arbeitgebers gilt." (BAG 14.9.1994 AP Nr. 127 zu § 4 TVG Ausschlussfristen)

Gerichtliche Inhaltskontrolle	Problematisch ist auch die Frage, ob tarifliche Ausschlussfristen einer allgemeinen **Inhaltskontrolle** unterliegen. Anlass sind die meist sehr knappen Fristen, oft nur ein bis drei Monate. Eine solche Kontrolle wird überwiegend abgelehnt (BAG 16.11.1965 AP Nr. 30 zu § 4 TVG Ausschlussfristen). Eine Inhaltskontrolle ist für Ausschlussfristen ebenso wenig möglich wie für andere Tarifnormen; andernfalls würde in die **Tarifautonomie** eingegriffen (JACOBS/KRAUSE/OETKER Rn. 154). In Einzelfällen wird die Wirksamkeit solcher Tarifklauseln mit Hilfe von § 138 BGB verneint (vgl. GAMILLSCHEG KollArbR I § 18 IV 1 e). Differenzieren die Tarifvertragsparteien zwischen verschiedenen Gruppen von Arbeitnehmern, so haben sie den allgemeinen Gleichbehandlungsgrundsatz (Art. 3 Abs. 1 GG) zu beachten. Rückwirkende Ausschlussfristen sind ferner an den Grundsätzen des Art. 14 GG zu messen, da diese anderenfalls enteignenden Charakter haben könnte (LÖWISCH/RIEBLE, § 1 TVG Rn. 672).
Beginn der Ausschlussfrist	Die Ausschlussfrist beginnt zu laufen, wenn der Gläubiger den Anspruch **rechtlich** und **tatsächlich** geltend machen kann, also nicht stets mit seiner Entstehung. Der Berechtigte muss die Forderung beziffern können. Auf die subjektiven, individuellen Kenntnisse und Möglichkeiten des einzelnen Gläubigers kommt es dabei nicht an (BAG 14.9.1994 AP Nr. 127 zu § 4 TVG Ausschlussfristen).

„Allerdings tritt die Fälligkeit i.S. tariflicher Ausschlussfristen nicht stets ohne weiteres schon mit der Entstehung des Anspruchs ein. Es muss dem Gläubiger tatsächlich möglich sein, seinen Anspruch geltend zu machen, das heißt einen Zahlungsanspruch wenigstens annähernd zu beziffern. Andererseits muss der Gläubiger ohne schuldhaftes Zögern die Voraussetzungen schaffen, um seinen Anspruch beziffern zu können. Welche Anforderungen an das Tätigwerden des Gläubigers im Einzelnen zu stellen sind, hängt von den Umständen des Falles ab. Dabei ist jedoch ein allgemeiner und objektiver Maßstab anzulegen. Auf die individuellen Möglichkeiten des jeweiligen Gläubigers, die tatsächlichen Voraussetzungen seines Anspruchs zu kennen, kommt es nicht an. Dies ergibt sich aus dem Sinn und Zweck der tariflichen Ausschlussklauseln, der gerade darin besteht, nach Ablauf der bestimmten Zeit zwischen den Arbeitsvertragsparteien Rechtssicherheit und Rechtsklarheit zu schaffen." (BAG 14.9.1994 AP Nr. 127 zu § 4 TVG Ausschlussfristen)

Ablauf der Ausschlussfrist	Nur die **ordnungsgemäße Geltendmachung** wirkt rechtserhaltend. Die Berufung auf den Ablauf einer Verfallfrist kann im Einzelfall aber nach **Treu und Glauben** unzulässig sein. Dies ist vor allem dann anzunehmen, wenn die zum Ausschluss führende Untätigkeit des Gläubigers vom Schuldner veranlasst wurde oder die Geltendmachung erschwert hat. Der Schuldner setzt sich dann in Widerspruch zu seinem eigenen früheren Verhalten ("venire contra factum proprium"). Nicht ausreichend ist allerdings, dass der Arbeitgeber dem Arbeitnehmer eine unrichtige Auskunft über das Bestehen eines Anspruchs erteilt. Der Arbeitnehmer hat sich über die Berechtigung seines Anspruchs selbst zu informieren (BAG 22.1.1997 AP

II. Zwingende Wirkung § 98

Nr. 27 zu § 70 BAT). Nach Ansicht der Rechtsprechung ist es auch unschädlich, wenn der Arbeitgeber gegen § 8 TVG verstößt und die einschlägigen Tarifverträge nicht im Betrieb auslegt. § 8 TVG sei eine reine Ordnungsvorschrift, ein Verstoß daher sanktionslos (BAG 23.1.2002 AP Nr. 5 zu § 2 NachwG; a.A. KRAUSE, RdA 2004, 106, 119). Etwas anderes gelte nur dann, wenn der Tarifvertrag den Arbeitgeber ausdrücklich zum Hinweis auf die Ausschlussfrist verpflichtet (BAG 11.11.1998 AP Nr. 8 zu § 1 TVG Bezugnahme auf Tarifvertrag).

Für die Geltendmachung eines Anspruchs ist regelmäßig Schriftform vorgeschrieben. Dient diese ausschließlich **Beweiszwecken**, so ist sie lediglich **deklaratorisch**, d.h. dass bei Nichteinhaltung der Form die Geltendmachung nicht unwirksam ist. Ein **konstitutives Formerfordernis** ist hingegen zwingend zu beachten. Ausreichend ist jedenfalls, wenn der Gläubiger seinen Anspruch durch Erhebung einer Klage geltend macht. Bedeutung der Schriftform

cc) Zweistufige Ausschlussfristen

Ein weiteres Problem sind die sog. **zweistufigen Ausschlussfristen**. In ihnen wird zunächst eine schriftliche Geltendmachung sowie eine anschließende Frist für die gerichtliche Geltendmachung vorgeschrieben. Inhalt

⇨ **Beispiel:**

1. Alle Ansprüche aus dem Arbeitsverhältnis – mit Ausnahme von Ansprüchen aus der Verletzung des Lebens, des Körpers oder der Gesundheit sowie aus vorsätzlichen oder grob fahrlässigen Pflichtverletzungen des Arbeitgebers oder seines gesetzlichen Vertreters oder Erfüllungsgehilfen – verfallen, wenn sie nicht innerhalb von drei Monaten nach der Fälligkeit gegenüber der anderen Vertragspartei schriftlich erhoben werden. Der Fristlauf beginnt, sobald der Anspruch entstanden ist und der Gläubiger von den den Anspruch begründenden Umständen Kenntnis erlangt hat oder ohne grobe Fahrlässigkeit erlangt haben musste.

2. Ist ein Anspruch rechtzeitig erhoben worden und lehnt der Arbeitgeber seine Erfüllung ab oder erklärt sich nicht innerhalb von zwei Wochen, so hat der Arbeitnehmer den Anspruch innerhalb von drei Monaten seit der Ablehnung oder dem Fristablauf gerichtlich geltend zu machen. Eine spätere Geltendmachung ist ausgeschlossen.

Problematisch ist das Verhältnis zwischen Kündigungsschutzklage und Ansprüchen aus Annahmeverzug des Arbeitgebers. Die **erste Stufe** wird durch die Erhebung einer **Kündigungsschutzklage** erfüllt. Darin ist auch die Geltendmachung der mit einer Kündigung zusammenhängenden Ansprüche zu sehen (BAG 22.2.1978 AP Nr. 63 zu § 4 TVG Ausschlussfrist). Die Kündigungsschutzklage ist eine Feststellungsklage, die lediglich deklaratorisch den bestehenden Rechts- Verhältnis zum Kündigungsschutz

zustand feststellt. Zur Erfüllung der **zweiten Stufe** wäre im Hinblick auf die Entgeltansprüche aus § 615 BGB eine weitere Klageerhebung erforderlich, die einer **Leistungsklage**. Nach der Rechtsprechung ersetzt die Kündigungsschutzklage nicht die gerichtliche Geltendmachung von Zahlungsansprüchen (BAG 13.9.1984 AP Nr. 86 zu § 4 TVG Ausschlussfrist). Damit setzt sich das BAG aber in Widerspruch zu seiner Rechtsprechung zur ersten Stufe. Eine lebensnahe Auslegung der Kündigungsschutzklage ergibt, dass sich der Arbeitnehmer regelmäßig auch die Entgeltansprüche mit der Klage sichern will. Solange das Bestehen eines Arbeitsverhältnisses und damit des Vergütungsanspruchs nicht festgestellt ist, wird dem Arbeitnehmer eine zusätzliche Geltendmachung nicht einleuchten (vgl. dazu PREIS, ZIP 1989, 885, 896 ff.).

III. Rechtsfolgen bei Verstoß gegen § 4 Abs. 1 TVG

Bedeutung der Rechtsfrage

Problematisch sind die Rechtsfolgen von Vereinbarungen, die für den Arbeitnehmer ungünstiger sind und gegen zwingende Tarifnormen verstoßen. In Betracht kommen sowohl die **Nichtigkeit** solcher Abreden als auch deren bloße **Verdrängung** durch den Tarifvertrag. Diese Frage erlangt Bedeutung, wenn die zwingende Wirkung des Tarifvertrags entfällt. Besteht dann ein ungeregelter Raum im Arbeitsverhältnis, der allenfalls durch gesetzliche Bestimmungen aufgefüllt wird, oder leben die Bestimmungen des Arbeitsvertrags wieder auf?

⇨ **Beispiel:**

Arbeitgeber und Arbeitnehmer vereinbaren ein Monatsgehalt i.H.v. 1000 Euro. Beide sind tarifgebunden. Der das Arbeitsverhältnis erfassende Tarifvertrag sieht einen Monatsbetrag von 1100 Euro vor.

a) Der Tarifvertrag wird gekündigt.

b) Ein neuer Tarifvertrag wird abgeschlossen, der einen Tariflohn i.H.v. 950 Euro festlegt.

Meinungsstand

Die h.M. spricht sich für die Verdrängung der arbeitsvertraglichen Bestimmungen aus (BAG 14.2.1991 AP Nr. 10 zu § 3 TVG; DÄUBLER, Tarifvertragsrecht, 1993, Rn. 183). Demgegenüber geht ein Teil der Literatur von einer vernichtenden Wirkung aus. Diese Frage spielt wegen der **Nachwirkung** des Tarifvertrags (§ 4 Abs. 5 TVG) nur eine geringe praktische Rolle, da insoweit Einigkeit besteht, dass eine durch den Tarifvertrag überlagerte ungünstigere Einzelvereinbarung, jedenfalls **keine andere Abmachung** im Sinne des § 4 Abs. 5 TVG darstellt. Interessant ist sie aber dann, wenn ein neuer Tarifvertrag ungünstigere Normen enthält (vgl. KeZa/STEIN § 4 TVG Rn. 15).

„Mit der Tarifbindung ist im Übrigen die einzelvertragliche Regelung verdrängt. Sie hat für die Dauer der Wirkungen des MTV auf die Arbeitsverhältnisse keine Bedeutung, kann daher, solange die Nachwir-

III. Rechtsfolgen bei Verstoß gegen § 4 Abs. 1 TVG § 98

kung des MTV auf die Arbeitsverhältnisse andauert, auch nicht wieder ‚aufleben'." (BAG 14.2.1991 AP Nr. 10 zu § 3 TVG)

Demgegenüber kommt eine Auffassung in der Literatur zu dem Ergebnis, dass in der Regel von einer Nichtigkeit der ungünstigeren Klausel auszugehen sei, da es im Interesse der vertragsschließenden Parteien liege, dass tarifwidrige Abreden nicht nach Jahr und Tag wieder aufleben (WIEDEMANN/WANK, § 4 TVG, Rn. 372). Ein Wiederaufleben der einzelarbeitsvertraglichen Abrede ist dann nur möglich, wenn dies ausdrücklich oder konkludent vereinbart wurde.

Dem ist nicht zu folgen. Ausgangspunkt der Betrachtung ist, dass ein Tarifvertrag keine gestaltende Wirkung auf den Inhalt des Arbeitsvertrages entfaltet. Inhaltsnormen eines Tarifvertrages werden nicht in den Arbeitsvertrag inkorporiert. Sie gestalten den Inhalt des Arbeitsverhältnisses wie ein Gesetz von außen. Das TVG ordnet die Geltung von Tarifnormen an (§ 4 Abs. 1 und Abs. 5). Tarifnormen werden daher nicht Bestandteil des Arbeitsvertrages (WIEDEMANN/ WANK, § 4 Rn. 304; HWK/HENSSLER, 2. Aufl. § 4 TVG Rn. 3; a.A. offenbar RIEBLE, Arbeitsmarkt und Wettbewerb Rn. 1225). Die arbeitsvertragliche Vereinbarung einer Arbeitsbedingung, die unterhalb des tariflichen Niveaus liegt oder durch den nachfolgenden Abschluss eines Tarifvertrages ungünstiger wird als die dort geregelte Leistung, verstößt nicht allein deshalb gegen ein gesetzliches Verbot, weil sie für einen bestimmten Zeitraum einer für das Arbeitsverhältnis geltenden günstigeren tariflichen Norm gegenübersteht (BAG 12.12.2007 NZA 2008, 649). Regelungen, die (einseitig) zwingende Wirkung entfalten, bedürfen zu ihrer Durchsetzung nicht notwendig der Vorschrift des § 134 BGB; die zwingende Regelung lässt vielmehr schon von sich aus die Geltung abweichender Abmachungen nicht zu. Es wird in der Regel davon auszugehen sein, dass die Arbeitsvertragsparteien an den einmal geschlossenen Vereinbarungen für die Ausgestaltung des Arbeitsverhältnisses festhalten wollen, um so eine verlässliche und dauerhafte vertragliche Grundlage für die Bestimmung der jeweiligen Rechte und Pflichten zu haben. Die Privatautonomie soll durch die zwingende Wirkung eines Tarifvertrages nicht mehr als notwendig eingeschränkt werden. Um die Funktion der Inhaltsnormen eines Tarifvertrages als Mindestbedingungen der unterworfenen Arbeitsverhältnisse sicherzustellen, bedarf es der Annahme einer endgültigen „Vernichtung" der Individualvereinbarung nicht. Vielmehr ist der Einzelvertrag als Konstante immer wieder auf seine Günstigkeit gegenüber dem jeweils geltenden Tarifvertrag zu überprüfen und wird gegebenenfalls in seiner Anwendung von diesem für den tariflichen Geltungszeitraum überlagert. Diesen Standpunkt teilt auch das BAG.

Grundsätzlicher Geltungsanspruch des Individualvertrags

„Jedenfalls dann, wenn arbeitsvertragliche Vereinbarungen materieller Arbeitsbedingungen auf für das Arbeitsverhältnis geltende Inhaltsnormen eines Tarifvertrages treffen, die für den Arbeitnehmer günstigere materielle Mindestbedingungen für das unterworfene Arbeitsverhältnis enthalten, bedeutet die zwingende Wirkung dieser Tarifnormen nicht, dass die Arbeitsvertragsregelungen nichtig sind und ungeachtet jeglicher Änderung der Tariflage keinerlei Wirkung mehr entfalten. Vielmehr bleiben die untertariflichen Vertragsbedingungen während der Zeit der Wirkung des Tarifvertrages von dessen normativer Kraft verdrängt, können jedoch bei vollständigem Wegfall der günstigeren Tarifnormen (etwa durch Betriebsübergang oder Ende des Tarifvertrages unter Ausschluss der Nachwirkung) dann wieder Wirkung erlangen, wenn sie nicht erneut durch übergeordnete Normen (etwa eines anderen, nunmehr geltenden Tarifvertrages, z.B. nach § 613a Abs. 1 Satz 3 BGB) verdrängt werden." (BAG 12.12.2007 NZA 2008, 649).

Keine Unwirksamkeit nach §§ 305 ff. BGB

Es ergibt sich auch keine andere Bewertung aus der nunmehr für Einzelarbeitsverträge möglichen Inhaltskontrolle nach den Vorschriften der §§ 305 ff. BGB (siehe unter § 25 IV). Gemäß § 310 Abs. 4 S. 3 BGB stehen Tarifverträge den Rechtsvorschriften im Sinne des § 307 Abs. 3 BGB gleich, so dass man zumindest mit dem Gedanken der AGB-Inhaltskontrolle argumentieren könnte, jede ungünstigere Individualvereinbarung stelle eine unangemessene Benachteiligung dar und sei von daher als unwirksam anzusehen. Dem ist indessen entgegenzuhalten, dass die Verweisung auf Tarifverträge in § 310 Abs. 4 S. 3 BGB lediglich dazu dient, diese selbst der Inhaltskontrolle zu entziehen, nicht aber umgekehrt dazu, Tarifverträge zum Maßstab einer Inhaltskontrolle zu machen (GOTTHARDT, ZIP 2002, 282).

4. Abschnitt:
Tarifgebundenheit und Geltungsbereich

Literatur: HROMADKA/MASCHMANN/WALLNER, Der Tarifwechsel, Rn. 69 ff.; KONZEN, Tarifbindung, Friedenspflicht und Kampfparität beim Verbandswechsel des Arbeitgebers, ZfA 1975, 401; PREIS/GREINER, Vertragsgestaltung bei Bezugnahmeklauseln nach der Rechtsprechungsänderung des BAG, NZA 2007, 1073 ff.; REBHAHN, Rechtsvergleichendes zur Tarifbindung ohne Verbandsmitgliedschaft, RdA 2002, 214.

Funktion

Tarifnormen gelten nach § 4 Abs. 1 TVG unmittelbar und zwingend nur für Tarifgebundene, die unter den Geltungsbereich des Tarifvertrags fallen. Die Tarifgebundenheit und der entsprechende Geltungsbereich sind daher **Voraussetzungen der Normwirkung**. Dies entspricht Art. 9 Abs. 3 GG und dem Demokratieprinzip. Grundsätzlich können die von ihren Mitgliedern demokratisch legitimierten Verbände nur ihre Mitglieder tarifvertraglich binden (BVerfG 24.5.1977 AP Nr. 15 zu § 5 TVG). Eine Ausnahme von diesem Grundsatz gilt bei Normen über betriebliche und betriebsverfassungsrechtliche Fragen, bei denen die Tarifbindung des Arbeitgebers ausreicht (siehe unter § 99 III). Des weiteren kann eine Tarifbindung durch staatlichen Hoheitsakt erfolgen, wie dies bei der Allgemeinverbindlicherklärung der Fall ist. Zu beachten ist, dass diese personelle Begrenzung der Tarifmacht in einer Vielzahl europäischer Länder für überflüssig gehalten wird. Dort lässt man die Tarifbindung des Arbeitgebers genügen, um alle vom Geltungsbereich des Tarifvertrags erfassten Arbeitnehmer unabhängig von ihrer Organisationszugehörigkeit zu erfassen (REBHAHN, RdA 2002, 214).

„Die durch Art. 9 Abs. 3 GG gewährleistete Normsetzungsbefugnis der Koalitionen erstreckt sich grundsätzlich nur auf die Mitglieder der tarifvertragschließenden Parteien. [...] Indem es die Tarifgebundenheit grundsätzlich auf die Mitglieder der Tarifparteien beschränkt, trägt das TVG in seinem § 3 Abs. 1 dem Grundsatz Rechnung, dass der Staat seine Normsetzungsbefugnis nicht in beliebigem Umfang außerstaatlichen Stellen überlassen und den Bürger nicht schrankenlos der normsetzenden Gewalt autonomer Gremien ausliefern darf, die ihm gegenüber nicht demokratisch bzw. mitgliedschaftlich legitimiert sind [...]." (BVerfG 24.5.1977 AP Nr. 15 zu § 5 TVG

§ 99 Tarifgebundenheit

➲ Übersicht:
  I. Tarifgebundenheit durch Mitgliedschaft
    1. Beginn der Tarifgebundenheit
    2. Tarifbindung nach Beendigung der Mitgliedschaft
       a) Zweck und Wirkung des § 3 Abs. 3 TVG
       b) Beendigung i.S.d. § 3 Abs. 3 TVG
          aa) Kündigungsmöglichkeit
          bb) Änderung des Tarifvertrags
          cc) Ausscheiden aus dem Geltungsbereich
          dd) Auflösung eines Verbands
          ee) Verbandswechsel
       c) Vertiefungsproblem: Beendigung der Mitgliedschaft
       d) Vertiefungsproblem: OT-Mitgliedschaft
  II. Tarifgebundenheit des einzelnen Arbeitgebers
  III. Tarifgebundenheit bei betrieblichen und betriebsverfassungsrechtlichen Normen
  IV. Tarifgebundenheit durch Allgemeinverbindlicherklärung
    1. Wirkung der Allgemeinverbindlicherklärung
    2. Zweck der Allgemeinverbindlicherklärung
    3. Rechtsnatur der Allgemeinverbindlicherklärung
    4. Voraussetzungen
       a) Antrag einer Tarifvertragspartei
       b) Wirksamer Tarifvertrag
       c) Tarifbindung der Arbeitgeber von 50 % der betroffenen Arbeitnehmer
       d) Öffentliches Interesse

e) Öffentliche Bekanntmachung

f) Ausnahme

5. Ende der Allgemeinverbindlicherklärung

V. Tarifgebundenheit bei Betriebsübergang nach § 613a BGB

VI. Arbeitsvertragliche Bezugnahme auf Tarifverträge

1. Möglichkeiten der Bezugnahme

2. Wirkung der Bezugnahme

3. Zweck der Bezugnahme

4. Inhaltskontrolle

5. Vertiefungsproblem: Bezugnahme und NachwG

Überblick Die Bindung an den Tarifvertrag kann auf verschiedenen Rechtsgründen beruhen. Der Grundsatz ist in § 3 Abs. 1 TVG geregelt. Danach sind Mitglieder der Tarifvertragsparteien tarifgebunden. Grundsätzlich ist es also erforderlich, dass beide Parteien des Arbeitsverhältnisses Mitglied eines Verbands sind. Die Mitgliedschaft der Arbeitsvertragsparteien legitimiert die Verbände zu einer das Arbeitsverhältnis gestaltenden Normsetzung. Allerdings wird im Schrifttum bezweifelt, ob die Beschränkung der Tarifbindung auf die Mitglieder der tarifschließenden Parteien erforderlich ist (WIEDEMANN/OETKER § 3 Rn. 30; a.A. HWK/HENSSLER, § 3 TVG Rn. 1). Die Problematik entfaltet sich maßgeblich bei der Bindung an Betriebsnormen (siehe unter § 99 III). Die Tarifbindung von Außenseitern oder anders Organisierten kann der Gesetzgeber durch staatliche Erstreckung der Tarifnormen anordnen, etwa durch die Allgemeinverbindlicherklärung. In einer Vielzahl von Arbeitsverhältnissen gelten Tarifverträge kraft arbeitsvertraglicher Inbezugnahme, so dass der Tarifvertrag zwar nicht nach der rechtlichen Konzeption (wie § 3 Abs. 1 TVG zeigt), wohl aber faktisch auf die Geltung für alle Arbeitnehmer in seinem Geltungsbereich angelegt ist.

I. Tarifgebundenheit durch Mitgliedschaft

Verbandsmitgliedschaft Sind beide Parteien des Arbeitsvertrags Mitglied einer Tarifpartei, kann ein abgeschlossener Tarifvertrag Normwirkung für das Arbeitsverhältnis entfalten. Dafür muss das Arbeitsverhältnis aber zusätzlich in den Geltungsbereich des Tarifvertrags fallen (siehe unter § 100). Die Frage der Tarifbindung ist also streng von der Frage des Geltungsbereichs zu trennen. Die Mitgliedschaft in den tarifschließenden Verbänden richtet sich nach verbandsinternem Recht (zur OT-Mitgliedschaft siehe unter § 99 I d).

1. Beginn der Tarifgebundenheit

Beidseitige Tarifgebundenheit Ein bereits in Kraft getretener Tarifvertrag entfaltet seine unmittelbare und zwingende Wirkung auf ein Arbeitsverhältnis von dem Zeitpunkt an, in dem Arbeitnehmer **und** Arbeitgeber tarifgebunden

I. Tarifgebundenheit durch Mitgliedschaft § 99

sind. Ausreichend ist also, dass eine oder beide Parteien erst nach Abschluss des Arbeitsvertrags Mitglied einer Tarifvertragspartei werden. Die Normwirkung tritt dann **unabhängig von der Kenntnis** der anderen Arbeitsvertragspartei ein. Ebenso unerheblich ist, ob den beiderseits Tarifgebundenen der Tarifvertrag bekannt ist. Die Bindung tritt unabhängig vom Willen der Parteien ein. Ein rückwirkender Eintritt der Tarifbindung durch einen rückwirkenden Beitritt zum tarifschließenden Verband ist nicht möglich (BAG 22.11.2000 AP Nr. 20 zu § 3 TVG Verbandszugehörigkeit). Ebenso wenig kann bei Beitritt zur Vereinigung ein späterer Eintritt der Tarifbindung festgelegt werden (BAG 20.12.1988 AP Nr. 9 zu § 87 BetrVG 1972 Auszahlung). **Maßgeblich für die Tarifbindung ist der Zeitpunkt der Annahme des Antrags auf die Mitgliedschaft** (BAG 22.11.2000 AP Nr. 20 zu § 3 TVG Verbandszugehörigkeit). Die unmittelbare und zwingende Wirkung von Tarifverträgen tritt also erst zu diesem Zeitpunkt ein, auch wenn der Tarifvertrag schon vor dem Beitritt in Kraft getreten war. Bei der Geltendmachung eines Rechts aus dem Tarifvertrag ist die Mitgliedschaft darzulegen bzw. zu beweisen. Der gute Glaube an die Tarifbindung des Vertragspartners wird nicht geschützt.

Fraglich ist, ob in Fällen des nachträglichen Beitritts zu einer Tarifvertragspartei **Abschlussnormen** des Tarifvertrags noch auf das bereits bestehende Arbeitsverhältnis einwirken. Konstitutive Formvorschriften können ein bereits bestehendes Arbeitsverhältnis nicht nachträglich zunichte machen (STEIN Rn. 165). Bei deklaratorischen Formvorschriften kann hingegen eine nachträgliche Anpassung erfolgen. Hinsichtlich **Beendigungsnormen** gilt, dass diese bei einer Kündigung nur dann anwendbar sind, wenn der Beitritt vor Ausspruch der Kündigung erfolgt ist (WIEDEMANN/OETKER, § 3 TVG Rn. 38; a.A. KeZa/KEMPEN, § 3 TVG Rn. 12).

Auswirkungen von Abschlussnormen auf bestehende Arbeitsverhältnisse

2. Tarifgebundenheit nach Beendigung der Verbandsmitgliedschaft

Literatur: BAUER, Flucht aus Tarifverträgen: Königs- oder Irrweg?, FS Schaub (1998), S. 19; BIEBACK, Tarifrechtliche Probleme des Verbandswechsels von Arbeitgebern, DB 1989, 477; BUCHNER, Die tarifrechtliche Situation bei Verbandsaustritt und bei Auflösung eines Arbeitgeberverbandes, RdA 1997, 259; BÜDENBENDER, Tarifbindung trotz Austritts aus dem Arbeitgeberverband – eine notwendige oder korrekturbedürftige Regelung?, NZA 2000, 509; DÄUBLER, Tarifausstieg – Erscheinungsformen und Rechtsfolgen, NZA 1996, 225; HANAU, Der Tarifvertrag in der Krise, RdA 1998, 65; RIEBLE, Krise des Flächentarifvertrags?, RdA 1996, 151; O. E. KEMPEN, Aktuelles zur Tarifpluralität und zur Tarifkonkurrenz, NZA 2003, 415.

a) Zweck und Wirkung des § 3 Abs. 3 TVG

Grundsätzlich endet die Tarifgebundenheit mit dem Ende der Verbandsmitgliedschaft; die Beendigung der Mitgliedschaft richtet sich nach dem Verbandsrecht (vgl. BAG 13.7.1994 AP Nr. 14 zu § 3 TVG Verbandszugehörigkeit, zur Frage des Übergangs der Mitgliedschaft

Ende der Verbandsmitgliedschaft

bei Gesamtrechtsnachfolge). Neben dem Verbandsaustritt endet die Mitgliedschaft wegen Tod des Mitglieds oder Verbandswechsel.

Funktion des § 3 Abs. 3 TVG

§ 3 Abs. 3 TVG bestimmt allerdings, dass die Tarifgebundenheit bis zum Ende des Tarifvertrags weiterbesteht (**Nachbindung**). Tarifgebundene könnten sich ansonsten geltenden Tarifnormen ohne Weiteres einseitig entziehen. Die Vorschrift erklärt sich auch aus der Entstehungsgeschichte des Tarifvertragsrechts. Bereits § 1 Abs. 2 der TVVO von 1918 sah die Nachbindung bis zum Ende des Tarifvertrags vor, allerdings nur für die Dauer des bereits bestehenden Arbeitsverhältnisses. Dies führte dazu, dass die Arbeitgeber Arbeitnehmer entließen und sofort wieder einstellten, um sich so dem Tarifvertrag zu entziehen. Die Vorschrift dient der Sicherung des Gestaltungsauftrags der Tarifvertragsparteien und **verhindert** die „**Flucht aus dem Tarifvertrag**" (BAG 7.11.2001 AP Nr. 11 zu § 3 TVG Verbandsaustritt). Der ebenfalls tarifgebundene Vertragspartner kann so auf den Bestand der Tarifbestimmungen und den entsprechenden Inhalt des Arbeitsverhältnisses vertrauen. § 3 Abs. 3 TVG ermöglicht damit einen relativ kurzfristigen Austritt aus dem Verband, sichert andererseits aber die Vertragstreue der Verbandsmitglieder hinsichtlich des geltenden Tarifvertrags. Die Vorschrift dient damit der **Rechtssicherheit**. Daher unterscheidet sie auch nicht nach den Ursachen oder Gründen für die Beendigung der Tarifbindung nach § 3 Abs. 1 TVG. Auch ein Ausschluss aus einem Verband führt damit zur Nachbindung (BAG 4.4.2001 AP Nr. 26 zu § 4 TVG Tarifkonkurrenz). Der Austritt aus dem Verband bleibt zunächst also ohne Folgen auf die Normwirkung. Die tariflichen Arbeitsbedingungen werden vielmehr „eingefroren".

➲ **Beispiel:**

Arbeitgeber A und sein Arbeitnehmer N sind beide tarifgebunden. A hat seine Mitgliedschaft in seinem Arbeitgeberverband wirksam zum 31.12.1997 gekündigt. Der für das Arbeitsverhältnis geltende Entgelttarifvertrag hat eine Laufzeit bis zum 30.6.1998. Bis zu diesem Zeitpunkt ist A an den Tarifvertrag gebunden, ohne dass er Mitglied eines Arbeitgeberverbands ist.

Auswirkung nachfolgender Tarifverträge

Nach Beendigung der Mitgliedschaft abgeschlossene Tarifverträge binden einen ausgetretenen Arbeitgeber oder Arbeitnehmer nicht. Dies gilt auch, wenn im neuen Tarifvertrag zulässig die **Rückwirkung** des Tarifvertrags auf einen Zeitpunkt vor Beendigung der Mitgliedschaft vereinbart ist. Eine Rückwirkung ändert nichts an der mangelnden Tarifbindung im Zeitpunkt des Abschlusses des rückwirkenden Tarifvertrags. Die Tarifvertragsparteien müssen im **Zeitpunkt des Abschlusses** des Tarifvertrags zur Normsetzung **legitimiert** sein (BAG 13.9.1994 AP Nr. 11 zu § 1 TVG Rückwirkung; KeZa/Kempen, § 3 TVG Rn. 14).

I. Tarifgebundenheit durch Mitgliedschaft § 99

◯ **Beispiele:**

– Arbeitgeber A will sich „gesund schrumpfen". Er entlässt zum 31.12.1997 ein Drittel seiner 120 Arbeitnehmer und tritt zu demselben Zeitpunkt aus seinem Arbeitgeberverband aus. Im März vereinbaren Gewerkschaft und Arbeitgeberverband eine Änderung des betroffenen Tarifvertrags, nach der die Arbeitgeber betriebsbedingt gekündigten Arbeitnehmern eine Abfindung je nach Dauer der Betriebszugehörigkeit zu zahlen haben. Die Änderung des Tarifvertrags soll rückwirkend ab dem Zeitpunkt des Inkrafttretens des Tarifvertrags gelten. A wird von der Normwirkung des Änderungstarifvertrags nicht erfasst mangels Tarifgebundenheit.

– Gleiches gilt auf der Seite des Arbeitnehmers: In dem einschlägigen Tarifvertrag für das Arbeitsverhältnis des Arbeitgebers B und des Arbeitnehmers X ist eine Abfindung bei betriebsbedingter Entlassung vorgesehen. B kündigt X und zahlreichen anderen Arbeitnehmern zum 30.9.1997. X tritt zu demselben Zeitpunkt aus der Gewerkschaft aus. B kann die aufgrund des Tarifvertrags anfallenden Abfindungen nicht in voller Höhe zahlen. Der Anspruch auf Abfindungen wird Ende Oktober durch einen Änderungstarifvertrag rückwirkend zum Anfang 1997 gekürzt. X wird von der Kürzung mangels Tarifgebundenheit nicht erfasst (vgl. BAG 13.12.1995 AP Nr. 15 zu § 1 TVG Rückwirkung).

Umstritten ist, ob im Zeitraum der Tarifgebundenheit nach § 3 Abs. 3 TVG, also bis zur Beendigung des Tarifvertrags, durch den Arbeitnehmer eine **erneute beiderseitige Tarifgebundenheit** begründet werden kann.

Beiderseitige Tarifgebundenheit infolge von § 3 Abs. 3 TVG

◯ **Beispiel:**

Arbeitnehmer N, der keiner Gewerkschaft angehört, ist bei U tätig. Dieser ist Mitglied eines Arbeitgeberverbands. U kündigt seine Mitgliedschaft im Verband wirksam zum 31.12.1997. Der das Unternehmen des U erfassende Tarifvertrag hat eine Laufzeit bis Ende Juli 1998. Anfang Februar 1998 tritt N der Gewerkschaft G bei, die den einschlägigen Tarifvertrag mit dem ehemaligen Verband des U geschlossen hat. Sind N und U beide an den Tarifvertrag gebunden? Die Mitgliedschaft des N ergibt sich aus § 3 Abs. 1 TVG; die des U kann sich allenfalls aus § 3 Abs. 3 TVG ergeben.

Einige Stimmen (RIEBLE, SAE 1994, 158 ff.) legen den Begriff der Tarifgebundenheit in § 3 Abs. 3 TVG dahin aus, dass nur die **beiderseitige Tarifgebundenheit** erfasst werden sollte. Zu irgendeinem Zeitpunkt müssten beide Vertragsparteien tarifgebunden gewesen seien. Nach Ansicht des BAG und der h.L. (BAG 4.8.1993 AP Nr. 15 zu § 3 TVG; GAMILLSCHEG KollArbR I § 17 I 5) entfaltet der Tarifvertrag nach § 3 Abs. 3 TVG seine **volle Normwirkung** bis zur Beendigung des Tarif-

Meinungsstreit

vertrags, d.h. er gilt unmittelbar und zwingend für alle tarifgebundenen Arbeitnehmer. Die Vorschrift **fingiert die fehlende Tarifgebundenheit** des Arbeitgebers auf Zeit, unabhängig davon, ob im Zeitpunkt des Ausscheidens aus dem Verband beide Arbeitsvertragsparteien tarifgebunden waren. Aus diesem Grund werden auch solche Arbeitsverhältnisse erfasst, die erst nach dem Verbandsaustritt mit tarifgebundenen Arbeitnehmern begründet werden oder deren Arbeitnehmer erst nach diesem Zeitpunkt in eine Gewerkschaft eintreten. Im Ergebnis führt dies dazu, dass ein Arbeitsverhältnis von einem Tarifvertrag erfasst wird, obwohl zu **keinem Zeitpunkt eine beiderseitige Mitgliedschaft** zu den Tarifvertragsparteien bestand. Nach der Rechtsprechung des BAG soll § 3 Abs. 3 TVG die Flucht aus dem Tarifvertrag insgesamt verhindern, nicht bloß die Flucht aus der Tarifgeltung im einzelnen Arbeitsverhältnis (BAG 10.12.1997 AP Nr. 20 zu § 3 TVG).

„§ 3 Abs. 3 TVG setzt nicht voraus, daß das von den Tarifnormen erfaßte Rechtsverhältnis schon dem Tarifvertrag unterfallen ist, also zu irgendeinem Zeitpunkt vor dem Austritt beiderseitige Tarifgebundenheit bestanden hat. Ist der Arbeitgeber ausgetreten, muß auch ein danach eingestellter Arbeitnehmer Tarifschutz genießen, wenn er Mitglied der Gewerkschaft ist. Gleiches gilt für den Arbeitnehmer, der nach dem Austritt des Arbeitgebers Mitglied der Gewerkschaft wird. § 3 Abs. 3 TVG will die Flucht aus dem Tarifvertrag insgesamt verhindern, nicht bloß die Flucht aus der Tarifgeltung im einzelnen Arbeitsverhältnis..." (BAG 10.12.1997 AP Nr. 20 zu § 3 TVG)

b) Beendigung i.S.d. § 3 Abs. 3 TVG

Überblick — Fraglich ist, was unter Beendigung des Tarifvertrags i.S.d. § 3 Abs. 3 TVG zu verstehen ist. Darunter fallen in jedem Fall der **Ablauf** der vereinbarten Laufzeit, eine einvernehmliche **Aufhebung** oder die wirksame **Kündigung** des Tarifvertrags. Eine Beendigung tritt insbesondere dann ein, wenn die Tarifvertragsparteien einen neuen Tarifvertrag zum gleichen Regelungsgegenstand schließen (**Ablösungsprinzip**, BAG 17.7.2007 ZTR 2008, 161; siehe unter § 100 V 2). Dadurch dass in der Regel mehrere Tarifverträge mit unterschiedlichen Laufzeiten auf das Arbeitsverhältnis einwirken, ist stets für jeden einzelnen Tarifvertrag zu prüfen, ob eine Nachbindung eintritt. Etwas anderes kann aber dann gelten, wenn die Tarifverträge erkennbar in einem engen Sachzusammenhang stehen (JACOBS/KRAUSE/OETKER § 6 Rn. 54).

aa) Kündigungsmöglichkeit

Meinungsstreit — Teile der Literatur sehen aber bereits die **Möglichkeit der Kündigung** als Beendigung i.S.d. § 3 Abs. 3 TVG an; nur bis zu diesem Zeitpunkt bestehe ein schützenswertes Vertrauen auf den Bestand des Tarifvertrags (HANAU, RdA 1998, 65, 69). Das ausgeschiedene Mitglied könne nicht darüber hinaus durch den Verband gebunden werden, indem dieser sein Kündigungsrecht nicht ausübe. Der Zweck der Vorschrift, die Flucht aus dem Tarifvertrag zu verhindern, werde bereits mit Erreichen der Möglichkeit einer Kündigung erreicht. Andere wollen die zwingende Tarifgeltung auf maximal ein Jahr analog § 613a Abs. 1 S. 2 BGB begrenzen (RIEBLE, RdA 1996, 151, 155). Diese Ansicht wird aber von der h.M. wegen der Eindeutigkeit des Wortlauts abgelehnt (vgl. JACOBS/KRAUSE/OETKER § 6 Rn. 57 m.w.N.). Denn das Gesetz stellt auf das Ende des Tarifvertrags ab, nicht auf eine hypothetische Beendigungsmöglichkeit. Für firmenbezogene Verbandstarifverträge wird dem ausgetretenen Unternehmen z.T. ein eigenständiges Kündigungsrecht zugestanden (DÄUBLER, Tarifvertragsrecht, 1993, Rn. 302).

bb) Änderungen des Tarifvertrags

Diskutiert wird auch, inwieweit **Änderungen** eines Tarifvertrags als Beendigung anzusehen sind. Stimmen in der Literatur (BIEBACK, DB 1989, 477, 479) sehen einen Widerspruch zum Zweck des § 3 Abs. 3 TVG, wenn bereits durch geringste Änderungen der Tarifvertrag in diesem Sinne beendet wäre. Lediglich gravierende Änderungen könnten als Beendigung angesehen werden. Das erfordert aber jedes Mal eine inhaltliche Einschätzung. Zudem können Teile von Tarifverträgen durch Beibehaltung so zu einer unauflösbaren Bindung führen. Jeder Änderungstarifvertrag ist ein eigenständiger Vertrag und führt als solcher zur Beendigung des vorherigen i.S.d. § 3 Abs. 3 TVG (BAG 7.11.2001 AP Nr. 11 zu § 3 TVG Verbandsaustritt; STEIN Rn. 174). Eine vermittelnde Ansicht befürwortet hingegen eine teilweise Beendigung des Tarifvertrags nur hinsichtlich der geänderten Vorschriften (GAMILLSCHEG KollArbR I § 17 I 5 d).

Meinungsstreit

cc) Ausscheiden aus dem Geltungsbereich

Das BAG (BAG 14.6.1994 AP Nr. 2 zu § 3 TVG Verbandsaustritt) lehnt eine entsprechende Anwendung beim **Ausscheiden** eines Betriebs **aus dem betrieblichen Geltungsbereich des Tarifvertrags** – etwa durch Outsourcing – ab. Geltungsbereich und Tarifbindung seien zwei verschiedene Rechtsbereiche (zust. BIEBACK, DB 1989, 477, 478). § 3 Abs. 3 TVG ersetze nur das Merkmal der Tarifgebundenheit, nicht aber die übrigen Voraussetzungen für die Anwendbarkeit eines Tarifvertrags (BAG 10.12.1997 AP Nr. 20 zu § 3 TVG). Dies gilt nach der Rechtsprechung des BAG auch für die **Tarifzuständigkeit** (BAG 14.6.1994 AP Nr. 2 zu § 3 TVG Verbandsaustritt).

Keine Beendigung i.S.d. § 3 Abs. 3 TVG

dd) Auflösung eines Verbands

Das Ende einer Tarifvertragspartei, also die **Auflösung eines Verbands**, ist nach der Rechtsprechung (BAG 15.10.1986 AP Nr. 4 zu § 3 TVG; so auch ZÖLLNER/LORITZ/HERGENRÖDER § 38 I 1) nicht ein Fall des § 3 Abs. 3 TVG. Löst sich ein Verband auf, dann entfällt auch die

Meinungsstreit

Tarifgebundenheit seiner Mitglieder. Allerdings sei die Nachwirkung nach § 4 Abs. 5 TVG zu beachten (siehe unter § 100 V 3). Dem wird in der Literatur (WIEDEMANN, Anm. zu AP Nr. 4 zu § 3 TVG; BUCHNER, RdA 1997, 259, 263; JACOBS/KRAUSE/OETKER § 2 Rn. 22 ff.) widersprochen. Vereine oder Gesellschaften werden durch einen Auflösungsbeschluss in eine **Liquidationsgesellschaft** umgewandelt. Deren Aufgabe ist es, bestehende Vertragsbeziehungen abzuwickeln. Der Gesetzeszweck des § 3 Abs. 3 TVG spreche dafür, die Vorschrift auch im Liquidationsstadium anzuwenden. Die Auflösung eines Verbands sei daher nur ein **Kündigungsgrund**. Erst die Kündigung selbst führe zur Beendigung des Tarifvertrags. Die Mitgliedschaft ende erst mit dem Abschluss des Liquidationsverfahrens und der Beendigung des Verbands.

Rechtsprechung

In neuerer Rechtsprechung betont das BAG, dass nach seiner Auffassung im Hinblick auf die Verbandsauflösung eine Gesetzeslücke besteht, deren Ausfüllung nicht Aufgabe der Rechtsprechung sondern des Gesetzgebers sei (BAG 28.5.1997 AP Nr. 26 zu § 4 TVG Nachwirkung).

ee) Verbandswechsel

Tarifkollision

Problematisch kann auch der **Verbandswechsel** des Arbeitgebers sein. Grundsätzlich wird die Anwendung des § 3 Abs. 3 TVG auch im Falle der Beendigung der Mitgliedschaft bei einem Verbandswechsel befürwortet (BIEBACK, DB 1989, 477 f.; DÄUBLER, NZA 1996, 225, 230). Aufgrund der neuen Mitgliedschaft ist der Arbeitgeber an die Tarifverträge seines neuen Verbands nach § 3 Abs. 1 TVG gebunden; es kann zu einer **Kollision der Tarifverträge** kommen (vgl. KONZEN, ZfA 1975, 401, 403), sofern die Tarifzuständigkeit des alten Verbandes für den Betrieb erhalten bleibt und die Geltungsbereiche der Tarifverträge sich überschneiden. Dann fragt es sich aber, welcher Tarifvertrag zur Anwendung kommt (str.; vgl. BIEBACK, DB 1989, 477, 481; DÄUBLER/LORENZ, § 3 TVG Rn. 89 ff.). Das BAG hat die Kollision für den Fall, dass beide Tarifverträge mit derselben Gewerkschaft geschlossen wurden, als **Tarifkonkurrenz** angesehen und nach dem Spezialitätsgrundsatz aufgelöst (BAG 26.10.1983 AP Nr. 3 zu § 3 TVG). Dem wird von der Literatur unter Verweis auf den Gesetzeszweck des § 3 Abs. 3 TVG widersprochen (KEMPEN, NZA 2003, 415). Dieser solle verhindern, dass der Arbeitgeber sich durch Verbandsaustritt der Bindung an den Tarifvertrag entziehen kann. Genau dies ermögliche die Rechtsprechung des BAG und sei daher abzulehnen. Es sind freilich auch andere Fallkonstellationen denkbar, in denen unterschiedliche Gewerkschaften beteiligt sind (zur **Tarifpluralität** siehe unter § 101 II). Im Zweifel wird eine am Gesetzeszweck des § 3 Abs. 3 TVG orientierte Lösung je nach Einzelfall erforderlich sein, wobei insbesondere Missbrauchsmöglichkeiten vorzubeugen ist.

I. Tarifgebundenheit durch Mitgliedschaft § 99

Umstritten ist ferner, ob die Tarifnormen nach Ablauf des Tarifvertrags auch noch nach § 4 Abs. 5 TVG nachwirken (hierzu siehe unter § 100 V 3; DÄUBLER, NZA 1996, 225, 227 f.). — Nachwirkung

c) Vertiefungsproblem: Beendigung der Mitgliedschaft

Literatur: OETKER, Die Beendigung der Mitgliedschaft in Arbeitgeberverbänden als tarifrechtliche Vorfrage, ZfA 1998, 45; PLANDER, Tarifflucht durch kurzfristig vereinbarten Verbandsaustritt?, NZA 2005, 897.

Eine bisher wenig beachtete Frage im Zusammenhang mit der „Flucht aus dem Tarifvertrag" ist in letzter Zeit aufgrund einiger Urteile aktuell geworden: Welche verbandsinternen Grenzen bestehen für die Beendigung der Mitgliedschaft? — Verbandsinterne Grenzen

➲ **Beispiele:**
- Der Arbeitgeber U befürchtet für das Jahr 1998 einen Tarifabschluss, der die Arbeitskosten in die Höhe treibt und möchte aus seinem Verband austreten. Allerdings versäumt er die satzungsmäßige Kündigungsfrist von sechs Monaten, kündigt im November 1997 trotzdem zum 31.12.1997. Der Arbeitgeberverband ist einverstanden.
- Arbeitgeberverband V verzichtet in seiner Satzung gänzlich auf eine Austrittsfrist.

Nach LAG Düsseldorf (13.2.1996 LAGE Nr. 4 zu § 3 TVG; so auch ArbG Leipzig 24.5.1996 AiB 1996, 685 f.) müssen satzungsmäßige Kündigungsfristen eingehalten werden, soweit sie bestehen. Alternativ bestehe allenfalls die Möglichkeit einer fristlosen Kündigung, die allerdings einen wichtigen Grund voraussetze. Ein sofortiger Verbandsaustritt liefe dem Interesse der Koalitionen und der Funktion des Tarifvertragssystems zuwider. Dem widerspricht OETKER (ZfA 1998, 41, 77). Vereinsrechtlich können Verband und Arbeitgeber die Mitgliedschaft einvernehmlich beenden; dies müsse dann auch für die Abkürzung von Kündigungsfristen gelten. Lediglich die rückwirkende Aufhebung sei unwirksam wegen Umgehung des § 3 Abs. 3 TVG. — Meinungsstand

Das BAG hat eine differenzierende Auffassung vertreten. Kurzfristige Austrittsvereinbarungen unter Beteiligung von Arbeitgeberverbänden könnten unwirksam sein, wenn sie die Funktionsfähigkeit der Tarifautonomie nicht unerheblich beeinträchtigen. Hieran sei etwa zu denken, wenn mit Hilfe solcher Vereinbarungen die Grundlagen von Tarifverhandlungen gestört würden. Sofern allerdings ein Arbeitgeberverband in seiner Satzung mit Blick auf bestimmte Tarifverhandlungen einen sogenannten „**Blitzaustritt**" zulässt, ist dieser nach Ansicht des BAG dann zulässig, wenn die Gewerkschaft vor Abschluss der Tarifverhandlungen darüber informiert wird. In diesem Fall könne die Gewerkschaft durch die Regelung des Zeitpunktes des Inkrafttretens des Tarifvertrags ihr Interesse daran wahren, dass sich einzelne Arbeitgeber einem abgeschlossenen, aber noch nicht in Kraft getretenen Tarifvertrag kurzfristig entziehen (BAG 20.2.2008 AP Nr. 134 zu Art. 9 GG).

„Die Funktionsfähigkeit der Tarifautonomie kann dabei aber erfordern, dass kurzfristige Veränderungen der Mitgliedschaft im Arbeitgeberverband während der Tarifverhandlungen für die andere Tarifvertragspartei transparent sind. Solche kurzfristigen Änderungen, die die Grundlagen der Tarifverhandlungen betreffen, muss die andere Tarifvertragspartei kennen. Nur dann kann sie den Inhalt und die Konsequenzen des abzuschließenden Verbandstarifvertrages zutreffend einschätzen und ihre Möglichkeit der tarifautonomen Gestaltung auch der Arbeitsbedingungen bei einem Arbeitgeber mit kurzfristig beendeter Mitgliedschaft sachgerecht nutzen. Es hängt dabei von den Umständen des Einzelfalles ab, ob es zur Wahrung der Funktionsfähigkeit der Tarifautonomie erforderlich ist, die Gewerkschaft über eine kurzfristig erfolgte Beendigung der Mitgliedschaft zu unterrichten. Ist dies pflichtwidrig unterlassen worden, kann die tarifrechtliche Unwirksamkeit einer solchen Beendigung in Betracht kommen." (BAG 20.2.2008 AP Nr. 134 zu Art. 9 GG).

d) Vertiefungsproblem: OT-Mitgliedschaft

Literatur: BAYREUTHER, OT-Mitgliedschaft, Tarifzuständigkeit und Tarifbindung, BB 2007, 325; BUCHNER, Verbandsmitgliedschaft ohne Tarifbindung – tarifrechtliche Konsequenzen eines Wechsels der Mitgliedschaftskategorie, RdA 2006, 303; BUCHER, Bestätigung der OT-Mitgliedschaft durch das BAG, NZA 2006, 1377; DÄUBLER, Tarifausstieg – Erscheinungsformen und Rechtsfolgen, NZA 1996, 225; JUNKER, Anm. zu BAG v. 23.10.1996, SAE 1997, 172; DEINERT, Schranken der Satzungsgestaltung beim Abstreifen der Verbandstarifbindung durch OT-Mitgliedschaften, RdA 2007, 83; REUTER, Die Mitgliedschaft ohne Tarifbindung (OT-Mitgliedschaft) im Arbeitgeberverband, RdA 1996, 201; SCHLOCHAUER, OT-Mitgliedschaft in tariffähigen Arbeitgeberverbänden, FS Schaub (1998), S. 699; WROBLEWSKI, Kein generelles o.k. für OT, NZA 2007, 421.

Ausgangssituation | Eine der umstrittensten Fragen des Tarifrechts ist die nach der Zulässigkeit von **Mitgliedschaften ohne Tarifbindung** (OT-Mitgliedschaft). Ausgangspunkt der Problematik ist, dass zumindest aus der Sicht mancher Arbeitgeber der Flächentarifvertrag zu unflexibel ist. Die **Arbeitsbedingungen** werden **brancheneinheitlich** festgelegt, ohne Rücksicht auf die besonderen Bedürfnisse der einzelnen Betriebe. Aus diesem Grund suchen Arbeitgeber eine Möglichkeit, der Tarifbindung zu entgehen („Flucht aus dem Tarifvertrag"). Bei Austritt aus ihrem Verband müssten die Arbeitgeber aber zugleich auf die **Serviceleistungen der Verbände** und eigene Einflussmöglichkeiten verzichten. Um dies zu vermeiden, werden grundsätzlich zwei Vorgehensweisen verfolgt: Zum einen werden die sozialpolitischen Aufgaben auf zwei verschiedene Verbände aufgeteilt, von denen nur einem tarifvertragliche Aufgaben zukommen. Nur Mitglieder dieses Verbands werden dann durch den Tarifvertrag gebunden. Die Alternative ist eine Änderung der Verbandssatzung durch Schaffung von OT-Mitgliedschaften.

I. Tarifgebundenheit durch Mitgliedschaft § 99

◌ **Beispiel:**
Ein tarifgebundener Arbeitnehmer erhält einen Stundenlohn von 6,20 Euro. Der Tariflohn beläuft sich aber auf 8,16 Euro. Allerdings ist der Arbeitgeber nur eine OT-Mitgliedschaft in dem zuständigen Arbeitgeberverband eingegangen. Kann der Arbeitnehmer trotzdem den Tariflohn einfordern?

Das BAG und die h.L. sahen in der Zulässigkeit solcher Mitgliedschaften lange Zeit ein Problem der Tarifzuständigkeit (BAG 23.2.2005 AP Nr. 42 zu § 4 TVG Nachwirkung). Die Frage sei, ob Tarifvertragsparteien im Rahmen ihrer **Satzungsautonomie** ihre Tarifzuständigkeit auch in **personeller Hinsicht** beschränken dürfen. Aktuell hat das BAG die Frage nicht mehr als Frage der Tarifzuständigkeit, sondern als Problem der **Tarifbindung** gesehen (BAG 18.7.2006 AP Nr. 19 zu § 2 TVG Tarifzuständigkeit; so bereits DEINERT, AuR 2006, 217 ff.). Damit stellt sich die Frage, ob ein Verband in seiner Satzung eine Mitgliedschaftsform vorsehen kann, bei der keine Bindung an die vom Verband abgeschlossenen Tarifverträge besteht. Dagegen werden aus tarifrechtlichen Überlegungen folgende Bedenken geäußert (SCHAUB, BB 1994, 2005, 2007; DÄUBLER, NZA 1996, 225, 231; RÖCKL, DB 1993, 2382 ff.): Eine Umgehung der Tarifbindung nach § 3 Abs. 1 TVG (siehe unter § 99 I) sei nicht durch Beschränkung der Tarifzuständigkeit möglich. Nach dieser Vorschrift sei jedes Mitglied tarifgebunden. Eine finanzielle und ideelle Unterstützung durch Nicht-Vollmitglieder störe die **Verhandlungsparität** der Tarifvertragsparteien. Außerdem sei für die Gewerkschaften nicht mehr ohne weiteres erkennbar, welche Mitglieder eines Arbeitgeberverbandes tarifgebunden sind. Dies gefährde die Funktionsfähigkeit des Tarifvertragssystems. Des Weiteren werden verbandsrechtliche Zweifel geltend gemacht: Mitglieder seien gleich zu behandeln; dies gelte sowohl hinsichtlich der Beiträge als auch bezüglich des Stimmrechts. Die wohl h.L. (BUCHNER, NZA 1994, 2 ff.; ErfK/DIETERICH, Art. 9 GG Rn. 40) und das BAG (BAG 23.2.2005 AP Nr. 42 zu § 4 TVG Nachwirkung; BAG 18.7.2006 AP Nr. 19 zu § 2 TVG Tarifzuständigkeit) folgen dieser Ansicht nicht. Zwar ist nach der Rechtsprechung des BAG die Beschränkung der Tarifzuständigkeit auf die Mitglieder eines Verbandes nicht wirksam. Die durch Art. 9 Abs. 3 GG geschützte **Satzungsautonomie** erlaube den Koalitionen aber, die Rechte und Pflichten ihrer Mitglieder unterschiedlich auszugestalten. Dies schließe auch die Möglichkeit ein, eine Mitgliedschaft ohne Tarifbindung vorzusehen. Es hänge stets vom freien Willen des Beitretenden ab, ob er eine Mitgliedschaft mit oder ohne Tarifbindung anstrebt. § 3 Abs. 1 TVG stehe dem grundsätzlich nicht entgegen. Dieser regele zwar die Rechtsfolge einer Mitgliedschaft in einer Koalition, nicht aber, wer Mitglied im Sinne der Vorschrift sei. Dass die Gewerkschaften nicht erkennen können, ob ein Arbeitgeber tarifgebunden ist, sei kein spezifisches Problem der OT-Mitgliedschaft. Zu erkennen, ob ein Arbeitgeber überhaupt Mitglied eines Verbandes ist, sei für die Gewerkschaften ein grundsätzliches

Meinungsstreit

Problem. Daher stehe der grundsätzlichen Anerkennung der Möglichkeit eines Verbandes, eine Mitgliedschaft ohne Tarifbindung vorzusehen, nichts entgegen.

„Die Möglichkeit, im Wege eines abgestuften Modells neben einer Vollmitgliedschaft oder einer reinen Gastmitgliedschaft auch eine Mitgliedschaft ohne Tarifbindung vorzusehen, folgt im Grundsatz aus der Verbandsautonomie und der Koalitionsfreiheit. [...] Die Koalitionen sind daher grundsätzlich nicht gehindert, in ihren Satzungen die Rechte und Pflichten ihrer Mitglieder unterschiedlich auszugestalten. Dies schließt die Möglichkeit ein, Mitgliedschaften vorzusehen, welche nicht die Rechtsfolgen des § 3 Abs. 1 TVG auslösen." (BAG 18.7.2006 AP Nr. 19 zu § 2 TVG Tarifzuständigkeit).

Differenzierende Auffassung

Das BAG hat damit aber nicht jede Form von OT-Mitgliedschaft für zulässig erklärt. Die Entscheidung macht deutlich, dass von der konkreten Ausgestaltung der OT-Mitgliedschaft abhängen kann, ob diese zulässig ist. Das BAG hält Beeinträchtigungen der Tarifautonomie durch OT-Mitgliedschaften durchaus für möglich. Die **Funktionsfähigkeit des Tarifsystems** darf durch die Ausgestaltung der OT-Mitgliedschaft und deren Gebrauch nicht in Frage gestellt werden. Vor diesem Hintergrund besteht Streit über die Anforderungen an die satzungsmäßige Ausgestaltung einer OT-Mitgliedschaft.

Einigkeit besteht über folgende Punkte:

– Die **Satzung** muss die Differenzierung der Verbandsmitglieder bezüglich der Tarifbindung klar ausweisen.

– Die Mitglieder ohne Tarifbindung dürfen **keinerlei unmittelbaren Einfluss** auf die Tarifpolitik des Verbandes haben (BAG 4.6.2008 NZA 2008, 1366). Dies muss der Verband ggf. durch die Schaffung gesonderter Verbandsorgane, in denen ausschließlich tarifgebundene Mitglieder vertreten sind, sicher stellen. Werden tarifpolitische Entscheidungen ohne eine solche organisatorische Trennung getroffen, so muss die Satzung die OT-Mitglieder vom Stimmrecht ausschließen. Für den Fall eines Wechsels von einer Mitgliedschaft mit Tarifbindung zu einer OT-Mitgliedschaft muss die Satzung den Verlust sämtlicher Ämter mit Einfluss auf die Tarifpolitik vorsehen (BUCHNER, NZA 2006, 1377 ff.).

Austrittsfrist

Umstritten ist hingegen, welche Anforderungen an einen Wechsel zwischen einer Mitgliedschaft mit Tarifbindung und einer OT-Mitgliedschaft zu stellen sind. Dies betrifft insbesondere die Frage einer **Austrittsfrist**. Teilweise wird auf die Satzungsautonomie der Verbände verwiesen und eine Mindestfrist für entbehrlich gehalten (BUCHNER, NZA 2006, 1377 ff.). Von anderer Seite wird darauf verwiesen, dass eine Mindestfrist zum **Schutz der Tarifautonomie** erforderlich sei (BAYREUTHER, BB 2007, 325 ff.). Dies gelte insbesondere mit Blick auf eine ansonsten drohende „Hase und Igel"-Taktik im Arbeitskampf, bei der sich einzelne Arbeitgeber in die Friedenpflicht eines Tarifvertrags flüchten. Diese Problematik könnte sich jedoch auch durch andere Regelungen in der Satzung lösen lassen. Es wird daher darauf ankommen, ob im Einzelfall der Wechsel bei der Tarifbindung für Arbeitskampfzwecke oder andere Ziele missbraucht wird. Einen „Blitzwechsel" hat das BAG für unzulässig gehalten (BAG 4.6.2008 NZA 2008, 1366; vgl. zum Verbandsaustritt unter § 99 I 2 c).

Auch die Rechtsfolgen, die sich aus einer unzulässigen Ausgestaltung der OT-Mitgliedschaft in der Satzung ergeben, sind umstritten. Teilweise wird angenommen, dass in diesem Fall für das OT-Mitglied Tarifbindung eintritt (Bayreuther, BB 2007, 325 ff.; Deinert, RdA 2007, 83 ff.). Eine andere Ansicht kommt zur Unwirksamkeit des auf die OT-Mitgliedschaft gerichteten Rechtsgeschäfts (Thüsing/Stelljes, ZfA 2005, 527 ff.). Nach Ansicht des BAG ist bei einem unwirksamen Blitzwechsel in die OT-Mitgliedschaft der Wechsel für den Tarifvertrag, von dem der Blitzwechsel den Arbeitgeber befreien sollte, unwirksam (BAG 4.6.2008 NZA 2008, 1366).

II. Tarifgebundenheit des einzelnen Arbeitgebers

Die Tarifbindung des einzelnen Arbeitgebers korrespondiert mit der Tariffähigkeit des einzelnen Arbeitgebers und der damit gegebenen Möglichkeit, Firmentarifverträge abzuschließen. Die Tarifgebundenheit des Arbeitgebers, der selbst einen Tarifvertrag abgeschlossen hat, ist somit eine Selbstverständlichkeit.

Funktion

Der einzelne Arbeitgeber kann versuchen, sich einem Firmentarifvertrag durch **„Flucht in den Arbeitgeberverband"** zu entziehen. Ist der Arbeitgeber dann an den Verbandstarifvertrag gebunden, gilt für ihn auch die **Friedenspflicht** dieses Tarifvertrags (BAG 10.12.2002 AP Nr. 162 zu Art. 9 GG; zur Friedenspflicht siehe unter § 96 I). Umstritten ist, ob die Flucht in den Arbeitgeberverband bereits angelaufene Streikmaßnahmen zur Erkämpfung eines Firmentarifvertrags unzulässig werden lässt. Stimmen im Schrifttum wollen den Arbeitgeber nicht sofort in den Genuss der Friedenspflicht kommen lassen und wenden § 3 Abs. 3 TVG entsprechend an, so dass die Friedenspflicht dem Arbeitgeber erst nach Streikende zugute kommen soll (KeZa/Kempen, § 3 TVG Rn. 15; Däubler/Lorenz, § 3 TVG Rn. 12). Der Arbeitgeber könne sich nicht einseitig den Tarifverhandlungen und den Arbeitskampfmaßnahmen die Grundlage entziehen. Die Gegenauffassung befürwortet nach § 3 Abs. 1 TVG eine sofortige und vollständige Tarifbindung, die den Schutz durch die Friedenspflicht beinhaltet (Söllner/Waltermann Rn. 436). Jedenfalls dann, wenn der Arbeitgeber in der Vergangenheit schon Firmentarifverträge geschlossen hat, spricht einiges dafür, den Arbeitskampf zuzulassen.

Friedenspflicht bei Verbandstarifvertrag

III. Tarifgebundenheit bei betrieblichen und betriebsverfassungsrechtlichen Tarifnormen

Tarifgebundenheit des Arbeitgebers entscheidend

§ 3 Abs. 2 TVG bestimmt, dass Rechtsnormen des Tarifvertrags über betriebliche und betriebsverfassungsrechtliche Fragen (siehe unter § 95 IV) für alle Betriebe gelten, deren Arbeitgeber tarifgebunden sind. Erfasst werden so auch nichtorganisierte Arbeitnehmer. Dies rechtfertigt sich damit, dass solche Normen zwingend für alle Arbeitnehmer einheitlich im Betrieb gelten müssen. Ausreichend für die Tarifbindung der Arbeitnehmer eines solchen Betriebs ist somit, dass ihr Arbeitgeber an einen Verbands- oder Firmentarifvertrag gebunden ist.

Problematisch ist allein, ob nicht neben dem Arbeitgeber **zumindest ein Arbeitnehmer** des Betriebs tarifgebunden sein muss, um so eine ausreichende Legitimation zu konstruieren (so LÖWISCH/RIEBLE § 3 TVG Rn. 103). Nach der h.M. genügt aber die **alleinige Tarifgebundenheit des Arbeitgebers** (vgl. BAG 5.9.1990 AP Nr. 19 zu § 4 TVG Tarifkonkurrenz; WIEDEMANN/OETKER § 3 Rn. 167).

IV. Tarifgebundenheit durch Allgemeinverbindlicherklärung

Literatur: AIGNER, Ausgewählte Probleme im Zusammenhang mit der Erteilung der Allgemeinverbindlicherklärung von Tarifverträgen, DB 1994, 2545; ANSEY/KOBERSKI, Die Allgemeinverbindlicherklärung von Tarifverträgen, ArbuR 1987, 230; MÄSSEN/MAUER, Allgemeinverbindlicherklärung von Tarifverträgen und verwaltungsgerichtlicher Rechtsschutz, NZA 1996, 121; STAHLHACKE, Die Allgemeinverbindlicherklärung von Tarifverträgen über das Arbeitszeitende im Verkauf, NZA 1988, 344; ZACHERT, Neue Kleider für die Allgemeinverbindlichkeitserklärung?, NZA 2003, 132.

1. Wirkung der Allgemeinverbindlicherklärung

Erstreckung der Normwirkung auf Nichtorganisierte

Eine bedeutsame Ausnahme des Grundsatzes nach § 3 Abs. 1 TVG ist in § 5 TVG geregelt: Auf Antrag einer Tarifvertragspartei kann das Bundesministerium für Arbeit und Soziales im Einvernehmen mit einem aus je drei Vertretern der Spitzenorganisationen der Arbeitgeber und Arbeitnehmer (vgl. § 2 Abs. 2 TVG) zusammengesetzten Ausschuss einen Tarifvertrag für allgemeinverbindlich erklären (§ 5 Abs. 1 TVG). **Rechtsfolge der Allgemeinverbindlicherklärung** ist nach **§ 5 Abs. 4 TVG**, dass Außenseiter und auch anders Organisierte von den Tarifnormen erfasst und so den Tarifgebundenen gleichgestellt werden. Der normative Teil des Tarifvertrags gilt dann für alle Arbeitsverhältnisse und Betriebe, die in den Geltungsbereich des Tarifvertrags fallen, ohne Rücksicht darauf, ob der jeweilige Arbeitgeber oder Arbeitnehmer organisiert ist oder nicht. Die Tarifbindung wird also auf Nicht- und Andersorganisierte erstreckt. Bei den Letztgenannten kann es so zu Tarifkonkurrenzen (siehe unter § 101 I) kommen.

IV. Tarifgebundenheit durch Allgemeinverbindlicherklärung — § 99

Der schuldrechtliche Teil des Tarifvertrags wird hingegen nicht auf Außenseiter erstreckt. Der Wortlaut des § 5 Abs. 4 TVG erfasst nur die Rechtsnormen des Tarifvertrags, nicht auch die Vorschriften, die die Rechte und Pflichten der Tarifvertragsparteien regeln oder sonstige schuldrechtliche Bestimmungen (DÄUBLER/LAKIES, TVG § 5 Rn. 54).

Keine schuldrechtlichen Pflichten

2. Zweck der Allgemeinverbindlicherklärung

Die Allgemeinverbindlicherklärung setzt **Mindestarbeitsbedingungen für Nichtorganisierte**. Die Allgemeinverbindlicherklärung sichert die Arbeitsbedingungen der Arbeitnehmer auch gegenüber nichttarifgebundenen Arbeitgebern. Vorwiegend in Zeiten hoher Arbeitslosigkeit besteht die Gefahr, dass ein Arbeitgeber vorzugsweise Außenseiter einstellt, die notgedrungen auch untertarifliche Arbeitsbedingungen akzeptieren. Dem nichttarifgebundenen Arbeitgeber wird durch Allgemeinverbindlicherklärung der Vorteil genommen, der ihm gegenüber den anderen Arbeitgebern durch geringere Entlohnungsmöglichkeiten erwachsen ist. Die Allgemeinverbindlicherklärung **verhindert** also sog. **„Schmutzkonkurrenz"** (vgl. LIEB/JACOBS Rn. 549). Sie verstärkt damit die **Kartellfunktion** des Tarifvertrags, damit in einer gesamten Branche die gleichen Arbeitsbedingungen herrschen (vgl. GAMILLSCHEG KollArbR I § 19 2 c) und unterbindet damit einen Lohnkostenwettbewerb. Dies dient der Stabilisierung des Tarifvertragssystems. Die Allgemeinverbindlicherklärung ist dabei keine neue systemfremde Erfindung, sondern ist seit der erstmaligen Kodifikation des Tarifvertragsrechts in diesem verankert. § 2 TVVO von 23.12.1918 lautete:

Funktion

⇨ „Das Reichsarbeitsamt kann Tarifverträge, die für die Gestaltung der Arbeitsbedingungen des Berufskreises in dem Tarifgebiet überwiegende Bedeutung erlangt haben, für allgemeinverbindlich erklären. Sie sind dann innerhalb ihres räumlichen Geltungsbereichs für Arbeitsverträge, die nach der Art der Arbeit unter den Tarifvertrag fallen, auch dann verbindlich im Sinne des § 1, wenn der Arbeitgeber oder Arbeitnehmer oder beide an dem Tarifvertrag nicht beteiligt sind.

Fällt ein Arbeitsvertrag unter mehrere allgemeinverbindliche Tarifverträge, so ist im Streitfall, vorbehaltlich einer abweichenden Bestimmung des Reichsarbeitsamts, derjenige von ihnen maßgebend, der für die größte Zahl von Arbeitsverträgen in dem Betrieb oder der Betriebsabteilung Bestimmungen enthält."

Die Allgemeinverbindlicherklärung (AVE) hatte in der Weimarer Republik eine erhebliche Bedeutung. Über 25 000 Tarifverträge wurden in dieser Zeit für allgemeinverbindlich erklärt (WIEDEMANN/WANK, § 5 TVG Rn. 7). Vor dem Hintergrund der erheblichen Bedeutung der Allgemeinverbindlicherklärung in der Weimarer Zeit bestand Einigkeit, diese auch im neuen Tarifrecht zu verankern. In Bayern ist die

Allgemeinverbindlicherklärung bis heute in der Landesverfassung verankert. Art. 169 Abs. 2 Bayerische Verfassung lautet:

⮕ „Die Gesamtvereinbarungen zwischen Arbeitgeber- und Arbeitnehmerverbänden über das Arbeitsverhältnis sind für die Verbandsangehörigen verpflichtend und können, wenn es das Gesamtinteresse erfordert, für allgemein verbindlich erklärt werden."

Die Geltungserstreckung von Tarifverträgen ist damit bereits seit Anfang der gesetzlichen Regelung des Tarifvertragsrechts in Deutschland ein völlig übliches Instrument der Gestaltung von Arbeitsbedingungen. Insofern mutet die derzeitige verfassungsrechtliche Diskussion um die Geltungserstreckung von Tarifverträgen etwas geschichtsfern an. Sie kann als selbstverständlicher Bestandteil des deutschen Tarifrechts begriffen werden.

Funktionsfähigkeit von Gemeinsamen Einrichtungen

Eine zunehmend wichtigere Rolle spielt die Allgemeinverbindlicherklärung von Tarifverträgen über **Gemeinsame Einrichtungen** der Tarifvertragsparteien i.S.d. § 4 Abs. 2 TVG. Deren **Funktionsfähigkeit** wird erst durch die Einbeziehung aller Unternehmen der Branche – vor allem in der Baubranche – erreicht. In manchen Branchen wird ebenfalls die überbetriebliche zusätzliche Altersversorgung mittels Allgemeinverbindlicherklärung geregelt.

3. Rechtsnatur der Allgemeinverbindlicherklärung

Staatliche Maßnahme

Erklärt der Staat einen Tarifvertrag für allgemeinverbindlich, zieht er einen Teil des Bereichs, den er der autonomen Regelungsbefugnis der Tarifpartner (Prinzip der sozialen Selbstverwaltung) übertragen hat, wieder an sich. Er macht damit von seiner Regelungsbefugnis Gebrauch, die immer dann geboten ist, wenn die Koalitionen die ihnen übertragene Aufgabe, das Arbeitsleben durch Tarifverträge sinnvoll zu ordnen, im Einzelfall nicht allein erfüllen können und die soziale Schutzbedürftigkeit einzelner Arbeitnehmer oder Arbeitnehmergruppen oder ein sonstiges öffentliches Interesse ein Eingreifen des Staates erforderlich macht (BVerfG 24.5.1977 AP Nr. 15 zu § 5 TVG).

Rechtssetzungsakt eigener Art

Obwohl sie im TVG geregelt ist, erfüllt die Allgemeinverbindlicherklärung als staatliche Maßnahme sämtliche Voraussetzungen eines öffentlich-rechtlichen Rechtsakts. Lange Zeit war umstritten, welche **Rechtsnatur die Allgemeinverbindlicherklärung** hat, was für den Rechtsschutz von Bedeutung ist. Dabei wurde die Allgemeinverbindlicherklärung teilweise als Verwaltungsakt oder als Rechtsverordnung eingestuft und die Theorie von der Doppelnatur vertreten. Die mit diesem Problem befassten Bundesgerichte (BVerfG 14.6.1983 AP Nr. 21 zu § 9 BergmannsVersorgScheinG NW; BVerwG 3.11.1988 AP Nr. 23 zu § 5 TVG; BAG 28.3.1990 AP Nr. 25 zu § 5 TVG) gehen nunmehr einheitlich von einem **Rechtssetzungsakt eigener Art** aus, der seine Grundlage in Art. 9 Abs. 3 GG findet (BVerfG 24.5.1977 AP Nr. 15 zu § 5 TVG).

IV. Tarifgebundenheit durch Allgemeinverbindlicherklärung § 99

„Die Allgemeinverbindlicherklärung von Tarifverträgen ist im Verhältnis zu den ohne sie nicht tarifgebundenen Arbeitgebern und Arbeitnehmern ein Rechtssetzungsakt eigener Art zwischen autonomer Regelung und staatlicher Rechtssetzung, der seine eigenständige Grundlage in Art. 9 Abs. 3 GG findet. Sie beruht auf vielfältig verschränktem Zusammenwirken von Tarifparteien und im Tarifausschuss repräsentierten Sozialpartnern einerseits und Stellen der staatlichen Exekutive andererseits. Am Ende dieses Verfahrens steht weder der Erlass eines Verwaltungsakts noch der einer Rechtsverordnung." (BVerfG 24.5.1977 AP Nr. 15 zu § 5 TVG)

2007 waren von den rund 64 300 gültigen Tarifverträgen 454 (0,71 %) für allgemeinverbindlich erklärt.

4. Verfassungsmäßigkeit der Allgemeinverbindlicherklärung

Gegen die Verfassungsmäßigkeit der Allgemeinverbindlicherklärung wurden in den 70er Jahren des letzten Jahrhunderts Bedenken erhoben. Diese betrafen neben Fragen, die aus der unterschiedlichen Rechtsnatur der Allgemeinverbindlicherklärung resultierten, maßgeblich die negative Koalitionsfreiheit und das Demokratieprinzip. Das BVerfG hat die Bedenken zurück gewiesen und die Allgemeinverbindlicherklärung für **verfassungsgemäß** erklärt (BVerfG 24.5.1977 AP Nr. 15 zu § 5 TVG). Die Allgemeinverbindlicherklärung sei auf Grund der staatlichen Mitwirkung noch ausreichend legitimiert.

„Gegen den vom Gesetzgeber gefundenen Ausgleich zwischen den unverzichtbaren Geboten des Demokratieprinzips nach Art. 20 Abs. 2 GG und der Garantie des Betätigungsrechts der Koalitionen nach Art. 9 Abs. 3 GG sind durchgreifende verfassungsrechtliche Bedenken nicht zu erheben. Die allgemeinverbindlichen Tarifnormen sind gegenüber den Außenseitern durch die staatliche Mitwirkung noch ausreichend demokratisch legitimiert. Der Staat hat sich seines in den Grenzen des Kernbereichs der Koalitionsfreiheit fortbestehenden Normsetzungsrechts nicht völlig entäußert." (BVerfG 24.5.1977 AP Nr. 15 zu § 5 TVG)

Auch gegen die **individuelle Koalitionsfreiheit anders oder nicht organisierter Arbeitnehmer und Arbeitgeber** werde nicht verstoßen.

„Das individuelle Grundrecht des Einzelnen, zur Wahrung und Förderung der Arbeitsbedingungen und Wirtschaftsbedingungen Vereinigungen zu bilden und an der verfassungsrechtlich geschützten Tätigkeit seiner Koalition teilzunehmen (...), wird nicht generell dadurch verletzt, daß für sein Arbeitsverhältnis solche Inhaltsregelungen gelten, die von ihm fremden Verbänden ausgehandelt worden sind. Sofern Bedürfnis und Anreiz, sich als bisher nicht organisierter Arbeitgeber oder Arbeitnehmer mit anderen zu einer Koalition zusammenzuschließen oder einer konkurrierenden Koalition beizutreten, infolge der Allgemeinverbindlicherklärung und ihrer Auswirkungen vermindert werden sollten, würde es sich um faktische Auswirkungen handeln, welche das Grundrecht der Koalitionsfreiheit nicht unmittelbar rechtlich treffen (...).

Soweit anderweitig organisierte Arbeitnehmer oder Arbeitgeber einem Tarifvertrag unterworfen werden, der von ihnen fremden Koalitionen vereinbart worden ist, und die Allgemeinverbindlicherklärung hier auf bereits bestehende tarifvertragliche Regelungen trifft, besteht kein genereller Vorrang des allgemeinverbindlichen Tarifvertrags. Vielmehr ist eine solche Tarifkonkurrenz im Einzelfall nach den hierfür in der arbeitsrechtlichen Rechtsprechung und Literatur entwickelten Grundsätzen zu lösen (...).

Auch ein Grundrecht der negativen Koalitionsfreiheit, sofern es sich aus Art. 9 Abs. 3 GG ergeben sollte (...), stünde der gesetzlichen Regelung über die Allgemeinverbindlicherklärung von tariflichen Inhaltsnormen nicht entgegen. Die Freiheit, sich einer anderen als der vertragsschließenden oder keiner Koalition anzuschließen, wird durch sie nicht beeinträchtigt, Zwang oder Druck in Richtung auf eine Mitgliedschaft nicht ausgeübt." (BVerfG 24.5.1977 AP Nr. 15 zu § 5 TVG)

Auch die **Koalitionsfreiheit anderer Vereinigungen**, als der, deren Tarifvertrag allgemeinverbindlich erklärt wird, sei **nicht verletzt**.

„Die hier zu prüfenden gesetzlichen Bestimmungen greifen schließlich auch nicht in das Grundrecht der kollektiven Koalitionsfreiheit der im Geltungsbereich eines allgemeinverbindlichen Tarifvertrags konkurrierenden Verbände ein. Das um der Wahrung und Förderung der Belange der Mitglieder willen garantierte Bestandsrecht und Betätigungsrecht einer Koalition hindert den Staat nicht, die von anderen konkurrierenden Koalitionen gesetzten Normen, die bereits ein gewisses Maß an Verbreitung erreicht haben, für allgemeinverbindlich zu erklären, weil ein öffentliches Interesse hieran besteht, auch wenn dadurch das Betätigungsfeld der anderen Verbände eingegrenzt wird. Ein rechtliches Hindernis zum Abschluß eines Tarifvertrags im gleichen fachlichen Geltungsbereich errichtet die Allgemeinverbindlicherklärung nicht; er wird durch sie auch nicht faktisch unmöglich gemacht. (BVerfG 24.5.1977 AP Nr. 15 zu § 5 TVG)

Im aktuellen Schrifttum finden sich kaum noch Bedenken gegen die prinzipielle Verfassungsmäßigkeit der Allgemeinverbindlicherklärung.

5. Voraussetzungen

Die Allgemeinverbindlicherklärung hat folgende **Voraussetzungen**:

a) Antrag einer Tarifvertragspartei

Einleitung des Verfahrens

Erforderlich ist zunächst ein Antrag einer oder mehrerer Tarifvertragsparteien (§ 5 Abs. 1 TVG). Durch ihn wird das Verfahren der Allgemeinverbindlicherklärung eingeleitet.

IV. Tarifgebundenheit durch Allgemeinverbindlicherklärung § 99

Vor der Entscheidung ist den betroffenen Arbeitnehmern, Arbeitgebern, Verbänden und den obersten Arbeitsbehörden Gelegenheit zur Stellungnahme zu geben, § 5 Abs. 2 TVG. Die Entscheidung trifft ein nach § 5 Abs. 1 TVG zu bildender Ausschuss (vgl. dazu §§ 1 ff. Durchführungsverordnung zum TVG). Dieser besteht aus je 3 Vertretern der Arbeitnehmer- und Arbeitgeberverbände. Für eine Allgemeinverbindlicherklärung ist eine absolute Stimmmehrheit erforderlich. Dadurch verfügen die Arbeitgeber- wie die Arbeitnehmerseite über eine Blockademöglichkeit im Rahmen des Verfahrens. Stimmt der Ausschuss zu, so entscheidet das zuständige Ministerium ohne Bindung an den Ausschuss im pflichtgemäßen Ermessen über die Allgemeinverbindlicherklärung.

Anhörung

Wird die Allgemeinverbindlicherklärung abgelehnt, so fragt es sich, ob der Antragssteller einen einklagbaren Anspruch auf einen derartigen Rechtsakt hat. Das BVerwG hat die Zulässigkeit einer solchen Klage vor dem Verwaltungsgericht bejaht (BVerwG 3.11.1988 AP Nr. 23 zu § 5 TVG; vgl. Mässen/Mauer, NZA 1996, 121 ff.).

Einklagbarer Anspruch

b) Wirksamer Tarifvertrag

Nur ein wirksamer Tarifvertrag kann für allgemeinverbindlich erklärt werden. Erforderlich ist ferner, dass die Tarifnormen des Tarifvertrags rechtsgültig sind. Die Allgemeinverbindlicherklärung kann die Nichtigkeit von Tarifnormen nicht heilen (KeZa/Kempen, § 5 TVG Rn. 18 f.). Daher ist insbesondere die Tariffähigkeit und die Tarifzuständigkeit der tarifschließenden Verbände erforderlich (Däubler/Lakies, § 5 TVG Rn. 51). Reine Koalitionsvereinbarungen sind nicht ausreichend.

Keine Heilung nichtiger Tarifverträge

Umstritten ist, ob sich die Allgemeinverbindlicherklärung nur auf Teile des Tarifvertrags beziehen kann. Teile der Literatur verneinen dies im Hinblick auf den **Kompromisscharakter eines Tarifvertrags**, der dann verloren ginge (Wiedemann/Wank, § 5 TVG Rn. 59). Die Gegenauffassung wendet ein, dass es letztlich ohnehin in der Hand der Tarifparteien liege, ihre Vereinbarungen in unterschiedliche Tarifverträge zu fassen, die dann jeweils gesondert für allgemeinverbindlich erklärt werden könnten (KeZa/Kempen, § 5 TVG Rn. 24).

Bezugnahme auf Teile eines Tarifvertrags

Weitgehende Einigkeit besteht darüber, dass die Allgemeinverbindlicherklärung einen beschränkten Geltungsbereich vorsehen kann, sowohl in zeitlicher Hinsicht, etwa indem eine kürzere Frist als die tarifvertragliche Laufzeit angeordnet wird, als auch in räumlicher, fachlicher oder persönlicher Hinsicht. Eine derartige Beschränkung kann insbesondere bezwecken, **Tarifkonkurrenzen zu vermeiden**. Die Normwirkung kann aber nicht über die des Tarifvertrags hinausgehen. Der Inhalt eines Tarifvertrags kann ebenso wenig durch Allgemeinverbindlicherklärung geändert werden.

Beschränkter Geltungsbereich

c) Tarifbindung der Arbeitgeber von 50 % der betroffenen Arbeitnehmer

Minderheit der Arbeitnehmer nicht ausreichend

Die Allgemeinverbindlichkeit kann nur erklärt werden, wenn mindestens 50 % der unter den Geltungsbereich des Tarifvertrags fallenden Arbeitnehmer durch tarifvertragsgebundene Arbeitgeber (§ 5 Abs. 1 Nr. 1 TVG) beschäftigt werden. Eine sorgfältige Schätzung kann hierfür genügen. Eine Unterscheidung zwischen organisierten und Außenseiter-Arbeitnehmern erfolgt nicht.

Dabei ist es nicht erforderlich, dass die betroffenen Arbeitgeber den Tarifvertrag auch tatsächlich anwenden. Es ist vielmehr ausreichend, dass diese überhaupt tarifgebunden i.S.d. § 3 Abs. 1 TVG sind. Soweit einzelne Arbeitgeber den allgemeinverbindlichen Tarifvertrag auf Grund von Haustarifverträgen nicht anwenden, sind sie dennoch bei der Ermittlung des 50 %-Quorums zu berücksichtigen. Auf die Tarifbindung der Arbeitnehmer kommt es nicht an. Auch ein Arbeitgeber, der keinen einzigen nach § 3 Abs. 1 TVG tarifgebundenen Arbeitnehmer beschäftigt, ist bei der Ermittlung der Gesamtzahl der beschäftigten Arbeitnehmer zu berücksichtigen, sofern er tarifgebunden ist.

d) Öffentliches Interesse an der Allgemeinverbindlicherklärung

Ermessen des BMAS

Weitere Voraussetzung ist ein öffentliches Interesse an der Allgemeinverbindlicherklärung (§ 5 Abs. 1 Nr. 2 TVG). Schwierigkeiten bereitet die Frage, was alles unter den Begriff des öffentlichen Interesses fällt. Die Rechtsprechung (BAG 24.1.1979 AP Nr. 16 zu § 5 TVG; BVerwG 3.11.1988 AP Nr. 23 zu § 5 TVG) räumt dem Bundesministerium für Arbeit und Soziales bei dieser Frage einen weiten Ermessensspielraum ein (kritisch im Hinblick auf die Tarifautonomie GAMILLSCHEG KollArbR I § 19 5 b). Dabei ist insbesondere der Gesetzeszweck zu berücksichtigen. Die Allgemeinverbindlicherklärung liegt daher insbesondere dann im öffentlichen Interesse, wenn sie dem sozialen Schutz der nicht an den Tarifvertrag gebundenen Arbeitnehmer dient.

⮕ **Beispiele:**
- Zusätzliche betriebliche Altersversorgung (BAG 28.3.1990 AP Nr. 25 zu § 5 TVG); Funktionsfähigkeit bewährter tariflicher Einrichtungen.
- Nicht berücksichtigt werden können Wettbewerbsgründe (BAG 24.1.1979 AP Nr. 16 zu § 5 TVG). Allerdings werden die mit der Allgemeinverbindlicherklärung angestrebten sozialen Schutzzwecke häufig Auswirkungen auf den Wettbewerb haben, so dass solche Auswirkungen einer Allgemeinverbindlicherklärung nicht im Wege stehen.

e) Öffentliche Bekanntmachung

Nach § 5 Abs. 7 TVG ist die Allgemeinverbindlicherklärung öffentlich bekannt zu machen und – wie alle Tarifverträge – in das **Tarifregister** des Bundesarbeitsministeriums einzutragen. Im Gegensatz zu den anderen Tarifverträgen ist die Eintragung **konstitutiv**, d.h. die Erstreckung der Tarifbindung auf die Außenseiter erlangt erst mit der Bekanntmachung Rechtswirksamkeit. Dies rührt daher, dass es sich bei der Allgemeinverbindlicherklärung um einen **staatlichen Rechtssetzungsakt** handelt.

Konstitutive Wirkung

f) Ausnahme

Liegt ein sozialer Notstand vor, ist das Bundesarbeitsministerium an die Voraussetzungen des § 5 Abs. 1 S. 1 Nr. 1 und 2 TVG nicht gebunden, § 5 Abs. 1 S. 2 TVG. Die 50 %-Grenze muss nicht erreicht werden. Zudem erübrigt sich der Nachweis des öffentlichen Interesses. Ein solcher Fall ist bisher noch nicht vorgekommen.

Sozialer Notstand

6. Ende der Allgemeinverbindlicherklärung

Gemäß § 5 Abs. 5 S. 3 TVG endet die Allgemeinverbindlicherklärung grundsätzlich mit Ablauf des Tarifvertrags. Man kann insoweit von einer gewissen Akzessorietät zum Tarifvertrag sprechen (vgl. DÄUBLER/LAKIES, § 5 TVG Rn. 184). Neben dem Ablauf werden aber auch alle anderen Beendigungsmöglichkeiten erfasst, etwa Kündigung oder Aufhebung. Gleiches gilt bei einem Änderungstarifvertrag. Es muss dann ein neues Verfahren eingeleitet werden. Fraglich ist aber, ob die unverändert gebliebenen Tarifnormen weiterhin allgemeinverbindlich sind. Bejaht wird dies für solche Teile des Tarifvertrags, die für sich sinnvoll und vom Zweck des § 5 Abs. 1 TVG nach wie vor gedeckt sind (BAG 16.11.1965 AP Nr. 30 zu § 4 TVG Ausschlussfristen; KeZa/KEMPEN § 5 TVG Rn. 44).

Beendigung des Tarifvertrags

Das Bundesministerium für Arbeit und Soziales kann zudem die Allgemeinverbindlicherklärung gemäß § 5 Abs. 5 S. 1 TVG aufheben, wenn dies im öffentlichen Interesse geboten erscheint.

Aufhebung durch BMAS

Ein weiteres Problem besteht in der Frage, ob die Nachwirkung gem. § 4 Abs. 5 TVG (siehe unter § 100 V 3) die Nichtorganisierten erfasst, die lediglich nach § 5 Abs. 4 TVG tarifgebunden sind. Dies wird überwiegend bejaht, da die Nachwirkung auch Normwirkung bedeute (BAG 18.6.1980 AP Nr. 68 zu § 4 TVG Ausschlussfristen; a.A. LÖWISCH/RIEBLE, § 5 TVG Rn. 24).

Nachwirkung

V. Geltungserstreckung nach § 1 Abs. 3 und § 1 Abs. 3a AEntG

Literatur: BIEBACK, Die Wirkung von Mindestentgelttarifverträgen gegenüber konkurrierenden Tarifverträgen, AuR 2008, 234; GREINER, Das VG Berlin und der Post-Mindestlohn, BB 2008, 840; KOCHER, Mindestlöhne und Tarifautonomie, NZA 2007, 600; Hunnekuhl/Dohna-Jaeger, Ausweitung des Arbeitnehmer-Entsendegesetzes auf die Zeitarbeitsbranche – Im Einklang mit der Verfassung?, NZA 2007, 954; Preis/Temming, Urlaubskassenverfahren für Arbeitgeber aus Portugal, EZA Nr. 3 zu § 1 AEntG; Sansone/Ulber, Neue Bewegung in der Mindestlohndebatte, AuR 2008, 165; Sittard, Staatliche Außenseiterbindung zum Konkurrenzschutz?, NZA 2007, 1090.

Ein weiteres Instrument, das die Wirkungen eines Tarifvertrags auf Arbeitsverhältnisse von Außenseitern und anders organisierten Arbeitnehmern ausdehnen kann, ist die Allgemeinverbindlicherklärung nach dem bisherigen § 1 Abs. 1 AEntG, die nunmehr inhaltsgleich in § 3 Abs. 1 des Entwurfs eines Arbeitnehmerentsendegesetzes enthalten ist. Diese ist streng zu trennen von der Geltungserstreckung von Tarifverträgen nach § 1 Abs. 3a AEntG. Hier wird keine Bindung an einen Tarifvertrag begründet, sondern eine Rechtsverordnung erlassen, die in einem von § 1 Abs. 3a AEntG erfassten Tarifvertrag enthaltene Rechtsnormen auch für die nicht tarifgebundenen Arbeitnehmer (Außenseiter und anders tarifgebundene) für anwendbar erklärt. Diese Arbeitsverhältnisse werden damit nicht von einem Tarifvertrag, sondern von einer Rechtsverordnung erfasst. Streng genommen liegt hier also kein Fall der Tarifbindung vor, sondern der Bindung an eine zwingende staatliche Regelung.

Im Zuge der Mindestlohndebatte wird gegenwärtig über eine Ausweitung des Arbeitnehmerentsendegesetzes auf eine Vielzahl von Branchen diskutiert. Damit soll die Einführung sogenannter tarifgestützter Mindestlöhne ermöglicht werden. Dabei wird für eine Branche ein Tarifvertrag, der die in § 1 Abs. 1 Nr. 1 und 2, Abs. 3 und 7 Abs. 2 AEntG geregelten Arbeitsbedingungen betrifft, per Rechtsverordnung auf die nicht an diesen gebundenen Arbeitsverhältnisse erstreckt. Er bewirkt damit einen branchenspezifischen einheitlichen Mindestlohn. Rechtlich umstritten ist dabei insbesondere die Frage einer etwaigen Verdrängungswirkung der Rechtsverordnung gegenüber den Tarifverträgen, die nicht Inhalt der Verordnung sind (Bieback, AuR 2008, 234). Nicht nur auf Grund dieser Wirkung des AEntG werden verfassungsrechtliche Bedenken gegen die angestrebten Änderungen des AEntG erhoben, die aber im Ergebnis nicht überzeugen (ausf. Sansone/Ulber, AuR 2008, 165; Bieback/Dieterich/Hanau/Kocher/Schäfer, Tarifgestütze Mindestlöhne, 2007). Stets zu beachten ist, dass nur solche Tarifverträge per Rechtsverordnung erstreckt werden dürfen, deren Vertragsparteien zweifelsfrei tariffähig sind.

VI. Tarifgebundenheit bei Betriebsübergang nach § 613a BGB

Literatur: Hromadka, Tarifvertrag und Arbeitsvertrag bei der Ausgründung von Betriebsteilen, DB 1996, 1872; Heinze, Ausgewählte Rechtsfragen zu § 613a BGB, FS Schaub (1998), S. 275.

VI. Tarifgebundenheit bei Betriebsübergang nach § 613a BGB — § 99

Bei einem Wechsel des Betriebs ist die Weitergeltung des Tarifvertrags gegenüber dem Rechtsnachfolger in § 613a BGB geregelt. Entgegen der allgemeinen Regel, dass Tarifbestimmungen normativ gelten, werden sie im Falle des Betriebsübergangs Bestandteil des Individualarbeitsverhältnisses zwischen Arbeitnehmer und Betriebserwerber, wenn der Betriebserwerber nicht tarifgebunden ist (§ 613a Abs. 1 S. 2 BGB). Aufgrund dieser rein schuldrechtlichen Fortwirkung besteht keine Tarifbindung des neuen Arbeitgebers, es sei denn, er ist ohnehin normativ an den im übergegangenen Betrieb geltenden Tarifvertrag gebunden.

Vertragsübergang kraft Gesetzes

Sinn dieser Übergangsvorschrift ist es, dem Arbeitnehmer die Arbeitsbedingungen zu erhalten, die im Zeitpunkt des Betriebsübergangs bestanden. Fraglich war daher, ob aus dem Ziel der Wahrung der Arbeitnehmeransprüche folgte, dass die nunmehr individualrechtlich geltenden Ansprüche sich inhaltlich entsprechend den tariflichen Ansprüchen weiterentwickelten. Dieses Problem entstand zum Beispiel dann, wenn sich der Tariflohn nach Betriebsübergang erhöhte. Das BAG hat eine Weiterentwicklung der in das Individualarbeitsverhältnis übergegangenen Tarifvertragsnorm mit der Begründung abgelehnt, dass andernfalls eine faktische Tarifbindung des neuen Arbeitgebers eintrete, der er sich nicht durch Verbandsaustritt oder Kündigung des Firmentarifvertrags entziehen könne (BAG 29.8.2001 AP Nr. 17 zu § 1 TVG Bezugnahme auf Tarifvertrag).

Statischer Übergang

„Der Regelungsgehalt der Tarifvertragsnormen geht nach § 613a Abs. 1 Satz 2 BGB statisch in das Arbeitsverhältnis über, nämlich in dem Tarifstand bzw. Normenstand, den er zur Zeit des Betriebsübergangs hat. Der Regelungsgehalt wird durch den Betriebsübergang weder in seinem sachlichen Inhalt noch in seinem durch den Tarifstand beschriebenen Geltungsumfang geändert. Verändert sich nach dem Betriebsübergang die Tarifnorm, deren Regelung in das Arbeitsverhältnis übergegangen ist, so nimmt die übergegangene Regelung hieran nicht mehr teil. Verweist die übergegangene Tarifregelung ihrerseits auf andere normative Regelungen, die sich weiterentwickeln, so wird auch deren Weiterentwicklung nicht zum Inhalt des Arbeitsverhältnisses." (BAG 29.8.2001 AP Nr. 17 zu § 1 TVG Bezugnahme auf Tarifvertrag)

Die Wirkung des § 613a Abs. 1 S. 2 BGB tritt gemäß Satz 3 der Vorschrift allerdings dann nicht ein, wenn das Arbeitsverhältnis mit dem neuen Arbeitgeber bereits durch andere Tarifverträge geregelt ist. Lange war umstritten, ob diese Tarifverträge auch dann normativ auf die übergegangenen Arbeitsverhältnisse anzuwenden sind, wenn lediglich der neue Arbeitgeber an diese gebunden ist. Diesen Streit hat das BAG nunmehr dahingehend entschieden, dass § 613a Abs. 1 S. 3 BGB nur bei einer beiderseitigen Tarifgebundenheit hinsichtlich des „neuen" Tarifvertrags greift. Ist nur der Arbeitgeber an diesen gebunden, bleibt es bei der individualrechtlichen Fortgeltung der „alten" Tarifnormen nach § 613a Abs. 1 S. 2 BGB (BAG 30.8.2000 AP Nr. 12 zu § 1 TVG Bezugnahme auf Tarifvertrag; diese Rechtsprechung bestätigend BAG 21.2.2001 AP Nr. 20 zu § 4 TVG).

§ 613a Abs. 1 S. 3 BGB

§ 613a Abs. 1 S. 2 BGB erfasst nur die Rechtsnormen des Tarifvertrags. Daher werden schuldrechtliche Bestimmungen von Tarifverträgen bei einem Betriebsübergang nicht Inhalt des Arbeitsverhältnisses. Daher gilt gegenüber dem Erwerber keine **Friedenspflicht** (siehe unter § 97 I) aus dem im erworbenen Betrieb geltenden Tarifverträgen.

Die normative Ablösung nach § 613a Abs. 1 Satz 3 BGB greift ferner dann nicht, wenn ein Tarifvertrag arbeitsvertraglich in Bezug genommen worden ist und der individualrechtlich im Arbeitsverhältnis in Bezug genommene Tarifvertrag günstiger ist. Dieser setzt sich dann – auch wenn beide Arbeitsvertragsparteien tarifgebunden sind – nach dem tarifrechtlichen Günstigkeitsprinzip des § 4 Abs. 3 TVG gegenüber dem normative Geltung beanspruchenden Tarifvertrag durch (BAG 29.8.2007 AP Nr. 61 zu § 1 Bezugnahme auf Tarifvertrag). Ob es gegebenenfalls doch zu einer Anwendung des bei dem Erwerber geltenden Tarifvertrag kommen kann, entscheidet sich dann nach der Ausgestaltung der Bezugnahmeklausel (hierzu sogleich unter VII).

VII. Arbeitsvertragliche Bezugnahme auf Tarifverträge

Keine Transformation schuldrechtlicher Bestimmungen

Literatur: BAUSCHKE, Zur Problematik tariflicher Bezugnahmeklauseln, ZTR 1993, 416; B. GAUL, Die einzelvertragliche Bezugnahme auf einen Tarifvertrag beim Wechsel des Arbeitgebers, NZA 1998, 9; GIESEN, Bezugnahmeklauseln – Auslegung, Formulierung und Änderung, NZA 2006, 625; HANAU/KANIA, Die Bezugnahme auf Tarifverträge durch Arbeitsvertrag und betriebliche Übung, FS Schaub (1998), S. 239; OETKER, Arbeitsvertragliche Bezugnahme auf Arbeitsverträge und AGB-Kontrolle, FS Wiedemann (2002), S. 383; PREIS, Der Arbeitsvertrag, 3. Aufl. 2008, II V 40; PREIS, Arbeitsvertragliche Verweisung auf Tarifverträge, FS Wiedemann (2002), S. 425; PREIS/GREINER, Vertragsgestaltung bei Bezugnahmeklauseln nach der Rechtsprechungsänderung des BAG, NZA 2007, 1073 ff., S. 425; THÜSING/LAMBRICH, AGB-Kontrolle arbeitsvertraglicher Bezugnahmeklauseln, NZA 2002, 1361.

Vereinbarung der Arbeitsvertragsparteien

Für Außenseiter, die nicht einer Tarifpartei beitreten wollen, besteht nur die Möglichkeit, sich durch arbeitsvertragliche Bezugnahme bzw. Verweisung auf einen Tarifvertrag an diesen zu binden. Damit werden dessen Tarifnormen einzelvertraglich in das Arbeitsverhältnis durch die Arbeitsvertragsparteien einbezogen.

➲ Beispiele:

- „Für das Arbeitsverhältnis gelten die betrieblich und fachlich einschlägigen Tarifverträge in der jeweils gültigen Fassung, soweit in diesem Vertrag nichts anderes vereinbart ist. Dies sind zurzeit die X-Tarifverträge für die Y-Branche."
- „Für das Arbeitsverhältnis finden die für den Arbeitgeber geltenden Tarifverträge in der jeweils gültigen Fassung Anwendung, soweit im Folgenden nichts anderes vereinbart ist."
- „Für das Arbeitsverhältnis gelten die einschlägigen Tarifverträge." (alle PREIS, Der Arbeitsvertrag, II V 40 Rn. 17)

VII. Arbeitsvertragliche Bezugnahme auf Tarifverträge § 99

Praktische Bedeutung

In der Praxis kommen solche Verweisungen häufig vor. In ca. 90 % der Arbeitsverträge wird auf einen Tarifvertrag verwiesen (PREIS, Der Arbeitsvertrag I B Rn. 25). Besonders im öffentlichen Recht ist es üblich, auf die Tarifverträge des öffentlichen Dienstes zu verweisen (BAUSCHKE, ZTR 1993, 416; vgl. dazu BAG 7.12.1977 AP Nr. 9 zu § 4 TVG Nachwirkung).

1. Möglichkeiten der Bezugnahme

Zu unterscheiden sind im Wesentlichen drei Arten der Bezugnahme auf Tarifverträge. Entweder werden alle Bestimmungen eines Tarifvertrags miteinbezogen, sog. **Globalverweisung**, oder es wird nur auf einige Tarifnormen (**Teilverweisung**) oder eine einzige Tarifnorm (**Einzelverweisung**) verwiesen (PREIS, Der Arbeitsvertrag II V 40 Rn. 21 ff.).

Konkludente Bezugnahme

Nach Rechtsprechung (BAG 19.1.1999 AP Nr. 9 zu § 1 TVG Bezugnahme auf Tarifvertrag) und Teilen der Literatur (HANAU/KANIA, FS Schaub, 258 ff.) kann eine derartige Bezugnahme in den Einzelarbeitsvertrag auch konkludent, zum Beispiel durch eine entsprechende betriebliche Übung, erfolgen, was regelmäßig dann der Fall sei, wenn der Arbeitgeber den Arbeitnehmern mehrfach tarifliche Leistungen zukommen lässt und die Arbeitnehmer diese unwidersprochen annehmen. Problematisch ist hierbei jedoch, wann eine solche konkludente Bezugnahme den gesamten Tarifvertrag betrifft, also eine Globalverweisung darstellt, und wann nur von einer konkludenten Teilverweisung ausgegangen werden kann. Das BAG stellt zwar auch auf die konkreten Umstände des Einzelfalls ab, unterscheidet aber generell nach der Tarifgebundenheit des Arbeitgebers. So soll bei deren Vorliegen die betriebliche Übung dahingehend aufzufassen sein, dass der Arbeitgeber die nicht gebundenen Arbeitnehmer den tarifgebundenen insgesamt gleichstellen will, so dass in der Regel eine Globalverweisung vorliegt. Ist der Arbeitgeber hingegen selber nicht tarifgebunden, so soll lediglich eine Einzelverweisung auf die konkret angewandten Tarifnormen vorliegen (BAG 19.1.1999 AP Nr. 9 zu § 1 TVG Bezugnahme auf Tarifvertrag). Die Annahme einer Globalverweisung aufgrund unwidersprochener betrieblicher Praxis sollte jedoch vorsichtig gehandhabt werden, da zweifelhaft ist, ob der Arbeitnehmer allein durch die wiederholte Entgegennahme tariflicher Leistungen auch in die Geltung nachteiliger tariflicher Bestimmungen einwilligt. Dies dürfte regelmäßig nur dann der Fall sein, wenn auch solche nachteiligen Bestimmungen in der betrieblichen Praxis umgesetzt wurden.

Statische und dynamische Verweisungen

Des Weiteren ist zwischen **statischen** und **dynamischen Verweisungen** zu unterscheiden. Die statische Verweisung bezieht sich nur auf einen konkreten Tarifvertrag, zumeist den, der zum Zeitpunkt des Abschlusses des Einzelarbeitsvertrags bei beiderseitiger Tarifgebundenheit gelten würde. Als nachteilig in der Praxis erweist sich jedoch, dass solche Klauseln regelmäßig starr und unflexibel sind.

Demgegenüber erstreckt sich die dynamische Verweisung auf den jeweils geltenden Tarifvertrag. Bei der dynamischen Verweisung wird zwischen der **kleinen dynamischen Verweisung**, die auf einen konkreten Tarifvertrag in seiner jeweils geltenden Fassung verweist, und der **großen dynamischen Verweisung**, die auf den jeweils einschlägigen Tarifvertrag in seiner jeweils geltenden Fassung verweist, unterschieden.

Welche Art der Verweisung dem Willen der Vertragsparteien entspricht, ist durch **Auslegung** zu ermitteln. **Im Zweifel** gilt nach einer Entscheidung des BAG die **dynamische Verweisung**. Die Arbeitsvertragsparteien wollten i.d.R. den nichtorganisierten Arbeitnehmer mit den tarifgebundenen gleichstellen (BAG 20.3.1991 AP Nr. 20 zu § 4 TVG Tarifkonkurrenz). Die Nichtorganisierten behalten so Anschluss an die aktuelle Entwicklung der Arbeitsbedingungen.

2. Wirkung der Bezugnahme

Keine Normwirkung

Die Verweisung führt nur zu einer vertraglichen Geltung des Tarifvertrages. Der Tarifvertrag entfaltet **keine Normwirkung**, d.h. er ist abdingbar. Die Arbeitsvertragsparteien können vielmehr jederzeit andere Abmachungen treffen, auch zu Lasten des Arbeitnehmers. Derartige Verweisungen haben dieselbe Wirkung wie einzelvertragliche Bestimmungen, so dass die Probleme im Zusammenhang mit der Bezugnahme nicht tarifrechtlicher Art sind, sondern sich allein nach individualvertraglichen, also schuldrechtlichen Grundsätzen beantworten.

Rechtsprechung des Vierten Senats

Diese rein schuldrechtliche Wirkung der Bezugnahmen wurde vom Vierten Senat des BAG nicht deutlich genug herausgestellt. Der Senat sah die vertragliche Bezugnahme als eine von mehreren Möglichkeiten, eine Tarifbindung zu bewirken (BAG 20.3.1991 AP Nr. 20 zu § 4 TVG Tarifkonkurrenz). Dieser Rechtsprechung lag ein tarifrechtliches Verständnis der Bezugnahme zugrunde. In jüngster Zeit hat sich diese Sichtweise grundlegend gewandelt; der Vierte Senat respektiert die Bezugnahmeklausel nun als echte arbeitsvertragliche Vereinbarung. Dies findet insbesondere darin Ausdruck, dass der Senat nunmehr auch auf Bezugnahmeklauseln allgemeine Auslegungsgrundsätze anwendet (BAG 18.4.2007 AP Nr. 54 zu § 1 TVG Bezugnahme auf Tarifvertrag) und im Verhältnis von in Bezug genommenen und normativ bindenden Tarifnormen das Günstigkeitsprinzip (§ 4 III TVG) anwendet. Anders als nach früherer Rechtsprechung findet der Grundsatz der Tarifeinheit (siehe unter § 101) in dieser Situation keine Anwendung.

„Die individualrechtlich im Arbeitsverhältnis der Parteien geltenden Regelungen des BMT-G II setzen sich nach dem tarifrechtlichen Günstigkeitsprinzip des § 4 Abs. 3 TVG gegenüber den kraft Allgemeinverbindlichkeit normativ auf das Arbeitsverhältnis einwirkenden Tarifverträgen für das Gebäudereinigerhandwerk durch. Es geht hierbei nicht um die Konkurrenz zweier Tarifverträge, sondern um die Konkurrenz einer arbeitsvertraglichen Regelung mit einem kraft Allgemeinverbindlichkeit wirkenden Tarifvertrag. Dies ist kein Fall der Tarifkonkurrenz zweier Normenverträge. Vielmehr wird das Verhältnis der arbeitsvertraglichen Regelung zu der normativ wirkenden tariflichen durch § 4 Abs. 3 TVG bestimmt. [...] Soweit der Senat in der Vergangenheit eine andere Rechtsauffassung eingenommen hat [...], gibt er sie hiermit ausdrücklich auf." (BAG 29.8.2007 NZA 2008, 364).

Den Arbeitsvertragsparteien ist es generell nicht möglich, durch Bezugnahme auf Tarifklauseln arbeitsvertragliche Bestimmungen zu vereinbaren, die individualrechtlichen Vereinbarungen nicht offen stehen (vgl. STEIN, Rn. 247). Ausnahmsweise ist aber eine Teilverweisung auf tarifliche Regelungen in diesen Fällen möglich, wenn sie explizit gesetzlich zugelassen ist, so zum Beispiel in § 622 Abs. 4 S. 2 BGB, § 13 Abs. 1 S. 2 BUrlG, § 4 Abs. 4 S. 2 EFZG und § 7 Abs. 3 ArbZG.

Keine Abweichung von zwingenden Gesetzen

Wird im Arbeitsvertrag auf einen Tarifvertrag verwiesen, an den im Zeitpunkt des Abschlusses des Arbeitsvertrags beide Vertragsparteien nach § 3 Abs. 1 TVG tarifgebunden sind, so wird teilweise angenommen, diese Klausel gelte lediglich deklaratorisch und nicht konstitutiv. Indes hat der Arbeitgeber bei Abschluss des Arbeitsvertrages in der Regel keine Kenntnis von der Gewerkschaftszugehörigkeit seines Arbeitnehmers, mithin kann sich sein Wille bei der Vereinbarung im Arbeitsvertrag auch nicht auf die Klarstellung der Tarifbindung richten. Außerdem würde sich eine inhaltlich gleich lautende Klausel in ihrem Inhalt dadurch wandeln, dass eine der beiden Parteien aus ihrer Koalition austritt. Ein solcher Bedeutungswandel überzeugt nicht. Arbeitsvertragliche Bezugnahmeklauseln sind damit unabhängig von der Tarifbindung stets konstitutiv zu verstehen (PREIS, Der Arbeitsvertrag, II V 40 Rn. 7).

Konstitutive Wirkung der Bezugnahme

3. Zweck der Bezugnahme

Die Gleichstellung von Gewerkschaftsmitgliedern und Außenseitern führt zur **Herstellung einheitlicher Arbeitsbedingungen** in einem Betrieb. Während die Gewerkschaften sich gegen die individualrechtliche Bezugnahme wehren, da auf diese Weise Außenseiter in den Genuss tariflicher Vorteile gelangen („Trittbrettfahrer"; vgl. DÄUBLER, Tarifvertragsrecht, 1993, Rn. 332), gewähren die Arbeitgeber oftmals trotz der damit verbundenen finanziellen Mehrbelastungen tarifliche Leistungen auch den Außenseitern, um so den Anreiz zur mitgliedschaftlichen Tarifbindung zu schmälern. Für den Arbeitgeber haben einheitliche Arbeitsbedingungen darüber hinaus den Vorteil einer vereinfachten Verwaltung. Er reduziert damit die Transaktionskosten bei Abschluss des Arbeitsvertrags. Der Tarifvertrag entfaltet durch die Bezugnahme damit häufig eine Leitbildfunktion für die Arbeitsverhältnisse in seinem Geltungsbereich.

Gleichstellung mit Tarifgebundenen

Bei einer derartigen **Gleichstellungsabrede** können sich jedoch dann Auslegungsprobleme ergeben, wenn für den Betrieb des betroffenen

Geltungsabrede bei Tarifwechsel

Arbeitnehmers aufgrund bei Vertragsschluss unvorhersehbarer Umstände ein Wechsel des einschlägigen Tarifvertrags erfolgt. Dies kann entweder dann der Fall sein, wenn der Betrieb aufgrund einer Umstrukturierung einer anderen Branche zuzurechnen oder der Arbeitgeber den Verband wechselt. Hierzu zählen ebenso die Fälle, in denen der Arbeitgeber infolge eines Betriebsübergangs wechselt. Gelten dann für den Betrieb des Arbeitnehmers andere als in der Bezugnahmeklausel bezeichnete Tarifverträge, stellt sich die Frage, ob diese Klausel, wenn sie als Gleichstellungsabrede zu verstehen ist, nicht zwingend dahingehend korrigierend ausgelegt werden muss, dass immer die jeweils für den Betrieb einschlägigen Tarifverträge das Bezugnahmeobjekt darstellen. Damit hätte eine Gleichstellungsabrede zur Folge, dass automatisch ein Tarifwechsel erfolgte, sobald der Betrieb oder Betriebsteil in den fachlichen, bzw. betrieblichen Geltungsbereich eines anderen Tarifwerks wechselt. Dieser Auffassung schien das BAG auch zunächst zuzuneigen (BAG 4.9.1996 AP Nr. 5 zu § 1 TVG Bezugnahme auf Tarifvertrag). Später hat es aber diese Rechtsprechung klarstellend dahingehend weiterentwickelt, dass ein Tarifwechsel in diesen Fällen nicht die zwingende Rechtsfolge ist, sondern nur bei Vorliegen weiterer Umstände eintritt, aus denen konkret geschlossen werden kann, dass nicht nur die in der Verweisungsklausel benannten Tarifverträge gelten sollten, sondern allgemein die für den Betrieb jeweils anzuwendenden Tarifverträge (BAG 30.8.2000 AP Nr. 12 zu § 1 TVG Bezugnahme auf Tarifvertrag). Anlass für diese Fortentwicklung war eine Konstellation, in der aufgrund eines Betriebswechsels der ursprünglich für den Betrieb geltende Tarifvertrag bei den ehemals tarifgebundenen Arbeitnehmern nur noch gem. § 613a Abs. 1 S. 2 BGB einzelvertraglich fortwirkte, während für die nichtgebundenen Arbeitnehmer der zwingende Tarifwechsel aufgrund der Gleichstellungsabrede zu einer Anwendung des nunmehr für den Betrieb geltenden Tarifvertrags geführt hätte. Damit hätte aber die Gleichstellungsabrede genau zu dem nicht beabsichtigten Ergebnis geführt, dass die Arbeitnehmer eines Betriebs nach Regelungen unterschiedlicher Tarifwerke zu behandeln sind. Dieses Ergebnis ist indessen nur begründbar, wenn es sich bei einer Gleichstellungsabrede gleichzeitig um eine große dynamische Verweisungsklausel handelt.

Rechtsprechungsänderung zur kleinen dynamischen Bezugnahmeklausel	Die Rechtsprechung des BAG hat mit einer Entscheidung vom 14.12.2005 (AP Nr. 39 zu § 1 TVG Bezugnahme auf Tarifvertrag; bestätigt durch BAG 18.4.2007 AP Nr. 54 zu § 1 TVG Bezugnahme auf Tarifvertrag) eine Kehrtwende bei der Auslegung der **kleinen dynamischen Verweisung** vollzogen. Die kleine dynamische Verweisung in Arbeitsverträgen eines tarifgebundenen Arbeitgebers auf den normativ „im Betrieb geltenden" Tarifvertrag in seiner jeweils gültigen Fassung hatte das BAG bislang großzügig zu Lasten der Arbeitnehmer als „bloße Gleichstellungsabrede" angesehen (BAG 20.3.1991 AP Nr. 20 zu § 4 TVG Tarifkonkurrenz). Dies hatte zur Folge, dass bei Beendigung der normativen Tarifbindung die Klausel ihre dynamische Wirkung verlor. Das BAG argumentierte, die Klausel solle

VII. Arbeitsvertragliche Bezugnahme auf Tarifverträge § 99

lediglich die fehlende Tarifbindung des Arbeitnehmers ersetzen. Insbesondere Besserstellungen der nicht organisierten Arbeitnehmer gegenüber den Gewerkschaftsmitgliedern bei Änderungen der Tarifbindung wurden auf diesem Wege vermieden.

Nunmehr vertritt das BAG eine wortlautorientierte Position, nach der sich der Arbeitgeber an der gewählten Formulierung der Bezugnahmeklausel festhalten lassen muss. Es sei für die Auslegung unerheblich, welche Motive der Arbeitgeber gehabt habe, es komme allein darauf an, ob diese in erkennbarer Weise Vertragsinhalt geworden seien (BAG 18.4.2007 AP Nr. 54 zu § 1 TVG Bezugnahme auf Tarifvertrag). Es stehe dem Arbeitgeber frei, seinen Willen zur Gleichstellung in der Bezugnahmeklausel zum Ausdruck zu bringen, ansonsten müsse er sich an deren Wortlaut festhalten lassen. Das BAG hat diese Erwägungen auch mit den Wertungen der Unklarheitenregel (§ 305c Abs. 2 BGB), des Transparenzgebots (§ 307 Abs. 1 Satz 2 BGB) und auf das Verbot der geltungserhaltenden Reduktion aus § 306 BGB gestützt (BAG 14.12.2005 AP Nr. 29 zu § 1 TVG Bezugnahme auf Tarifvertrag). Diese stünden der bisherigen dem Verwender gegenüber großzügigen Rechtsprechung entgegen. Auch sei nicht erklärlich, warum eine inhaltlich gleich lautende Klausel bei einem tarifgebundenen Arbeitgeber eine andere Folge (Gleichstellungsabrede), als bei einem tarifungebundenen Arbeitgeber (dynamische Verweisung) haben sollte. Damit bestehen erhöhte Anforderungen an die Transparenz der Bezugnahmeklausel. Der Arbeitgeber muss nunmehr deutlich zum Ausdruck bringen, welche Folgen die Bezugnahme haben soll (zur Klauselgestaltung ausführlich Preis/Greiner, NZA 2007, 1073 ff.).

„Eine individualvertragliche Klausel, die ihrem Wortlaut nach ohne Einschränkung auf einen bestimmten Tarifvertrag in seiner jeweiligen Fassung verweist, ist im Regelfall dahingehend auszulegen, dass dieser Tarifvertrag in seiner jeweiligen Fassung gelten soll und dass diese Geltung nicht von Faktoren abhängt, die nicht im Vertrag genannt oder sonst für beide Parteien ersichtlich zur Voraussetzung gemacht worden sind. Die Bezugnahmeklausel kann bei einer etwaigen Tarifgebundenheit des Arbeitgebers an den im Arbeitsvertrag genannten Tarifvertrag grundsätzlich keine andere Wirkung haben als bei einem nicht tarifgebundenen Arbeitgeber. In beiden Fällen unterliegt die in der Bezugnahmeklausel liegende Dynamik keiner auflösenden Bedingung.

(1) Rechtsgeschäftliche Willenserklärungen sind grundsätzlich nach einem objektivierten Empfängerhorizont auszulegen. Dabei haben die Motive des Erklärenden, soweit sie nicht in dem Wortlaut der Erklärung oder in sonstiger, für die Gegenseite hinreichend deutlich erkennbaren Weise ihren Niederschlag finden, außer Betracht zu bleiben. Es besteht keine Verpflichtung des Erklärungsempfängers, den Inhalt oder den Hintergrund des ihm regelmäßig formularmäßig gemachten Angebots durch Nachfragen aufzuklären. Kommt der Wille des Erklärenden nicht oder nicht vollständig zum Ausdruck, gehört dies zu dessen Risikobereich (...) Die Motive, aus denen jeder der Partner den Vertrag

schließt, sind für die Rechtsfolgen des Vertrags grundsätzlich unbeachtlich, weil sie nicht Teil der vertraglichen Vereinbarung selbst, nämlich der Bestimmung von Leistung und Gegenleistung, sind (...).

(2) Für die arbeitsvertragliche Bezugnahmeklausel bedeutet dies, dass ihr Bedeutungsinhalt in erster Linie anhand des Wortlauts zu ermitteln ist. Bei der arbeitsvertraglichen dynamischen Inbezugnahme eines bestimmten Tarifvertrags in seiner jeweiligen Form ist der Wortlaut zunächst eindeutig und es bedarf im Grundsatz keiner weiteren Heranziehung von Auslegungsfaktoren (...). Lediglich wenn von den Parteien weitere Tatsachen vorgetragen werden oder sonst ersichtlich sind, die Zweifel an der wortgetreuen Auslegung der Vertragsklausel begründen können, weil sie für beide Seiten erkennbar den Inhalt der jeweils abgegebenen Willenserklärungen in einer sich im Wortlaut nicht niederschlagenden Weise beeinflusst haben, besteht Anlass, die Wortauslegung in Frage zu stellen.

Die möglichen Motive der Vertragsparteien können dabei für sich genommen keinen entscheidenden Einfluss auf die Auslegung der Verweisungsklausel haben, zumal sie in der Regel heterogen sind (...). Ist der Arbeitgeber tarifgebunden, liegt es zwar nahe, in der beabsichtigten Gleichstellung tarifgebundener mit nicht tarifgebundenen Arbeitnehmern ein gegebenenfalls auch vorrangiges Motiv für das Stellen einer Verweisungsklausel zu sehen. Die mögliche Tarifgebundenheit des Arbeitgebers ist jedoch kein Umstand, der für die Auslegung einer dem Wortlaut nach eindeutigen Verweisungsklausel maßgeblich sein kann, wenn der Arbeitgeber sie nicht ausdrücklich oder in einer für den Arbeitnehmer hinreichend deutlich erkennbaren Weise zur Voraussetzung oder zum Inhaltselement seiner Willenserklärung gemacht hat. Dies gilt umso mehr, als dem Arbeitgeber eine entsprechende Vertragsgestaltung ohne Schwierigkeiten möglich wäre. Er ist es, der die Verweisungsklausel formuliert. Deshalb ist eine unterschiedliche Auslegung desselben Wortlauts je nachdem, ob der Arbeitgeber zum Zeitpunkt der Vereinbarung tarifgebunden war oder nicht, ohne Hinzutreten weiterer Anhaltspunkte nicht zu rechtfertigen.

Es besteht deshalb auch keine Obliegenheit des Arbeitnehmers, die Reichweite seiner eigenen Willenserklärung durch eine Nachfrage beim Arbeitgeber hinsichtlich dessen Tarifgebundenheit zu ermitteln." (BAG 18.4.2007 AP Nr. 54 zu § 1 TVG Bezugnahme auf Tarifvertrag).

Vertrauensschutz für Altfälle

Das BAG hat für Vereinbarungen, die vor dem 1.1.2002 geschlossen wurden, Vertrauensschutz gewährt. Diese Rechtsprechung ist sowohl abgelehnt worden, weil Vertrauensschutz gänzlich abgelehnt wird (BRECHT-HEITZMANN/LEWEK, ZTR 2007, 127 ff.) als auch deswegen, weil ein Vertrauensschutz bis zur Änderung der Rechtsprechung befürwortet wurde (GIESEN, NZA 2006, 625).

Tarifwechselklausel – „große dynamische Verweisung"

Besondere Bedeutung hat die Frage, ob die Bezugnahmeklausel so „dynamisch" ausgestaltet ist, dass sie auch den Tarifwechsel gestattet. Das hat besondere Bedeutung im Falle des Betriebsübergangs, wenn der Arbeitnehmer in einen Betrieb mit einer anderen als der

VII. Arbeitsvertragliche Bezugnahme auf Tarifverträge

bisherigen fachlichen oder betrieblichen Tarifzuständigkeit wechselt.

⊃ **Beispiel:**
Die bisher im Klinikum der Stadt S beschäftigte Reinigungskraft A, in deren Arbeitsvertrag eine Bezugnahmeklausel auf den einschlägigen Tarifvertrag des öffentlichen Dienstes verweist, wird nach einem Betriebsübergang von der Reinigungs-GmbH weiterbeschäftigt, die an den – viel niedriger tarifierten – Tarifvertrag des Gebäudereinigerhandwerks gebunden ist. Die R-GmbH möchte jetzt die A nur noch nach diesem Tarif bezahlen.
Ob dies möglich ist, richtet sich danach, ob die Bezugnahmeklausel als „große dynamische Verweisungsklausel" ausgestaltet ist.

Auch diese Frage ist im Wege der Auslegung zu entscheiden. Das BAG vertritt hierzu, dass „die Bezugnahme auf das Tarifwerk einer bestimmten Branche ... über ihren Wortlaut hinaus nur dann als große dynamische Verweisung (= Bezugnahme auf den jeweils für den Betrieb fachlich/betrieblich geltenden Tarifvertrag) ausgelegt werden [kann], wenn sich dies aus besonderen Umständen ergibt" (BAG 29.8.2007 AP Nr. 61 zu § 1 Bezugnahme auf Tarifvertrag; ebenso ErfK/Preis § 613a BGB Rn. 127). Die Arbeitsvertragsparteien können die Rechtsfolge eines Tarifwechsels ausdrücklich vereinbaren. Sie bestimmen mit ihrer vertraglichen Abrede den Umfang der Inbezugnahme. Schlicht unterstellt werden kann der Wille zum Tarifwechsel nicht. Denn die Arbeitnehmer können sich ja gerade die Tätigkeit bei einem bestimmten Arbeitgeber mit guten Arbeitsbedingungen ausgesucht haben. Die Gefahr des Tarifwechsels muss daher hinreichend deutlich in der Klausel zum Ausdruck kommen. Auch hieran wird die neue und richtige vertragsbezogene Auslegung der Bezugnahmeklauseln durch das BAG deutlich.

4. Inhaltskontrolle

Für den Inhalt der in Bezug genommenen Tarifverträge gilt die Richtigkeitsgewähr; die Gerichte dürfen keine Inhaltskontrolle durchführen. Dies ergibt sich seit Inkrafttreten der Schuldrechtsreform auch unmittelbar aus § 310 Abs. 4 S. 3 BGB und § 307 Abs. 3 BGB. Allerdings kann dies uneingeschränkt nur bei Gesamt- oder Globalverweisungen Geltung beanspruchen. Bei Teil- oder Einzelverweisungen kann der Gesamtzusammenhang und damit die Richtigkeitsgewähr zerstört werden. Dann muss eine richterliche Inhaltskontrolle wie bei anderen Bestimmungen des Arbeitsvertrags zulässig sein (Preis, Der Arbeitsvertrag, II V 40 Rn. 83.)

Richterliche Inhaltskontrolle

(Zur Frage, ob die einzelvertragliche Bezugnahme auf einen Tarifvertrag zu einer Tarifkonkurrenz oder Tarifpluralität führen kann, siehe unter § 101).

5. Vertiefungsproblem: Bezugnahme und NachwG

Da auf einen Tarifvertrag sowohl durch Verweis im Arbeitsvertrag als auch konkludent Bezug genommen werden kann, stellt sich die Frage, inwieweit der Arbeitnehmer durch Aufklärungspflichten des Arbeitgebers in seinem Informationsinteresse zu schützen ist.

Keine Anwendung des AGB-Rechts

Die AGB-rechtlichen Einbeziehungsvorschriften des § 305 Abs. 2 BGB gelten aufgrund der Ausnahmeregelung des § 310 Abs. 4 S. 2 BGB im Arbeitsrecht nicht. Diese Bereichsausnahme ist vom Gesetzgeber indessen nur im Vertrauen darauf geschaffen worden, dass der Arbeitnehmer bereits ausreichend durch die Vorschriften des NachwG geschützt ist (vgl. BT-Drs. 14/6857, S. 54).

NachwG

§ 2 Abs. 1 S. 1 NachwG verpflichtet den Arbeitgeber, alle wesentlichen Vertragsbedingungen spätestens einen Monat nach Beginn des Arbeitsverhältnisses schriftlich niederzulegen und dem Arbeitnehmer auszuhändigen. Als wesentlich gelten dabei alle üblicherweise im Arbeitsvertrag bestimmter Arbeitnehmer vereinbarten Vertragsbedingungen (ErfK/Preis § 2 NachwG Rn. 8). Streitig ist hierbei, inwieweit und in welcher Form die in Bezug genommen Tarifverträge bzw. einzelne in Bezug genommene Tarifklauseln der Nachweispflicht unterliegen. Dabei ist strikt zwischen dem Nachweis der Anwendbarkeit des Tarifvertrags auf der einen Seite und dem Nachweis der in diesem Tarifvertrag enthaltenen und als solche ebenfalls nachweispflichtigen wesentlichen Vertragsbedingungen auf der anderen Seite zu unterscheiden.

Die Anwendbarkeit normativ geltender Tarifverträge ist in § 2 Abs. 1 S. 2 Nr. 10 NachwG gesondert geregelt und durch einen in „allgemeiner Form" gehaltenen Hinweis auf den Tarifvertrag nachzuweisen. Die generelle einzelvertragliche Bezugnahme auf einen Tarifvertrag ist als solche bereits eine wesentliche Vertragsbedingung und unterliegt der Nachweispflicht nach dem Grundsatz des § 2 Abs. 1 S. 1 NachwG.

Hinsichtlich des Inhalts des in Bezug genommenen Tarifvertrags enthält § 2 Abs. 1 S. 2 NachwG zunächst einige Beispiele von wesentlichen Vertragsbedingungen, die ausdrücklich nachzuweisen sind. Davon können gemäß § 2 Abs. 3 NachwG einige Angaben (§ 2 Abs. 1 S. 2 Nr. 6 bis 9 NachwG) durch einen Hinweis auf den einschlägigen Tarifvertrag ersetzt werden (sog. „qualifizierter Hinweis"). Nach Ansicht des BAG und der wohl überwiegenden Literatur soll dagegen für den Nachweis aller sonstigen, in § 2 Abs. 1 S. 2 NachwG nicht genannten wesentlichen Vertragsbedingungen ein allgemeiner Hinweis nach § 2 Abs. 1 S. 2 Nr. 10 NachwG genügen (BAG 23.1.2002 NZA 2002, 800 ff.; Bepler, ZTR 2001, 243 ff.). Dieser Frage kommt in der Praxis eine erhebliche Bedeutung zu, Hauptanwendungsfall ist dabei der Nachweis tarifvertraglicher Ausschlussfristen.

Der herrschenden Ansicht kann nicht zugestimmt werden. Sie verkennt vor allem das Verhältnis von § 2 Abs. 1 S. 1 NachwG und § 2 Abs. 1 S. 2 Nr. 10 NachwG. Satz 1 des § 2 Abs. 1 NachwG statuiert den Grundsatz der Nachweispflicht für wesentliche Vertragsbedingungen. Satz 2 des § 2 Abs. 1 NachwG enthält lediglich Beispiele für wesentliche Bedingungen und kann daher den Grundsatz der Nachweispflicht nicht außer Kraft setzen. Über eine etwaige Nachweispflicht des Inhalts von Tarifverträgen sagt die Vorschrift dagegen nichts aus. Der Nachweis des Inhalts und die Möglichkeit der Ersetzung des Nachweises durch Verweis auf Tarifverträge richtet sich allein nach §§ 2 Abs. 1 S. 1, 2 Abs. 3 NachwG. Wäre schon § 2 Abs. 1 S. 1 Nr. 10 NachwG als Ausnahme zu Satz 1 zu verstehen, wäre § 2 Abs. 3 NachwG überflüssig. Überdies steht die herrschende Ansicht weder mit der oben dargelegten Konzeption des Gesetzgebers der Schuldrechtsreform noch mit dem Zweck des NachwG in Einklang, wonach mehr Rechtsklarheit und -sicherheit für den Arbeitnehmer durch bessere Kenntnis seiner Rechte und Pflichten geschaffen werden sollte.

Sachgerecht erscheint es daher, für andere als die in § 2 Abs. 3 NachwG genannten wesentlichen Vertragsbedingungen diese Vorschrift analog anzuwenden. Im Ergebnis kommt es daher zur Gleichbehandlung: Unabhängig vom Geltungsgrund des Tarifvertrags genügt ein Verweis auf Tarifverträge immer dann den gesetzlichen Nachweisanforderungen, wenn gem. § 2 Abs. 3 NachwG die Vertragsbedingung ausdrücklich genannt werden und hinsichtlich ihrer genauen Ausgestaltung auf den einschlägigen Tarifvertrag verwiesen wird. Nur soweit die Arbeitsvertragsparteien lediglich einzelne Tarifbestimmungen in Bezug nehmen, genügt weder ein allgemeiner noch ein qualifizierter Hinweis auf den Tarifvertrag. Lediglich in diesem Falle müssen diejenigen Tarifregelungen, die wesentliche Vertragsbedingungen enthalten, ausdrücklich wiedergegeben werden. Des Weiteren ist erforderlich, dass der Arbeitgeber den Tarifvertrag jedenfalls den Tarifaußenseitern auch tatsächlich zugängig macht, damit diese sich über ihre Rechte und Pflichten informieren können (PREIS, Der Arbeitsvertrag, II V 40 Rn. 48).

§ 100 Geltungsbereich

Literatur: HROMADKA/MASCHMANN/WALLNER, Der Tarifwechsel, 1996, Rn. 8 ff.

➲ Übersicht:
    I. Allgemeines
   II. Persönlicher Geltungsbereich
  III. Räumlicher Geltungsbereich
  IV. Fachlicher/Betrieblicher Geltungsbereich

V. Zeitlicher Geltungsbereich
1. Beginn der Tarifnormwirkung
2. Beendigung der Tarifnormwirkung
   a) Ordentliche Kündigung
   b) Außerordentliche Kündigung
   c) Störung der Geschäftsgrundlage
   d) Rechtsfolgen der Beendigung von Tarifverträgen
3. Nachwirkung gem. § 4 Abs. 5 TVG
   a) Normwirkung
   b) Abmachung i.S.d. § 4 Abs. 5 TVG
   c) Ablauf i.S.d. § 4 Abs. 5 TVG
   d) Gegenstand der Nachwirkung

I. Allgemeines

Freie Festlegung des Geltungsbereichs

Nach § 4 Abs. 1 TVG ist **Voraussetzung der Normwirkung**, dass das Arbeitsverhältnis der Tarifgebundenen unter den Geltungsbereich des Tarifvertrags fällt. Eine Definition des Begriffs gibt das Gesetz aber nicht vor. § 3 Abs. 1 TVG regelt lediglich die Tarifgebundenheit, nicht aber, welcher konkrete Tarifvertrag auf das Arbeitsverhältnis Anwendung findet. Dies ist eine Frage des Geltungsbereichs. Aufgrund der **Tarifautonomie** sind die Tarifvertragsparteien frei, den Geltungsbereich innerhalb ihrer **Tarifzuständigkeit** festzulegen (HROMADKA/MASCHMANN/WALLNER Rn. 11). Die Schnittmenge der Tarifzuständigkeit der tarifschließenden Verbände gibt damit den maximalen Geltungsbereich des Tarifvertrags vor (BAG 18.7.2006 AP Nr. 19 zu § 2 TVG Tarifzuständigkeit).

„Der Geltungsbereich eines Tarifvertrags kann nicht weiter reichen als die sich überschneidende Tarifzuständigkeit der Tarifpartner." (BAG 18.7.2006 AP Nr. 19 zu § 2 TVG Tarifzuständigkeit)

Voraussetzung der Normwirkung

Bei der Frage, ob eine tarifliche Bestimmung das Arbeitsverhältnis normativ regelt, muss daher nicht nur die Tarifbindung der Parteien des Arbeitsvertrags festgestellt werden, sondern daneben, ob der Tarifvertrag auch in seinem Geltungsbereich das Arbeitsverhältnis erfasst.

➲ **Beispiel:**
A ist Mitglied der IG Metall. Es finden nur dann normative tarifliche Bestimmungen Anwendung, wenn ein von der IG Metall abgeschlossener Tarifvertrag in seinem Geltungsbereich das Arbeitsverhältnis des A umfasst und der Arbeitgeber des A Partei dieses Tarifvertrags oder Mitglied des tarifschließenden Arbeitgeberverbands ist.

III. Räumlicher Geltungsbereich § 100

Es wird zwischen dem zeitlichen, räumlichen, betrieblichen, fachlichen und persönlichen Geltungsbereich unterschieden. Die Terminologie ist in den Tarifverträgen aber nicht immer einheitlich. Rechtliche Konsequenzen aus der unterschiedlichen Bezeichnung ergeben sich nicht.

Überblick

⊃ **Beispiel:**
§ 1 des Lohntarifvertrags im Baugewerbe/West v. 21.5.1997 lautet:

„Geltungsbereich

(1) Räumlicher Geltungsbereich:

Das Gebiet der Bundesrepublik Deutschland mit Ausnahme der Länder Brandenburg, Mecklenburg-Vorpommern, Sachsen, Sachsen-Anhalt und Thüringen.

(2) Betrieblicher Geltungsbereich:

Betriebe, die unter den betrieblichen Geltungsbereich des Bundesrahmentarifvertrags für das Baugewerbe in der jeweiligen Fassung fallen.

(3) Persönlicher Geltungsbereich:

Erfasst werden:

1. gewerbliche Arbeitnehmer (Arbeiter),
2. zur Ausbildung für den Beruf des Arbeiters Beschäftigte, die eine nach den Vorschriften des Sechsten Buches Sozialgesetzbuch – Gesetzliche Rentenversicherung – (SGB VI) versicherungspflichtige Tätigkeit ausüben."

II. Persönlicher Geltungsbereich

In der Regel gilt ein Tarifvertrag für alle **Arbeitnehmer**. Neben den Arbeitnehmern gibt es aber weitere Personengruppen, deren Arbeitsbedingungen in Tarifverträgen festgelegt werden können. So bestimmt § 12a TVG ausdrücklich, dass die Vorschriften des Gesetzes auch für sog. **arbeitnehmerähnliche Personen** gelten. Gleiches gilt für in Heimarbeit Beschäftigte nach § 17 HAG.

Verschiedene Beschäftigtengruppen

Im Rahmen ihrer Tarifautonomie steht es den Tarifparteien frei, Tarifverträge nur für eine bestimmte Personengruppe zu schließen oder davon auszunehmen bzw. für verschiedene Gruppen unterschiedliche Tarifverträge zu vereinbaren.

III. Räumlicher Geltungsbereich

Die Verbandstarifverträge werden meist nicht für das gesamte **Bundesgebiet**, sondern für einen räumlich begrenzten Geltungsbereich abgeschlossen. Dies kann sich sowohl nach staatlichen Grenzen oder **Regionen** richten, aber auch nach den Einzugsbereichen der Verbände. Die Festlegung des räumlichen Geltungsbereichs liegt in

Regionale Bereiche

der Hand der Tarifparteien. Welche Arbeitsverhältnisse in den räumlichen Geltungsbereich fallen, kann ebenfalls von den Tarifvertragsparteien bestimmt werden. Im Zweifel ist aber auf den Sitz des Betriebs abzustellen, in dem der Arbeitnehmer tätig ist. Die Differenzierung zwischen Betrieb und Unternehmen ist gerade im Hinblick auf solche Unternehmen von Bedeutung, die ihren Sitz in einem der westdeutschen Bundesländer und weitere Betriebe in den neuen Bundesländern haben. Zwischen den Arbeitsbedingungen in den Tarifverträgen für West- und Ostdeutschland gibt es noch erhebliche Unterschiede.

➲ **Beispiel:**
Ein für das Bundesland Hessen abgeschlossener Tarifvertrag gilt für sämtliche tarifunterworfenen Betriebe mit Sitz in Hessen und für alle tarifunterworfenen Arbeitnehmer, die in einem dieser Betriebe tätig sind.

IV. Fachlicher/betrieblicher/branchenmäßiger Geltungsbereich

Tätigkeitsfeld — Der betriebliche oder berufliche Geltungsbereich bestimmt, auf welches Tätigkeitsfeld sich der konkrete Tarifvertrag bezieht, d.h. für welche **Produktions- oder Dienstleistungsbereiche** er gelten soll. Wegen der Organisation der Koalitionen nach dem **Industrieverbandsprinzip** (siehe unter § 85) werden die Tarifverträge für einen bestimmten Wirtschaftszweig abgeschlossen; sie beschränken sich also auf einen beruflichen Geltungsbereich. Soweit sich die Tarifvertragsparteien innerhalb der in ihren Satzungen festgelegten Zuständigkeit bewegen (siehe unter § 90 II), sind sie in der Bestimmung des beruflichen Geltungsbereichs der Tarifverträge frei. Die Tarifvertragsparteien können auf eine fachliche Beschränkung auch gänzlich verzichten, etwa indem sie auf alle Mitgliedsunternehmen des tarifschließenden Arbeitgeberverbands abstellen (BAG 10.12.1997 AP Nr. 20 zu § 3 TVG).

➲ **Beispiel:**
Es gibt etwa Tarifverträge für das Baugewerbe, für die chemische Industrie oder für die Stahlindustrie.

Haben die Tarifvertragsparteien eigenständige Regelungen über den betrieblichen Geltungsbereich getroffen, so ist der Tarifvertrag zunächst **auszulegen**, um zu ermitteln, welche Tätigkeiten in den Geltungsbereich fallen sollen. Im Anschluss daran ist zu ermitteln, ob der jeweilige Betrieb den Anforderungen des Tarifvertrags genügt. Dabei spielt insbesondere eine Rolle, ob die im Betrieb zu leistende Arbeit überwiegend der im Tarifvertrag angegebenen Tätigkeit entspricht oder diese dem Betrieb sein Gepräge gibt.

IV. Fachlicher/betrieblicher/branchenmäßiger Geltungsbereich §100

Es hat sich die Praxis herausgebildet, dass die Tarifverträge auf die branchenmäßige Ausrichtung des **Betriebs** abstellen.

Ausrichtung des Betriebs entscheidend

⮕ **Beispiel:**
Eine Aktiengesellschaft hat einen Betrieb in München, in dem Maschinen produziert werden, und einen Betrieb in Augsburg, der chemische Produkte herstellt. Für den Betrieb München schließt die AG einen Tarifvertrag mit der IG Metall, für Augsburg dagegen einen mit der IG Chemie. Sofern die in den Satzungen festgelegte Tarifzuständigkeit der Gewerkschaften gegeben ist, entfalten beide Tarifverträge Normwirkung.

Im Laufe der Zeit kann sich der Tätigkeitsbereich eines Betriebs wandeln. Folglich kann er auch aus dem betrieblichen Geltungsbereich eines Tarifvertrags hinauswachsen. Der früher einschlägige Tarifvertrag entfaltet dann keine Normwirkung für die Arbeitsverhältnisse eines solchen Betriebs (BAG 10.12.1997 AP Nr. 20 zu § 3 TVG). § 3 Abs. 3 TVG ist nach der Rechtsprechung nicht entsprechend anwendbar (siehe unter § 99 I 2; a.A. für eine Analogie KeZa/ STEIN, § 4 TVG Rn. 103). Möglicherweise wächst der Betrieb aber in den betrieblichen Geltungsbereich eines anderen Tarifvertrags hinein. Bei entsprechender Tarifgebundenheit der Vertragsparteien entfaltet dann dieser Tarifvertrag Normwirkung.

Hinauswachsen aus dem Geltungsbereich

Probleme kann die Zuordnung sog. **Mischbetriebe** aufwerfen. Darunter sind solche Betriebe zu verstehen, die in mehreren Wirtschaftszweigen tätig sind. Es wäre theoretisch denkbar, die für die jeweiligen Wirtschaftszweige geltenden Tarifverträge in dem Mischbetrieb anzuwenden. Die Geltung mehrerer Tarifverträge in einem Betrieb läuft jedoch dem umstrittenen **Grundsatz der Tarifeinheit** (siehe unter § 101) zuwider, wonach für einen Betrieb nur ein Tarifvertrag gelten soll. Es müssen daher Kriterien gefunden werden, die bestimmen, welcher Tarifvertrag in seinem beruflichen Geltungsbereich für den Mischbetrieb Anwendung findet. Nach h.M. kommt es für die Tarifgeltung entscheidend auf den **Betriebszweck** an. Dieser bestimmt sich danach, mit welchen Tätigkeiten die Arbeitnehmer des betreffenden Betriebs zeitlich überwiegend beschäftigt werden (BAG 5.9.1990 AP Nr. 19 zu § 4 TVG Tarifkonkurrenz; HROMADKA/MASCHMANN/WALLNER Rn. 62).

Mischbetriebe

⮕ **Beispiel:**
Unterhält ein Baustoffunternehmen in seinem Betrieb auch eine Schreinerei, so gehört der gesamte Betrieb der Bauindustrie an, wenn der Tätigkeitsbereich der Schreinereiabteilung gegenüber den anderen Abteilungen in seinem Umfang zurücksteht.

Tarifverträge differenzieren immer noch häufig zwischen Arbeitern und Angestellten (zur Abgrenzung siehe unter § 9 I), kaufmännischen und technischen Arbeitnehmern usw.. Man spricht insoweit vom **fachlichen Geltungsbereich** der Tarifverträge. In den letz-

Fachlicher Geltungsbereich

ten Jahren ist allerdings eine zunehmende Tendenz festzustellen, die Unterscheidung zwischen Arbeitern und Angestellten auch im Tarifrecht zu überwinden. So erreichte die IG Chemie 1987 erstmals ein einheitliches Lohn- und Gehaltssystem für annähernd 600 000 Arbeitnehmer.

V. Zeitlicher Geltungsbereich

Literatur: BOTT, Die neuere Rechtsprechung des Bundesarbeitsgerichts zu Fragen der Rückwirkung im Tarifrecht, FS Schaub (1998), S. 47; BUCHNER, Anm. zu AP Nr. 12 zu § 1 TVG Rückwirkung; HOUBEN, Anm. zu BAG AP Nr. 24 zu § 1 TVG Rückwirkung; NEUNER, Die Rückwirkung von Tarifverträgen, ZfA 1998, 83; WIEDEMANN, Anm. zu AP Nr. 12 zu § 1 TVG Rückwirkung.

Laufzeit des Tarifvertrags

In zeitlicher Hinsicht gilt der Tarifvertrag für alle von ihm erfassten Arbeitsverhältnisse während seiner **Laufzeit**, d.h. ab dem Zeitpunkt seines Inkrafttretens bis zu seiner Beendigung. In der Bestimmung der Laufzeit sind die Tarifparteien grundsätzlich frei. Die Tarifvertragsparteien sind – in den Grenzen des Vertrauensschutzes – nicht an die einmal vereinbarte Laufzeit gebunden. Sie können den Tarifvertrag grundsätzlich jederzeit abändern, einschränken oder aufheben (sog. Zeitkollisionsregel; BAG 17.7.2007 ZTR 2008, 161).

➲ **Beispiel:**

§ 9 Abs. 1 (Inkrafttreten und Laufdauer) des Lohntarifvertrags im Baugewerbe/West v. 21.5.1997 lautet:

„(1) Dieser Tarifvertrag tritt am 1. April 1997 in Kraft und kann mit einer Frist von zwei Monaten zum Monatsende, erstmals zum 31. März 1998, schriftlich gekündigt werden."

1. Beginn der Tarifnormwirkung

Abgrenzung schuldrechtlicher und normativer Wirkungen

Grundsätzlich ist zwischen dem schuldrechtlichen und dem normativen Teil des Tarifvertrags zu unterscheiden. Der Tarifvertrag entfaltet seine schuldrechtlichen Wirkungen regelmäßig mit dem Abschluss des Tarifvertrags. Der Eintritt der normativen Wirkungen wird von den Tarifvertragsparteien hingegen oftmals rückwirkend oder auf einen späteren Zeitpunkt festgesetzt (BAG 23.11.1994 AP Nr. 12 zu § 1 TVG Rückwirkung). Ist nichts anderes vereinbart, dann entfalten die Tarifnormen ihre Wirkung mit formgerechtem Abschluss.

„Der zeitliche Geltungsbereich einer tarifvertraglichen Regelung steht zur Disposition der Tarifvertragsparteien. Ebenso wie sie vereinbaren können, dass ein Tarifvertrag nicht mit sofortiger Wirkung, sondern zu einem in der Zukunft liegenden Zeitpunkt in Kraft tritt, können sie sein Inkrafttreten auf einen in der Vergangenheit liegenden Zeitpunkt datieren." (BAG 23.11.1994 AP Nr. 12 zu § 1 TVG Rückwirkung)

V. Zeitlicher Geltungsbereich § 100

➲ **Beispiel:**
Der oben aufgeführte Lohntarifvertrag wurde am 21.5.1997 abgeschlossen, trat aber gem. § 9 Abs. 1 rückwirkend zum 1.4.1997 in Kraft.

Vereinbaren die Tarifvertragsparteien einen neuen Tarifvertrag und vereinbaren sie nichts Abweichendes, so lösen die neuen tarifvertraglichen Regelungen die früheren ab (Zeitkollisionsregel oder Ablösungsprinzip). Daraus ergibt sich, dass eine Tarifnorm stets unter dem Vorbehalt ihrer Abänderung – auch einer Verschlechterung – durch tarifliche Folgeregelungen steht.
Ablösungsprinzip

Die **Rückwirkung von Tarifverträgen** dient grundsätzlich dazu, keine Lücken zwischen Ablauf des vorherigen und Beginn des neuen Tarifvertrags entstehen zu lassen. In der Praxis sind rückwirkende Lohnerhöhungen gang und gäbe. Schwierig gestaltet sich die Rechtslage aber dann, wenn der neue Tarifvertrag rückwirkend in **bestehende Rechte eingreift**. Für die Frage, ob ein Tarifvertrag rückwirkend und abändernd in einen tariflichen Anspruch eingreift, ist auf den Zeitpunkt der Anspruchsentstehung abzustellen (BAG 6.6.2007 AP Nr. 37 zu § 1 TVG Tarifverträge Lufthansa). Über die grundsätzliche Zulässigkeit ungünstigerer Tarifnormen besteht Einigkeit. Problematisch ist hier zum einen, ob die Tarifparteien überhaupt eine Regelungsmacht bezüglich bereits entstandener Einzelansprüche aus dem Arbeitsverhältnis besitzen (siehe unter § 105 I). Fraglich sind zum anderen die **Grenzen** bei einer Rückwirkung aus Gründen der Rechtssicherheit und des Vertrauensschutzes (BAG 6.6.2007 AP Nr. 37 zu § 1 TVG Tarifverträge Lufthansa). Die h.M. will die Grundsätze der Rechtsprechung zur **Rückwirkung von Gesetzen** anwenden (BAG 20.4.1999 AP Nr. 12 zu § 77 BetrVG 1972 Tarifvorbehalt; BAG 23.11.1994 AP Nr. 12 zu § 1 TVG Rückwirkung mit zust. Anm. WIEDEMANN sowie BUCHNER; kritisch STEIN Rn. 120, der in dieser Rechtsprechung letztlich eine Billigkeitskontrolle sieht).
Rückwirkung von Tarifnormen

„Die Tarifvertragsparteien haben die Aufgabe und die Befugnis, die Arbeitsbedingungen veränderten Verhältnissen anzupassen. [...] Der Arbeitnehmer hat keinen Anspruch auf den status quo in dem Sinne, dass die tarifvertragliche Regelung nicht durch eine andere für ihn ungünstigere ersetzt werden kann [...]. Er [der erkennende Senat] folgt vielmehr der im Schrifttum vertretenen Auffassung, dass auch ein zugunsten des Arbeitnehmers entstandener Anspruch, der aus einer kollektiven Norm erwachsen ist, die Schwäche in sich trägt, in den durch den Grundsatz des Vertrauensschutzes gezogenen Grenzen zum Nachteil des Arbeitnehmers rückwirkend geändert zu werden [...].

Damit ist der einzelne Tarifgebundene der Normsetzungsbefugnis der Tarifvertragsparteien nicht ohne jede Möglichkeit der Gegenwehr ausgeliefert. [...] Auf die Willensbildung der Koalitionen kann der Tarifunterworfene wesentlich direkter einwirken als der Bürger auf die Willensbildung von Parlament und Regierung [...].

Ihr [der rückwirkenden Herabsetzung] sind jedoch diejenigen Grenzen gezogen, die für die echte rückwirkende Normsetzung gelten. Angesichts des Rechtsnormcharakters der Tarifnormen sind die Grenzen für ihre Rückwirkung die gleichen wie bei derjenigen von Gesetzen. [...] Der Normunterworfene ist danach nicht schutzwürdig, wenn er im Zeitpunkt des Inkrafttretens der Norm mit einer Regelung rechnen musste, das geltende Recht unklar und verworren war, der Normunterworfene sich aus anderen Gründen nicht auf den Rechtsschein verlassen durfte, z.B. wegen widersprüchlicher Rechtsprechung, oder zwingende Gründe des Gemeinwohls für eine Rückwirkung bestehen." (BAG 23.11.1994 AP Nr. 12 zu § 1 TVG Rückwirkung)

Dabei differenziert das BAG zwischen einer **unechten Rückwirkung** und einer **echten Rückwirkung** (BAG 17.7.2007 ZTR 2008, 161). Die Grenzen der Zulässigkeit sind überschritten, wenn die vom Normgeber angeordnete unechte Rückwirkung zur Erreichung des Normzwecks nicht geeignet oder nicht erforderlich ist oder wenn die Bestandsinteressen der Betroffenen die Veränderungsgründe der Neuregelung überwiegen (BAG 2.10.2007 ZIP 2008, 570).

Unechte Rückwirkung

Eine **unechte Rückwirkung** ist gegeben, wenn der Normsetzer an Rechtssetzungen und Lebenssachverhalte anknüpft, die in der Vergangenheit begründet wurden, auf Dauer angelegt waren und noch nicht abgeschlossen sind (BAG 6.6.2007 AP Nr. 37 zu § 1 TVG Tarifverträge Lufthansa). Die unechte Rückwirkung ist grundsätzlich zulässig. Ein Vertrauensschutz wird vom BAG regelmäßig nicht anerkannt.

Echte Rückwirkung

Nach der Rechtsprechung des BAG liegt eine **echte Rückwirkung** nur dann vor, wenn im Zeitpunkt der Tarifänderung alle Tatbestandsvoraussetzungen für die endgültige Entstehung des tariflichen Anspruchs erfüllt waren und **der Anspruch bereits erfüllt war** (BAG 2.10.2007 NZA-RR 2008, 242). Die echte Rückwirkung ist grundsätzlich unzulässig. In diesem Fall liegt grundsätzlich ein **schutzwürdiges Vertrauen** vor, dass der Anspruch erhalten bleibt. Etwas anderes gilt nur dann, wenn mit einer Änderung bereits **im Zeitpunkt der Anspruchsentstehung** gerechnet werden musste. Dies ist beispielsweise dann der Fall, wenn die Tarifvertragsparteien eine „gemeinsame Erklärung" über den Inhalt der Tarifänderung und den beabsichtigten Zeitpunkt ihres Inkrafttretens vor Abschluss des Tarifvertrags abgeben und diese den betroffenen Kreisen bekannt gemacht wird.

„Ist der Anspruch – wie hier – bereits entstanden, hat der Arbeitnehmer nicht nur eine Anwartschaft, sondern ein Vollrecht erworben. Der Berechtigte kann grundsätzlich darauf vertrauen, dass der Anspruch erhalten bleibt. Das Vertrauen der Normunterworfenen ist aber nicht schutzwürdig, wenn sie mit einer Änderung rechnen müssen [...]

b) Ob und wann die Tarifunterworfenen mit einer rückwirkenden Regelung rechnen müssen, ist eine Frage des Einzelfalls [...]. In der Regel brauchen sich Arbeitnehmer nicht darauf einzustellen, dass in entstandene Ansprüche eingegriffen wird. Etwas anderes gilt nur dann, wenn bereits vor der Entstehung des Anspruchs hinreichende Anhaltspunkte dafür bestanden, dass die Tarifvertragsparteien den Anspruch zu Ungunsten des Arbeitnehmers verschlechternd ändern oder gänzlich aufheben würden. Dabei setzt der Wegfall des Vertrauensschutzes nicht voraus, dass der einzelne Tarifunterworfene positive Kenntnis von den maßgeblichen Umständen hat. Entscheidend und ausreichend ist die Kenntnis der betroffenen Kreise. [...]

Schutzwürdiges Vertrauen des Klägers wird auch nicht dadurch gehindert, dass die Tarifvertragsparteien zum Zeitpunkt der Entstehung des Anspruchs auf Zusatzurlaub am 1. Januar 2005 bereits in konkreten Verhandlungen über die Ablösung des BMT-G II standen. Daraus folgt nur eine Information der an den Tarifverhandlungen beteiligten Vertreter der Tarifpartner. Die „betroffenen Kreise" kannten die bevorstehende Tarifänderung dennoch nicht zwingend. In ihrem Vertrauen zu schützen sind nicht die für die Tarifvertragsparteien handelnden Personen, sondern die normunterworfenen Arbeitnehmer in ihrer Gesamtheit. Ob der Kläger persönlich Kenntnis von den Tarifverhandlungen hatte, weil er Mitglied der Tarifkommission war, ist nicht entscheidend. Aus demselben Grund kann auf sich beruhen, ob das Thema des Zusatzurlaubs bereits während eines Seminars für Vertrauensleute und Personalratsmitglieder am 3. und 4. Februar 2004 im Rahmen einer Gegenüberstellung von BMT-G II und TV-V angesprochen wurde. Auch eine Information der Vertrauensleute und Personalratsmitglieder war keine Information der „betroffenen Kreise", solange dieses Wissen nicht an die gesamte betroffene Arbeitnehmerschaft der Beklagten weitergegeben wurde." (BAG 17.7.2007 ZTR 2008, 161)

Gegenstand rückwirkender Tarifnormen können nur Pflichten sein, deren Erfüllung noch gegenwärtig mit Wirkung für die Vergangenheit möglich ist, nicht etwa Verhaltenspflichten oder ähnliches (vgl. NEUNER, ZfA 1998, 83, 93).

Der Vertrauensschutz in den Fortbestand einer tariflichen Regelung entfällt dann, wenn die Tarifvertragsparteien eine „gemeinsame Erklärung" über den Inhalt der Tarifänderung und den beabsichtigten Zeitpunkt ihres Inkrafttretens vor Abschluss des Tarifvertrags abgeben und diese den betroffenen Kreisen bekannt gemacht wird (BAG 20.4.1999 AP Nr. 12 zu § 77 BetrVG 1972 Tarifvorbehalt).

2. Beendigung des Tarifvertrags

Literatur: OETKER, Die Kündigung von Tarifverträgen, RdA 1995, 82; OETKER, Anm. zu BAG v. 18.12.1996, JZ 1998, 206; WANK, Kündigung und Wegfall der Geschäftsgrundlage bei Tarifverträgen, FS Schaub (1998), S. 761; ZACHERT, Möglichkeit der fristlosen Kündigung von Tarifverträgen in den neuen Bundesländern, NZA 1993, 299.

Die Tarifvertragsparteien können auch den zeitlichen Geltungsbereich eines Tarifvertrags selbst bestimmen. Dazu stehen ihnen mehrere Möglichkeiten offen. Sie können eine Laufzeit (**Befristung**), den Eintritt einer auflösenden **Bedingung**, die Möglichkeit einer or-

Überblick

dentlichen **Kündigung** sowie einen **Aufhebungsvertrag** vereinbaren. Darüber hinaus gibt es die Möglichkeit einer **außerordentlichen Kündigung**. Die Beendigung des Tarifvertrags hat grundsätzlich die Nachwirkung nach § 4 Abs. 5 TVG zur Folge, d.h. die Tarifnormen gelten weiter, sind aber abdingbar (siehe unter § 100 V 3).

a) Ordentliche Kündigung

Ordentliche Kündigung unbefristeter Tarifverträge

Häufig ist in den Tarifverträgen ein Kündigungsrecht zu einem bestimmten Termin vereinbart (vgl. das oben aufgeführte Beispiel). Die Voraussetzungen richten sich dann nach der Vereinbarung. Schwieriger ist eine Kündigungsmöglichkeit zu beurteilen, wenn in dem Tarifvertrag keine Regelung getroffen worden ist. Enthält der Tarifvertrag eine bestimmte Laufzeit, dann ist ohne gegenteilige Bestimmung das Recht zu einer ordentlichen Kündigung ausgeschlossen. Ohne Absprachen über Laufzeit und Kündigungsmöglichkeit ist fraglich, ob eine und gegebenenfalls welche Frist einzuhalten ist (für eine Frist: WIEDEMANN/WANK § 4 Rn. 24 m.w.N.) Teilweise wird dies auch von einer Auslegung des Tarifvertrags abhängig gemacht (DÄUBLER/DEINERT, § 4 TVG Rn. 109). Die h.L. befürwortet eine **entsprechende Anwendung** der dreimonatigen Kündigungsfrist nach § 77 Abs. 5 BetrVG (OETKER, RdA 1995, 82, 91; HAMACHER, Anm. zu EzA Nr. 3 zu § 1 TVG Fristlose Kündigung). Das BAG hat sich nun tendenziell dieser Ansicht angeschlossen (BAG 18.6.1997 AP Nr. 2 zu § 1 TVG Kündigung).

b) Außerordentliche Kündigung

Praktischer Bezug

Gerade bei Tarifverträgen mit einer bestimmten Laufzeit, bei denen die ordentliche Kündigung ausgeschlossen ist, stellt sich die Frage, ob eine außerordentliche Kündigung zulässig ist.

§ 626 BGB analog

Einvernehmen besteht darüber, dass der für alle **Dauerschuldverhältnisse** geltende Grundsatz herangezogen werden kann, nach dem eine sofortige Lösung vom Vertrag möglich ist, wenn den Vertragsparteien ein weiteres Festhalten an dem Vertrag **unzumutbar** ist. Seit dem 1.1.2002 ist hierfür direkt auf § 314 BGB zurückzugreifen. Zwar ist ein Tarifvertrag seiner Rechtsnatur nach mehr als ein klassisches Dauerschuldverhältnis (siehe unter § 102); für die vertragsschließenden Parteien, die allein zur Kündigung berechtigt sein können, gelten indessen die Vorschriften und Grundsätze des allgemeinen Vertragsrechts. Ein Rückgriff auf § 314 BGB bietet weiterhin den Vorteil, dass die für den Tarifvertrag unpassende Fristregelung des § 626 Abs. 2 S. 1 BGB bei § 314 BGB nunmehr ausdrücklich durch eine richterrechtlich zu bestimmende Frist ersetzt werden kann.

Wichtiger Grund

Der zur Kündigung berechtigende Grund muss schwerwiegend und bei Vertragsschluss unvorhersehbar gewesen sein, um als **wichtig** im Sinne des § 314 Abs. 1 BGB angesehen werden zu können. Mögliche

V. Zeitlicher Geltungsbereich § 100

Gründe sind vor allem **schuldhafte Pflichtverletzungen**, wie die Verletzung der Friedenspflicht durch rechtswidrige Streiks bzw. Aussperrungen oder das hartnäckige Verweigern der Einwirkungspflicht auf Mitglieder. Das BAG (BAG 15.10.1986 AP Nr. 4 zu § 3 TVG) hat früher offen gelassen, ob der Verlust der Tariffähigkeit einer der Tarifvertragsparteien einen wichtigen Grund darstellen kann. Da Tarifverträge nach der neueren Rechtsprechung bei fehlender Tariffähigkeit nichtig sind, stellt sich das Problem indes mit Blick auf Tarifverträge nicht (siehe unter 90 VIII). Wirtschaftliche Gründe können nur in Ausnahmefällen anerkannt werden. Tarifverträge sind als Dauerschuldverhältnisse grundsätzlich mit einem Prognoserisiko hinsichtlich der wirtschaftlichen Entwicklung behaftet, dem die Vertragsparteien bei der Verhandlung der Tarifvertragsinhalte (durch die Einräumung von Kündigungsmöglichkeiten für diesen Fall, kurze Laufzeiten etc.) Rechnung tragen können. Insofern können wirtschaftliche Gründe nur bei einer schwerwiegenden, unvorhersehbaren Veränderung der wirtschaftlichen Rahmenbedingungen anerkannt werden, die völlig außerhalb des eingegangenen Vertragsrisikos liegen (KeZa/STEIN, § 4 TVG Rn. 135). Auch müssen die Vertragsparteien übereinstimmend von diesen Umständen ausgegangen sein.

Schwierigkeiten bereitet die Beantwortung der Frage, wie ein „wichtiger Grund" geartet sein muss, damit die Grenze zur Unzumutbarkeit überschritten wird und dem Vertragspartner nicht mehr zugemutet werden kann, das Vertragsverhältnis fortzusetzen. Soweit es sich bei den Vertragspartnern überwiegend um Koalitionen handelt, ist fraglich, auf wen genau bei der Bestimmung der Unzumutbarkeit abzustellen ist. Grundsätzlich ist hierbei auf den jeweiligen Vertragspartner, also auf die Tarifvertragsparteien abzustellen. Problematisch ist, ob es auch auf die Mitglieder der Tarifvertragsparteien ankommt (ablehnend: KeZa/STEIN § 4 TVG Rn. 136, aber mittelbare Berücksichtigung). Betroffen können sowohl die Koalition selbst als auch deren Mitglieder sein. Auf Seiten der Mitglieder stellt sich dann wiederum die Frage, für wie viele von dem Tarifvertrag betroffenen Mitglieder eine Unzumutbarkeit bestehen muss. Die Meinungen in der Literatur hierzu reichen von einem „Großteil" bis „zehn Prozent" der Mitglieder (vgl. WIEDEMANN/WANK, § 4 TVG Rn. 33). Aufgrund der privatautonomen Legitimation des Abschlusses eines Tarifvertrags durch die Mitglieder der Koalition (siehe unter § 103) ist jedenfalls dann von einer Unzumutbarkeit auszugehen, wenn die einfache Mehrheit der tarifgebundenen Mitglieder betroffen ist. Bei einer kurzen Restlaufzeit des Tarifvertrags ist ein Festhalten am Tarifvertrag regelmäßig zumutbar (WANK, FS Schaub, S. 761, 768).

Unzumutbarkeit

Bei einer fristlosen Kündigung ist allerdings das **Ultima-Ratio-Prinzip** zu beachten, d.h. die kündigende Partei muss zunächst mildere Mittel ausschöpfen, insbesondere **Vertragsverhandlungen** anbieten (BAG 24.1.2001 AP Nr. 173 zu § 1 TVG Tarifverträge Metallindustrie). Solchen Vertragsverhandlungen kann aber eine **Kündigung mit Änderungsvorschlag** vorausgehen (BAG 18.12.1996 AP Nr. 1 zu § 1

Beachtung des Ultima-Ratio-Prinzips

TVG Kündigung). Aus dem Ultima-Ratio-Prinzip folgt weiterhin, dass insbesondere bei Pflichtverletzungen der Kündigung eine **Abmahnung** vorauszugehen hat (Oetker, JZ 1998, S. 208). Die Erforderlichkeit einer Abmahnung ist nunmehr in § 314 Abs. 2 BGB ausdrücklich bestimmt.

c) Störung der Geschäftsgrundlage

Umstritten ist, ob die Grundsätze der Störung der Geschäftsgrundlage zu einer Beendigung des Tarifvertrags führen können. Die h.M. und die Rechtsprechung des BAG lehnen dies ab. (KeZa/Stein, § 4 TVG Rn. 147; Wiedemann/Wank, § 4 TVG Rn. 73; a.A. Löwisch/Rieble, § 1 TVG Rn. 522 ff). Ein Anspruch auf Vertragsanpassung kann aus § 313 BGB mit Blick auf den Tarifvertrag nicht erwachsen, da die richterliche Anpassung des Tarifvertrags mit der Tarifautonomie nicht zu vereinbaren wäre (HWK/Henssler, § 1 TVG Rn. 34; ausf. Bender, Der Wegfall der Geschäftsgrundlage bei arbeitsrechtlichen Kollektivverträgen am Beispiel des Tarifvertrages und des Sozialplans, 2005).

d) Rechtsfolgen der Beendigung von Tarifverträgen

Nachwirkung

Schließlich ist umstritten, welche Rechtsfolgen die außerordentliche Kündigung bzw. die Störung der Geschäftsgrundlage erzeugt. Das Problem besteht darin, dass nach § 4 Abs. 5 TVG die gekündigten Tarifnormen grundsätzlich nachwirken, d.h. sie gelten fort. Nach einem Teil der Literatur widerspricht dies dem Gedanken einer sofortigen Lösung von unzumutbaren Vertragsbedingungen (vgl. Hamacher, Anm. zu EzA Nr. 3 zu § 1 TVG Fristlose Kündigung). Nach anderer Ansicht ist für eine teleologische Reduktion des § 4 Abs. 5 TVG hier kein Raum, weil die fortgeltenden Arbeitsbedingungen danach individuell außer Kraft gesetzt werden können und insofern die außerordentliche Kündigung bereits einen erheblichen Effekt hat (KeZa/Stein § 4 TVG Rn.137).

3. Nachwirkung gem. § 4 Abs. 5 TVG

Literatur: Friedrich, Nachwirkender Tarifvertrag und seine Ablösung, FS Schaub (1998), S. 193; Frölich, Eintritt und Beendigung der Nachwirkungen von Tarifnormen, NZA 1992, 1105; Oetker, Nachwirkende Tarifnormen und Betriebsverfassung, FS Schaub (1998), S. 535; Wiedemann, Anm. zu BAG AP Nr. 8 zu § 4 TVG.

a) Normwirkung

Weitergeltung der Tarifnormen

Für die normativen Bestimmungen enthält § 4 Abs. 5 TVG eine wichtige Sonderregelung: Auch nach Ablauf des Tarifvertrags gelten seine Rechtsnormen weiter, bis sie durch eine andere Abmachung ersetzt werden. Schuldrechtliche Pflichten und Rechte erlöschen aber mit Ablauf des Tarifvertrags.

V. Zeitlicher Geltungsbereich § 100

⊃ **Beispiel:**
Ein Tarifvertrag endet zum 30.6. Ist noch kein neuer Tarifvertrag abgeschlossen, entfalten die tariflichen Regelungen etwa über die Gewährung von Urlaub auch über den 1.7. hinaus Wirksamkeit. Von diesem Zeitpunkt an können jedoch Arbeitnehmer und Arbeitgeber eine einzelvertragliche Regelung treffen, die eine für den Arbeitnehmer ungünstigere Rechtsfolge vorsieht.

Damit wird deutlich, dass die Tarifnormen ihre normative Wirkung behalten, es entfällt nur ihr zwingender Charakter: sie sind **abdingbar**.

Wegfall des zwingenden Charakters

§ 4 Abs. 5 TVG will so einen an sich tariflosen Zeitraum überbrücken und inhaltslose Arbeitsverhältnisse vermeiden, sog. „**Überbrückungsfunktion**". Die Nachwirkung stärkt so die Ordnungsfunktion des Tarifvertrags (BAG 18.3.1992 AP Nr. 13 zu § 3 TVG).

Überbrückungsfunktion

„§ 4 Abs. 5 TVG hat eine Ordnungsfunktion. Der Gesetzgeber wollte mit dieser Vorschrift ersichtlich erreichen, dass die Arbeitsverhältnisse auch nach Beendigung des Tarifvertrags nicht inhaltsleer werden oder durch tarifdispositives Gesetzesrecht ergänzt werden müssen, sondern dass der Tarifvertrag weiterwirkt, bis eine andere kollektiv- oder einzelvertragliche Abrede an seine Stelle tritt [...]." (BAG 18.3.1992 AP Nr. 13 zu § 3 TVG)

Die Weitergeltung als Tarifnorm hat Auswirkungen auf die Frage, ob erst im Zeitraum der Nachwirkung ein Arbeitsverhältnis neu erfasst werden kann, etwa durch Beitritt des Arbeitnehmers in die Gewerkschaft oder durch Begründung eines Arbeitsverhältnisses zwischen zwei tarifgebundenen Vertragsparteien. Der überwiegende Teil der Literatur bejaht eine Erfassung solcher Arbeitsverhältnisse im Bereich der Nachwirkung. Der Tarifvertrag werde kraft § 4 Abs. 1 TVG nicht Inhalt des Arbeitsverhältnisses, sondern wirke auf dieses unmittelbar und zwingend ein wie ein staatliches Gesetz. Daher bleibe im Rahmen der Nachwirkung nicht ein durch den bisher zwingenden Tarifvertrag neu gestalteter Arbeitsvertrag bestehen, sondern es ändere sich lediglich die Qualität der Rechtswirkung des Tarifvertrags auf das Arbeitsverhältnis. Der Tarifvertrag behalte aber seine unmittelbare Wirkung und müsse daher auch für neu begründete Arbeitsverhältnisse gelten (WIEDEMANN/WANK, § 4 TVG Rn. 331). Der Tarifvertrag gehe also nicht in das Arbeitsverhältnis ein, sondern wirke auf dieses kraft gesetzlicher Anordnung ein. Eine Anknüpfung an den Zeitpunkt des Abschlusses des Arbeitsvertrags sei daher unzulässig. Die Nachwirkung regele lediglich die Qualität der Rechtswirkung des Tarifvertrags – dieser wird abdingbar – nicht aber dessen Gültigkeit (DÄUBLER/BEPLER, § 4 TVG Rn. 812 ff.). Die Rechtsprechung lehnt dies in ständiger Rechtsprechung ab (BAG 10.12.1997 AP Nr. 20 zu § 3 TVG; zuletzt BAG 7.5.2008 AP Nr. 30 zu § 4 TVG). Nach dem Wortlaut der Norm setze die „Weiter"-Geltung nach Ablauf des Tarifvertrags die Geltung vor Ablauf voraus. Allerdings

Tarifbindung im Nachwirkungszeitraum

muss das Arbeitsverhältnis nicht in der Form verbleiben, die es zum Zeitpunkt des Abschlusses des Tarifvertrags hatte. Wird ein Ausbildungsverhältnis in ein reguläres Arbeitsverhältnis umgewandelt, nachdem der Tarifvertrag in das Nachwirkungsstadium eingetreten ist, so wird das Arbeitsverhältnis dennoch von dem nachwirkenden Tarifvertrag erfasst (BAG 7.5.2008, AP Nr. 30 zu § 4 TVG).

b) Abmachung i.S.d. § 4 Abs. 5 TVG

Erfasste Regelungen

Eine Abmachung im Sinne dieser Vorschrift kann neben einem neuen **Tarifvertrag** auch eine **Betriebsvereinbarung** (hier sind aber §§ 77 Abs. 3, 87 Abs. 1 BetrVG zu beachten) oder eine **einzelvertragliche Regelung** sein.

Erfassen des Arbeitsverhältnisses

Eine andere, die Nachwirkung beendende Abmachung i.S.v. § 4 Abs. 5 TVG liegt nur dann vor, wenn sie das jeweilige Arbeitsverhältnis auch **tatsächlich erfasst**. Eine Abmachung in diesem Sinn ist also nicht gegeben, wenn ein neuer Tarifvertrag abgeschlossen wird, dieser aber das Arbeitsverhältnis nicht erfasst (BAG 28.5.1997 AP Nr. 26 zu § 4 TVG Nachwirkung).

„Da der Sinn der Nachwirkung in der Verhinderung eines inhaltslosen Arbeitsverhältnisses liegt (...), kann als eine ‚andere Abmachung' nur eine rechtlich relevante Vereinbarung angesehen werden [...]. Das ist eine Vereinbarung, die auf das konkrete Arbeitsverhältnis Anwendung findet. Das jeweilige Arbeitsverhältnis muss erfasst sein. Eine andere Abmachung ist nur bei einer positiven, das Arbeitsverhältnis erfassenden kollektivrechtlichen oder einzelvertraglichen Regelung gegeben [...]." (BAG 28.5.1997 AP Nr. 26 zu § 4 TVG Nachwirkung)

⊃ **Beispiele**:
- Ein Arbeitsverhältnis wird dann nicht von einem neuen Tarifvertrag erfasst, wenn der betriebliche Geltungsbereich des Folgetarifvertrags geändert und der Betrieb aus diesem Grund nicht erfasst wird.
- Der Arbeitgeber schließt einen neuen Tarifvertrag mit einer anderen Gewerkschaft ab, in der der Arbeitnehmer nicht Mitglied ist (vgl. BAG 28.5.1998 NZA 1998, 40, 42).
- Die Nachwirkung erfasst grundsätzlich auch solche Arbeitsverhältnisse, deren Tarifbindung erst durch Allgemeinverbindlicherklärung begründet wird. Der Abschluss eines neuen Tarifvertrags kann die Nachwirkung hinsichtlich solcher Arbeitsverhältnisse nicht beenden; erst die Allgemeinverbindlicherklärung des Folgetarifvertrags beendet die Nachwirkung (BAG 27.11.1991 AP Nr. 22 zu § 4 TVG Nachwirkung).

Zeitpunkt des Abschlusses einer Abmachung

Streitig ist, ob eine Abmachung i.S.d. § 4 Abs. 5 TVG nur im Zeitraum der Nachwirkung oder auch schon zuvor abgeschlossen werden kann. Die Diskussion dreht sich um die Frage, ob einzelvertragliche Vereinbarungen mit Ende des Tarifvertrags **wieder aufleben**

V. Zeitlicher Geltungsbereich

und so die Nachwirkung des § 4 Abs. 5 TVG beenden können. Die Rechtsprechung ist sich nicht einig (vgl. BAG 14.2.1991 AP Nr. 10 zu § 3 TVG; BAG 21.9.1989 AP Nr. 43 zu § 77 BetrVG 1972). Die Literatur ist überwiegend der Auffassung, dass eine Abmachung im Nachwirkungszeitraum zu erfolgen hat (LÖWISCH/RIEBLE, § 4 TVG Rn. 401). Aus jüngerer Zeit stammt ein Judikat des Vierten Senats (BAG 28.5.1997 AP Nr. 26 zu § 4 TVG Nachwirkung), der sich aber nicht abschließend äußert. Jedenfalls sei eine **ausdrückliche Vereinbarung** hierzu erforderlich.

Die Bestimmung des **§ 4 Abs. 5 TVG** wird allerdings ihrerseits als **tarifdispositiv** angesehen. Die Tarifvertragsparteien können also die Nachwirkung von Tarifnormen im Tarifvertrag selbst ausschließen. Eine solche Vereinbarung ist durch Auslegung des Tarifvertrags zu ermitteln. Möglich ist auch der konkludente Ausschluss der Nachwirkung (BAG 8.10.1997 AP Nr. 29 zu § 4 TVG Nachwirkung, LÖWISCH/RIEBLE, § 4 TVG Rn. 410). Hingegen können die Tarifvertragsparteien aber nicht eine zwingende, also unabdingbare Nachwirkung vereinbaren (STEIN Rn. 139).

Ausschluss der Nachwirkung

Während der Nachwirkung ist eine inhaltliche Änderung der Tarifnormen nach der Rechtsprechung nicht möglich (BAG 14.2.1973 AP Nr. 6 zu § 4 TVG Nachwirkung). Begründet wird dies damit, dass die Nachwirkung nicht aufgrund tarifautonomer Entscheidung, sondern „kraft Gesetzes" eintritt. Bei **staatlicher Anordnung** hätten die Tarifparteien aber keine Legitimation, auf den Inhalt ändernd einzuwirken. Stimmen in der Literatur lehnen dies ab. Der einzige Unterschied zu anderen Tarifnormen bestehe in der fehlenden zwingenden Wirkung (vgl. STEIN Rn. 141) und dem Erlöschen der schuldrechtlichen Pflichten des Tarifvertrags.

Keine Änderung während der Nachwirkung

c) „Ablauf" i.S.v. § 4 Abs. 5 TVG

Unter **Ablauf** des Tarifvertrags nach § 4 Abs. 5 TVG ist grundsätzlich jede Art der Beendigung des Tarifvertrags und des Wegfalls der Tarifbindung zu verstehen. Es bleiben aber einige strittige Punkte.

Bedeutung

Die Nachwirkung erfasst auch eine Beendigung des Tarifvertrags wegen Auflösung eines Verbands (BAG 28.5.1997 AP Nr. 26 zu § 4 TVG Nachwirkung).

Auflösung des Verbands

Fraglich ist etwa, ob Tarifnormen auch in den Fällen des § 3 Abs. 3 TVG, also bei Wegfall der Tarifgebundenheit, nachwirken. Zu bedenken ist hier, ob die Bestimmungen der § 3 Abs. 3 TVG und § 4 Abs. 5 TVG miteinander kollidieren oder nebeneinander Anwendung finden. Die zweite Möglichkeit würde dann trotz Verbandsaustritts zu einer möglicherweise sehr langen Tarifnormgebundenheit führen.

Wegfall der mitgliedschaftlichen Tarifgebundenheit

➲ **Beispiel:**
Arbeitgeber A tritt zum 31.12.1997 aus seinem Arbeitgeberverband aus. Der Tarifvertrag läuft bis zum 30.6.1998. Nach § 3 Abs. 3 TVG bleibt die Tarifgebundenheit bis zum Ende des Tarif-

vertrags bestehen, also bis zum 30.6.1998. Ist A darüber hinaus wegen § 4 Abs. 5 TVG an die Tarifnormen gebunden?

Herrschende Meinung

Die h.M. (BAG 18.3.1992 AP Nr. 13 zu § 3 TVG; umfassende Bestätigung der Rechtsprechung durch BAG 13.12.1995 AP Nr. 3 zu § 3 TVG Verbandsaustritt) lässt Tarifnormen auch bei Beendigung der Tarifgebundenheit nachwirken. Die Bindung an die nachwirkenden Tarifnormen sei noch von der Mitgliedschaft legitimiert; der Tarifvertrag sei von Anfang an mit der Nachwirkung behaftet. Auch in Fällen des Verbandsaustritts dürften die **Arbeitsverhältnisse nicht inhaltsleer** werden.

„[...]" Unter ‚Ablauf' ist nach dem Wortsinn zwar nur die Beendigung des Tarifvertrags in zeitlicher Hinsicht zu verstehen [...]. Nach Sinn und Zweck der Vorschrift ist sie aber auf jeden Fall des Wegfalls der Tarifbindung entsprechend anzuwenden, d.h. auch auf den Wegfall der Tarifbindung infolge Verbandsaustritts im Sinne des § 3 Abs. 3 TVG [...]."
(BAG 18.3.1992 AP Nr. 13 zu § 3 TVG)

Stimmen in der Literatur

Die Gegenmeinung sieht hingegen einen **Widerspruch zur Überbrückungsfunktion** der Nachwirkung (vgl. LAG Köln 25.10.1989 DB 1990, 1243, 1244; OETKER, Anm. zu EzA Nr. 15 zu § 4 TVG Nachwirkung; LÖWISCH/RIEBLE, Anm. zu AP Nr. 13 zu § 3 TVG). Den nicht mehr Tarifgebundenen stünde nicht mehr die Möglichkeit offen, einen abändernden Tarifvertrag abzuschließen. Im Hinblick auf die negative Koalitionsfreiheit dürfe ein Austritt aus einem Verband nicht durch bleibende Bindung an Tarifnormen übermäßig erschwert werden. Die Nachwirkung sei grundsätzlich durch Mitgliedschaft legitimiert; diese könne nicht durch § 3 Abs. 3 TVG ersetzt werden.

Hinauswachsen aus dem Geltungsbereich

Umstritten ist ebenfalls die Situation, dass ein Betrieb aus dem Geltungsbereich eines Tarifvertrags hinauswächst. Hier ist zu bedenken, dass ein solcher Tarifvertrag eben nicht für andere Betriebe gelten soll und er insoweit keine Richtigkeitsgewähr beanspruchen kann (STEIN Rn. 152). Die Rechtsprechung (BAG 10.12.1997 AP Nr. 20 zu § 3 TVG) befürwortet die Anwendung des § 4 Abs. 5 TVG auf alle Fallgestaltungen, in denen die Tarifbindung entfällt. Dazu gehöre auch das Herauswachsen aus dem Geltungsbereich. Entscheidend sei die Überbrückungsfunktion der Nachwirkung. Aus welchen Gründen die Arbeitsverhältnisse Gefahr laufen, inhaltsleer zu werden, könne hingegen nicht entscheidend sein (so auch HROMADKA, DB 1996, 1872, 1874).

d) Gegenstand der Nachwirkung

Die Nachwirkung ist für die verschiedenen Tarifnormen unterschiedlich zu beurteilen.

Keine zeitliche Begrenzung

Eine zeitliche Begrenzung der Nachwirkung ist im TVG nicht vorgesehen. Ohne eine andere Abmachung i.S.d. § 4 Abs. 5 TVG können Tarifnormen so bis in alle Ewigkeit weiter gelten. Schwierigkeiten bereitet dies zumindest dann, wenn eine andere Abmachung aufgrund der Rechtsnatur der Tarifnorm nur in Form eines anderen Tarifvertrags erfolgen kann. Dies gilt etwa für **gemeinsame Einrichtungen** nach § 4 Abs. 2 TVG; diese können weder durch Arbeitsvertrag noch durch Betriebsvereinbarungen geregelt werden.

In solchen Fällen würde der Nachwirkung nicht nur eine bloße **Überbrückungsfunktion** zukommen. Aus diesem Grund wird bei Tarifnormen über gemeinsame Einrichtungen eine Ausnahme gemacht (BAG 5.10.1993 AP Nr. 42 zu § 1 BetrAVG Zusatzversorgungskassen). Ähnliche Überlegungen gibt es auch im Hinblick auf betriebliche Normen i.S.v. § 3 Abs. 2 TVG (ablehnend OETKER, FS Schaub, S. 547 ff.). Einzelvertragliche Abmachungen sind in diesem Bereich grundsätzlich nicht möglich. Nachwirkende Tarifnormen indizieren i.d.R. die Tarifüblichkeit i.S.d. § 77 Abs. 3 BetrVG. Bestimmte gesetzliche Normen lassen nur Abweichungen aufgrund von Tarifnormen zu, so z.B. § 3 Abs. 2 BetrVG. Auch hier bleibt die Ablösung nur durch neue Tarifverträge möglich.

Zweckwidriges Ergebnis

§ 101 Tarifkonkurrenz und Tarifpluralität

Literatur: BAYREUTHER, Der Arbeitskampf des Marburger Bundes – Ein Lehrstück zur Tarifeinheit im Betrieb, NZA 2006, 642; BAYREUTHER, Tarif- und Arbeitskampfrecht in der Neuorientierung, NZA 2008, 12; ENGELS, Die verfassungsrechtliche Dogmatik des Grundsatzes der Tarifeinheit, RdA 2008, 331; GREINER, Der Arbeitskampf der GDL – Überlegungen zur Parität im Sparten- und Spezialistenarbeitskampf, NZA 2007, 1023; GREINER, Anm. LAGE Art. 9 GG Arbeitskampf Nr. 80; HANAU, Ordnung und Vielfalt von Tarifverträgen und Arbeitskämpfen im Betrieb, RdA 2008, 98; HANAU/KANIA, Anm. zu AP Nr. 20 zu § 4 TVG Tarifkonkurrenz; HEINZE/RICKEN, Verbandsaustritt und Verbandsauflösung im Spannungsfeld von Tarifeinheit und Tarifpluralität, ZfA 2001, 159; HROMADKA, Entwurf eines Gesetzes zur Regelung der Tarifkollision, NZA 2008, 384; JACOBS, Tarifpluralität statt Tarifeinheit – Aufgeschoben ist nicht aufgehoben!, NZA 2008, 325; KONZEN, Die Tarifeinheit im Konzern, RdA 1978, 146; KRAFT, Tarifkonkurrenz, Tarifpluralität und das Prinzip der Tarifeinheit, RdA 1992, 161; C. MEYER, Aktuelle Fragen zum Grundsatz der Tarifeinheit, DB 2006, 1271; REICHOLD, Abschied von der Tarifeinheit im Betrieb und die Folgen, RdA 2007, 99; SÄCKER/OETKER, Tarifeinheit im Betrieb – ein Akt unzulässiger richterlicher Rechtsfortbildung?, ZfA 1993, 1; SCHLIEMANN, Tarifkollision – Ansätze zur Vermeidung und Auflösung, Sonderbeilage zu NZA Heft 24/2000, S. 24; THÜSING/v. MEDEM, Tarifeinheit und Koalitionspluralismus: Zur Zulässigkeit konkurrierender Tarifverträge im Betrieb, ZIP 2007, 510; WIEDEMANN/ARNOLD, Tarifkonkurrenz und Tarifpluralität in der Rechtsprechung des Bundesarbeitsgerichts, ZTR 1994, 399.

➲ **Übersicht:**

I. Tarifkonkurrenz

II. Tarifpluralität

III. Vertiefungsprobleme
1. Konkurrenz betrieblicher Normen
2. Verbandswechsel des Arbeitgebers
3. Tarifpluralität im Nachwirkungszeitraum
4. Konkurrenz bei arbeitsvertraglicher Bezugnahme

Überschneidung der Geltungsbereiche

Eine besondere Problematik besteht, wenn eine oder beide Arbeitsvertragsparteien an mehrere Tarifverträge gebunden sind und deren Geltungsbereiche sich überschneiden. Zu unterscheiden ist dann zwischen Tarifkonkurrenz und Tarifpluralität.

I. Tarifkonkurrenz

Definition

Von **Tarifkonkurrenz** spricht man, wenn beide Parteien eines Arbeitsverhältnisses gleichzeitig an mehrere von verschiedenen Tarifvertragsparteien abgeschlossene Tarifverträge gebunden sind. Deswegen finden auf **dasselbe Arbeitsverhältnis mehrere Tarifverträge** Anwendung (BAG 20.3.1991 AP Nr. 20 zu § 4 TVG Tarifkonkurrenz). Entscheidend ist hier also auf das Arbeitsverhältnis abzustellen.

„Eine solche [Tarifkonkurrenz] liegt nur dann vor, wenn beide Parteien eines Arbeitsverhältnisses gleichzeitig an mehrere von verschiedenen Tarifvertragsparteien abgeschlossene Tarifverträge gebunden sind und deshalb mehrere Tarifverträge auf das gleiche Arbeitsverhältnis Anwendung finden [...]." (BAG 20.3.1991 AP Nr. 20 zu § 4 TVG Tarifkonkurrenz)

Gründe für Tarifkonkurrenzen

Trotz des Industrieverbandsprinzips („ein Betrieb, eine Gewerkschaft") und der Differenzierung nach verschiedenen Geltungsbereichen ist nicht immer zu vermeiden, dass ein Arbeitsverhältnis von zwei Tarifverträgen erfasst wird. Eine Tarifkonkurrenz ergibt sich vor allem beim **Nebeneinander von Verbands- und Haustarifvertrag**, aufgrund der **Allgemeinverbindlicherklärung** eines anderen Tarifvertrags nach § 5 TVG, bei **mehrfacher Tarifgebundenheit des Arbeitgebers** im Hinblick auf Betriebsnormen i.S.d. § 3 Abs. 2 TVG oder in Fällen mehrfacher Tarifgebundenheit infolge eines Verbandswechsels und eintretender Nachbindung (§ 3 Abs. 3 TVG). Vorstellbar, allerdings bislang von geringerer Bedeutung, sind auch Fälle der Mehrfachmitgliedschaft eines Arbeitnehmers in unterschiedlichen Gewerkschaften, die jeweils Tarifverträge abgeschlossen haben, an die auch der Arbeitgeber gebunden ist. Erforderlich ist immer die Überschneidung oder Identität der Geltungsbereiche der konkurrierenden Tarifverträge; nicht ausreichend ist, wenn die Tarifverträge einander ergänzen oder ablösen.

Normenkollision

Die Tarifkonkurrenz ist ein Fall der **Normenkollision**. Auf **ein Arbeitsverhältnis** beanspruchen zwei **Normen gleichen Ranges** – zwei Tarifverträge –, Anwendung zu finden. Für ein Arbeitsverhältnis

I. Tarifkonkurrenz § 101

kann aber nur ein Tarifvertrag unmittelbar und zwingend gelten. Diese Normenkollision muss zugunsten einer Norm gelöst werden. Im Gegensatz zur TVVO (§ 2 Abs. 2) enthält das TVG keine Bestimmung zur Lösung der Kollision. Das tarifrechtliche Günstigkeitsprinzip (§ 4 Abs. 3 TVG) greift hier nicht, da es nur im Verhältnis einer Kollektivnorm zum rangniedrigeren Arbeitsvertrag gilt. Außerdem macht gerade das Zusammenspiel von begünstigenden und nachteiligen Regelungen das Wesen des Tarifvertrags aus, das durch die Anwendung einer „Rosinentheorie" zerstört würde. Es muss also ein anderes **Vorrangprinzip** gefunden werden.

Rechtsprechung (BAG 20.3.1991 AP Nr. 20 zu § 4 TVG Tarifkonkurrenz) und h.L. (WIEDEMANN/ARNOLD, ZTR 1994, 399, 406; KONZEN, RdA 1978, 146, 147) wenden zur Lösung der Tarifkonkurrenz zwei einander ergänzende Rechtsprinzipien an: das **Prinzip der Tarifeinheit im Arbeitsverhältnis**, nach dem auf ein Arbeitsverhältnis nur ein Tarifvertrag in seiner Gesamtheit Anwendung finden kann, und das **Spezialitätsprinzip** (WIEDEMANN/ARNOLD, ZTR 1994, 399, 408).

Grundsatz der Tarifeinheit

Nach dem Spezialitätsprinzip gilt der sachnähere Tarifvertrag. Die Sachnähe wird dabei nicht bezogen auf das konkrete Arbeitsverhältnis ermittelt, in dem die Tarifkonkurrenz vorliegt, sondern bezogen auf den Betrieb in seiner Gesamtheit. Es soll somit der Tarifvertrag Anwendung finden, der nach seinem Geltungsbereich dem Betrieb räumlich, betrieblich, fachlich und persönlich am nächsten steht und deshalb den Erfordernissen und Eigenarten des Betriebs und der darin tätigen Arbeitnehmer am besten Rechnung trägt. Der speziellere Tarifvertrag wird den Regelungsbedürfnissen des Betriebes und der Tarifgebundenen besser gerecht (BAG 24.9.1975 AP Nr. 11 zu § 4 TVG Tarifkonkurrenz). Mit dieser betriebsbezogenen Anwendung des Spezialitätsprinzips ist der daraus abgeleitete „**Grundsatz der Tarifeinheit im Betrieb**" bei der Auflösung von Tarifpluralitäten (siehe unter § 101 II) bereits angelegt: Wird der bei Tarifkonkurrenzen jeweils anwendbare Tarifvertrag stets betriebsbezogen ermittelt, ergibt sich im Ergebnis aus der gleichförmigen Auflösung aller bestehenden Tarifkonkurrenzen eine betriebseinheitliche Tarifanwendung.

Betriebsbezogene Sachnähe

Dieses Spezialitätsprinzip erfordert eine Auslegung und Bewertung der Regelungsgegenstände und gegebenenfalls der Inhalte der konkurrierenden Tarifwerke und bedarf daher einer weitergehenden Konkretisierung der Spezialitätsmerkmale, um nicht zu einem Instrumentarium der Beliebigkeit zu werden. In der Rechtsprechung haben sich insoweit verschiedene Spezialitätsverhältnisse herausgebildet, die sich an unterschiedlichen Aspekten des Geltungsbereichs von Tarifverträgen festmachen lassen. Diese Kategorisierung kann jedoch keinesfalls abschließend sein, da der Geltungsbereich eines Tarifvertrags von den Parteien jeweils selbst festgelegt wird, so dass in diesem stets vielschichtige Anhaltspunkte für eine differenzierte Bewertung der Prioritäten gefunden werden können.

Spezialitätsmerkmale

Vorrang des Firmentarifvertrags	Das BAG geht in ständiger Rechtsprechung davon aus, dass ein Firmentarifvertrag dem Flächen- oder Verbandstarifvertrag generell vorgeht, und zwar auch dann, wenn er Regelungen des Verbandstarifvertrags zu Lasten der Arbeitnehmer verdrängt (BAG 4.4.2001 AP Nr. 26 zu § 4 Tarifkonkurrenz). Für die Wirksamkeit des jeweiligen Firmentarifvertrags ist es dabei unerheblich, ob der Verbandstarifvertrag eine entsprechende Öffnungsklausel enthält, oder ob der Arbeitgeber mit dem Abschluss des Firmentarifvertrags gegen seine Verbandspflichten verstößt.
Spezialität nach räumlichem Geltungsbereich	Innerhalb von Flächentarifverträgen stellt der Tarifvertrag, der für die kleinere Fläche gilt, die speziellere Regelung gegenüber dem Tarifvertrag für die größere Fläche dar (BAG 22.2.1957 AP Nr. 2 zu § 2 TVG).
Spezialität nach Verbandshierarchie	Weiterhin genießt der Tarifvertrag, der mit dem untergeordneten Verband abgeschlossen wurde, Vorrang vor dem mit dem übergeordneten Verband vereinbarten Tarifvertrag (BAG 22.2.1957 AP Nr. 2 zu § 4 TVG Tarifkonkurrenz).
Allgemeinverbindlichkeit	Streitig ist, welches Spezialitätsverhältnis gelten soll, wenn die Tarifkonkurrenz durch das Aufeinandertreffen eines Verbands- oder Firmentarifvertrags mit einem allgemeinverbindlichen Tarifvertrag verursacht wird. Nach herrschender Lehre und Rechtsprechung ist der Ursprung der Tarifgebundenheit für die Frage des Vorrangs ohne Bedeutung (WIEDEMANN/WANK, § 4 TVG Rn. 289; BAG 24.9.1975 AP Nr. 11 zu § 4 TVG Tarifkonkurrenz). Es bleibt demnach dabei, dass allein das Kriterium der Sachnähe entscheidend für den Anwendungsvorrang ist. Nach anderer Ansicht geht der mitgliedschaftlich legitimierte Tarifvertrag grundsätzlich dem allgemeinverbindlichen vor, da ihm ein legitimerer, rein tarifautonomer Geltungsgrund zugrunde liegt und das Spezialitätsprinzip nur bei Normen desselben Normgebers Anwendung finden könne (LÖWISCH/RIEBLE, § 4 TVG, Rn. 142). Teilweise wird aber auch unter Berufung auf den Zweck der Allgemeinverbindlicherklärung – die Schaffung einheitlicher Arbeitsbedingungen – ein genereller Vorrang des allgemeinverbindlichen Tarifvertrags befürwortet (G. MÜLLER, DB 1989, 1970 ff., schließt sogar „Tarifkonkurrenz" bei Allgemeinverbindlicherklärung aus).
Anzahl der Arbeitnehmer	Nur als unterstützendes Hilfskriterium zieht das BAG mitunter heran, wie viele Arbeitnehmer im Betrieb an den jeweiligen Tarifvertrag gebunden sind (BAG 14.6.1989 AP Nr. 16 zu § 4 TVG Tarifkonkurrenz; BAG 20.3.1991 AP Nr. 20 zu § 4 TVG Tarifkonkurrenz). Teile der Instanzrechtsprechung und Literatur plädieren für eine Aufwertung des Mehrheitsprinzips (LAG Rheinland-Pfalz 14.6.2007 DB 2007, 2432; WIEDEMANN/ARNOLD, ZTR 1994, 399, 409; GREINER, Anm. LAGE Art. 9 GG Arbeitskampf Nr. 80, S. 49 ff.). Demnach soll sich die Tarifanwendung danach richten, an welchen Tarifvertrag die relative Mehrheit der Arbeitnehmer im Betrieb oder innerhalb eines abweichend definierten Bezugsrahmens gebunden ist.

II. Tarifpluralität | § 101

Die Auflösung der Tarifkonkurrenz bedeutet keine Verdrängung des allgemeineren Tarifvertrags, sondern lediglich einen Anwendungsvorrang des spezielleren. Daraus folgt, dass – sobald der speziellere Tarifvertrag endet – er nicht nachwirkt. Vielmehr greift nach der Rechtsprechung (BAG 4.9.1996 AP Nr. 5 zu § 1 TVG Bezugnahme auf Tarifvertrag; GAMILLSCHEG KollArbR I § 17 III 3 c) (5)) nunmehr die zwingende Wirkung des allgemeineren Tarifvertrags Platz. — *Wirkung des Vorrangs*

II. Tarifpluralität

Die sog. **Tarifpluralität** ist gegeben, wenn der **Betrieb** des Arbeitgebers vom Geltungsbereich zweier nicht aufeinander bezogener Tarifverträge erfasst wird, an die der Arbeitgeber gebunden ist, während für den jeweiligen Arbeitnehmer je nach Tarifbindung nur einer der beiden Tarifverträge Anwendung findet. Lediglich der Arbeitgeber ist also an zwei Tarifverträge gebunden. In Fällen der Tarifpluralität besteht keine Tarifkonkurrenz, da beide Seiten des Arbeitsvertrags gemeinsam nur an einen Tarifvertrag gebunden sind (BAG 28.5.1997 AP Nr. 26 zu § 4 TVG Nachwirkung). — *Definition*

„Es besteht eine Tarifpluralität, wenn nur der Arbeitgeber an beide Tarifverträge gebunden ist, dagegen die Arbeitnehmer nur teilweise tarifgebunden sind." (BAG 28.5.1997 AP Nr. 26 zu § 4 TVG Nachwirkung)

Das Problem der Tarifpluralität entsteht vor allem aufgrund der Konkurrenz verschiedener Gewerkschaften in einem Betrieb. Gerade bei größeren Unternehmen kommt es vor, dass ein Arbeitgeber mit mehreren Gewerkschaften Tarifverträge über denselben Regelungsgegenstand schließt. — *Konkurrenz der Gewerkschaften*

Gehören alle beteiligten Gewerkschaften derselben Spitzenorganisation (DGB) an, lässt sich die Tarifpluralität vermeiden, indem schon die Tarifzuständigkeiten hinreichend abgegrenzt werden. Dem dient bei DGB-Gewerkschaften das Schiedsgerichtsverfahren nach § 16 DGB-Satzung: In „Mischbetrieben" wird durch auch im Außenverhältnis bindende Satzungsauslegung entschieden, welche DGB-Gewerkschaft für den Betrieb insgesamt und ausschließlich tarifzuständig ist.

⊃ **Beispiel:**
Arbeitgeber A schließt für seinen Betrieb sowohl mit der IG Chemie als auch der ver.di Lohntarifverträge. Die Arbeitnehmer des Betriebs sind z.T. Mitglieder der IG Chemie **oder** der ver.di. Der Zuständigkeitskonflikt würde regelmäßig einvernehmlich durch Spruch des DGB-Schiedsgerichts nach dem Grundsatz „Ein Betrieb – eine Gewerkschaft – ein Tarifvertrag" gelöst.

Zu Tarifpluralitäten kommt es hingegen vor allem bei einem echten Konkurrenzverhältnis mehrerer Gewerkschaften, die nicht derselben Spitzenorganisation angehören. Dieser Fall kann nicht durch — *Gewerkschaftskonkurrenz*

223

Abgrenzung der Tarifzuständigkeiten gelöst werden, da diese sich nach dem Willen der konkurrierenden Gewerkschaften gerade überschneiden sollen. Da die Idee der Einheitsgewerkschaft in den letzten Jahren immer mehr in Frage gestellt wird und eine Rückkehr zur Organisation nach dem Berufsverbandsprinzip (siehe unter § 86) feststellbar ist, nehmen diese Fälle zu.

⊃ **Beispiel:**
Bei der Deutschen Bahn beanspruchen Transnet und GDL gleichermaßen Tarifzuständigkeit für das Zugpersonal; sie konkurrieren in diesem Bereich um Mitglieder und strebten gleichermaßen den Abschluss von Tarifverträgen für diesen Bereich an. Gleiches gilt für Marburger Bund und ver.di bei den Krankenhausärzten; hier existieren zwei „plurale" Tarifwerke nebeneinander.

Infolge der Liberalisierungen im Bereich der Tariffähigkeit (siehe unter § 90) nimmt auch der Gewerkschaftswettbewerb zwischen Branchengewerkschaften, insbesondere zwischen DGB- und Christlichen Gewerkschaften, zu. Auch in dieser Situation ergeben sich Fälle der Tarifpluralität.

⊃ **Beispiel:**
Ein Arbeitgeber ist Mitglied des Arbeitgeberverbandes Gesamtmetall. Dieser hat mit der IG Metall einen Branchentarifvertrag abgeschlossen. Der Arbeitgeber schließt nun mit der Christlichen Gewerkschaft Metall (CGM) einen Firmentarifvertrag ab. Da er an zwei konkurrierende Tarifverträge gebunden ist, kommt es in seinen Betrieben zu einer Tarifpluralität.

Allgemeinverbindlicherklärung

Tarifpluralität kann daneben auch aufgrund der **Allgemeinverbindlicherklärung** eines Tarifvertrags entstehen, wenn für die Verbandsmitglieder ein anderer, speziellerer Tarifvertrag gilt, während für Außenseiter allein der allgemeinverbindlich erklärte Tarifvertrag bindend ist.

Betriebsbezogene Normenkollision

Die Tarifpluralität ist im eigentlichen Sinn **kein Fall der Normenkollision**. Abgesehen von den notwendig betriebseinheitlich geltenden Betriebs- und betriebsverfassungsrechtlichen Tarifnormen (§ 3 Abs. 2 TVG; siehe unter § 101 III 1) ist lediglich der Arbeitgeber an zwei verschiedene Tarifverträge gebunden. Die Tarifpluralität kann allenfalls als **betriebsbezogene Normenkollision** bezeichnet werden (REICHOLD, SAE 1995, 21, 22). Ob eine solche Kollision überhaupt als „lösungsbedürftig" anzusehen ist, ist umstritten.

Rechtsprechung

Die **Rechtsprechung** löst bislang die Tarifpluralität nach dem **Grundsatz der Tarifeinheit im Betrieb** („ein Betrieb, ein Tarifvertrag"). Auch hier soll maßgeblich sein, welcher Tarifvertrag betriebsbezogen „sachnäher" ist und den Bedürfnissen des Betriebes und der betriebsangehörigen Arbeitnehmer in der Gesamtheit am ehesten ge-

II. Tarifpluralität § 101

recht wird. Die betriebsbezogene Rechtsfolge der „Tarifeinheit im Arbeitsverhältnis" bei Tarifkonkurrenzen (siehe unter § 101 I) wird also pauschal und auch ohne Vorliegen einer Tarifkonkurrenz angewandt. Das BAG rechtfertigt dies entscheidend mit praktischen Vorteilen: Der Grundsatz der Tarifeinheit im Betrieb habe zwar keinen Niederschlag im TVG gefunden, er ergebe sich aber aus den übergeordneten Prinzipien der **Rechtssicherheit und Rechtsklarheit**. Aus dem Nebeneinander von mehreren Tarifverträgen in einem Betrieb würden sich ansonsten rechtliche und tatsächliche Unzulänglichkeiten und **praktisch kaum lösbare Schwierigkeiten** ergeben (BAG 5.9.1990 AP Nr. 19 zu § 4 TVG Tarifkonkurrenz; BAG 20.3.1991 AP Nr. 20 zu § 4 TVG Tarifkonkurrenz; BAG 26.1.1994 AP Nr. 22 zu § 4 TVG Tarifkonkurrenz; zustimmend SÄCKER/OETKER, ZfA 1993, 1, 13; HEINZE/RICKEN, ZfA 2001, 159, 178; C. MEYER, DB 2006, 1271). Das BAG führt insoweit an, dass andernfalls die Arbeitsbedingungen für den Arbeitgeber unberechenbar würden, wenn der Arbeitnehmer durch einen Gewerkschaftswechsel einen anderen Tarifvertrag zur Anwendung bringen könne. Ferner habe der Arbeitgeber keine rechtliche Möglichkeit, die Gewerkschaftszugehörigkeit zu erfragen; das wäre für die korrekte Anwendung der pluralen Tarifverträge und die Identifizierung jedenfalls lösungsbedürftiger Tarifkonkurrenzen (siehe unter § 101 I) aber unerlässlich. Schließlich ergebe sich bei Akzeptanz einer Pluralität von Inhalts-, Abschluss- und Beendigungsnormen das Problem einer Abgrenzung der notwendig betriebseinheitlich geltenden Betriebs- und Betriebsverfassungsnormen (§ 3 Abs. 2 TVG).

Die Rechtsprechung ist für den Bereich der Tarifpluralität auf heftige **Kritik** gestoßen (LAG Brandenburg 17.3.1995 LAGE Nr. 3 zu § 4 TVG Nachwirkung; HANAU/KANIA, Anm. zu AP Nr. 20 zu § 4 TVG Tarifkonkurrenz; WIEDEMANN/ARNOLD, ZTR 1994, 443, 444 ff.; KRAFT, RdA 1992, 161, 165 ff.; JACOBS, NZA 2008, 325). Die Durchführung echter Tarifpluralität sei in den Betrieben möglich, und die daraus entstehenden Schwierigkeiten seien hinzunehmen. Praktische Schwierigkeiten könnten die Verbindlichkeit gesetzlicher Regeln, hier § 3 Abs. 1 TVG, nicht beseitigen. Das Prinzip der Tarifeinheit sei auf die Auflösung einer Normenkollision aufgebaut, die bei der Tarifpluralität aber nicht bestehe. Das Prinzip habe keine Rechtsnormqualität und könne nicht die Tarifautonomie begrenzen (KONZEN, RdA 1978, 146, 153).

Kritik

➲ **Beispiel:**
In dem obigen Beispiel wäre nach der Rechtsprechung der Branchentarifvertrag der IG Metall im Betrieb des A nicht anzuwenden, da der Firmentarifvertrag der CGM aufgrund des vereinbarten Geltungsbereichs der speziellere Tarifvertrag ist. Die Mitglieder der IG Metall müssten trotz Tarifgebundenheit auf den Schutz des von ihrer Gewerkschaft abgeschlossenen Tarifvertrags verzichten. Nach der überwiegenden Literatur wäre der Arbeitgeber hingegen an beide Tarifverträge gebunden und

müsste auch beide für die jeweils tarifgebundenen Arbeitnehmer anwenden.

Schutz der Koalitionsfreiheit

Der Kritik ist zuzustimmen. Gerade der Schutz der kollektiven wie der individuellen Koalitionsfreiheit spricht gegen die Ansicht des BAG. Zu befürchten ist, dass die im Betrieb beschäftigten Arbeitnehmer aus den verdrängten Gewerkschaften austreten und möglicherweise in die „siegreiche" eintreten werden. Die **Tarifeinheit** hat somit zwischen den Gewerkschaften **wettbewerbsverzerrende Folgen** (HANAU/KANIA, Anm. zu AP Nr. 20 zu § 4 TVG Tarifkonkurrenz; KRAFT, RdA 1992, 161, 168; a.A. SÄCKER/OETKER, ZfA 1993, 1, 11). Dem einzelnen Arbeitnehmer wird trotz Tarifgebundenheit der Schutz des Tarifvertrags genommen. Das BAG verweist lediglich auf die Möglichkeit des Arbeitnehmers, in die entsprechende Gewerkschaft einzutreten, und auf den bestehenden Wettbewerb zwischen den Gewerkschaften.

Entscheidend kommt hinzu, dass der Grundsatz der Tarifeinheit im Betrieb Berufs- und Spartengewerkschaften wettbewerbsverzerrend benachteiligt: Ihre Tarifverträge könnten sich bei konsequenter Anwendung des Grundsatzes der Tarifeinheit nie durchsetzen, da sie meist für einen Großteil der Gesamtbelegschaft des Betriebes gar keine Regelungen enthalten (GREINER, Anm. LAGE Art. 9 GG Arbeitskampf Nr. 80, S. 48 f.). Die betriebsbezogene Anwendung des Spezialitätsprinzips würde dazu führen, dass ihre Tarifverträge praktisch immer durch einen konkurrierenden Branchentarifvertrag verdrängt würden. Der Grundsatz der Tarifeinheit im Betrieb zielt somit im Zusammenspiel mit dem betriebsbezogenen Spezialitätsprinzip auf eine Förderung des Industrieverbandsprinzips (dies rechtfertigend BUCHNER, BB 2003, 2121, 2124 f.) und eine rechtliche Erzwingung der „Einheitsgewerkschaft" ab, die mit der grundgesetzlichen Gründungs-, Organisations- und Satzungsautonomie der Gewerkschaften nicht vereinbar ist. Zudem würde damit die tatsächliche Durchsetzungskraft vieler Berufs- und Spartengewerkschaften konterkariert. Das Rechtsprinzip der Tarifeinheit ist in diesen Konstellationen daher auch von der tarifpolitischen Wirklichkeit überholt; in der Praxis finden bei Beteiligung von Berufs- und Spartengewerkschaften bereits mehrere Tarifverträge innerhalb eines Betriebes Anwendung.

Das betriebsbezogene Spezialitätsprinzip ist noch aus anderem Blickwinkel kritikwürdig: Es führt, wie auch das obige Beispiel zeigt, zu einer **Erosion des Flächentarifvertrags**, da es zum Abschluss von Tarifverträgen mit immer „kleinteiligeren" Geltungsbereichen einlädt. Indem die Mitgliederstärke der tarifschließenden Gewerkschaften ausgeblendet wird, wird es ermöglicht, den Mehrheitstarifvertrag durch einen schwach legitimierten Tarifvertrag mit einer Minderheitsgewerkschaft zu **unterbieten** (GREINER, NZA 2007, 1023, 1025 f.). Schließlich ist der Bezugspunkt „Betrieb" unsicher: Der Zuschnitt des Betriebes und damit die Tarifgeltung kann durch den Arbeitgeber beeinflusst werden (RIEBLE, Anm. EzA § 4 TVG Geltungsbereich Nr. 10, S. 18).

Neben dem Schutz der Koalitionsfreiheit spricht noch ein weiteres Argument gegen die Übernahme der für die Tarifkonkurrenz geltenden Grundsätze. Für die Tarifkonkurrenz ist zutreffend, dass eine Auflösung der Konkurrenz zwingend notwendig ist: Es ist unmöglich, dass zwei Normen den gleichen Sachverhalt regeln, eine partielle Geltung etwa nach dem Günstigkeitsprinzip scheitert hingegen an der Einheitlichkeit der Tarifwerke. Dies ist der eigentliche Grund, der den Vorrang eines der konkurrierenden Normwerke in Fällen der Tarifkonkurrenz notwendig macht. Die „Überhöhung" der betriebsbezogenen Rechtsfolge zum „Grundsatz der Tarifeinheit im Betrieb" lässt sich damit nicht rechtfertigen: Bei der bloßen Tarifpluralität ist die Ausgangslage mit Fällen der Tarifkonkurrenz nicht vergleichbar, da hier grundsätzlich jedes Arbeitsverhältnis nur von einem Tarifwerk betroffen ist. Dadurch existiert aber auch nicht die Notwendigkeit einer Auflösung. Erwägen kann man, ob die praktischen Schwierigkeiten, die das BAG anführt, trotzdem den Grundsatz der Tarifeinheit im Betrieb tragen. Die vom BAG genannten praktischen Probleme scheinen aber lösbar (THÜSING/V. MEDEM, ZIP 2007, 510, 512 ff.). Schwerer wiegt die Erwägung, dass ein plurales Tarifsystem zu einer **volkswirtschaftlich unverträglichen Zunahme und Intensivierung von Arbeitskämpfen** führen könnte (GREINER, NZA 2007, 1023 ff.). Die Lösung dafür kann aber nicht darin bestehen, weniger „speziellen" Tarifverträgen, insbesondere aber Berufs- und Spartentarifverträgen, pauschal die Geltung zu versagen, sondern muss zielgenau im Arbeitskampfrecht gesucht werden. Demzufolge ist im Falle der Tarifpluralität die Geltung mehrerer Tarifverträge in einem Betrieb grundsätzlich hinzunehmen.

Keine Notwendigkeit einer Kollisionsauflösung

III. Vertiefungsprobleme

1. Konkurrenz betrieblicher und betriebsverfassungsrechtlicher Normen

Enthalten die innerhalb eines Betriebes nebeneinander geltenden Tarifverträge allerdings betriebliche oder betriebsverfassungsrechtliche Normen (§ 3 II TVG), so ist eine Auflösung dieser Kollision unausweichlich: Da jede dieser Normen betriebsweit einheitliche Geltung in allen Arbeitsverhältnissen beansprucht, kommt es zu „betriebsweiten Tarifkonkurrenzen".

Streitig ist, wie eine Konkurrenz betrieblicher und betriebsverfassungsrechtlicher Normen aufgelöst werden soll. Grundsätzlich wird von der Rechtsprechung auch hier das Spezialitätsprinzip angewendet. Nach mittlerweile deutlich überwiegender Literaturmeinung (LÖWISCH/RIEBLE, § 4 TVG Rn. 151; JACOBS/KRAUSE/OETKER § 7 Rn. 221 m.w.N.) soll dagegen das Mehrheitsprinzip Anwendung finden, wonach bei Betriebsnormen der Tarifvertrag derjenigen Gewerkschaft mit den meisten Mitgliedern im Betrieb Vorrang hat. Da der Anwendung des Spezialitätsprinzips generell die genannten Bedenken entgegenstehen, das Mehrheitsprinzip den Erfolg der konkurrierenden Gewerkschaften im Wettbewerb um Mitglieder widerspiegelt und die Tarifunterbietung durch schwach legitimierte Tarifverträge verhindert, ist dieser Auffassung zu folgen.

2. Verbandswechsel des Arbeitgebers oder Arbeitnehmers

Probleme der Tarifkonkurrenz oder Tarifpluralität können sich aufgrund eines **Verbandswechsels des Arbeitgebers** oder **Gewerkschaftswechsels des Arbeitnehmers** ergeben. Der Arbeitgeber kann bereits an einen Tarifvertrag des neuen Verbands gebunden sein, obwohl nach § 3 Abs. 3 TVG die Bindung an den alten Tarifvertrag andauert. In dieser Situation kann es zu einer Tarifpluralität kommen. Ähnliches gilt auch bei einem Gewerkschaftswechsel des Arbeitnehmers (THÜSING/v. MEDEM, ZIP 2007, 510, 514); § 3 Abs. 3 TVG führt aufgrund der beiderseitigen Bindung an beide Tarifverträge dann zu einer Tarifkonkurrenz. Welcher Tarifvertrag Vorrang hat, wird unterschiedlich beurteilt. Eine erste Ansicht (HENSSLER, FS Schaub (1998) 311, 325) befürwortet den Vorzug des Tarifvertrags des neuen Verbands, weil die mitgliedschaftliche Legitimation gegenüber der gesetzlich angeordneten nach § 3 Abs. 3 TVG die stärkere sei. Andere beurteilen dies genau anders mit Blick auf den Zweck des § 3 Abs. 3 TVG (B. MÜLLER, NZA 1989, 449, 452; nur für den Verbandswechsel des Arbeitgebers und damit wertungswidersprüchlich KeZa/KEMPEN, § 3 TVG Rn. 38, 78). Das BAG lehnt einen Vorrang wegen des Zwecks des § 3 Abs. 3 TVG ab und wendet wie auch bei anderen Tarifkonkurrenzen den Spezialitätsgrundsatz an (BAG 26.10.1983 AP Nr. 3 zu § 3 TVG).

3. Tarifpluralität im Nachwirkungszeitraum und nach Betriebsübergang

Fraglich ist ferner, ob im Zeitraum der **Nachwirkung** eine Tarifpluralität entstehen kann. Nach Auflösung eines Arbeitgeberverbands wirkt ein Tarifvertrag gem. § 4 Abs. 5 TVG nach, es besteht nach der Rechtsprechung des BAG aber keine Tarifgebundenheit des Arbeitgebers i.S.d. § 3 Abs. 3 TVG. Schließt der Arbeitgeber sich einem neuen Verband an, dessen Tarifvertrag nur den Arbeitgeber gemäß § 3 Abs. 1 TVG bindet, dann liegt nach Ansicht des BAG kein Fall einer Tarifpluralität vor (BAG 28.5.1997 AP Nr. 26 zu § 4 TVG Nachwirkung). Der Arbeitgeber sei nur an einen Tarifvertrag gebunden. § 4 Abs. 5 TVG habe eine **Überbrückungsfunktion**, um einen tariflosen Zustand zu vermeiden. Bei Anwendung des Grundsatzes der Tarifeinheit würde indes genau ein derartiger Zustand entstehen. Entscheidend sei daher, ob eine „Abmachung" i.S.d. § 4 Abs. 5 TVG die Nachwirkung beende. Erfasse ein neuer Tarifvertrag nicht alle Arbeitsverhältnisse im Betrieb, dann wirke für die nicht erfassten der alte Tarifvertrag weiterhin nach. Die deswegen erforderliche Anwendung mehrerer Tarifverträge in einem Betrieb widerspreche nicht dem Grundsatz der Tarifeinheit; sie sei vielmehr in § 4 Abs. 5 TVG angelegt. Nach anderer Ansicht in der Literatur (Hromadka/Maschmann/Wallner Rn. 267) müsste man auf Grundlage der Rechtsprechung auch in dieser Situation konsequenterweise Tarifpluralität annehmen. Gleiches gilt für Fälle des Betriebsübergangs, wenn keine kongruente Tarifbindung an den beim Erwerber geltenden Tarifvertrag gegeben ist (vgl. BAG 30.8.2000 AP Nr. 12 zu § 1 TVG Bezugnahme auf Tarifvertrag; BAG 21.2.2001 AP Nr. 20 zu § 4 TVG): In dieser Situation kommt es ebenfalls infolge des Nebeneinanders von individualrechtlich fortgeltendem (§ 613a Abs. 1 Satz 2 BGB) und normativ anwendbarem Tarifvertrag innerhalb eines Betriebs zu einem der Tarifpluralität ähnlichen Regelungszustand. Auch diese Entscheidungen des BAG müssten daher Anlass sein, den Grundsatz der Tarifeinheit in der Rechtsprechung zu überdenken (vgl. Hanau, RdA 1998, 65, 69; Friedrich, FS Schaub, S. 203).

4. Tarifkonkurrenz und arbeitsvertragliche Bezugnahme

Keine Tarifkonkurrenz besteht bei **arbeitsvertraglicher Bezugnahme** auf einen Tarifvertrag. Aufgrund der Vertragsqualität der tariflichen Normgeltung entsteht keine Normenkollision; vielmehr ist das Günstigkeitsprinzip anzuwenden (Löwisch/Rieble, § 4 TVG Rn. 123; B. Gaul, NZA 1998, 9, 14 f.). Das BAG hat hingegen in diesen Fällen lange Zeit den Grundsatz der Tarifeinheit im Betrieb und das Spezialitätsprinzip angewandt (BAG 20.3.1991 AP Nr. 20 zu § 4 TVG; differenzierend BAG 22.9.1993 AP Nr. 21 zu § 4 TVG Tarifkonkurrenz). Zu Recht hat das BAG neuerdings diese Rechtsprechung ausdrücklich aufgegeben und wendet nun gleichfalls das Günstigkeitsprinzip an (BAG 29.8.2007 AP Nr. 61 zu § 1 Bezugnahme auf Tarifvertrag). Damit hat sich auch an dieser Stelle der rein individualvertragliche Charakters der Bezugnahmeklausel (siehe unter § 99 VI) durchgesetzt.

5. Abschnitt: Rechtsnatur des Tarifvertrags/Grenzen der Regelungsmacht

Literatur: Biedenkopf, Grenzen der Tarifautonomie, Karlsruhe 1964; Dieterich, Die Grundrechtsbindung von Tarifverträgen, FS Schaub (1998), S. 117, Säcker/Oetker, Grundlagen und Grenzen der Tarifautonomie, 1992.

§ 102 Rechtsnatur des Tarifvertrags

Die Rechtsnatur des Tarifvertrags liegt nicht offen auf der Hand. Auf der einen Seite ist er ein Vertrag zwischen privatrechtlichen Verbänden, der nach den Regeln des bürgerlichen Rechts zustande kommt

Privatrechtlicher Normenvertrag

und privatrechtliche Verhältnisse regelt; auf der anderen Seite entfaltet er jedoch Normwirkung (vgl. BAG 26.9.1984 AP Nr. 21 zu § 1 TVG). Er ist also auch ein Rechtssetzungsakt. Man kann deswegen von einem „**hybriden Gebilde**" oder „**Zwitterwesen**" sprechen. Gleichwohl besteht Einigkeit, dass der Tarifvertrag trotz seines normativen Teils ein **Institut des Privatrechts** ist (Hueck/Nipperdey, Arbeitsrecht II/1, § 18 I). Tarifverträge sind daher **privatrechtliche Normenverträge** (Käppler, NZA 1991, 745, 749). Bei dem Zustandekommen eines Tarifvertrags können also im Wesentlichen vier Rechtsverhältnisse ausgemacht werden. Zum einen ist dies der konkrete Akt des Vertragsschlusses zwischen den Tarifvertragsparteien. Dieser Akt ist rein privatrechtlicher Natur. Davon zu unterscheiden ist das Verhältnis der tarifvertragsschließenden Koalitionen zu ihren Mitgliedern. Die Koalitionen müssen zwingend privatrechtlich organisiert sein, so dass die Entscheidung eines einzelnen Mitglieds, von seiner positiven Koalitionsfreiheit Gebrauch zu machen und einer Gewerkschaft bzw. einem Arbeitgeberverband beizutreten, ebenfalls Ausfluss der Privatautonomie des Einzelnen ist. Drittens finden die inhaltlichen Regelungen ausschließlich Anwendung auf Arbeitsverhältnisse, die wiederum Privatrechtsverhältnisse darstellen. Schließlich enthalten die Tarifverträge Rechtsnormen, die gem. § 4 Abs. 1 TVG unmittelbar und zwingend auf die Einzelarbeitsverhältnisse einwirken. Allein diese Rechtsnormwirkung tarifvertraglicher Bestimmungen gegenüber den Mitgliedern der vertragsschließenden Parteien lässt sich zumindest nicht auf Anhieb dem Privatrecht zuordnen.

§ 103 Grundlage der Normsetzungsbefugnis

Literatur: Biedenkopf, Grenzen der Tarifautonomie, 1964; Dieterich, Die Grundrechtsbindung von Tarifverträgen, FS Schaub (1998), S. 117; Rieble, Der Tarifvertrag als kollektiv-privatautonomer Vertrag, ZfA 2000, 5; Waltermann, Zu den Grundlagen der Rechtsetzung durch Tarifvertrag, FS Söllner (2002), S. 1251; Wiedemann, Tarifautonomie und staatliches Gesetz, FS Stahlhacke (1995), S. 675; Zöllner, Das Wesen der Tarifnormen, RdA 1964, 443.

Normsetzungsbefugnis

Gerade im Hinblick auf die privatrechtliche Rechtsnatur des Tarifvertrags stellt sich die Frage, woher die Tarifvertragsparteien ihre Befugnis zur Normsetzung nehmen. Dabei ist streng zu differenzieren zwischen der Befugnis, inhaltlich die Arbeitsverhältnisse zu regeln und der Befugnis, diese Regelungen mit normativer Wirkung für die Arbeitsverhältnisse zu treffen. Die Regelungsbefugnis betrifft den Norminhalt, die Normsetzungsbefugnis die Normwirkung. Grundsätzlich gelten Verträge nur inter partes, also zwischen den vertragsschließenden Parteien. Bei einem Tarifvertrag sind die Vertragspartner aber lediglich die Gewerkschaften und der Arbeitgeberverband oder der einzelne Arbeitgeber. Die einzelnen Arbeitnehmer sind nicht am Vertrag beteiligt. Dennoch ist es für eine funktionsfähige Tarifautonomie unerlässlich, dass die Normen des Tarifvertrags unmittelbar im Arbeitsverhältnis der tarifgebundenen Arbeitnehmer wirken, ohne dass der Arbeitsvertrag geändert werden muss. Über dieses Ergebnis besteht im Schrifttum und in der Rechtsprechung weitgehende Einigkeit. Die dogmatische Grundlage der Normsetzungsbefugnis ist aber seit jeher umstritten:

Das BAG und die h.L. vertraten früher die sog. **Delegationstheorie** (BAG 15.1.1955 AP Nr. 4 zu Art. 3 GG; WIEDEMANN/WIEDEMANN, § 1 TVG Rn. 39 ff.). Nach ihr hat der Staat seine Befugnis, die Arbeits- und Wirtschaftsbedingungen zu regeln, den Tarifparteien mittels des TVG übertragen. Demnach wäre ein Teil der **Normsetzungsbefugnis des Gesetzgebers delegiert** worden. Begründet wird dies überwiegend damit, dass es sich bei den tariflichen Rechtsnormen um objektives Recht handelt, das nur vom Staat gesetzt werden kann. Die Tarifvertragsparteien sind demnach als vom Gesetzgeber beliehene Normgeber zu verstehen.

Delegationstheorie

Gegen diese Theorie bestehen jedoch tiefgreifende dogmatische Bedenken. Die Delegation staatlicher Kompetenzen erfordert grundsätzlich die Bestimmtheit der übertragenen Befugnis und die Kontrolle des Delegaten in einem mit Art. 80 GG vergleichbaren Rahmen. Zwar könnte man eine Art von Kontrolle in der Richtigkeitsgewähr des Tarifvertrags als Verhandlungsergebnis zweier paritätischer sozialer Gegenspieler sehen, jedoch handelt es sich hierbei mehr um eine Selbstkontrolle, die kein staatliches Aufsichtsinstrumentarium darstellt. Auch ist das Ausmaß tariflicher Normsetzungskompetenz zwar bestimmbar, allerdings nur durch einen Rückgriff auf Art. 9 Abs. 3 GG und nicht alleine aus § 1 Abs. 1 TVG heraus. Die Delegationstheorie verkennt auch, dass die Tarifvertragsparteien Grundrechtsträger sind und als solche privatrechtlich tätig werden. Daran ändert sich auch durch die Normsetzungsbefugnis nichts. Der Abschluss eines Tarifvertrags ist der Gebrauch eines Grundrechts. Er ist als solcher kein staatliches Handeln.

Eine weitere Ansicht in der Literatur unterscheidet daher (STEIN, Rn. 293; ZÖLLNER, RdA 1964, 443 ff.; ZÖLLNER/LORITZ/HERGENRÖDER § 34 III 1 ff.): Die Kompetenz der Tarifvertragsparteien, die Arbeits- und Wirtschaftsbedingungen ihrer Mitglieder zu regeln (Regelungsbefugnis), ergebe sich unmittelbar aus der Tarifautonomie, also aus Art. 9 Abs. 3 GG. Lediglich die **Normwirkung** innerhalb dieses Bereichs bedürfe eines **staatlichen Geltungsbefehls (Normsetzungsbefugnis)**. Voraussetzung für eine derartige staatliche Delegation der Normsetzungsbefugnis ist allerdings auch hier ein entsprechendes Bedürfnis seitens des Übertragungsempfängers. Stünde den Tarifparteien diese Befugnis nämlich unmittelbar aus eigenem Recht zu, könnte der Geltungsbefehl in § 1 Abs. 1 TVG und § 4 Abs. 1 TVG ein solches nicht mehr begründen sondern nur noch deklarieren.

Staatlicher Geltungsbefehl

Eine Normsetzungsbefugnis aus eigenem Recht wäre bereits dann undenkbar, wenn dem Staat ein Rechtssetzungsmonopol zustünde. Ein solches **staatliches Rechtssetzungsmonopol ist der deutschen Rechtsordnung indessen nicht zu entnehmen**. Vielmehr ist der Pluralismus ein zentrales Element der freiheitlichen und demokrati-

Staatliches Rechtssetzungsmonopol

schen Grundordnung, die das GG vorgibt. Dazu gehört es, dass überall dort, wo diese Grundordnung Freiräume schafft, diese auch in eigener Verantwortung ausgestaltet werden können. Nichts anderes bedeutet der für das Zivilrecht elementare Grundsatz der Privatautonomie. Rechte und Pflichten müssen also nicht ausschließlich auf einem staatlichen Normbefehl gründen.

Staatliches Rechtsanerkennungsmonopol

Die Erkenntnis, dass die Rechtsbildung nicht beim Staat monopolisiert ist, hat in Teilen der Literatur (WALTERMANN, FS Söllner, S. 1263) dazu geführt, dem Staat wenigstens ein Rechtsanerkennungsmonopol zuzusprechen. Danach soll der nichtstaatliche Rechtsetzer den Inhalt von Regeln bestimmen, während der Staat als Träger der objektiven Rechtsordnung darüber entscheidet, ob und wieweit diese fremdbestimmte Regel als Recht anzuerkennen ist. Demnach bezöge sich der parlamentsgesetzliche Geltungsbefehl in § 1 Abs. 1 TVG und § 4 Abs. 1 TVG darauf, die in einem Tarifvertrag gefundenen inhaltlichen Normen als objektives Recht anzuerkennen. Danach ist es die Entscheidung des Staates, ob er die privat gesetzten Normen rechtlich anerkennt und in welchem Umfang er diese mit einer rechtsverbindlichen Wirkung ausstattet.

Art. 9 Abs. 3 GG

Eine andere Auffassung sieht die Normsetzungsbefugnis **unmittelbar in Art. 9 Abs. 3 GG** begründet (GAMILLSCHEG KollArbR I § 15 III). Die Tarifautonomie beinhalte eine für die Koalitionsmitglieder verbindliche Regelung, da nur so der **Zweck der Tarifvertragssystems** erreicht werden könne. Hiergegen spricht allerdings, dass die Tarifautonomie ein ausgestaltungsbedürftiges Grundrecht ist, bei dem der Gesetzgeber einen weiten Spielraum besitzt. Damit könnte Art. 9 Abs. 3 GG nur dann eine unmittelbare Normsetzungsbefugnis für die Tarifparteien entnommen werden, wenn ohne diese eine wirksame Grundrechtsbetätigung unmöglich wäre. Hierzu gehört es, dass den Koalitionen die Möglichkeit verschafft wird, zur Wahrung und Förderung der Arbeitsbedingungen zwingende Regelungen zu schaffen (BVerfG 24.5.1977 AP Nr. 15 zu § 5 TVG). Hieraus eine unmittelbare Befugnis zur Normsetzung abzuleiten, ginge jedoch zu weit. Eine unmittelbar aus Art. 9 Abs. 3 GG hergeleitete Normsetzungsbefugnis entspräche nicht dem Charakter der Koalitionsfreiheit als Grundrecht. Dieses hat nämlich in erster Linie Abwehrfunktion gegenüber staatlichen Eingriffen und enthält in zweiter Linie aufgrund seiner besonderen Konzeption einen Ausgestaltungsauftrag an den Gesetzgeber. Eine direkte Kompetenzzuweisung an die Tarifparteien lässt sich aber weder aus der Abwehrfunktion noch dem Gestaltungsauftrag herleiten. Die für die Funktionsfähigkeit des Tarifvertragssystems erforderliche zwingende Wirkung ist daher nur mittelbar auf Art. 9 Abs. 3 GG zurückzuführen, wenn sie nämlich entweder aus der konkret gewährleisteten Tarifautonomie selbst folgt oder – sollte dies nicht der Fall sein – vom Gesetzgeber im Rahmen seines Gestaltungsauftrags verliehen wurde. Die Normsetzungsbefugnis bedarf damit eines staatlichen Gesetzes, das diese begründet. Eine andere Frage ist, ob der Gesetzgeber auf Grund der Garantie des Art. 9 Abs. 3 GG verfassungsrechtlich verpflichtet ist,

Grundlage der Normsetzungsbefugnis § 103

ein gesetzliches Tarifsystem, das eine Normsetzungskompetenz enthält, zu schaffen.

Des Weiteren wird vertreten, dass es sich bei dem Abschluss von Tarifverträgen um **kollektiv ausgeübte Privatautonomie** handele (DIETERICH, FS Schaub, S. 117 ff.), innerhalb derer mehrere privatrechtliche Beziehungen existieren (siehe unter § 102). Eine davon ist die Beziehung der Mitglieder zu dem vertragsschließenden Verband. Mit diesem freiwilligen Beitritt zum Verband üben die einzelnen Mitglieder ihre Privatautonomie dahingehend aus, dass sie sich der Gestaltungsmacht der Koalitionen unterwerfen. Da die Rechtssetzung der Tarifparteien grundsätzlich nur gegenüber den ihnen angeschlossenen Mitgliedern gilt, werden sie durch den Beitritt von diesen zur Gestaltung der Arbeitsbedingungen mittels Tarifvertrag legitimiert. Hierbei handelt es sich zwar um einen Fall erweiterter Verbandsmacht, da die Legitimation nicht alleine dahin geht, die Rechtsbeziehung des Verbands zu seinem Mitglied auszugestalten, sondern darüber hinaus gestalterisch auf das Arbeitsverhältnis mit dem jeweiligen Arbeitgeber einzuwirken. Diese Drittwirkung der Regelungsmacht widerspricht jedoch keinen zivilrechtlichen Grundsätzen, denn zum einen ist der Tarifvertrag das Rechtsgeschäft zweier Verbände, dem für eine zwingende Wirkung dann auch beide Parteien des Individualarbeitsverhältnisses angehören müssen. Beide Parteien des betroffenen Schuldverhältnisses willigen mit ihrem Verbandsbeitritt also in die Einwirkung ein. Zum anderen ist das allgemeine Prinzip, schuldrechtliche Vereinbarungen dürften keine Drittwirkung haben, kein unantastbares Dogma, wie insbesondere § 613a BGB zeigt.

Legitimationstheorie

Gegen die Auffassung, dass sich die Normwirkung tariflicher Regelungen privatrechtlich durch eine mandatische Legitimation erklären lässt, werden in der Literatur erhebliche dogmatische Bedenken geltend gemacht (insbesondere GAMILLSCHEG KollArbR I § 15 III 3). Hierbei betrifft die Kritik zunächst den Umstand, dass bei einer Legitimation durch die Mitglieder eine Normwirkung zwingend auch nur gegenüber diesen erklärbar ist. So soll eine umfassende Regelung der Arbeits- und Wirtschaftsbedingungen durch die Tarifparteien, die es dem Staat ermögliche, sich aus diesem Gebiet weit zurückzuziehen, nicht gewährleistet sein, wenn diese nur für ihre Mitglieder sprechen könnten, da nur eine Minderheit der Arbeitnehmer gewerkschaftlich organisiert ist. Bei diesem Gedanken ist jedoch schon der grundsätzliche Ansatzpunkt verfehlt. **Die verfassungsrechtlich garantierte Regelungsautonomie bedeutet** nämlich gerade **keine vollständige Regelung des Arbeitslebens**, wie es etwa bei einer staatlichen Normierung der Fall wäre. Den Parteien des Arbeitslebens ist es nicht nur überlassen, selbst über den Inhalt von Regelungen zu entscheiden, sondern auch darüber, inwieweit überhaupt ein sachliches und persönliches Bedürfnis nach Regelung besteht. Vor diesem Hintergrund bedürfen allerdings die Fälle, in denen eine Anwendung tariflicher Normen auf nicht oder nicht mehr tarifgebundene Arbeitnehmer erfolgt, einer besonderen rechtlichen Ein-

Kritik in der Literatur

ordnung. Dies gilt zunächst für die in § 3 Abs. 3 TVG geregelte Bindungswirkung von Tarifnormen nach Beendigung der Mitgliedschaft. Diese widerspricht einer mandatischen Legitimation aber nur scheinbar, da hierbei lediglich die bereits verwirklichte Legitimation betroffen ist. Innerhalb eines privatautonomen Systems ist es aber nur konsequent, dass die rechtlichen Wirkungen freier Entscheidungen nicht ohne weiteres rückgängig gemacht werden können.

Problematisch ist die Legitimationslehre allerdings insofern, als sie nicht erklären kann, dass der Arbeitnehmer sich mit seinem Beitritt nicht nur bestehenden, sondern auch zukünftigen Tarifverträgen unterwirft, deren Inhalt er im Voraus nicht absehen kann. Die Frage wird zunehmend relevant, eingedenk der Tatsache, dass tarifvertraglichen Regelungen vielfach auch für den Arbeitnehmer belastend sein können.

Problematik der Außenseiterwirkung

Problematischer war demgegenüber die echte Außenseiterwirkung tariflicher Betriebsnormen, wie sie in § 3 Abs. 2 TVG vorgesehen ist. Da das BVerfG mittlerweile anerkannt hat, dass die Außenseiter nicht vor einer Geltungserstreckung von Tarifverträgen geschützt werden, hat sich das Problem entschärft, soweit man mit dem BVerfG eine negative Tarifvertragsfreiheit ablehnt (siehe unter § 83 III 2 d).

Unabhängig von der konkreten Rechtsnatur der Außenseiterwirkung ist zunächst festzuhalten, dass hierfür ein dringendes sachliches Bedürfnis besteht. Betriebsnormen und betriebsverfassungsrechtliche Normen sind nämlich aufgrund der durch sie geregelten Sachverhalte zwingend auf eine einheitliche Geltung innerhalb des Betriebs angelegt. Es handelt sich also um einen wesentlichen Bestandteil der Arbeits- und Wirtschaftsbedingungen, der sinnvoll nur geregelt werden kann, wenn diese Regelung alle Arbeitnehmer eines Betriebs bindet. Die Ausdehnung der Normwirkung auf nicht organisierte Arbeitnehmer ist in diesem Bereich also nur ein notwendiges Hilfsmittel, um die tarifliche Regelbarkeit von betrieblichen und betriebsverfassungsrechtlichen Fragen zu gewährleisten. Dies ist aber gerade der Inhalt des verfassungsrechtlichen Gestaltungsauftrags an den Staat, nämlich Schwächen innerhalb des Tarifvertragssystems bei der Verwirklichung tariflich regelbarer Ziele durch gesetzliche Regelungen zu beheben. Geschieht dies wie hier, können daraus aber keine Rückschlüsse auf die Rechtsnatur der regulären Normwirkung des Tarifvertrags gezogen werden. Die Normwirkung basiert damit gegenüber den Mitgliedern der Tarifparteien auf einer mandatischen Legitimation und ist daher privatrechtlicher Natur. Gegenüber nicht organisierten Arbeitnehmern kann sich bei einer besonderen Sachlage eine Normwirkung aufgrund eines staatlichen Geltungsbefehls ergeben.

Neue Rechtsprechung des BAG

In mehreren Urteilen hat sich auch das BAG mittlerweile der Auffassung angeschlossen, dass Tarifnormen auf kollektiv ausgeübter Privatautonomie beruhen und sich die Mitglieder durch Wahrnehmung ihrer kollektiven Koalitionsfreiheit aus Art. 9 Abs. 3 GG geltenden und künftigen Tarifregelungen unterwerfen (BAG 30.8.2000 AP Nr. 25 zu § 4 TVG Geltungsbereich; BAG 21.7.2004 EzA Nr. 5 zu § 620 BGB 2002 Altersgrenze; umfassend BAYREUTHER, Tarifautonomie als kollektiv ausgeübte Privatautonomie, 2005).

§ 104 Verhältnis der Tarifnormen zu anderen Rechtsquellen

Literatur: BUSCHMANN, Abbau des gesetzlichen Arbeitnehmerschutzes durch kollektives Arbeitsrecht?, FS Richardi (2007), S. 93 ff.; STEIN, Die Konkurrenz von Gesetz und Tarifvertrag, ArbuR 1998, 1.

Tarifnormen sind Teil der Rechtsordnung. In der Normenhierarchie der Rechtsordnung sind sie wie folgt einzuordnen: **Der Tarifvertrag ist gegenüber staatlichem Recht trotz Normwirkung die schwächere Rechtsquelle** (BAG 26.9.1984 AP Nr. 21 zu § 1 TVG). Nach dem Rangprinzip gehen also europäisches Primärrecht (vgl. dazu EuGH 7.2.1991 AP Nr. 25 zu § 23a BAT), Verfassungsrecht (zur Grundrechtsbindung siehe unter § 105 V), bundes- und landesrechtliche Gesetze sowie Rechtsverordnungen grundsätzlich vor. Hingegen stehen Betriebsvereinbarungen und Arbeitsverträge in der Rangordnung unter dem Tarifvertrag: im Verhältnis zu Betriebsvereinbarungen sind §§ 77 Abs. 3, 87 Abs. 1 BetrVG zu beachten (siehe unter § 111 III); im Verhältnis zum Arbeitsvertrag gilt das Günstigkeitsprinzip (siehe unter § 98 II 1).

Rangordnung

Das Verhältnis von Tarifverträgen zu Gesetzen bestimmt sich nach der **Wirkungsweise der ranghöheren Gesetze**. Diese können unterteilt werden in zweiseitig zwingende, einseitig zwingende Gesetze sowie solche ohne zwingende Wirkung.

Verhältnis zu Gesetzen

I. Zweiseitig zwingendes Gesetzesrecht

Zweiseitig zwingendes Gesetzesrecht gestattet keine abweichenden tarifvertraglichen Regelungen (BAG 25.9.1987 AP Nr. 1 zu § 1 BeschFG 1985; MüArbR/LÖWISCH/RIEBLE § 259 Rn. 82). Aufgrund der Unwirksamkeit von Tarifnormen im Bereich der zweiseitig zwingenden Gesetzesbestimmungen wird die Tarifautonomie in diesem Bereich begrenzt. Um das Tätigkeitsfeld der Tarifparteien nicht zu beschneiden, sind zweiseitig zwingende Vorschriften eher die **Ausnahme**. Dies gilt aber nur im Bereich der Arbeits- und Wirtschaftsbedingungen.

Bedeutung

⊃ **Beispiele:**
Zweiseitig zwingend sind etwa § 41 Abs. 4 S. 3 SGB VI a.F. (BAG 20.10.1993 AP Nr. 3 zu § 41 SGB VI); sowie die Möglichkeit der außerordentlichen Kündigung nach § 626 BGB (vgl. SÄCKER/OETKER S. 183).

II. Einseitig zwingendes Gesetzesrecht

Bedeutung — Ein einseitig zwingendes Gesetz schließt tarifvertragliche Regelungen nur zuungunsten einer Arbeitsvertragspartei, i.d.R. des Arbeitnehmers, aus (BAG 25.9.1987 AP Nr. 1 zu § 1 BeschFG 1985; KeZa/Kempen, TVG Grundlagen Rn. 272). Dies resultiert aus dem Charakter des Arbeitsrechts als Arbeitnehmerschutzrecht. Einseitig zwingende arbeitsrechtliche Vorschriften kompensieren die strukturelle Unterlegenheit des Arbeitnehmers beim Abschluss von Arbeitsverträgen (BVerfG 29.12.2004 AP Nr. 2 zu § 3 AEntG). Sie sind damit im Zweifel als zwingend anzusehen. Als Beispiel für den Fall, dass nur zuungunsten des Arbeitnehmers anderweitige Bestimmungen möglich sind, ist § 113 Abs. 1 S. 2 InsO zu nennen (Stein, ArbuR 1998, 1, 6).

Verbesserung des Mindestschutzes — Einseitig zwingende Gesetzesnormen lassen eine Verbesserung des staatlichen Mindestschutzes zu; insoweit ist das Gesetz nachgiebig. Dies gilt vor allem für Arbeitnehmerschutzvorschriften.

➲ **Beispiele:**
Einseitig zwingend in der Regel das Recht des Bestandsschutzes; zum KSchG (BAG 14.5.1987 AP Nr. 5 zu § 1 KSchG Wartezeit); zum Teilzeit- und Befristungsgesetz vgl. § 22 TzBfG.

III. Gesetz ohne zwingende Wirkung

Dispositives Gesetzesrecht — Gesetzesrecht ohne zwingende Wirkung kann wiederum unterteilt werden. **Dispositives Gesetzesrecht**, d.h. solches, von dem grundsätzlich durch andere Abmachungen, auch durch Arbeitsvertrag oder Betriebsvereinbarung, abgewichen werden kann, steht auch tarifvertraglichen Vereinbarungen offen.

Tarifdispositives Gesetzesrecht — Hingegen wird von **tarifdispositivem Recht** nur dann gesprochen, wenn durch Tarifvertrag vom Gesetz abgewichen werden kann, also nicht durch Arbeitsvertrag oder Betriebsvereinbarung (Stein, ArbuR 1998, 1, 7; KeZa/Kempen, TVG Grundlagen Rn. 287). Den Tarifvertragsparteien kann dabei allerdings gestattet werden, Abweichungen durch Betriebsvereinbarung zuzulassen. Von tarifdispositivem Gesetzesrecht kann sowohl zugunsten als **auch zuungunsten der Arbeitnehmer** durch Tarifvertrag abgewichen werden. Dies ist der Unterschied zum einseitig zwingenden Gesetzesrecht. Dabei ist umstritten, ob die Tarifvertragsparteien, wenn sie von solchen Tariföffnungsklauseln in Gesetzen Gebrauch machen, an die Leitgedanken der gesetzlichen Vorschriften gebunden sind. Das BAG hat dies unlängst für die Vorschrift des § 622 Abs. 4 BGB abgelehnt. Dabei bestand allerdings die Besonderheit, dass der gesetzgeberische Wille deutlich gegen eine entsprechende Bindung sprach (BAG 23.4.2008 NZA 2008, 960).

„Demgegenüber ist es nicht angängig, neben dem Wortlaut und dem zur konkreten Norm (§ 622 Abs. 4 Satz 1 BGB) deutlich erklärten Willen des Gesetzgebers noch ein darüber gewissermaßen schwebendes Ziel oder Leitbild der gesetzlichen Gesamtregelung (§ 622 Abs. 2 BGB) zu postulieren und dergestalt zu berücksichtigen, dass es den entgegenstehenden Wortlaut und den erklärten Willen in sein Gegenteil zu verkehren geeignet sein soll. Letztlich ist ein so zustande gekommenes Auslegungsergebnis dem Vorwurf ausgesetzt, es sei contra legem gewonnen." (BAG 23.4.2008, NZA 2008, 960)."

⊃ **Beispiele:**
- Dispositives Gesetzesrecht sind die §§ 616, 615 BGB (BAG 29.2.1984 AP Nr. 64 zu § 616 BGB).
- Tarifdispositive Gesetzesnormen sind § 12 Abs. 3 TzBfG; § 622 Abs. 4 BGB; §§ 7, 12 ArbZG; § 13 Abs. 1 S. 1 BUrlG; §§ 3 Abs. 1 Nr. 3, 9 Nr. 2 AÜG.

IV. Abgrenzung zwischen zweiseitig und einseitig zwingendem Gesetzesrecht

Die Abgrenzung von zweiseitig und einseitig zwingendem Gesetzesrecht und die Ermittlung des Umfangs der tariflichen Dispositivität erfolgt durch **Auslegung der gesetzlichen Vorschrift**. Fehlen eine ausdrückliche Bestimmung oder eindeutige Anhaltspunkte für eine zweiseitig zwingende Vorschrift, dann ist bei Arbeitnehmerschutzvorschriften im Zweifel von einer einseitig zwingenden Regelung zugunsten der Arbeitnehmer auszugehen (BAG 25.9.1987 AP Nr. 1 zu § 1 BeschFG; SÄCKER/OETKER S. 193).

Auslegung des Gesetzes

Teilweise bestimmen gesetzliche Regelungen ausdrücklich ihr Verhältnis zu tarifvertraglichen Bestimmungen, so z.B. §§ 7, 12 ArbZG, § 622 Abs. 4 BGB, § 4 Abs. 4 EFZG oder § 13 BUrlG. Solche Vorschriften werden z.T. als Zulassungsnormen oder Tariföffnungsklauseln bezeichnet (WIEDEMANN, Einl. TVG Rn. 378). Aus dieser ausdrücklichen gesetzlichen Regelung in mehreren verschiedenen Gesetzen folgt auch, dass es keine Auslegungsregel geben kann, nach der im Zweifel eine Vorschrift zugunsten der Tarifvertragsparteien als **tarifdispositiv** auszulegen ist. Denn der Gesetzgeber hat die Tarifdispositivität in einer Vielzahl von Gesetzen ausdrücklich als Ausnahmeregelungen zugelassen, so dass davon auszugehen ist, dass ohne ausdrückliche Tariföffnungsklauseln eine zwingende Wirkung auch gegenüber dem Tarifvertrag gewollt ist.

Ausdrückliche Bestimmungen

V. Rechtsfolgen bei Verstoß gegen zwingendes Gesetzesrecht

Im Ergebnis, nicht aber in der Begründung besteht Einigkeit über die Rechtsfolgen, wenn ein Tarifvertrag gegen **zwingendes Recht** verstößt. Die Tarifnormen sind unwirksam.

Unwirksamkeit

Meinungsstreit

Es gibt zwei mögliche Ansatzpunkte für die Unwirksamkeit von Tarifnormen, die gegen zwingendes Gesetzesrecht verstoßen. Teile der Literatur (STEIN, ArbuR 1998, 1) wollen den allgemeinen Grundsatz „**lex superior derogat legi inferiori**" anwenden, nach dem die rangniedrigere Norm bei Verstoß gegen ein ranghöheres Gesetz unwirksam ist. Entscheidend wird hier also auf den **Normcharakter** abgestellt. Die Rechtsprechung (BAG 20.10.1993 AP Nr. 3 zu § 41 SGB VI) zieht hingegen **§ 134 BGB** heran, nach dem ein Rechtsgeschäft bei Verstoß gegen ein gesetzliches Verbot unwirksam ist. Hier steht der **Vertragscharakter** des Tarifvertrags im Vordergrund.

Keine Anwendung des § 139 BGB

§ 139 BGB wird allerdings im Tarifvertragsrecht nicht angewendet (vgl. BAG 26.2.1986 AP Nr. 12 zu § 4 TVG Ordnungsprinzip; BAG 12.12.2007 AP Nr. 39 zu § 1 TVG; OETKER, JZ 1998, 206). Soweit die übrigen Tarifnormen ohne die unwirksame Tarifbestimmung einen Sinn ergeben, ist der Tarifvertrag wirksam.

VI. Tarifvertragliche Bezugnahme auf Gesetze

Literatur: KAMANABROU, Die Auslegung tarifvertraglicher Entgeltfortzahlungsklauseln – zugleich ein Beitrag zum Verhältnis der Tarifautonomie zu zwingenden Gesetzen, RdA 1997, 22; PREIS, Deklaratorische und konstitutive Tarifklauseln, FS Schaub (1998), S. 571; RIEBLE, Die Einschränkung der gesetzlichen Entgeltfortzahlung im Krankheitsfall und ihre Auswirkung auf inhaltsgleiche Regelungen in Tarifverträgen, RdA 1997, 134.

Problematik in der Entgeltfortzahlung

Das Verhältnis von Gesetz und Tarifvertrag ist aufgrund der – inzwischen wieder rückgängig gemachten – Änderung des EFZG 1996 durch das **Arbeitsrechtliche Beschäftigungsförderungsgesetz** in den Blickpunkt des Interesses geraten. Diskutiert wird seitdem, wie sich die Senkung der Entgeltfortzahlung von 100 % auf 80 % des regelmäßigen Entgelts auf entsprechende Bestimmungen in Tarifverträgen auswirkte. Die Absenkung der Entgeltfortzahlung ist inzwischen durch den Gesetzgeber wieder rückgängig gemacht worden.

Deklaratorische und konstitutive Tarifklauseln

Tarifnormen können durch wörtliche oder inhaltliche Übernahme oder durch Verweisung auf gesetzliche Regelungen Bezug nehmen. Ändert sich das Gesetz, dann ist durch **Auslegung des Tarifvertrags** zu ermitteln, ob die Tarifvertragsparteien eine eigenständige Tarifnorm setzen wollten, die unabhängig vom Bestand des Gesetzes gilt, oder ob die gesetzliche Bestimmung lediglich zu Informationszwecken ohne eigenen Regelungsgehalt in den Tarifvertrag aufgenommen wurde; dann ist die jeweilige gesetzliche Regelung unmittelbar anzuwenden. Das entscheidende Abgrenzungsmerkmal zwischen solchen **deklaratorischen** und **konstitutiven Tarifklauseln** ist der **Normsetzungswille** der Tarifvertragsparteien (siehe unter § 104 VI). Streitig ist allein, ob in solchen Fällen, in denen die Auslegung zu keinem eindeutigen Ergebnis gelangt, im Zweifel ein Normsetzungswille der Tarifparteien anzunehmen ist oder nicht. Die Rechtsprechung verneint dies (vgl. etwa BAG 28.1.1988 AP Nr. 24 zu § 622 BGB; BAG 5.10.1995 AP Nr. 48 zu § 622 BGB); die h.L. (PREIS,

FS Schaub, S. 571 ff.) geht im Zweifel von konstitutiven, also eigenständigen Tarifklauseln aus.

§ 105 Grenzen der Regelungsmacht

Literatur: BAUMANN, Anforderungen an den Tarifvertrag als Gesetz, RdA 1987, 270; DIETERICH, Die grundrechtsdogmatischen Grenzen der Tarifautonomie in der Rechtsprechung des Bundesarbeitsgerichts, FS Wiedemann (2002), S. 229; NEUMANN, Grenzen der Tarifautonomie, AR-Blattei 1550.1.4; SÖLLNER, Grenzen des Tarifvertrags, NZA 1996, 897.

⮕ Übersicht:
- I. Gesetzliche Grenzen
- II. Gemeinwohlbindung
- III. Rechtsstaatsgebot
- IV. Tarifverantwortung
- V. Grundrechtsbindung der Tarifparteien
  1. Die grundsätzliche Bindung an die Grundrechte
  2. Bindung an Art. 3 GG
  3. Bindung an Art. 12 Abs. 1 GG
     a) Arbeitszeitregelungen
     b) Tarifliche Altergrenzen
  4. Grundrechtsbindung bei Allgemeinverbindlicherklärung
- VI. Gerichtliche Kontrolle

Die Tarifvertragsparteien können mit verbindlicher Wirkung für ihre Mitglieder auch ungünstige Regelungen treffen. Der Gebrauch der Tarifautonomie ist damit keine Einbahnstrasse zugunsten des Arbeitnehmers, sondern erweist sich als januskökpfig. Denn ein Tarifvertrag beinhaltet notwendigerweise immer die Interessen beider Vertragspartner, so dass sich sowohl für die Arbeitgeber als auch für die Arbeitnehmer nachteilige Regelungen ergeben können. Damit bedarf die Regelungskompetenz der Tarifvertragsparteien einer Begrenzung, die allerdings ihrerseits den Grundsätzen der **Tarifautonomie** genügen muss.

Ausgangslage

Die **Grenzen der Regelungsmacht** der Tarifvertragsparteien, darunter werden i.d.R. die ihr immanenten Grenzen verstanden (vgl. LIEB/JACOBS Rn. 564), sind daher nur schwer zu bestimmen und sehr umstritten. Zwingende, verfassungsgemäße Gesetze schränken die Tarifmacht ohnehin ein.

Immanente Grenzen

I. Gesetzliche Grenzen

Ausgestaltung der Tarifautonomie durch das TVG

Aus Art. 9 Abs. 3 GG ergibt sich, dass die Koalitionsfreiheit nur die Regelung der **Arbeits- und Wirtschaftsbedingungen** schützt. Darüber hinaus können sich die Tarifparteien nicht auf die Tarifautonomie stützen. Die Tarifautonomie ist ein **ausgestaltungsbedürftiges Grundrecht**. Der Gesetzgeber ist seiner Pflicht, ein Tarifvertragssystem zur Verfügung zu stellen, in zulässiger Weise mittels des TVG nachgekommen. Der Rahmen des **TVG** bildet daher eine wirksame Grenze der Tarifmacht der Verbände. Nur in dem dort zugelassenen Bereich können sie normativ wirkende Tarifvereinbarungen treffen (zu den Grenzen nach dem TVG etwa REUTER, Anm. zu EzA Nr. 49 zu Art. 9 GG).

So bestimmt § 1 Abs. 1 TVG, dass ein Tarifvertrag nur Rechtsnormen enthalten kann, die den Inhalt, den Abschluss und die Beendigung von Arbeitsverhältnissen sowie betriebliche und betriebsverfassungsrechtliche Fragen ordnen. Die Tarifvertragsparteien können also nicht beliebige Themen zum Gegenstand der Tarifnormen machen. Diese inhaltliche Beschränkung ist indessen sehr weit gehalten und kaum tauglich, eine genaue Grenze zwischen zulässigen und unzulässigen Regelungsgegenständen zu ziehen. Es hat daher im Einzelfall eine Auslegung des TVG unter Berücksichtigung des Art. 9 Abs. 3 GG zu erfolgen. Dabei ist jedoch zweierlei zu beachten. Zum einen kann die Schutzbereichsgrenze des Art. 9 Abs. 3 GG nur die **äußerste Grenze** der Tarifautonomie beschreiben, da innerhalb des verfassungsrechtlichen Ausgestaltungsauftrags eine weitergehende sachgerechte Einschränkung im Sinne der Funktionalität des Tarifvertragssystems zulässig ist. Der verfassungsrechtliche Begriff der Arbeits- und Wirtschaftsbedingungen kann daher zunächst nur eine verlässliche Antwort darauf geben, was – ohne gesonderte gesetzgeberische Legitimation – jedenfalls nicht in die Regelungskompetenz der Tarifparteien fallen darf. Zum anderen handelt es sich bei den Arbeits- und Wirtschaftsbedingungen um ein bewusst offengehaltenes Begriffspaar, das dem ständigen Strukturwandel, dem insbesondere das Arbeits- und Wirtschaftsleben unterliegt, Rechnung trägt. Dies bedeutet für eine verfassungskonforme Auslegung, dass auch auf einfachgesetzlicher Ebene keine grundsätzliche Beschränkung auf klassische, bisher anerkannte Regelungsgegenstände bestehen darf, sondern auch tarifpolitische Initiativen prinzipiell möglich sein müssen (so auch SÄCKER/OETKER S. 39 ff.). Im Kern ergibt sich aus der Verfassung also ein abstrakter Zuständigkeitsbereich für die Tarifvertragsparteien. Die Frage, welche Regelungen den Tarifvertragsparteien konkret gestattet sind, ergibt sich aus den einfachgesetzlichen Grenzen, in denen die Tarifvertragsparteien die Tarifautonomie betätigen.

Privater Bereich der Arbeitnehmer

Von dem Begriffspaar der Arbeits- und Wirtschaftsbedingungen (siehe unter § 82 II) wird vor allem die **kollektivfreie Individualsphäre** eines Mitglieds abgegrenzt. Die Tarifparteien dürfen jedenfalls keinen privaten Bereich regeln, der nicht mit dem Arbeitsver-

I. Gesetzliche Grenzen § 105

hältnis in Verbindung steht. Dies verbietet der Schutz der Individualsphäre des Arbeitnehmers (vgl. dazu Zöllner/Loritz/Hergenröder § 39 III 6).

⊃ **Beispiele:**
- Die Tarifparteien können die Höhe des Lohns, nicht aber dessen Verwendung regeln.
- Ebenso unwirksam wäre das tariflich verankerte Gebot, ausschließlich Erzeugnisse aus der firmeneigenen Produktion (z.B. Kfz) zu verwenden.

Neben diesen eindeutigen Fällen, gibt es jedoch eine Reihe von Regelungsgegenständen, bei denen eine Abgrenzung wesentlich größere Probleme aufwirft.

Ein Streitpunkt war die Frage, ob bereits entstandene, tarifvertraglich begründete Lohnansprüche noch Gegenstand – rückwirkender – Tarifvereinbarungen sein können. Rechtsprechung (BAG 28.9.1983 AP Nr. 9 zu § 1 TVG Rückwirkung) und ein Teil der vornehmlich älteren Literatur sahen in dem Entstehen tariflicher Lohnansprüche einen Übergang dieser Rechtsposition in die Privatsphäre des Arbeitnehmers, wodurch diese automatisch der Regelungskompetenz der Tarifparteien entzogen wurde (Herschel, Tariffähigkeit und Tarifmacht, 1932, S. 49 f.; Siebert, FS Nipperdey, S. 129; Stahlhacke, RdA 1959, 269 f.). Begründet wurde dies überwiegend damit, dass die Tarifparteien generell keine Arbeitsverhältnisse erzeugen und somit auch keine aus demselben verselbständigten Ansprüche regeln können. Dieser Auffassung wurde entgegengehalten, dass eine rückwirkende Änderung entstandener Lohnansprüche lediglich eine inhaltliche Neubestimmung der Lohnhöhe darstelle, die sich dann nur mittelbar auf die erlangte Rechtsposition des Arbeitnehmers auswirke (Biedenkopf, Grenzen der Tarifautonomie, 1964, S. 238; Richardi, Kollektivgewalt und Individualwille bei der Gestaltung des Arbeitsverhältnisses, 1968, S. 442 f.). **Rückwirkende Lohnminderungen durch Tarifvertrag haben damit inhaltsbestimmenden Charakter und fallen folglich in die Regelungsmacht der Tarifparteien.** Dieser Ansicht hat sich das BAG in einer Rechtsprechungsänderung angeschlossen (BAG 23.11.1994 AP Nr. 12 zu § 1 TVG Rückwirkung). Entscheidend waren hierfür zwei Argumente. Zum einen hatten die bisherigen Vertreter der Theorie vom Übertritt entstandener Ansprüche in die Individualsphäre eine rückwirkende Beeinträchtigung dann für zulässig erachtet, wenn hierfür ein dringendes Bedürfnis bestand. Dogmatisch ist es jedoch nicht begründbar, warum Tarifparteien bei einer besonderen Bedürfnislage Gegenstände regeln dürfen, für die sie überhaupt keine Regelungsmacht besitzen. Zum anderen wird darauf abgestellt, dass Ansprüche, die aus einer tariflichen Vereinbarung resultieren, grundsätzlich die Schwäche in sich tragen, durch Regelung auf gleicher Ebene abgeändert zu werden. Allerdings hat das BAG die Kompetenz der Tarifvertragsparteien insoweit beschränkt, als es die rückwirkende Änderung den gleichen Grenzen

Entstandene tarifliche Lohnansprüche

unterworfen hat, die für den rückwirkenden gesetzlichen Eingriff gelten (BAG 17.7.2007 ZTR 2008, 161; dazu unter § 100 V 1).

Nebentätigkeitsverbote

Eine ebenfalls differenzierte Abgrenzung von Arbeits- und Wirtschaftsbedingungen einerseits und geschützter Individualsphäre andererseits gebietet sich in den Fällen von Nebentätigkeits- oder Wettbewerbsverboten. Grundsätzlich bildet die Freizeit und die Gestaltung derselben den klassischen privaten Bereich, der sich der Regelung durch Tarifvorschriften entzieht, so dass der **Arbeitnehmer auch generell frei darin ist, in dieser Zeit einer weiteren Erwerbstätigkeit nachzugehen**. Anerkanntermaßen können dem Arbeitnehmer aber aus seinem Arbeitsverhältnis gewisse Nebenpflichten erwachsen, die sein Verhalten außerhalb der Arbeitszeiten betreffen. Es ist nur konsequent, wenn sich hierauf auch die tarifliche Regelungsmacht erstreckt, da es sich dann um Inhaltsfragen bezüglich des Arbeitsverhältnisses handelt. Dies ist zum Beispiel der Fall, wenn eine Nebentätigkeit die geschuldete Arbeitskraft erheblich beeinträchtigt oder der Arbeitnehmer durch eine Tätigkeit bei einem unmittelbaren Wettbewerbskonkurrenten gegen seine Loyalitätspflicht gegenüber seinem Arbeitgeber verstößt. Hieraus lässt sich aber kein allgemeiner Grundsatz ableiten, dass die private Lebensführung stets dann in den Regelungsbereich der Tarifparteien fiele, wenn diese Auswirkungen auf die Erfüllung der Arbeitsverpflichtungen hat. So sind tarifvertragliche Verbote von Risikosportarten oder übermäßigen Alkoholkonsums generell unzulässig. Hier sind allenfalls individualvertragliche Verpflichtungen möglich, wie sie insbesondere im Bereich des Profisports üblich sind.

„Tarifliche Regelungen über Nebentätigkeiten betreffen Arbeitsbedingungen iSv. Art. 9 Abs. 3 GG. Sie können deshalb grundsätzlich Gegenstand von Tarifnormen sein (...). Die Tarifvertragsparteien überschreiten den ihnen in Art. 9 Abs. 3 GG eröffneten Gestaltungsspielraum jedoch, wenn die tarifliche Regelung in unzulässiger Weise in den Schutzbereich des Art. 12 GG, der Nebentätigkeiten beruflicher Natur erfaßt, eingreift. Eine Einschränkung dieses Schutzbereichs ist bei Angehörigen des öffentlichen Dienstes insoweit unbedenklich, als zu besorgen ist, daß durch die Nebentätigkeit dienstliche Interessen beeinträchtigt werden (...) bzw. bei sonstigen Arbeitnehmern insoweit, als betriebliche Belange berührt sein können (...)." (BAG 24.6.1999 AP Nr. 5 zu § 611 BGB)

Unternehmerische Entscheidungen des Arbeitgebers

Wesentlich mehr Schwierigkeiten bereitet hingegen die Abgrenzung der Arbeits- und Wirtschaftsbedingungen gegenüber einem kollektivvertraglich unzugänglichen Bereich **unternehmerischer Entscheidungsfreiheit**. Konkret in das Blickfeld der juristischen Diskussion sind dabei Entscheidungen wirtschaftlicher Art, wie zum Beispiel die Preispolitik, Umfang und Art der Produktion, Betriebsänderungen oder ganz allgemein Rationalisierungsmaßnahmen gelangt. Die Problematik einer Abgrenzung liegt hierbei darin, dass letztendlich das gesamte Tun und Lassen des Arbeitgebers unternehmerischen Charakter hat und dadurch gleichzeitig als wirtschaftlicher Faktor

I. Gesetzliche Grenzen § 105

auch immer einen wesentlich engeren Bezug zu den Bedingungen, unter denen abhängige Arbeit im Unternehmen geleistet wird, aufweist, als dies bei der privaten Lebensgestaltung der Arbeitnehmer der Fall ist. Die Unternehmensautonomie ist deutlich stärker mit der Tarifautonomie verzahnt als die Individualsphäre der Arbeitnehmer. Im Schrifttum werden hierzu zahlreiche Auffassungen vertreten. So soll beispielsweise die Planungs- und Entscheidungshoheit des Arbeitgebers als solche nicht von der Regelungsmacht der Tarifparteien umfasst sein, diese beschränke sich vielmehr auf die Regelung sozialer Folgewirkungen unternehmerischer Entscheidungen (BIEDENKOPF, Sinn und Grenzen der Vereinbarungsbefugnis der Tarifvertragsparteien, Verhandlungen des 46. DJT, Bd. I 1, S. 161 ff.). Genau in die entgegengesetzte Richtung geht die Auffassung, nach der sämtliche unternehmerischen Entscheidungen der Tarifautonomie zugänglich sind (DÄUBLER, Tarifvertragsrecht, 1993, Rn. 1111).

Das BAG (BAG 3.4.1990 AP Nr. 56 zu Art. 9 GG) ist keiner dieser extremen Richtungen gefolgt, sondern hat einen Mittelweg eingeschlagen.

„[...] der Tarifautonomie [kann] nicht entnommen werden, dass sämtliche unternehmerische Entscheidungen tarifvertraglich geregelt werden können. Als kollektives Arbeitnehmerschutzrecht gegenüber der Unternehmensautonomie kann eine tarifliche Regelung nur dort eingreifen, wo eine unternehmerische Entscheidung diejenigen rechtlichen, wirtschaftlichen oder sozialen Belange der Arbeitnehmer berührt, die sich gerade aus deren Eigenschaft als abhängig Beschäftigte ergeben. Dementsprechend entscheidet die Geschäftsleitung unternehmensautonom beispielsweise über Investitionen, Produktion und Vertrieb. Sie trifft grundsätzlich die Entscheidung darüber, welche Geld- und Sachmittel zu welchem Zweck eingesetzt werden und ob, was und wo hergestellt wird (...).

Diese tarifvertragsfreie Unternehmensautonomie geht aber nicht so weit, dass die Gewerkschaften darauf beschränkt sind, nur soziale Folgewirkungen unternehmerischer Entscheidungen zu regeln (...). Gerade bei der Einführung neuer Technologien werden Arbeitsbedingungen verändert. Aus der Sicht der betroffenen Arbeitnehmer ist es dann gleichgültig, ob die soziale Frage bereits Teil oder erst Folge der Unternehmensentscheidung ist. Zudem wird dies oft ein produktionstechnischer Zufall sein. Vor allem aber gibt es unternehmerische Maßnahmen (...) die sich für die Arbeitnehmer derart belastend auswirken können, dass sich die sozialen Folgen nicht oder nicht hinreichend ausgleichen oder mildern lassen (...). Deshalb bezieht sich der Regelungsauftrag des Art. 9 Abs. 3 GG immer dann, wenn sich die wirtschaftliche und soziale Seite einer unternehmerischen Maßnahme nicht trennen lassen, zwangsläufig mit auf die Steuerung der unternehmerischen Sachentscheidung (...)." (BAG 3.4.1990 AP Nr. 56 zu Art. 9 GG)

Die Entscheidung des BAG verdient Zustimmung, da sie die in Art. 9 Abs. 3 GG genannten Arbeits- und Wirtschaftsbedingungen zutreffend als einheitliches Begriffspaar versteht (ebenso ErfK/DIETE-

RICH Art. 9 GG Rn. 23). Die Wirtschaftsbedingungen stellen nämlich nicht bloß diejenigen Arbeitsbedingungen dar, die aus unternehmerischer Sicht einen relevanten Wirtschaftsfaktor bilden, sondern erfassen alle wirtschaftlichen Aspekte einer Unternehmensführung, die einen konkreten Bezug zu den Bedingungen aufweisen, unter denen abhängige Arbeit geleistet wird (vgl. unter § 82 III). Dies bedeutet zum einen, dass nicht lediglich die Arbeitsbedingungen Gegenstand tariflicher Regelungsmacht sind. Zum anderen stellen die Folgen, die ein wirtschaftlicher Faktor für die Arbeitsbedingungen hat, den wesentlichen Maßstab für die Beurteilung dar, ob ein solcher Faktor in den Regelungsbereich der Tarifparteien fällt. Damit kann sich die Kompetenz aber nicht mehr bloß auf eben diese Folgen beziehen, sondern muss auch für deren Ursachen gelten. **Eine Beschränkung der Regelungsmacht auf die sozialen Folgewirkungen stellt also eine nicht verfassungskonforme Auslegung des § 1 Abs. 1 TVG dar.** Weiterhin wird aber auch deutlich, dass unternehmerische Entscheidungen, die allenfalls in einem mittelbaren Wirkungszusammenhang mit den Arbeitsbedingungen stehen, nicht mehr dem einheitlichen Begriffspaar der Arbeits- und Wirtschaftbedingungen zugeordnet werden können.

Hieraus ergibt sich für die Abgrenzung innerhalb der Unternehmensentscheidungen Folgendes:

Hat eine solche **lediglich reflexartige Folgewirkungen** auf die Bedingungen, unter denen die Arbeitnehmer ihrer Arbeitsverpflichtung nachkommen, so **ist sie einer tariflichen Regelung nicht zugänglich.**

⊃ **Beispiele:**
- Preispolitik des Unternehmens
- Kreditaufnahme, insbesondere hinsichtlich der Kredithöhe und des Kreditgebers
- Auswahl der Kunden

Betriebsstilllegungen

Einen Sonderfall bilden hier die Entscheidungen darüber, ob Betriebe oder Betriebsteile stillgelegt bzw. neu eingerichtet werden. Die Folgewirkung für hiervon betroffene Arbeitnehmer liegt nämlich in dem Entstehen bzw. dem Wegfall ihrer Arbeitsverhältnisse, also einem Gegenstand, der sich ohnehin nicht im Zuständigkeitsbereich der Tarifparteien befindet. Diese unternehmerische Entscheidung ist also grundsätzlich autonom. Eine Ausnahme ist allerdings dann zu machen, wenn eine relevante Auswirkung auf die übrigen Arbeitnehmer in dem jeweiligen Unternehmen feststellbar ist. Dies wäre zum Beispiel dann der Fall, wenn die durch eine Betriebsstilllegung weggefallene Arbeitskapazität von den verbliebenen Arbeitnehmern kompensiert werden müsste, so dass es zu einer erheblichen Mehrbelastung käme.

Bindung an die Grundfreiheiten

In diesem Zusammenhang stehen auch zwei neuere Entscheidungen des EuGH (11.12.2007 NZA 2008, 124 – Viking; 18.12.2007 NZA

I. Gesetzliche Grenzen § 105

2008, 159 – Laval; dazu ausf. § 138). Darin bejaht der EuGH eine Bindung der Tarifvertragsparteien an die Grundfreiheiten des EG-Vertrags. Demnach sind Maßnahmen, die auf eine Beschränkung der Niederlassungsfreiheit (Art. 43 EG) oder der Dienstleistungsfreiheit (Art. 49 EG) hinaus laufen, nur dann zu rechtfertigen, wenn sie Gründen des Allgemeinwohls genügen, zu denen vor allem der Schutz der Arbeitnehmer zählt. Soweit eine Maßnahme allein das Ziel verfolgt, eine Unternehmensverlagerung zu verhindern, ist diese nach der Rechtsprechung des EuGH unzulässig. Dient sie hingegen dem Schutz der Arbeitnehmer und wird die unternehmerische Entscheidung hiervon lediglich beeinflusst, so ist die Maßnahme zulässig.

„Im vorliegenden Fall hat zum einen eine kollektive Maßnahme wie die von der FSU beabsichtigte zur Folge, es für Viking, wie das vorlegende Gericht aufgezeigt hat, weniger attraktiv und sogar zwecklos zu machen, von ihrer Niederlassungsfreiheit Gebrauch zu machen, da die kollektive Maßnahme das Unternehmen und seine Tochtergesellschaft Viking Eesti daran hindert, im Aufnahmemitgliedstaat in den Genuss der gleichen Behandlung wie die anderen in diesem Staat niedergelassenen Wirtschaftsteilnehmer zu kommen.

Zum anderen ist davon auszugehen, dass eine kollektive Maßnahme, die zu dem Zweck durchgeführt wird, die von der ITF betriebene Politik des Kampfes gegen Billigflaggen umzusetzen, die hauptsächlich, wie aus deren Erklärungen hervorgeht, darauf abzielt, die Reeder daran zu hindern, ihre Schiffe in einem anderen Staat als dem registrieren zu lassen, dessen Staatsangehörigkeit die wirtschaftlichen Eigentümer dieser Schiffe besitzen, zumindest geeignet ist, die Ausübung der Niederlassungsfreiheit durch Viking zu beschränken.

Daraus folgt, dass kollektive Maßnahmen, wie sie im Ausgangsverfahren in Rede stehen, Beschränkungen der Niederlassungsfreiheit i.S. von Art. 43 EG sind.

Zur Rechtfertigung der Beschränkungen

Eine Beschränkung der Niederlassungsfreiheit kann nach der Rechtsprechung des EuGH nur zulässig sein, wenn mit ihr ein berechtigtes und mit dem Vertrag zu vereinbarendes Ziel verfolgt wird und wenn sie durch zwingende Gründe des Allgemeininteresses gerechtfertigt ist. In einem solchen Fall muss aber außerdem die Beschränkung geeignet sein, die Erreichung des verfolgten Ziels zu gewährleisten, und darf nicht über das hinausgehen, was zur Erreichung dieses Ziels erforderlich ist (...).

Die ITF, die insbesondere von der deutschen Regierung, von Irland und von der finnischen Regierung unterstützt wird, macht geltend, dass die im Ausgangsverfahren fraglichen Beschränkungen gerechtfertigt seien, da sie erforderlich seien, um den Schutz eines vom Gemeinschaftsrecht anerkannten Grundrechts zu gewährleisten, und da sie den Schutz der

Rechte der Arbeiter bezwecken, worin ein zwingender Grund des Allgemeininteresses liege.

Hierzu ist darauf hinzuweisen, dass das Recht auf Durchführung einer kollektiven Maßnahme, die den Schutz der Arbeitnehmer zum Ziel hat, ein berechtigtes Interesse darstellt, das grundsätzlich eine Beschränkung einer der vom Vertrag gewährleisteten Grundfreiheiten rechtfertigen kann (...), und dass der Schutz der Arbeitnehmer zu den bereits vom EuGH anerkannten zwingenden Gründen des Allgemeininteresses zählt. [...]

Was zweitens die kollektiven Maßnahmen zur Gewährleistung der Umsetzung der ITF-Politik betrifft, ist zu betonen, dass sich die Beschränkungen der Niederlassungsfreiheit, die sich aus derartigen Maßnahmen ergeben, objektiv nicht rechtfertigen lassen, soweit diese Politik darauf hinausläuft, die Reeder daran zu hindern, ihre Schiffe in einem anderen Staat als dem registrieren zu lassen, dessen Staatsangehörigkeit die wirtschaftlichen Eigentümer dieser Schiffe besitzen. Allerdings ist festzustellen, dass die genannte Politik, wie aus dem Vorlagebeschluss hervorgeht, auch das Ziel des Schutzes und der Verbesserung der Arbeitsbedingungen der Seeleute verfolgt." (EuGH 11.12.2007 NZA 2008, 124 – Viking)

Arbeitszeitregelungen Zwischen der autonomen unternehmerischen Entscheidung und der Regelung der Folgen, die diese für die Arbeitnehmer hat, wurde vom BAG differenziert, um eine Bestimmung von Arbeitszeitzuschlägen für tariflich regelbar zu erklären (BAG 3.4.1990 AP Nr. 56 zu Art. 9 GG).

Demnach ist eine unternehmerische Entscheidung generell dann innerhalb der tariflichen Regelungskompetenz anzuordnen, wenn sie sich entweder unmittelbar auf den Status einzelner oder mehrerer Arbeitnehmer auswirkt oder ihre lediglich mittelbare Wirkung von einer derartigen Intensität ist, dass sie sich einer vernünftigen Unternehmensleitung hätte aufdrängen müssen. Allerdings bieten diese Abgrenzungskriterien kein abschließendes Maß an Sicherheit, da es in komplizierten Fällen nach wie vor auf eine Gesamtabwägung zwischen Tarifautonomie und Unternehmensfreiheit ankommt, die dann letztendlich vom Richter vorgenommen werden muss.

Öffnungszeiten Stellt man aber auf die Intensität der Wirkung einer Entscheidung ab, so könnte dies grundsätzlich auch für die umgekehrten Fälle gelten. Vorausgesetzt, eine unternehmerische Entscheidung in dem Bereich der Arbeitsbedingungen bedeutete eine erhebliche Beschränkung der wirtschaftlichen Freiheit des Arbeitgebers, so läge die Annahme nahe, diese Regelungsmaterie in einem Umkehrschluss überwiegend der Unternehmensfreiheit zuzuordnen und sie so der tariflichen Regelungsmacht zu entziehen. Ein Beispiel hierfür bieten tarifliche Gestaltungen von Laden- bzw. Geschäftsöffnungszeiten. Eine zwingende Regelung auf diesem Gebiet gehört zwar zu den allgemein tariflich regelbaren Arbeitszeiten, greift jedoch erheblich in

I. Gesetzliche Grenzen § 105

die unternehmerische Freiheit ein. Dennoch wäre es nicht verfassungskonform, diese aufgrund ihrer erheblichen Wirkung aus der Tarifautonomie auszuklammern. Art. 9 Abs. 3 GG setzt nämlich gerade voraus, dass Arbeitsbedingungen einen wesentlichen Wirtschaftsfaktor darstellen, und stellt diese bereits auf Verfassungsebene umfassend unter den Vorbehalt einer tariflichen Regelung. Arbeitsbedingungen sind also grundsätzlich tariflich regelbar, unabhängig davon, wie stark ihre Auswirkungen auf die wirtschaftliche Autonomie des Arbeitgebers ist. Eine hiervon zu trennende Frage ist allerdings die inhaltliche Ausgestaltungsfreiheit, die den Tarifparteien hinsichtlich derart weittragender Gegenstände zusteht. Dies ist jedoch innerhalb der inhaltlichen Bindung an die Grundrechte der Tarifparteien zu klären und keine Frage der Regelungszuständigkeit.

Für die Grenzen der Tarifautonomie auf der Ebene der Regelungskompetenz gilt daher allgemein (vgl. auch GAMILLSCHEG KollArbR I § 6 II; SÄCKER/OETKER S. 48 ff.; ErfK/DIETERICH Art. 9 GG Rn. 72):

⊃ 1. Der Schutzbereich des Art. 9 Abs. 3 GG bildet nur die äußerste Grenze der Tarifautonomie, die festlegt, welche Regelungsmaterien jedenfalls nicht der Regelungskompetenz der Tarifparteien zufallen.
2. Alle Materien mit unmittelbarem Bezug zu den Bedingungen, unter denen abhängige Arbeit geleistet wird, sind tariflich regelbar.
3. Ein Bezug kann sich auch daraus ergeben, dass die Regelung einer Materie mittelbare Wirkung auf den Status einzelner oder mehrerer Arbeitnehmer von erheblicher Intensität hat.
4. Einzelne grundrechtlich geschützte Positionen bilden kein Abgrenzungskriterium auf Zuständigkeitsebene, sondern können nur die inhaltliche Ausgestaltungsfreiheit begrenzen.

Auch die Regelung von Abfindungen in Tarifverträgen fällt nach der Rechtsprechung des BAG unter die Regelungskompetenz der Tarifvertragsparteien (BAG 24.4.2007 AP Nr. 2 zu § 1 TVG Sozialplan). Dem steht nicht entgegen, dass die §§ 111 ff. BetrVG Regelungen zum Sozialplan enthalten. Diese Vorschriften entfalten keine Sperrwirkung für die tarifvertragliche Regelung von Abfindungen. Sie beschränken sich auf die Regelung der Zuständigkeiten des Betriebsrats. Ein solcher „Tarifsozialplan" kann auch erstreikt werden (siehe näher unter § 114 II).

Abfindungs-
regelungen

„Den Tarifvertragsparteien fehlt auch in Betrieben mit Betriebsrat nicht deshalb die Kompetenz zur Schaffung von Abfindungsregelungen, weil die kollektive Regelung dieser Materie ausschließlich den Betriebsparteien vorbehalten wäre. Eine solche Sperrwirkung ordnen die §§ 111 ff. BetrVG schon nicht an. Diese Vorschriften hindern nicht den einvernehmlichen Abschluss eines firmenbezogenen Verbandstarifvertrags zum Ausgleich der mit einer konkreten Betriebsänderung verbundenen

Nachteile (...). Ob die vom Kläger behauptete Sperrwirkung der §§ 111 ff. BetrVG mit Art. 9 Abs. 3 GG überhaupt vereinbar wäre, bedarf keiner Entscheidung.

aa) Die entsprechende Beschränkung der grundgesetzlich verbürgten Autonomie der Tarifvertragsparteien ist einfach-gesetzlich nicht geregelt. Die Existenz der §§ 111 ff. BetrVG besagt dafür nichts. Die Bestimmungen normieren Inhalt und Umfang des Mitbestimmungsrechts des Betriebsrats. Sie geben nicht zu erkennen, dass damit Regelungskompetenzen der Tarifvertragsparteien aus Art. 9 Abs. 3 GG, § 1 TVG zurückgedrängt werden sollten.

Die Vorschriften des § 2 Abs. 3, § 112 Abs. 1 Satz 4 BetrVG sprechen für das Gegenteil. Sie zeigen, dass dem Gesetzgeber die mögliche Konkurrenz tariflicher und betrieblicher Regelungen, insbesondere im Gegenstandsbereich eines Sozialplans durchaus bewusst war. Gleichwohl wurde das Konkurrenzverhältnis gesetzlich nicht zugunsten einer ausschließlichen Zuständigkeit der Betriebsparteien aufgelöst. Zwar hat § 112 Abs. 1 Satz 4 BetrVG die in § 77 Abs. 3 BetrVG zugunsten des Tarifvertrags errichtete Sperrwirkung für betriebliche Sozialpläne beseitigt. Das Gesetz geht aber erkennbar von einem möglichen Nebeneinander beider Regelungsbereiche aus. Auch wenn der Gesetzgeber des Jahres 1972 dabei insbesondere an ein Nebeneinander von seinerzeit üblichen tariflichen Rationalisierungsschutzabkommen und betrieblichen Nachteilsausgleichsregelungen gedacht haben dürfte (...) , lässt sich der Vorschrift nicht entnehmen, dass möglichen betriebsnäheren tariflichen Nachteilsausgleichsregelungen nicht nur ihre Vorrangstellung nach § 77 Abs. 3 BetrVG entzogen werden, sondern die Mitbestimmung des Betriebsrats insoweit schon eine Regelungskompetenz der Tarifvertragsparteien entfallen lassen sollte.

bb) Die behauptete größere Sachnähe des Betriebsrats und seine Zuständigkeit für sämtliche Arbeitnehmer des Betriebs vermögen einen Ausschluss der Regelungskompetenz der Tarifvertragsparteien nicht zu rechtfertigen. Dies folgt schon daraus, dass es bei den Befugnissen des Betriebsrats nach §§ 111, 112 BetrVG und der Erzwingbarkeit betrieblicher Sozialpläne verbleibt. Für das Verhältnis beider Regelungsebenen gilt wie auch sonst das Günstigkeitsprinzip.

cc) Die Regelungsbefugnis der Tarifvertragsparteien scheidet nicht deshalb aus, weil die dem Unternehmen zum Zweck des Nachteilsausgleichs insgesamt zur Verfügung stehenden Mittel durch einen tariflichen Sozialplan zu Lasten der nicht tarifgebundenen, auf einen betrieblichen Sozialplan angewiesenen Arbeitnehmer aufgezehrt würden. Ob es zu einer solchen Verdrängung kommt, lässt sich schon in tatsächlicher Hinsicht nicht generell beurteilen. Im Übrigen könnte die betriebliche Einigungsstelle gehalten sein, das Vorliegen eines tariflichen Sozialplans bei ihren eigenen Festsetzungen der ausgleichspflichtigen Nachteile zu berücksichtigen und dementsprechend etwa eine Anrechnung tariflicher Abfindungsansprüche auf von ihr begründete Abfindungsforderungen vorzusehen." (BAG 24.4.2007, AP Nr. 2 zu § 1 TVG Sozialplan)

Es ist umstritten, ob Tarifverträge am Maßstab des § 138 BGB gemessen werden können. Der größte Teil des Schrifttums bejaht dies (KeZa/KEMPEN Grundlagen Rn. 269). Das BAG gibt demgegenüber zu bedenken, dass nach § 138 BGB nur Rechtsgeschäfte gegen die guten Sitten verstoßen bzw. wucherisch sein können. Vom Wortlaut und seiner systematischen Stellung erfasst § 138 BGB daher nicht normative Regelungen wie Gesetze bzw. den normativen Teil von Tarifverträgen. Die Frage hat das BAG indes dahinstehen lassen, weil die Tarifvertragsparteien jedenfalls an die in § 138 BGB zum Ausdruck kommenden elementaren Gerechtigkeitsanforderungen gebunden seien. Allerdings hat das BAG mit Blick auf den Eingriff in die Tarifautonomie, den eine solche Kontrolle bedeutet, die Kontrollmaßstäbe sehr großzügig angelegt. Dies hat in der Literatur massive Kritik hervorgerufen (OTTO, FS Konzen, S. 677).

Bindung an § 138 BGB

„Jede Überprüfung tarifvertraglicher Arbeitsentgelte hat zu berücksichtigen, dass nach Art. 9 Abs. 3 GG und – dieses Grundrecht umsetzend – §§ 1 und 8 des Gesetzes über die Festsetzung von Mindestarbeitsbedingungen vom 11. Januar 1952 (BGBl. I S. 17) die Regelung von Entgelten grundsätzlich in freier Vereinbarung zwischen den Tarifvertragsparteien durch Tarifverträge erfolgen soll. Den tarifvertraglich ausgehandelten Löhnen und Gehältern wird damit von Verfassungs und Gesetzes wegen eine Richtigkeitsgewähr eingeräumt. Sowohl das Grundgesetz als auch der Gesetzgeber gehen davon aus, dass die in frei ausgehandelten Tarifverträgen vereinbarten Arbeitsentgelte den Besonderheiten der Branche Rechnung tragen und wirksam sind. Auf Grund dieser Wertung kann die Höhe eines tarifvertraglich vereinbarten Arbeitsentgelts nur dann von den Gerichten als sittenwidrig beanstandet werden, wenn der Tariflohn unter Berücksichtigung aller Umstände des räumlichen, fachlichen und persönlichen Geltungsbereichs des Tarifvertrags sowie der im Geltungsbereich des Tarifvertrags zu verrichtenden Tätigkeiten einen „Hungerlohn" darstellt" (BAG 24.3.2004 AP Nr. 59 zu § 138 BGB).

Verbandsintern bildet das **Vereinsrecht** eine zulässige Grenze der Regelungsmacht. Die innerverbandlichen Kontrollrechte der Mitglieder bilden daher auch eine Beschränkung der Tarifmacht (ZÖLLNER/LORITZ/HERGENRÖDER, § 39 I).

Verbandsinterne Grenzen

II. Gemeinwohlbindung

Literatur: RÜFNER, Zur Gemeinwohlbindung der Tarifvertragsparteien, RdA 1985, 193; THÜSING, Tarifautonomie und Gemeinwohl, FS 50 Jahre BAG (2004), S. 889.

Umstritten ist, ob die Tarifvertragsparteien bei der Normsetzung an das Gemeinwohl gebunden sind. Teilweise wird die Gemeinwohlbindung als immanente **Schranke jeder Grundrechtsausübung** angesehen (GAMILLSCHEG KollArbR I § 7 III 1 a) (2); ähnlich BAUMANN, RdA 1987, 270, 271). Weiterhin werden Parallelen zur Sozialbindung des Eigentums gezogen (RÜFNER, RdA 1985, 193, 194). Die Gegenauffassung weist darauf hin, dass es keinen justiziablen Begriff des Ge-

Meinungsstreit

meinwohls gibt. Eine Bindung der Tarifparteien könne zur **Tarifzensur** führen (SÖLLNER/WALTERMANN Rn. 468; LÖWISCH/RIEBLE Grundlagen Rn. 48). Der eigentliche Anwendungsbereich der These der Gemeinwohlbindung findet sich allerdings im **Arbeitskampfrecht** und dem Schutz unbeteiligter Dritter. Aufgrund der Gemeinwohlbindung soll der Ultima-Ratio-Grundsatz im Arbeitskampf anzuwenden sein (RÜFNER, RdA 1985, 193, 194). Allerdings wird dabei häufig übersehen, dass die unter dem Topos Gemeinwohlbindung diskutierten Aspekte eigentlich Ausdruck staatlicher Schutzpflichten für die Grundrechte sind. Ein Beispiel hierfür ist die Pflicht zu Notdiensten bei Streiks im Bereich der Daseinsvorsorge.

Rechtsprechung

Angeführt wird von den Befürwortern einer solchen Gemeinwohlbindung der Tarifvertragsparteien i.d.R. eine Entscheidung des **BVerfG**, in der dieses es für selbstverständlich hält, dass die Tarifvertragsparteien angesichts der Bedeutung ihrer Tätigkeit für die gesamte Wirtschaft und ihres Einflusses auf weite Bereiche des öffentlichen Lebens das gemeine Wohl berücksichtigen müssen (BVerfG 18.12.1974 AP Nr. 23 zu Art. 9 GG). Das **BAG** scheint einer Gemeinwohlbindung ablehnend gegenüber zu stehen. Es betont, dass die Tarifparteien eine Rechtssetzungsbefugnis nur für ihre Mitglieder besitzen (BAG 29.1.1986 AP Nr. 115 zu §§ 22, 23 BAT). Nach Auffassung des **BGH** (BGH 14.3.1978 NJW 1978, 2031, 2032) können sich Dritte nicht auf die Gemeinwohlbindung der Tarifparteien berufen.

Mögliche Rechtsfolgen

Problematisch ist vor allem, welche Rechtsfolgen aus der Gemeinwohlbindung gezogen werden sollen. Kern der Diskussion ist die Frage, ob das Gemeinwohl den Charakter einer **Richtnorm** entfalten kann. Selbst Befürworter wollen nicht den Inhalt eines Tarifvertrags i.S. einer Tarifzensur überprüfen lassen. Teilweise wird das Gemeinwohl als ein Maßstab bei der Auslegung von Tarifnormen betrachtet (GAMILLSCHEG KollArbR I § 7 III 1 b). Andere sehen in der Gemeinwohlbindung kein Sonderrecht zu Lasten der Tarifvertragsparteien, sondern befürworten lediglich die Anwendung des **§ 138 BGB** (ZÖLLNER/LORITZ/HERGENRÖDER § 39 V). Konsequenzen der Gemeinwohlbindung sollen ferner folgende sein: Die Koalitionen sollen sich um die Verwirklichung des Gemeinwohls bemühen; die Tarifparteien seien zur sachlichen Argumentation gezwungen; die Koalitionen dürften ihre Befugnisse nicht gemeinwohlschädigend missbrauchen.

Politischer Charakter

Überwiegend wird also eine Gemeinwohlbindung der Tarifvertragsparteien nicht in dem Sinne verstanden, dass diesen bestimmte Tarifziele oder ein bestimmtes Verhalten vorgegeben werden könnten. Eine Gemeinwohlbindung der Tarifvertragsparteien wird zumindest im Sinne einer Richtnorm im Ergebnis abgelehnt (KeZa/KEMPEN TVG Grundlagen Rn. 172). Vielmehr wird von den Tarifparteien lediglich Rücksichtnahme auf die Allgemeinheit verlangt. Konsequenz ist folgerichtig, dass die Gemeinwohlbindung **mehr politischer als rechtlicher Natur** ist (RÜFNER, RdA 1985, 193, 199). Eine rechtlich verpflichtende Gemeinwohlbindung der Tarifvertragsparteien ist demnach grundsätzlich abzulehnen. Grenzziehungen sind nur dort akzeptabel, wo sie als Ausfluss staatlicher Schutzpflichten vom Gesetzgeber gezogen werden. Das ist dann aber, wie beim Arbeitskampf, keine Frage der Gemeinwohlbindung der Tarifvertragsparteien, sondern der Bindung des Staates an grundrechtliche Schutzpflichten.

III. Rechtsstaatsgebot

Teilweise wird gefordert, dass die Tarifparteien das **Rechtsstaatsprinzip** nach Art. 20 Abs. 1 GG beachten müssen (HAS/FUCHS § 29 Rn. 119). Zum einen sei das Rechtsstaatsprinzip mit Blick auf die gebotene Klarheit und Bestimmtheit der Normen zu berücksichtigen. Die erforderliche Klarheit und Bestimmtheit ergibt sich aber bereits aus der Klarstellungsfunktion des § 1 Abs. 2 TVG. Der zweite Bereich ist die Problematik der **Rückwirkung** von Tarifverträgen (LÖWISCH/RIEBLE, § 1 TVG Rn. 295; siehe unter § 100 V 1).

Beachtung des Art. 20 Abs. 1 GG

IV. Tarifverantwortung

In Rechtsprechung und Literatur wird regelmäßig angeführt, dass den Koalitionen mit der Tarifautonomie die **im öffentlichen Interesse liegende Aufgabe** zugewiesen worden ist, die Arbeitsbedingungen sinnvoll zu ordnen (vgl. BVerfG 26.5.1970 AP Nr. 16 zu Art. 9 GG; BAG 9.7.1980 AP Nr. 7 zu § 1 TVG Form) Die ihnen **überantwortete Tarifmacht** hätten die Tarifparteien verantwortlich wahrzunehmen. Konkrete Pflichten werden aus der Tarifverantwortung überwiegend nicht hergeleitet.

Tarifverantwortung

Allerdings wird die **Übertragung der Normsetzungsbefugnis** auf Dritte aufgrund der Tarifverantwortung begrenzt. Zu beachten ist dies im Hinblick auf die Zulässigkeit von **dynamischen Verweisungen** in Tarifverträgen.

Keine Übertragung der Normsetzungsbefugnis

⇒ **Beispiel:**
„Im Geltungsbereich dieses Tarifvertrags sollen die jeweiligen Tarifverträge, die zwischen dem Verband metallindustrieller Arbeitgeberverbände NRW e.V. und der IG Metall abgeschlossen werden, gelten."

Rechtsprechung und h.L. sind der Ansicht, dass die Tarifvertragsparteien ihre Normsetzungsbefugnis selbst ausüben müssen. Eine dynamische Verweisung auf andere Tarifverträge sei nur dann möglich, wenn diese von denselben Tarifparteien abgeschlossen werden oder ein besonders **enger Sachzusammenhang** besteht (vgl. BAG 9.7.1980 AP Nr. 7 zu § 1 TVG Form mit Anm. WIEDEMANN). Des Weiteren soll eine Übertragung der Normsetzungsbefugnis auf die Betriebsparteien nicht möglich sein.

Begrenzte Zulässigkeit dynamischer Verweisungen

V. Grundrechtsbindung der Tarifvertragsparteien

Literatur: DIETERICH, Die Grundrechtsbindung von Tarifverträgen, FS Schaub (1998), S. 117; DIETERICH, Anm. zu BAG 27.5.2004, RdA 2005, 177; SCHLACHTER, Gleichheitswidrige Tarifnormen, FS Schaub (1998), S. 651; SCHWARZE, Die Grundrechtsbindung der Tarifnormen aus der Sicht grundrechtlicher Schutzpflichten, ZTR 1996, 1; SINGER, Tarifvertragliche Normenkontrolle am Maßstab der Grundrechte?, ZfA 1995, 611.

Inwieweit die Tarifvertragsparteien bei ihrer Normsetzung **unmittelbar** an die Grundrechte gebunden sind, ist umstritten. Dabei stehen die verschiedenen Ansätze naturgemäß in engem Zusammenhang mit den Theorien zur Begründung der Normwirkung von Tarifverträgen (siehe unter § 103).

1. Die grundsätzliche Bindung an die Grundrechte

Unmittelbare Grundrechtsbindung

Das BAG und die h.M. befürworteten früher eine **unmittelbare Grundrechtsbindung**. Dies ist vom Boden derjenigen Theorien, welche die Normsetzungsbefugnis der Tarifparteien als vom Staat verliehen ansehen, auch nur konsequent, denn der Staat kann keine weiterreichenden Befugnisse verleihen, als er selber inne hat. Ebenso wenig kann er Regelungen normative Geltung verleihen, ohne dass dabei die Grundrechte Beachtung fänden. Wie gesehen (siehe unter § 103) kann diesen Theorien nicht gefolgt werden, so dass auch eine entsprechende Begründung für eine unmittelbare Grundrechtsbindung entfällt.

Eine unmittelbare Grundrechtsbindung wird jedoch auch von Vertretern gefordert, welche die Normsetzungsbefugnis der Tarifparteien grundsätzlich privatautonom erklären, allerdings mit sehr unterschiedlichen Begründungen. So wird beispielsweise § 1 Abs. 1 TVG als **gesetzliche Anordnung der Grundrechtsbindung** interpretiert (LÖWISCH, RdA 2000, 314). Eine andere Ansicht sieht den Grund für die Grundrechtsbindung in der Eingliederung der Tarifnormen in die **Normenhierarchie**, nach der die Tarifverträge nicht gegen ranghöhere Normen, also auch nicht gegen die Grundrechte verstoßen dürfen (SÄCKER/OETKER, S. 243). Schließlich wird die unmittelbare Grundrechtsbindung mit der **sozialen Macht** begründet, welche die Verbände gegenüber ihren Mitgliedern hätten (GAMILLSCHEG, AcP 1964, 385, 407; vgl. KÄPPLER, NZA 1991, 745, 749; SCHWARZE, ZTR 1996, 1, 7).

Demgegenüber lehnt ein Teil der Literatur und nunmehr auch überwiegend das BAG (BAG 11.6.1997 AP Nr. 11 zu § 620 BGB Altersgrenze; BAG 25.2.1998 AP Nr. 11 zu § 1 TVG Tarifverträge: Luftfahrt; anders nur BAG 4.4.2000 AP Nr. 2 zu § 1 TVG Gleichbehandlung) eine unmittelbare Grundrechtsbindung der Tarifparteien bei der Normsetzung ab (DIETERICH, FS Schaub, S. 117 ff.; ZÖLLNER, RdA 1964, 443, 448). **Adressat der Grundrechte** sei grundsätzlich nur der **Staat**. Dabei seien die Grundrechte jedoch nicht nur Abwehrrechte gegenüber staatlicher Gewalt. Bei der Ausgestaltung der Tarif-

V. Grundrechtsbindung der Tarifvertragsparteien § 105

autonomie müsse der Staat aufgrund einer ihn treffenden Schutzpflicht vielmehr Sorge dafür tragen, dass die Wertentscheidung der Grundrechte auch im Bereich privatautonomer Rechtsverhältnisse Beachtung findet. Dies spreche für eine mittelbare Grundrechtsbindung. Eine solche mittelbare Bindung der Tarifparteien über die Schutzfunktion der Grundrechte entspricht am ehesten der dogmatischen Begründung der Normwirkung von Tarifverträgen über die privatautonome Legitimation. Diese Begründung hat indes entscheidende dogmatische Schwächen. Denn auch sie bindet die Tarifvertragsparteien an die grundsätzlich staatsgerichteten Vorschriften des Grundrechtskatalogs. Sieht man die Tarifvertragsparteien als Private, so kann ihre Regelungsbefugnis nur durch einfaches Gesetzesrecht, das gegebenenfalls verfassungskonform ausgelegt wird begrenzt werden, nicht aber durch die Grundrechte oder grundrechtliche Schutzpflichten. Dies gilt umso mehr, als eine Kontrolle anhand von Grundrechten oder staatlichen Schutzpflichten sich als Eingriff in die Tarifautonomie darstellt, der nicht nur einer verfassungsmäßigen Rechtfertigung, sondern auf Grund des Gesetzesvorbehalts auch einer entsprechenden einfachrechtlichen Grundlage bedarf. Fehlt es an solchen gesetzlichen Regelungen, liegt ein verfassungswidriges Unterlassen des Gesetzgebers vor, der verpflichtet ist, die Regelungsbefugnis der Tarifvertragsparteien entsprechend zu begrenzen. Insofern wäre an sich in den Fällen, in denen das BAG die Schutzpflichtenkonzeption bemüht, eine Aussetzung nach Art. 100 Abs. 1 S. 1 GG notwendig. Will man dies vermeiden, so muss man in der Tat das TVG dahingehend auslegen, dass es eine ungeschriebene Bindung an die staatlichen Schutzpflichten vorsieht.

Allerdings stellt die Frage nach der Herleitung der Grundrechtsbindung nicht das zentrale Problem der Begrenzung der Tarifmacht durch die Grundrechte dar. Dieses liegt vielmehr in der Frage nach dem Ausmaß der inhaltlichen Kontrolle von Tarifverträgen.

Kontrollmaßstab

Eine vollständige Überprüfung der Tarifnormen anhand der Grundrechte, wie sie bei der gesetzlichen Normenkontrolle stattfindet, kann nicht erfolgen. Die verfassungsrechtlich gewährleistete tarifliche Regelung der Arbeits- und Wirtschaftsbedingungen (Art. 9 Abs. 3 GG) schränkt **zwingend** die Grundrechte aus **Art. 2 Abs. 1 GG, Art. 12 GG** ein. Bei der Überprüfung nach den Grundsätzen für Gesetze erfolgt immer eine Verhältnismäßigkeitsprüfung. Die Gefahr einer zu weit gehenden **Inhaltsprüfung von Tarifverträgen**, also einer Tarifzensur, ist dann nicht mehr auszuschließen. Dies gilt vor allem deshalb, weil die Verhältnismäßigkeitsprüfung als Einfallstor für subjektive Wertungen dient und die begrenzte Prognostizierbarkeit von Entscheidungen Rechtsunsicherheiten produzieren kann, die geeignet sind, die Tarifautonomie zu beeinträchtigen. So müssen die Tarifvertragsparteien bereits vor Arbeitskämpfen erkennen können, ob ihre Forderungen rechtmäßig sind.

Grenze zur Tarifzensur

Ausgehend von den allgemeinen Grundsätzen, die zu der Grundrechtsbindung in Privatverhältnissen entwickelt wurden, ist zu-

Voraussetzungen einer Kontrolle

nächst eine strukturelle Disparität der Verhandlungsstärke erforderlich, die sich dann in dem Verhandlungsergebnis als unverhältnismäßige Benachteiligung einer Partei niederschlägt. Bei dieser Paritätsstörung kann es aber nicht auf das Verhältnis der Tarifparteien zueinander ankommen, denn der Sinn kollektiv ausgeübter Privatautonomie liegt gerade darin, die strukturelle Unterlegenheit Einzelner auszugleichen. Aus diesem Paritätsprinzip leitet sich überdies die allgemein anerkannte Richtigkeitsgewähr der Tarifverträge ab. Wie gesehen (siehe unter § 102) wirken bei dem Zustandekommen eines Tarifvertrags aber mehrere Privatrechtsverhältnisse zusammen. Eines davon ist das Verhältnis des vertragsschließenden Verbands zu seinen Mitgliedern. Hier sind strukturell bedingte Benachteiligungen sehr wohl möglich, sei es, dass der Verband Einschränkungen vereinbart, welche die Mitglieder nach Art und Intensität nicht hinnehmen wollten, sei es, dass Minderheiten innerhalb einer Koalition ihre Interessen nicht angemessen zur Geltung bringen konnten. Voraussetzung für eine Kontrolle von Tarifverträgen ist also zunächst einmal, dass eine **Störung des Willensbildungsprozesses innerhalb einer Koalition** vorliegt (so auch SCHLIEMANN, ZTR 2000, 198, 203; DIETERICH, FS Schaub, S. 117, 125).

Kontrollmaßstab

Was das Maß der Inhaltskontrolle angeht, sind einige Besonderheiten des Tarifvertragssystems als zwingende Wertungskriterien zu beachten. Zum einen stellt der Abschluss von Tarifverträgen selbst eine grundrechtlich geschützte Tätigkeit dar. Zum anderen lässt sich Privatautonomie nur kollektiv ausüben, wenn dabei Einzelinteressen in den Hintergrund treten. Art. 9 Abs. 3 GG schützt bewusst keine inhaltlichen Ergebnisse, sondern hauptsächlich ein Verfahren. Zwar ist die Tarifautonomie dadurch, dass ihr Ziel in dem Ausgleich der generell vermuteten Disparität zwischen Arbeitgeber und Arbeitnehmer liegt, primär privatnützig geprägt. Dies führt aber gerade nicht dazu, dass das Individuum als solches eine erhebliche Aufwertung erfährt, die sogar einen gesteigerten Grundrechtsschutz zur Folge hat (so aber RIEBLE, ZfA 2000, 5, 26). Der freiwillige Verbandsbeitritt bedeutet also eine gewisse Selbsteinschränkung hinsichtlich einzelner Grundrechtspositionen. Dass diese allerdings nur den dispositiven Bereich der Grundrechte betreffen kann, ist eine Selbstverständlichkeit. Eine weitergehende Konkretisierung des Umfangs der Grundrechtsbindung ist auf abstrakter Ebene nicht möglich. Dem Tarifvertragssystem wird nur eine nach dem jeweiligen Grundrecht und Normadressaten differenzierte Bewertung gerecht, wobei es jedoch die genannten Prinzipien nahe legen, eine zurückhaltende Grundrechtskontrolle zu praktizieren.

2. Bindung an Art. 3 GG

Dogmatische Begründungen

Trotz des Streits über die grundsätzliche Bindung an die Grundrechte besteht hinsichtlich Art. 3 GG Einvernehmen (zuletzt BAG 25.10.2007 NZA-RR 2008, 386). Die Begründung setzt auch hier an verschiedenen Punkten an. Einerseits wird darauf hingewiesen, dass

V. Grundrechtsbindung der Tarifvertragsparteien § 105

bei willkürlicher Ungleichbehandlung, also wenn kein sachlicher Grund erkennbar ist, die kollektive Interessenvertretung gestört sei; dies sei nicht mehr von der mitgliedschaftlichen Legitimation erfasst (DIETERICH, FS Schaub, S. 128 f.). Angesichts der ständigen Rechtsprechung des BAG zur unmittelbaren Geltung des Art. 3 GG im Tarifvertragsrecht sprechen WIEDEMANN/PETERS (RdA 1997, 100, 101) bereits von **Gewohnheitsrecht**. Die Rechtsprechung sieht die Bindung darin begründet, dass Art. 3 GG **Teil der objektiven Wertordnung** ist und somit für alle Teile des Rechts Geltung beanspruche (BAG 17.10.1995 AP Nr. 132 zu § 242 BGB).

„Der allgemeine Gleichheitssatz ist Teil der objektiven Wertordnung, die als verfassungsrechtliche Grundentscheidung für alle Bereiche des Rechts Geltung beansprucht. Er ist auch von den Tarifparteien zu beachten. Art. 9 Abs. 3 GG steht dem nicht entgegen. Mit der Tarifautonomie ist den Tarifvertragsparteien die Macht verliehen, wie ein Gesetzgeber Rechtsnormen zu schaffen. Deshalb müssen sie sich auch wie der Gesetzgeber an die zentrale Gerechtigkeitsnorm des Art. 3 Abs. 1 GG halten [...]." (BAG 17.10.1995 AP Nr. 132 zu § 242 BGB)

Bei der Überprüfung von Tarifverträgen anhand des Gleichbehandlungsgrundsatzes ist aber zu beachten, dass in Tarifverträgen **andere sachliche Gründe für eine Ungleichbehandlung** vorliegen können als bei vergleichbaren gesetzlichen Bestimmungen. Aufgrund der besonderen **Sachnähe der Tarifvertragsparteien** ist i.d.R. von der **Sachgerechtigkeit** bestimmter Gruppenbildungen auszugehen. Insbesondere kann ein Ungleichgewicht bei den Verpflichtungen von Arbeitnehmern und Arbeitgebern nicht überprüft werden, denn der Ausgleich zwischen diesen Gruppen ist gerade Zweck der Tarifvertragsverhandlungen (vgl. DIETERICH, FS Schaub, S. 130). Dazu hat das BAG ausgeführt, dass die Tarifvertragsparteien in eigener Verantwortung Zugeständnisse in einer Hinsicht mit Vorteilen in anderer Hinsicht ausgleichen können (BAG 21.3.1991 AP Nr. 31 zu § 622 BGB).

Prüfungsmaßstab

⊃ **Beispiel:**
Das BVerfG hat die unterschiedlichen Kündigungsfristen für Angestellte und Arbeiter in § 622 BGB a.F. für unvereinbar mit Art. 3 GG erklärt. Tarifverträge, die eine eigenständige inhaltsgleiche Regelung enthielten, haben nicht zwangsläufig auch gegen den Gleichbehandlungsgrundsatz verstoßen. Es musste im Einzelfall überprüft werden, ob in den Tarifverträgen nicht sachliche Gründe erkennbar waren (vgl. BAG 21.3.1991 AP Nr. 31 zu § 622 BGB).

Insgesamt vertritt das BAG bei der Kontrolle mit Blick auf den Gleichheitssatz einen sehr großzügigen Kontrollmaßstab.

„Den Tarifvertragsparteien steht allerdings ein weiter Gestaltungsspielraum zu. Sie brauchen nicht die zweckmäßigste, vernünftigste und gerechteste Lösung zu wählen; vielmehr genügt es, wenn sich für die getroffene Regelung ein sachlich vertretbarer Grund ergibt (...). Der

Gleichheitssatz wird durch eine Tarifnorm nur verletzt, wenn die Tarifvertragsparteien es versäumt haben, tatsächliche Gemeinsamkeiten oder Unterschiede der zu ordnenden Lebensverhältnisse zu berücksichtigen, die so bedeutsam sind, dass sie bei einer am Gerechtigkeitsgedanken orientierten Betrachtungsweise beachtet werden müssen. Die Grenzen der Gestaltungsfreiheit sind insbesondere dann überschritten, wenn eine Gruppe von Normadressaten im Vergleich zu anderen Normadressaten anders behandelt wird, obwohl zwischen beiden Gruppen keine Unterschiede von solcher Art und solchem Gewicht bestehen, dass sie die Ungleichbehandlung rechtfertigen könnten." (BAG 25.10.2007 NZA-RR 2008, 386)

Persönlicher Geltungsbereich

Die Bindung an Art. 3 GG ist auch unter einem anderen Aspekt in den Blick geraten. Der Gleichbehandlungsgrundsatz kann mit der Tarifautonomie der Koalitionen kollidieren. So ist etwa fraglich, ob den Tarifparteien verwehrt ist, bestimmte Berufsgruppen und Tätigkeiten aus dem **persönlichen Geltungsbereich** eines Tarifvertrags auszuschließen. Die Rechtsprechung hat der Koalitionsfreiheit den Vorzug gegeben (BAG 24.4.1985 AP Nr. 4 zu § 3 BAT mit krit. Anm. Wiedemann/Lembke). Die Tarifvertragsparteien könnten in freier Selbstbestimmung festlegen, ob und für welche Berufsgruppen sie überhaupt tarifliche Regelungen treffen wollen, soweit damit keine Differenzierung der Rechtsfolgen bezweckt werde. Für Art. 3 Abs. 1 GG sei in diesem Bereich kein Raum, **lediglich die materiellen Arbeitsbedingungen** des Tarifvertrags seien an dem Gleichheitssatz zu messen.

„Dem Grundrecht der Koalitionsfreiheit ist vor der Bindung der Tarifvertragsparteien an den allgemeinen Gleichheitssatz des Art. 3 Abs. 1 GG im bezeichneten Umfang deshalb Vorrang einzuräumen, weil bei Tarifverträgen, insbesondere bei der Vereinbarung ihrer persönlichen Geltungsbereiche, das Grundrecht der Koalitionsfreiheit (Art. 9 Abs. 3 GG) auch den Handlungsrahmen der Tarifvertragsparteien schützt. [...]

Sie sind vielmehr [...] bis zur Grenze der Willkür frei, in eigener Selbstbestimmung den persönlichen Geltungsbereich ihrer Tarifregelungen festzulegen. Die Grenze der Willkür ist erst überschritten, wenn die Differenzierung im persönlichen Geltungsbereich unter keinem Gesichtspunkt, auch koalitionsspezifischer Art, plausibel erklärbar ist." (BAG 30.8.2000 AP Nr. 25 zu § 4 TVG Geltungsbereich)

Teile der Literatur sehen hingegen keinen Anlass für die Beschneidung eines Grundrechtsschutzes; eine unkontrollierbare Macht dürfe den Tarifparteien auch in diesem Bereich nicht zugestanden werden (Baumann, RdA 1987, 270, 271; Wiedemann/Lembke, Anm. zu AP Nr. 4 zu § 3 BAT).

Unterscheidung Arbeiter/Angestellte

Inzwischen hat das BAG entschieden, dass ein Vergleich von Arbeitnehmergruppen nach Art. 3 GG nicht daran scheitern dürfe, dass die Arbeitsverhältnisse vergleichbarer Arbeitnehmergruppen von denselben Tarifparteien in unterschiedlichen Tarifverträgen geregelt werden (BAG 17.10.1995 AP Nr. 132 zu § 242 BGB Gleichbehand-

V. Grundrechtsbindung der Tarifvertragsparteien § 105

lung). Die Eigenschaft als Arbeiter oder Angestellter dürfte somit in immer weniger Bereichen ein sachlicher Grund für eine Differenzierung sein. Die Gleichbehandlung von Arbeitern und Angestellten ist ein zentraler Punkt der Rechtsprechung zu Art. 3 GG im Rahmen des Tarifrechts.

Im Zentrum der Anwendung des Art. 3 GG im Tarifvertragsrecht steht zudem die **Gleichbehandlung von Mann und Frau**. Bereits früh hat das BAG entschieden, dass der Gleichberechtigungsgrundsatz auch den **Grundsatz der Lohngleichheit** umfasst (BAG 15.1.1955 AP Nr. 4 zu Art. 3 GG).

Gleichbehandlung von Mann und Frau

◯ **Beispiel:**

In einem Tarifvertrag ist vereinbart, dass verheiratete männliche Arbeitnehmer Anspruch auf eine monatliche Ehefrauenzulage i.H.v. 5,- Euro haben; verheiratete weibliche Arbeitnehmer erhalten keine derartige Zulage.

Das BAG hat die Nichtigkeit dieser Tarifnorm wegen Verstoßes gegen den Gleichheitsgrundsatz festgestellt (BAG 13.11.1985 AP Nr. 136 zu Art. 3 GG).

Tarifnormen, die gegen den Gleichbehandlungsgrundsatz verstoßen, sind unwirksam. Rechtsfolge einer solchen **Unwirksamkeit** ist aber nicht zwangsläufig, dass etwa weiblichen und männlichen Arbeitnehmern ein entsprechender Anspruch für die Zukunft zusteht. Eine solche Rechtsprechung wäre ein Eingriff in die Tarifautonomie. Allein die Tarifparteien haben zu entscheiden, wie sie eine nichtige Tarifnorm ersetzen oder ergänzen.

Rechtsfolge bei Verstoß gegen Art. 3 GG

„Da § 2 [...] TV nichtig ist, können für die Zukunft weder männliche noch weibliche Arbeitnehmer aus dieser Tarifnorm Rechte herleiten. [...] Den Gerichten ist es insoweit verwehrt, eine nichtige Tarifnorm durch eine andere Norm zu ersetzen oder – etwa durch die Gewährung einer Verheiratetenzulage an die Ehefrauen – zu ergänzen. Dies wäre keine verfassungskonforme Tarifauslegung, weil sie sich nicht an dem in der Tarifnorm zum Ausdruck gekommenen Willen der Tarifvertragsparteien orientierte, sondern ein unzulässiger Eingriff in die Tarifautonomie." (BAG 13.11.1985 AP Nr. 136 zu Art. 3 GG)

3. Bindung an Art. 12 Abs. 1 GG

Ganz anders ist das Verhältnis von Berufsfreiheit und Tarifautonomie zu bewerten, allein schon deshalb, weil es sich hier um zwei sich überschneidende Grundrechte mit eigenen Schutzbereichen handelt. Darüber hinaus bildet der tarifliche Regelungsgegenstand der Arbeits- und Wirtschaftsbedingungen allerdings die breiteste Möglichkeit zur Regelung der Berufsausübung. Insofern ist es auch aus verfassungsrechtlicher Sicht geradezu konsequent, diese der staatlichen Regelungskompetenz zu entziehen und den Betroffenen zur Selbstregelung zu überlassen. Dies legt auch die Vermutung na-

Verhältnis von Tarifautonomie und Berufsfreiheit

he, bei der Umsetzung der Tarifautonomie im Rahmen des Art. 9 Abs. 3 GG handele es sich um ein autonomes Ausgestaltungsrecht im Hinblick auf Art. 12 Abs. 1 GG. Eine tarifliche Ausgestaltung der Berufsausübung bedeutete demnach keinen Eingriff und bedürfte somit auch keiner gesonderten Rechtfertigung. Jedoch müsste auch bei einem derartigen Verständnis des Verhältnisses von Tarifautonomie und Berufsfreiheit zwischen grundrechtsfreier Ausgestaltung der Arbeits- und Wirtschaftsbedingungen und grundrechtsgebundener Einschränkung der Berufsfreiheit abgegrenzt werden, was im Ergebnis zu der gleichen Problematik führte wie eine nach den Besonderheiten des Tarifvertragssystems modifizierte Bindung der Tarifparteien an Art. 12 Abs. 1 GG. Das Verhältnis von Tarifautonomie und Berufsfreiheit kann daher nur im Sinne einer praktischen Konkordanz gelöst werden. Dabei sind zunächst die Fälle auszunehmen, die nicht in den tariflichen Autonomiebereich fallen (siehe unter § 105 I). Innerhalb des Bereichs der Tarifautonomie ist aufgrund der allgemeinen Prinzipien der Grundrechtsbindung der Tarifparteien von einer weiten Einschätzungsprärogative auszugehen. Eine Übertragung der vom Verfassungsgericht entwickelten Drei-Stufen-Theorie auf Tarifnormen – obwohl vielfach gefordert – ist dabei nicht sachgemäß. Allerdings sollten bei Regelungen, die geeignet sind, die Berufswahl zu beschränken, besondere Interessen sowohl an einer tariflichen Regelung generell als auch an der speziell getroffenen Vereinbarung bestehen. Dies ist besonders bei Regelungen der **Arbeitszeit** und von **Altergrenzen** der Fall.

a) Tarifliche Arbeitszeitregelungen

Arbeitszeitregelungen

Grundsätzlich fallen Arbeitszeitregelungen in die Kompetenz der Tarifparteien. Arbeitszeitgrenzen können einen Eingriff in die Berufsfreiheit des Arbeitgebers darstellen, wenn dieser dadurch gezwungen ist, entweder mehr Arbeitnehmer einzustellen oder eine geringere Produktivität seines Betriebs hinzunehmen. Sie dienen dann aber überdies der Gesundheit und dem Erhalt der Arbeitskraft des Arbeitnehmers. Ebenso ist jedoch auch ein Eingriff in die Berufsfreiheit der Arbeitnehmer denkbar, wenn nämlich eine vorübergehende Arbeitszeitverkürzung zur wirtschaftlichen Entlastung des Arbeitgebers vereinbart wurde. In beiden Fällen sind konkrete sachliche Gründe für eine entsprechende Regelung zu fordern, bei deren Vorliegen aber eine Einschränkung der Berufsfreiheit im weiten Ermessen der Tarifparteien liegen sollte. Die Grenze ist erst dort zu ziehen, wo eine Arbeitszeitverkürzung entweder nicht mehr für den Erhalt eines Berufsstands oder für einen angemessenen Verdienstsockel ausreicht. Ebenso dürfen Umfang und Lage der vereinbarten Arbeitszeit nicht zu einer erheblichen Wettbewerbsbenachteiligung des Arbeitgebers führen.

b) Tarifliche Altersgrenzen

Literatur: BELLING, Anm. zu AP Nr. 9 zu § 620 BGB Bedingung; EICHENHOFER, Gleitender Übergang in den später beginnenden Ruhestand – eine Zukunftsperspektive für die Rentenversicherung?, JZ 1998, 808; GITTER/BOERNER, Altersgrenzen in Tarifverträgen, RdA 1990, 129; HANAU, Zur Wirksamkeit vertraglicher Altersgrenzen zwischen dem 1.1.1992 und dem 31.7.1994, DB 1994, 2394; LÜDERITZ, Altersdiskriminierung durch Altersgrenzen, 2005; MOLL, Altersgrenzen ohne Ende?, NJW 1994, 499; NUSSBERGER, Altersgrenzen als Problem des Verfassungsrechts, JZ 2002, 524; PREIS, Neuer Wein in alten Schläuchen – zur Neuauflage der Altersgrenzendebatte, FS Stahlhacke (1995), S. 417; PREIS, Welche arbeits- und sozialrechtlichen Regelungen empfehlen sich zur Anpassung der Rechtsstellung und zur Verbesserung der Beschäftigungschancen älterer Arbeitnehmer?, Gutachten B zum 67. DJT, 2008; TEMMING, Altersdiskriminierung im Erwerbsleben, 2007; WALTERMANN, Berufsfreiheit im Alter, 1989; WALTERMANN, Altersdiskriminierung und Europäisches Gemeinschaftsrecht – zu den Schlussanträgen in der Sache Palacios de la Villa, ZESAR 2007, 361.

Automatische Beendigung des Arbeitsverhältnisses

Eine gesetzliche Altersgrenze kennt das Arbeitsrecht anders das Beamtenrecht nicht. An ihre Stelle rücken **tarifliche Altersgrenzen**. Diese lassen ebenso das Arbeitsverhältnis automatisch, also ohne vorherige Kündigung, bei Erreichen eines bestimmten Lebensalters, i.d.R. mit Erreichung der Rentenaltersgrenze (früher **65 Jahre**), enden. Unterschieden werden allgemeine und besondere Altersgrenzen. Eine typische Klausel für eine allgemeine Altersgrenze bezieht sich auf das Erreichen der Regelaltersgrenze i.S.d. § 35 SGB VI und lautet vielfach:

⊃ **Beispiel:**

§ xy – Altergrenze „Das Arbeitsverhältnis endet, ohne dass es einer Kündigung bedarf, am Ende des Monats, in dem die Arbeitnehmerin oder der Arbeitnehmer das 65. Lebensjahr vollendet hat".

Bedeutung der Berufsfreiheit

Derartige tarifliche Altersgrenzen waren und sind immer wieder Gegenstand der rechtspolitischen Diskussion und der Rechtsprechung (bspw. BAG 27.7.2005 AP Nr. 27 zu § 620 BGB Altersgrenze; BAG 20.10.1993 AP Nr. 3 zu § 41 SGB VI; PREIS, in: DJT-Gutachten, S. B 46 ff.). Die Zulässigkeit tariflicher Altersgrenzen ist im Hinblick auf Art. 12 Abs. 1 GG besonders problematisch, da es sich hier nach überwiegender Ansicht um einen Eingriff sowohl in die freie Wahl des Arbeitsplatzes als auch des Berufs handelt. Die hiervon betroffenen Arbeitnehmer werden mit Erreichen der jeweiligen Altergrenze faktisch zur vollständigen Aufgabe ihres bisherigen Berufs gezwungen. Darüber hinaus bedeutet dies angesichts der derzeitigen Situation auf dem Arbeitsmarkt für den regelmäßig älteren Arbeitnehmer zugleich ein Ende seiner gesamten Erwerbstätigkeit, so dass zudem ein mittelbarer Eingriff in die Berufswahlfreiheit vorliegt (s.a. TETTINGER, DVBl. 2005, 1397 ff.).

Befristungskontrolle nach § 14 TzBfG

Von daher müsste der Wertentscheidung des Art. 12 Abs. 1 GG hier eigentlich eine besondere Bedeutung zukommen, die die Tarifvertragsparteien bei der Vereinbarung solcher Altersgrenzen zu beachten haben. Da Altersgrenzen den Arbeitsvertrag befristen, unterzieht die Rechtsprechung Altersgrenzen einer gesonderten Inhaltskontrolle anhand der für die Sachgrundbefristung von Arbeitsverhältnissen geltenden Maßstäbe:

„[...] für den Bereich der Beendigung von Arbeitsverhältnissen hat der Gesetzgeber einer aus Art. 12 Abs. 1 GG folgenden Schutzpflicht durch den Erlaß von Kündigungsschutzvorschriften genügt (...) und damit ein bestimmtes Maß an Arbeitsplatzschutz vorgegeben. Nichts anderes gilt für die Befristung von Arbeitsverhältnissen, bei der die Funktion des Kündigungsschutzes die arbeitsgerichtliche Befristungskontrolle übernimmt (...). Ihre Aufgabe ist es, den Arbeitnehmer vor einem grundlosen, den staatlichen Kündigungsschutz umgehenden Verlust des Arbeitsplatzes zu schützen und damit einen angemessenen Ausgleich der kollidierenden Grundrechtspositionen der Arbeitsvertragsparteien zu finden (...). Kommt ein staatliches Gericht im Rahmen der Befristungskontrolle zu dem Ergebnis, der tarifvertraglich vorgesehenen Beendigung des Arbeitsverhältnisses fehle der Sachgrund, so erklärt es zugleich, dass die privatautonome Regelung den Arbeitnehmer in seiner Berufsfreiheit unangemessen einschränkt. Genügt aber ein tariflich geregelter Sachgrund den Kontrollmaßstäben der arbeitsgerichtlichen Befristungskontrolle, ist die darauf beruhende privatautonome Gestaltung der Arbeitsbedingungen nicht unangemessen. Sie ist von denjenigen Arbeitsvertragsparteien hinzunehmen, die sich dem Tarifrecht unterworfen haben." (BAG 11.3.1998 AP Nr. 12 zu § 1 TVG Tarifverträge: Luftfahrt)

Akzeptanz von Seiten der Rechtsprechung

Die Tarifparteien sind im Falle der Altersgrenzen nach der zutreffenden Rechtsprechung des BAG nicht direkt an Art. 12 Abs. 1 GG gebunden, sondern haben aufgrund des Grundsatzes, dass der Kündigungsschutz und das TzBfG nicht zu ihrer Disposition stehen, dessen einfachgesetzliche Ausprägungen zu beachten. Seine maßstabsbildende Wirkung kann Art. 12 Abs. 1 GG also höchstens mittels des grundrechtlichen Schutzpflichtkonzepts entfalten. Wie die folgenden Ausführungen jedoch zeigen, ist die Wirkkraft dieses Grundrechts äußerst gering. Denn seit Jahrzehnten hält die Rechtsprechung gleich welcher Gerichtsbarkeit und auch das BVerfG an der Zulässigkeit allgemeiner Altersgrenzen unbeirrbar fest (Rechtsprechungsübersicht bei TEMMING, Altersdiskriminierung im Erwerbsleben, S. 304 f. m.w.N.). Der Schutzgehalt des Art. 12 Abs. 1 GG erweist sich in Bezug auf eine der bedenklichsten Klauseln des Arbeitsvertragsrechts als stumpfes Schwert. Zugespitzt lässt sich formulieren: Die allgemeine Altersgrenze ist der Preis für den hohen Bestandsschutz, den das deutsche Arbeitsrecht Arbeitnehmern im bestehenden Arbeitsverhältnis bietet.

Altersrente als Sachgrund

Zur wirksamen **Befristung** von Arbeitsverhältnissen hat das BAG seit jeher wegen **§ 620 BGB** einen **sachlichen Grund** verlangt, um den Kündigungsschutz nicht leer laufen zu lassen (BAG 20.12.1984 AP Nr. 9 zu § 620 BGB Bedingung). Dies entspricht zum Teil nun-

V. Grundrechtsbindung der Tarifvertragsparteien § 105

mehr dem seit 2001 geltenden § 14 Abs. 1 TzBfG. Dadurch hat sich zumindest für die Zulässigkeitskontrolle auch der Streit um die rechtliche Charakterisierung von Altersgrenzen als **Befristung** oder **auflösende Bedingung** erledigt, da aufgrund der Verweisung in § 21 TzBfG die Voraussetzungen des § 14 Abs. 1 TzBfG auch für die auflösende Bedingung gelten. Den Tarifvertragsparteien steht in diesem Zusammenhang eine Einschätzungsprärogative in Bezug auf die tatsächlichen Gegebenheiten und betroffenen Interessen zu. Die richterliche Kontrolle beschränkt sich daher auf das Vorliegen eines sachlichen Grundes und die Frage, ob mit der konkreten Regelung diese Einschätzungsprärogative überschritten wurde (BAG 31.7.2002 NZA 2002, 1155).

Rechtsprechung und die ihr zustimmende Literatur ziehen zur Rechtfertigung tariflicher Altersgrenzen als Sachgrund nun § 14 Abs. 1 S. 2 Nr. 6 TzBfG heran („in der Person des Arbeitnehmers liegende Gründe"; BAG 18.6.2008 NZA 2008, 1302; ErfK/Müller-Glöge, § 14 TzBfG Rn. 56 ff.). Unabhängig von der Bandbreite der sachlichen Gründe, die das BAG für allgemeine Altersgrenzen in der jahrzehntelangen Rückschau insgesamt angeführt hat (dazu Laux, NZA 1991, 967, 969 ff.), konzentriert sich die Problematik letztlich auf einen einzigen Aspekt: die wirtschaftliche Absicherung des Arbeitnehmers durch eine gesetzliche Altersrente bzw. eine gleichwertige Entgeltersatzleistung. Das zeigt die Entscheidung des BAG vom 27.7.2005 (AP Nr. 27 zu § 620 BGB Altersgrenze) in exemplarischer Weise. In keinem anderen Urteil zeichnet das BAG so deutlich den inneren Zusammenhang zwischen der Wirksamkeit einer allgemeinen Altersgrenze und dem Rentenanspruch nach. Der 7. Senat des BAG erwartet von Arbeitnehmern, dass sie ihre Erwerbsphase zum Zeitpunkt des normalen Rentenbezugs mit (noch) 65 Jahren beenden:

„Das Erfordernis der wirtschaftlichen Absicherung folgt aus der sich aus Art. 12 [Abs. 1] GG ergebenden Schutzpflicht, die den Staat im Bereich der Beendigung von Arbeitsverhältnissen trifft. [...] Das Erfordernis der wirtschaftlichen Absicherung folgt aus der sich aus Art. 12 [Abs. 1] GG ergebenden Schutzpflicht, die den Staat im Bereich der Beendigung von Arbeitsverhältnissen trifft. [...] Der sich aus Art. 12 [Abs. 1] GG ergebenden Schutzpflicht ist bereits dann genügt, wenn der befristet beschäftigte Arbeitnehmer nach dem Vertragsinhalt und der Vertragsdauer eine Altersversorgung in der gesetzlichen Rentenversicherung erwerben kann. [...] Die Höhe der sich aus der gesetzlichen Rentenversicherung ergebenden Ansprüche ist für die Wirksamkeit einer auf die Regelarbeitsgrenze bezogenen Befristung grundsätzlich ohne Bedeutung. Da die sich aus der Beitragszahlung ergebende Versorgung vorhersehbar ist und auch der Zeitpunkt des Eintritts in den Ruhestand feststeht, ist der Arbeitnehmer gehalten, seine Lebensplanung auf die zu erwartenden Versorgungsbezüge einzustellen". (BAG 27.7.2005 AP Nr. 27 zu § 620 BGB Altersgrenze)

Kritik Überzeugen kann diese ständige Rechtsprechung nicht. Äußerst fraglich ist bereits, ob die wirtschaftliche Absicherung überhaupt geeignet ist, einen Sachgrund i.R.d. § 14 Abs. 1 TzBfG darzustellen oder de lege ferenda nicht vielmehr ein spezialgesetzlicher Befristungstatbestand geschaffen werden müsste. Des Weiteren überzeugen die für die Zulässigkeit von allgemeinen Altersgrenzen immer wieder angeführten Gründe auch inhaltlich nicht (ausf. TEMMING, Altersdiskriminierung im Erwerbsleben, S. 303 ff., 602 ff.). Allerdings ist in jüngster Zeit auch der Versuch gescheitert, die Rechtsprechung dazu zu bewegen, in allgemeinen Altersgrenzen eine unzulässige Altersdiskriminierung zu sehen. Sowohl der EuGH in der Entscheidung Palacios (EuGH 16.10.2007 NZA 2007, 1219 ff.) als auch das BAG in seinem jüngsten Urteil vom 18.6.2008 (NZA 2008, 1302) haben erkannt, auch das gemeinschaftsrechtliche Verbot der Diskriminierung wegen des Alters und die Vorgaben aus der Richtlinie 2000/78/EG stünden allgemeinen Altersgrenzen nicht entgegen. Die Ungleichbehandlung sei vielmehr durch ein legitimes Ziel aus der Arbeitsmarkt- und Beschäftigungspolitik i.S.d. Art. 6 Abs. 1 der RL 2000/78/EG gerechtfertigt, wobei der Rentenbezug die unmittelbare Altersdiskriminierung auf der Stufe der Angemessenheit i.R.d. Grundsatzes der Verhältnismäßigkeit in zulässiger Weise abmildere.

In materieller Hinsicht ergibt sich kein großer Unterschied zu dem Prüfungsmaßstab anhand von Art. 12 Abs. 1 GG. Die Argumente für und wider eine allgemeine Altersgrenze bleiben dieselben. So kritikwürdig diese beiden Entscheidungen und die gesamte Rechtsprechungslinie auch sind: Angesichts dieser kompromisslosen Rechtsprechung ist die Problematik der allgemeinen Altersgrenze faktisch auf die rechtspolitische Ebene verlagert worden (ausf. PREIS, in: DJT-Gutachten, S. B 46 ff.) Es liegt nun an dem Gesetzgeber, zumindest starre allgemeine Altersgrenzen zu verbieten. Flexible Lösungen sind vorzuziehen. Dies könnte schonend durch eine Umkehr der Beweislast erfolgen. Das heißt: Der Arbeitnehmer kann grundsätzlich die Weiterbeschäftigung über das gesetzliche Rentenalter hinaus verlangen, der Arbeitgeber die Weiterbeschäftigung indes aus Leistungsgründen oder zur Erhaltung einer ausgewogenen Altersstruktur ablehnen. Dem Arbeitnehmer obliegt dann in einem Prozess auf Weiterbeschäftigung die Darlegungs- und Beweislast, dass die vom Arbeitgeber vorgebrachten Gründe nicht vorliegen (s.a. § 130 ArbVG-E).

Besondere Altersgrenzen Für besondere Altergrenzen unter 65 Jahren bestehen nach der Rechtsprechung des BAG strenge Anforderungen an die Zulässigkeit. Es sind also gesonderte Gründe erforderlich, wie beispielsweise ein besonderes Gefahrenpotenzial. So werden besondere Altersgrenzen unter 65 Jahren nur dann für gerechtfertigt gehalten, d.h. es besteht ein sachlicher Grund, wenn sie der **ordnungsgemäßen Erfüllung** der Berufstätigkeit und dem Schutz vor **schwerwiegenden Gefahren** dienen (BAG 12.2.1992 AP Nr. 5 zu § 620 BGB Altersgrenze). Solche Gründe fallen nunmehr unter § 14 Abs. 1 S. 1 Nr. 4 TzBfG. Dem ist grundsätzlich beizupflichten.

VI. Bindung an das Gemeinschaftsrecht § 105

Im arbeitsrechtlichen Kontext sind besondere Altersgrenzen bisher ausschließlich für das fliegende Cockpitpersonal für zulässig erachtet worden (BAG 11.3.1998 AP Nr. 12 zu § 1 TVG Tarifverträge: Luftfahrt; LAG Hessen 15.10.2007, 17 Sa 809/07 – juris, nachfolgend BAG unter Az. 7 AZR 112/08). Dort geht es um die sichere Beförderung von Personen; gewichtige Rechtsgüter (Leib und Leben von Menschen) sind betroffen. Doch auch in diesem Bereich hat das Verbot der Altersdiskriminierung für zusätzlichen Zündstoff gesorgt, wie das jüngste Verfahren (LAG Hessen 15.10.2007, BAG a.a.O.) zeigt.

Piloten

Was das Kabinenpersonal betrifft, setzen sich die Wertungen der grundrechtlichen Berufsfreiheit hingegen zu Recht durch: In einem Urteil aus dem Jahre 2002 hat das BAG eine tarifliche Altersgrenze von 55 Jahren für das Kabinenpersonal mangels sachlichen Grundes für unwirksam erklärt (BAG 31.7.2002 NZA 2002, 1155). Ein altersbedingtes Sicherheitsrisiko war hier insbesondere im Vergleich zu dem Cockpitpersonal nicht festzustellen. Ein etwaiges Interesse der Fluggesellschaft an einem möglichst jungen Erscheinungsbild des Kabinenpersonals stellt keinen anerkennenswerten Sachgrund für eine besondere Altersgrenze dar.

Kabinenpersonal

4. Grundrechtsbindung bei Allgemeinverbindlicherklärung

Die Allgemeinverbindlicherklärung ist ein **staatlicher Rechtsakt**. Der Staat ist nach Art. 1 Abs. 3 GG an die Grundrechte gebunden. Diese hat er auch bei der Allgemeinverbindlicherklärung zu beachten. Allgemeinverbindlich erklärte Tarifverträge sind aus diesem Grund anhand der Grundrechte der Normunterworfenen zu prüfen (vgl. BVerfG 15.7.1980 AP Nr. 17 zu § 5 TVG).

Grundrechtsbindung des Staates

VI. Bindung an das Gemeinschaftsrecht

Neben der Frage der Grundrechtsbindung ist auch die Frage der Bindung der Tarifvertragsparteien an das Gemeinschaftsrecht relevant (siehe unter § 14).

1. Primärrecht

Die wichtigsten Vorschriften des geschriebenen Primärrechts sind unmittelbar anwendbar. Das heißt, der Einzelne kann sich auf diese berufen. Verpflichtete des Primärrechts sind zunächst die Organe der Europäischen Gemeinschaften selbst und die Mitgliedstaaten. Freilich ist der Kreis der Verpflichteten vom EuGH nach und nach auch auf Private ausgeweitet worden. Was die wichtigen Grundfreiheiten betrifft, sind an die Arbeitnehmerfreizügigkeit (Art. 39 EG), Dienstleistungs- und Niederlassungsfreiheit (Art. 49 und 43 EG) nach seiner Auffassung auch **privatrechtlich organisierte Verbände** (bspw. Gewerkschaften, Sportverbände) gebunden (EuGH

12.12.1974, Rs. 36/74, „Walrave und Koch", Slg. 1974, 1405 = NJW 1975, 1093 f.; EuGH v. 15.12.1995, Rs. C-415/93, „Bosmann", Slg. 1995, I-4921, 5065 = NJW 1996, 505 ff.; EuGH 11.12.2007, Rs. C-438/05, „Viking", NZA 2008, 124; EuGH 18.12.2007, Rs. C-341/05, „Laval", NZA 2008, 159). Das betrifft seit den beiden wichtigen Entscheidungen Viking und Laval nicht nur das Innenverhältnis der privatrechtlich organisierten Verbände zu ihren Mitgliedern, sondern auch das Außenverhältnis dieser Verbände bspw. mit Blick auf ihren sozialen Gegenspieler. Die Grundfreiheiten entfalten damit also auch **Dritt- oder Horizontalwirkung**, die nicht unumstritten geblieben ist, allerdings eine ständige Rechtsprechung des EuGH darstellt. Dieselben Grundsätze der Horizontalwirkung von Primärrecht gelten für den Entgeltgleichheitsgrundsatz gem. Art. 141 EG (= Art. 157 AEUV, EuGH 8.4.1976, Rs. 43/75, „Defrenne II", Slg. 1976, 455 ff. = NJW 1976, 2068 ff.). Auch an diesen sind u.a. privatrechtlich organisierte Verbände gebunden.

2. Sekundärrecht

a) Verordnungen

Das **sekundäre Gemeinschaftsrecht** kann ebenfalls **unmittelbare Wirkung** entfalten, soweit die Vorschriften hinreichend klar und inhaltlich unbedingt sind. Deshalb können auch Vorschriften einer **Verordnung** unmittelbar anwendbar sein und sich natürliche oder juristische Personen vor den mitgliedstaatlichen Behörden oder Gerichten auf diese berufen. Dabei ist es bei den Verordnungen kein Problem, dass sie sich auch zu Lasten eines Einzelnen auswirken können; eine **horizontale Wirkung** ist also **zulässig** (EuGH v. 4.12.1974, Rs. 41/74, „van Duyn", Slg. 1974, 1337 ff., Rn. 12; Schlussanträge des GA Geelhoed v. 13.12.2001, Rs. C-194/94, „CIA Security", Slg. 1996, I-2201 ff., Rn. 37 bis 49). Ein Beispiel wäre **Art. 7 Abs. 4 der Wanderarbeitnehmerverordnung** VO 1612/68. Danach sind u.a. alle **Bestimmungen in Tarifverträgen** oder sonstigen Kollektivvereinbarungen betreffend Zugang zur Beschäftigung, Beschäftigung, Entlohnung und alle übrigen Arbeits- und Kündigungsbedingungen von Rechts wegen **nichtig**, soweit sie für Arbeitnehmer, die Staatsangehörige anderer Mitgliedstaaten sind, diskriminierende Bedingungen vorsehen oder zulassen.

b) Richtlinien

Anerkannt ist ebenfalls die unmittelbare Wirkung von einzelnen Richtlinienbestimmungen. Freilich ist hier zu unterscheiden, gegenüber wem sich der Einzelne auf diese Bestimmung berufen möchte. Eine **unmittelbare Wirkung von Richtlinienbestimmungen gegenüber dem Staat** ist immer möglich, unabhängig davon, in welcher Rolle dieser dem Einzelnen gegenüber tritt. Das heißt, auch wenn der **Staat als Tarifvertragspartei** auftritt, kann sich der Einzelne ihm gegenüber auf eine Richtlinienbestimmung berufen (EuGH

VI. Bindung an das Gemeinschaftsrecht § 105

20.3.2003, Rs. C-187/00, „Kutz-Bauer", NZA 2003, 506, 509). Hingegen ist eine flächendeckende Anerkennung der unmittelbaren Wirkung von Richtlinienbestimmung gegenüber Privaten und damit auch den Tarifvertragsparteien vom EuGH nicht anerkannt worden. Sowohl der EuGH als auch das BVerfG halten eine derartige Ausweitung für eine **unzulässige Kompetenzüberschreitung** des Art. 220 EG (BVerfG 8.4.1987 BVerfGE 75, 223, 242 f.; EuGH 14.7.1994, Rs. C-91/92, „Paola Faccini Dori", NJW 1994, 2473, 2474). Daran hat auch die Mangold-Entscheidung nichts geändert; vielmehr hat der EuGH seine einschlägigen Grundsatzentscheidungen bspw. in der Entscheidung Carp wieder bestätigt (EuGH 7.6.2007, Rs. C-80/06, „Carp", NZBau 2007, 429, 430, Rn. 20). Diese strenge Unterscheidung zwischen Staat und Einzelnen ist auch in der Palacios-Entscheidung des EuGH deutlich geworden. Bei der Frage der Gemeinschaftsrechtsmäßigkeit von allgemeinen tarifvertraglichen Altersgrenzen band der EuGH nicht die spanische Gewerkschaft an die Artikel 2 und 6 der Rahmenrichtlinie 2000/78/EG, sondern prüfte die Problematik der gerechtfertigten unmittelbaren Altersdiskriminierung allein in Bezug auf das spanische Gesetz, welches allgemeine tarifvertragliche Altersgrenzen unter bestimmten Voraussetzungen für gültig erklärte.

„Das in der Richtlinie 2000/78/EG des Rates vom 27.11.2000 zur Festlegung eines allgemeinen Rahmens für die Verwirklichung der Gleichbehandlung in Beschäftigung und Beruf konkretisierte Verbot jeglicher Diskriminierung wegen des Alters ist dahin gehend auszulegen, dass es einer nationalen Regelung wie der des Ausgangsverfahrens nicht entgegensteht, die in Tarifverträgen enthaltenen Klauseln über die Zwangsversetzung in den Ruhestand für gültig erklärt, in denen als Voraussetzung lediglich verlangt wird, dass der Arbeitnehmer die im nationalen Recht auf 65 Jahre festgesetzte Altersgrenze für den Eintritt in den Ruhestand erreicht hat und die übrigen sozialversicherungsrechtlichen Voraussetzungen für den Bezug einer beitragsbezogenen Altersrente erfüllt, sofern
– diese Maßnahme, auch wenn sie auf das Alter abstellt, objektiv und angemessen ist und im Rahmen des nationalen Rechts durch ein legitimes Ziel, das in Beziehung zur Beschäftigungspolitik und zum Arbeitsmarkt steht, gerechtfertigt ist und
– die Mittel, die zur Erreichung dieses im Allgemeininteresse liegenden Ziels eingesetzt werden, nicht als dafür unangemessen und nicht erforderlich erscheinen." (EuGH 16.10.2007, Rs. C-411/05, „Palacios", NZA 2007, 1219 ff.)

Eine unmittelbare Bindung an gemeinschaftsrechtsrechtliche Vorschriften kann sich für die privaten Tarifvertragsparteien im Arbeitsrecht damit nur aufgrund einer unmittelbar anwendbaren Bestimmung aus einer Verordnung oder aus dem Primärrecht ergeben. Für den Fall, dass der EuGH die privaten Tarifvertragsparteien bspw. an das Verbot der Altersdiskriminierung binden möchte, müsste er auf das ungeschriebene Primärrecht zurückgreifen. Auf dieser Ebene hat er in der oben erwähnten Mangold-Entscheidung das Gemeinschaftsgrundrecht des Verbotes der Altersdiskriminierung geschaffen. Freilich hat er anders als im geschriebenen Primärrecht in Bezug auf die Grundfreiheiten oder Art. 141 EG für den Bereich des ungeschriebenen Primärrechts eine Horizontalwirkung der Gemeinschaftsgrundrechte bislang (noch) nicht anerkannt. Die Frage der Bindung Privater an Gemeinschaftsgrundrechte ist umstritten (vgl. dazu bspw. RENGELING/SZCZEKALLA, Grundrechte in der EU, 2004, § 4, Rn. 331 ff., § 6, Rn. 402 ff.).

VII. Gerichtliche Kontrolle

Die Rechtmäßigkeit einzelner Regelungen bestehender Tarifverträge kann grundsätzlich gemäß § 2 Abs. 1 Nr. 1 ArbGG i.V.m. § 256 Abs. 1 ZPO im Rahmen einer Feststellungsklage von den Arbeitsgerichten überprüft werden.

Keine gerichtliche Kontrolle im Vorfeld von Tarifverhandlungen

In der Praxis ist es weiterhin häufiger dazu gekommen, dass einzelne Tarifparteien die rechtliche Zulässigkeit einer Forderung bereits im Vorfeld des Tarifabschlusses gerichtlich klären lassen wollten. Hierfür müsste bereits während der Tarifvertragsverhandlungen oder sogar in der Anbahnungsphase ein Rechtsverhältnis im Sinne von § 256 Abs. 1 ZPO bestehen. Als solches kann logischerweise nicht der Tarifvertrag selbst in Betracht kommen. Ein Rechtsverhältnis ließe sich nur dann annehmen, wenn man davon ausginge, dass jeder Tarifpartei ein Anspruch gegen den sozialen Gegenspieler auf Führung von Tarifverhandlungen zustünde. Einen solchen Rechtsanspruch hat das BAG indessen grundsätzlich verneint (BAG 14.7.1981 AP Nr. 1 zu § 1 TVG Verhandlungspflicht) und diese Rechtsprechung mehrfach bestätigt (vgl. BAG 19.6.1984 AP Nr. 3 zu § 1 TVG Verhandlungspflicht). Zur Begründung führt das BAG aus:

„Doch die Bedenken gegen eine solche gerichtliche Vorprüfung überwiegen. Zunächst steht der Inhalt des Tarifvertrags noch nicht fest. Beurteilt werden könnten nur Entwürfe. Diese sind noch keine ausreichende tatsächliche Grundlage. Überdies könnte sich die Beurteilung immer nur auf eine bestimmte Formulierung des Entwurfs beziehen. Über die rechtliche Beurteilung tarifpolitischer Ziele wäre in vielen Fällen keine Klarheit geschaffen. Tarifpolitische Ziele können in verschieden ausgestalteten rechtlichen Regelungen ihren Niederschlag finden.

Die Tarifvertragsparteien könnten die Gerichte aus taktischen Gründen einschalten. Das würde der Tarifautonomie eher schaden als nützen. Eine von einer Gewerkschaft erhobene positive Feststellungsklage über die rechtliche Zulässigkeit einzelner beabsichtigter tariflicher Regelungen könnte die Arbeitgeberseite unter Druck setzen. Denn wäre die Tarifforderung einer Gewerkschaft erst mit dem Etikett versehen „rechtlich zulässig", dann könnte dies zumindest in der Öffentlichkeit leicht den Eindruck erwecken, als ob das Gericht diese Forderung auch für rechtlich wünschenswert halte. Würde – wie hier – umgekehrt das Gericht Bestimmungen des Entwurfs für einen Tarifvertrag im Vorfeld der gerichtlichen Auseinandersetzungen über die Zulässigkeit solcher Re-

VII. Gerichtliche Kontrolle § 105

gelungen verwerfen, wären weitere Initiativen der Gewerkschaft von vornherein erschwert, obwohl das eigentliche tarifpolitische Ziel unter Umständen mit anderen rechtlichen Mitteln durchaus weiterverfolgt werden könnte." (BAG 19.6.1984 AP Nr. 3 zu § 1 TVG Verhandlungspflicht)

Allerdings hält das BAG eine Überprüfung der Zulässigkeit von Tarifzielen dann für rechtlich möglich, wenn diese von der fordernden Partei im Wege des Arbeitskampfs erstritten werden sollen. In dem Fall, dass es sich um unzulässige Ziele handele, drohe dem Tarifgegner eine Verletzung von Rechten durch einen rechtswidrigen Arbeitskampf. Für einzelne Arbeitgeber wurde dabei auf das Recht am eingerichteten und ausgeübten Gewerbebetrieb verwiesen, das ein sonstiges Recht im Sinne des § 823 Abs. 1 BGB darstellt. Gegen eine solche drohende Rechtsverletzung könne sich der Arbeitgeber mit der vorbeugenden Unterlassungsklage wehren, innerhalb der die Zulässigkeit der Tarifforderung als Rechtmäßigkeitsvoraussetzung des geplanten Arbeitskampfes gerichtlich überprüft wird (BAG 3.4.1990 AP Nr. 56 zu Art. 9 GG).

<small>Unterlassungsklage bei drohendem Arbeitskampf</small>

In der Literatur ist die generelle Ablehnung einer Verhandlungspflicht auf starke Kritik gestoßen (vgl. nur GAMILLSCHEG KollArbR I § 7 I 4 m.w.N.). Allerdings ändert sich für das erforderliche Rechtsverhältnis im Sinne von § 256 Abs. 1 ZPO nichts, ginge man von dem Bestehen eines allgemeinen Anspruchs auf Tarifverhandlungen aus. Ein solcher kann nämlich allenfalls darauf gerichtet sein, ernstlich Verhandlungen zu führen. Hieraus lässt sich jedoch kein konkreter Anspruch bezüglich einer geplanten Vertragsklausel oder eines bestimmten Tarifziels ableiten, so dass auch kein Streit über einen solchen Anspruch bestehen kann, der mittels einer Feststellungsklage gerichtlich geklärt werden könnte (vgl. WIEDEMANN, Anm. zu BAG 19.6.1984 AP Nr. 3 zu § 1 TVG Verhandlungspflicht).

6. Abschnitt:
Internationales Tarifvertragsrecht

Literatur: ALES U.A., Transnational Collective Bargaining: Past, Present and Future, Final Report for the European Commission (Ed.), 2006; AR-Blattei/ HERGENRÖDER, Internationales Tarifvertragsrecht, 1550.15; MüArbR/BIRK, § 21, Tarif- und Arbeitskampfrecht; DEINERT, Partizipation europäischer Sozialpartner an der Gemeinschaftsrechtsetzung, RdA 2004, 211; HORNUNG-DRAUS, Europäischer Sozialer Dialog – Entwicklungsperspektiven und Grenzen aus der Sicht der Arbeitgeber, in: Liber Amicorum Manfred Weiss (2005), S. 205; LANGENBRINCK, Europäische Aspekte kollektiven Arbeitsrechts, DB 1998, 1089; SCIARRA, Die Entwicklung des Collective Bargaining in Europa 1990-2004, ZESAR 2006, 185; WAAS, Der Stand des Europäischen Arbeitsrechts, ZTR 1995, 294; WEISS, Transnationale Kollektivvertragsstrukturen in der EG: Informalität oder Verrechtlichung?, FS Birk (2008), S. 957; ZACHERT, Europäische Tarifverträge – von korporatistischer zu autonomer Normsetzung?, FS Schaub (1998), S. 811.

| Unterscheidung | Beim internationalen Tarifvertragsrecht muss unterschieden werden: Einerseits besteht die Frage nach **internationalen Tarifverträgen** und der notwendigen Tarifmacht zu **internationaler Tarifnormsetzung**; andererseits ist nach der Anwendbarkeit deutschen Tarifrechts bei **Arbeitsverhältnissen mit Auslandsberührung** zu fragen.

§ 106 Überstaatliche Tarifverträge

| Überblick | Die wachsende Zahl multinationaler Konzerne als Konsequenz der verstärkten Internationalisierung der Wirtschaftsbeziehungen – Stichwort **Globalisierung** – führen seit einigen Jahren vorwiegend auf Gewerkschaftsseite zu Rufen nach grenzüberschreitenden Tarifverträgen. Verlangt wird ein **internationaler Konzerntarifvertrag** (vgl. AR-Blattei/HERGENRÖDER Rn. 5). Die Forderung wird vor allem mit der Gefahr begründet, dass multinationale Unternehmen die Arbeitnehmerinteressen verschiedener nationaler Produktionsstandorte gegeneinander ausspielen. Ganz neu sind Ideen, die sich um einen europäischen Tarifvertrag ranken, allerdings nicht. Sie wurden schon in den 1960er Jahren juristisch angedacht (vgl. bspw. STADLER, NJW 1969, 962 ff.; SCHNORR, FS Nipperdey (1965), Bd. II, S. 897 ff.).

➲ **Beispiel:**

Ein multinationaler Konzern mit Sitz in der Bundesrepublik entscheidet sich, einen Betrieb in Spanien zu errichten, weil dort ohne große Schwierigkeiten auch samstags gearbeitet werden darf. Würde ein grenzüberschreitender Tarifvertrag existieren, der die Samstagsarbeit einheitlich in Spanien und der Bundesrepublik sowie in anderen europäischen Staaten regeln, wäre die Unternehmensleitung gezwungen, ihre Standortentscheidung unabhängig von den – aus Arbeitgebersicht – günstigeren Arbeitsbedingungen in Spanien zu fällen.

| Kein europäischer Tarifvertrag | Die Lösung dieses Beispiels mit Hilfe eines internationalen Tarifvertrages, der bestimmte Arbeitsbedingungen für Arbeitnehmer einheitlich regelt, die gewöhnlich in unterschiedlichen Staaten ihre Arbeit verrichten, scheitert. Denn damals wie heute existiert eine notwendige **Rechtsgrundlage** für solche Tarifverträge bisher weder in den zwischenstaatlichen Abkommen noch im Gemeinschaftsrecht (vgl. dazu KeZa/KEMPEN, § 4 TVG Rn. 82). Insbesondere der EG-Vertrag enthält keine dem TVG vergleichbaren Regelungen. Gem. Art. 137 Abs. 5 EG sind das Arbeitsentgelt, Koalitions-, Streik- und Aussperrungsrecht aus der sekundärrechtlichen Rechtsetzungskompetenz der Gemeinschaft ausklammert. Diese Bereiche verbleiben also weiterhin in der Domäne der Mitgliedstaaten; dort herrscht gerade in Bezug auf das Tarifvertragsrecht ein vielgestaltiges und in seinen Wirkungen verschiedenes System (dazu SCIARRA, ZESAR 2006, 185 m.w.N.). Ein europäisches Tarifvertragsrecht kann auch

Überstaatliche Tarifverträge § 106

nicht auf Art. 140 Abs. 1 EG gestützt werden. Danach fördert die Kommission die Zusammenarbeit zwischen den Mitgliedstaaten und erleichtert die Abstimmung ihres Vorgehens auf dem Gebiet der Sozialpolitik u.a. auf dem Gebiet des Koalitionsrechts sowie der Kollektivverhandlungen zwischen Arbeitgebern und Arbeitnehmern. Freilich kann sie nur mittels Untersuchungen, Stellungnahmen und den Vorbereitungen von Beratungen tätig werden und nicht bspw. mittels einer Richtlinie, vgl. Art. 140 Abs. 2 EG. Auch der Soziale Dialog auf Gemeinschaftsebene kennt keinen europäischen Tarifvertrag. Art. 139 EG bestimmt lediglich, dass es Vereinbarungen der Sozialpartner auf Gemeinschaftsebene geben kann. Diese Vorschrift begründet aber keine besonderen Rechte und Pflichten, schon gar nicht die aus deutscher Sicht bekannte normative Wirkung dieser Vereinbarung (AR-Blattei/HERGENRÖDER Rn. 23; KeZa/KEMPEN, § 4 TVG Rn. 83).

Allerdings können die Vereinbarungen auf gemeinsamen Antrag der Sozialpartner nach Art. 139 Abs. 2 EG durch Beschluss des Rates auf Vorschlag der Kommission förmlich als Richtlinie beschlossen werden. Dies ist u.a. durch die Richtlinie 1999/70/EG des Rates zu der EGB-UNICE-CEEP-Rahmenvereinbarung über befristete Arbeitsverträge vom 28. Juni 1999 geschehen (siehe unter § 14 I 3 c). Keinen europäischen Tarifvertrag stellen schließlich die i.R.d. Richtlinie 94/45/EG über Europäische Betriebsräte geschlossenen Vereinbarungen dar (Art. 6 RL 94/45/EG). Dennoch können sie bei europaweiten Umstrukturierungen eine nicht unwesentlich Rolle spielen und könnten daher das Potential besitzen, sich als Vorläufer europaweiter Konzerntarifverträge zu entpuppen (so vorsichtig WEISS, FS Birk, S. 957, 969 f.)

Gemeinsamer Antrag der Sozialpartner

Mangels einer Rechtsgrundlage für europäische Tarifverträge ist daher in grenzüberschreitenden bzw. internationalen Sachverhalten das Kollisionsrecht zu bemühen, um die Frage zu klären, welches Tarifstatut auf einen Tarifvertrag mit Auslandsbezug Anwendung findet (siehe unter § 107). Im Ergebnis wird es u.a. auf den Regelungsschwerpunkt des Tarifvertrages ankommen. In Bezug auf das obige Beispiel bedeutet die geltende Rechtslage, dass die Gewerkschaften in den betroffenen Ländern verschiedene Tarifverträge möglichst mit demselben Inhalt für die jeweiligen Länder abschließen müssten. Denn der Regelungsschwerpunkt betrifft mehrere Länder gleichzeitig, so dass das Problem mit Hilfe eines einzigen Tarifvertrags, der nur einer Rechtsordnung unterworfen ist, nicht gelöst werden kann.

Kollisionsrecht

Die wichtigsten potentiellen **Tarifparteien auf europäischer Ebene**, der organisatorisch schwache Europäische Gewerkschaftsbund (EGB), auf Arbeitgeberseite die Union der Industrien der Gemeinschaft (UNICE) sowie die Europäische Zentrale der Öffentlichen Wirtschaft (CEEP), der Zusammenschluss der öffentlichen Arbeitgeber, müssten neben den tariflichen Regelungen auch Bestimmungen vereinbaren, die eine dem TVG vergleichbare Tarifordnung fest-

Keine europäische Tarifstruktur

setzen. Bis heute sind jedoch nur **zaghafte Ansätze** im Hinblick auf ein Entstehen **europäischer Tarifstrukturen** zu erkennen. Bisher hat es nur vereinzelte Vereinbarungen auf europäischer Ebene gegeben, die nach dem Willen der Beteiligten keine rechtlichen Bindungswirkungen haben. Die Entwicklung ist diesbezüglich noch im Fluss, wird aber wegen Art. 137 Abs. 5 EG, der auch im Vertrag von Lissabon enthalten ist (Art. 153 Abs. 5 AEUV), in naher Zukunft keine Quantensprünge vollziehen.

Reform durch Vertrag von Amsterdam

Seit dem Amsterdamer Vertrag werden den Sozialpartnern stärkere Mitwirkungs- und Initiativrechte bei der Ausarbeitung und Verabschiedung sozialpolitischer Rechtsakte der Europäischen Gemeinschaft eingeräumt. Damit wird die zunehmende Aufwertung der europäischen Sozialpartner seit der Einheitlichen Akte von 1986 fortgesetzt. Wichtigstes Instrument ist neben dem Sektoralen Sozialen Dialog vor allem der bereits angesprochene Soziale Dialog gem. Art. 138 ff. EG mit seiner Möglichkeit, Vereinbarungen der europäischen Sozialpartner gem. Art. 139 Abs. 2 EG „eins zu eins" in europäisches Sekundärrecht zu gießen (s.a. EUROPÄISCHE KOMMISSION, Partnerschaft für den Wandel in einem erweiterten Europa – Verbesserung des Beitrags des europäischen sozialen Dialogs, KOM 2004, 557 endg., v. 12.8.2004 und DIES., Sozialpolitische Agenda, KOM 2005, 33 endg., v. 9.2.2005). Auf zwei Hauptprobleme sei in diesem Kontext kurz hingewiesen. Problematisch ist zum einen die untergeordnete Rolle des Europäischen Parlaments im Verfahren gem. Art. 139 Abs. 3 EG; es muss im Rechtssetzungsverfahren noch nicht einmal angehört werden. Allerdings informiert die Kommission es in der Praxis gleichzeitig mit dem Rat. Zum anderen führt die Art und Weise der rechtlichen Normsetzung von Vereinbarungen der europäischen Sozialpartner zum Problem der Repräsentativität dieser Vereinigungen (vgl. dazu den Rechtsstreit des Dachverbandes UEAPME für die mittelständische Wirtschaft gegen den europäischen Rat, EuG 17.6.1998, Rs. T-135/96, AP Nr. 1 zu EWG-Richtlinie Nr. 96/34).

Von europarechtlicher Bedeutung ist schließlich noch, dass Richtlinien der EU mittels Tarifvertrag umgesetzt und durchgeführt werden können, Art. 137 Abs. 3 EG. In Bezug auf das deutsche Recht ist eine derartige Umsetzung aber nicht möglich. Der Grund dafür liegt darin, dass die Sozialpartner in Deutschland aufgrund ihrer Organisation keine flächendeckende und einheitliche Umsetzung bewirken können (dazu EuGH 10.7.1986, Rs. 235/84, Slg. 1986, 2291, Rn. 21 bis 24). Erforderlich wäre in diesen Fällen daher eine staatliche Mitwirkung mit Hilfe der Allgemeinverbindlicherklärung gem. § 5 TVG oder § 1 Abs. 3a AEntG sowie die konzertierte Zusammenarbeit aller Sozialpartner (vgl. zum ganzen ZACHERT, FS Schaub, S. 813; RÖTHEL, NZA 2000, 65).

§ 107 Tarifrecht mit Auslandsberührung

Viele Tätigkeiten führen deutsche Arbeitnehmer auf Dauer oder nur für begrenzte Zeit ins Ausland. Andererseits arbeiten auch ausländische Mitarbeiter in deutschen Unternehmen bzw. in deutschen Filialen ausländischer Unternehmen. Hier stellt sich jeweils die Frage, inwieweit solche Arbeitsverhältnisse von Tarifnormen deutscher oder ausländischer Tarifparteien nach dem TVG erfasst werden können.

Reichweite deutscher Tarifnormen

Wie bereits im vorherigen Kapitel deutlich wurde, wird diese Frage weder von internationalen Abkommen noch dem Gemeinschaftsrecht beantwortet (siehe unter § 106). Daraus folgt, dass die hierfür nötige Klärung, welche Rechtsordnung auf einen derartigen Tarifvertrag Anwendung findet (sog. Tarifvertragsstatut), mit Hilfe der allgemeinen kollisionsrechtlichen Grundsätze geleistet werden muss. Denn sowohl Art. 30 EGBGB als auch Art. 27 f. EGBGB finden mangels Einschlägigkeit dabei keine Anwendung, was den normativen sowie den schuldrechtlichen Teil des Tarifvertrags betrifft (ausf. MüArbR/Birk, § 21 m.w.N.). Das zu ermittelnde Tarifvertragsstatut führt aus deutscher Sicht maßgeblich zu den Vorschriften des TVG, weil erst dieses Gesetz dem Tarifvertrag das rechtliche Leben einhaucht. Das folgt aus der diesbezüglichen Normgeprägtheit der Koalitionsfreiheit gem. Art. 9 Abs. 3 GG. Damit hängt das Tarifvertragsstatut auch vom räumlichen Anwendungsbereich des TVG ab. Von Interesse ist in diesem Kontext vor allem die Anwendbarkeit des TVG auf grenzüberschreitende Sachverhalte.

Überblick

Als Grundregel wird sich sagen lassen, dass das TVG dann zwingend anwendbar ist, wenn der Tarifvertrag seinen Regelungsschwerpunkt im Inland hat. Dies ist der Fall, wenn die ihm unterworfenen Arbeitsverhältnisse ihren Schwerpunkt grundsätzlich in Deutschland haben. Geht es um im Ausland tätige Arbeitnehmer, dürfte das TVG nur dann anwendbar sein, wenn die vertragsschließenden Parteien die Arbeitstätigkeit von Deutschland aus initiieren und steuern. Das ist zumindest dann ausgeschlossen, wenn an dem in Frage stehenden Tarifvertrag allein ausländische und nicht auch in Deutschland tätige Sozialpartner mitgewirkt haben oder die Arbeitsverhältnisse dauerhaft im Ausland durchgeführt werden (kein Entsendesachverhalt). In beiden Fällen – Tätigkeit im Inland oder Ausland – ist es also denkbar, dass nicht nur inländische, sondern auch ausländische Sozialpartner Tarifverträge abschließen können. Wichtig ist immer, dass ein Bezug zur inländischen Wirtschafts- und Arbeitsverfassung der Bundesrepublik Deutschland gegeben ist.

Grundregel

Führt diese objektive Anknüpfung zum deutschen Tarifvertragsstatut, unterliegen die Tariffähigkeit der vertragsschließenden Parteien sowie Abschluss, Anwendungsbereich, Bindung, Wirkung, Bestand des Tarifvertrages sowie seine eventuelle Allgemeinverbindlichkeit grundsätzlich den Vorschriften des TVG oder anderer einschlägiger Gesetze. Da das TVG von seinem grundsätzlichen Anliegen her zwingend ist, kann hiervon nicht durch eine subjektive Rechtswahl abgewichen werden. Einzige Ausnahme ist insoweit § 21 Abs. 4 S. 2 FlaggRG (dazu BVerfG 10.1.1995 AP Nr. 76 zu Art. 9 GG). Nach dieser Vorschrift findet das TVG auf von ausländischen Gewerkschaften abgeschlossene Tarifverträge im Hinblick auf Arbeitsverhältnisse von bestimmten Besatzungsmitgliedern eines im Internationalen Seeschifffahrtsregister eingetragenen Kauffahrteischiffes nur dann Anwendung, wenn für diese Tarifverträge die Anwendung des TVG sowie die Zuständigkeit der deutschen Gerichte vereinbart worden ist. Freilich dient diese Vorschrift weniger dazu, das deutsche TVG für ausländische Gewerkschaften und Arbeitgeber im Schifffahrtsbereich attraktiv zu machen, als vielmehr umgekehrt dazu, die Sozialpartner zu befähigen, von der grundsätzlich zwingenden Anwendbarkeit des TVG auf Schiffen unter deutscher Flagge ausnahmsweise absehen zu können. Gerade aufgrund des Ausnahmecharakters dieser Vorschrift lässt sich folgern, dass das Tarifvertragsstatut mit Hilfe des oben genannten Anknüpfungsgegenstands grundsätzlich objektiv zu ermitteln ist und die Sozialpartner es nicht subjektiv bestimmen können.

Von einer vertieften Darstellung des internationalen Tarifvertragsrechts soll in diesem Rahmen aber abgesehen werden. Insoweit sei auf die weiterführende Literatur verwiesen (vgl. AR-Blattei/HERGENRÖDER Rn. 1 ff.; MüArbR/BIRK § 21; GAMILLSCHEG KollArbR I § 12 5; KeZa/KEMPEN, § 4 TVG Rn. 57 ff.).

Gemeinschaftsrecht/ Entsenderecht

Wenngleich das Gemeinschaftsrecht einen „internationalen Tarifvertrag", der normativ zwingend in mehreren Mitgliedstaaten wirken kann, nicht kennt, bedeutet dies nicht, dass diese Rechtsmaterie keine Rolle spielt. Bezüglich des Inhalts eines Tarifvertrags haben sich die Sozialpartner aufgrund des Vorrangs des Gemeinschaftsrechts auch an dessen Vorgaben zu halten (siehe unter § 14). Insbesondere hat der EuGH diese unter bestimmten Umständen an Vorschriften des Primär- und Sekundärrechts unmittelbar gebunden (siehe unter § 14 I 3). Findet die Entsendrichtlinie 96/71/EG Anwendung (bspw. im Bausektor, siehe unter § 14 III 2) und handelt es sich bei den im Tarifvertrag aufgeführten Bedingungen u.a. um solche, die in Art. 3 Abs. 1 Entsenderichtlinie aufgeführt werden (der sog. „harte Kern zwingender Arbeitsbedingungen"), hat Deutschland als Mitgliedstaat sicherzustellen, dass diese Bedingungen für alle betroffenen ausländischen wie inländischen Wirtschaftsteilnehmer gelten – also auch die entsandten Arbeitnehmer. Dies geschieht mit Hilfe der Allgemeinverbindlicherklärung gem. § 1 Abs. 3a AEntG. In dieser Situation wird die ansonsten im Kollisionsrecht akzeptierte Ausstrahlungswirkung eines fremden Tarif- und Arbeitsvertragsstatuts bei Arbeitnehmerentsendungen wegen des Vorrangs des Gemeinschaftsrechts durchbrochen. Schließlich hat die Bindung der Sozialpartner, namentlich der Gewerkschaften, an Gemeinschaftsrecht auch Auswirkungen auf die Zulässigkeit von Arbeitskämpfen in grenzüberschreitenden Sachverhalten (siehe unter §§ 136 ff.).

Vierter Teil:
Arbeitskampf und Schlichtungswesen

1. Abschnitt:
Einführung

Literatur: KITTNER, Arbeitskampf, Geschichte – Recht – Gegenwart, 2005; KITTNER, Arbeitskampf und Arbeitskampfrecht im Wandel, JbArbR 43 (2006), 107ff.; KONZEN, 50 Jahre richterliches Arbeitskampfrecht, FS 50 Jahre BAG, S: 515 ff.; RIEBLE (Hrsg.), Zukunft des Arbeitskampfes, 2005.

⊃ Übersicht:

§ 108 Grundgedanken und Grundlagen des Arbeitskampfrechts (siehe unter § 108)
  I. Sinn und Zweck von Arbeitskämpfen (siehe unter § 108 I)
  II. Historische Entwicklung des Arbeitskampfrechts (siehe unter § 108 II)
    1. Mittelalter bis Neuzeit (siehe unter § 108 II 1)
    2. Arbeitskampf in der Weimarer Republik (siehe unter § 108 II 2)
    3. Nationalsozialismus (siehe unter § 108 II 3)
    4. Entwicklung in der Bundesrepublik Deutschland (siehe unter § 108 II 4)
  III. Wirtschaftliche Bedeutung des Arbeitskampfs (siehe unter § 108 III)
§ 109 Rechtsgrundlage des Arbeitskampfs (siehe unter § 109)
  I. Verfassungsrechtliche Grundlage (siehe unter § 109 I)
  II. Internationale Quellen (siehe unter § 109 II)
§ 110 Kodifikation und Richterrecht (siehe unter § 110)
§ 111 Grundsätze des Arbeitskampfrechts
  I. Grundsatz der Parität (siehe unter § 111 I)
    1. Funktion der Parität (siehe unter § 111 I 1)
    2. Inhalt des Paritätprinzips (siehe unter § 111 I 2)
      a) Formelle Parität (siehe unter § 111 I 2 a)
      b) Normative Parität (siehe unter § 111 I 2 b)
      c) Materielle Parität (siehe unter § 111 I 2 c)
  II. Grundsatz der staatlichen Neutralität (siehe unter § 111 II)

§ 108 Grundgedanken und Grundlagen des Arbeitskampfrechts

I. Sinn und Zweck von Arbeitskämpfen

Beilegung von Regelungsschwierigkeiten

In der freiheitlichen Wirtschaftsordnung der Bundesrepublik Deutschland sollen Regelungsschwierigkeiten zwischen den Tarifvertragspartnern im freien Spiel der Kräfte ohne staatliche Zwangsschlichtung ausgetragen werden (BAG 13.7.1993 AP Nr. 127 zu Art. 9 GG Arbeitskampf). Der Gesetzgeber hat daher in Art. 9 Abs. 3 GG den Koalitionen und den dort organisierten Arbeitgebern und Arbeitnehmern das Recht eingeräumt, Bestimmungen über alle regelungsbedürftigen Einzelheiten des Arbeitsvertrags treffen zu können. Die insoweit ausgeübte staatliche Zurückhaltung beruht auf der Überlegung, dass die unmittelbar betroffenen Parteien besser wissen und aushandeln können, was ihren beiderseitigen und gemeinsamen Interessen entspricht. Sie ist ferner Ausdruck der für nicht öffentlich-rechtliche Beziehungen charakteristischen Privatautonomie (BVerfG 27.2.1973 AP Nr. 7 zu § 19 HAG).

Keine staatliche Zwangsschlichtung

In den meisten Fällen kommt eine Einigung über den Inhalt des Tarifvertrags zwischen Gewerkschaft und Arbeitgeberseite zustande. Tatsächliche und rechtliche Schwierigkeiten treten auf, wenn eine Verständigung nicht gelingt. Soll aber ein Rückschritt zur staatlichen Zwangsschlichtung oder zum individualrechtlichen Instrument des Arbeitsvertrags vermieden werden, muss den Sozialpartnern die Möglichkeit gewährt werden, auf anderem Wege für die Verhandlungsbereitschaft der Gegenseite und damit letztlich für das Zustandekommen von Tarifverträgen Sorge zu tragen. Das ihnen zu diesem Zweck an die Hand gegebene Mittel ist das Recht zum **Arbeitskampf**. Ohne dieses Mittel, so das BAG anschaulich, seien Tarifverhandlungen nicht mehr als „kollektives Betteln" (BAG 10.6.1980 AP Nr. 64 zu Art. 9 GG Arbeitskampf).

„Arbeitskämpfe müssen (...) nach unserem freiheitlichen Tarifvertragssystem möglich sein, um Interessenkonflikte über Arbeits- und Wirtschaftsbedingungen im äußersten Fall austragen und ausgleichen zu können." (BAG GS 21.4.1971 AP Nr. 43 zu Art. 9 GG Arbeitskampf)

Durch die kollektive arbeitnehmerseitige Zurückhaltung der arbeitsvertraglich geschuldeten Leistung, sog. **Streik**, soll auf der Gegenseite ein wirtschaftlicher Druck erzeugt werden, unter dessen Eindruck dann eine Verhandlungs- und Einigungsbereitschaft bezüglich der strittigen Verhandlungspunkte entsteht. Das äquivalente Instrument auf der Arbeitgeberseite ist die Möglichkeit zur Verwehrung der Arbeitsmöglichkeit, die sog. **Aussperrung** (BAG GS 21.4.1971 AP Nr. 43 zu Art. 9 GG Arbeitskampf). Neben diesen beiden klassischen Formen des Arbeitskampfs stehen beiden Seiten weitere (ergänzende) Mittel zur Verfügung. Genannt seien an dieser

Stelle beispielhaft der Boykott, die Betriebsstilllegung sowie der Warnstreik.

Der Arbeitskampf dient der Durchsetzung widerstreitender tariflicher Interessen der Koalitionspartner und damit letztlich der Herstellung und Sicherung der Funktionsfähigkeit des Tarifvertragssystems. Er lässt sich daher als ein Instrument der **Konfliktlösung** ansehen.

Arbeitskampf als Instrument der Konfliktlösung

Vielfach wird er als der einzige Bereich angesehen, in dem die deutsche Rechtsordnung, sieht man von Notwehr und Notstand einmal ab, Gewalt zur Durchsetzung eigener Interessen zulässt (BROX/RÜTHERS Rn. 14: „Wirtschaftsbürgerkrieg"). Den Arbeitskampf als Gewaltmittel einzustufen oder ihn sogar als kriegerisch zu bezeichnen, schafft einen völlig falschen Eindruck dieses Instituts. In Anbetracht seiner Funktion ist der Arbeitskampf vielmehr als **Instrument des Markts** zu begreifen: Die Regelung von Arbeitsbedingungen durch Tarifvertrag dient der Korrektur von Defiziten des Arbeitsmarkts, die aufgrund des Ungleichgewichts zwischen Arbeitnehmern und Arbeitgebern bestehen. Ein befriedetes Marktsystem, wie es unserer Rechtsordnung zugrunde liegt, schließt aber die Anwendung von Gewalt zur Durchsetzung eigener Interessen generell aus. Auch der Arbeitskampf als Hilfsmittel der Tarifautonomie und damit des (Arbeits-)Marktsystem muss sich dem stellen. Arbeitskampf ist **keine Gewalt**, und er vermag es auch nicht, gewalttätige Akte zu legitimieren. Es dürfte daher davon Abstand zu nehmen sein, in den Köpfen ein kriegerisches Bild des Arbeitskampfs zu fördern. Treffender ist es, den Arbeitskampf als **wettbewerbsrechtliche Auseinandersetzung** durch die gemeinschaftliche Zurückhaltung des Guts Arbeitskraft und als den Einsatz gebündelter Marktmacht zu begreifen.

Gewaltmittel Arbeitskampf?

II. Historische Entwicklung des Arbeitskampfrechts

Literatur: KISSEL, Arbeitskampfrecht, 2002, § 2; KITTNER, Arbeitskampf, Geschichte – Recht – Gegenwart, 2005; SIEGL, Arbeitskämpfe seit dem Spätmittelalter, 1993; RAMM, Das deutsche kollektive Arbeitsrecht zwischen den beiden Weltkriegen, ZfA 1988, 157; SÖLLNER, Zur Zulässigkeit der Aussperrung nach geltendem Recht aus rechtsgeschichtlicher Sicht, RdA 1980, 14; WOHLGEMUTH, Staat und Arbeitskampf, 1974, S. 4.

1. Mittelalter bis Neuzeit

Bereits im Mittelalter fanden wirtschaftliche Auseinandersetzungen zwischen den in sog. Bruderschaften organisierten Handwerksgesellen und den Zünften der Handwerksmeister statt. Der älteste bisher bekannte Gesellenaufstand datiert aus dem Jahr 1329. Mit dem Ziel einer Anpassung der Löhne legten die Gürtlergesellen für ein Jahr die Arbeit nieder. Organisatoren der Kämpfe dieser Zeit waren die sog. Gesellenschaften, die genossenschaftlich organisiert die Standesinteressen ihrer Mitglieder wahrnahmen. Die Auseinandersetzungen erschöpften sich nicht wie heute in der reinen Arbeitsnieder-

„Verruf"

legung, sondern waren stets mit einem „Verruf" des betroffenen Meisters oder einer ganzen Stadt verbunden. Kein Geselle durfte mehr bei dem verrufenen Meister arbeiten, ohne als ehrlos aus der Gesellschaft und damit vom Arbeitsmarkt ausgeschlossen zu werden. Sofern eine ganze Stadt als verrufen galt, suchten die Gesellen in anderen Städten nach Arbeit. Spezielle Regelungen, welche die Zulässigkeit und den Ablauf von Arbeitskämpfen regelten, bestanden nicht. In der Zeit des Mittelalters fand sich der Staat mit dieser Vorgehensweise bei der Regelung von Arbeitsbedingungen noch ab.

Erste gesetzliche Regelung

Während des Absolutismus kam es im Jahre 1530 zu ersten Verboten von Gesellenverbindungen. Die Reichszunftordnung sprach dann unter dem Eindruck der sich im Laufe des 15. bis 17. Jahrhunderts häufenden Lohnstreiks ausdrücklich das Verbot von Koalitionen zur Regelung der Arbeitsbedingungen und der Durchführung von Arbeitskämpfen unter Strafandrohung aus. Erst im Zuge der Wirtschaftsliberalisierung hob die Gewerbeordnung von 1869 dieses Verbot wieder auf.

Dass man dem Arbeitskampf dennoch weiterhin kritisch gegenüber stand, brachten die §§ 152 und 153 GewO 1869 und ihre Anwendung durch das Reichsgericht zum Ausdruck. § 153 GewO 1869 sah die Möglichkeit der Verhängung einer Freiheitsstrafe bis zu 3 Monaten gegen die Beteiligten und Initiatoren von Arbeitskämpfen vor, soweit es dabei zur Anwendung von körperlicher Gewalt, Ehrverletzungen oder Verrufserklärungen kam. Das Reichsgericht legte diese Vorschrift sogar so weit aus, dass bereits das Zurufen „Streikbrecher" zur Erfüllung des Straftatbestands ausreichend war. Instanzgerichte ließen bereits das Rufen von „Hurra" oder „Pfui" genügen. Eine große Belastung für das Koalitionsrecht wies § 152 Abs. 2 GewO 1869 auf, der den Koalitionen den zivilrechtlichen Schutz versagte mit der Folge, dass jedem Teilnehmer der Rücktritt von Verabredungen oder Austritt aus der Vereinigung freistand bzw. die vertraglichen Regelungen nicht einklagbar waren. Dies verhinderte insbesondere den Einsatz von Vertragsstrafen als wirkungsvolles Druckmittel. Die Regelungen des § 152 Abs. 2 GewO 1869 wurde vom Reichsgericht zeitweilig auf Tarifverträge angewandt, so dass deren Regelungen nicht einklagbar waren und deshalb als unverbindlich galten. Gleichwohl kam es 1873 als Ergebnis eines erfolgreichen Streiks zum ersten Buchdruckertarifvertrag. Die kollektiven Absprachen galten allerdings als unverbindlich. Unter Bismarck mussten die Vereinigungen neue und weitergehende Einschränkungen hinnehmen. Dies blieb jedoch ein Intermezzo, an dessen Ende 1890 wieder die Reichsgewerbeordnung in Kraft trat. Gegen Ende des ersten Weltkriegs wurde, den Bestrebungen der Gewerkschaften nachgebend, der ungeliebte § 153 GewO 1869 endgültig aufgehoben.

2. Arbeitskampf in der Weimarer Republik

Zu Beginn der Weimarer Republik wurden Arbeitgeberverbände und Gewerkschaften durch die Verordnung über Tarifverträge erstmals formal zur Rechtsetzung durch Tarifverträge ermächtigt. Art. 159 Weimarer Reichsverfassung sah die Vereinigungsfreiheit vor. Von dieser Gewährleistung sollte nach Ansicht des Verfassungsausschusses nicht das Recht zum Arbeitskampf erfasst sein, weshalb in die Verfassung nicht der Begriff der Koalitionsfreiheit, die den Streik mit einschließen sollte, sondern der der Vereinigungsfreiheit aufgenommen wurde. Ursache hierfür war nicht, dass man den Streik grundsätzlich ablehnte, sondern dass man sich nicht über die Schranken des Streikrechts einigen konnte. Daher entschloss man sich, überhaupt nichts zu regeln. Damit fehlte es auch weiterhin an einem verfassungsrechtlich abgesicherten Arbeitskampfrecht. Es blieb allein bei der Aufhebung der Rechtswidrigkeit von Arbeitskampfmaßnahmen im Sinne der Gewerbeordnung. Dennoch ist die Weimarer Reichsverfassung als Geburtsstätte des deutschen Arbeitskampfrechts anzusehen. Durch die Gewährleistung der Vereinigungsfreiheit des Einzelnen konnte der Arbeitskampf zumindest als durch die allgemeine Handlungsfreiheit gedeckte Handlung verstanden werden.

Gewährleistung der Vereinigungsfreiheit

Die Kampfmaßnahmen waren damit den allgemeinen Regeln des privaten und öffentlichen Rechts unterstellt. Sie konnten daher nur nach Kündigung des Arbeitsverhältnisses unter Wahrung der äußerst kurzen ordentlichen Kündigungsfristen rechtmäßig vorgenommen werden. Aussperrungen waren demgegenüber als ordentliche Massenkündigung durch den Arbeitgeber zulässig. Vor diesem Hintergrund blieb dem Reichsgericht nur eine Bewertung der Rechtmäßigkeit des Verhaltens im Arbeitskampf am Maßstab der Sittenwidrigkeit.

3. Nationalsozialismus

Mit der Zerschlagung der Gewerkschaften 1933 (an ihre Stelle trat die „Deutsche Arbeitsfront") und dem Erlass des Arbeitsorganisationsgesetzes 1934 (AOG) wurde in der nationalsozialistischen Zeit den Gewerkschaften das Recht genommen, Tarifverhandlungen zu führen. Ihre Aufgabe wurde von Beamten des Arbeitsministeriums übernommen, den sog. „Treuhändern der Arbeit". Arbeitskämpfe wurden durch § 36 Abs. 1 AOG generell verboten. Sie wurden als Angriff gegen den Staat gewertet und dementsprechend geahndet.

Verbot von Gewerkschaften und Arbeitskämpfen

4. Entwicklung in der Bundesrepublik Deutschland

In den Nachkriegsjahren hob das Kontrollratsgesetz zum 1.1.1947 das AOG wieder auf. Die entstehenden Landesverfassungen knüpften zur Regelung des Arbeitskampfrechts teilweise an die Weimarer Reichsverfassung an, gingen aber vielfach mit der ausdrücklichen

Keine ausdrückliche Normierung des Arbeitskampfrechts im GG

verfassungsrechtlichen Anerkennung des Streikrechts über diese hinaus. Das Grundgesetz hingegen ließ in seiner ursprünglichen Fassung – im Gegensatz zu den Landesverfassungen – den Arbeitskampf zunächst gänzlich unerwähnt. Im Laufe der Debatten im Parlamentarischen Rat über die ausdrückliche Festschreibung eines verfassungsrechtlich gewährleisteten Streikrechts entzündete sich jedoch ein Streit, der letztlich darin endete, dass von einer ausdrücklichen Normierung der Streikgarantie abgesehen und Art. 9 Abs. 3 GG in seiner gegenwärtigen Fassung aufgenommen wurde. Das Recht zum Arbeitskampf galt daher zunächst nur als durch Art. 2 Abs. 1 GG gewährleistet. Das Fehlen einer ausdrücklichen Arbeitskampfgarantie in Art. 9 Abs. 3 GG führte dazu, dass bis in die fünfziger Jahre die Frage der verfassungsrechtlichen Gewährleistung des Streikrechts offen blieb. In der Grundsatzentscheidung des Großen Senats im Jahre 1955 (BAG 28.1.1955 AP Nr. 1 zu Art. 9 GG Arbeitskampf) unter seinem Präsidenten Nipperdey wurde schließlich anerkannt, dass tariffähige Parteien zur Erreichung tariflicher Ziele den Streik als Ultima-Ratio einsetzen dürften. Ausdrücklich wurde dem Streikrecht verfassungsrechtlicher Schutz aus dem Koalitionsrecht dabei nicht zugesprochen. Bis weit in die achtziger Jahre dauerte es, bis auch die Aussperrung als verfassungsrechtlich geschütztes Arbeitskampfmittel der Arbeitgeber durch das BAG anerkannt wurde (BAG 12.9.1984 AP Nr. 81; BAG 26.4.1988 AP Nr. 101, beide zu Art. 9 GG Arbeitskampf). Diese Feststellung wurde im Urteil des BVerfG aus dem Jahre 1991 schließlich bestätigt (BVerfG 26.6.1991 AP Nr. 117 zu Art. 9 GG Arbeitskampf). Ist die Aussperrung als verfassungsrechtlich durch Art. 9 Abs. 3 GG geschützt anzusehen, kann für das Streikrecht nichts anderes gelten. Diesen Schluss hat auch das BAG in seinen nachfolgenden Entscheidungen gezogen (grundlegend: BAG 2.3.1993 AP Nr. 4 zu § 116 AFG).

III. Wirtschaftliche Bedeutung des Arbeitskampfs

Finanzielle Einbußen

Arbeitskämpfe bringen für alle Beteiligten erhebliche wirtschaftliche Nachteile mit sich. Auf Arbeitnehmerseite führt er zum Verlust der Lohnansprüche. Den Unternehmern wiederum drohen Produktions- und Umsatzausfälle neben der Weiterfinanzierung laufender Kosten. Aufgrund moderner Marktstrukturen darf auch das Risiko des Marktanteilsverlustes nicht unterbewertet werden. Des Weiteren wird auch die Allgemeinheit vom Arbeitskampf betroffen: Geringere Steuereinnahmen, Beitragsausfall in den Sozialversicherungen, Ausfall von Dienstleistungen. In jüngerer Zeit wird diese Betroffenheit der Allgemeinheit sowohl von den Gewerkschaften als auch von den Arbeitgeberverbänden strategisch eingesetzt, um den entstehenden „Druck von Außen" auf die gegnerische Seite für die Durchsetzung des eigenen Interesses nutzbar zu machen.

Bedeutende Arbeitskämpfe

Vereinzelte Arbeitskämpfe haben große Bedeutung erlangt. Dies lässt sich teilweise auf ihre erheblichen wirtschaftlichen Ausmaße zurückführen. Zudem zeigt sich ihre Bedeutung darin, dass diese Ar-

III. Wirtschaftliche Bedeutung des Arbeitskampfs § 108

beitskämpfe der Rechtsprechung teilweise die Möglichkeit gaben, das deutsche Arbeitskampfrecht fortzuentwickeln. Die wohl namhaftesten werden im Folgenden angeführt:

- Der Streik von Netzmachern der Deutschen Hochseefischerei AG hatte die außerordentliche Kündigung eines teilnehmenden Betriebsratsmitglieds zur Folge. Dieser Sachverhalt bot Anlass für die erste Grundsatzentscheidung des Großen Senats des BAG zum Arbeitskampfrecht (BAG GS 28.1.1955 AP Nr. 1 zu Art. 9 GG Arbeitskampf).
- Die Auseinandersetzung um die Lohnfortzahlung im Krankheitsfall für Arbeiter in der Metallindustrie Schleswig-Holstein vom 24.10.1956 bis 14.2.1957 mit rund 30 000 streikenden und ausgesperrten Arbeitnehmern (BAG 31.10.1958 AP Nr. 2 zu § 1 TVG Friedenspflicht).
- Die Auseinandersetzung um die 40-Stunden-Woche in der Metallindustrie Baden-Württemberg vom 24.4. bis 10.5.1963 mit 119 000 streikenden und 200 000 ausgesperrten Arbeitnehmern.
- Der Arbeitskampf der Croupiers der Spielbank Bad Neuenahr im Jahre 1967, in dem sich der Arbeitgeber der lösenden Aussperrung bediente, war Auslöser für die zweite Grundsatzentscheidung des Großen Senats (BAG GS 21.4.1971 AP Nr. 43 zu Art. 9 GG Arbeitskampf)
- Die Auseinandersetzung um eine Lohnerhöhung um 10,5 bis 11 % vom 23.11. bis 10.12.1971 in der Metallindustrie Baden-Württemberg mobilisierte 120 000 streikende Arbeitnehmern (BSG 9.9.1975 AP Nr. 1 zu § 116 AFG).
- Die Auseinandersetzung um die 35-Stunden-Woche vom 28.12.1978 bis 7.1.1979 in der Stahlindustrie Nordrhein-Westfalen betraf 60 000 streikende und 30 000 zusätzlich ausgesperrte Arbeitnehmer (dazu BAG 10.6.1980 AP Nr. 65 zu Art. 9 GG Arbeitskampf).
- Die Auseinandersetzung um die 35-Stunden-Woche 1984 in der Metall- und Druckindustrie bildete den historischen Höhepunkt mit 399 470 streikenden und 137 795 zusätzlich ausgesperrten Arbeitnehmern.
- An der Auseinandersetzung über die Durchführung der Stufentarifverträge in der Metall- und Stahlindustrie Ost beteiligten sich zunächst ca. 100 000 Arbeitnehmer in über 220 Betrieben an Warnstreiks. Nach erfolglosem Schlichtungsversuch gingen täglich jeweils 30 000 Arbeitnehmer in den Ausstand.
- Die Arbeitsniederlegung von Piloten der Lufthansa nach Aufruf durch die Gewerkschaft Cockpit nach Scheitern der Vergütungstarifverhandlungen 2001 betraf einen wichtigen Arbeitskampf einer Spartengewerkschaft.
- Ihm folgte der Arbeitskampf der Berufsgewerkschaft „Marburger Bund" um verbesserte Arbeitsbedingungen für die Ärzte im Jahr 2006. Bei diesem wurde zunächst mit der Tarifgemeinschaft der

Länder und anschließend mit den Kommunalen Arbeitgebern ein separater Tarifvertrag für die Ärzte geschlossen.
- Der über sechsmonatige Arbeitskampf der Gewerkschaft der Lokführer (GDL) mit der Bahn um einen eigenständigen Tarifvertrag im Jahr 2007 bildete einen weiteren Höhepunkt eines Streiks einer Berufsgewerkschaft.
- Der weitgehend unbemerkte und dennoch längste Tarifkonflikt in der Geschichte ereignete sich im Einzelhandel der Bundesrepublik Deutschland in den Jahren 2007/2008. Ausgelöst durch die längeren Ladenöffnungszeiten konnte man sich hier lange Zeit nicht über die Zuschläge für „ungünstige" Arbeitszeiten einigen.

Im Internationalen Vergleich mit anderen Wirtschaftsstaaten muss Deutschland dennoch als ein weitgehend arbeitskampfarmes Land angesehen werden. So lag in den Jahren 1990-2000 die durchschnittliche Zahl der Arbeitsausfalltage pro 1000 Beschäftigten in Deutschland bei nur 9,3 Tagen, während andere europäische Länder wie Dänemark oder Finnland Werte von 135 oder 169 Tagen erreichten (IAB Kurzbericht 13/2005). Die geringe Zahl der Arbeitsausfalltage in Deutschland zeigt die hohe Befriedungsfunktion, die das deutsche Tarifrecht auf den Arbeitsmarkt hat. Durch das Erstarken von Spartengewerkschaften wird dieser Effekt allerdings zunehmend in Frage gestellt. Dennoch ist die Zahl der streikbedingten Arbeitsausfalltage in Deutschland im internationalen Vergleich nach wie vor gering. Auf Grund der hohen Diskrepanz der streikbedingten Arbeitsausfalltage zwischen den großen Industrienationen scheinen die Bedenken, Streiks könnten sich ökonomisch spürbar nachteilig für ein Land auswirken, eher unbegründet. Insbesondere wirken sie sich offenbar kaum auf das Wirtschaftswachstum aus.

Arbeitskämpfe 1990-2006 (ab 1993 inkl. Ostdeutschland)				
Jahr	Beteiligte Beschäftige	Ausgefallene Arbeitstage	Ausfalltage pro 1000 Beschäftigte	Wirtschaftswachstum
1990	257 160	363 547	13,3	5,1
1991	208 497	153 589	5,5	–
1992	598 364	1 545 320	54,7	2,2
1993	132 555	592 995	17,5	-0,8
1994	400 676	229 436	6,8	2,7
1995	183 369	247 460	7,3	1,9
1996	165 749	98 135	2,9	1,0
1997	13 801	52 896	1,6	1,8
1998	4286	16 102	0,5	2,0

III. Wirtschaftliche Bedeutung des Arbeitskampfs   § 108

Arbeitskämpfe 1990-2006 (ab 1993 inkl. Ostdeutschland)				
Jahr	Beteiligte Beschäftige	Ausgefallene Arbeitstage	Ausfalltage pro 1000 Beschäftigte	Wirtschaftswachstum
1999	187 749	78 785	2,3	2,0
2000	7429	10 776	0,3	3,2
2001	60 948	26 833	0,8	1,2
2002	428 303	310 149	8,8	0,0
2003	57 205	163 281	4,7	-0,2
2004	101 419	50 673	1,5	1,1
2005	17 097	18 633	0,5	0,8
2006	168 723	428 739	12,4	2,9

Fundstellen: IAB-Kurzbericht 13/2005; Dribbusch, WSI, Tarifhandbuch 2008, S. 55 ff.; Statistisches Bundesamt.

Verlorene Arbeitstage je 1000 abhängig Beschäftigte	
	Durchschnitt 1995-2000
Kanada	189
Finnland	135,8
Italien	129,6
Australien	108,2
Norwegen	97,1
Frankreich	82,8
USA	51,3
Neuseeland	37,6
Belgien	30,9
Schweden	30,4
UK	23,1
Niederlande	18,3
Deutschland	9,3
Österreich	3,8
Japan	2,0

§ 109 Rechtsgrundlage des Arbeitskampfs

I. Verfassungsrechtliche Grundlage

Literatur: Dütz, Die Grenzen von Aussperrung und arbeitskampfbedingter Entgeltverweigerung nach Risiko-Prinzip und Kurzarbeitsregeln, DB 1979, Beilage 14, S. 1; Engels, Verfassung und Arbeitskampfrecht, 2008; Glauben, Verfassungsrechtliche Garantien und Schranken des Streikrechts, DRiZ 2008, 1; Fischinger, Arbeitskämpfe bei Standortverlagerung und -schließung, 2006; Höfling, Streikbewehrte Forderung nach Abschluss von Tarifsozialplänen anlässlich konkreter Standortentscheidungen – Eine verfassungsrechtliche Kritik der arbeitsrechtlichen Judikatur, ZfA 2008, 1; Konzen, Tarifbindung, Friedenspflicht und Kampfparität beim Verbandswechsel des Arbeitgebers, ZfA 1975, 401; Löwisch, Besteht ein Grund, die Rechtsprechung des Bundesarbeitsgerichts zur Aussperrung zu ändern?, RdA 1980, 1.

Gesetzliche Grundlagen

Der Begriff des Arbeitskampfs ist, obwohl er in Art. 9 Abs. 3 S. 3 GG sowie in den §§ 36 Abs. 3, 146, 320 Abs. 5 SGB III, § 2 Abs. 1 Nr. 2 ArbGG, § 11 Abs. 5 AÜG, § 25 KSchG und § 74 Abs. 2 BetrVG verwendet ist, weder gesetzlich geregelt noch existiert ein eigenständiges Grundrecht, das ein Recht zum Arbeitskampf vorsieht. Selbst Satz 3 von Art. 9 Abs. 3 GG, der normiert, dass sich staatliche Maßnahmen im **Notstandsfall** nicht gegen Arbeitskämpfe richten dürfen, enthält nach herrschender Ansicht keine eigenständige Gewährleistung des Arbeitskampfs, sondern allein eine Sonderregelung für Notstände.

„In verschiedenen arbeits- und sozialrechtlichen Gesetzen des Bundes werden der ‚Arbeitskampf' bzw. die ‚Arbeitskämpfe' berücksichtigt, so in § 2 Abs. 1 Nr. 2 ArbGG, § 74 Abs. 2 BetrVG (...). Der Große Senat hat diese Vorschriften (...) als ‚neutral' bezeichnet. Damit hat er zum Ausdruck bringen wollen, dass diese Bestimmungen keine Grundsätze des Arbeitskampfrechts enthalten. Ihnen kann aber entnommen werden, dass der Gesetzgeber die Zulässigkeit des Arbeitskampfmittels der Aussperrung als Teil der Rechtsordnung voraussetzt." (BAG 26.4.1988 AP Nr. 101 zu Art. 9 GG Arbeitskampf)

Verfassungsrechtliche Garantie des Arbeitskampfs

Aus Art. 9 Abs. 3 GG lässt sich jedoch die instrumentelle **verfassungsrechtliche Garantie** des Arbeitskampfs ableiten. Anknüpfend an die verfassungsrechtliche Gewährleistung des Koalitionsrechts wird der verfassungsrechtliche Schutz der Koalitions**betätigung** angenommen. Es wird zunächst davon ausgegangen, dass ein Recht auf Koalitionsbildung nur dann sinnvoll erscheint, wenn auch ihre Betätigung geschützt bleibt. Anderenfalls bliebe der Grundrechtsschutz der Koalition nur eine „leere Hülse" (BVerfG 18.11.1954 BVerfGE 4, 96, 101 f.; BVerfG 1.3.1979 BVerfGE 50, 290, 367; BVerfG 26.6.1991 BVerfGE 84, 212, 224). Für die Richtigkeit dieses Verständnisses steht der Wortlaut des Art. 9 Abs. 3 GG, der von der Wahrung und Förderung spricht, und damit eine „Verfassungserwartung" oder einen Verfassungsauftrag zum Tätigwerden der Koalition heraushebt. Aus dieser Funktionszuweisung folgt dann, dass instrumentell die Betätigung der Koalition in ihrem Wirkungskreis durch Art. 9 Abs. 3

I. Verfassungsrechtliche Grundlage § 109

GG gewährleistet ist. Im Vordergrund dieser Gewährleistung steht die Möglichkeit zur Regelung der Arbeits- und Wirtschaftsbedingungen durch Tarifvertrag.

Die neuere grundrechtsdogmatische Entwicklung schließt es aus, koalitionsspezifische Maßnahmen des Arbeitskampfes von vornherein aus der Garantie des Schutzbereichs des Art. 9 Abs. 3 GG auszuklammern. Diese dogmatische Entwicklung hat weitreichende Konsequenzen für die Feinjustierung des Arbeitskampfrechts. Es ist nur begrenzt möglich, koalitionsspezifischen Betätigungen a priori die Verfassungsgarantie zu versagen. Diese für das Arbeitskampfrecht neue Entwicklung basiert auf zwei Entscheidungen des BAG zum sog. Sympathie- oder Unterstützungsstreik (siehe unter § 114 III) und zum Streik um einen Tarifsozialplan (siehe unter § 114 II). Die Aufgabe der Kernbereichsformel in der Interpretation des Art. 9 Abs. 3 GG (siehe unter § 83) lässt manche dogmatische Vorfestlegungen im Arbeitskampfrecht für Kampfmittel als obsolet erscheinen.

Neuere Entwicklung

„Soweit den Ausführungen des Senats im Urteil vom 5. März 1985 (...) die Beurteilung zugrunde gelegen haben sollte, ein Unterstützungsstreik unterfalle von vorneherein nicht dem Schutzbereich des Art. 9 Abs. 3 GG, beruhte dies, wie die vom Senat in diesem Urteil angeführten Entscheidungen des Bundesverfassungsgerichts deutlich machen, noch auf der bis dahin vom Bundesverfassungsgericht verwendeten „Kernbereichsformel", die weithin dahin (miss-)verstanden wurde, Art. 9 Abs. 3 GG schütze die Betätigungsfreiheit der Koalitionen nur in einem Kernbereich. Bei einem solchen Verständnis wird jedoch die „Kernbereichsformel" unvollständig wiedergegeben und der Schutzbereich des Art. 9 Abs. 3 GG unzulässig verkürzt. Dies hat das Bundesverfassungsgericht im Beschluss vom 14. November 1995 (...) klargestellt und hieran in der Folgezeit festgehalten (...). Der Senat hat sich dem hiernach gebotenen, alle koalitionsspezifischen Betätigungen umfassenden Verständnis des Schutzbereichs des Art. 9 Abs. 3 GG in ständiger Rechtsprechung angeschlossen." (BAG 19.6.2007 AP Nr. 173 zu Art. 9 GG Arbeitskampf)

Für den Bereich der Regelung von Arbeitsbedingungen wird von der Störung des Markts ausgegangen. Diese geht zurück auf die strukturelle Unterlegenheit der Arbeitnehmer gegenüber ihrem potentiellen Vertragspartner Arbeitgeber, welcher aufgrund seiner Machtstellung hinsichtlich des Wirtschaftsguts „Arbeitsplatz" im Verhandlungsvorteil ist. Grundvoraussetzung eines „frei" ausgehandelten Vertragswerks ist die **Gleichgewichtigkeit in der Verhandlungsstärke** der potentiellen Vertragspartner. Ist diese Voraussetzung nicht erfüllt, besteht die Gefahr der einseitigen Durchsetzung vertraglicher Inhalte durch die überlegene Seite. Zur Vermeidung einer solchen Störung des Verhandlungsprinzips bedarf es eines Kompensationsmodells. Dem dient im Bereich des Arbeitsrechts das Modell der Tarifautonomie, welches eine einheitliche Regelung der Arbeitsbedingungen durch zu bildende Kollektive vorsieht. Dieses System

Störung des Markt- und Verhandlungssystems

verbessert zwar insbesondere die Verhandlungs- und Abschlusssituation zu Gunsten der Arbeitnehmerseite. Einen völligen Ausgleich der Strukturschwäche kann es jedoch nicht leisten, da es einen Verständigungs- und Einigungswillen der Vertragsparteien hinsichtlich der tarifvertraglich zu regelnden Inhalte voraussetzt. Sind Arbeitgeber bzw. Arbeitgeberverbände aber weder verhandlungs- noch abschlussbereit, liefe das Kompensationsmodell leer. Das Tarifsystem könnte aufgrund der **Machtstellung der Arbeitgeber** von diesen einseitig funktionsunfähig gestellt werden. Der Schließung dieser Lücke im System dient die Zulassung des Arbeitskampfs. Durch diesen sollen die Verhandlungspositionen der beteiligten Parteien auf ein für die Funktionsfähigkeit des privatautonomen Systems weitgehend ausgeglichenes Niveau angehoben werden, indem die Verhandlungsbereitschaft der Arbeitgeberseite durch wirtschaftlichen Druck erzwungen wird. Das Recht zum Arbeitskampf ergänzt damit die kollektive Vertragsfreiheit an ihrer Schwachstelle und vermittelt dem Gesamtsystem seine Funktionsfähigkeit (BVerfG 6.5.1964 BVerfGE 18, 18, 31; 1.3.1979 BVerfGE 50, 290, 371; BAG 9.7.1968 AP Nr. 25 zu § 2 TVG).

Verfahrensgarantie aus Art. 9 Abs. 3 GG

Grundrechtstheoretisch folgt das Recht auf Arbeitskampf aus der Verfahrensgarantie zur Ausübung des Freiheitsrechts des Art. 9 Abs. 3 GG. Die Koalitionsfreiheit muss daher neben dem Tarifsystem auch ein Mittel zur Druckausübung umfassen. Dem folgend stellt zu Recht die mittelbare oder unmittelbare Anerkennung eines verfassungsrechtlich geschützten Arbeitskampfs heute niemand mehr in Frage. Aus Art. 9 Abs. 3 GG folgt jedoch nicht ein Grundrecht auf Arbeitskampf. Dies wird auch durch den Wortlaut der Verfassungsnorm deutlich. Der Arbeitskampf ist jedoch von der **Betätigungsgarantie** im Rahmen der kollektiven Koalitionsfreiheit zur Lösung tariflicher Interessenkonflikte mit umfasst (siehe unter § 83 III 2). Die verfassungsrechtliche Zulässigkeit von Arbeitskämpfen folgt daher nach überwiegender Ansicht aus der in Art. 9 Abs. 3 GG verankerten **Tarifautonomie** (BAG 26.4.1988 AP Nr. 101 zu Art. 9 GG Arbeitskampf).

Streikrecht als Ausfluss der Tarifautonomie

Wurde bis in die fünfziger und sechziger Jahren eine verfassungsrechtliche Garantie einzelner Arbeitskampfmittel noch überwiegend abgelehnt, besteht heute unter Berücksichtigung der soeben dargestellten verfassungsrechtlichen Herleitung des Arbeitskampfrechts Einigkeit darüber, dass aus Gründen der Funktionsfähigkeit der Tarifautonomie in erster Linie der **Streik** als Arbeitskampfmittel durch Art. 9 Abs. 3 GG gewährleistet ist.

„Das Recht der Gewerkschaft, zur Durchsetzung von Arbeitsbedingungen einen Streik ausrufen zu dürfen, ergibt sich aus Art. 9 Abs. 3 GG. Art. 9 Abs. 3 GG gewährleistet für jedermann und für alle Berufe das Recht, zur Wahrung und Förderung der Arbeits- und Wirtschaftsbedingungen Vereinigungen – Koalitionen – zu bilden. Diese Gewährleistung umfasst auch den Schutz der Koalition als solcher und ihr Recht, durch spezifische koalitionsmäßige Betätigung den in Art. 9 Abs. 3 GG ge-

I. Verfassungsrechtliche Grundlage § 109

nannten Zweck zu verfolgen. Zu der geschützten koalitionsmäßigen Betätigung gehört auch der Abschluss von Tarifverträgen. (...) Tarifverträge kommen nur zustande, wenn sie gegebenenfalls von der Gewerkschaft mit den Mitteln eines Arbeitskampfes erzwungen werden können. Die Gewerkschaften sind auf die Bereitschaft der Arbeitgeber oder Arbeitgeberverbände zum Abschluss von Tarifverträgen angewiesen. Sie wollen in der Regel eine Verbesserung der Arbeitsbedingungen ihrer Mitglieder erreichen. Andererseits kann sich die Arbeitgeberseite auf die Ablehnung einer Vereinbarung beschränken. Deshalb hilft den Gewerkschaften nur ein weiterer Druck. Das folgt aus der bisherigen Sozialgeschichte ebenso wie aus der geltenden Wirtschaftsordnung. Nach dieser fließen Gewinne aus Preiserhöhungen und Produktivitätssteigerungen zunächst dem Unternehmen zu. Bei diesem Interessengegensatz wären Tarifverhandlungen ohne das Recht zum Streik nicht mehr als ‚kollektives Betteln'. Deshalb muss der Streik in unserem freiheitlichen Tarifsystem zum Ausgleich sonst nicht lösbarer Interessenkonflikte möglich sein." (BAG 12.9.1984 AP Nr. 81 zu Art. 9 GG Arbeitskampf)

Ob auch für die Arbeitgeberseite ein verfassungsmäßig gerechtfertigtes Arbeitskampfmittel bereitsteht, wurde vielfach bestritten. Die ganz herrschende Ansicht bejaht dies. Die Diskussion ist deshalb in den letzten Jahren zur Ruhe gekommen, weil das Mittel der Aussperrung praktisch nicht genutzt wurde. Von Befürwortern der **Aussperrung** wurde vorgebracht, dass – soweit sie zur Verhinderung eines strukturellen Übergewichtes der Arbeitnehmerseite erforderlich sei – dieses Mittel auch dem Arbeitgeber zugestanden werden müsse (vgl. statt vieler SÖLLNER, RdA 1980, 14, 21; LÖWISCH, RdA 1980, 1, 4). Denn ohne die beiderseitige Möglichkeit, Maßnahmen des Arbeitskampfs ergreifen zu können, bestünde die Gefahr, dass das Machtgleichgewicht zwischen den Tarifvertragsparteien aufgehoben und so das auf der Tarifautonomie beruhende und unter dem Ausschluss staatlicher Zwangsschlichtung bestehende Tarifvertragssystem gefährdet würde.

Recht auf Aussperrung

Die Gegenansicht sieht die Aussperrung nicht als verfassungsrechtlich geschütztes Kampfmittel an. Art. 9 Abs. 3 GG sei ausschließlich ein Arbeitnehmergrundrecht mit der Folge, dass allein der Streik verfassungsrechtlich gewährleistet sei (u.a. DÜTZ, DB 1979 Beilage 14, 1 ff.). Die Aussperrung, vor allem aber die Angriffsaussperrung, führe ein Ungleichgewicht zwischen den Koalitionspartnern herbei und würdige den Arbeitnehmer zum Objekt herab, so dass sie gegen die Menschenwürde im Sinne des Art. 1 GG verstoße. Der Ausformung des Art. 9 Abs. 3 GG als Arbeitnehmergrundrecht steht jedoch der Wortlaut des Art. 9 Abs. 3 GG entgegen, der „für jedermann und alle Berufe" die Koalitionsfreiheit gewährleistet, und damit nicht nur für Arbeitnehmer, sondern auch für Arbeitgeber.

Art. 9 Abs. 3 GG – ein Arbeitnehmer-Grundrecht?

Auch der Hinweis der Gegner einer Aussperrungsbefugnis, dass es der Aussperrung im Grunde nicht bedürfe, da den Arbeitgebern das Druckmittel der individualrechtlichen Massenänderungskündigung

Möglichkeit zur Massenänderungskündigung

zur Verfügung stehe, überzeugt nicht. Denn im Falle einer Kündigung sind nicht nur unterschiedliche Kündigungsfristen zu beachten, sondern es ist vor allem auch an besondere Kündigungsschutzvorschriften zu denken. Die Ablehnung der Angriffsaussperrung würde damit nicht nur unerheblich die Möglichkeiten der Arbeitgeber beschränken, ihren Forderungen Nachdruck zu verleihen (BROX/RÜTHERS Rn. 187); es wäre vielmehr zu befürchten, dass die angestrebten Arbeitsbedingungen nicht mehr auf einem System freier Vereinbarungen beruhen, wie es Voraussetzung für ein funktionierendes Tarifvertragssystem sei. Nach herrschender Auffassung gewährleistet Art. 9 Abs. 3 GG mithin sowohl das Recht der Arbeitnehmer auf Streik als auch das der Arbeitgeber auf Aussperrung.

Schutz aller tarifvertragsbezogenen Arbeitskampfmaßnahmen

Die neuere Rechtsprechung des BAG lässt keinen Zweifel daran, dass **alle Arbeitskampfmaßnahmen**, die auf den Abschluss von Tarifverträgen gerichtet sind, durch das Grundrecht des Art. 9 Abs. 3 GG geschützt sind. Das BAG vermeidet Festlegungen, bestimmte Arbeitskampfmittel a priori für zulässig oder unzulässig zu erklären. Das entscheidende Merkmal liegt in der Frage, ob die jeweilige Maßnahmen „auf den Abschluss von Tarifverträgen gerichtet sind".

„Der Schutz erstreckt sich auf alle koalitionsspezifischen Verhaltensweisen und umfasst insbesondere die Tarifautonomie, die im Zentrum der den Koalitionen eingeräumten Möglichkeiten zur Verfolgung ihrer Zwecke steht (...). Die Wahl der Mittel, mit denen die Koalitionen die Regelung der Arbeitsbedingungen durch Tarifverträge zu erreichen versuchen und die sie hierzu für geeignet halten, überlässt Art. 9 Abs. 3 GG grundsätzlich ihnen selbst. Dementsprechend schützt das Grundrecht als koalitionsmäßige Betätigung auch Arbeitskampfmaßnahmen, die auf den Abschluss von Tarifverträgen gerichtet sind. Sie werden jedenfalls insoweit von der Koalitionsfreiheit erfasst, als sie erforderlich sind, um eine funktionierende Tarifautonomie sicherzustellen." (BAG 19.6.2007 AP Nr. 173 zu Art. 9 GG Arbeitskampf)

Ansicht des BVerfG: Anerkennung der suspendierenden Aussperrung

Diese Entscheidung entspricht der Aussage in der Grundsatzentscheidung des BVerfG (BVerfG 4.7.1995 AP Nr. 4 zu § 116 AFG). Wenn auch nach dieser Formulierung noch eine kleine Restunsicherheit besteht, ob auch die Aussperrung vom BAG generell als erforderlich erachtet wird, um eine funktionierende Tarifautonomie sicherzustellen, kann doch kein ernsthafter Zweifel an der prinzipiellen Gewährleistung auch des Mittels der Aussperrung bestehen. So hat auch das BVerfG zumindest die suspendierende, das heißt ausschließlich eine die **arbeitsvertraglichen Pflichten aufhebende, jedoch nicht das Arbeitsverhältnis an sich auflösende Aussperrung** zur Abwehr von Teil- und Schwerpunktstreiks in seinem Beschluss aus dem Jahre 1991 als verfassungsmäßig gewährleistet angesehen (BVerfG 26.6.1991 AP Nr. 117 zu Art. 9 GG Arbeitskampf).

„Die Koalitionsfreiheit gilt gemäß Art. 9 Abs. 3 GG für jedermann und alle Berufe. Sie ist also, obwohl historisch vor allem den Arbeitnehmern vorenthalten und von diesen erstritten, nicht als Arbeitnehmer-Grund-

I. Verfassungsrechtliche Grundlage § 109

recht ausgestaltet, sondern steht ebenso Arbeitgebern zu. (...) Das BAG hält (...) die suspendierende Abwehraussperrung als Reaktion auf begrenzte Teilstreiks (...) für ein unerlässliches Mittel zur Aufrechterhaltung einer funktionierenden Tarifautonomie. Das ist verfassungsrechtlich nicht zu beanstanden. Wie weit die Aussperrung allgemein verfassungsrechtlich geschützt ist, bedarf keiner abschließenden Entscheidung. Der Schutz umfasst jedenfalls Aussperrungen der hier umstrittenen Art, die mit suspendierender Wirkung in Abwehr von Teil- oder Schwerpunktstreiks zur Herstellung der Verhandlungsparität eingesetzt werden. Derartige Aussperrungen sind nicht generell geeignet, die durch die Anerkennung des Streiks angestrebte Herstellung von Verhandlungsparität wieder zu Lasten der Arbeitnehmer zu beeinträchtigen." (BVerfG 26.6.1991 AP Nr. 117 zu Art. 9 GG Arbeitskampf)

Bei der Einordnung der Aussperrung in den Schutzbereich muss zudem zwischen Angriffs- und Abwehraussperrung differenziert werden. Die **Abwehraussperrung** als Reaktion auf Arbeitnehmerkampfmaßnahmen sieht das BAG nur dann als zulässig an, wenn in Folge einer besonderen Kampftaktik der Gewerkschaftsseite die Parität zulasten der Arbeitgeberseite verschoben wurde. Eine solche Paritätsverschiebung ließe sich abstrakt-materiell beim Einsatz von Kurz- und Wellenstreiks feststellen. Eine defensive Aussperrung sei dann zulässig (BAG 10.6.1980 AP Nr. 65 zu Art. 9 GG Arbeitskampf).

Abwehraussperrung

Umstritten ist, ob auch der **Angriffsaussperrung** verfassungsrechtlicher Schutz zukommen kann. Der Einsatz der den Arbeitskampf eröffnenden Aussperrung durch den Arbeitgeber wäre unter Berücksichtigung der bisher zu Art. 9 Abs. 3 GG vertretenen Auffassungen überhaupt nur als geschützt anzusehen, wenn er der Herstellung eines zulasten der Arbeitgeberseite verschobenen Verhandlungsgleichgewichts dient. Diese Sichtweise kann nach der neueren Dogmatik des Art. 9 Abs. 3 GG nicht mehr aufrecht erhalten werden. Schutzbereichsgarantie und Schrankensystematik sind zu unterscheiden. Darüber hinaus ist der Paritätsgrundsatz nicht geeignet, von vornherein koalitionsspezifische und damit unter Art. 9 Abs. 3 GG fallende Verhaltensweisen aus dem Schutzbereich auszuklammern.

Verfassungsrechtlicher Schutz der Angriffsaussperrung?

Diese verfassungsrechtliche Position ignoriert nicht, dass grundsätzlich von einem Machtungleichgewicht zu Lasten der Arbeitnehmerseite ausgegangen werden muss. Denn für den Arbeitgeber ist es prinzipiell von Vorteil, wenn keine Verbesserung der Arbeitsbedingungen stattfindet. Die Arbeitnehmerseite ist also typischerweise in der Rolle des „Angreifers", um an Verbesserungen der wirtschaftlichen Situation teilzuhaben bzw. einen Ausgleich für Preissteigerung und Geldentwertung zu erhalten. Eine paritätische Verhandlungssituation wird daher typischerweise erst durch Streikandrohung erreicht. Dennoch ist es denkbar, dass unter umgekehrten wirtschaftlichen Voraussetzungen die Arbeitgeberseite „angreifen" muss. Lehnt etwa die Gewerkschaft nach Ablauf oder Kündigung eines Tarifvertrags ein **Verhandeln über eine verschlechternde tarifliche Re-**

287

gelung kategorisch ab, obwohl der Arbeitgeber auf eine Herabsetzung aufgrund seiner wirtschaftlichen Schwierigkeiten angewiesen wäre, muss auch dem Arbeitgeber eine koalitionsspezifische Verhaltensweise garantiert sein, um eine Einigung über eine von ihm gewollte Änderung des ausgelaufenen Tarifvertrags herbeiführen zu können. In der beschriebenen Ausnahmesituation steht die Arbeitgeberseite nicht anders als die Arbeitnehmerseite im Normalfall. Alleine für diese Fallgestaltung sieht die Rechtsprechung und die Mehrheit des Schrifttums daher eine Gewährleistung der Angriffsaussperrung als notwendig an (BAG GS 21.4.1971 AP Nr. 43 zu Art. 9 GG Arbeitskampf; Brox/Rüthers Rn. 186 f.). Diese Grenze dürfte jedoch selten erreicht sein. In der Geschichte der Bundesrepublik Deutschland ist es bislang nie zum Einsatz der Angriffsaussperrung gekommen. Ein Teil der Lehre sieht die Angriffsaussperrung als verfassungsrechtlich nicht geschützt an, weil sie dem Verhältnismäßigkeitsgrundsatz nicht genüge. Insbesondere sei der Arbeitgeber auf seine individualrechtliche Möglichkeit in Form der Massenänderungskündigung zu verweisen (u.a. Seiter § 21 III). Diese Auffassung überzeugt indessen nicht. Sie führt dazu, dass dem Arbeitgeber die auch ihm garantierte Koalitionsbetätigung abgeschnitten wird. Zudem stellt sich die Massenänderungskündigung aus Sicht der Arbeitnehmerschaft als einschneidender und nachteiliger dar. Den Arbeitnehmern – die wirtschaftliche Notlage unterstellt – fehlt es zunächst an einem Abwehrmittel gegenüber der Änderungskündigung. Gegen die Aussperrung wiederum könnten sich die Arbeitnehmer nach den Regeln des Arbeitskampfrechts zur Wehr setzen (so auch Gamillscheg KollArbR I § 21 III 4 b (2)).

II. Internationale Quellen

Literatur: Bepler, Deutsches Streikrecht und Europäische Sozialcharta (ESC), FS Wissmann (2005), S. 97 ff.; Däubler/Kittner/Lörcher, Internationale Arbeits- und Sozialordnung, 1994; Sagan, Das Gemeinschaftsgrundrecht auf Kollektivmaßnahmen, 2008.

Neben den bundesrechtlichen Normen findet das Arbeitskampfrecht in internationalen Abkommen eine europarechtliche bzw. völkerrechtliche Stütze.

Europäische Sozialcharta

⊃ Art. 6 Nr. 4 der Europäischen Sozialcharta (ESC) vom 18.10.1961:

„Das Recht auf Kollektivverhandlungen:

Um die wirksame Ausübung des Rechts auf Kollektivverhandlungen zu gewährleisten, verpflichten sich die Vertragspartner (...) und anerkennen das Recht der Arbeitnehmer und Arbeitgeber auf kollektive Maßnahmen einschließlich des Streiks im Falle von Interessenkonflikten, vorbehaltlich etwaiger Verpflichtungen aus geltenden Gesamtarbeitsverträgen."

Im Fall des Art. 6 Nr. 4 der ESC ist umstritten, ob es sich um unmittelbar geltendes Bundesrecht oder um ein Auslegungsmittel für na-

II. Internationale Quellen § 109

tionales Recht handelt. Sowohl vom BAG als auch vom BVerfG ist diese Frage bisher offengelassen worden, in jedem Fall stellt die ESC aber eine Auslegungshilfe dar (BAG 12.9.1984 AP Nr. 81 zu Art. 9 GG Arbeitskampf). Das BAG anerkennt die von der Bundesrepublik Deutschland eingegangene völkerrechtliche Verpflichtung, deren Regeln die Gerichte beachten müssen, wenn sie die im Gesetzesrecht bezüglich der Ordnung des Arbeitskampfs bestehenden Lücken anhand von Wertentscheidungen der Verfassung ausfüllen. So dürfen bei einer Begrenzung des in Art. 6 Nr. 4 ESC anerkannten Streikrechts die Gerichte daher nur solche Grundsätze aufstellen, die nach Art. 31 Abs. 1 ESC zulässig sind. Dieser gestattet Beschränkungen des Streikrechts unter anderem dann, *„wenn diese gesetzlich vorgeschrieben und in einer demokratischen Gesellschaft zum Schutze der Rechte und Freiheiten anderer ... notwendig sind"*. Das BAG sieht in der „gesetzesvertretenden Ausgestaltung des Arbeitskampfrechts durch den Grundsatz der Verhältnismäßigkeit" ein solche zulässige Beschränkung des Arbeitskampfrechts (BAG 19.6.2007 AP Nr. 173 zu Art. 9 GG Arbeitskampf).

Die Europäische Grundrechtecharta (GRC) wird, obwohl noch nicht ratifiziert, über Art. 6 Abs. 2 EU in der Rechtsprechung des EuGH, aber auch der nationalen Verfassungsgerichte Bedeutung erlangen, weil aus ihr die „gemeinsamen Verfassungstraditionen der Mitgliedstaaten" entnommen werden. Nach Art. 28 GRC wird das Recht auf Kollektivmaßnahmen garantiert. Europäische Grundrechtecharta

◯ Artikel 28 Recht auf Kollektivverhandlungen und Kollektivmaßnahmen

Die Arbeitnehmerinnen und Arbeitnehmer sowie die Arbeitgeberinnen und Arbeitgeber oder ihre jeweiligen Organisationen haben nach dem Gemeinschaftsrecht und den einzelstaatlichen Rechtsvorschriften und Gepflogenheiten das Recht, Tarifverträge auf den geeigneten Ebenen auszuhandeln und zu schließen sowie bei Interessenkonflikten kollektive Maßnahmen zur Verteidigung ihrer Interessen, einschließlich Streiks, zu ergreifen.

Art. 28 GRC stützt sich auf Art. 6 Abs. 4 ESC und die Gemeinschaftscharta der sozialen Grundrechte.

◯ Nr. 13 der Gemeinschaftscharta der Sozialen Grundrechte der Arbeitnehmer vom 9.12.1989: Gemeinschaftscharta der sozialen Grundrechte

„Koalitionsfreiheit und Tarifvertragsverhandlungen:

Das Recht, bei Interessenkonflikten Kollektivmaßnahmen zu ergreifen, schließt vorbehaltlich der Verpflichtung aufgrund der einzelstaatlichen Regelungen und der Tarifverträge das Streikrecht ein."

Im praktischen Ergebnis werden diese Garantien gegenüber dem verfassungsrechtlichen Standard der Bundesrepublik Deutschland keine weitergehenden Rechte der Koalitionen begründen. Die Charta-

Grundrechte beschränken sich auf das Prinzip, u.a. das Recht auf Kollektivmaßnahmen als Grundrecht anzuerkennen. Die Substanz dieses Grundrechts wird sich dagegen – jedenfalls soweit es um nicht grenzüberschreitende Arbeitskämpfe geht (siehe unter §§ 137 und 138) – eher aus den nationalen Rechten speisen (DORF, JZ 2005, 126, 130). Dennoch hängt die praktische Wirksamkeit davon ab, wie weitgehend der EuGH diese Grundrechtsgarantien „autonom" interpretiert.

EG-Vertrag (1999) Art. 137 Abs. 5

Gestützt wird diese Einschätzung durch Art. 137 Abs. 5 EGV, wonach der Europäischen Gemeinschaft keine Rechtsetzungskompetenz auf dem Gebiet des Arbeitskampfs zukommt.

⇨ Art. 137 Abs. 5 EG:

Dieser Artikel gilt nicht für das Arbeitsentgelt, das Koalitionsrecht, das Streikrecht sowie das Aussperrungsrecht."

Internationaler Pakt über wirtschaftliche, soziale und kulturelle Rechte

⇨ Art. 8 Abs. 1 Buchst. d) des Internationalen Pakts über wirtschaftliche, soziale und kulturelle Rechte vom 19.12.1966:

„Die Vertragsstaaten verpflichten sich, folgende Rechte zu gewährleisten:

– das Streikrecht, soweit es in Übereinstimmung mit der innerstaatlichen Rechtsordnung ausgeübt wird."

IAO-Übereinkommen Nr. 87

⇨ IAO-Übereinkommen Nr. 87, Übereinkommen über die Vereinigungsfreiheit und den Schutz des Vereinigungsrechtes vom 9.7.1948.

Besondere Bedeutung wird dem Abkommen Nr. 87 ILO beigemessen (KONZEN, Anm. zu EzA Art 9 GG Arbeitskampf Nr. 75/76). Es stellt geltendes, innerstaatliches Recht dar. Es verpflichtet gem. seinem Art. 11 die Mitglieder, alle erforderlichen Maßnahmen zur Gewährleistung der freien Ausübung der Vereinigungsfreiheit zu treffen. Zwar enthält das Abkommen keine ausdrückliche Anerkennung des Arbeitskampfrechts, aber die Überwachungsausschüsse der IAO sehen den Streik, auch in Form eines Sitzstreiks oder der friedlichen Besetzung des Betriebs, als von der Vereinigungsfreiheit des Art. 3 des IAO-Abkommens mitumfasst und damit als rechtmäßig an (siehe dazu auch MünchArbR/OTTO § 286 Rn. 64 und § 284 Rn. 56). Diese Interpretation durch die Spruchpraxis der eingesetzten Organe bleibt jedoch innerstaatlich unverbindlich.

§ 110 Ausgestaltung des Arbeitskampfrechts durch Gesetz und Richterrecht

Literatur: ENGELS, Verfassung und Arbeitskampfrecht, Verfassungsrechtliche Grenzen arbeitsgerichtlicher Arbeitskampfjudikatur, 2008; FRIAUF, Die verfassungsrechtlichen Vorgaben einer gesetzlichen oder tarifvertraglichen

Kampfordnung, RdA 1986, 188; Lerche, Koalitionsfreiheit und Richterrecht, NJW 1987, 2465; Rieble, Das neue Arbeitskampfrecht des BAG, BB 2008, 1507; Wank, Zum Vorschlag einer Kodifizierung des Arbeitskampfrechts, RdA 1989, 263; Wank, Anm. zu BAG AP Nr. 173 zu Art. 9 GG Arbeitskampf.

I. Kodifikation und Richterrecht

Die Erwähnung des Arbeitskampfs in den §§ 36 Abs. 3, 146, 320 Abs. 5 SGB III, § 2 Abs. 1 Ziff. 2 ArbGG, § 11 Abs. 5 AÜG, § 25 KSchG und § 74 Abs. 2 BetrVG darf nicht darüber hinwegtäuschen, dass diese Vorschriften das Recht des Arbeitskampfs nicht regeln, sondern allenfalls einzelne Rechtsfragen behandeln, die sich als Folge eines Arbeitskampfs ergeben können. Welche Kampfhandlungen zum Arbeitskampfrecht zu zählen, welches ihre Rechtmäßigkeitsvoraussetzungen sind und zu welchen Folgen ein rechtswidriger bzw. rechtmäßiger Arbeitskampf führen kann, ist hingegen gesetzlich nicht normiert. Die Bemühungen, in einem einheitlichen Arbeitsgesetzbuch das Arbeitskampfrecht zu regeln, sind bislang ebenso wenig erfolgreich gewesen wie der sog. Professorenentwurf von Birk/Konzen/Löwisch/Raiser/Seiter zur Regelung kollektiver Arbeitskonflikte. In der verfassungsrechtlichen Literatur wird immer wieder – auf der Basis der Wesentlichkeitstheorie und der Schutzpflichttheorie – eine Kodifikation gefordert (hierzu zuletzt Engels, Verfassung und Arbeitskampfrecht, 2008). Es ist aber weder erkennbar, dass es für jegliche Regelung des Arbeitskampfrechts eine politische Mehrheit in Deutschland gibt, noch wahrscheinlich, dass das BVerfG eine Kodifikation einfordert. Vielmehr akzeptiert es den Zustand des Richterrechts, überprüft dieses aber nach den gleichen Maßstäben, die es an ein einfaches Gesetz legen würde.

Fehlende Kodifikation

„Das Arbeitskampfrecht ist weitgehend durch die Rechtsprechung des Bundesarbeitsgerichts richterrechtlich geregelt. Auch wenn dieses Richterrecht auf der Grundlage von Art. 9 Abs. 3 GG entwickelt worden ist, bleibt es einfaches Recht, dessen Auslegung und Anwendung vom Bundesverfassungsgericht nach denselben Maßstäben zu überprüfen ist, nach denen entsprechendes Gesetzesrecht zu überprüfen wäre." (BVerfG 10. 9. 2004 AP Nr. 167 zu Art 9 GG Arbeitskampf)

Einzige, aber auch wichtigste Quelle des Arbeitskampfrechts bildet daher die in Art. 9 Abs. 3 GG gewährleistete Koalitionsfreiheit, aus deren Anwendungsbereich die Ausgestaltung des Arbeitskampfrechts im Einzelnen folgt. Inhalt und Grenzen der Koalitionsfreiheit selbst sind in Art. 9 Abs. 3 GG nun aber ebenso wenig ausdrücklich angesprochen wie das Arbeitskampfrecht selbst. In weiten Teilen ist es vielmehr die Rechtsprechung, die der Koalitionsfreiheit ihr Wesen und ihren Inhalt verleiht, insbesondere den Begriff der Koalition sowie deren Rechte festlegt. Daraus folgt zugleich, dass auch das Arbeitskampfrecht als Ausfluss der Koalitionsfreiheit in Ermangelung einer gesetzlichen Normierung maßgebend durch die Rechtspre-

Verfassungsrechtlich zulässiges Richterrecht

chung geprägt wird und weitgehend auf Richterrecht beruht. Das BVerfG (BVerfG 26.6.1991 AP Nr. 117 zu Art. 9 GG Arbeitskampf) hat es als verfassungsrechtlich unbedenklich erachtet, dass das BAG die maßgeblichen Grundsätze des Arbeitskampfrechts entwickelt, ohne sich auf ein gesetzliches Regelungssystem stützen zu können. Das Richterrecht ist notwendige Folge der fehlenden gesetzlichen Grundlagen.

„Die Gerichte müssen bei unzureichenden gesetzlichen Vorgaben das materielle Recht mit den anerkannten Methoden der Rechtsfindung aus den allgemeinen Rechtsgrundlagen ableiten, die für das betreffende Rechtsverhältnis maßgeblich sind. Das gilt auch dort, wo eine gesetzliche Regelung, etwa wegen einer verfassungsrechtlichen Schutzpflicht, notwendig wäre. Nur so können die Gerichte die ihnen vom Grundgesetz auferlegte Pflicht erfüllen, jeden vor sie gebrachten Rechtsstreit sachgerecht zu entscheiden." (BVerfG 26.6.1991 AP Nr. 117 zu Art. 9 GG Arbeitskampf)

Andererseits gilt, dass der Gesetzgeber nicht an die gegenwärtige, stets zeitbedingte Konkretisierung des Arbeitskampfrechts durch die Rechtsprechung des BAG gebunden ist. Er kann auch andere Regeln aufstellen, die etwa verhindern sollen, dass eine der Tarifvertragsparteien ein Übergewicht bei Tarifverhandlungen erhält (BVerfG 4.7.1995 AP Nr. 4 zu § 116 AFG).

II. Die Ausgestaltung des Grundrechts der Koalitionsfreiheit im Arbeitskampfrecht

Eingedenk dieser Situation steht die Rechtsprechung vor einer schwierigen Situation: Sie soll die Grundrechte aller Beteiligten zur Wirkung bringen, die Drittbetroffenheit durch Arbeitskämpfe berücksichtigen und gleichzeitig einem hochkomplexen Vorgang rechtliche Spielregeln geben. Das BAG weiß, dass es Arbeitskampfmaßnahmen nicht grenzenlos zulassen kann. Grundrechte müssen durch die Rechtsordnung – jedenfalls im Sinne einer „praktischen Konkordanz" bei Grundrechtskollisionen – ausgestaltet werden.

Eckpfeiler   Dabei sind folgende schwergewichtige Eckpfeiler bei einer arbeitskampfrechtlichen Auseinandersetzung in Ausgleich zu bringen (hierzu BAG 19.6.2007 AP Nr. 173 zu Art. 9 GG Arbeitskampf):

- Beide Tarifvertragsparteien bzw. Koalitionen genießen den Schutz des Art. 9 Abs. 3 GG in gleicher Weise.
- Beide Tarifvertragsparteien stehen bei der Wahrnehmung des Grundrechts in Gegnerschaft zueinander.
- Gleichzeitig sind beide Tarifvertragsparteien aber auch vor staatlichen Einflussnahmen geschützt.
- Dieser Schutz gilt auch eingedenk des Umstandes, dass sie zum Austragen ihrer Interessengegensätze Kampfmittel mit beträchtlichen Auswirkungen auf den Gegner und die Allgemeinheit einsetzen.

Das BAG steht vor der nicht beneidenswerten Aufgabe, diese Schutzbelange so zu koordinieren, dass gewährleistet werden kann, dass die aufeinander bezogenen Grundrechtspositionen trotz ihres Gegensatzes nebeneinander bestehen können. Die rechtlichen Rahmenbedingungen sollen dabei Sinn und Zweck der Freiheitsrechte sowie die verfassungsrechtliche Ordnung wahren (BVerfG 4.7.1995 AP Nr. 4 zu § 116 AFG). Da der Gesetzgeber als ordnende Kraft ausfällt, muss die Rechtsprechung auch dort handeln, wo an sich eine gesetzliche Regelung wegen verfassungsrechtlicher Schutzpflichten notwendig wäre. Die massive Kritik, die nahezu jede arbeitskampfrechtliche Entscheidung des BAG in der Literatur erfährt, ist damit nicht immer fair (jüngeres Beispiel: RIEBLE, BB 2008, 1507).

Dilemma des BAG

In diesem Dilemma nennt das BAG (BAG 19.6.2007 AP Nr. 173 zu Art. 9 GG Arbeitskampf) drei Maximen zur Ausgestaltung:

Maximen der Ausgestaltung

(1) Die wesentlichen Beschränkungen ihrer Arbeitskampffreiheit begründen die Tarifvertragsparteien regelmäßig selbst durch den Abschluss von Tarifverträgen und die sich daraus ergebende Friedenspflicht.

(2) Für die Ausgestaltung des Arbeitskampfrechts stellt die Funktionsfähigkeit der Tarifautonomie sowohl Rechtfertigung als auch Grenze dar. Das BAG bestätigt die „Hilfsfunktion des Arbeitskampfes zur Sicherung der Tarifautonomie" (BAG 24.4.2007 AP Nr. 2 zu § 1 TVG Sozialplan).

(3) Zentraler Maßstab für die Beurteilung der unterschiedlichen Erscheinungsformen des Arbeitskampfs ist der Grundsatz der Verhältnismäßigkeit im weiteren Sinn.

Kritisch zu betrachten, aber wohl auch alternativlos, ist der Umstand, dass das Verhältnismäßigkeitsprinzip zur alles entscheidenden Maxime wird. Dies ist eine Erscheinung, die die gesamte höchstrichterliche Rechtsprechung zunehmend prägt. Bei der Anwendung des Prinzips wird die Prüfungsdichte von herausragender Bedeutung sein.

III. Richterliche Prüfungskompetenz

Besonders wichtig erscheint deshalb in der neueren Rechtsprechung, dass sich das BAG – stärker als in früheren Jahren – in der gesetzesvertretenden Ausgestaltung des Arbeitskampfrechts zurücknimmt. Dies ist die Konsequenz aus der weiterreichenden Gewährleistung des Schutzbereichs von Art. 9 Abs. 3 GG in der neueren Rechtsprechung des BVerfG. Jede richterrechtliche Einschränkung des Arbeitskampfgeschehens ist nach Auffassung des BAG zugleich eine Einschränkung des Grundrechts aus Art. 9 Abs. 3 GG. Auch bei der Bestimmung des rechtlichen Rahmens einzelner Arbeitskampfmittel nimmt sich das BAG zurück und verweist auf die Einschätzungsprärogative der Koalitionen.

Einschätzungsprärogative der Koalitionen

„Bei der Ausgestaltung des Arbeitskampfrechts haben die Gerichte insbesondere zu beachten, dass jegliche Reglementierung zugleich eine Beschränkung der durch Art. 9 Abs. 3 GG gewährleisteten Betätigungsfreiheit darstellt, die der verfassungsrechtlichen Rechtfertigung bedarf. Aus der Bedeutung des Art. 9 Abs. 3 GG als Freiheitsrecht der Koalitionen und der Staatsferne der Koalitionsfreiheit folgt, dass die Wahl der Mittel, welche die Koalitionen zur Erreichung des Zwecks der Regelungen für geeignet halten, den Koalitionen selbst obliegt (...). Es ist grundsätzlich den Tarifvertragsparteien selbst überlassen, ihre Kampfmittel an sich wandelnden Umständen anzupassen, um dem Gegner gewachsen zu bleiben und ausgewogene Tarifabschlüsse zu erzielen." (BAG 19.6.2007 AP Nr. 173 zu Art 9 GG Arbeitskampf)

Unter Bezugnahme auf das BVerfG meint das BAG deshalb, dass eine **Bewertung von Arbeitskampfmaßnahmen** durch die Fachgerichte als rechtswidrig grundsätzlich nur in Betracht kommt, wenn eine Arbeitskampfmaßnahme offensichtlich ungeeignet oder unverhältnismäßig ist (BVerfG 10.9.2004 AP Nr. 167 zu Art. 9 GG Arbeitskampf). Damit werden engere Grenzen als bisher gesetzt, bestimmte Arbeitskampfmaßnahmen von vornherein als unrechtmäßig zu kategorisieren. Der Umstand, dass durch den Arbeitskampf Grundrechte Dritter betroffen sein können, wird erst auf der Ebene der **Verhältnismäßigkeit** geprüft. Aber auch hier befleißigt sich das BAG einer **richterrechtlichen Zurücknahme**.

Missbrauchskontrolle

Die neuere Entwicklung des Arbeitskampfrechts macht deutlich, dass mit der Frage nach dem Maßstab des Verhältnismäßigkeitsgebots diejenige nach der Reichweite der richterlichen Kontrollmöglichkeit eng verknüpft ist. Anders als in anderen Bereichen des Privatrechts findet der Richter im Arbeitskampf nur dürftige normative Anhaltspunkte, an denen er die Heranziehung des Verhältnismäßigkeitsgrundsatzes auszurichten vermag. Die richterliche Rechtskontrolle über den Grundsatz der Verhältnismäßigkeit darf nicht so dicht und dezidiert ausfallen, dass ein Tätigwerden des demokratischen Gesetzgebers überflüssig würde. Eigenständige richterliche Konfliktlösungen müssen immer auf **das unerlässliche Maß und die konkret zu lösende Frage beschränkt** bleiben. Hinzu kommen zentrale verfassungsrechtliche Wertentscheidungen, die den Richter von einer allzu dichten Rechtskontrolle trotz des grundsätzlich zulässigen Rückgriffs auf den Grundsatz der Verhältnismäßigkeit abhalten. So hat das Grundgesetz in Art. 9 Abs. 3 GG den Koalitionen einen besonderen, eigenen Gestaltungsspielraum eingeräumt, woraus eine besondere Freiheit und damit auch ein Beurteilungsspielraum hinsichtlich der koalitionsspezifischen Betätigung, einschließlich der Konfliktlösung durch Arbeitskämpfe, folgen. Angesichts dieses Freiheitsspielraums bestünden Bedenken, wenn die Gerichte die Koalitionen über das Verhältnismäßigkeitsprinzip in ihrer Beweglichkeit zu sehr einschränken würden. Im Arbeitskampf muss daher ein **Beurteilungsspielraum der Koalitionen** dahin gehend bestehen, **wie wirksam** (geeignet) **ein eingesetztes Mittel ist**. Die Erforderlichkeitsprüfung der Gerichte muss sich auf das mildere Mittel beschränken, das nach der Eignungsbewertung der Koalition als gleich wirksam eingeschätzt wird. Zudem verträgt sich auch eine subtil abwägende Angemessenheitskontrolle durch die Gerichte nicht mit dem verfassungsrechtlichen Freiheitsspielraum der Koalitionen. Im Hinblick auf die Tarifautonomie der Arbeitskampfparteien und die Funktion des Arbeitskampfs als Hilfsinstrument der Tarifautonomie spricht die überwiegende Ansicht der Rechtsprechung daher **ausschließlich die Möglichkeit einer Missbrauchs- oder Exzesskontrolle** zu. Die Möglichkeit einer Zweckmäßigkeitskontrolle der eingesetzten Maßnahme steht ihr hingegen nicht offen (zum Ganzen PREIS, FS Dieterich, S. 436, 437 f.).

In Hinblick auf die verfassungsrechtliche Gewährleistung aller tarifbezogenen Arbeitskampfmaßnahmen überprüft das BAG die Eignung und die Erforderlichkeit eines Arbeitskampfmittels nur daraufhin, ob diese „offensichtlich" ungeeignet oder „offenkundig" nicht erforderlich sind (BAG 19.6.2007 AP Nr. 173 zu Art 9 GG Arbeitskampf). Eine Detailabwägung findet erst – bezogen auf die jeweilige Arbeitskampfmaßnahme – auf der Ebene der Verhältnismäßigkeit im engeren Sinne (Angemessenheit, Proportionalität) statt.

Erst recht hütet sich das BAG davor, den Umfang von Streikzielen, sofern diese tariflich regelbar sind, zu überprüfen.

„Eine gerichtliche Kontrolle des Umfangs von Streikforderungen, die auf tariflich regelbare Ziele gerichtet sind, beschränkt die Koalitionsbetätigungsfreiheit von Gewerkschaften unverhältnismäßig." (BAG 24.4.2007 AP Nr. 2 zu § 1 TVG Sozialplan)

§ 111 Grundsätze des Arbeitskampfrechts

Literatur: BUCHNER, Das Arbeitskampfrecht unter den Anforderungen der Verhandlungsparität und der Staatsneutralität, RdA 1986, 7; ERBGUTH, Die Rechtsprechung zum Paritätsgrundsatz im Arbeitskampfrecht, 2001; HEENEN, Kampfparität und Bilaterales Monopol, 1988; RUHLAND, Arbeitskampfparität, 2001; SEITER, Staatliche Neutralität im Arbeitskampf, 1985; SEITER, Die neue Aussperrungsrechtsprechung des Bundesarbeitsgerichts, RdA 1981, 65; ZÖLLNER, Aussperrung und arbeitskampfrechtliche Parität, 1974.

Das Arbeitskampfrecht wird geprägt durch den Grundsatz der Parität und die Verpflichtung des Staates zur Neutralität.

I. Grundsatz der Parität

1. Funktionsfähigkeit der Tarifautonomie

Den Koalitionen ist mit dem Tarifvertrag ein Gestaltungsmittel an die Hand gegeben worden, um die im Bereich des Arbeits- und Wirtschaftslebens auftretenden Interessenkonflikte sachnah zu lösen. Durch den Einsatz dieses Vertragsinstrumentariums soll sichergestellt werden, dass trotz der unterschiedlichen Interessenlage der

Machtgleichgewicht zwischen den Tarifvertragspartnern

sozialen Gegenspieler durch gegenseitiges Handeln und Nachgeben ein Kompromiss gefunden wird. Funktionsvoraussetzung eines Vertragssystems ist jedoch die Möglichkeit der potentiellen Vertragspartner, gleichgewichtig an den Verhandlungen teilzunehmen (BAG 12.9.1984 AP Nr. 81 zu Art. 9 GG Arbeitskampf). Diese **Chancengleichheit** wird als **Parität** bezeichnet (BROX/RÜTHERS Rn. 166).

Das Paritätstheorem wird vielfach gleichgesetzt mit der Funktionsfähigkeit der Tarifautonomie (BVerfG 4.7.1995 BVerfGE 92, 365, zu C I 1 c der Gründe). Aufgabe der Ausgestaltung des Art. 9 Abs. 3 GG ist die Aufrechterhaltung der Funktionsfähigkeit. Denn nur wenn die Tarifautonomie „funktioniert", besteht auch die verfassungsrechtliche Legitimation, dass Tarifvertragsparteien mit Drittwirkung ohne staatliche Einflussnahme eigenverantwortlich Rechtsnormen schaffen können. Die Tarifautonomie „funktioniert", wenn die Bedingungen bestehen, die strukturelle Unterlegenheit der einzelnen Arbeitnehmer beim Abschluss von Arbeitsverträgen durch kollektives Handeln auszugleichen und damit ein annähernd gleichgewichtiges Aushandeln der Löhne und Arbeitsbedingungen zu ermöglichen.

„Funktionsfähig ist die Tarifautonomie nur, solange zwischen den Tarifvertragsparteien ein ungefähres Gleichgewicht (Parität) besteht. Unvereinbar mit Art. 9 Abs. 3 GG wäre eine Ausgestaltung daher jedenfalls dann, wenn sie dazu führte, dass die Verhandlungsfähigkeit einer Tarifvertragspartei bei Tarifauseinandersetzungen einschließlich der Fähigkeit, einen wirksamen Arbeitskampf zu führen, nicht mehr gewahrt bliebe und ihre koalitionsmäßige Betätigung weitergehend beschränkt würde, als es zum Ausgleich der beiderseitigen Grundrechtspositionen erforderlich ist." (BAG 19.6.2007 AP Nr. 173 zu Art. 9 GG Arbeitskampf)

Arten von Parität

Begrifflich ist zwischen **Verhandlungs- und Kampfparität** zu unterscheiden. Mit dem Grundsatz der Parität ist in erster Linie ein Gleichgewicht in der Verhandlungschance angesprochen (**Verhandlungsparität**). Sofern friedliche Verhandlungen keine Einigung herbeiführen, kommt den Koalitionen das Recht zum Arbeitskampf als Ultima-Ratio zu, um auf diese Weise eine paritätische Verhandlungsgrundlage schaffen zu können. Stünde aber von vornherein fest, dass eine Partei im Arbeitskampf aufgrund ihrer übermächtigen Kampfmittel obsiegen würde, liefe dieses Modell leer. Daher muss Sorge dafür getragen werden, dass eine **Kampfparität**, also ein Gleichgewicht in den Mitteln der Gewerkschaft und der Arbeitgeberseite, besteht. Andernfalls könnte eine Seite das Kampfgeschehen bestimmen und so das auf dem Grundsatz freier Vereinbarungen basierende Tarifvertragssystem in Frage stellen (BAG GS 21.4.1971 AP Nr. 43 zu Art. 9 GG Arbeitskampf).

„Könnte die eine Seite (...) das Kampfgeschehen bestimmen und wäre (...) (die andere Seite) auf ein Dulden und Durchstehen des Arbeitskampfes beschränkt, so bestünde die Gefahr, dass die Regelung der Ar-

I. Grundsatz der Parität § 111

beitsbedingungen nicht mehr auf einem System freier Vereinbarungen beruht, das Voraussetzung für ein Funktionieren und innerer Grund des Tarifvertragssystems ist." (BAG GS 21.4.1971 AP Nr. 43 zu Art. 9 GG Arbeitskampf)

Der Grundsatz der Parität bestimmt somit das Arbeitskampfrecht; ihm kommt nach bisheriger Rechtsprechung die Funktion einer Richtschnur zu, nach der Zulässigkeit, Rechtmäßigkeit, Umfang und Rechtsfolgen der im Arbeitskampf gewählten Mittel zu beurteilen sind.

Parität als Richtschnur des Arbeitskampfrechts?

„Die Verhandlungsparität ist der oberste Grundsatz des Arbeitskampfrechts, an dem alle weiteren Grundsätze zu messen sind. Die Verhandlungsparität soll sicherstellen, dass nicht eine Tarifvertragspartei der anderen von vornherein ihren Willen aufzwingen kann, sondern dass möglichst gleiche Verhandlungschancen bestehen. Auf andere Weise kann nämlich die Tarifautonomie unter Ausschluss der staatlichen Zwangsschlichtung nicht funktionieren." (BAG 12.9.1984 AP Art. 9 GG Arbeitskampf Nr. 81)

Freilich hat das BAG in seiner Entscheidung zum Unterstützungsstreik (siehe unter § 114 II) davor gewarnt, die Aussagefähigkeit des Paritätsbegriffs zu überschätzen. Wegen seiner Abstraktionshöhe könnten aus ihm keine konkreten Handlungsanweisungen für die gerichtliche Ausgestaltung getroffen werden. Damit unterscheidet sich die jüngere Rechtsprechung von der früheren Sichtweise, nach der das Paritätsprinzip wie die allumfassende Leitmaxime für die konkrete Verhältnismäßigkeitsprüfung einer Arbeitskampfmaßnahme erschien (siehe unter § 120; zu Fragen des Wellenstreiks siehe unter § 123 und § 130).

„Die Kampfstärke von Koalitionen hängt von einer im Einzelnen kaum überschaubaren Fülle von Faktoren ab, die in ihren Wirkungen schwer abschätzbar sind (...). Die Vorgabe, möglichst für Parität zwischen den Tarifvertragsparteien zu sorgen, genügt daher als Handlungsanweisung für die konkrete gerichtliche Ausgestaltung des Arbeitskampfrechts allein in der Regel nicht. Das Paritätsprinzip ist wegen seiner Abstraktionshöhe als Maßstab zur Bewertung einzelner Kampfsituationen regelmäßig nicht ausreichend (...). Es bezeichnet aber zumindest eine Grenze, die bei der gerichtlichen Ausgestaltung nicht überschritten werden darf. Durch diese darf die Parität, deren Bewahrung oder Herstellung sie gerade dienen soll, nicht beseitigt und ein vorhandenes Gleichgewicht der Kräfte nicht gestört oder ein Ungleichgewicht verstärkt werden." (BAG 19.6.2007 AP Nr. 173 zu Art 9 GG Arbeitskampf)

Die Bedeutung dieser Passage ist unklar und vielleicht nicht überzubewerten. Sie ist eher als begründungstheoretisch ehrliches Bekenntnis zu verstehen, dass das herrschende Paritätsprinzips nur bedingt für die konkrete richterliche Entscheidung hilfreich ist und als solches noch keine plausiblen Antworten auf konkrete Konfliktsituationen gibt. Freilich ist nicht anzunehmen, dass die Parität als Leitmaxime aus Gerichtsurteilen verschwindet. Der Paritätsgedanke wird im Rahmen der rechtlichen Überprüfung im Rahmen der Verhältnismäßigkeit weiterhin benötigt (ebenso ErfK/Dieterich Art. 9 GG Rn. 112, 134).

2. Inhalt des Paritätsprinzips

Obgleich das Paritätsprinzip einen anerkannten Grundsatz darstellt, liegen keine konkreten (gesetzlichen) Vorgaben vor, nach denen das Gleichgewicht zwischen den Arbeitskampfparteien bestimmt werden kann. Angesichts der gesetzgeberischen Abstinenz haben es sich Rechtsprechung und Lehre zur Aufgabe gemacht, Maßstäbe zu entwickeln, nach denen sich das Verhandlungsgleichgewicht bemessen lässt. Dabei haben sich verschiedene Paritätsverständnisse entwickelt:

a) Formelle Parität

Formelle Waffengleichheit

Gestützt auf den Grundsatz der Neutralität des Staates (siehe unter § 111 II) und historische Entwicklungen wurde zunächst die Lehre von der „formellen" Parität begründet (Hueck/Nipperdey Bd. II 2, S. 929). Dieses Paritätsverständnis stützt sich bei seiner Herleitung nicht auf Art. 9 Abs. 3 GG, sondern auf den Gleichheitssatz nach Art. 3 Abs. 1 GG. Da der Staat keine der Kampfparteien bevorzugt behandeln dürfe, sei von einer paritätischen Lage auszugehen, wenn den Parteien **gleichwertige und rechtlich identisch behandelte Kampfmittel** zur Verfügung gestellt würden. Danach kommt es nicht auf das tatsächliche Kräfteverhältnis zwischen den Kampfparteien an, sondern auf die grundsätzliche „Waffengleichheit", das heißt, jeder Waffe auf der einen Seite muss ein analoges Gegenstück auf der anderen Seite entsprechen: Aussperrung und Streik, lösende Aussperrung und lösender Streik etc. Tatsächliche Unterschiede in der Verhandlungsstärke der einzelnen Parteien sind bei diesem Verständnis zu vernachlässigen. Zusammenfassend lässt daher sich sagen, dass sich das formelle Paritätsverständnis darauf beschränkt, den Beteiligten adäquate Mittel zur Behauptung ihrer Verhandlungsposition zur Verfügung zu stellen.

Kritik

Die Lehre von der formellen Parität sieht sich berechtigter Kritik ausgesetzt. Eine streng durchgeführte formelle Betrachtungsweise birgt die Gefahr, dass trotz formell gleicher Kampfpositionen ein **tatsächliches Machtungleichgewicht** zwischen den sozialen Gegenspielern besteht. Damit wäre einem Aufdrängen von tariflichen Inhalten durch eine der Parteien weiterhin – nunmehr unter dem Deckmantel der Parität – Tür und Tor geöffnet. Dies stünde aber dem Sinn und Zweck des Arbeitskampfrechts und den Grundüberlegungen für seine Zulassung entgegen.

I. Grundsatz der Parität §111

b) Normative Parität

Neben der formellen Parität wurde versucht, ein normatives Paritätsverständnis zu etablieren (Mayer-Maly, DB 1979, 95; Richardi, NJW 1978, 2057 ff.). Danach ergibt sich aus der Rechtsordnung, dass von einem Gleichgewicht zwischen Arbeitgeber- und Arbeitnehmerkoalitionen ausgegangen werden muss. Die normative Anknüpfung wird in der Literatur vielfach lediglich als Spielart der formell verstandenen Parität gesehen (Gamillscheg KollArbR I § 20 IV 1; MünchArbR/Otto § 282 Rn. 59). Unbestreitbar beinhaltet der normative Ansatz formelle Elemente, dennoch ist er als eigenständiger, von rein formellen Überlegungen abzugrenzender Ansatz zu begreifen. Dafür spricht schon der **dogmatische Ausgangspunkt**, der sich von dem der formellen Parität unterscheidet. Die Überlegungen zur normativen Parität stützen sich nämlich unmittelbar auf Art. 9 Abs. 3 GG: Da die Gleichgewichtslage in der Verhandlungsposition Funktionsvoraussetzung der Tarifautonomie sei, müsse nach Ansicht der Vertreter des normativen Paritätsverständnisses der Verfassungsgeber bei Schaffung des Koalitionsrechts von einer solchen ausgeglichenen Verhandlungssituation ausgegangen sein. Die Parität sei somit ein „Axiom des Tarifvertragsrechts". Danach erfordert eine Intervention zur Herstellung von Parität eine besondere Rechtfertigung, insbesondere die Darlegung, dass sich überhaupt eine Verschiebung in der Paritätssituation ereignet hat, die es nunmehr auszugleichen gilt. Auch wenn nach dem sog. normativen Verständnis nicht von einer absoluten Festschreibung des Verhandlungsgleichgewichts ausgegangen wird, erscheint es fraglich, ob die Hypothese der normativen Wertentscheidung haltbar ist. Das BAG hat daher zu Recht festgestellt, dass sich das Verhandlungsgleichgewicht weder formal noch normativ anordnen lässt, sondern es wenigstens in groben Zügen tatsächlich feststellbar sein muss. Dies ebnet den Weg hin zur materiellen Parität.

Normative Gewährleistung von Streik und Aussperrung

c) Materielle Parität

Für die Rechtsprechung und die herrschende Lehre kommt es entscheidend darauf an, dass ein **tatsächlich feststellbares Verhandlungsgleichgewicht** besteht. Ein Gleichgewicht der Verhandlungsposition sei entgegen der anderen Auffassungen weder normativ anzuordnen noch formal zu fingieren. Entscheidend müssten vielmehr die tatsächlichen Gegebenheiten sein. Daran schließt sich die Frage an, welche Kriterien zur Bewertung dieser materiellen Parität konkret heranzuziehen sind. Weitgehende Einigkeit besteht in der jüngeren Literatur und Rechtsprechung jedenfalls insoweit, als es einer Begrenzung der paritätserheblichen Faktoren bedarf, da eine Berücksichtigung aller denkbar einfließenden Faktoren den Rechtsanwender sicherlich überfordert. Umstritten ist vor allem, ob die Parität bei langfristiger, abstrakt-typisierender Betrachtungsweise vorliegen muss, oder ob sie in jedem Einzelfall konkret zu belegen bleibt.

Tatsächliches Verhandlungsgleichgewicht

Abstrakt typisierend

„Ursprünglich herrschte eine rein formale Sicht vor. Streik und Aussperrung wurden als gleichartige Waffen verstanden, für die auch gleichartige Grundsätze gelten müssten. (...) Begründet wurde die Lehre von der ‚formellen Parität' oder ‚Waffengleichheit' der sozialen Gegenspieler mit der Neutralität des Staates und der historischen Entwicklung. Denn die Kampfparteien dürften nicht ihrer aufgrund der geschichtlichen und sozialpraktischen Entwicklung angestammten Kampfmittel beraubt werden (...). Zum gleichen Ergebnis kommen die Vertreter einer ‚normativen Parität'. Auch sie meinen, dass es auf die tatsächlichen Kräfteverhältnisse nicht ankommen könne, weil die Rechtsordnung die Arbeitgeber- und die Arbeitnehmerseite als gleichgewichtig ansehe (...) Ein funktionierendes Tarifvertragssystem setzt annähernd gleichgewichtige Verhandlungschancen der sozialen Gegenspieler voraus. Das erforderliche Verhandlungsgleichgewicht lässt sich aber weder formal fingieren noch normativ anordnen, es muss wenigstens in groben Zügen tatsächlich feststellbar sein. Deshalb hat der Große Senat den Grundsatz der formellen Parität aufgegeben, um zu einer materiellen Paritätsbetrachtung überzugehen (...). Hierbei bleibt der erkennende Senat. Auch die weit überwiegende Auffassung im Schrifttum verlangt materielle Parität, also im Prinzip ein tatsächliches Gleichgewicht der sozialen Gegenspieler." (BAG 10.6.1980 AP Nr. 64 zu Art. 9 GG Arbeitskampf)

Nach richtiger und überwiegender Ansicht können nicht alle einzelnen Besonderheiten eines bestimmten Arbeitskampfs Berücksichtigung finden. Vielmehr muss als ausreichend angesehen werden, wenn sich bei **typisierender** Betrachtungsweise ein ungefähres Gleichgewicht zwischen den Parteien feststellen lässt (BAG 10.6.1980 AP Nr. 64 und 65 zu Art. 9 GG Arbeitskampf; Brox/Rüthers Rn. 167; Seiter S. 163 f.). Teilweise wird dabei der **Historie eine gewisse Indizfunktion** zugeschrieben, wobei nach einer Auffassung aus ihr die Vermutung der Gleichgewichtigkeit, anderenorts daraus auf eine grundsätzliche Unterlegenheit der Arbeitnehmerseite geschlossen wird. Daraus muss gefolgert werden, dass die Anknüpfung an die geschichtliche Entwicklung des Arbeitskampfs letztlich nicht von der Notwendigkeit einer Begutachtung der aktuellen, realen Kräfteverhältnisse befreit. Situationsbedingte Vorteile, die sich im konkreten Arbeitskampf durchaus erheblich auswirken mögen, müssen notwendigerweise unberücksichtigt bleiben.

„Wenn auch die realen Kräfteverhältnisse maßgebend sind, so bedeutet das doch andererseits nicht, dass alle Besonderheiten eines Arbeitskampfes (Kampfziele, wirtschaftliche Lage, Organisationsgrad usw.) berücksichtigt werden müssten. Der Grundsatz der Parität bezieht sich (unbeschadet der im Grundsatz geltenden Kampfmittelfreiheit) auf das Arsenal zulässiger Kampfmittel. Er muss in generellen und abstrakt formulierten Regeln ausgedrückt werden und kann nur Kriterien erfassen, die einer typisierenden Betrachtung zugänglich sind. Situationsbedingte Vorteile, die sich im *konkreten* Arbeitskampf sehr stark auswirken mögen, bleiben notwendigerweise unberücksichtigt." (BAG 10.6.1980 AP Art. 9 GG Arbeitskampf Nr. 64)

Hinzuweisen ist in diesem Zusammenhang, dass die Theorie der materiellen Parität auf der Tariffähigkeit von Koalitionen, insbesondere der Gewerkschaften, (siehe unter § 90) fußt. Nur wenn diese eine soziale Mächtigkeit haben, ist es gerechtfertigt, ein tatsächliches Verhandlungsgleichgewicht zu fingieren. Wenn sozial nicht mächtige Koalitionen sich am Tarifgeschehen beteiligen, dann kann materielle Parität nicht angenommen werden. Die Funktionsfähigkeit der Tarifautonomie ist dann gefährdet.

○ **Beispiel:**
Das zeigt sich insbesondere zur Zeit in der Leiharbeitsbranche. Wenn die tarifschließenden Gewerkschaften zu schwach sind und nicht über eine hinreichende Mitgliederbasis verfügen, werden Tarifverträge zu Bedingungen geschlossen, die ihrerseits einen gerechten Interessenausgleich nicht erkennen lassen.

Verfassungsrechtlich ist der Gesetzgeber nun aber nicht verpflichtet, die Koalitionen zu stärken, wenn sie – wie zurzeit festzustellen – schwächer werden. Der Gesetzgeber ist nicht verpflichtet, Disparitäten auszugleichen, die nicht strukturell bedingt sind, sondern auf inneren Schwächen einer Koalition beruhen.

„Der Organisationsgrad einer Koalition, ihre Fähigkeit zur Anwerbung und Mobilisierung von Mitgliedern und ähnliche Faktoren liegen außerhalb der Verantwortung des Gesetzgebers. Er ist nicht gehalten, schwachen Verbänden Durchsetzungsfähigkeit bei Tarifverhandlungen zu verschaffen." (BVerfG 4.7.1995 AP Nr. 4 zu § 116 AFG)

II. Grundsatz der staatlichen Neutralität

Als zweites zentrales Element liegt dem Arbeitskampf das **Gebot der staatlichen Neutralität** zugrunde, das heißt, der Staat darf nicht selber in die konkreten Verhandlungen eingreifen und so das Gleichgewicht zwischen den Parteien beeinflussen (OSSENBÜHL/RICHARDI, Neutralität im Arbeitskampf, 1987, S. 107 ff.). Diese Pflicht zur staatlichen Neutralität ist dabei nicht nur Folge, sondern auch **Voraussetzung der Parität** (GAMILLSCHEG KollArbR I § 20 IV 6). Ohne sie wäre die Schaffung und Erhaltung eines Machtgleichgewichts zwischen den Tarifvertragspartnern nicht möglich. Gesetzgeber, Verwaltung und Gerichte dürfen daher weder Partei für die eine oder andere Seite nehmen noch einzelne Kampfmittel beschränken, denn der Arbeitskampf würde seinen Sinn verlieren, würde das Ergebnis nicht dem Kräfteverhältnis entsprechen.

Neutralitätspflicht

○ **Beispiele staatlicher Neutralität:**
– Der grundsätzliche Ausschluss staatlicher Zwangsschlichtung.
– Die in § 146 SGB III niedergelegte Neutralitätsverpflichtung der Bundesagentur für Arbeit, nach der der Anspruch auf Ar-

beitslosengeld während der Dauer des Arbeitskampfs dann ruht, wenn der Antragsteller durch seine Beteiligung an einem Arbeitskampf arbeitslos geworden ist; dies selbst dann, wenn der Arbeitnehmer nur mittelbar von dem Arbeitskampf betroffen war. Gleiches gilt (praktisch relevant) gem. § 174 i.V.m. § 146 SGB III auch für den Anspruch auf Kurzarbeitergeld.

Gewährleistung eines paritätsfördernden Arbeitskampfsystems

Die Pflicht zur staatlichen Neutralität berechtigt den Staat jedoch nicht dazu, das Arbeitskampfrecht gänzlich den Tarifvertragsparteien zu überlassen. In Anbetracht der Bedeutung der Parität muss er vielmehr sicherstellen, dass diese in einem gewissen Rahmen tatsächlich gewährleistet wird. Ihm obliegt daher die Schaffung eines **paritätsfördernden Arbeitskampfsystems**, in dessen Rahmen die Tarifpartner agieren können. Denn nur so kann gewährleistet werden, dass die konträren Grundrechtspositionen nebeneinander bestehen können. Staatliche Neutralität bedeutet damit, dass es dem Staat verwehrt ist, den Ausgang des Arbeitskampfs zu beeinflussen. Dem Staat ist hingegen nicht verwehrt, den Rahmen festzuschreiben, in dem sich die gegenüberstehenden Kräfte messen können.

Die in § 146 SGB III geregelte Neutralitätspflicht der Bundesagentur für Arbeit hat bezüglich der Vorgängerregelung in § 116 AFG a.F. zu einem Verfassungsstreit geführt, der nicht nur das Neutralitätsgebot verdeutlichte, sondern auch dem Gesetzgeber die Ausgestaltungskompetenz für das Grundrecht aus Art. 9 Abs. 3 GG bescheinigte (BVerfG 4.7.1995 AP Nr. 4 zu § 116 AFG). Dabei wird deutlich, dass Neutralitätspflicht des Staates und Paritätsprinzip eng zusammenhängen. Der Staat muss sich einerseits neutral verhalten, um die angenommene Parität der Koalitionen nicht zu gefährden. Andererseits darf der Staat Art. 9 Abs. 3 GG gesetzlich ausgestalten, um die Parität zu sichern und (wie im vorliegenden Fall) seine Neutralität zu wahren:

„Bei dieser Ausgestaltung hat der Gesetzgeber einen weiten Handlungsspielraum. Das Grundgesetz schreibt ihm nicht vor, wie die gegensätzlichen Grundrechtspositionen im einzelnen abzugrenzen sind. Es verlangt auch keine Optimierung der Kampfbedingungen. Grundsätzlich ist es den Tarifvertragsparteien selbst überlassen, ihre Kampfmittel den sich wandelnden Umständen anzupassen, um dem Gegner gewachsen zu bleiben und ausgewogene Tarifabschlüsse zu erzielen. Andererseits ist der Gesetzgeber aber auch nicht gehindert, die Rahmenbedingungen von Arbeitskämpfen zu ändern, sei es aus Gründen des Gemeinwohls, sei es, um gestörte Paritäten wieder herzustellen." (BVerfG 4.7.1995 AP Nr. 4 zu § 116 AFG).

2. Abschnitt:
Begriff und Mittel des Arbeitskampfs

⮕ Übersicht:

§ 112 Begriff des Arbeitskampfs
§ 113 Arbeitskampfmittel
  I. Streik
     1. Gemeinschaftliche Arbeitsniederlegung
     2. Zur Erreichung eines gemeinsamen Ziels
     3. Gewerkschaftliche Organisation
     4. Arten des Streiks
  II. Aussperrung
  III. Boykott
  IV. Sonstige Formen des kollektiven Arbeitskampfs
     1. Schlechtleistung
     2. Partielle Arbeitsniederlegung
     3. Betriebsbesetzung und Betriebsblockade
     4. Gründung von Konkurrenzunternehmen
     5. Betriebsstilllegung
     6. Zahlung von Streikbruchprämien
  V. Sonstige Formen außerhalb des kollektiven Arbeitskampfs
     1. Massen(änderungs)kündigung
     2. Gemeinschaftliche Ausübung des individualrechtlichen Zurückbehaltungsrechts

§ 112 Begriff des Arbeitskampfs

Es existiert keine gesetzlichen Definition des Arbeitskampfs. Dies bringt die Schwierigkeit mit sich, einen Begriff eigenständig festlegen zu müssen, der seinerseits im Idealfall der Zielrichtung der verschiedenen Normierungen (u.a. Art. 9 Abs. 3 GG, § 2 Abs. 1 ArbGG, § 74 Abs. 2 S. 1 BetrVG, § 11 Abs. 5 AÜG, § 25 KSchG, § 146 SGB III) gerecht wird. Ganz abstrakt betrachtet lässt sich jedenfalls sagen, dass Arbeitskampf die kollektive Einflussnahme einer Arbeitspartei auf die andere zur Erreichung eines bestimmten Ziels ist (BAG 31.10.1958 AP Nr. 2 zu § 1 TVG Friedenspflicht; MünchArbR/Otto § 281 Rn. 1). Offensichtlich ist aber auch, dass diese sehr offene Beschreibung konkretisierungsbedürftig ist. Wie weit diese Konkretisierung zu gehen hat und welchen Inhalt sie dem Arbeitskampfbegriff vermitteln soll, ist höchst umstritten:

Weiter Arbeitskampfbegriff

Die **herrschende Auffassung** in Rechtsprechung und Literatur sieht die Aufgabe des Arbeitskampfbegriffs darin, Lebenssachverhalte zu

erfassen, für die eine rechtliche Würdigung nach arbeitskampfrechtlichen Grundsätzen überhaupt in Betracht kommt. Dabei soll eine Präjudizierung möglichst vermieden werden. Daher versteht die ganz herrschende Meinung den Arbeitskampf als
- zielgerichtete Ausübung
- kollektiven Drucks durch Arbeitnehmer oder Arbeitgeber
- mittels der Zufügung von Nachteilen oder deren Abwehr.

Engere Arbeitskampfbegriffe

Eine **Gegenauffassung** vertritt einen engeren Arbeitskampfbegriff. Sie erkennt nur solche Kampfmaßnahmen als Arbeitskampf an, die auf die Erzwingung kollektiver Arbeitsbedingungen für die Zukunft, das heißt auf die Schaffung neuer Rechtsansprüche zielen (HUECK/ NIPPERDEY/SÄCKER, II/2 S. 870). Sie schränkt damit den Arbeitskampfbegriff **nach seiner Zielsetzung** ein. Der Unterschied zur herrschenden Auffassung wirkt sich letztendlich jedoch nicht aus. Denn während die Mindermeinung die Verfolgung tarifvertraglicher Regelungen als definitorische Voraussetzung des Arbeitskampfbegriffs verlangt, versteht die überwiegende Ansicht sie als notwendige Rechtmäßigkeitsvoraussetzung (siehe unter § 114 I).

Gegen die überwiegende Ansicht wird eine Präzisierung der Druckausübung gefordert. Allein der Begriff „Druckausübung" sei noch zu unbestimmt, um einen Sachverhalt ausreichend erfassen zu können. Es wird daher die Meinung vertreten, dass es sich ausschließlich bei solchem Verhalten um einen Arbeitskampf handele, bei dem **Störungen der arbeitsvertraglichen Beziehung** zwischen Arbeitgeber und Arbeitnehmer, genauer einzelner Pflichten aus dem Arbeitsvertrag auftreten (WESCH, Die Bedeutung neuer Arbeitskampfmittel am Beispiel von Betriebsbesetzung und Blockade, 1993; ähnlich RIEBLE, Arbeitsmarkt und Wettbewerb, 1996). Die Diskrepanz zur herrschenden Ansicht dürfte jedoch in Folgendem zu sehen sein: Anders als Rechtsprechung und überwiegende Literatur versteht die soeben dargestellte Auffassung den Arbeitskampfbegriff als rechtstechnisch und damit als Definition, welche im Rahmen einer rechtlichen Würdigung, etwa der Bestimmung des Schutzbereichs, eingesetzt wird. Sie enthält demgemäß eine rechtliche Würdigung. Der Unterschied zur herrschenden Ansicht ist mithin nicht inhaltlicher Art, sondern vielmehr Folge eines unterschiedlichen Funktionsverständnisses des Arbeitskampfbegriffs. Von einer näheren Auseinandersetzung mit diesem Streit kann und wird daher abgesehen.

§ 113 Arbeitskampfmittel

Verfassungsrechtliche Gewährleistung

Im Rahmen der Arbeitskämpfe in den vergangenen Jahrzehnten wurde eine Vielzahl von Arbeitskampfmitteln und -taktiken entwickelt und eingesetzt. Denn nach neuer Rechtsprechung umfasst

Art. 9 Abs. 3 GG alle koalitionsspezifischen Betätigungen (BVerfG 4.7.1995 BVerfGE 92, 365). Demzufolge sind zunächst einmal alle Arbeitskampfmittel als vom Schutz der Verfassung erfasst anzusehen. Einschränkungen ihrer Rechtmäßigkeit bedürfen daher der Begründung. Als die zentralen Kampfmittel sind **Streik, Aussperrung und Boykott** zu nennen. Aufgrund der Garantie des Koalitionsgrundrechts sind Arbeitgeber und Arbeitnehmer im Arbeitskampf aber nicht alleine auf diese Mittel beschränkt. Daher haben die klassischen Kampfmaßnahmen in den vergangenen Jahrzehnten erhebliche Modifikationen in ihrer Anwendung erfahren. Daneben wurden andersartige Kampfmittel entwickelt und eingesetzt (siehe unter § 113 IV).

Aus dem „Gesamtzusammenhang unserer Wirtschaft und sozialverfassungsrechtlichen Grundprinzipien", aus dem unter anderem die Notwendigkeit des freien Spiels der Kräfte folgt, leitete das BAG (BAG 28.1.1955 AP Nr. 1 zu Art. 9 GG Arbeitskampf) den Grundsatz der Kampfmittelfreiheit ab. Diese Begründung ist ebenso missverständlich wie der daraufhin entbrannte Streit, ob diese sog. Kampfmittelfreiheit auch die Entwicklung neuer Arbeitskampfformen zulässt. Allein entscheidend ist, ob ein Kampfmittel als koalitionsspezifische Verhaltensweise gewertet werden kann. Die Wahl der Kampfmittel überlässt die Verfassung den Koalitionen demgemäß selbst. Dies hat das BAG in der Entscheidung zum sog. Unterstützungsstreik nochmals – in Übereinstimmung mit der Rechtsprechung des BVerfG – herausgestellt.

Grundsatz der Kampfmittelfreiheit

„Die Wahl der Mittel, mit denen die Koalitionen die Regelung der Arbeitsbedingungen durch Tarifverträge zu erreichen versuchen und die sie hierzu für geeignet halten, überlässt Art. 9 Abs. 3 GG grundsätzlich ihnen selbst. Dementsprechend schützt das Grundrecht als koalitionsmäßige Betätigung auch Arbeitskampfmaßnahmen, die auf den Abschluss von Tarifverträgen gerichtet sind. Sie werden jedenfalls insoweit von der Koalitionsfreiheit erfasst, als sie erforderlich sind, um eine funktionierende Tarifautonomie sicherzustellen. Dazu gehört auch der Streik. Er ist als Arbeitskampfmittel grundsätzlich verfassungsrechtlich gewährleistet (…). Die durch Art. 9 Abs. 3 GG gewährleistete Freiheit in der Wahl der Arbeitskampfmittel schützt nicht nur bestimmte Formen des Streiks. Der Schutzbereich des Art. 9 Abs. 3 GG ist nicht etwa von vorneherein auf den Bereich des Unerlässlichen beschränkt. Der Grundrechtsschutz erstreckt sich vielmehr auf alle Verhaltensweisen, die koalitionsspezifisch sind. Ob eine koalitionsspezifische Betätigung für das Wahrnehmen der Koalitionsfreiheit unerlässlich ist, kann erst bei Einschränkungen dieser Freiheit Bedeutung erlangen." (BAG 19.6.2007 AP Nr. 173 zu Art. 9 GG Arbeitskampf)

I. Streik

Das bedeutendste und in der Praxis zumeist eingesetzte Kampfmittel der Arbeitnehmerseite ist der früher als „Ausstand" bezeichnete

Streik. Darunter ist nach einhelliger Ansicht die kollektive Niederlegung der vertraglich geschuldeten Arbeit zu verstehen.

Definition Er liegt daher vor, wenn
- eine größere Anzahl von Arbeitnehmern
- gemeinschaftlich und
- planmäßig
- zur Erreichung eines gemeinsamen Ziels
- ihre vertraglich geschuldete Arbeit niederlegen,
- in der Absicht, diese nach Beendigung der Arbeitsverweigerung wieder aufzunehmen (str.).

1. Gemeinschaftliche Arbeitsniederlegung

Gemeinschaftliche Arbeitsniederlegung Eine gemeinschaftliche Arbeitsniederlegung setzt voraus, dass sich eine **größere Anzahl von Arbeitnehmern** an der Arbeitsniederlegung beteiligt (BAG 28.1.1955 AP Nr. 1 zu Art. 9 GG Arbeitskampf). Genaue Zahlenangaben gibt das BAG dabei nicht vor. Entscheidend ist allerdings, dass es sich um eine nicht unerhebliche Anzahl handelt. Ausnahmsweise kann bereits eine Arbeitsniederlegung durch eine kleine Gruppe als ausreichend angesehen werden, wenn die Arbeit in entsprechenden Schlüsselstellungen (sog. Spezialistenstreik) niedergelegt wird. Die Arbeitsniederlegung muss sich stets auf die arbeitsvertraglich geschuldeten Pflichten beziehen. Ein Streik liegt daher dann nicht vor, wenn die Arbeitnehmer vertraglich nicht geschuldete Arbeit, wie zum Beispiel vom Arbeits- oder Tarifvertrag nicht umfasste Überstunden, verweigern.

Beeinflussung von Arbeitswilligen oder Dritten Obgleich der Streik begrifflich allein die Arbeitsniederlegung erfasst, zählen sowohl der Versuch, streikwillige Arbeitnehmer mit den Mitteln des gütlichen Zuredens und des Appells an die Solidarität von einer Arbeitsaufnahme abzuhalten, als auch die Information der Öffentlichkeit zu den Maßnahmen des Streiks (LAG Köln 3.2.1995 AP Nr. 145 zu Art. 9 GG Arbeitskampf).

2. Zur Erreichung eines gemeinsamen Ziels

Gemeinsames Ziel Ein Streik scheidet überdies dann aus, wenn mit der gemeinsamen Arbeitsniederlegung kein gemeinsames Ziel verfolgt wird. Nicht als Streik ist daher einzuordnen, wenn eine Mehrheit der Arbeitnehmerschaft an einem Feiertag nicht zur Arbeit erscheint oder frühzeitig die Arbeit abbricht, um zu einem Fußballspiel zu gehen. Für den Begriff des Streiks ist aber nicht entscheidend, dass das gemeinsame Ziel ein wirtschaftliches oder gar tariflich regelbares Ziel, wie beispielsweise die Verbesserung der Arbeitsbedingungen, ist. Die Frage danach ist keine der Begrifflichkeit, sondern der Zulässigkeit des Streiks.

I. Streik § 113

Umstritten ist, ob die streikenden Arbeitnehmer die Absicht haben müssen bzw. diese nicht zwischenzeitlich aufgegeben haben dürfen, nach Beendigung der Arbeitskampfmaßnahme an die Arbeit zurückzukehren. (Für die Aufnahme dieses Kriteriums in die Streikdefinition: BAG 6.12.1963 AP Nr. 31 zu Art. 9 GG Arbeitskampf; GAMILLSCHEG KollArbR I § 21 II; HUECK/NIPPERDEY II/2 S. 876; a.A. BROX/RÜTHERS, S. 18). Dafür, dieses Merkmal für die Zuordnung eines Verhaltens zum Streik zu fordern, soll einerseits sprechen, dass das Ziel des Streiks, die Lösung von Konflikten im Rahmen einer tarifvertraglichen Regelungsstreitigkeit, dann nicht mehr erreicht werden kann. Zudem ist die endgültige **Abkehr vom Arbeitsvertrag** eine rein individualrechtlich, anhand der Regeln über die Beendigung des Arbeitsverhältnisses zu beantwortende Frage. Erklärt der Arbeitnehmer seinen Willen, führt dies zwingend dazu, dass sein weiteres Verhalten nicht mehr als arbeitskampfspezifisch eingestuft werden kann. Schwieriger stellt sich die Situation dar, in der während eines Arbeitskampfs der Wille des Arbeitnehmers, zur Arbeit zurückzukehren, **zwischenzeitlich entfällt**, aber schließlich wieder auflebt. Die Frage, die sich dann stellt, ist, ob dadurch das Arbeitnehmerverhalten nicht mehr als Arbeitskampf angesehen werden darf. Im Hinblick auf die Vermeidung einer Präjudizierung des Arbeitnehmerverhaltens muss das Geschehen als Einheit angesehen werden. Ist keine schriftliche, vgl. § 623 BGB, Kündigung des Arbeitsverhältnisses erfolgt und besteht am Ende des Arbeitskampfs der Wille des Arbeitnehmers, an die Arbeit zurückzukehren, so muss das Gesamtgeschehen als Arbeitskampf eingestuft und nach seinen Regelungen beurteilt werden.

Wille zur Rückkehr an den Arbeitsplatz nach Streikende

3. Gewerkschaftliche Organisation

Fehlt es an einem **Streikaufruf** der zuständigen Gewerkschaft, liegt ein unzulässiger, sog. **wilder** oder verbandsfreier Streik vor. Der Streikaufruf muss von dem **satzungsmäßig zuständigen Organ** der Gewerkschaft beschlossen und dem Arbeitgeber mitgeteilt werden. Hat eine nicht vertretungsberechtigte Stelle zum Streik aufgerufen, kann der Aufruf rückwirkend von dem vertretungsberechtigten Organ genehmigt werden. Gleiches gilt für den Fall, dass überhaupt kein Streikaufruf vorliegt. Auch hier kann der wilde Streik durch die Gewerkschaft übernommen werden. Nach der Rechtsprechung des BAG wirkt die Genehmigung nicht nur für die Fortsetzung des Streiks, sondern auch rückwirkend (BAG 5.9.1955 AP Nr. 3 zu Art. 2 GG Arbeitskampf). Die Übernahme muss ebenso wie der Streikbeginn dem Kampfgegner gegenüber unmissverständlich erklärt werden. Interne gewerkschaftliche Beschlüsse reichen hierfür nicht aus. Ebenfalls besteht eine zeitliche Grenze für die Genehmigungsmöglichkeit. Aus Gründen der Rechtssicherheit muss sie vor Abschluss der Kampfhandlung erfolgen (LAG Hamm 21.8.1980 AP Nr. 72 zu Art. 9 GG Arbeitskampf).

Wilder Streik

Planmäßigkeit Ein Streik muss ferner **planmäßig**, das heißt durchorganisiert sein. Denn das BAG geht davon aus, dass allein die Gewerkschaften angesichts ihrer Stellung im Arbeitsleben, ihrer Bedeutung in wirtschaftlicher Hinsicht und ihres Wissens auf dem Gebiet des Arbeitskampfs die Gewähr dafür bieten können, dass ausschließlich in begründeten Fällen gestreikt wird und die im Allgemeininteresse erforderlichen Kampfregeln eingehalten werden (BAG 14.2.1978 AP Nr. 58 und 7.6.1988 AP Nr. 106, beide zu Art. 9 GG Arbeitskampf).

4. Arten des Streiks

Streikmodi Es lassen sich verschiedene Arten des Streiks unterscheiden:

In der Regel ist der Streik ein **Angriffsstreik**, mit dem die Gewerkschaft den Arbeitskampf beginnt. Ging dem Streik hingegen eine arbeitgeberseitige Aussperrung voraus, der mittels eines Streiks begegnet wird, handelt es sich um einen **Abwehrstreik**.

Sind von dem Streik alle Unternehmen eines Tarifgebiets erfasst, handelt es sich um einen **Voll- oder Flächenstreik**. Ein **Teilstreik** liegt vor, wenn nicht alle Arbeitnehmer, für die später der Tarifvertrag gelten soll, ihre Arbeit verweigern. Als **Schwerpunktstreik** bezeichnet man, wenn einzelne Unternehmen des Tarifgebiets oder innerhalb eines Unternehmens einzelne Betriebe oder Abteilungen für den Streik herausgegriffen werden. Wird der Streikaufruf auf einzelne Arbeitnehmergruppen in Sonderpositionen oder Schlüsselstellungen beschränkt, handelt es sich um einen **Spezialistenstreik**. Legen die Arbeitnehmer aller oder der wesentlichen Industriezweige ihre Arbeit nieder, nennt man dies **Generalstreik**.

In den letzten Jahren wurde vermehrt der Wechsel- und Wellenstreik eingesetzt. Beim **Wechselstreik** werden kurze Arbeitniederlegungen in immer wechselnden Unternehmen durchgeführt. Diese Streikausformung wird auch als rollierender oder rotierender Streik bezeichnet. Ein **Wellenstreik** liegt vor, wenn die streikenden Arbeitnehmer eines Betriebs nicht zeitgleich und gemeinsam, sondern die einzelnen Abteilungen und Schichten zu verschiedenen Zeiten die Arbeit niederlegen, ohne dass dies dem Arbeitgeber vorher angekündigt würde. Anschließend bieten die Arbeitnehmer der jeweiligen Schicht oder Abteilung umgehend wieder ihre Arbeitsleistung wieder an.

Richtet sich der Streik gegen stockende Tarifvertragsverhandlungen und soll noch keine abschließende Regelung erzwungen werden, liegt ein **Warnstreik** (siehe unter § 117 III 1 b) vor. Derjenige Streik, der in der Abgrenzung zum Warnstreik auf die Erzwingung abschließender Regelungen zielt, wird dementsprechend als **Erzwingungsstreik** bezeichnet.

Dient der Streik hingegen nicht der Durchsetzung eines bestimmten Ziels, sondern allein dazu, die Arbeitgeberseite auf den Unwillen der Arbeitnehmer hinzuweisen, handelt es sich um einen **Demonstrati-**

onsstreik. Ist der Demonstrationsstreik politisch motiviert oder dient er dazu, den Gesetzgeber zu einem bestimmten Verhalten zu motivieren, so spricht man von einem **politischen Streik**.

Erfolgt die Arbeitsniederlegung durch Arbeitnehmer, die nicht dem räumlichen oder fachlichen (betrieblichen) Geltungsbereich des umkämpften Tarifvertrags zugeordnet werden, so liegt ein **Sympathie- oder Solidaritätsstreik** (siehe unter § 118 II) vor. Er zeichnet sich also dadurch aus, dass er nicht der Verfolgung eigener inhaltlicher Ziele dient, sondern der Unterstützung eines fremden Arbeitskampfs.

Ist zur Arbeitseinstellung nicht von einer Gewerkschaft aufgerufen worden, so handelt es sich um einen **wilden Streik**. Teilweise wird diese Form auch als nichtorganisierter oder spontaner Streik bezeichnet.

II. Aussperrung

Das Pendant des Arbeitnehmerkampfmittels Streik ist auf Arbeitgeberseite die Aussperrung. Dabei handelt es sich um die Ausschließung einer Mehrzahl von Arbeitnehmern von der Arbeit durch den Arbeitgeber.

Aussperrung ist demnach die   *Definition*

– planmäßige
– Ausschließung mehrerer Arbeitnehmer von der Beschäftigung und Lohnzahlung durch den Arbeitgeber
– zur Erreichung eines Ziels,
– in der Absicht, sie nach Ende der Aussperrung wieder zu beschäftigen (str.).

Die Arten der Aussperrung entsprechen im Wesentlichen denen des Streiks: *Aussperrungsmodi*

Werden alle Arbeitnehmer eines Tarifgebiets ausgesperrt, spricht man von einer **Vollaussperrung**. Sind hingegen nur einzelne Betriebe oder Unternehmen erfasst, liegt eine **Teil- oder Schwerpunktaussperrung** vor.

Soll die gegnerische Tarifvertragspartei nur gewarnt werden, spricht man von einer **Warnaussperrung**.

Zielt die Aussperrung auf die Unterstützung fremder Kampfziele, liegt eine **Sympathieaussperrung** vor.

Ist die Aussperrung die erste Handlung innerhalb des Arbeitskampfs, ist sie eine **Angriffsaussperrung**. Diese Aussperrungsart ist in der Geschichte der Bundesrepublik bisher allerdings noch nicht vorgekommen. Reagiert der Arbeitgeber hingegen mit der Aussperrung auf einen Streik, liegt eine **Abwehraussperrung** vor.

Nicht anders als im Fall des wilden Streiks kann auch eine Aussperrung einen Verbandsbeschluss erfordern, nämlich dann, wenn es um den Abschluss eines Verbandstarifvertrags geht. Mithin ist durchaus auch eine **wilde** Aussperrung denkbar.

Soll das Arbeitsverhältnis durch die Aussperrung aufgelöst werden, handelt es sich um eine **lösende Aussperrung**.

Darüber hinaus kann zwischen der **Einzelaussperrung** durch einen einzelnen Arbeitgeber und der **Verbandsaussperrung** seitens eines Arbeitgeberverbands unterschieden werden.

III. Boykott

Kein Druckmittel

Die dritte Form, die zu den sog. klassischen Arbeitskampfmitteln zählt, stellt der Boykott dar.

Definition

Unter einem Boykott wird die
- von Arbeitgeber- oder Arbeitnehmerseite durchgeführte
- planmäßige Absperrung des Gegners
- vom geschäftlichen Verkehr
- zur Erreichung eines gemeinsamen Ziels verstanden.

Der Boykott kann in der Weise geschehen, dass die kämpfende Partei und ihre Mitglieder mit dem Boykottierten selber keine Verträge (mehr) schließen oder geschlossene Verträge nicht einhalten.

Nicht als Boykott im arbeitskampfrechtlichen Sinne ist aber der so genannte **wettbewerbsrechtliche oder gesellschaftliche** Boykott anzusehen. Ein solcher liegt vor, wenn Personen, die gerade nicht (potentielle) Arbeitnehmer sind (Verbraucher, Konkurrenten), zu derartigem Verhalten aufrufen.

Arten des Boykotts

Wie auch beim Streik und der Aussperrung lässt sich zwischen verschiedenen Boykottformen differenzieren:

Ein **Arbeitgeberboykott** liegt in der Aufforderung, missliebige Personen nicht einzustellen, sog. **Einstellungsboykott (schwarze Liste)**.

Zum **Boykott der Gewerkschaften** zählen die Aufforderungen, dass Arbeitswillige mit dem bestreikten Unternehmen keine Arbeitsverträge abschließen, dass Kunden des bestreikten Unternehmens keine Produkte kaufen und die Vertragspartner des bestreikten Unternehmens ihre Verträge nicht erfüllen sollen.

IV. Sonstige Formen des kollektiven Arbeitskampfs

Literatur: Hindrichs/Mäulen/Scharf, Neue Technologie und Arbeitskampf, 1990; Hellenthal, Zur Rechtswidrigkeit von so genannten Betriebsbesetzungen, NZA 1987, 52; IG-Metall, Stellungnahme des Beirats der IG-Metall zu Betriebsbesetzungen in Arbeitskämpfen, RdA 1986, 47; Hilbrandt, Massenänderungskündigung und Arbeitskampf, 1997; Lieb, Neues Arbeitskampf-

IV. Sonstige Formen des kollektiven Arbeitskampfs

recht aus Kassel? Kritische Bemerkung zu einer zweifelhaften Entscheidungsserie, SAE 1996, 182; Löwisch, Zur rechtlichen Beurteilung besonderer Arbeitskampfmaßnahmen im Medienrecht, RdA 1987, 219; Loritz, Betriebsbesetzungen – Ein rechtswidriges Mittel im Arbeitskampf, DB 1987, 223; Müller-Roden, Betriebsbesetzung. Neue Form im Arbeitskampf, ZRP 1988, 161; Rieble, Anm. zu BAG v. 27.6.1995, SAE 1996, 227; Rolfs, Zur Zulässigkeit von Streikbruchprämien im Arbeitskampf, DB 1994, 1237; Wesch, Neue Arbeitskampfmittel am Beispiel von Betriebsbesetzungen und Betriebsblockaden, 1993; Wissmann, Die aktuelle Rechtsprechung des Bundesarbeitsgerichts zum Arbeitskampfrecht, Arbeitsrecht der Gegenwart 35 (1997), S. 115.

Nach Ansicht des BVerfG besteht **kein geschlossenes System** des Arbeitskampfs. Die Koalitionen sind mithin nicht auf die „klassischen" Kampfmittel beschränkt (BVerfG 26.6.1991 AP Nr. 117 zu Art. 9 GG Arbeitskampf). Neben dem Streik, der Aussperrung und dem Boykott können die Tarifvertragsparteien daher zu weiteren Mitteln greifen, um ihre Interessen durchzusetzen.

1. Schlechtleistung

Als Streikalternative ist in jüngerer Zeit, **vornehmlich im** Bereich **des öffentlichen Dienstes**, die bewusste und kollektive minderwertige Erbringung der Arbeitsleistung eingesetzt worden. Die Art und Weise der Schlechtleistung tritt dabei in verschiedenen Formen auf:

Beim so genannten **Bummelstreik** handelt es sich um eine verlangsamte Wahrnehmung der vertraglich geschuldeten Arbeitspflicht. Eine Ausprägung dieser Variante stellt der im öffentlichen Dienst praktizierte „**Dienst nach Vorschrift**" dar. Dabei wird eine im gewöhnlichen Arbeitsablauf vorgenommene Leistungsdichte auf das nach den Dienstvorschriften geforderte Maß zurückgeschraubt, wodurch es zu erheblichen Verzögerungen im Arbeitsablauf kommen kann. Auf diese Weise lässt sich ein erheblicher Druck auf den Arbeitgeber aufbauen, ohne dabei die Arbeit offiziell niederlegen zu müssen. Teilweise wird daher von verdeckten Kampfmaßnahmen gesprochen (MünchArbR/Otto § 281 Rn. 16). Ebenfalls in diese Kategorie einzuordnen ist die aus dem anglo-amerikanischen Bereich übernommene Schlechtleistung in Form des so genannten „**go sick**". Dabei melden sich aufgrund gemeinsamer Verabredung mehrere Arbeitnehmer krank. Soweit die Arbeitnehmer tatsächlich erkrankt sind, muss dies natürlich Berücksichtigung finden. Anders dürfte aber die Situation zu beurteilen sein, wenn tatsächlich keine Erkrankung der Arbeitnehmer besteht. Insoweit ist bereits fraglich, ob sich ihr Verhalten überhaupt nach arbeitskampfrechtlichen Maßstäben beurteilen lässt (siehe unter § 124).

Bummelstreik, Dienst nach Vorschrift und „go sick"

2. Partielle Leistungsverweigerung

Von der verdeckten Arbeitseinstellung, wie sie die Schlechtleistungsfälle darstellen, sind die Fälle zu unterscheiden, in denen die Arbeitnehmer kollektiv und **offen** die **Erfüllung** an sich vertraglich

Bleistiftstreik

geschuldeter Einzelleistungen **verweigern**. Bekanntester Fall ist der sog. „Bleistiftstreik" oder auch Computerstreik: Ärzte des öffentlichen Dienstes behandeln die Patienten, lehnen es aber ab, die für eine Abrechnung mit den Krankenkassen oder Patienten benötigten Formulare auszufüllen (zur Rechtmäßigkeit dieses Kampfmittels siehe unter § 125).

3. Betriebsbesetzung und Betriebsblockade

Steigende Bedeutung

In neuerer Zeit wird die Besetzung und Blockade des Betriebs gegen den Willen des Arbeitgebers als weiteres Kampfmittel diskutiert (vgl. dazu TREBER, Aktiv produktionsbehindernde Maßnahmen, 1996; die Gegenposition zu TREBER bezieht RICHTER, Grenzen aktiver Produktionsbehinderung im Arbeitskampf, 2004).

Betriebsbesetzung

Als Betriebsbesetzung versteht man den **Aufenthalt von Arbeitnehmern auf dem Betriebsgelände**. Natürlich kann dabei das Verweilen von Arbeitnehmern im Betrieb überhaupt nur als Betriebsbesetzung klassifiziert werden, wenn dies **gegen den ausdrücklichen Willen des Arbeitgebers** geschieht. Neben dem Begriff der Betriebsbesetzung werden für dieses Arbeitskampfmittel auch andere Formulierungen, wie beispielsweise das „Ausharren", das „Verweilen", das „Verbleiben", der „Streik am Arbeitsplatz" verwandt. Dabei handelt es sich jedoch mehr um sprachliche als um inhaltliche Differenzierungen.

Betriebsblockade

Als Betriebsblockade wird gemeinhin das **Verhindern des Hinein- oder Herausgelangens** von Menschen oder Sachen in einen oder aus einem Betrieb angesehen. Dies geschieht zumeist durch das Absperren der betrieblichen Zugänge oder Werkstore. Das BAG sieht die „Blockade" daher als eine „Absperrung von außen" an (BAG 8.11.1988 AP Nr. 111 zu Art. 9 GG Arbeitskampf). Ziel der Betriebsblockade ist es – wie bei der Besetzung – die bereits mit der Arbeitsniederlegung intendierte Produktionsstörung herbeizuführen oder abzusichern.

Zielsetzung

Mit der Betriebsbesetzung und Blockade soll die **Produktion unmittelbar gestört oder verhindert werden** mit dem Fernziel, die Dispositionsmöglichkeit des Arbeitgebers über die Produktionsmittel und deren Absatz zu beeinträchtigen. Ihren Ursprung hat die Diskussion um die Betriebsbesetzung in den hochtechnisierten Druckindustrieunternehmen, die ihre Produktion von Zeitschriften und Zeitungen mit einem sehr geringen Teil der Stammbelegschaft sicherstellen können, so dass ein Streik selbst bei umfangreicher Teilnahme der Arbeitnehmer leer läuft (zur Rechtmäßigkeit der Betriebsbesetzung und Blockade siehe unter § 126). Eine mildere Spielart der Blockade sind sog. „Flash-Mob-Aktionen" (hierzu LAG Berlin-Brandenburg 29.9.2008 BB 2008, 2290; RIEBLE, NZA 2008, 796).

4. Gründung von Konkurrenzunternehmen

Zurückgehend auf einen Fliesenlegerstreik in Nordrhein-Westfalen 1967 wird teilweise die Gründung von Konkurrenzunternehmen durch streikende Arbeitnehmer als Arbeitskampfmaßnahme erörtert. Angesichts der bisherigen **Einmaligkeit des Falls** wird dieser Problematik allgemein jedoch nur geringe Bedeutung beigemessen.

Unternehmensneugründung

5. Betriebsstilllegung

Mit wesentlich mehr Interesse wurde hingegen die im Jahre 1994 vom BAG vorgenommene Erweiterung des Arbeitgeberkampfpotentials verfolgt. Das BAG hatte seinerzeit dem Arbeitgeber das Recht zugesprochen, auf einen nur teilweise befolgten Streikaufruf einen bestreikten Betrieb stillzulegen, obschon die wirtschaftliche Möglichkeit der Aufrechterhaltung des Betriebs bestand. Dabei soll der Umfang der Stilllegung am **Umfang des Streikaufrufs** zu orientieren sein (BAG 22.3.1994 AP Nr. 130 zu Art. 9 GG Arbeitskampf). Auf diesem Wege hat das BAG dem Arbeitgeber die Möglichkeit eingeräumt, auch denjenigen Arbeitnehmern die Beschäftigung und Lohnzahlung zu verweigern, die sich dem Streikaufruf gerade nicht angeschlossen haben. Die Betriebsstilllegung kann folglich schon eingesetzt werden, wenn die Voraussetzungen für die Lohnverweigerung nach der Arbeitskampfrisikolehre noch nicht vorliegen.

Keine aktive Arbeitskampfmaßnahme

Wie bei der Aussperrung ist allerdings auch hier erforderlich, dass der Arbeitgeber **unmissverständlich** zum Ausdruck bringt, er wolle angesichts des bestehenden Streiks seinen Betrieb stilllegen. Bringt er hingegen zum Ausdruck, er wolle die Arbeitnehmer beschäftigen und tut dies dann doch nicht, liegt keine Suspendierung vor. Die Rechtsfolgen richten sich sodann nach den allgemeinen Prinzipien der Arbeitskampfrisikolehre (siehe unter § 127).

Stilllegungserklärung

6. Zahlung von Streikbruchprämien

Mit einer Betriebsstilllegung wird das Ziel verfolgt, die Betriebskosten für den Zeitraum des Streiks möglichst gering zu halten. Häufig schlägt die Arbeitgeberseite auch den konträren Weg ein, indem sie versucht, die Produktion möglichst umfangreich aufrecht zu erhalten. Dies kann durch den **Einsatz betriebsfremder** (meist auch fachfremder) **Arbeitskräfte** auf den vorläufig „frei" gewordenen Arbeitsplätzen geschehen. Eine andere risikoärmere Möglichkeit ist es, den Streikenden die Rückkehr an die Arbeit durch Zahlung von **Streikbruchprämien** schmackhaft zu machen. Soweit sie diesem Angebot Folge leisten, kann der Arbeitgeber einerseits mit Hilfe dieser Arbeitskräfte den Betrieb ohne größere finanzielle Einbußen fortführen, während gleichzeitig die Streikmoral auf der Arbeitnehmerseite durch den Streikbruch angegriffen oder sogar gebrochen wird. Die einzelnen Gestaltungsformen der Streikbruchprämien sind vielfältig

Aufrechterhaltung des Betriebs

(zu ihrer Rechtmäßigkeit und der Relevanz des § 612a BGB in diesen Fällen siehe unter § 128).

V. Sonstige Formen außerhalb des kollektiven Arbeitskampfs

1. Massen(änderungs)kündigung durch die Arbeitnehmer

Kollektiv ausgeübte Kündigung auf individueller Grundlage

Ein weiteres Mittel, mit dem die Arbeitnehmer auf den Arbeitgeber Druck auszuüben vermögen, ist die gemeinschaftliche Kündigung durch eine Mehrzahl von Arbeitnehmern, sog. Massen(änderungs)kündigung. In Betracht kommt sowohl eine Kündigung verbunden mit dem Angebot an den Arbeitgeber, neue Arbeitsverträge abzuschließen, sog. Änderungskündigung, als auch eine allein das Arbeitsverhältnis auflösende Kündigung.

Massenänderungskündigung als Arbeitgeberkampfmaßnahme

Aber nicht nur Arbeitnehmer, sondern auch **Arbeitgeber** können an Stelle der Aussperrung auf die **aussperrungsersetzende Massen(änderungs)kündigung** zurückgreifen (BAG 1.2.1957 AP Nr. 4 zu § 56 BetrVG). Spricht der Arbeitgeber eine derartige aussperrungsersetzende Massen(änderungs)kündigung aus, handelt es sich auch bei ihr wie bei der arbeitnehmerseitigen Massen(änderungs)kündigung allerdings nicht um eine Arbeitskampfmaßnahme, sondern um eine kollektiv ausgeübte Kündigung auf individualrechtlicher Grundlage.

Massen(änderungs)kündigung als Kampfmittel?

Vom kollektivrechtlichen Streik/Aussperrung unterscheidet sich die Massen(änderungs)kündigung zum einen darin, dass sie zwar **kollektiv ausgeübt** wird, aber eine **individualrechtliche Maßnahme** darstellt, sowie zum anderen darin, dass sie die Verpflichtungen aus den Arbeitsverhältnissen nicht nur zeitweise suspendiert, sondern die Arbeitsverträge auflöst. Ob auch die gemeinschaftliche individualrechtliche Kündigung eine Maßnahme des kollektiven Arbeitskampfs darstellt, ist **umstritten** (siehe unter § 124).

2. Gemeinschaftliche Ausübung des individualrechtlichen Zurückbehaltungsrechts

§§ 273, 320 BGB

Den Arbeitnehmern steht es darüber hinaus frei, das ihnen jeweils individuell zustehende Zurückbehaltungsrecht gem. §§ 273, 320 BGB auch gemeinschaftlich auszuüben, ohne dass es sich hierbei um einen betriebsbezogenen Streik handelt. Das Zurückbehaltungsrecht kann allerdings nur von den selbst zurückbehaltungsberechtigten Arbeitnehmern geltend gemacht werden. Unschädlich ist es hingegen, wenn die kollektive Ausübung von der Gewerkschaft organisiert wird (BAG 20.12.1963 AP Nr. 32 zu Art. 9 GG Arbeitskampf). Da sich die Arbeitseinstellung wegen eines Regelungskonflikts und einer Rechtsstreitigkeit äußerlich nicht unterscheiden, obliegt es den Arbeitnehmern klarzustellen, worauf sich ihre Arbeitseinstellung gründet.

V. Sonstige Formen außerhalb des kollektiven Arbeitskampfs   § 113

„Die Ausübung des Zurückbehaltungsrechts ist die Geltendmachung einer bestehenden individualrechtlichen Position mit dem Ziel der Durchsetzung dieses bestehenden Individualrechts. Dagegen ist das Ziel des Arbeitskampfes die mit dem Mittel des Drucks gewollte Herbeiführung eines bestimmten Erfolgs, und zwar ohne Rücksicht darauf, ob rechtlich ein Anspruch hierauf besteht oder nicht. Zwar sind die Ausübung des Zurückbehaltungsrechts und Arbeitskampfmaßnahmen zwei Erscheinungsformen der Arbeitsniederlegung. Aber infolge ihrer verschiedenen Zielsetzung schließen beide Formen einander aus. Das bedeutet, dass eine Arbeitsniederlegung nicht gleichzeitig Streik (Arbeitskampf) und Ausübung des Zurückbehaltungsrechts sein kann. Beide Arten der Arbeitsniederlegung äußern auch verschiedene Wirkungen. So wird durch einen Streik die Lohnfortzahlungspflicht des Arbeitgebers den Streikenden gegenüber unterbrochen. Dagegen besteht sie bei der Ausübung des Zurückbehaltungsrechts denen gegenüber, die davon Gebrauch machen, in aller Regel fort." (BAG 20.12.1963 AP Nr. 32 zu Art. 9 GG Arbeitskampf)

3. Abschnitt: Rechtmäßigkeitsvoraussetzungen eines Arbeitskampfs

⊃ **Übersicht:**

§ 114 Zulässiges Arbeitskampfziel

    I. Tarifvertrag

    II. Vertiefungsproblem: Streik um den Tarifsozialplan

    III. Vertiefungsproblem: Sympathiearbeitskampf

§ 115 Anforderungen an die Arbeitskampfparteien

    I. Verbände als Träger des Arbeitskampfrechts

        1. Gewerkschaften

        2. Arbeitgebervereinigungen

    II. Individuelle Beteiligung

        1. Arbeitnehmer

            a) Mütter und Schwerbehinderte

            b) Minderjährige und Auszubildende

            c) Betriebsratsmitglieder

            d) Leitende Angestellte und Organe juristischer Personen

            e) Beamte und Angestellte des Öffentlichen Dienstes

        2. Arbeitgeber

            a) Verbandsangehöriger Arbeitgeber

            b) Außenseiter-Arbeitgeber

§ 116 Voraussetzungen für den Kampfbeginn
    I. Einhaltung der Friedenspflicht
        1. Relative Friedenspflicht
        2. Absolute Friedenspflicht
    II. Verbandsbeschluss – interne Vorgaben
    III. Erklärung über den Beginn und die Beendigung des Arbeitskampfs
§ 117 Verhältnismäßigkeitsgrundsatz
    I. Elemente des Verhältnismäßigkeitsgrundsatzes
    II. Das Kriterium der Geeignetheit
    III. Das Kriterium der Erforderlichkeit
        1. Ultima-Ratio-Grundsatz
            a) Festlegung des Zeitpunkts des Scheiterns der Verhandlungsmöglichkeiten
            b) Vertiefungsproblem: Warnstreik und neue Beweglichkeit
        2. Kriterium des mildesten Mittels
            a) Grundsätzliches
            b) Vertiefungsproblem: Aussperrungsquoten
            c) Suspendierung statt Lösung des Arbeitsverhältnisses
    IV. Das Kriterium der Proportionalität/Übermaßverbot
    V. Richterliche Prüfungskompetenz
§ 118 Wahrung der Rechtsordnung

§ 114 Zulässiges Arbeitskampfziel

I. Tarifvertrag

Die verfassungsrechtliche Anerkennung des Arbeitskampfs bedeutet noch nicht, dass er zu jedem Ziel, durch jedermann oder ohne Beachtung weiterer Voraussetzungen geführt werden darf.

Tarifvertragliche Vereinbarung

Aus der Anknüpfung des Arbeitskampfs an die verfassungsrechtlich gewährleistete Tarifautonomie folgt, dass das Ziel des Arbeitskampfs auf den Abschluss einer zulässigen tarifvertraglichen Regelung gerichtet sein muss (siehe auch § 74 Abs. 2 S. 1 BetrVG, der von Arbeitskämpfen tariffähiger Parteien spricht; § 1 des „Professorenentwurfs"). Unzulässig sind mithin solche Ziele, die **nicht von der Regelungs- oder Satzungskompetenz** der jeweiligen Sozialpartner **umfasst** sind **oder die von der Rechtsordnung missbilligte Inhalte betreffen** (vgl. etwa BAG 4.5.1955 AP Nr. 2 zu Art. 9 GG Arbeitskampf; BAG 21.3.1978 AP Nr. 62 zu Art. 9 GG Arbeitskampf). Maßgeblich für die inhaltliche Bestimmung des Ziels ist der nach außen

I. Tarifvertrag § 114

bekannt gegebene Streikbeschluss der zuständigen Gewerkschaft bzw. Aussperrungsbeschluss des zuständigen Arbeitgeberverbands.

Die Voraussetzung, dass der Arbeitskampf einem tariflich regelbaren Ziel zu dienen hat, folgt aus dem Grundsatz, dass der Arbeitskampf seine Legitimation aus Art. 9 Abs. 3 GG zieht und insoweit der Funktionsfähigkeit der Tarifautonomie zu dienen hat. Dennoch bleiben schon bei diesem Merkmal Entscheidungsspielräume. Denkbar ist, eine ganz enge Betrachtung anzustellen, und etwa nur die Regelung eines tariflichen Zieles zwischen zwei konkreten Tarifpartnern innerhalb eines bestimmten Tarifgebiets zu verstehen (**enge Betrachtung**). Alternativ neigt das BAG neuerdings dazu, für ausreichend anzusehen, dass die Arbeitskampfmaßnahme überhaupt im Kontext einer tariflichen Forderung erfolgt (**weite Betrachtung**). So ist dann auch ein Unterstützungsarbeitskampf einer nicht am unmittelbaren Tarifabschluss beteiligten Gewerkschaft möglich (BAG 19.6.2007 AP Nr. 173 zu Art. 9 GG Arbeitskampf). Die entscheidende Grenze an dieser Stelle ist nur, ob die Kampfmaßnahme noch eine koalitionsspezifische Betätigung darstellt, die im Grundsatz auf eine tarifliche Regelung zielt. Weitere Grenzen ergeben sich dann nur aus dem Verhältnismäßigkeitsprinzip.

Tariflich regelbares Ziel

In jedem Fall gilt: Was normativ regelbar ist, ist auch erkämpfbar (MünchArbR/Otto § 285 Rn. 4). Besteht eine Regelungskompetenz, weil es sich um Inhalts-, Abschluss- oder Beendigungsnormen bzw. um betriebliche oder betriebsverfassungsrechtliche Normen handelt, sind hierauf gerichtete Arbeitskämpfe wegen des tariflich regelbaren Ziels grundsätzlich möglich.

Auch bei dieser erweiterten Betrachtung lassen sich doch noch einige klare Fälle unzulässiger Kampfziele festhalten.

Grundsätzlich kein zulässiges Arbeitskampfziel liegt dann vor, wenn mit dem Arbeitskampf **einzelvertragliche Ansprüche, betriebsverfassungsrechtliche Regelungen** (BAG 17.12.1976 AP Nr. 52 zu Art. 9 GG Arbeitskampf) oder **arbeitsrechtliche Streitigkeiten** durchgesetzt werden sollen. Diesbezüglich bleiben die Parteien auf den Rechtsweg verwiesen.

Fälle unzulässiger Arbeitskampfziele

⊃ **Beispiel:**
Arbeitsniederlegungen wegen und in zeitlichem Zusammenhang mit Verhandlungen zwischen Betriebsrat und dem Arbeitgeber über eine Änderung der Arbeitszeit, also über einen nach § 87 Abs. 1 Nr. 2 und 3 BetrVG mitbestimmungspflichtigen Tatbestand.

Durchführung eines Streiks, durch den der Arbeitgeber veranlasst werden soll, den Antrag beim Arbeitsgericht auf Ersetzung der Zustimmung des Betriebsrats zur Kündigung eines Betriebsratsmitglieds zurückzunehmen (BAG 7.6.1988 AP Nr. 106 zu Art. 9 GG Arbeitskampf).

Entscheidend ist aber stets, ob nicht doch ausnahmsweise eine koalitionsspezifische Maßnahme vorliegt. Dies zeigt sich an der Frage der Erstreikbarkeit eines Tarifsozialplans (siehe unter § 114 II). **Unzulässig ist, das Zustandekommen einer Betriebsvereinbarung** durch Streiks zu fördern. Hier gilt nach wie vor:

„Wenn und soweit es über insoweit strittige Fragen der Betriebsverfassung nicht zu einer Einigung zwischen den Betriebspartnern kommt, ist darüber in dem gesetzlich geordneten Verfahren entweder durch die Einigungsstelle oder das ArbG im Beschlußverfahren zu entscheiden. Deshalb darf wegen betriebsverfassungsrechtlicher Streitfragen ein Arbeitskampf im Betrieb nicht geführt werden, um z.B. auf diesem Wege den Abschluß einer Betriebsvereinbarung zu erzwingen. Vielmehr müssen alle Meinungsverschiedenheiten auf dem Gebiet der Betriebsverfassung auf friedlichem Wege ausgetragen werden (...). Arbeitskämpfe auf dem Gebiet der Betriebsverfassung sind ohne Rücksicht auf die Frage, wer sie organisiert, rechtswidrig." (BAG 17.12.1976 AP Nr. 52 zu Art. 9 GG Arbeitskampf)

Politischer Arbeitskampf

Auch die Durchsetzung politischer Interessen (sog. **politischer Arbeitskampf**) ist demgemäß kein zulässiges Arbeitskampfziel, und zwar auch dann nicht, wenn kritisierte staatliche Maßnahmen Fragen der Arbeits- und Wirtschaftsbedingungen i.S.d. Art. 9 GG betreffen. Ein Recht zum Erzwingungsstreik gegen staatliche Organe ließe sich allenfalls aus Art. 20 Abs. 4 GG ableiten.

Demonstrationsarbeitskampf

Fraglich ist, ob auch reine Demonstrationsstreiks, mit denen ohne Bezug auf einen Tarifvertrag lediglich Protest oder Sympathie – etwa für oder gegen Entscheidungen des Gesetzgebers – zum Ausdruck gebracht werden sollen, zulässig sind. Das BAG hat dies offen gelassen (BAG 19.6.2007 AP Nr. 173 zu Art 9 GG Arbeitskampf). Die Zulässigkeit eines politischen Streiks ist grundsätzlich zu verneinen (ErfK/DIETERICH Art. 9 GG Rn. 119, 122). Je näher aber ein solcher Demonstrationsstreik an die koalitionsspezifische Betätigung heranrückt, umso mehr ist fraglich, ob eine solche Maßnahme schon a priori rechtswidrig ist, weil sie nicht einmal vom Schutzbereich des Art. 9 Abs. 3 GG erfasst ist, oder ob sie „nur" auf der Ebene der Verhältnismäßigkeit begrenzt werden kann.

➲ **Beispiel:**
Die Gewerkschaft ver.di ruft ihre Mitglieder im Bereich der Krankenpflege zu Arbeitsniederlegungen auf, um für die Einstellung von mehr Personal zu demonstrieren. Mit diesem Demonstrationsstreik wird zwar kein Tarifvertragsabschluss gefördert. Dennoch ist er zweifellos eine koalitionsspezifische Maßnahme, die im Lichte des Art. 9 Abs. 3 GG der Förderung von Arbeits- und Wirtschaftsbedingungen dient. Im Ergebnis dürfte ein Erzwingungsstreik mit diesem Ziel unzulässig sein, weil und wenn die Maßnahme nicht durch eine normative tarifliche Regelung erfolgen soll.

I. Tarifvertrag § 114

In der Tat hat das BAG bereits eine Unterschriftenaktion, mit der der Forderung nach einer Stellenvermehrung im Polizeidienst Nachdruck verliehen werden sollte, der nach Art. 9 Abs. 3 GG geschützten Betätigungsfreiheit zugerechnet. Obwohl es dabei nicht um die Durchsetzung eines Tarifvertrages, sondern um öffentlichen, politischen Druck auf den (Haushalts-)Gesetzgeber ging, stufte das Gericht die Forderung als Maßnahme zur Wahrung und Förderung der Arbeits- und Wirtschaftsbedingungen iSv. Art. 9 Abs. 3 Satz 1 GG ein, die nur wegen der gewählten Art der Betätigung (Auslage in den Polizeidienststellen) als unzulässig, weil mit dem verfassungsrechtlichen Gebot der Gesetzmäßigkeit der Verwaltung kollidierend eingestuft wurde (BAG 25.1.2005 AP Nr. 123 zu Art. 9 GG; BVerfG 6.2.2007 NZA 2007, 394).

Einstellungsforderung als koalitionsspezifische Maßnahme?

An einem zulässigen Arbeitskampfziel fehlt es ferner, wenn es um die **Anpassung eines bereits laufenden Tarifvertrags** an geänderte Bedingungen geht, denn es handelt sich dann nicht um Fälle der Schaffung einer neuen tarifvertraglichen Regelung. Dies gilt aufgrund der **Relativität der Friedenspflicht** (siehe unter § 116 I 1) jedoch nur dann, wenn es um Inhalte geht, die vom bestehenden Tarifvertrag nicht geregelt sind. Ist dies nicht der Fall, wäre eine Änderung bereits geregelter Inhalte nur derart möglich, dass der Tarifvertrag über die Aufnahme entsprechender Änderungsklauseln einvernehmlich und ohne Druckausübung durch die Tarifvertragsparteien modifiziert wird. Wirkt der Tarifvertrag hingegen lediglich gem. § 4 Abs. 5 TVG nach, so bleibt der Arbeitskampf um einen Folgetarifvertrag zulässig, da dann die Friedenspflicht bereits geendet hat.

Laufende Tarifverträge

Unzulässig sind des Weiteren Arbeitskämpfe, welche der Durchsetzung von Inhalten dienen, denen zwingende **gesetzliche Regelungen** entgegenstehen.

Entgegenstehende gesetzliche Regelung

➲ **Beispiele:**
Expliziter Ausschluss des Arbeitskampfrechts unter Gewährung des Schlichtungsverfahrens (BetrVG und BPersVG).

Auseinandersetzungen über den rechtlichen Inhalt eines bestehenden Tarifvertrags.

Generell unzulässig sind auch solche Arbeitskämpfe, die alleine der **Feststellung einer Rechtslage** dienen. Arbeitskämpfe müssen **Regelungsfragen betreffen**. Gleiches gilt für die Durchsetzung festgestellter Rechtspositionen. Für beide Fälle gilt das Gewaltmonopol des Staates. Danach bleiben die Parteien auf das staatliche Zwangsvollstreckungssystem sowie die Einrede des nichterfüllten Vertrags und das Zurückbehaltungsrecht nach § 273 BGB beschränkt.

Feststellung der Rechtslage

➲ **Beispiel:**
Streit über das Bestehen von Lohnansprüchen soll durch Druckausübung auf den Arbeitgeber im Wege der Arbeitsniederlegung zu einer Lösung gebracht werden.

Kumulation von unzulässigen und zulässigen Kampfzielen

Umstritten sind die Folgen für die Rechtmäßigkeit des Arbeitskampfs, **wenn neben zulässigen auch unzulässige Ziele verfolgt werden**. OTTO vertritt die Ansicht, dass ein solcher Mangel auf den gesamten Arbeitskampf durchschlage, dieser also insgesamt rechtswidrig werde (MünchArbR/OTTO § 285 Rn. 24; ebenso KISSEL, § 24 Rn. 11; LÖWISCH/RIEBLE, AR-Blattei SD 170.2 Rn. 33). So sah es auch das BAG im Jahre 1955:

„Die Beklagten können sich auch nicht darauf berufen, dass ein Streik, der im Hinblick auf eines der Streikziele unerlaubt ist, der Rechtswidrigkeit deshalb entkleidet werde, weil andere Streikziele zu einem echten Tarifvertrag führen könnten und darum diese erlaubten Ziele den ganzen Streik doch wieder legitim erscheinen ließen. Dem steht entgegen, dass der Arbeitgeber die Streikforderungen nur als Ganzes werten und danach gegenüber der Streikdrohung sich schlüssig werden muss, ob er die Bedingungen annehmen will oder nicht." (BAG 4.5.1955 AP Nr. 2 zu Art. 9 GG Arbeitskampf)

GAMILLSCHEG vertritt hingegen eine **vermittelnde Auffassung**: Der Arbeitskampf werde rechtswidrig, wenn – bei Verhandlungsbereitschaft der Gegenseite – der Arbeitskampf weitergeführt werde (GAMILLSCHEG KollArbR I § 22 I 2 a (3)). Diese Sichtweise löst die Problematik sachgerecht. Von diesem Lösungsweg ausgehend bleibt dem Arbeitgeber die Option, sich hinsichtlich der zulässigen Ziele (diesbezüglich wäre der Arbeitkampf ohnehin zulässig) verhandlungsbereit zu verhalten; mit dem rechtswidrigen Ziel muss er sich dann nicht auseinandersetzen. Führt die Gewerkschaft den Arbeitskampf dann fort, verhält sie sich rechtswidrig.

Rechtmäßigkeitsvermutung

Das BAG vertrat ursprünglich die Auffassung, ein **gewerkschaftlich getragener**, laut Aufruf zur Regelung der Arbeits- und Wirtschaftsbedingungen geführter **Streik** trage die Vermutung seiner Rechtmäßigkeit in sich (BAG 19.6.1973 AP Nr. 47 zu Art. 9 GG Arbeitskampf). Diese Vermutung sieht sich zu Recht der Kritik ausgesetzt, soweit es nicht darum geht, das Vertrauen der zum Kampf aufgerufenen Arbeitnehmer in die Rechtmäßigkeit des Streiks zu schützen (MünchArbR/OTTO § 285 Rn. 17; RICHARDI, SAE 1975, 177, 180). Denn eine Vermutung im Rechtssinne kann alleine Tatsachen betreffen; bei den Rechtmäßigkeitsvoraussetzungen handelt es sich demgegenüber überwiegend um Rechtsfragen (beispielsweise, ob überhaupt eine Regelungskompetenz der aufrufenden Gewerkschaft hinsichtlich des angestrebten tarifvertraglichen Ziels besteht). Aufgrund dieser **berechtigten Kritik** hat das BAG (BAG 29.11.1983 AP Nr. 78 zu § 826 BGB) zwischenzeitlich klargestellt, dass keine Rechts-, sondern eine sehr beschränkte Tatsachenvermutung bestehe, die lediglich die Beweislast dahin gehend umkehre, dass der Arbeitgeber dartun muss, ob seitens der Gewerkschaft in Wahrheit ein rechtswidriges Streikziel verfolgt werde. Somit dürfen weder Dritte, noch die Gewerkschaft auf die Rechtmäßigkeit eines von der Gewerkschaft aufgerufenen Streiks vertrauen, der Arbeitnehmer selber schon.

II. Vertiefungsproblem: Streik um einen Tarifsozialplan

Literatur: BAYREUTHER, Der Streik um einen Tarifsozialplan, NZA 2007, 1017; FISCHINGER, Anm. zu BAG AP Nr. 2 zu § 1 TVG Sozialplan; GAUL, Neue Felder des Arbeitskampfs: Streikmaßnahmen zur Erzwingung eines Tarifsozialplans, RdA 2008, 13; GREINER, „Tarifsozialplan" bei Betriebsübergang? NZA 2008, 1274; HÖFLING, Streikbewehrte Forderung nach Abschluss von Tarifsozialplänen anlässlich konkreter Standortentscheidungen – eine verfassungsrechtliche Kritik der arbeitsrechtlichen Judikatur, ZfA 2008, 1; PASCHKE/RITSCHEL, Erstreikbarkeit von Tarifverträgen aus Anlass von Standortentscheidungen, AuR 2007, 110; SUNNUS, Arbeitskampfrecht in Bewegung, AuR 2008, 1; THÜSING/RICKEN, Anm. zu LAG Niedersachsen, LAGE Nr. 74 zu Art. 9 GG Arbeitskampf.

Fraglich ist, ob Regelungen erstreikt werden können, die gesetzlich primär den Betriebsparteien zugewiesen scheinen. Erheblichen Streit gab es um die Frage, ob Gewerkschaften einen sog. Tarifsozialplan erstreiken können, der Forderungen enthält, die auch in einem Sozialplan nach Maßgabe der §§ 111, 112, 112 a BetrVG enthalten sein können. *(Das Problem)*

⇒ **Beispiel:**

Die Gewerkschaft erhebt die Forderung nach einem firmenbezogenen Verbandstarifvertrag. Wirtschaftlicher Hintergrund ist, dass die Arbeitnehmerschaft die Schließung eines Werkes verhindern und mit der Kampfkraft ihrer Gewerkschaft weitergehende Sozialplanregelungen erreichen will als sie über die betriebsverfassungsrechtliche Mitbestimmung erreichen könnte. Zu diesem Zwecke erhebt die Gewerkschaft u.a. Forderungen nach Verlängerung der Kündigungsfristen (zwei Monate je Beschäftigungsjahr), Qualifizierungsmaßnahmen bis zu 24 Monaten sowie Abfindungen in Höhe von 2 Monatsgehältern je Beschäftigungsjahr.

Das BAG (BAG 24.4.2007 AP Nr. 2 zu § 1 TVG Sozialplan) hat die Erstreikbarkeit dieser Forderungen bejaht. Streiks um verlängerte Kündigungsfristen, tarifliche Abfindungsregelungen und Qualifizierungsmaßnahmen bei Betriebsänderungen seien tariflich regelbare Ziele. Abfindungsregelungen und Qualifizierungsmaßnahmen seien Rechtsnormen iSv. § 1 Abs. 1 TVG, die eine Beendigung von Arbeitsverhältnissen ordnen. Kündigungsfristen seien Inhaltsnormen. Die in der Literatur vertretene Auffassung (HOHENSTATT/SCHRAMM, DB 2004, 2214 ff.; BAUER/KRIEGER, NZA 2004, 1019), es fehle an der Erforderlichkeit des Streiks, weil die Rechtsordnung mit den Regelungen der §§ 111 ff. BetrVG ein friedliches und weniger belastendes Verfahren bereithalte, um zu einem Nachteilsausgleich für die Arbeitnehmer zu gelangen, sei mit Art. 9 Abs. 3 GG unvereinbar. Eine solche Beschränkung der grundgesetzlich verbürgten Autonomie der Tarifvertragsparteien sei einfach-gesetzlich nicht geregelt. Das BetrVG gebe nicht zu erkennen, dass damit Regelungskompetenzen der Tarifvertragsparteien aus Art. 9 Abs. 3 GG, § 1 TVG zurückgedrängt werden sollten. Vielmehr sprächen die Vorschriften des § 2 *(BAG: tariflich regelbares Ziel)*

Abs. 3, § 112 Abs. 1 Satz 4 BetrVG für das Gegenteil. Sie zeigten, dass dem Gesetzgeber die mögliche Konkurrenz tariflicher und betrieblicher Regelungen, insbesondere im Gegenstandsbereich eines Sozialplans durchaus bewusst war. Ein Streik um tarifliche Abfindungsregelungen verletze auch nicht den Grundsatz der Kampfparität. Das Verhandlungsgleichgewicht der Tarifvertragsparteien sei durch die Parallelität von erzwingbarer Mitbestimmung und arbeitskampfrechtlicher Erzwingbarkeit nicht strukturell zu Lasten der Arbeitgeberseite verschoben. Die kampflose Erzwingbarkeit eines betrieblichen Sozialplans könne sich sogar negativ auf die Streikwilligkeit der Arbeitnehmer auszuwirken. Im Übrigen müsse die Kampfparität in diesem Fall durch Einschränkungen der betriebsverfassungsrechtlichen Beteiligungsrechte gewahrt werden und nicht umgekehrt durch Beschränkung der Koalitionsbetätigungsfreiheit zugunsten des Betriebsrats.

Stellungnahme

Der Entscheidung ist zuzustimmen. Sie ist verfassungsrechtlich und rechtssystematisch zutreffend begründet. Eine Sperre für die tarifliche Regelbarkeit von Abfindungen oder andere Kompensationsleistungen kann den § 111 ff. BetrVG nicht entnommen werden. Soweit die Streikziele auf ein tariflich als Rechtsnorm iSv. § 1 Abs. 1 TVG regelbares Ziel gerichtet sind, ist der Arbeitskampf auch bei hohen Forderungen zulässig (hierzu noch unter § 117 IV). Nur wenn der tariflich regelbare Bereich überschritten wird, ist dem Streik der verfassungsrechtliche Schutz aus Art. 9 Abs. 3 GG zu versagen.

III. Vertiefungsproblem: Unterstützungsarbeitskampf

Literatur: V. HOYNINGEN-HUENE, Rechtmäßigkeitsvoraussetzungen aktueller Arbeitskampfmittel der Gewerkschaften, JuS 1987, 511; JUNKER, Anm. zu BAG v. 19.6.2007, JZ 2008, 102; KONZEN, Der Sympathiestreik bei inkongruenter Tarifzuständigkeit der Tarifvertragsparteien, DB 1990, Beilage 6, S. 3; KONZEN, Die erweiterte Zulassung des Unterstützungsstreiks, SAE 2008, 1; PAUKNER, Die Zulässigkeit des Unterstützungsstreiks – Zum Urteil des Bundesarbeitsgerichts v. 19.6.2007, ZTR 2008, 130; PLANDER, Solidaritätsverbot durch Solidaritätsstreikverbot?, ZTR 1989, 135; PREIS, Anm. zu BAG v. 12.1.1988, EzA Nr. 73 zu Art. 9 GG Arbeitskampf; RIEBLE, Das neue Arbeitskampfrecht des BAG, BB 2008, 1507; WANK, Anm. zu BAG AP Nr. 173 zu Art. 9 GG Arbeitskampf; WOHLGEMUTH, Rechtsfragen des Solidaritätsstreiks, AuR 1980, 33.

Rechtsprechungswende

Keine Fragestellung markiert die jüngste Wende in der dogmatischen Ausrichtung des Koalitions- und Arbeitskampfrechts grundlegender als die Entscheidung des BAG zum Unterstützungsarbeitskampf (BAG 19.6.2007 AP Nr. 173 zu Art. 9 GG Arbeitskampf). Bis zu dieser Entscheidung war nach überwiegender Auffassung in Rechtsprechung und Rechtslehre der **Unterstützungsarbeitskampf**, auch **Sympathiearbeitskampf** genannt, – also die Arbeitsniederlegung durch Arbeitnehmer, die nicht dem fachlichen und räumlichen Geltungsbereich des umkämpften Tarifvertrags unterfallen – in Ermangelung eines eigenen tarifvertraglich regelbaren Ziels unzulässig. Da der bestreikte Arbeitgeber nicht Tarifvertragspartner der streikführen-

III. Vertiefungsproblem: Unterstützungsarbeitskampf § 114

den Gewerkschaft werden solle, könne er auch die gewerkschaftlichen Forderungen nicht erfüllen. Damit diene der Sympathiearbeitskampf keinem durch die vom Arbeitskampf **unmittelbar** Betroffenen regelbaren tariflichen Ziel und sei folglich unzulässig (BAG 5.3.1985 AP Nr. 85 zu Art. 9 GG Arbeitskampf, bestätigt durch BAG 12.1.1988 AP Nr. 90 zu Art. 9 GG Arbeitskampf).

„Streik – und in begrenztem Umfang auch eine Abwehraussperrung – müssen zum Ausgleich sonst nicht lösbarer Interessenkonflikte bei Tarifverhandlungen möglich sein. Der Sympathiestreik dient nicht unmittelbar diesem Zweck. Er richtet sich nicht gegen den Tarifpartner, mit dem ein Tarifvertrag abgeschlossen werden soll. Der von dem Sympathiestreik betroffene Unternehmer kann die Forderungen, die von der Gewerkschaft erhoben werden, nicht erfüllen. Er kann den Arbeitskampf nicht durch Nachgeben vermeiden oder zwischen Kampf und Nachgeben wählen. Er bedarf deshalb eines größeren Schutzes als der unmittelbar von einem Arbeitskampf betroffene Arbeitgeber. Das rechtfertigt es, das Streikrecht der Gewerkschaft für den Regelfall auf den Streik gegen den unmittelbaren Tarifpartner zu beschränken." (BAG 5.3.1985 AP Nr. 85 zu Art. 9 GG Arbeitskampf)

Symptomatisch an der gesamten Debatte ist, dass Befürworter und Gegner des Unterstützungsarbeitskampfes – neben der Frage des tariflich regelbaren Ziels – nahezu ausschließlich mit dem Paritätsgedanken operierten. Die Kritiker der früheren Rechtsprechung beriefen sich – neben historischen Argumenten – insoweit auf das Paritätsprinzip, als die Zulassung des Sympathiestreiks wegen Vorliegens einer generellen Paritätsstörung in ganzen Industriezweigen aufgrund fortschreitender technischer Entwicklung notwendig sei (DÄUBLER, Rn. 373 ff.; WOHLGEMUTH, AuR 1980, 33 ff.). Das BAG argumentierte ebenfalls mit dem **Paritätsgrundsatz**: Sähen sich die jeweils zuständigen Arbeitgeber- und Arbeitnehmervereinigungen aufgrund fehlender sozialer Mächtigkeit nicht in der Lage, ausreichend Druck auf die Gegenseite zu erzeugen, um das angestrebte Ziel durchzusetzen, so könne dies nicht dazu ermächtigen, dies mit Hilfe von fremden, vom Tarifabschluss nicht betroffenen Arbeitnehmern zu bewirken. Das Paritätsverhältnis sei nicht allein deshalb gestört, weil sich im Einzelfall die eine Tarifvertragspartei im Tarifgebiet als tatsächlich mächtiger erweist als die andere (BAG 12.1.1988 AP Nr. 90 zu Art. 9 GG Arbeitskampf).

Sympathiearbeitskampf und Paritätsprinzip

„Diese tarifbezogene Parität ist nicht dadurch gestört, dass im Tarifgebiet die eine Tarifvertragspartei sich im Einzelfall tatsächlich mächtiger erweist als die andere. Die Arbeitskampfordnung fordert daher nicht, dass ein tatsächliches Ungleichgewicht zu Lasten der Arbeitnehmerseite im Tarifgebiet dadurch ausgeglichen wird, dass der zur Herbeiführung eines Tarifvertrags für notwendig erachtete Arbeitskampf gewissermaßen stellvertretend außerhalb des Tarifgebietes geführt wird und in Rechte Dritter eingreift, für die die Tarifauseinandersetzung im Tarifgebiet ohne Bedeutung ist und die auf diese Auseinandersetzung nicht unmittelbar Einfluss nehmen können." (BAG 12.1.1988 AP Nr. 90 zu Art. 9 GG Arbeitskampf)

Ausnahmefälle

Nur in Ausnahmefällen sah das BAG (5.3.1985 AP Nr. 85 zu Art. 9 GG Arbeitskampf) einen Sympathiestreik zum **Ausgleich einer Paritätsstörung als erforderlich** an:
- zum einen dort, wo der vom Sympathiestreik betroffene Arbeitgeber zuvor durch die Übernahme der Produktion seine „Neutralität" verloren hat,
- zum anderen dort, wo der Arbeitgeber rechtlich selbständig, wirtschaftlich aber mit dem zunächst alleine bestreikten Arbeitgeber verbunden ist.

Das BAG (BAG 19.6.2007 AP Nr. 173 zu Art. 9 GG Arbeitskampf) hat diese Sichtweise in drei entscheidenden Punkten umgekehrt:
- Es bejaht eine koalitionsspezifische Maßnahme, die auch auf die Durchsetzung einer tariflichen Forderung zielt.
- In Hinblick auf den weiten Schutzbereich des Art. 9 Abs. 3 GG kehrt der Senat das Regel-Ausnahme-Verhältnis um. Der Unterstützungsarbeitskampf ist in der Regel zulässig, im Ausnahmefall unzulässig. Die frühere Rechtsprechung des BAG beruhe auf der „Kernbereichsformel", durch die nach ausdrücklicher Rechtsprechung des BVerfG der Schutzbereich des Art. 9 Abs. 3 GG unzulässig verkürzt werde.
- Das Paritätsprinzip wird zwar nicht aufgegeben, aber in seiner normativen Aussagekraft in Frage gestellt.

Verstoß gegen die Friedenspflicht?

Verworfen hat das BAG sogar die Argumentation, dass das Streikrecht durch die (relative) Friedenspflicht der im Gebiet des Unterstützungsstreiks geltenden Tarifverträge begrenzt sei. Hier argumentiert das BAG angreifbar: Diese werde bei einem Unterstützungsstreik angesichts ihrer Relativität regelmäßig nicht verletzt, weil der Unterstützungsstreik die bestehenden Tarifinhalte im Gebiet des Unterstützungsstreiks nicht infrage stelle; es geht um *fremde* Tarifinhalte. Dagegen kann man mit guten Gründen einwenden, dass die Friedenspflicht nicht nur die Durchführung eines bestehenden Tarifvertrags sichern will, sondern auch generell die störungsfreie Durchführung der Arbeitsverhältnisse für die Zeitdauer des im Tarifgebiet geltenden Tarifvertrages (so Kissel § 24 Rn. 24). Nach der ebenfalls nicht unvertretbaren Sicht des BAG würde die Friedenspflicht bei diesem Verständnis aber zu einer absoluten Friedenspflicht.

Überschreitung der Grenzen des Tarifgebiets

Unterstützungsstreiks seien auch nicht deshalb generell unzulässig, weil die Grenzen des Tarifgebiets überschritten würden (so Konzen, DB 1990, Beilage Nr. 6 S. 2, 14 f.). Hierzu meint das BAG sehr grundsätzlich, dass eine generelle Beschränkung von Streiks auf das Tarifgebiet auch mit der Streikgarantie des Art. 6 Nr. 4 ESC schwerlich vereinbar sei. Daran ist bemerkenswert, dass mit dieser Aussage die

III. Vertiefungsproblem: Unterstützungsarbeitskampf § 114

Konturen der bisherigen deutschen Arbeitskampfdogmatik verschwimmen. Das ruft massiv kritische Stimmen auf den Plan (Rieble, BB 2008, 1507; Konzen, SAE 2008, 1).

Seine Grenze finde der Unterstützungsarbeitskampf im Grundsatz der Verhältnismäßigkeit. Danach sei ein Unterstützungsstreik rechtswidrig, wenn er zur Unterstützung des Hauptarbeitskampfs offensichtlich ungeeignet, nicht erforderlich oder unter Berücksichtigung der schützenswerten Interessen der betroffenen Dritten unangemessen sei. Entscheidender Bezugspunkt sei die hinreichende Beziehung zum Hauptarbeitskampf.

Entscheidender Maßstab: Verhältnismäßigkeitsprinzip

Den kampfführenden Koalitionen wird aber eine weit gezogene Einschätzungsprärogative zugestanden (kritisch Reinartz/Olbertz, DB 2008, 814, 817 f.; Hohenstatt/Schramm, NZA 2007, 1034, 1035).

Weitreichende Einschätzungsprärogative der Gewerkschaft

⇨ **Beispiele:**
- **Offensichtlich ungeeignet** ist der Unterstützungsarbeitskampf selten. Dem BAG genügt sogar, dass „psychischer Druck" ausgeübt wird. Gerade die gezeigte Solidarität könne die Kampfbereitschaft der den Hauptarbeitskampf führenden Gewerkschaftsmitglieder stärken. Anderes könne nur gelten, wenn die Beteiligten des Hauptarbeitskampfs und des Unterstützungsstreiks branchenmäßig, wirtschaftlich oder räumlich so weit voneinander entfernt seien, dass der Unterstützungsstreik offensichtlich den sozialen Gegenspieler des Hauptarbeitskampfs nicht mehr zu beeindrucken geeignet ist. Eine „reine Demonstration der Macht", die nicht mehr auf die Durchsetzung tariflicher Forderungen gerichtet sei, solle nicht ausreichen.

- **Offensichtlich nicht erforderlich** könne ein Unterstützungsstreik ebenfalls nur selten sein. Das BAG bringt das (erfundene) Beispiel, dass der Unterstützungsstreik gegen den Willen der den Hauptarbeitskampf führenden Gewerkschaft ausgerufen und dieser gleichsam „aufgedrängt" wird. Die Erforderlichkeit eines Unterstützungsstreiks könne dagegen nicht mit der Erwägung verneint werden, es müsse zuvor der Hauptstreik intensiviert oder ausgeweitet werden. Die Entscheidung, wann und wem gegenüber sie welches Arbeitskampfmittel für erforderlich erachtet, obliege vielmehr der Gewerkschaft.

Was bleibt, ist der Prüfungsschwerpunkt der Verhältnismäßigkeit im engeren Sinn (Angemessenheit, Proportionalität). **Rechtswidrig** ist ein Unterstützungsstreik, wenn er trotz der durch das Grundgesetz gewährleisteten gewerkschaftlichen Betätigungsfreiheit unter Berücksichtigung der ebenfalls verfassungsrechtlich geschützten Rechtspositionen des bestreikten Arbeitgebers nicht angemessen (proportional) ist. Bei dieser Frage sei eine Einschätzungsprärogative nicht gegeben, da es sich nicht um eine tatsächliche Einschätzung, sondern um eine rechtliche Abwägung handle. Insoweit erkennt der

Abwägungskriterien

Senat nach wie vor an, dass der von einem Unterstützungsstreik betroffene Arbeitgeber schutzbedürftiger ist als der Kampfgegner des Hauptarbeitskampfs (siehe BAG 19.6.2007 AP Nr. 173 zu Art. 9 GG Arbeitskampf und zuvor BAG 5.8.1985 AP Nr. 85 zu Art. 9 GG Arbeitskampf).

Das BAG integriert dann in die Verhältnismäßigkeitsprüfung die spezifischen Rechtsfragen.

Regelmäßig unangemessen ist ein Unterstützungsstreik
- wenn schon der Hauptstreik rechtswidrig ist: **Akzessorietät**. Die Dauer des Hauptarbeitskampfs bilde wegen dieser notwendigen Akzessorietät grundsätzlich auch den äußersten zeitlichen Rahmen des Unterstützungsstreiks.

Der Unterstützungsstreik ist dagegen um so eher **angemessen**,
- **je näher dieser dem unterstützten Hauptarbeitskampf steht**. Bei einer engen Verbindung sei die Einbeziehung eines Arbeitgebers in den Arbeitskampf regelmäßig eher angemessen als in Fällen, in denen sich der Unterstützungsstreik räumlich, branchenmäßig oder wirtschaftlich vom Hauptarbeitskampf weit entfernt. Eine Identität der streikführenden und unterstützenden Gewerkschaft spräche für ein hinreichendes „Näheverhältnis".
- **je enger die wirtschaftlichen Verflechtung zum Adressaten des Hauptarbeitskampfs sei**. Solche Verflechtungen seien „regelmäßig besonders ausgeprägt in Fällen, in denen der Hauptarbeitskampf und der Unterstützungsstreik Unternehmen desselben Konzerns" beträfen. Begründet wird dies mit der „Kontrolle und Leitungsmacht", die die Konzernobergesellschaft „über das Vermögen aller einbezogenen Tochterunternehmen ausübt". Diese unterlägen der wirtschaftlichen Disposition des Mutterunternehmens; die Unternehmen seien trotz ihrer rechtlichen Selbständigkeit wirtschaftlich als unselbständige Betriebsstätten zu charakterisieren.

Schließlich seien bei der Abwägung auch **Dauer und Umfang des Unterstützungsstreiks wesentlich**. Unangemessen könne ein Unterstützungsstreik sein, wenn „der Schwerpunkt des gesamten Arbeitskampfs signifikant auf den Unterstützungsstreik verlagert wird und dieser seinen Charakter als Unterstützung eines ernsthaft geführten Hauptarbeitskampfs verliert".

Stellungnahme
Die Entscheidung des BAG zum Unterstützungsstreik kann für die Dogmatik dieses Rechtsgebiets gar nicht hoch genug eingeschätzt werden. Sie setzt die Axiome in denkendem Gehorsam gegenüber der verfassungsrechtlichen Dogmatik neu. **Sie verlagert das Regel-Ausnahme-Verhältnis, reduziert die richterliche Kontrolle des Arbeitskampfgeschehens und relativiert die Aussagekraft des Paritätsprinzips.** Gleichwohl entfernt sie sich im Ergebnis nicht weiter als erforderlich von bekannten Beurteilungsmaximen. So werden in der Schlussabwägung ähnliche Formeln verwendet wie in der aufgegebenen Entscheidung vom des BAG vom 5.3.1985 (AP Nr. 85 zu Art. 9

GG) Arbeitskampf. Das gilt etwa bei der Frage, dass bei Konzerngesellschaften regelmäßig eine besondere Verflechtung anzunehmen sei ebenso wie zur Bedeutung der Frage, ob der vom Unterstützungsstreik betroffene Arbeitgeber sich bereits zuvor (aktiv) in den Arbeitskampf „eingemischt" habe.

Da es im Arbeitskampf um hochpolitische Machtfragen geht, wird das BAG – dem in seinem dogmatischen Ansatz beizupflichten ist – in den nächsten Jahren massive Kritik ernten (siehe insbes. RIEBLE, BB 2008, 1507; KONZEN, SAE 2008, 1).

§ 115 Anforderungen an die Kampfparteien

Literatur: HEINZE, Mitbestimmung des Betriebsrats und Arbeitskampf, DB 1982, Beilage 23; JANSEN, Die betriebliche Mitbestimmung im Arbeitskampf, 1999; NICOLAI, Verweigerung von Streikarbeit, 1993; ROLFS/BÜTEFISCH, Gewerkschaftliche Betätigung des Betriebsratsmitglieds im Arbeitskampf, NZA 1996, 17; THÜSING, Der Außenseiter im Arbeitskampf, 1996.

I. Verbände als Träger des Arbeitskampfrechts

1. Gewerkschaften

Die Bindung des Arbeitskampfs an den Tarifvertrag wirkt sich auch auf die Frage aus, wer sich rechtmäßig an einem Arbeitskampf beteiligen bzw. diesen führen darf. Da der Arbeitskampf bislang nur zur Regelung tarifvertraglicher Inhalte eingesetzt werden darf, kann er auch nur von solchen Parteien geführt werden, welchen die Berechtigung zum Abschluss des **umkämpften Tarifvertrags** zukommt. Dies trifft jedenfalls auf **tariffähige und zuständige Verbände** zu: Aus Art. 9 Abs. 3 GG ergibt sich nicht nur das Recht des einzelnen Arbeitnehmers, Vereinigungen zur Wahrung und Förderung der Arbeits- und Wirtschaftsbedingungen zu bilden, sondern gewährt diesen gebildeten Vereinigungen auch ein Mindestmaß an koalitionsmäßiger Betätigung, zu der unter anderem der Abschluss von Tarifverträgen gehört (BAG 26.4.1988 AP Nr. 101 zu Art. 9 GG Arbeitskampf). Dies greift § 2 TVG auf und erklärt Arbeitnehmerverbände und ihre Spitzenorganisationen für tariffähig.

Gewerkschaften als Grundrechtsträger

Da Art. 9 Abs. 3 GG Koalitionen, die nach dem Berufsverbandsprinzip organisiert sind, ebenso schützt wie nach dem Industrieverbandsprinzip organisierte, genießt auch der Arbeitskampf durch eine Berufs- oder Spartengewerkschaft gleichen verfassungsrechtlichen Schutz. Problematisch sind daher Ausgestaltungen des Arbeitskampfrechts, die diese Organisationsformen strukturell benachteiligen (GREINER, Anm. LAGE Art. 9 GG Arbeitskampf Nr. 80, S. 49).

Arbeitnehmerkoalitionen, denen es an der notwendigen sozialen Mächtigkeit mangelt (etwa im Gründungstadium) kommt nach ganz überwiegender Ansicht keine Tariffähigkeit i.S.d. § 2 Abs. 1

Fehlende Durchsetzungskraft

TVG zu (siehe unter § 90 II 2e). Folglich steht es ihnen, so die Folgerung der Rechtsprechung und der herrschenden Lehre, ebenso wenig offen, Arbeitskämpfe zu führen (BAG 17.2.1998 AP Nr. 87 zu Art. 9 GG mit Anmerkung Oetker; Dütz, AuR 1995, 337, 338). Denn kann eine Koalition keine wirksamen Tarifverträge abschließen, dann bedarf sie auch nicht des Hilfsmittels „Arbeitskampf", um tarifliche Regelungen durchzusetzen. An dieser Konsequenz ändert sich auch vor dem Hintergrund nichts, dass die erfolgreiche Durchführung eines Arbeitskampfs Anhaltspunkt für das Vorliegen einer gewissen Durchsetzungskraft ist (so aber MünchArbR/Otto § 285 Rn. 53). Auf diese Weise würde man das Kriterium der sozialen Mächtigkeit aushebeln. So hat dann auch das BAG einer Gewerkschaft im „status nascendi" den Schutz des Art. 9 Abs. 3 GG zugesprochen, die Kampfberechtigung aber dennoch von der Erstarkung des Verbands abhängig gemacht (BAG 17.2.1998 AP Nr. 87 zu Art. 9 GG Arbeitskampf).

2. Arbeitgebervereinigungen

Arbeitgeberverbände i.S.d. § 2 TVG

Träger des Rechts auf Arbeitskampf auf der Gegenseite sind die **Arbeitgeberverbände** selbst sowie ihre Spitzenorganisationen. Sie sind im Hinblick auf Art. 9 Abs. 3 GG und nach Maßgabe des § 2 TVG berechtigt, Tarifverträge abzuschließen. Aus gleichem Grunde ist auch der einzelne **Arbeitgeber** potentielle Kampfpartei; dies gilt sowohl für die Auseinandersetzung um einen Firmentarifvertrag als auch für Maßnahmen im Kampf um den Verbandstarifvertrag, die durch einen Arbeitgeberverband organisiert sind.

II. Individuelle Beteiligung

1. Arbeitnehmer

Subjektives Recht

Aus Art. 9 Abs. 3 GG lässt sich zudem ableiten, dass Träger des Arbeitskampfrechts unter dem Vorbehalt eines Streikaufrufs durch den zuständigen Verband auch der einzelne **Arbeitnehmer** ist (Ausfluss individueller Koalitionsfreiheit; siehe unter § 83 II). Dabei muss der Arbeitnehmer individuell über seine Teilnahme an einem Arbeitskampf entscheiden. Gegen seinen Willen kann er daher weder an einem Streik beteiligt werden, noch kann seine Arbeit ohne seine entsprechende Willenserklärung als niedergelegt gelten.

Einheit von Betrieb und Belegschaft

Die Mitgliedschaft in der den Arbeitskampf organisierenden Gewerkschaft ist allerdings nicht Voraussetzung für die Ausübung des in Art. 9 Abs. 3 GG verankerten Rechts. Jeder Arbeitnehmer kann am Arbeitskampf teilnehmen. Dies ergibt sich aus der Geltung des Grundsatzes der **Einheit von Betrieb und Belegschaft**: Da die Ergebnisse des Arbeitskampfs auch den **nicht- oder andersorganisierten Arbeitnehmern** – sei es faktisch oder aufgrund arbeitsvertraglicher Bezugnahmeklauseln – zugute kommen, kämpfen sie letztlich um die eigenen Arbeitsbedingungen (sog. Partizipationsgedanke, Gamill-

II. Individuelle Beteiligung

SCHEG KollArbR I § 21 II 4 b). Tragend sind im Übrigen Paritätserwägungen: Die streikende Gewerkschaft könne die erforderliche Verhandlungsmacht nur erzielen, wenn sie Unterstützung durch die gesamte Belegschaft erfahre. Das Tarifsystem sei nur unter Einbeziehung der Außenseiter in den Arbeitskampf funktionsfähig (BAG 10.6.1980 AP Nr. 66 zu Art. 9 GG Arbeitskampf). Diese Grundannahmen stimmen bei einer Akzeptanz der Tarifpluralität (siehe unter § 101 II) allerdings nicht mehr: Streikt zum Beispiel nur eine einzelne Berufsgruppe um gruppenspezifische Arbeitsbedingungen, enthält der erstreikte Tarifvertrag keinerlei Regelungen für die Arbeitnehmer anderer Berufsgruppen. Da diese am Tarifergebnis nicht mittelbar partizipieren, kann der Partizipationsgedanke ihre Streikteilnahme nicht rechtfertigen. Auch Paritätserwägungen sprechen dann eher gegen die Belegschaftseinheit, denn eine Streikteilnahme jeweils der gesamten Belegschaft beim Streik aller konkurrierenden Gewerkschaften liefe auf eine paritätsverzerrende Vervielfältigung der gewerkschaftlichen Durchsetzungskraft hinaus. Mit einer Akzeptanz der Tarifpluralität kann daher auch der Grundsatz der arbeitskampfrechtlichen Einheit von Betrieb und Belegschaft nicht unverändert aufrechterhalten werden (vgl. auch GREINER, Anm. LAGE Art. 9 GG Arbeitskampf Nr. 80, S. 54).

Adressat der Aussperrung ist jeder einzelne **Arbeitnehmer**. Hierzu zählen auch die bereits streikenden Arbeitnehmer. Gleiches gilt für **nicht- und andersorganisierte** sowie für **arbeitswillige** Arbeitnehmer, denn auch insoweit schlägt bislang der Grundsatz der Einheit der Belegschaft und des Betriebs durch (BAG GS 21.4.1971 AP Nr. 43 zu Art. 9 GG Arbeitskampf).

Adressat der Aussperrung

„Auch die Aussperrung arbeitswilliger Arbeitnehmer, seien sie nun gewerkschaftlich organisiert oder nicht, ist grundsätzlich zulässig. (...) An einem von einer Gewerkschaft getragenen Streik können sich auch die nicht organisierten (...) Arbeitnehmer beteiligen, dann dürfen sie aber auch ausgesperrt werden. (...) Wenn durchweg auch nicht- und anders organisierte Arbeitnehmer streiken und damit den gewerkschaftlichen Kampfruf unterstützen, so tragen sie das Risiko des Arbeitskampfes mit. (...) Der Arbeitgeber kann die Arbeitnehmerschaft als Einheit sehen und werten." (BAG GS 21.4.1971 AP Nr. 43 zu Art. 9 GG Arbeitskampf)

In pluralen Gewerkschafts- und Tarifstrukturen wird auch die Annahme, nur eine einheitliche Aussperrung komme in Betracht, zweifelhaft. Dies steht oft in einem Spannungsverhältnis zu der Friedenspflicht aus bestehenden Tarifverträgen mit konkurrierenden Gewerkschaften (GREINER, NZA 2007, 1023, 1027). Auch an dieser Ausprägung der arbeitskampfrechtlichen Belegschaftseinheit kann daher in Situationen der Tarifpluralität nicht festgehalten werden; eine Aussperrung, die sich ausschließlich auf die Mitglieder der streikführenden Gewerkschaft bezieht, ist dann zuzulassen.

Urlaub und Krankheit

Das BAG bejaht ferner die Zulässigkeit der **Aussperrung von im Urlaub befindlichen Arbeitnehmern** (BAG 31.5.1988 AP Nr. 58 zu § 1 FeiertagslohnzahlungsG). Ein bereits bewilligter Urlaub bleibt allerdings von der Aussperrung unberührt. Denn in der bloßen Erklärung des Arbeitgebers, er sperre seine Arbeitnehmer aus, liegt in der Regel kein Widerruf der bereits erteilten Urlaubsbewilligung. Als Kehrseite des Streikrechts können nach herrschender Ansicht auch arbeitsunfähig **kranke** Arbeitnehmer ausgesperrt werden (BAG 7.6.1988 AP Nr. 107 zu Art. 9 GG Arbeitskampf; GAMILLSCHEG KollArbR I S. 994 ff.).

Arbeitnehmerähnliche Personen und Heimarbeiter

Arbeitnehmerähnliche Personen sind gemäß § 12a TVG, Heimarbeiter gemäß § 17 HAG **Arbeitnehmern gleichgestellt**. Auch sie können daher an einem Arbeitskampf teilnehmen.

a) Mütter und Schwerbehinderte

Besonderheit aufgrund SGB IX und MuSchG

Natürlich können **auch Mütter, ebenso Schwerbehinderte** als Arbeitnehmer von ihrem in Art. 9 Abs. 3 GG niedergelegten Streikrecht Gebrauch machen. Dem entsprechend können sie aber auch wie alle anderen Arbeitnehmer ausgesperrt werden. Angesichts ihrer besonderen Schutzbedürftigkeit unterliegt ihre Aussperrung jedoch der Besonderheit, dass sie allein mit **suspendierender** Wirkung zulässig ist. Eine lösende Aussperrung ist nicht zulässig, wie sich aus ihrem Sonderstatus nach dem MuSchG bzw. Schwerbehindertenrecht (SGB IX) ergibt (BAG GS 21.4.1971 AP Nr. 43 zu Art. 9 GG Arbeitskampf).

b) Minderjährige und Auszubildende

§ 113 BGB

Auch minderjährige Arbeitnehmer können sich am Arbeitskampf beteiligen, denn im Zweifel erfasst die Ermächtigung gem. § 113 BGB auch die Befugnis zum Streik.

Vereinbarkeit von Streikrecht und Ausbildungszweck?

Im Fall des **Auszubildenden** ist die Streikberechtigung hingegen umstritten. Die überwiegende Ansicht unterscheidet nicht zwischen Auszubildenden und Arbeitnehmern. Die Ausbildungsvergütung sei Teil der Arbeits- und Wirtschaftsbedingungen im Sinne des Art. 9 Abs. 3 GG und daher dem Streik zugänglich (GAMILLSCHEG, KollArbR I § 21 II 4 b (3)). Das BAG hat das Streikrecht der Auszubildenden dementsprechend zumindest für kurze, zeitlich befristete Warnstreiks anerkannt (BAG 12.9.1984 AP Nr. 81 zu Art. 9 GG Arbeitskampf). Die Gegenansicht lehnt eine Streikbefugnis Auszubildender hingegen mit der Begründung ab, dass ein längerer Streik den Ausbildungszweck gefährde. Auch sollte ein Auszubildender nicht der Gefahr der Aussperrung ausgesetzt sein (LÖWISCH, BB 1981, 1373; NATZEL, DB 1983, 1488 ff.).

II. Individuelle Beteiligung § 115

c) Betriebsratsmitglieder

Auch für **Betriebsratsmitglieder** in ihrer Funktion als **Arbeitnehmer** ergeben sich prinzipiell keine betriebsverfassungsrechtlichen Gesichtspunkte, die ihnen die Teilnahme an einem Streik verwehren könnten. Angesichts ihrer Funktion als Vertreter der betriebszugehörigen Arbeitnehmerinteressen sind bei ihnen allerdings Besonderheiten zu beachten.

Kampfberechtigung als Arbeitnehmer

Grundsätzlich gilt, dass das **Betriebsratsamt im Arbeitskampf weder entfällt noch ruht** (BAG GS 21.4.1971 AP Nr. 43 zu Art. 9 GG Arbeitskampf; bestätigt durch BVerfG 19.2.1975 AP Nr. 50 zu Art. 9 GG Arbeitskampf). Lediglich in bestimmten Ausnahmefällen (personelle Angelegenheiten sowie in Fragen arbeitskampfbedingter Arbeitszeitverkürzung) erfährt das Mitbestimmungsrecht nach der Rechtsprechung des BAG im Arbeitskampf gewisse Einschränkungen (a.A. DKK/BERG § 74 Rn. 20; FITTING, § 74 Rn. 18). Die Betriebsratsmitglieder dürfen daher während eines Arbeitskampfs insbesondere nicht am Betreten des Betriebs gehindert werden.

Kampfberechtigung als Interessenvertretung

Jedoch obliegt ihnen gem. § 74 Abs. 2 S. 1 BetrVG eine **betriebsverfassungsrechtliche Friedens- und Neutralitätspflicht**. Danach darf das „Amt" nicht in den Arbeitskampf eingebracht werden. Den Betriebsratsmitgliedern ist es daher in Wahrnehmung ihres Amts weder gestattet, die Arbeitnehmer zur Unterstützung gewerkschaftlicher Arbeitskampfmaßnahmen aufzufordern oder auf deren Nichtteilnahme an einem Streik hinzuwirken, noch Räumlichkeiten sowie Sach- und Personalmittel, die dem Betriebsrat gem. § 40 Abs. 2 BetrVG zur Verfügung gestellt werden, für den Arbeitskampf einzusetzen, sowie generell die Mitgestaltung der betrieblichen Ordnung zu verweigern. Nach überwiegender Auffassung sind **selbst Stellungnahmen des Betriebsrats zum Arbeitskampf** sowie die Behandlung des Arbeitskampfs als Thema einer Betriebsversammlung **unzulässig**, soweit sie über eine rein sachliche Information hinausgehen. Die Pflicht zur Neutralität besteht dabei sowohl in denjenigen Fällen, in denen der Arbeitskampf den eigenen Betrieb betrifft, als auch in Fällen der Fernwirkung (siehe unter § 128). So dürfen Betriebsratsmitglieder ebenfalls nicht zu Unterstützungsmaßnahmen wie der Sammlung von Solidaritätsunterschriften greifen. Sie haben sich **jeglicher Einflussnahme im Arbeitskampf**, die aus ihrer Funktion als Betriebsratsmitglied resultieren kann, **zu enthalten**. An einem Arbeitskampf beteiligen kann sich das Betriebsratsmitglied folglich allein in seiner Funktion als Arbeitnehmer.

Betriebsverfassungsrechtliche Friedenspflicht

Ebenso wie der besondere Kündigungsschutz für Mütter und Schwerbehinderte auf die Aussperrungsmöglichkeit des Arbeitgebers durchschlägt, gilt dies für den Kündigungsschutz nach § 103 BetrVG. Die Aussperrung von **Betriebsratsmitgliedern** darf daher nur suspendierend und nicht lösend erfolgen (BAG GS 21.4.1971 AP Nr. 43 zu Art. 9 GG Arbeitskampf und BAG 25.10.1988 AP Nr. 110 Art. 9 GG Arbeitskampf). Dem liegt aber nicht nur die Erwägung des Kündigungsschutzes aus § 103 BetrVG zugrunde, sondern auch

Keine lösende Aussperrung von Betriebsratsmitgliedern

die Überlegung, dass in den betroffenen Betrieben nach Beendigung des Arbeitskampfs die Möglichkeit der Interessenwahrung erheblich eingeschränkt wäre, würden die Arbeitsverhältnisse der Betriebsratsmitglieder aufgrund eines Arbeitskampfs enden (BVerfG 19.2.1975 AP Nr. 50 zu Art. 9 GG Arbeitskampf).

„Das geltende Recht hebt die Betriebsratsmitglieder in verfassungskonformer Weise aus der Arbeitnehmerschaft heraus. Die Tätigkeit des Betriebsrats dient verfassungsrechtlich anerkannten Zwecken; er soll die Arbeitsbedingungen wahren und fördern. Der Betriebsrat ist das demokratisch gewählte Organ, in dem sich der Wille der Belegschaft widerspiegelt und über das die betriebliche Mitwirkung und Mitbestimmung gegenüber dem Arbeitgeber ausgeübt wird. Den in der Wahl zum Ausdruck kommenden Willen der Arbeitnehmer hat der Arbeitgeber hinzunehmen. Dementsprechend wird das einzelne Betriebsratsmitglied vor einseitigen Maßnahmen des Arbeitgebers geschützt. So ist die ordentliche Kündigung eines Betriebsratsmitglieds ausgeschlossen; eine außerordentliche Kündigung bedarf nunmehr der Zustimmung des Betriebsrats (vgl. § 103 BetrVG 1972). [...] Die gesetzliche Regelung zeigt, dass der Arbeitgeber grundsätzlich nicht durch einseitige Beendigung des Arbeitsverhältnisses das Betriebsratsamt beenden kann. Der gesetzgeberische Sinn könnte verfehlt werden, wenn der Arbeitgeber durch lösende Aussperrung die Möglichkeit hätte, das Arbeitsverhältnis mit dem Betriebsratsmitglied zu beenden (§ 24 Abs. 1 Nr. 3 BetrVG 1972; § 24 BetrVG 1952) und auf diese Weise die Zusammensetzung des Betriebsrats zu beeinflussen. [...] Schließlich liegt es regelmäßig auch nicht im Interesse des Arbeitgebers selbst, dass bei einer Aussperrung mit lösender Wirkung das Arbeitsverhältnis endet und damit die Mitgliedschaft im Betriebsrat erlischt; denn die Funktionsfähigkeit des Betriebsrats während des Arbeitskampfes erleichtert notwendige Regelungen z.B. über die Durchführung erforderlicher Erhaltungsarbeiten." (BVerfG 19.2.1975 AP Nr. 50 zu Art. 9 GG Arbeitskampf)

d) Leitende Angestellte und Organe juristischer Personen

Kein Streikrecht für Organmitglieder

Anders als im Fall der Organe juristischer Personen ergibt sich für **leitende Angestellte** aufgrund ihrer besonderen Stellung im Unternehmen im Allgemeinen keine Veränderung gegenüber einfachen Arbeitnehmern, so dass sie grundsätzlich an einem Streik teilnehmen können. **Organe juristischer Personen** nehmen hingegen Unternehmereigenschaften wahr und sind damit trotz ihres Angestelltenvertrags keine Arbeitnehmer. Sie können daher nicht an einem Streik teilnehmen (HENSSLER, RdA 1992, 289 ff.).

e) Beamte und Angestellte des Öffentlichen Dienstes

Kein Beamtenstreik

Für Beamte, Richter und Soldaten folgt aus dem in Art. 33 Abs. 5 GG niedergelegten Verständnis des Beamtentums **der Ausschluss des Streikrechts** (BGH 31.1.1978 BGHZ 79, 277, 279; OVG Hamburg 22.10.1988 EzA Nr. 90 zu Art. 9 GG Arbeitskampf). Denn zum einen werden die Bedingungen, nach denen Beamten ihre Dienste erbringen, aufgrund des **Alimentationsgedankens** durch Gesetz und Verordnungen festgeschrieben. Dementsprechend besteht hier nicht die Möglichkeit, Arbeitsbedingungen durch Tarifvertrag zu gestalten. Dann besteht aber auch keine Notwendigkeit für den Einsatz von Arbeitskämpfen. Zum anderen begründet die Einstellung als Beamter ein **öffentlich-rechtliches Treueverhältnis**, das dem Beamten die Pflicht zu einer am Wohl der Allgemeinheit orientierten Amtsführung auferlegt (§ 52 BBG). Der Beamte hat sich demgemäß mit voller Hingabe seinem Beruf zu widmen und sein Amt uneigennützig nach bestem Gewissen zu verwalten (§ 54 BBG). Mit diesen Pflichten stünde es nicht im Einklang, würde er mittels der Ausübung von Zwang seine Interessen durchzusetzen versuchen und so die Erfüllung der dem Staat vom Bürger übertragenen Pflichten verweigern. Im Umkehrschluss aus dem mangelnden Streikrecht erklärt die Rechtsprechung daher den Einsatz von Beamten auf bestreikten Arbeitsplätzen grundsätzlich für zulässig. Durch diese Vorgehensweise verstoße der Staat weder gegen seine Neutralitätspflicht, noch gefährde er die Parität in erheblichem Maße (BAG 10.5.1984 AP Nr. 87 zu Art. 9 GG Arbeitskampf). Das BVerfG hat demgegenüber entschieden, dass der Einsatz der Beamten auf bestreikten Arbeitsplätzen einer gesetzlichen Grundlage bedürfe. Da eine solche bislang nicht bereitstehe, verletze die Anordnung von Streikarbeit die Koalitionsfreiheit der streikführenden Gewerkschaft aus Art. 9 Abs. 3 GG (BVerfG 2.3.1993 AP Nr. 126 zu Art. 9 GG Arbeitskampf). Man wird den Leitsatz dieses Urteils aber dahingehend verstehen müssen, dass eine gesetzliche Grundlage nur für **Streikarbeit gegen den Willen** der Beamten erforderlich ist.

Die Frage nach dem Recht zum Arbeitskampf stellt sich für Angestellte im Öffentlichen Dienst wiederum anders dar. Sie unterstehen nicht dem Berufsbeamtentum. Sie sind daher, ebenso wie die Arbeitnehmer in der Privatwirtschaft, darauf angewiesen, ihre Arbeitsbedingungen mit dem Mittel des Tarifvertrags zu konkretisieren. Ihnen muss daher konsequenter Weise die Möglichkeit der Teilnahme an einem Arbeitskampf offen stehen und zwar unabhängig davon, ob sie hoheitliche oder andere Aufgaben wahrnehmen (BVerfG 2.3.1993 AP Nr. 126 zu Art. 9 GG Arbeitskampf). Abzulehnen ist aus diesem Grunde die in der Literatur vereinzelt vertretene (z.B. ZÖLLNER/LORITZ/HERGENRÖDER § 42 VI 7d) analoge Anwendung des Art. 33 Abs. 5 GG für Angestellte mit hoheitlicher Zuständigkeit.

Streikrecht der Angestellten im Öffentlichen Dienst

2. Arbeitgeber

Literatur: FISCHINGER, Die Tarif- und Arbeitskampffähigkeit des verbandsangehörigen Arbeitgebers, ZTR 2006, 518.

Die Berechtigung des einzelnen Arbeitgebers, sich am Arbeitskampf aktiv zu beteiligen oder in einen Arbeitskampf passiv einbezogen zu werden, ergibt sich bereits aus seiner Tariffähigkeit nach § 2 Abs. 1 TVG.

Grundsatz

a) Verbandsangehöriger Arbeitgeber

Kein Schutz vor isoliertem Streik durch Verbandsmitgliedschaft

Im Schrifttum wird aber problematisiert, ob **Firmentarifverträge** mit verbandsangehörigen Arbeitgebern erstreikt werden können. Es wird vertreten, dass die Verfassung dem einzelnen Arbeitgeber gestatte, sich mit dem Beitritt in einen Arbeitgeberverband dem Arbeitskampf um einen Firmentarifvertrag zu entziehen (LIEB, DB 1999, 2058 ff. m.w.N.). Es wird argumentiert, der Arbeitgeber verliere durch den Verbandsbeitritt bereits seine Tariffähigkeit. Des Weiteren werde das arbeitskampfrechtliche Paritätsgebot verletzt, wenn der verbandsangehörige Arbeitgeber einem Arbeitskampf um einen Firmentarifvertrag ausgesetzt werde. Des Weiteren wird geltend gemacht, eine solche Möglichkeit sei mit der kollektiven Koalitionsfreiheit des Arbeitgeberverbandes und der individuellen Koalitionsfreiheit des Arbeitnehmers unvereinbar (REUTER, NZA 2001, 1097). Die überwiegende Ansicht lehnt eine solche Einschränkung jedoch ab (HENSSLER, ZfA 1998, 517, 534; KONZEN, FS Kraft (1998), S. 291, 314 ff.; MünchArbR/OTTO, § 285 Rn. 67. Das BAG ist der letzteren Ansicht gefolgt, solange die Gegenstände, um die der Arbeitskampf geführt wird, nicht umfassend und abschließend geregelt sind (vgl. unter § 96 II). Der verbandsangehörige Arbeitgeber verliere durch den Beitritt zum Arbeitgeberverband nicht seine Tariffähigkeit nach § 2 Abs. 1 TVG. Auch stelle der Paritätsgrundsatz kein Hindernis für die Möglichkeit dar, gegenüber einem verbandsangehörigen Arbeitgeber einen Firmentarifvertrag zu erstreiken.

„Wie an der dem einzelnen Arbeitgeber in § 2 Abs. 1 TVG verliehenen Tariffähigkeit deutlich wird, geht der Gesetzgeber im Verhältnis zwischen Gewerkschaft und einzelnen Arbeitgebern jedenfalls grundsätzlich von einem Verhandlungs- und Kampfgleichgewicht aus. Könnte ein Tarifvertrag gegenüber einem einzelnen Arbeitgeber nicht erforderlichenfalls auch durch einen Streik erzwungen werden, würde § 2 Abs. 1 TVG seinen Zweck, auf jeden Fall auf Arbeitgeberseite die Existenz eines Tarifpartners sicherzustellen, nur unvollständig erfüllen. (...)

Ist aber bei einem Streik, der gegen einen einzelnen, keinem Verband angehörenden Arbeitgeber geführt wird, grundsätzlich von einem Verhandlungs- und Kampfgleichgewicht auszugehen, so kann bei einem Streik gegen einen verbandsangehörigen Arbeitgeber jedenfalls typisierend nichts anderes gelten. Denn dessen Verteidigungsfähigkeit ist typischerweise nicht geringer als die eines verbandsfremden Arbeitgebers. Durch den Beitritt zu einem Arbeitgeberverband wird der einzelne Arbeitgeber zumindest nicht schwächer. Ebenso wie ein verbandsfremder Arbeitgeber kann er auf Streikmaßnahmen – zum Beispiel bei einem Teilstreik – mit Abwehrmaßnahmen – etwa mit einer weitergehenden Aussperrung – reagieren. Darüber hinaus kann er die Unterstützung des Arbeitgeberverbands in Anspruch nehmen, wenngleich sich diese – sei es aus tatsächlichen, sei es aus rechtlichen Gründen – häufig auf die Beratung des Mitglieds beschränken dürfte." (BAG 10.12.2002 AP Nr. 162 zu Art. 9 GG Arbeitskampf)

II. Individuelle Beteiligung § 115

Schließlich werde auch weder die individuelle Koalitionsfreiheit des verbandsangehörigen Arbeitgebers noch die kollektive Koalitionsfreiheit des Arbeitgeberverbandes verletzt.

„Durch den gegen einen verbandsangehörigen Arbeitgeber um einen Firmentarifvertrag geführten Streik wird die individuelle Vereinigungsfreiheit des einzelnen Arbeitgebers jedenfalls nicht generell verletzt. Seine Freiheit, in dem Verband zu verbleiben oder aus ihm auszutreten, wird regelmäßig nicht beeinträchtigt. (...)

Auch die kollektive Koalitionsfreiheit des Arbeitgeberverbands ist durch den um den Abschluß eines Firmentarifvertrags gegen ein Verbandsmitglied geführten Streik jedenfalls so lange nicht beeinträchtigt, wie der Verband seine Betätigungsfreiheit weder durch den Abschluß einschlägiger Tarifverträge, die noch gelten, wahrgenommen hat, noch wahrzunehmen beabsichtigt. Zumindest soweit bestimmte Arbeitsbedingungen durch Verbandstarifverträge weder geregelt sind noch demnächst geregelt werden sollen, rechtfertigt die kollektive Betätigungsfreiheit des Arbeitgeberverbands es nicht, der Gewerkschaft die kampfweise Durchsetzung eines Firmentarifvertrags gegenüber einem einzelnen Arbeitgeber zu untersagen. Die Koalitionsfreiheit des Arbeitgeberverbands verlangt nicht, daß eine Gewerkschaft Arbeitskämpfe nur gegen den Verband führt." (BAG 10.12.2002 AP Nr. 162 zu Art. 9 GG Arbeitskampf)

Für die Rechtsprechung spricht auch, dass die „Flucht in den Arbeitgeberverband" den Arbeitgeber nicht weitreichender schützen kann als der Beitritt des Arbeitnehmers in die Gewerkschaft; der Arbeitnehmer kann unabhängig von seinem Organisationsstatus ausgesperrt werden.

Das BAG hat das Streikrecht sogar für den besonderen Fall bejaht, dass der Arbeitgeber einem Verband angehört, der nach seiner Satzung nur bereit ist, flächendeckend und nicht firmenbezogen Verbandstarifverträge abzuschließen **und die Friedenspflicht abgelaufen** war:

„Weiter ist ein Streik auch nicht deshalb rechtswidrig, weil der bestreikte Arbeitgeber, der einem Arbeitgeberverband angehört, diesem satzungsmäßig verpflichtet ist, keinen Firmentarifvertrag abzuschließen. (...) Wenn es einer Gewerkschaft erlaubt ist, ihre gewerkschaftlichen Aufgaben und Ziele durch einen Tarifvertrag zu verwirklichen, zu dessen Abschluss der Arbeitgeber notfalls durch Streik veranlasst werden soll, dann kann der Arbeitgeber einem solchen Streik die Legitimität nicht dadurch nehmen, dass er sich anderweitig Dritten gegenüber verpflichtet oder verpflichtet hat, einen solchen Tarifvertrag nicht abzuschließen." (BAG 4.5.1955 AP Nr. 2 zu Art. 9 GG Arbeitskampf)

Eine Ausnahme von diesem Grundsatz besteht, soweit sich hinter dem Streik die Absicht verbirgt, den Arbeitgeberverband in seinem Bestand zu schwächen (BAG 10.12.2002 AP Nr. 162 zu Art. 9 GG

Arbeitskampf) oder der einzelne Arbeitgeber rein willkürlich ausgewählt worden ist (v. Hoyningen-Huene, ZfA 1980, 453 ff.).

b) Außenseiter-Arbeitgeber

Einbeziehung des Außenseiter-arbeitgebers in den Streik

In den Streik kann auch ein nicht organisierter, sog. **Außenseiter-Arbeitgeber** einbezogen werden. Dies gilt auch dann, wenn der Streik nicht auf den Abschluss eines besonderen Firmentarifvertrags, sondern eines Verbandstarifvertrags gerichtet ist. Die Zulässigkeit der Einbeziehung des Außenseiter-Arbeitgebers ergibt sich aus der faktischen Anwendung des Verbandstarifvertrags, so dass zumindest materiell für dieselben Arbeitsbedingungen gestreikt wird (BAG 9.4.1991 AP Nr. 116 zu Art. 9 GG Arbeitskampf).

Aussperrungsbefugnis des Außenseiter-Arbeitgebers

Im Streik um einen Verbandstarifvertrag billigte das BVerfG ferner die Aussperrungsbefugnis eines **Außenseiter-Arbeitgebers**, wenn der umstrittene Tarifvertrag auch seine Interessen betrifft, weil er beispielsweise in seinen Arbeitsverträgen auf den Verbandstarifvertrag Bezug nimmt. Denn auch ein Unternehmen, das sich als Außenseiter einer Verbandsaussperrung anschließt, betätigt sich i.S.d. Art. 9 Abs. 3 GG koalitionsmäßig (BVerfG 26.6.1991 AP Nr. 117 zu Art. 9 GG Arbeitskampf).

„Das Kampfbündnis eines Außenseiters mit einem tariffähigen Verband kann eine Vereinigung im Sinne von Art. 9 Abs. 3 GG sein, wenn es den Abschluss eines Tarifvertrags im Interesse des Außenseiters beeinflussen soll." (BVerfG 26.6.1991 AP Nr. 117 zu Art. 9 GG Arbeitskampf)

Kritik

Diese Entscheidung ist im Schrifttum auf Kritik gestoßen (Lieb, FS Kissel (1994), S. 672 ff.; MünchArbR/Otto § 285 Rn. 67; Rieble Anm. zu BVerfG EzA Nr. 97 zu Art. 9 GG Arbeitskampf). Zum einen wird bereits der Koalitionscharakter des sog. Kampfbündnisses zwischen Außenseiter-Arbeitgeber und Arbeitgeberverband kritisiert, da es sowohl an der verbandsgemäßen Willensbildung als auch an einer gemeinsamen Organisationsstruktur i.S.d. Art. 9 Abs. 3 GG (siehe unter § 82) fehle (so MünchArbR/Otto § 285 Rn. 67).

Zum anderen stellt sich bei der Beteiligung des Außenseiter-Arbeitgebers aber vor allem die **Frage der Verhältnismäßigkeit** (siehe unter § 120). Die von ihm vorgenommene Aussperrung stellt sich als **unterstützende Maßnahme** dar, da er selbst dem Verbandstarifvertrag nicht unmittelbar unterliegt. Wie im Fall des **Sympathiearbeitskampfs** (siehe unter § 118 II) ist im Schrifttum daher zu Recht kritisiert worden, dass das BVerfG bei der Anerkennung der Aussperrungsbefugnis des Außenseiter-Arbeitgebers nicht berücksichtigt habe, dass die zusätzliche Aussperrung durch den Außenseiter-Arbeitgeber nur dann als verhältnismäßig anerkannt werden könne, wenn dies zur Herstellung der Verhandlungsparität erforderlich sei (Lieb, FS Kissel (1994), S. 673 f.).

§ 116 Voraussetzungen für den Kampfbeginn

I. Einhaltung der Friedenspflicht

1. Relative Friedenspflicht

Dem Zweck des Tarifvertrags, eine Friedensordnung für den durch ihn geregelten Bereich zu etablieren, lässt sich entnehmen, dass **während der Laufzeit** bestehender Tarifverträge kollektivrechtliche Auseinandersetzungen unzulässig sind (LÖWISCH/RIEBLE AR-Blattei SD 170.2 Rn. 352; siehe unter § 96 I). Man spricht insoweit von Friedenspflicht. Liegt sie vor, hat dies ein **Kampfverbot** zur Folge (MünchArbR/OTTO § 285 Rn. 80). Die Friedenspflicht muss nicht gesondert vereinbart werden. Sie ist dem Tarifvertrag als Friedensordnung immanent (BAG 19.6.2007 AP Nr. 173 zu Art. 9 GG Arbeitskampf). Kampfverbot

Die Friedenspflicht wirkt – ohne weiter gehende Abrede der Tarifvertragsparteien – nur hinsichtlich solcher Arbeitskampfziele, die bereits als tarifvertragliche Regelung festgehalten sind. Sie wirkt also nur **relativ**. Ist der Arbeitskampf auf die vertragliche Festlegung bislang nicht zwischen den Tarifvertragsparteien geregelter Inhalte gerichtet, steht ihm die Friedenspflicht nicht entgegen. Die Feststellung dessen, was als bereits durch den Tarifvertrag geregelt gelten soll, kann im Einzelfall erhebliche Schwierigkeiten bereiten. **Schuldner** der Friedenspflicht sind nur die Tarifvertragsparteien selber, **Gläubiger** hingegen auch die Verbandsmitglieder. Die Friedenspflicht weist insoweit Wirkung zugunsten Dritter auf. Die Friedenspflicht endet aufgrund ihrer schuldrechtlichen Wirkung durch Zeitablauf oder Austritt aus dem Verband. Die Bindung nach § 3 Abs. 3 TVG beschränkt sich allein auf den normativen Teil des Tarifvertrags. Die Friedenspflicht vermag die Vorschrift daher nicht aufrecht zu erhalten (BAG 5.9.1955 AP Nr. 2 zu Art. 9 GG Arbeitskampf; zur Reichweite der Friedenspflicht im Unterstützungsarbeitskampf siehe unter § 114 III). Reichweite der Friedenspflicht

„Wesentliche Beschränkungen ihrer Arbeitskampffreiheit begründen die Tarifvertragsparteien regelmäßig selbst durch den Abschluss von Tarifverträgen und die sich daraus ergebende Friedenspflicht. Ein Tarifvertrag ist in seinem schuldrechtlichen Teil zugleich ein Vertrag zugunsten Dritter und schützt die Mitglieder der Tarifvertragsparteien davor, hinsichtlich der tariflich geregelten Materie mit Arbeitskampfmaßnahmen überzogen zu werden (...). Die Friedenspflicht muss nicht gesondert vereinbart werden. Sie ist vielmehr dem Tarifvertrag als einer Friedensordnung immanent [...]. Sofern von den Tarifvertragsparteien nicht ausdrücklich etwas anderes vereinbart ist, wirkt die Friedenspflicht allerdings nicht absolut, sondern relativ. Sie bezieht sich nur auf die tarifvertraglich geregelten Gegenstände (...). Sie verbietet es den Tarifvertragsparteien lediglich, einen bestehenden Tarifvertrag inhaltlich dadurch in Frage zu stellen, dass sie Änderungen oder Verbesserungen der vertraglich geregelten Gegenstände mit Mitteln des Arbeitskampfrechts durchzusetzen versuchen (...)." (BAG 19.6.2007 AP Nr. 173 zu Art. 9 GG Arbeitskampf)

Streikbeschluss als Kampfhandlung

Fraglich ist allerdings, welche kollektiven Verhaltensweisen im Einzelnen durch das Vorliegen der Friedenspflicht verboten sind. Dem Zweck der Friedenspflicht entsprechend sind dies jedenfalls konkrete Arbeitskampfmaßnahmen. Nach herrschender Meinung soll schon der während eines laufenden Tarifvertrags von dem Hauptverband der Gewerkschaften gefasste **Streikbeschluss** als der Friedenspflicht entgegenstehende Kampfhandlung anzusehen sein (GAMILLSCHEG KollArbR I § 22 II). Drohungen mit Arbeitskampfmaßnahmen sind hingegen zulässig, so dass eine **Urabstimmung** durch die Gewerkschaften nicht als unzulässig angesehen werden kann.

2. Absolute Friedenspflicht

Absolutes Kampfverbot

Da die Friedenspflicht vertraglicher Bestandteil des Tarifvertrags ist, steht es den Tarifvertragsparteien offen, ihre relative Wirkung dahingehend zu modifizieren, dass sie absolut gilt, also **jedwede** Kampfmaßnahmen während der Laufzeit des Tarifvertrags verbietet, unabhängig davon, ob es sich um Forderungen handelt, die bereits Gegenstand eines Tarifvertrags sind. Auch eine Erweiterung der Friedenspflicht über den Zeitablauf des Tarifvertrags hinaus ist möglich.

II. Verbandsbeschluss – interne Vorgaben

Zwingende Voraussetzung für einen durch einen Verband getragenen Arbeitskampf ist ein dahingehender Beschluss des zuständigen Gremiums.

Literatur: RIEBLE, Urabstimmung als Streikvoraussetzung, FS Canaris (2007), S. 1439.

Urabstimmung als Wirksamkeitsvoraussetzung?

Dem Beschluss ist durch die Satzungen der Gewerkschaften häufig eine **Urabstimmung** der Mitglieder über die Durchführung eines Streiks vorgeschaltet. Hat sich in dieser die Mehrheit der gewerkschaftlich organisierten Arbeitnehmer für einen Streik ausgesprochen, wird der Streikbeschluss vom Hauptverband gefasst.

➲ **Beispiele satzungsmäßig vorgesehener Urabstimmungen:**
- § 22 der Satzung der IG Metall, Stand 1.1.1998, setzt voraus, dass mindestens 75 % der Gewerkschaftsmitglieder in der vom Vorstand beschlossenen geheimen Urabstimmung für die Arbeitsniederlegung gestimmt haben.
- Ebenfalls 75 % verlangt § 11 der Satzung der IG BCE, Stand Januar 1998.

Ist die Urabstimmung auch regelmäßig satzungsmäßig geboten, ist sie dennoch nach herrschender Ansicht grundsätzlich **keine Wirk-**

samkeitsvoraussetzung für den Streik (ZÖLLNER/LORITZ/HERGENRÖDER § 42 VI 4 a cc); MünchArbR/OTTO § 285 Rn. 112; BROX/RÜTHERS Rn. 490; SEITER S. 511). Fehlt sie, hat dies allein verbandsinterne Folgen. Nur wenn die Urabstimmung zugleich Voraussetzung der Vertretungsmacht ist, führt ihr Fehlen zur Unwirksamkeit des Streikaufrufs.

III. Erklärung über den Beginn und die Beendigung des Arbeitskampfs

Zu **Beginn** eines Arbeitskampfs steht der **Aufruf des Hauptverbands**. Er muss der Gegenseite auch zugehen. Dabei sieht das BAG allerdings bereits eine Verlautbarung an die Öffentlichkeit als ausreichend an, wenn sie von der Gegenpartei tatsächlich vernommen werden konnte und die wesentlichen Angaben enthält (BAG 23.10.1996 AP Nr. 143 zu Art. 9 GG Arbeitskampf). Dies gilt für die Arbeitskampfbeteiligung der Arbeitnehmer- ebenso wie für die der Arbeitgeberseite.

Arbeitskampfbeginn

Der **Streikaufruf** des Verbands ist für die Beurteilung der Rechtmäßigkeit des Geschehens demgegenüber **allein nicht ausreichend**. Der Arbeitgeber kann prinzipiell nicht davon ausgehen, dass alle Arbeitnehmer, die bei Streikbeginn nicht zur Arbeit erscheinen, auch zwingend an dem Streik teilnehmen. Sie können vielmehr auch arbeitsunfähig erkrankt, beurlaubt oder als Betriebsratsmitglied für eine Schulungsmaßnahme freigestellt sein (BAG 15.1.1991 AP Nr. 114 und BAG 1.10.1991 Nr. 121, beide zu Art. 9 GG Arbeitskampf). Daher ist zwingend die **Willenserklärung jedes einzelnen Arbeitnehmers** erforderlich, die arbeitsvertraglich geschuldete Arbeitsverpflichtung für die Dauer des Streiks suspendieren zu wollen. Denn allein der Arbeitnehmer ist Vertragspartner des Arbeitgebers (BAG 31.5.1988 AP Nr. 57 zu § 1 Feiertagslohnzahlungsg). Diese Willenserklärung kann sowohl ausdrücklich als auch schlüssig durch Nichterscheinen am Arbeitsplatz oder durch das Einreihen in eine Streikkette erfolgen.

Trennung zwischen kollektiver und individueller Ebene

Aufruf durch die Gewerkschaft und Willenserklärung des Arbeitnehmers gegenüber dem Arbeitgeber hinsichtlich der Teilnahme am Arbeitskampf sind damit gleichermaßen als Voraussetzung für eine Rechtmäßigkeit des Arbeitskampfs zu begreifen. Eine Arbeitsniederlegung durch einzelne Arbeitnehmer ohne Aufruf des zuständigen Verbands (wilder Streik) ist ebenso wenig rechtmäßig wie die Zurückbehaltung der Entgeltzahlung unter Hinweis auf den Arbeitskampfaufruf des zuständigen Verbands gegenüber einem Arbeitnehmer, der seine Beteiligung am Arbeitskampf gerade nicht ausgesprochen hat. Die **Aussperrung** beginnt entsprechend mit einer Erklärung gegenüber den betroffenen Arbeitnehmern oder der streikführenden Gewerkschaft. Voraussetzung ist allerdings, dass die **Erklärung des Arbeitgebers** seine Aussperrungsabsicht eindeutig zum Ausdruck kommen lässt. Hieran fehlt es beispielsweise, wenn bei

Eindeutige Erklärung erforderlich

der Schließung des Betriebs unklar bleibt, ob der Arbeitgeber lediglich auf die streikbedingte Betriebsstörung mittels der Suspendierung reagiert oder selbst eine Kampfmaßnahme ergreift, weil der Arbeitgeber die Arbeitnehmer allein mit der Begründung nach Hause schickt, ein geordneter Arbeitsablauf sei nicht gesichert (BAG 27.6.1995 AP Nr. 137 zu Art. 9 GG Arbeitskampf).

Kampferklärung und Außenseiterarbeitgeber

Als problematisch kann sich die Notwendigkeit der Erklärung des Arbeitskampfbeginns im Falle eines Streiks gegen einen Außenseiter-Arbeitgeber darstellen, wenn die Gewerkschaft einen Verbandstarifvertrag anstrebt. Denn regelmäßig wird die zum Kampf aufrufende Gewerkschaft nur den Arbeitgeberverband, nicht aber den bestreikten Außenseiter-Arbeitgeber über ihre Forderungen und den Kampfbeginn in Kenntnis gesetzt haben. Diesem fehlt es mithin an den notwendigen Informationen, um reagieren und gegebenenfalls zur Abwendung des Arbeitskampfs auf den Arbeitgeberverband einwirken zu können. Aufgrund dieses Aspekts fordert das BAG von den Gewerkschaften, dass Kampfbeginn und Forderungen auch gegenüber dem nicht verbandsangehörigen Außenseiter-Arbeitgeber erklärt werden. Dies ergebe sich schon aus dem Grundsatz der Rechtsklarheit.

Streikende

Ein Streik **endet**, wenn die Gewerkschaft den Streikbefehl widerruft oder der einzelne Arbeitnehmer an seinen Arbeitsplatz mit der (schlüssigen) Erklärung der Beendigung seiner Arbeitsniederlegung zurückkehrt. Ausreichend für eine Beendigungserklärung durch die Gewerkschaft ist – entsprechend der Kriterien bei der Eröffnungserklärung – eine öffentliche Verlautbarung, aus der hinreichend genau und vollständig für den Kampfgegner hervorgeht, wann, wo und inwieweit die Kampfmaßnahme enden soll und wer Urheber des Beschlusses ist. Fehlt es hingegen an einem entsprechenden Beschluss, bleiben die Arbeitsverhältnisse der streikenden Arbeitnehmer so lange suspendiert, bis die Gewerkschaft reagiert.

§ 117 Verhältnismäßigkeitsgrundsatz

Literatur: BUCHNER, Das Arbeitskampfrecht unter den Anforderungen der Verhandlungsparität und Staatsneutralität, RdA 1986, 7; FISCHINGER, Zur Begrenzung des Streikrechts durch den Grundsatz der Verhältnismäßigkeit, RdA 2007, 99; v. HOYNINGEN-HUENE, Rechtmäßigkeitsvoraussetzungen aktueller Arbeitskampfmittel, JuS 1987, 505; KONZEN, Die besondere Entscheidung: Parität, Übermaßverbot und Aussperrungsquoten, Jura 1981, 25; KREUZ, Der Grundsatz der Verhältnismäßigkeit im Arbeitskampfrecht, 1988; PETERS, Das Scheitern der Tarifverhandlungen als Rechtmäßigkeitsvoraussetzung für Arbeitskampfmittel, 1997; PREIS, Verhältnismäßigkeit und Privatrechtsordnung, FS Dieterich (1999), S. 436; REUTER, Die Grenzen des Streikrechts, ZfA 1990, 535; SEITER, Die neue Aussperrungsrechtsprechung des Bundesarbeitsgerichts, RdA 1981, 65; WANK, Grundlagen des Arbeitskampfrechts, FS Kissel (1994), 1225; WANK, Anm. zu BAG 19.6.2007 AP Nr. 173 zu Art. 9 GG Arbeitskampf.

Die Auswirkung eines Arbeitskampfs sind facettenreich. Im Verhältnis zum Koalitionspartner führt der Arbeitskampf regelmäßig zu immensen wirtschaftlichen Einbußen beim Kampfgegner. Die Auswirkungen eines Arbeitskampfs zeigen sich jedoch nicht nur im Rechtskreis der **potentiellen Koalitionspartner**, sondern berühren zugleich die **Rechte Dritter**. Im Zuge von Arbeitskämpfen werden beispielsweise auch nicht streikende Arbeitnehmer und nicht bestreikte Arbeitgeber durch die kampfbedingten Produktionsausfälle betroffen (zur Fernwirkungsproblematik siehe unter § 160). Ebenfalls kann die Allgemeinheit Schaden nehmen, wenn infolge von Arbeitskämpfen notwendige Grundversorgungen nicht mehr geleistet werden oder nicht mehr geleistet werden können. Aufgrund dessen entspricht es der allgemeinen Ansicht, dass Arbeitskämpfe nur rechtmäßig sind, wenn sie die Rechte des Koalitionspartners und Dritter nicht unverhältnismäßig beeinträchtigen. Andererseits sind auch nicht unerhebliche ökomische Schäden hinzunehmen. So wird beispielsweise deshalb, weil durch einen Streik von Lokführern der Personen- und Güterverkehr beeinträchtigt wird, die Schwelle zur Unzulässigkeit grundsätzlich nicht überschritten (LAG Sachsen 2.11.2007 NZA 2008, 59). Wann die Schwelle zur Unzulässigkeit überschritten wird, ist eine Frage des Einzelfalles. Der Arbeitskampf untersteht demgemäß dem **Gebot der Verhältnismäßigkeit**.

Beeinträchtigung von Rechten Dritter

I. Elemente des Verhältnismäßigkeitsgrundsatzes

Die Bindung des Arbeitskampfs an den Verhältnismäßigkeitsgrundsatz war jedoch nicht zu jeder Zeit eine Selbstverständlichkeit. Vielmehr hat sich dieses Verständnis über mehrere Jahrzehnte hin erst entwickelt. Im Wesentlichen lassen sich dabei vier zentrale Rechtsprechungsphasen unterscheiden.

Rechtsprechung des BAG

Zunächst hatte das BAG – der Auffassung seines damaligen Präsidenten NIPPERDEY folgend – die Rechtmäßigkeit von Arbeitskämpfen allein am Gesichtspunkt ihrer **Sozialadäquanz** gemessen (BAG 28.1.1955 AP Nr. 1 zu Art. 9 GG Arbeitskampf, vgl. auch HUECK/NIPPERDEY II/2 § 49 S. 1000 f.). Im Jahre 1971 schrieb der Große Senat (BAG GS 21.4.1971 AP Nr. 43 zu Art. 9 GG Arbeitskampf) erstmals ausdrücklich fest, dass auch für den Bereich des Arbeitskampfs das Gebot der Verhältnismäßigkeit maßgebend sei. Seither gelten Arbeitskämpfe nur dann als zulässig, wenn sie zur Erreichung rechtmäßiger Ziele **geeignet** und sachlich **erforderlich** sind, sowie ihre Durchführung als **proportional** (Verhältnismäßigkeit i.e.S.) zum angestrebten Zweck anzusehen ist.

Übergang von der Sozialadäquanz zur Verhältnismäßigkeit

„Arbeitskämpfe müssen zwar nach unserem freiheitlichen Tarifvertragssystem möglich sein, um Interessenkonflikte über Arbeits- und Wirtschaftsbedingungen im äußersten Fall austragen und ausgleichen zu können. In unserer verflochtenen und wechselseitig abhängigen Gesellschaft berühren aber Streik wie Aussperrung nicht nur die am Arbeitskampf unmittelbar Beteiligten, sondern auch Nichtstreikende und sonstige Dritte sowie die Allgemeinheit vielfach nachhaltig. Arbeitskämpfe müssen deshalb unter dem obersten Gebot der Verhältnismäßigkeit stehen. (...) Arbeitskämpfe dürfen nur insoweit eingeleitet und durchgeführt werden, als sie zur Erreichung rechtmäßiger Kampfziele und des nachfolgenden Arbeitsfriedens geeignet und sachlich erforderlich sind. (...) Die Mittel des Arbeitskampfes dürfen ihrer Art nach nicht über das hinausgehen, was zur Durchsetzung des erstrebten Ziels jeweils erforderlich ist. Das Prinzip der Verhältnismäßigkeit betrifft also nicht nur Zeitpunkt und Ziel, sondern auch die Art der Durchführung und die Intensität des Arbeitskampfes. Der Arbeitskampf ist deshalb nur dann rechtmäßig, wenn und solange er nach Regeln des fairen Kampfes geführt wird." (BAG GS 21.4.1971 AP Nr. 43 zu Art. 9 GG Arbeitskampf)

Weitere Konkretisierung

Trotz umfangreicher Kritiken im Schrifttum hinsichtlich der Anwendbarkeit und aufgrund der Unbestimmtheit des Verhältnismäßigkeitsgrundsatzes (vgl. statt vieler BROX/RÜTHERS Rn. 193) bestätigte das BAG im Jahr 1980 die Anwendung des Verhältnismäßigkeitsgrundsatzes, präzisierte dabei aber diesen als Oberbegriff, der **gleichbedeutend mit dem Begriff des Übermaßverbots** sei (BAG 10.6.1980 AP Nr. 64 zu Art. 9 GG Arbeitskampf).

„Der Große Senat des BAG hat in seinem Beschluss vom 21.4.1971 (BAG 23, 292 (346) = AP Nr. 43 zu Art. 9 GG Arbeitskampf) den allgemeinen Grundsatz formuliert: ‚Arbeitskampfmaßnahmen stehen unter dem Gebot der Verhältnismäßigkeit'. (...) An dieser Rechtsprechung ist festzuhalten. (...) Der Senat unterscheidet nicht zwischen dem Übermaßverbot und dem Grundsatz der Verhältnismäßigkeit. Beide Bezeichnungen versteht er in Auffaltung des vom Großen Senat des BAG verwendeten allgemeinen Begriffs der Verhältnismäßigkeit als gleichbedeutende Sammelbegriffe, die die Merkmale der Geeignetheit, der Erforderlichkeit und der Proportionalität zusammenfassen." (BAG 10.6.1980 AP Nr. 64 zu Art. 9 GG Arbeitskampf).

Anbindung der Verhältnismäßigkeit an die Parität

Im Jahr 1985 setzte das BAG sodann die Elemente des Verhältnismäßigkeitsgebots ausdrücklich mit dem Gebot der Parität in Bezug, indem es ausführte, dass die Verhandlungsparität nicht nur für die Frage von Bedeutung sei, welche Kampfmittel den Arbeitskampfparteien überhaupt zur Verfügung stehen müssten, sondern ebenfalls im Rahmen der Prüfung, ob das Kampfmittel im konkreten Fall verhältnismäßig sei.

„Der Senat bleibt bei den Grundsätzen, die der Große Senat des BAG im Jahre 1971 entwickelt hat. Danach müssen sich alle Rechtsregeln zum Arbeitskampf am Grundsatz des Verhandlungsgleichgewichts und der Kampfparität orientieren (vgl. BAG 23, 292, 308 = AP Nr. 43 zu Art. 9 GG Arbeitskampf). (...) Die Herstellung der Verhandlungsparität gewinnt daher noch einmal im Rahmen der Prüfung, ob das Kampfmittel verhältnismäßig ist, entscheidende Bedeutung." (BAG 12.3.1985 AP Nr. 84 zu Art. 9 GG Arbeitskampf)

I. Elemente des Verhältnismäßigkeitsgrundsatzes § 117

Höchst umstritten ist bei alledem, zu welchem **Bezugspunkt** die Arbeitskampfmaßnahme denn überhaupt geeignet, erforderlich und proportional sein muss. Teilweise wird angeführt, dass der Zweck die Verwirklichung einer bestimmten Kampftaktik sei (Löwisch, ZfA 1971, 319, 326). Andere stellen auf die Durchsetzung des konkreten Tarifziels (Brox/Rüthers Rn. 22; Wank, FS Kissel, S. 1225, 1234) oder auf die Beeinflussung des Willens der Gegenseite (v. Hoyningen-Huene, JuS 1987, 505, 507) ab.

Anknüpfungspunkt für die Verhältnismäßigkeitsprüfung

Die **herrschende Ansicht** sieht das rechtmäßige Ziel in der Herstellung gleichwertiger Verhandlungschancen, das heißt in der Schaffung von Verhandlungs- und Kampfparität (statt vieler: Konzen, Jura 1981, 585, 587; Seiter, RdA 1981, 65, 75 f.). Für die Richtigkeit dieser Auffassung spricht, dass der Arbeitskampf den Tarifvertragsparteien im Hinblick auf die Realisierung ihrer Koalitionsfreiheit aus Art. 9 Abs. 3 GG an die Hand gegeben wurde. Er soll in erster Linie dazu dienen, ein Gleichgewicht am Verhandlungstisch zu schaffen. Grund seiner Zulassung war gerade nicht, bestimmte Taktiken durchzusetzen oder den Willen der Gegenseite in eine gewisse Richtung lenken zu können. In diesem Kontext ist dann die konkretisierende Entscheidung des BAG vom 12.3.1985 (BAG 12.3.1985 AP Nr. 84 zu Art. 9 GG Arbeitskampf) dahin zu verstehen, dass der Paritätsgrundsatz den Bezugspunkt der Verhältnismäßigkeitsprüfung darstellen soll.

Relativ eindeutig zu sein scheint, dass sich das BAG in der Entscheidung zum Unterstützungstreik vom Paritätsprinzip als Bezugspunkt der Verhältnismäßigkeitsprüfung gelöst hat, ohne es vollständig aus dem Blick zu verlieren (BAG 19.6.2007 AP Nr. 173 zu Art. 9 GG Arbeitskampf). Das zeigt sich nicht nur an der relativierenden Bemerkung zur Aussagekraft des Paritätsprinzips (hierzu unter § 114 III), sondern auch in folgender konkretisierender Aussage:

Lösung vom Paritätsprinzip?

„Der Bezugspunkt, der die Prüfung des Verhältnismäßigkeitsgrundsatzes bestimmt, ist dabei die sich aus dem Charakter und der Funktion des Unterstützungsstreiks ergebende Beziehung zum Hauptarbeitskampf." (BAG 19.6.2007 AP Nr. 173 zu Art. 9 GG Arbeitskampf).

Das ist ein ganz entscheidender Unterschied. Denn es wird der Charakter und die Funktion einer koalitionsspezifischen, von Art. 9 Abs. 3 GG geschützten Maßnahme nach ihrer Zwecksetzung zum Bezugspunkt der Prüfung. Damit kommt dieser Zwecksetzung in der Verhältnismäßigkeitsprüfung im engeren Sinne eine richtungsangebende Bedeutung zu. Mit diesem veränderten Bezugspunkt der Angemessenheitsprüfung geht auch die Postulation einer **weitgehenden Einschätzungsprärogative** auf den beiden vorangehenden Prüfungsstufen der Verhältnismäßigkeit einher: der Geeignetheit und der Erforderlichkeit der Arbeitskampfmaßnahme. Auch hier liefert die Entscheidung des BAG abstrakte Vorgaben, die im Sinne einer **Rücknahme der Prüfungsdichte** zu deuten sind.

II. Das Kriterium der Geeignetheit

Eignung zur Förderung des Kampfziels

Unter Berücksichtigung des Bezugs des Arbeitskampfs zur Tarifautonomie zählen nur diejenigen Arbeitskampfmaßnahmen zu den geeigneten Maßnahmen, die es vermögen, bei dem Gegner Verhandlungsbereitschaft hinsichtlich des in Frage stehenden Tarifvertrags zu wecken. Allgemein formuliert: Geeignet ist ein Kampfmittel, wenn durch seinen Einsatz die Durchsetzung des zulässigen Kampfziels gefördert werden kann (BAG 19.6.2007 AP Nr. 173 zu Art. 9 GG Arbeitskampf). Hinsichtlich der Eignung des Mittels räumt das BAG den Koalitionen eine Einschätzungsprärogative ein.

„Sie haben einen Beurteilungsspielraum bei der Frage, ob eine Arbeitskampfmaßnahme geeignet ist, Druck auf den sozialen Gegenspieler auszuüben. Die Einschätzungsprärogative ist Teil der durch Art. 9 Abs. 3 GG geschützten Freiheit in der Wahl der Arbeitskampfmittel. Sie betrifft grundsätzlich nicht nur die Frage, welches Kampfmittel eingesetzt wird, sondern auch, wem gegenüber dies geschieht (...). Nur wenn das Kampfmittel zur Erreichung des zulässigen Kampfziels offensichtlich ungeeignet ist, kann eine Arbeitskampfmaßnahme aus diesem Grund für rechtswidrig erachtet werden (...). (BAG 19.6.2007 AP Nr. 173 zu Art. 9 GG Arbeitskampf)

Bei diesem großzügigen Maßstab sind nur wenige Arbeitskampfmaßnahmen denkbar, die zur Erreichung des Ziels ungeeignet sind. Hier kann es sich nur um Fälle handeln, in denen evident das von der Koalition verfolgte Ziel nicht erreicht werden kann, z.B. weil es schon erfüllt ist.

⊃ **Beispiele nicht geeigneter Maßnahmen**:
- Ungeeignet wäre ein Arbeitskampf, um eine tarifvertraglichen Regelung, die schon vereinbart ist;
- eine Arbeitskampfmaßnahme, die lediglich eine Machtdemonstration ist, aber nicht auf die Durchsetzung einer tariflichen Forderung zielt.

III. Das Kriterium der Erforderlichkeit

Der Arbeitskampf verliert ferner dann seine Rechtfertigung aus Art. 9 Abs. 3 GG, wenn seine Durchführung nicht erforderlich ist. Der Erforderlichkeitsgrundsatz wird auch plakativ als „Ultima-Ratio-Prinzip" bezeichnet. Das kann nicht darüber hinwegtäuschen, dass die Frage, ob „das letzte Mittel" ergriffen wird, letztlich auch eine Frage der Kampftaktik ist, die zur koalitionsspezifischen Betätigung gehört. Insofern ist der „Kampfbegriff" des „Ultima-Ratio-Prinzips" mit Vorsicht zu genießen. Die neuere Rechtsprechung gewährt den Koalitionen auch insoweit eine Einschätzungsprärogative (BAG 19.6.2007 AP Nr. 173 zu Art. 9 GG Arbeitskampf).

III. Das Kriterium der Erforderlichkeit

„Erforderlich ist ein Kampfmittel, wenn mildere Mittel zur Erreichung des angestrebten Ziels nach der Beurteilung der den Arbeitskampf führenden Koalition nicht zur Verfügung stehen. Auch insoweit umfasst deren Betätigungsfreiheit grundsätzlich die Einschätzung, ob sie zur Erreichung des verfolgten Ziels das gewählte Mittel für erforderlich oder andere Mittel für ausreichend erachtet (...). Die Grenze bildet auch hier der Rechtsmissbrauch. Ein solcher liegt dann vor, wenn es des ergriffenen Kampfmittels zur Erreichung des Ziels – etwa deshalb, weil der Gegner dazu erkennbar ohnehin bereit ist – offensichtlich nicht bedarf." (BAG 19.6.2007 AP Nr. 173 zu Art. 9 GG Arbeitskampf)

Auch an dieser Stelle macht das BAG ganz deutlich, dass es eine zurückhaltende Rechtskontrolle des Arbeitskampfgeschehens auf allen Prüfungsstufen erkennbar anstrebt. Dies ist eine Entwicklung, die sich seit der Rechtsprechungswende bezogen auf die Überprüfung von Warnstreiks seit 20 Jahren angedeutet hat.

1. Ultima-ratio-Grundsatz

Seit langer Zeit ist Konsens, dass Arbeitskämpfe nur das letztmögliche Mittel sein sollen, um den Abschluss eines Tarifvertrags zu erreichen. Erst wenn **alle Verhandlungsmöglichkeiten ausgeschöpft** sind, so entschied das BAG, und die Verhandlungen als gescheitert angesehen werden können, dürfen Arbeitskampfmaßnahmen als letztmögliches Mittel ergriffen werden (BAG GS 21.4.1971 AP Nr. 43 zu Art. 9 GG Arbeitskampf). Arbeitskampf soll die **Ultima-Ratio** auf dem Weg zum Tarifvertrag sein.

Arbeitskampf als letztmögliches Mittel

„Jede Arbeitskampfmaßnahme – sei es Streik, sei es Aussperrung – darf (...) nur nach Ausschöpfung aller Verständigungsmöglichkeiten ergriffen werden; der Arbeitskampf muss (...) das letzte mögliche Mittel (ultima ratio) sein." (BAG GS 21.4.1971 AP Nr. 43 zu Art. 9 GG Arbeitskampf)

Das Ultima-Ratio-Prinzip verbietet daher Arbeitskämpfe zu einem Zeitpunkt, zu dem eine **ernsthafte Verhandlungsbereitschaft** auf der Gegenseite noch vorhanden ist. Die Schlüsselfrage, ob und wie diese Verhandlungsbereitschaft im nachhinein gerichtlich überprüft werden kann, ist indes niemals zufriedenstellend beantwortet worden. Man wird allerdings immerhin festhalten können, dass „überfallartige Kampfaktionen" als Verstoß gegen das Ultima-Ratio-Prinzip zu werten sind. Denn die Gegenseite muss wenigstens die Möglichkeit haben, koalitionsgemäß zu reagieren und über die Alternative des Weiterverhandelns zu disponieren. Arbeitskämpfe dürfen also nicht „vom Zaun gebrochen werden". Ist hingegen das **Scheitern der Verhandlungen** wirksam erklärt, bedarf es keiner besonderen Wartefrist mehr.

Inhalt des Ultima-Ratio-Prinzips

Generelle Ablehnung von Verhandlungen durch die Gegenseite

Wird von der Gegenseite von vorneherein jedwede Verhandlungsbereitschaft negiert, so steht das Ultima-Ratio-Prinzip einem Arbeitskampf nicht entgegen. Dies liegt darin begründet, dass in diesem Falle nicht künstlich ein Verhandlungsversuch gestartet werden soll. Vielmehr ist die generelle Ablehnung von Verhandlungen gleichbedeutend mit der Erklärung des Scheiterns von Verhandlungen. Das Ultima-Ratio-Prinzip kann einem Arbeitskampf dann nicht mehr entgegenstehen.

Fortbestand der Verhandlungsbereitschaft

Ebenso muss die kampfführende Partei selbst während der Auseinandersetzung zu jeder Zeit bereit sein, die Verhandlungen wieder aufzunehmen. Folgt sie einer etwaigen ernst zu nehmenden Aufforderung hingegen nicht, sondern führt den Arbeitskampf fort, so könnte der Streik ab diesem Zeitpunkt als rechtswidrig, weil nicht erforderlich angesehen werden. Freilich: Wer beurteilt, ob das Angebot der Gegenseite „ernst" zu nehmen ist? Sind nicht gerade die Höhe der Tarifforderung und das Angebot der Gegenseite der Kernbereich des Verhandlungsgeschehens, in den sich Gerichte tunlichst nicht einmischen sollten? Es ist ein ehernes Prinzip des Arbeitskampfrechts, dass eine gerichtliche Kontrolle des Umfangs einer Streikforderung, die auf tarifliche Ziele gerichtet ist, nicht stattfindet (BAG 24.4.2007 AP Nr. 2 zu § 1 TVG Sozialplan). Dann ist es aber auch ausgeschlossen, eine Gewerkschaft zurück an den Verhandlungstisch zu zwingen, wenn ihr das Angebot der Arbeitgeberseite nicht reicht.

Tarifvertragliche Schlichtungsverfahren

Aus dem Ultima-Ratio-Prinzip lässt sich schließlich nicht die zwingende Notwendigkeit der Durchführung eines Schlichtungsverfahrens vor Kampfbeginn ableiten. Dies wäre zwar wünschenswert und entspräche jüngsten Tendenzen des Gesetzgebers, derartige Verfahren einer streitigen Auseinandersetzung vor Gericht voranzustellen (vgl. die Notwendigkeit der Durchführung eines Gütetermins gem. § 54 ArbGG und gem. § 286 Abs. 2 und 3 ZPO). Auch wenn einiges dafür spricht, dem Arbeitskampf ein solches Schlichtungsverfahren voranzustellen, wurde ein **obligatorisches Schlichtungsverfahren** jedoch bislang nicht installiert. Allein die LSchliO Baden sieht einen Einlassungszwang vor, wenn eine der beiden Parteien die Schlichtungsstelle freiwillig angerufen hat. Die Tarifvertragsparteien können aber vereinbaren, dass vor Beginn eines Arbeitskampfs ein **Schlichtungsverfahren** durchzuführen ist. In diesem Falle ist die Durchführung des Verfahrens für die kampfwillige Partei zwingend erforderlich. Erst wenn auch dieses Schlichtungsverfahren keine Einigung zwischen den Tarifvertragsparteien herbeiführen konnte, ist der Arbeitskampf als Ultima Ratio zulässig.

a) Festlegung des Zeitpunkts des Scheiterns der Verhandlungsmöglichkeiten

Keine förmliche Erklärung notwendig

Der Zeitpunkt, ab welchem die Verhandlungen als gescheitert angesehen werden, liegt in der **Entscheidung der Tarifvertragsparteien**.

III. Das Kriterium der Erforderlichkeit

Herrschende Lehre und BAG sind darüber einig, dass diese Erklärung für die klare Fixierung des maßgeblichen Zeitpunkts erforderlich ist. Entgegen der Auffassung im Schrifttum und entgegen seiner früher vertretenen Ansicht (BAG 31.10.1958 AP Nr. 2 zu § 1 TVG Friedenspflicht) **verzichtet das BAG gegenwärtig aber auf eine förmliche Erklärung des Scheiterns** und begreift bereits die Einleitung der Arbeitskampfmaßnahmen als **konkludente** und damit ausreichende Erklärung, dass die Verhandlungsmöglichkeiten erschöpft seien (BAG 21.6.1988 AP Nr. 108 zu Art. 9 GG Arbeitskampf). Dem liegt die Überlegung zugrunde, dass diejenige Tarifvertragspartei, die zu einer Arbeitskampfmaßnahme greife, zugleich zu erkennen gebe, dass sie ihre Verhandlungsmöglichkeiten als erschöpft ansehe und Entsprechendes auch erkläre. Dies sei schon ausreichend. Diese Sichtweise entspricht der Deregulierung des Arbeitskampfrechts. In der Tat lässt sich kaum deutlicher das Scheitern der Verhandlungen erklären, als Vorbereitungen für einen Arbeitskampf zu treffen. Es ist nicht angemessen, das Grundrecht aus Art. 9 Abs. 3 GG an die Quisquilien formeller Erklärungen zu binden. Dessen ungeachtet wären entsprechende gesetzliche Verfahrensregeln vielleicht wünschenswert und auch verfassungskonform. Es ist aber nicht angezeigt, dass das Richterrecht sich derart weitgehend in die Einzelheiten des Arbeitskampfgeschehens einmischt.

b) Vertiefungsproblem: Warnstreik und neue Beweglichkeit

Literatur: BUCHNER, Der „Warnstreik" nach der Bundesarbeitsgerichtsentscheidung vom 21. Juni 1988, BB 1989, 1334; HEINZE, Der Warnstreik und die „Neue Beweglichkeit", NJW 1983, 2409; LORITZ, Das Bundesarbeitsgericht und die „Neue Beweglichkeit", ZfA 1985, 185; OTTO, Symposion Hugo Seiter zum Gedächtnis (1990), S. 49; PICKER, Der Warnstreik und die Funktionen des Arbeitskampfes in der Privatrechtsordnung, 1983.

Das BAG ging ursprünglich davon aus, Warnstreik und Erzwingungsstreik seien von unterschiedlicher Art und Güte. Der Warnstreik stelle aufgrund seiner kurzen Dauer und geringen Schadensverursachung gegenüber einem Erzwingungsstreik das mildere Mittel dar. Insbesondere erklärte es den Ultima-Ratio-Grundsatz als auf den Warnstreik nicht anwendbar. Nach Ansicht des Gerichts war der Grundsatz, dass Arbeitskampfmaßnahmen nur nach Ausschöpfung aller Verständigungsmöglichkeiten ergriffen werden dürften, nur für zeitlich längerfristige oder unbegrenzte Arbeitskampfmaßnahmen aufgestellt worden, die nicht auf eine Beschleunigung bestehender Tarifverhandlungen, wie es Ziel eines Warnstreiks sei, sondern auf die Erzwingung abschließender Regelungen zielten (BAG 17.12.1976 AP Nr. 51 zu Art. 9 GG Arbeitskampf). Dem lag die Überlegung zugrunde, dass der Zweck einer Warnung verfehlt würde, müssten für ihre Durchführung zunächst alle (Verhandlungs-)Brücken abgebrochen werden. Des Weiteren führte es unterstützend für die Unanwendbarkeit des Ultima-Ratio-Grundsatzes an, Warnstreiks gefährdeten überdies auch nicht die Verhandlungsparität zwischen den Tarifvertragsparteien, da sie in der Regel keine

Keine Anwendbarkeit des Ultima-Ratio-Grundsatzes?

oder nur geringste Schäden verursachten (BAG 12.9.1984 AP Nr. 81 zu Art. 9 GG Arbeitskampf).

Kritik Diese Rechtsprechung verdeutlichte die selbstgeschaffene Falle des BAG, das „Ultima-Ratio-Prinzip" ohne hinreichende Betonung der Einschätzungsprärogative der Koalitionen entwickelt zu haben. Denn die milde Maßnahme des Warnstreiks sollte wegen Nichtausschöpfung der Verhandlungsmöglichkeiten unzulässig sein, obwohl sie alle Beteiligten schonte. Diese Freizeichnung vom „Ultima-ratio-Prinzip" nutzten nunmehr die Gewerkschaften phantasievoll unter dem Stichwort **„neue Beweglichkeit"**. Die Einladung der Rechtsprechung wurde angenommen und vermehrt Kurzstreiks organisiert, die während der Dauer der Tarifvertrags- oder Schlichtungsverhandlungen im Sinne „kleiner Nadelstiche" Druck auf die Arbeitgeber ausüben sollten. Das BAG ordnete diese Vorgehensweise wie erwartet dem klassischen „Warnstreik" zu, mit der Folge einer Nichtbindung dieser Kampfmaßnahme an den Ultima-Ratio-Grundsatz (BAG 12.9.1984 AP Nr. 81 zu Art. 9 GG Arbeitskampf).

Rechtsprechungswende Aus diesem Dilemma befreite sich die Rechtsprechung mit einem „Trick", der sich im Ergebnis als richtig erweist. Sie stellte den Warnstreik mit dem Erzwingungsstreik gleich, verzichtete aber auf das Erfordernis der ausdrücklichen Erklärung des Scheiterns der Tarifverhandlungen. Danach wurde zwar Warnstreiks dann für unzulässig erklärt, wenn sie vor dem endgültigen Scheitern der Verhandlungen durchgeführt werden (BAG 21.6.1988 AP Nr. 108 zu Art. 9 GG Arbeitskampf). Die Aufgabe seiner bisherigen Rechtsprechung begründete der Senat mit der Erkenntnis, dass eine Wesensverschiedenheit von Warn- und Erzwingungsstreik unter Berücksichtigung der Entwicklung der Warnstreikpraxis in den vergangenen Jahren nicht gegeben sei.

„Warnstreiks auch in der Form der neuen Beweglichkeit unterscheiden sich in ihrem äußerem Erscheinungsbild nicht von Erzwingungsstreiks. (...) Ein Schaden und damit der Druck auf den Tarifpartner ist nicht stets und notwendig geringer, wenn ein Betrieb mehrfach für wenige Stunden bestreikt wird, als im Fall eines durchgehenden Streiks während einer größeren Zahl von Stunden. Die ‚Kürze' eines Streiks, sein ‚milder Druck' oder der durch ihn bewirkte ‚geringere Schaden' wären als Kriterien zur Unterscheidung von Warnstreiks vom Erzwingungsstreik allenfalls dann brauchbar, wenn sie näher definiert würden. Die Demonstration der Kampfbereitschaft in Form von Warnstreiks, d.h. von Arbeitsniederlegungen, demonstriert nicht nur Kampfbereitschaft und übt nicht nur psychologischen Druck aus, sondern ist unmittelbar materielle Druckausübung durch die Folgen und Schäden der Arbeitsniederlegung selbst. (...) Damit unterscheidet sich der Warnstreik auch in der Form der neuen Beweglichkeit nicht in irgendwelchen relevanten Kriterien vom Erzwingungsstreik." (BAG 21.6.1988 AP Nr. 108 zu Art. 9 GG Arbeitskampf).

Im gleichen Kontext anerkannte das BAG jedoch auch die bereits aufgeführten vereinfachten Anforderungen an die Erklärung des

III. Das Kriterium der Erforderlichkeit

Scheiterns der Verhandlungen. In der Durchführung des Warnstreiks (auch in Form der „neuen Beweglichkeit") sieht es nun die **konkludente Erklärung des Scheiterns der Verhandlungen** und damit die Eröffnung eines folgenden zulässigen Arbeitskampfs.

Stellungnahme

Wie jeder Rechtsprechungswandel wurde auch diese Entwicklung vielfach kritisch beurteilt. Doch erweist es sich im Ergebnis als die einzig sinnvolle Alternative, keine Filigrandogmatik der einzelnen Arbeitskampfformen zu entwickeln, sondern der Einschätzungsprärogative der Koalitionen sowohl hinsichtlich der Kampfmittel als auch der Scheiternserklärungen Raum zu lassen.

2. Kriterium des „mildesten Mittels"

a) Grundsätzliches

Inhalt und Anwendung des Kriteriums

Ein wesentlicher Grundgedanke der Erforderlichkeit drückt sich im Kriterium des **mildesten Mittels** aus. Danach ist nur der Einsatz solcher Maßnahmen zulässig, die unter den gleich geeigneten Mitteln das mildeste darstellen. Diese Messlatte kann und darf im Arbeitskampfrecht jedoch nicht zu streng gehandhabt werden. Dies lässt sich einmal damit begründen, dass dem Kriterium des mildesten Mittels der anerkannte **Grundsatz der Kampfmittelfreiheit** gegenübersteht. Danach steht es den Parteien frei, welches der ihnen zur Verfügung stehenden Mitteln sie im konkreten Fall einsetzen. Sie haben, wie mehrfach betont, in dieser Frage eine Einschätzungsprärogative (BAG 19.6.2007 AP Nr. 173 zu Art. 9 GG Arbeitskampf). Dieses Recht würde mit einem zu eng verstandenen Grundsatz des „schonendsten Mittels" auf ein Minimum reduziert. Ihre Wahl müsste sich zwischen den gleichgeeigneten und gleich milden Mitteln verhalten. Eine solche Beschränkung der Kampftaktik kann keinen Zuspruch beanspruchen, denn auf diese Weise würde das Vorgehen der kampfführenden Partei für die Gegenseite bis auf wenige Details gänzlich vorhersehbar.

Zudem dürfte die kampfführende Seite bei der Komplexität der konkreten Arbeitskampfsituation durchweg mit der Feststellung überfordert sein, ob nicht ein im Verhältnis zur geplanten Kampfdurchführung gleich geeignetes, dabei aber weniger einschneidendes Vorgehen möglich ist. Auch ein **Anrufen der Gerichte** dürfte hinsichtlich der Verletzung dieses Erforderlichkeitsgedankens nur bei offenkundigen Verstößen weiterhelfen. In Fällen schwieriger Abgrenzungsfragen ist ein Verschulden der Parteien aber auch ohnehin abzulehnen. Aus diesem Grunde dürfte weder der Erlass einer einstweiliger Verfügung noch eine ex-post-Verurteilung zur Leistung von Schadensersatz bzw. der Vergütung angezeigt sein. Vor dem Hintergrund, dass die Gewerkschaften bzw. Arbeitnehmer gegenüber dem Arbeitgeber nur verschuldensabhängig haften, entfiele auf Seiten der Arbeitgeber ein Anspruch auf Schadensersatz gegenüber den Arbeitnehmern aufgrund des fehlenden Verschuldens. Ungleich dazu würde der Arbeitgeber – bei gleichem Bewertungsfehler – den Arbeitnehmern Vergütung schulden, da er gem. § 615 BGB verschuldensunabhängig haftet. Dieses ungleiche Ergebnis unterstreicht die mit der konsequenten Durchführung des Kriteriums „mildestes Mittel" verursachte Schwierigkeit. Demnach ist es angezeigt, diesen Bewertungsmaßstab maßvoll einzusetzen.

b) Vertiefungsproblem: Aussperrungsquoten

Aussperrungsquote

Im Kontext der Frage nach der Milde des Mittels hat die Rechtsprechung des BAG zur **Aussperrungsquote** für besonderes Aufsehen gesorgt:

Konkrete Zahlenvorgabe des BAG

In den achtziger Jahren beurteilte das BAG (BAG 10.6.1980 AP Nr. 64 zu Art. 9 GG Arbeitskampf) die zahlenmäßige Erforderlichkeit einer Abwehraussperrung als Reaktion auf einen Streik nach der Anzahl der streikenden Arbeitnehmer.

„Wenn durch einen Streikbeschluss weniger als ¼ der Arbeitnehmer des Tarifgebietes zur Arbeitsniederlegung aufgefordert werden, so handelt es sich um einen eng geführten Teilstreik, bei dem die beschriebene Belastung für die Solidarität der Arbeitgeber und damit eine Verschiebung des Kräftegleichgewichts anzunehmen ist. Hier muss die Arbeitgeberseite den Kampfrahmen erweitern können, wobei eine Ausdehnung um 25 % der betroffenen Arbeitnehmer nicht unproportional erscheint. Eine weitergehende Reaktion wird regelmäßig nicht proportional sein. Werden mehr als ¼ der Arbeitnehmer des Tarifgebietes zum Streik aufgerufen, ist das Bedürfnis der Arbeitgeber zur Erweiterung des Kampfrahmens entsprechend geringer. Insgesamt scheint nach dem Eindruck des Senats manches dafür zu sprechen, dass eine Störung der Kampfparität nicht mehr zu befürchten ist, wenn die Hälfte der Arbeitnehmer eines Tarifgebietes entweder zum Streik aufgerufen wird oder von einem Aussperrungsbeschluss betroffen ist." (BAG 10.6.1980 AP Nr. 64 zu Art. 9 GG Arbeitskampf)

Kritik

Die Festlegung des Senats auf derartige Größen hat in der Literatur zu Recht erhebliche Kritik erfahren (LÖWISCH, BB 1987, 1030 ff.; GAMILLSCHEG KollArbR I § 24 III 2 a). Diese stützte sich vor allem darauf, dass die Erforderlichkeit von Kampfmitteln nicht nach Prozenten messbar sei. Jedenfalls könnten bei den erheblichen Unterschieden in den einzelnen Branchen und Tarifgebieten nicht für alle die gleichen prozentualen Margen angelegt werden. Dieser Kritik ist zuzustimmen. Letztlich war diese Rechtsprechung der Endpunkt des Irrweges einer zu weitreichenden Regulierung des Arbeitskampfgeschehens durch Richterrecht.

Entwicklung der Rechtsprechung

In seinen späteren Entscheidungen hat das BAG daher von konkreten Größenangaben abgesehen und ausgeführt, dass das **Verhältnis der streikenden und von der Aussperrung betroffenen Arbeitnehmer ein Indiz für die Beurteilung der Erforderlichkeit der Abwehraussperrung** sei. Ausgangspunkt sei dabei die Zahl der tatsächlich streikenden Arbeitnehmer. Maßgeblicher Bewertungszeitpunkt sei der des Aussperrungsbeschlusses (BAG 12.3.1985 AP Nr. 84 zu Art. 9 GG Arbeitskampf).

„Das Missverhältnis, das sich aus der Zahl der am Streik beteiligten Arbeitnehmer und der Zahl der von der Aussperrung betroffenen Arbeitnehmer ergibt, kann für die Beurteilung der Einhaltung der Grenzen der Verhältnismäßigkeit ein wichtiges Indiz sein. (...) Die Grenze muss insgesamt dort gezogen werden, wo die legitime Reaktion aufhört." (BAG 12.3.1985 AP Nr. 84 zu Art. 9 GG Arbeitskampf)

Die Rechtsprechung hat danach im Ansatz die Verhältnismäßigkeitskontrolle auf eine Missbrauchskontrolle reduziert. In einem Einzelfall hat das BAG eine legitime Reaktionsmöglichkeit verneint bei einer zweitägigen Abwehraussperrung als Reaktion auf einen halbstündigen Teilstreik (BAG 11.8.1992 AP Nr. 124 zu Art. 9 GG Arbeitskampf, kritisch hierzu OTTO Anm. zu BAG 11.8.1992 EzA Nr. 105 zu Art. 9 GG Arbeitskampf) oder der Aussperrung zweier aufeinander folgender Schichten, obwohl nur in der Frühschicht zu drei Viertel gestreikt wurde (LAG Mecklenburg-Vorpommern 18.7.1996 AP Nr. 148 zu Art. 9 GG Arbeitskampf).

Es ist fraglich, ob diese Entscheidungen im Lichte der neueren Rechtsprechung nicht doch zu streng sind. Wesentlich ist die Erkenntnis, dass sich auch der Arbeitgeber mit einer Aussperrung selbst schädigt, weshalb das Instrument nur noch selten genutzt wird. Zwar mag es zutreffen, dass in den entschiedenen Fällen die Bereitschaft des Arbeitgebers, gleichermaßen wie die Gewerkschaft den zur Herstellung der Parität erforderlichen Druck ausüben zu können, durchaus mit gleichem Erfolg mittels einer zeitlich kürzeren Aussperrung hätte demonstriert werden können. Aber steht es den Gerichten an, die Einschätzung, was erforderlich ist, zu kontrollieren? Wer die großzügigen Maßstäbe beim Unterstützungsstreik bejaht, kann sie schwerlich bei der Aussperrung verneinen.

c) Suspendierung statt Lösung des Arbeitsverhältnisses

Der Grundsatz der Erforderlichkeit wirkt sich nicht nur bei den Voraussetzungen, sondern auch bei den Rechtsfolgen von Arbeitskampfmaßnahmen erheblich aus. Hatte die früher herrschende Ansicht in Rechtsprechung und Lehre noch vertreten, dass die Arbeitsverhältnisse vor dem Arbeitskampf im Wege der Kündigung zu lösen sind, vertritt das BAG seit seiner Wende hin zur sog. kollektiven Betrachtungsweise (BAG 28.1.1955 AP Nr. 1 zu Art. 9 GG Arbeitskampf), spätestens jedoch seit seiner Entscheidung aus dem Jahre 1971 (BAG GS 21.4.1971 AP Nr. 43 zu Art. 9 GG Arbeitskampf) die Auffassung, dass es durch den Arbeitskampf lediglich zu einer Suspendierung der Hauptpflichten komme; eine vorherige Kündigung oder lösende Wirkung des Arbeitskampfs scheide insoweit aus. Die **Suspendierung** stelle sich nämlich als **mildere Folge** im Verhältnis zur gänzlichen Lösung des Vertrags mit anschließendem Wiedereinstellungsanspruch dar.

Von der lösenden zur suspendierenden Wirkung

§ 117   Verhältnismäßigkeitsgrundsatz

Zulässigkeit lösender Aussperrung?   Fraglich bleibt insoweit noch, ob Fallkonstellationen denkbar sind, in denen es nach Maßgabe der „neuen" Rechtsprechung zu Kampfmaßnahmen mit lösender Wirkung kommen könnte. Das BAG hat in der oben genannten Entscheidung (BAG GS 21.4.1971 AP Nr. 43 zu Art. 9 GG Arbeitskampf) dazu die Auffassung vertreten, dass eine **lösende Aussperrung** zumindest insoweit in Betracht komme, als ein rechtmäßiger Streik besonders andauernd geführt werde oder es sogar zum Wegfall von Arbeitsplätzen komme. Auch der „Professorenentwurf" sieht Gleiches in seinem § 28 Abs. 1 S. 1 vor. Darüber hinaus sei, so das BAG, dahingehend zu unterscheiden, ob die **lösende Aussperrung** als Gegenmaßnahme auf einen rechtmäßigen oder einen rechtswidrigen Streik erfolgt:

Im Anfangsstadium eines **rechtmäßigen** Arbeitskampfs besteht in der Regel kein schützenswertes Interesse des Arbeitgebers, über die suspendierende Aussperrung hinauszugehen. Im Laufe des Arbeitskampfs kann sich jedoch die Intensität des Arbeitskampfs derart verändern, dass es gerechtfertigt sein kann, dass der Arbeitgeber zu einer lösenden Aussperrung übergeht. Dies gilt z.B. dann, wenn der Streik über einen längeren Zeitraum andauert oder vor dem Hintergrund des Streiks Rationalisierungsmaßnahmen ergriffen werden, die Arbeitsplätze dauerhaft wegfallen lassen. Dann kann auch eine lösende Aussperrung in Betracht gezogen werden. Insbesondere als Reaktion auf den effizienten Streik von „Spezialisten" an Schlüsselfunktionen (GREINER, NZA 2007, 1023, 1027) oder in der Situation des „Tarifsozialplans" könnte die erweiterte Zulassung der lösenden Aussperrung ein systemkonformer Ansatz sein: Sie wahrt die Parität nicht durch eine verfassungsrechtlich problematische Beschränkung des Streikrechts, sondern durch die erweiterte Freigabe der ebenfalls verfassungsrechtlich geschützten Kampfmittel der Arbeitgeberseite.

Liegt hingegen ein **rechtswidriger** Streik vor, gilt es nach Ansicht des BAG grundsätzlich als zulässig, dass der Arbeitgeber zu einer lösenden Aussperrung greift, sofern es sich nicht um einen kurzen Arbeitskampf handelt.

Gegenansicht   Dieser Ansicht wird in der Lehre widersprochen. Zunächst weist OTTO (MünchArbR/OTTO § 285, Rn. 132) darauf hin, dass sich eine Kündigung im Hinblick auf das Ziel des Arbeitskampfs (Regelung der Arbeitsbedingungen) als rechtsmissbräuchliche Maßregelung i.S.d. § 612a BGB darstelle. Der Zulässigkeit der lösenden Aussperrung bei rechtswidrigen Kampfmaßnahmen der Gewerkschaftsseite steht bereits die Möglichkeit der Beschreitung des Rechtswegs entgegen. Den Arbeitgebern und ihren Verbänden steht es offen, auf dem Rechtswege Unterlassung und Schadensersatzansprüche einzufordern. Die Notwendigkeit zu einem Arbeitskampfmittel zu greifen, ist insoweit nicht gegeben. Die lösende Aussperrung wäre in diesen Fällen ebenso unzulässig wie eine Aussperrung mit suspendierender Wirkung.

IV. Die Verhältnismäßigkeit i.e.S. (Angemessenheit, Proportionalität)

Grundsatz

Wie bereits mehrfach ausgeführt, wird in der jüngeren Rechtsprechung, die im Lichte des Art. 9 Abs. 3 GG der verfassungsrechtlich gewährleisteten Koalitionsbetätigung des Arbeitskampfes mehr Raum verschafft, die Angemessenheitsprüfung zum **entscheidenden Kriterium** (BAG 19.6.2007 AP Nr. 173 zu Art. 9 GG Arbeitskampf). Hierbei geht es zum einen um eine Rechtsmissbrauchskontrolle, zum anderen aber auch um den Schutz der Grundrechte unmittelbar und mittelbar Betroffener. **Verhältnismäßig im engeren Sinne (proportional) ist ein Arbeitskampfmittel, das sich unter hinreichender Würdigung der grundrechtlich gewährleisteten Betätigungsfreiheit zur Erreichung des angestrebten Kampfziels unter Berücksichtigung der Rechtspositionen der von der Kampfmaßnahme unmittelbar oder mittelbar Betroffenen als angemessen darstellt.** Dabei sind **drei** wichtige Besonderheiten zu beachten:

- **Bezugspunkt** der Prüfung ist der Charakter und die Funktion der jeweiligen Arbeitskampfmaßnahme.
- Der Arbeitskampfpartei steht **keine Einschätzungsprärogative** zu, da es hier nicht um eine tatsächliche Einschätzung, sondern um eine rechtliche Abwägung geht.
- Zu beachten ist, dass es gerade das **Wesen** einer Arbeitskampfmaßnahme ist, durch **Zufügung wirtschaftlicher Nachteile** Druck zur Erreichung eines legitimen Ziels auszuüben.

Unverhältnismäßig ist ein Arbeitskampfmittel daher erst, wenn es sich auch unter Berücksichtigung dieser Zusammenhänge als unangemessene Beeinträchtigung gegenläufiger, ebenfalls verfassungsrechtlich geschützter Rechtspositionen darstellt. Es ist darauf zu achten, dass Einschränkungen der Betätigungsfreiheit der Koalitionen nur dann mit Art. 9 Abs. 3 GG vereinbar sind, wenn sie entweder dem Schutz des jeweiligen Koalitionspartners und damit gerade der Erhaltung der Funktionsfähigkeit der Tarifautonomie oder dem Schutz der Grundrechte Dritter dienen oder sie durch die Rücksicht auf andere Rechte mit Verfassungsrang gerechtfertigt sind (BAG 24.4.2007 AP Nr. 2 zu § 1 TVG Sozialplan; vgl. auch BVerfG 26.6.1991 BVerfGE 84, 212). Es wird klar, dass es insoweit im Lichte des jeweiligen Kampfmittels komplizierter Erwägungen bedarf. Anhand einzelner Arbeitskampfmaßnahmen sind die Grenzen verhältnismäßiger Rechtsausübung auszuloten.

In seiner frühen Rechtsprechung hat das BAG ausgeführt, dass durch Arbeitskämpfe das **Gemeinwohl** nicht offensichtlich verletzt werden dürfe (BAG GS 21.4.1971 AP Nr. 43 zu Art. 9 GG Arbeitskampf Nr. 43). Diese Aussage ist als im Prinzip zwar richtig, aber im Ergebnis als nichtssagend und irreführend bezeichnet worden (ErfK/Dieterich Art. 9 GG Rn. 126). Denn eine gerichtliche Kontrolle der Angemessenheit von Tarifzielen ist im Arbeitskampf unzulässig (vgl.

auch BVerfG 26.6.1991 AP Nr. 117 zu Art. 9 GG Arbeitskampf). Im Übrigen erschöpfen sich die Gemeinwohlbelange in der Frage der Notstandsarbeiten, insbesondere in Bereichen der Daseinsvorsorge (siehe unten).

Übermaßkontrolle von Streikzielen?

Verfehlt wäre es, im Rahmen der Proportionalität eine **Angemessenheitskontrolle des Umfangs von Streikforderungen**, die auf tariflich regelbare Ziele gerichtet sind, vorzunehmen. Hierdurch würde unverhältnismäßig in die Koalitionsbetätigungsfreiheit eingegriffen (BAG 24.4.2007 AP Nr. 2 zu § 1 TVG Sozialplan). Zugleich läge eine unzulässige Tarifzensur durch die Gerichte vor (hierzu § 83 III 2 c bb). Kein taugliches Argument ist überdies, bei hohen Forderungen das Paritätsprinzip gefährdet zu sehen. Durch die Höhe der Forderung werden die Handlungsmöglichkeiten der jeweils anderen Seite nicht eingeschränkt. Das BAG führt zur **Unzulässigkeit der Kontrolle von Streikzielen** aus:

„Die Höhe einer Streikforderung greift nicht in grundrechtlich geschützte Rechtspositionen der Arbeitgeber aus Art. 12 Abs. 1, Art. 2 Abs. 1 GG ein. Von einer für ein tariflich regelbares Ziel erhobenen Streikforderung als solcher geht keine Beeinträchtigung aus. Eine bloße Tarifforderung hat keine rechtsgestaltende, für den Gegner verbindliche Wirkung (...). Der Umfang einer Streikforderung ist keine rechtlich bedeutsame Größe. Die Aussicht auf eine uneingeschränkte Umsetzung eines Streikziels besteht typischerweise nicht. Eine Streikforderung rechnet mit dem Widerstand der Arbeitgeberseite. Sie geht aus den verschiedensten Motiven regelmäßig über dasjenige Maß hinaus, bei dessen Erreichen die Gewerkschaft zum Tarifabschluss bereit ist. Sie hat die Funktion, die jeweiligen Mitglieder zu motivieren und Tarifverhandlungen zunächst einmal in Gang zu bringen (...). Mit der Rechtskontrolle schon des Umfangs der Streikforderung würde deshalb eine nur potentielle Norm in Unkenntnis ihrer späteren Konkretisierung auf eine mögliche Grundrechtswidrigkeit überprüft. Das ist mit der Koalitionsbetätigungsfreiheit der Gewerkschaften aus Art. 9 Abs. 3 GG nicht zu vereinbaren und widerspräche dem Grundgedanken der Tarifautonomie (...). Diese besteht auch darin, selbst über Arbeitskampfmodalitäten und -strategien und damit ua. über das als erforderlich angesehene Maß einer Streikforderung entscheiden zu können." (BAG 24.4.2007 AP Nr. 2 zu § 1 TVG Sozialplan)

Tarifgebiet als Kampfgebiet?

Wirkung entfaltet der Proportionalitätsgedanke etwa bei der Frage nach den Grenzen des Kampfgebiets. Insoweit sei – so das BAG – das Kampfgebiet verhältnismäßig festgeschrieben, wenn es sich am Tarifgebiet orientiere (BAG 10.6.1980 AP Nr. 65 zu Art. 9 GG Arbeitskampf).

„Zunächst ist davon auszugehen, dass das Tarifgebiet regelmäßig auch als angemessene Grenze des Kampfgebietes angesehen werden muss. Der räumliche und fachliche Geltungsbereich eines Tarifvertrags grenzt nicht nur den Kreis der Normadressaten ab, sondern bestimmt auch auf beiden Seiten den Mitgliederbestand der unmittelbaren Verhandlungspartner und damit einen wesentlichen Faktor des Kräfteverhältnisses.

IV. Die Verhältnismäßigkeit i.e.S. (Angemessenheit, Proportionalität) § 117

Kommt es zur Auseinandersetzung um die gewerkschaftliche Forderung eines Verbandstarifvertrags, so ist für den angegriffenen Arbeitgeberverband die Solidarität seiner Mitgliedsunternehmen im Tarifgebiet erforderlich, aber auch ausreichend. Diese Unternehmen müssen nämlich in irgendeinem Verfahren darüber bestimmen, ob und inwieweit sie den Forderungen der zuständigen Gewerkschaften entgegentreten oder entsprechen wollen. Deshalb wirken sich Störungen der Solidarität in diesem Kreis unmittelbar auf die Verhandlungsstärke des Arbeitgeberverbandes aus. Die Abgrenzung des Tarifgebietes ist das Ergebnis freiwilliger Absprachen. Man kann davon ausgehen, dass die Tarifvertragsparteien in diesem Zusammenhang die Erfordernisse der Verhandlungsparität beachten." (BAG 10.6.1980 AP Nr. 65 zu Art. 9 GG Arbeitskampf)

Das bedeutet aber nicht, dass das Tarifgebiet stets die Zulässigkeitsgrenze eines Arbeitskampfes markiert. Dies ist am Fall des Unterstützungsstreiks deutlich geworden (siehe unter § 114 II). Gleichwohl ist die Nähe des Arbeitskampfes zum jeweiligen Tarifgebiet natürlich nicht ohne Bedeutung. Die Überschreitung des Tarifgebiets muss im Lichte des Zwecks des Arbeitskampfes, ein bestimmtes tarifliches Ziel zu erreichen, legitimierbar sein. Dabei ist in der Abwägung mitentscheidend zu beachten, ob der mit dem Arbeitskampf überzogene Arbeitgeber als Außenseiter in den Arbeitskampf einbezogen wird. Anders als beim Hauptarbeitskampf hat der vom Unterstützungsstreik betroffene Arbeitgeber regelmäßig nicht die Möglichkeit, durch eigenes Nachgeben oder durch Einflussnahme in seinem Arbeitgeberverband die gewerkschaftlichen Forderungen zu erfüllen und zu einem Tarifabschluss zu gelangen. Bereits aus diesem Grund bedarf er eines größeres Schutzes als der unmittelbar von einem Hauptarbeitskampf betroffene Arbeitgeber (BAG 19.6.2007 AP Nr. 173 zu Art. 9 GG Arbeitskampf).

Bestandteil des Proportionalitätsgedankens ist das **Gebot der fairen Kampfführung**. Danach darf der Arbeitskampf nicht auf die wirtschaftliche **Vernichtung des Gegners** abzielen (BAG GS 21.4.1971 AP Nr. 43 zu Art. 9 GG Arbeitskampf). Dass ein solches Vernichtungsbegehren vorliegt, dürfte jedoch erst dann anzunehmen sein, wenn die Gegenseite trotz der Bereitschaft, auf die gestellten Forderungen einzugehen, nicht zu einer Beendigung des Arbeitskampfs bereit ist (LÖWISCH/RIEBLE AR-Blattei SD 170.2 Rn. 232). In diesen Fällen ist davon auszugehen, dass die Vernichtung des Gegners im Vordergrund steht.

Kein Vernichtungsarbeitskampf

Aus dem **Gedanken der Proportionalität** und des Fairness-Gebots lässt sich ebenfalls die Notwendigkeit der Durchführung von **Erhaltungs-** und **Notstandsarbeiten** herleiten. Bei Ersterem handelt es sich um solche Arbeiten, die erforderlich sind, „um die Anlagen und Betriebsmittel während des Arbeitskampfs so zu erhalten, dass nach Beendigung des Arbeitskampfs die Arbeit fortgesetzt werden kann" (BAG 31.1.1995 AP Nr. 135 zu Art. 9 GG Arbeitskampf). Sie dienen damit der Erhaltung der Funktionsfähigkeit des Betriebs. Darunter

Notstands- und Erhaltungsarbeiten

fallen insbesondere Wartungs- und Kontrolltätigkeiten. Bei Notstandsarbeiten handelt es sich um Tätigkeiten, „die zur Befriedigung der elementaren persönlichen, sozialen und staatlichen Bedürfnisse die erforderliche Mindestversorgung" gewährleisten (BAG 31.1.1995 AP Nr. 135 zu Art. 9 GG Arbeitskampf).

Über die Notwendigkeit solcher Arbeiten trotz laufenden Arbeitskampfs besteht allseits Einigkeit. Gestritten wird aber darüber, wer **Träger der Notdienstarbeiten** ist, also wer darüber entscheidet, welche Tätigkeiten von wem vorzunehmen sind. Dieser Streit schließt die Frage ein, woraus sich die Arbeitspflicht im Verhältnis zum Recht des einzelnen Arbeitnehmers aus Art. 9 Abs. 3 GG auf Beteiligung am Arbeitskampf herleiten lässt. Das BAG hat diese Fragen ganz bewusst nicht entschieden. Richtig dürfte insoweit aber sein, dass die Parteien gemeinsam auf die Einrichtung der Arbeiten hinwirken müssen (soweit auch noch das BAG 31.1.1995 AP Nr. 135 zu Art. 9 GG Arbeitskampf). Kommt es hingegen nicht zu einer Einigung, herrscht allgemeine Ratlosigkeit. Es spricht wohl mehr dafür, die Organisation der Notstands- und Erhaltungsarbeiten dann in die Hände der Arbeitgeber zu legen. Dies gilt jedenfalls dann, wenn die Gewerkschaft die Mitarbeit rechtsmissbräuchlich verweigert, der Arbeitgeber in Folge überraschender Streikaktionen keine Möglichkeit zur Absprache erhält oder hochwertige Rechtsgüter der Allgemeinheit auf dem Spiel stehen (so LAG Baden-Württemberg 30.1.1980 DB 1980, 2042 f.; MünchArbR/Otto § 285 Rn. 153).

Keine Beeinträchtigung der Daseinsvorsorge

Von Arbeitskämpfen sind häufig auch Dritte – wie etwa Kunden von Dienstleistungsunternehmen, Fahrgäste, Flugpassagiere, Patienten, Zulieferer, Abnehmer etc. – betroffen. Das ist eine typische Folge von Arbeitskämpfen. Doch dürfen grundrechtlich geschützte Rechte **kampfunbeteiligter Dritter** nicht übermäßig beeinträchtigt werden. Die im Rahmen eines Arbeitskampfs durch ausgefallene oder verspätete Lieferungen, durch Beschwerden von Kunden oder durch den Verlust von Aufträgen erlittenen Schäden gelten allerdings nach überwiegender Ansicht als „normale" Auswirkungen eines Arbeitskampfs, die hinzunehmen sind. Etwas anderes gilt erst dann, wenn unbeteiligte Dritte über Gebühr beeinträchtigt werden oder ernstliche Gefahren für Leib, Leben, Gesundheit oder Eigentum zu befürchten sind. Letzteres gilt insbesondere für den Bereich der **Daseinsvorsorge**. Wird durch den Streik die Mindestversorgung mit lebenswichtigen Gütern wie Strom, Gas und Wasser unterbunden, ist der Streik unverhältnismäßig.

V. Zusammenfassendes Prüfungsschema

1. Liegt eine kollektive, auf ein tariflich regelbares Ziel gerichtete Druckausübung vor?

   a) Getragen und organisiert durch tariffähige Koalitionen (dann Vermutung der Rechtmäßigkeit zugunsten streikender Arbeitnehmer)

V. Zusammenfassendes Prüfungsschema § 117

b) Tariflich regelbares Ziel (Problem: enge oder weite Betrachtung, Sympathiearbeitskampf), **keine**
   - einzelvertraglichen Regelungen
   - betriebsverfassungsrechtlichen Regelungen (i.e.S.), aber Tarifsozialplan möglich
   - politischen Forderungen, es sei denn „koalitionsspezifische, tariflich regelbare Forderungen
   - Durchsetzung bestehender Verpflichtungen oder arbeitsrechtlicher Streitigkeiten
2. Einhaltung der Friedenspflicht
3. Erklärung über den Beginn und die Beendigung des Arbeitskampfs
a) Konkludente, aber eindeutige Erklärung möglich
b) Keine formelle Erklärung erforderlich
4. Verhältnismäßigkeit (Probleme: Bezugspunkt der Prüfung, Reichweite der Einschätzungsprärogative der Kampfparteien)
a) Geeignetheit (BAG: Geeignet ist ein Kampfmittel, wenn durch seinen Einsatz die Durchsetzung des zulässigen Kampfziels gefördert werden kann) – weite Einschätzungsprärogative
b) Erforderlichkeit (BAG: Erforderlich ist ein Kampfmittel, wenn mildere Mittel zur Erreichung des angestrebten Ziels nach der Beurteilung der den Arbeitskampf führenden Koalition nicht zur Verfügung stehen) – weite Einschätzungsprärogative
   - Problem: Ausschöpfung der Verhandlungsmöglichkeiten; keine Überraschungsarbeitskämpfe
   - Problem: Warnstreik
   - Problem: Aussperrungsquoten
c) Angemessenheit, Proportionalität, Verhältnismäßigkeit (i.e.S.) **Verhältnismäßig im engeren Sinne (proportional) ist ein Arbeitskampfmittel, das sich unter hinreichender Würdigung der grundrechtlich gewährleisteten Betätigungsfreiheit zur Erreichung des angestrebten Kampfziels unter Berücksichtigung der Rechtspositionen der von der Kampfmaßnahme unmittelbar oder mittelbar Betroffenen als angemessen darstellt.** Drei wichtige Besonderheiten sind zu beachten:
   - **Bezugspunkt** der Prüfung ist der Charakter und die Funktion der jeweiligen Arbeitskampfmaßnahme.
   - Der Arbeitskampfpartei steht hier keine Einschätzungsprärogative zu, da es nicht um eine tatsächliche Einschätzung, sondern um eine rechtliche Abwägung geht.
   - Zu beachten ist, dass es gerade das **Wesen** einer Arbeitskampfmaßnahme ist, durch **Zufügung wirtschaftlicher Nachteile** Druck zur Erreichung eines legitimen Ziels auszuüben.

Unverhältnismäßig ist ein Arbeitskampfmittel daher erst, wenn es sich auch unter Berücksichtigung dieser Zusammenhänge als unangemessene Beeinträchtigung gegenläufiger, ebenfalls verfassungsrechtlich geschützter Rechtspositionen darstellt. Eckpfeiler dieser Prüfung:

- Beide Tarifvertragsparteien bzw. Koalitionen genießen den Schutz des Art. 9 Abs. 3 GG in gleicher Weise.
- Beide Tarifvertragsparteien stehen bei der Wahrnehmung des Grundrechts in Gegnerschaft zueinander.
- Gleichzeitig sind beide Tarifvertragsparteien aber auch vor staatlichen Einflussnahmen geschützt.
- Dieser Schutz gilt auch eingedenk des Umstandes, dass sie zum Austragen ihrer Interessengegensätze Kampfmittel mit beträchtlichen Auswirkungen auf den Gegner und die Allgemeinheit einsetzen.

5. Einzelfragen
a) Keine Kontrolle von Streikzielen und -forderungen
b) Kein Vernichtungskampf
c) Notstands- und Erhaltungsarbeiten
d) Keine Beeinträchtigung lebenswichtiger Güter

§ 118 Wahrung der Rechtsordnung als Schranke des Arbeitskampfs

Literatur: BUCHNER, Der Arbeitskampf im Medienbereich – eine Sonderform des allgemeinen Arbeitskampfrechts?, RdA 1987, 209; KISKER, Der Arbeitskampf im Medienbereich aus der Sicht der Art. 5 Abs. 1 und 9 Abs. 3 des Grundgesetzes, RdA 1987, 194; LÖWISCH, Zur rechtlichen Beurteilung besonderer Arbeitskampfmaßnahmen im Medienbereich, RdA 1987, 219.

I. Konkurrenz mit Grundrechten

Grundrechtskonkurrenz

Arbeitskämpfe müssen nicht nur dem Verhältnismäßigkeitsgrundsatz entsprechen, sondern sich gänzlich in die Rechtsordnung einfügen. Da Arbeitskämpfe regelmäßig die **Grundrechte** der Gegenseite und Dritter tangieren, müssen sie mit diesen nach dem Grundsatz der **praktischen Konkordanz** in ein ausgeglichenes Verhältnis gebracht werden.

Art. 5 GG – Presse- und Informationsfreiheit

Besonderheiten ergeben sich im Bereich der **Medien**. Hier ist – anders als bei den meisten anderen Branchen – neben der Verletzung der Rechte des Arbeitgebers aus Art. 12 und 14 GG insbesondere Art. 5 GG zu beachten, der als konstitutives Prinzip der Demokratie gilt sowie dem Einzelnen das Recht gewährt, sich ungehindert zu informieren.

Ein absoluter Vorrang des Grundsatzes der Pressefreiheit besteht allerdings nicht (BROX/RÜTHERS Rn. 96). Arbeitskämpfe im Medienbereich sind daher grundsätzlich zulässig (BAG 12.3.1985 AP Nr. 84 zu Art. 9 GG Arbeitskampf).

Kein absoluter Vorrang der Pressefreiheit

„Die Presse ist privatrechtlich in Wirtschaftsunternehmen organisiert. Art. 9 Abs. 3 GG garantiert auch in dieser Branche den autonomen Lohnfindungsprozess und damit den Arbeitskampf, der das Erscheinen von Presseerzeugnissen teilweise oder ganz verhindern kann. Im Interesse einer auch für die Arbeitnehmer im Pressebereich funktionierenden Tarifautonomie muss es die Öffentlichkeit hinnehmen, wenn Zeitungen zeitweise nicht erscheinen können und dadurch das Meinungs- und Informationsangebot reduziert wird." (BAG 12.3.1985 AP Nr. 84 zu Art. 9 GG Arbeitskampf)

Etwas anderes gilt jedoch dann, **wenn** durch einen Arbeitskampf die **Informations- und Meinungsfreiheit** (Art. 5 Abs. 1 S. 1 GG) **nachhaltig gefährdet** würde.

Ausnahme

„Besonderheiten könnten sich nur dann ergeben, wenn durch einen Arbeitskampf die Informations- und Meinungsfreiheit (Art. 5 Abs. 1 Satz 1 GG) nachhaltig gefährdet würde. Die Grundrechte der Meinungsfreiheit und der Informationsfreiheit sind für die freiheitlich demokratische Grundordnung schlechthin konstituierend, da sie den geistigen Kampf, die freie Auseinandersetzung der Ideen und Interessen gewährleisten, die für das Funktionieren dieser Staatsordnung lebensnotwendig sind." (BAG 12.3.1985 AP Nr. 84 zu Art. 9 GG Arbeitskampf)

◌ Als Beispiele für eine **nachhaltige Gefährdung** nennt das BAG:
  – die Lahmlegung aller Massenmedien (Presse, Rundfunk und Fernsehen) oder eines unter den Wertungsgrundsätzen des Art. 5 Abs. 1 GG relevanten Teils,
  – die erkennbare Ausrichtung des Streiks auf Unternehmen einer bestimmten Tendenz.

II. Beachtung der Strafgesetze

Im Arbeitskampf bleibt ferner das **Strafgesetzbuch** zu beachten, dessen Normen jedoch im Lichte des Art. 9 Abs. 3 GG ausgelegt werden müssen. Dies ist im Besonderen im Fall der Rechtswidrigkeitsfrage der Nötigung gem. § 240 StGB im Arbeitskampfrecht von Bedeutung. Handelt es sich um einen rechtswidrigen Streik nach den soeben aufgestellten Maßgaben, so steht auch seine Rechtswidrigkeit i.S.d. § 240 Abs. 2 StGB fest. Einzelne Arbeitskämpfe sind zudem dann rechtswidrig, wenn Straftaten ihr Gesamtbild prägen oder von Anfang an Straftaten eingeplant sind (LAG Köln 2.7.1984 EzA Nr. 53 zu Art. 9 GG Arbeitskampf; GAMILLSCHEG KollArbR I § 23 II 1). Straftaten, die bei Gelegenheit des Arbeitskampfs begangen werden, berühren seine Rechtmäßigkeit hingegen nicht.

Wahrung der Strafrechtsordnung

4. Abschnitt:
Zur Vertiefung: Rechtmäßigkeit besonderer Arbeitskampfmittel und -taktiken

⊃ Übersicht:
§ 119 Wellenstreik
§ 120 Betriebsblockade und Betriebsbesetzung
§ 121 Schlechtleistung und partielle Arbeitniederlegung
§ 122 Suspendierende Betriebsstilllegung
§ 123 Streikbruchprämie
§ 124 Massen(änderungs)kündigung

Nachdem die einzelnen Rechtmäßigkeitskriterien vorgestellt und unter Berücksichtigung auf Streik und Aussperrung konkretisiert wurden, sollen nun im Folgenden besonders geartete Arbeitskampfmittel an ihnen gemessen und beurteilt werden.

§ 119 Wellenstreik

Literatur: AUKTOR, Wellenstreik im System des Arbeitskampfrechts, 2002.

Fehlende Rechtsprechung zur Rechtmäßigkeit

Der Wellenstreik ist eine Variante des „klassischen Streiks" (siehe unter § 113 I 3). Da den Gewerkschaften die Wahl des Zeitpunkts, des Orts und der Dauer einer Arbeitsniederlegung grundsätzlich freisteht, spricht auf den ersten Blick wenig gegen seine **Zulässigkeit** bzw. **Rechtmäßigkeit**. Dementsprechend ist auch das BAG in seinen vier Entscheidungen zum Wellenstreik nicht weiter auf die Frage der Rechtmäßigkeit des Einsatzes dieser Arbeitskampftaktik eingegangen (BAG 12.11.1996 EzA Nr. 127 zu Art. 9 GG Arbeitskampf mit Anm. TREBER = SAE 1997, 281 ff. mit Anm. RIEBLE; BAG 17.2.1998 EzA Art. 9 GG Arbeitskampf Nr. 129 mit Anm. NICOLAI; BAG 15.12.1998 AP Nr. 154 zu Art. 9 GG und BAG 15.12.1998 AP Nr. 56 zu § 80 BetrVG 1972). Es kann daher davon ausgegangen werden, dass das Gericht den Wellenstreik als ebenso unproblematisch einsetzbar ansieht wie den „klassischen Streik". Als problematisch im Zusammenhang des Wellenstreikeinsatzes wird allein die Frage erachtet, ob die sog. **Arbeitskampfrisikolehre** auch bei wellenstreikbedingtem Annahmeverzug des Arbeitgebers eingreift (siehe unter § 130).

Gebotene Einschränkungen

RIEBLE (SAE 1997, 281 ff.) meint, dass durchaus Anlass besteht, den Wellenstreik auf seine Rechtmäßigkeit hin zu untersuchen. Der Schluss von der Zulässigkeit und Rechtmäßigkeit des Streiks auf die Taktik des Wellenstreiks greife schlichtweg zu kurz. Der Wellenstreik zeichnet sich durch kurzfristige, dem Arbeitgeber nicht angekündigte Arbeitsniederlegungen aus. Der „Kniff" dieser Taktik liege dabei nicht in den unmittelbar streikbedingten Ausfällen einer

(Teil-) Schicht, sondern darin, dass der Arbeitgeber einen Kontrollverlust über die Produktion in ihrer Gesamtheit erleidet. Aufgrund der Ungewissheit, wann die streikenden Arbeitnehmer die einzelne Maßnahme beenden und ihre Arbeitskraft wieder anbieten, kann der Arbeitgeber wirtschaftlich eine Kompensation der Arbeitsausfälle nicht ohne erhöhtes Kostenrisiko organisieren. Er sieht sich nämlich jederzeit der Möglichkeit ausgesetzt, dass bei überraschendem Ende der Arbeitsniederlegung **Arbeitsplätze doppelt belegt** und damit auch die Arbeitslöhne doppelt zu zahlen sind. Auf diese Weise wird ihm die **Organisation der Aufrechterhaltung der Produktion** erheblich erschwert. Er kann schließlich nie wissen, wann er über seine originären Arbeitskräfte disponieren kann und wann deren Arbeitskraft aufgrund von Arbeitsniederlegungen nicht zu seiner Verfügung stehen.

Mit dem Wellenstreik wird demnach auf den Arbeitgeber gleich in mehrfacher Weise Druck ausgeübt. Gleichzeitig wird ihm sein Abwehrpotential nahezu gänzlich abgeschnitten, da neben der Erschwerung der Kompensation von Arbeitsausfällen auch eine Druckausübung durch eine Abwehraussperrung praktisch leer läuft. Sein Aussperrungsrecht bleibt im Verhältnis an den Umfang der Streikbeschlüsse der Gewerkschaftsseite gebunden, womit er allenfalls in Wellen aussperren könnte und auf diese Weise gerade das besorgen würde, was die Gewerkschaften anstreben: kurze Ausfälle von Arbeitskräften, die zu einer erheblichen Störung der Produktion führen. Möglichkeiten, einen echten Gegendruck aufzubauen, stünden ihm mithin nicht offen. So gesehen kann durch den Wellenstreik eine **Paritätsstörung zu Lasten der Arbeitgeber** eintreten. Soll diese Störung des Verhandlungsgleichgewichts nicht die gänzliche Unzulässigkeit des Wellenstreiks nach sich ziehen, sind Einschränkungen dieser Kampfweise geboten.

RIEBLE sieht aufgrund dessen das Fairnessgebot beim Einsatz des Wellenstreiks verletzt. Um eine generelle Rechtswidrigkeit des Wellenstreiks abzuwenden, müsse der Wellenstreik deshalb dem Fairnessgebot angepasst werden. Dem **Proportionalitätsgedanken** dürfte dabei genüge getan sein, wenn nicht nur ganz allgemein eine Ankündigungserklärung hinsichtlich des Arbeitskampfs erfolgt, sondern diese darüber hinaus **Zeiten und Eckpunkte** der geplanten Arbeitskampfmaßnahme, wie Zeitpunkt des Beginns, Dauer und Lokalität beinhalten würde. Damit wären die erheblichen Einschränkungen auf der Arbeitgeberseite im Hinblick auf Aussperrung und Kompensation neutralisiert. Die Folge, dass der für die Arbeitnehmer interessanteste Überraschungseffekt des Wellenstreiks beseitigt wird, sei dabei hinzunehmen.

Einschränkung durch Ankündigungspflicht

Die **Rechtsprechung** hat einen anderen Weg gewählt. Sie bringt die gestörte Parität durch Modifikationen der Rechtsfolgenseite wieder ins Gleichgewicht (siehe unter § 131). Dem Arbeitgeber wird die Möglichkeit zur wirtschaftlichen Kompensation dadurch wieder eröffnet, dass das Lohnrisiko hinsichtlich der nach Beendigung der

Einschränkung auf der Rechtsfolgenseite

Kampfmaßnahme von den „Streikenden" wieder angebotenen Leistungen auf die Gewerkschaften abgerollt wird. Diese **Betriebsrisikoumverteilung** nach den Grundsätzen der Arbeitskampfrisikolehre greift nach Auffassung des Gerichts aber nur dann ein, wenn die „Doppelbelegung" auf der Kurzfristigkeit der Beendigung der Kampfmaßnahme beruhe. Hatte der Arbeitgeber ausreichend Zeit, durch Outsourcing oder sonstige Maßnahmen einen Annahmeverzug zu vermeiden, verbleibt das Betriebsrisiko bei ihm (BAG 15.12.1998 AP Nr. 154 zu Art. 9 GG Arbeitskampf). Damit setzt das BAG letztlich die gebotenen und von RIEBLE geforderten Beschränkungen – allerdings durch Modifikationen der Rechtsfolgenseite – um. Beide Vorgehensweisen führen zu einer wesentlichen, aber erforderlichen Wirkungsbeschränkung der Kampftaktik. Die Herstellung der Parität dürften im Endergebnis wiederum beide Vorgehensweisen bewirken. Eine Paritätsgefährdung liegt überdies auch dann nicht vor, wenn dem Arbeitgeber kraft seiner Einschätzungsprärogative das effiziente Mittel der Aussperrung nicht beschränkt wird.

§ 120 Betriebsblockade und -besetzung

Literatur: BERGHAUS, Rechtsprobleme der Betriebsbesetzung und Betriebsblockade, 1989; LÖWISCH, Zur rechtlichen Beurteilung besonderer Arbeitskampfmaßnahmen im Medienbereich, RdA 1987, 221; LÖWISCH/KRAUSS, Die rechtliche Bewertung von Betriebsblockaden nach der Sitzblockadeentscheidung des Bundesverfassungsgerichts, DB 1995, 1330; MÜLLER-RODEN, Betriebsbesetzung – Neue Form im Arbeitskampf, ZRP 1988, 161; RICHTER, Grenzen aktiver Produktionsbehinderung im Arbeitskampf, 2004; TREBER, Aktiv Produktionsbehindernde Maßnahmen, 1996; WESCH, Die Bedeutung neuer Arbeitskampfmittel am Beispiel von Betriebsbesetzung und Betriebsblockade, 1993.

Die Gewerkschaften sehen Betriebsbesetzung und Betriebsblockade als ein weiteres zulässiges Arbeitskampfmittel an. Betriebsbesetzungen seien grundsätzlich erforderlich zur Herstellung paritätischer Ausgangspositionen, da sich das Kampfmittel des Streiks aufgrund des technologischen Fortschritts mehr und mehr als wirkungslos darstelle. Aufgrund des vermehrten Einsatzes von Computern wäre es den Arbeitgebern in Zeiten des Streiks möglich, die Störungen der Produktion mit geringen personellen Umstrukturierungen und mit Hilfe weniger Arbeitswilliger zu kompensieren. Die bloße Arbeitsniederlegung ginge damit faktisch ins „Leere", worin eine eindeutige Störung des Kampfgleichgewichts zu sehen sei (IG-METALL, RdA 1986, 47; HINDRICHS/MÄULEN/SCHARF, Neue Technologie und Arbeitskampf, 1990, S. 249 ff.; TREBER, Aktiv Produktionsbehindernde Maßnahmen, 1996).

Unzulässige Arbeitskampfmaßnahme?
Die überwiegende Ansicht lehnt die Betriebsbesetzung als Mittel des Arbeitskampfs zu Recht ab. Weder der **Grundsatz der freien Wahl der Kampfmittel** noch **Paritätserwägungen** rechtfertigen es, allgemeine zivil- und strafrechtliche Verbotstatbestände außer Kraft zu

setzen. Sowohl **Betriebsbesetzung** als auch **-blockade** stellen sich als eine Eigentumsstörung, die Betriebsbesetzung gar als Hausfriedensbruch i.S.d. § 123 StGB dar. Beide Kampfvarianten erfüllen den Tatbestand der Nötigung i.S.d. § 240 StGB und sind auch keiner Rechtfertigung nach arbeitskampfrechtlichen Gesichtspunkten zugänglich (ähnlich BAG 21.6.1988 AP Nr. 109 zu Art. 9 GG Arbeitskampf; LÖWISCH, RdA 1987, 219, 220).

Aktiv in die Produktion eingreifende Mittel sind regelmäßig **nicht erforderlich**, um der Tarifordnung zur Funktionalität zu verhelfen. Zwar wird man einer Betriebsblockade nicht von vornherein den Charakter einer koalitionsspezifischen Maßnahme absprechen können. Sie dürfte aber im Lichte der Funktion des Arbeitskampfes stets unverhältnismäßig sein. Denn die Blockade führt zu einem gegenüber der bloßen Arbeitsniederlegung überschießenden Effekt. Eine kleine Gruppe von Arbeitnehmern kann – bei Arbeitsbereitschaft vieler anderer – den ganzen Betrieb lahmlegen. Der Charakter dieser Maßnahme zielt nicht auf den den Arbeitskampf ausmachenden Marktmechanismus. Sie verzerrt das Bild der Geschlossenheit der Gewerkschaft. Denn sie muss ihre Forderung mit der Stärke ihrer Mitgliedschaft, nicht aber durch Verletzung strafrechtlicher Normen unter Beweis stellen. Eine Einschätzungsprärogative hat die Gewerkschaft in dieser Frage nicht, da es hier um Rechtsfragen geht. Die Zufügung wirtschaftlicher Nachteile ist nicht Selbstzweck des Arbeitskampfes. Der Nachteil soll ausschließlich mittels freiwilliger Zurückhaltung der Arbeitsleistung durch ein Kollektiv herbeigeführt werden.

<small>Argumentation in der Lehre</small>

§ 121 Schlechtleistung und partielle Arbeitsniederlegung

Literatur: REUSS, Der Ärztestreik, RdA 1972, 321.

Nicht vom Schutz des Art. 9 Abs. 3 GG wird die Schlechtleistung (Beispiel: vorsätzliches Herstellen von Ausschussware) durch die „streikenden" Arbeitnehmer erfasst (so schon das Reichsgericht, RGZ 111, 105, 112; BGH 31.1.1978 AP Nr. 61 zu Art. 9 GG Arbeitskampf; ebenso: „Professorenentwurf" § 21 Abs. 3). Mithin stellt sich die Schlechtleistung – weil einer Rechtfertigung nach Art. 9 Abs. 3 GG nicht zugänglich – als Verletzung der arbeitsvertraglichen Pflichten dar. Die Schlechtleistung ist etwas qualitativ anderes als die Zurückhaltung der Arbeitsleistung

<small>Schlechtleistung</small>

Diskutiert wird aber, ob nicht Formen der **kollektiven Verlangsamung der Arbeitsleistung** (sog. **Bummelstreik**, „go-slow") als zulässiges Arbeitskampfmittel erachtet werden müssen. Zur Begründung der Zulässigkeit wird angeführt, dass diese Vorgehensweisen sich als mildere Mittel gegenüber einer umfassenden Arbeitsniederlegung präsentierten (BROX/RÜTHERS Rn. 28; LÖWISCH/RIEBLE AR-Blat-

<small>Intensität der Arbeitskampfmaßnahme</small>

tei SD 170.2 Rn. 256; ZÖLLNER/LORITZ/HERGENRÖDER § 42 VI 5 a). Dem wird widersprochen, weil dem Arbeitgeber jegliche Gegenwehr genommen wird und die kollektive Leistungsverminderung länger aufrecht erhalten werden kann, da sie die Streikkassen weniger belastet. Gegen die Anerkennung des „Bummelstreiks" spricht des Weiteren seine Nähe zur Betriebsbesetzung. Es könne kaum einen Unterschied machen, ob die Arbeitnehmer den Betrieb besetzen oder ob sie dies unter dem Vorwand zu arbeiten tun (GAMILLSCHEG KollArbR I § 21 V 4 c). Dagegen kann man einwenden, dass die Langsamarbeit sich nicht wesentlich von einer teilweisen Arbeitsniederlegung unterscheidet. Da auch dieses Arbeitskampfmittel von der Gewerkschaft getragen sein muss und dem Arbeitgeber die beteiligten Arbeitnehmer mitgeteilt werden müssen, besteht auch keine unfaire Intransparenz. Der Arbeitgeber kann mit teilweiser Lohnverweigerung oder Aussperrung reagieren (ZÖLLNER/LORITZ/HERGENRÖDER § 42 VI 5 a).

Partielle Arbeitsniederlegung

Ähnlich zu beurteilen ist die lediglich **partielle Arbeitsniederlegung** (Bleistiftstreik, „Computerstreik"). Bei dieser Kampfvariante nehmen die Arbeitnehmer nur einen abgrenzbaren Teil ihrer arbeitsvertraglichen Verpflichtungen nicht wahr. Ähnlich wie beim Wellenstreik besteht kein Anlass, im Lichte der Einschätzungsprärogative der Gewerkschaft an der Zulässigkeit dieser Kampfweise zu zweifeln, denn sie beschränkt sich allein auf die Zurückbehaltung der geschuldeten Arbeitsleistung. Allein der Umstand, dass durch die partielle Arbeitsniederlegung dem Arbeitgeber die Kompensation durch externe Arbeitswillige erheblich erschwert wird, erlaubt keine Untersagung dieses Kampfmittels. Auch hier kann der Arbeitgeber mit teilweiser Lohnverweigerung oder Aussperrung reagieren. Eine andere Sichtweise ist im Lichte der neueren Rechtsprechung des BAG kaum vertretbar.

Insbesondere: Arbeitnehmer in der Daseinsvorsorge

Die Richtigkeit dieser Position zeigt sich auch für den Fall des Arbeitskampfes in Bereichen, in denen Arbeitnehmer im Interesse der Allgemeinheit nicht vollständig streiken können bzw. dürfen. In besonderen Berufssparten wird dem Arbeitnehmer trotz seiner Koalitionsfreiheit aus Art. 9 Abs. 3 GG kein Recht auf eine umfassende tarifbezogene Arbeitsniederlegung zugestanden. Nach überwiegender Ansicht kommt solchen Arbeitnehmern, die Aufgaben der elementaren allgemeinen **Daseinsvorsorge** wahrnehmen (Bsp.: der in der Notfallaufnahme beschäftigte Arzt, der bei der Stadt angestellte Feuerwehrmann, vgl. BROX/RÜTHERS Rn. 537 ff.), ein Recht zur Arbeitsniederlegung hinsichtlich dieser Aufgaben nicht zu. Jedoch soll ihnen ihr Recht aus Art. 9 Abs. 3 GG nicht gänzlich genommen werden. Demgemäß muss es ihnen zumindest zugestanden werden, solche Arbeiten zu verweigern, die nicht unmittelbar die lebenswichtige Versorgung der Allgemeinheit betreffen. Für den im Beispiel angeführten **Arzt im öffentlichen Krankenhaus** stellt sich dies wie folgt dar: Er muss seine Behandlungstätigkeiten weiterhin durchführen, kann aber die verwaltungstechnischen Bereiche seiner Tätigkeit (Ausfüllen von Berichten, damit der öffentliche Träger mit den Krankenkassen abrechnen kann) einstellen. Hier kann der Arbeitgeber praktisch nur mit Lohnabzug reagieren, weil die vollständige Aussperrung wiederum die lebenswichtige Versorgung gefährden würde.

§ 122 Suspendierende Betriebsstilllegung

Die oben (siehe unter § 113 IV 4) vorgestellte, Mitte der Neunziger Jahre vom BAG anerkannte Kampfvariante der Betriebsstilllegung ist eines der auf Arbeitgeberseite umstrittensten Kampfmittel. Während das BAG 1993 noch die Möglichkeit der Suspendierung als Arbeitskampfmaßnahme ablehnte und die Lohnzahlung der nichtstreikenden Arbeitnehmer mit Hilfe des Instrumentariums der Arbeitskampfrisikolehre dem Arbeitgeber auferlegte (BAG 14.12.1993 AP Nr. 129 zu Art. 9 GG Arbeitskampf), vertritt das BAG nunmehr die Rechtsauffassung, dass der Arbeitgeber **für die Dauer des Streiks** nicht verpflichtet sei, den bestreikten Betrieb oder Betriebsteil aufrechtzuerhalten. Dieser könne sich vielmehr dem **Streik beugen** und den Betrieb stilllegen ohne selbst aussperren zu müssen. Dies soll selbst dann möglich sein, wenn zwar die Aufrechterhaltung der Produktion mit den Arbeitswilligen möglich wäre, die Voraussetzungen für eine Lohnverweigerung nach den Grundsätzen der Arbeitskampfrisikolehre aber noch nicht vorliegen (BAG 14.12.1993 AP Nr. 129; BAG 22.4.1994 AP Nr. 130; BAG 31.1.1995 AP Nr. 135; BAG 27.6.1995 AP Nr. 137; BAG 11.7.1995 AP Nr. 138, alle zu Art. 9 GG Arbeitskampf). Demgemäß ist die Betriebsstilllegung **keine Aussperrung**; gemeinsam hat sie mit der Aussperrung lediglich, dass ihr Einsatz die Suspendierung der vertraglichen Hauptpflichten auslöst.

Entwicklung in der Rechtsprechung

Das BAG rechtfertigt die Stilllegungsbefugnis des Arbeitgebers mit der Erwägung, dass der Arbeitgeber während eines andauernden Streiks nicht mit einer unverändert anhaltenden Arbeitsbereitschaft der bisher nicht streikenden Arbeitnehmer rechnen könne. Wolle er die Streikfolgen für sein Unternehmen minimieren, müsse er die Möglichkeit haben, seine arbeitsvertraglichen **Pflichten der arbeitskampfrechtlichen Lage anzupassen**. In der Stilllegungsbefugnis sei auch kein Eingriff in die Kampfparität zu erblicken, da der Arbeitgeber mit der Stilllegung im Umfang des gewerkschaftlichen Streikbeschlusses nur das vollziehe, was die kampfführende Arbeitnehmerseite anstrebe, nämlich die vollständige Arbeitsniederlegung durch alle Arbeitnehmer des Betriebs.

Begründungsansatz des BAG

„Eine Verpflichtung des Arbeitgebers zur teilweisen Aufrechterhaltung des bestreikten Betriebs oder Betriebsteils im Rahmen des Zumutbaren und Möglichen folgt nicht aus der den arbeitswilligen Arbeitnehmern gegenüber bestehenden arbeitsvertraglichen Beschäftigungspflicht. (...) Der Arbeitgeber kann keineswegs mit unverändert fortdauernder Arbeitsbereitschaft und uneingeschränkter Erfüllung der Arbeitspflicht rechnen. Er muss deshalb seinerseits die Möglichkeit haben, seine arbeitsvertraglichen Pflichten der arbeitskampfrechtlichen Lage anzupassen. Das geschieht durch seine Erklärung, den bestreikten Betrieb oder Betriebsteil nicht aufrechterhalten zu wollen und die Arbeitsverhältnisse der betroffenen Arbeitnehmer für die Dauer des Arbeitskampfes zu suspendieren. (...) Die Belastungen der Außenseiter durch ihre Einbeziehung in das Arbeitskampfgeschehen wird nach weit überwiegender Ansicht in Rechtsprechung und Schrifttum durch die Vorteile aufgewogen, die sich mittelbar auch für sie durch eine effiziente Tarifpraxis und Erfolg der gewerkschaftlichen Tarifpolitik ergeben. Eine unzulässige Beeinträchtigung der negativen Koalitionsfreiheit liegt darin nicht." (BAG 22.3.1994 AP Nr. 130 zu Art. 9 GG Arbeitskampf)

Anders als bei der Aussperrung stellt die Stilllegung damit **keine aktive Arbeitskampfhandlung** dar (BAG AP 27.6.1995 Nr. 137 zu Art. 9 GG Arbeitskampf). Der Arbeitgeber reagiert mit ihr allein auf eine Arbeitskampfmaßnahme der Gegenseite. Anders als bei der Aussperrung kann er daher das Kampfgebiet auch nicht erweitern (WISSMANN, Arbeitsrecht der Gegenwart 35 [1997], S. 115, 120). Seine Reaktionsmöglichkeit „Stilllegung" besteht nur innerhalb des zeitlich und gegenständlichen Rahmens des andauernden Streiks.

Kritik

In der Rechtslehre ist die Stilllegungsbefugnis mit der Folge der Suspendierung von den arbeitsvertraglichen Pflichten überwiegend auf Kritik gestoßen. Kritisiert wird zum einen die mangelnde normative Herleitung des Stilllegungsrechts (KONZEN, Anm. zu BAG AP Nr. 137, 138, 139 alle zu Art. 9 GG Arbeitskampf; MünchArbR/OTTO § 286 Rn. 113); zum anderen wird vorgebracht, dass die Betriebsstilllegung nicht nur als reaktive, sondern als aktive Maßnahme zu betrachten sei und in Anbetracht der Suspendierungswirkung das Paritätsverhältnis zu Lasten der Arbeitnehmer verschoben werde (LIEB, SAE 1996, 182 ff.; RIEBLE, SAE 1996, 227, 232 ff.). Dem kann gefolgt werden:

Entweder ist die Betriebsstilllegung als Kampfmittel zu begreifen, dann wäre überaus fraglich, wie sie zur **Herstellung von Parität** durch die Arbeitgeber eingesetzt werden soll, da die Schließung allenfalls zu dem Ergebnis führt, das durch die Gewerkschaft angestrebt wurde. Auch das häufig angebrachte Argument, es handele sich bei der Stilllegung um das gegenüber der Aussperrung mildere Mittel, weshalb es zulässig sein müsse, greift nicht durch, denn die Maßnahme ist für die Arbeitswilligen keinesfalls milder. Oder die Möglichkeit der Betriebsstilllegung lehnt sich an das **Leistungsstörungsrecht und die Arbeitskampfrisikolehre an**. Dann ist aber nicht nachvollziehbar, weshalb der Anspruch auf Lohnzahlung der Arbeitswilligen bereits entfallen soll, obschon die Arbeit noch möglich bzw. die Annahme dem Arbeitgeber noch zumutbar ist. Die Arbeitskampfrisikolehre modifizierte bislang allein den Fall der Gegenleistungspflicht bei Unmöglichkeit bzw. Unzumutbarkeit der Leistungserbringung bzw. -annahme dahin gehend, dass der Arbeitgeber ausnahmsweise von seinem gem. § 615 S. 3 BGB zu tragenden Betriebsrisiko befreit wird. Voraussetzung für die Einschlägigkeit der

Arbeitskampfrisikolehre war aber jedenfalls, dass überhaupt eine Unmöglichkeit oder Unzumutbarkeit hinsichtlich der Arbeitsleistungserbringung vorlag. Weshalb nunmehr durch die Arbeitskampfrisikolehre nicht nur die Rechtsfolge, sondern auch die Voraussetzungen abgeändert werden sollen, ist nicht ersichtlich. Die allein für die Betriebsstilllegung denkbaren Ansätze vermögen die Legitimation der Suspendierungswirkung der Hauptleistungspflichten mithin nicht zu stützen. In Wahrheit ist die suspendierende Betriebsstilllegung eine echte Arbeitskampfmaßnahme – wie die Aussperrung auch – die nur nicht als solche bezeichnet wird. Sie ist aber zweifellos als koalitionsspezifische Betätigung des Arbeitgebers bzw. des Arbeitgeberverbandes zulässig.

§ 123 Streikbruchprämie

Die Zulässigkeit von Sonderzahlungen an Arbeitnehmer, um ihnen dadurch die Leistungserbringung trotz Streiks anderer Arbeitnehmer schmackhaft zu machen, ist hinsichtlich des arbeitsrechtlichen Gleichbehandlungsgrundsatzes gem. § 612a BGB nicht unproblematisch. Auf der einen Seite steht es dem Arbeitgeber frei, einen Personenkreis, dem er zusätzliche Leistungen gewähren will, von anderen abzugrenzen. Andererseits obliegt ihm hinsichtlich § 612a BGB die Verpflichtung, die Leistungsvoraussetzungen derart abzugrenzen, dass die Arbeitnehmer des Betriebs nicht aus sachfremden oder willkürlichen Gründen von der Leistung ausgeschlossen werden.

Die überwiegende Meinung sieht aufgrund dessen das **Zahlungsversprechen** zusätzlicher Prämien an arbeitswillige Arbeitnehmer **vor und während eines Streiks** dann als berechtigtes Mittel des Arbeitskampfs an, wenn es als Mittel des Arbeitgebers dazu dient, die Arbeitnehmer zum Streikbruch zu bewegen und so die Folgen des Arbeitskampfs zu minimieren. Denn den Streikbruchprämien liegt dann eine arbeitskampfbezogene Zwecksetzung zugrunde, nämlich die bislang nichtstreikenden Arbeitnehmer durch die Prämienzusage auch weiterhin zu einer Nichtbeteiligung am Streik zu bewegen (BAG 13.7.1993 AP Nr. 127 zu Art. 9 GG Arbeitskampf).

Zulässige Arbeitskampfmaßnahme?

„Die Ankündigung einer Zulage mit dem Ziel, Arbeitnehmer zur Nichtbeteiligung am Streik zu bewegen, hat eine koalitionsgemäße Zwecksetzung. Erkennbare Absicht des Arbeitgebers ist es, auf diese Weise die Streikfolgen für seinen Betrieb zu mindern. Er nimmt Einfluss auf das Arbeitskampfgeschehen, indem er die Wirksamkeit des Arbeitskampfmittels der Gegenseite zu schwächen versucht. Dies ist eine typische Zielsetzung des Arbeitskampfes, in dem durch Druck und Gegendruck versucht wird, den jeweiligen Gegner zur Übernahme der selbst für richtig befundenen Position zu bewegen. Dem bestreikten Arbeitgeber ist es grundsätzlich erlaubt, einem Streik dadurch zu begegnen, dass er durch organisatorische oder sonstige Maßnahmen die Auswirkungen auf seinen Betrieb zu mindern versucht. So ist er berechtigt, durch Streik ausgefallene Arbeit durch arbeitswillige Arbeitnehmer verrichten zu lassen, er darf neue Arbeitnehmer einstellen, durch Streik ausgefallene Arbeit an Dritte vergeben und ähnliches. (...) Die Gewährung eines finanziellen Anreizes an die eigenen Arbeitnehmer, um sie auf diesem Weg zur Arbeitsaufnahme zu bewegen und die Auswirkungen des Streiks auf den Betrieb damit zu mindern, ist als eine im Ansatz vergleichbare Maßnahme anzusehen." (BAG 13.7.1993 AP Nr. 127 zu Art. 9 GG Arbeitskampf)

Das ist auch im Lichte der neueren Rechtsprechung richtig. Sonderzahlungen, die vor und während des Arbeitskampfs versprochen werden, verstoßen folglich nicht gegen § 612a BGB, da die Ungleichbehandlung zwischen streikenden und arbeitswilligen Arbeitnehmern ihren sachlichen Grund gerade im Arbeitskampfgeschehen findet.

Maßregelungsverbot

Etwas anderes gilt hingegen für solche außerordentlichen Vergütungen, die erst **nach Beendigung** des Arbeitskampfs erfolgen. Da sie nicht auf die Erreichung eines konkreten Arbeitskampfziels gerichtet sind (BAG 11.8.1992 AP Nr. 124 zu Art. 9 GG Arbeitskampf), sondern allein auf eine Maßregelung der an einem Streik beteiligten Arbeitnehmer abzielen, bieten sie keinen sachlichen Differenzierungsgrund zwischen streikenden und arbeitswilligen Arbeitnehmern (BAG 4.8.1987 AP Nr. 88 und BAG 17.9.1991 AP Nr. 120 beide zu Art. 9 GG Arbeitskampf) und sind daher unzulässig.

Ausgleich streikbedingter Belastungen

Etwas anderes kann in begründeten Ausnahmefällen aber dann gelten, wenn die Prämie einen Ausgleich für erhebliche, über das normale Maß hinausgehende, streikarbeitsbedingte Belastungen darstellt (BAG 11.8.1992 AP Nr. 124 zu Art. 9 GG Arbeitskampf). Derartige Belastungen liegen allerdings dann noch nicht vor, wenn die arbeitswilligen Arbeitnehmer allein der Kritik ihrer streikenden Kollegen ausgesetzt sind oder Streikposten passieren müssen. Erhebliche Einwirkungen sind erst bei Gewaltakten oder groben Beschimpfungen durch Streikposten anzunehmen (LÖWISCH/KRAUSS AR-Blattei SD 170.3.1 Rn. 76).

§ 124 Massen(änderungs)kündigung

I. Massen(änderungs)kündigung durch die Arbeitnehmer

Massen(änderungs)kündigung als Arbeitskampfmaßnahme

Umstritten ist, ob auch die gemeinschaftliche individualrechtliche Kündigung durch die Arbeitnehmer eine Maßnahme des kollektiven Arbeitskampfs darstellt. Das **BAG** nimmt dies an und hält daher die gemeinsame Kündigung als nicht gewerkschaftlich organisiert für unzulässig (BAG 28.4.1966 AP Nr. 37 zu Art. 9 GG Arbeitskampf).

Kritik

Diese Auffassung des BAG ist in der **Literatur** vermehrt auf Kritik gestoßen (BROX/RÜTHERS Rn. 565; DÄUBLER Rn. 1396; GAMILLSCHEG

KollArbR I § 21 II 2). Die Kritiker halten dem BAG entgegen, dass Art. 9 Abs. 3 GG keine Verbotsnorm für eine kollektive individualrechtliche Betätigung der Arbeitnehmer enthalte. Es sei kein Rechtsgrund ersichtlich, weshalb ein Individualrecht durch seine kollektive Betätigung verloren gehen solle (Däubler Rn. 1396). Die gemeinsame Kündigung sei daher nicht von vornherein rechtswidrig. Fraglich sei allein, ob die arbeitskampfrechtlichen Regelungen auch analog auf die Massen(änderungs-)kündigung Anwendung finden müssen, was für die Einhaltung der Friedenspflicht der Gewerkschaft bejaht wird (Brox/Rüthers Rn. 565). Die Gewerkschaft dürfe daher nicht zu einer kollektiven Kündigung aufrufen, solange die Ausübung des Streiks nicht zulässig sei. Teilweise wird zudem angenommen, dass auch die sich aus den Tarifverträgen ergebende relative Friedenspflicht eine kollektive Kündigung tarifvertraglich gebundener Arbeitnehmer unzulässig mache.

II. Massen(änderungs)kündigung durch den Arbeitgeber

Aber nicht nur die Arbeitnehmer, sondern auch Arbeitgeber können an Stelle der Aussperrung auf die **aussperrungsersetzende Massen(änderungs)kündigung** zurückgreifen. Auf diese Fälle findet § 25 KSchG Anwendung.

Kollektiv ausgeübte Kündigung auf individueller Grundlage – § 25 KSchG

Diese Vorschrift schließt die Anwendbarkeit des KSchG für arbeitskampfbedingte Kündigungen aus. Der Regelungsgehalt des § 25 KSchG erklärt sich insoweit allein aus der Historie. Denn nach der zur Zeit der Verabschiedung des KSchG 1951 vertretenen **individuellen Arbeitskampftheorie** bedurfte die Beteiligung an einem Streik der vorhergehenden Kündigung seitens der Arbeitnehmer. Fehlte es an einer solchen Kündigung, war es dem Arbeitgeber möglich, den Arbeitnehmer wegen der Arbeitsverweigerung zu entlassen. Damit es durch die Anwendung des KSchG aber nicht zu einer einseitigen Begünstigung der Arbeitnehmer im Arbeitskampf kommen konnte, sah § 25 KSchG zum Schutz der Kampfparität die grundsätzliche Kündigungsfreiheit vor.

§ 25 KSchG unter Berücksichtigung der individuellen Kampftheorie

Mit der Anerkennung der sog. **kollektiven Arbeitskampftheorie** (BAG 28.1.1955 AP Nr. 1 zu Art. 9 GG Arbeitskampf), nach der der Streik nicht länger individualrechtlich, sondern als kollektive Maßnahme mit suspendierender Wirkung zu verstehen ist, die eine arbeitnehmerseitige Kündigung vor Beginn des Streiks obsolet werden lässt, verliert § 25 KSchG seinen ursprünglichen Anwendungsbereich. Dennoch ist die Massenänderungskündigung als Arbeitskampfmaßnahme einzustufen (Zöllner/Loritz/Hergenröder § 41 II 3). Die gegenwärtige Bedeutung des § 25 KSchG liegt mithin allein in der Funktion, die Grenzen für die Anwendbarkeit des KSchG festzuschreiben (BAG 21.4.1971 AP Nr. 43 zu Art. 9 GG Arbeitskampf).

Inhalt des § 25 KSchG nach Wechsel zur kollektiven Kampftheorie

5. Abschnitt:
Rechtsfolgen rechtmäßiger Arbeitskämpfe

Literatur: GERAUER, Keine Jahressonderzahlungen für streikende Arbeitnehmer bei Fehlen einer tarifvertraglichen Regelung, ZTR 1995, 442; NICOLAI, Verweigerung von Streikarbeit, 1993.

⮕ **Übersicht:**

§ 125 Suspendierung der arbeitsvertraglichen Pflichten
    I. Auswirkungen auf die Arbeitsverpflichtung
    II. Auswirkungen auf die Arbeitsvergütung
        1. Lohnrisiko
        2. Sonderprämien
        3. Lohnersatzansprüche
        4. Mutterschaftsgeld
        5. Erholungsurlaub und Urlaubsentgelt
        6. Betriebsratstätigkeit
§ 126 Lösende Wirkung
§ 127 Anderweitige Rechtsfolgen
    I. Kündigung des Arbeitsverhältnisses
    II. Schadensersatzansprüche und anderweitige Maßregelungen
    III. Mietverhältnis über Werkwohnung
    IV. Sozialrechtliche Auswirkungen
        1. Beitragspflicht
        2. Kranken- und Rentenversicherung
        3. Arbeitslosengeld
        4. Unfallversicherung
    V. Berechnungszeiten für die Betriebszugehörigkeit
    VI. Einführung von Kurzarbeit

§ 125 Suspendierung der arbeitsvertraglichen Pflichten

Ausrichtung des Betriebsrisikos an der Parität

Während grundsätzlich der Arbeitgeber das sog. **Betriebs-** und **Wirtschaftsrisiko** trägt, er also den Lohn auch dann zahlen muss, wenn er die Arbeitnehmer ohne sein Verschulden aus betrieblichen Gründen nicht beschäftigen kann (Betriebsrisiko, § 615 S. 3 BGB) oder die Fortsetzung des Betriebs wegen eines Auftrags- oder Absatzmangels wirtschaftlich sinnlos wird (Wirtschaftsrisiko), ist dieses Risiko in der Folge eines **rechtmäßigen Arbeitskampfs** nach Ansicht der Rechtsprechung dem Grundsatz der Parität entsprechend auf die beteiligten Arbeitskampfparteien zu verteilen (BAG 14.12.1993 AP Nr. 129 GG Arbeitskampf). Wesentlichste Folge des rechtmäßigen Arbeitskampfs ist, dass er **für seine gesamte Dauer** die **gegenseitigen Hauptpflichten** von Arbeitgeber und Arbeitnehmer aus dem Arbeitsvertrag **suspendiert**.

Das heißt:
- der Arbeitgeber ist nicht zur Beschäftigung und zur Entgeltzahlung verpflichtet,
- der Arbeitnehmer schuldet keine Arbeitsleistung.
- Das Arbeitsverhältnis an sich ebenso wie die allgemeine Fürsorge- und Treuepflicht bestehen hingegen fort.

Aufhebung der Arbeits- und Lohnzahlungspflicht

Ansprüche, die in einer Zeit vor dem Arbeitskampf entstanden sind, können aufgrund der zeitlichen Bindung der Suspendierung an den Arbeitskampf beidseitig nicht verweigert werden. Die Suspendierung beginnt mit der ausdrücklichen bzw. stillschweigenden Erklärung der Arbeitsvertragspartei, eine Arbeitskampfmaßnahme vorzunehmen, und endet dementsprechend mit der Erklärung, sich nicht mehr am Arbeitskampf zu beteiligen bzw. den Arbeitskampf für beendet anzusehen bzw. mit dem Zeitpunkt, zu dem der Arbeitskampf unzulässig wird.

Suspendierung nur für die Dauer des Arbeitskampfs

I. Auswirkungen auf die Arbeitsverpflichtung

Die suspendierende Wirkung hat zur Folge, dass die Arbeitnehmer die durch den Arbeitskampf ausgefallene Arbeitszeit nicht nachzuarbeiten brauchen (Fixschuldcharakter der Arbeitsleistung).

Keine Verpflichtung zur Nacharbeit

Ebenso wenig besteht eine Verpflichtung zur **Streikarbeit**, also dazu, die Arbeit eines streikenden Kollegen zu übernehmen (NICOLAI, Verweigerung von Streikarbeit, 1993). Gehört die zugewiesene Tätigkeit bereits nach dem Arbeitsvertrag nicht zu dem Aufgabenbereich des Arbeitnehmers, ist die Weisung des Arbeitgebers, Streikarbeit zu leisten, ohnehin unwirksam.

Keine Pflicht zur Streikarbeit

➲ **Beispiel:**
Ein Meister wird angewiesen, die Tätigkeit eines Drehers zu übernehmen.

Fällt die zugewiesene Streikarbeit hingegen an sich in den Aufgabenbereich des Arbeitnehmers, kann er sie im Streikfalle dennoch verweigern (BAG 25.7.1957 AP Nr. 3 zu § 615 BGB Betriebsrisiko). Gleiches gilt, wenn dem Arbeitnehmer Aufgaben eines anderen Arbeitnehmers zugewiesen werden, der seinerseits Streikarbeit leistet. Denn **Streikarbeit** gilt angesichts der Solidarität der Arbeitnehmer allgemein **als unzumutbar**.

Ausnahmesituation – Not- und Erhaltungsarbeiten

Etwas anderes gilt allerdings für **Not- und Erhaltungsarbeiten**, zu denen selbst Streikende herangezogen werden können. In der Praxis liegen daher vielfach sog. Notdienstvereinbarungen zwischen dem Arbeitgeber und der Gewerkschaft vor, die den Einsatz der Arbeitnehmer für Notdienste während eines Streiks vorsehen.

II. Auswirkungen auf die Arbeitsvergütung

1. Lohnrisiko

Verlust des Lohnanspruchs

Als Korrelat zur fehlenden Verpflichtung, die arbeitsvertraglich geschuldete Arbeitsleistung zu erbringen, entfällt für die Dauer des Arbeitskampfs der Lohnanspruch der streikenden und ausgesperrten Arbeitnehmer. Die Arbeitnehmer tragen insofern das **Lohnrisiko**. Verweigern die Arbeitnehmer ihre Leistung nur teilweise, verringert sich – sofern so man diese Verfahrensweise als zulässig im Arbeitskampf ansieht (siehe unter § 126) – das Entgelt entsprechend **pro rata** temporis.

Einheit von Betrieb und Belegschaft

Die Übertragung des Lohnrisikos im Arbeitskampf auf die Arbeitnehmer gilt entsprechend dem **Gedanken der Einheit des Betriebes** nicht nur für die sich an einem Streik beteiligenden Arbeitnehmer und für die Frage der Fernwirkung von Arbeitskämpfen, sondern auch für die nicht streikenden Arbeitnehmer, **wenn dem Arbeitgeber ihre Beschäftigung angesichts der Streikauswirkungen unmöglich oder unzumutbar** geworden ist. In der Folge der Anerkennung der suspendierenden Stilllegungsbefugnis des bestreikten Arbeitgebers (siehe unter § 113 IV 3) hat dieser Aspekt jedoch erheblich an Relevanz eingebüßt. Denn folgt man dieser Rechtsprechung, führt bereits die Stilllegung des Betriebes zu der Suspendierung der Hauptleistungspflichten, so dass ein Rückgriff auf eine Unmöglichkeit oder Unzumutbarkeit der Weiterbeschäftigung obsolet geworden ist. Entscheidet sich der Arbeitgeber hingegen nicht für eine Stilllegung seines Betriebes, sondern führt er ihn fort, entfallen die Lohnansprüche der nicht streikenden Arbeitnehmer nur, wenn die Wahrung der Parität die Übertragung des Lohnrisikos rechtfertigt (BAG 11.7.1995 AP Nr. 138 zu Art. 9 GG Arbeitskampf).

Zweifelhaft scheint, inwieweit man auch in der Situation der Gewerkschafts- und Tarifpluralität an der bisherigen Verteilung des Lohnrisikos festhalten kann: Kann der Arbeitgeber wegen des Streiks einer Berufsgruppe andere Arbeitnehmer nicht beschäftigen, scheint es problematisch, das Risiko der Nichteinigung zwischen Arbeitgeber und streikender Gewerkschaft auf Arbeitnehmer abzuwälzen, die am laufenden Arbeitskampf weder aktiv teilnehmen noch an seinem Ergebnis partizipieren. Die Parität durch Belastung nicht kampfbeteiligter Dritter herzustellen, scheint unbillig. Eher muss man im Innenverhältnis der Kampfparteien Wege zur Herstellung einer gestörten Parität suchen (Greiner, Anm. LAGE Art. 9 GG Arbeitskampf Nr. 80, S. 54; a.A. Kamanabrou, ZfA 2008, 241, 260; abwägend Hanau, RdA 2008, 98, 103 f.).

II. Auswirkungen auf die Arbeitsvergütung §125

Grundsätzlich haben die Arbeitnehmer das Lohnrisiko lediglich während der suspendierenden Wirkung des Arbeitskampfs zu tragen. Nach der Beendigung der Kampfhandlung trägt der Arbeitgeber wieder das Betriebsrisiko. Etwas anderes gilt nach herrschender Ansicht dann, wenn nach der Beendigung des Streiks die Beschäftigung der zuvor streikenden Arbeitnehmer streikbedingt nicht mehr möglich ist. In diesem Fall verbleibt das Lohnrisiko bei den Arbeitnehmern. Hauptanwendungsfall bildet der Warn- und Wellenstreik.

Übertragung des Lohnrisikos nach Beendigung des Arbeitskampfs

➲ **Beispiele:**
- Das Publikum einer Opernvorstellung hat angesichts eines kurzen Streiks die Oper bereits verlassen.
- Die Arbeitnehmer führen einen Teil- oder Wellenstreik durch, in dessen Rahmen sie in wechselnden Abteilungen für kurze Zeit die Arbeit niederlegen. Vereinbart der Arbeitgeber daraufhin mit Arbeitswilligen ein „Notprogramm" zur Aufrechterhaltung des Betriebs, ist das „Notprogramm" eine streikbedingte Abwehrmaßnahme, dessen Folgen die Arbeitnehmer zu tragen haben (BAG 12.11.1996 AP Nr. 147 zu Art. 9 GG Arbeitskampf). Dies gilt auch dann, wenn sich die durch einen Teilstreik verursachte Betriebsstörung in einem anderen Betriebsteil auswirkt, da die Störung den Arbeitgeber unmittelbar belastet. Nicht ausreichend ist hingegen, wenn der Arbeitgeber, der bereits mehrfach kurzzeitigen Arbeitsniederlegungen ausgesetzt war, im Vorfeld einer vermeintlichen weiteren Welle der Arbeitsniederlegung vorsorglich die Arbeit an eine Fremdfirma vergibt. In derartigen Vorsorgefällen behalten die Arbeitnehmer ihren Lohnanspruch, da kein streikbedingter Arbeitsausfall vorliegt. Eine Verlagerung des Lohnrisikos ist nur dann gerechtfertigt, wenn ein enger tatsächlicher Zusammenhang mit vorangegangenen Arbeitsniederlegungen besteht (BAG 15.12.1998 AP Nr. 154 zu Art. 9 GG Arbeitskampf). Denn nur in diesen Fällen reagiert der Arbeitgeber allein auf eine Arbeitskampfmaßnahme, ohne selbst aktiv in den Arbeitskampf einzugreifen.

2. Sonderprämien

Auf das Jahr bezogene Sonderleistungen wie **Jahresprämien** sind grundsätzlich voll zu gewähren, da sie an den **Bestand des Arbeitsverhältnisses** anknüpfen. Dies gilt hingegen nicht für Anwesenheitsprämien (LAG Köln 18.12.1986 EzA Nr. 82 zu Art. 9 GG Arbeitskampf).

Kein Abzug bei Jahresprämien

3. Lohnersatzansprüche

Wird ein Arbeitskampf während eines Feiertags geführt, entfällt der **Feiertagslohn**, da mit der Suspendierung des regulären Lohnanspruchs auch der Lohnersatzanspruch entfällt. Etwas anderes gilt

Feiertagslohn

nur dann, wenn die Suspendierung nach dem Feiertag beginnt oder vor dem Feiertag endet. Denn Voraussetzung der Lohnfortzahlung ist, dass der gesetzliche Feiertag die alleinige Ursache für den Arbeitsausfall ist. Der Lohnfortzahlungsanspruch besteht daher auch dann, wenn die Gewerkschaft vor einem gesetzlichen Feiertag den Streik für beendet erklärt und ihn am Tag nach dem Feiertag wieder aufnimmt (BAG 11.5.1993 AP Nr. 63 und BAG 1.3.1995 AP Nr. 68 zu § 1 FeiertagslohnzahlungsG).

Entgeltfortzahlung im Krankheitsfall

Da nach überwiegender Auffassung auch ein **kranker Arbeitnehmer** ausgesperrt werden kann, verliert dieser im Falle der Suspendierung seinen Anspruch aus dem Entgeltfortzahlungsgesetz (BAG 1.10.1991 AP Nr. 121 zu Art. 9 GG Arbeitskampf). Dem steht auch nicht die **aus dem Sozialstaatsprinzip abgeleitete Lohnfortzahlungspflicht** entgegen, da diese den erkrankten Arbeitnehmer so stellen soll, wie er ohne Erkrankung stehen würde, nicht jedoch besser. Beginnt hingegen ein Streik während der Krankheit, behält der Arbeitnehmer seinen Entgeltanspruch, wenn er während des Streiks hätte weiterbeschäftigt werden können (GAMILLSCHEG KollArbR I § 25 I 2 c (3)). Mutmaßungen, ob er mitgestreikt hätte oder nicht, sind aufgrund der individuellen Koalitionsfreiheit des einzelnen Arbeitnehmers unbeachtlich. Hätte der Kranke dagegen auch als Gesunder nicht weiterbeschäftigt werden können, entfällt wiederum sein Lohnanspruch.

4. Mutterschaftsgeld

Angesichts der Suspendierung der arbeitsvertraglichen Pflichten besteht für die Dauer eines rechtmäßigen Arbeitskampfs auch für werdende Mütter kein Anspruch auf das Arbeitsentgelt nach § 11 MuSchG sowie für den Zuschuss nach § 14 MuSchG (BAG 22.10.1986 AP Nr. 4 zu § 14 MuSchG 1986).

5. Erholungsurlaub und Urlaubsentgelt

Kein Anspruch auf noch nicht bewilligten Urlaub

Streikt ein Arbeitnehmer oder wird er ausgesperrt, hat er während des Streiks keinen Anspruch auf die Gewährung von **Erholungsurlaub** oder dessen Abgeltung. Beginnt der Streik hingegen **während des bereits bewilligten Urlaubs**, hat dies keinen Einfluss auf das Urlaubsentgelt, da der Arbeitgeber allein durch die Aussperrung den bereits bewilligten Urlaub nicht widerruft, gleichgültig, ob er bei Beginn der Aussperrung schon angetreten war oder nicht.

6. Betriebsratstätigkeit

Vergütung nur bei Bemühung um Streikbeilegung

Auch die Vergütung der **Betriebsratstätigkeit** entfällt nach Ansicht des BAG mit der Suspendierung. Etwas anderes gilt allerdings dann, wenn der Betriebsrat sich im Einvernehmen mit dem Arbeitgeber aktiv um die Beilegung des Streiks bemüht hat (BAG 25.10.1988 AP Nr. 110 zu Art. 9 GG Arbeitskampf).

Um die Belastungen der Arbeitnehmer während eines Streiks zu mildern, gewähren die zum Streik aufrufenden Gewerkschaften daher regelmäßig ihren Gewerkschaftsmitgliedern eine finanzielle Unterstützung in der Form des sog. Streikgeldes.

⊃ Beispiele **satzungsmäßig vorgesehenen Streikgeldes**:
- § 18 Satzung der IG Bau-Stein-Erden, Stand 1.1.1996: Die Höhe der wöchentlichen Beihilfe beträgt das Elffache des letzten gezahlten Betrags gemäß § 14 Nr. 2 (1,15 % des Monatseinkommens).
- § 23 der Satzung der IG Metall, Stand 1.1. 1998: Die Höhe der Unterstützungssätze richtet sich nach dem Beitragsleistungszeitraum. Erfolgte die Beitragsleistung über 3 bis 12 Monate, beträgt die Unterstützungsleistung das Zwölffache des Durchschnittsbeitrags (1 % des monatlichen Bruttoverdienstes), ab 12 Monaten das Dreizehnfache und ab 60 Monaten das Vierzehnfache.

§ 16 Satzung von Ver.di, sieht ebenfalls eine Streikunterstützung vor, die sich der Höhe nach allerdings nach den Richtlinien des Hauptvorstands richtet. Die Satzung sieht darüber hinaus auch Unterstützung bei arbeitgeberseitigen Maßnahmen vor. Auf diese Leistungen besteht gemäß § 15 Nr. 4 kein Rechtsanspruch. Vielmehr muss jede Unterstützungsleistung gesondert beantragt werden; die zuständigen Stellen der Gewerkschaften entscheiden jeweils über die Bewilligung.

Auch auf Arbeitgeberseite sehen die Satzungen der Arbeitgeberverbände finanzielle Unterstützungsfonds für das bestreikte oder aussperrende Unternehmen vor. Im Bereich der Chemischen Industrie bestehen darüber hinaus Absprachen, die Wohlverhaltensregeln zwischen den Chemieunternehmen vorsehen, die insbesondere dem Kundenschutz des kampfbetroffenen Unternehmens dienen sollen.

<small>Unterstützungsfonds und Wohlverhaltensregeln</small>

§ 126 Lösende Wirkung

Liegt der Ausnahmefall einer rechtmäßigen lösenden Aussperrung vor, stellt sich nach Beendigung des Arbeitskampfs die Frage, ob der Arbeitnehmer wieder einzustellen ist.

Die Frage der **Wiedereinstellung** stellt der Große Senat des BAG in das billige Ermessen des Unternehmers.

<small>Wiedereinstellungsanspruch</small>

„Wird der Arbeitskampf nach einer insgesamt oder teilweise lösenden Aussperrung beendet, ist der Arbeitgeber jedoch bei Wiedereinstellung der lösend ausgesperrten Arbeitnehmer nicht völlig ungebunden. Zwar stellt die lösende Aussperrung eine Steigerung des Arbeitskampfmittels der Arbeitgeberseite dar, die deshalb auch zur Auflösung des rechtlichen Bandes des Arbeitsverhältnis führt. Selbst nach der Steigerung des Arbeitskampfes unter Lösung des rechtlichen Bandes zwischen Arbeitnehmer und Arbeitgeber entspricht es aber nicht dem Grundsatz der Verhältnismäßigkeit, den Bestandsschutz der Arbeitsverhältnisses völlig außer acht zu lassen. Ein Arbeitskampf dient der Erreichung begrenzter Ziele und führt nach seinem Ende im Allgemeinen zur Fortsetzung der beiderseitigen Beziehungen und zur Wiederaufnahme der Arbeit. Eine Wiedereinstellung kann daher nicht allein im Belieben des Arbeitgebers stehen. [...] Deshalb müssen entsprechend dem richtig verstandenen Begriff des Arbeitskampfes nach dessen Ende im Allgemeinen die Arbeitnehmer auch nach lösender Aussperrung wieder eingestellt werden, soweit die Arbeitsplätze noch vorhanden sind. Nach der seit jeher gültigen Begriffsbestimmung der Aussperrung gehört die Wiedereinstellung nach Beendigung des Arbeitskampfes notwendig zum Begriff des Arbeitskampfes und vor allem auch der Aussperrung." (BAG GS 21.4.1971 AP Nr. 43 Art. 9 GG Arbeitskampf)

Im Rahmen des billigen Ermessens kommt der Frage, ob es sich um einen rechtmäßigen oder rechtswidrigen Arbeitskampf gehandelt hat, erhebliche Bedeutung zu.

Es stellt außerdem einen erheblichen Unterschied dar, ob die lösende Aussperrung gegenüber einem rechtmäßigen oder gegenüber einem rechtswidrigen Streik ausgesprochen worden ist. Nach einem rechtmäßigen Streik geht die Wiedereinstellungspflicht des Arbeitgebers weiter. Er ist in einem solchen Fall grundsätzlich nicht berechtigt, Arbeitnehmern die Wiedereinstellung zu versagen, wenn sie ohne sonstige Verfehlungen an einem rechtmäßigen Streik teilgenommen haben. War der Streik dagegen rechtswidrig, braucht der Arbeitgeber solche Arbeitnehmer nicht wieder einzustellen, die die Rechtswidrigkeit des Streiks erkannten oder erkennen mussten und sich trotzdem in diesem Streik hervorgetan oder ihn sogar angezettelt haben. Gleichwohl besteht auch nach einem rechtswidrigen Streik eine Wiedereinstellungspflicht nach dem billigen, nachprüfbaren Ermessen des Arbeitgebers, wenn er nicht mit Kündigungen, sondern mit dem kollektivrechtlichen Mittel der lösenden Aussperrung geantwortet hat. Der Arbeitgeber ist in einem solchen Fall im Rahmen seines billigen Ermessens nur freier gestellt (BAG GS 21.4.1971 AP Nr. 43 Art. 9 GG Arbeitskampf).

§ 127 Anderweitige Rechtsfolgen

I. Kündigung des Arbeitsverhältnisses

Keine Kündigung durch den Arbeitgeber

Ein rechtmäßiger Streik berechtigt weder zu einer fristlosen **Kündigung** gemäß § 626 BGB noch zu einer verhaltensbedingten Kündigung seitens des Arbeitgebers.

Beendigungsmöglichkeit des Arbeitnehmers

Nach Ansicht des Großen Senats des BAG bestehen hingegen keine Bedenken gegen die fristlose Beendigung des Arbeitsverhältnisses gem. § 626 BGB durch den Arbeitnehmer. Dieser könne innerhalb der Zeit, in der er suspendiert sei, seinerseits „**abkehren**", das heißt, „das bereits dem Bande nach gelockerte Arbeitsverhältnis" fristlos lösen (BAG GS 21.4.1971 AP Nr. 43 zu Art. 9 GG Arbeitskampf). Nach anderer Auffassung in der Literatur soll eine fristlose Kündigung hingegen nur in Ausnahmefällen zulässig sein, zum Beispiel dann, wenn für den Arbeitnehmer unter konkreten, finanziellen Gesichtspunkten die Notwendigkeit besteht, auf Dauer eine neue Arbeitsstelle anzutreten (MünchArbR/Otto § 288 Rn. 27).

II. Schadensersatzansprüche und anderweitige Maßregelungen

Aus der Nichterfüllung der arbeitsvertraglichen Pflichten können keine **Schadensersatzansprüche** abgeleitet werden, da die vertraglichen Pflichten insoweit suspendiert sind. **Anders** ist dies für diejenigen Schäden, die auf eine **unerlaubte Handlung** des Arbeitnehmers anlässlich des Streiks zurückgehen. *[Randnote: Keine Schadensersatzansprüche wegen Vertragsverletzung]*

Anderweitige Maßregelungen wie die Versetzung, Herabstufung oder das Nichtverlängern der Probezeit sind ebenfalls unzulässig. *[Randnote: Keine Maßregelung]*

III. Mietverhältnis über Werkwohnung

Da der Arbeitskampf allein die Pflichten aus dem Arbeitsvertrag suspendiert, werden Mietverhältnisse über Werkwohnungen von den Arbeitskampfmaßnahmen nicht berührt. *[Randnote: Keine Beendigung des Mietverhältnisses]*

IV. Sozialrechtliche Auswirkungen

1. Beitragspflicht

In der **Kranken-, Renten-, Pflege- und Arbeitslosenversicherung** sind die Beiträge aus dem für eine Beschäftigung erzielten Arbeitsentgelt zu entrichten, §§ 226 Abs. 1 Nr. 1 SGB V, 162 Abs. 1 Nr. 1 SGB VI, 57 Abs. 1 SGB XI, 342 SGB III. Da rechtmäßig streikende oder ausgesperrte Arbeitnehmer kein Arbeitsentgelt erhalten, sind sie auch nicht beitragspflichtig. Die u.U. von der Gewerkschaft gewährte Unterstützung (Streikgeld) stellt kein Arbeitsentgelt dar. *[Randnote: Keine Beitragspflicht]*

In der **gesetzlichen Unfallversicherung** werden die Beiträge nicht wie in den übrigen Versicherungszweigen von Arbeitgebern und Arbeitnehmern gemeinsam, sondern allein von den Unternehmern getragen, § 150 Abs. 1 SGB VII. Auch die Beitragsberechnung erfolgt nach anderen Grundsätzen (§§ 152 ff. SGB VII). Im Ergebnis entsteht aber auch hier während eines Arbeitskampfs keine Beitragspflicht.

2. Kranken- und Rentenversicherung

Der Schutz in der gesetzlichen Krankenversicherung und in der sozialen Pflegeversicherung besteht während eines rechtmäßigen Ar- *[Randnote: Kein Verlust der Leistung]* beitskampfs unabhängig von dessen Dauer (beitragsfrei) fort, § 192 Abs. 1 Nr. 1 SGB V (für die Pflegeversicherung i.V.m. § 49 Abs. 2 SGB XI).

In der gesetzlichen Rentenversicherung werden Rentenanwartschaften (Entgeltpunkte) nur für tatsächlich entrichtete Beiträge erworben, § 197 Abs. 1 SGB VI; auf die für alle Renten erforderliche Wartezeit (§ 50 SGB VI) werden die Zeiten des Arbeitskampfs angerechnet, wenn sie die Dauer eines Monats nicht überschreiten, § 7 Abs. 3 SGB IV.

3. Arbeitslosengeld

Kein Anspruch auf Arbeitslosengeld

Wie bereits oben (siehe unter § 111 II) zur Neutralitätsverpflichtung der Bundesagentur für Arbeit ausgeführt wurde, hat der streikende oder ausgesperrte Arbeitnehmer keinen Anspruch auf Arbeitslosengeld oder -hilfe, §§ 146 Abs. 2, 198 Nr. 6 SGB III. Arbeitnehmer, die nur mittelbar von einem Arbeitskampf betroffen sind, also deshalb nicht arbeiten können, weil ein Zulieferer oder Abnehmer bestreikt wird, erhalten Arbeitslosengeld, wenn ihr Unternehmen von einem Tarifvertrag mit einem anderen fachlichen Geltungsbereich erfasst wird als das umkämpfte Unternehmen (z.B.: Streik in der Metallbranche, mittelbar betroffen ist die Chemieindustrie). Ist der mittelbar betroffene Arbeitgeber dagegen dem räumlichen und fachlichen Geltungsbereich des umkämpften Tarifvertrages zuzuordnen oder gehört er zwar nur dem fachlichen Geltungsbereich an, ist aber in seinem Tarifbezirk von der Gewerkschaft eine vergleichbare Forderung erhoben worden oder steht zu erwarten, dass der Tarifabschluss in dem anderen Tarifbezirk übernommen wird, ruht der Anspruch auf Arbeitslosengeld, § 146 Abs. 3 SGB III.

4. Unfallversicherung

Unfall im Arbeitskampf kein Arbeitsunfall

Während eines Arbeitskampfs steht der Arbeitnehmer nicht unter dem Schutz der gesetzlichen Unfallversicherung, so dass ein bei einem Streik erlittener Unfall keinen Arbeitsunfall darstellt. Versicherungsschutz genießen nur diejenigen Arbeitnehmer, die sich am Arbeitskampf nicht beteiligen, Notdienste leisten oder als Betriebsratsmitglieder auch während des Ausstands ihren Amtspflichten nachkommen.

V. Berechnungszeiten für die Betriebszugehörigkeit

Keine Unterbrechung

Durch die Teilnahme an einem rechtmäßigen Streik wird neben dem Arbeitsverhältnis der Berechnungszeitraum für die Betriebszugehörigkeit beispielsweise für § 1 KSchG oder § 4 BUrlG nicht unterbrochen (BAG 4.8.1987 AP Nr. 89 zu Art. 9 GG Arbeitskampf).

VI. Einführung von Kurzarbeit

Literatur: MEYER, Lohnrisikoverteilung und Mitbestimmungsrechte bei Fernwirkungen von Arbeitskämpfen, BB 1990, 2482.

Werden ein Betrieb oder Teile eines Betriebs bestreikt oder ausgesperrt, kann sich für das betroffene Unternehmen die Frage der Kurzarbeit für die verbleibenden Arbeitnehmer stellen. Grundsätzlich steht dem Betriebsrat in der Frage der Kurzarbeit gem. § 87 Abs. 1 Nr. 3 BetrVG ein Mitbestimmungsrecht zu. Im Falle eines Arbeitskampfs ergibt sich für den **Betriebsrat** jedoch angesichts der **Doppelrolle** seiner Mitglieder als Arbeitnehmer einerseits und Betriebsratsmitglieder andererseits eine Konfliktsituation (siehe unter § 155 IV 2e). Würde der Betriebsrat nun die Einführung der Kurzarbeit verweigern, könnte ihm der Vorwurf der Parteilichkeit zuteil werden. Würde er ihr andererseits zustimmen, könnte ihm die Zustimmung als illoyales Verhalten gegenüber der Belegschaft ausgelegt werden. Das BAG vermeidet diese Konfliktsituation, indem es das **Mitbestimmungsrecht** des Betriebsrats bei § 87 Abs. 1 Nr. 3 BetrVG während des Arbeitskampfs **ausgeschlossen** hat (BAG 24.4.1979 AP Nr. 63 und 22.12.1980 AP Nr. 71 zu Art. 9 GG Arbeitskampf).

Interessenkonflikt

„(...) ist der Betriebsrat während eines Arbeitskampfes gehindert, einzelne Beteiligungsrechte bei personellen Maßnahmen des Arbeitgebers, die durch das Kampfgeschehen bedingt sind, auszuüben, weil sonst die legitime Chancengleichheit zwischen den Arbeitskampfparteien beeinträchtigt und der Betriebsrat auch überfordert wäre, wenn er bei Maßnahmen mitwirken sollte, mit denen der Arbeitgeber dem Streik der Belegschaft oder dessen Auswirkungen auf die Belegschaft beggnen will. Entsprechendes muss auch für das Mitbestimmungsrecht des Betriebsrats bei der vorübergehenden Verlängerung der betriebsüblichen Arbeitszeit nach § 87 Abs. 1 Nr. 3 BetrVG angenommen werden." (BAG 24.4.1979 AP Nr. 63 zu Art. 9 GG Arbeitskampf)

6. Abschnitt:
Rechtsfolgen rechtswidriger Arbeitskämpfe

⊃ Übersicht:

§ 128 Rechtsfolgen eines rechtswidrigen Streiks
    I. Erfüllungspflicht
    II. Lohnanspruch
    III. Kündigung des Arbeitsverhältnisses
    IV. Kündigung des Tarifvertrags
    V. Schadensersatzansprüche
        1. Vertragliche Ansprüche
            a) Anspruchsberechtigte und Anspruchsgegner

    b) Vertragliche Anspruchsgrundlagen
    c) Verschulden
   2. Deliktische Ansprüche
    a) Deliktische Handlungen des Arbeitnehmers
     aa) Anspruchsgrundlagen
     bb) Schadensumfang
    b) Deliktische Handlungen der Gewerkschaft und ihrer Organe
   3. Unterlassungsanspruch
 VI. Unterlassungsanspruch

§ 129 Rechtsfolgen einer rechtswidrigen Aussperrung
 I. Lohnanspruch
 II. Beschäftigungspflicht
 III. Schadensersatzansprüche
  1. Vertragliche Schadensersatzansprüche
  2. Deliktische Schadensersatzansprüche
  3. Unterlassungsanspruch

§ 130 Sozialrechtliche Auswirkungen
 I. Beitragsrecht
 II. Leistungsrecht

§ 128 Rechtsfolgen eines rechtswidrigen Streiks

Keine Suspendierung

Anders als im Fall eines rechtmäßigen Arbeitskampfs werden bei einer rechtswidrigen Arbeitskampfmaßnahme die **Pflichten aus dem Arbeitsverhältnis nicht suspendiert**. Arbeitnehmer wie Arbeitgeber verweigern daher unberechtigter Weise die Erfüllung ihrer arbeitsvertraglich geschuldeten Pflichten. Dies kann eine Vielzahl von Rechtsfolgen nach sich ziehen, die im Folgenden einzeln aufgeführt werden sollen.

I. Erfüllungspflicht

Einklagbarer Anspruch

Nimmt ein Arbeitnehmer an einem rechtswidrigen Streik teil, kommt er seiner Leistungsverpflichtung zu Unrecht nicht nach. Dem Arbeitgeber steht daher ein **einklagbarer Anspruch** auf die Arbeitsleistung zu, der im Falle einer vertretbaren Arbeitsleistung gem. § 887 ZPO **vollstreckt** werden kann. Im Falle einer unvertretbaren Handlung steht dem Arbeitgeber eine Entschädigung nach § 888 ZPO sowie, wenn ein entsprechender Antrag vorliegt, nach § 61 Abs. 2 ArbGG zu. Hinsichtlich der arbeitsvertraglichen Erfüllungspflicht ist es dabei unbeachtlich, ob der Arbeitnehmer im guten Glauben an die Rechtmäßigkeit des Streiks dem Aufruf der Gewerkschaft zum Streik gefolgt ist. Ein mögliches **Verschulden spielt** *hier* **keine Rolle.**

II. Lohnanspruch

In Anbetracht des **Fixschuldcharakters der Arbeitsleistung** verliert der Arbeitnehmer seinen Lohnanspruch, denn der Arbeitgeber wird nach §§ 275, 326 BGB von seiner Lohnzahlungspflicht befreit.

Kein Lohnanspruch

Für die Anwesenheitsprämie, die Feiertagsvergütung, den Urlaubsanspruch sowie den Berechnungszeitraum für die Betriebszugehörigkeit gelten die Ausführungen zum rechtmäßigen Streik entsprechend.

III. Kündigung des Arbeitsverhältnisses

Die Teilnahme an einem rechtswidrigen Streik stellt eine schwere Verletzung der arbeitsvertraglichen Pflichten dar. Sie kann daher sowohl zu einer fristlosen aussperrungsersetzenden Massenkündigung gem. § 626 BGB als auch zu einer verhaltensbedingten ordentlichen Kündigung nach § 1 KSchG führen.

Verhaltensbedingte Kündigung

Der Arbeitgeber ist allerdings nicht gezwungen, alle rechtswidrig streikenden Arbeitnehmer zu entlassen. Er kann die Kündigung auch zunächst auf einen Teil beschränken, um auf die verbleibenden Arbeitnehmer derartig Druck auszuüben, dass sie an ihre Arbeitsplätze zurückkehren. Insbesondere ist ihm nach überwiegender Ansicht gestattet, diejenigen Arbeitnehmer zu entlassen, die im Streik eine herausragende Rolle spielen, sog. „Rädelsführer" (BAG 21.10.1969 AP Nr. 41 zu Art. 9 GG Arbeitskampf).

Keine Pflicht zur Massenentlassung

Erfolgt die Kündigung während des Arbeitskampfs, besteht nach herrschender Ansicht **keine Verpflichtung**, den **Betriebsrat** gem. § 102 BetrVG **anzuhören**, und dies unabhängig davon, ob der Betriebsrat selbst an der Arbeitsniederlegung teilgenommen hat oder nicht (BAG 14.2.1978 AP Nr. 58 zu Art. 9 GG Arbeitskampf).

Keine Beteiligung des Betriebsrats

„Im Hinblick auf die Konfrontation zwischen Arbeitnehmerschaft und Arbeitgeber infolge der Arbeitsniederlegung ist der Betriebsrat rechtlich gehindert, personelle Maßnahmen auszuüben, die der Arbeitgeber als Gegenmaßnahme auf eine rechtswidrige Arbeitsniederlegung trifft. (...) Der Betriebsrat wäre in dieser betrieblichen Situation auch überfordert, eine Stellungnahme über außerordentliche Kündigungen einzelner Arbeitnehmer aus Arbeitskampfgründen abzugeben." (BAG 14.2.1978 AP Nr. 58 zu Art. 9 GG Arbeitskampf)

Die Gegenansicht sieht hingegen in der Neutralitätspflicht des auch im Arbeitskampf grundsätzlich funktionsfähigen Betriebsrats gem. § 74 Abs. 2 S. 1 BetrVG die Rechtsgrundlage für eine uneingeschränkte Anhörungspflicht, es sei denn, der Betriebsrat habe sich

Kritik

selbst an dem rechtswidrigen Streik beteiligt (KR/WEIGAND, § 25 KSchG Rn. 27).

Interessenabwägung

In den Fällen der außerordentlichen wie der ordentlichen Kündigung ist eine einzelfallbezogene **Interessenabwägung** erforderlich. Als maßgebend gilt der **Grad der Beteiligung**, die **Dauer des Streiks** sowie eine mögliche **Kenntnis der Unzulässigkeit** des Arbeitskampfs durch den Arbeitnehmer. Der unverschuldete Rechtsirrtum des Arbeitnehmers ist im Rahmen der Interessenabwägung zu berücksichtigen (BAG 14.2.1978 AP Nr. 58 zu Art. 9 GG Arbeitskampf).

Keine Anwendung des § 25 KSchG

§ 25 KSchG findet keine Anwendung, da selbst bei Massen(änderungs)kündigungen kein kollektivrechtliches Mittel vorliegt, sondern eine Vielzahl individualrechtlicher Kündigungen. Daher sind die allgemeinen Kündigungsschutzvorschriften zu beachten.

Keine nachträgliche Unwirksamkeit durch „Streikübernahme"

Übernimmt die Gewerkschaft einen zunächst unzulässigen Streik, so ändert die rückwirkende Rechtmäßigkeit nichts an der Wirksamkeit der Kündigung. Die einmal eingetretene Gestaltungswirkung bleibt bestehen. In Anbetracht der rechtfertigenden Wirkung der Übernahme sind allerdings die Grundsätze zum Wiedereinstellungsanspruch lösender Aussperrungen entsprechend anzuwenden (LÖWISCH/KRAUSS AR-Blattei SD 170.3.1. Rn. 48).

IV. Kündigung des Tarifvertrags

Verstoß gegen die Friedenspflicht

In der Beteiligung einer Gewerkschaft an einem rechtswidrigen Streik kann ein grob schuldhafter Verstoß gegen die tarifvertraglich geschuldete Friedenspflicht liegen, der zu einer fristlosen Kündigung des Tarifvertrags durch den Arbeitgeber oder den Arbeitgeberverband berechtigen kann.

V. Schadensersatzansprüche

Rechtswidrige Streiks begründen darüber hinaus umfangreiche vertragliche wie deliktische Schadensersatzansprüche.

1. Vertragliche Ansprüche

a) Anspruchsberechtigte und Anspruchsgegner

Koalitionspartner, Koalitionen, Koalitionsorgane

Anspruchsberechtigte eines Schadensersatzanspruchs infolge einer rechtswidrigen Arbeitskampfmaßnahme können der Arbeitgeber als Arbeits- und Tarifvertragspartner sowie die Arbeitgeberverbände sein. Die Anspruchsberechtigung letzterer knüpft unmittelbar an Art. 9 Abs. 3 S. 2 GG an, nach dem Maßnahmen, die sich gegen die dort gewährleistete kollektive Koalitionsfreiheit richten, rechtswidrig sind (BAG 26.4.1988 AP Nr. 101 zu Art. 9 GG Arbeitskampf).

„Nach Art. 9 Abs. 3 Satz 1 GG hat jedermann das Recht, zur Wahrung und Förderung der Arbeits- und Wirtschaftsbeziehungen Vereinigungen

V. Schadensersatzansprüche § 128

zu bilden. Die zu diesem Zweck gebildeten Vereinigungen sind Koalitionen. Art. 9 Abs. 3 GG enthält das Grundrecht der Koalitionsfreiheit. Auf dieses Grundrecht können sich auch die Koalitionen selbst berufen. (...) Der verfassungsrechtliche Schutz des Art. 9 Abs. 3 GG richtet sich nicht nur gegen Beeinträchtigungen der Koalitionen durch den Staat, sondern sichert die Koalitionsfreiheit und ihre Betätigung – auch gegen private Macht, insbesondere konkurrierende Koalitionen und den sozialen Gegenspieler." (BAG 26.4.1988 AP Nr. 101 zu Art. 9 GG Arbeitskampf)

Anspruchsgegner können Arbeitnehmer, Gewerkschaften sowie Gewerkschaftsfunktionäre sein.

b) Vertragliche Anspruchsgrundlagen

Kommt der Arbeitnehmer seiner vertraglich geschuldeten Arbeitsverpflichtung nicht nach, bilden §§ 280 Abs. 1, 283 BGB die vertragliche Anspruchsgrundlage für einen Schadensersatzanspruch des Arbeitgebers. — §§ 280, 283 BGB

Verletzt der Arbeitnehmer zugleich eine seiner vertraglichen Nebenpflichten, kommt ein Anspruch nach §§ 241 Abs. 2, 280 Abs. 1 BGB in Betracht. Die den Arbeitnehmern günstige Beweislastregelung des § 619a BGB dürfte dabei – mangels betrieblich veranlasster Tätigkeit – nicht anzuwenden sein. — §§ 241, 280 Abs. 1 BGB

⊃ **Beispiel:**
Der Arbeitnehmer ermuntert oder stiftet andere Arbeitnehmer zum Streik an und verletzt so seine Treuepflicht gegenüber dem Arbeitgeber.

Aus den Tarifverträgen können dagegen keine Ansprüche gegen den einzelnen Arbeitnehmer abgeleitet werden, da dieser nicht selbst Vertragspartner ist. **Anspruchsverpflichtete** kann daher **allein die Gewerkschaft** sein. — Tarifvertrag

Ruft die **Gewerkschaft** zu einem rechtswidrigen Streik auf, ist die tarifvertragliche Friedenspflicht maßgeblich, deren Verletzung einen Anspruch aus § 280 Abs. 1 BGB begründet. Da es sich bei dem Tarifvertrag um einen **Vertrag mit Schutzwirkung zugunsten Dritter** im Sinne des § 328 BGB handelt, können bei einer Verletzung der Friedenspflicht nicht nur einzelne Arbeitgeber, sondern auch die Mitglieder des Arbeitgeberverbands Ansprüche aus dem Gedanken der positiven Vertragsverletzung ableiten. — Vertrag mit Schutzwirkung zugunsten Dritter

c) Vertretenmüssen

Die vertragliche Haftung setzt voraus, dass der Arbeitnehmer die Pflichtverletzung zu vertreten hat, § 280 Abs. 1 S. 2 BGB. Problematisch ist vor allem die Frage der Relevanz eines **Rechtsirrtums** über die Zulässigkeit der Arbeitskampfmaßnahme. Entscheidend ist hier — Rechtsirrtum

383

die **Vermeidbarkeit** des Irrtums. Ein Vertretenmüssen lässt sich nur begründen, wenn dem Arbeitnehmer die Unzulässigkeit seiner Streikteilnahme unverkennbar vor Augen steht. Dies ist immer dann der Fall, wenn eine **höchstrichterliche Rechtsprechung** oder eine **übereinstimmende Instanzrechtsprechung** vorliegt, nach der der Arbeitskampf unzulässig ist (LÖWISCH/KRAUSS AR-Blattei SD 170.3.3. Rn. 40). Daraus folgt, dass ein relevanter Rechtsirrtum im Fall eines wilden Streiks in der Regel ausscheidet. Anders ist dies, wenn es an einer gefestigten Rechtsauffassung fehlt. Gleiches gilt in der Regel für den **gewerkschaftlich organisierten** aber rechtswidrigen Streik, da der Arbeitnehmer regelmäßig darauf vertrauen darf, dass die Gewerkschaft ihrerseits die Rechtslage hinreichend geprüft hat (GAMILLSCHEG KollArbR I § 26 I 5 c).

§§ 31 und 278 BGB

Die Gewerkschaft haftet zum einem dann, wenn sie selbst den rechtswidrigen Streik geführt hat, zum anderen gem. § 31 BGB für die von ihr zur selbständigen Leitung des Arbeitskampfs eingesetzten Organe (für nicht rechtsfähige Gewerkschaften gilt § 31 BGB entsprechend) beziehungsweise gemäß § 278 BGB für ihre sonstigen Vertreter (z.B. Streikhelfer).

Gesamtschuldnerische Haftung

Für die Ansprüche aus der Verletzung des Arbeitsvertrags sieht die herrschende Ansicht eine gesamtschuldnerische Haftung der streikenden Arbeitnehmer analog § 830 BGB vor. Teilweise wird die gesamtschuldnerische Haftung jedoch mit dem Argument, sie sei unbillig und belaste den Arbeitnehmer unverhältnismäßig (BROX/RÜTHERS Rn. 333) bzw. mit dem Hinweis auf das Fehlen einer planwidrigen Regelungslücke (DÄUBLER Rn. 1142) abgelehnt.

2. Deliktische Ansprüche

Literatur: LÖWISCH/MEIER-RUDOLPH, Das Recht am eingerichteten und ausgeübten Gewerbebetrieb in der Rechtsprechung des BGH und des BAG, JuS 1982, 237; SIBBEN, Die Rechtmäßigkeit des streikbedingten Eingriffs in das Recht am eingerichteten und ausgeübten Gewerbebetrieb, NZA 1989, 453; WEITNAUER, Rechtmäßigkeit und rechtliche Folgen des „wilden" Streiks, DB 1970, 1687.

Neben den vertraglichen Ansprüchen kann die Teilnahme an einem rechtswidrigen Streik Schadensersatzansprüche aus unerlaubter Handlung begründen.

a) Deliktische Handlungen des Arbeitnehmers

aa) Anspruchsgrundlagen

Streikteilnahme als Eingriff in den Gewerbebetrieb

Im Rahmen des § 823 Abs. 1 BGB ist umstritten, ob allein durch **die Teilnahme** des Arbeitnehmers an einem rechtswidrigen Streik der Tatbestand des § 823 Abs. 1 BGB verwirklicht ist. Im Zentrum steht dabei die Frage, ob die **Verletzung der Arbeitspflicht** einen Eingriff in das Recht am **eingerichteten und ausgeübten Gewerbebetrieb** darstellt. Teilweise wird dies mit der Begründung abgelehnt, ein Eingriff

V. Schadensersatzansprüche § 128

in das Recht am eingerichteten und ausgeübten Gewerbebetrieb setze einen unmittelbaren Eingriff voraus, der von außen erfolgen müsse, was bei der Verletzung vertraglicher Pflichten gerade nicht der Fall sei. § 823 Abs. 1 BGB schütze gerade nicht vor Auseinandersetzungen innerhalb der Produktionsgemeinschaft, sondern nur vor Angriffen seitens Dritter und könne daher im Fall der Verletzung der Arbeitspflicht keine Anwendung finden (Gamillscheg KollArbR I § 26 I 5; Brox/Rüthers Rn. 335). Die Gegenansicht differenziert hingegen nicht zwischen den Sphären, aus denen die Rechtsverletzung hervorgeht, da für die Beteiligten die Interessenlage grundsätzlich gleichgelagert sei (Weitnauer, DB 1970, 1687, 1689; Löwisch/Krauss AR-Blattei SD 170.3.3. Rn. 24). Innerhalb dieser Ansicht gehen die Auffassungen allerdings auseinander, wann im Einzelfall § 823 Abs. 1 BGB Anwendung findet. Teilweise gelangt § 823 Abs. 1 BGB nur im Fall eines wilden Streiks zur Anwendung (Hueck/Nipperdey II/2 § 49 S. 1037), teilweise nur für denjenigen Arbeitnehmer, der für die Organisation des Streiks zuständig ist (Löwisch/Krauss AR-Blattei SD 170.3.3. Rn. 62).

Verletzt der Arbeitnehmer darüber hinaus anderweitige Rechtsgüter des Arbeitgebers, findet § 823 Abs. 1 BGB Anwendung. Zum Verschulden und der gesamtschuldnerischen Haftung gelten die Ausführungen zur vertraglichen Haftung entsprechend.
§ 823 Abs. 1 BGB

Darüber hinaus kommt als Anspruchsgrundlage § 823 Abs. 2 BGB in Verbindung mit einem Schutzgesetz in Betracht. Schutzgesetze sind dabei nicht nur im Strafgesetzbuch (§§ 303, 123, 240 StGB), sondern auch im Betriebsverfassungsgesetz (§ 74 Abs. 2 S. 1 BetrVG) und im Personalvertretungsgesetz (§ 66 Abs. 2 S. 2 BPersVG) zu finden.
§ 823 Abs. 2 BGB i.V.m. Schutzgesetz

Ferner kann sich im Falle sittenwidriger Arbeitskämpfe eine Schadensersatzpflicht aus § 826 BGB ergeben.
§ 826 BGB

bb) Schadensumfang

Der Umfang der Schadensberechnung richtet sich nach den **allgemeinen schadensrechtlichen Grundsätzen**. Der Arbeitnehmer hat daher denjenigen **Schaden** zu ersetzen, **der kausal auf seinem rechtswidrigen Verhalten beruht**. Wird der Arbeitskampf später rechtmäßig, so ist nach dem Grundsatz der Berücksichtigung des rechtmäßigen Alternativverhaltens der spätere Schaden nicht zu ersetzen. Gleiches gilt für den Fall, dass man einen Eingriff in den eingerichteten und ausgeübten Gewerbebetrieb durch die Teilnahme am Streik bejaht, wenn der Arbeitgeber dem Arbeitnehmer streikbedingt gekündigt hat.
Rechtmäßiges Alternativverhalten

b) Deliktische Handlungen der Gewerkschaft und ihrer Organe

Nicht nur die eigenständigen Handlungen von Streikteilnehmern können deliktsrechtliche Ansprüche des Arbeitgebers auslösen. Organisiert die Gewerkschaft einen rechtswidrigen Streik, so greift sie
§§ 823 Abs. 1, Abs. 2, 826, 831 BGB

unmittelbar in das **Recht am eingerichteten und ausgeübten Gewerbebetrieb** des Arbeitgebers gem. § 823 Abs. 2 BGB i.V.m. Schutzgesetz und § 826 BGB. Zudem haftet die **Gewerkschaft** gem. § 831 BGB für das Verhalten ihrer Verrichtungsgehilfen, der Streikposten. Die Haftung der Gewerkschaft für ihre Organe über § 31 BGB analog schließt deren persönliche Haftung allerdings nicht aus.

Kein eigener Anspruch der Arbeitgeberverbände

In Ermangelung eines eingerichteten und ausgeübten Gewerbebetriebs steht den Arbeitgeberverbänden gegen die Gewerkschaft hingegen kein eigener Schadensersatzanspruch zu.

Art. 9 Abs. 3 GG als sonstiges Recht und Schutzgesetz

Im Verhältnis der **Tarifvertragspartner** stellt das in Art. 9 Abs. 3 GG gewährleistete Betätigungsrecht der Koalitionen ein sonstiges Recht im Sinne des § 823 Abs. 1 BGB sowie ein Schutzgesetz im Sinne des § 823 Abs. 2 BGB dar. Arbeitskampfmaßnahmen, die darauf zielen, die organisatorische Arbeit des Kampfgegners als Koalition zu stören, begründen mithin einen Schadensersatzanspruch des Tarifvertragspartners.

3. Unterlassungsanspruch

Im Fall einer unerlaubten Handlung stehen dem Arbeitgeber wie den Arbeitgeberverbänden ferner **gegen die beteiligten Arbeitnehmer, die Gewerkschaft** sowie **deren Gewerkschaftsorgane** nach den allgemeinen Grundsätzen quasi-negatorische Unterlassungsansprüche analog § 1004 BGB zu (BAG 26.4.1988 AP Nr. 101 zu Art. 9 GG Arbeitskampf; BAG 8.11.1988 AP Nr. 111 zu Art. 9 GG Arbeitskampf).

„Die Gewerkschaft hat – ebenso wie der Arbeitgeberverband – einen gesetzlichen Anspruch gegen den tariflichen Gegenspieler auf Unterlassung rechtswidriger Arbeitskampfmaßnahmen. Dies ergibt sich aus § 1004 BGB i.V.m. § 823 Abs. 1 BGB und Art. 9 Abs. 3 GG. (...) Dementsprechend hat die durch Art. 9 Abs. 3 GG verfassungsrechtlich privilegierte Rechtsstellung der Koalitionen Rechtsgutcharakter i.S. von § 823 Abs. 1, § 1004 BGB. (...) Sowohl Gewerkschaften wie Arbeitgeberverbände haben aber nicht nur einen Anspruch auf Unterlassung unerlaubter Störungen ihrer Organisation und Tätigkeit, sondern auch einen eigenen Anspruch gegen den sozialen Gegenspieler, rechtswidrige Arbeitskampfmaßnahmen zu unterlassen." (BAG 26.4.1988 AP Nr. 101 zu Art. 9 GG Arbeitskampf)

„Dementsprechend kann ein Arbeitgeber auch einen Unterlassungsanspruch analog § 1004 BGB i.V. mit § 31 BGB gegen eine Gewerkschaft haben, wenn deren Vorstandsmitglieder die ‚Blockade' geplant, organisiert oder sonstwie gefördert haben." (BAG 8.11.1988 AP Nr. 111 zu Art. 9 GG Arbeitskampf)

§ 129 Rechtsfolgen einer rechtswidrigen Aussperrung

Die rechtswidrige Aussperrung suspendiert ebenso wenig wie der rechtswidrige Streik die Pflichten aus dem Arbeitsverhältnis.

Keine Suspendierung

I. Lohnanspruch

Ist die Aussperrung rechtswidrig, verweigert der Arbeitgeber zu Unrecht die ihm obliegende Beschäftigungspflicht. Als Folge der Nichtgewährung der Beschäftigungsmöglichkeit gerät er gem. §§ 293 ff. BGB in Annahmeverzug und kann sich nach § 615 Abs. 2 S. 1 1. Alt BGB nicht darauf berufen, dem ausgesperrten Arbeitnehmer die arbeitsvertraglich geschuldete Vergütung für den Aussperrungszeitraum nicht entrichten zu müssen. Dem Arbeitnehmer steht grundsätzlich sein voller Lohnanspruch zu. Eines verzugsbegründenden Angebots des Arbeitnehmers im Sinne der §§ 294 ff. BGB bedarf es in diesem Zusammenhang nicht.

Annahmeverzug

Der Arbeitnehmer muss sich jedoch diejenigen **Ersparnisse**, die aus der unterbliebenen Arbeit resultieren, anrechnen lassen. Das klassische Beispiel hierfür bilden die Fahrtkosten.

Anrechnung von Ersparnissen

Gleiches gilt für denjenigen Betrag, den er durch eine anderweitige Tätigkeit während der Aussperrung verdient hat. Zu beachten ist allerdings, dass der Arbeitnehmer grundsätzlich nicht verpflichtet ist, sich eine Ersatztätigkeit zu suchen, so dass in der fehlenden Ersatztätigkeit kein Fall des böswilligen Unterlassens im Sinne des § 615 S. 2 2. Alt. BGB zu sehen ist.

Keine Pflicht zur Ersatztätigkeit

Nicht anrechnungsfähig ist das sog. **Streikgeld**, das Gewerkschaftsmitgliedern im Fall eines Arbeitskampfs als finanzielle Unterstützung von ihrer Gewerkschaft gewährt wird. Hierbei handelt es sich um **Beiträge des Arbeitnehmers**, die dem Arbeitgeber nicht zugute kommen können (DÄUBLER Rn. 1062).

Keine Anrechnung von Streikgeld

II. Beschäftigungspflicht

Im Fall einer rechtswidrigen Aussperrung kann der Arbeitnehmer auf Erfüllung der arbeitsvertraglich geschuldeten Beschäftigungspflicht klagen. Die Vollstreckung erfolgt angesichts § 888 ZPO bei unvertretbaren Handlungen allerdings in der Form der Festsetzung eines Zwangsgelds.

Voller Beschäftigungsanspruch

III. Schadensersatzansprüche

Ebenso wie im Falle eines rechtswidrigen Streiks kommen im Fall der rechtswidrigen Aussperrung vertragliche wie deliktische Ansprüche des einzelnen Arbeitnehmers sowie der Gewerkschaft gegen den aussperrenden Arbeitgeber und die beteiligten Arbeitgeberverbände in Betracht.

1. Vertragliche Schadensersatzansprüche

Entsprechend dem Schadensersatzanspruch des Arbeitgebers steht dem rechtswidrig ausgesperrten Arbeitnehmer ein vertraglicher Schadensersatzanspruch gem. §§ 280 Abs. 1, 283 BGB zu.

Verstoß gegen die Friedenspflicht

Die rechtswidrige Aussperrung verletzt darüber hinaus die tarifvertragliche Friedenspflicht. Dem einzelnen Arbeitnehmer (über das Rechtsinstitut: **Vertrag mit Schutzwirkung zugunsten Dritter**) und der betroffenen Gewerkschaft stehen daher ebenfalls Ansprüche aus § 280 Abs. 1 BGB zu.

2. Deliktische Schadensersatzansprüche

§§ 823 Abs. 1, Abs. 2, 826 BGB

Neben diesen Ansprüchen ist an die deliktische Haftung des aussperrenden Arbeitgebers gem. §§ 823 Abs. 1, 823 Abs. 2 i.V.m. Schutzgesetz und 826 BGB zu denken.

Recht am Arbeitsplatz

Im Fall des § 823 Abs. 1 BGB ist umstritten, ob ein **Recht des Arbeitnehmers am Arbeitsplatz** als sonstiges Recht im Sinne des § 823 Abs. 1 BGB anzuerkennen ist (offengelassen durch BAG 4.6.1998 AP Nr. 7 zu § 823 BGB). Im Schrifttum wird dies teilweise mit der Begründung, aus dem Bestandsschutz des KSchG folge zugleich das Recht am Arbeitsplatz (HUECK/NIPPERDEY, II/2 § 49), oder mit dem Hinweis auf das Recht am eingerichteten und ausgeübten Gewerbebetrieb bejaht. Dabei wird darauf verwiesen, dass, da § 823 Abs. 1 BGB die selbständige Tätigkeit in der Form des Rechts am eingerichteten und ausgeübten Gewerbebetrieb schütze, dies ebenso für die unselbständige Tätigkeit gelten müsse, weil beide Tätigkeiten ihre verfassungsrechtliche Grundlage in Art. 12 GG fänden.

Unter den Befürwortern des Rechts am Arbeitsplatz wird allerdings teilweise die Anwendung des § 823 Abs. 1 BGB entsprechend den Ausführungen zum Recht am eingerichteten und ausgeübten Gewerbebetrieb auf Schädigungen durch Dritte beschränkt und so letztendlich ein Anspruch des Arbeitnehmers gegen den aussperrenden Arbeitgeber abgelehnt (BROX/RÜTHERS Rn. 346; DÄUBLER Rn. 1068). Erkennt man das Recht am Arbeitsplatz als sonstiges Recht im Sinne des § 823 Abs. 1 BGB an, folgt daraus, dass dem Arbeitnehmer auch gegen den Arbeitgeberverband ein Schadensersatzanspruch gem. § 823 Abs. 1 BGB zustehen kann, sofern dieser zu der rechtswidrigen Aussperrung aufgerufen hat.

Ansprüche der Gewerkschaft

Der Gewerkschaft steht im Falle einer rechtswidrigen Aussperrung entsprechend den Überlegungen zur Koalitionsfreiheit als sonstiges Recht im Sinne des § 823 Abs. 1 BGB und als Schutzgesetz im Sinne des § 823 Abs. 2 BGB im Falle eines rechtswidrigen Streiks ein eigener Schadensersatzanspruch zu.

II. Leistungsrecht § 130

3. Unterlassungsanspruch

Entsprechend stehen ferner dem einzelnen Arbeitnehmer sowie der Gewerkschaft quasi-negatorische Unterlassungs- und Beseitigungsansprüche **gegen den aussperrenden Arbeitgeber** sowie **gegen den beteiligten Arbeitgeberverband zu.**

§ 130 Sozialrechtliche Auswirkungen

Hinsichtlich der sozialrechtlichen Auswirkungen rechtswidriger Arbeitskämpfe ist einerseits zwischen der Beitragspflicht und dem Leistungsrecht, andererseits zwischen rechtswidrigen Streiks und rechtswidrigen Aussperrungen **zu differenzieren.**

I. Beitragsrecht

Im Falle eines **rechtswidrigen Streiks** erzielt der Arbeitnehmer kein Arbeitsentgelt, so dass in keinem Versicherungszweig Beiträge zu entrichten sind. Dagegen schuldet der Arbeitgeber bei einer **rechtswidrigen Aussperrung** Annahmeverzugslohn aus § 615 Abs. 1 BGB, der – nicht anders als in anderen Fällen des Annahmeverzugs – der gewöhnlichen Beitragspflicht unterliegt.

Kein Wegfall der Beitragspflicht für Arbeitgeber

II. Leistungsrecht

Bei einem **rechtswidrigen Streik** bleibt der Kranken- und Pflegeversicherungsschutz für die Dauer eines Monats bestehen, § 7 Abs. 3 SGB IV. In der Rentenversicherung wird maximal dieser Zeitraum als Wartezeit angerechnet, jedoch erwirbt der Arbeitnehmer mangels Beitragszahlung keine Entgeltpunkte und damit keine (weiteren) Rentenanwartschaften. Arbeitslosengeld oder -hilfe wird bei einem rechtswidrigen Streik nicht gezahlt, **Unfallversicherungsschutz besteht** gleichfalls **nicht. Anders** liegen die Dinge **bei einer rechtswidrigen Aussperrung**: Hier besteht das Beschäftigungsverhältnis gegen Arbeitsentgelt fort, auch wenn der Arbeitgeber den Entgeltanspruch (zunächst) nicht erfüllt. Der **Arbeitnehmer steht** daher während des gesamten Zeitraums **unter dem Schutz der Sozialversicherung**, insbesondere auch der gesetzlichen Unfallversicherung, soweit er sich zum Zwecke des Arbeitsangebots zu seinem Betrieb begibt. Da der Beitragsanspruch des Rentenversicherungsträgers unverändert fortbesteht und auch durchgesetzt wird, erhöht sich auch die Rentenanwartschaft des Versicherten.

Zunächst kein Verlust des Krankenversicherungsschutzes

Damit der Arbeitnehmer auch während der u.U. langwierigen Auseinandersetzung über die Rechtmäßigkeit oder Rechtswidrigkeit der Aussperrung nicht ohne Einkommen bleibt, gewährt die Arbeitslosenversicherung während einer rechtswidrigen Aussperrung Arbeitslosengeld im Wege der sog. „Gleichwohlgewährung" (§ 143

Gleichwohlgewährung

389

Abs. 3 SGB III). In Höhe der Leistung geht der Entgeltanspruch kraft Gesetzes auf die Bundesanstalt für Arbeit über, § 115 SGB X, im Übrigen verbleibt sie beim Arbeitnehmer.

7. Abschnitt: Rechtsfolgen für nicht unmittelbar beteiligte Dritte

Literatur: LINNENKOHL/RAUSCHENBERG, Zur arbeitskampfbedingten Betriebsstörung, AuR 1990, 137; MEYER, Lohnrisikoverteilung und Mitbestimmungsrechte bei Fernwirkungen von Arbeitskämpfen, BB 1990, 2482.

⊃ Übersicht:

§ 131 Arbeitsvergütung

§ 132 Lohnersatzleistungen

§ 133 Einführung von Kurzarbeit

Fernwirkung von Arbeitskämpfen

Von den Rechtsfolgen für die sich an einem Arbeitskampf beteiligenden Arbeitnehmer und Arbeitgeber sind diejenigen für dritte Arbeitnehmer und Arbeitgeber zu unterscheiden, die sich nicht unmittelbar, sondern allein mittelbar über die Auswirkungen der Arbeitskämpfe ergeben.

§ 131 Arbeitsvergütung

Arbeitskampfrisiko

Kontrovers wird die Frage des Lohnrisikos im Rahmen der sog. **Fernwirkung des Arbeitskampfs** diskutiert. Gemeint sind die Fälle, in denen nicht unmittelbar am Arbeitskampf beteiligte Betriebe aufgrund des Arbeitskampfs ihre Arbeitnehmer nicht mehr beschäftigen können. Da weder ein betriebseigener Streik noch eine Aussperrung vorliegen, wäre grundsätzlich der Arbeitgeber entsprechend des ihm obliegenden **allgemeinen Betriebs- und Wirtschaftsrisikos** verpflichtet, den Arbeitnehmern gem. § 615 S. 1 und 3 BGB die Arbeitsvergütung fortzuzahlen. Die Last der Beschäftigungs- und Lohnzahlungspflicht kann jedoch vor dem Hintergrund der Fernwirkung eines Arbeitskampfs nicht uneingeschränkt dem betroffenen Arbeitgeber aufgebürdet werden. Die Ursachen und Folgen der Fernwirkung von Arbeitskämpfen müssen vielmehr bei der Risikoverteilung berücksichtigt werden. Es geht um die Verteilung des **Arbeitskampfrisikos** (BAG 22.12.1980 AP Nr. 70 zu Art. 9 GG Arbeitskampf).

„Vom allgemeinen Betriebs- und Wirtschaftsrisiko im Grundsatz scharf zu unterscheiden ist das besondere Risiko, das legitime Arbeitskämpfe darstellen (Arbeitskampfrisiko). Obwohl Streiks und Aussperrungen regelmäßig auf Teile eines Betriebs oder Tarifgebietes beschränkt werden, führen sie zwangsläufig zu Störungen auch bei solchen Unternehmen, die nicht unmittelbar vom Arbeitskampf betroffen sind, aber mit solchen kampfbetroffenen Unternehmen eng zusammenarbeiten. So können betriebsnotwendige Materialien oder Halbfertigprodukte ausbleiben oder der Absatz in einem so starken Umfang stocken, dass die weitere Produktion unmöglich oder sinnlos wird. Für dieses Arbeitskampfrisiko müssen andere Grundsätze gelten als für das allgemeine Betriebs- und Wirtschaftsrisiko." (BAG 22.12.1980 AP Nr. 70 zu Art. 9 GG Arbeitskampf)

Ursprünglich wurde das Lohnrisiko bei arbeitskampfbedingter Fernwirkung mit der sog. „**Sphärentheorie**" auf den Arbeitnehmer übertragen. Anlass für die Entwicklung dieser Theorie bot der **Kieler Straßenbahnkonflikt** vom 9. bis 20.5.1920, bei dem im stadteigenem Kraftwerk die Arbeitnehmer streikten, so dass in der Folge die Fahrer, Schaffner und Kontrolleure des städtischen Straßenbahnbetriebs nicht beschäftigt werden konnten. Diese beanspruchten für die Zeit des Beschäftigungsausfalls dennoch von der Stadt Kiel die Fortzahlung ihres Arbeitsentgelts. Das RG hielt diese Forderung für unbegründet (RG 6.2.1923 RGZ 106, 272). Es vertrat die Auffassung, dass im Fall der Fernwirkung keine individuelle, sondern eine umfassende Betrachtung vorzunehmen sei. Denn es würde sich nicht um das Verhältnis des einzelnen Arbeitgebers zum Arbeitnehmer handeln, sondern um das zweier sich tatsächlich gegenüberstehender Gesellschaftsgruppen, nämlich Arbeitnehmerschaft und Unternehmertum. Der einzelne Arbeitnehmer könne daher seine Mitverantwortlichkeit für die fernwirkungsbedingte Betriebsstörung dann nicht ablehnen, wenn sie aus der Sphäre der Arbeitnehmerschaft herrühre.

Sphärentheorie

„Inzwischen hat aber der Gedanke der sozialen Arbeits- und Betriebsgemeinschaft Anerkennung gefunden, der das Verhältnis zwischen dem Arbeitgeber und den Arbeitnehmern, wenigstens bei größeren Betrieben der hier vorliegenden Art, beherrscht. (...) Es handelt sich nicht mehr um das Verhältnis des einzelnen Arbeitnehmers zum Arbeitgeber, sondern um eine Regelung zwischen zwei Gruppen der Gesellschaft, dem Unternehmertum und der Arbeitnehmerschaft. (...) Ist der einzelne Arbeiter ein Glied der Arbeiterschaft und der zwischen dieser und dem Unternehmer bestehenden, die Grundlage des Betriebs bildenden Arbeitsgemeinschaft, dann ist es selbstverständlich, dass, wenn infolge Handlungen der Arbeiterschaft der Betrieb stillgelegt wird und die Betriebseinnahmen versiegen, es dem Unternehmer nicht zugemutet werden kann, für die Lohnfortzahlung aus anderen Mitteln zu sorgen. Das muss auch für den hier vorliegenden Fall gelten, dass das Versagen der Arbeitsgemeinschaft nur von einem Teil der Arbeitnehmerschaft ausgeht, während andere Arbeitnehmer des Betriebs arbeitsfähig und arbeitswillig bleiben. Es handelt sich dabei nicht um eine Haftung der Arbeitswilligen(...), sondern darum, dass mit der durch einen Teil der Arbeiterschaft verursachten Stilllegung des Betriebs die Grundlage für die Lohnzahlung im Betrieb ganz allgemein weggefallen ist. Die Folgen des Wegfalls dieser Zahlungen müssen sich deshalb auch diejenigen Arbeitnehmer gefallen lassen, die sich dem Streik der anderen nicht angeschlossen haben. Wollte man anders entscheiden, so würden sich unmögliche Zustände ergeben. Es könnte sein, dass nur ein kleiner Teil der Arbeitnehmerschaft mit einer für die Fortführung des Betriebs unentbehrlichen Tätigkeit durch Streik den gesamten Betrieb stilllegte, und der Unternehmer allen anderen Arbeitern den Lohn zahlen müsste, obwohl diese nur deshalb nicht arbeiten können, weil ihre Genossen nicht arbeiten. Dies ist mit dem Gedanken der Arbeitsgemeinschaft als Grundlage des Betriebs nicht vereinbar." (RG 6.2.1923 RGZ 106, 272)

Auch das BAG schloss sich zunächst der Auffassung des RG an, dass der einzelne Arbeitnehmer als Glied der gesamten Arbeitnehmerschaft solidarisch für alle Störungen einstehen müsse, die sich auf die Sphäre der Arbeitnehmerschaft zurückführen lassen.

Kampfparität Gegenwärtig ist die Sphärentheorie mit ihrer Vorstellung der Solidarität aller Arbeitnehmer, unabhängig von der Gruppenzugehörigkeit und jeder Interessenverschiedenheit, jedoch in Kritik geraten und wird als bloße Fiktion abgelehnt. Als maßgebend gilt nun der **Grundsatz der Kampfparität** (BAG 22.12.1980 AP Nr. 70 zu Art. 9 GG Arbeitskampf).

„Maßgebend ist der in der Tarifautonomie wurzelnde Grundsatz der Kampfparität, der sich nicht nur auf die Ausgestaltung der Kampfmittel, sondern auch auf das Recht der Leistungsstörungen auswirkt. (...) Arbeitskämpfe haben den Zweck, die Voraussetzungen für den Abschluss von Tarifverträgen zu schaffen. Das bedeutet, dass die Rechtsordnung keiner Seite so starke Kampfmittel zur Verfügung stellen darf, dass dem sozialen Gegenspieler keine gleichwertige Verhandlungschance bleibt. Entscheidend ist der Druck, der durch die beiderseitigen Kampffolgen auf den jeweiligen Verhandlungsgegner ausgeübt wird. Dabei wirken sich nicht nur die Schäden aus, die in den unmittelbar kampfbetroffenen Betrieben für die Arbeitnehmer und die Gewerkschaften einerseits wie auch für die Arbeitgeber und ihre Verbände andererseits entstehen. Auch die Fernwirkungen in ‚Drittbetrieben' können das Verhandlungsgleichgewicht wesentlich beeinflussen. Sie sind weitgehend vorhersehbar und beim Einsatz der beiderseitigen Kampfmittel bis zu einem gewissen Grad kalkulierbar. (...) Soweit die Fernwirkungen eines Streiks für die kämpfenden Parteien Bedeutung gewinnen, weil sie deren Verhandlungsstärke beeinflussen, müssen sie im Arbeitskampfrecht berücksichtigt werden. Insoweit kann den betroffenen Arbeitgebern das Beschäftigungs- und Lohnrisiko nicht aufgebürdet werden, weil sie sonst stärker belastet würden als die unmittelbar betroffenen Arbeitgeber. Insgesamt ergäbe sich ein wesentlicher kampftaktischer Vorteil für die Gewerkschaften. Diese könnten sich darauf beschränken, besonders wichtige Schlüsselbetriebe oder kleine Funktionseliten in einen Teilstreik zu führen, ohne die erheblichen Fernwirkungen einer solchen Kampftaktik mit Lohneinbußen erkaufen zu müssen; gleichzeitig stünden die bestreikten Arbeitgeber unter Umständen unter dem latenten oder sogar realen Druck der mittelbar betroffenen Arbeitgeber, den Forderungen der Gewerkschaften nachzugeben." (BAG 22.12.1980 AP Nr. 70 zu Art. 9 GG Arbeitskampf)

Die Durchbrechung des Grundsatzes des allgemeinen Betriebsrisikos zulasten der Arbeitnehmer ist damit nach der Rechtsprechung des BAG nur dann gerechtfertigt, wenn die **Fernwirkung eines Arbeitskampfs unmittelbar oder mittelbar die Kampfparität stört**, beispielsweise aufgrund wirtschaftlicher oder koalitionspolitischer Interessenverbindungen. Dabei ist es unerheblich, ob die Betriebsstörung aufgrund eines rechtmäßigen Streiks oder aufgrund einer rechtmäßigen Aussperrung erfolgt (BAG 22.12.1980 AP Nr. 71 zu Art. 9 GG Arbeitskampf). Diese Verteilung des Arbeitskampfrisikos wird auch nicht durch die Neueinführung des § 615 S. 3 BGB tangiert. Vielmehr ist § 615 S. 3 BGB dahin zu verstehen, dass, wenn der Arbeitgeber das Risiko des Arbeitsausfalls in den o.g. Fällen nicht trägt, es bei dem Grundsatz „ohne Arbeit kein Lohn" bleibt (GOTTHARDT, Arbeitsrecht nach der Schuldrechtsreform, Rn. 116).

§ 132 Lohnersatzleistungen

Im Einzelfall kann die Kampfparität erfordern, dass der Grundsatz der Übertragung des Lohnrisikos auf die Arbeitnehmer der mittelbar betroffenen Betriebe auch für den Bereich der **Lohnfortzahlung im Krankheitsfall, an Feiertragen** sowie für den **Mutterschutz** gilt. Für das **Urlaubsentgelt** gilt, dass es im Fall eines bewilligten Urlaubs nicht entfällt, da durch eine Fernwirkung weder der bereits bewilligte Urlaub widerrufen wird, noch eine Gefährdung der Kampfparität zu befürchten ist.

§ 133 Einführung von Kurzarbeit

Stellt sich **im Fall der Fernwirkung** eines Arbeitskampfs die Frage der Einführung von Kurzarbeit, ist damit die Frage nach einem Mitbestimmungsrecht des Betriebsrats gem. § 87 Abs. 1 Nr. 3 BetrVG verbunden.

Ist das Lohnrisiko nicht auf die Arbeitnehmer zu übertragen, verbleibt es bei dem obligatorischen Mitbestimmungsrecht des Betriebsrats. Haben hingegen die Arbeitnehmer das Lohnrisiko nach den Grundsätzen der Kampfparität zu tragen, **unterscheidet die herrschende Ansicht zwischen dem „Ob" der Einführung der Kurzarbeit und dem „Wie". Im ersten Fall scheide ein Mitbestimmungsrecht des Betriebsrats aus**, da § 87 Abs. 1 Nr. 3 BetrVG die Funktion zukomme, mitzuentscheiden, ob das Lohnrisiko im Fall eines betriebsbedingten Erfordernisses von Kurzarbeit auf die Arbeitnehmer zu übertragen sei.

§ 87 Abs. 1 Nr. 3 BetrVG

Im Fall der Fernwirkung sei diese Entscheidung unter dem Gesichtspunkt der Wahrung der Parität bereits gefallen, so dass ein Mitbestimmungsrecht seine Funktion nicht mehr erfüllen könne. Der

Rahmen der Zulässigkeit einer Arbeitszeitverkürzung sei insofern durch die Grundsätze des Arbeitskampfrisikos bereits vorgeben. **Anders sei dies hingegen in der Frage der Modalitäten, des „Wie".** Hier beeinträchtige ein Mitbestimmungsrecht weder die Kampfparität noch belaste es den Betriebsrat übermäßig. Insofern besteht auch weiterhin ein obligatorisches Mitbestimmungsrecht des **Betriebsrats** (BAG 22.12.1980 AP Nr. 71 zu Art. 9 GG Arbeitskampf; LÖWISCH/BITTNER, AR-Blattei SD, 170.3.2. Rn. 88 ff.).

8. Abschnitt: Arbeitskampfstreitigkeiten

⮑ Übersicht:

§ 134 Allgemeine Voraussetzungen
    I. Zuständigkeit der Arbeitsgerichte
    II. Verfahrensarten

§ 135 Einstweiliger Rechtsschutz
    I. Verfügungsanspruch
    II. Verfügungsgrund

Der Rechtsschutz bei Arbeitskämpfen richtet sich nach den allgemeinen Vorschriften der Arbeits- und Zivilgerichtsbarkeit. Vereinzelt bestehen jedoch Besonderheiten.

§ 134 Allgemeine Voraussetzungen

I. Zuständigkeit der Arbeitsgerichte

§ 2 Abs. 1 Nr. 2 ArbGG

Gemäß § 2 Abs. 1 Nr. 2 ArbGG sind die **Arbeitsgerichte** für bürgerliche Streitigkeiten zwischen tariffähigen Parteien oder zwischen diesen und Dritten aus **unerlaubter Handlung**, soweit es sich um Maßnahmen zum Zwecke des Arbeitskampfs handelt, **zuständig**.

Arbeitskampf als jegliche Form kollektiven Drucks?

Nach teilweise vertretener Ansicht ist der Begriff des Arbeitskampfs in Nummer 2 weit auszulegen, so dass er nicht nur Auseinandersetzungen um Arbeitsbedingungen erfasse, sondern **jede** kollektive Druckausübung (GMP/MATTHES § 2 ArbGG Rn. 36). Auf das Ziel des Arbeitskampfs komme es nicht an. Daher seien neben Streik, Aussperrung, Boykott von § 2 Abs. 1 Nr. 2 ArbGG auch Demonstrationsstreiks, Warnstreiks, Sympathiearbeitskämpfe, politische Streiks und die gemeinsame Geltendmachung von Individualrechten erfasst. Die Rechtsprechung und ein Teil des Schrifttums sehen hingegen von § 2 Abs. 1 Nr. 2 ArbGG nur diejenigen kollektiven Maßnahmen erfasst, die auf den **Abschluss von Arbeitsbedingungen** zielen (BROX/RÜTHERS Rn. 718; BGH 29.9.1954 AP Nr. 2 zu § 2 ArbGG).

„Ebenso lässt sich aber auch, was nach dem Sprachgebrauch näher liegt, als Arbeitskampf nur eine solche den Arbeitsfrieden zwischen Arbeitgeber und Arbeitnehmer störende Maßnahme bezeichnen, die ein Einlenken des Sozialpartners auf bestimmte, die Arbeitsbedingungen betreffende Forderungen bezweckt. (...) Für die Auslegung des § 2 Abs. 1 Nr. 1 ArbGG erscheint in erster Linie wesentlich, von welchen Vorstellungen der Gesetzgeber ausgegangen ist. (...) Die Zuweisung ist in einer Bestimmung erfolgt, die in ihrem übrigen Teil Streitigkeiten aus dem Tarifvertragsrecht den Arbeitsgerichten überweist. Schon das deutet darauf hin, dass die unerlaubten Handlungen, deren Würdigung den Arbeitsgerichten bei Schadensersatzklagen überlassen ist, mit dem Tarifvertragsrecht zusammenhängen sollen. Noch stärker kommt das darin zum Ausdruck, dass nicht etwa allgemeine Streitigkeiten aus unerlaubter Handlung, die mit Arbeitskämpfen zusammenhängen, den Arbeitsgerichten zugewiesen sind, sondern dass Voraussetzung hierfür die Tariffähigkeit wenigstens einer der streitenden Parteien ist." (BGH 29.9.1954 AP Nr. 2 zu § 2 ArbGG)

Aus der **Zielsetzung des** § 2 ArbGG, arbeitskampfbedingte unerlaubte Handlungen der Arbeitsgerichtsbarkeit zu unterstellen, folgt ferner, dass der Begriff **Dritter** im Sinne der Nummer 2 sowohl die Koalitionsmitglieder als auch anders und nicht organisierte Arbeitnehmer, die am koalitionsgeführten Arbeitskampf teilnehmen, umfasst.

Dritte = Arbeitskampfbeteiligte

Der Begriff der unerlaubten Handlung ist nach herrschender Ansicht ebenfalls weit auszulegen, so dass auch Unterlassungsansprüche hierunter fallen (BAG 10.9.1985 AP Nr. 86 zu Art. 9 GG Arbeitskampf).

Unerlaubte Handlung auch Unterlassungsanspruch?

„Dieser Begriff ist weit auszulegen. Die Vorschrift will mit ihrer weiten Fassung ersichtlich alle Rechtsstreitigkeiten aus der Beteiligung der Koalitionen am Arbeitskampf und aus ihrer Betätigung am Arbeitsleben erfassen, deren Zulässigkeit und Rechtmäßigkeit umstritten ist. Unter unerlaubter Handlung im Sinne dieser Vorschrift ist daher nicht nur ein unter § 823 BGB zu subsumierendes Verhalten zu verstehen, sondern jedes Verhalten, das als Maßnahme zum Zweck des Arbeitskampfes oder als Betätigung der Koalition sich als rechtswidrig darstellen kann." (BAG 10.9.1985 AP Nr. 86 zu Art. 9 GG Arbeitskampf)

Die **ordentlichen Gerichte** bleiben damit für diejenigen Streitigkeiten zuständig, die mit der Koalitionsbetätigung schlechthin nicht zusammenhängen.

II. Verfahrensarten

Arbeitskampfstreitigkeiten sind regelmäßig im **Urteilsverfahren** zu klären. Etwas anders gilt gem. § 2a ArbGG für betriebsverfassungsrechtliche Streitigkeiten wie der Verletzung der betrieblichen Friedenspflicht oder die Auseinandersetzung um betriebliche Mitbestimmungsrechte im Arbeitskampf. Hier gilt das arbeitsgerichtliche **Beschlussverfahren**.

Im Regelfall Urteilsverfahren

Keine Feststellungsklage	Die Rechtmäßigkeit eines Arbeitskampfs kann nur inzident geprüft werden, da der **Arbeitskampf** selbst **kein Rechtsverhältnis** darstellt, so dass eine Feststellungsklage ausscheidet (BAG 12.9.1984 AP Nr. 81 zu Art. 9 GG Arbeitskampf).
Unterlassungsklage	Bei einem **laufenden** oder **drohenden Arbeitskampf** können die Koalitionen eine (vorläufige) Unterlassungsklage erheben. Da der Arbeitskampf jedoch in der Regel vor der Entscheidung der ersten Instanz beendet sein wird, ist allein der **vorläufige Rechtsschutz** von praktischer Bedeutung.

§ 135 Einstweiliger Rechtsschutz

Literatur: FISCHER, Gerichtswahl in eilbedürftigen Arbeitskampfsachen, FA 2008, 2; LÖWISCH, Reichweite und Durchsetzung der tariflichen Friedenspflicht am Beispiel der Metalltarifrunde 1987, NZA 1988, Beilage 2, S. 1 ff.; REICHHOLD, Grundrechtssuspendierung durch einstweilige Verfügungen, FA 2008, 98.

Der einstweilige Rechtsschutz bei rechtswidrigen Arbeitskämpfen richtet sich gem. § 62 Abs. 2 ArbGG nach den §§ 935 ff. ZPO. **Erforderlich ist daher das Vorliegen von Verfügungsanspruch und Verfügungsgrund.** Da ein Arbeitskampf aber nicht beliebig eingeleitet oder vertagt werden kann und Schadensersatzansprüche gem. § 945 ZPO im Falle eines Erfolgs des Verfügungsberechtigten im einstweiligen Rechtsschutzverfahren die Nachteile nicht voll auszugleichen vermögen, kommt der einstweiligen Verfügung im Arbeitskampf besondere Tragweite zu. Umstritten ist daher, welche Anforderungen an die Voraussetzungen von Verfügungsgrund und -anspruch zu stellen sind.

I. Gerichtsstand

Hinsichtlich einstweiliger Verfügungen gegen Arbeitskämpfe ist anlässlich des Arbeitskampfes der Gewerkschaft deutscher Lokführer (GDL) und der Bahn das Problem des sogenannten „Forum-Shoppings" in den Vordergrund geraten. Dies bezeichnet die Problematik, dass ein Kläger durch eine Auswahl eines für seine Position vermeintlich besonders günstigen Gerichtsstands versucht, das Verfahren zu beeinflussen. Es kommt eine Vielzahl von Gerichtsständen in Betracht (vgl. §§ 12, 17, 22, 29 ZPO): Sitz des Arbeitgebers oder der beteiligten Verbände, der Ort der jeweils bestreikten Niederlassung des Arbeitgebers oder der Erfüllungsort des Tarifvertrags hinsichtlich der Friedenspflicht (LAG Hamburg 24.3.1987 LAGE Nr. 33 zu Art. 9 GG Arbeitskampf; a.A: LAG München 23.3.1987 AP Nr. 2 zu § 29 ZPO). Problematisch ist dies vor allem bei bundesweiten Streiks. Da § 32 ZPO die örtliche Zuständigkeit nicht nur am Handlungs-, sondern auch am Erfolgsort der unerlaubten Handlung begründet, besteht bei einem bundesweiten Streik, wie er beispielsweise im Verkehr der Deutsche Bahn AG vorliegt, ein erhebliches Auswahlpotential. Im Schrifttum wird diese Auswahlmöglichkeit zwischen bis zu 121 Arbeitsgerichten massiv kritisiert, weil ihr nicht nur der Geruch einer Ermöglichung des Forum-Shoppings anhaftet, sondern sie durch die Gefahr divergierender instanzgerichtlicher Entscheidungen auch erhebliche Rechtsunsicherheit produziert. Es werden deswegen verfassungsrechtliche Bedenken gegen die entsprechenden prozessualen Möglichkeiten erhoben, weil sie mit dem Gebot effektiven Rechtsschutzes unvereinbar seien (Fischer, FA 2008, 2 ff.). In der Tat wäre im Interesse der Rechtssicherheit eine Konzentration der Rechtsfragen bei einem Gericht, nämlich am Sitzes der Tarifvertragspartei, um deren vermeintlich rechtswidriges Verhalten es geht, eine denkbare Lösung des Problems (Fischer, FA 2008, 2 ff.).

II. Verfügungsanspruch

Voraussetzung eines wirksamen Verfügungsanspruchs ist das **Vorliegen eines materiell-rechtlichen Anspruchs**, dessen Bestehen nicht zu bezweifeln ist. Ein wirksamer Verfügungsanspruch setzt mithin voraus, dass die Rechtslage für den Antragsteller spricht, d.h. die Rechtswidrigkeit des Arbeitskampfs oder einer einzelnen Maßnahme feststeht. Nach teilweiser vertretener Auffassung ist darüber hinaus erforderlich, dass die Rechtswidrigkeit **offensichtlich** sein müsse (KollArbR I S. 1292 ff. m.w.N. in Fn. 22). Die Gegenauffassung sieht in dieser Forderung hingegen eine unzulässige Einschränkung (MünchArbR/Otto § 293 Rn. 30 ff. m.w.N. in Fn.73). Mit Blick darauf, dass im Falle des Arbeitskampfes das einstweilige Verfügungsverfahren häufig den Charakter der Endgültigkeit hat (Fischer, FA 2008, 2, 3) und damit de facto eine Vorwegnahme der Hauptsache darstellt, ist ein gegenüber der Arbeitskampfmaßnahme großzügiger Prüfungsmaßstab nicht fernliegend (Reichold, FA 2008, 98 ff.). Dies gilt insbesondere durch das erhöhte Gewicht, das dem Arbeitskampf als koalitionsspezifischer Betätigung im Rahmen der neueren Rechtsprechung des BAG zugebilligt wird.

Bestehende Rechtswidrigkeit des Arbeitskampfs

III. Verfügungsgrund

Notwendig ist ferner das Vorliegen eines Verfügungsgrunds, d.h. die **Eilbedürftigkeit der Entscheidung angesichts drohender Schäden**. Keine Einhelligkeit besteht bislang allerdings in der Frage, welche Anforderungen an einen ausreichenden **Verfügungsgrund** zu stellen sind. Teilweise wird **jede** drohende Rechtsverletzung als ausreichend angesehen. Andere wiederum verlangen das Vorliegen drohender **wesentlicher** oder gar **existenzgefährdender** Nachteile oder stellen auf eine **Interessenabwägung ab**, die ergeben müsse, ob eine relevante Rechtsverletzung drohe (Reichhold, FA 2008, 98 ff.). Selbst in der Rechtsprechung der Instanzgerichte hat sich bisher keine einheitliche Linie herausgebildet (vgl. zu den einzelnen Meinungen:

Drohende Rechtsgutsverletzung

MünchArbR/Otto § 293, Fn. 78-83). Dennoch ist auch hier mit Blick auf die oben stehende Problematik der Vorwegnahme der Hauptsache eine grundrechtsfreundliche Sichtweise geboten.

9. Abschnitt:
Internationales Arbeitskampfrecht

Literatur: Hergenröder, Internationales Arbeitskampfrecht, FS Birk (2008), S. 197; Hergenröder, Internationales Arbeitskampfrecht, AR-Blattei SD, 170.8; Geffken, Internationales Recht im Seeleutestreik, NJW 1979, 1739; Junker, Internationales Arbeitsrecht im Konzern, 1992; Kocher, Kollektivverhandlungen und Tarifautonomie – welche Rolle spielt das europäische Recht?, AuR 2008, 13; Rebhahn, Grundfreiheit vor Arbeitskampf – der Fall Viking, ZESAR 2008, 109; Sagan, Das Gemeinschaftsgrundrecht auf Kollektivmaßnahmen – Eine dogmatische Analyse des Art. 28 der Europäischen Grundrechtecharta, 2008; Temming, Das „schwedische Modell" auf dem Prüfstein in Luxemburg – der Fall Laval, ZESAR 2008, 231; Wendeling-Schröder, Streikrecht und gemeinschaftsrechtliche Grundfreiheiten – Kritische Anmerkungen zur neuen EuGH-Rechtsprechung, AiB 2008, 179; Witter, Europarechtliche Aspekte des Streikrechts, 2008; Zwanziger, Arbeitskampf- und Tarifrecht nach den EuGH-Entscheidungen „Laval" und „Viking", DB 2008, 294.

◌ Übersicht:

§ 136 Arbeitskampfstatut
    I. Anknüpfungspunkt für das Arbeitskampfstatut
    II. Vereinbarkeit ausländischen Rechts mit nationalem Recht
    III. Reichweite des Arbeitskampfstatuts
§ 137 Beispiele für Arbeitskämpfe mit Auslandsbezug
§ 138 Sonderproblem: Streiks mit Europarechtsbezug

Arbeitskämpfe müssen sich nicht zwangsläufig allein auf nationaler Ebene abspielen. Angesichts der Globalisierung der Weltmärkte und der Vielzahl der Arbeitnehmer, die ihre Arbeitsleistung ganz oder teilweise außerhalb ihres Heimatstaates erbringen, können Arbeitskämpfe leicht einen internationalen Bezug erlangen. Für die Fragen der Rechtmäßigkeitsüberprüfung dieser Arbeitskampfmaßnahmen mit internationalem Bezug ist zum einen von entscheidender Bedeutung, welche Rechtsordnung maßgebend ist. Dies ist die Frage nach dem sog. **Arbeitskampfstatut** (siehe unter § 136). Zum anderen zeigen auch die neueren Entwicklungen im Gemeinschaftsrecht, dass diese Rechtsmaterie auch vor Arbeitskämpfen mit grenzüberschreitendem europäischem Bezug nicht halt macht. Das hat Auswirkungen auf die Bewertung der Zulässigkeit von **Arbeitskämpfen mit europarechtlichem Einschlag** (siehe unter §§ 137, 138).

§ 136 Arbeitskampfstatut

I. Anknüpfungspunkt für das Arbeitskampfstatut

Eine ausdrückliche Regelung, welche das anzuwendende Statut bei grenzüberschreitenden Arbeitskämpfen regelt, ist bislang in den §§ 3 ff. EGBGB nicht vorhanden. Die einschlägige, zwischen den Arbeitskampfpartnern anzuwendende nationale Rechtsordnung muss daher nach den allgemeinen Grundsätzen des internationalen Privatrechts beurteilt werden.

Grundsätze

Für einen Arbeitskampf mit Auslandsbezug kommen als Arbeitskampfstatut drei verschiedene Anknüpfungsmöglichkeiten in Frage. Zunächst könnte sich das einschlägige materielle Recht nach dem **Ort des Arbeitskampfs** ermitteln lassen. Für das Festland ist dies grundsätzlich unproblematisch; bei Schiffen müsste an die Flagge angeknüpft werden (**Flaggenstatut**), auch wenn sich dieses Schiff in einem ausländischen Hafen befindet (bspw. LAG Schleswig Holstein 23.3.2005 ArbuR 2007, 280). Denkbar wäre auch, den grenzüberschreitenden Arbeitskampf individualarbeitsvertragsrechtlich (**Arbeitsvertragsstatut**), tarifvertragsrechtlich (**Tarifvertragsstatut**) oder deliktsrechtlich (**Deliktsstatut**) anzuknüpfen; letzteres wäre der Fall, wann man von den möglichen Rechtsfolgen her denkt. In Rechtsprechung und Literatur besteht bislang keine Einigkeit darüber, welcher dieser Anknüpfungspunkte der entscheidende sein soll.

Die Anknüpfung an das Deliktsrecht kann vom Ansatz her schon nicht überzeugen, da sie unterstellt, dass der Arbeitskampf als rechtswidriges Verhalten einzustufen ist. Auch die Anknüpfung an die für den Tarifvertrag maßgebliche Rechtsordnung vermag nicht zu überzeugen, da sie keine Lösung für die Fälle gibt, in denen keine tarifvertragliche Regelung angestrebt wird oder kein Tarifvertrag besteht. Vergleichbares gilt für das Arbeitsvertragsstatut. Überwiegend wird daher grundsätzlich der **Arbeitskampfort** als ausschlaggebend angesehen, da allein die Anknüpfung an den Kampfort dem Umstand Rechnung trage, dass Arbeitskämpfe einen starken Bezug zu ihrer Umgebung aufweisen, verfassungsrechtlich relevant sind und öffentliche Interessen berühren (MünchArbR/BIRK § 21 Rn. 65; MünchKomm/KREUZER, Art. 38 EGBGB, Rn. 193 ff.; a.A. HERGENRÖDER, FS Birk, S. 197, 206, der auf den **Schwerpunkt der rechtlichen Beziehungen der Arbeitskampfbeteiligten** abstellt). Regelmäßig sei dies der Ort des Arbeitskampfs selbst. Ausnahmen könnten sich jedoch dann ergeben, wenn der Schwerpunkt nach der Gesamtschau aller in Betracht kommende Anknüpfungsgesichtspunkte ausnahmsweise nicht am Ort der Arbeitskampfhandlung liege.

Rechtsordnung des Arbeitskampforts

II. Vereinbarkeit ausländischen Rechts mit nationalem Recht

Ordre public Findet ausländisches Arbeitskampfrecht auf inländische Arbeitskampfparteien Anwendung, ist stets die Vereinbarkeit des ausländischen Rechts mit dem **ordre public** zu überprüfen. Insbesondere ist hinsichtlich Art. 6 EGBGB der Aussagegehalt von Art. 9 Abs. 3 GG zum deutschen Arbeitskampfrecht zu beachten.

Art. 34 EGBGB Aus Art. 34 EGBGB folgt ferner, dass das deutsche Arbeitskampfrecht als zwingendes Recht ausgestaltet sein kann, welches das ausländische Recht stets verdrängt. Bisher gilt jedoch noch als völlig ungeklärt, welche Vorschriften des deutschen Arbeitsrechts hier in Frage kommen. Als ein Beispiel wird § 11 Abs. 5 AÜG genannt, der das Recht zur Verweigerung von Streikarbeit und die Weiterbeschäftigungspflicht nach Streikende normiert (HERGENRÖDER, FS Birk, S. 197, 213).

III. Reichweite des Arbeitskampfstatuts

Einheitliche Rechtsanwendung In seiner Reichweite findet das national maßgebende Recht im internationalen Arbeitskampf nicht nur für die Zulässigkeit der einzelnen kollektiven Arbeitskampfmaßnahme Anwendung, sondern auch für die Wirkungen des Arbeitskampfes auf das Einzelarbeitsverhältnis. Davon umfasst ist auch die kollektive Ausübung individueller Rechte oder die Anwendbarkeit der Arbeitskampfrisikolehre. Dasselbe gilt für deliktsrechtliche Fragen. Im Ergebnis ist das Arbeitskampfgeschehen also kollisionsrechtlich einheitlich zu würdigen. Denn würde hier eine andere Rechtsordnung Anwendung finden, käme es unweigerlich zu Konflikten im praktischen Ergebnis.

§ 137 Beispiele für Arbeitskämpfe mit Auslandsbezug

Grenzüberschreitende Kampfhandlungen Nachfolgend seien zwei Beispiele für die Ermittlung des einschlägigen Arbeitskampfstatuts genannt (bzgl. weiterer Fallkonstellationen für Arbeitskämpfe mit **Auslandsberührung** s.a. HERGENRÖDER AR-Blattei SD, 170.8 Rn. 6):

– **Arbeitskämpfe außerhalb des Festlands Bundesrepublik Deutschland durchgeführt von im Ausland tätigen Arbeitnehmer um einem Tarifvertrag nach deutschem Recht mit extraterritorialer Wirkung,** auf den die Entsenderichtlinie 96/71/EG keine Anwendung findet. Hier ist zu unterscheiden: Handelt es sich um einen Streik von Arbeitnehmern, die bspw. in einer deutschen Botschaft oder auf einem Schiff unter deutscher Flagge beschäftigt sind, richtet sich das Arbeitskampfstatut nach deutschem Arbeitskampfrecht. Findet der Streik hingegen auf fremdem Territorium statt, gilt das Arbeitskampfstatut des ausländischen Staates. Das angerufene zuständige ausländische Gericht am Ort des Arbeitskampfes wird das eigene nationale Arbeitskampfrecht anwenden.

– Die Rechtmäßigkeit eines **in der Bundesrepublik Deutschland geplanten Unterstützungsstreiks für einen im Ausland von ausländischen Arbeitnehmern durchgeführten Hauptstreik** richtet sich nach dem deutschen Arbeitskampfrecht. Freilich hängt die Zulässigkeit von jenem nach deutschem Verständnis letztendlich von der Rechtmäßigkeit des Hauptstreiks ab (dazu auch § 114 II.). Fraglich ist, nach welchem Arbeitskampfstatut sich die Zulässigkeit des Hauptstreiks richtet. Die Ansichten hierüber sind geteilt (vgl. MünchArbR/BIRK § 21 Rn. 66; HERGENRÖDER AR-Blattei SD 170.8 Rn. 60 ff.). Teilweise wird vertreten, entscheidend sei allein die Rechtmäßigkeit der inländischen Maßnahme. Die Gegenansicht sieht auch die Zulässigkeit der ausländischen Kampfhandlung für ausschlaggebend an und geht zu Recht insofern von einer **Akzessorietät** inländischer und ausländischer Kampfhandlungen aus. Dabei ist des Weiteren umstritten, welche Rechtsordnung wesentlich für die Zulässigkeit der ausländischen Kampfhandlung sein soll. Auch hier gehen die Ansichten auseinander. Teilweise soll es die inländische sein, da die Rechtmäßigkeit einer inländischen Kampfhandlung nicht von der Entscheidung einer ausländischen Rechtsordnung abhängen könne (MünchKomm/KREUZER Art. 38 EGBGB Rn. 194). Andernteils wird darauf abgestellt, dass die ausländische Kampfhandlung nach dem entsprechenden ausländischen Recht zu beurteilen sei (MünchArbR/BIRK § 21 Rn. 66). Dem ist aufgrund der obigen Ausführungen in § 136 I unter der Beachtung des ordre public gem. Art. 6 EGBGB zuzustimmen. Denn es darf nicht übersehen werden, dass durch die Erweiterung des ausländischen Kampfgebiets auf das Territorium der Bundesrepublik Deutschland ihre Rechtsordnung sowie Arbeits- und Wirtschaftsverfassung berührt wird, so dass die Überwindung des nur im Extremfall eingreifenden Art. 6 EGBGB gerechtfertigt ist (ebenso HERGENRÖDER AR-Blattei SD 170.8. Rn. 65).

§ 138 Sonderproblem: Streiks mit Europarechtsbezug

Das mit den obigen Grundsätzen des internationalen Privatrechts ermittelte nationale Arbeitskampfstatut ist u.U. **nicht das einzige materielle Recht**, das zur Bewertung der Zulässigkeit bzw. Unzulässigkeit des Arbeitskampfes heranzuziehen ist. Bei einigen Arbeitskämpfen ist daneben wegen seines Vorrangs auch das **Gemeinschaftsrecht** zu beachten. Zu gemeinschaftsrechtlichen Implikationen kann es vor allem bei **grenzüberschreitenden Arbeitskämpfen** oder **grenzüberschreitenden Unternehmens- bzw. Produktionsverlagerungen** innerhalb der EU kommen. Berührt sind in solchen Fällen die für einen Unternehmer streitende Dienstleis-

Einfluss des Gemeinschaftsrechts

tungsfreiheit gem. Art. 49 EG oder Niederlassungsfreiheit gem. Art. 43 EG bzw. diese Grundfreiheiten konkretisierendes Sekundärrecht. Letzteres ist beispielsweise mit der Verordnung 4055/86/EWG des Rates vom 22.12.1986 zur Anwendung des Grundsatzes des freien Dienstleistungsverkehrs auf die Seeschifffahrt zwischen Mitgliedstaaten sowie zwischen Mitgliedstaaten und Drittländern der Fall.

Die Einschlägigkeit der **Grundfreiheiten** resultiert daher, dass der EuGH auch Gewerkschaften hieran gebunden hat (sog. horizontale Wirkung oder Drittwirkung des Primärrechts, siehe unter § 14 I 2b). In zwei wichtigen Entscheidungen aus dem Jahre 2007 hat der EuGH diese Bindungswirkung in Bezug auf Gewerkschaften nicht nur auf das Diskriminierungsverbot, sondern auch auf das **Beschränkungsverbot im Verhältnis zu einem außenstehenden Dritten** – insbesondere den sozialen Gegenspieler – erstreckt (EuGH 11.12.2007, Rs. C-438/05, Viking, NZA 2008, 124 ff.; EuGH 18.12.2007, Rs. 341/05, Laval, NZA 2008, 159 ff. mit Anm. TEMMING, ZESAR 2008, 231). Als korrespondierendes Recht können die Gewerkschaften jedoch das **Gemeinschaftsgrundrecht auf Durchführung kollektiver Maßnahmen** in Anspruch nehmen (siehe unter § 14 I 3b). Die den Sozialpartnern zustehenden gegenläufigen subjektiven Rechte müssen gegeneinander abgewogen und zu einem Ausgleich gebracht werden.

In der Entscheidung **Laval** ging es um eine typische Entsendekonstellation in der Bauwirtschaft (siehe unter § 14 III 2):

➲ **Beispiel:**

Das lettische Unternehmen Laval hatte einen Bauauftrag in Schweden auszuführen. Da es aufgrund des „schwedischen Modells" weder einen gesetzlichen bzw. tariflichen Mindestlohn noch ein mit Deutschland vergleichbares Institut der Allgemeinverbindlicherklärung gibt oder auf andere Weise alle in Schweden tätigen Unternehmen der Baubranche einen Mindestlohn zu beachten haben, trat die regional zuständige Untergliederung der Baugewerkschaft an Laval heran, um den einschlägigen Tarifvertrag für die Baubranche zu vereinbaren und die Übernahme der tarifvertraglichen Bedingungen ggf. mit Hilfe gewerkschaftlichen Drucks durchzusetzen. Erst nach Unterzeichnung des Tarifvertrags würde dann für die Sozialpartner die Friedenspflicht gelten. Laval wehrte sich sowohl gegen die Lohnforderung als auch die zusätzlichen finanziellen Verpflichtungen. Vielmehr wollte es seine entsandten Arbeitnehmer nach dem niedrigeren lettischen Niveau entlohnen. So kam es zu Streik- und Blockadeaktionen mehrerer schwedischer Gewerkschaften. Dies war möglich, weil das schwedische Gesetz über die Mitbestimmung im Arbeitsleben die für schwedische Gewerkschaften zwingend zu beachtende Friedenspflicht auf Unternehmen beschränkte, die an einen schwedischen Tarifvertrag gebunden waren. Die Aktionen hatten Erfolg. Laval konnte den Auftrag nicht durchführen und schickte seine entsandten Arbeitnehmer nach Lettland zurück.

Die Konstellation in der Entscheidung **Viking** betraf Streikmaßnahmen im Rahmen einer grenzüberschreitenden Unternehmensverlagerung:

➲ **Beispiel:**
Das finnische Fährunternehmen Viking Line ABP wollte wegen des niedrigeren Lohnniveaus in Estland und der starken estnischen Konkurrenz eine Niederlassung dorthin verlegen sowie eines seiner Fährschiffe, die Rosella, unter estnischer Flagge betreiben. Die finnische Gewerkschaft FSU und der diese unterstützende internationale Gewerkschaftsverband ITF versuchten, dies zu verhindern und drohten mit Streiks und Boykotts, sollte Viking Line ABP trotz Verlagerung des Geschäftssitzes und der Umflaggung der Rosella das finnische Lohnniveau nicht beibehalten.

Nach dem Urteil **Laval** verstoßen die Arbeitskampfmaßnahmen sowie die schwedische Vorschrift bzgl. der Reichweite der Friedenspflicht gegen Art. 49 EG. Die **gewerkschaftlichen Aktionen** sind somit **unzulässig**. Maßgeblich für die Entscheidungsfindung sind für den EuGH die Wertungen der Entsenderichtlinie 96/71/EG (siehe unter § 14 III 2). Sie sieht zum einen die Art und Weise vor, wie die Bindung der Wirtschaftsteilnehmer der Bauwirtschaft an den Kern zwingender Arbeitsbedingungen zu vollziehen ist. Zum anderen sieht sie lediglich einen abschließenden Kern von Mindestarbeitsbedingungen vor. Darüber hinaus gehende Forderungen dürfen nicht erstreikt werden.

Hingegen geht der EuGH in der Entscheidung **Viking vorsichtiger** vor und verweist den Rechtsstreit zum weit überwiegenden Teil wieder an den vorlegenden englischen Court of Appeal. Der Grund dürfte darin liegen, dass anders als in der Laval-Konstellation keine harten gesetzlichen Wertungen wie die Entsenderichtlinie 96/71/EG herangezogen werden konnten. Denn eine spezielle „Richtlinie über grenzüberschreitende Betriebsverlagerungen" gibt es nicht. Daher zieht der EuGH in diesem Zusammenhang nur eine einzige klare rechtliche Linie: Eine einseitige, nur auf die Verhinderung der Verlagerung gerichtete Gewerkschaftspolitik ist i.R.d. Art. 43 EG nie zu rechtfertigen. Das würde übrigens das BAG im Kontext der Art. 9 Abs. 3 GG und Art. 12 Abs. 1 GG wohl ebenso sehen (BAG 3.4.1990 NZA 1990, 886, 889). Abgesehen davon sagt der EuGH im Grunde nur, dass Arbeitskampfmaßnahmen grundsätzlich gerechtfertigt werden können, wenn sie dem Schutz der Arbeitnehmer dienen und des Weiteren verhältnismäßig sind. Es wird damit insbesondere auf die Erforderlichkeit ankommen, die nun der Court of Appeal zu überprüfen hat.

Beide Entscheidungen des EuGH sind für das Arbeitskampfrecht **von nicht zu unterschätzender Bedeutung.** Wenngleich sich sowohl in der neuesten Rechtsprechung des BAG als auch in derjenigen des EuGH dogmatische Konvergenzen feststellen lassen (insbesondere die Entscheidung zum Unterstützungsstreik BAG 19.6.2007 NZA 2007, 1055 ff., ausf. § 114 II.), steht außer Zweifel, dass der EuGH durch die Art und Weise, wie er das Gemeinschaftsgrundrecht auf Durchführung kollektiver Maßnahmen auslegt, aus deutscher Sicht zu einem ernst zu nehmenden Akteur und möglicherweise sogar zu einem Gegenspieler des BVerfG und BAG werden kann. Darüber hinaus ist zu beachten, dass die für Unternehmen streitenden Grundfreiheiten nicht tarifdispositiv ausgestaltet sind und die Gewerkschaften diesbezüglich somit einer vollständigen Rechtskontrolle unterliegen, über deren Reichweite allein der EuGH bestimmt.

Zu einem **möglichen Konflikt** wird es kommen, sollte Art. 9 Abs. 3 S. 1 GG gewerkschaftliche Aktionen erlauben, die nach Ansicht des BAG oder BVerfG die Dienstleistungs- oder Niederlassungsfreiheit gem. Art. 49 EG bzw. Art. 43 EG des mit dem Arbeitskampf überzogenen Unternehmens rechtmäßig beschränken. Das zeigt die Entscheidung des BAG zur Zulässigkeit der Erstreikbarkeit von Tarifsozialplänen und die in den Entscheidungsgründen vollkommen zurückgenommene Kontrolle gewerkschaftlicher Forderungen sehr deutlich (BAG 24.4.2007 NZA 2007, 987 ff.). Eine deutsche Schranke i.R.d. Art. 9 Abs. 3 S. 1 GG scheint nicht zu existieren; die maßstabsbildende Funktion der §§ 111 ff. BetrVG als Indiz für ein Abwägungsprogramm des Gesetzgebers jenseits der zu Recht verneinten Sperrwirkung wird vollkommen ausgeblendet. Hingegen scheut sich der EuGH nicht, tarifliche Forderungen generell einer Verhältnismäßigkeitsprüfung zu unterziehen (Viking bzw. Laval) und diese – wenn rechtliche Wertungen vorhanden sind – im konkreten Fall gegebenenfalls für gemeinschaftsrechtswidrig zu erklären (Laval).

Insbesondere **grenzüberschreitende Unternehmensverlagerungen** innerhalb der EU stellen aus juristischer Sicht **eine große Herausforderung** dar. Es ist die Aufgabe von Rechtsprechung und Literatur, justiziable Maßstäbe zu entwickeln, anhand derer die rechtlichen Grenzen gewerkschaftlicher Maßnahmen in dieser Konstellation bestimmt werden können (s. bspw. die Ansätze bei FISCHINGER, Arbeitskämpfe bei Standortverlagerung und -schließung, 2006, oder TEMMING, Mit wieviel Verlust muss eine Fähre betrieben werden? Der Fall Viking vor dem EuGH, ELR 2008, 190, 200 f.). Dabei wird das größte Problem sein, die qualitative Grenze zu bestimmen, jenseits dessen das „Wie" hinsichtlich der gewerkschaftlich erstreikbaren Kosten der Unternehmensverlagerung in ein „Ob" in Bezug auf die Unternehmensverlagerung an sich umschlägt. Angesichts der Tatsache, dass auch den Arbeitgebern Arbeitskampfmittel zur Verfügung stehen (Abwehraussperrung, lösende Aussperrung) und sie den Betrieb ja auch stilllegen können, dürften die Grenzen weit zu ziehen sein. Eine wichtige Rolle wird den Erfordernissen an die Darlegungs-

Sonderproblem: Streiks mit Europarechtsbezug § 138

und Beweislast auf Seiten des Arbeitgebers in Bezug auf die finanziellen Folgen der gewerkschaftlichen Forderungen zukommen.

Diese beiden wichtigen Urteile des EuGH – Viking und Laval – zeigen, dass ältere Entscheidungen deutscher Arbeitsgerichte über gewerkschaftliche Maßnahmen mit grenzüberschreitendem Bezug nach heutiger Sichtweise u.U. gemeinschaftsrechtliche Fragen aufgeworfen hätten. Freilich befand sich das Gemeinschaftsrecht damals noch nicht auf dem heutigen Stand; die Entwicklungen waren in dieser Zuspitzung daher wohl nicht vorhersehbar. Zwei Entscheidungen – eine aus den 1970er, eine aus den 1980er Jahren – mögen dies verdeutlichen:

⊃ **Beispiele:**
Die im Vereinigten Königreich von dem Verlag Times Newspaper Ltd. herausgegebene Tageszeitung „The Times" stellte im Dezember 1978 aufgrund längerer Streitigkeiten mit der britischen Gewerkschaft ihr Erscheinen ein. Im April 1979 beabsichtigte der bestreikte Verlag, mit Hilfe einer deutschen Druckerei in Deutschland eine für den europäischen Kontinent und Nordamerika bestimmte Wochenzeitung herauszubringen. Daraufhin fasste der Hauptvorstand der IG Druck und Papier den Beschluss, die „deutschen Arbeitnehmer", die mit der Satzproduktion und dem Druck beschäftigt werden sollten, zur „Nichtausführung dieser Tätigkeit aufzufordern". Es kam an drei aufeinanderfolgenden Tagen zu mehreren Versammlungen vor dem Betriebsgelände, die im Ergebnis dazu führten, dass die deutsche Druckerei auf den geplanten Druck verzichtete. Die auf § 823 BGB gestützte Schadensersatzklage der Druckerei hatte Erfolg (LAG Frankfurt 22.12.1983 und 25.6.1985 BB 1985, 1850).

Um Außenseiterreedereien zu einem Tarifabschluss zu bewegen, rief die ÖTV ausländische Schwesterorganisationen auf, Seeschiffe der von ihr bekämpften deutschen Reeder zu boykottieren. Daraufhin wurde in einem dänischen Hafen eines der Schiffe der deutschen Reederei erst dann vom dänischen Hafenpersonal abgefertigt, nachdem die beklagte Reederei in einem Vorvertrag dem zukünftigen Abschluss eines Tarifvertrages zugestimmt hatte. Im Nachgang zu dem Urteil des BAG wurde die beklagte Reederei dann verurteilt, mit der ÖTV einen entsprechenden Tarifvertrag abzuschließen (BAG 19.10.1976 AP Nr. 6 zu § 1 TVG Form mit krit. Anm. WIEDEMANN).

In dem vom LAG Frankfurt entschiedenen Fall hätte sich die deutsche Druckerei gegenüber der Gewerkschaft auf Art. 49 EG berufen können. Da das Gericht die gewerkschaftlichen Aktionen nicht als Arbeitskampfmaßnahme bewertete und daher i.R.d. Art. 5 Abs. 1 und Art. 8 GG wertete, wären auf europäischer Ebenen die Gemeinschaftsgrundrechte der Meinungs- und Versammlungsfreiheit einschlägig gewesen. Die Konstellation ähnelt somit derjenigen in der Schmidberger-Entscheidung des EuGH, in der Demonstranten auf friedliche Weise die Brenner-Autobahn in Österreich für den Warenfernverkehr blockierten (EuGH 12.6.2003, Rs. C-112/00, Schmidberger, Slg. 2003, I-5659 ff., Rn. 70 ff. = EuZW 2003, 592 ff.). Es ist nicht auszuschließen, dass der EuGH ebenfalls erkannt hätte, dass diese beiden Gemeinschaftsgrundrechte ebenso wie Art. 5 Abs. 1 und Art. 8 GG die bezweckte Verhinderung einer Zeitungsproduktion nicht decken würden und sich Art. 49 EG damit relativ durchsetzen würde.

Der zweite Fall ähnelt der Viking-Entscheidung, wenngleich es nicht um eine grenzüberschreitende Unternehmensverlagerung geht. Die von den Instanzgerichten für zulässig erkannte gewerkschaftliche Maßnahme der ÖTV sowie die Boykotthandlung der dänischen Hafenarbeiter wären vom Schutzbereich des Gemeinschaftsgrundrechts auf Durchführung kollektiver Maßnahmen umfasst gewesen. Gleichzeitig hätte sich die deutsche Reederei auf die Dienstleistungsfreiheit gem. Art. 1 Abs. 4 VO 4055/86/EWG i.V.m. Art. 49 EG berufen können. Aufgrund des weiten Wertungsspielraums und der Zurückhaltung des EuGH in der Viking-Entscheidung ist nicht auszuschließen, dass dieser die gewerkschaftlich organisierten Maßnahmen i.R.d. Rechtfertigungsprüfung ebenfalls für gemeinschaftsrechtlich unbedenklich gehalten hätte.

10. Abschnitt:
Tarifliches Schlichtungsrecht

⊃ Übersicht:

§ 139 Grundlagen des Schlichtungsrechts
    I. Begriff und Zweck der Schlichtung
    II. Gestaltungsformen der tariflichen Schlichtung
    III. Historische Entwicklung der tariflichen Schlichtung

§ 140 Vereinbarte Schlichtung
    I. Schlichtungsabkommen als vertragliche Grundlage
    II. Schlichtungsverfahren
        1. Schlichtungsstelle
        2. Verfahrensablauf
    III. Schlichtungsspruch

§ 141 Staatliche Schlichtung
    I. Freiwilliger Charakter der staatlichen Schlichtung
    II. Schlichtungsverfahren
        1. Schlichtungsorgane
        2. Verfahrensablauf
        3. Schlichtungsspruch

§ 139 Grundlagen des Schlichtungsrechts

Literatur: LEMBKE, Staatliche Schlichtung in Arbeitsstreitigkeiten nach dem Kontrollratsgesetz Nr. 35, RdA 2000, 235; SCHELP, Die geschichtliche Entwicklung des Schlichtungswesens unter besonderer Berücksichtigung der derzeitigen tariflichen Schlichtung, AuR 1955, 1.

I. Begriff und Zweck der Schlichtung

Als Schlichtung wird die **Hilfeleistung** zur Beendigung einer Gesamtstreitigkeit zwischen Arbeitgeber, Arbeitgeberverband und Gewerkschaften über kollektivrechtliche Fragen im Wege des Abschlusses einer Gesamtvereinbarung bezeichnet. Die Gesamtstreitigkeit kann sich sowohl auf betriebliche als auch auf überbetriebliche Fragen beziehen. **Tarifliche Schlichtung** im engeren Sinn liegt hingegen nur dann vor, wenn eine Streitigkeit zwischen Tarifvertragsparteien über tarifliche Regelungen besteht.

Hilfeleistung zur Beendigung von Regelungsstreitigkeiten

Die tarifliche Schlichtung ist daher sowohl von der betriebsverfassungsrechtlichen Schlichtung als auch vom Schieds- und Arbeitsgerichtsverfahren zu unterscheiden. Ihren Gegenstand bilden ausschließlich **tarifliche Regelungs**streitigkeiten. Betriebliche Konflikte sowie Rechtsstreitigkeiten über bestehende tarifvertragliche Regelungen zwischen den Tarifvertragsparteien scheiden als Schlichtungsgegenstand aus. Die betrieblichen Konflikte können im Verfahren vor der Einigungsstelle gem. § 76 BetrVG beigelegt werden (siehe unter § 151 III). Rechtsstreitigkeiten, zu denen auch die Frage des Bestehens und des Inhalts eines Tarifvertrags zählt, sind dem Arbeits- und Schiedsgerichtsverfahren zuzuordnen. Gegenstand der tariflichen Schlichtung sind daher allein Streitfragen zwischen den Tarifvertragsparteien über **zukünftige** Tarifinhalte, so dass die tarifliche Schlichtung einen tarifvertragsfreien Raum voraussetzt.

Die tarifliche Schlichtung dient wie der Arbeitskampf der **Konfliktlösung** bestehender Regelungsstreitigkeiten zwischen den Tarifvertragsparteien. Ihr Mittel ist jedoch nicht der Kampf, sondern das **friedliche Gespräch,** das heißt die Vermittlung zwischen den Tarifvertragsparteien mit dem Ziel einer einvernehmlichen Konfliktbeendigung.

Konfliktlösung im Wege des friedlichen Gesprächs

II. Gestaltungsformen der tariflichen Schlichtung

Die tarifliche Schlichtung kann innerhalb zweier Verfahren erfolgen. Zum einen im Wege der **staatlichen** Schlichtung (siehe unter § 141), zum anderen im Wege der **vereinbarten** Schlichtung (siehe unter § 140). Die vereinbarte Schlichtung beruht auf einer tarifvertraglichen Vereinbarung zwischen den Tarifvertragspartnern. Die staatliche Schlichtung ist hingegen im Kontrollratsgesetz (KRG) Nr. 35 (abgedruckt in der Sammlung NIPPERDEY I Nr. 520) sowie in der Landesschlichtungsordnung für das Bundesland Baden-Württemberg (ab-

Staatliche und vereinbarte Schlichtungsverfahren

gedruckt in der Sammlung Nipperdey I Nr. 521) geregelt. Die Bundesländer Berlin, Nordrhein-Westfalen sowie Rheinland-Pfalz haben zum Kontrollratsgesetz Nr. 35 eigene Verfahrens- bzw. Durchführungsverordnungen erlassen (abgedruckt in der Sammlung Nipperdey I Nr. 522 bis 524).

III. Historische Entwicklung der tariflichen Schlichtung

Erste Ansätze der vereinbarten Schlichtung

Die Wurzeln der tariflichen Schlichtung lassen sich auf die Kämpfe zwischen Zünften und Gesellenverbänden im Mittelalter zurückführen, in denen die städtische Obrigkeit erstmals schlichtend eingriff. Mit der Anerkennung der Koalitionsfreiheit 1871 und der aus ihr folgenden Möglichkeit, Tarifverträge zu schließen (siehe unter § 81), wurde auch das Schlichtungsverfahren Bestandteil der Tarifverträge.

Erste staatliche Regelungen in der Zeit 1890–1916

Die erste staatliche Regelung zum Schlichtungswesen sah das Gewerbegerichtsgesetz von 1890 vor, nach dem das Gewerbeamt auf Antrag beider Parteien zur Beilegung von „Streitigkeiten zwischen Arbeitgebern und Arbeitnehmern über die Beendigung der Fortsetzung oder Wiederaufnahme des Arbeitsverhältnisses" tätig werden konnte. Die Einigungsämter waren paritätisch mit Arbeitgeber- und Arbeitnehmervertretern besetzt. Ihnen kam die Aufgabe zu, eine Einigung zwischen den streitigen Parteien zu erzielen, ohne dass der Schlichtungsspruch für die Parteien allerdings verbindliche Bedeutung besaß. Während der Zeit des 1. Weltkriegs wuchs die Bedeutung der Schlichtung als Mittel zur Verhinderung von wirtschaftlichen Schäden. Mit dem Hilfsgesetz von 1916 wurden daher die ersten eigenständigen Schlichtungsausschüsse gebildet. Ausreichend für ein Tätigwerden der Schlichtungsstelle war bereits der Antrag einer Partei.

Schlichtungsverordnung 1923

Die Verordnung über das Schlichtungswesen von 1923 beinhaltete erstmals eine Einleitung des Schlichtungsverfahren von Amts wegen (sog. Zwangsschlichtung) und die Möglichkeit, den Schlichtungsspruch der Schlichtungsstelle für verbindlich zu erklären. Dem Schiedsspruch kam die Wirkung eines allgemeinverbindlich erklärten Tarifvertrags zu. Das Schlichtungswesen wurde in der Folge von den staatlichen Stellen zur sukzessiven Aushöhlung des Verhandlungsprozesses der Tarifvertragsparteien eingesetzt. Arbeitgeber wie Gewerkschaften missbrauchten den Ruf nach der staatlichen Schlichtung, um ihre Interessen der Gegenseite mit Hilfe des Staates aufzuzwingen. Die zunehmenden staatlichen Eingriffe in den tarifvertraglichen Einigungsprozess höhlten die Tarifautonomie sukzessive aus.

1933–1945

Mit der Auflösung der Gewerkschaften 1933 wurde zugleich die Schlichtungsverordnung von 1923 aufgehoben. In der Zeit von 1933 bis 1945 existierte damit weder ein vereinbartes noch ein staatliches Schlichtungswesen.

Das Kontrollratsgesetz Nr. 35 von 1946 schuf wieder die Grundlage für eine freiwillige staatliche Schlichtung neben der tarifvertraglich vereinbarten, wie sie bereits 1890 bestanden hatte.

Kontrollratsgesetz Nr. 35

§ 140 Vereinbarte Schlichtung

I. Schlichtungsabkommen als vertragliche Grundlage

Die vereinbarte Schlichtung ist eine **freiwillige** Möglichkeit, Regelungsstreitigkeiten über tarifliche Inhalte beizulegen. Ein Einlassungszwang besteht grundsätzlich ebenso wenig wie eine Pflicht, den Schlichtungsspruch der Schlichtungsstelle anzunehmen. Nur wenn beide Tarifvertragsparteien sich einig sind, kann das Schlichtungsverfahren daher durchgeführt werden und der Schlichtungsspruch Verbindlichkeit erlangen. Es ist allerdings nicht ausgeschlossen, dass die Tarifvertragsparteien einvernehmlich einen Einlassungszwang vereinbaren, wenn eine der beiden Parteien die Schlichtungsstelle anruft.

Freiwilliges Konfliktlösemittel

Die vereinbarte Schlichtung beruht auf einer Vereinbarung zwischen den Tarifvertragsparteien, dem sog. **Schlichtungsabkommen**. Die Möglichkeit, ein Schlichtungsabkommen zu vereinbaren, folgt aus der in Art. 9 Abs. 3 GG gewährleisteten Tarifautonomie. Das Schlichtungsabkommen legt die Rechte und Pflichten der Tarifvertragsparteien im Hinblick auf das Schlichtungsverfahren fest und ist damit ein Tarifvertrag i.S.d. § 1 Abs. 1 TVG.

Schlichtungsabkommen als Tarifvertrag

II. Schlichtungsverfahren

Das Verfahren der vereinbarten Schlichtung sowie die Besetzung der Schlichtungsstelle ist in den einzelnen Tarifverträgen unterschiedlich ausgestaltet. Dem sog. Margarethenhof-Abkommen vom 7.9.1954 zwischen der Bundesvereinigung der Deutschen Arbeitgeberverbände und dem deutschen Gewerkschaftsbund (abgedruckt in RdA 1954, 383 f.) kommt dabei zumeist eine gewisse Vorbildfunktion zu.

1. Schlichtungsstelle

Unterschieden werden kann zwischen dauerhaft bestehenden Schlichtungsstellen und solchen, die nur im Bedarfsfall eingerichtet werden. Die Schlichtungsstellen im Rahmen der vereinbarten Schlichtung sind keine staatlichen, sondern **private Einrichtungen**. Möglich ist sowohl eine paritätische Besetzung als auch die Einbeziehung eines unparteiischen Vorsitzenden.

Besetzung der Schlichtungsstellen

2. Verfahrensablauf

Einleitung des Schlichtungsverfahrens

Die Einleitung des Schlichtungsverfahrens erfordert im Regelfall, dass vorangegangene **Tarifverhandlungen gescheitert** sind. Wann ein Scheitern gegeben ist, legen die Tarifvertragsparteien fest (siehe unter § 117). In der Regel genügt es für die Einleitung, wenn eine Partei die Schlichtungsstelle anruft. Zumeist sind ferner Form- und Fristenregelungen vereinbart.

Friedenspflicht und Schlichtung

Zu beachten ist, dass die den Tarifverträgen innewohnende relative Friedenspflicht nicht nur einem Arbeitskampf (siehe unter § 116), sondern auch einer Schlichtung entgegensteht.

Durchführung des Schlichtungsverfahrens

Die Verhandlungen zwischen den Tarifvertragsparteien im Schlichtungsverfahren sind regelmäßig **nicht öffentlich** und werden, sofern ein Vorsitzender bestellt ist, von diesem geleitet. Kommt es zu einer Einigung zwischen den Tarifvertragsparteien, wird die **Einigung** schriftlich niedergelegt. Kommt es zu keiner Einigung, fällt die Schlichtungsstelle einen **Schlichtungsspruch**.

Verfahrensgrundsätze

Für das Verfahren gilt die **Dispositionsmaxime**, so dass die Parteien über den Gegenstand des Schlichtungsverfahrens und des Schlichtungsspruchs bestimmen. Die Parteien können darüber hinaus **Verhandlungs-** und **Untersuchungsmaxime** vereinbaren.

III. Schlichtungsspruch

Wirkung des Schlichtungsspruchs

Die Wirkung der tariflichen Schlichtung kann unterschiedlich ausgestaltet sein. Einerseits kann der Schlichtung allein die Aufgabe der Gesprächsmoderation zukommen, zum anderen kann sie aber auch mit einem Schlichtungsspruch enden. Dem Schlichtungsspruch selbst können ebenfalls unterschiedliche Bedeutungen zukommen. Er kann sowohl den Charakter einer **Handlungsempfehlung** als auch einer **verbindlichen Lösung** tragen, indem die Tarifvertragsparteien ihn nachträglich annehmen oder sich ihm im Vorhinein unterwerfen. Dem verbindlichen Schlichtungsspruch kommt dann die Wirkung eines Tarifvertrags zu.

Überprüfbarkeit von Schlichtungssprüchen

Liegt ein verbindlicher Schlichtungsspruch vor, kann er im Rahmen einer Inzidentkontrolle sowie einer Feststellungsklage hinsichtlich seiner Verbindlichkeit sowie seines Inhalts gerichtlich überprüft werden.

§ 141 Staatliche Schlichtung

I. Freiwilliger Charakter der staatlichen Schlichtung

Keine Zwangsschlichtung

Die staatliche Schlichtung ist trotz ihrer gesetzlichen Normierung im Kontrollratsgesetz Nr. 35 und der dazu ergangenen Verfahrens-

und Durchführungsregelungen einzelner Bundesländer ein **freiwilliges** Verfahren, dem sich die Tarifvertragsparteien bedienen können, jedoch nicht müssen. Staatliche Schlichtung ist **keine** staatliche **Zwangsschlichtung**. Dies würde der in Art. 9 Abs. 3 GG niedergelegten Tarifautonomie sowie der Neutralitätspflicht des Staates in Tarifstreitigkeiten widersprechen. Der Schlichtungsspruch ist daher nur in den Fällen bindend, in denen sich die Tarifvertragsparteien ihm von vornherein unterworfen haben oder ihn nachträglich annehmen.

Die vereinbarte Schlichtung geht der staatlichen Schlichtung vor (Art. I KRG Nr. 35). *Subsidiarität der staatlichen Schlichtung*

II. Schlichtungsverfahren

1. Schlichtungsorgane

Schlichtungsorgane des staatlichen Schlichtungsverfahrens können nach den Kontrollratsgesetz Nr. 35 ein einzelner Schlichter wie auch ein Schlichtungsausschuss sein (Art. III KRG Nr. 35). Art. IV, V KRG Nr. 35 sieht die Einrichtung von Schiedsausschüssen bei den Landesbehörden vor, die mit einem unparteiischen Vorsitzenden und bis zu fünf Beisitzern besetzt sind.

2. Verfahrensablauf

Das Schlichtungsverfahren beginnt mit der Übergabe des Interessenkonflikts an die Landesbehörde zur Unterbreitung der Streitigkeit durch den Schiedsausschuss (Art. II KRG Nr. 35). Erfolgt die Übertragung nicht einvernehmlich, so ist das Verfahren von der Zustimmung der zweiten Partei abhängig (Art. VIII KRG Nr. 35). Die Schlichtungsorgane haben zur Aufgabe, die Verhandlungen zwischen den Parteien zu moderieren und eine Einigung zu erzielen. *Verfahrenseinleitung*

Die Landesarbeitsbehörde setzt zudem die Verfahrensregelungen fest (Art. IX KRG Nr. 35). Es gilt das Gebot des rechtlichen Gehörs (Art. IX Abs. 4 KRG Nr. 35). Der Schiedsausschuss kann Zeugen und Sachverständige vernehmen (Art. IX Abs. 3 KRG Nr. 35). Seine Entscheidungen ergehen in einfacher Mehrheit. *Verfahrensregeln*

3. Schlichtungsspruch

Der Schlichtungsspruch der Landesarbeitsbehörde ist ein Verwaltungsakt. Er muss schriftlich niedergelegt werden (Art. IX Abs. 5 KRG Nr. 35). Er unterliegt dann der verwaltungsgerichtlichen Kontrolle, wenn er bindend ist, das heißt sich die Tarifvertragsparteien ihm unterworfen haben. *Schlichtungsspruch als Verwaltungsakt*

Fünfter Teil: Mitbestimmungsrecht

1. Abschnitt: Einführung in das System des Mitbestimmungsrechts

§ 142 Grundlagen der Mitbestimmung

I. Mitbestimmung als gesellschaftspolitisches Leitprinzip

Wesenskern demokratisch verfasster Gesellschaften

Unter Mitbestimmung versteht man die Beteiligung an Entscheidungsstrukturen und Entscheidungsmacht. Sie ist ein gesellschaftspolitisches Leitprinzip demokratisch verfasster Gesellschaften. Die von den Entscheidungen Betroffenen wirken an diesen mit und legitimieren sie dadurch.

Durch Wahlen legitimierte Interessenvertretung

Da eine direkte Teilhabe aller Betroffenen an den Entscheidungsprozessen in der Regel nicht sinnvoll ist, sind nur Formen **repräsentativer Mitbestimmung** von praktischer Relevanz. Die Betroffenen haben einerseits ein aktives Wahlrecht, d.h. sie wählen ihre Interessenvertreter und andererseits ein passives Wahlrecht, d.h. sie können selbst zum Interessenvertreter gewählt werden. Bei der Ausübung der Mitbestimmung orientieren sich daher die gewählten Repräsentanten in der Regel an den Repräsentierten und wahren deren Interessen.

Unterschiedliche Ausprägungen

Die institutionelle Ausformung der Mitbestimmung muss den in Frage stehenden Interessen und Umständen gerecht werden. Art und Umfang der Mitbestimmung sind daher je nach Sachgebiet höchst unterschiedlich ausgeprägt. Im Bereich der Wirtschaft und des Arbeitslebens trägt die Mitbestimmung seitens der Anteilseigner einer Kapitalgesellschaft (z.B. der Aktionäre in der Hauptversammlung) anderen Interessen Rechnung als die Mitbestimmung der Arbeitnehmer in Betrieb und Unternehmen.

Überschneidungen und Interessenkonflikte

Dabei entstehen Überschneidungen und Interessenkonflikte. Die Arbeitnehmermitbestimmung hat Entscheidungen in Betrieb und Unternehmen zum Gegenstand, also eben jene Entscheidungen, auf die sich auch die Mitbestimmung der Anteilseigner bezieht. Durch die institutionelle Beteiligung der Arbeitnehmer an diesen Entscheidungen wird in Strukturprinzipien der traditionellen Unternehmens- und Wirtschaftsordnung eingegriffen. Die gesetzlichen Regelungen über die Mitwirkung und Mitbestimmung der Arbeitnehmer spielen in Theorie und Praxis des Arbeitsrechts von daher eine herausragende Rolle.

II. Sinn und Zweck der Mitbestimmung

Mitbestimmung der Arbeitnehmer soll durch deren **institutionelle Beteiligung an den wirtschaftlichen und sozialen Entscheidungen in Betrieb und Unternehmen** verwirklicht werden. Gewählte Repräsentanten der Arbeitnehmer werden in die Entscheidungsstrukturen des Unternehmens (Aufsichtsrat) integriert oder dem Arbeitgeber gegenüber gestellt (Betriebsrat u.a.). Die Arbeitnehmer sollen auf diese Weise auf alle sie betreffenden Entscheidungen Einfluss nehmen können und sie nach Möglichkeit mit tragen.

Integration und Kooperation

Mitbestimmung in Betrieb und Unternehmen dient damit im weitesten Sinne dem **Ausgleich der Interessen von Kapital und Arbeit.** Die institutionelle Beteiligung der Arbeitnehmerschaft an den Entscheidungsprozessen im Unternehmen mindert die strukturelle Unterlegenheit des Arbeitnehmers innerhalb eines ursprünglich allein der Disposition des Arbeitgebers unterliegenden Arbeits- und Lebensbereichs. Dadurch soll ein ausreichender sozialer Schutz für die Arbeitnehmer gewährleistet werden. Es geht bei der Mitbestimmung um die „Grundsätze der Selbstbestimmung, die Achtung der Würde des Menschen und den Ausgleich oder den Abbau einseitiger Machtstellungen durch Kooperation der Beteiligten und die Mitwirkung an Entscheidungen durch die von der Entscheidung Betroffenen" (Bericht der Mitbestimmungskommission BT-Drs. VI/334, S. 65).

Interessenausgleich und sozialer Schutz

Es ist nicht Zweck der Mitbestimmung, Individualinteressen des Einzelnen zu verfolgen. Es kommt darauf an, einen Ausgleich divergierender Interessen der Arbeitnehmer untereinander zu finden und sie gegenüber dem Arbeitgeber geltend zu machen. Diese Aufgabe kann nur von einer kollektiven Interessenvertretung wahrgenommen werden.

Kollektive Interessenvertretung

Im sog. Mitbestimmungsurteil vom 1.3.1979 (BVerfG 1.3.1979 AP Nr. 1 zu § 1 MitbestG) führt das BVerfG zur allgemeinen gesellschaftspolitischen Bedeutung der Mitbestimmung aus:

Allgemeine gesellschaftspolitische Bedeutung

„Das Mitbestimmungsgesetz 1976 hat [...] die Aufgabe, die mit der Unterordnung der Arbeitnehmer unter fremde Leitungs- und Organisationsgewalt [...] verbundene Fremdbestimmung durch die institutionelle Beteiligung an den unternehmerischen Entscheidungen zu mildern [...] und die ökonomische Legitimation der Unternehmensleitung durch eine soziale zu ergänzen. Dies dient nicht nur einem reinen Gruppeninteresse. Vielmehr haben die durch die institutionelle Mitbestimmung angestrebte Kooperation und Integration, die eine Berücksichtigung auch anderer als der unmittelbaren eigenen Interessen erfordern, allgemeine gesellschaftspolitische Bedeutung; die Mitbestimmung ist namentlich als geeignet angesehen worden, die Marktwirtschaft politisch zu sichern. In dieser Bedeutung soll sie – ungeachtet ihrer Ausgestaltung im Einzelnen – dem Wohl der Allgemeinheit dienen." (BVerfG 1.3.1979 AP Nr. 1 zu § 1 MitbestG)

III. Verfassungsrechtliche Verankerung der Mitbestimmung

Literatur: BADURA/RITTNER/RÜTHERS, Mitbestimmungsgesetz 1976 und Grundgesetz, 1977; BADURA, Paritätische Mitbestimmung und Verfassung, 1985; DÄUBLER, Das Grundrecht auf Mitbestimmung, 1973; FARTHMANN/COEN, Tarifautonomie, Unternehmensverfassung und Mitbestimmung, in (Benda/Maihofer/Vogel, Hrsg.), Handbuch des Verfassungsrechts, 2. Aufl. 1994; HANAU, Die arbeitsrechtliche Bedeutung des Mitbestimmungsurteils des Bundesverfassungsgerichts, ZGR 1979, 524; NAGEL, Paritätische Mitbestimmung und Grundgesetz, 1988; SCHWERDTFEGER, Unternehmerische Mitbestimmung der Arbeitnehmer und Grundgesetz, 1972.

Allgemeine verfassungsrechtliche Verankerung

Das GG enthält keine ausdrücklichen Regelungen über die Mitbestimmung der Arbeitnehmer in Betrieb und Unternehmen; es enthält auch keine unmittelbare Festlegung und Gewährleistung einer bestimmten Wirtschaftsordnung. Das GG beschränkt sich vielmehr auf die Gewährleistung der Koalitionsfreiheit und damit der Tarifautonomie durch Art. 9 Abs. 3 GG (vgl. BVerfG 1.3.1979 AP Nr. 1 zu § 1 MitbestG). Die Regelungen über die Mitbestimmung im Arbeitsrecht sind jedoch Ausdruck des im GG verankerten **Sozialstaatsprinzips** (Art. 20 Abs. 1, Art. 28 Abs. 1 GG) und dienen dem Schutz der Menschenwürde (Art. 1 Abs. 1 GG) sowie dem Grundrecht der individuellen Freiheit (Art. 2 Abs. 1 GG).

Eingriff in den Schutzbereich

Die grundlegende Diskussion um die Vereinbarkeit der Arbeitnehmer-Mitbestimmung mit dem GG wurde anlässlich der Einführung des Mitbestimmungsgesetzes 1976 geführt. Der verfassungsrechtlichen Vereinbarkeit der Mitbestimmung stehen die **Eigentumsgarantie** nach Art. 14 Abs. 1 GG – von der auch das Anteilseigentum und das Eigentum der Unternehmensträger umfasst wird – sowie das Grundrecht der **Vereinigungsfreiheit** nach Art. 9 Abs. 1 GG gegenüber. Ferner kann in den Regelungen über die Mitbestimmung der Arbeitnehmer ein Eingriff in die **Berufsfreiheit** des Arbeitgebers (Art. 12 Abs. 1 GG) gesehen werden. Nicht unproblematisch erscheint sodann, inwieweit die Regelungen des MitbestG mit der Garantie der **Koalitionsfreiheit** nach Art. 9 Abs. 3 GG vereinbar sind, müssen die Koalitionen als Partner von Tarifverträgen doch frei gebildet, gegnerfrei und auf überbetrieblicher Grundlage organisiert sowie ihrer Struktur nach unabhängig genug sein, um die Interessen ihrer Mitglieder auf arbeits- und sozialrechtlichem Gebiet nachhaltig zu vertreten. Auch Art. 3 GG (Gleichberechtigung) kann bei der Frage des Umfangs der Mitbestimmung eine Rolle spielen.

Eigentumsgarantie

Das BVerfG hat die Regelungen des MitbestG dennoch als grundsätzlich mit der Verfassung vereinbar bestätigt (vgl. BVerfG 1.3.1979 AP Nr. 1 zu § 1 MitbestG). Sie stellen lediglich eine inhaltliche Schranke des (Anteils-) Eigentums dar, welche sich mit Blick auf den sozialen Bezug und die soziale Funktion des Eigentumsobjekts in den Grenzen einer verfassungsrechtlich zulässigen Sozialbindung hält, zumal nur die mitgliedschaftlichen Verfügungsbefugnisse der Anteilseigner und auch diese nur in begrenztem Ausmaß von den Regelungen des MitbestG erfasst werden.

III. Verfassungsrechtliche Verankerung der Mitbestimmung § 142

Auch die Grenze zulässiger Ausgestaltung der Vereinigungsfreiheit wird nicht überschritten. Insbesondere kann weder davon ausgegangen werden, dass das MitbestG die Funktionsfähigkeit der Gesellschaften gefährdet, noch liegt in der Mitwirkung von Personen, die nicht von den Mitgliedern der Gesellschaft gewählt worden sind, an der Willensbildung im Aufsichtsrat eine mit Art. 9 Abs. 1 GG unvereinbare „Fremdbestimmung" der Gesellschaft:

Vereinigungsfreiheit

„Wenn [...] die Unternehmensmitbestimmung den Schutzbereich des Art. 9 Abs. 1 GG nicht im Kern, sondern nur an der Peripherie berührt und die Vereinigungsfreiheit von Kapitalgesellschaften von vornherein umfassender und detaillierter Ausgestaltung bedarf und zugänglich ist, die freilich freie Assoziation und Selbstbestimmung der Gesellschaft im Prinzip erhalten muss, so verpflichtet Art. 9 Abs. 1 GG den Gesetzgeber nicht, bei der Ausgestaltung des Rechts von Kapitalgesellschaften jegliche Fremdbestimmung bei der Organbestellung und Willensbildung der Gesellschaften auszuschließen." (BVerfG 1.3.1979 AP Nr. 1 zu § 1 MitbestG)

Des Weiteren verstoßen die Regelungen des MitbestG auch nicht gegen Art. 12 Abs. 1 GG und gegen Art. 2 Abs. 1 GG, soweit hierdurch die wirtschaftliche Betätigungsfreiheit geschützt wird. Denn soweit die Regelungen des Gesetzes den personalen Kern des Grundrechts der Berufsfreiheit (am Rande) berühren, ist dies „der Preis der angestrebten Ergänzung der ökonomischen durch eine soziale Legitimation der Unternehmensleitung in größeren Unternehmen, der Kooperation und Integration aller im Unternehmen tätigen Kräfte, deren Kapitaleinsatz und Arbeit Voraussetzung der Existenz und der Wirksamkeit des Unternehmens ist." (BVerfG 1.3.1979 AP Nr. 1 zu § 1 MitbestG)

Berufsfreiheit und wirtschaftliche Betätigungsfreiheit

Auch die Koalitionsfreiheit (Art. 9 Abs. 3 GG) ist nicht in ihrem **Kernbereich** verletzt. Die Vorschriften des MitbestG lassen die Gründungs- und Beitrittsfreiheit sowie die Garantie staatsfreier Koalitionsbetätigung unberührt, betreffen vielmehr nur die Binnenstruktur der (potentiellen) Gründer und Mitglieder von Arbeitgeberkoalitionen. Ebenso ist die Entscheidung über den Beitritt oder Austritt von Mitgliedsunternehmen allein eine Frage der internen Willensbildung der Unternehmen. Zudem kann eine sinnvolle Ordnung und Befriedung des Arbeitslebens, um die es in Art. 9 Abs. 3 GG geht, auf verschiedenen Wegen angestrebt werden: In Betracht kommen nicht nur Gestaltungen, die, wie das Tarifsystem, durch die Grundelemente der Gegensätzlichkeit der Interessen, des Konflikts und des Kampfs bestimmt sind, sondern auch solche, die Einigung und Zusammenwirken in den Vordergrund rücken, wenngleich sie Konflikte und deren Austragung nicht ausschließen. Daher ist der Gesetzgeber zur Beschränkung der Tarifautonomie befugt, wenn diese im Prinzip erhalten und funktionsfähig bleibt (siehe unter § 84).

Koalitionsfreiheit

Im Einzelfall finden jedoch die konkreten Regelungen der Mitbestimmung in den Grundrechten der Arbeitgeber ihre Begrenzung.

§ 143 System der Mitbestimmung im deutschen Arbeitsrecht

Literatur: BIEDENKOPF u.a., Mitbestimmung im Unternehmen, Bundestagsdrucksache VI/334; DÄUBLER, Gewerkschaftsrechte im Betrieb, 10. Aufl., 2000; LORITZ, Sinn und Aufgabe der Mitbestimmung heute, ZfA 1991, 35; RICHARDI, Beteiligung der Arbeitnehmer an betrieblichen Entscheidungen in der Bundesrepublik Deutschland, RdA 1984, 88; SCHLACHTER, Bewährung und Reformbedürftigkeit des Betriebsverfassungsrechts, RdA 1993, 313.

I. Kategorien der Mitbestimmung

Zwei Kategorien der Mitbestimmung im Arbeitsrecht sind zu unterscheiden:
- die **betriebliche Mitbestimmung**, bezogen auf soziale, personelle und wirtschaftliche Angelegenheiten in der räumlich-organisatorischen Einheit Betrieb und
- die **unternehmensbezogene Mitbestimmung**, welche die Beteiligung der Arbeitnehmer an den zentralen unternehmerischen Planungs-, Lenkungs- und Organisationsentscheidungen im Unternehmen als juristischer Einheit zum Ziel hat.

Betriebliche und unternehmensbezogene Mitbestimmung werden auf überbetrieblicher Ebene durch das Tarifvertragsrecht und das Arbeitskampfrecht sowie auf staatlicher Ebene durch die Arbeitnehmerkammern – die allerdings nur im Saarland und in Bremen eingerichtet sind (abgedruckt in der Sammlung NIPPERDEY I Nr. 553, 554) – ergänzt.

II. Betriebliche Mitbestimmung

Rechtsquellen

Die betriebliche Mitbestimmung ist im **Betriebsverfassungsgesetz 2001** (BetrVG), dem **Sprecherausschussgesetz** (SprAuG), dem **Gesetz über Europäische Betriebsräte** (EBRG) sowie im Bereich des öffentlichen Dienstes durch das **Bundespersonalvertretungsgesetz** (BPersVG) und die **Personalvertretungsgesetze der Länder** (LPersVG) geregelt.

Betriebliche Ordnung

Intention betrieblicher Mitbestimmung ist es, den Arbeitnehmern bei den betrieblichen Entscheidungen, die ihre Rechts- und Interessenlage – mit anderen Worten: ihr tägliches Berufs-Dasein – gestalten, Mitwirkungsbefugnisse zu gewähren. Die Regelungsbefugnis des Arbeitgebers im Hinblick auf Organisation und Tätigkeit der Arbeitnehmer soll durch Mitbestimmungsrechte begrenzt werden und nicht allein dem Arbeitgeber zustehen. Gegenstand der betriebli-

II. Betriebliche Mitbestimmung § 143

chen Mitbestimmung ist folglich die **Beteiligung der Arbeitnehmer an Leitung und Gestaltung der betrieblichen Ordnung im weitesten Sinne**. Diese stellt sich in der Regel als Folge unternehmerischer Entscheidungen dar.

Grundlage der Mitwirkungs- und Mitbestimmungsrechte der Arbeitnehmer und deren Beziehung zum Arbeitgeber ist in privatrechtlich organisierten Unternehmen die Betriebsverfassung; für leitende Angestellte gilt das Sprecherausschussgesetz. Der Betrieb erhält eine auch für den Arbeitgeber verbindliche Konstitution. Sie ist als eine Art Spiegelbild der Demokratisierung des Staates auf betrieblicher Ebene gedacht. Dabei ist Betriebsverfassungsrecht nicht nur Organisationsrecht, das sich auf die institutionelle Regelung der Mitwirkungs- und Mitbestimmungsrechte beschränkt. Vielmehr gibt die Betriebsverfassung auch grundlegende inhaltliche Wertungen vor, die bei der Entscheidungsfindung beachtet und denen die getroffenen Entscheidungen gerecht werden müssen. *Betriebsverfassung*

Betriebsverfassungsrechtliche Mitbestimmung knüpft nicht am Rechtsverhältnis zwischen Arbeitgeber und einzelnem Arbeitnehmer an, sondern am Interessengegensatz zwischen Arbeitgeber und Belegschaft. Die Interessen der Belegschaft werden insoweit vom Betriebsrat (bzw. von den Sprecherausschüssen der leitenden Angestellten) wahrgenommen. Diese stehen als Repräsentanten der Arbeitnehmer dem Arbeitgeber – vertrauensvoller Zusammenarbeit verpflichtet (§ 2 Abs. 1 BetrVG/SprAuG) – gegenüber (in der Literatur auch dualistisches Modell bzw. Gegenmachtmodell genannt, vgl. RICHARDI, RdA 1984, 88, 91; DKK/DÄUBLER, Einleitung Rn. 50 ff.). *Dualistisches Modell*

Zur Wahrung der Belegschaftsinteressen stellt das Betriebsverfassungsgesetz den Arbeitnehmervertretern ein **differenziertes System von Informations-, Anhörungs-, Beratungs-, Veto- und Initiativrechten** zur Verfügung. Die durch das Gesetz eingeräumten Beteiligungsrechte begründen aber auch Pflichten. So sind die Arbeitnehmervertreter insbesondere zum ordnungsgemäßen und vertrauensvollen Zusammenwirken mit dem Arbeitgeber verpflichtet. Zuordnungssubjekt der Rechte und Pflichten ist dabei der Betriebsrat bzw. Sprecherausschuss als Kollegialorgan, nicht also deren einzelnes Mitglied. *Rechte und Pflichten*

Betriebliche Mitbestimmung findet indessen nicht nur
- auf **betrieblicher Ebene** durch den **Betriebsrat** (geregelt im BetrVG), den **Sprecherausschuss** (geregelt im SprAuG) und – im Bereich des öffentlichen Dienstes – durch die Personalräte statt, sondern auch
- auf der **Unternehmensebene** durch den **Gesamtbetriebsrat** (vgl. §§ 47 bis 53 BetrVG) sowie
- auf **Konzernebene** durch den **Konzernbetriebsrat** (vgl. §§ 54 bis 59 BetrVG).

– In **europaweit** operierenden Unternehmen kommt die Bildung **Europäischer Betriebsräte** hinzu (geregelt im EBRG; § 174).

Betriebsbezogenheit
Bemerkenswert ist insoweit, dass unter betrieblicher Mitbestimmung auch Mitbestimmung auf Unternehmens-, Konzern- und sogar auf europäischer Ebene verstanden wird. Neben etymologischen Gründen könnte diese Bezeichnung in der Gegenüberstellung von Mitbestimmung im Betrieb und Mitbestimmung im Unternehmen ihre Berechtigung finden. **Unternehmensmitbestimmung** bezieht sich auf die juristische Einheit Unternehmen und findet in Unternehmensorganen statt, während betriebliche Mitbestimmung an den Betrieb anknüpft und eigene Belegschaftsorgane betriebsbezogene Interessen der Arbeitnehmer wahrnehmen.

Nebeneinander der Mitbestimmung
Der Gegenstand der Mitbestimmung und die Reichweite der Zuständigkeiten ist auf den verschiedenen Ebenen grundsätzlich unterschiedlich ausgestaltet, auch wenn die Abgrenzung der Zuständigkeiten nicht starr geregelt ist (vgl. nur §§ 50 Abs. 1 und 58 Abs. 1 BetrVG; siehe unter § 147). Ohnehin kann der sachliche Geltungsbereich der betrieblichen Mitbestimmung auf den verschiedenen Ebenen nebeneinander eröffnet sein und gegebenenfalls sogar miteinander kollidieren.

III. Unternehmensbezogene Mitbestimmung

Rechtsquellen
Die Mitbestimmung im Unternehmen ist im **Montanmitbestimmungsgesetz** (MontanMitbestG), im **Montanmitbestimmungsergänzungsgesetz** (MontanMitbestErgG), im **Betriebsverfassungsgesetz** 1952 (BetrVG 1952) und im **Mitbestimmungsgesetz** 1976 (MitbestG) geregelt (siehe unter §§ 163 ff.).

Leitung des Unternehmens
Unternehmensmitbestimmung zielt darauf ab, bei den zentralen unternehmerischen Planungen und Grundentscheidungen neben den Interessen der Anteilseigner auch die Interessen der Arbeitnehmer einzubringen. Es geht um die Gestaltung der **Unternehmenspolitik** in ihren Grundzügen sowie um die **Auswahl und Kontrolle der Unternehmensleitung**. Mitbestimmung im Unternehmen erfasst demnach das Unternehmen als wirtschaftliche und juristische Einheit und ist anders als die betriebliche Mitbestimmung nicht auf kasuistisch festgelegte Mitbestimmungstatbestände beschränkt.

Integrationsmodell
Die Möglichkeit einer Einflussnahme auf die Leitung des Unternehmens wird durch eine **institutionelle Veränderung der Unternehmensverfassung** gewährleistet. Dabei begründen die Gesetze zur Mitbestimmung im Unternehmen keine individuellen, im Arbeitsverhältnis der einzelnen Arbeitnehmer verankerten subjektiven Rechte auf Mitbestimmung. Auch wird dem Arbeitgeber kein neues, die Arbeitnehmerinteressen vertretendes Organ gegenübergestellt. Vielmehr werden Arbeitnehmervertreter in den Aufsichtsrat integriert (sog. Einheitsmodell bzw. Integrationsmodell; vgl. zu den Aufgaben des Aufsichtsrats §§ 84 Abs. 1 und 111 AktG; siehe auch un-

ter §§ 166, 169 und 172). Bei der mitbestimmten GmbH ist der Aufsichtsrat insoweit obligatorisch.

Daneben sehen § 13 MontanMitbestG und § 33 MitbestG als gleichberechtigtes Mitglied des zur gesetzlichen Vertretung des Unternehmens befugten Organs den sog. Arbeitsdirektor vor. Dieser ist als **Mitglied der Geschäftsführung** für die **personellen und sozialen Angelegenheiten** der Belegschaft zuständig. Arbeitnehmervertreter ist der Arbeitsdirektor allerdings nicht. Nur nach der Ausnahmeregelung des § 13 Abs. 1 S. 2 MontanMitbestG kann der Arbeitsdirektor nicht gegen die Stimmen der Mehrheit der Arbeitnehmervertreter im Aufsichtsrat bestellt oder abberufen werden.

Arbeitsdirektor

Unternehmensbezogene Mitbestimmung ist insofern **rechtsformspezifisch**, als auf den Aufsichtsrat sowie die gesetzliche Vertretung der Unternehmen in der Rechtsform juristischer Personen abgestellt wird, mithin auf Unternehmensorgane. Entsprechend kennt die gegenwärtige Rechtsordnung Unternehmensmitbestimmung nur bei Kapitalgesellschaften, Genossenschaften und bergrechtlichen Gewerkschaften mit eigener Rechtspersönlichkeit.

Mitbestimmte Unternehmen

Welches Gesetz im unternehmensbezogenen Mitbestimmungssystem Anwendung findet, richtet sich nach der Zahl der Arbeitnehmer und dem Gegenstand des Unternehmens:

– Bei Kapitalgesellschaften mit mehr als fünfhundert Arbeitnehmern muss der Aufsichtsrat zu einem Drittel aus Vertretern der Arbeitnehmer bestehen (§ 1 Abs. 1 § 4 Abs. 1 DrittelbG).

Mitbestimmung zu einem Drittel

– Werden in der Regel mehr als 2000 Arbeitnehmer beschäftigt (§ 1 Abs. 1 MitbestG), haben die Arbeitnehmer ein paritätisches Mitbestimmungsrecht (vgl. § 7 MitbestG) nach Maßgabe des **MitbestG**. Der Aufsichtsratsvorsitzende, der den Anteilseignern zuzurechnen ist (vgl. § 27 Abs. 2 MitbestG), hat bei Stimmengleichheit allerdings zwei Stimmen (vgl. § 29 Abs. 2 MitbestG).

Unechte Parität

– Die Mitbestimmung in Unternehmen des Bergbaus und der Eisen und Stahl erzeugenden Industrie richtet sich – bei echter Parität – nach dem **MontanMitbestG**. Zur Überwindung von Pattsituationen gehört dem Aufsichtsrat hier ein weiteres Mitglied an, der sog. neutrale Mann.

Echte Parität

Unternehmensmitbestimmung ist Mitbestimmung in Unternehmensorganen juristischer Personen. Da nach geltender Rechtsordnung der Konzern keine juristische Person ist, findet Mitbestimmung im Konzern auf der Ebene des herrschenden Unternehmens statt. Für die Anwendung des MitbestG und des DrittelbG gelten insoweit die Arbeitnehmer der abhängigen Unternehmen als solche des herrschenden Unternehmens (vgl. § 5 MitbestG; § 2 DrittelbG).

Mitbestimmung im Konzern

Die Mitbestimmung in Unternehmen, die montan-mitbestimmte Unternehmen beherrschen, richtet sich nach dem MontanMitbestErgG. Maßgeblich für die Anwendung des Gesetzes ist der Unternehmenszweck des Konzerns; dieser muss einen ausreichenden

Mitbestimmung im Montankonzern

419

Montan-Bezug aufweisen (vgl. § 3 MontanMitbestErgG). Nach dem Urteil des BVerfG vom 2.3.1999 „vermittelt zwar die in Nr. 1 des § 3 Abs. 2 S. 1 Mitbestimmungsergänzungsgesetz bestimmte Montan-Umsatzquote [von mindestens einem Fünftel der Umsätze sämtlicher abhängiger Unternehmen], nicht aber die in Nr. 2 dieser Vorschrift festgelegte Arbeitnehmerzahl" von in der Regel 2000 Arbeitnehmern einen ausreichenden Montan-Bezug (BVerfG 2.3.1999 AP Nr. 2 zu § 3 MitbestErgG). Das Differenzierungsmerkmal des § 3 Abs. 2 S. 1 Nr. 2 MontanMitbestErgG ist demnach nicht mit Art. 3 Abs. 1 GG vereinbar (hierzu Raiser, RdA 1999, 394):

„Zwar bildet die Zahl der Beschäftigten, die in montan-mitbestimmten Konzernunternehmen tätig sind, kein grundsätzlich ungeeignetes Kriterium für die Feststellung des Montan-Bezugs. Doch kann die Wahl einer absoluten Zahl im Unterschied zu einer Prozentzahl wie beim Wertschöpfungskriterium den Grad des Montan-Bezugs nicht hinreichend zum Ausdruck bringen. [...] Einen Hinweis auf den Montan-Anteil ergibt die Beschäftigtenzahl [...] erst im Vergleich mit der Gesamtzahl der Arbeitnehmer im Konzern." (BVerfG 2.3.1999 AP Nr. 2 zu § 3 MitbestErgG)

IV. Verhältnis von betrieblicher zu unternehmensbezogener Mitbestimmung

Voneinander unabhängige, sich ergänzende Instrumente

Die betriebliche Mitbestimmung begründet Mitwirkungsrechte, die auf die Sphäre des Betriebs zugeschnitten sind, während die unternehmensbezogene Mitbestimmung auf den unternehmerischen Entscheidungsprozess abstellt. Betriebliche und unternehmerische Mitbestimmung beziehen sich also grundsätzlich auf verschiedene Regelungsgegenstände. Auch wenn sich – insbesondere in wirtschaftlichen Angelegenheiten – Überschneidungen ergeben, erlangen betriebliche und unternehmerische Mitbestimmung daher unabhängig voneinander Geltung und sind in dieser rechtlichen Struktur streng zu unterscheiden.

Vorrang unternehmerischer Entscheidungen?

Fraglich ist, ob aus der institutionellen Trennung von unternehmerischer und betrieblicher Mitbestimmung rechtliche Folgerungen hinsichtlich Inhalt und Umfang der Mitbestimmungsrechte zu ziehen sind. Problematisch ist insoweit, ob Beteiligungs- und Initiativrechte des Betriebsrats in unternehmerische Entscheidungsprozesse eingreifen dürfen. Nach im Schrifttum vertretener Ansicht finden die Mitbestimmungsrechte des Betriebsrats dort eine Grenze, wo sie die unternehmerische Entscheidungsfreiheit beeinträchtigen oder im Kern berühren (vgl. Lieb, DB 1981 Beil. Nr. 17; Reuter, ZfA 1981, 165 ff., jeweils m.w.N.).

Keine allg. Mitbestimmungsfreiheit unternehmerischer Entscheidungen

Eine derart globale Betrachtung führt indessen nicht weiter. Das Mitbestimmungsrecht des Betriebsrats zieht bereits durch seine bloße Existenz erhebliche Eingriffe in die unternehmerische Entscheidungsfreiheit nach sich. Der abstrakte und globale Gesichtspunkt der unternehmerischen Entscheidungsfreiheit kann das Mitbestimmungsrecht des Betriebsrats weder von vornherein begrenzen noch gibt es einen allgemeinen Grundsatz der Mitbestimmungsfreiheit unternehmerischer Entscheidungen.

Das **BetrVG** enthält keine umfassende Mitbestimmung in Form einer Generalklausel, sondern einen **klaren, abgegrenzten und abgestuften Katalog punktueller Mitbestimmungstatbestände**. Die Grenzen der Mitbestimmungsrechte des Betriebsrats müssen sich aus der Interpretation von Wortlaut, Sinn und Zweck der jeweiligen gesetzlichen Mitbestimmungstatbestände ergeben. Zu Recht hat daher das BAG ausgeführt, dass die unternehmerische Entscheidungsfreiheit durch einzelne gesetzliche Mitbestimmungsregeln durchaus eingeschränkt werden kann (BAG 31.8.1982 AP Nr. 8 zu § 87 BetrVG 1972 Arbeitszeit; vgl. auch BVerfG 18.12.1985 AP Nr. 15 zu § 87 BetrVG 1972 Arbeitszeit):

Allgemeine Methodik der Gesetzesauslegung

„Begründet wird die Lehre von der Mitbestimmungsfreiheit unternehmerischer Entscheidungen mit der in der amtlichen Begründung des RegEntwurfs (BR-Drucks. 715/70, S. 31) und in der parlamentarischen Beratung des BetrVG zum Ausdruck gekommenen grundsätzlichen Wertentscheidung des Gesetzgebers, durch die Gewährung von Mitbestimmungs- und Mitwirkungsrechten an den Betriebsrat nicht in ‚eigentliche unternehmerische Entscheidungen' einzugreifen und die Beteiligung der Arbeitnehmer an der Unternehmensführung nicht im Rahmen der Betriebsverfassung zu regeln.

Diese Grundentscheidung des Gesetzgebers rechtfertigt jedoch nicht die Annahme einer immanenten Schranke für positiv-rechtlich geregelte Mitbestimmungsrechte des Betriebsrats. Der Gesetzgeber hat gesehen, dass durch die Beteiligung des Betriebsrats an Entscheidungen des Unternehmers dieser in seiner Entscheidungsfreiheit grundsätzlich berührt wird. Er hat daher im BetrVG die Beteiligungsrechte des Betriebsrats an den einzelnen Entscheidungen und Maßnahmen unterschiedlich stark ausgestaltet und damit selbst seiner Grundentscheidung Rechnung getragen, indem er schwächere Beteiligungsrechte dort gewährt hat, wo ihm die Erhaltung der unternehmerischen Entscheidungsfreiheit ganz oder in größerem Umfange geboten erschien, als dies bei der Gewährung von Zustimmungs- oder echten Mitbestimmungsrechten möglich gewesen wäre. Er hat damit den Konflikt zwischen einer aus einer Beteiligung des Betriebsrats an unternehmerischen Entscheidungen notwendig folgenden Beschränkung dieser Entscheidungsfreiheit und seiner Grundkonzeption, in ‚eigentliche unternehmerische Entscheidungen, insbesondere auf wirtschaftlichem Gebiet' nicht einzugreifen, selbst entschieden. Soweit Mitbestimmungsrechte des Betriebsrats zu einer Beschränkung der unternehmerischen Entscheidungsfreiheit führen, liegt daher nicht ein ‚Wertungswiderspruch' vor, der eine Beschränkung der Mitbestimmungsrechte des Betriebsrats erforderlich machen könnte. Die Gewährung von Mitbestimmungsrechten auch mit einer solchen Auswirkung stellt vielmehr die gesetzliche Lösung des Wertungswiderspruches zwischen Mitbestimmung und Freiheit der unternehmerischen Entscheidung selbst dar. Diese Entscheidung des Gesetzgebers haben die Gerichte zu respektieren. Sie kann nicht, auch nicht in gravierenden Fällen, korrigiert werden, weil der aufgezeigte Wertungswiderspruch anders hätte gelöst werden können oder müssen. Es geht daher nicht an, gesetzlich normierte Beteiligungsrechte des Betriebsrats mit der Begründung zu beschränken, durch sie werde die unternehmerische Entscheidungsfreiheit in einem den Grundentscheidungen des BetrVG widersprechenden Umfange beeinträchtigt [...]. Grenzen eines Mitbestimmungsrechtes des Betriebsrats können sich daher nur aus der Regelung des Mitbestimmungstatbestandes selbst, aus anderen gesetzlichen Vorschriften sowie aus der Systematik und dem Sinnzusammenhang des BetrVG ergeben". (BAG 31.8.1982 AP Nr. 8 zu § 87 BetrVG 1972 Arbeitszeit m.w.N.)

V. Vor- und Nachteile der Mitbestimmung

Politisches Recht

Das System der Mitbestimmung in Betrieb und Unternehmen ist Ergebnis lebhafter gesellschaftspolitischer Auseinandersetzungen. In seiner Ausprägung als unternehmensbezogene Mitbestimmung ist es in anderen Ländern zudem unbekannt. Der Frage nach Bewährung und Reformbedürftigkeit des Mitbestimmungsrechts kommt daher eine besondere Bedeutung zu.

Aufwändiges Führungssystem

Gewisse **Nachteile des deutschen Mitbestimmungssystems** sind unübersehbar: Jede Mitbestimmung verlangt ein aufwändiges System der Entscheidungsfindung und kann sich damit effektivitäts- und planungshemmend auswirken. Zudem birgt Mitbestimmung die Gefahr in sich, dass wichtige und einschneidende Entscheidungen nicht, verzögert oder nur in abgeschwächter Form getroffen werden können. Auch ist nicht unproblematisch, inwieweit sachfremde Erwägungen trotz institutioneller Trennung von betrieblicher und unternehmensbezogener Mitbestimmung in die jeweilige Entscheidungsfindung einfließen. Entgegenkommen bei der Unternehmensleitung könnte mit Zugeständnissen hinsichtlich betrieblicher Fragen erwirkt werden und umgekehrt.

Kontrolle, Legitimation und Akzeptanz

Die **Vorteile der Mitbestimmung** liegen dennoch auf der Hand: Durch die Einbeziehung der Argumente der Arbeitnehmer soll ein Überprüfungs- und Begründungszwang für den Arbeitgeber geschaffen und damit eine Kontrolle der arbeitgeberseitigen Maßnahmen erreicht werden. Mitwirkung und Mitbestimmung stellt zudem die Berücksichtigung solidarischer Interessen der Arbeitnehmerschaft sicher, wodurch der soziale Frieden gestärkt wird. Daneben wird den Arbeitnehmern die Möglichkeit gegeben, Sachkompetenz einzubringen und auch zu erlangen. Durch die Beteiligung der Arbeitnehmer an den Entscheidungsprozessen erfahren die getroffenen Entscheidungen eine stärkere Legitimation und Akzeptanz. Es soll also die Motivation der Arbeitnehmer und die Plausibilität und Transparenz der Entscheidungsfindung im Unternehmen verbessert werden.

Schon früh hat das BAG (BAG 7.9.1956 AP Nr. 2 zu § 56 BetrVG) zum Mitbestimmungsrecht des Betriebsrats ausgeführt:

„Recht verstanden führt das Mitbestimmungsrecht des Betriebsrats niemals zu einer Lahmlegung des Betriebs, sondern es fördert Ruhe und Ordnung im Betrieb und damit die Arbeitsfreudigkeit und Arbeitswilligkeit der Betriebsgemeinschaft." (BAG 7.9.1956 AP Nr. 2 zu § 56 BetrVG)

Mit Urteil vom 2.3.1999 hat das BVerfG (AP Nr. 2 zu § 3 MitbestErgG) diese Einschätzung für die unternehmensbezogene (Montan-)Mitbestimmung bestätigt:

„Auch in tatsächlicher Hinsicht lässt sich [...] keine besonders nachhaltige Erschwerung der unternehmerischen Entscheidungsabläufe oder Verminderung der Rentabilität feststellen. Zwar mag der bei diesem Mitbestimmungsmodell bestehende erhöhte Kompromisszwang dazu führen, dass Entscheidungen verzögert werden oder in Einzelfällen ganz unterbleiben. Dem stehen aber die breitere Konsensbasis und die damit regelmäßig verbundene größere Tragfähigkeit der Entscheidungen gegenüber." (BVerfG 2.3.1999 AP Nr. 2 zu § 3 MitbestErgG)

VI. Rolle der Gewerkschaften

Das deutsche Mitbestimmungsrecht ist durch eine – in anderen Ländern so unbekannte – kooperative Trennung von Gewerkschaften und betrieblichen Arbeitnehmervertretern gekennzeichnet. Diese nehmen zwar grundsätzlich unabhängig voneinander die Interessen der von ihnen Repräsentierten wahr (vgl. auch § 2 Abs. 3 BetrVG); doch werden den Gewerkschaften bei der Mitbestimmung in Betrieb und Unternehmen auch Rechte eingeräumt und Pflichten auferlegt.

Trennung und Kooperation

Die Mitgliedschaft in einer Gewerkschaft steht der Wahl zum Arbeitnehmervertreter weder entgegen noch ist sie deren Voraussetzung. Betriebsverfassungsrechtliche Funktionsträger werden ungeachtet ihrer gewerkschaftlichen Organisationszugehörigkeit gewählt. Betriebsräte können also, müssen aber keineswegs einer Gewerkschaft angehören. Hinsichtlich der unternehmensbezogenen Mitbestimmung gilt dies nicht uneingeschränkt. Unter den nach dem Mitbestimmungsgesetz gewählten Arbeitnehmervertretern im Aufsichtsrat müssen sich nach § 7 Abs. 2 MitbestG auch Vertreter von Gewerkschaften befinden (vgl. zu dem Problem einer möglichen Interessenkollision auch unter § 164). Weder Aufsichtsrat noch Betriebsrat kennen aber ein imperatives Mandat.

Mögliche Identität der Funktionsträger

Das Gesetz hat den Gewerkschaften in der Betriebsverfassung nur bestimmte, gesetzlich eng umschriebene Befugnisse eingeräumt. Zudem sind die im Betrieb vertretenen Gewerkschaften zu vertrauensvollem Zusammenwirken mit dem Arbeitgeber, den Arbeitgebervereinigungen und dem Betriebsrat verpflichtet (vgl. § 2 Abs. 1 BetrVG). Als Befugnisse der Gewerkschaften sind hier das Zugangsrecht zum Betrieb (§ 2 Abs. 2 BetrVG) sowie die beratende Teilnahme an Betriebsratssitzungen (§ 31 BetrVG, auf Antrag) und an Betriebsversammlungen (§ 46 Abs. 2 BetrVG) hervorzuheben.

Gesetzlich eng umschriebene Befugnisse

Insgesamt ist festzuhalten, dass der Einfluss der Gewerkschaften von Branche zu Branche unterschiedlich ist. Faktisch ist der Betriebsrat oftmals die unterste Ebene der Gewerkschaft im Betrieb. Über 70 % der Betriebsratsmitglieder sollen gewerkschaftlich organisiert sein (DKK/DÄUBLER, Einleitung Rn. 51). Vielfach wird die gewerkschaftliche Unterstützung für die betriebliche Konfliktlösung als unerlässlich erachtet.

§ 144 Geschichtliche Entwicklung

Literatur: GAMILLSCHEG, Hundert Jahre Betriebsverfassung, AuR 1991, 272; HANAU, Schlankere Betriebs- und Unternehmensverfassung, FS Kissel (1994), S. 347; HENSSLER, Bewegung in der deutschen Unternehmensmitbestimmung, RdA 2005, 330; RICHARDI, Beteiligung der Arbeitnehmer an betrieblichen Entscheidungen in der Bundesrepublik Deutschland, RdA 1984, 88; WIESE, Entwicklung des Rechts der Betriebs- und Unternehmensverfassung, JuS 1994, 99.

I. Betriebsverfassungsrecht

1. Entwicklung der Betriebsverfassung bis zum Jahre 2000

Arbeiterausschüsse

Der Gedanke einer betrieblichen Arbeitnehmervertretung hat in den **Arbeiterbewegungen des 19. Jahrhunderts** seinen Ursprung. Auch wenn der Frankfurter Nationalversammlung von 1848 der Entwurf einer Gewerbeordnung vorlag, die einen Fabrikausschuss vorsah, erfolgte eine gesetzliche Regelung lange Zeit nicht. Erst mit dem sog. **Arbeiterschutzgesetz** vom 1.6.1891 wurde die fakultative Errichtung von Arbeiterausschüssen ermöglicht, welche vor Erlass einer nunmehr obligatorischen Arbeitsordnung durch den Arbeitgeber anzuhören waren; das Gesetz blieb jedoch praktisch fast bedeutungslos. Noch vor dem Ersten Weltkrieg wurden im Königreich Bayern (1900) und in Preußen (1905) zwingende Arbeiterausschüsse eingeführt. Entscheidende Änderungen brachte indessen erst die Kriegswirtschaft des Ersten Weltkriegs mit dem Gesetz über den vaterländischen Hilfsdienst vom 5.12.1916 mit sich, dessen § 11 die Errichtung von Arbeiter- und Angestelltenausschüssen in kriegs- und versorgungswichtigen Betrieben mit mehr als 50 Arbeitern vorschrieb. Zwingende Mitbestimmungsrechte sah aber auch dieses Gesetz nicht vor.

Betriebsrätegesetz der Weimarer Republik

Ähnlich wie beim Tarifvertragsrecht liegen auch die Grundlagen des modernen Betriebsverfassungsrechts in den Anfängen der Weimarer Republik. Die **Verordnung über Tarifverträge, Arbeiter- und Angestelltenausschüsse und Schlichter von Arbeitsstreitigkeiten** vom 23.12.1918 (TVVO) legte nicht nur den Vorrang des Tarifvertrags gegenüber dem Einzelarbeitsvertrag fest, vielmehr sah sie auch die Einrichtung von Arbeiter- und Angestelltenausschüssen für alle Betriebe mit mehr als 20 Arbeitnehmern vor. Sie gewährte den Arbeit-

I. Betriebsverfassungsrecht § 144

nehmern erstmals ein Mitwirkungsrecht bei der Regelung von Löhnen und sonstigen Arbeitsbedingungen. Nachdem der Versuch eine Räterepublik zu errichten, gescheitert war, sollte auf Grundlage des Art. 165 Weimarer Reichsverfassung der Rätegedanke als gesellschaftliches Prinzip einer wirtschaftlichen Interessenvertretung verwirklicht werden. Es war eine hierarchische Ordnung von Arbeiter- und Wirtschaftsräten geplant, die jedoch lediglich zu einem kleinen Teil, nämlich nur auf der Ebene der Betriebe, verwirklicht wurde. Das **Betriebsrätegesetz** vom 4.2.1920 (BRG) gewährte den Arbeitnehmern nun auch innerhalb einer Betriebsverfassung Mitwirkungs- und Mitbestimmungsrechte bei sozialen und personellen Angelegenheiten.

Ebenso wie die Gewerkschaften wurden die Betriebsräte in der nationalsozialistischen Zeit beseitigt. Durch das **Gesetz zur Ordnung der nationalen Arbeit** vom 20.1.1934 (AOG) wurde das Führerprinzip auf der Betriebsebene eingeführt, da dieses nicht nur im politischen Bereich gelten sollte. Danach leitete der sog. Betriebsführer den Betrieb und seine Gefolgschaft (wie man die Belegschaft bezeichnete) in eigenständiger Verantwortung. Zwar sah das Gesetz zur Ordnung der nationalen Arbeit Vertrauensräte vor, doch hatte die Gefolgschaft weder auf die Auswahl der Vertrauensräte noch auf deren Vorsitz – den der Betriebsführer inne hatte – Einfluss. Zudem hatte der Vertrauensrat keine Mitwirkungs- und Mitbestimmungsrechte mehr, sondern lediglich beratende Funktion.

<small>Beseitigung der Betriebsräte durch die Nationalsozialisten</small>

Nach dem Zweiten Weltkrieg wurde durch das **Kontrollratsgesetz Nr. 22** vom 10.4.1946 wieder die Möglichkeit der Bildung von Betriebsräten geschaffen. Da das Kontrollratsgesetz nur als Rahmengesetz konzipiert war, konnte es Rechtseinheit auf dem Gebiet der betrieblichen Arbeitnehmervertretung nicht gewähren; vielmehr entwickelten sich teilweise eigene Betriebsverfassungsgesetze der Bundesländer, so dass es bei Gründung der Bundesrepublik Deutschland verschiedene Betriebsrätegesetze gab. Mit dem Erlass eines Bundesgesetzes sollte dieser Rechtszersplitterung schnell entgegengetreten werden. Indessen kam es, nachdem schon um die Mitbestimmung in den Betrieben des Bergbaus und der Eisen und Stahl erzeugenden Industrie hart gekämpft worden war, zu erbitterten politischen Auseinandersetzungen um die Ausgestaltung des Betriebsverfassungsgesetzes vom 11.10.1952 (**BetrVG 1952**). In einem grundsätzlichen Streit über die Neuordnung der deutschen Wirtschaft forderten die Gewerkschaften die Mitbestimmung bei allen wirtschaftlich maßgeblichen Entscheidungen im Sinne einer vertikal konzipierten Wirtschaftsdemokratie. Diesem Gedanken wurde für die eisen- und stahlerzeugende Industrie sowie für den Bergbau durch die Einführung der Montanmitbestimmung Rechnung getragen. Für die gesamte Wirtschaft wurden die Regelungen der Montanmitbestimmung dagegen nicht übernommen. Das Betriebsverfassungsgesetz von 1952 hatte Kompromisscharakter.

<small>Betriebsverfassungsgesetz 1952</small>

Betriebsverfassungsgesetz 1972

Nachdem das BetrVG 1952 den veränderten sozialen und wirtschaftlichen Verhältnissen nicht mehr entsprach, wurde das **Betriebsverfassungsgesetz** vom 18.1.**1972** (BetrVG) erlassen, welches die Organisation der Betriebsverfassung ausbaute und die Mitwirkungsrechte des Betriebsrats verstärkte sowie Regelungen hinsichtlich der Rechtsstellung des einzelnen Arbeitnehmers im Betrieb schaffte. Dieses Gesetz hatte bis zur Reform des BetrVG im Jahre 2001 nur geringfügige Änderungen erfahren.

Sprecherausschussgesetz

Als gesetzliche Grundlage zur Bildung von Vertretungsorganen für leitende Angestellte – die bis dahin nur auf freiwilliger Vereinbarung beruhten – wurde die Betriebsverfassung um das **Gesetz über Sprecherausschüsse der leitenden Angestellten** vom 20.12.1988 (SprAuG) ergänzt.

Gesetz über Europäische Betriebsräte

Nach Vollendung des Europäischen Binnenmarkts erging die Richtlinie 94/45/EG des Rats vom 22.9.1994 über die Errichtung eines Europäischen Betriebsrats oder die Schaffung eines Verfahrens zur Unterrichtung und Anhörung der Arbeitnehmer in gemeinschaftsweit operierenden Unternehmen und Unternehmensgruppen (ABl. EG Nr. L 254 S. 64). Diese wurde durch das **Gesetz über Europäische Betriebsräte** vom 28.10.1996 (EBRG) in deutsches Recht umgesetzt.

Personalvertretung

Im Bereich des öffentlichen Dienstes ist mit dem **Bundespersonalvertretungsgesetz** vom 15.3.1974 (BPersVG) und den entsprechenden Personalvertretungsgesetzen der Länder (LPersVG) eine dem Betriebsverfassungsgesetz weitgehend nachgebildete Regelung getroffen worden.

Rechtsnatur

Mit seiner Entstehungsgeschichte hängt die Frage der Einordnung des Betriebsverfassungsrechts zum **Privatrecht** oder zum **öffentlichen Recht** zusammen. Wegen der Verankerung der Betriebsräte in Art. 165 Weimarer Reichsverfassung nahm das Reichsarbeitsgericht und ein Teil der Lehre an, dass der Betriebsrat eine Einrichtung des öffentlichen Rechts wäre (vgl. RGZ 107, 244; 108, 167). Heute dagegen wird die Betriebsverfassung der privaten Wirtschaft zumeist dem Privatrecht zugerechnet, da die Errichtung eines Betriebsrats weder obligatorisch ist noch die Wahrnehmung der Beteiligungsrechte unter staatlicher Kontrolle steht und auch Betriebsvereinbarungen nicht der Staatsaufsicht unterliegen (vgl. REICHOLD, Betriebsverfassung als Sozialprivatrecht, 1995, 399 ff.). Praktisch ist diese Frage jedoch kaum relevant.

2. Reform der Betriebsverfassung im Jahre 2001

Literatur: BUCHNER, Betriebsverfassungs-Novelle auf dem Prüfstand, NZA 2001, 633; DÄUBLER, Eine bessere Betriebsverfassung? Der Reformentwurf zur Reform des BetrVG, AuR 2001, 1; FISCHER, Die Vorschläge von DGB und DAG zur Reform des Betriebsverfassungsgesetzes, NZA 2000, 167; HANAU, Denkschrift zu dem Regierungsentwurf eines Gesetzes zur Reform des Betriebsverfassungsgesetzes, RdA 2001, 65; KONZEN, Der Regierungsentwurf des Betriebsverfassungsreformgesetzes, RdA 2001, 76; RICHARDI/ANNUSS, Neues Betriebsverfassungsgesetz: Revolution oder strukturwahrende Re-

I. Betriebsverfassungsrecht § 144

form?, DB 2001, 41; RIEBLE, Die Betriebsverfassungsgesetz-Novelle 2001 in ordnungspolitischer Sicht, ZIP 2001, 133.

a) Entwicklung der Reform

Das Betriebsverfassungsgesetz blieb nach 1972 Gegenstand fortwährender rechtspolitischer Diskussion. Während die Gewerkschaften die Ausweitung von Mitbestimmungsrechten forderten, lehnten die Arbeitgeber jede Ausweitung der Mitbestimmung als zusätzliche Benachteiligung deutscher Unternehmen im internationalen Wettbewerb ab. Bereits 1985 und 1988 legten der DGB und die DAG, allerdings erfolglos, Entwürfe zur Novellierung des BetrVG vor. Im Jahre 1998 und 1999 starteten DGB und DAG erneut Initiativen für eine Erneuerung des BetrVG. Im Jahre 2001 legte die von SPD und Bündnis 90/Die Grünen geführte Bundesregierung einen Regierungsentwurf zur Reform des BetrVG vor (BT-Drs. 14/5741). Einen wichtigen Anstoß erhielt die Reform des BetrVG 2001 durch die „Kommission Mitbestimmung" der Bertelsmann-Stiftung und der Hans-Böckler-Stiftung, welche in ihrem Bericht (Mitbestimmung und neue Unternehmenskulturen, Bilanz und Perspektiven, Gütersloh 1998) eine Bilanz über die Praxis der Mitbestimmung zog. Dabei wurde festgestellt, dass die Quote der durch Betriebsräte vertretenen Arbeitnehmer seit 1981 ständig gesunken ist. Als Therapie schlug die Kommission u.a. die Öffnung der Mitbestimmung für Verhandlungslösungen sowie die stärkere Berücksichtigung von Belangen der Klein- und Mittelunternehmen vor.

Entwicklung der Reform

b) Durchführung der Reform

Nach einer kontroversen Diskussion ist mit Wirkung vom 28.7.2001 das BetrVG 2001 in Kraft getreten. Gegenstand der Diskussion waren vor allem veränderte Schwellenwerte, das Wahlverfahren und die Erweiterung der Mitbestimmungsrechte.

Durchführung der Reform

Folgende Schwerpunkte kennzeichnen das reformierte BetrVG:

Die wichtigsten Neuregelungen des BetrVG

○ **Reaktionen auf geänderte Betriebsstrukturen**

- Anerkennung des gemeinsamen Betriebs mehrerer Unternehmen (§ 1 Abs. 1 S. 2 BetrVG)
- Erweiterung der Möglichkeit durch Tarifvertrag oder Betriebsvereinbarung vom Gesetz abweichende Strukturen betriebsratsfähiger Organisationseinheiten zu schaffen (§ 3 BetrVG)
- Neuordnung der Zuordnung von Kleinstbetrieben und Betriebsteilen (§ 4 BetrVG)
- Aktives Wahlrecht für Leiharbeitnehmer, die länger als drei Monate im Entleiherbetrieb eingesetzt werden (§ 7 BetrVG)
- Regelung des Übergangs- und Restmandats des Betriebsrats (§§ 21a, 21b BetrVG)

◌ **Wahlverfahren**
- Wegfall des Gruppenprinzips: Aufgabe der Unterscheidung zwischen Arbeitern und Angestellten
- Vereinfachung des Wahlverfahrens in Kleinbetrieben (§ 14a BetrVG)

◌ **Stärkung der Rechte des Betriebsrats**
- Herabsetzung der Schwellenwerte für die Betriebsratsgröße (§ 9 BetrVG) und Freistellungen der Betriebsratsmitglieder (§ 38 BetrVG)
- Möglichkeit der Übertragung von Aufgaben auf Arbeitsgruppen (§ 28a BetrVG)
- Erweiterte Zuständigkeit des Gesamt- und Konzernbetriebsrats (§§ 50 ff., 54 ff. BetrVG)
- Erweiterung des Aufgabenkatalogs des Betriebsrats nach § 80 BetrVG
- Erweiterung des Kündigungsschutzes von Betriebsratsmitgliedern (§ 15 Abs. 3 a KSchG, § 103 Abs. 3 BetrVG)
- Einführung eines Mitbestimmungsrechts nach § 87 Abs. 1 Nr. 13 BetrVG bei der Durchführung von Gruppenarbeit
- Möglichkeit der Hinzuziehung eines Beraters bei Betriebsänderungen in Unternehmen mit mehr als 300 Arbeitnehmern (§ 111 S. 2 BetrVG)

c) Kritik der Neuregelungen

Kritik der Arbeitgeber

Die Reform des BetrVG ist bei den Arbeitgebern auf erhebliche Kritik gestoßen. So werfen die Arbeitgeber dem Gesetzgeber vor, dass die neugefassten Regelungen eine zusätzliche Bürokratisierung, Verteuerung und Komplizierung der Betriebsverfassung bedeuten. Insbesondere sei der Gesetzgeber nur den Ansprüchen der Gewerkschaften gerecht geworden und habe den Belangen der Arbeitgeber keine Rechnung getragen. So seien die Mitbestimmungsrechte des Betriebsrats stärker ausgebaut und die Gremien erweitert worden, so dass die unternehmerische Entscheidungsfreiheit noch stärker eingegrenzt worden sei. Dagegen sei beispielsweise, entgegen den Forderungen der Arbeitgeber, keine Regelung hinsichtlich der Beschleunigung des Mitbestimmungsverfahrens getroffen worden. Das BetrVG hemme das Wirtschaftswachstum; ausländische Firmen würden vor einer Niederlassung in Deutschland durch die Unterwerfung unter das BetrVG geradezu abgeschreckt, da in keinem anderen Land eine so weitgehende Mitbestimmungspraxis bestehe.

Sichtweise der Gewerkschaften

Seitens der Gewerkschaften wurde vielfach eine Modernisierung der Betriebsverfassung für unverzichtbar erklärt, da ihrer Ansicht nach durch die ständigen Veränderungen der Unternehmens- und Arbeitsorganisationen die Mitbestimmungsrechte des Betriebsrats geradezu ausgehöhlt würden. Sie begrüßen daher die Erweiterungen der Frei-

II. Unternehmensmitbestimmung

stellung von Betriebsratsmitgliedern und deren gestiegenen Möglichkeiten, zur Verbesserung der Chancengleichheit sowie zur Beschäftigungssicherung in den Betrieben tätig werden zu können.

In der Literatur hat es überwiegend kritische Stimmen zur Novellierung des BetrVG gegeben. So habe man sich nicht an die Strukturfragen der Betriebsverfassung herangewagt und auch bisher ungelöste Rechtsfragen weiterhin ungelöst gelassen. Vielmehr schüfen die Neuregelungen geradezu Rechtsunsicherheit. Auch seien die Mitbestimmungsrechte aufgestockt worden, ohne sich mit den Auswirkungen auf Leistungsfähigkeit und Flexibilität der Unternehmen näher auseinander zu setzen. Zudem sei der Gesetzgeber den Anregungen der Wissenschaft, wie zum Beispiel abgestufte Beteiligungsrechte oder Regeln zur Verfahrensbeschleunigung einzuführen, nicht nachgekommen (vertiefend BUCHNER, NZA 2001, 636 ff.; REICHOLD, NZA 2001, 857 ff.; RICHARDI, DB 2001, 41 ff.; RICHARDI, NZA 2001, 346 ff.).

Kritik in der Literatur

II. Unternehmensmitbestimmung

Die Geschichte der Mitbestimmung im Unternehmen hat – wie die betriebliche Mitbestimmung – ihren Anfang in den Arbeiterbewegungen des 19. Jahrhunderts. Eine gesetzliche Regelung findet sich aber erstmals in § 70 des Betriebsrätegesetzes vom 4.2.1920 (BRG), der die Entsendung von ein oder zwei Betriebsratsmitgliedern in den Aufsichtsrat vorschrieb. Durch das Gesetz zur Ordnung der nationalen Arbeit vom 20.1.1934 wurden nach der nationalsozialistischen Machtübernahme das Betriebsrätegesetz und dessen Ausführungsbestimmungen allerdings wieder aufgehoben.

Betriebsrätegesetz der Weimarer Republik

In der Zeit nach dem Zweiten Weltkrieg gelang es den Gewerkschaften unter dem Einfluss der Besatzungsmächte, für die Unternehmen der Eisen- und Stahlindustrie eine weitgehende Form der Unternehmensmitbestimmung durchzusetzen. So wurden die **paritätische Beteiligung** von Arbeitnehmervertretern in den Aufsichtsräten sowie die Bestellung von Arbeitsdirektoren in den Vorständen **vertraglich vereinbart**.

Vertragliche Montan-Mitbestimmung

Mit Gesetz Nr. 27 der Alliierten Hohen Kommission vom 16.5.1950 sollten die Unternehmen der Montanindustrie in „Einheitsgesellschaften" überführt werden. Für diese war deutsches Recht vorgesehen, welches aber keine Regelung der Mitbestimmung enthielt. Nach heftigen politischen Auseinandersetzungen und unter dem Druck gewerkschaftlicher Streikandrohungen erließ der Gesetzgeber daher das **Gesetz über die Mitbestimmung der Arbeitnehmer in den Aufsichtsräten und Vorständen der Unternehmen des Bergbaus und der Eisen und Stahl erzeugenden Industrie** vom 21.5.1951 (Montan-MitbestG). Durch das sog. Montan-Mitbestimmungsergänzungsgesetz vom 7.8.1956 wurde die Montanmitbestimmung auf die inzwischen entstandenen Konzernobergesellschaften in der Montanindustrie, die selber keiner qualifizierten Form der Mitbestimmung

Montan-Mitbestimmungsgesetze

unterlagen, erstreckt. Um zu verhindern, dass Konzernobergesellschaften infolge von Unternehmensumstrukturierungen und geringerer Montantätigkeit aus dem Geltungsbereich der Montan-Mitbestimmung herausfallen, wurde das MontanMitbestErgG seitdem mehrfach geändert; erstmals durch das Änderungsgesetz vom 27.4.1967, dem sog. Lex Rheinstahl, zuletzt durch das Gesetz [...] zur Sicherung der Montan-Mitbestimmung vom 20.12.1988 (MontanMitbestimmungssicherungsG, zur Verfassungsmäßigkeit vgl. BVerfG 2.3.1999 AP Nr. 2 zu § 3 MitbestErgG siehe unter § 143 III).

Betriebsverfassungsgesetz 1952

Ein Jahr nach Inkrafttreten des MontanMitbestG und nach erneut heftigen Auseinandersetzungen wurde das **Betriebsverfassungsgesetz** von **1952** erlassen. Der Versuch der Gewerkschaften, eine der Montan-Mitbestimmung gleichwertige Mitbestimmung für alle größeren Unternehmen durchzusetzen, war allerdings gescheitert. Nach dem BetrVG 1952, das durch das Drittelbeteiligungsgesetz im Jahre 2004 abgelöst wurde, muss der Aufsichtsrat nur zu einem Drittel aus Vertretern der Arbeitnehmer bestehen (siehe unter § 168).

Mitbestimmungsgesetz 1976

Erst Mitte der 60er Jahre kam, gestützt auf Untersuchungen über die Wirkungsweise und Bewährung der Montan-Mitbestimmung, wieder die Forderung nach einer paritätischen Mitbestimmung im Unternehmen auf. Daraufhin wurde von der damaligen Bundesregierung eine Mitbestimmungskommission (sog. Biedenkopf-Kommission, Bundestagsdrucksache VI/334) einberufen, die eine Erweiterung der Mitbestimmung im Aufsichtsrat von Großunternehmen bis knapp unter die Grenze der Parität empfahl. Nach weiteren Auseinandersetzungen, denen nunmehr der Bericht der Mitbestimmungskommission maßgeblich zugrunde lag, wurde schließlich das **Mitbestimmungsgesetz** vom 4.5.1976 (MitbestG) erlassen. Mit Urteil des BVerfG vom 1.3.1979 (BVerfG 1.3.1979 AP Nr. 1 zu § 1 MitbestG, vgl. auch § 164), das die Verfassungsmäßigkeit des Gesetzes bestätigt, hat die Diskussion um das MitbestG ihr vorläufiges Ende gefunden.

Europäische Gesellschaft

Während sich die innerdeutsche Diskussion um die Mitbestimmung auf der Basis nationaler Regelungen beruhigt hat, wurde in den letzten Jahren erheblich um die Mitbestimmung in Unternehmen gestritten, die grenzüberschreitend tätig werden. Da diese im Grundsatz ausschließlich dem Gesellschaftsrecht desjenigen Mitgliedstaats unterliegen, in dem sie gegründet worden sind, bestand die Gefahr, dass nationale Mitbestimmungsregeln ausgehebelt werden. Nach jahrelangen Verhandlungen über eine Europäische Gesellschaft (**Societas Europaea**, SE) wurden die Verordnungen 2001/2157/EG (ABl. EG Nr. L 294, S. 1 v. 10.11.2001) und die Richtlinie 2001/86/EG (ABl. EG Nr. L 284, S. 22 v. 10.11.2001) erlassen. Die **Richtlinie** (im Folgenden „SE-RL") enthält Vorschriften über die **Beteiligung der Arbeitnehmer** in der SE. Zur Umsetzung ist das Gesetz über die Beteiligung der Arbeitnehmer in einer Europäischen Gesellschaft vom 22. Dezember 2004 (BGBl. I S. 3686; im Folgenden „SEBG" genannt) erlassen worden (siehe unter § 175).

2. Abschnitt: Betriebsverfassungsrecht

§ 145 Gliederung des Betriebsverfassungsrechts

I. Das BetrVG von 1972 in der Fassung der Bekanntmachung vom 27.7.2001

Das BetrVG 1972 ist der amtlichen Systematik nach in acht Teile gegliedert, die sich ihrem Inhalt nach in drei Abschnitte unterteilen lassen: *Drei Abschnitte*
- Im ersten Abschnitt sind Fragen der **Organisation** geregelt (erster, zweiter und dritter Teil des BetrVG, §§ 1 bis 73 BetrVG).
- Im zweiten Abschnitt, der dem vierten Teil der amtlichen Systematik des BetrVG entspricht, finden sich die eigentlichen Bestimmungen zur **Mitwirkung und Mitbestimmung der Arbeitnehmer** (§§ 74 bis 113 BetrVG).
- Der dritte Abschnitt enthält schließlich in den Teilen fünf bis acht des BetrVG verschiedene **Sonderregelungen** (§§ 114 bis 132 BetrVG).

Die allgemeinen Bestimmungen über den Anwendungsbereich des BetrVG und die betriebsverfassungsrechtliche Organisation sind in den ersten drei Teilen des BetrVG enthalten: *Organisation*
- Der erste Teil (§§ 1 bis 6 BetrVG) enthält **allgemeine Vorschriften** über die Errichtung von Betriebsräten und zu den sonstigen der Betriebsverfassung unterfallenden Einrichtungen und Personen sowie deren Stellung zueinander.
- Im zweiten Teil finden sich Vorschriften über die Zusammensetzung und Wahl sowie über die Amtszeit und Geschäftsführung des **Betriebsrats** (§§ 7 bis 41 BetrVG). In diesem Teil finden sich in den §§ 42 bis 46 BetrVG auch Regelungen über die **Betriebsversammlung**, in §§ 47 bis 53 BetrVG über den **Gesamtbetriebsrat** und schließlich über den **Konzernbetriebsrat** (§§ 54 bis 59 BetrVG).
- Bestimmungen über die **Jugend- und Auszubildendenvertretung** einschließlich der Gesamtjugendvertretung (dritter Teil, §§ 60 bis 73 BetrVG) schließen diesen organisatorischen Abschnitt ab.

Die eigentlichen Regelungen der Mitwirkung und Mitbestimmung hat der Gesetzgeber im vierten Teil des BetrVG getroffen. Die §§ 74 bis 113 BetrVG stellen damit das Kernstück des BetrVG dar: *Mitwirkung und Mitbestimmung*
- Nach **allgemeinen Bestimmungen** über die Zusammenarbeit von Arbeitgeber und Betriebsrat sowie den allgemeinen Aufgaben des Betriebsrats (§§ 74 bis 80 BetrVG) folgen

- die **Mitwirkungs- und Beschwerderechte** der einzelnen Arbeitnehmer (§§ 81 bis 86 BetrVG).
- Die Mitwirkung des Betriebsrats in **sozialen Angelegenheiten** ist in den §§ 87 bis 89 BetrVG geregelt,
- die §§ 90 und 91 BetrVG enthalten Regelungen für die **Gestaltung von Arbeitsplatz, Arbeitsablauf und Arbeitsumgebung**.
- Von herausragender Bedeutung sind die Bestimmungen über die Mitwirkung des Betriebsrats in **personellen Angelegenheiten**. Sie unterteilen sich in allgemeine personelle Angelegenheiten (§§ 92 bis 95 BetrVG), in den Bereich der Berufsbildung (§§ 96 bis 98 BetrVG) sowie in personelle Einzelmaßnahmen (§§ 99 bis 105 BetrVG). Hierzu zählt insbesondere die Kündigung.
- Schließlich finden sich noch Regelungen über die Mitwirkung des Wirtschaftsausschusses und des Betriebsrats in **wirtschaftlichen Angelegenheiten** (§§ 106 bis 113 BetrVG). Dort sind die praktisch überaus bedeutsamen Vorschriften über den Interessen- und Nachteilsausgleich sowie über die Sozialplanpflicht bei Betriebsänderungen niedergelegt (§§ 111 bis 113 BetrVG).

Sonderregelungen

Das BetrVG enthält im fünften Teil Sonderregelungen für die Seeschifffahrt, die Luftfahrt sowie für Tendenzbetriebe und Religionsgemeinschaften (§§ 114 bis 118 BetrVG), im sechsten Teil Straf- und Bußgeldvorschriften (§§ 119 bis 121 BetrVG) und schließlich verschiedene Bestimmungen über die Änderung von anderen Gesetzen sowie Übergangs- und Schlussvorschriften im siebenten und achten Teil (§§ 122 bis 132 BetrVG).

II. Sonstige gesetzliche Regelungen

Das Betriebsverfassungsrecht ist allerdings im **BetrVG nicht abschließend** geregelt, vielmehr enthalten auch verschiedene andere Gesetze einzelne betriebsverfassungsrechtliche Regelungen. Dabei kann zwischen betriebsverfassungsrechtlichen Normen im engeren und im weiteren Sinne unterschieden werden:

Angelegenheiten des Betriebsrats

- Zum Betriebsverfassungsrecht im engeren Sinne zählen jene Bestimmungen, die nicht im BetrVG geregelt sind, aber Angelegenheiten und Mitbestimmungsrechte des Betriebsrats begründen. So ist der Betriebsrat u.a. bei der Bestellung und Abberufung von Betriebsärzten und Fachkräften für Arbeitssicherheit (§ 9 Abs. 3 ASiG) sowie von Sicherheitsbeauftragten (§ 22 Abs. 1 SGB VII) zu beteiligen; im Kündigungsschutzgesetz ist eine Mitwirkung des Betriebsrats bei Massenentlassungen vorgesehen (§ 17 Abs. 2 und 3 KSchG); das Arbeitnehmerüberlassungsgesetz begründet in § 14 AÜG eine Zuständigkeit des Betriebsrats für Leiharbeitnehmer.

Sonstige Institutionen

- Betriebsverfassungsrecht in einem weiteren Sinne sind solche Regelungen, die Mitwirkungsrechte von Institutionen begründen, welche dem Betriebsrat vergleichbar sind. Hierzu ählen u.a. der Sprecherausschuss für leitende Angestellte (geregelt im SprAuG) und der Europäische Betriebsrat (geregelt im EBRG); aber auch die Schwerbehindertenvertretung nach §§ 93 ff. SGB IX sowie der Vertrauensmann der Zivildienstleistenden (§ 37 ZDG).

III. Betriebsvereinbarung und Tarifvertrag

Literatur: BEUTHIEN, Tarifverträge betriebsverfassungsrechtlichen Inhalts, ZfA 1986, 131; FRANZEN, Zwingende Wirkung der Betriebsverfassung, NZA 2008, 250; v. HOYNINGEN-HUENE/MEIER-KRENZ, Flexibilisierung des Arbeitsrechts durch Verlagerung tariflicher Regelungskompetenzen auf den Betrieb, ZfA 1988, 293; SÄCKER/OETKER, Alleinentscheidungsbefugnisse des Arbeitgebers in mitbestimmungspflichtigen Angelegenheiten aufgrund kollektivrechtlicher Dauerregelungen, RdA 1992, 16; SPILGER, Tarifvertragliches Betriebsverfassungsrecht, 1988; SPINNER/WIESENECKER, Unwirksame Vereinbarungen über die Organisation der Betriebsverfassung, FS Löwisch (2007), S. 375.

Fraglich ist, ob die gesetzlichen Regelungen der Betriebsverfassung abschließend sind oder aber durch Betriebsvereinbarung, Tarifvertrag und Arbeitsvertrag die betriebsverfassungsrechtliche Organisation geändert und Rechte des Betriebsrats begründet, erweitert oder beschnitten werden können.

1. Betriebsverfassungsrechtliche Organisation

Das Organisationsrecht des BetrVG ist prinzipiell zwingend. Betriebsverfassungsrechtliche Organisationsnormen können nur dann abweichend vom Gesetz geregelt werden, wenn das BetrVG selbst dies ausdrücklich zulässt, **argumentum e contrario** §§ 3, 38 Abs. 1 S. 3, 47 Abs. 4 und 5, 55 Abs. 4, 72 Abs. 4 und 5 BetrVG (vgl. auch §§ 76 Abs. 1 S. 2 und Abs. 4 sowie 8, 86, 117 Abs. 2 BetrVG). So können etwa die Tarifpartner nur unter den Voraussetzungen des § 3 BetrVG zusätzliche betriebsverfassungsrechtliche Vertretungen der Arbeitnehmer bzw. vom Gesetz abweichende betriebsratsfähige Organisationseinheiten schaffen.

Konsens: Zwingendes Organisationsrecht

2. Mitwirkungs- und Mitbestimmungsrechte

Ob und inwiefern von den gesetzlichen Bestimmungen der Mitwirkungs- und Mitbestimmungsrechte abgewichen werden kann, wird in Rechtsprechung und Literatur kontrovers diskutiert (vgl. RICHARDI/RICHARDI, Einleitung Rn. 134 ff.; DKK/DÄUBLER, Einleitung Rn. 72 ff.). Zur Behandlung dieser Streitfrage ist nach der Art der Vereinbarung zu unterscheiden sowie danach, ob Rechte des Betriebsrats erweitert oder eingeschränkt werden sollen.

a) Beschränkung der Mitbestimmungsrechte

Mindestanforderung wirksamer Interessenvertretung

Die Vorschriften des BetrVG enthalten als Schutzgesetze zugunsten der Arbeitnehmer Mindestanforderungen an eine wirksame Interessenvertretung, von denen zum Nachteil der Arbeitnehmer nur **aufgrund gesetzlicher Bestimmungen** abgewichen werden darf. Das Mitbestimmungsrecht des Betriebsrats kann daher lediglich durch Tarifvertrag in den durch Gesetz ausdrücklich und abschließend geregelten Fällen eingeschränkt werden (vgl. § 87 Abs. 1 Eingangssatz BetrVG). Dabei muss den Betriebspartnern aber ein Kernbereich betriebsverfassungsrechtlicher Zuständigkeiten verbleiben. Durch Betriebsvereinbarung oder Regelungsabrede kann der Betriebsrat sein Mitbestimmungsrecht dagegen nicht beschränken, auch wenn er faktisch auf die Ausübung der Mitbestimmungsrechte ganz oder teilweise verzichten könnte.

„Nach der ständigen Rechtsprechung des Senats darf ein Betriebsrat sein Mitbestimmungsrecht nicht in der Weise ausüben, dass er dem Arbeitgeber das alleinige Gestaltungsrecht über den mitbestimmungspflichtigen Tatbestand eröffnet (...). Zwar dürfen dem Arbeitgeber durch Betriebsvereinbarung gewisse Entscheidungsspielräume in mitbestimmungspflichtigen Angelegenheiten eingeräumt werden. Der Betriebsrat kann aber über sein Mitbestimmungsrecht im Interesse der Arbeitnehmer nicht in der Weise verfügen, dass er in der Substanz auf die ihm gesetzlich obliegende Mitbestimmung verzichtet." (BAG 26.4.2005 AP Nr. 12 zu § 87 BetrVG 1972)

➲ **Beispiel:**

Eine Betriebsvereinbarung, die die Ausgestaltung von Leistungsprämien auf paritätisch besetzten Kommissionen überträgt, ist nicht wirksam, wenn die Letztentscheidungsbefugnis in Pattsituationen beim Arbeitgeber liegt. Durch diese Vorgehensweise wird das Mitbestimmungsrecht des Betriebsrats aus § 87 Abs. 1 Nr. 10 BetrVG unzulässig im Kernbereich auf ein schlichtes Beteiligungsrecht reduziert (BAG 26.4.2005 AP Nr. 12 zu § 87 BetrVG 1972).

Konkretisierung der Mitbestimmungsrechte durch Betriebsvereinbarung

Nach ständiger Rechtsprechung des BAG kann der **Inhalt** der Mitwirkungs- und Mitbestimmungsrechte aber durch Betriebsvereinbarungen konkretisiert sowie unter angemessener Berücksichtigung der Belange des Betriebs und der betroffenen Arbeitnehmer modifiziert werden. Danach ist die Zubilligung einseitiger Gestaltungsbefugnisse im Rahmen einer generellen Regelung zulässig, solange die **Substanz der Mitbestimmungsrechte** unberührt bleibt. Dem Arbeitgeber kann mithin das Recht eingeräumt werden, ohne Zustimmung des Betriebsrats bestimmte Maßnahmen zu treffen. Denn hierin liegt keine unzulässige Einschränkung der Mitbestimmung des Betriebsrats, sondern eine vorweggenommene Ausübung gesetzlicher Befugnisse (BAG 26.7.1988 AP Nr. 6 zu § 87 BetrVG 1972 Provision).

III. Betriebsvereinbarung und Tarifvertrag § 145

„Durch Betriebsvereinbarung kann das Mitbestimmungsrecht des Betriebsrats zwar nicht aufgehoben oder eingeschränkt werden [...]. Wird das Mitbestimmungsrecht durch Abschluss einer Betriebsvereinbarung ausgeübt, kann diese allerdings auch vorsehen, dass der Arbeitgeber allein unter bestimmten – in der Betriebsvereinbarung geregelten – Voraussetzungen eine Maßnahme treffen kann oder dass die Gestaltung einer mitbestimmungspflichtigen Angelegenheit im Einzelfall einer Kommission übertragen wird, in der Arbeitgeber und Betriebsrat paritätisch vertreten sind. Durch eine solche Regelung darf das Mitbestimmungsrecht nur nicht in seiner Substanz beeinträchtigt werden (vgl. BAG, Urt. vom 7.9.1956 – BAG 3, 207, 212 = AP Nr. 2 zu § 56 BetrVG [1952]). Hier können sich Abgrenzungsschwierigkeiten ergeben. Es wird die Auffassung vertreten, entscheidend sei, ob durch die Betriebsvereinbarung die Regelung einer mitbestimmungspflichtigen Angelegenheit dem Arbeitgeber übertragen wird (was nicht zulässig ist) oder ob durch sie eine Gestaltung der mitbestimmungspflichtigen Angelegenheit durch beide Betriebsparteien erfolgt, in deren Rahmen einzelne Ordnungsprobleme so gelöst werden, dass dem Arbeitgeber das Recht zur einseitigen Gestaltung eingeräumt wird." (BAG 26.7.1988 AP Nr. 6 zu § 87 BetrVG 1972 Provision)

Arbeitsvertraglich kann die Mitbestimmung des Betriebsrats **nicht** ausgeschlossen werden.

b) Erweiterung der Mitbestimmungsrechte

Das BetrVG enthält über die Zulässigkeit einer Erweiterung der Mitwirkungs- und Mitbestimmungsrechte keine klare Aussage. Maßgebend ist insoweit, ob das Gesetz nur **einseitig** zwingenden Charakter hat und damit lediglich Mindestbestimmungen enthält **oder** aber **zweiseitig** zwingenden Charakter hat und damit – vorbehaltlich einzelner Sondervorschriften – auch die Erweiterung der Mitbestimmungsrechte ausschließt.

Zwingender Charakter des BetrVG

Den Betriebspartnern ist durch eine Reihe von Bestimmungen im BetrVG die Möglichkeit eröffnet, selbst die Mitbestimmungsrechte des Betriebsrats zu verstärken.

Erweiterung der Mitbestimmungsrechte durch Betriebsvereinbarung

➲ **Beispiele:**
- Aus § 76 Abs. 6 BetrVG folgt, dass sich die Betriebsparteien auch in nicht mitbestimmungspflichtigen Angelegenheiten dem verbindlichen Spruch einer Einigungsstelle unterwerfen können.
- Nach § 86 BetrVG kann die Ausgestaltung des Beschwerdeverfahrens durch Betriebsvereinbarung geregelt werden.
- Nach § 102 Abs. 6 BetrVG kann vereinbart werden, dass Kündigungen nur bei Zustimmung des Betriebsrats wirksam sind.
- Aus § 88 BetrVG ergibt sich zudem, dass freiwillige Betriebsvereinbarungen grundsätzlich bei allen sozialen Angelegenheiten zulässig sind („insbesondere").

Zu bedenken ist, dass Betriebsvereinbarungen nur mit **Zustimmung des Arbeitgebers** geschlossen werden können. Insoweit bestehen keine Bedenken gegen die Erweiterung der Mitbestimmungsrechte des Betriebsrats durch **Betriebsvereinbarung** zwischen den Betriebspartnern. Problematischer sind allerdings die immanenten Grenzen der Regelungsbefugnis der Betriebsparteien (siehe unter § 152 I 9).

Erweiterung des Mitbestimmungsrechts durch Regelungsabrede

Das BAG hat anerkannt, dass die Betriebsparteien das Mitbestimmungsrecht des Betriebsrats in sozialen Angelegenheiten (§ 87 BetrVG) sogar **durch Regelungsabrede erweitern** können, obwohl diese nicht formgebunden ist. Das BAG verweist auf § 88 BetrVG, wonach die Betriebsparteien über § 87 Abs. 1 BetrVG hinaus weitere Angelegenheiten durch Betriebsvereinbarung der Mitbestimmung unterwerfen können. Dabei sind sie nicht auf die in § 88 BetrVG genannten Regelungsgegenstände beschränkt. Freilich verpflichtet eine solche Regelungsabrede, die eine Erweiterung des Mitbestimmungsrechts über § 87 Abs. 1 Nr. 10 BetrVG hinaus schafft, den Arbeitgeber nur gegenüber dem Betriebsrat, von seinen vertraglichen Gestaltungsmöglichkeiten in bestimmter Weise Gebrauch zu machen. Die Missachtung einer solchen schuldrechtlichen Verpflichtung bleibt im Verhältnis zum Arbeitnehmer jedoch folgenlos. Sie verschafft keine über die vertragliche Abmachung hinausgehenden Rechte. Die Durchsetzung der Rechte des Betriebsrats verlangt nicht die Sanktion der zivilrechtlichen Unwirksamkeit. Zur Durchsetzung der Regelungsabrede steht dem Betriebsrat ein Unterlassungsanspruch zur Verfügung (BAG 14.8.2001 NZA 2002, 342).

Erweiterung der Mitbestimmungsrechte durch Tarifvertrag

Problematisch ist, inwieweit die Erweiterung der Mitbestimmungsrechte des Betriebsrats durch **Tarifvertrag** zulässig, das BetrVG also tarifdispositiv ist. Hiergegen wird vorgebracht, dass das BetrVG eine solche Erweiterung durch Tarifvertrag nur punktuell (§§ 76 Abs. 8, 86 BetrVG) zulasse. Auch habe der Gesetzgeber mit dem BetrVG aufgrund eines politischen Kompromisses eine in sich ausgewogene betriebsverfassungsrechtliche Gesamtordnung geschaffen und die Mitbestimmungsrechte des Betriebsrats abschließend und somit zweiseitig zwingend ausgestaltet. Eine tarifliche Erweiterung der Mitbestimmungsrechte greife ferner in den Kernbereich der unternehmerischen Entscheidungsfreiheit, der durch Art. 2 GG geschützt werde, und in die Berufsausübungsfreiheit (Art. 12 GG) des Unternehmers in verfassungswidriger Weise ein (vgl. insoweit v. HOYNINGEN-HUENE, § 2 IV Rn. 25). Zudem handele es sich bei den Regelungen des BetrVG über die Mitbestimmung des Betriebsrats nicht um Arbeitnehmerschutzbestimmungen. Die Einräumung eines Mitbestimmungsrechts eröffne die paritätische Beteiligung an einer Gestaltung, die nicht nur zugunsten, sondern auch zu Lasten des Arbeitnehmers wirken könne (vgl. RICHARDI/RICHARDI, Einleitung Rn. 144 ff.).

Rechtsprechung des BAG

Diesen Bedenken folgt das BAG in ständiger Rechtsprechung indessen nicht, vielmehr stünde den Tarifpartnern nach §§ 1 Abs. 1 und 3 Abs. 2 TVG die Kompetenz zu, betriebsverfassungsrechtliche Rege-

III. Betriebsvereinbarung und Tarifvertrag § 145

lungen mit normativer Wirkung zu vereinbaren und demzufolge auch die Mitbestimmungsrechte des Betriebsrats zu verstärken (BAG 18.8.1987 AP Nr. 23 zu § 77 BetrVG 1972):

„Eine tarifliche Bestimmung [hinsichtlich der Mitbestimmungsrechte des Betriebsrats] ist eine Rechtsnorm über betriebsverfassungsrechtliche Fragen im Sinne von § 1 Abs. 1 TVG. [...] Sie gilt nach § 3 Abs. 2 TVG nur in Betrieben, deren Arbeitgeber tarifgebunden ist. Die gesetzliche Befugnis der Tarifvertragsparteien, das Verhältnis des Arbeitgebers zum Betriebsrat und umgekehrt zu regeln, erstreckt sich damit nur auf Arbeitgeber, die durch ihren Beitritt zum Arbeitgeberverband sich dieser Normsetzungsbefugnis unterworfen haben. Die gesetzliche Betriebsverfassung und damit die von allen Arbeitgebern zu beachtenden Mitbestimmungsrechte des Betriebsrats werden damit durch den Tarifvertrag nicht erweitert. Der Einwand, das Betriebsverfassungsgesetz enthalte eine ausgewogene und damit abschließende Regelung der Mitbestimmungsrechte des Betriebsrats und sei einer Veränderung durch Tarifvertrag nicht zugänglich, überzeugt daher nicht." (BAG 18.8.1987 AP Nr. 23 zu § 77 BetrVG 1972)

Das BAG hat diese Auffassung, die im Ergebnis zur Tarifdisponibilität des BetrVG zugunsten der Arbeitnehmer führt, mit Urteil vom 10.2.1988 (BAG 10.2.1988 AP Nr. 53 zu § 99 BetrVG 1972) sowie durch Urteil vom 31.1.1995 (BAG 31.1.1995 AP Nr. 56 zu § 118 BetrVG 1972) bestätigt: Tarifdisponibilität

„Bei den Regelungen des BetrVG 1972 über die Mitwirkung des Betriebsrats handelt es sich [...] um Arbeitnehmerschutzbestimmungen. Diese sind in aller Regel einseitig zwingender Natur. Wenn der Gesetzgeber etwas anderes anordnen will, bedarf dies einer entsprechend klaren Regelung, die gerade im BetrVG 1972 fehlt. Aus diesem Grunde sind die Bestimmungen des BetrVG 1972 über die Mitwirkung des Betriebsrats nur einseitig zwingend. [...]

Ein Verbot der Erweiterung und Verstärkung der Beteiligungsrechte des Betriebsrats durch Tarifvertrag lässt sich auch nicht der Tatsache entnehmen, dass das BetrVG 1972 wie schon das BetrVG 1952 das Ergebnis eines politischen Kompromisses ist. Es ist zwar richtig, dass in der parlamentarischen und außerparlamentarischen Auseinandersetzung die Meinungen über Umfang und Grenzen der betrieblichen Mitbestimmung hart aufeinander geprallt sind. Dies besagt aber nichts darüber, ob von dem Gesetz zugunsten oder ungunsten der Arbeitnehmer durch Tarifvertrag abgewichen werden darf [...]. Denn die meisten Gesetze sind Kompromisse zwischen widerstreitenden Interessen. Gerade weil dasselbe Problem bereits für das BetrVG 1952 kontrovers diskutiert worden und dem Gesetzgeber des BetrVG 1972 darüber hinaus bekannt gewesen ist, dass das BAG in mehreren Entscheidungen die Erweiterung und Verstärkung der Beteiligungsrechte durch Tarifvertrag für zulässig gehalten hatte [...], hätte es der Gesetzgeber klar zum Ausdruck bringen müssen, wenn er die Erweiterung der Mitwirkungsrechte durch Tarifvertrag untersagen wollte." (BAG 10.2.1988 AP Nr. 53 zu § 99 BetrVG 1972)

Diese Auffassung teilt das Schrifttum wohl überwiegend (FITTING § 1 Rn. 245 ff.). Das BAG hat in fast allen Bereichen des BetrVG eine Erweiterung der Beteiligungsrechte durch Tarifvertrag anerkannt.

◌ **Beispiele:**
- Erweiterung der Beteiligungsrechte in **Tendenzbetrieben** (§ 118 BetrVG) bzw. Verzicht auf Tendenzschutz (BAG 31.1.1995 AP Nr. 56 zu § 118 BetrVG 1972; BAG 5.10.2000 AP Nr. 67 zu § 118 BetrVG 1972).
- Zustimmungsrechte bei **personellen Einzelmaßnahmen** wie Einstellung und Beförderungen (BAG 10.2.1988 AP Nr. 53 zu § 99 BetrVG 1972).
- Erweiterung der **Mitbestimmung in sozialen Angelegenheiten**, z.B. durch Erstreckung der Mitbestimmung über § 87 Abs. 1 Nr. 2 BetrVG auch auf die Dauer der Arbeitszeit (BAG 18.8.1987 AP Nr. 23 zu § 77 BetrVG 1972).

§ 146 Leitprinzipien des Betriebsverfassungsgesetzes

Umfang und Grenzen der betrieblichen Mitbestimmung sind nach wie vor sozial- und rechtspolitisch umkämpft. Dennoch können aus dem Dickicht der zahlreichen Einzelregelungen und der sie ausfüllenden Rechtsprechung einige tragende Leitmaximen des Betriebsverfassungsrechts herausgestellt werden, die für das Verständnis zahlreicher Einzelfragen wesentlich sind. Dabei kann zwischen den Grundsätzen für die Zusammenarbeit der Betriebspartner und den Grundsätzen für die Behandlung der Betriebsangehörigen unterschieden werden:

Zusammenarbeit der Betriebspartner
- Nach § 2 Abs. 1 BetrVG sollen Arbeitgeber und Betriebsrat zum Wohl der Arbeitnehmer und des Betriebs **vertrauensvoll zusammenarbeiten**. Eng mit dem Prinzip der vertrauensvollen Zusammenarbeit verbunden ist die **Friedenspflicht** (§ 74 Abs. 2 BetrVG) und das **Verbot parteipolitischer Betätigung** (§ 74 Abs. 2 S. 3 BetrVG).

Behandlung der Betriebsangehörigen
- Nach § 75 BetrVG haben Arbeitgeber und Betriebsrat darüber zu wachen, dass alle Betriebsangehörigen nach den Grundsätzen von **Recht und Billigkeit** behandelt werden, insbesondere dem Grundsatz der Gleichbehandlung Rechnung getragen wird.

I. Prinzip der vertrauensvollen Zusammenarbeit

Literatur: BUCHNER, Kooperation als Leitmaxime des Betriebsverfassungsrechts, DB 1974, 530; FRECKMANN/KOLLER-VAN DELDEN, Vertrauensvolle Zusammenarbeit zwischen Arbeitgeber und Betriebsrat – hehres Ziel oder zu praktizierende Wirklichkeit?, BB 2006, 490; WEBER, Die vertrauensvolle Zusammenarbeit zwischen Arbeitgeber und Betriebsrat gem. § 2 Abs. 1 BetrVG,

I. Prinzip der vertrauensvollen Zusammenarbeit § 146

1989; WEBER, Der Anwendungsbereich des Grundsatzes der vertrauensvollen Zusammenarbeit gemäß § 2 Abs. 1 BetrVG, ZfA 1991, 187.

§ 2 Abs. 1 BetrVG verpflichtet Arbeitgeber und Betriebsrat zu einer vertrauensvollen Zusammenarbeit zum Wohle der Arbeitnehmer und des Betriebs. Dieses Prinzip der vertrauensvollen Zusammenarbeit (**Kooperationsmaxime**) ist ein zentrales, wenn nicht das zentrale Leitprinzip des Betriebsverfassungsrechts. Hierdurch soll der Interessengegensatz zwischen Arbeitgeber und Arbeitnehmer bzw. Betriebsrat nicht negiert werden, vielmehr setzt das BetrVG diesen Interessengegensatz voraus. Bei der Wahrnehmung ihrer jeweiligen Interessen sollen die Betriebspartner aber zu einer effektiven Zusammenarbeit zu ihrem beiderseitigen Nutzen angehalten werden. Dabei finden über den Wortlaut des § 2 Abs. 1 BetrVG („Wohl des Betriebs") auch die Ziele des Unternehmens Berücksichtigung, da die Realisierung sozialer, wirtschaftlicher oder personeller Angelegenheiten auf betrieblicher Ebene immer auch im engen Zusammenhang mit dem Wohl des Unternehmens steht (BAG 21.4.1983 AP Nr. 20 zu § 40 BetrVG 1972).

Zentrales Leitprinzip

„Das geltende Arbeitsrecht wird [...] durchgängig von zwei einander gegenüberstehenden Grundpositionen beherrscht, mit denen unterschiedliche Interessen von Arbeitgeber- und Arbeitnehmerseite verfolgt werden. Ohne diesen Interessengegensatz wären [...] gesetzliche Regelungen über die Mitwirkung der Arbeitnehmerseite an sozialen, personellen oder wirtschaftlichen Entscheidungen des Arbeitgebers gegenstandslos. Auch das BetrVG setzt diesen Interessengegensatz voraus. Im Betrieb hat der Betriebsrat die Interessen der von ihm repräsentierten Belegschaft wahrzunehmen. Das wird durch § 2 Abs. 1 BetrVG sowie auch durch § 74 Abs. 1 S. 1 und § 76 BetrVG nur insoweit modifiziert, dass anstelle möglicher Konfrontation die Pflicht zur beiderseitigen Kooperation tritt. Dennoch bleibt der Betriebsrat Vertreter der Belegschaft gegenüber dem Arbeitgeber. Er ist zu vertrauensvoller Zusammenarbeit, nicht aber dazu verpflichtet, die Interessen der Belegschaft zurückzustellen. Damit obliegt dem Betriebsrat eine ‚arbeitnehmerorientierte Tendenz' der Interessenvertretung (vgl. so schon BAGE 2, 175, 179 = AP Nr. 1 zu § 23 BetrVG 1952 [mit Anm. von A. HUECK und BÖTTICHER])." (BAG 21.4.1983 AP Nr. 20 zu § 40 BetrVG 1972)

Zwar ist das Gebot der vertrauensvollen Zusammenarbeit nach § 2 Abs. 1 BetrVG als Konkretisierung des allgemeinen Grundsatzes von Treu und Glauben **unmittelbar geltendes Recht**. Seiner Normstruktur nach ist § 2 Abs. 1 BetrVG jedoch ein Programmsatz, so dass das Kooperationsgebot zumeist erst in Verbindung mit konkreten gesetzlichen Ausgestaltungen der Mitwirkungsrechte des Betriebsrats sichtbar wird (BAG 21.4.1983 AP Nr. 20 zu § 40 BetrVG 1972).

Normstruktur

„§ 2 Abs. 1 BetrVG ist gegenüber § 242 BGB die speziellere Regelung. Es kann daher für die gegenseitigen Pflichten der Betriebspartner im Verhältnis nur auf diese Vorschrift sowie ggf. z.B. auf die §§ 74, 76, 78 und 79 BetrVG ankommen. Diesen Regelungen lässt sich nur entnehmen, dass Arbeitgeber und Betriebsrat vertrauensvoll zum Wohl der Arbeitnehmer und des Betriebs zusammenarbeiten. § 2 Abs. 1 BetrVG kann nicht unmittelbar Rechte und Pflichten für Arbeitgeber und Betriebsrat begründen [...]. Der erkennende Senat hat bereits darauf hingewiesen, dass § 2 BetrVG auch nicht ein materieller Ausschlusstatbestand für nach dem BetrVG eingeräumte Rechte entnommen werden kann (vgl. BAGE 31, 93 = AP Nr. 14 zu § 40 BetrVG 1972 [mit Anm. von GRUNSKY])." (BAG 21.4.1983 AP Nr. 20 zu § 40 BetrVG 1972)

Anwendungsbereich

Die Betriebspartner sind mithin nach § 2 Abs. 1 BetrVG allgemein verpflichtet, ein kooperatives Verhalten an den Tag zu legen. Dabei bezieht sich § 2 Abs. 1 BetrVG zunächst nur auf das **betriebsverfassungsrechtliche Verhältnis zwischen dem Arbeitgeber und dem Betriebsrat als Kollegialorgan**; die Vorschrift regelt also weder das Verhältnis der Betriebsratsmitglieder untereinander (BAG 5.9.1967 AP Nr. 8 zu § 23 BetrVG 1972) noch etwa das Verhältnis einzelner Arbeitnehmer zum Arbeitgeber oder der Arbeitnehmer untereinander (BAG 13.7.1962 AP Nr. 1 zu § 242 BGB). Andererseits bezieht sich § 2 Abs. 1 BetrVG auch nicht allein auf das Verhältnis zwischen dem Arbeitgeber und dem Betriebsrat (BAG 5.12.1975 AP Nr. 1 zu § 87 BetrVG 1972 Betriebsbuße):

„[...] auch das einzelne Betriebsratsmitglied ist verpflichtet, durch sein Verhalten die Grundlagen des Vertrauens nicht nachhaltig zu stören. Das einzelne Betriebsratsmitglied hat sich bei seiner Betriebsratstätigkeit innerhalb der Grenzen zu halten, die sich aus den allg. Vorschriften der Rechtsordnung, insbes. aus denen des BetrVG ergeben; es darf durch sein Verhalten nicht störend in das betriebliche Geschehen eingreifen, indem es nachhaltig den Betriebsfrieden stört (Senatsbeschl. vom 5.9.1967 – 1 ABR 1/67 – BAGE 20, 56 [65] = AP Nr. 8 zu § 23 BetrVG)." (BAG 5.12.1975 AP Nr. 1 zu § 87 BetrVG 1972 Betriebsbuße)

Erweiterter Anwendungsbereich

Zudem erfasst der Grundsatz der vertrauensvollen Zusammenarbeit nach h.M. **alle betriebsverfassungsrechtlichen Gremien**: § 2 Abs. 1 BetrVG richtet sich demnach auch an die Ausschüsse des Betriebsrats, den Gesamtbetriebsrat, den Konzernbetriebsrat, die Jugend- und Auszubildendenvertretungen, die Schwerbehindertenvertretung und die Sondervertretungen nach § 3 BetrVG sowie an die einzelnen Arbeitnehmer als Mitglieder dieser Institutionen. Daneben sind auch die im Betrieb vertretenen Gewerkschaften und Arbeitgebervereinigungen zur vertrauensvollen Zusammenarbeit verpflichtet, soweit sie betriebsverfassungsrechtliche Aufgaben wahrnehmen (BAG 26.11.1974 AP Nr. 6 zu § 20 BetrVG 1972).

„Der Grundsatz des § 2 Abs. 1 BetrVG 1972 gilt für alle betriebsverfassungsrechtlichen Gremien und die Tätigkeit ihrer Angehörigen. Das ergibt sich bereits aus der Stellung der Vorschrift im Eingang des BetrVG 1972, aber auch aus ihrem inneren Gewicht; beides weist sie als eine allgemeine, das gesamte Betriebsverfassungsrecht beherrschende Maxime aus." (BAG 26.11.1974 AP Nr. 6 zu § 20 BetrVG 1972)

○ **Beispiele für Ausprägungen des Prinzips der vertrauensvollen Zusammenarbeit:**
- Nach § 74 Abs. 1 BetrVG ist über strittige Fragen mit dem **ernsten Willen zur Einigung zu verhandeln** und sind Vorschläge für die Beilegung von Meinungsverschiedenheiten zu machen.
- Aus dem Gebot der vertrauensvollen Zusammenarbeit kann auch folgen, dass eine Betriebspartei sich nicht mehr auf die Rechtsunwirksamkeit bestimmter, vorheriger Vorgänge berufen kann, wenn sie insoweit einen Vertrauenstatbestand gesetzt hat (BAG 29.1.2008 NZA-RR 2008, 469).
- In Einzelfällen zieht das BAG das Gebot der vertrauensvollen Zusammenarbeit bei der **Auslegung von Mitwirkungs- und Mitbestimmungsrechten** heran.
- **Unmittelbare Rechte und Pflichten** hat das BAG hinsichtlich der Modalitäten der Wahrnehmung von Informationsrechten abgeleitet (BAG 15.6.1976 AP Nr. 9 zu § 80 BetrVG 1972: Zur „Einsichtnahme" in Gehaltslisten gehöre auch das Recht, dass der Betriebsrat sich Aufzeichnungen machen darf.).

II. Friedenspflicht

Literatur: ROLFS/BÜTEFISCH, Gewerkschaftliche Betätigung des Betriebsratsmitglieds im Arbeitskampf, NZA 1996, 17; WIESE, Stellung und Aufgaben des Betriebsrats im Arbeitskampf, NZA 1984, 378.

Mehr als eine Konkretisierung des Grundsatzes der vertrauensvollen Zusammenarbeit zwischen Arbeitgeber und Betriebsrat stellt die betriebsverfassungsrechtliche Friedenspflicht dar (§ 74 Abs. 2 S. 1 und 2 BetrVG). Auch wenn die Betriebspartner alle Möglichkeiten der Beilegung von Meinungsverschiedenheiten ausgeschöpft haben, gilt für sie eine **absolute Friedenspflicht**; diese ist selbst dann noch zu beachten, wenn ein Betriebspartner seinerseits das Gebot der vertrauensvollen Zusammenarbeit schwer und nachhaltig missachtet hat. Die Friedenspflicht wird durch das Verbot parteipolitischer Betätigung im Betrieb (§ 74 Abs. 2 S. 3 BetrVG) ergänzt.

<small>Systematischer Zusammenhang</small>

Nach § 74 Abs. 2 S. 2 BetrVG ist den Betriebspartnern **jede** Betätigung verwehrt, durch die der Arbeitsablauf oder der Frieden des Betriebs nicht nur abstrakt beeinträchtigt wird. Als wesentlicher Inhalt der Friedenspflicht fällt hierunter insbesondere auch das absolute **Verbot von Arbeitskämpfen** durch einen Betriebspartner gegen den anderen gem. § 74 Abs. 2 S. 1 BetrVG. Somit darf weder der Betriebsrat zur Durchsetzung seiner Ziele zum Streik aufrufen noch kann der Arbeitgeber in solch einem Fall Arbeitnehmer wegen Meinungsverschiedenheiten über das Mitbestimmungsrecht aussperren. Alle Meinungsverschiedenheiten auf betrieblicher Ebene sind ausschließlich durch **Verhandlungen** (§ 74 Abs. 1 S. 2 BetrVG), durch die **Einschaltung der Einigungsstelle** (§ 76 BetrVG) oder aber **vor den Ar-**

<small>Inhalt der Friedenspflicht</small>

beitsgerichten auszutragen (BAG 17.12.1976 AP Nr. 52 zu Art. 9 GG).

„Wenn und soweit es über [...] strittige Fragen der Betriebsverfassung nicht zu einer Einigung zwischen den Betriebspartnern kommt, ist darüber in dem gesetzlich geordneten Verfahren entweder durch die Einigungsstelle oder das Arbeitsgericht im Beschlussverfahren zu entscheiden. Deshalb darf wegen betriebsverfassungsrechtlichen Streitfragen ein Arbeitskampf im Betrieb nicht geführt werden [...]. Vielmehr müssen alle Meinungsverschiedenheiten auf dem Gebiet der Betriebsverfassung auf friedlichem Wege ausgetragen werden." (BAG 17.12.1976 AP Nr. 52 zu Art. 9 GG)

Friedenspflicht der Betriebsratsmitglieder

Die betriebsverfassungsrechtliche Friedenspflicht hindert Betriebsratsmitglieder allerdings nicht, an zulässigen gewerkschaftlichen Maßnahmen, also insbesondere an Streiks teilzunehmen (§§ 74 Abs. 3 und 2 Abs. 3 BetrVG). Doch haben die Betriebsratsmitglieder bei Ausübung ihres Amtes strikte **Neutralität** gegenüber einem von den Tarifparteien geführten Arbeitskampf zu wahren und dürfen hierbei auch keine leitenden Funktionen wahrnehmen. Insbesondere dürfen sie also ihre Stellung als Betriebsratsmitglieder nicht ausnutzen (vgl. ROLFS/BÜTEFISCH, NZA 1996, 17, 20).

Loyalitätskonflikte der Betriebsräte

Das Spannungsverhältnis zwischen der Eigenschaft, einerseits Interessenvertretung der Arbeitnehmer, andererseits aber zur vertrauensvollen Zusammenarbeit mit dem Arbeitgeber verpflichtet zu sein, bricht vor allem bei Arbeitskämpfen auf. Zwar darf ein Streik nie vom Betriebsrat, sondern stets nur von einer tariffähigen Gewerkschaft geführt werden, jedoch ergeben sich in einer Streiksituation schwer auflösbare Loyalitätskonflikte für die Betriebsratsmitglieder (zur Beschränkung der Mitbestimmungsrechte im Arbeitskampf (siehe unter 151 IV).

III. Verbot der parteipolitischen Betätigung

Literatur: BERG, Der Betrieb als „politikfreie Zone"?, FS Gnade (1992), S. 215; HOFMANN, Das Verbot parteipolitischer Betätigung im Betrieb, 1984; PAULY, Parteipolitische Betätigung eines Betriebsratsmitglieds, JuS 1978, 163.

Inhalt des Verbots

Eine wichtige Konsequenz der betriebsverfassungsrechtlich gebotenen Friedenspflicht ist das Verbot der parteipolitischen Betätigung, das in § 74 Abs. 2 S. 3 1. Halbs. BetrVG ausdrücklich geregelt ist. Das Verbot parteipolitischer Betätigung verpflichtet zur politischen Neutralität gegenüber allen Betriebsangehörigen und gilt **absolut** und **abstrakt**, d.h. es kommt nicht darauf an, ob durch parteipolitische Betätigung der Betriebsfrieden gestört oder konkret gefährdet wird. Hierdurch unterscheidet sich das Verbot der parteipolitischen Betätigung von der allgemeinen Friedenspflicht, die Meinungsäußerungen nur dann untersagt, wenn der Arbeitsablauf oder der Betriebsfrieden gestört wird (BAG 21.2.1978 AP Nr. 1 zu § 74 BetrVG 1972).

III. Verbot der parteipolitischen Betätigung § 146

„Der Rechtsbeschwerde kann auch nicht zugestimmt werden, wenn sie meint, eine unzulässige parteipolitische Betätigung im Sinne des § 74 Abs. 2 S. 3 BetrVG liege erst dann vor, wenn eine derartige Betätigung eines Betriebsratsmitglieds eine konkrete Beeinträchtigung des Betriebsfriedens oder des Arbeitsablaufs bewirke. § 74 Abs. 2 BetrVG unterscheidet ausdrücklich zwischen parteipolitischen und anderen Betätigungen. Parteipolitische Betätigung ist danach schlechthin untersagt, ohne Rücksicht darauf, ob im Einzelfall eine konkrete Gefährdung des Betriebsfriedens zu besorgen ist." (BAG 21.2.1978 AP Nr. 1 zu § 74 BetrVG 1972)

§ 74 Abs. 2 S. 3 BetrVG unterscheidet zwischen der unzulässigen parteipolitischen Betätigung einerseits und der zulässigen Behandlung von Angelegenheiten tarifpolitischer, sozialpolitischer oder wirtschaftlicher Art, die den Betrieb oder seine Arbeitnehmer **unmittelbar** betreffen – Arbeitgeber und Betriebsrat mithin zuständig sind –, andererseits. Das BAG legt den Begriff der Parteipolitik weit aus und versteht darunter das Eintreten für eine bestimmte politische Richtung, auch dann, wenn dies nicht auf eine bestimmte politische Partei abzielt. Verboten ist also grundsätzlich jede politische Betätigung (BAG 21.2.1978 AP Nr. 1 zu § 74 BetrVG 1972; BAG 12.6.1986 AP Nr. 5 zu § 74 BetrVG 1972).

Parteipolitik

„Danach hat das absolute Verbot parteipolitischer Betätigung nicht nur den Sinn, den Betriebsfrieden zu wahren, vielmehr ist im Bereich des betriebsverfassungsrechtlich organisierten Betriebs auch deshalb eine strikte parteipolitische Neutralität einzuhalten, weil die Arbeitnehmer des Betriebs im Kollektiv der Arbeitnehmerschaft, dem sie sich nicht entziehen können, in ihrer Meinungs- und Wahlfreiheit als Staatsbürger nicht beeinflusst werden sollen. Deshalb ist schon die Darbietung eines Referats, das zwar ein neutrales Thema zum Inhalt hat, aber den Umständen des Falles nach der Werbung für eine bestimmte politische Partei dient, eine parteipolitische Betätigung im Sinne des § 74 Abs. 2 S. 3 BetrVG. Unter parteipolitischer Betätigung ist alles zu verstehen, was Arbeitnehmer zu einer Stellungnahme in parteipolitischen Fragen veranlassen soll; dies gilt auch für Maßnahmen, die ohne Nennung einer Partei offenbar deren Interessen dienen. [...] Dem LAG ist auch darin beizupflichten, dass es dem Schutzzweck des § 74 Abs. 2 S. 3 BetrVG am ehesten entspricht, wenn auch die Agitation und der Eintritt für eine ‚politische Richtung' dem Verbot unterstellt wird. Diese Auffassung [...] berücksichtigt den Zweck des Verbots (insbesondere: Gewährleistung des Betriebsfriedens und Schutz der Arbeitnehmer im Kollektiv der Arbeitnehmerschaft in ihrer Meinungs- und Wahlfreiheit als Staatsbürger) und entspricht dem Zusammenhang zwischen § 74 Abs. 2 S. 3, 1. und 2. Halbs. BetrVG. Ferner ist zu berücksichtigen, dass sich parteipolitische und allgemein-politische Gegenstände kaum voneinander trennen lassen und dass die gesetzliche Bestimmung leer zu laufen droht, wenn in diesen Fällen eine Beziehung zur Tätigkeit einer bestimmten politischen Parteiorganisation nachgewiesen werden müsste [...]." (BAG 21.2.1978 AP Nr. 1 zu § 74 BetrVG 1972)

§ 146 Leitprinzipien des Betriebsverfassungsgesetzes

Anwendungsbereich

Adressaten des Verbots parteipolitischer Betätigung sind der Arbeitgeber, der Betriebsrat als Kollegialorgan sowie die einzelnen Betriebsratsmitglieder, sofern sie ihre betriebsverfassungsrechtliche Funktion wahrnehmen (BAG 21.2.1978 AP Nr. 1 zu § 74 BetrVG 1972). Dagegen richtet sich § 74 Abs. 2 S. 3 1. Halbs. BetrVG nicht an die einzelnen Arbeitnehmer. In seiner Amtseigenschaft wird ein Betriebsratsmitglied tätig, wenn die parteipolitische Betätigung in **unmittelbarem Zusammenhang** mit der Tätigkeit des Betriebsrats steht, etwa mit der Leitung der Betriebsversammlung oder der Wahrnehmung der Sprechstunde des Betriebsrats. Auch darf ein Betriebsrat die Betriebsversammlung nicht dazu nutzen, um in Zeiten des Wahlkampfs einem Politiker Gelegenheit für einen Wahlkampfauftritt zu geben (BAG 13.9.1977 AP Nr. 1 zu § 42 BetrVG 1972).

„Es liegt kein Verstoß gegen den Grundsatz der Nichtöffentlichkeit der Betriebsversammlung vor, wenn der Betriebsrat auf einer Betriebsversammlung einen betriebsfremden Referenten ein Kurzreferat zu einem sozialpolitischen Thema von unmittelbarem Interesse für den Betrieb und seiner Arbeitnehmer halten lässt. [...] Es liegt aber eine unzulässige parteipolitische Betätigung vor, wenn ein derartiges Referat gerade und nur zu Zeiten des Wahlkampfes von einem Spitzenpolitiker in seinem Wahlkreis im Rahmen seiner Wahlkampfstrategie gehalten wird." (BAG 13.9.1977 AP Nr. 1 zu § 42 BetrVG 1972)

Verfassungsrechtlich bestehen gegen die Vorschrift des § 74 Abs. 2 BetrVG, die sich nicht gegen die Meinungsäußerung als solche richtet, sondern vornehmlich der Gewährleistung des Betriebsfriedens dient, keine Bedenken (BVerfG 28.4.1976 AP Nr. 2 zu § 74 BetrVG 1972).

Wie streng die Rechtsprechung zum Verbot parteipolitischer Betätigung nach § 74 Abs. 2 S. 3 1. Halbs. BetrVG ist, illustriert folgender vom BAG (BAG 21.2.1978 AP Nr. 1 zu § 74 BetrVG 1972) entschiedener Fall:

⊃ **Beispiel:**

Vor dem Betriebstor verteilt ein Betriebsratsmitglied an die nach Arbeitsschluss den Betrieb verlassenden Kollegen ein von ihm selbst verfasstes Flugblatt. In diesem Flugblatt informiert er seine Kollegen darüber, dass in ihrer Stadt eine Veranstaltung einer SS-Nachfolgeorganisation geplant sei und fordert sie auf, die geplante Resolution einiger Mitarbeiter der IG Medien gegen diese Veranstaltung zu diskutieren und zu unterstützen. Der Betriebsinhaber beantragt daraufhin beim Arbeitsgericht den Ausschluss dieses Betriebsratsmitglieds aus dem Betriebsrat, da dieser gegen das Verbot der parteipolitischen Betätigung nach § 74 Abs. 2 S. 3 1. Halbs. BetrVG verstoßen habe.

Das BAG (BAG 21.2.1978 AP Nr. 1 zu § 74 BetrVG 1972) hat das Vorliegen einer parteipolitischen Betätigung nicht bereits deswegen verneint, weil in dem Flugblatt nicht für oder gegen eine bestimmte parteipolitische Richtung vorgegangen wurde. Es soll auch nicht darauf ankommen, ob die parteipolitische Betätigung im konkreten Einzelfall zu einer Gefährdung des Betriebsfriedens geführt hat, denn § 74 Abs. 2 S. 3 BetrVG verfolge nicht nur den Schutz des Betriebsfriedens – dieser werde bereits weitgehend durch die §§ 2 Abs. 1, 74 Abs. 2 S. 2 BetrVG geschützt –, sondern diese Norm wolle insbesondere den Arbeitnehmern des Betriebs ihre Meinungs- und Wahlfreiheit als Staatsbürger erhalten. Obwohl das Verbot der parteipolitischen Betätigung grundsätzlich nur im Betrieb gelte, zähle hierzu auch die Betätigung in **unmittelbarer Betriebsnähe** mit der Zielrichtung, **in den Betrieb hineinzuwirken**. Aufgrund der Schwere des Verstoßes hat das BAG dem Antrag auf Ausschluss aus dem Betriebsrat stattgegeben.

IV. Grundsätze für die Behandlung von Betriebsangehörigen (§ 75 BetrVG)

Literatur: FISCHER, Heimliche und verdeckte Arbeitnehmer-Videoüberwachung: Auge des Gesetzes oder Big Brother Horror, Personalrecht im Wandel, FS Küttner (2006), S. 75; FRITSCH, Gleichbehandlung als Aufgabe von Arbeitgeber und Betriebsrat nach § 75 Abs. 1 BetrVG, BB 1992, 701; SÄCKER, Europäische Diskriminierungsverbote und Deutsches Zivilrecht, BB 2004, Beilage Nr. 16, 16.

1. Bedeutung der Vorschrift

Gemäß § 75 Abs. 1 BetrVG haben Arbeitgeber und Betriebsrat darüber zu wachen, dass alle im Betrieb tätigen Personen nach Recht und Billigkeit behandelt werden. Zur Behandlung nach Recht und Billigkeit gehören insbesondere die Gleichbehandlung (§ 75 Abs. 1 BetrVG) und die Möglichkeit und Förderung der freien Entfaltung der Persönlichkeit (§ 75 Abs. 2 BetrVG). Die Norm enthält nicht nur einen unverbindlichen Appell an die Betriebspartner, sondern zwingendes **materielles Recht**. Sie stellt eine **grundlegende Richtlinie für die Auslegung und Anwendung des BetrVG dar**. Neben dem Gebot vertrauensvoller Zusammenarbeit (§ 2 Abs. 1 BetrVG) – kann § 75 BetrVG als „**Magna Charta des Betriebsverfassungsrechts**" bezeichnet werden.

§ 75 Abs. 1 BetrVG verpflichtet die Betriebspartner dazu, darüber zu wachen, dass die im Betrieb tätigen Personen nach den **Grundsätzen von Recht und Billigkeit** behandelt werden, insbesondere dass der **Grundsatz der Gleichbehandlung** beachtet wird. Dabei entfaltet § 75 Abs. 1 BetrVG nicht nur unmittelbare Wirkung:

– Zum einen müssen Arbeitgeber und Betriebsrat ihre eigenen Maßnahmen und Entscheidungen an den Grundsätzen von Recht und Billigkeit ausrichten.

– Darüber hinaus haben die Betriebspartner aber auch dafür Sorge zu tragen, dass alle Betriebsangehörigen sich nach dem Gebot von Recht und Billigkeit verhalten.

Überwachungsgebot

Der Arbeitgeber muss demnach nicht nur bei Ausübung seines Direktionsrechts, sondern ganz allgemein bei der Organisation des betrieblichen Geschehens und der allgemeinen Arbeitsbedingungen diesem Grundsatz über die Behandlung der Betriebsangehörigen entsprechen; der Betriebsrat muss nicht nur bei Ausübung der Mitbestimmung dem Grundsatz von Recht und Billigkeit genügen, vielmehr muss er auch auf die Arbeitnehmer einwirken, dass etwaige Verstöße unterbleiben. Entsprechend kann der Betriebsrat die Entfernung betriebsstörender Arbeitnehmer verlangen (§ 104 BetrVG) oder die Zustimmung zur Einstellung oder Versetzung verweigern (§ 99 Abs. 2 Nr. 6 BetrVG).

Inhaltskontrolle von Betriebsvereinbarungen

Von praktischer Bedeutung ist die Vorschrift des § 75 BetrVG daneben auch, weil sie durch das BAG in ständiger Rechtsprechung (BAG 28.4.1993 AP Nr. 67 zu § 112 BetrVG 1972; BAG 22.3.2005 AP Nr. 48 zu § 75 BetrVG 1972) zur Legitimation der Inhaltskontrolle von Betriebsvereinbarungen genutzt wird (siehe unter § 152 I 9).

„Nach § 75 Abs. 1 S. 1 BetrVG [a.F.] haben Arbeitgeber und Betriebsrat darüber zu wachen, dass alle im Betrieb tätigen Personen nach den Grundsätzen von Recht und Billigkeit behandelt werden. Daraus ergibt sich eine entsprechende Bindung der Betriebspartner an diese Grundsätze für ihre eigenen Regelungen. Hierbei ist der allgemeine Gleichbehandlungsgrundsatz der wichtigste Unterfall der Behandlung nach Recht und Billigkeit. Ob eine Regelung für einen Arbeitnehmer billig oder unbillig ist, zeigt sich in erster Linie daran, wie er im Vergleich zu anderen Arbeitnehmern behandelt wird." (BAG 28.4.1993 AP Nr. 67 zu § 112 BetrVG 1972)

2. Diskriminierungsverbote

Absolutes Diskriminierungsverbot

Die Grundsätze von Recht und Billigkeit finden ihre Konkretisierung im absoluten Diskriminierungsverbot des § 75 Abs. 1 BetrVG, wonach eine unterschiedliche Behandlung eines Arbeitnehmers wegen seiner Rasse, Abstammung, Religion oder Weltanschauung, Nationalität, Herkunft, Behinderung, politischen oder gewerkschaftlichen Betätigung oder Einstellung oder wegen seines Geschlechts oder seiner sexuellen Identität zu unterbleiben hat. Dieser Katalog ist im Wege der Umsetzung der Richtlinie 2000/78/EG erweitert und entsprechend angeglichen worden (siehe unter § 34).

Neben § 75 Abs. 1 BetrVG gilt – wie ohnehin im gesamten Arbeitsrecht – ein allgemeiner Grundsatz der Gleichbehandlung, zu dem jedoch einzelne Abweichungen und Besonderheiten bestehen: So gilt der betriebsverfassungsrechtliche Gleichbehandlungsgrundsatz einerseits nur hinsichtlich der in § 75 Abs. 1 BetrVG aufgeführten Gesichtspunkte; der allgemeine Gleichbehandlungsgrundsatz gilt dagegen umfassend (siehe unter § 33). Andererseits geht § 75 BetrVG insoweit über den allgemeinen Gleichbehandlungsgrundsatz hinaus, als eine Ungleichbehandlung hier zwingend untersagt wird, wogegen

IV. Grundsätze für die Behandlung von Betriebsangehörigen (§ 75 BetrVG)

der allgemeine Gleichbehandlungsgrundsatz einzelvertraglich vereinbarte Benachteiligungen oder Bevorzugungen zulässt.

Das BAG hat in jüngerer Zeit vermehrt Anlass gehabt, die Wahrung des betriebsverfassungsrechtlichen Gleichbehandlungsgrundsatzes bei Sozialplänen zu prüfen (siehe unter § 156 II 4).

Nach alter Fassung der Vorschrift schrieb § 75 Abs. 1 S. 2 BetrVG die Verpflichtung der Betriebspartner fest, darauf zu achten, dass Arbeitnehmer nicht wegen Überschreitung bestimmter Altersstufen benachteiligt werden. Nunmehr ist das Verbot der Diskriminierung wegen des Alters mit in den Katalog absoluter Diskriminierungsverbote aufgenommen worden (siehe § 34). Gegenstand aktueller Rechtsprechung ist insoweit hauptsächlich die Altersdiskriminierung durch Höchstbetragsklauseln in Sozialplänen (vgl. nur BAG 2.10.2007 AP Nr. 52 zu § 75 BetrVG 1972).

Verbot der Altersdiskriminierung

3. Freie Entfaltung der Persönlichkeit

Schließlich verpflichtet § 75 Abs. 2 BetrVG die Betriebspartner dazu, die **freie Entfaltung der Persönlichkeit** der im Betrieb beschäftigten Arbeitnehmer zu schützen und zu fördern sowie nach § 75 Abs. 2 S. 2 BetrVG die Selbständigkeit und Eigeninitiative der Arbeitnehmer und Arbeitsgruppen zu fördern. Dieser Auftrag an die Betriebspartner findet primär als Auslegungsmaxime bei den einzelnen Beteiligungsrechten des Betriebsrats Anwendung, insbesondere bei den Mitbestimmungsrechten nach § 87 Abs. 1 Nr. 1 und Nr. 6 BetrVG. Darüber hinaus ergibt sich aus § 75 Abs. 2 BetrVG aber auch eine immanente Schranke für die Ausübung der Mitwirkungs- und Mitbestimmungsrechte des Betriebsrats. Der einzelne Arbeitnehmer darf nicht zum bloßen Objekt betriebsverfassungsrechtlicher Mitbestimmung gemacht werden; seine Persönlichkeitsrechte stehen vielmehr unter dem Schutz des § 75 Abs. 2 BetrVG.

Schutz des Persönlichkeitsrechts

In die Diskussion gerät insoweit immer wieder die Videoüberwachung am Arbeitsplatz. Dabei geht das BAG in ständiger Rechtsprechung davon aus, dass die Betriebsparteien Regelungen über die Einführung einer Videoüberwachung auf der Basis des § 87 Abs. 1 Nr. 6 BetrVG treffen können. (BAG 12.11.2002 AP Nr. 159 zu § 112 BetrVG 1972). Schranke für die Regelungsbefugnis ist indes § 75 Abs. 2 S. 1 BetrVG. Daran gemessen war die Einführung der nahezu permanenten Videoüberwachung in einem Briefzentrum, die in jüngerer Zeit Gegenstand einer Entscheidung des BAG war, unzulässig (BAG 29.6.2004 AP Nr. 41 zu § 87 BetrVG 1972 Überwachung).

Videoüberwachung

„Die den Betriebsparteien durch § 75 Abs. 2 S. 1 BetrVG auferlegte Pflicht, die freie Entfaltung der Persönlichkeit des Arbeitnehmers zu schützen, verbietet nicht jede Betriebsvereinbarung, die zu einer Einschränkung des allgemeinen Persönlichkeitsrechts führt. Der Eingriff muss aber, sofern er nicht durch eine ausdrückliche gesetzliche Regelung gestattet ist, durch schutzwürdige Belange anderer Grundrechtsträger, beispielsweise des Arbeitgebers gerechtfertigt sein. Bei einer Kollision des allgemeinen Persönlichkeitsrechts mit den schutzwürdigen Interessen des Arbeitgebers ist eine Güterabwägung unter Berücksichtigung der Umstände des Einzelfalls erforderlich. Das zulässige Maß einer Beschränkung des allgemeinen Persönlichkeitsrechts bestimmt sich nach dem Grundsatz der Verhältnismäßigkeit. Dieser Grundsatz konkretisiert auch die den Betriebsparteien gem. § 75 BetrVG auferlegte Verpflichtung. Danach muss die von ihnen getroffene Regelung geeignet, erforderlich und unter Berücksichtigung der gewährleisteten Freiheitsrechte angemessen sein, um den erstrebten Zweck zu erreichen. Geeignet ist die Regelung dann, wenn mit ihrer Hilfe der erstrebte Erfolg gefördert werden kann. Dabei steht den Betriebsparteien [...] ein gewisser Beurteilungsspielraum zu. Erforderlich ist die Regelung, wenn kein anderes, gleich wirksames, aber das Persönlichkeitsrecht weniger einschränkendes Mittel zur Verfügung steht. Auch insoweit haben die Betriebsparteien und die Einigungsstelle einen gewissen Beurteilungsspielraum. Angemessen ist die Regelung, wenn sie verhältnismäßig im engeren Sinne erscheint. Es bedarf hier einer Gesamtabwägung zwischen der Intensität des Eingriffs und dem Gewicht der ihn rechtfertigenden Gründe; die Grenze der Zumutbarkeit darf nicht überschritten werden. [...] Dabei ist für die Angemessenheit einer grundrechtsbeschränkenden Maßnahme die Eingriffsintensität mitentscheidend.

Daher ist bedeutsam, wie viele Personen wie intensiven Beeinträchtigungen ausgesetzt sind und ob diese Personen einen Anlass gegeben haben. Das Gewicht der Beeinträchtigung hängt auch davon ab, ob die Betroffenen als Personen anonym bleiben, welche Umstände, Inhalte der Kommunikation erfasst werden können und welche Nachteile den Grundrechtsträgern aus der Überwachungsmaßnahme drohen oder von ihnen nicht ohne Grund befürchtet werden. Auch macht es einen Unterschied, ob die Überwachungsmaßnahmen in einer Privatwohnung oder in Betriebs- oder Geschäftsräumen stattfinden und ob und in welcher Zahl unverdächtige Dritte mitbetroffen sind. Die Intensität der Beeinträchtigung hängt ferner maßgeblich von der Dauer und der Art der Überwachungsmaßnahme ab. [...] Durch die Videoüberwachung [...] werden diese [die Arbeitnehmer] einem ständigen Überwachungsdruck ausgesetzt. Sie müssen stets damit rechnen, gerade gefilmt zu werden. [...] Dementsprechend müssen sie sich bei jeder ihrer Bewegungen kontrolliert fühlen. [...] Die in dem Einigungsstellenspruch vorgesehenen dauerhaften Eingriffe in die Persönlichkeitsrechte der Arbeitnehmer sind nicht durch überwiegende schutzwürdige Interessen der Arbeitgeberin und der Postkunden gerechtfertigt. [...] Den Schwerpunkt der schützenswerten Interessen der Arbeitgeberin bildet dabei die Verhinderung von Diebstählen. Sie hat darüber hinaus aber auch unabhängig von präventiven Zwecken ein berechtigtes Interesse an der Ergreifung und Überführung etwaiger Täter. [...] Unter den konkreten Umständen des Streitfalls reichen die Interessen der Arbeitgeberin aber nicht aus, um den Eingriff in das Persönlichkeitsrecht der Arbeitnehmer zu rechtfertigen. Das Vorliegen einer besonderen Gefährdungslage im Briefzentrum B. hat die Arbeitgeberin nicht dargetan [...]." (BAG 29.6.2004 AP Nr. 41 zu § 87 BetrVG 1972 Überwachung)

§ 147 Geltungsbereich und Zuständigkeitsabgrenzungen des Betriebsverfassungsrechts

⊃ Übersicht:
  I. Überblick
  II. Räumlicher Geltungsbereich
  III. Persönlicher Geltungsbereich
    1. Arbeitgeber
    2. Arbeitnehmer
    3. Leitende Angestellte
  IV. Sachlicher Anwendungsbereich
    1. Betrieb, Unternehmen, Konzern
    2. Betriebsratsfähiger Betrieb
    3. Bestimmung des „Nukleus" der Betriebsverfassung
      a) Der Betriebsbegriff
      b) Zuordnung von Betriebsteilen und Kleinstbetrieben
    4. Der so genannte Gemeinschaftsbetrieb mehrerer Unternehmen
    5. Organisation der Betriebsverfassung durch Tarifvertrag
    6. Modifikationen des Geltungsbereichs
      a) Tendenzbetriebe
      b) Seeschifffahrt und Luftfahrt
    7. Ausnahmen vom sachlichen Geltungsbereich
      a) Religionsgemeinschaften
      b) Öffentlicher Dienst
  V. Zuständigkeitsabgrenzungen der Betriebsräte
    1. Der Betriebsrat
    2. Der Gesamtbetriebsrat
    3. Der Konzernbetriebsrat
  VI. Weitere betriebsverfassungsrechtliche Organe und Gremien
    1. Die Jugend- und Auszubildendenvertretung
    2. Die Betriebsversammlung
    3. Der Wirtschaftsausschuss
    4. Die Arbeitsgruppe als Mitbestimmungsorgan

I. Überblick

Die Fragen des Geltungsbereichs und der Zuständigkeitsabgrenzungen im Betriebsverfassungsrecht sind auf den ersten Blick spröde

Materien. Freilich gilt dies nur für den Anfänger, nicht für den Kenner der Materie. Denn alle Fragen des Geltungsbereichs sind von höchster Praxisrelevanz. Um Zuständigkeitsfragen wird bei nahezu jedem Mitbestimmungsrecht lebhaft gestritten.

Die Standortfrage

– Der **räumliche Geltungsbereich** (siehe unter § 147 II) grenzt das Territorium des Betriebsverfassungsrechts ab. Diese Frage ist deshalb wichtig, weil die anwendbaren Mitbestimmungsregeln für international tätige Unternehmen unter Umständen ausschlaggebend für die Wahl des Sitzes des Unternehmens sind. In der politischen Diskussion wird die ausgeprägte Mitbestimmung in Deutschland oftmals als „Standortnachteil" in Bezug auf ausländische Investoren gesehen. Wie schwierig die Diskussion ist, zeigt sich an dem langen und schwierigen Prozess in der Europäischen Union, gemeinsame Mitbestimmungsregeln für die Europäische Gesellschaft (Societas Europaea) zu finden (siehe unter § 175). Damit zusammen hängt die Frage des personellen Geltungsbereichs des BetrVG für Unternehmen mit Sitz in Deutschland, die Mitarbeiter im Ausland beschäftigen (siehe unter § 147 III 2 c). Die „Ausstrahlung" des BetrVG kann dazu führen, dass auch im Ausland beschäftigte Arbeitnehmer der deutschen Mitbestimmung unterliegen.

Welche Beschäftigten unterfallen dem BetrVG?

– Der **persönliche Geltungsbereich** des BetrVG (siehe unter § 147 III) entscheidet darüber, ob im Unternehmen tätige Personen überhaupt dem Schutz der Betriebsverfassung unterfallen. Die Frage ist deshalb rechtspolitisch lebhaft umstritten, weil – nach dem BetrVG 2001 – der Tendenz Vorschub geleistet wurde, auch nicht dauerhaft im Unternehmen Beschäftigte (sog. Randbelegschaft) in die Betriebsverfassung einzubeziehen (z.B. Tele- und Heimarbeiter, vgl. § 5 Abs. 1 BetrVG). Besonders umstritten ist die Rechtsstellung der Leiharbeitnehmer, die unter bestimmten Voraussetzungen in zwei Betrieben (dem Verleih- und dem Entleiherunternehmen) wahlberechtigt sind (siehe unter § 147 III 2 b).

Wo findet Mitbestimmung nach dem BetrVG statt?

– Der **sachliche Geltungsbereich** (siehe unter § 147 IV) betrifft die schwierige Frage, auf welcher Organisationsebene die Mitbestimmung der Betriebsräte ansetzt (Betrieb, Unternehmen oder Konzern). Das weitaus größte Problem liegt in der Bestimmung der untersten Ebene der Mitbestimmung, die traditionell in der Definition des Begriffs „Betrieb" gesucht wurde. In diesem Bereich hat der Gesetzgeber des BetrVG 2001 einige Neuerungen in den Zentralnormen der §§ 1, 3 und 4 BetrVG vorgenommen, die allerdings die Kernfrage des Betriebsbegriffs nicht lösen.

Welches Mitbestimmungsorgan ist zuständig?

– Eng von dem sachlichen Geltungsbereich hängt die **Zuständigkeit** (siehe unter § 147 V) des jeweiligen Mitbestimmungsorgans ab. Von der Definition des Betriebs hängt auch ab, wie viele Betriebsratseinheiten es in einem Unternehmen gibt. Dabei scheint auf den ersten Blick klar zu sein, dass im **Betrieb** der **Betriebsrat**, im **Unternehmen** der **Gesamtbetriebsrat** und im **Konzern** der **Konzernbetriebsrat** zuständig ist. Doch auch hier gibt es mannigfache

Abgrenzungsprobleme – je nach Mitbestimmungstatbestand – insbesondere zwischen Betriebsrat und Gesamtbetriebsrat.

II. Räumlicher Geltungsbereich

Literatur: BIRK, Auslandsbeziehungen und Betriebsverfassungsgesetz, FS Schnorr v. Carolsfeld (1973), S. 61; BIRK, Betriebszugehörigkeit bei Auslandstätigkeit, FS Molitor (1988), S. 19; BOEMKE, „Ausstrahlungen" des Betriebsverfassungsgesetzes ins Ausland, NZA 1992, 112.

Eine ausdrückliche Regelung über seinen räumlichen Geltungsbereich enthält das BetrVG nicht. Nach überwiegender Auffassung erfasst das BetrVG **alle Betriebe** (zum Begriff des Betriebs siehe unter § 147 IV) **in der Bundesrepublik Deutschland** und die in ihnen tätigen Personen; Anknüpfungspunkt ist dabei der Sitz des jeweiligen Betriebs (sog. Territorialitätsprinzip, vgl. BAG 7.12.1989 AP Nr. 27 zu Internat. Privatrecht, Arbeitsrecht; BAG 22.3.2000 AP Nr. 8 zu § 14 AÜG; BAG 21.8.2007 AP Nr. 60 zu § 1 BetrAVG Gleichbehandlung). Es kommt weder auf die Staatsangehörigkeit des Arbeitgebers noch auf die der Arbeitnehmer an (BAG 9.11.1977 AP Nr. 13 zu Internat. Privatrecht, Arbeitsrecht). Unerheblich ist zudem jede vertragliche Regelung über das anwendbare Recht (sog. Vertragsstatut). Auch ausländische Arbeitnehmer, deren Arbeitsverhältnisse sich nach ausländischem Recht richten, können zur Belegschaft eines inländischen Betriebs gehören, auf die deutsches Betriebsverfassungsrecht anzuwenden ist:

Territorialitätsprinzip

„Sie gehören zur ‚verfassten' Arbeitnehmerschaft des Betriebs, die durch den Betriebsrat repräsentiert wird. Die Kompetenz des Betriebsrats erstreckt sich auch auf diese Arbeitnehmer. Sie kann weder durch Betriebsvereinbarung noch durch Einzelabrede beschränkt werden (vgl. BAG AP Nr. 9 zu § 5 BetrVG 1972 [...]). Da die Betriebsverfassung sich für einen ganzen Betrieb nur einheitlich durchführen lässt, kann die betriebsverfassungsrechtliche Stellung des einzelnen Arbeitnehmers nicht von seinem einzelvertraglich vereinbarten Arbeitsstatut abhängen [...].

Dem steht nicht entgegen, dass durch die Wahl einer ausländischen Rechtsordnung auch zwingendes deutsches Privatrecht ausgeschlossen wird. Die Möglichkeit der Rechtswahl beruht auf dem das deutsche Internationale Privatrecht beherrschenden Grundsatz der Parteiautonomie. Die Parteiautonomie findet jedoch ihre Grenze an den Rechten Dritter. Im betrieblichen Bereich begegnet der einzelne Arbeitnehmer aber nicht mehr allein als Subjekt seiner eigenen abgrenzbaren Rechtssphäre, sondern er ist zugleich Beteiligter eines anderen, alle Betriebsangehörigen einbeziehenden Rechtskreises. Es liegt deshalb nicht mehr in der Rechtsmacht der Arbeitsvertragsparteien, die betriebsverfassungsrechtliche Stellung der Belegschaft und ihrer Organe durch Vereinbarung eines ausländischen Arbeitsstatuts zu schmälern. Demgemäß können insbesondere auch die personellen Mitwirkungsrechte des Betriebsrats nach dem BetrVG nicht durch die zwischen Arbeitgeber und einzelnem Arbeitnehmer getroffene Wahl eines ausländischen Rechts berührt werden. Das bedeutet, dass der Betriebsrat nach § 102 Abs. 1 S. 1 BetrVG auch vor der Kündigung eines ausländischen Betriebsangehörigen mit ausländischem Arbeitsvertragsstatut anzuhören und dass die Kündigung nach § 102 Abs. 1 S. 3 BetrVG nichtig ist, wenn die Anhörung unterbleibt." (BAG 9.11.1977 AP Nr. 13 zu Internat. Privatrecht, Arbeitsrecht)

Betriebe im Ausland

Dagegen findet auf deutsche Staatsangehörige in ausländischen Betrieben das BetrVG keine Anwendung und zwar auch dann nicht, wenn die Arbeitsvertragsparteien ausdrücklich die Anwendung deutschen Rechts vereinbart haben (BAG 25.4.1978 AP Nr. 16 zu Internat. Privatrecht, Arbeitsrecht; BAG 30.4.1987 AP Nr.15 zu § 12 SchwbG).

Ausstrahlung

Demgegenüber kann aber auch auf einen im Ausland tätigen Mitarbeiter eines inländischen Betriebs das BetrVG anzuwenden sein. Wenn eine **hinreichend konkrete materielle Beziehung zum Inlandsbetrieb** bestehen bleibt, gilt das Betriebsverfassungsgesetz auch für diese Arbeitnehmer, sog. „Ausstrahlung" des BetrVG (BAG 7.12.1989 AP Nr. 27 zu Internat. Privatrecht, Arbeitsrecht; BAG 21.8.2007 AP Nr. 60 zu § 1 BetrAVG Gleichbehandlung). Dabei handelt es sich allerdings um eine Frage des persönlichen, nicht des räumlichen Geltungsbereichs des BetrVG (BAG 7.12.1989 AP Nr. 27 zu Internat. Privatrecht, Arbeitsrecht; BAG 22.3.2000 AP Nr. 8 zu § 14 AÜG; näher siehe unter § 147 III 2 c).

III. Persönlicher Geltungsbereich

1. Arbeitgeber

Allgemeine arbeitsrechtliche Definition

In den persönlichen Anwendungsbereich des BetrVG fallen zunächst die Arbeitgeber sowie deren Vertreter (vgl. §§ 43 Abs. 2 S. 2, 108 Abs. 2 S. 1 BetrVG). Der Arbeitgeber ist unmittelbar Adressat betriebsverfassungsrechtlicher Rechte und Pflichten und tritt insoweit den übrigen betriebsverfassungsrechtlichen Institutionen gegenüber. Dennoch wird der Begriff des Arbeitgebers im BetrVG nicht definiert – vielmehr vorausgesetzt, weshalb auf die **allgemeine arbeitsrechtliche Definition des Arbeitgebers** zurückgegriffen werden kann: Hiernach ist Arbeitgeber, wer einen anderen als Arbeitnehmer beschäftigt. Dabei wird darauf abgestellt, wer der Vertragspartner des Arbeitnehmers bei Abschluss des Arbeitsvertrags ist (siehe unter § 7 I).

Arbeitgeberfunktion

Mit Blick auf den gemeinschaftlichen Betrieb mehrerer Unternehmen ist hervorzuheben, dass die **Arbeitgeberfunktion** in einer durch Führungsvereinbarung gegründeten, eigenständigen Gesellschaft bürgerlichen Rechts wahrgenommen werden kann (zur Arbeitgebereigenschaft der GbR siehe unter § 7 II).

III. Persönlicher Geltungsbereich § 147

2. Arbeitnehmer und sonstige Beschäftigte

Kernfrage des persönlichen Geltungsbereichs des BetrVG ist, welche Beschäftigtengruppen durch den Betriebsrat repräsentiert werden. Der Betriebsrat ist **Repräsentationsorgan der Arbeitnehmer**, wie der Gesetzgeber sie in § 5 Abs. 1 BetrVG zu umschreiben versucht. Er repräsentiert nicht die in § 5 Abs. 2 BetrVG bezeichneten **Personen, die aus unterschiedlichen Gründen nicht dem Zuständigkeitsbereich** des Betriebsrats unterfallen sollen. Das sind in erster Linie die Organe juristischer Personen und zur Geschäftsführung berufene Mitglieder von Personengesellschaften (§ 5 Abs. 2 Nr. 1 und 2 BetrVG); ferner Beschäftigte in karitativen oder religiösen Einrichtungen (§ 5 Abs. 2 Nr. 3 BetrVG) sowie Beschäftigte in medizinischen oder erzieherischen Einrichtungen (§ 5 Abs. 2 Nr. 4 BetrVG). Nachvollziehbar ist ferner, dass Familienangehörige, die in häuslicher Gemeinschaft mit dem Arbeitgeber leben (§ 5 Abs. 2 Nr. 5 BetrVG), nicht durch den Betriebsrat repräsentiert werden (müssen).

Bedeutung

Die praktisch und theoretisch anspruchsvollste Fragestellung ist in § 5 Abs. 3 und 4 BetrVG verborgen: Leitende Angestellte werden nicht durch den Betriebsrat vertreten, weil sie der Arbeitgeberseite zugerechnet werden (siehe unter § 7 II).

Die Frage der Arbeitnehmereigenschaft i.S.v. § 5 BetrVG ist unter anderem von zentraler Bedeutung für das passive und aktive Wahlrecht (§§ 7, 8 BetrVG) sowie für die Bestimmung der Schwellenwerte, die für die Errichtung eines Betriebsrats (§ 1 Abs. 1 BetrVG) bzw. für die Berechnung der Anzahl der Betriebsratsmitglieder (§ 9 BetrVG) maßgeblich sind. Zudem kann der Betriebsrat Mitbestimmungsrechte wahrnehmen, die sich auf die Arbeitnehmer auswirken (z.B. bei Kündigung oder Versetzung).

a) Inhalt des § 5 Abs. 1 S. 1 BetrVG

Literatur: HANAU, Denkschrift zum Regierungsentwurf eines Gesetzes zur Reform des Betriebsverfassungsgesetzes, RdA 2001, 65; ROHLFING, Die Arbeitnehmereigenschaft von Auszubildenden und Umschülern im Sinne des Arbeitsgerichtsgesetzes und des Betriebsverfassungsgesetzes, NZA 1997, 365; SCHAUB, Heim- und Telearbeit sowie bei Dritten beschäftigte Arbeitnehmer im Referenten- und Regierungsentwurf zum BetrVG, NZA 2001, 364; SCHNEIDER/TRÜMNER, Zum betriebsverfassungsrechtlichen Arbeitnehmerbegriff, FS Gnade (1992), 175.

Nach § 5 Abs. 1 S. 1 BetrVG sind „*Arbeitnehmer (Arbeitnehmerinnen und Arbeitnehmer) Arbeiter und Angestellte einschließlich der zu ihrer Berufsausbildung Beschäftigten, unabhängig davon, ob sie im Betrieb, im Außendienst oder mit Telearbeit beschäftigt werden. Als Arbeitnehmer gelten auch die in Heimarbeit Beschäftigten, die in der Hauptsache für den Betrieb arbeiten.*"

Der gesetzliche Ausgangspunkt

Diese gesetzliche Regelung ist eine **Scheindefinition**. RICHARDI/RICHARDI (§ 5 Rn. 7) bemerkt gar, der Gesetzgeber habe sich mit der Regelung lächerlich gemacht. In der Tat kann man die Regelung nur vor dem Hintergrund verstehen, dass es politischer Auftrag war, die Problematik der Scheinselbständigkeit auch im Betriebsverfassungsrecht aufzugreifen. Dies wäre freilich der falsche Standort gewesen. Außerdem hatte sich der Gesetzgeber gerade kurz zuvor bei der Neufassung des § 7 SGB IV mit der Frage der Definition des Arbeitnehmerbegriffs im Sozialrecht die Finger verbrannt (hierzu näher unter § 8 II 4). Übrig geblieben ist eine Regelung, deren Aussagegehalt gering ist:

– Die Regelung belehrt darüber, dass Arbeitnehmer auch **Arbeitnehmerinnen** sind. Das ist bislang nirgends in Frage gestellt worden.
– Die Definition nimmt die Begriffe **Arbeiter und Angestellte** auf, definiert sie aber nicht, was angesichts der erfolgten Aufgabe des Gruppenprinzips auch unnötig ist.
– Da der Begriff des **Arbeitnehmers nicht definiert** ist, muss auf die allgemeine Begriffsbestimmung des Arbeitsrechts zurückgegriffen werden (siehe unter § 7 II).
– Der zweite Halbsatz des § 5 Abs. 1 BetrVG, der „regelt", dass der – nicht geregelte Arbeitnehmerbegriff – unabhängig davon gilt, ob die Arbeitnehmer im Betrieb, im **Außendienst** oder mit **Telearbeit** beschäftigt werden, ist aussagelos und in der Sache nicht einmal eine Klarstellung. Denn entscheidend ist, ob die Begriffsmerkmale der persönlichen Abhängigkeit erfüllt sind.
– Einzige materielle Aussage des § 5 Abs. 1 Satz 1 ist, dass die zu ihrer **Berufsausbildung Beschäftigten Arbeitnehmer** sind und damit auch durch den Betriebsrat repräsentiert werden.

Auszubildende

Das BAG hatte sich wiederholt zu § 5 Abs. 1 BetrVG mit der Frage zu befassen, welche Personengruppen unter die „**zu ihrer Berufsausbildung Beschäftigten**" fallen. Dabei ging es vor allem um die Frage, ob Umschüler und Rehabilitanden in sog. Berufsförderungswerken, deren ausschließlicher Zweck darin besteht, diesen Personen eine Berufsausbildung zukommen zu lassen, zu den „zu ihrer Berufsausbildung Beschäftigten" gehören und damit wahlberechtigt und wählbar sind. Die Frage ist von erheblicher praktischer Relevanz, weil die Auszubildenden in diesen Betrieben zahlenmäßig weit überwiegen und ihre Interessenlage eine ganz andere als die der dort beschäftigten Ausbilder ist. Nachdem das BAG zunächst mehrfach geschwankt ist, verfolgt der zuständige 7. Senat (BAG 20.3.1996 AP Nr. 9 zu § 5 BetrVG 1972 Ausbildung) jetzt folgende Linie:

„Nach der neueren Rechtsprechung des [7.] Senats setzt das Wahlrecht von Auszubildenden voraus, dass sie aufgrund eines privatrechtlichen Ausbildungsvertrags in dem Betrieb des Ausbilders eine berufliche Unterweisung erhalten und in den Betrieb auch eingegliedert sind. Hierfür wird eine betriebliche praktische Unterweisung gefordert, im Rahmen derer der Arbeitgeber dem Auszubildenden praktische Aufgaben zu Ausbildungszwecken zuweist. Die betriebsverfassungsrechtlich entscheidende Eingliederung des Auszubildenden liegt indes nur vor, wenn sich die berufspraktische Ausbildung im Rahmen der jeweiligen arbeits-

III. Persönlicher Geltungsbereich § 147

technischen Zwecksetzung des Betriebs vollzieht, zu dessen Erreichen die betriebsangehörigen Arbeitnehmer zusammenwirken. Dazu muss die Berufsausbildung mit dem laufenden Produktions- oder Dienstleistungsprozess des Betriebs verknüpft sein. Das ist der Fall, wenn der Auszubildende mit solchen Tätigkeiten beschäftigt wird, die zu den beruflichen Aufgaben der Arbeitnehmer dieses Betriebs gehören. Ist dagegen der Betriebszweck des Ausbildungsbetriebs auf die Vermittlung einer berufspraktischen Ausbildung beschränkt und werden daneben keine arbeitstechnischen Zwecke verfolgt, sind die dortigen Auszubildenden nicht in vergleichbarer Weise wie die übrigen Arbeiter oder Angestellten in den Betrieb eingegliedert." (BAG 20.3.1996 AP Nr. 9 zu § 5 BetrVG 1972 Ausbildung)

Diese einschränkende Rechtsprechung wird jedoch nicht auf **Beschäftigte in Arbeitsbeschaffungsmaßnahmen** (ABM) übertragen. Sinn und Zweck von ABM ist es, die Bereitstellung von zusätzlichen Arbeitsplätzen zu fördern und nicht die Ausbildung der Beschäftigten. Daher besteht auch nicht die Gefahr, dass die Beschäftigten lediglich außerhalb des arbeitstechnischen Zwecks des Betriebs ausgebildet werden. Sie werden uneingeschränkt als Arbeitnehmer i.S.v. § 5 Abs. 1 BetrVG angesehen (BAG 13.10.2004 AP Nr. 71 zu § 5 BetrVG 1972).

Beschäftigte in Arbeitsbeschaffungsmaßnahmen

Wenn es mehrere Betriebe gibt, kann die Zuordnung von **Außendienstmitarbeitern** zu einem bestimmten Betrieb Schwierigkeiten bereiten. Nach Auffassung des BAG gehören sie zu dem Betrieb, von dem die Entscheidungen über ihren Einsatz ausgehen und in dem somit die Leitungsmacht des Arbeitgebers ausgeübt wird. Entscheidend ist dabei, von welchem Betrieb das Direktionsrecht ausgeübt wird und die auf das Arbeitsverhältnis bezogenen Anweisungen erteilt werden. Die Ausübung der Fachaufsicht ist hingegen nur von untergeordneter Bedeutung (BAG 10.3.2004 – 7 ABR 36/03, n.v.).

Außendienstmitarbeiter

Nur der Verwirrung dient, dass der Gesetzgeber in § 5 Abs. 1 Satz 1 BetrVG noch erwähnt, dass Arbeitnehmer „Arbeiter und Angestellte" sind. Abgesehen davon, dass die Unterscheidung im Arbeitsrecht allgemein ihre Bedeutung verloren hat (siehe unter § 9 I), hat doch der Gesetzgeber des BetrVG 2001 gerade dieses Gruppenprinzip als eine längst überholte Unterscheidung (vgl. BT-Drs. 14/5741, S. 23 f.) aufgegeben. Warum der Gesetzgeber Arbeiter und Angestellte in § 5 Abs. Satz 1 BetrVG aufführt, obwohl in Aufhebung des Gruppenprinzips §§ 6, 10 und 12 BetrVG 1972 ersatzlos gestrichen und die Wahlvorschriften entsprechend angepasst wurden, bleibt sein Geheimnis. Mit der Aufhebung des Gruppenprinzips ist gleichzeitig der Minderheitenschutz des zuvor geltenden § 10 BetrVG 1972 weggefallen.

Aufhebung des Gruppenprinzips

⮕ **Hintergrund:**

Angesichts der schwindenden Bedeutung der Gruppe der Arbeiter war die Aufgabe des Gruppenprinzips überfällig. Das Gruppenwahlrecht war schwerfällig und kompliziert, verursachte

455

hohe Kosten und häufige Wahlanfechtungen wegen Streitigkeiten über die Zuordnung der einzelnen Arbeitnehmer.

b) Arbeitnehmerähnliche Personen; Heimarbeiter und Leiharbeitnehmer

Literatur: BRORS, „Fremdpersonaleinsatz" – Wer ist gemäß § 7 S. 2 BetrVG wahlberechtigt?, NZA 2002, 123; HENNIGE, Betriebliche Mitbestimmung bei Arbeitnehmerüberlassung nach der Reform des Betriebsverfassungsgesetzes, in Bauer/Rieble, Arbeitsrecht 2001, RWS-Forum 21, 2002, S. 59.

Heimarbeiter

Nach § 5 Abs. 1 S. 2 BetrVG gelten als Arbeitnehmer im Sinne des BetrVG auch die in **Heimarbeit Beschäftigten, die in der Hauptsache für den Betrieb arbeiten**. Diese Regelung war bislang im aufgehobenen § 6 BetrVG 1972 enthalten. Hiermit wird ein klassischer Bereich der so genannten arbeitnehmerähnlichen Personen, die in der Regel auf der Basis eines Werkvertrags Dienstleistungen erbringen, durch das BetrVG erfasst.

Arbeitnehmerähnliche Personen

In einem gewissen Widerspruch hierzu steht, dass nach der gesetzlichen Konzeption die **sonstigen arbeitnehmerähnlichen Personen nicht** als **Arbeitnehmer im Sinne des BetrVG** anzusehen sind. Sie fallen nicht unter den traditionellen Arbeitnehmerbegriff. Der Gesetzgeber hat punktuell nur für den Bereich der Heimarbeiter und den noch zu behandelnden Bereich der Leiharbeitnehmer eine Sonderregelung geschaffen.

Leiharbeitnehmer

Nicht in den Arbeitnehmerbegriff des § 5 Abs. 1 BetrVG einbezogen sind auch die **Leiharbeitnehmer**, soweit sie im Entleiherbetrieb beschäftigt werden. Dies ergibt sich mittelbar auch aus dem klaren Gesetzeswortlaut des § 14 Abs. 1 AÜG, wonach Leiharbeitnehmer auch während der Zeit ihrer Arbeitsleistung bei einem Entleiher **Angehörige des entsendenden Betriebs des Verleihers** bleiben. Aus ihrer Zugehörigkeit zum Verleiherbetrieb folgt die grundsätzliche Zuständigkeit des Verleiherbetriebsrats für die Belange der Leiharbeitnehmer.

Anderes Ergebnis durch den neugefassten § 7 BetrVG?

Die im Jahre 2001 erfolgte Neufassung des § 7 BetrVG führt zu keinen weitergehenden Ergebnissen. Nach bisherigem Recht waren Leiharbeitnehmer im Entleiherbetrieb weder aktiv noch passiv wahlberechtigt (§ 14 Abs. 2 S. 1 AÜG). Das nunmehr geltende BetrVG billigt dagegen Arbeitnehmern eines anderen Arbeitgebers, die zur Arbeitsleistung überlassen werden, ein **aktives Wahlrecht zu, wenn sie länger als drei Monate im Betrieb eingesetzt werden** (§ 7 S. 2 BetrVG). Dementsprechend entwickelte sich eine Diskussion, ob die Leiharbeitnehmer im Entleiherbetrieb insbesondere für die Schwellenwerte des § 9 BetrVG mitgezählt werden; zusammengefasst wurde die Thematik unter der Frage, ob die Leiharbeitnehmer nur wählen oder auch „zählen". Zu Recht hat sich das BAG nun dagegen ausgesprochen, Leiharbeitnehmer als Arbeitnehmer i.S.v. § 5 BetrVG anzusehen und zählt sie entsprechend auch nicht im Entleiherbetrieb bei der Bestimmung der Größe des Betriebsrats

III. Persönlicher Geltungsbereich § 147

gem. § 9 BetrVG mit. Dies folgt sowohl aus dem Wortlaut als auch aus der Systematik. Die Leiharbeitnehmer stehen nicht in einem Arbeitsverhältnis zum Betriebsinhaber. So spricht das Gesetz in § 7 BetrVG eindeutig von den Leiharbeitnehmern als „Wahlberechtigte". In anderen Vorschriften trifft das Gesetz dagegen eine klare Unterscheidung zwischen „Wahlberechtigten", „wahlberechtigten Arbeitnehmern" und „Arbeitnehmern". In der Gesetzesbegründung heißt es, dass die Leiharbeitnehmer durch das aktive Wahlrecht aus der „Randbelegschaft an die Stammbelegschaft herangeführt" werden sollen, „ohne sie jedoch in rechtlich unzutreffender Weise als Arbeitnehmer des Entleiherbetriebs einzustufen" (BT-Drcks. 14/5741, S. 28). Aufgrund dieser differenzierten Ausgestaltung stehen den Leiharbeitnehmern auch bestimmte Rechte im Wahlverfahren nicht zu, da das Gesetz diese Rechte meist nur den „wahlberechtigten Arbeitnehmern" zubilligt. Somit bleibt es trotz der Neufassung des § 7 BetrVG bei den oben getroffenen Ausführungen (BAG 16.4.2003 AP Nr. 7 zu § 9 BetrVG 1972; BAG 22.10.2003 AP Nr. 28 zu § 38 BetrVG 1972; Hanau, RdA 2001, 65 ff.; Konzen, RdA 2001, 76 ff.; Hennige, a.a.O., S. 72 ff.; Brose, NZA 2005, 797 ff.; für nicht gewerbsmäßig oder im Wege der Konzernleihe überlassene Arbeitnehmer ebenso BAG 10.3.2004 AP Nr. 8 zu § 7 BetrVG 1972; BAG 20.4.2005 NZA 2005, 1006; a.A. Fitting § 9 Rn. 26).

„Daran hat sich durch die Einräumung des aktiven Wahlrechts für Leiharbeitnehmer in § 7 Satz 2 BetrVG in der ab dem 28. Juli 2001 geltenden Fassung des Gesetzes zur Reform des Betriebsverfassungsgesetzes vom 23. Juli 2001 (BGBl. I S. 1852) nichts geändert. Dadurch werden Leiharbeitnehmer nicht zu betriebsangehörigen Arbeitnehmern des Entleihers. Dies ergibt sich bereits aus dem Wortlaut der Vorschrift. In § 7 BetrVG wird unterschieden zwischen Arbeitnehmern des Betriebs (Satz 1) und Arbeitnehmern eines anderen Arbeitgebers, die zur Arbeitsleistung überlassen werden (Satz 2). Daraus ist zu entnehmen, daß die überlassenen Arbeitnehmer gerade keine Arbeitnehmer des Betriebs sind. Dem entspricht es, daß Leiharbeitnehmer nach § 14 Abs. 1 AÜG nach wie vor dem Betrieb des Verleihers zugeordnet sind. Durch das Betriebsverfassungsreformgesetz sind in § 14 Abs. 2 Satz 1 AÜG lediglich die Worte „weder wahlberechtigt noch" gestrichen und durch das Wort „nicht" ersetzt worden. Abgesehen von der Einräumung des aktiven Wahlrechts im Entleiherbetrieb ist daher die betriebsverfassungsrechtliche Stellung der Leiharbeitnehmer unverändert geblieben.

Auch Sinn und Zweck von § 9 BetrVG gebieten es nicht, Leiharbeitnehmer bei der Ermittlung der für die Größe des Betriebsrats maßgeblichen Arbeitnehmerzahl zu berücksichtigen. Nach § 9 BetrVG ist die Anzahl der Betriebsratsmitglieder von der Belegschaftsstärke abhängig. Dadurch soll sichergestellt werden, daß die Zahl der Betriebsratsmitglieder in einem angemessenen Verhältnis zur Zahl der betriebsangehörigen Arbeitnehmer steht. Um die Funktionsfähigkeit des Betriebsrats zu gewährleisten, ist es erforderlich, seine Größe dem maßgeblich durch die Anzahl der repräsentierten Arbeitnehmer bedingten Arbeitsaufwand anzupassen. Nur betriebsangehörige Arbeitnehmer verursachen jeweils einen bei der Bemessung der Betriebsratsgröße zu beachtenden etwa gleichen Arbeitsaufwand. Demgegenüber werden Leiharbeitnehmer nur partiell vom Betriebsrat des Entleiherbetriebs repräsentiert. Bei ihnen fällt zwar ebenfalls Betriebsratsarbeit an, die die Berücksichtigung bei der Betriebsratsgröße rechtfertigen könnte. Es sind jedoch keine Anhaltspunkte dafür ersichtlich, dass dieser im Vergleich zu betriebsangehörigen Arbeitnehmern regelmäßig geringere Arbeitsaufwand für Leiharbeitnehmer bei der Bemessung der Betriebsratsgröße in § 9 BetrVG berücksichtigt worden ist." (BAG 16.4.2003 AP Nr. 1 zu § 9 BetrVG 2002).

Gespaltene mitbestimmungsrechtliche Stellung

Allerdings muss berücksichtigt werden, dass ein Leiharbeitnehmer seine Arbeitsleistung in der Betriebsorganisation des Entleiherbetriebs erbringt und daher während seines Einsatzes tatsächlich in die Betriebsorganisation des Entleihers eingegliedert ist. Es kommt zu einer Aufspaltung der Arbeitgeberstellung, die im Wesentlichen das Direktionsrecht betrifft. Der Leiharbeitnehmer unterliegt damit der gleichen Schutzbedürftigkeit wie ein Stammarbeitnehmer des Entleiherbetriebs. Sofern das Gesetz in seinen Bestimmungen nicht voraussetzt, dass zwischen Arbeitnehmer und Arbeitgeber ein Arbeitsverhältnis besteht, kommen daher die Bestimmungen des BetrVG auch für den Leiharbeitnehmer zur Anwendung (BAG 19.6.2001 AP Nr. 92 zu § 87 BetrVG 1972 Arbeitszeit). Die Frage, welcher Betriebsrat für die Wahrnehmung der Mitbestimmungsrechte der Leiharbeitnehmer zuständig ist, richtet sich nach dem Gegenstand des Mitbestimmungsrechts und der darauf bezogenen Entscheidungsmacht des jeweiligen Arbeitgebers.

„Ob bei Maßnahmen, die Leiharbeitnehmer betreffen, der Betriebsrat des Verleiherbetriebs oder derjenige des Entleiherbetriebs mitzubestimmen hat, richtet sich danach, ob der Vertragsarbeitgeber oder der Entleiher die mitbestimmungspflichtige Entscheidung trifft.

Die Entsendung von Leiharbeitnehmern in Betriebe, deren betriebsübliche Arbeitszeit die vom Leiharbeitnehmer vertraglich geschuldete Arbeitszeit übersteigt, ist nach § 87 Abs. 1 Nr. 3 BetrVG mitbestimmungspflichtig, sofern die Entsendung für eine entsprechend verlängerte Arbeitszeit erfolgt. Das Mitbestimmungsrecht steht dem beim Verleiher gebildeten Betriebsrat zu." (BAG 19.6.2001 AP Nr. 92 zu § 87 BetrVG 1972 Arbeitszeit)

Sonderregelungen im AÜG für Mitbestimmung im Entleiherbetrieb

§ 14 Abs. 2 S. 2 und Abs. 3 AÜG führen daher einige betriebsverfassungsrechtliche Rechte der Leiharbeitnehmer im Entleiherbetrieb auf.

➲ **Beispiele:**
  – Danach können die Leiharbeitnehmer beispielsweise die Sprechstunden des Betriebsrats des Entleiherbetriebs aufsuchen oder ihre Individualrechte nach §§ 81, 82 Abs. 2, 84 bis 86 BetrVG geltend machen.

III. Persönlicher Geltungsbereich § 147

– Vor der Übernahme eines Leiharbeitnehmers ist der Betriebsrat des Entleiherbetriebs nach § 14 Abs. 3 AÜG i.V.m. § 99 BetrVG zu beteiligen. Allerdings ist erst der jeweilige konkrete Einsatz von Leiharbeitnehmern beim Entleiher mitbestimmungspflichtig. Die Aufnahme von Leiharbeitnehmern in einen Stellenpool, aus dem der Verleiher auf Anforderung des Entleihers Kräfte für die Einsätze in seinem Betrieb aussucht, unterliegt noch nicht der Mitbestimmung nach § 14 Abs. 3 AÜG i.V.m. § 99 BetrVG (BAG 23.1.2008 NZA 2008, 603).

Die Wahlberechtigung entsteht schon dann, wenn die Beschäftigung des Leiharbeitnehmers für den Zeitraum von drei Monaten **vorgesehen** ist und nicht erst dann, wenn die drei Monate abgelaufen sind. Dies ergibt sich aus dem Wortlaut des § 7 S. 2 BetrVG, der von „eingesetzt werden" spricht. Erfolgt also die Betriebsratswahl am ersten Arbeitstag, so sind die Leiharbeitnehmer wahlberechtigt. Voraussetzung ist natürlich, dass auch die übrigen Voraussetzungen für das aktive Wahlrecht bestehen. **Problematisch** erscheint an dieser Regelung allerdings, dass ein Leiharbeitnehmer wegen der meist kurzen Einsätze den Betrieb möglicherweise schon wieder verlassen hat, bevor der Betriebsrat gebildet ist. **Der Leiharbeitnehmer darf also den Betriebsrat wählen, der ihn später vielleicht gar nicht repräsentiert.** Damit werden die Grundlagen demokratischer Repräsentation durch den Gesetzgeber nicht hinreichend beachtet. Ein **passives Wahlrecht** im Entleiherbetrieb steht den Leiharbeitnehmern dagegen **nicht** zu. Somit haben sie keinen eigenen Interessenvertreter im Betriebsrat. Das Auseinanderfallen von aktivem und passivem Wahlrecht ist im Hinblick auf die effektive Interessenvertretung problematisch. Zu bedenken ist, dass die Leiharbeitnehmer darüber hinaus im Verleiherbetrieb betriebsverfassungsrechtlich verankert sind und insoweit ein doppeltes aktives Wahlrecht in zwei Betrieben besteht. Die Leiharbeitnehmer werden daher von zwei Betriebsräten betreut. Es ist daher in jedem Einzelfall der zuständige Betriebsrat zu ermitteln.

Aktives Wahlrecht für Leiharbeitnehmer

Die Leiharbeitnehmer erlangen durch die Zubilligung des aktiven Wahlrechts im Entleiherbetrieb im Rahmen des Wahlverfahrens bestimmte Rechte, weil sie nach § 7 S. 2 BetrVG „Wahlberechtigte" sind: Sie werden

Erlangung bestimmter betriebsverfassungsrechtlicher Rechte

– nach § 16 BetrVG bei der Bestellung des Wahlvorstands mitberücksichtigt und
– sind nach § 19 BetrVG zur Anfechtung der Wahl berechtigt.

c) Anwendung auf im Ausland tätige Beschäftigte

Literatur: BOEMKE, „Ausstrahlungen" des Betriebsverfassungsgesetzes ins Ausland, NZA 1992, 112; GAUL, Betriebsverfassungsrechtliche Aspekte einer Entsendung von Arbeitnehmern ins Ausland, BB 1990, 697.

Inwieweit das BetrVG auf Mitarbeiter deutscher Betriebe Anwendung findet, die im Ausland tätig sind, ist problematisch. Einigkeit

„Ausstrahlungswirkung"

besteht darüber, dass deutsches Betriebsverfassungsrecht auf im Ausland tätige Mitarbeiter anwendbar ist, soweit sich deren Auslandstätigkeit als sog. „**Ausstrahlung**" des Inlandsbetriebs darstellt (vgl. BAG 7.12.1989 AP Nr. 27 Internat. Privatrecht, Arbeitsrecht; BAG 21.8.2007 AP Nr. 60 zu § 1 BetrAVG Gleichbehandlung). Ob das der Fall ist, ist anhand des Einzelfalls zu entscheiden. Folgende Kriterien sind dabei unter anderem zu prüfen:

- Umfang und Inhalt der Weisungsbefugnis des inländischen Arbeitgebers gegenüber dem im Ausland eingesetzten Mitarbeiter;
- Zeitliche Dauer des Auslandseinsatzes und Eingliederung in den Auslandsbetrieb;
- Vereinbarung eines Rückrufrechts;
- Bloße Einstellung durch Inlandsbetrieb für Auslandseinsatz (BAG 7.12.1989 AP Nr. 27 zu Internat. Privatrecht, Arbeitsrecht; BAG 21.8.2007 AP Nr. 60 zu § 1 BetrAVG Gleichbehandlung).

„Der Betriebsrat eines in der Bundesrepublik Deutschland gelegenen Betriebs (hier: Reiseunternehmen) hat auch bei der Kündigung eines nicht nur vorübergehend im Ausland eingesetzten Arbeitnehmers (hier: Reiseleiterin) jedenfalls dann ein Beteiligungsrecht, wenn der im Ausland tätige Arbeitnehmer nach wie vor dem Inlandsbetrieb zuzuordnen ist. Ob der Inlandsbezug eines solchen Arbeitsverhältnisses erhalten geblieben ist, hängt von den Umständen des Einzelfalles ab und insbesondere von der Dauer des Auslandseinsatzes, der Eingliederung in einen Auslandsbetrieb, dem Bestehen und den Voraussetzungen eines Rückrufrechts zu einem Inlandseinsatz sowie dem sonstigen Inhalt der Weisungsbefugnisse des Arbeitgebers." (BAG 7.12.1989 AP Nr. 27 zu Internat. Privatrecht, Arbeitsrecht)

⊃ **Beispiele:**
- Auf vorübergehend im Ausland eingesetzte Arbeitnehmer inländischer Betriebe bleibt das BetrVG anwendbar, soweit sie dort – z.B. als Montagearbeiter, LKW-Fahrer oder Fliegendes Personal – außerhalb einer betrieblichen Organisation beschäftigt werden (vgl. BAG 25.4.1978 AP Nr. 16 Internat. Privatrecht, Arbeitsrecht).

- Ist der Einsatz zeitlich beschränkt – z.B. bei einer Vertretung oder der Erledigung eines zeitlich befristeten Auftrags, der Vereinbarung eines Rückrufrechts – kann das BetrVG auch auf Arbeitnehmer eines inländischen Betriebs anzuwenden sein, die im Ausland in eine betriebliche Organisation eingegliedert tätig sind (BAG 7.12.1989 AP Nr. 27 Internat. Privatrecht, Arbeitsrecht).

- Auch bei dem vorübergehenden Verleih eines Arbeitnehmers in das Ausland ist das BetrVG über § 14 AÜG auf den in Deutschland ansässigen Vertragsarbeitgeber des Leiharbeitnehmers anwendbar (BAG 22.3.2000 AP Nr. 8 zu § 14 AÜG).

III. Persönlicher Geltungsbereich

– Die erforderliche materielle Beziehung zum Inlandsbetrieb fehlt dagegen, wenn Arbeitnehmer nur für einen Auslandseinsatz von einem inländischen Betrieb eingestellt werden (BAG 21.10.1980 AP Nr. 17 Internationales Privatrecht, Arbeitsrecht).

Die jeweilige Zuordnung kann erhebliche betriebsverfassungsrechtliche und individualrechtliche **Konsequenzen** haben, wenn der Arbeitnehmer trotz des Auslandseinsatzes unter das BetrVG fällt.

⊃ **Beispiele:**
- Den Arbeitnehmern steht das aktive und passive Wahlrecht nach den §§ 7 und 8 BetrVG zu.
- Teilnahmerecht an Betriebsversammlungen.
- Mitberücksichtigung als Zählfaktor, soweit es um die Betriebsgröße geht – §§ 1, 9, 19, 38, 99, 106, 110, 111 BetrVG.
- Der Betriebsrat kann Mitbestimmungsrechte in personellen Angelegenheiten und in den sozialen Angelegenheiten wahrnehmen, welche sich auf diese Arbeitnehmer auswirken – z.B. bei Kündigung oder Versetzung.
- Betriebsvereinbarungen – z.B. Sozialpläne – sind für diese Arbeitnehmer möglich.

3. Leitende Angestellte

Literatur: Hromadka, Der Begriff des leitenden Angestellten, BB 1990, 57; Martens, Die Neuabgrenzung der leitenden Angestellten und die begrenzte Leistungsfähigkeit moderner Gesetzgebung, RdA 1989, 73; Richardi, Der Begriff des leitenden Angestellten, AuR 1991, 33.

Nach § 5 Abs. 3 BetrVG findet das BetrVG auf leitende Angestellte (allgemein zum differenzierten Begriff des leitenden Angestellten im deutschen Arbeitsrecht siehe unter § 9 II) grundsätzlich keine Anwendung. Für diese gilt vielmehr das **Sprecherausschussgesetz** von 1988 (**SprAuG**). Der Grund für die Herausnahme leitender Angestellter aus dem Anwendungsbereich des BetrVG liegt darin, dass die leitenden Angestellten als Vertreter des Arbeitgebers ihrer **Funktion nach** der **Arbeitgeberseite** nahe stehen. Es erscheint nicht sinnvoll, etwa einen Betriebsleiter, der in dieser Funktion der Gegenspieler des Betriebsrats, aber ansonsten (individualarbeitsrechtlich) Arbeitnehmer ist, durch den Betriebsrat mit vertreten zu lassen. Man wollte mithin verhindern, dass der Betriebsleiter, wenn er mit dem Betriebsrat verhandelt, gleichsam seiner eigenen Interessenvertretung gegenüber sitzt.

Interessengegensatz

Es gibt zu dem Problem der Abgrenzung der leitenden Angestellten eine sehr umfangreiche Rechtsprechung des BAG. Als gesichert kann gelten, dass die Abgrenzungsregelungen des § 5 Abs. 3 S. 2 BetrVG zwingend sind, d.h. **nicht durch eine Vereinbarung zwischen**

Zwingendes Recht

Arbeitgeber und Betriebsrat abgeändert werden können (BAG 19.2.1975 AP Nr. 9 zu § 5 BetrVG 1972).

Die Zuordnung eines Arbeitnehmers zum Kreis der leitenden Angestellten erfolgt in **vier Schritten**:

Formale Merkmale

1. Die Stellung eines leitenden Angestellten wird durch überwiegend **formale Merkmale** wie eine **selbständige Einstellungs- und Entlassungsbefugnis, Generalvollmacht** bzw. eine nicht im Innenverhältnis stark beschränkte **Prokura** festgelegt. So ist nach § 5 Abs. 3 S. 2 BetrVG leitender Angestellter, wer nach Arbeitsvertrag und Stellung im Unternehmen oder im Betrieb

   – zur selbständigen Einstellung und Entlassung von im Betrieb oder in der Betriebsabteilung beschäftigten Arbeitnehmern berechtigt ist (Nr. 1) oder

   – Generalvollmacht oder Prokura besitzt und die Prokura auch im Verhältnis zum Arbeitgeber nicht unbedeutend ist (Nr. 2).

Das Recht zur selbständigen Einstellung oder Entlassung darf **nicht nur im Außenverhältnis**, sondern muss auch im Innenverhältnis zum Arbeitgeber gegeben sein. Gleichzeitig ist erforderlich, dass der Angestellte die Einstellung oder Entlassung ohne Anweisungen des Arbeitgebers vornehmen kann. Erst wenn diese Merkmale erfüllt sind, kann man von einer „selbständigen" Einstellungs- oder Entlassungsbefugnis sprechen. Die unternehmerische Bedeutung der Personalverantwortung kann aus der Anzahl der Arbeitnehmer folgen, auf die sich die Einstellungs- und Entlassungsbefugnis bezieht. Wenn es sich um eine geringe Zahl handelt, muss sie sich aus anderen Umständen ergeben. Für das unternehmerische Gewicht der Personalaufgabe ist dann entscheidend, welche Bedeutung die Tätigkeit der betreffenden Mitarbeiter für das Unternehmen hat (BAG 16.4.2002 AP Nr. 69 zu § 5 BetrVG 1972). Hinsichtlich der Prokura ist erforderlich, dass der Angestellte mit den in der Generalvollmacht oder der Prokura begründeten Befugnissen **nicht nur in unbedeutendem Umfang** Gebrauch machen darf. Zu diesen Merkmalen entschied das BAG (11.1.1995 AP Nr. 55 zu § 5 BetrVG 1972):

„Nach der Neuregelung des § 5 Abs. 3 Nr. 2 BetrVG kann ein Prokurist leitender Angestellter auch dann sein, wenn seine Vertretungsbefugnis im Verhältnis zum Arbeitgeber Beschränkungen unterliegt. Prokuristen, die ausschließlich Stabsfunktionen wahrnehmen, sind keine leitenden Angestellten i.S.d. § 5 Abs. 3 Nr. 2 BetrVG. Für die Erfüllung des in § 5 Abs. 3 Nr. 2 BetrVG enthaltenen funktionellen Merkmals ist maßgebend, ob der Prokurist bedeutende unternehmerische Leitungsaufgaben i.S.d. Abs. 3 Nr. 3 der Vorschrift wahrnimmt. Sind die formalen Voraussetzungen der Tatbestände des Abs. 3 Nr. 2 erfüllt, ist nur zu prüfen, ob die durch eine Prokuraerteilung nach außen dokumentierten Befugnisse nicht so weit aufgehoben sind, dass eine erhebliche unternehmerische Entscheidungsbefugnis in Wirklichkeit nicht besteht." (BAG 11.1.1995 AP Nr. 55 zu § 5 BetrVG 1972)

III. Persönlicher Geltungsbereich § 147

2. Nach § 5 Abs. 3 S. 2 Nr. 3 BetrVG kann leitender Angestellter sein, wer unternehmerische Funktionen ausübt. Es müssen also Aufgaben wahrgenommen werden, die für Bestand und Entwicklung eines Unternehmens oder Betriebs von Bedeutung sind. Diese Aufgaben müssen den Schwerpunkt der Tätigkeit bilden und dürfen nicht lediglich vorübergehend wahrgenommen werden. Wichtig ist auch, dass der Angestellte seine Entscheidungen im Rahmen seiner unternehmerischen Aufgaben eigenständig und ohne Weisung trifft, ja sie sogar maßgeblich beeinflusst. *Unternehmerische Funktion*

3. Schließlich gibt der Gesetzgeber in § 5 Abs. 4 Nr. 1 bis 3 BetrVG noch eine **methodisch eigenartige Auslegungsregel für Zweifelsfälle**, die zeigt, dass ihm seine eigene Begriffsbestimmung nicht hinreichend praktikabel erscheint. Danach ist leitender Angestellter nach § 5 Abs. 3 Nr. 3 BetrVG im Zweifel, wer *§ 5 Abs. 4 Nr. 1 bis 3 BetrVG*

– aus Anlass der letzten Wahl des Betriebsrats, des Sprecherausschusses oder von Aufsichtsratsmitgliedern der Arbeitnehmer oder durch rechtskräftige gerichtliche Entscheidung den leitenden Angestellten zugeordnet worden ist (Nr. 1) oder

– einer Leitungsebene angehört, auf der in dem Unternehmen überwiegend leitende Angestellte vertreten sind (Nr. 2), oder

– ein regelmäßiges Jahresarbeitsentgelt erhält, das für leitende Angestellte in dem Unternehmen üblich ist (Nr. 3).

4. Soweit auch bei Anwendung dieser Auslegungsregelung noch Zweifel bestehen, wird gem. § 5 Abs. 4 Nr. 4 BetrVG auf das Jahreseinkommen abgestellt. *Jahreseinkommen*

Für die Bejahung eines leitenden Angestellten ist es **erforderlich**, dass dieser die im Gesetz genannten **Aufgaben auch tatsächlich wahrnimmt**. Es reicht nicht allein aus, dass diese Aufgaben im Arbeitsvertrag festgelegt werden, ohne dass der „leitende Angestellte" diese Aufgaben auch tatsächlich ausführt.

Der bedeutsamste Tatbestand für die Qualifikation des leitenden Angestellten ist **§ 5 Abs. 3 S. 2 Nr. 3 BetrVG**, wonach leitender Angestellter ist, wer nach Arbeitsvertrag und Stellung im Unternehmen oder im Betrieb regelmäßig Aufgaben wahrnimmt, die für den **Bestand und die Entwicklung des Unternehmens oder eines Betriebs von Bedeutung sind** und deren **Erfüllung besondere Erfahrungen und Kenntnisse voraussetzt,** wenn er dabei entweder die **Entscheidungen im Wesentlichen frei von Weisungen trifft oder sie maßgeblich beeinflusst.** Dies kann auch bei Vorgaben insbesondere aufgrund von Rechtsvorschriften, Plänen oder Richtlinien sowie bei Zusammenarbeit mit anderen leitenden Angestellten gegeben sein. Das Gesetz will diejenigen Angestellten vom persönlichen Geltungsbereich des BetrVG ausnehmen, die nach ihrem Arbeitsvertrag im Unternehmen typische Unternehmeraufgaben mit einem erheblichen eigenen Entscheidungsspielraum wahrnehmen und deswegen im Spannungsfeld des natürlichen Interessengegensatzes zwischen Arbeitgeber (Unternehmer) und durch den Betriebsrat repräsentierter Belegschaft *Unternehmerische Aufgaben und Entscheidungen*

463

auf der Seite des Arbeitgebers stehen. Diese Zuordnung lässt sich sowohl nach der ausgeübten Tätigkeit als auch bezogen auf das Unternehmen nur einheitlich vornehmen (BAG 25.10.1989 AP Nr. 42 zu § 5 BetrVG 1972).

„Ob ein Angestellter [...] Unternehmerfunktionen wahrnimmt, lässt sich nur aufgrund einer Gesamtwürdigung seiner arbeitsvertraglichen Tätigkeit innerhalb des Unternehmens beurteilen [...]. Ist der Begriff des leitenden Angestellten aber unternehmensbezogen, so kann das Vorliegen seiner Voraussetzungen im Einzelfall für das gesamte Unternehmen und alle seine Betriebe nur einheitlich festgestellt werden. Die damit gebotene einheitliche Beurteilung der Rechtsstellung eines Arbeitnehmers führt, wenn der Arbeitnehmer, wie im Entscheidungsfalle, nur teilweise die Voraussetzungen des § 5 Abs. 3 BetrVG als erfüllende Funktionen ausübt, zu seiner Eigenschaft als leitender Angestellter, sofern diese Aufgaben seine Tätigkeit prägen, d.h. sie schwerpunktmäßig bestimmen." (BAG 25.10.1989 AP Nr. 42 zu § 5 BetrVG 1972)

○ **Beispiele**:
Die Erfüllung der Voraussetzungen des Begriffs des **leitenden Angestellten** hat die Rspr. in folgenden Fällen **bejaht**:
- **Chefpilot einer Fluggesellschaft**, der eine sichere und effektive Durchführung des Flugbetriebs mit ca. 255 Piloten, Copiloten und Bordingenieuren zu gewährleisten hat (BAG 25.10.1989 AP Nr. 42 zur § 5 BetrVG 1972).
- **Alleinmeister** im Baubetrieb (BAG 10.04.1991 AP Nr. 141 zu § 1 TVG Tarifverträge Bau).
- Stellvertretender **Leiter der Wertpapierabteilung** der Niederlassung einer deutschen Großbank (LAG Düsseldorf 24.2.1989 LAGE § 5 BetrVG 1972 Nr. 17).
- **Leiter eines einzelnen Restaurants** einer Restaurantkette, wenn er innerhalb des Unternehmens das Restaurant eigenverantwortlich führt, dabei bedeutungsvolle unternehmerische Teilaufgaben wahrnimmt, Vorgesetzter der im Restaurant Beschäftigten ist und bei seiner Tätigkeit einen erheblichen Entscheidungsspielraum hat (BAG 25.11.1993 AP Nr. 3 zu § 14 KSchG 1969).

Verneint wurde die Eigenschaft als **leitender Angestellter** in folgenden Fällen:
- **Leiter eines Verbrauchermarkts**, der im personellen und kaufmännischen Bereich keinen nennenswerten eigenen Entscheidungsspielraum hat (BAG 19.8.1975 AP Nr. 1 zu § 105 BetrVG 1972).
- **Zentraleinkäufer** mit beschränktem Warensortiment und -umsatz (BAG 25.10.2001 EzA Nr. 64 zu § 5 BetrVG 1972).
- **Prokuristen**, soweit ihre Befugnis zur Ausübung der Vertretungsmacht im Innenverhältnis beschränkt ist (BAG 27.4.1988 AP Nr. 37 zu § 5 BetrVG 1972).

III. Persönlicher Geltungsbereich § 147

- **Chefarzt** der geriatrischen Abteilung eines Krankenhauses, der die in § 5 Abs. 3 S. 2 Nr. 1 BetrVG genannten Befugnisse gegenüber noch nicht einmal einem Prozent der Gesamtbelegschaft ausübt (BAG 10.10.2007 NZA 2008, 664).

⊃ **Beispielsfall** (BAG 23.1.1986 AP Nr. 32 zu § 5 BetrVG):
In der kohlefördernden Schachtanlage in D werden unter Tage etwa 240 Angestellte und 2800 Arbeiter beschäftigt. Nach dem Organisationsplan der D steht an der Spitze der Schachtanlage der Werksdirektor, der von dem die Produktion leitenden Betriebsdirektor vertreten wird. Dem Betriebsdirektor unterstehen wiederum der Tages- und der Grubenbetrieb. Der Grubenbetrieb ist in vier Betriebsführungsabteilungen gegliedert: Aus-, Vorrichtungen und Dienstleistungen (BFA I), Grubenfeld West, Grubenfeld Ost (BFA II und III) und Maschinen- und Elektrobetrieb (BFA IV). Die BFA I wird von dem Betriebsführer B geleitet, welchem der Obersteiger Bo. als ständiger Vertreter unterstellt ist und der für die Bereiche Aus- und Vorrichtung zuständig ist. Ein ebenfalls dem B unterstellter Obersteiger ist für den Bereich Dienstleistungen zuständig. Dem B unterstehen insgesamt 1250 Arbeitnehmer. Er ist Diplom-Bergingenieur. B ist Verhandlungspartner der Bergaufsichtsbehörde. Er ist an den einmal im Monat stattfindenden Änderungen der Kolonnen- und Ausbaupläne beteiligt, indem er hierzu Vorschläge unterbreiten kann, und wirkt bei der Einstellung seiner ihm unterstehenden Arbeitnehmer mit, indem er gegenüber dem Personaldirektor Vorschläge oder Bedenken äußern kann. Eigene verbindliche Entscheidungen obliegen ihm nicht. Ist der Betriebsführer B leitender Angestellter?

⊃ **Lösung:**
Die Zuordnung des B zur Gruppe der leitenden Angestellten richtet sich nach § 5 Abs. 3 und 4 BetrVG. In einem ersten Schritt ist daher zu prüfen, ob B die Voraussetzungen des § 5 Abs. 3 S. 2 Nr. 1 oder Nr. 2 BetrVG erfüllt. Dann müsste der B zur selbständigen Einstellung und Entlassung von im Betrieb oder in der Betriebsabteilung beschäftigten Arbeitnehmern berechtigt sein. Dies ist zu verneinen. B hat zwar eine gewisse Verantwortung für die Personalentscheidungen, er wirkt bei den Personalmaßnahmen jedoch lediglich mit. So kann er Bedenken gegenüber dem Personaldirektor geltend machen, trifft allerdings keine Entscheidung oder verbindliche Vorentscheidung in diesem Bereich. Ihm kommt damit keine eigene Entscheidungskompetenz in Personalfragen zu. Einstellungen, Entlassungen und weitere wichtige Personalmaßnahmen verantwortet allein der Personaldirektor. B erfüllt auch nicht die Voraussetzung des § 5 Abs. 3 S. 2 Nr. 2 BetrVG, da er keine Prokura besitzt. In einem zweiten Schritt ist nun zu prüfen, ob B nach § 5 Abs. 3 S. 2 Nr. 3 BetrVG unternehmerische Funktionen ausübt. Erforderlich ist daher, dass B Aufgaben eigenständig und ohne Weisung wahrnimmt,

die für Bestand und Entwicklung eines Unternehmens oder Betriebs von Bedeutung sind. B übt lediglich eine schlichte Vorgesetztenstellung aus, die nicht über seine Abteilung hinaus in das Unternehmen wirkt. Zum einen hat B keinen erheblichen Entscheidungsspielraum auf personellem Gebiet und zum anderen kommt auch seiner Tätigkeit als Verhandlungspartner der Bergaufsichtsbehörde kein entscheidendes Gewicht zu. Der Betriebsführer ist zwar für die sich nach dem Bergrecht zur ordnungsgemäßen Führung eines Betriebs ergebenden öffentlich-rechtlichen Pflichten verantwortlich, allerdings bleibt er nur ein Glied in der betrieblichen Verantwortungskette für die einwandfreie technische Leitung, an deren Spitze der Bergwerksbesitzer steht. Die verwaltungsrechtliche Verantwortung erfordert nur entsprechende Fachkunde und die Wahrnehmung von Führungsaufgaben. Allein dadurch werden allerdings keine erheblichen Entscheidungsspielräume zur Verfügung gestellt, welche den B zum leitenden Angestellten machen. Allein der Umstand, dass B 1250 Arbeitnehmer unterstehen, lässt nicht auf erhebliche Entscheidungsspielräume schließen. Die Tatsache, dass B an den einmal im Monat stattfindenden Änderungen der Kolonnen- und Ausbaupläne beteiligt ist, spricht auch nicht für einen erheblichen Entscheidungsspielraum. So ist es dem B nicht gestattet, selbständig die Streckenführung oder den Ausbau zu ändern. Vielmehr darf er diesbezüglich nur entsprechende Vorschläge unterbreiten. Es bleiben auch keine Zweifel mehr übrig, dass B möglicherweise doch aufgrund des § 5 Abs. 3 S. 2 Nr. 3 BetrVG leitender Angestellter sein könnte, so dass die Zweifelsregeln des § 5 Abs. 4 BetrVG vorliegend nicht zum Tragen kommen.

IV. Sachlicher Geltungsbereich

Literatur: Gamillscheg, „Betrieb" und „Bargaining unit", ZfA 1975, 357; Gamillscheg, Betrieb und Unternehmen – Zwei Grundbegriffe des Arbeitsrechts, AuR 1989, 33; Grobys, Betrieb, Unternehmen und Konzern im Arbeitsrecht, NJW-Spezial 2006, 129; Haas/Salamon, Die Betrieb in einer Filialstruktur als Anknüpfungspunkt für die Bildung von Betriebsräten, RdA 2008, 146; Preis, Legitimation und Grenzen des Betriebsbegriffs, RdA 2000, 257; Richardi, Der Betriebsbegriff als Chamäleon, FS Wiedemann (2002), S. 493; Rieble/Klebeck, Betriebsteil (§ 4 Abs. 1 BetrVG), FS Richardi (2007), S. 693.

1. Betrieb, Unternehmen, Konzern

In welchen Organisationseinheiten findet betriebliche Mitbestimmung statt?

Im Hinblick auf den sachlichen Anwendungsbereich knüpft das BetrVG an die Organisationseinheit Betrieb zur Begründung der Mitbestimmungsrechte des Betriebsrats an. Mit dieser Vorschrift wollte der Gesetzgeber sicherstellen, dass jedenfalls dort ein Betriebsrat gebildet wird, wo die Arbeitsleistung tatsächlich erbracht wird. Was ein Betrieb im Sinne des BetrVG ist, bedarf der Klärung (siehe unter § 147 IV 3).

IV. Sachlicher Geltungsbereich §147

„Betriebliche" Mitbestimmung im Recht verstandenen Sinne (siehe unter § 143 II) findet im „Betrieb", im Unternehmen und auch im Konzern statt. Elemente der betrieblichen Mitbestimmung sind europaweit sogar auf grenzüberschreitende Unternehmen und Unternehmensgruppen durch Bildung europäischer Betriebsräte (siehe unter § 174) ausgeweitet worden. Wichtig ist zu begreifen, dass die Gliederung von Unternehmen und Konzernen sich in der Mitbestimmung abbildet. So ist der jeweiligen Ebene regelmäßig auch ein Organ der „betrieblichen" Mitbestimmung zugeordnet:

⊃ **Beispiel:**
- Auf der **untersten Organisationseinheit**, das sind **Betriebe** (§ 1 BetrVG), **Betriebsteile und Kleinstbetriebe** (§ 4 BetrVG), ist der **Betriebsrat** das zuständige Mitbestimmungsorgan.
- Die nächsthöhere Organisationseinheit ist das **Unternehmen** (der Rechtsträger). Hier ist nach Maßgabe der Zuständigkeitsnorm (§ 50 BetrVG) der **zwingend zu bildende Gesamtbetriebsrat** (§ 47 BetrVG) das zuständige Mitbestimmungsorgan.
- In Konzernen ist **fakultativ** ein **Konzernbetriebsrat** (§ 54 BetrVG) zu errichten, dessen Zuständigkeit sich aus § 58 BetrVG ergibt.
- In **grenzüberschreitenden Unternehmen und Konzernen** ist im Bereich der Mitgliedstaaten der Europäischen Union zusätzlich ein **Europäischer Betriebsrat** zu errichten (siehe unter § 174).

Erkennbar wird, dass die Mitbestimmungsebenen eng mit der Zuständigkeitsfrage verwoben sind, weshalb die Fragestellungen hier auch zusammen behandelt werden. Darüber hinaus finden ein enges Zusammenspiel und auch eine personelle Verflechtung der verschiedenen Mitbestimmungsorgane statt. Die Rechtsbegriffe des Betriebs, des Unternehmens und des Konzerns dienen insoweit der Abgrenzung der Mitbestimmungsebenen.

Verzahnung von Mitbestimmungsebene und Zuständigkeitsbereich

Der betriebsverfassungsrechtlichen Dimension des Unternehmensbegriffs kommt insoweit eine eigenständige Bedeutung im BetrVG zu, als **in einem Unternehmen mit mehreren Betriebsräten** nach § 47 BetrVG ein – obligatorischer – Gesamtbetriebsrat errichtet werden muss; in Unternehmen mit in der Regel mehr als 100 ständig Beschäftigten ist ein Wirtschaftsausschuss zu bilden (§ 106 BetrVG). Darüber hinaus knüpft das BetrVG zunehmend Schwellenwerte an den Begriff des Unternehmens an (vgl. § 99 BetrVG und § 111 BetrVG). Der eigenständigen betriebsverfassungsrechtlichen Bedeutung des Unternehmens muss bei der Begriffsbestimmung im BetrVG Rechnung getragen werden. Denn die einzelnen Rechtsgebiete erfassen und regeln den Inhalt des Unternehmensbegriffs jeweils nach dem Sinn und Zweck des betreffenden Gesetzes. Daher kann der Unternehmensbegriff des BetrVG – wie auch der Betriebs-

Betriebsverfassungsrechtliche Bedeutung des Unternehmensbegriffs

begriff – nicht uneingeschränkt auf andere Gesetze übertragen werden (BAG 29.11.1989 AP Nr. 3 zu § 10 ArbGG 1979).

„Das Betriebsverfassungsgesetz kennt keinen eigenständigen Unternehmensbegriff, sondern setzt ihn voraus. Es knüpft dabei an die in anderen Gesetzen für das Unternehmen vorgeschriebenen Rechts- und Organisationsformen an. Nach den Vorschriften des Aktiengesetzes, des GmbH-Gesetzes, HGB und des BGB können die Kapitalgesellschaften, die Gesellschaften des Handels- und des bürgerlichen Rechts wie auch Vereine jeweils nur Träger eines einheitlichen Unternehmens sein (...).

Für das Betriebsverfassungsgesetz folgt die das Unternehmen kennzeichnende Einheitlichkeit seines Rechtsträgers vor allem aus der im Gesetz angelegten Unterscheidung zwischen Konzern und Unternehmen. Ein Konzern ist unabhängig von seiner konkreten Ausgestaltung trotz einer einheitlichen Leitung kein einheitliches Unternehmen, sondern ein Zusammenschluss rechtlich selbständiger Unternehmen, die infolge des Zusammenschlusses ihre rechtliche Selbständigkeit als Unternehmen nicht verlieren. Die rechtliche Selbständigkeit von Kapitalgesellschaften und Gesamthandsgesellschaften des Handelsrechts geht auch nicht dadurch verloren, dass sie mit einem oder mehreren anderen Unternehmen wirtschaftlich verflochten sind oder Personengleichheit der Geschäftsführung besteht (...). Dementsprechend kann sich ein Unternehmen im Sinne des Betriebsverfassungsgesetzes nicht über den Geschäfts- und Tätigkeitsbereich seines Rechtsträgers hinaus erstrecken. Vielmehr markiert der Rechtsträger mit seinem Geschäfts- und Tätigkeitsbereich die Grenzen des Unternehmens. Der Begriff des Unternehmens setzt damit auch in § 47 BetrVG die Einheitlichkeit und rechtliche Identität des betreibenden Unternehmens voraus." (BAG 13.2.2007 AP Nr. 17 zu § 47 BetrVG 1972)

Zweckbestimmung — Die organisatorischen Einheiten Betrieb und Unternehmen werden traditionell nach ihrem Zweck unterschieden: Der Betrieb soll einen arbeitstechnischen Zweck verfolgen, wogegen das Unternehmen einen übergreifenden wirtschaftlichen Zweck verfolgt. Das ist überwiegend Begriffsakrobatik ohne gesetzessystematischen Nutzen, wie sich an dem Betriebsbegriff zeigt (siehe unter § 147 IV 3). Denn der Zusammenhang zwischen arbeitstechnischem und wirtschaftlichem Zweck ist nicht zu verkennen: Ein wirtschaftlicher Zweck wird nicht ohne ein Minimum an arbeitstechnischer Organisation verfolgt; ein arbeitstechnischer Zweck stellt sich andererseits in der Regel als Teilzweck eines dahinterstehenden wirtschaftlichen oder auch ideellen Ziels dar.

Unabhängigkeit — Freilich zieht der Unternehmensbegriff gewisse organisatorische Grenzen. Einen Gesamtbetriebsrat gibt es nur in **einem** Unternehmen. Mehrere Unternehmen können allenfalls einen Gemeinschaftsbetrieb (siehe unter § 147 IV 4) bilden oder für mehrere Unternehmen kann ein Konzernbetriebsrat nach Maßgabe der §§ 54 ff. BetrVG gebildet werden (siehe unter § 147 V 3).

IV. Sachlicher Geltungsbereich § 147

„Der Unternehmensbegriff in § 47 Abs. 1 BetrVG bestimmt sich nach dem Sinn und Zweck der jeweiligen Gesetze, die den Inhalt des Unternehmensbegriffs erfassen und regeln. Die in diesen Gesetzen festgelegten Rechts- und Organisationsformen sind zwingend. Die Normen des Betriebsverfassungsgesetzes können vorausgesetzte und gesellschaftsrechtliche Auswirkungen der Selbständigkeit von Unternehmen weder ändern noch beeinflussen. Juristische Personen können wegen dieser zwingenden organisatorischen Vorschriften jeweils nur ein einziges Unternehmen betreiben. Für mehrere rechtlich selbständige Unternehmen kann ein Gesamtbetriebsrat nach § 47 Abs. 1 BetrVG auch dann nicht errichtet werden, wenn sie untereinander organisatorisch und wirtschaftlich verflochten sind." (BAG 5.12.1975 AP Nr. 1 zu § 47 BetrVG 1972)

Betriebliche Mitbestimmung kann auch auf **Konzernebene** von Relevanz sein. Das BetrVG bestimmt daher in § 54 Abs. 1 BetrVG, dass für einen Konzern – fakultativ – ein Konzernbetriebsrat errichtet werden kann; von Bedeutung ist der Konzern daneben aber z.B. auch in §§ 8 Abs. 1, 18a Abs. 3 S. 1, 76a Abs. 2 S. 2, 87 Abs. 1 Nr. 8, 88 Nr. 2, 112 Abs. 5 Nr. 2 BetrVG. Dennoch ist der Begriff des Konzerns – ebenso wie im gesamten Arbeitsrecht – auch für das Betriebsverfassungsrecht nicht spezifisch definiert. Vielmehr knüpft der Konzernbegriff des BetrVG in der Regel mit Verweis auf die Bestimmung des § 18 Abs. 1 AktG (vgl. etwa §§ 8 Abs. 1, 54 BetrVG) an die gesellschaftsrechtliche Rechtslage an. Danach bilden ein herrschendes und ein oder mehrere abhängige Unternehmen (vgl. § 17 AktG) einen Unterordnungskonzern, wenn die abhängigen Unternehmen unter der einheitlichen Leitung des herrschenden Unternehmens zusammengefasst sind (BAG 29.11.1989 AP Nr. 3 zu § 10 ArbGG 1979).

Konzern i.S.d. § 18 Abs. 1 AktG

„Ein Konzern ist unabhängig von seiner Ausgestaltung trotz einheitlicher Leitung kein einheitliches Unternehmen, sondern der Zusammenschluss rechtlich selbständiger Unternehmen, die trotz des Zusammenschlusses ihre rechtliche Selbständigkeit als Unternehmen nicht verlieren. Im Unterschied zum ‚Konzern' spricht das BetrVG deshalb auch ausdrücklich von ‚dem Konzernunternehmen' (vgl. § 58 Abs. 1 BetrVG)." (BAG 29.11.1989 AP Nr. 3 zu § 10 ArbGG 1979)

Der sog. Gleichordnungskonzern nach § 18 Abs. 2 AktG ist betriebsverfassungsrechtlich grundsätzlich nicht relevant.

2. Betriebsratsfähiger Betrieb (Schwellenwert)

Nach § 1 Abs. 1 BetrVG ist ein Betrieb nur dann betriebsratsfähig, wenn in diesem in der Regel **mindestens fünf ständige wahlberechtigte Arbeitnehmer, von denen drei wählbar sind,** beschäftigt werden. Nach § 1 Abs. 1 S. 2 BetrVG gelten diese allgemeinen Voraussetzungen auch für gemeinsame Betriebe mehrerer Unternehmen (siehe unter § 147 IV 4).

Fünf ständig wahlberechtigte Arbeitnehmer

Es muss sich um Arbeitnehmer i.S.d. § 5 Abs. 1 BetrVG handeln (siehe unter § 147 IV 4). Die in § 5 Abs. 2 BetrVG umschriebenen Personen und leitende Angestellte im Sinne des § 5 Abs. 3 BetrVG (siehe unter § 147 III 3) dürfen bei der Frage, wann ein Betrieb betriebsratsfähig ist, nicht mitberücksichtigt werden. Leiharbeitnehmer sind zwar unter den Voraussetzungen des § 7 S. 2 BetrVG (ausnahmsweise) im Entleiherbetrieb wahlberechtigt. Sie zählen aber nicht zu den „ständigen wahlberechtigten Arbeitnehmern" i.S.d. § 1 BetrVG, da sie gerade nur vorübergehend im Unternehmen des Entleihers tätig werden (siehe unter § 147 III 2 b).

Fünf Arbeitnehmer

Liegen die Voraussetzungen des § 1 BetrVG für die Errichtung eines Betriebsrats vor, so ist der Betrieb **betriebsratsfähig**. Ein Betriebsrat **kann** damit, **muss** aber nicht gewählt werden. Vielmehr liegt die Entscheidung hierüber allein bei den Arbeitnehmern des Betriebs. Da das BetrVG für die Errichtung von Betriebsräten die Beschäftigung von mindestens fünf Arbeitnehmern verlangt, werden Betriebsräte in **Kleinstbetrieben** nicht gewählt. Falls allerdings neben dem Kleinstbetrieb ein Hauptbetrieb besteht, kann der Kleinstbetrieb nach § 4 Abs. 2 BetrVG dem **Hauptbetrieb zugeordnet** werden, so dass er dann von dem Betriebsrat des Hauptbetriebs mitvertreten wird.

„Ständig" Beschäftigte

Die Mindestzahl von fünf Arbeitnehmern ist Voraussetzung für die erstmalige Wahl eines Betriebsrats wie auch für dessen Wiederwahl und Fortbestand. Wenn die Zahl der ständig beschäftigten wahlberechtigten Arbeitnehmer nicht nur vorübergehend unter diese Zahl sinkt, endet das Amt des Betriebsrats. Wesentlich ist damit, welche Arbeitnehmer als ständig Beschäftigte angesehen werden können: Insoweit ist auf die jeweilige **Arbeitsaufgabe**, die ein Arbeitnehmer im Rahmen des Betriebs übernehmen soll, abzustellen. Es kommt nicht darauf an, ob der einzelne Arbeitnehmer schon längere Zeit im Betrieb beschäftigt wird. Vielmehr ist entscheidend, dass der Arbeitnehmer nicht nur vorübergehend, sondern einen erheblichen Zeitraum dem Betrieb angehören und in diesen eingegliedert werden soll.

⇨ **Beispiele:**

- **Aushilfen** oder **Saisonarbeiter**, die von vornherein wegen einer begrenzten Arbeitsaufgabe nur vorübergehend beschäftigt werden sollen, gehören nicht zu den ständig Beschäftigten.
- Bei befristet eingestellten **Vertretungskräften** für zeitweilig ausfallendes Stammpersonal sind nicht sowohl die Stammarbeitnehmer als auch die Vertretungskräfte als in der Regel beschäftigte Arbeitnehmer des Betriebes i.s.v. § 9 BetrVG zu berücksichtigen (BAG 15.3.2006 – EzAÜG BetrVG Nr. 93).
- **Unerheblich** ist, ob ein Arbeitnehmer nur **befristet beschäftigt** wird, wenn nur die Aufgabe, die er wahrnimmt, dauerhaft im Betrieb erledigt werden muss. Auch wer zur Probe befristet

IV. Sachlicher Geltungsbereich § 147

eingestellt wird, gehört zu den ständig Beschäftigten (RICHARDI/ RICHARDI § 1 Rn. 114 m.w.N.).

Auf die Arbeitszeit stellt der Begriff „ständig" dagegen nicht ab. Auch der nur Teilzeitbeschäftigte zählt voll zu den „ständig" Beschäftigten, sofern die Beschäftigung für unbestimmte und nicht nur vorübergehende Zeit vorgesehen ist. Anders als § 23 KSchG kennt das BetrVG damit keine quotale Berücksichtigung. Die **Betriebsgröße** wird **pro Kopf** ermittelt. *[Arbeitszeit irrelevant]*

Nach § 1 BetrVG ist weitere Voraussetzung der Betriebsratsfähigkeit, dass mindestens fünf ständige Arbeitnehmer **„in der Regel"** dem Betrieb angehören. Die Vorschrift stellt mithin – wie auch eine Anzahl weiterer Bestimmungen des BetrVG (vgl. §§ 9 Abs. 1, 14 Abs. 6, 99 Abs. 1, 106 Abs. 1, 110 Abs. 1, 111 S. 1 und 116 Abs. 2 BetrVG) – nicht auf den vorübergehenden Beschäftigungsstand an einem Stichtag ab. Vielmehr kommt es auf den „normalen" Zustand des im regelmäßigen Gang befindlichen Betriebs an. Zeiten außergewöhnlich gesteigerter Tätigkeit bleiben ebenso unberücksichtigt, wie Zeiten vorübergehenden Arbeitsrückgangs. Es muss folglich in die Vergangenheit geblickt und die zukünftige Entwicklung eingeschätzt werden (BAG 22.2.1983 AP Nr. 7 zu § 113 BetrVG 1972): *[„In der Regel" Beschäftigte]*

„Allerdings kommt es nicht auf die zufällige tatsächliche Beschäftigtenzahl im Zeitpunkt der Entstehung der Beteiligungsrechte des Betriebsrats an; maßgebend ist vielmehr die Regelarbeitnehmerzahl. Dies ist nicht die durchschnittliche Beschäftigtenzahl eines bestimmten Zeitraums, sondern die normale Beschäftigtenzahl, also diejenige Personalstärke, die für den Betrieb im Allgemeinen kennzeichnend ist. [...] Zur Feststellung der regelmäßigen Beschäftigtenzahl bedarf es nach der Rechtsprechung des Senats eines Rückblicks auf die bisherige personelle Stärke des Betriebs und einer Einschätzung der zukünftigen Entwicklung." (BAG 22.2.1983 AP Nr. 7 zu § 113 BetrVG 1972)

⊃ **Beispiele zur Bestimmung der Beschäftigtenzahl:**
- Auch wenn Aushilfskräfte nicht zu den ständig Beschäftigten zählen, können sie mitberücksichtigt werden, soweit eine bestimmte Anzahl regelmäßig zur Erfüllung einer Arbeitsaufgabe beschäftigt wird (LAG Düsseldorf 26.9.1990 DB 1990, 238).
- Beurlaubte, Kranke, wegen Wehr- oder Zivildienst, Elternzeit oder Mutterschutz Abwesende (BAG 19.7.1983 AP Nr. 23 zu § 113 BetrVG 1972) zählen ebenfalls mit, nicht aber ihre Vertreter.
- Zur Berufsausbildung Beschäftigte, Volontäre, Umschüler und Praktikanten müssen mitgezählt werden, Helfer im freiwilligen sozialen Jahr jedoch nicht (BAG 12.2.1992 AP Nr. 52 zu § 5 BetrVG 1972).

3. Bestimmung des „Nukleus" der Betriebsverfassung
a) Der Betriebsbegriff
aa) Traditionelle Begriffsbildung

Betriebsbegriff

Der Betriebsbegriff ist gesetzlich nicht definiert. Auch der Gesetzgeber des neugefassten BetrVG 2001 hat sich an eine Definition des Betriebsbegriffs nicht herangewagt. Mittels einer systematischen Auslegung oder einer Abgrenzung zu anderen betriebsverfassungsrechtlichen Vorschriften, so insbesondere zu § 4 BetrVG, lassen sich ebenfalls keine Rückschlüsse auf den Betriebsbegriff ziehen.

Betriebsbegriff nach Jacobi

So herrscht bis heute nach fast allgemeiner Meinung ein dem Gesetz vorgelagerter abstrakter Betriebsbegriff, dessen Grundsteine ERWIN JACOBI 1926 gelegt hat (Betrieb und Unternehmen als Rechtsbegriffe FS für Ehrenberg S. 1 ff.). Betrieb ist nach JACOBI „die Vereinigung von persönlichen, sächlichen und immateriellen Mitteln zur fortgesetzten Verfolgung eines von einem oder mehreren Rechtssubjekten gemeinsam gesetzten technischen Zweckes". Diese Definition blieb bis heute weitgehend unangetastet und wurde sogar häufig auf das gesamte Arbeitsrecht übertragen.

Die Auffassung des BAG

Das BAG (BAG 14.9.1988 AP Nr. 9 zu § 1 BetrVG 1972; BAG 18.1.1990 AP Nr. 9 zu § 23 KSchG 1969) ist – mit wenigen Ausnahmen – bis heute im Grundsatz der Auffassung, es gebe einen allgemeinen Betriebsbegriff, der dem Gesetz vorgegeben sei und sowohl für das Betriebsverfassungsgesetz als auch für das Individualarbeitsrecht einheitlich zu bestimmen sei (hierzu ablehnend bereits siehe unter § 11 I 2). Die Kritik von JOOST (Betrieb und Unternehmen als Grundbegriffe im Arbeitsrecht, 1988), den Betriebsbegriff einer **teleologischen**, an den jeweiligen Normzusammenhang anknüpfenden Begriffsbestimmung zuzuführen, trägt langsam Früchte.

Anpassung des Betriebsbegriffs an moderne Betriebsstrukturen

Zu fragen ist, ob der tradierte Betriebsbegriff nicht im Blick auf moderne, flexible Betriebsstrukturen überdacht werden muss. Die abstrakte Begriffsbildung führte zu stimmigen Resultaten, als der klassische Betrieb noch einen mit Personalvollmachten versehenen Leiter hatte und regelmäßig eine räumliche Einheit bildete. In der gegenwärtigen Zeit, in der es zunehmend zu Unternehmens- und Betriebsaufspaltungen, Ausgliederungen, Betriebsstilllegungen oder zergliederten Dienstleistungseinheiten kommt, gerät die abstrakte Begriffsbildung allerdings ins Wanken und kann diese Strukturveränderungen kaum sachadäquat erfassen. Es ist daher erforderlich, dem Betriebsbegriff eine zeitgemäße Definition mit Blick auf den Sinn und Zweck des BetrVG zuzuführen.

bb) Teleologische Begriffsbildung

Sinn und Zweck des Betriebsbegriffs

Der Betrieb stellt die **unterste Organisationseinheit** für das gesamte BetrVG dar. Er ist die „Wurzel der Mitbestimmungsrechte". Kurz formuliert: Ohne den Betrieb gibt es keinen Betriebsrat. Ausgangs-

IV. Sachlicher Geltungsbereich

punkt ist die Frage, warum das BetrVG für die Bildung eines Betriebsrats an den Betrieb anknüpft. Dies kann nur dann geklärt werden, wenn man den Betriebsbegriff in § 1 BetrVG einer **teleologischen Auslegung** unterzieht. Dem Gesetzgeber ging es bei Schaffung der Norm um eine möglichst **arbeitnehmernahe** Ausgestaltung der Mitbestimmungsrechte. Dabei ging er davon aus, dass die Arbeitsleistung der Arbeitnehmer im „Betrieb" erbracht wird. Der Kontakt zwischen den Arbeitnehmern und dem sie vertretenden Betriebsrat sollte möglichst eng sein. Die Arbeitnehmer benötigen einen Ansprechpartner für die betrieblichen Probleme. Dem Betriebsrat muss es möglich sein, sich vor Ort über die Belange der Arbeitnehmer zu informieren bzw. darüber informiert zu werden. Damit der Betriebsrat die Arbeitnehmerinteressen durchsetzen kann, muss er aber auch dort angesiedelt sein, wo sich die **personelle Leitungsmacht** befindet. **Sinn und Zweck** der Festlegung des Betriebsbegriffs im Rahmen des BetrVG ist es daher zum einen, eine **möglichst arbeitnehmernahe Vertretung** zu gewährleisten und **zum anderen** den Betriebsrat **nah an der Entscheidungsebene** anzusiedeln. Dem wird der tradierte Betriebsbegriff allerdings in den meisten Fällen nicht gerecht, allenfalls in Unternehmen oder Betrieben, die noch eine ganz traditionelle Struktur aufweisen. Mit der herkömmlichen Definition können die beiden oben genannten Ziele in modernen Betriebsstrukturen nicht verwirklicht werden. Außerdem bezweckt das BetrVG gerade nicht, die „sächlichen oder immateriellen Arbeitsmittel eines Arbeitgebers" dem betriebsverfassungsrechtlichen Schutz zu unterstellen, sondern vielmehr die persönliche Stellung der Arbeitnehmer zu schützen. Nach herkömmlicher Definition ist es aber nicht ausschlaggebend, dass der Betrieb dort anzusiedeln ist, wo sich die Arbeitnehmer befinden, da sie das Merkmal der „Mitarbeiter" beim Betriebsbegriff nur als Alternativvoraussetzung vorsieht.

Der gesetzliche Verzicht auf eine Definition des Betriebsbegriffs ermöglicht es, den Betriebsbegriff dem gesellschaftlichen Wandel und dem Sinn und Zweck des BetrVG anzupassen bzw. offener zu gestalten und auf diesem Wege die Mitbestimmungsrechte sicherzustellen. Wo der Betrieb zu bilden ist, hängt nach der hier vertretenen Auffassung danach von **drei wesentlichen Kriterien** ab:

- der Art und organisatorischen Struktur des Unternehmens,
- von der Erreichbarkeit der Betriebsvertretung für die Vertretenen (**Arbeitnehmernähe**), insbesondere der räumlichen Nähe,
- von der Organisationsebene, in der personelle Leitung ausgeübt wird (**Entscheidungsnähe**).

Kriterien für die Bildung eines Betriebs

Leitmaxime dieser Kriterien ist, eine möglichst **repräsentationsnahe, effektive Interessenvertretung** in der personellen und sozialen Mitbestimmung sicherzustellen. Dafür bedarf es einer etwas offener ausgestalteten Definition des Betriebsbegriffs im BetrVG als dies bisher nach allgemeiner Meinung der Fall war (zum Ganzen PREIS, RdA 2000, 257 ff.):

Definition des Betriebsbegriffs

„*Betrieb im Sinne des BetrVG ist die organisierte Untergliederung des Tätigkeitsbereichs eines (oder mehrerer) Unternehmen, in dem die personelle oder technische oder organisatorische Umsetzung einer unternehmerischen Zielsetzung unter einheitlicher personeller Leitung erfolgt.*"

Bedeutung der Begriffsbildung

Diese Definition ermöglicht es, den Betrieb dort zu bilden, wo sich die Belegschaft befindet und gewährleistet gleichzeitig, den Betriebsrat nah an der Entscheidungsebene anzusiedeln. Notwendig ist eine **Gesamtbetrachtung**. Dabei darf man nicht von der Fehleinschätzung ausgehen, die unterste Organisationseinheit der betrieblichen Mitbestimmung könne in der differenzierten Wirtschaftswelt durch einen abstrakten, subsumtionsfähigen Betriebsbegriff bestimmt werden (vgl. auch GK-BetrVG/KRAFT § 1 Rn. 35). Vielmehr ist, wie bei § 613a BGB, anhand der aufgezeigten teleologischen Kriterien eine fallorientierte und damit flexible Konkretisierung zu ermöglichen. Zu Recht wird hervorgehoben, dass die Frage, was ein Betrieb ist, von der Organisation des Arbeitgebers abhänge. Ist das Unternehmen zentral organisiert, gibt es für mehrere Arbeitsstätten einen Betriebsrat; bei dezentraler Organisation kann es mehrere örtliche Betriebsräte geben (FITTING § 1 Rn. 72). Dass flexible Unternehmensstrukturen auch eine begriffliche flexible Betriebsverfassung voraussetzen, erscheint unausweichlich. Die Kriterien sind nicht weit entfernt von der herrschenden Handhabung des Betriebsbegriffs. Das erklärt sich daraus, dass der betriebsverfassungsrechtliche Begriff – im Unterschied zu anderen Rechtsgebieten (siehe unter § 11 I 2) – bereits im Ansatz nach teleologischen Kriterien entwickelt worden ist.

➲ **Beispiele:**
- Trifft die Unternehmensleitung selbst die mitbestimmungsrelevanten Entscheidungen für eine oder mehrere Produktions- oder Vertriebsbereiche, liegt in der Regel nur ein Betrieb vor; werden diese Entscheidungen in getrennten selbständigen Leitungsapparaten getroffen, kann man von mehreren Betrieben ausgehen.
- Voraussetzung des einheitlichen Leitungsapparats ist nicht, dass alle mitbestimmungsrelevanten Entscheidungen bei der jeweiligen „Betriebs"leitung fallen. Es kommt vor allem auf die Entscheidungskompetenz in sozialen (§§ 87 ff. BetrVG) und personellen (§§ 92 ff. BetrVG) Fragen, nicht aber im Bereich der wirtschaftlich Angelegenheiten (§§ 106 ff. BetrVG) an (BAG 23.9.1982 AP Nr. 3 zu § 4 BetrVG 1972).

Praxis der Bildung der betriebsratsfähigen Einheiten

In der Praxis hat die Unschärfe des Betriebsbegriffs einschließlich der Interpretationsschwierigkeiten zu § 4 BetrVG dazu geführt, dass die Betriebsräte dort gebildet werden, wo es nach der Unterneh-

IV. Sachlicher Geltungsbereich § 147

mensstruktur zweckmäßig erscheint, wohl wissend, dass damit der „Betriebsbegriff" verkannt worden sein könnte. Das BAG hält eine Betriebsratswahl, die auf einer Verkennung des Betriebsbegriffs oder des § 4 BetrVG beruht, nur für anfechtbar (§ 19 BetrVG), aber nicht für nichtig (BAG 19.11.2003 AP Nr. 55 zu § 19 BetrVG 1972). Daraus folgt, dass, wenn eine Anfechtung nicht erfolgt ist, dem Betriebsrat Mitbestimmungsrechte nicht mit dem Argument verwehrt werden können, er sei gar nicht in einer betriebsratsfähigen Einheit gewählt worden (BAG 27.6.1995 AP Nr. 7 zu § 4 BetrVG 1972).

„Bleibt eine Verkennung des Betriebsbegriffs bei der Betriebsratswahl ohne Einfluss auf das Amt des Betriebsrats, weil dessen Wahl nicht angefochten wird, so kann das für die Beteiligungsrechte des Betriebsrats nicht unerheblich sein. Auch für die Ausübung der Beteiligungsrechte muss die Annahme gelten, dass die Einheit, für die der Betriebsrat gewählt worden ist, einen Betrieb im betriebsverfassungsrechtlichen Sinne darstellt. Würde der Betriebsrat wegen der Verkennung des Betriebsbegriffs in der Ausübung seines Amtes beschränkt, so widerspräche dies der in § 19 BetrVG enthaltenen Wertung, nach der ein Rechtsverstoß, der die Wahlanfechtung begründet, unbeachtlich wird, wenn die Anfechtung unterbleibt." (BAG 27.6.1995 AP Nr. 7 zu § 4 BetrVG 1972)

Zweifel, ob ein Nebenbetrieb oder ein Betriebsteil selbständig oder zum Hauptbetrieb zuzuordnen ist, können der Arbeitgeber, jeder beteiligte Betriebsrat, jeder beteiligte Wahlvorstand oder eine im Betrieb vertretene Gewerkschaft nach § 18 Abs. 2 BetrVG gerichtlich klären lassen (siehe unter § 148 III 3).

b) Zuordnung von Betriebsteilen und Kleinstbetrieben

Das Gesetz will einerseits eine möglichst flächendeckende Geltung seiner Vorschriften sowie eine möglichst **arbeitnehmernahe Repräsentation** der Belegschaft durch Betriebsräte erreichen (Richardi/Richardi § 4 Rn. 14). Andererseits soll es aber zu **keiner Aufspaltung von Einheiten** kommen, die wirtschaftlich und organisatorisch als ein Betrieb aufgefasst werden können. Deshalb trifft § 4 BetrVG Bestimmungen über die Einordnung von Betriebsteilen und Kleinstbetrieben.

Betriebsvertretung in selbständigen Betriebsteilen

aa) Betriebsteile

Der Begriff Betriebsteil ist nicht gesetzlich definiert. Betriebsteile sind **räumlich und organisatorisch unterscheidbare Betriebsbereiche**, die wegen ihrer Eingliederung in den arbeitstechnischen Zweck des Gesamtbetriebs allein nicht bestehen könnten. Sie haben **innerhalb des Betriebs eine bestimmte Aufgabe** zu leisten, die sich zwar von den Aufgaben anderer Abteilungen erkennbar unterscheidet, die jedoch in ihrer **Zielsetzung in aller Regel dem arbeitstechnischen Zweck des Gesamtbetriebs** dienen (vgl. BAG 29.1.1992 AP Nr. 1 zu

Definition

§ 7 BetrVG 1972). Die Arbeitnehmer in Betriebsteilen nehmen grundsätzlich an der Betriebsratswahl des Betriebs teil, zu dem der Betriebsteil gehört und werden von dessen Betriebsrat vertreten. Denn in einem Betriebsteil fehlt ein eigener (betriebsverfassungsrechtlicher) Leitungsapparat, der die wesentlichen beteiligungspflichtigen Entscheidungen im personellen und sozialen Bereich selbständig trifft.

Zuordnung

Betriebsteile sind dem (Haupt-)Betrieb zuzuordnen, es sei denn, sie erfüllen die Voraussetzungen des § 4 Abs. 1 BetrVG.

Voraussetzungen der Betriebsratsfähigkeit

Danach kann in Betriebsteilen nur dann ein selbständiger Betriebsrat gewählt werden, wenn sie

- die **Mindestzahl** wahlberechtigter und wählbarer Arbeitnehmer erreichen, die für die Wahl des Betriebs erforderlich sind (§ 1 Abs. 1 S. 1 BetrVG) **und**
- entweder **räumlich** weit vom Hauptbetrieb **entfernt** (Nr. 1) oder
- durch Aufgabenbereich und Organisation relativ **eigenständig** (Nr. 2) sind.

Voraussetzung „räumlich weiter Entfernung"

Ob ein Betriebsteil i.S.d. des § 4 Abs. 1 Nr. 1 BetrVG „räumlich weit vom Hauptbetrieb entfernt" ist, entscheidet sich nicht allein unter dem Gesichtspunkt der tatsächlichen (objektiven) Entfernung. Vielmehr ist entscheidend, ob eine ordnungsgemäße Betreuung der Belegschaft und eine effektive Interessenvertretung trotz der gegebenen Entfernung durch den Betriebsrat des Hauptbetriebs möglich ist (BAG 21.6.1995 AP Nr. 16 zu § 1 BetrVG 1972).

„Denn der Zweck der Regelung [...] besteht darin, den Arbeitnehmern von Betriebsteilen eine effektive Vertretung durch einen eigenen Betriebsrat zu ermöglichen, wenn wegen der räumlichen Trennung des (Haupt-)Betriebs von dem Betriebsteil die persönliche Kontaktnahme zwischen Betriebsrat und den Arbeitnehmern im Betriebsteil so erschwert ist, dass der Betriebsrat die Interessen dieser Arbeitnehmer nicht mit der nötigen Intensität und Sachkunde wahrnehmen kann und sich die Arbeitnehmer nur unter erschwerten Bedingungen an den Betriebsrat wenden können (BAG Beschluss vom 24.9.1968 – 1 ABR 4/68 – AP Nr. 9 zu § 3 BetrVG) oder Betriebsratsmitglieder, die in dem Betriebsteil beschäftigt sind, nicht kurzfristig zu Sitzungen im Hauptbetrieb kommen können [...]. Maßgeblich ist also sowohl die leichte Erreichbarkeit des Betriebsrats aus Sicht der Arbeitnehmer wie auch umgekehrt die Erreichbarkeit der Arbeitnehmer für den Betriebsrat [...]. Ein im Wesentlichen auf telefonische Kontakte angewiesenes Zusammenwirken des Betriebsrats mit der Belegschaft eines Betriebsteils wird grundsätzlich den Anforderungen sachgemäßer Betriebsarbeit nicht genügen. Andererseits schließt auch eine gute Verkehrsbindung eine ‚räumlich weite Entfernung' nicht aus, wenn eine echte Gemeinschaft zwischen den Arbeitnehmern des Betriebs und des Betriebsteils nicht mehr gegeben ist. In diesen Fällen sollen Betriebe ihre eigenen Betriebsräte bilden." (BAG 21.6.1995 AP Nr. 16 zu § 1 BetrVG 1972).

IV. Sachlicher Geltungsbereich § 147

Zu dem Erfordernis einer räumlichen Entfernung gibt es eine umfangreiche Kasuistik. Wegen der **Relativität der Bewertungsfaktoren**, auf die zur Bestimmung des Tatbestandsmerkmals „räumlich weite Entfernung" zurückzugreifen ist, ist keine verallgemeinerungsfähige Grenzziehung nach Entfernungskilometern möglich. Es ist vielmehr auf eine **Gesamtbetrachtung** zurückzugreifen. Neuerdings lässt es das BAG zu, **ergänzend in der Gesamtabwägung** die immer weiter fortschreitenden technischen Kommunikationsmöglichkeiten zu berücksichtigen, die sich gerade für die erste Kontaktaufnahme mit dem Betriebsrat anbieten (BAG 14.1.2004 – 7 ABR 26/03 – n.v., enger allerdings BAG 7.5.2008 – 7 ABR 15/07 – : allein räumliche Entfernung entscheidend).

Umfangreiche Kasuistik

⊃ **Beispiele:**
– Ein Auslieferungslager, das vom Stammbetrieb mit einem Pkw in ca. 25 Minuten bei einer Straßenentfernung von 22 km zu erreichen ist und in dem in personellen und sozialen Angelegenheiten keine nennenswerten Entscheidungen zu treffen sind, ist nicht betriebsratsfähig i.S.v. § 4 BetrVG (BAG 17.2.1983 AP Nr. 4 zu § 4 BetrVG 1972).
– Die Göttinger Filiale eines Lebensmittelfilialunternehmens mit Sitz in Kassel ist angesichts der Verkehrsverbindungen und Kommunikationsmöglichkeiten räumlich nicht weit vom Hauptbetrieb entfernt, wenn die Betriebsstätte in Göttingen am Zubringer zur Autobahn Kassel-Göttingen liegt und der Bus vom Hauptbahnhof Göttingen eine Fahrtzeit von ungefähr 10 Minuten bis zu dieser Betriebsstätte hat (vgl. BAG 24.2.1976 AP Nr. 2 zu § 4 BetrVG 1972). Letztlich entscheidend soll jedoch allein die Erreichbarkeit mit öffentlichen Verkehrsmitteln sein (BAG 7.5.2008 – 7 AZR 15/07).

Zu beachten ist, dass andere arbeitsrechtliche Vorschriften, wie insbesondere § 23 KSchG, nicht zwischen Betrieb und räumlich entferntem Betriebsteil, der als selbständiger Betrieb gilt, differenzieren. Konkret bedeutet dies, dass die Sozialauswahl trotz der Regelung des § 4 Abs. 1 Nr. 1 BetrVG bei lediglich räumlich weiter Entfernung nicht auf Betriebsteile oder Betriebsabteilungen beschränkt werden kann (BAG 3.6.2004 AP Nr. 141 zu § 102 BetrVG 1972).

Keine Übertragung auf § 1 KSchG

Zudem ist zumindest das Bestehen einer eigenen Leitung, die Weisungsrechte des Arbeitgebers ausübt, erforderlich (BAG 20.6.1995 AP Nr. 8 zu § 4 BetrVG 1972). Ein Mindestmaß an organisatorischer Selbständigkeit gegenüber dem Hauptbetrieb genügt. Maßgeblich ist das Bestehen einer Leitung, die überhaupt Weisungsrechte des Arbeitgebers ausübt. Diese Weisungsrechte müssen sich nicht auf sämtliche mitbestimmungspflichtige Angelegenheiten erstrecken (BAG 19.2.2002 AP Nr. 13 zu § 4 BetrVG 1972).

Eigenständige personelle Leitung

477

⊃ **Beispiel:**
Das Deutsche Symphonieorchester ist Betriebsteil der Rundfunk-Orchester und Chöre GmbH, weil der Orchesterdirektor mit dem Chefdirigenten die Entscheidung über die Einstellung von Musikern trifft. Ferner werden Abmahnungen und Kündigungen von der GmbH als Arbeitgeberin nur auf Wunsch des Orchesterdirektors ausgesprochen; Dienst- und Urlaubspläne werden ausschließlich von dem Orchesterdirektor erstellt (BAG 21.7.2004 AP Nr. 15 zu § 4 BetrVG 1972).

Teilnahme an der Wahl im Hauptbetrieb

Nach § 4 Abs. 1 S. 2 BetrVG besteht aber auch die Möglichkeit, dass die Arbeitnehmer eines selbständigen Betriebsteils, in dem kein eigener Betriebsrat besteht bzw. gewählt wurde, mit Stimmenmehrheit formlos beschließen, anstelle der Wahl eines ortsnahen bzw. eigenen Betriebsrats an der Wahl des Betriebsrats im Hauptbetrieb teilzunehmen.

bb) Kleinstbetriebe

Definition und Zuordnung

Kleinstbetriebe sind Betriebe, die den Schwellenwert von **fünf Arbeitnehmern** (§ 1 Abs. 1 S. 1 BetrVG) nicht erreichen. Sie sind stets dem Hauptbetrieb zuzuordnen (§ 4 Abs. 2 BetrVG).

Zweck der Kleinstbetriebsregelung

Durch diese Regelung soll gewährleistet werden, dass die in – nicht betriebsratsfähigen – **Kleinstbetrieben** eines Unternehmens tätigen Arbeitnehmer **nicht von einer kollektiven Interessenvertretung ausgeschlossen** sind. Mit dieser Bestimmung wird zudem verhindert, dass Arbeitnehmer innerhalb eines Unternehmens nur deshalb vertretungslos bleiben, weil es sich aus zergliederten Kleinstbetrieben zusammensetzt und diese in keinem bestimmten Verhältnis zu einem anderen Betrieb stehen. Das Gesetz bestätigt damit die schon seit langem anerkannte Rechtsprechung des BAG (BAG 3.12.1985 AP Nr. 28 zu § 99 BetrVG 1972). Die **Ausgliederung von Betriebsabteilungen** kann also nicht dazu führen, dass ein Betrieb, in dem an sich ein Betriebsrat gewählt werden könnte, durch Zersplitterung in einzelne, weit vom Hauptbetrieb entfernte kleine Betriebsteile die Eigenschaft verliert, einen Betriebsrat besitzen zu können.

Arbeitstechnischer Zweck unerheblich

Wenn kleine selbständige Betriebe, deren arbeitstechnischer Zweck in einer Hilfsfunktion für den Hauptbetrieb besteht, auf jeden Fall eine Betriebsvertretung haben sollen, so muss dies erst recht für kleine selbständige Betriebe gelten, deren arbeitstechnischer Zweck der gleiche ist wie der des Hauptbetriebs. Aus diesem Grunde hat der Gesetzgeber die Zuordnungsregelung des § 4 Abs. 2 BetrVG nicht mehr nur auf Nebenbetriebe beschränkt (RICHARDI/RICHARDI § 4 Rn. 46).

Zuordnung bei mehreren betriebsratsfähigen Betrieben

Unklar ist, wenn ein Unternehmen mehrere Betriebe hat, welcher dieser Betriebe „Hauptbetrieb" i.S.d. § 4 Abs. 2 BetrVG ist, dem die nicht betriebsratsfähigen Teile zuzuordnen sind. Aus der Systematik des § 4 BetrVG ergibt sich, dass insoweit dem Gesichtspunkt der

IV. Sachlicher Geltungsbereich § 147

räumlichen Nähe ausschlaggebende Bedeutung zukommt. **Hauptbetrieb** im Sinne des § 4 Abs. 2 BetrVG ist deshalb der **räumlich nächstgelegene betriebsratsfähige Betrieb** oder **selbständige Betriebsteil** (RICHARDI/RICHARDI § 4 Rn. 47; FITTING, § 4 Rn. 10: Anders sieht dies das BAG: Die räumliche Komponente soll nur Bedeutung erlangen, wenn sich nicht ein betriebsratsfähiger Betrieb finden lässt, in dem auch personelle Leitungsfunktionen für den Kleinstbetrieb wahrgenommen werden. Wird die Leitung des nicht betriebsratsfähigen Betriebs in personellen und sozialen Angelegenheiten von der Leitung eines der anderen Betriebe beratend unterstützt, ist dieser Betrieb Hauptbetrieb i.S.v. § 4 Abs. 2 BetrVG (BAG 17.1.2007 AP Nr. 18 zu § 4 BetrVG 1972).

cc) Nebenbetriebe

Nebenbetriebe sind Betriebe, die die Voraussetzungen des § 1 Abs. 1 S. 1 BetrVG nicht erfüllen und arbeitstechnische Hilfsfunktionen für den Hauptbetrieb wahrnehmen. Das geltende BetrVG erwähnt im Gegensatz zur vorherigen Rechtslage in § 4 BetrVG a.F. nicht mehr ausdrücklich den Begriff der Nebenbetriebe. § 4 Abs. 2 BetrVG umfasst nunmehr nicht nur **Kleinstbetriebe**, sondern auch die nach früherer Rechtslage in § 4 BetrVG a.F. genannten Nebenbetriebe. Der Begriff des Nebenbetriebs hat dadurch seine selbständige Bedeutung verloren (RICHARDI/RICHARDI § 4 Rn. 6). Da der Gesetzgeber den Begriff des Hauptbetriebs aufrechterhalten hat und § 4 Abs. 2 BetrVG bestimmt, dass „**Betriebe**, die die Voraussetzungen des § 1 Abs. 1 S. 1 BetrVG nicht erfüllen, dem Hauptbetrieb zuzuordnen sind", kann daraus nur der Schluss gezogen werden, dass die dort genannten Betriebe als „**Nebenbetriebe**" anzusehen sind. § 4 Abs. 2 BetrVG differenziert nicht mehr danach, ob der jeweilige Betrieb arbeitstechnische Hilfsfunktionen wahrnimmt oder einen anderen arbeitstechnischen Zweck als der Hauptbetrieb verfolgt.

Keine selbständige Bedeutung in § 4 BetrVG

Der Unterschied zwischen einem **Nebenbetrieb** und einem **Betriebsteil** ist hingegen auch nach der neuen Gesetzeslage von Bedeutung, da ein Betriebsteil nur dann einen eigenen Betriebsrat wählen kann, wenn er die Voraussetzungen des § 4 Abs. 1 BetrVG erfüllt, also über mindestens fünf wahlberechtigte Arbeitnehmer verfügt und entweder räumlich weit vom Hauptbetrieb entfernt ist oder durch Aufgabenbereich und Organisation eigenständig ist. Der Nebenbetrieb kann dagegen stets einen eigenen Betriebsrat wählen, wenn er nach § 1 Abs. 1 BetrVG betriebsratsfähig ist. Nebenbetriebe sind **organisatorisch selbständige Betriebe**, die unter **eigener Leitung** auch einen **eigenen Betriebszweck** verfolgen, also alle Voraussetzungen eines Betriebs erfüllen, **jedoch in ihrer Aufgabenstellung meist auf die Hilfestellung für einen Hauptbetrieb ausgerichtet** sind und den dort erstrebten Betriebszweck unterstützen (BAG 17.2.1983 AP Nr. 4 zu § 4 BetrVG 1972; 25.9.1986 AP Nr. 7 zu § 1 BetrVG 1972). Für sie ist **grundsätzlich ein eigener Betriebsrat zu wählen**. Nur wenn sie die Mindestbeschäftigtenzahl (§ 1 BetrVG) nicht erreichen, werden sie gem. § 4 Abs. 2 BetrVG dem Hauptbetrieb zugeordnet (BAG 3.12.1985 AP Nr. 28 zu § 99 BetrVG 1972). Insoweit hat sich an der Rechtslage nichts geändert.

4. Der so genannte Gemeinschaftsbetrieb mehrerer Unternehmen

Literatur: ANNUSS, Grundfragen des gemeinsamen Betriebs, NZA-Sonderheft 2001, 12; KREUTZ, Gemeinsamer Betrieb und einheitliche Leitung, FS Richardi (2007), S. 637; SCHMIDT, Gemeinschaftsbetriebe und Gesamtbetriebsrat, Personalrecht im Wandel, FS Küttner (2006), S. 499; ZÖLLNER, Gemeinsame Betriebsnutzung, FS Semler (1993), S. 995.

Gemeinsame Organisation

Nach § 1 Abs. 1 S. 2 BetrVG können Betriebsräte auch in gemeinsamen Betrieben mehrerer Unternehmen gebildet werden. Das bedeutet: ein Betrieb hat nicht einen Betriebsinhaber, sondern die in einem Betrieb Beschäftigten sind arbeitsvertraglich an mehrere Arbeitgeber gebunden. Eine gesetzliche Definition des Gemeinschaftsbetriebs gibt es nicht. § 1 Abs. 1 S. 2 BetrVG erkennt nur das Phänomen des gemeinsamen Betriebs mehrerer Unternehmen an. Ein gemeinsamer Betrieb liegt dann vor, wenn mehrere Unternehmen gemeinsam die personelle oder technische oder organisatorische Umsetzung einer unternehmerischen Zielsetzung unter einheitlicher personeller Leitung verfolgen. Diese Konstruktion war bis zur Novellierung des BetrVG bereits ausdrücklich in § 322 Abs. 1 UmwG anerkannt.

⇨ **Beispiele für einen gemeinsamen Betrieb:**
- Zwei Versicherungsgesellschaften betreiben gemeinsam ein „Call-Center", in dem rund um die Uhr Schadensfälle gemeldet werden können.
- Arbeitsgemeinschaften von Baugesellschaften für gemeinsame Bauprojekte (sog. ARGE).

Voraussetzungen nach der BAG-Rechtsprechung

Nach Auffassung des BAG setzt die Bildung eines gemeinsamen Betriebs durch zwei oder mehrere Unternehmen voraus, dass die in einer Betriebsstätte vorhandenen materiellen und immateriellen Betriebsmittel für den oder die arbeitstechnischen Zwecke zusammengefasst, geordnet und gezielt eingesetzt werden, der Einsatz von einem einheitlichen Leitungsapparat gesteuert wird und dass die beteiligten Unternehmen sich zu gemeinsamer Führung des Betriebs rechtlich verbunden, mithin eine **rechtliche Vereinbarung** (Führungsvereinbarung) über die einheitliche Leitung des gemeinsamen Betriebs geschlossen haben (BAG 11.12.2007 NZA-RR 2008, 298; BAG 25.11.1980 AP Nr. 2 zu § 1 BetrVG 1972; BAG 7.8.1986 AP Nr. 5 zu § 1 BetrVG 1972, mit ausführlicher Darstellung der Gegenmeinung). Mindestvoraussetzung ist ferner eine **gemeinsame Betriebsstätte** (BAG 13.8.2008 – 7 ABR 21/07).

Einheitlicher Leitungsapparat

Wie beim allgemeinen Betriebsbegriff ist eine wesentliche Voraussetzung ein einheitlicher Leitungsapparat für den gemeinsamen Betrieb, der die wesentlichen mitbestimmungsrelevanten Entscheidungen im sozialen und personellen Bereich trifft. Nicht ausreichend ist die rein unternehmerische Zusammenarbeit, etwa auf der Basis von Organ- oder Beherrschungsverträgen (BAG 14. 91 988 AP Nr. 9 zu § 1 BetrVG 1972).

⊃ **Beispiel:**
Ein Gemeinschaftsbetrieb wird auch noch nicht durch die bloße Konzernweisung einer Konzernholding an das Tochterunternehmen begründet, bestimmte Aufgaben zu erledigen (BAG 29.4.1999 AP Nr. 21 zu § 23 KSchG 1969).

Die Konstruktion des Gemeinschaftsbetriebs ist aus der klassischen Betriebsstruktur als Frage des Betriebsverfassungsrechts hervorgegangen. Als Phänomen ist der Gemeinschaftsbetrieb schon lange bekannt. Der Gemeinschaftsbetrieb erzeugt **zahlreiche Rechtspflichten** im BetrVG und KSchG:

Juristische Problematik des Gemeinschaftsbetriebs

– wechselseitige Zurechnung der Arbeitnehmer,
– unternehmensübergreifende Weiterbeschäftigungspflicht (vgl. BAG 13.6.1985 AP Nr. 10 zu § 1 KSchG 1969)
– Erstreckung der Sozialauswahl auf den Gemeinschaftsbetrieb, vorausgesetzt, er besteht im Zeitpunkt der Kündigung noch (BAG 29.11.2007 AP Nr. 95 zu § 1 KSchG 1969 Soziale Auswahl);
– Betriebsratsanhörung nach § 102 BetrVG (BAG 19.11.2003 AP Nr. 19 zu § 1 BetrVG 1972 Gemeinsamer Betrieb).

Diese können allerdings nicht mit einem vorgesetzlichen organisationsrechtlichen „Betriebsbegriff" gerechtfertigt werden. Eine solche Pflichtenerweiterung kann nur aus einem **rechtsgeschäftlichen, gesetzlichen oder ggf. konzernrechtlichen Zurechnungstatbestand** hergeleitet werden. Deshalb ist auch richtig, dass der Kern der gemeinschaftsbetrieblichen Zurechnung in der Voraussetzung einer **ausdrücklichen oder konkludenten Führungsvereinbarung** liegt. Die Existenz einer Führungsvereinbarung kann nach Auffassung des BAG aus den tatsächlichen Umständen geschlossen werden (BAG 25.5.2005 DB 2005, 1914; BAG 11.2.2004 AP Nr. 22 zu § 1 BetrVG 1972 Gemeinsamer Betrieb). Sie muss aber rechtfertigen können, dass den unterschiedlichen Rechtsträgern wechselseitig das Beschäftigungsrisiko aufgebürdet wird (vgl. auch RICHARDI/RICHARDI § 1 Rn. 71). Nur unter dieser Prämisse kann der BAG-Rechtsprechung gefolgt werden (ebenso ZÖLLNER, FS Semler (1993), S. 995, 1005). Eine solche Führungsvereinbarung genügt insbesondere im Konzernverbund für die individualarbeitsrechtliche Zurechnung, ohne dass es auf weitere Voraussetzungen betriebsverfassungsrechtlicher Begriffsakrobatik (einheitlicher Leitungsapparat etc.) ankommt. Überdies können „Betriebe" als organisatorische Einheit keine „Führungsvereinbarung" treffen. Dies kann nur durch die **Rechtsträger**, d.h. die verbundenen Unternehmen selbst erfolgen. Die Legitimation des sog. Gemeinschaftsbetriebs wird somit zum Zurechnungstatbestand zu Lasten der verbundenen Rechtsträger. Vor diesem Hintergrund ist es auch konsequent, dass das BAG in jüngster Zeit – unabhängig vom Begriff des Gemeinschaftsbetriebs – eine kündigungsrechtliche Zusammenrechnung (Geltungsbereich, Weiterbeschäftigung) von der einheitlichen Führung abhängig macht (BAG 12.11.1998 AP Nr. 20 zu § 23 KSchG 1969).

Vermutungsregel des § 1 Abs. 2 BetrVG

Durch das BetrVG 2001 ist eine Vermutungsregel eingeführt worden (§ 1 Abs. 2 BetrVG), die die Feststellung der Voraussetzungen des Gemeinschaftsbetriebs in der Praxis **erleichtern** soll (BAG 11.2.2004 AP Nr. 2 zu § 1 BetrVG 1972 Gemeinsamer Betrieb). Danach wird ein Gemeinschaftsbetrieb vermutet, *"wenn zur Verfolgung arbeitstechnischer Zwecke die Betriebsmittel sowie die Arbeitnehmer von den Unternehmen gemeinsam eingesetzt werden"* (Nr. 1) oder *"die Spaltung eines Unternehmens zur Folge hat, dass von einem Betrieb ein oder mehrere Betriebsteile einem an der Spaltung beteiligten anderen Unternehmen zugeordnet werden, ohne dass sich dabei die Organisation des betroffenen Betriebs wesentlich ändert"* (Nr. 2). Die Regelung in Nr. 2 entspricht im Wesentlichen der bereits genannten Bestimmung des bisherigen § 322 Abs. 1 UmwG. Die Vermutungswirkung der Nr. 1 läuft dagegen ins Leere, wenn sich ohnehin der Nachweis führen lässt, dass Betriebsmittel und Arbeitnehmer von mehreren Unternehmen gemeinsam eingesetzt werden. Umgekehrt kann die **Vermutungsregel widerlegt** werden, wenn die beteiligten Rechtsträger nachweisen, dass keine Führungsvereinbarung besteht. **Voraussetzung** für die Vermutungsregel ist der **Nachweis eines gemeinsamen Einsatzes der Betriebsmittel und der Arbeitnehmer zur Verfolgung arbeitstechnischer Zwecke**.

Keine Übertragung auf das Kündigungsschutzrecht

Die Vorschrift des § 1 Abs. 2 BetrVG kann nicht auf das Kündigungsschutzrecht übertragen werden. Es kann mithin kein Gemeinschaftsbetrieb im kündigungsschutzrechtlichen Sinne vermutet werden. Allein die Vermutung des § 1 Abs. 2 BetrVG kann also nicht zu einer unternehmensübergreifenden Sozialauswahl bei der betriebsbedingten Kündigung führen.

Konsequenz

Betriebsverfassungsrechtliche Konsequenz der Annahme eines Gemeinschaftsbetriebs ist, dass für den gemeinsamen Betrieb mehrerer Unternehmen nur **ein Betriebsrat** zu wählen ist. Deshalb kann auch im arbeitsrechtlichen Beschlussverfahren analog § 18 Abs. 2 BetrVG jederzeit festgestellt werden, ob ein einheitlicher Betrieb oder mehrere selbständige Betriebe vorliegen (BAG 25.9.1986 AP Nr. 7 zu § 1 BetrVG 1972; BAG 17.8.2005 – 7 ABR 62/04, n.v.). Wenn der Gemeinschaftsbetrieb aufgelöst ist, weil eines der beiden Unternehmen seine betriebliche Tätigkeit einstellt, wird hierdurch grundsätzlich nicht die Amtszeit des für den Gemeinschaftsbetrieb gewählten Betriebsrats beendet. Er nimmt für die verbleibenden Arbeitnehmer des anderen Unternehmens weiterhin seine Rechte und Pflichten wahr (BAG 19.11.2003 AP Nr. 19 zu § 1 BetrVG 1972 Gemeinsamer Betrieb).

IV. Sachlicher Geltungsbereich § 147

⇨ **Beispiel:**
Die Verwaltungsgebäude und Produktionsstätten der Kurbelwellen GmbH und der Zahnradfabrik GmbH befinden sich auf zwei nebeneinander gelegenen Grundstücken. Beide Unternehmen gehören denselben Gesellschaftern. Die K-GmbH erledigt Lohnabrechnungen, Buchhaltungs- und Kassenführungsarbeiten auch für die Z-GmbH mit. Verschieden sind dagegen die von beiden Firmen hergestellten Produkte: die Z-GmbH fertigt Zahnräder, wogegen die K-GmbH Kurbelwellen herstellt. Als Betriebsratswahlen ins Haus stehen, stellt sich die Frage, ob die Belegschaftsangehörigen beider Gesellschaften einen gemeinsamen Betriebsrat wählen können.

Ein gemeinsamer Betriebsrat kann gewählt werden, wenn die Verwaltungsgebäude und Produktionsstätten sich als einheitlicher Betrieb darstellen, wobei es entscheidend darauf ankommt, ob Leitung und Organisation aufgrund vertraglicher Vereinbarung einheitlich ausgeübt werden (BAG 7.8.1986 AP Nr. 5 zu § 1 BetrVG 1972). Das BAG (17.1.1978 AP Nr. 1 zu § 1 BetrVG 1972) hat das Vorliegen eines gemeinsamen Betriebs im zugrunde liegenden Originalfall verneint: Für einen einheitlichen Betrieb komme es darauf an, ob eine organisatorische Einheit vorliege, mit der ein arbeitstechnischer Zweck fortgesetzt verfolgt werde. Dieser arbeitstechnische Zweck ergebe sich aus den jeweils hergestellten Produkten, die hier verschieden seien. Demgegenüber würden die vorhandenen Gemeinsamkeiten in der Verwaltung und die Identität der Gesellschafter zurücktreten.

Zwar erscheint es dem BAG als möglich, dass ein einheitlicher Betrieb mehrere (verschiedene) arbeitstechnische Zwecke gleichzeitig verfolgt: Die Besonderheit des vorliegenden Falls bestehe jedoch darin, dass sich der jeweilige arbeitstechnische Zweck nahtlos mit dem jeweiligen unterschiedlichen Unternehmenszweck decke. In diesem Fall würden die verschiedenen Unternehmenszwecke notwendig zu selbständigen Betrieben im Sinne des § 1 BetrVG führen.

5. Organisation der Betriebsverfassung durch Kollektivvertrag

Literatur: Annuss, Schwierigkeiten mit § 3 I Nr. 3 BetrVG?, NZA 2002, 290; Kania/Klemm, Möglichkeiten und Grenzen der Schaffung anderer Arbeitnehmervertretungsstrukturen nach § 3 Abs. 3 Nr. 3 BetrVG, RdA 2006, 22; Preis, Auswirkungen der Reform des Betriebsverfassungsgesetzes auf das Kündigungsschutzrecht, in: Bauer/Rieble, Arbeitsrecht 2001, RWS-Forum 21, 2002, S. 83; Richardi, Veränderung der Repräsentationsstrukturen, NZA Sonderheft 2001, 7; Teusch, Organisationstarifvertrag nach § 3 BetrVG, NZA 2007, 124.

Bis zur Neufassung des BetrVG im Jahre 2001 war der Betriebsbegriff als Organisationsbegriff **zwingend**. Er konnte durch die Betriebsparteien nicht abbedungen werden. Modifikationen durch Tarifverträge waren nur unter den engen Voraussetzungen des § 3 BetrVG a.F. zu-

Flexible Betriebszuschnitte

gelassen. Der Gesetzgeber hat jetzt den Tarifpartnern und – subsidiär den Betriebsparteien – in § 3 BetrVG die Möglichkeit gegeben, durch Tarifverträge von dem Betriebsbegriff **abweichende oder diesen ergänzende Organisationsformen** zu vereinbaren. § 3 BetrVG ist ein gesetzgeberischer Kompromiss. Denn an eine Definition des Betriebsbegriffs selbst hat er sich nicht herangewagt. Der neugefasste § 3 BetrVG bietet den Tarifvertragsparteien flexiblere Gestaltungsmöglichkeiten in der Weise, dass sie mit Hilfe von Vereinbarungslösungen Arbeitnehmervertretungen schaffen können, die auf die besondere Struktur des jeweiligen Betriebs, Unternehmens oder Konzerns zugeschnitten sind. § 3 BetrVG sieht im Gegensatz zur früheren Rechtslage nicht mehr das Erfordernis einer staatlichen Zustimmung zu abweichenden Regelungen vor.

⊃ **Beispiele:**
- So wird den Tarifvertragsparteien nach § 3 Abs. 1 Nr. 1 BetrVG ermöglicht, durch Tarifvertrag die Bildung eines **unternehmenseinheitlichen Betriebsrats** oder die **Zusammenfassung mehrerer Betriebe** zu vereinbaren.
- Nach § 3 Abs. 1 Nr. 2 BetrVG können in Unternehmen und Konzernen sog. **Spartenbetriebsräte** gebildet werden.
- Nach § 3 Abs. 1 Nr. 3 BetrVG steht es den Tarifvertragspartnern darüber hinaus frei, **beliebig andere Arbeitnehmervertretungsstrukturen** zu schaffen. Einzige Eingrenzung erfährt dieser weite Tatbestand lediglich dadurch, dass die Arbeitnehmervertretungsstruktur einer wirksamen und zweckmäßigen Interessenvertretung der Arbeitnehmer dient.

Zweck der Regelung

Zweck der Ausnahmeregelung in § 3 BetrVG ist es, über eine andere Zuordnung Organisationseinheiten zu schaffen, die eine **optimale Wahrnehmung der Beteiligungsrechte und eine bestmögliche Betreuung der Arbeitnehmer** ermöglichen. Die **starre Anbindung** des Betriebsrats an den Betrieb als ausschließliche Organisationsbasis soll **gelockert** werden. So können die Tarifpartner in einem Unternehmen mit mehreren Betrieben einen unternehmenseinheitlichen Betriebsrat bilden oder in einem Unternehmen mit mehreren Betrieben jeweils mehrere Betriebe zusammenfassen. Damit ist sowohl eine Zusammenfassung von Betriebsteilen und Nebenbetrieben als auch von selbständigen Betrieben möglich. Voraussetzung hierfür ist allerdings, dass dies die Bildung von Betriebsräten erleichtert oder einer sachgerechten Wahrnehmung der Interessen der Arbeitnehmer dient.

Abweichende Organisation durch Betriebsvereinbarung

Aber nicht nur den Tarifparteien wird nach § 3 BetrVG die Schaffung anderer Organisationsformen ermöglicht, sondern auch den Betriebspartnern wird nach § 3 Abs. 2 BetrVG diese Möglichkeit gegeben. Zu beachten ist allerdings, dass dies wiederum durch den in § 3 Abs. 2 BetrVG genannten Tarifvorbehalt stark eingeschränkt wird. So ist eine Betriebsvereinbarung nur dann zulässig, wenn im Unter-

IV. Sachlicher Geltungsbereich § 147

nehmen zum einen kein Tarifvertrag im Sinne des § 3 BetrVG und zum anderen auch kein anderer Tarifvertrag gilt. So sperrt etwa ein bestehender Entgelttarifvertrag die Schaffung einer betrieblichen Regelung. Betriebsvereinbarungen über andere Arbeitnehmervertretungsstrukturen im Sinne des § 3 Abs. 1 Nr. 3 BetrVG sind den **Betriebspartnern** zudem stets versagt.

Die aufgrund eines Tarifvertrags oder ggf. einer Betriebsvereinbarung nach § 3 Abs. 1 Nr. 1 bis 3 BetrVG gebildeten betriebsverfassungsrechtlichen Organisationseinheiten gelten nach § 3 Abs. 5 BetrVG **nur als Betriebe im Sinne des BetrVG**. Das bedeutet, dass die gebildeten Konstruktionen nicht als Betriebe im Sinne des KSchG gelten können. Das KSchG ist überdies weder tarif- noch betriebsvereinbarungsdispositiv. Dies wirft bei notwendigen Kündigungen große Probleme auf und mindert die praktische Tauglichkeit des § 3 BetrVG (hierzu Preis, a.a.O., S. 83, 103 ff.). Die Betriebsparteien könnten – in Ansehung des hier vertretenen Betriebsbegriffs – gut beraten sein, flexible Betriebszuschnitte außerhalb des § 3 BetrVG zu suchen. Für die Errichtung der Schwerbehindertenvertretung i.S.v. § 94 Abs. 1 S. 1 SGB IX sind die nach § 3 Abs. 1 Nr. 1 bis Nr. 3 BetrVG abweichenden festgelegten Organisationseinheiten jedoch aufgrund der gesetzlichen Verweisung in § 87 Abs. 1 S. 2 SGB IX maßgeblich (BAG 10.11.2004 AP Nr. 4 zu § 3 BetrVG 1972).

Keine Übertragung auf andere Rechtsmaterien

6. Modifikationen des Geltungsbereichs

a) Tendenzbetriebe

Literatur: Bauschke, Tendenzbetriebe – allgemeine Problematik und brisante Themenbereiche, ZTR 2006, 69; Müller, Überlegungen zur Tendenzträgerfrage, FS Hilger und Stumpf (1983), S. 477; Weber, Umfang und Grenzen des Tendenzschutzes im Betriebsverfassungsrecht, NZA Beil. 3/1989, 2.

Nach § 118 Abs. 1 BetrVG findet das BetrVG für Unternehmen und Betriebe mit so genanntem Tendenzcharakter insoweit keine Anwendung, als die Eigenart des Unternehmens oder Betriebs dem entgegensteht. Tendenzunternehmen dienen unmittelbar und überwiegend **politischen, koalitionspolitischen, konfessionellen, karitativen, erzieherischen, wissenschaftlichen oder künstlerischen Bestimmungen oder aber Zwecken der Berichterstattung oder Meinungsäußerung**. Zu den Tendenzbetrieben nach § 118 Abs. 1 BetrVG zählen etwa die Betriebe politischer Parteien, der Gewerkschaften sowie der Arbeitgeberverbände, ferner auch Bibliotheken, Museen, Theater, Presseunternehmen und Nachrichtenagenturen.

Tendenzcharakter

Sinn und Zweck dieser Regelung ist es, die Unternehmensträger bei der Ausübung von Grundrechtspositionen wie der Meinungs- und Pressefreiheit nach Art. 5 GG, der Koalitionsfreiheit nach Art. 9 Abs. 3 GG oder der Glaubensfreiheit nach Art. 4 GG von Beeinträchtigungen in ihrer tendenzspezifischen Betätigung durch das Mitbestimmungsrecht der Arbeitnehmer – insbesondere in perso-

Sinn und Zweck

nellen und wirtschaftlichen Angelegenheiten – freizuhalten (BAG 22.4.1975 AP Nr. 2 zu § 118 BetrVG 1972).

„Durch die Neugestaltung der Tendenzschutzbestimmung sollte ‚eine ausgewogene Regelung zwischen dem Sozialstaatsprinzip und den Freiheitsrechten der Tendenzträger gefunden werden' (schriftl. Bericht des BT-Ausschusses für Arbeit und Sozialordnung zu BT-Drucks. VI/2729, S. 17 [. . .]). Sinn und Zweck dieser Vorschrift ist also, den Konflikt und das Spannungsverhältnis zwischen dem Freiheitsraum des Einzelnen einerseits und dem Sozialstaatsgedanken andererseits angemessen und ausgewogen zu lösen [. . .]." (BAG 22.4.1975 AP Nr. 2 zu § 118 BetrVG 1972)

Die Bestimmung des § 118 Abs. 1 BetrVG ist mithin einerseits verfassungsrechtlich geboten, andererseits durch die unbestimmte Einschränkung, wonach jeweils auf „die Eigenart des Unternehmens oder des Betriebs" abzustellen ist, besonders schwer zu handhaben. Ohne Betrachtung von Sinn und Zweck der Einschränkung kann § 118 BetrVG nicht sinnvoll gehandhabt werden.

Anwendungsbereich

Erforderlich ist, dass die in Frage stehende Maßnahme einen sog. Tendenzträger betrifft. Ein Beschäftigter ist Tendenzträger, wenn die Bestimmungen und Zwecke des Unternehmens oder Betriebs für seine Tätigkeit prägend sind (BAG 30.5.2006 AP Nr. 80 zu § 118 BetrVG 1972

➲ **Beispiel:**

Der Leiter der Kostümabteilung eines Theaters ist z.B. in der Regel kein Tendenzträger (BAG 13.2.2007 AP Nr. 81 zu § 118 BetrVG 1972).

Umstritten ist, ob es ausreicht, dass ein Tendenzträger betroffen ist, oder ob zudem danach unterschieden werden muss, ob die betreffende Angelegenheit tatsächlich auch einen **Tendenzbezug** aufweist (sog. Maßnahmentheorie; vgl. BAG 7.11.1975 AP Nr. 4 zu § 118 BetrVG 1972; BAG 22.4.1997 AP Nr. 18 zu § 99 BetrVG 1972 Einstellung). Das BAG nimmt eine sehr feine Ausdifferenzierung vor.

➲ **Beispiel:**

So hat nach der Rechtsprechung des BAG der Betriebsrat bei der Einführung eines Formulars, in dem Redakteure einer Wirtschaftszeitung auf Grund einer vertraglichen Nebenabrede den Besitz bestimmter Wertpapiere dem Arbeitgeber anzuzeigen haben, ein Mitbestimmungsrecht nach § 87 Abs. 1 Nr. 1 BetrVG, der Tendenzschutz greift insoweit nicht. Allerdings kommt der Tendenzschutz nach § 118 Abs. 1 S. 1 BetrVG zum Zug, wenn Regeln eingeführt werden, die für die Redakteure den Besitz von Wertpapieren oder die Ausübung von Nebentätigkeiten mit dem Ziel einschränken, die Unabhängigkeit der Berichterstattung zu gewährleisten (BAG 28.5.2002 AP Nr. 39 zu § 87 BetrVG 1972 Ordnung des Betriebes).

IV. Sachlicher Geltungsbereich § 147

Überdies ist einschränkend festzuhalten, dass nur echte Mitwirkungs- und Mitbestimmungsrechte mit dem Tendenzschutz in Kollision geraten können; bloße **Informations-, Mitberatungs- und Anhörungsrechte** des Betriebsrats können hingegen als **tendenzneutral** bezeichnet werden (BAG 27.7.1993 AP Nr. 51 zu § 118 BetrVG 1972).

„Bei der Versetzung von Tendenzträgern wird nach § 118 Abs. 1 BetrVG das Beteiligungsrecht des Betriebsrats nach § 99 Abs. 1 BetrVG eingeschränkt: Der Arbeitgeber hat den Betriebsrat über die personelle Einzelmaßnahme zu informieren, muss aber nicht dessen Zustimmung einholen; dies gilt in der Regel unabhängig davon, ob vom Betriebsrat sog. tendenzneutrale oder tendenzbezogene Zustimmungsverweigerungsrechte geltend gemacht werden." (BAG 27.7.1993 AP Nr. 51 zu § 118 BetrVG 1972)

Aus dem Tendenzcharakter des Unternehmens kann sich auch eine bloße **Ausübungsschranke** bei den Mitbestimmungsrechten ergeben (BAG 11.2.1992 AP Nr. 50 zu § 118 BetrVG 1972). Ausübungsschranke

„Der Umstand, dass die Aktualität einer Berichterstattung auch von der Lage der Arbeitszeit derjenigen Arbeitnehmer abhängt, die an dieser Berichterstattung mitwirken, führt noch nicht dazu, dass das Mitbestimmungsrecht des Betriebsrats hinsichtlich der Lage der Arbeitszeit dieser Arbeitnehmer entfällt. Erst die konkrete mitbestimmte Regelung über die Lage der Arbeitszeit, die eine aktuelle Berichterstattung ernsthaft gefährdet oder unmöglich macht, ist von diesem Mitbestimmungsrecht des Betriebsrats nicht mehr gedeckt und damit unwirksam." (BAG 11.2.1992 AP Nr. 50 zu § 118 BetrVG 1972)

Ständiger Streitpunkt ist ferner, ob ein Betrieb überhaupt zu den Tendenzbetrieben im Sinne des § 118 Abs. 1 BetrVG gehört. Dies hängt von seiner konkreten Tätigkeit, nicht aber von der Eigenschaft des Rechtsträgers ab. Es kommt darauf an, in welchem Umfang und mit welcher Intensität ein Betrieb seine Tätigkeit Zielen im Sinne des § 118 Abs. 1 BetrVG im Vergleich zu anderen, nicht tendenzgeschützten Zielen widmet (vgl. BAG 3.7.1990 AP Nr. 81 zu § 99 BetrVG 1972). Wesentlich ist dabei, dass das BAG sich die Prüfung der konkreten Tätigkeit vorbehält (BAG 27.7.1993 AP Nr. 51 zu § 118 BetrVG 1972). Tätigkeitsbezogenheit

„Eine Rundfunkanstalt dient auch dann überwiegend Zwecken der Berichterstattung und Meinungsäußerung, wenn das Programm neben 10 % Wortbeiträgen und 50 % moderierten Musikbeiträgen auch 40 % Musiksendungen enthält, für die – überwiegend in der Nachtzeit – die Mitarbeiter der Technik verantwortlich sind." (BAG 27.7.1993 AP Nr. 51 zu § 118 BetrVG 1972)

◌ **Beispiele:**
Als Tendenzunternehmen werden u.a. bejaht:
- Zeitungs- und Zeitschriftenverlage (BAG 14.1.1992 AP Nr. 49 zu § 118 BetrVG 1972)
- Rundfunk- und Fernsehsender (BAG 11.2.1992 AP Nr. 50 zu § 118 BetrVG 1972)
- Theater, da sie künstlerischen Bestimmungen dienen (BAG 28.10.1986 AP Nr. 32 zu § 118 BetrVG 1972)
- Eine von einer Partei getragene politische Stiftung (BAG 28.8.2003 AP Nr. 49 zu § 103 BetrVG 1972)

Als Tendenzunternehmen wurden u.a. abgelehnt:
- Ein Landessportverband (BAG 23.3.1999 AP Nr. 66 zu § 118 BetrVG 1972)
- Sprachschulen, da sie lediglich der Vermittlung bestimmter Kenntnisse und Fertigkeiten dienen (BAG 7.4.1981 AP Nr. 17 zu § 118 BetrVG 1972)

b) Seeschifffahrt und Luftfahrt

Seeschifffahrtsunternehmen

Im fünften Teil des BetrVG gibt es Sonderregelungen für einzelne Wirtschaftssparten, die den Besonderheiten dieser Betriebsarten Rechnung tragen sollen. So gilt das BetrVG zwar grundsätzlich auch für Seeschifffahrtsunternehmen und ihre Betriebe, jedoch nur soweit sich aus den §§ 114 bis 116 BetrVG nicht etwas anderes ergibt. Infolgedessen ist nach § 115 BetrVG auf einzelnen Schiffen eine **Bordvertretung** zu wählen; in Seebetrieben werden Seebetriebsräte gewählt (vgl. § 116 BetrVG).

Luftfahrtunternehmen

Bei Luftfahrtunternehmen ist das BetrVG dagegen nach § 117 Abs. 1 BetrVG nur auf **Landbetriebe, nicht aber auf den Flugbetrieb** anzuwenden. Für die im Flugbetrieb beschäftigten Arbeitnehmer kann jedoch durch Tarifvertrag eine besondere Vertretung errichtet werden (§ 117 Abs. 2 BetrVG).

7. Ausnahmen vom sachlichen Geltungsbereich

a) Religionsgemeinschaften

Literatur: RICHARDI, Arbeitsrecht in der Kirche, 4. Aufl. 2003.

Religionsgemeinschaften

Nach § 118 Abs. 2 BetrVG sind Religionsgemeinschaften und deren karitative und erzieherische Einrichtungen von der Anwendung des BetrVG ausgenommen. Nicht vom BetrVG erfasst werden mithin etwa kirchliche Krankenhäuser (BAG 31.7.2002 AP Nr. 70 zu § 118 BetrVG 1972), Kindergärten und Stiftungen sowie kirchliche Presseverbände. Auf die Rechtsform der karitativen oder erzieherischen Einrichtung kommt es insoweit nach § 118 Abs. 2 a.E. BetrVG nicht an. Auch auf ein privatrechtlich organisiertes Krankenhaus ist das BetrVG nicht anwendbar, soweit es von einer Religionsgemeinschaft

IV. Sachlicher Geltungsbereich § 147

betrieben wird. Der Begriff der Religionsgemeinschaft ist insoweit weit auszulegen (BAG 24.7.1991 AP Nr. 48 zu § 118 BetrVG 1972).

„Der Begriff der Religionsgemeinschaft in § 118 Abs. 2 BetrVG ist ebenso zu verstehen wie der Begriff der Religionsgesellschaft im Sinne des Art. 137 Abs. 3 WRV. Nach dem Selbstverständnis der evangelischen Kirche umfasst die Religionsausübung nicht nur die Bereiche des Glaubens und des Gottesdienstes, sondern auch die Freiheit zur Entfaltung und zur Wirksamkeit in der Welt, wie es ihrer religiösen Aufgabe entspricht. Hierzu zählt auch die Öffentlichkeitsarbeit mit publizistischen Mitteln als teilkirchlicher Mission. Auf einen rechtlich selbständigen evangelischen Presseverband als Teil der evangelischen Kirche findet das BetrVG keine Anwendung." (BAG 24.7.1991 AP Nr. 48 zu § 118 BetrVG 1972)

Voraussetzung für die Zuordnung nach § 118 Abs. 2 BetrVG ist eine institutionelle Verbindung zwischen der Kirche und der Einrichtung. Die Kirche muss über ein Mindestmaß an Einflussmöglichkeiten verfügen, um auf Dauer eine Übereinstimmung der religiösen Betätigung der Einrichtung mit kirchlichen Vorstellungen gewährleisten zu können (BAG 5.12.2007 NZA 2008, 653).

In § 118 Abs. 2 BetrVG werden allerdings nur die karitativen und erzieherischen Einrichtungen unabhängig von ihrer Rechtsform von der Geltung des BetrVG ausgenommen, wobei die Kirche nach ihrem Selbstverständnis bestimmt, was zur Kirche und damit zu ihren Einrichtungen nach § 118 Abs. 2 BetrVG gehören soll (BVerfG 11.10.1977 AP Nr. 1 zu Art. 140 GG; BAG 23.10.2002 AP Nr. 72 zu § 118 BetrVG 1972). Daraus folgt im Umkehrschluss, dass nur Wirtschaftsbetriebe einer Religionsgemeinschaft, sofern sie privatrechtlich organisiert sind, dem Betriebsverfassungsrecht unterliegen können.

Karitative und erzieherische Einrichtungen

Mit Blick auf den praktischen Anwendungsbereich des § 118 Abs. 2 BetrVG und dessen Verhältnis zu § 130 BetrVG ist dabei nicht zu verkennen, dass die evangelische sowie die katholische Kirche öffentlich-rechtlich organisierte Körperschaften sind. Nach BAG 30.7.1987 AP Nr. 3 zu § 130 BetrVG 1972 fallen öffentlich-rechtlich organisierte und damit „verfasste" Kirchen nicht unter § 118 Abs. 2 BetrVG, sondern unter § 130 BetrVG. § 118 Abs. 2 BetrVG betrifft daher nur die anderen, nicht öffentlich-rechtlich organisierten Kirchen sowie die karitativen und erzieherischen Einrichtungen der öffentlich-rechtlich organisierten Kirchen, soweit diese Einrichtungen privatrechtlich organisiert sind (s. hierzu BAG 30.4.1997 AP Nr. 60 zu § 118 BetrVG 1972). Allerdings haben die evangelische und die katholische Kirche Mitarbeitervertretungen auf freiwilliger Grundlage geschaffen, die weitgehende Ähnlichkeiten mit dem BetrVG aufweisen (vgl. BAG 11.3.1986 AP Nr. 25 zu Art. 140 GG).

§ 130 BetrVG

b) Öffentlicher Dienst

Rechtsform des Unternehmens

Das BetrVG findet gem. § 130 BetrVG auf den öffentlichen Dienst keine Anwendung. Zum öffentlichen Dienst gehören die Verwaltung und Betriebe des Bundes, der Länder, der Gemeinden und sonstige Körperschaften, Anstalten und Stiftungen des öffentlichen Rechts. Damit hängt die Anwendbarkeit des BetrVG von der Rechtsform der Unternehmen ab: Ist ein städtischer Betrieb öffentlich-rechtlich organisiert, so ist das BetrVG nicht anwendbar. Ist dagegen ein Betrieb privatrechtlich organisiert, so ist das BetrVG in vollem Umfang anwendbar. Im öffentlichen Dienst gilt das Personalvertretungsrecht, also das BPersVG auf Bundesebene und die entsprechenden Landespersonalvertretungsgesetze auf Landesebene. Die Personalvertretungsgesetze folgen zumeist den gleichen Grundlinien wie das BetrVG, jedoch mit einigen wichtigen Abweichungen.

Gemeinschaftsbetrieb

Zum Gemeinschaftsbetrieb einer Körperschaft des öffentlichen Rechts mit einer privatwirtschaftlichen GmbH hat das BAG erkannt (BAG 24.1.1996 AP Nr. 8 zu § 1 BetrVG 1972 Gemeinsamer Betrieb):

„Vorliegend sind an dem gemeinschaftlichen Betrieb mit der FhG eine juristische Person des Privatrechts und mit der Universität eine Körperschaft des öffentlichen Rechts beteiligt. Das schließt die Geltung des BetrVG nicht aus. Nach § 130 BetrVG findet das BetrVG keine Anwendung auf Körperschaften des öffentlichen Rechts. Diese Vorschrift grenzt den Geltungsbereich des BetrVG gegenüber dem Personalvertretungsrecht des Bundes und der Länder ab, wobei dem BetrVG keine Ersatz- oder Auffangfunktion zukommt. Anknüpfungspunkt der Kollisionsnorm ist nach ständiger Rechtsprechung des BAG und einhelliger Auffassung in der Literatur die formelle Rechtsform des Betriebs, nicht hingegen, wer wirtschaftlich gesehen Inhaber des Betriebs ist oder zu wem die Arbeitsverhältnisse der in diesem Betrieb Beschäftigten bestehen. Danach bestimmt sich auch die Abgrenzung zum Personalvertretungsrecht des Bundes bzw. der Länder. Wird der Betrieb von einer Verwaltung geführt und ist er öffentlich-rechtlich organisiert, gilt das Personalvertretungsrecht." (BAG 24.1.1996 AP Nr. 8 zu § 1 BetrVG 1972 Gemeinsamer Betrieb)

V. Zuständigkeitsabgrenzungen der Betriebsräte

Träger der Mitbestimmung können der Betriebsrat, der Gesamtbetriebsrat oder der Konzernbetriebsrat sein. „Betriebliche" Mitbestimmung findet folglich auf Betriebs-, Unternehmens- und Konzernebene statt. Jede Ebene hat ihr eigenes Repräsentationsorgan. Die merkwürdige Begrifflichkeit (Gesamtbetriebsrat, Konzernbetriebsrat) ergibt sich aus der Schwierigkeit, das jeweilige Organ richtig zu kennzeichnen. Die jeweiligen Mitbestimmungsträger als „Unternehmensrat", „Konzernrat" – oder europäischer Ebene – gar als „Europarat" zu bezeichnen, wäre sicher mehr als missverständlich. Der Einschub des Begriffs „Betrieb" kennzeichnet, dass es um die Repräsentationsorgane in der „betrieblichen" Mitbestimmung

V. Zuständigkeitsabgrenzungen der Betriebsräte § 147

geht (siehe unter § 143 II). Begrifflich einheitlicher und klarer wäre es allerdings gewesen, den Gesamtbetriebsrat als Unternehmensbetriebsrat zu bezeichnen (siehe unter § 147 V 2).

1. Der Betriebsrat

a) Freiwillige Bildung

Ein Betriebsrat wird **nicht automatisch** dann gebildet, wenn in einem **Betrieb in der Regel mindestens fünf Arbeitnehmer beschäftigt werden**, sondern erst dann, wenn die Belegschaft sich für die Wahl eines Betriebsrats entscheidet. Die Bildung des Betriebsrats ist trotz der Formulierung in § 1 BetrVG („...werden Betriebsräte gewählt") nämlich nicht zwingend. Ohne den Willen der Belegschaft kann kein Betriebsrat gebildet werden. Es ist daher möglich, dass auch in größeren Betrieben, die die Voraussetzungen des § 1 BetrVG erfüllen, kein Betriebsrat besteht. Diese Betriebe unterliegen dann auch nicht dem BetrVG und die Mitwirkungsrechte des Betriebsrats können gegenüber dem Arbeitgeber nicht ausgeübt werden. Möglich ist allerdings, dass in betriebsratsfähigen Betrieben eines Unternehmens, in denen kein Betriebsrat gewählt wurde, der Gesamtbetriebsrat zuständig ist (§ 50 Abs. 1 S. 1 BetrVG).

b) Zuständigkeit

Sinn und Zweck der betrieblichen Mitbestimmung ist, den Betriebsrat dort einzurichten, wo gearbeitet wird. Um eine möglichst repräsentationsnahe Mitbestimmungspraxis zu gewährleisten, geht das Gesetz daher von einer **Primärzuständigkeit der Einzelbetriebsräte** aus (BAG 21.3.1996 AP Nr. 81 zu § 102 BetrVG). Der Betriebsrat ist grundsätzlich für alle Mitwirkungs- und Mitbestimmungsrechte in sozialen oder personellen Angelegenheiten, die den Betrieb betreffen, zuständig. Seine Hauptaufgaben liegen in der Mitwirkung und Mitbestimmung bei betrieblichen Entscheidungen. Man teilt die Angelegenheiten, in denen eine solche Mitwirkungs- und Mitbestimmungsbefugnis des Betriebsrats besteht, in **soziale** (§§ 87 ff. BetrVG), **personelle** (§§ 92 ff. BetrVG) und **wirtschaftliche Angelegenheiten** (§§ 106 ff. BetrVG) ein. Den sozialen Angelegenheiten stehen Beteiligungsrechte bei der Arbeitsplatzgestaltung (§§ 90 und 91 BetrVG) gleich. Den wesentlichen Teil der täglichen Betriebsratsarbeit stellt die Mitbestimmung in sozialen Angelegenheiten (siehe unter § 153) sowie die Mitwirkung in einigen personellen Angelegenheiten, insbesondere bei der Einstellung und Entlassung von Arbeitnehmern, dar (siehe unter § 155). Nur wenn eine Angelegenheit das Gesamtunternehmen oder mehrere Betriebe betrifft und diese Angelegenheit nicht durch die einzelnen Betriebsräte innerhalb ihrer Betriebe geregelt werden kann, besteht eine Zuständigkeit des Gesamtbetriebsrats (siehe unter § 147 V 2).

Primärzuständigkeit der Einzelbetriebsräte

2. Der Gesamtbetriebsrat

a) Zwingende Bildung

Einheitlicher Rechtsträger

Ein Gesamtbetriebsrat ist zu bilden, wenn **in einem Unternehmen mehrere Betriebsräte** bestehen (§ 47 Abs. 1 BetrVG). Dies ist der Fall, wenn das Unternehmen aus mehreren Betrieben besteht oder mehrere betriebsratsfähige Organisationseinheiten nach § 3 BetrVG geschaffen worden sind. Der Gesamtbetriebsrat vertritt die Belange der Arbeitnehmer auf Unternehmensebene. Damit kommt dem Unternehmensbegriff, der nach dem Sinn und Zweck des jeweiligen Gesetzes zu bestimmen ist, wesentliche Bedeutung zu. Hiernach ist das Unternehmen die organisatorische Einheit, innerhalb derer ein Unternehmer einen über den arbeitstechnischen Zweck des Betriebs hinausgreifenden wirtschaftlichen oder ideellen Zweck verfolgt (vgl. BAG 23.9.1980 AP Nr. 4 zu § 47 BetrVG 1972). Zudem und entscheidend ist an den für das Gesellschaftsrecht geltenden Unternehmensbegriff anzuknüpfen. Voraussetzung für die Bildung des Gesamtbetriebsrats ist danach das Vorhandensein eines einheitlichen Rechtsträgers, der im Betriebsverfassungsrecht notwendig mit dem Arbeitgeber identisch ist. Es gibt also keinen Gesamtbetriebsrat, der sich aus mehreren Unternehmen zusammensetzen könnte (BAG 29.11.1989 AP Nr. 3 zu § 10 ArbGG 1979).

„Ein Unternehmen im Sinne von § 47 Abs. 1 BetrVG setzt einen einheitlichen Rechtsträger für alle ihm zugehörigen Betriebe voraus. Betriebsräte aus Betrieben, die verschiedenen Rechtsträgern angehören, können keinen gemeinsamen einheitlichen Gesamtbetriebsrat bilden." (BAG 29.11.1989 AP Nr. 3 zu § 10 ArbGG 1979)

Hieraus folgt auch, dass der Betriebsrat eines Gemeinschaftsbetriebs jeweils Mitglieder in sämtliche Gesamtbetriebsräte entsenden muss, die in den verschiedenen Trägerunternehmen bestehen. Denn ein gemeinsamer Gesamtbetriebsrat kann für Betriebe verschiedener Rechtsträger nicht errichtet werden (BAG 13.2.2007 AP Nr. 17 zu § 47 BetrVG 1972).

Zwingendes Recht

Liegen die gesetzlichen Voraussetzungen vor, so muss der Gesamtbetriebsrat gebildet werden. Seine **Errichtung ist zwingend**. In einem Unternehmen kann nur ein Gesamtbetriebsrat gebildet werden. Dieser besteht dann neben den Betriebsräten der einzelnen Betriebe des Unternehmens.

Zusammensetzung des Gesamtbetriebsrats

Der Gesamtbetriebsrat wird nicht von den Arbeitnehmern des Unternehmens gewählt. Vielmehr besteht er aus den **entsandten Mitgliedern der Einzelbetriebsräte** (§ 47 Abs. 2 BetrVG). In den Gesamtbetriebsrat entsendet jeder Betriebsrat mit bis zu drei Mitgliedern eines seiner Mitglieder und jeder Betriebsrat mit mehr als drei Mitgliedern entsendet zwei seiner Mitglieder. Bei der Entsendung ist darauf zu achten, dass die Geschlechterverhältnisse angemessen berücksichtigt werden. Die Mitgliederzahl des Gesamtbetriebsrats kann allerdings nach § 47 Abs. 4 BetrVG durch Tarifvertrag abwei-

V. Zuständigkeitsabgrenzungen der Betriebsräte § 147

chend geregelt werden. Die Entsendung erfolgt in der Regel durch einfachen Mehrheitsbeschluss des beschlussfähigen Betriebsrats gem. § 33 Abs. 1 BetrVG (BAG 21.7.2004 AP Nr. 13 zu § 47 BetrVG 1972). Ein einmal entsandtes Betriebsratsmitglied kann jederzeit ohne besonderen Grund abberufen werden und durch ein anderes ersetzt werden. Die Abberufung erfolgt im gleichen Verfahren wie die Entsendung. Für jedes Mitglied des Gesamtbetriebsrats hat der Betriebsrat mindestens ein Ersatzmitglied zu bestellen und die Reihenfolge des Nachrückens festzulegen (§ 47 Abs. 3 BetrVG).

b) Zuständigkeit

Gesetzlich zwingend ist auch die **Zuständigkeit des Gesamtbetriebsrats** nach § 50 BetrVG geregelt. Danach ist der Gesamtbetriebsrat zuständig für die Behandlung von Angelegenheiten, die das Gesamtunternehmen oder **mehrere Betriebe betreffen und die nicht durch die einzelnen Betriebsräte innerhalb ihrer Betriebe geregelt werden können**. Hierbei spricht man von einer originären Zuständigkeit, da diese dem Gesamtbetriebsrat nach § 50 Abs. 1 BetrVG kraft Gesetzes zugebilligt wird. Diese Zuständigkeit kann daher nicht abbedungen werden. Die Zuständigkeit des Gesamtbetriebsrats tritt jedoch nur ein, wenn die genannten Voraussetzungen kumulativ vorliegen. Fehlt eine von beiden, so ist eine Zuständigkeit des Gesamtbetriebsrats nicht gegeben (BAG 26.1.1993 AP Nr. 102 zu § 99 BetrVG 1972). Der **Gesamtbetriebsrat** ist den einzelnen Betriebsräten **weder übergeordnet noch untergeordnet**. Er ist daher auch nicht berechtigt, den einzelnen Betriebsräten Weisungen zu erteilen. Der Gesamtbetriebsrat ist neben dem Betriebsrat ein gleichberechtigtes betriebsverfassungsrechtliches Organ, das mit den gleichen Rechten und Pflichten wie der Betriebsrat ausgestattet ist. Freilich ergibt sich eine gewisse Abhängigkeit der Gesamtbetriebsräte von den Betriebsräten, da die Mitglieder jederzeit durch die entsendenden Betriebsräte abberufen werden können (§ 49 BetrVG). Die Zuständigkeit ist eine **Originärzuständigkeit**. Nach dem Grundprinzip des Gesetzes schließen sich Mitbestimmungsrechte des Gesamtbetriebsrats und der Einzelbetriebsräte aus. Übt der Gesamtbetriebsrat sein Mitbestimmungsrecht nicht aus oder ist er gesetzeswidrig gar nicht gebildet worden, entfällt das Mitbestimmungsrecht und geht nicht etwa auf die Betriebsräte über.

Aus dieser normativen Ausgangslage folgt eine **Primärzuständigkeit der Einzelbetriebsräte**. Die Zuständigkeit des Gesamtbetriebsrats ist daher rechtfertigungsbedürftig. Es muss eine sachliche Notwendigkeit für eine unternehmenseinheitliche Regelung bestehen. **Bloße Zweckmäßigkeitserwägungen begründen ebenso wenig die Zuständigkeit des Gesamtbetriebsrats wie ein Kosteninteresse des Arbeitgebers.** In der Praxis wird erstaunlich häufig um die Zuständigkeit gestritten; im Einzelfall ist die Abgrenzung oftmals schwierig.

Eigener Zuständigkeitsbereich

Primärzuständigkeit der Einzelbetriebsräte

Voraussetzungen der Zuständigkeit

Die Zuständigkeit des Gesamtbetriebsrats setzt im Ausgangspunkt voraus:

- eine **überbetriebliche Angelegenheit**, die nur gegeben ist, wenn mindestens zwei Betriebe betroffen sind;
- eine Angelegenheit, die **nicht durch die einzelnen Betriebsräte geregelt werden kann**. Das setzt keine objektive Unmöglichkeit der Regelung voraus. Verlangt wird aber auch ein zwingendes Erfordernis für eine unternehmenseinheitliche oder zumindest betriebsübergreifende Regelung (BAG 26.1.1993 AP Nr. 102 zu § 99 BetrVG 1972).

„Beide Voraussetzungen des § 50 Abs. 1 BetrVG – überbetrieblicher Bezug und fehlende betriebliche Regelungsmöglichkeit – müssen kumulativ vorliegen. [...] Der Begriff des ‚nicht-regeln-Könnens' setzt nicht eine objektive Unmöglichkeit der Regelung durch den Einzelbetriebsrat voraus. Ausreichend, aber auch zu verlangen ist, dass ein zwingendes Erfordernis für eine unternehmenseinheitliche oder zumindest betriebsübergreifende Regelung besteht, wobei auf die Verhältnisse des einzelnen konkreten Unternehmens und der konkreten Betriebe abzustellen ist. Reine Zweckmäßigkeitsgründe oder das Koordinierungsinteresse des Arbeitgebers allein genügen nicht." (BAG 26.1.1993 AP Nr. 102 zu § 99 BetrVG 1972)

Differenzierung nach Mitbestimmungstatbeständen

Ob diese Voraussetzungen vorliegen, lässt sich nicht beantworten ohne **Berücksichtigung des jeweiligen Inhalts und Zwecks des in Frage stehenden Mitbestimmungsrechts des Betriebsrats**. Das führt bei komplexeren Sachverhalten, etwa Unternehmensumstrukturierungen dazu, dass für Maßnahmen unterschiedliche Betriebsebenen zuständig sein können. Als grobe Faustregel kann man ausgeben, dass für personelle und soziale Angelegenheiten der Gesamtbetriebsrat nur in Ausnahmefällen zuständig ist.

- Bei **personellen Einzelmaßnahmen**, z.B. bei Versetzungen und Kündigungen ist für die Beteiligungsrechte nach §§ 99 ff. BetrVG regelmäßig der Betriebsrat zuständig, auch wenn mehrere Betriebe von diesen Maßnahmen betroffen sind (BAG 21.3.1996 AP Nr. 81 zu § 102 BetrVG 1972; BAG 26.1.1993 AP Nr. 102 zu § 99 BetrVG 1972). Der Gesamtbetriebsrat ist allerdings zuständig für die Aufstellung unternehmenseinheitlicher Auswahlrichtlinien nach § 95 BetrVG (BAG 31.5.1983 AP Nr. 2 zu § 95 BetrVG 1972) und für allgemeine Regelungen zur Durchführung von Berufsbildungsmaßnahmen im Rahmen unternehmenseinheitlicher Personalplanung (BAG 12.11.1991 AP Nr. 8 zu § 98 BetrVG 1972).
- Auch bei **sozialen Angelegenheiten** (§ 87 BetrVG) besteht nur in Ausnahmefällen eine zwingende sachliche Notwendigkeit für eine unternehmenseinheitliche Regelung. So ist etwa für die Festlegung des Beginns und des Endes der täglichen Arbeitszeit der Gesamtbetriebsrat nur zuständig, wenn zwischen den Betrieben eine produktionstechnische Abhängigkeit besteht, die eine einheitliche Regelung zwingend erfordert (BAG 23.9.1979 AP Nr. 1

V. Zuständigkeitsabgrenzungen der Betriebsräte § 147

zu § 50 BetrVG 1972). Das BAG betont hier in zahlreichen Entscheidungen den Vorrang der Einzelbetriebsräte. So wird der Gesamtbetriebsrat auch nicht dadurch zuständig, dass ein Tarifvertrag, der die mitbestimmungspflichtige Angelegenheit regelt, nur freiwillige ergänzende Betriebsvereinbarungen zulässt und der Arbeitgeber nur zum Abschluss einer unternehmenseinheitlichen Betriebsvereinbarung mit dem Gesamtbetriebsrat bereit ist (BAG 9.12.2003 AP Nr. 27 zu § 50 BetrVG 1972). Auch der durch drohende Insolvenz entstandene **Zwang zur Unternehmenssanierung begründet für sich allein keinen überbetrieblichen Regelungsbedarf** in sozialen Angelegenheiten. Das BetrVG enthält keinen allgemeinen Mitbestimmungstatbestand der Unternehmenssanierung, auf Grund dessen der Gesamtbetriebsrat allgemein zur Abschaffung der die Arbeitnehmer begünstigenden betrieblichen Vereinbarungen zuständig sein könnte (BAG 15.1.2002 AP Nr. 23 zu § 50 BetrVG 1972 zur Abschaffung einer Kontoführungspauschale).

– In **wirtschaftlichen Angelegenheiten** (§§ 106 ff BetrVG) ist die Wahrscheinlichkeit der Zuständigkeit des Gesamtbetriebsrats groß, da vielfach das ganze Unternehmen oder mehrere Betriebe betroffen sind. Das gilt insbesondere bei sog. Betriebsänderungen, etwa bei der Zusammenlegung oder Stilllegung mehrerer Betriebe. Liegt der Maßnahme ein unternehmenseinheitliches Konzept zugrunde, ist der Interessenausgleich mit dem Gesamtbetriebsrat zu vereinbaren. Nach der Rechtsprechung soll daraus aber nicht zwingend auch die Zuständigkeit des Gesamtbetriebsrats für die Aushandlung des Sozialplans folgen (BAG 11.12.2001 NZA 2002, 688), weil für den Ausgleich der mit der unternehmerischen Entscheidung verbundenen Nachteile kein zwingendes Bedürfnis nach unternehmenseinheitlicher Regelung bestehe. Dieses zwingende Bedürfnis muss also explizit geprüft werden. Hierfür ist allein der Umstand, dass die für den Sozialplan erforderlichen Mittel von ein und demselben Arbeitgeber zur Verfügung zu stellen sind, nicht ausreichend. Der Betriebsverfassung liegt zugrunde, dass der Unternehmer die Kosten der betrieblichen Mitbestimmung zu tragen hat. Der Gesamtbetriebsrat ist allerdings dann zuständig, wenn ein mit dem Arbeitgeber im Rahmen eines Interessenausgleichs vereinbartes, das gesamte Unternehmen betreffende Sanierungskonzept nur auf der Grundlage eines bestimmten Sozialplanvolumens realisiert werden kann, das auf das gesamte Unternehmen bezogen ist (BAG 3.5.2006 AP Nr. 29 zu § 50 BetrVG 1972).

Allerdings kann der Umstand, dass der Arbeitgeber eine unternehmenseinheitliche Regelung anstrebt, z.B. für personelle Instrumente oder etwa für den Bereich der freiwilligen Leistungen, unternehmensweiter Sozialeinrichtungen oder der Einführung von EDV-Systemen, eine Zuständigkeit des Gesamtbetriebsrats begründen (BAG 26.1.1993 AP Nr. 102 zu § 99 BetrVG 1972).

Einzelfälle ⊃ **Beispiele für die Zuständigkeit des Gesamtbetriebsrats:**

- Bei der Einführung von technischen Einrichtungen kann der Gesamtbetriebsrat zuständig sein, wenn der Arbeitgeber unternehmenseinheitlich EDV-Systeme (BAG 14.9.1984 AP Nr. 9 zu § 87 BetrVG 1972 Überwachung), eine Telefonvermittlungsanlage (BAG 11.11.1998 AP Nr. 34 zu § 87 BetrVG 1972 Überwachung) oder ein elektronisches Datenverarbeitungssystem, das zur Verhaltens- und Leistungskontrolle bestimmt ist (BAG 14.11.2006 AP Nr. 43 zu § 87 BetrVG 1972), einführen will.

- Ebenso ist der Gesamtbetriebsrat für die unternehmenseinheitlichen Sozialeinrichtungen zuständig (zur Altersversorgung BAG 8.12.1981 AP Nr. 1 zu § 1 BetrAVG; BAG 21.1.2003 NZA 2003, 992).

- Will der Arbeitgeber unternehmenseinheitlich übertarifliche Vergütungen zahlen, ist für die Mitbestimmung nach § 87 Abs. 1 Nr. 10 BetrVG der Gesamtbetriebsrat zuständig, zumal eine einheitliche Regelung wegen des Gebots der Gleichbehandlung erforderlich ist (BAG 18.10.1994 AP Nr. 70 zu § 87 BetrVG 1972 Lohngestaltung). Auch kann der Zweck der Leistungen so definiert sein, dass er nur mit überbetrieblichen Regelungen erreichbar ist (BAG 6.12.1988 AP Nr. 37 zu § 87 BetrVG 1972 Lohngestaltung).

- Betreffen Arbeitsanweisungen unternehmensweit einheitliche Montagearbeiten, die typischerweise im Außendienst erbracht werden, ist für die Wahrnehmung des Mitbestimmungsrechts nach § 87 Abs. 1 Nr. 7 BetrVG der Gesamtbetriebsrat zuständig (BAG 16.6.1998 AP Nr. 2 zu § 87 BetrVG 1972 Unterlassungsanspruch).

- Zuständig sein soll der Gesamtbetriebsrat bei „subjektiver Unmöglichkeit" einzelbetrieblicher Regelungen. Davon ist auszugehen, wenn der Arbeitgeber im Bereich der freiwilligen Mitbestimmung nur zu einer betriebsübergreifenden Maßnahme, Regelung oder Leistung bereit ist. Wenn er mitbestimmungsfrei darüber entscheiden kann, ob er eine Leistung überhaupt erbringt, kann er sie von einer überbetrieblichen Regelung abhängig machen und so die Zuständigkeit des Gesamtbetriebsrats herbeiführen (BAG 10.10.2006 AP Nr. 24 zu § 77 BetrVG 1972 Tarifvorbehalt; ebenso zu freiwilligen Zulagen BAG 26.5.2005 AP Nr. 12 zu § 87 BetrVG 1972). Unter die Fallgruppe „subjektive Unmöglichkeit" fallen hingegen keine Regelungen, die die Arbeitnehmer belasten sollen (BAG 19.6.2007 AP Nr. 4 zu § 58 BetrVG 1972).

Zuständigkeit kraft Auftrags

Nach § 50 Abs. 2 BetrVG besteht außerdem die Möglichkeit, dass der Gesamtbetriebsrat von einem oder mehreren Betriebsräten mit der Mehrheit der Stimmen seiner Mitglieder **schriftlich mit Angelegenheiten betraut wird**, die an sich in die Zuständigkeit des einzel-

V. Zuständigkeitsabgrenzungen der Betriebsräte § 147

nen Betriebsrats fallen. Im Falle der abgeleiteten Zuständigkeit des Gesamtbetriebsrats kann dieser allerdings nicht für die vertretungslosen Betriebe handeln. Der Betriebsrat kann den Gesamtbetriebsrat mit jeder Angelegenheit beauftragen, die in seinen eigenen Zuständigkeitsbereich fallen würde. Die Angelegenheit muss bei der abgeleiteten Zuständigkeit gerade keinen überbetrieblichen Bezug aufweisen. Die Beauftragung muss aber für den konkreten Fall stets neu erfolgen. § 50 Abs. 2 BetrVG billigt dem Betriebsrat nicht zu, dass dieser den Gesamtbetriebsrat generell für eine Vielzahl von Angelegenheiten beauftragt. Das würde nämlich gegen das Prinzip des Vorrangs der Zuständigkeit und die arbeitnehmernahe Repräsentation durch den Betriebsrat verstoßen. Der Beschluss, den Gesamtbetriebsrat mit einer Angelegenheit zu beauftragen, ist nach § 50 Abs. 2 S. 3 i.V.m. § 27 Abs. 2 S. 4 BetrVG jederzeit widerruflich.

Allerdings billigt das Gesetz dem Gesamtbetriebsrat auch einige ausdrücklich normierte Kompetenzen zu. Dies sind stets Angelegenheiten, die auf Unternehmensebene liegen. Nach § 54 Abs. 1 BetrVG beschließt der Gesamtbetriebsrat die Errichtung eines Konzernbetriebsrats. Nach § 107 Abs. 2 S. 2 BetrVG bestimmt er die Mitglieder des Wirtschaftsausschusses (zum Wirtschaftsausschuss siehe unter § 156 I). Zudem beschließt er nach § 107 Abs. 3 S. 6 BetrVG über die anderweitige Wahrnehmung der Aufgaben des Wirtschaftsausschusses. *(Besondere im Gesetz normierte Kompetenzen)*

Nach der früheren Gesetzeslage und der Rechtssprechungspraxis des BAG fehlte dem Gesamtbetriebsrat die demokratische Legitimation zur Vertretung der Belegschaften solcher Betriebe, in denen kein Betriebsrat gewählt worden ist (BAG 16.8.1983 AP Nr. 5 zu § 50 BetrVG 1972). *(Zuständigkeit auch für betriebsratslose Betriebe)*

Nunmehr (Neufassung des BetrVG vom 28.7.2001) erstreckt sich die Zuständigkeit des Gesamtbetriebsrats nach § 50 Abs. 1 S. 1 BetrVG auch auf Betriebe ohne Betriebsrat. Damit wendet sich der Gesetzgeber ausdrücklich gegen die aufgezeigte Rechtsprechung des BAG. Mit dieser Neuregelung wollte der Gesetzgeber verhindern, dass die vertretungslosen Einheiten weiterhin außerhalb der Betriebsverfassung stehen. Diese kamen nämlich auch häufig nicht in den Genuss von Regelungen, die für sie von Vorteil gewesen wären, zum Beispiel im Falle eines unternehmenseinheitlichen Sozialplans. Die Zuständigkeit des Gesamtbetriebsrats geht hierbei aber nicht so weit, dass der Gesamtbetriebsrat in die Rolle des Betriebsrats im betriebsratslosen Betrieb schlüpft. Vielmehr ist er nur befugt, überbetriebliche Angelegenheiten zu regeln und nicht dazu, sich mit betriebsbezogenen Gegenständen zu befassen. Nach dem ausdrücklichen Gesetzeswortlaut erstreckt sich seine Zuständigkeit nur im Rahmen seiner Zuständigkeit („insoweit") auf betriebsratslose Betriebe.

Der Gesamtbetriebsrat ist eine **dauernde Einrichtung**. Anders als der Einzelbetriebsrat hat er keine Amtszeit. Sein Amt wird nur dadurch beendet, dass die Voraussetzungen für seine Errichtung entfallen (BAG 5.12.1975 AP Nr. 1 zu § 47 BetrVG 1972). Dies ist etwa der *(Amtszeit)*

Fall, wenn in dem Unternehmen nicht mehr mehrere Betriebsräte bestehen oder wenn ein Unternehmen seine sämtlichen Betriebe auf zwei andere, rechtlich selbständige Unternehmen überträgt (BAG 5.6.2002 AP Nr. 11 zu § 47 BetrVG 1972).

Rechtsstellung der Mitglieder

Das Amt als Mitglied im Gesamtbetriebsrat ist ehrenamtlich. Die Mitglieder erhalten bereits Arbeitsentgelt als Betriebsratsmitglieder. Sie haben aber einen Anspruch auf eine zusätzliche Befreiung von ihrer beruflichen Tätigkeit, soweit dies nach Art und Umfang des Unternehmens zur ordnungsgemäßen Durchführung der Aufgaben des Gesamtbetriebsrats erforderlich ist. Ihr Arbeitsentgelt darf insoweit nicht gemindert werden. Eine gänzliche Freistellung von der Arbeitspflicht ist für Mitglieder des Gesamtbetriebsrats dagegen nicht möglich. Eine Freistellung kann sich jedoch aus § 38 Abs. 1 BetrVG ergeben, denn das Mitglied des Gesamtbetriebsrats ist immer auch Mitglied des Betriebsrats (§ 47 Abs. 2 S. 1 BetrVG).

Ausschluss von Gesamtbetriebsratsmitgliedern

Nach § 48 BetrVG können mindestens ein Viertel der wahlberechtigten Arbeitnehmer des Unternehmens, der Arbeitgeber, der Gesamtbetriebsrat oder eine im Unternehmen vertretene Gewerkschaft beim Arbeitsgericht den Ausschluss eines Mitglieds aus dem Gesamtbetriebsrat wegen grober Verletzung seiner gesetzlichen Pflichten beantragen. Mit dem Ausschluss aus dem Gesamtbetriebsrat ist aber der Ausschluss aus dem entsendenden Betriebsrat nicht verbunden. Hierzu bedarf es nämlich eines Verfahrens nach § 23 Abs. 1 BetrVG. Im umgekehrten Fall gilt nach § 49 BetrVG allerdings, dass der Verlust der Mitgliedschaft im Betriebsrat zum Erlöschen der Mitgliedschaft im Gesamtbetriebsrat führt.

Kosten

Die Kosten der Gesamtbetriebsratstätigkeit trägt nach § 51 Abs. 1 S. 1 i.V.m. § 40 BetrVG der Arbeitgeber. Hier gelten die gleichen Grundsätze wie bei der Erstattung von Kosten der Betriebsratstätigkeit. Der Arbeitgeber hat beispielsweise auch die Kosten zu tragen, die den Mitgliedern des Gesamtbetriebsrats entstehen, wenn sie zu den Sitzungen des Gesamtbetriebsrats anreisen müssen. Diese müssen natürlich stets erforderlich und verhältnismäßig sein (BAG 24.7.1979 AP Nr. 1 zu § 51 BetrVG 1972).

3. Der Konzernbetriebsrat

a) Fakultative Bildung

Fakultative Errichtung bei schwacher Rechtsstellung

In einem **Unterordnungskonzern** nach § 18 Abs. 1 AktG **kann** durch Beschlüsse der einzelnen Gesamtbetriebsräte ein Konzernbetriebsrat errichtet werden (§ 54 Abs. 1 S. 1 BetrVG). Maßgeblich ist der Konzernbegriff des § 18 Abs. 1 AktG, es gibt keinen betriebsverfassungsrechtlichen Konzernbegriff (BAG 13.10.2004 AP Nr. 9 zu § 54 BetrVG 1972: Wenn mehrere Gesellschafter an mehreren Unternehmen paritätisch beteiligt sind, so dass sie die Gemeinschaftsunternehmen nur gemeinsam i.S.d. §§ 15 ff AktG beherrschen können, kann kein Konzernbetriebsrat gebildet werden). Die Bildung des

V. Zuständigkeitsabgrenzungen der Betriebsräte § 147

Konzernbetriebsrats ist nicht zwingend. Die Errichtung eines Konzernbetriebsrats dient allerdings der **Effektivität der Mitbestimmung**, denn so wird sichergestellt, dass die Mitbestimmung auf der Ebene des jeweiligen Leistungsorgans stattfindet. Sehen die Gesamtbetriebsräte von der Errichtung eines Konzernbetriebsrats ab, so können die auf Konzernebene bestehenden Mitbestimmungsrechte nicht ausgeübt werden. Besteht in einem Konzernunternehmen nur ein Betriebsrat, dann nimmt dieser die Aufgaben eines Gesamtbetriebsrats nach den Vorschriften der §§ 54 ff. BetrVG wahr (§ 54 Abs. 2 BetrVG). Insofern können Betriebsräte und die Gesamtbetriebsräte ein Entsendungsrecht zum Konzernbetriebsrat nach Maßgabe des § 55 Abs. 1 BetrVG haben. Überdies erfordert die Errichtung eines Konzernbetriebsrats nach § 54 Abs. 1 S. 2 BetrVG die Zustimmung der Gesamtbetriebsräte der Konzernunternehmen, in denen insgesamt mehr als 50 vom Hundert der Arbeitnehmer der Konzernunternehmen beschäftigt sind. Dabei ist auf die Zahl der Arbeitnehmer aller Konzernunternehmen abzustellen, gleichgültig, inwieweit dort (Gesamt-)Betriebsräte bestehen oder nicht (BAG 11.8.1993 AP Nr. 6 zu § 54 BetrVG 1972). Diese Auffassung des BAG führt zu einer weiteren Schwächung der Rechtsstellung des Konzernbetriebsrats, der nach der Konzeption des BetrVG ohnehin nicht mit wesentlichen Aufgaben und Befugnissen betraut ist. Sie hat zur Konsequenz, dass die Etablierung eines Konzernbetriebsrats davon abhängt, zunächst hinreichend viele (Gesamt-)Betriebsräte in den Einzelbetrieben und -unternehmen zu bilden, um überhaupt die 50 %-Hürde bei der Berechnung der Arbeitnehmerzahl zu erreichen. Der Konzernbetriebsrat ist ebenso wenig wie der Gesamtbetriebsrat den einzelnen Betriebsräten oder Gesamtbetriebsräten übergeordnet; er hat **weder Weisungsbefugnisse noch eine Richtlinienkompetenz**. Vielmehr ist die Zuständigkeit des Konzernbetriebsrats zur Zuständigkeit der Betriebsräte und des Gesamtbetriebsrats nur subsidiär.

Ausland

Gerade bei Konzernen kommt es häufig vor, dass sich die einzelnen Unternehmen nicht mehr nur in einem Land befinden. Für die Errichtung eines Konzernbetriebsrats gilt das Territorialitätsprinzip des AktG. Erforderlich ist daher, dass sowohl die unter einer einheitlichen Leitung zusammengefassten Unternehmen als auch die Konzernobergesellschaft ihren Sitz im Inland haben (BAG 16.5.2007 AP Nr. 3 zu § 96a ArbGG 1979). Es reicht nach Ansicht des BAG aber aus, wenn das herrschende Unternehmen über eine im Inland ansässige Teilkonzernspitze verfügt (BAG 14.2.2007 AP Nr. 13 zu § 54 BetrVG 1972).

Zusammensetzung des Konzernbetriebsrats

In den Konzernbetriebsrat entsendet nach § 55 Abs. 1 BetrVG jeder Gesamtbetriebsrat zwei seiner Mitglieder. Welche Mitglieder in den Konzernbetriebsrat entsandt werden, entscheidet jeder **Gesamtbetriebsrat durch Beschluss**. Der Konzernbetriebsrat wird daher ebenso wie der Gesamtbetriebsrat nicht gewählt. Bei der Entsendung der Mitglieder sollen aber die Geschlechterverhältnisse angemessen berücksichtigt werden. Nach § 55 Abs. 2 BetrVG hat der Gesamtbetriebsrat für jedes Mitglied des Konzernbetriebsrats mindestens ein Ersatzmitglied zu bestellen und die Reihenfolge des Nachrückens festzulegen.

Amtszeit

Der Konzernbetriebsrat ist eine **dauernde Einrichtung mit wechselnder Mitgliedschaft**. Eine feste Amtszeit ist für ihn nicht vorgesehen. Beendet wird der Konzernbetriebsrat erst dann, wenn die Zulässigkeitsvoraussetzungen für seine Errichtung entfallen. Daneben besteht aber noch die Möglichkeit der Auflösung des Konzernbetriebsrats durch Mehrheitsbeschluss der Gesamtbetriebsräte. Der Konzernbetriebsrat kann sich allerdings nicht selbst durch Beschluss auflösen, es besteht allenfalls die Möglichkeit, dass die einzelnen Mitglieder ihr Amt niederlegen.

Erlöschen der Mitgliedschaft im Konzernbetriebsrat

Ein einmal vom Gesamtbetriebsrat entsandtes Mitglied kann vom Gesamtbetriebsrat jederzeit abberufen werden. Die Mitgliedschaft kann nach § 57 BetrVG allerdings auch durch Erlöschen der Mitgliedschaft im Gesamtbetriebsrat, durch Amtsniederlegung oder durch Ausschluss aus dem Konzernbetriebsrat auf Grund einer gerichtlichen Entscheidung enden.

Kosten

Die Kosten der Konzernbetriebsratstätigkeit trägt nach §§ 59 Abs. 1, 40 BetrVG der Arbeitgeber.

b) Zuständigkeit

Originäre Zuständigkeit

Nach § 58 Abs. 1 BetrVG ist der Konzernbetriebsrat originär nur für solche Angelegenheiten zuständig, die den Konzern oder mehrere Konzernunternehmen betreffen und die nicht durch die einzelnen Gesamtbetriebsräte innerhalb ihrer Unternehmen geregelt werden können. Die Zuständigkeit des Konzernbetriebsrats ist daher nur dann begründet, wenn ein **zwingendes Bedürfnis für eine einheitliche Regelung auf Konzernebene** besteht. Die Regelung ist der Zuständigkeitsformel in § 50 Abs. 1 BetrVG zwischen Einzelbetriebsrat und Gesamtbetriebsrat nachgebildet, so dass für die Abgrenzung entsprechende Grundsätze gelten (siehe unter § 147 V 2 b). So gilt auch hier: Allein der Wunsch nach einer konzerneinheitlichen Regelung, Kosten- oder Koordinierungsinteresse und reine Zweckmäßigkeitsgesichtspunkte können keine Zuständigkeit des Konzernbetriebsrats begründen. Es ist jeweils auf die konkreten Umstände des Konzerns, seiner Unternehmen und Betriebe abzustellen. Insbesondere folgt auch keine rechtliche Notwendigkeit aus dem Gleichbehandlungsgrundsatz (BAG 19.6.2007 AP Nr. 4 zu § 58 BetrVG 1972 zur Verringerung des 13. Monatsgehalts durch Betriebsvereinbarung).

Seine Zuständigkeit erstreckt sich insoweit auch auf Unternehmen, die einen Gesamtbetriebsrat nicht gebildet haben, sowie auf Betriebe der Konzernunternehmen ohne Betriebsrat (§ 58 Abs. 1 S. 1 letzter Halbs. BetrVG). Auch diese Zuständigkeit besteht nur dann, wenn eine konzerneinheitliche Regelung nötig ist.

○ **Beispiele für die Zuständigkeit des Konzernbetriebsrats:**
- Konzernweiter Austausch von Mitarbeiterdaten (BAG 20.12.1995 AP Nr. 1 zu § 58 BetrVG 1972).
- Konzernweite Institution einer Altersversorgung (BAG 14.12.1993 AP Nr. 14 zu § 87 BetrVG 1972 Altersversorgung).

Zu beachten ist auch § 58 Abs. 2 BetrVG, wonach der Konzernbetriebsrat vom Gesamtbetriebsrat mit qualifizierter Mehrheit und unter Beachtung der notwendigen Schriftform **beauftragt** werden kann, eine Angelegenheit für ihn zu behandeln. Voraussetzung ist allerdings, dass die Angelegenheit in den Zuständigkeitsbereich des Gesamtbetriebsrats fällt. Im Übrigen finden die für die Beauftragung des Gesamtbetriebsrats durch einen Betriebsrat geltenden Grundsätze entsprechende Anwendung.

Zuständigkeit kraft Auftrags

VI. Weitere betriebsverfassungsrechtliche Organe und Gremien

Der Betriebsrat ist nicht das einzige, wenn auch das weitaus wichtigste Organ der Betriebsverfassung. Zu nennen ist etwa die Schwerbehindertenvertretung (§ 94 SGB IX). Sie kann an allen Sitzungen des Betriebsrats beratend teilnehmen (§ 95 Abs. 4 SGB IX).

Als weitere relevante Organe und Gremien sind zu nennen:

1. Die Jugend- und Auszubildendenvertretung

- Eine Jugend- und Auszubildendenvertretung ist zu wählen, wenn ein Betriebsrat existiert und im Betrieb mindestens fünf Arbeitnehmer beschäftigt sind, die das 18. Lebensjahr noch nicht vollendet haben oder die in einem Berufsausbildungsverhältnis stehen und das 25. Lebensjahr noch nicht vollendet haben (§ 60 BetrVG). Die in § 70 BetrVG aufgezählten Aufgaben beziehen sich auf Fragen und Bereiche sozialer, personeller und wirtschaftlicher Art und auf Fragen der Gleichstellung und Integration ausländischer Arbeitnehmer, die Jugendliche oder die zu ihrer Berufsausbildung beschäftigten Arbeitnehmer unmittelbar oder mittelbar betreffen.

Jugend- und Auszubildendenvertretung

2. Die Betriebsversammlung

- Die Betriebsversammlung besteht aus sämtlichen Arbeitnehmern eines Betriebs (§ 42 Abs. 1 S. 1 BetrVG) und ist vierteljährlich vom Betriebsrat einzuberufen (§ 43 Abs. 1 S. 1 BetrVG). Sie dient der Aussprache zwischen Betriebsrat und Arbeitnehmerschaft und soll die Arbeitnehmer über sie interessierende wesentliche Fragen informieren. Sie erfüllt damit die Funktion eines **Bindeglieds zwischen der Belegschaft und dem Betriebsrat**. Gegenstand der Betriebsversammlung können alle Angelegenheiten, auch tarif-, sozial-, umwelt- und wirtschaftspolitischer Art sowie Fragen der

Betriebsversammlung

Förderung der Gleichstellung von Frauen und Männer oder der Integration der im Betrieb beschäftigten ausländischen Arbeitnehmer sein, die den Betrieb unmittelbar betreffen (§ 45 S. 1 BetrVG). Auf der Betriebsversammlung hat der Betriebsrat einen Rechenschaftsbericht über seine Tätigkeit abzugeben (§ 43 Abs. 1 S. 1 BetrVG); den Betriebsrat bindende Beschlüsse kann sie nicht erlassen.

3. Der Wirtschaftsausschuss

Wirtschaftsausschuss

– Ein **Wirtschaftsausschuss** ist in allen Unternehmen zu bilden, die in der Regel mehr als 100 Arbeitnehmer ständig beschäftigen (§ 106 Abs. 1 S. 1 BetrVG). Nach der gesetzlichen Vorstellung ist er **kein eigenständiges Organ, sondern nur ein Hilfsorgan** des Betriebsrats bzw. des Gesamtbetriebsrats (zum Wirtschaftsausschuss siehe unter § 156 I).

4. Die Arbeitsgruppe als Mitbestimmungsorgan

Literatur: ENGELS, Der neue § 28a BetrVG, Arbeitsrecht im sozialen Dialog, FS Wißmann (2005), S. 302; LINDE, Übertragung von Aufgaben des Betriebsrats auf Arbeitsgruppen gem. § 28a BetrVG, 2006; NATZEL, Die Delegation von Aufgaben an Arbeitsgruppen nach dem neuen § 28a BetrVG, DB 2001, 1362; RAAB, Die Arbeitsgruppe als neue betriebsverfassungsrechtliche Beteiligungsebene – Der neue § 28a BetrVG, NZA 2002, 474.

Delegation von Aufgaben des Betriebsrats

Die im Rahmen der Reform des Betriebsverfassungsrechts im Jahre 2001 neu aufgenommene Vorschrift des § 28a BetrVG eröffnet erstmals die Möglichkeit zur **Delegation von Aufgaben des Betriebsrats** (nicht des Gesamt- und Konzernbetriebsrats, vgl. § 51 Abs. 1 und § 59 Abs. 1 BetrVG) **an Arbeitnehmergruppen**. Diese völlig neue Form der unmittelbaren Arbeitnehmerbeteiligung fügt sich nur schwer in das dem BetrVG zugrundeliegende Konzept der repräsentativen Mitbestimmung ein und wirft eine Vielzahl neuartiger Fragestellungen auf. Sie bleiben aber bislang theoretischer Natur, denn in der Praxis wird von § 28a BetrVG kein Gebrauch gemacht.

Definition und Rechtsstellung der Arbeitsgruppe

Eine Definition des Begriffs der Arbeitsgruppe ist in § 28a BetrVG nicht enthalten. Nach der Gesetzesbegründung (BT-Drs. 14/5741 S. 40) soll eine Übertragung von Aufgaben des Betriebsrats insbesondere bei Gruppenarbeit im Sinne von § 87 Abs. 1 Nr. 13 BetrVG (hierzu siehe unter § 153 III 13), aber auch bei sonstiger Team- und Projektarbeit sowie für bestimmte Beschäftigungsarten und Arbeitsbereiche in Frage kommen. Auch enthält das Gesetz keinerlei Regelungen über die Bildung, Zusammensetzung und Geschäftsführung der Arbeitsgruppe. Insoweit ist der Arbeitgeber grundsätzlich kraft seines **Direktionsrechts zur Bildung und Zusammenstellung von Arbeitsgruppen** berechtigt.

Die Arbeitsgruppe ist **kein eigenständiges Betriebsverfassungsorgan und auch keine Unterorganisation des Betriebsrats**. Sie ist ein betriebsverfassungsrechtlich organisierter Teilverband.

Im Einzelnen setzt die Übertragung von Aufgaben gem. § 28a BetrVG voraus:

- **Betriebsgröße** von mehr als 100 Arbeitnehmern;
- **Rahmenvereinbarung** zwischen Betriebsrat und Arbeitgeber;
- Schriftlicher **Übertragungsbeschluss** des Betriebsrats;
- **Zusammenhang** mit den Tätigkeiten der Arbeitsgruppe.

Voraussetzungen der Aufgabenübertragung

Die **Rahmenvereinbarung** ist eine freiwillige Betriebsvereinbarung im Sinne von § 88 BetrVG, eine formlose Regelungsabrede genügt hierzu nicht.

Die Übertragung selbst erfolgt durch einen **schriftlichen Übertragungsbeschluss** des Betriebsrats, der der Stimmenmehrheit seiner Mitglieder bedarf (qualifizierte Mehrheit). Unter den gleichen Voraussetzungen ist dem Betriebsrat ein Widerruf der Aufgabenübertragung möglich (§ 28a Abs. 1 S. 4 BetrVG).

Die zu übertragenden Aufgaben müssen im **Zusammenhang mit den von der Arbeitsgruppe zu erledigenden Tätigkeiten** stehen (§ 28a Abs. 1 S. 2 BetrVG). Ein solcher Zusammenhang ist z.B. bei der Übertragung von Regelungsbefugnissen im Zusammenhang mit Arbeitszeitfragen, Pausenregelungen, Urlaubsplanung, Arbeitsgestaltung und ähnlichen tätigkeits- oder aufgabenbezogenen Sachverhalten anzunehmen. Dagegen sind alle Mitwirkungsrechte, die über Gruppenbelange hinausgehen (z.B. Einstellungen und Versetzungen) nicht übertragbar.

Im Rahmen der ihr übertragenen Aufgaben kann die Arbeitsgruppe mit der Mehrheit der Stimmen ihrer Mitglieder Vereinbarungen mit dem Arbeitgeber schließen (§ 28a Abs. 2 S. 1 BetrVG). Diesen **Gruppenvereinbarungen** kommt nach dem Verweis auf § 77 BetrVG in § 28a Abs. 2 S. 2 BetrVG die **Wirkung von Betriebsvereinbarungen** zu. Es finden daher grundsätzlich alle für die Betriebsvereinbarung geltenden Vorschriften Anwendung (insb. hinsichtlich Form, Normwirkung, Kündbarkeit und Nachwirkung der Vereinbarung). Erreichen Arbeitgeber und Arbeitsgruppe in einer bestimmten Angelegenheit keine Vereinbarung, fällt das Beteiligungsrecht in dieser Angelegenheit an den Betriebsrat zurück (§ 28a Abs. 2 S. 3 BetrVG).

Gruppenvereinbarung

§ 148 Wahl, Organisation und Rechtsstellung des Betriebsrats

⇨ **Übersicht:**
- I. Stellung des Betriebsrats
- II. Zusammensetzung des Betriebsrats
- III. Wahl des Betriebsrats

1. Das Wahlrecht
   a) Aktives Wahlrecht
   b) Passives Wahlrecht
2. Der Wahlvorstand
   a) Bestellung des Wahlvorstands
   b) Aufgaben des Wahlvorstands
   c) Wählbarkeit von Wahlvorstandsmitgliedern
3. Das Wahlverfahren
   a) Grobe und offensichtliche Verstöße gegen wesentliche Wahlvorschriften
   b) Verstöße gegen wesentliche Wahlvorschriften
   c) Verstöße gegen nicht wesentliche Wahlvorschriften
4. Schutz der Wahl
5. Vereinfachtes Wahlverfahren in Kleinbetrieben

IV. Amtszeit des Betriebsrats
1. Zeitpunkt der Betriebsratswahlen
2. Erlöschen des Betriebsratsamtes
3. Das Übergangsmandat
4. Das Restmandat

V. Geschäftsführung
1. Vorsitzender/Stellvertreter
2. Kosten der Geschäftsführung des Betriebsrats

VI. Rechtsstellung der Betriebsratsmitglieder
1. Ehrenamtliche Tätigkeit
2. Arbeitsbefreiung und Freizeitausgleich
3. Schulungs- und Bildungsveranstaltungen
4. Schutz der Betriebsratsmitglieder

Träger der Betriebsverfassung sind der Betriebsrat, weitere Betriebsverfassungsorgane, der Arbeitgeber sowie mit geringerer Bedeutung der einzelne Arbeitnehmer und die Koalitionen.

I. Stellung des Betriebsrats

Literatur: BELLING, Die Haftung des Betriebsrats und seiner Mitglieder für Pflichtverletzungen, 1990; BESGEN, Sachmittelanspruch des Betriebsrats nach § 40 Abs. 2 BetrVG bezogen auf moderne Kommunikationseinrichtungen, Bewegtes Arbeitsrecht, FS Leinemann (2006), S. 471; BRILL/DERLEDER, Zur zivilrechtlichen Haftung des Betriebsrats und seiner Mitglieder, AuR 1980, 353; HANAU, Repräsentation des Arbeitgebers und der leitenden Angestellten durch den Betriebsrat?, RdA 1979, 324.

Fehlende Rechts- und Vermögensfähigkeit

Der Betriebsrat ist die wichtigste Einrichtung der Betriebsverfassung. Gleichwohl ist der **Betriebsrat selbst nicht rechtsfähig und**

I. Stellung des Betriebsrats § 148

auch nicht vermögensfähig. Insbesondere ist der Betriebsrat **keine juristische Person**. Insofern ist auch eine Haftung des Betriebsrats ausgeschlossen, weil er kein Vermögen besitzt. Eine darüber hinausgehende generelle Vermögensfähigkeit kann auch nicht durch Vereinbarung geschaffen werden. Die Betriebsparteien können den Betriebsrat nicht über das Gesetz hinaus als Vermögenssubjekt installieren. Soweit der Betriebsrat nicht vermögensfähig ist, besitzt er auch keine Rechtsfähigkeit zum Abschluss von Vereinbarungen, durch die eigene vermögensrechtliche Ansprüche begründet werden sollen.

⇨ **Beispiel:**

Aus der fehlenden Vermögens- und Rechtsfähigkeit folgt, dass die Betriebsparteien keine Vereinbarung treffen können, durch die sich der Arbeitgeber verpflichtet, an den Betriebsrat im Falle der Verletzung von Mitbestimmungsrechten eine Vertragsstrafe zu bezahlen (BAG 29.9.2004 AP Nr. 81 zu § 40 BetrVG 1972).

Er verfügt jedoch über eine **partielle Vermögensfähigkeit**, soweit er Träger vermögensrechtlicher Ansprüche und Positionen z.B. nach § 40 Abs. 1 BetrVG ist (BAG 24.10.2001 AP Nr. 71 zu § 40 BetrVG 1972).

„Gemäß § 40 Abs. 1 BetrVG trägt der Arbeitgeber die durch die Tätigkeit des Betriebsrats entstehenden Kosten. Hierzu gehören auch die Honorarkosten für einen Rechtsanwalt, dessen Heranziehung in einem arbeitsgerichtlichen Beschlussverfahren der Betriebsrat in Wahrnehmung seiner betriebsverfassungsrechtlichen Rechte für erforderlich halten durfte [...]. Durch diese Kostentragungspflicht entsteht zwischen dem Arbeitgeber und dem Betriebsrat ein vermögensrechtliches gesetzliches Schuldverhältnis. Gläubiger ist der Betriebsrat. Wenngleich ihm das Betriebsverfassungsgesetz keine generelle Rechts- und Vermögensfähigkeit verleiht [...], ist er insoweit als – partiell – vermögensfähig anzusehen." (BAG 24.10.2001 AP Nr. 71 zu § 40 BetrVG 1972)

Konsequenz der partiellen Vermögensfähigkeit ist, dass der Betriebsrat bei Abschluss von Verträgen mit Dritten nicht Schuldner wird. Es besteht auch keine Vertretungsmacht kraft Gesetzes zu Lasten des Arbeitgebers. Der Arbeitgeber wird aus Vertragsschlüssen durch den Betriebsrat nur verpflichtet, wenn er entsprechende Vollmacht erteilt hat. Soweit etwa der Betriebsrat Sachverständige oder Anwälte beziehen darf, muss der Arbeitgeber mit diesen entsprechende Verträge schließen. Dadurch erlangt der Betriebsrat einen Kostenerstattungsanspruch gegen den Arbeitgeber (BAG 13.5.1998 AP Nr. 55 zu § 80 BetrVG 1972). Auf den Abschluss dieser Verträge hat der Betriebsrat ggf. einen durchsetzbaren Anspruch (Fitting § 80 Rn. 93).

Vertragsschlüsse zu Lasten des Arbeitgebers

Die einzelnen Mitglieder des Betriebsrats haften nach allgemeinen Regeln, so z.B., wenn sie im Namen des Betriebsrats, aber außerhalb des durch das BetrVG abgedeckten Bereichs handeln (BAG 24.4.1986

Haftung des Betriebsrats

AP Nr. 7 zu § 87 BetrVG Sozialeinrichtung). Es gibt aber keine durch das Amt bedingte Ausweitung der Haftung (RICHARDI/THÜSING § 26 Rn. 15). Ferner haften sie wie jeder andere Arbeitnehmer auch bei unerlaubten Handlungen (§ 823 BGB) oder vorsätzlichen sittenwidrigen Schädigungen (§ 826 BGB). Bei gemeinschaftlicher Handlung haften sie nach §§ 830, 840 BGB gesamtschuldnerisch.

Interessenvertretung — Wenn man davon spricht, dass der Betriebsrat die Arbeitnehmer dem Arbeitgeber gegenüber „vertritt", dann handelt es sich hierbei nicht um eine rechtsgeschäftliche Vertretung im Sinne der §§ 164 ff. BGB, sondern nur um eine Geltendmachung von Arbeitnehmerinteressen. Er vertritt die Interessen der Belegschaft; er ist kein Vertretungsorgan der Gewerkschaften im Betrieb. Der Betriebsrat und seine Mitglieder repräsentieren stets alle Belegschaftsmitglieder, nicht etwa nur die Gewerkschaftsangehörigen.

Freies Mandat — Man kann den Betriebsrat schlicht als die gewählte Vertretung, als den **Repräsentanten für die Arbeitnehmer des Betriebs** bezeichnen, der deren Mitbestimmungsbefugnisse ausübt. Dabei hat der Betriebsrat ein freies, nicht etwa ein imperatives Mandat, zumal auch die Belegschaft selbst keine juristische Person und als solche nicht handlungsfähig ist. Die Betriebsversammlung (§§ 42 bis 46 BetrVG) kann dem Betriebsrat Anträge unterbreiten und zu seinen Beschlüssen Stellung nehmen, ihm jedoch keine Weisungen erteilen. Während der Wahlperiode kommt die Auflösung des Betriebsrats oder ein Ausschluss einzelner Mitglieder nur durch arbeitsgerichtliche Entscheidung in Betracht, wobei neben dem Arbeitgeber oder einer im Betrieb vertretenen Gewerkschaft bzw. dem Betriebsrat mindestens ein Viertel der wahlberechtigten Arbeitnehmer antragsberechtigt ist (§ 23 BetrVG).

Interessenkollision — In wessen Aufgabe und mit welcher Zielrichtung der Betriebsrat zu handeln hat, ist daher unsicher. Sicher handelt der Betriebsrat vorwiegend im **kollektiven Interesse** der Belegschaft, hat allerdings nach § 2 Abs. 1 BetrVG zugleich das Wohl des Betriebs zu beachten. Der Betriebsrat hat darüber hinaus auch zahlreiche Aufgaben, die vorrangig im **Interesse einzelner Arbeitnehmer** wahrgenommen werden, sei es bei der Behandlung von Beschwerden (§ 85 BetrVG), bei der Urlaubsfestsetzung (§ 87 Abs. 1 Nr. 5 BetrVG) oder zahlreichen personellen Einzelmaßnahmen (§§ 99, 102 BetrVG).

II. Zusammensetzung des Betriebsrats

Gestaffelte Größe des Betriebsrats — Aus § 9 BetrVG ergibt sich die **Größe des Betriebsrats**. Sie hängt von der Anzahl der „in der Regel" beschäftigten Arbeitnehmer ab. In kleinen Betrieben von mindestens 5 (denn erst ab dieser Größe kann überhaupt ein Betriebsrat gewählt werden) bis 20 wahlberechtigten Arbeitnehmern besteht der Betriebsrat aus nur einer Person. Stufenweise steigt die Zahl der Betriebsratsmitglieder. Ein Betrieb mit 9000 Arbeitnehmern besitzt einen Betriebsrat mit 35 Mitgliedern, danach steigt die Zahl der Mitglieder des Betriebsrats je angefangene weitere 3000 Arbeitnehmer um zwei Mitglieder an. Eine Pattsituation bei Abstimmungen im Betriebsrat soll durch die ungerade Anzahl der Betriebsratsmitglieder vermieden werden.

„In der Regel" beschäftigte Arbeitnehmer i.S.v. § 9 BetrVG sind diejenigen, die normalerweise während des größten Teils des Jahres in dem Betrieb beschäftigt werden. Maßgeblich ist nicht die durchschnittliche Anzahl der Beschäftigten eines bestimmten Zeitraums, sondern diejenige Personalstärke, die für den Betrieb im Allgemeinen kennzeichnend ist. Der Wahlvorstand muss sowohl den bisherigen Personalstand als auch die künftige Entwicklung des Beschäftigungsstandes berücksichtigen, die wegen konkreter Entscheidungen des Arbeitgebers zu erwarten ist. Dabei ist auf die Verhältnisse bei Erlass des Wahlausschreibens abzustellen (BAG 16.4.2003 AP Nr. 7 zu § 9 BetrVG 1972). Werden Arbeitnehmer nicht ständig, sondern lediglich zeitweilig beschäftigt, kommt es für die Frage der regelmäßigen Beschäftigung darauf an, ob sie normalerweise während des größten Teils eines Jahres beschäftigt werden (BAG 7.5.2008 NZA 2008, 1142).

„In der Regel" beschäftigte Arbeitnehmer

Nach § 15 Abs. 1 BetrVG soll sich der Betriebsrat möglichst aus Arbeitnehmern der einzelnen Organisationsbereiche und der verschiedenen Beschäftigungsarten der im Betrieb tätigen Arbeitnehmer zusammensetzen. Daneben verlangt § 15 Abs. 2 BetrVG zwingend, dass das Geschlecht, das in der Belegschaft in der Minderheit ist, mindestens entsprechend seinem zahlenmäßigen Verhältnis im Betriebsrat vertreten sein muss, wenn dieser aus mindestens drei Mitgliedern besteht. Wie die Sitze im Betriebsrat auf die Geschlechter verteilt werden, bestimmt die WahlO.

Zusammensetzung

III. Wahl des Betriebsrats

Literatur: Niessen, Fehlerhafte Betriebsratswahlen, 2006.

Die Wahl des Betriebsrats ist in einigen Vorschriften des BetrVG und in der Wahlordnung zum BetrVG geregelt.

1. Das Wahlrecht

a) Aktives Wahlrecht

Gemäß § 7 BetrVG dürfen alle Arbeitnehmer des Betriebs, die das 18. Lebensjahr vollendet haben, den Betriebsrat wählen. Sie müssen in einem **Arbeitsverhältnis zum Betriebsinhaber** stehen und **tatsächlich** in die Betriebsorganisation des Arbeitgebers **eingegliedert** sein (BAG 10.3.2004 AP Nr. 8 zu § 7 BetrVG 1972; BAG 22.3.2000 AP Nr. 8 zu § 14 AÜG). Maßgeblich ist der **Arbeitnehmerbegriff des § 5 BetrVG** (siehe unter § 147 II 2). Da z.B. Auszubildende in reinen Ausbildungsbetrieben nicht als Arbeitnehmer i.S.d. § 5 BetrVG gelten, sind sie auch nicht gem. § 7 BetrVG wahlberechtigt (BAG 13.6.2007 AP Nr. 12 zu § 5 BetrVG 1972 Ausbildung).

Arbeitsverhältnis und Eingliederung

Leiharbeitnehmer | **Leiharbeitnehmer** stehen zwar in keinem Arbeitsverhältnis zum Arbeitgeber des Entleiherbetriebs. Seit der Reform des BetrVG von 2001 sieht aber § 7 S. 2 BetrVG ausdrücklich vor, dass auch sie im Entleiherbetrieb ein aktives Wahlrecht haben, wenn sie länger als drei Monate in dem Betrieb eingesetzt werden, § 7 S. 2 BetrVG (siehe unter § 147 III 2 b).

Gekündigte Arbeitnehmer | **Gekündigte Arbeitnehmer**, deren **Kündigungsfrist am Wahltag abgelaufen** ist und die auch danach **nicht mehr vorläufig weiterbeschäftigt** werden, haben kein aktives Wahlrecht. Die arbeitsvertraglichen Beziehungen werden mit Ablauf der Kündigungsfrist beendet und die gekündigten Arbeitnehmer sind nicht mehr eingegliedert, sobald sie nach Ablauf der Kündigungsfrist nicht mehr weiterbeschäftigt werden (BAG 10.11.2004 AP Nr. 11 zu § 8 BetrVG 1972; BAG 14.5.1997 AP Nr. 6 zu § 8 BetrVG 1972).

b) Passives Wahlrecht

Wählbarkeit folgt aus Wahlrecht | Nach § 8 Abs. 1 S. 1 BetrVG sind alle **Wahlberechtigten**, die **sechs Monate** dem Betrieb angehören, wählbar. Demnach verliert der Arbeitnehmer seine Wählbarkeit, sobald er sein Wahlrecht i.S.v. § 7 BetrVG verliert.

Ausnahme Arbeitnehmer, die Kündigungsschutzklage erhoben haben | Das BAG macht jedoch eine **Ausnahme** bei **gekündigten Arbeitnehmern, die eine Kündigungsschutzklage erhoben** haben. Sie bleiben sogar dann wählbar, wenn die Betriebsratswahl nach Ablauf der Kündigungsfrist durchgeführt und der gekündigte Arbeitnehmer nicht weiterbeschäftigt wird. Dabei ist unerheblich, ob es sich um eine außerordentliche oder ordentliche Kündigung handelt (BAG 14.5.1997 AP Nr. 6 zu § 8 BetrVG 1972; BAG 10.11.2004 AP Nr. 11 zu § 8 BetrVG 1972). Zur Begründung für die unterschiedliche Behandlung gekündigter Arbeitnehmer in Bezug auf ihr Wahlrecht und ihre Wählbarkeit stützt sich das BAG im Wesentlichen auf den **unterschiedlichen Schutzzweck der §§ 7, 8 BetrVG** und die unterschiedliche Auswirkung des Ausgangs des Kündigungsschutzprozesses auf die Wahl:

„Erhebt der Arbeitnehmer Kündigungsschutzklage nach § 4 KSchG, bleibt die rechtswirksame Beendigung des Arbeitsverhältnisses durch die Kündigung bis zum rechtskräftigen Abschluss des Verfahrens in der Schwebe. Ebenso wenig steht fest, ob seine Eingliederung auf Dauer beendet oder nur unterbrochen wurde. Deshalb gilt ein Arbeitnehmer hinsichtlich der Wählbarkeit solange als betriebszugehörig, als nicht rechtskräftig geklärt ist, ob die ihm gegenüber ausgesprochene Kündigung wirksam war Diese Unterscheidung zwischen Wählbarkeit nach § 8 BetrVG und Wahlberechtigung nach § 7 BetrVG bei gekündigten und nicht weiterbeschäftigten Arbeitnehmern folgt aus dem unterschiedlichen Schutzzweck der beiden Normen über das aktive und passive Wahlrecht. Wahlberechtigung und Wählbarkeit unterscheiden sich grundlegend. Zum Zeitpunkt der Wahl muss feststehen, ob der Arbeitnehmer nach § 7 BetrVG wählen darf oder nicht. Die Beteiligung nicht

III. Wahl des Betriebsrats § 148

wahlberechtigter Arbeitnehmer kann nicht mehr korrigiert werden. Ebenso wenig kann die Stimmabgabe eines gekündigten Arbeitnehmers nachgeholt werden, sobald rechtskräftig die Rechtsunwirksamkeit der Kündigung festgestellt wird. Dagegen kann die Wählbarkeit in der Schwebe bleiben. Denn bei ihr wird der Ungewissheit über den Ausgang des Kündigungsschutzverfahrens dadurch Rechnung getragen, dass das Betriebsratsmitglied bis zum rechtskräftigen Abschluss des Verfahrens an der Ausübung seines Amtes verhindert ist. In diesem Fall tritt das Ersatzmitglied nach § 25 Abs. 1 Satz 2 BetrVG vorübergehend in das Amt ein [...]. Stellt sich nach der Wahl die Unwirksamkeit der Kündigung heraus, entfällt der Hinderungsgrund. Das gewählte Betriebsratsmitglied kann sein Betriebsratsamt ausüben. Wird dagegen die Kündigungsschutzklage abgewiesen, erlischt die Mitgliedschaft im Betriebsrat nach § 24 Nr. 3 BetrVG. Das Ersatzmitglied rückt endgültig gem. § 25 Abs. 1 Satz 1 BetrVG nach." (BAG 10.11.2004 AP Nr. 11 zu § 8 BetrVG 1972)

Unterschiedlich beurteilt wird die Frage, ob auch **Mitglieder des Wahlvorstands**, welcher für die Organisation und Kontrolle der Betriebsratswahl zuständig ist, wählbar sind. Die h.M. sieht in § 8 BetrVG eine abschließende Bestimmung über die Wählbarkeit zum Betriebsratsmitglied und hält auch aus praktischen Erwägungen die Mitgliedschaft im Wahlvorstand mit der Wählbarkeit zum Betriebsratsmitglied für vereinbar (BAG 12.10.1976 AP Nr. 1 zu § 8 BetrVG 1972).

Keine Inkompatibilität von Wählbarkeit und Mitgliedschaft im Wahlvorstand

„Eine Unvereinbarkeit (Inkompatibilität) zwischen dem Amt als Mitglied des Wahlvorstandes und als (zukünftiges) Mitglied des Betriebsrats besteht nicht. [...] § 8 BetrVG enthält erschöpfend die Voraussetzungen für die Wählbarkeit zum Betriebsrat. [...] Schließlich gebieten auch keine allgemeinen Grundsätze des Wahlrechts oder gar des Verfassungsrechts keine andere Entscheidung. Es mag zwar sein, dass, um jeden Anschein einer Parteilichkeit zu vermeiden, Bewerber um ein Betriebsratsamt möglichst nicht zu Mitgliedern des Wahlvorstandes bestellt werden sollten. In kleineren Betrieben würden aber zum Teil kaum überwindbare Schwierigkeiten auftreten, insbesondere wenn man auch noch die Arbeitnehmer nicht zu Mitgliedern des Wahlvorstandes bestellen dürfte, die einen Wahlvorschlag unterzeichnet haben." (BAG 12.10.1976 AP Nr. 1 zu § 8 BetrVG 1972)

Die vom BAG genannten Praktikabilitätserwägungen sind jedoch nicht zweifelsfrei. Der Wahlvorstand hat, auch wenn das Verfahren durch die WahlO im Einzelnen vorgegeben und weitgehend formalisiert ist, durch die Art und Weise seiner Behandlung des Wahlverfahrens durchaus nicht unerhebliche Einflussnahmemöglichkeiten. Deshalb sah sich das LAG Hessen (21.12.1995 NZA-RR 1996, 461, 463) veranlasst, jedenfalls auf die **besondere Neutralitätspflicht** der Wahlvorstandsmitglieder hinzuweisen:

Gefahr der Einflussnahme

„Wahlvorstandsmitgliedern, die zugleich Wahlbewerber sind, obliegt gegenüber ihren Mitbewerbern insoweit eine besondere Loyalitäts- und Sorgfaltspflicht. Der Wahlvorstand ist das gesetzlich berufene Gremium zur ordnungsgemäßen und fairen Durchführung der Betriebsratswahl. Er hat die in der Betriebsratswahl zum Ausdruck kommende Willensbildung der Belegschaft unparteilich, gerecht und fair zu fördern und muss schon jeden Anschein, seinerseits den Wahlausgang durch ‚Verhindern' von Wahlvorschlägen zu beeinflussen, vermeiden." (LAG Hessen 21.12.1995 NZA-RR 1996, 461, 463)

2. Der Wahlvorstand

a) Bestellung des Wahlvorstands

Gruppenschutz Die Wahl des Betriebsrats wird von einem in der Regel aus drei, jedenfalls aber einer **ungeraden Zahl von Beschäftigten** bestehenden Wahlvorstand geleitet (§ 1 Abs. 1 WahlO). Nach § 16 Abs. 1 S. 5 BetrVG sollen dem Wahlvorstand zudem Frauen und Männer angehören. Die Bestellung des Wahlvorstands hängt davon ab, ob in dem Betrieb bereits ein Betriebsrat existiert oder nicht:

Mit Betriebsrat – In Betrieben mit Betriebsrat ist es nach § 16 Abs. 1 BetrVG **Aufgabe des Betriebsrats**, spätestens **zehn Wochen vor Ablauf seiner Amtszeit** einen Wahlvorstand zu bestellen. Zweckmäßigerweise werden auch gleich Ersatzmitglieder für den Fall bestellt, dass ein Wahlvorstandsmitglied ausscheidet. Ist der Betriebsrat seiner Pflicht auch acht Wochen vor Ablauf seiner Amtszeit noch nicht nachgekommen, bestellt das Arbeitsgericht auf Antrag von mindestens drei wahlberechtigten Arbeitnehmern oder einer im Betrieb vertretenen Gewerkschaft den Wahlvorstand (§ 16 Abs. 2 BetrVG). Diese Möglichkeit bietet sich nach § 16 Abs. 3 BetrVG auch für den Gesamt- oder Konzernbetriebsrat.

Ohne Betriebsrat – Besteht im Betrieb noch kein Betriebsrat, so bestellt der Gesamtbetriebsrat oder, falls ein solcher nicht besteht, der Konzernbetriebsrat einen Wahlvorstand (§ 17 Abs. 1 BetrVG). Falls weder ein Gesamtbetriebsrat noch ein Konzernbetriebsrat besteht, können drei wahlberechtigte Arbeitnehmer oder eine im Betrieb vertretene Gewerkschaft (nicht aber der Arbeitgeber) zu einer **Betriebsversammlung** einladen, die dann einen Wahlvorstand bestellen kann, § 17 Abs. 2 BetrVG. Kommt die Betriebsversammlung nicht zustande oder bestellt sie keinen Wahlvorstand (aber nur dann, nicht dagegen, wenn schon nicht ordnungsgemäß eingeladen wurde, vgl. BAG 26.2.1992 AP Nr. 6 zu § 17 BetrVG 1972), kann nach § 17 Abs. 4 BetrVG wiederum das Arbeitsgericht auf Antrag von drei wahlberechtigten Arbeitnehmer oder einer im Betrieb vertretenen Gewerkschaft einen Wahlvorstand bestellen. Eine Mindestbeteiligung von Arbeitnehmern an der Betriebsversammlung ist nicht erforderlich, es genügt, dass ein einziger Arbeitnehmer an ihr teilnimmt. Der Arbeitgeber ist nicht nur verpflichtet, die Betriebsversammlung zu dulden (vgl. §§ 20 Abs. 1, 119 Abs. 1 Nr. 1 BetrVG), sondern muss diese in Grenzen auch unterstützen (BAG 26.2.1992 AP Nr. 6 zu § 17 BetrVG 1972):

III. Wahl des Betriebsrats § 148

„In der Regel bedarf es zur Durchführung einer ordnungsgemäßen Einladung zu einer Betriebsversammlung mehr oder weniger der Mitwirkung durch den Arbeitgeber, sei es, dass er Anschläge oder Aushänge (‚Schwarzes Brett'), die sich an alle Arbeitnehmer richten, in seinen Betriebsräumen zu dulden hat, sei es, dass er in anderer Weise durch Handeln daran mitwirken muss, dass eine ordnungsgemäße Einladung vorgenommen werden kann. [...] Jedenfalls können die Initiatoren einer Betriebsratswahl vom Arbeitgeber verlangen, allen Arbeitnehmern, die aufgrund ihrer typischen Tätigkeit in der Regel nicht in den Räumen des Betriebs arbeiten oder erreichbar sind, eine Einladung zur Betriebsversammlung zum Zwecke der Bestellung eines Wahlvorstandes auf seine Kosten (vgl. § 20 Abs. 3 S. 1 BetrVG) zukommen zu lassen." (BAG 26.2.1992 AP Nr. 6 zu § 17 BetrVG 1972)

b) Aufgaben des Wahlvorstands

Zu den wichtigsten Aufgaben des Wahlvorstands gehören:
- Die **Leitung der Betriebsratswahl**.
- Die **Aufstellung einer Wählerliste** (§ 2 WahlO), **weil nur in der Wählerliste eingetragene Arbeitnehmer wahlberechtigt sind**: Der Wahlvorstand muss die Wählerliste getrennt nach Geschlechtern aufstellen. Ein Abdruck der Wählerliste sowie ein Abdruck der WahlO sind vom Tage der Einleitung der Wahl bis zum Abschluss der Stimmabgabe an geeigneter Stelle im Betrieb auszulegen. Die Aufstellung kann auch mittels der im Betrieb vorhandenen Informations- und Kommunikationstechnik bekannt gemacht werden, wenn alle Arbeitnehmer von der Bekanntmachung Kenntnis erlangen können und Vorkehrungen getroffen werden, dass nur der Wahlvorstand Änderungen an der Bekanntmachung vornehmen kann. Besteht in dem Betrieb auch ein Sprecherausschuss (nach dem SprAuG), haben sich der Wahlvorstand für den Betriebsrat und der Wahlvorstand für den Sprecherausschuss über die Zuordnung zur Gruppe der leitenden Angestellten zu verständigen, notfalls einen Vermittler hinzuzuziehen (§ 18a BetrVG). Bei der Aufstellung der Wählerliste muss der Wahlvorstand u.U. auch entscheiden, ob Kleinstbetriebe, Nebenbetriebe und Betriebsteile (§ 4 BetrVG) einen eigenen Betriebsrat wählen oder ob diese dem Hauptbetrieb zugerechnet werden. Soweit Letzteres der Fall ist, müssen auch die dort beschäftigten Arbeitnehmer in die Wählerliste eingetragen werden. Besteht keine Zuordnung zum Hauptbetrieb, ist der Wahlvorstand für den Nebenbetrieb oder Betriebsteil nicht zuständig, so dass er dort auch nicht tätig werden darf. Ggf. ist dort eine eigenständige Betriebsversammlung einzuberufen, die einen Wahlvorstand zu bestellen hat.
- Der **Erlass und die Bekanntmachung eines Wahlausschreibens**, das die in § 3 Abs. 2 WahlO im Einzelnen aufgeführten Angaben enthalten muss. Zu diesen gehört zum Beispiel, dass nur Arbeitnehmer wählen oder gewählt werden können, die in die Wählerliste eingetragen sind und dass Einsprüche gegen die Wählerliste

Erlass und Bekanntgabe des Wahlausschreibens

nur vor Ablauf von zwei Wochen seit dem Erlass des Wahlausschreibens schriftlich beim Wahlvorstand eingelegt werden können. Ferner muss das Wahlausschreiben den Anteil der Geschlechter enthalten und den Hinweis, dass das Geschlecht in der Minderheit im Betriebsrat mindestens entsprechend seinem zahlenmäßigen Verhältnis vertreten sein muss, wenn der Betriebsrat aus mindestens drei Mitgliedern besteht. Darüber hinaus muss das Wahlausschreiben die Zahl der zu wählenden Betriebsratsmitglieder sowie die auf das Geschlecht in der Minderheit entfallenden Mindestsitze im Betriebsrat angeben.

Überprüfung der Wahlvorschläge

– Die **Überprüfung der eingereichten Wahlvorschläge** auf ihre Vereinbarkeit mit § 14 Abs. 4 und 5 BetrVG sowie § 6 WahlO (siehe BAG 25.5.2005 AP Nr. 2 zu § 14 BetrVG 1972 wonach die erforderlichen Stützunterschriften i.S.v. § 14 Abs. 4 BetrVG zumindest deutlich erkennbar eine einheitliche Urkunde mit der Bewerberliste bilden müssen). Werden auch innerhalb einer Nachfrist von einer Woche (§ 9 Abs. 1 WahlO) keine gültigen Wahlvorschläge eingereicht, fällt die Betriebsratswahl aus, das Amt des Wahlvorstands endet.

Bestimmung der Mindestsitze für das Geschlecht in der Minderheit

– Nach § 5 WahlO muss der Wahlvorstand feststellen, welches Geschlecht von seinem zahlenmäßigen Verhältnis im Betrieb in der Minderheit ist. Danach errechnet er den Mindestanteil der Betriebsratssitze für das Geschlecht in der Minderheit nach den Grundsätzen der Verhältniswahl (siehe hierzu § 5 Abs. 1, Abs. 3 und Abs. 4 WahlO). Der Wahlvorstand muss dem Geschlecht in der Minderheit dann so viele Mitgliedersitze zuteilen, wie Höchstzahlen auf es entfallen.

Bekanntmachung der Wahlvorschläge

– Die **Bekanntmachung der Wahlvorschläge** und ggf. die Versendung der Briefwahlunterlagen.

Durchführung des Wahlvorgangs

– Die **Durchführung des Wahlvorgangs** einschließlich der erforderlichen Absprachen mit dem Arbeitgeber betreffend Bereitstellung von Räumlichkeiten etc.: Findet die Betriebsratswahl gleichzeitig an mehreren Orten statt, ist darauf zu achten, dass während des gesamten Wahlvorgangs in jedem Wahllokal mindestens zwei Mitglieder des Wahlvorstands oder, wenn Wahlhelfer bestellt sind (§ 1 Abs. 2 WahlO), mindestens ein Wahlvorstandsmitglied und ein Wahlhelfer anwesend sind. Daraus resultiert u.U. eine bestimmte Größenordnung des Wahlvorstands oder die Notwendigkeit, an unterschiedlichen Tagen wählen zu lassen.

Feststellung des Wahlergebnisses

– Die unverzügliche **Auszählung der Stimmen**, die **Bekanntmachung des Wahlergebnisses** und die **Benachrichtigung der gewählten Arbeitnehmer** sowie schließlich die **Einberufung der konstituierenden Sitzung des Betriebsrats**. Diese wird bis zur Wahl eines Betriebsratsvorsitzenden vom Vorsitzenden des Wahlvorstands geleitet.

3. Das Wahlverfahren

Literatur: SCHIEFER/KORTE, Die Durchführung von Betriebsratswahlen nach neuem Recht Teil 1 und Teil 2, NZA 2002, 57 und 113; THÜSING/LAMBRICH, Die Wahl des Betriebsrats nach neuem Recht, NZA Sonderheft 2001, 79.

Nach § 14 Abs. 1 BetrVG wird der Betriebsrat in geheimer und unmittelbarer Wahl gewählt. Wahlberechtigt sind alle Arbeitnehmer, die das 18. Lebensjahr vollendet haben (§ 7 S. 1 BetrVG). Der Arbeitnehmerbegriff knüpft auch hier an den von Rechtsprechung und Literatur entwickelten allgemeinen Arbeitnehmerbegriff an.

Geheime und unmittelbare Wahl

Gewählt wird grundsätzlich nach dem Prinzip der **Verhältniswahl**, d.h. die Arbeitnehmer können den verschiedenen Listen (Wahlvorschlägen) ihre Stimme geben und ihre Stimme nicht für einen einzelnen Bewerber abgeben. Jeder Wahlberechtigte hat nur eine Stimme. Die Verteilung der Betriebsratssitze auf die Listen erfolgt nach dem d'Hondtschen Höchstzahlverfahren. An die Reihenfolge der Kandidaten auf der Liste ist der Wähler gebunden. Falls **nur ein Wahlvorschlag** eingereicht wird oder wenn der Betriebsrat im **vereinfachten Wahlverfahren** nach § 14a BetrVG zu wählen ist, finden nach § 14 Abs. 2 S. 2 BetrVG die Grundsätze des **Mehrheitswahlrechts** Anwendung. Hier können den einzelnen Kandidaten auf der Liste Stimmen gegeben werden, jeder Wähler hat so viele Stimmen wie der Betriebsrat Sitze hat.

Verhältniswahl

Angesichts der komplizierten Wahlvorschriften kann es beim Wahlverfahren zu verschiedenen Fehlern kommen. Zu unterscheiden sind:

a) Grobe und offensichtliche Verstöße gegen wesentliche Wahlvorschriften

In besonderen Ausnahmefällen nimmt das BAG eine **Nichtigkeit** der Wahl an (BAG 10.6.1983 AP Nr. 10 zu § 19 BetrVG 1972).

„Die Nichtigkeit einer Wahl kann ohne zeitliche Begrenzung zu jeder Zeit und in jeder Form geltend gemacht werden. Sie liegt nur vor, wenn gegen allgemeine Grundsätze einer ordnungsgemäßen Wahl in so hohem Maße verstoßen worden ist, dass auch der Anschein einer dem Gesetz entsprechenden Wahl nicht mehr vorliegt. Wegen der schwerwiegenden Folgen einer von Anfang an unwirksamen Betriebsratswahl kann deren jederzeit gerichtlich feststellbare Nichtigkeit nur in besonders krassen Fällen von Wahlverstößen angenommen werden." (BAG 10.6.1983 AP Nr. 10 zu § 19 BetrVG 1972)

Es muss also ein **grober und offensichtlicher Verstoß gegen die gesetzlichen Wahlregeln** vorgelegen haben. Die Häufung von mehreren Verstößen, die für sich allein betrachtet jeweils lediglich die Anfechtung der Wahl ermöglichen, können nach neuerer Rechtsprechung nicht mehr im Wege einer Gesamtwürdigung zur Nichtigkeit führen. Die frühere gegenteilige Rechtsprechung, die auch in der Literatur fast einstimmig angenommen wurde, hat der 7. Senat nun aus-

Voraussetzung: besonders krasser Verstoß gegen Wahlregeln

drücklich aufgegeben (BAG 19.11.2003 AP Nr. 54 zu § 19 BetrVG 1972 unter Aufgabe von BAG 27.4.1976 AP Nr. 4 zu § 19 BetrVG 1972).

„Die Änderung der Rechtsprechung dient der Rechtsklarheit und damit der Rechtssicherheit. Die bisher insoweit vereinzelt gebliebene Entscheidung des Bundesarbeitsgerichts vom 27. April 1976 (AP BetrVG 1972 § 19 Nr. 4 = EzA BetrVG 1972 § 19 Nr. 8) enthielt keine Maßstäbe für die Gesamtwürdigung, erklärte auch nicht, wie groß die Anzahl der Mängel und wie schwerwiegend die Verletzungen sein mussten, um in einer Gesamtwürdigung zur Feststellung der Nichtigkeit zu gelangen. Damit konnten Betriebspartner, die durchaus Fehler bei der Betriebsratswahl erkannt hatten, sie aber als nicht schwerwiegend hingenommen hatten, auch nach Ablauf der Anfechtungsfrist nicht ausschließen, dass sich der andere oder Dritte bei gegebenem Anlass (z.B. bei der fehlerhaften Anhörung des Betriebsrats oder bei der Anwendbarkeit von Betriebsvereinbarungen) auf die Nichtigkeit der Wahl im Wege einer Gesamtwürdigung berufen würde. Dieser Schwebezustand verträgt sich nicht mit der vertrauensvollen Zusammenarbeit der Betriebspartner und der verantwortungsvollen Ausübung von Mitwirkungs- und Mitbestimmungsrechten durch den Betriebsrat. Nur diejenigen Betriebsangehörigen, die einen oder mehrere grobe Verstöße ohne weiteres erkennen, weil sie offensichtlich sind und die Wahl dennoch akzeptieren, müssen mit einem jederzeitigen Nichtigkeitsantrag oder einer entsprechenden Einwendung in einem anderen betriebsverfassungsrechtlichen Streit rechnen und gegebenenfalls die schwerwiegenden nachteiligen Folgen einer Nichtigkeitsfeststellung tragen." (BAG 19.11.2003 AP Nr. 54 zu § 19 BetrVG 1972)

⊃ **Beispiele für Nichtigkeit:**
- Wahl eines Betriebsrats durch Personen, die keine Arbeitnehmer sind (BAG 16.2.1995 AP Nr. 1 zu Einigungsvertrag Anlage II Kap. IV)
- Bildung eines Betriebsrats in einer Betriebsversammlung spontan durch Zuruf (BAG 12.10.1961 AP Nr. 84 zu § 611 BGB Urlaubsrecht)
- Wahl eines Betriebsrats für einen nicht betriebsratsfähigen Betrieb (BAG 9.2.1982 AP Nr. 24 zu § 118 BetrVG 1972)
- Wahl einer Person, die offensichtlich kein Arbeitnehmer des Betriebs ist

⊃ **Nicht ausreichend für Nichtigkeit:**
- Die Verkennung des Betriebsbegriffs
- Wahl eines Wahlvorstandes durch die Belegschaft in einer Betriebsstätte, obwohl bereits der gemeinsame Wahlvorstand für eine einheitliche Betriebsratswahl im Gemeinschaftsbetrieb bestellt war (BAG 19.11.2003 AP Nr. 55 zu § 19 BetrVG 1972)

Nichtigkeit ex tunc | Folge der Nichtigkeit ist, dass der Betriebsrat **rechtlich weder existent ist noch war**. Der Arbeitgeber braucht also keine Mitbestimmungsrechte zu beachten, die „Betriebsratsmitglieder" genießen als solche keinen besonderen Kündigungsschutz (wohl aber ggf. den nachwirkenden Kündigungsschutz für Wahlbewerber). Einer Wahlanfechtung bedarf es nicht. Die Nichtigkeit kann jederzeit in jedem Verfahren – auch inzident – festgestellt werden. Angesichts dieser weitreichenden Wirkungen sind die Voraussetzungen für die Annahme der Nichtigkeit hoch.

b) Verstöße gegen wesentliche Wahlvorschriften

§ 19 BetrVG ermöglicht die Anfechtung einer Betriebsratswahl, wenn gegen **wesentliche Vorschriften über das (aktive) Wahlrecht, die (passive) Wählbarkeit oder das Wahlverfahren verstoßen worden ist** und der Verstoß das Wahlergebnis beeinflusst haben kann. Der praktisch wichtige Unterschied der bloßen Anfechtbarkeit zur Nichtigkeit ist, dass die Wahlanfechtung innerhalb der kurz bemessenen Frist von zwei Wochen (§ 19 Abs. 2 BetrVG) ab Bekanntgabe des Wahlergebnisses zur erfolgen hat; andernfalls gilt der gewählte Betriebsrat als rechtsbeständig im Amt. Zudem wirkt die Anfechtung im Gegensatz zur Nichtigkeit nur ex nunc.

Anfechtbarkeit

Sinn und Zweck des § 19 BetrVG ist es, Rechtssicherheit zu schaffen. Hierzu dient auch die kurze Anfechtungsfrist von zwei Wochen gem. § 19 Abs. 2 BetrVG.

Sinn und Zweck des § 19 BetrVG

„Es würde dem Erfordernis der Rechtssicherheit, dem § 19 BetrVG dient, widersprechen, wenn bei Ausübung eines jeden einzelnen Beteiligungsrechts jeweils zu klären wäre, ob der gewählte Betriebsrat überhaupt für den Betrieb im Sinne des Betriebsverfassungsgesetzes gewählt bzw. zuständig ist. Deshalb kann auch der entgegenstehenden Auffassung von KITTNER (in: DKK-Kittner BetrVG 9. Aufl. § 102 Rn. 122) nicht gefolgt werden. Sie steht im Widerspruch zu der aus § 19 BetrVG fließenden Wertung, nach der ein Rechtsverstoß, der eine Wahlanfechtung begründen würde, unbeachtlich wird, wenn keine Wahlanfechtung erfolgt ist." (BAG 3.6.2004 AP Nr. 141 zu § 102 BetrVG 1972)

Wesentlich im Sinne von § 19 BetrVG sind alle **zwingenden Vorschriften**, insbesondere die §§ 7 ff. BetrVG. Verstöße gegen bloße Ordnungs- oder Sollvorschriften legitimieren dagegen die Anfechtung nicht (RICHARDI/THÜSING § 19 Rn. 5; FITTING § 19 Rn. 10).

◯ **Beispiele für hinreichende Anfechtungsgründe:**
- Der Wahlvorstand wurde nicht ordnungsgemäß, insbesondere von einer nicht zuständigen Stelle bestellt (z.B. von einer Betriebsversammlung, obwohl ein Betriebsrat existierte),
- Wahl einer unzutreffenden Zahl von Mitgliedern für den Betriebsrat; Verstöße gegen die Geschlechtsrepräsentation (§ 15 Abs. 2 BetrVG).
- Es wurden Personen zur Wahl zugelassen, die **nicht wahlberechtigt** sind (Jugendliche unter 18 Jahren, leitende Ange-

stellte), oder umgekehrt, **wahlberechtigte** Personen **nicht zugelassen** (Teilzeitbeschäftigte oder Leiharbeitnehmer).

- Personen wurden zur Wahl gestellt, die (z.B. mangels ausreichender Dauer der Betriebszugehörigkeit) nicht wählbar sind, oder der Wahlvorstand hat Wahlbewerber von der Vorschlagsliste gestrichen, obwohl diese wählbar sind (**Verstöße gegen die Wählbarkeit**).
- **Verstöße gegen das Wahlverfahren** (§§ 9 bis 18 BetrVG; WahlO): z.B. wenn der Wahlvorstand seiner Pflicht nach § 7 Abs. 2 S. 2 WahlO nicht nachkommt, wonach er am letzten Tag der Frist zur Einreichung von Wahlvorschlägen Vorkehrungen treffen muss, damit er eingehende Wahlvorschläge möglichst sofort prüfen und die Listenvertreter über etwaige Mängel informieren kann (BAG 25.5.2005 AP Nr. 2 § 14 BetrVG 1972; für einen Verstoß gegen § 3 Abs. 4 S. 2 WahlO s. z.B. BAG 5.5.2004 AP Nr. 1 zu § 3 WahlO BetrVG 1972).
- Verkennung des Betriebsbegriffs (§ 1 BetrVG) durch den Wahlvorstand oder falsche Zuordnung von Betriebsteilen

Voraussetzung: Erheblicher Verstoß gegen wesentliche Vorschrift	Voraussetzung der Anfechtbarkeit ist darüber hinaus stets, dass der wesentliche Verstoß **nicht rechtzeitig berichtigt** worden ist und dass er **Einfluss auf das Wahlergebnis haben konnte**. Dafür ist zu prüfen, ob bei einer hypothetischen Betrachtungsweise eine Wahl ohne den Verstoß unter Berücksichtigung der konkreten Umstände zwingend zu demselben Wahlergebnis geführt hätte (BAG 19.11.2003 AP Nr. 54 zu § 19 BetrVG 1972). An einem Einfluss auf das Wahlergebnis fehlt es z.B., wenn die obsiegende Liste einen so großen Vorsprung hat, dass die fehlerhafte Zulassung oder Nichtzulassung einzelner Arbeitnehmer zur Wahl das Ergebnis nicht beeinflussen kann.
Anfechtungsfrist	Die Anfechtung muss spätestens innerhalb von **zwei Wochen nach Bekanntgabe des Wahlergebnisses** durch Einleitung eines Beschlussverfahrens vor dem Arbeitsgericht erfolgen (§ 19 Abs. 2 S. 2 BetrVG). Das Anfechtungsverfahren kann auch schon vor Fristbeginn angestrengt werden. Antragsberechtigt sind der Arbeitgeber, mindestens drei wahlberechtigte Arbeitnehmer oder eine im Betrieb vertretene Gewerkschaft.
Rechtsfolge der Wahlanfechtung	Die erfolgreiche Wahlanfechtung führt dazu, dass dem Betriebsrat mit Rechtskraft der arbeitsgerichtlichen Entscheidung für die Zukunft die Grundlage entzogen ist und der Betrieb als betriebsratsloser Betrieb fortgeführt wird. Die Bestimmung des § 142 BGB kann insoweit nicht auf die Anfechtung von Wahlen im Bereich der Betriebsverfassung übertragen werden (BAG 13.3.1991 AP Nr. 20 zu § 19 BetrVG 1972). Bis zur rechtskräftigen Entscheidung gilt die Wahl als ordnungsgemäß, so dass dem Betriebsrat alle Rechte und Pflichten nach dem BetrVG zukommen. Alle bis dahin vorgenommenen Rechtshandlungen sind und bleiben gültig. Unterbleibt die

III. Wahl des Betriebsrats § 148

Wahlanfechtung, so ist die Wahl – mit allen Konsequenzen – als wirksam anzusehen (BAG 26.10.1979 AP Nr. 5 zu § 9 KSchG 1969).

„Es kann offen bleiben, ob die gemeinsame Betriebsratswahl in Verkennung des betriebsverfassungsrechtlichen Betriebsbegriffs erfolgt ist. [...] Die Verkennung des Betriebsbegriffs führt regelmäßig nicht zur Nichtigkeit, sondern nur zur Anfechtbarkeit einer darauf beruhenden Betriebsratswahl. Eine solche Anfechtung hat innerhalb der hierfür vorgesehenen Frist von 2 Wochen (§ 19 Abs. 2 BetrVG) zu erfolgen. Fehlt es – wie hier – an einer Anfechtung oder ist diese nicht fristgerecht erfolgt, so ist der in Verkennung des Betriebsbegriffes gewählte Betriebsrat für die Dauer seiner Amtszeit das rechtmäßig fungierende betriebsverfassungsrechtliche Vertretungsorgan. Eine entsprechende kollektivrechtliche Bindungswirkung besteht sowohl für die Belegschaft als auch für den Arbeitgeber." (BAG 26.10.1979 AP Nr. 5 zu § 9 KSchG 1969; bestätigt durch BAG 19.11.2003 AP Nr. 55 zu § 19 BetrVG 1972; BAG 3.6.2004 AP Nr. 141 zu § 102 BetrVG 1972)

Bei einer nicht angefochtenen Betriebsratswahl repräsentiert der Betriebsrat nur die Belegschaft, die ihn mitgewählt hat. Er ist daher z.B. nicht zuständig für Betriebsteile nach § 4 BetrVG, die sich nicht an der Wahl beteiligt haben (BAG 3.6.2004 AP Nr. 141 zu § 102 BetrVG 1972).

c) Verstöße gegen nicht wesentliche Wahlvorschriften

Wenn § 19 BetrVG nur die Anfechtung bei wesentlichen Verstößen gegen Wahlberechtigung, Wählbarkeit oder Wahlverfahren ermöglicht, so folgt daraus im Umkehrschluss, dass **unwesentliche Verstöße nicht einmal die Anfechtung ermöglichen**. Unwesentlich sind Verstöße gegen bloße Ordnungsvorschriften oder Sollbestimmungen, z.B. § 15 Abs. 1 BetrVG, es sei denn, dass gegen sie in besonders massiver Weise verstoßen worden wäre. Eine exakte Abgrenzung hat das BAG bislang nicht entwickelt, es formuliert salvatorisch: Mussvorschriften sind „grundsätzlich" wesentlich, Soll- und Ordnungsvorschriften „in der Regel" nicht; in beide Richtungen werden damit Ausnahmemöglichkeiten angezeigt.

Abgrenzungsschwierigkeiten

4. Schutz der Wahl

Die Behinderung der Wahl ist jedermann, nicht nur dem Arbeitgeber und den Betriebsangehörigen, sondern z.B. auch den Verbänden, verboten (§ 20 Abs. 1 BetrVG), und steht unter Strafe (§ 119 Abs. 1 Nr. 1 BetrVG). Allerdings dürfen die Wahlbewerber ihre Wahlwerbung nicht während der Arbeitszeit betreiben, so dass entsprechende Anweisungen des Arbeitgebers keine Wahlbehinderung darstellen.

Wahlbehinderung

Um zu verhindern, dass der Arbeitgeber die Betriebsratswahl durch **Kündigung** der Mitglieder des Wahlvorstands oder der Wahlbewerber behindert, genießen diese Personen gem. § 15 KSchG einen besonderen Kündigungsschutz für die Dauer ihres Amtes, ihrer Kandidatur

Besonderer Kündigungsschutz

und für weitere sechs Monate. In den Genuss des Kündigungsschutzes zugunsten von Wahlbewerbern kann nur kommen, wer auch wählbar (§ 8 BetrVG) ist (BAG 26.9.1996 AP Nr. 3 zu § 15 KSchG 1969 Wahlbewerber).

„Der besondere Kündigungsschutz des Wahlbewerbers nach § 15 Abs. 3 KSchG setzt zumindest dessen Wählbarkeit voraus. Ob es auf die Wählbarkeit im Zeitpunkt der Aufstellung des Wahlvorschlags oder im Zeitpunkt der Wahl ankommt, bleibt offen." (BAG 26.9.1996 AP Nr. 3 zu § 15 KSchG 1969 Wahlbewerber)

Der Wahlvorschlag ist aufgestellt, wenn die Wahl eingeleitet ist und alle Voraussetzungen, die für einen nicht von vornherein ungültigen Wahlvorschlag vorliegen, erfüllt sind. Dann greift der besondere Kündigungsschutz nach § 15 Abs. 3 KSchG ein. Daher besteht der besondere Kündigungsschutz auch, wenn der Wahlvorschlag nur behebbare Mängel aufweist (BAG 17.3.2005 AP Nr. 6 zu § 27 BetrVG 1972).

Kein absoluter Kündigungsschutz

Der nachwirkende Kündigungsschutz für die Dauer von sechs Monaten verschafft dem Arbeitnehmer aber keinen absoluten Schutz vor einer Sanktionierung während dieser Zeit begangenen Fehlverhaltens. Denn nach Ablauf der Sechs-Monats-Frist kann der Arbeitgeber auch aufgrund von Umständen kündigen, die während der Schutzfrist eingetreten sind, soweit sie nicht im Zusammenhang mit der Wahl stehen (BAG 13.6.1996 AP Nr. 2 zu § 15 KSchG 1969 Wahlbewerber; BAG 14.2.2002 AP Nr. 21 zu § 611 BGB Haftung des Arbeitnehmers).

„Nach Beendigung des nachwirkenden Kündigungsschutzes kann der Arbeitgeber dem erfolglosen Wahlbewerber wieder wie jedem anderen Arbeitnehmer kündigen. Er ist insbesondere nicht gehindert, die Kündigung auf Pflichtverletzungen des Arbeitnehmers zu stützen, die dieser während der Schutzfrist begangen hat und die erkennbar nicht im Zusammenhang mit der Wahlbewerbung stehen. [. . .] Der nachwirkende Kündigungsschutz soll vor allem der Abkühlung eventuell während der betriebsverfassungsrechtlichen Tätigkeit aufgetretener Kontroversen mit dem Arbeitgeber dienen. Dieser Zweck macht es nicht erforderlich, dem Arbeitnehmer für den Nachwirkungszeitraum Narrenfreiheit einzuräumen, so dass er wegen Pflichtverletzungen auch nach Ablauf von sechs Monaten nicht mehr durch eine wegen § 626 Abs. 2 BGB dann regelmäßig nur noch mögliche ordentliche Kündigung zur Rechenschaft gezogen werden könnte." (BAG 13.6.1996 AP Nr. 2 zu § 15 KSchG 1969 Wahlbewerber)

5. Vereinfachtes Wahlverfahren in Kleinbetrieben

Vereinfachtes Wahlverfahren in Kleinbetrieben

Nach § 14a BetrVG wird der Betriebsrat in **Kleinbetrieben mit 5 bis 50 Arbeitnehmern** in einem vereinfachten **zweistufigen Verfahren** nach den Grundsätzen des Mehrheitswahlrechts (§ 14 Abs. 2 S. 2 BetrVG) gewählt:

- Auf einer **ersten** Wahlversammlung wird der **Wahlvorstand** nach § 17a Nr. 3 BetrVG gewählt.
- Auf einer **zweiten** Wahlversammlung nach **nur einer Woche** wird der Betriebsrat in geheimer und unmittelbarer Wahl gewählt. Wahlberechtigten Arbeitnehmern, die an der Wahlversammlung zur Wahl des Betriebsrats nicht teilnehmen können (z.B. wegen Krankheit oder Urlaub), ist Gelegenheit zur schriftlichen Stimmabgabe zu geben (§ 14a Abs. 4 BetrVG).

Musste ein Wahlvorstand nicht gewählt werden, weil der bisherige Betriebsrat, der Gesamtbetriebsrat oder Konzernbetriebsrat oder das Arbeitsgericht diesen bestellt haben, wird nach § 14a Abs. 3 BetrVG der Betriebsrat im einstufigen Verfahren auf nur einer Wahlversammlung gewählt.

Vereinbarung des vereinfachten Wahlverfahrens

In Betrieben mit 51 bis 100 Arbeitnehmern kann das vereinfachte Wahlverfahren nach § 14a Abs. 5 BetrVG nur durch Vereinbarung zwischen Wahlvorstand und Arbeitgeber eingeführt werden. Sie kann ausdrücklich oder konkludent erfolgen (BAG 19.11.2003 AP Nr. 54 zu § 19 BetrVG 1972).

Verkürzte Bestellung des Wahlvorstands

Die Bestellung des Wahlvorstands im vereinfachten Wahlverfahren richtet sich nach § 17a BetrVG. Danach besteht durch Verweisung auf die §§ 16 und 17 BetrVG die Befugnis, den Wahlvorstand durch den Gesamt- oder den Konzernbetriebsrat zu bestellen. Bei der Bestellung des Wahlvorstands gelten hier einige Besonderheiten gegenüber dem normalen Wahlverfahren. So werden die Fristen für die Bestellung des Wahlvorstands in Betrieben, in denen bereits ein Betriebsrat besteht, verkürzt.

- Der Betriebsrat hat spätestens vier Wochen vor Ablauf seiner Amtszeit den Wahlvorstand (§ 17a Nr. 1 BetrVG) zu bestellen.
- Unterlässt der Betriebsrat die Bestellung des Wahlvorstands bis drei Wochen vor Ablauf seiner Amtszeit, erfolgt die Bestellung auf Antrag von mindestens drei Wahlberechtigten oder einer im Betrieb vertretenen Gewerkschaft (§ 16 Abs. 1 S. 1 BetrVG).

IV. Amtszeit des Betriebsrats

1. Zeitpunkt der Betriebsratswahlen

Regelmäßige Betriebsratswahlen

Der Betriebsrat wird von den Arbeitnehmern für eine Amtszeit von vier Jahren gewählt. Seine Amtszeit beginnt mit der Bekanntgabe des Wahlergebnisses oder – wenn zu diesem Zeitpunkt noch ein Betriebsrat amtiert – mit dem Ablauf von dessen Amtszeit (§ 21 BetrVG). Betriebsratswahlen finden seit 1990 regelmäßig **alle vier Jahre** (2002, 2006, 2010) in der Zeit vom 1.3. bis zum 31.5. statt (§ 13 Abs. 1 BetrVG).

Sonderfälle

Außerhalb dieser regelmäßigen Betriebsratswahlen können Wahlen in Sonderfällen, die in § 13 Abs. 2 BetrVG geregelt sind, durchgeführt werden. Das gilt selbstredend, wenn ein Betriebsrat überhaupt noch nicht besteht (§ 13 Abs. 2 Nr. 6 BetrVG) oder der Betriebsrat zurückgetreten, die Betriebsratswahl angefochten oder der Betriebsrat durch gerichtliche Entscheidung aufgelöst worden ist (§ 13 Abs. 2 Nr. 3–5 BetrVG). Wichtig ist bei Unternehmensumstrukturierungen oder Teilbetriebsstilllegung, dass ein Betriebsrat nach § 13 Abs. 2 Nr. 1 BetrVG dann vorzeitig neu zu wählen ist, wenn die **Zahl der regelmäßig beschäftigten Arbeitnehmer um die Hälfte**, mindestens aber um fünfzig, **gestiegen oder gesunken ist**. In diesen Fällen führt der Betriebsrat die Geschäfte weiter, bis ein neuer Betriebsrat gewählt und das Wahlergebnis bekannt gegeben ist (§ 22 BetrVG).

2. Erlöschen des Betriebsratsamts

Gesetzliche Erlöschenstatbestände

Die Mitgliedschaft im Betriebsrat erlischt nach § 24 BetrVG in folgenden Fällen

1. Ablauf der Amtszeit,
2. Niederlegung des Betriebsratsamts,
3. Beendigung des Arbeitsverhältnisses (hiervon wird nicht die Elternzeit erfasst, BAG 25.5.2005 AP Nr. 13 zu § 24 BetrVG),
4. Verlust der Wählbarkeit,
5. Ausschluss aus dem Betriebsrat oder Auflösung des Betriebsrats auf Grund einer gerichtlichen Entscheidung,
6. gerichtliche Entscheidung über die Feststellung der Nichtwählbarkeit.

Betriebsstilllegung oder Identitätsverlust

Wird der **Betrieb stillgelegt** oder **verliert** er seine **Identität** z.B. durch Betriebsumwandlung (Spaltung und Zusammenlegung) endet auch die Amtszeit des Betriebsrats. Zur Sicherung der Kontinuität der Mitbestimmungsrechte hat der Gesetzgeber im Jahre 2001 die Sonderfälle des Übergangs- und Restmandats des Betriebsrats (§§ 21a und b BetrVG) geschaffen (siehe unter § 148 IV 4).

Unternehmens- und Betriebsebene unterscheiden!

Wichtig ist, dass nur Auswirkungen auf Betriebsebene das Betriebsratsamt berühren können. Gesellschaftsrechtlich relevante **Änderungen im Bereich der Anteilseigner und Rechtsträger** führen noch nicht zu Veränderungen im Betrieb. Darauf kommt es aber bei der „betrieblichen" Mitbestimmung an.

– Die **Fusion von Gesellschaften** oder die **Rechtsformänderung** allein haben keinen Einfluss auf den Bestand des Betriebsrats, sofern die Identität des Betriebs nicht berührt wird (BAG 28.9.1988 AP Nr. 55 zu § 99 BetrVG 1972).

– Das Gleiche gilt für Gesellschafterwechsel und alle Fallgruppen nach dem UmwG (z.B. Verschmelzung, Spaltung von Unternehmen, Vermögensübertragungen; siehe unter § 74), solange sich die Veränderungen auf der Ebene der Anteilseigner oder Rechtsträger nicht auf den Betrieb auswirken.

IV. Amtszeit des Betriebsrats § 148

– Selbst ein **Betriebsübergang** nach § 613a BGB führt nicht zu einer Beendigung der Amtszeit, da der neue Betriebsinhaber kraft Gesetzes in die Rechtsstellung des bisherigen Arbeitgebers eintritt und die Identität des Betriebs erhalten bleibt. Das Betriebsratsamt endet jedoch, wenn der Betriebserwerber nicht unter den Geltungsbereich des BetrVG fällt (BAG 9.2.1982 AP Nr. 24 zu § 118 BetrVG 1972).

Bei **Teilbetriebsübergängen** wird hingegen der Betrieb in seiner Zusammensetzung berührt. Hier kann nach § 13 Abs. 2 Nr. 1 BetrVG eine vorzeitige Neuwahl der Betriebsräte betroffener Betriebe in Betracht kommen. Ferner kommen – je nach Fallgestaltung – Übergangs- und Restmandate der Betriebsräte nach §§ 21a und 21b BetrVG in Betracht.

3. Das Übergangsmandat

Literatur: LELLEY, Kollision von Übergangs- und Restmandat – Ein betriebsverfassungsrechtliches Dilemma?, DB 2008, 1433; LÖWISCH/KESSEL, Die gesetzliche Regelung von Übergangsmandat und Restmandat nach dem Betriebsverfassungsreformgesetz, BB 2001, 2162; RIEBLE, Das Übergangsmandat nach § 21a BetrVG, NZA 2002, 233.

Von den aufgezeigten Möglichkeiten, die zum Erlöschen des Betriebsratsamts führen, macht das Gesetz zwei wichtige Ausnahmen: Ein temporärer Forbestand der Zuständigkeit des bisherigen Betriebsrats kann sich aufgrund eines **Übergangs- oder eines Restmandats** ergeben.

§ 21a BetrVG sieht ein allgemeines **Übergangsmandat** im Falle der **Betriebsspaltung** (Abs. 1) und der **Zusammenfassung von Betrieben und Betriebsteilen** (Abs. 2) vor. Grundfall des Gesetzes ist die Betriebsspaltung.   *Übergangsmandat*

⊃ **Beispiele für eine Betriebsspaltung:**   *Betriebsspaltung*
  – Ausgliederung von Teilen eines Betriebs (**Abspaltung**)
  – **Aufspaltung** einer bisher einheitlichen betrieblichen Einheit: So kann eine Druckerei, die bisher sämtliche Abteilungen einschließlich ihrer Verwaltung und ihres Vertriebs an einem Ort betrieb, die gesamte Verwaltung einschließlich des Vertriebs in eine nahegelegene Großstadt verlegen.
  – Ein Teil eines Unternehmens wird veräußert (z.B. eine bestimmte Produktsparte eines Unternehmens) mit entsprechenden Auswirkungen auf Betriebsebene.
  – Aufgeben der Führung eines gemeinsamen Betriebs zweier Unternehmen.

Sinn des § 21a BetrVG ist die **Vermeidung betriebsratsloser Zeiten** im Falle von **Umstrukturierungsmaßnahmen** im Unternehmen, zumal gerade betriebliche Umstrukturierungen eine erhöhte Schutz-   *Sinn und Zweck der Regelung*

521

bedürftigkeit der Belegschaft nach sich ziehen. Zu diesem Zweck wird die Zuständigkeit des Betriebsrats zeitlich befristet betriebsübergreifend ausgeweitet. Bei der Spaltung eines Betriebs bleibt dessen Betriebsrat im Amt und führt die Geschäfte für die ihm bislang zugeordneten Betriebsteile unter folgenden Voraussetzungen weiter (§ 21a Abs. 1 BetrVG):
- Die abgespalteten Betriebsteile müssen die **Voraussetzungen des § 1 Abs. 1 S. 1 BetrVG auch nach der Spaltung noch erfüllen** und
- **diese Betriebsteile dürfen nicht in einen Betrieb mit bestehendem Betriebsrat** eingegliedert werden.

Auch letztere Voraussetzung ergibt sich aus **Sinn und Zweck des Gesetzes**: Wenn die abgespalteten Betriebsteile nach der Abspaltung unter das Mitbestimmungsregime eines anderen Betriebs schlüpfen, ist die Wahrnehmung betriebsverfassungsrechtlicher Rechte nicht gefährdet. Die Betriebsteile benötigen keinen Übergangsschutz durch ein Übergangsmandat.

Hauptaufgabe des Übergangsmandats

Sinn und Zweck des Gesetzes erklären auch die Kernaufgabe des Übergangsbetriebsrats: Er muss nach § 21a Abs. 1 S. 2 BetrVG **unverzüglich** (ohne schuldhaftes Zögern) **Wahlvorstände** für die neuen Betriebe **bestellen**. Besteht acht Wochen vor Ablauf des Übergangsmandats noch kein Wahlvorstand, können mindestens drei Wahlberechtigte oder eine im Betrieb vertretene Gewerkschaft seine Bestellung beim Arbeitsgericht beantragen (§§ 16 Abs. 2, 17a Nr. 1 BetrVG).

Befristung des Übergangsmandats

Logischerweise ist das Übergangsmandat bei dieser Hauptaufgabe befristet. Nach § 21a Abs. 1 S. 3 BetrVG endet das Übergangsmandat, wenn in den einzelnen Betriebsteilen ein neuer Betriebsrat gewählt und das Wahlergebnis bekannt gegeben ist. **Es endet jedoch spätestens sechs Monate nach dem Wirksamwerden der Spaltung,** das heißt sechs Monate nach dem tatsächlichen Vollzug der Spaltung. Allerdings besteht die Möglichkeit, die Dauer des Übergangsmandats durch Tarifvertrag (Verbandstarifvertrag oder Haustarifvertrag) oder Betriebsvereinbarung um weitere sechs Monate zu verlängern (§ 21a Abs. 1 S. 4 BetrVG). Es kann daher vorkommen, dass das Übergangsmandat in einem Betrieb bereits beendet ist und in einem anderen noch fortbesteht. Der Betriebsrat des früheren Betriebs nimmt dann weiterhin das Übergangsmandat für die Betriebe wahr, in denen noch kein neuer Betriebsrat gewählt wurde.

Übergangsmandat als Vollmandat

Während dieser Übergangszeit übt der Betriebsrat sein Übergangsmandat als Vollmandat aus. Dem Betriebsrat stehen alle Befugnisse aus dem BetrVG zu. Er kann z.B. für die neu entstandenen Betriebe Betriebsvereinbarungen abschließen. Auch kann er Mitglieder in den Gesamtbetriebsrat oder den Konzernbetriebsrat entsenden. Das macht Sinn, weil ja gerade die **Schmälerung der Mitbestimmungsrechte für den Überbrückungszeitraum vermieden** werden soll. Auch die personelle Besetzung des Betriebsrats bleibt für die Zeit des Übergangsmandats bestehen. Für die Betriebsratsmitglieder be-

IV. Amtszeit des Betriebsrats § 148

deutet das Übergangsmandat, dass alle Rechte und Pflichten weitergelten, die ihnen aufgrund ihrer Stellung als Betriebsratsmitglied zustehen. So genießen sie den Kündigungsschutz nach § 15 KSchG (siehe unter § 68 IV), welcher bis zum Ablauf eines Jahres nach Ende des Übergangsmandats nachwirkt.

Werden dagegen Betriebe oder Betriebsteile zu einem Betrieb **zusammengefasst,** so bestimmt § 21a Abs. 2 BetrVG, dass der Betriebsrat des nach der Zahl der wahlberechtigten Arbeitnehmer größten Betriebs oder Betriebsteils das Übergangsmandat wahrnimmt. In diesem Fall ist es nicht sinnvoll, dass alle früheren Betriebsräte ein Übergangsmandat erhalten. Hier musste der Gesetzgeber eine Entscheidung treffen, welcher Betriebsrat das Mandat wahrnimmt.

Zusammenfassung von Betrieben

⊃ **Beispiele:**
– Zusammenlegung von zwei bisher selbständigen Betrieben zu einem Betrieb.
– Bildung eines gemeinsamen Betriebs durch mehrere Unternehmen.

Die Zusammenlegung von Betrieben oder Betriebsteilen, die zur **bloßen Eingliederung eines Betriebs in einen anderen** führt, bei dem ein Betrieb seine Identität behält, begründet **kein Übergangsmandat** nach § 21a Abs. 2 BetrVG. Der Betriebsrat des aufnehmenden Betriebs, dessen Betriebsidentität gewahrt worden ist, bleibt im Amt und ist dann auch für die Arbeitnehmer zuständig, die zum eingegliederten Betrieb gehörten.

Die Besonderheit des § 21a Abs. 2 BetrVG ist, dass das Übergangsmandat sich auch auf einen bislang betriebsratslosen Betrieb erstrecken könnte, der mit anderen, bislang mitbestimmten Betrieben zusammengelegt wird. Sollte – ausnahmsweise – der nach der Zahl der wahlberechtigten Arbeitnehmer größte Betrieb bzw. Betriebsteil betriebsratslos sein, nimmt das Übergangsmandat der nächstgrößte Betrieb wahr (ErfK/EISEMANN/KOCH § 21a BetrVG Rn. 4; FITTING § 21a Rn. 19). Das kann in Extremfällen dazu führen, dass ein kleiner mitbestimmter Betrieb mit 20 Arbeitnehmern im Falle der Zusammenlegung das Übergangsmandat für einen großen Betrieb mit vielleicht 500 Arbeitnehmern wahrnimmt. Insoweit ist verständlich, dass diese Konsequenz in der Literatur umstritten ist.

Zusammenlegung mit betriebsratslosem Betrieb

– Einer Ansicht nach (KALLMEYER/WILLEMSEN § 321 UmwG, Rn. 9) entsteht kein Übergangsmandat, wenn nicht der größte der zusammengefassten Betriebe über einen Betriebsrat verfügt.
– Wiederum andere (FITTING § 21a Rn. 19, 23; RICHARDI/THÜSING § 21a Rn. 11; THÜSING, DB 2002, 738, 740) bejahen ein Übergangsmandat, das sich dann auf den ganzen Betrieb bezieht.
– Nach anderer Ansicht (LUTTER/JOOST § 321 UmwG Rn. 22; ErfK/EISEMANN/KOCH § 21a BetrVG Rn. 8) entsteht in diesem Fall ein Übergangsmandat, es wird allerdings personell beschränkt auf die

Betriebsteile, die bereits vor Zusammenfassung über einen Betriebsrat verfügt haben.

Die letztere Auffassung scheint nach Sinn und Zweck des § 21a BetrVG überzeugend, da es für die bislang betriebsratslosen Betriebe „nichts zu überbrücken" gibt (ErfK/EISEMANN/KOCH § 21a BetrVG Rn. 8). Das Übergangsmandat soll Mitbestimmungsrechte sichern, nicht neue schaffen.

4. Das Restmandat

Restmandat

Im Falle des **Untergangs eines Betriebs** durch Stilllegung, Spaltung oder Zusammenlegung sieht § 21b BetrVG ein **Restmandat** des Betriebsrats vor. Dieser bleibt danach solange im Amt, wie das „zur Wahrnehmung der mit einer Stilllegung, Spaltung oder Zusammenlegung in Zusammenhang stehenden Mitbestimmungs- und Mitwirkungsrechte erforderlich ist".

Hauptfall: Betriebsstilllegung

Entscheidend ist der „Untergang eines Betriebs", so dass in der Praxis das Restmandat zumeist nur bei der Stilllegung eines Betriebs zum Tragen kommt. Wenn der Betrieb irgendwie – sei es auch nur vorübergehend oder an anderem Ort – weiterexistiert, kommt noch kein Restmandat in Betracht (Beispiele: Verlegung oder Übertragung eines Betriebs). In diesem Fall behält der Betriebsrat sein Vollmandat. Auch die bloße Absicht, einen Betrieb stillzulegen, reicht nicht für die Begründung eines Restmandats aus. Erst mit der tatsächlichen Stilllegung des Betriebs und der darauf bezogenen Beendigung auch der Arbeitsverhältnisse der Betriebsratsmitglieder endet das betriebsverfassungsrechtliche Rechtsverhältnis der Betriebsparteien (BAG 14.8.2001 AP Nr. 1 zu § 21b BetrVG 1972). Solange in dem Betrieb noch mindestens 5 Arbeitnehmer beschäftigt werden und die Betriebsratsmitglieder noch Arbeitnehmer des Betriebs sind, behält der Betriebsrat sein reguläres Mandat. Erst wenn der Betrieb bei Teilstilllegungen betriebsratsunfähig wird, z.B. weil die Zahl von 5 Arbeitnehmern unterschritten wird, kommt es zum Restmandat. Wird der Betrieb nicht endgültig stillgelegt, kommt es auch nicht zu einem Restmandat. Das Restmandat setzt ferner einen die Stilllegung eines Betriebs überdauernden Regelungsbedarf voraus.

Subsidiarität des Restmandats

Das Restmandat ist gegenüber dem Übergangsmandat **subsidiär**. Dies ergibt sich aus dem Gesetzeswortlaut, der nur dann ein Restmandat im Falle der Stilllegung, Spaltung oder Zusammenlegung eines Betriebs bejaht, solange dies zur Wahrnehmung der damit im Zusammenhang stehenden Mitwirkungs- und Mitbestimmungsrechte „erforderlich" ist. Bei der Spaltung oder Zusammenlegung eines Betriebs wird meist schon ein Übergangsmandat nach § 21a BetrVG begründet, so dass das Restmandat gar nicht erst eingreift. Dasselbe gilt, wenn bei einer Eingliederung eines Betriebs in einen anderen Betrieb die Betriebsidentität gewahrt bleibt und der Betriebsrat des aufnehmenden Betriebs die Zuständigkeit auch für die Arbeitnehmer des eingegliederten Betriebs erhält.

IV. Amtszeit des Betriebsrats § 148

Bei der Zusammenlegung von Betrieben kann es aber auch ein „Zusammenspiel von Übergangs- und Restmandat" geben. So kann in diesen Fällen der eingegliederte Betrieb „untergehen" und aus den zusammengelegten Betriebsräten ein neuer Betrieb entstehen. In diesem Fall erfasst das **Restmandat den Betrieb vor seinem Untergang**. Insbesondere werden dort die Beteiligungsrechte aus § 111 BetrVG im Rahmen des Restmandats wahrgenommen. Das **Übergangsmandat erstreckt sich auf die neu entstandene Einheit**. Das Restmandat wird gegenüber dem Inhaber des „abgebenden" Betriebs, das Übergangsmandat gegenüber dem Inhaber des „aufnehmenden" Betriebs wahrgenommen (ErfK/EISEMANN/KOCH § 21b BetrVG Rn. 2).

Übergangsmandat und Restmandat

Das Restmandat ist im Gegensatz zum Übergangsmandat kein Vollmandat. Vielmehr ist es nur ein **nachwirkendes Mandat**, das durch die mit der Abwicklung des Betriebs einhergehenden betriebsverfassungsrechtlichen Rechte ausgefüllt wird (BAG 12.1.2001 AP Nr. 5 zu § 24 BetrVG 1972).

Restmandat ist kein Vollmandat

„Das Restmandat ist funktional bezogen auf alle im Zusammenhang mit der Stilllegung sich ergebenden betriebsverfassungsrechtlichen Mitbestimmungs- und Mitwirkungsrechte. Dazu gehören z.B. der Abschluss eines Sozialplans gemäß § 112 BetrVG und die betriebsverfassungsrechtlichen Aufgaben, die sich daraus ergeben, dass trotz tatsächlicher Stilllegung des Betriebs noch nicht alle Arbeitsverhältnisse rechtlich beendet sind und einzelne Arbeitnehmer mit Abwicklungsarbeiten beschäftigt werden." (BAG 12.1.2001 AP Nr. 5 zu § 24 BetrVG 1972).

Der Betriebsrat kann daher keine Mitwirkungs- oder Mitbestimmungsrechte geltend machen, die nicht aufgrund des Untergangs erfolgen müssen. Schließt der Betriebsrat hierüber dennoch Betriebsvereinbarungen, so haben diese keine Gültigkeit. Die personelle Zusammensetzung des Restmandats unterscheidet sich nicht von der des regulären Mandats. Falls Mitglieder ausscheiden, werden ihre Stellen durch Ersatzmitglieder aufgefüllt. Das Restmandat erlischt erst, wenn es nicht mindestens noch von einem (Ersatz-)Mitglied des Betriebsrats wahrgenommen werden kann.

Das Restmandat erstreckt sich auf alle Mitbestimmungs- und Mitwirkungsrechte, die im Zusammenhang mit der Betriebsstilllegung stehen. Dazu zählen auch die Aufgaben, die daraus folgen, dass trotz der Stilllegung noch nicht alle Arbeitsverhältnisse beendet sind, wie z.B. die Anhörung nach § 102 BetrVG (BAG 25.10.2007 NZA-RR 2008, 367; BAG 26.7.2007 AP Nr. 324 zu § 613a BGB). Zu den Befugnissen des Betriebsrats, der das Restmandat ausübt, zählen darüber hinaus z.B. Verhandlungen über Interessenausgleich und Sozialplan nach §§ 111 ff. BetrVG oder Informations- und Zustimmungsrechte bei Versetzungen nach § 99 BetrVG.

Befugnisse des Betriebsrats beim Restmandat

V. Geschäftsführung

1. Vorsitzender/Stellvertreter

Stellung und Aufgaben

Der Betriebsrat **wählt aus seiner Mitte einen Betriebsratsvorsitzenden und einen Stellvertreter** (§ 26 BetrVG). Der Vorsitzende bzw. im Falle seiner Verhinderung sein Stellvertreter vertreten den Betriebsrat nach außen (§ 26 Abs. 2 S. 1 BetrVG); sie nehmen ferner die dem Betriebsrat gegenüber abzugebenden Erklärungen entgegen (§ 26 Abs. 2 S. 2 BetrVG). Daneben treffen den Vorsitzenden und seinen Stellvertreter noch eine Reihe von gesetzlichen Eigenzuständigkeiten, wie etwa die Führung der laufenden Geschäfte des Betriebsrats im Falle des § 27 Abs. 2 BetrVG, die Einberufung von Betriebsratssitzungen (§ 29 Abs. 2 S. 1 BetrVG), die Leitung der Betriebsversammlung (§ 42 Abs. 1 S. 1 BetrVG) und anderes mehr.

Vertretung in der Erklärung

Der Betriebsratsvorsitzende und im Falle seiner Verhinderung der Stellvertreter vertritt den Betriebsrat **im Rahmen** der von ihm gefassten Beschlüsse (§ 26 Abs. 2 S. 1 BetrVG). **Der Betriebsratsvorsitzende ist damit lediglich ein „Vertreter in der Erklärung", jedoch kein Vertreter „im Willen".** Eine Eigenzuständigkeit und Entscheidungsbefugnis aus eigenem Recht haben der Vorsitzende und sein Stellvertreter mithin nur in den durch Gesetz ausdrücklich zugewiesenen Angelegenheiten. Überschreiten der Vorsitzende oder sein Stellvertreter die Grenzen der gefassten Beschlüsse, so sind die von ihnen abgegebenen Erklärungen für den Betriebsrat nicht bindend. Davon unberührt bleibt jedoch die Möglichkeit der Genehmigung, die auch konkludent erfolgen kann.

Nachträgliche Genehmigung

Schließt der Betriebsratsvorsitzende (oder sein Stellvertreter) ohne wirksamen Beschluss des Betriebsrats Vereinbarungen mit dem Arbeitgeber, handelt er als Vertreter ohne Vertretungsmacht und es kommen die allgemeinen zivilrechtlichen Regelungen zu Anwendung. Sie gelten auch für gesetzliche Vertreter. Demnach sind derartige Vereinbarungen gem. **§ 177 Abs. 1 BGB schwebend unwirksam.** Der Betriebsrat kann sie jedoch durch eine spätere ordnungsgemäße Beschlussfassung nach **§ 184 Abs. 1 BGB nachträglich genehmigen** (BAG 10.10.2007 AP Nr. 17 zu § 26 BetrVG 1972).

Vertrauensschutz

Allerdings ist es nicht gerechtfertigt, Mängel in der Willensbildung des Betriebsrats zu Lasten des Arbeitgebers gehen zu lassen. Einerseits ist zu beachten, dass in bestimmten gesetzlichen Fällen das Schweigen des Betriebsrats als Zustimmung gilt (§§ 99 Abs. 3 S. 2, 102 Abs. 2 S. 2 BetrVG). Darüber hinausgehend sind bei ordnungsgemäßer Einleitung des Anhörungsverfahrens nach § 102 BetrVG Mängel bei der Willensbildung des Betriebsrats grundsätzlich unerheblich. Der Arbeitgeber muss sich nicht darüber vergewissern, ob die Erklärung des Betriebsratsvorsitzenden sachlich richtig ist. Anders ist nur dann zu entscheiden, wenn Mängel bei der Willensbildung des Betriebsrats durch ein unsachgemäßes Verhalten des Arbeitgebers veranlasst worden sind (siehe unter § 155 IV 7 b).

2. Kosten der Geschäftsführung des Betriebsrats

a) Grundsatz und Voraussetzungen

Nach § 40 Abs. 1 BetrVG hat der Arbeitgeber die **„durch die Tätigkeit des Betriebsrats entstehenden Kosten"** zu tragen. Nach § 40 Abs. 2 BetrVG hat der Arbeitgeber darüber hinaus in erforderlichem Umfang für die Sitzungen, die Sprechstunden und die laufende Geschäftsführung Räume, sachliche Mittel, Informations- und Kommunikationstechnik sowie Büropersonal zur Verfügung zu stellen.

Kostentragung durch den Arbeitgeber

Eine andere Lösung ist kaum möglich, da weder der Betriebsrat noch der Arbeitgeber für die Kosten der Betriebsratstätigkeit Beiträge erheben dürfen (§ 41 BetrVG), den Betriebsratsmitgliedern aber aus ihrer Tätigkeit auch keine Nachteile erwachsen dürfen (§ 78 S. 2 BetrVG). Diese weitgehende Kostenbelastung ist den Arbeitgebern nicht angenehm, weshalb es vielfach zu Einzelfragen der Erforderlichkeit Streit gibt.

Die Kostentragungspflicht des Arbeitgebers setzt Folgendes voraus:

Voraussetzungen

- Die Kosten müssen **durch die Tätigkeit des Betriebsrats** entstanden sein. Das setzt zunächst voraus, dass ein Betriebsrat rechtsbeständig zur Zeit der Kostenentstehung im Amt ist.
- Die Kostentragungspflicht besteht nur für solche Tätigkeiten, die sich **innerhalb des dem Betriebsrat durch Gesetz zugewiesenen Aufgabenbereichs** halten.
- Schließlich müssen die **Kosten zur Erfüllung der Betriebsratstätigkeit notwendig** sein. Dieses Merkmal ergibt sich zwar nicht ausdrücklich aus dem Gesetz, kann aber mittelbar sowohl aus § 37 Abs. 2 BetrVG als auch § 40 Abs. 2 BetrVG hergeleitet werden. Allgemein lässt sich festhalten, dass sich die Inanspruchnahme des Arbeitgebers durch den Betriebsrat am **Maßstab der Verhältnismäßigkeit** messen lassen muss. Dies hat das BAG in ständiger Rechtsprechung anerkannt. (BAG 31.10.1972 AP Nr. 2 zu § 40 BetrVG 1972).

Die denkbaren Kosten der Betriebsratstätigkeit sind mannigfaltig (Fahrtkosten, Reisekosten, Druckkosten bis hin zu Kosten für die Führung eines Rechtsstreits).

Eine **Pauschalierung der Kosten** wird überwiegend und zu Recht für unzulässig gehalten (RICHARDI/THÜSING § 40 Rn. 46). Sie verstößt gegen § 37 Abs. 1 und 2 BetrVG, weil sie entweder dem Betriebratsmitglied berechtigte Ansprüche vorenthält oder ihm eine unzulässige Vergütung verschafft. Der Arbeitgeber hat damit nur die wirklich entstandenen Kosten zu ersetzen.

Keine Pauschalierung

Soweit der Betriebsrat Aufwendungen für erforderlich hält, benötigt er nicht die Zustimmung des Arbeitgebers. Der Betriebsrat hat aber keine Vertretungsmacht, für den Arbeitgeber zu handeln, sondern lediglich einen Freistellungsanspruch. Beschließt der Betriebsrat jedoch seinen Freistellungsanspruch an den Gläubiger abzutreten,

Rechtsfolgen bei nicht erforderlichen Kosten

wandelt sich der Freistellungsanspruch in einen Zahlungsanspruch des Gläubigers gegen den Arbeitgeber um (BAG 24.10.2001 AP Nr. 71 zu § 40 BetrVG 1972). Da es leicht zu Streit kommt, ist in Grenzfällen eine Verständigung mit dem Arbeitgeber sinnvoll. Verursacht der Betriebsrat Kosten, die **nicht erforderlich** sind, kann der Gläubiger, weil der Betriebsrat nicht rechtsfähig und vermögenslos ist (siehe unter § 148 I 1), von diesem keine Zahlung verlangen. Im Zweifel haben die Betriebsratsmitglieder die Kosten (alleine oder als Gesamtschuldner, § 427 BGB) selbst zu tragen, wenn sie sich im eigenen Namen verpflichtet haben oder infolge Rückgriffs durch den Arbeitgeber, wenn sie – ausnahmsweise – als Vertreter des Arbeitgebers gehandelt haben.

b) Grundsatz der Erforderlichkeit

Kernpunkt der Auseinandersetzungen über das Ausmaß der Kostenbelastung ist der Grundsatz der Erforderlichkeit. Die Kosten müssen zur ordnungsgemäßen Amtsausübung erforderlich und vertretbar sein, wobei es genügt, wenn der Betriebsrat die Aufwendungen **bei pflichtgemäßer Beurteilung der Sachlage** für erforderlich und verhältnismäßig erachten durfte. Zur Konkretisierung des Umfangs der Kostenerstattung zieht das BAG auch das Gebot der vertrauensvollen Zusammenarbeit nach § 2 Abs. 1 BetrVG heran (BAG 18.1.1989 AP Nr. 28 zu § 40 BetrVG 1972).

„Gem. § 40 Abs. 1 BetrVG trägt der Arbeitgeber die „durch die Tätigkeit des Betriebsrats entstehenden Kosten". Hierzu zählen auch die von einem Mitglied des Betriebsrats gemachten Aufwendungen, wenn sie durch die Tätigkeit des Betriebsrats entstanden sind. Allerdings dürfen wegen des in § 2 Abs. 1 BetrVG enthaltenen Gebotes der vertrauensvollen Zusammenarbeit dem Arbeitgeber nur die für eine sachgerechte Interessenwahrnehmung erforderlichen Kosten auferlegt werden." (BAG 18.1.1989 AP Nr. 28 zu § 40 BetrVG 1972)

Voraussetzung ist stets, dass die Verursachung der Kosten **erforderlich** war.

➲ **Beispiele:**
- Die Teilnahme an Schulungs- und Bildungsveranstaltungen nach § 37 Abs. 6 BetrVG ist stets erforderlich. Nicht erforderlich ist, dass bei gleichwertigen Schulungsinhalten ein teureres Angebot wahrgenommen oder eine Schulungsveranstaltung besucht wird, bei der höhere Fahrtkosten als notwendig anfallen. Fahren mehrere Betriebsratsmitglieder zu derselben Veranstaltung, ist ihnen die gemeinsame Benutzung eines Pkw zumutbar.
- Zu den Geschäftsführungskosten können auch die Gebühren eines vom Betriebsrat mit der Wahrnehmung seiner Interessen beauftragten Rechtsanwalts gehören (BAG 21.6.1989 AP Nr. 34 zu § 76 BetrVG 1972). Die Beauftragung eines Rechts-

V. Geschäftsführung § 148

anwalts in einem Beschlussverfahren ist regelmäßig erforderlich, nicht erforderlich sind dagegen Kosten, die aus einer besonderen Honorarvereinbarung, womit die RVG-Gebühren überschritten werden (BAG 20.10.1999 AP Nr. 67 zu § 40 BetrVG 1972) oder dadurch entstehen, dass der Betriebsrat dem Rechtsanwalt ohne gewichtigen Grund das Mandat entzieht und einen anderen bevollmächtigt. Nicht erforderlich ist auch die Anstrengung von Parallelverfahren, vielmehr kann dem Betriebsrat das Abwarten auf eine Entscheidung in einem Musterprozess zugemutet werden.

– Nimmt ein Mitglied des Betriebsausschusses außerhalb seiner Arbeitszeit an Sitzungen des Ausschusses teil und muss er den Betrieb ausschließlich deswegen aufsuchen, ist der Arbeitgeber nach § 40 Abs. 1 BetrVG zur Erstattung der Reisekosten verpflichtet, die dem Betriebsratsmitglied für die Fahrten von seiner Wohnung zum Betrieb entstehen (BAG 16.1.2008 NZA 2008, 546.)

„Als ‚Tätigkeit des Betriebsrats' im Sinne des § 40 Abs. 1 BetrVG hat das BAG auch die in einem Beschlussverfahren, in dem es um die Klärung betriebsverfassungsrechtlicher Rechte oder Rechtsverhältnisse geht, erforderliche Interessenwahrnehmung des Betriebsrats durch einen Rechtsanwalt angesehen. Der Arbeitgeber ist in den Fällen der zuletzt genannten Art dann zur Tragung der entstandenen Anwaltskosten verpflichtet, wenn der Betriebsrat bei pflichtgemäßer, verständiger Würdigung aller Umstände die Hinzuziehung für erforderlich erachten konnte. Das Merkmal der Erforderlichkeit ist dabei nicht rückblickend nach einem rein objektiven Maßstab, sondern vom Zeitpunkt der Entscheidung des Betriebsrats her zu beurteilen." (BAG 21.6.1989 AP Nr. 34 zu § 76 BetrVG 1972)

Immer wieder gibt es Streit um die Frage, ob und inwieweit der Betriebsrat auf Kosten des Arbeitgebers **Kommentarliteratur** (dazu auch BAG 26.10.1994 AP Nr. 43 zu § 40 BetrVG 1972) oder **Fachzeitschriften** beschaffen kann. Dazu hat das BAG (21.4.1983 AP Nr. 20 zu § 40 BetrVG 1972) erkannt:

Fachliteratur

„Die in § 2 Abs. 1 BetrVG geforderte vertrauensvolle Zusammenarbeit von Arbeitgeber und Betriebsrat wäre unnötig erschwert, wenn nicht nahezu unmöglich, wäre die Tätigkeit des Betriebsrats auf die Interessenwahrnehmung der Belegschaft ohne ausreichende Kenntnis über seine gesetzlichen Befugnisse und Pflichten beschränkt. Die Erfüllung dieser Aufgabe und die Erlangung der dafür notwendigen Fachkenntnisse sind sachlich nicht voneinander zu trennen [...]. Schulungs- und Bildungsveranstaltungen im Sinne von § 37 Abs. 6 und 7 BetrVG können die Aufgabe, Betriebsräte mit dem notwendigen Wissen auszustatten, nicht allein erfüllen. Auch eine intensive Schulung ist notwendig auf Einzelgebiete beschränkt und vermag nicht umfassend das anzusprechen, was der Betriebsrat täglich an aktuellen Rechtskenntnissen benötigt. Die Verfügung über und die Unterrichtung durch Fachliteratur sind damit eine weitere Grundvoraussetzung für eine dem Gesetz entsprechende Ausübung der Amtspflichten." (BAG 21.4.1983 AP Nr. 20 zu § 40 BetrVG 1972)

Zeitschriften

Auch hinsichtlich des Bezugs von **Zeitschriften** legt die Rechtsprechung den Erforderlichkeitsmaßstab an. Nützliche Anschaffungen kann der Betriebsrat nicht verlangen, sie müssen zur Erbringung der Tätigkeit erforderlich sein. So kann der Betriebsrat nicht verlangen, dass der Arbeitgeber ihm etwa die Zeitung „Handelsblatt" zur Verfügung stellt (BAG 29.11.1989 AP Nr. 32 zu § 40 BetrVG 1972).

„Der ständige Bezug einer Zeitung ist zur Erfüllung der Betriebsratsaufgaben regelmäßig nicht erforderlich. Im Gegensatz zu einer Fachzeitschrift vermittelt das ‚Handelsblatt' nur selten Fachkenntnisse, die einen unmittelbaren Bezug zu aktuellen Betriebsratsaufgaben aufweisen und die der Betriebsrat sofort benötigt. Die Zeitung enthält vornehmlich allgemeine Informationen aus Politik und Wirtschaft. Diese Informationen können sich im Rahmen von Betriebsratsarbeit durchaus mittelbar als nützlich erweisen. Dieser Umstand macht die Zeitung aber nicht zur unmittelbaren Durchführung von Betriebsratsarbeit erforderlich." (BAG 29.11.1989 AP Nr. 32 zu § 40 BetrVG 1972)

Sachausstattung

In der Sachausstattung ist der Betriebsrat allerdings begrenzt. Er kann **nicht die gleiche Ausstattung verlangen wie der Arbeitgeber** sie für seinen Betrieb vorhält (BAG 17.2.1993 AP Nr. 37 zu § 40 BetrVG 1972). Nach § 40 Abs. 2 BetrVG hat der Arbeitgeber dem Betriebsrat für die Sitzungen, die Sprechstunden und die laufende Geschäftsführung in erforderlichem Umfang Räume, sachliche Mittel, Informations- und Kommunikationstechnik sowie Büropersonal zur Verfügung zu stellen. Die Entscheidung darüber, ob und in welchem Umfang diese Hilfsmittel zur Erledigung von Betriebsratsaufgaben erforderlich und deshalb vom Arbeitgeber zur Verfügung zu stellen sind, obliegt dem Betriebsrat. Dieser darf seine Entscheidung allerdings nicht allein an seinen subjektiven Bedürfnissen ausrichten. Von ihm wird vielmehr verlangt, dass er bei seiner Entscheidung die betrieblichen Verhältnisse und die sich ihm stellenden Aufgaben berücksichtigt. Dabei hat er die Interessen der Belegschaft an einer sachgerechten Ausübung des Betriebsratsamts einerseits und berechtigte Interessen des Arbeitgebers andererseits, auch soweit sie auf eine Begrenzung seiner Kostentragungspflicht gerichtet sind, gegeneinander abzuwägen (BAG 20.4.2005 AP Nr. 84 zu § 40 BetrVG 1972). Zu den berechtigten Belangen des Arbeitgebers gehört auch die Begrenzung seiner Kostentragungspflicht.

c) Ausstattung mit Informations- und Kommunikationstechnik gem. § 40 Abs. 2 BetrVG

Umstritten ist insbesondere die Ausstattung mit **Informations- und Kommunikationstechnik**. Der entsprechende Hinweis in § 40 Abs. 2 BetrVG ist im Jahre 2001 aufgenommen worden. Das BAG hat hierzu inzwischen eine klare Linie entwickelt.

V. Geschäftsführung § 148

Die **besondere Erforderlichkeitsprüfung** muss auch für die Ausstattung mit Kommunikations- und Informationstechnik durchgeführt werden. Hieran hat auch die ausdrückliche Erwähnung in § 40 Abs. 2 BetrVG nichts geändert. Der Wortlaut des § 40 Abs. 2 BetrVG stellt die Kommunikations- und Informationstechnik gleichrangig neben Räume, sachliche Mittel und Büropersonal. Die Gesetzesbegründung zeigt, dass die neue Fassung des § 40 Abs. 2 BetrVG nur eine klarstellende Regelung ist (BT-Drucks. 14/5741 S. 41). Auch der Sinn und Zweck der Erforderlichkeitsprüfung ist eindeutig. Der Arbeitgeber soll nicht finanziell übermäßig belastet werden; diese Gefahr besteht aber gerade im Bereich moderner Bürotechnik (BAG 3.9.2003 AP Nr. 78 zu § 40 BetrVG).

Weiterbestehen der Erforderlichkeitsprüfung

Auch wenn der **Computer mit Zubehör und Software** inzwischen ein Standardarbeitsmittel ist, muss auch hier wieder im jeweiligen Einzelfall geprüft werden, ob er für die Arbeit des Betriebsrats erforderlich ist. Insbesondere reicht die Üblichkeit der Nutzung eines Hilfsmittels wie Computer oder Internet alleine noch nicht aus, um die Erforderlichkeit zu begründen:

PC und Zubehör

„Die allgemeine Üblichkeit der Nutzung eines technischen Hilfsmittels besagt nichts über die Notwendigkeit, dieses auch zur Bewältigung der gesetzlichen Aufgaben des Betriebsrats einzusetzen. Die fortschreitende technische Entwicklung und die Üblichkeit der Nutzung technischer Mittel ist im Rahmen von § 40 Abs. 2 BetrVG nur von Bedeutung, wenn sie sich in den konkreten betrieblichen Verhältnissen niedergeschlagen hat, die der Betriebsrat im Rahmen seiner Prüfung, ob ein Sachmittel für die Erledigung seiner Aufgaben erforderlich ist, zu berücksichtigen hat". (BAG 23.8.2006 AP Nr. 88 zu § 40 BetrVG 1972)

Insbesondere **in kleineren Betrieben** kann der Betriebsrat nicht unbedingt eine entsprechende Ausstattung verlangen. Es reicht nicht aus, dass der Betriebsrat seine Aufgaben mit Hilfe eines PC effektiver erledigen kann. Effektivitätsgründe können nur dann eine Erforderlichkeit begründen, wenn der Betriebsrat ohne diese technische Ausstattung seine **Aufgaben vernachlässigen** müsste (BAG 16.5.2007 AP Nr. 90 zu § 40 BetrVG 1972).

Auch das technische **Ausstattungsniveau des Arbeitgebers** ist allein kein Maßstab. Wenn der Arbeitgeber sich jedoch bei Verhandlungen mit dem Betriebsrat der elektronischen Datenverarbeitung bedient, kann es für den Betriebsrat erforderlich sein, dass auch er über entsprechende Sachmittel verfügt. Dies entspricht dem **Zweck des § 40 Abs. 2 BetrVG** ist, dass der Betriebsrat durch die Ausstattung mit sachlichen Mitteln in der Lage sein soll, seine Aufgaben selbst zu erledigen (BAG 12.5.1999 AP Nr. 65 zu § 40 BetrVG 1972).

Das **unternehmens- oder betriebsinterne Intranet** fällt unter die Informations- und Kommunikationstechnik iSv § 40 Abs. 2 BetrVG (BAG 1.12.2004 AP Nr. 82 zu § 40 BetrVG 1972). Für die Überprüfung, ob Zugang und Nutzung des Intranets erforderlich sind, muss berücksichtigt werden, ob der Einsatz moderner Medien im Unter-

Intranet

nehmen üblich ist, ob die Arbeitnehmer einen direkten Zugang zum Intranet haben und ob das Unternehmen das Intranet zur Verteilung seiner Informationen einsetzt. Der Einsatz moderner Kommunikationsmittel auf Arbeitgeberseite kann den erforderlichen Umfang der dem Betriebsrat zur Verfügung zu stellenden Sachmittel beeinflussen.

⟳ **Beispiel:**
Wenn das Intranet im Unternehmen das **übliche Kommunikationsmittel** ist, kann der Betriebsrat nicht mehr ausschließlich auf das „schwarze Brett" verwiesen werden. Ist die Nutzung des Intranets im Einzelfall erforderlich, hat der Betriebsrat insbesondere einen Anspruch auf die Veröffentlichung seiner Informationen auf einer eigenen Homepage, auch in einem vom Arbeitgeber eingerichteten betriebsübergreifenden Intranet (BAG 1.12.2004 AP Nr. 82 zu § 40 BetrVG 1972; BAG 3.9.2003 AP Nr. 78 zu § 40 BetrVG 1972).

Internet   Zu den sachlichen Mitteln der Informationstechnik gem. § 40 Abs. 2 BetrVG gehört grundsätzlich auch das Internet (BAG 23.8.2006 AP Nr. 88 zu § 40 BetrVG 1972). Es ist grundsätzlich eine geeignete Quelle, über die sich der Betriebsrat die notwendigen Informationen für seine Aufgaben beschaffen kann. So kann er sich auf dem schnellsten Weg über die arbeits- und betriebsverfassungsrechtlichen Entwicklungen in Gesetzgebung und Rechtsprechung erkundigen und sich mit Hilfe von Suchmaschinen zu einzelnen betrieblichen Problemstellungen umfassend informieren (BAG 3.9.2003 AP Nr. 70 zu § 40 BetrVG 1972).

Für die Prüfung, ob ein Internetzugang im konkreten Fall erforderlich ist, muss jedoch darauf abgestellt werden, wie die Internetnutzung generell im Betrieb geregelt ist. Wenn z.B. im Betrieb die Nutzung zur Informationsbeschaffung nicht allgemein üblich ist und nur ausnahmsweise zwei Mitarbeiter darüber verfügen, so reicht es nach Ansicht des BAG aus, wenn der Betriebsrat Zugang zum Intranet hat und hierüber mit der Belegschaft und den anderen Betriebsräten kommunizieren kann (BAG 23.8.2006 AP Nr. 88 zu § 40 BetrVG 1972).

d) Kosten für Schulungsveranstaltungen (§ 37 Abs. 6 und 7 BetrVG)

Grundsatz   Die Kosten, die durch die Teilnahme von Betriebsratsmitgliedern an Schulungs- und Bildungsveranstaltungen entstehen, sind ebenfalls nach § 40 Abs. 1 BetrVG unter den beschriebenen Voraussetzungen vom Arbeitgeber zu tragen. Auch diese Erstattungspflicht ist durch die Grundsätze der Erforderlichkeit und Verhältnismäßigkeit beschränkt. Darüber hinaus müssen die Schulungs- und Bildungsveranstaltungen selbst geeignet und erforderlich sein (siehe unter § 148 I 6 c). Die **Kosten einer erforderlichen Schulung** nach § 37 Abs. 6 BetrVG hat der Arbeitgeber **stets zu tragen**.

V. Geschäftsführung § 148

Soweit es um die Teilnahme an einer nach § 37 Abs. 7 BetrVG als **geeignet anerkannten Veranstaltung** geht (siehe unter § 148 I 6c), muss die Teilnahme des einzelnen Betriebsratsmitglieds erforderlich sein.

Der Arbeitgeber darf nur mit solchen Kosten belastet werden, die der Betriebsrat der Sache nach für erforderlich und zumutbar halten kann. Sie müssen in einem **vertretbaren Verhältnis zu Größe und Leistungsfähigkeit des Betriebs und der Schulungszweck in einem angemessenen Verhältnis zu den aufzuwendenden Mitteln** stehen (BAG 28.6.1995 AP Nr. 48 zu § 40 BetrVG 1972).

Verhältnismäßigkeit

„Der Betriebsrat darf den Arbeitgeber mit denjenigen Kosten belasten, die er der Sache nach für verhältnismäßig und damit dem Arbeitgeber für zumutbar halten kann. Im Rahmen seines Beurteilungsspielraums hat der Betriebsrat nach pflichtgemäßem Ermessen zu prüfen, ob die zu erwartenden Schulungskosten mit der Größe und Leistungsfähigkeit des Betriebs zu vereinbaren sind. Er hat auch darauf zu achten, dass der Schulungszweck in einem angemessenen Verhältnis zu den hierfür aufzuwendenden Mitteln steht. [...] Demgegenüber ist der Betriebsrat nicht gehalten, an Hand einer umfassenden Marktanalyse den günstigsten Anbieter zu ermitteln und ohne Rücksicht auf andere Erwägungen auch auszuwählen." (BAG 28.6.1995 AP Nr. 48 zu § 40 BetrVG 1972)

Zu den erstattungsfähigen Schulungskosten gehören auch die notwendigen Reisekosten sowie Verpflegungskosten abzüglich ersparter Eigenaufwendungen. Besteht in dem Betrieb eine zumutbare allgemeine Reisekostenregelung, ist diese auch für Betriebsratsmitglieder anwendbar. Die Übernachtung in einem Tagungshotel kann nur unter Darlegung besonderer Umstände für notwendig angesehen werden (BAG 28.3.2007 AP Nr. 89 zu § 40 BetrVG 1972).

Begrenzt wird die Kostenerstattungspflicht durch den koalitionsrechtlichen Grundsatz, dass kein Verband zur Finanzierung des gegnerischen Verbands verpflichtet werden kann. Daraus folgt noch nicht, dass eine Gewerkschaft prinzipiell kein geeigneter Schulungsveranstalter ist; die **Gewerkschaft** darf jedoch aus solchen Schulungsveranstaltungen **keinen Gewinn** ziehen (BAG 30.3.1994 AP Nr. 42 zu § 40 BetrVG 1972; BAG 15.1.1992 AP Nr. 41 zu § 40 BetrVG 1972).

Besondere Grenzen bei Gewerkschaftsschulungen

„Die Kostenerstattungspflicht des Arbeitgebers nach § 40 i.V.m. § 37 Abs. 6 und § 65 Abs. 1 BetrVG ist durch den koalitionsrechtlichen Grundsatz eingeschränkt, dass die Gewerkschaft aus den Schulungsveranstaltungen zumindest keinen Gewinn erzielen darf. Das Fehlen eines Gewinns ergibt sich nicht schon daraus, dass der für die Unterbringung in Rechnung gestellte Tagessatz den steuerlichen Pauschbeträgen entspricht." (BAG 15.1.1992 AP Nr. 41 zu § 40 BetrVG 1972)

§ 148 Wahl, Organisation und Rechtsstellung des Betriebsrats

Keine Kostentragungspflicht des Arbeitgebers ohne Betriebsratsbeschluss

Der Anspruch des Betriebsrats gegen den Arbeitgeber auf Übernahme von Kosten nach § 40 Abs. 1 BetrVG, die einem Betriebsratsmitglied anlässlich des Besuchs einer Schulungsveranstaltung nach § 37 Abs. 6 BetrVG entstanden sind, setzt einen **Beschluss des Betriebsrats** zur Teilnahme an der vom Betriebsratsmitglied besuchten Veranstaltung voraus. Ein vorangehender Beschluss über die Teilnahme an einem anderen Seminar genügt nicht. Auch ein Beschluss des Betriebsrats, der **nach dem Besuch** der Schulung gefasst wird und in dem die Teilnahme des Betriebsratsmitglieds gebilligt wird, begründet **keinen Anspruch** des Betriebsrats nach § 40 Abs. 1 BetrVG auf Kostentragung (BAG 8.3.2000 AP Nr. 132 zu § 37 BetrVG 1972).

VI. Rechtsstellung der Betriebsratsmitglieder

Teilweise oder völlige Freistellung von der Arbeit

§ 37 BetrVG regelt die wesentlichen Fragen der Rechtsstellung von Betriebsratsmitgliedern. Die Betriebsratsmitglieder sind im erforderlichen Umfang unter Fortzahlung ihres Arbeitsentgelts von ihrer Arbeit freizustellen (§ 37 Abs. 2 BetrVG). In größeren Betrieben (ab 200 Arbeitnehmern) muss sogar nach § 38 BetrVG eine entsprechend der Belegschaftsstärke gestaffelte Anzahl von Betriebsräten völlig von der Arbeit freigestellt werden.

1. Ehrenamtliche Tätigkeit

Ehrenamtsprinzip

Die Mitglieder des Betriebsrats führen ihr Amt, wie es in § 37 Abs. 1 BetrVG heißt, unentgeltlich als Ehrenamt. Sie bekommen zwar die Zeit der Betriebsratstätigkeit vergütet, dürfen aber **weder besser noch schlechter gestellt werden** als vergleichbare Arbeitnehmer. Das Ehrenamtsprinzip stellt einen fundamentalen Grundsatz des BetrVG dar (BAG 5.3.1997 AP Nr. 123 zu § 37 BetrVG 1972).

„Das Ehrenamtsprinzip wahrt die innere Unabhängigkeit der Betriebsräte. Sie können sich stets vergegenwärtigen, dass besondere Leistungen des Arbeitgebers auf ihr Votum keinen Einfluss genommen haben können. Das Ehrenamtsprinzip sichert aber auch ihre äußere Unabhängigkeit. Es trägt entscheidend dazu bei, dass die vom Betriebsrat vertretenen Arbeitnehmer davon ausgehen können, dass die Vereinbarungen zwischen Betriebsrat und Arbeitgeber nicht durch die Gewährung oder den Entzug materieller Vorteile für die Mitglieder des Betriebsrats beeinflussbar sind. Das begründet oder stärkt die Akzeptanz der vom Betriebsrat mit zu tragenden Entscheidungen, die, wie die Mitbestimmungs- und Mitwirkungsrechte des Betriebsrats im Bereich der sozialen Angelegenheiten, der Kündigungen und der Aufstellung von Sozialplänen zeigen, zwangsläufig auch mit Nachteilen für die Belegschaft oder einzelne Arbeitnehmer verbunden sein können. Die durch das Ehrenamtsprinzip gesicherte Unabhängigkeit der Betriebsräte gegenüber dem Arbeitgeber als betrieblichem Gegenspieler der Arbeitnehmer ist damit wesentliche Voraussetzung für eine sachgerechte Durchführung von

VI. Rechtsstellung der Betriebsratsmitglieder § 148

Mitwirkung und Mitbestimmung nach dem BetrVG." (BAG 5.3.1997 AP Nr. 123 zu § 37 BetrVG 1972)

Wegen der herausragenden Bedeutung der Unabhängigkeit des Betriebsrats ist die vorsätzliche Begünstigung oder Benachteiligung wegen der Betriebsratstätigkeit gem. § 119 Abs. 1 Nr. 3 BetrVG strafbar. Hierunter fallen z.B. die im Zusammenhang mit der Affäre des VW-Betriebsrats ans Licht gekommenen finanzierten „Lust-Reisen" nach Brasilien (LG Braunschweig 25.1.2007 – 6 KLs 48/06 – juris).

Die Ausgestaltung des Betriebsratsamts als unentgeltliches Ehrenamt wirft Zielkonflikte auf. Einerseits ist die Unentgeltlichkeit im Interesse der Unabhängigkeit notwendig. Andererseits darf dem Betriebsratsmitglied aus der Amtsführung auch kein Nachteil entstehen (§ 78 S. 2 BetrVG). Deswegen behalten Betriebsratsmitglieder während ihrer Betriebsratstätigkeit Anspruch auf ihr regelmäßiges Arbeitsentgelt (§ 37 Abs. 2 BetrVG). Es gilt wegen der Unentgeltlichkeit des Ehrenamts das **Lohnausfallprinzip**. Streit kann allerdings darüber entstehen, welche Bestandteile des Entgelts dem regelmäßig zu zahlenden Arbeitsentgelt zuzurechnen sind. Auch zu diesen Fragen hat sich eine umfangreiche Kasuistik entwickelt.

Entgeltfortzahlungsanspruch

Nach 37 Abs. 2 BetrVG sind Mitglieder des Betriebsrats von ihrer beruflichen Tätigkeit **ohne Minderung des Arbeitsentgelts** zu befreien, wenn und soweit es nach Umfang und Art des Betriebs zur ordnungsgemäßen Durchführung ihrer Aufgaben erforderlich ist. Das in dieser Vorschrift normierte Lohnfortzahlungsprinzip gilt auch für gem. § 38 BetrVG freigestellte Betriebsratsmitglieder. Dementsprechend hat ein Betriebsratsmitglied immer dann Anspruch auf Fortzahlung eines Entgeltbestandteils, wenn er ohne seine Freistellung die Anspruchsvoraussetzungen erfüllen würde und überdies die verlangte Zahlung als Arbeitsentgelt im Sinne des § 37 Abs. 2 BetrVG anzusehen ist. Das BAG (18.9.1991 AP Nr. 82 zu § 37 BetrVG 1972) hat letzteres für den Fall der Aufwandsentschädigung verneint.

Anspruch auf Arbeitsentgelt

„Nach ständiger Rechtsprechung, an der der [7.] Senat festhält, gehören zum fortzuzahlenden Arbeitsentgelt im Sinne des § 37 Abs. 2 BetrVG nicht Aufwandsentschädigungen, die solche Aufwendungen abgelten sollen, die dem Betriebsratsmitglied infolge seiner Befreiung von der Arbeitspflicht nicht entstehen." (BAG 18.9.1991 AP Nr. 82 zu § 37 BetrVG 1972)

2. Arbeitsbefreiung und Freizeitausgleich

Nach § 37 Abs. 2 BetrVG sind die Mitglieder des Betriebsrats von ihrer beruflichen Tätigkeit zu befreien, wenn und soweit es nach Umfang und Art des Betriebs zur ordnungsgemäßen Durchführung ihrer Aufgaben erforderlich ist. Die Betriebsratstätigkeit geht der Arbeitspflicht vor. Das setzt folgendes voraus:

Betriebsratstätigkeit innerhalb der Arbeitszeit

– Die wahrgenommenen **Geschäfte müssen zu den Amtspflichten eines Betriebsratsmitglieds gehören**. Streit kann daher darüber bestehen, welche Tätigkeiten zu den Amtspflichten eines Betriebsrats gehören (zu den Amtspflichten gehören beispielsweise die Teilnahme an den Sitzungen des Betriebsrats und die Abhaltung von Sprechstunden; dagegen fällt die Vorbereitung einer Betriebsratswahl nicht in den Aufgabenbereich des Betriebsrats, sondern des Wahlvorstands).

– Ob die Arbeitsbefreiung der Durchführung der Aufgaben des Betriebsrats dient, wird nach **objektiven Maßstäben** beurteilt. Allerdings entscheidet im konkreten Fall das Betriebsratsmitglied eigenverantwortlich über die Ausübung seiner Betriebsratstätigkeit. Daher wirkt sich insbesondere bei schwierigen und ungeklärten Rechtsfragen eine **Fehleinschätzung** nicht automatisch nachteilig aus. Dies ist nur dann der Fall, wenn bei verständiger Würdigung erkennbar ist, dass es sich bei der Tätigkeit nicht mehr um die Wahrnehmung gesetzlicher Aufgaben des Betriebsrats handelt (BAG 21.6.2006 – 7 AZR 418/05, AE 2007, 168).

– Handelt es sich um Betriebsratstätigkeit, so ist in einem zweiten Schritt zu prüfen, **ob und inwieweit** zur ordnungsgemäßen Erledigung der Betriebsratstätigkeit eine **Arbeitsbefreiung nach Umfang und Art des Betriebs erforderlich** ist. Entscheidend für diese Beurteilung ist, ob das Betriebsratsmitglied bei **gewissenhafter Überlegung und bei ruhiger, vernünftiger Würdigung aller Umstände die Arbeitsversäumnis für notwendig halten durfte, um den gestellten Aufgaben gerecht zu werden** (BAG 6.8.1981 AP Nr. 40 zu § 37 BetrVG 1972).

Sind die Voraussetzungen erfüllt, kann sich das **Betriebsratsmitglied selbständig vom Arbeitsplatz** entfernen. Es muss allerdings den Vorgesetzten bzw. der Arbeitgeber **benachrichtig**en. Einer **Zustimmung** des Arbeitgebers zur Arbeitsbefreiung bedarf es dagegen **nicht**, da dies mit der Unabhängigkeit des Betriebsratsamts unvereinbar wäre. Es muss auch nicht Art und Inhalt der Betriebsratstätigkeit bei der Benachrichtigung mitgeteilt werden, wohl aber Ort, Zeitpunkt und voraussichtliche Dauer. Auch über die Rückkehr an den Arbeitsplatz muss der Arbeitgeber benachrichtigt werden. Die **Benachrichtigungspflicht ist vertragliche Nebenpflicht**. Bei Verletzung kann der Arbeitgeber eine Abmahnung aussprechen (BAG 15.7.1992 AP Nr. 9 zu § 611 BGB Abmahnung; BAG 15.3.1995 AP Nr. 105 zu § 37 BetrVG 1972).

„Bei der Abmeldung für die Erledigung von Betriebsratsaufgaben hat das Betriebsratsmitglied dem Arbeitgeber Ort und voraussichtliche Dauer der beabsichtigten Betriebsratstätigkeit mitzuteilen. Angaben auch zur Art der Betriebsratstätigkeit können nicht verlangt werden. Insoweit gibt der Senat seine entgegenstehende Rechtsprechung auf. Für die Prüfung des Entgeltfortzahlungsanspruches nach § 37 Abs. 2 BetrVG i.V.m. § 611 BGB kann der Arbeitgeber auch Angaben zur Art der durchgeführten Betriebsratstätigkeit fordern, wenn anhand der betrieblichen Situation und des geltend gemachten Zeitaufwandes erhebliche Zweifel an der Erforderlichkeit der Betriebsratstätigkeit bestehen. Für die gesetzli-

VI. Rechtsstellung der Betriebsratsmitglieder § 148

chen Voraussetzungen des Entgeltfortzahlungsanspruchs nach § 37 Abs. 2 BetrVG i.V.m. § 611 BGB ist das Betriebsratsmitglied darlegungspflichtig. Es besteht eine abgestufte Darlegungslast." (BAG 15.3.1995 AP Nr. 105 zu § 37 BetrVG 1972)

Die Pflichten des Arbeitgebers gehen aber über die bloße Freistellung hinaus; der Arbeitgeber muss auch bei der Aufgabenverteilung auf die Betriebsratstätigkeit Rücksicht nehmen (BAG 27.6.1990 AP Nr. 78 zu § 37 BetrVG 1972).

„Die Freistellungspflicht des Arbeitgebers nach § 37 Abs. 2 BetrVG erschöpft sich nicht darin, den Betriebsratsmitgliedern die zur ordnungsgemäßen Durchführung ihrer Aufgaben erforderliche freie Zeit zu gewähren. Auch bei der Zuteilung des Arbeitspensums muss der Arbeitgeber auf die Inanspruchnahme des Betriebsratsmitglieds durch Betriebsratstätigkeit während der Arbeitszeit angemessen Rücksicht nehmen." (BAG 27.6.1990 AP Nr. 78 zu § 37 BetrVG 1972)

Kann aus betriebsbedingten Gründen die Betriebsratstätigkeit nur außerhalb der Arbeitszeit durchgeführt werden, hat das Betriebsratsmitglied **Anspruch auf entsprechende Arbeitsbefreiung unter Fortzahlung des Arbeitsentgelts** (§ 37 Abs. 3 S. 1 BetrVG). Voraussetzung ist das Vorliegen betriebsbedingter Gründe.

Betriebsratstätigkeit außerhalb der Arbeitszeit

➲ **Beispiele:**
– Ein Betriebsratsmitglied ist in Wechselschicht beschäftigt und muss an außerhalb der Schichtzeit liegenden Betriebsratssitzungen teilnehmen.
– Betriebsbedingte Gründe liegen nach § 37 Abs. 3 S. 2 BetrVG auch dann vor, wenn die Betriebsratstätigkeit wegen der unterschiedlichen Arbeitszeiten der Betriebsratsmitglieder nicht innerhalb der persönlichen Arbeitszeit erfolgen kann. Das Gesetz meint mit der unterschiedlichen Arbeitszeit zum einen die **unterschiedliche Lage** der Arbeitszeit, wie zum Beispiel unterschiedliche Schichtarbeit, und zum anderen den unterschiedlichen Umfang der persönlichen Arbeitszeit, wie z.B. bei einer Teilzeitbeschäftigung (BAG 10.11.2004 AP Nr. 140 zu § 37 BetrVG 1972).

Die Vorschrift greift aber **nicht** für solche Tätigkeiten, die **lediglich aus betriebsratsinternen Gründen** eine Beschäftigung mit der Betriebsratstätigkeit außerhalb der Arbeitszeit erfordern. So besteht kein Freizeitausgleich, wenn die Betriebsratssitzung über die normale Arbeitszeit hinaus andauert. Das gleiche gilt für die Teilnahme an Schulungs- und Bildungsveranstaltungen nach § 37 Abs. 6 und 7 BetrVG (BAG 19.7.1977 AP Nr. 31 zu § 37 BetrVG 1972).

In **größeren Betrieben** reicht die Regelung über die Arbeitsbefreiung nach § 37 Abs. 2 BetrVG nicht aus. Deshalb enthält § 38 Abs. 1 BetrVG für solche Betriebe (beginnend ab 200 Arbeitnehmern) Mindestbestimmungen über die vollständige Freistellung von Betriebs-

Freistellung

ratsmitgliedern von ihrer beruflichen Tätigkeit. Die Freistellungen können auch als Teilfreistellungen gewährt werden (§ 38 Abs. 1 S. 3 und 4 BetrVG). Durch Tarifvertrag oder Betriebsvereinbarung können anderweitige Regelungen über die Freistellung vereinbart werden (§ 38 Abs. 1 S. 5 BetrVG).

3. Schulungs- und Bildungsveranstaltungen

Kollektiv- und Individualanspruch

Nach § 37 Abs. 6 BetrVG haben Betriebsratsmitglieder Anspruch auf **bezahlte Freistellung für die Teilnahme an Schulungs- und Bildungsveranstaltungen**, soweit diese Kenntnisse vermitteln, die für die Arbeit des Betriebsrats erforderlich sind (Kollektivanspruch). Erst wenn der Betriebsrat durch Beschluss eines seiner Mitglieder zur Teilnahme an der Veranstaltung bestimmt, erwächst diesem ein Individualanspruch gegen den Arbeitgeber. Unabhängig davon haben alle einzelnen Betriebsratsmitglieder während ihrer Amtszeit Anspruch auf bezahlte Freistellung für insgesamt drei bzw. vier Wochen zur Teilnahme an als geeignet anerkannten Schulungs- und Bildungsveranstaltungen (§ 37 Abs. 7 BetrVG).

Freizeitausgleich und Entgeltfortzahlung

Nimmt ein Betriebsratsmitglied außerhalb seiner Arbeitszeit aus betriebsbedingten Gründen an einer Bildungs- oder Schulungsveranstaltung teil, so steht ihm nach § 37 Abs. 6 S. 1 i.V.m. § 37 Abs. 3 BetrVG ein Anspruch auf Freizeitausgleich unter Fortzahlung des Arbeitsentgelts zu. Dabei ist nicht auf die betriebsübliche Arbeitszeit abzustellen, sondern auf die Situation des jeweiligen Betriebsratsmitglieds. Hierzu gehören daher z.B. auch Reisezeiten, die ein teilzeitbeschäftigtes Betriebsratsmitglied außerhalb seiner Arbeitszeit aufwendet (BAG 10.11.2004 AP Nr. 140 zu § 37 BetrVG 1972).

Erforderlichkeit für sachgerechte Betriebsratstätigkeit

Die Schulungs- und Bildungsveranstaltungen nach § 37 Abs. 6 BetrVG müssen **für die Betriebsratsarbeit erforderliche Kenntnisse** vermitteln. Das Betriebsratsmitglied muss in die Lage versetzt werden, seine Beteiligungsrechte sachgerecht ausüben zu können. Sein genereller Schulungsbedarf erstreckt sich auf die Organisation der Betriebsratsarbeit. Erforderlich sind stets sowohl **Grundkenntnisse im Arbeitsrecht als auch im Betriebsverfassungsrecht** (BAG 6.11.1973 AP Nr. 5 zu § 37 BetrVG 1972; BAG 27.9.1974 AP Nr. 18 zu § 37 BetrVG 1972; BAG 15.5.1986 AP Nr. 54 zu § 37 BetrVG 1972; BAG 16.10.1986 AP Nr. 58 zu § 37 BetrVG 1972), kann aber auch je nach Notwendigkeit **Spezialwissen in Einzelfragen** sein. Im Übrigen muss der akute Anlass die Teilnahme an der Schulung rechtfertigen. Erforderlich sind solche Schulungsveranstaltungen nur dann, wenn sie **unter Berücksichtigung der konkreten betrieblichen Situation und des konkreten Wissensstands des Betriebsrats benötigt werden**, um die gegenwärtig und künftig anfallenden gesetzlichen Aufgaben wahrzunehmen (BAG 19.7.1995 AP Nr. 110 zu § 37 BetrVG 1972).

„Der Arbeitgeber hat die Kosten für die Teilnahme eines Betriebsratsmitglieds an einer Schulungsveranstaltung über den Einsatz eines PC

VI. Rechtsstellung der Betriebsratsmitglieder § 148

für die Erledigung von Betriebsratsaufgaben nach § 37 Abs. 6 i.V.m. § 40 Abs. 1 BetrVG zu tragen, wenn aktuelle oder absehbare betriebliche bzw. betriebsratsbezogene Anlässe die Schulung des entsandten Betriebsratsmitglieds erfordert haben." (BAG 19.7.1995 AP Nr. 110 zu § 37 BetrVG 1972)

Ständiger Streitpunkt ist, dass **nicht alles, was nützlich ist, im Sinne des Gesetzes auch erforderlich** ist. Nützlich, aber nicht erforderlich, sind allgemeine rechts- oder gesellschaftspolitische Themen.

Keine allgemeinen Schulungsthemen

◌ **Beispiele:**
Nicht erforderlich i.S.v. § 37 Abs. 6 BetrVG ist die Vermittlung allgemeiner Grundkenntnisse des Sozial- und Sozialversicherungsrechts ohne konkreten betriebsbezogenen Anlass, weil die Beratung von Arbeitnehmern in sozialversicherungsrechtlichen Fragen nicht zu den Aufgaben des Betriebsrats gehört (BAG 4.6.2003 AP Nr. 136 zu § 37 BetrVG 1972).

Schulungsveranstaltungen über Lohnsteuerrichtlinien sind nicht erforderlich, da deren Kenntnis nicht zu den dem Betriebsrat gesetzlich zugewiesenen Aufgaben gehört. Der Betriebsrat muss weder die einzelnen Arbeitnehmer in steuerrechtlichen Fragen beraten, noch muss er überprüfen, ob der Arbeitgeber bei der Auszahlung des Lohns die steuerrechtlichen Vorschriften beachtet (vgl. BAG 11.12.1973 AP Nr. 5 zu § 80 BetrVG 1972).

Überdies ist zu berücksichtigen, dass die Veranstaltungen die Funktionsfähigkeit des Betriebsrats sichern sollen, so dass nicht jedem einzelnen Betriebsratsmitglied jede Schulungsveranstaltung als Anspruch zusteht. Der Betriebsrat als Gesamtheit hat vielmehr hinsichtlich der Zahl der Teilnehmer den Grundsatz der Verhältnismäßigkeit zu beachten (BAG 31.10.1972 AP Nr. 2 zu § 40 BetrVG 1972). **Grundkenntnisse** wird **jedes Mitglied** benötigen; **Spezialkenntnisse** benötigen je nach Zuständigkeitsverteilung im Betriebsrat nur **einzelne** oder einige der Mitglieder (BAG 15.2.1995 AP Nr. 106 zu § 37 BetrVG 1972; BAG 24.5.1995 AP Nr. 109 zu § 37 BetrVG 1972).

Spezialkenntnisse nur für einzelne Mitglieder

„Für die Frage, ob eine sachgerechte Wahrnehmung der Betriebsratsaufgaben die Schulung gerade des zur der Schulungsveranstaltung entsandten Betriebsratsmitglieds erforderlich macht, ist darauf abzustellen, ob nach den aktuellen Verhältnissen des einzelnen Betriebs Fragen anstehen oder in absehbarer Zukunft anstehen werden, die der Beteiligung des Betriebsrats unterliegen und für die im Hinblick auf den Wissensstand des Betriebsrats und unter Berücksichtigung der Aufgabenverteilung im Betriebsrat eine Schulung gerade dieses Betriebsratsmitglieds geboten erscheint. Bei seiner Beschlussfassung hat der Betriebsrat die Frage der Erforderlichkeit nicht nach seinem subjektiven Ermessen zu beantworten. Vielmehr muss er sich auf den Standpunkt eines vernünftigen Dritten stellen, der die Interessen des Betriebs einerseits, des Betriebsrats und der Arbeitnehmerschaft andererseits gegeneinander abwägt." (BAG 15.2.1995 AP Nr. 109 zu § 37 BetrVG 1972)

„Die Teilnahme eines Betriebsratsmitglieds an einer Schulungsveranstaltung ‚Diskussionsführung und Verhandlungstechnik' ist nur dann als erforderlich im Sinne von §§ 37 Abs. 6, 40 Abs. 1 BetrVG anzusehen, wenn das entsandte Betriebsratsmitglied im Betriebsrat eine derart herausgehobene Stellung einnimmt, dass gerade seine Schulung für die Betriebsratsarbeit notwendig ist." (BAG 24.5.1995 AP Nr. 109 zu § 37 BetrVG 1972)

Individualanspruch aus § 37 Abs. 7 BetrVG

Jedes Betriebsratsmitglied hat einen generellen individuellen Schulungsanspruch im Umfang von drei (bei neuen Mitgliedern: vier) Wochen zur Teilnahme an Schulungs- und Bildungsveranstaltungen nach **§ 37 Abs. 7 BetrVG**, die von der obersten Arbeitsbehörde des Landes als „geeignet" anerkannt worden sind. Soweit der Schulungsbedarf hiernach abgedeckt ist, kommt ein Anspruch aus § 37 Abs. 6 BetrVG nicht mehr in Betracht.

Bei dem Anspruch aus § 37 Abs. 7 BetrVG muss nicht geprüft werden, ob die Teilnahme des Mitglieds erforderlich ist. Entscheidend ist nur die generelle Anerkennung als **„geeignete" Veranstaltung**. Bisweilen erkennen die zuständigen Landesarbeitsminister Bildungsveranstaltungen recht großzügig an. Gegen derartige Anerkennungsbescheide können Arbeitgeber bzw. Arbeitgeberverbände Rechtsmittel einlegen. Obwohl es sich bei dem Anerkennungsbescheid nach § 37 Abs. 7 BetrVG um einen Verwaltungsakt der obersten Arbeitsbehörde des Landes handelt, ist der Rechtsweg zu den Gerichten für Arbeitssachen gegeben (BAG 11.8.1993 AP Nr. 92 zu § 37 BetrVG 1972). Nicht nur in derartigen Verfahren, sondern auch in Verfahren um den Anspruch der Betriebsratsmitglieder auf Fortzahlung des Arbeitsentgelts wird im Einzelnen über die Geeignetheit der jeweiligen Veranstaltung befunden. Bei Schulungs- und Bildungsveranstaltungen nach § 37 Abs. 7 BetrVG BetrVG muss der Bezug zur Betriebsratstätigkeit nicht so eng wie bei § 37 Abs. 6 BetrVG sein. Die Frage der Eignung ist aufgrund einer **generalisierenden Betrachtung einheitlich für den gesamten Geltungsbereich des BetrVG** zu beantworten, wobei es genügt, dass die vermittelten Kenntnisse nicht nur in irgendeinem Zusammenhang mit der Betriebsratstätigkeit stehen, sondern ihr allgemein und nicht zu eng gesehen „dienlich und förderlich" sind (BAG 11.8.1993 AP Nr. 92 zu § 37 BetrVG 1972). Der für die Betriebsratstätigkeit zu erwartende Nutzen darf jedoch nicht bloß ein Nebeneffekt von untergeordneter Bedeutung sein. Die Veranstaltung ist dann **nicht geeignet, wenn sie vornehmlich** anderen Zwecken, wie etwa **gewerkschaftspolitischen, allgemeinpolitischen oder gar allgemeinbildenden Zwecken** dient. Bei Anlegung dieses Maßstabs hat das BAG einen vom Bildungswerk des DGB angebotenen Lehrgang „Brüder, zur Sonne, zur Freiheit" als nicht geeignet im Sinne des § 37 Abs. 7 BetrVG bezeichnet (BAG 11.8.1993 AP Nr. 92 zu § 37 BetrVG 1972).

VI. Rechtsstellung der Betriebsratsmitglieder § 148

4. Schutz der Betriebsratsmitglieder

Der Interessengegensatz zwischen Arbeitgeber und Betriebsrat bringt es mit sich, dass das einzelne Betriebsratsmitglied in besondere Konfliktsituationen geraten kann. Die einzelnen Mitglieder bedürfen deshalb eines besonderen Schutzes, damit **ihre Unabhängigkeit gesichert wird**.

Unabhängigkeit

Im Einzelnen sieht das BetrVG folgende Schutzmechanismen vor:

- § 78 S. 1 BetrVG sieht ein allgemeines Verbot der Störung oder Behinderung der Betriebsratstätigkeit vor.

Allgemeines Verbot der Störung

- Nach § 78 S. 2 BetrVG dürfen **Betriebsratsmitglieder wegen ihrer Tätigkeit nicht benachteiligt oder begünstigt werden**; dies gilt auch für ihre berufliche Entwicklung. Das Benachteiligungs- und Begünstigungsverbot will jede Schlechterstellung oder Bevorzugung tatsächlicher oder rechtlicher Art verhindern.

Benachteiligungs- und Begünstigungsverbot

- Konkretisiert wird das allgemeine Benachteiligungsverbot durch § 37 Abs. 4 BetrVG, wonach das **Arbeitsentgelt** von Betriebsratsmitgliedern einschließlich eines Zeitraums von einem Jahr nach Beendigung der Amtszeit **nicht geringer bemessen werden darf als das Arbeitsentgelt vergleichbarer Arbeitnehmer** mit betriebsüblicher beruflicher Entwicklung. Dies gilt auch für allgemeine Zuwendungen des Arbeitgebers. Dieses Gleichbehandlungsgebot wird durch die Absicherung der bisher ausgeübten Tätigkeiten nach § 37 Abs. 5 BetrVG untermauert. Zur Ausfüllung dieser Vorschrift ist ein Vergleich des Betriebsratsmitglieds mit vergleichbaren anderen Arbeitnehmern zu Beginn der Amtstätigkeit erforderlich. Die bloße Vergleichbarkeit der beruflichen Entwicklung in der Vergangenheit ist jedoch noch nicht ausreichend, weil sonst das Merkmal der **Betriebsüblichkeit** in § 37 Abs. 4 S. 1 BetrVG keine eigene Bedeutung hätte. Die Betriebsüblichkeit des beruflichen Aufstiegs vergleichbarer Arbeitnehmer muss aus einem **gleichförmigen Verhalten** des Arbeitgebers und einer **von ihm aufgestellten Regel** folgen (BAG 17.8.2005 AP Nr. 142 zu § 37 BetrVG 1972). Aus dem Erfordernis der Teilnahme an der betriebsüblichen beruflichen Entwicklung können auch Lohnanpassungen und u.U. Beförderungen des Betriebsratsmitglieds geltend gemacht werden (BAG 15.1.1992 AP Nr. 84 zu § 37 BetrVG 1972).

Wirtschaftliche und berufliche Absicherung

„Eine ‚betriebsübliche berufliche Entwicklung' entsteht aus einem gleichförmigen Verhalten des Arbeitgebers und einer bestimmten Regel. Beförderungen müssen so typisch sein, dass aufgrund der betrieblichen Gegebenheiten und Gesetzmäßigkeiten grundsätzlich, d.h. wenigstens in der überwiegenden Mehrzahl der vergleichbaren Fälle damit gerechnet werden kann. § 78 S. 2, der neben § 37 Abs. 4 BetrVG anwendbar ist, enthält [...] außer einem Benachteiligungsverbot auch ein an den Arbeitgeber gerichtetes Gebot, dem Betriebsratsmitglied eine berufliche Entwicklung angedeihen zu lassen, wie es sie ohne das Betriebsratsamt genommen hätte. Das Betriebsratsmitglied hat nach § 78 S. 2 BetrVG einen unmittelbaren gesetzlichen Anspruch gegen den Arbeitgeber auf Erfüllung dieses Gebots." (BAG 15.1.1992 AP Nr. 84 zu § 37 BetrVG 1972)

Auskunftsanspruch des Betriebsratsmitglieds

Das Betriebsratsmitglied muss im gerichtlichen Verfahren den Nachweis erbringen, dass es ohne die Tätigkeit im Betriebsrat inzwischen mit einer Aufgabe betraut wäre, die ihm den Anspruch auf das begehrte Arbeitsentgelt geben würde (BAG 17.8.2005 AP Nr. 142 zu § 37 BetrVG 1972). Hierfür steht ihm nach § 242 BGB ein **Auskunftsanspruch** gegen den Arbeitgeber hinsichtlich der Gehaltsentwicklung vergleichbarer Arbeitnehmer mit betriebsüblicher beruflicher Entwicklung zur Seite (BAG 19.1.2005 AuA 2005, 936).

Erweiterte Absicherung

– Die vorgenannten Grundsätze werden für freigestellte Betriebsratsmitglieder durch § 38 Abs. 3 und 4 BetrVG ergänzt.

Weiterbeschäftigung

– Eine besondere Schutzregelung enthält § 78a BetrVG für **Mitglieder der Jugend- und Auszubildendenvertretung**, sofern sie Auszubildende sind und ihr Berufsausbildungsverhältnis mit Ablauf der Ausbildungszeit automatisch endet (§ 14 BBiG). Sie haben nach Beendigung des Berufsausbildungsverhältnisses gem. § 78a Abs. 2 BetrVG ein Recht auf Übernahme in ein Arbeitsverhältnis auf unbestimmte Zeit. Der Auszubildende muss rechtzeitig und schriftlich sein Weiterbeschäftigungsverlangen dem Arbeitgeber mitteilen. Der Arbeitgeber kann dann nach § 78a Abs. 4 BetrVG feststellen lassen, dass ein Arbeitsverhältnis nicht begründet bzw. aufgelöst wird, wenn ihm die Weiterbeschäftigung nicht zugemutet werden kann. Das ist insbesondere der Fall, wenn ein Dauerarbeitsplatz nicht zur Verfügung steht (BAG 24.7.1991 AP Nr. 23 zu § 78a BetrVG 1972). Das Übernahmeverlangen scheitert aber nicht schon deshalb, weil der Arbeitgeber künftig nur noch Leiharbeitnehmer einsetzen will (BAG 16.7.2008 – 7 ABR 13/07).

„Durch das Übernahmeverlangen eines gem. § 78a BetrVG geschützten Auszubildenden kann kraft Gesetzes nur ein unbefristetes Arbeitsverhältnis entstehen. Die Begründung eines befristeten Arbeitsverhältnisses bedarf stets einer dahingehenden vertraglichen Vereinbarung. Die Weiterbeschäftigung des Auszubildenden in einem nach § 78a Abs. 2 bzw. Abs. 3 BetrVG entstehenden unbefristeten Arbeitsverhältnisses ist dem Arbeitgeber unzumutbar im Sinne des § 78a Abs. 4 BetrVG, wenn dem Arbeitgeber kein auf Dauer angelegter Arbeitsplatz zur Verfügung steht." (BAG 24.7.1991 AP Nr. 23 zu § 78a BetrVG 1972)

Kündigungsschutz

Besonders intensiv ausgeprägt ist der **Kündigungsschutz der Betriebsratsmitglieder** nach § 103 BetrVG i.V.m. § 15 KSchG. Hiernach gilt, dass die ordentliche Kündigung eines Betriebsratsmitglieds unzulässig ist. Ausnahmeregelungen enthält nur § 15 Abs. 4 und 5 KSchG für den Fall der Betriebsstilllegung bzw. Stilllegung einer Betriebsabteilung. **Sinn und Zweck** des besonderen Kündigungsschutzes ist es, den Betriebsrat von der Bedrohung, ordentlich gekündigt zu werden, gerade mit Rücksicht auf seine besondere Stellung auszunehmen (BAG 17.1.2008 NZA 2008, 777). Mit § 15 KSchG hat der Gesetzgeber dem Bestands- und Funktionsinteresse des Betriebsrats eine hohe Bedeutung und Priorität verliehen (BAG 2.3.2006 AP Nr. 61 zu § 15 KSchG 1969). Grundsätzlich kann ein Betriebsratsmitglied daher nur aus wichtigem Grund ohne Einhaltung einer

VI. Rechtsstellung der Betriebsratsmitglieder § 148

Kündigungsfrist gekündigt werden, wenn die Voraussetzungen des § 626 BGB und die nach § 103 BetrVG erforderliche Zustimmung des Betriebsrats vorliegen oder letztere durch gerichtliche Entscheidung ersetzt worden ist.

Das Zustimmungsrecht nach § 103 BetrVG kann grundsätzlich auf einen Betriebsausschuss gem. § 27 Abs. 2 S. 2 BetrVG oder einen besonderen Ausschuss nach § 28 BetrVG übertragen werden, da weder in § 27 noch in § 28 BetrVG eine Beschränkung der Übertragungsmöglichkeiten vorgesehen ist. Erforderlich ist jedoch, dass das Zustimmungsrecht ausdrücklich übertragen wird (BAG 17.3.2005 AP Nr. 6 zu § 27 BetrVG 1972).

Verstöße gegen Amtspflichten können eine außerordentliche Kündigung nicht rechtfertigen, sondern nur die Abberufung des Betriebsratsmitglieds nach § 23 Abs. 1 BetrVG auslösen. Notwendig für eine Kündigung nach § 626 BGB ist prinzipiell eine **Vertragspflichtverletzung**, die allerdings mit einer Amtspflichtverletzung einhergehen kann („**Simultantheorie**"). In diesem Falle ist aber an die Rechtfertigung einer fristlosen Kündigung ein strenger Maßstab anzulegen, weil nicht ausgeschlossen werden kann, dass das Betriebsratsmitglied nur durch die Ausübung seiner Amtspflicht in die Gefahr der Vertragspflichtverletzung geraten ist (BAG 16.10.1986 AP Nr. 95 zu § 626 BGB; BAG 10.2.1999 AP Nr. 42 zu § 15 KSchG 1969). Aus diesem Grund ist selbst eine **Abmahnung** unzulässig, wenn ein Betriebsratsmitglied zwar objektiv fehlerhaft gehandelt hat, dies aber lediglich auf einer Verkennung schwieriger oder ungeklärter Rechtsfragen beruht (BAG 31.8.1994 AP Nr. 98 zu § 37 BetrVG 1972). Im Ergebnis dürften Beendigungskündigungen von Betriebsratsmitgliedern aus wichtigem Grund nur bei Vertragspflichtverletzungen möglich sein, da die Rechtsprechung auch in der Abwägung nach § 626 BGB strenge Anforderungen stellt (BAG 10.2.1999 AP Nr. 42 zu § 15 KSchG 1969).

Vertragspflichtverletzung

„Fristlos kann einem Betriebsratsmitglied nach §§ 15 KSchG, 626 BGB nur gekündigt werden, wenn dem Arbeitgeber bei einem vergleichbaren Nichtbetriebsratsmitglied dessen Weiterbeschäftigung bis zum Ablauf der einschlägigen ordentlichen Kündigungsfrist unzumutbar wäre. Nur so kann der Schutzbestimmung des § 78 Satz 2 BetrVG angemessen Rechnung getragen werden, wonach Betriebsratsmitglieder wegen ihrer Betriebsratstätigkeit nicht benachteiligt werden dürfen." (BAG 10.2.1999 AP Nr. 42 zu § 15 KSchG 1969)

Dabei sind an die Beurteilung der **Unzumutbarkeit** nicht allein deshalb strengere Anforderungen zu Lasten des Betriebsrats zu stellen, weil dieser (temporär) ordentlich unkündbar ist. Das macht folgendes Beispiel deutlich: Würde bei gemeinschaftlich begangener Pflichtverletzung eines Betriebsratsmitglieds und eines sonstigen Arbeitnehmers bei im Übrigen vergleichbaren Umständen die fristlose Kündigung gegenüber dem Betriebsratsmitglied allein wegen der absehbar langen Bindungsdauer (zumindest ein Jahr nach Ende des Betriebsratsamts) für wirksam, die fristlose Kündigung gegenüber dem anderen Arbeitnehmer jedoch mit der Begründung für unwirksam erachtet, dessen Weiterbeschäftigung bis zum Ablauf der ordentlichen Kündigungsfrist sei dem Arbeitgeber zumutbar, so würde das Betriebsratsmitglied offensichtlich allein wegen seines Betriebsratsamts einen gravierenden Rechtsnachteil erleiden. Deshalb stellt das BAG bisher bei der Beurteilung der Zumutbarkeit auf die fiktive Kündigungsfrist ab (BAG 18.2.1993 AP Nr. 35 zu § 15 KSchG 1969). Die verhaltensbedingte Kündigung mit Auslauffrist, die das BAG für tariflich unkündbare Arbeitnehmer bejaht, ist daher gegenüber einem Betriebsratsmitglied nicht zulässig (BAG 17.1.2008 NZA 2008, 777).

„Der [2.] Senat hält an der ständigen Rechtsprechung fest, dass bei der Zumutbarkeitsprüfung nach § 15 Abs. 1 S. 1 KSchG, § 626 Abs. 1 BGB auf die (fiktive) Kündigungsfrist abzustellen ist, die ohne den besonderen Kündigungsschutz bei einer ordentlichen Kündigung gelten würde. Das Arbeitsverhältnis eines Betriebsratsmitglieds kann in aller Regel nach § 15 Abs. 1 S. 1 KSchG, § 626 BGB nicht wegen häufiger krankheitsbedingter Fehlzeiten außerordentlich gekündigt werden." (BAG 18.2.1993 AP Nr. 35 zu § 15 KSchG 1969)

Schutz gegen Versetzungen

Nach § 103 Abs. 3 BetrVG werden die Betriebsratsmitglieder gegen qualifizierte **Versetzungen** geschützt. Eine Versetzung, die den **Verlust des betriebsverfassungsrechtlichen Amtes oder der Wählbarkeit zur Folge** hätte, bedarf der vorherigen **Zustimmung des Betriebsrats** und im Falle der Zustimmungsverweigerung einer arbeitsgerichtlichen Entscheidung, die die Zustimmung ersetzt. Nur wenn das betroffene Betriebsratsmitglied mit der Versetzung einverstanden ist, wird auf das Erfordernis einer vorherigen Zustimmung verzichtet.

§ 149 Rechtsstellung der Koalitionen

I. Gewerkschaften und Betriebsräte

Vertrauensvolle Zusammenarbeit

Aus Art. 9 Abs. 3 GG bzw. aus der Ausgestaltung, die dieser Artikel durch die Rechtsprechung des BVerfG erfahren hat, leitet sich die **Betätigungsgarantie für die Koalitionen** ab (siehe unter § 83 III 2). Die Gewerkschaften haben daher ein verfassungsmäßig geschütztes Recht zur Wahrnehmung betrieblicher Arbeitnehmerinteressen. Dem entspricht, dass die Gewerkschaften zur Wahrnehmung ihrer Aufgaben ein Zugangsrecht zum Betrieb besitzen (§ 2 Abs. 2 BetrVG). § 2 Abs. 1 BetrVG bestimmt ferner, dass **Arbeitgeber und Betriebsrat im Zusammenwirken mit den im Betrieb vertretenen Gewerkschaften zusammenarbeiten**. Dieses Gebot gibt den Gewerkschaften kein Recht, in das betriebliche Geschehen kraft eigenen Rechts einzugreifen (RICHARDI/RICHARDI § 2 Rn. 35)

I. Gewerkschaften und Betriebsräte § 149

Obwohl Gewerkschafts- und Betriebsratsarbeit *faktisch* oft eng, vor allem personell dadurch verflochten sind, dass rund zwei Drittel aller Betriebsratsmitglieder und drei Viertel aller Vorsitzenden Gewerkschaftsmitglieder sind, liegen beiden völlig andere Grundgedanken zugrunde, die *rechtlich* eine strikte Trennung erforderlich machen.

Rechtliche Trennung

Die **gewerkschaftliche Interessenvertretung** ist durch folgende Grundlagen gekennzeichnet:
- Die **Mitgliedschaft** in einer Gewerkschaft ist **freiwillig**, unbeschadet von Kündigungsfristen ist der **jederzeitige Austritt** möglich. Tarifverträge gelten – abgesehen von der Allgemeinverbindlicherklärung – nur kraft privatautonomer Entscheidung (Mitgliedschaft in der Gewerkschaft oder vertragliche Bezugnahme auf den Tarifvertrag).
- Die **Kompetenzen** der Gewerkschaften werden in ihrer **Satzung autonom definiert**. Gesetzliche Regelungen bestehen nicht.
- Die **Interessendurchsetzung** erfolgt durch Gewerkschaften im Wege der Verhandlung mit dem Arbeitgeberverband oder einzelnen Arbeitgebern zum Abschluss eines Tarifvertrags, der notfalls im Wege des Arbeitskampfs erzwungen wird.

In all diesen zentralen Punkten unterscheidet sich die **Vertretung der Arbeitnehmerinteressen durch Betriebsräte**:
- Mit der Begründung des Arbeitsverhältnisses wird jedes **Belegschaftsmitglied**, soweit ein Betriebsrat besteht, von diesem **zwangsweise repräsentiert**. Es besteht keine Möglichkeit, aus dem Betriebsverband und damit dem Kreis der Normunterworfenen auszutreten.
- Die betriebsverfassungsrechtlichen Organe haben keine „originären", sondern **gesetzlich definierte Kompetenzen**. Weitergehende Aufgaben dürfen sie nicht an sich ziehen. Die Regelung weiterer Gegenstände durch freiwillige Betriebsvereinbarungen (§ 88 BetrVG) unterliegt rechtlicher Kontrolle (siehe unter § 152 I 6).
- Die **Interessendurchsetzung** erfolgt durch den Betriebsrat im Wege der Verhandlung und des Abschlusses von Betriebsvereinbarungen oder Regelungsabreden. In den Fällen der zwingenden Mitbestimmung erfolgt die Konfliktlösung durch **Zwangsschlichtung** vor der Einigungsstelle. Maßnahmen des **Arbeitskampfs** sind in jedem Falle **ausgeschlossen**.

Das BetrVG hat bewusst darauf **verzichtet, eine Kooperation zwischen Betriebsrat und Gewerkschaften vorzuschreiben**. Ob eine solche stattfindet, ist allein von der Initiative des Betriebsrats abhängig. Vereinzelt gibt es sogar Fälle offener Konfrontation, insbesondere, wenn der Betriebsrat Maßnahmen des Arbeitgebers duldet oder sogar an ihnen mitwirkt, die den Intentionen der Gewerkschaft oder dem Inhalt eines Tarifvertrags zuwiderlaufen (berühmt ist der „*Viessmann-Fall*" des ArbG Marburg 7.8.1996 NZA 1996, 1331 und 1337;

Unterschiedliche Interessen und Verantwortungen

ausführlich siehe unter § 98 II 1 d). Eine im Betrieb vertretene Gewerkschaft kann unter den Voraussetzungen des § 23 Abs. 1 BetrVG (grobe Verletzung der gesetzlichen Pflichten) die Auflösung des Betriebsrats oder den Ausschluss einzelner Mitglieder aus ihm bei Gericht beantragen. Neuerdings gewährt das BAG einen Unterlassungsanspruch der Koalitionen gegen tarifwidrige betriebliche Regelungen (BAG 20.4.1999 AP Nr. 89 zu Art. 9 GG).

II. Gewerkschaftsrechte im Betrieb

Mitwirkungsrechte

Abgesehen von der Generalklausel des § 2 BetrVG und der allgemeinen koalitionsspezifischen Betätigung aus Art. 9 Abs. 3 GG hat das BetrVG eine Anzahl **betriebsverfassungsrechtlicher Unterstützungs-, Überwachungs-, Initiativ- oder Teilnahmerechte** geregelt. Gewerkschaften im Sinne des BetrVG sind allerdings nur tariffähige Arbeitnehmerkoalitionen (BAG 19.9.2006 AP Nr. 5 zu § 2 BetrVG 1972).

Folgende Einzelrechte sind hervorzuheben:

– Diverse Vorschlags- und Antragsrechte der Gewerkschaften bei **Betriebsratswahlen** (vgl. §§ 14 Abs. 3, 16 bis 19 BetrVG).

– Antragsrecht nach § 23 Abs. 1 BetrVG auf **Ausschluss eines Mitglieds aus dem Betriebsrat oder Auflösung des Betriebsrats**.

– Außerdem sind **Teilnahmerechte** an bestimmten betrieblichen Institutionen vorgesehen (z.B. §§ 31, 43 Abs. 4, 46, 53 Abs. 3 BetrVG).

– Einberufung einer Betriebsversammlung (§ 43 Abs. 4 BetrVG).

Die Rechtsprechung hat die Rechtsstellung der Gewerkschaften zum Teil über das BetrVG hinaus erweitert, etwa für die Teilnahme an den Sitzungen des Wirtschaftsausschusses (BAG 18.11.1980 AP Nr. 2 zu § 108 BetrVG 1972).

„Die Vorschrift des § 31 BetrVG über die Zuziehung eines Gewerkschaftsbeauftragten zu den Sitzungen des Betriebsrats ist auf die Sitzungen des Wirtschaftsausschusses entsprechend anzuwenden. Dies bedeutet, dass auf Antrag eines Viertels der Mitglieder oder der Mehrheit einer Gruppe des Betriebsrats (Gesamtbetriebsrats) oder auf Beschluss des Betriebsrats (Gesamtbetriebsrats) ein Beauftragter einer im Betriebsrat (Gesamtbetriebsrat) vertretenen Gewerkschaft an den Sitzungen des Wirtschaftsausschusses teilnehmen kann. Der Wirtschaftsausschuss kann die Zuziehung eines solchen Gewerkschaftsbeauftragten jedenfalls dann selbst beschließen, wenn ihm der Betriebsrat (Gesamtbetriebsrat) eine entsprechende Ermächtigung erteilt hat. Eine Gewerkschaft ist im Beschlussverfahren antragsberechtigt, wenn das Recht ihres Beauftragten auf Teilnahme an den Sitzungen des Wirtschaftsausschusses bestritten wird." (BAG 18.11.1980 AP Nr. 2 zu § 108 BetrVG 1972)

Gewerkschaftliche Vertrauensleute

Einfluss üben auch die gewerkschaftlichen Vertrauensleute aus. Sie sind **betriebsangehörige Gewerkschaftsmitglieder**, die für die Gewerkschaft im Betrieb bestimmte Aufgaben wahrnehmen (z.B. Werbung, arbeits- und tarifrechtliche Betreuung) und zugleich ihre Gewerkschaft über Probleme und Anliegen der Belegschaft informieren. Ihre Stellung ist allerdings im BetrVG nicht verankert.

III. Zutrittsrecht der Gewerkschaften zum Betrieb

Das BetrVG hat den Gewerkschaften Rechte nur insoweit eingeräumt, wie sie „im Betrieb vertreten" sind. Das gilt sowohl für das Zutrittsrecht des § 2 Abs. 2 BetrVG als auch z.b. für die die Betriebsratswahl betreffenden Rechte aus § 16 Abs. 2 BetrVG (Antrag auf Bestellung eines Wahlvorstands durch das Arbeitsgericht), § 17 Abs. 2 BetrVG (Einladung zur Betriebsversammlung) sowie § 19 Abs. 3 BetrVG (Wahlanfechtung). „Im Betrieb vertreten" ist eine Gewerkschaft, wenn **wenigstens ein Arbeitnehmer**, der kein leitender Angestellter ist, **Mitglied der Gewerkschaft** ist. Der Name des Arbeitnehmers braucht nicht offenbart zu werden, die Gewerkschaft kann den Beweis des Vertretenseins auch mittelbar führen (BAG 25.3.1992 AP Nr. 4 zu § 2 BetrVG 1972).

Betriebsbezogenheit

„Eine Gewerkschaft ist dann im Betrieb vertreten, wenn ihr mindestens ein Arbeitnehmer des Betriebs angehört, der nicht zu den leitenden Angestellten im Sinne des § 5 Abs. 3 BetrVG zählt. Die Gewerkschaft kann den erforderlichen Beweis auch durch mittelbare Beweismittel, z.B. durch notarielle Erklärungen führen, ohne den Namen ihres im Betrieb des Arbeitgebers beschäftigten Mitglieds zu nennen. Ob diese Beweisführung ausreicht, ist eine Frage der freien Beweiswürdigung." (BAG 25.3.1992 AP Nr. 4 zu § 2 BetrVG 1972)

Weitergehend verlangt § 31 BetrVG für die **Teilnahme eines Gewerkschaftsbeauftragten an den Sitzungen des Betriebsrats**, dass die Gewerkschaft im Betriebsrat vertreten ist, ihr also mindestens ein Mitglied des Betriebsrats angehört.

Betriebsratsangehörigkeit

Welche Person das Zugangsrecht wahrnimmt, entscheidet die Gewerkschaft. Diesem „Beauftragten" ist nach Unterrichtung des Arbeitgebers Zugang zum Betrieb zu gewähren, „soweit dem nicht unumgängliche Notwendigkeiten des Betriebsablaufs, zwingende Sicherheitsvorschriften oder der Schutz von Betriebsgeheimnissen entgegenstehen" (§ 2 Abs. 2 BetrVG). Nur in Ausnahmefällen kann der Arbeitgeber bestimmten Beauftragten aus Gründen in seiner Person den Zugang verweigern, nämlich wenn dieser rechtsmissbräuchlich wiederholt seine Befugnisse überschritten oder den Betriebsfrieden ernsthaft gestört hat.

Grenzen des Zutrittsrechts

Das Zugangsrecht betriebsfremder Gewerkschaftsbeauftragter für koalitionspolitische Ziele, also jenseits § 2 Abs. 2 BetrVG, war lange umstritten. Die Aufgabe der Kernbereichslehre durch das BVerfG (BVerfG 14.11.1995 AP Nr. 80 zu Art. 9 GG) hat jedoch eine grundlegende Neuorientierung für das Recht der gewerkschaftlichen Information und Werbung im Betrieb eingeleitet (siehe unter § 83 III 2 c).

Zugangsrecht für koalitionspolitische Ziele

„Der Schutz des Art. 9 Abs. 3 GG beschränkt sich nicht auf diejenigen Tätigkeiten, die für die Erhaltung und die Sicherung des Bestandes der Koalition unerlässlich sind; er umfasst alle koalitionsspezifischen Verhaltensweisen. Dazu gehört die Mitgliederwerbung durch die Koalition und ihre Mitglieder." (BVerfG 14.11.1995 AP Nr. 80 zu Art. 9 GG)

Diese Neuorientierung hat das BAG zu Kenntnis genommen und bejaht nun das Zugangsrecht betriebsfremder Gewerkschaftsbeauftragter zur Mitgliederwerbung.

„Im Lichte der neueren Rechtsprechung des Bundesverfassungsgerichts ist ein Zugangsrecht betriebsfremder Gewerkschaftsbeauftragter zum Zwecke der Mitgliederwerbung grundsätzlich gegeben. Allerdings fehlt es hierfür an einer ausdrücklichen einfachgesetzlichen Regelung. Auch aus Art. 9 Abs. 3 GG ergibt sich das Zutrittsrecht nicht unmittelbar. Die Werbung von Mitgliedern ist aber Teil der durch Art. 9 Abs. 3 Satz 1 GG geschützten Betätigungsfreiheit der Gewerkschaften. Dazu gehört deren Befugnis, selbst zu bestimmen, welche Personen sie mit der Werbung betrauen, und die Möglichkeit, dort um Mitglieder zu werben, wo Arbeitnehmer zusammenkommen und als solche angesprochen werden können. Da eine gesetzliche Regelung fehlt, müssen die Gerichte auf Grund ihrer grundrechtlichen Schutzpflicht im Wege der Rechtsfortbildung eine entsprechende Ausgestaltung vornehmen." (BAG 28.2.2006 AP Nr. 127 zu Art. 9 GG)

Abwägung im konkreten Einzelfall

Das betriebliche Zutrittsrecht ist jedoch nicht unbeschränkt. Angesichts des Umstands, dass keine ausdrücklichen Regelungen über die Mitgliederwerbung für die Gewerkschaft bestehen, muss die **konkrete Einzelfallentscheidung in Abwägung** des Grundrechts aus Art. 9 Abs. 3 GG und der wirtschaftlichen Betätigungsfreiheit des Arbeitgebers (Art. 2 Abs. 1 GG), die insbesondere bei einer Störung des Arbeitsablaufs und des Betriebsfriedens berührt werden, getroffen werden (BAG 28.2.2006 AP Nr. 126 zu Art. 9 GG; näher siehe unter § 84).

IV. Koalitionswerbung und -arbeit im Betrieb

Betätigungsfeld der Gewerkschaften

Zum verfassungsrechtlich verbürgten Betätigungsfeld der Gewerkschaften gehört, dass ihre Mitglieder, die Arbeitnehmer des Betriebs sind, **im Betrieb Gewerkschaftspositionen vertreten und Mitgliederwerbung betreiben** dürfen (BVerfG 14.11.1995 AP Nr. 80 zu Art. 9 GG). Dieses Recht beinhaltet auch, Plakate an geeigneter Stelle im Betrieb aushängen zu dürfen („Schwarzes Brett"), nicht aber gestattet es „wildes" Plakatieren oder das offensive Vertreten allgemeinpolitischer Ansichten. Zu beachten ist (auch von Arbeitgeber und Betriebsrat), dass nicht eine von mehreren konkurrierenden Gewerkschaften bevorzugt wird. Der Betriebsrat selbst darf gar nicht für eine Gewerkschaft eintreten, Mitglieder desselben nur so zurückhaltend, dass Zweifel an ihrer Neutralität (§ 75 BetrVG) nicht aufkommen können.

§ 150 Rechtsstellung der Arbeitnehmer

I. Individualrechte des einzelnen Arbeitnehmers

Obwohl das BetrVG von seiner Konzeption her auf die Mitbestimmung durch **kollektive Interessenvertretungen** der Arbeitnehmer ausgerichtet ist, enthält es neben der Regelung des aktiven und passiven Wahlrechts weitere **Individualrechte des Arbeitnehmers**, §§ 81 bis 86a BetrVG. Dadurch wird dem Arbeitnehmer ein unmittelbares Mitwirkungsrecht in Bereichen gegeben, die seine konkrete Tätigkeit betreffen. Die Rechte lassen sich unterteilen in solche, die der Arbeitnehmer gegenüber dem Arbeitgeber hat, und solche, die dem Arbeitnehmer gegenüber dem Betriebsrat zustehen.

Individualrechte des Arbeitnehmers

1. Rechte gegenüber dem Arbeitgeber

Systematisch gehören die Rechte, die dem einzelnen Arbeitnehmer gegenüber dem Arbeitgeber eingeräumt werden, in den Bereich des **Arbeitsvertragsrechts**. Sie konkretisieren die Nebenpflichten des Arbeitgebers und bestehen unabhängig davon, ob ein Betriebsrat gebildet ist.

Pflichten des Arbeitgebers

➲ **Beispiele:**
- Unterrichtungspflicht des Arbeitgebers gegenüber dem Arbeitnehmer über dessen **Aufgaben, Verantwortung und Art der Tätigkeit**, § 81 Abs. 1 S. 1 BetrVG
- Belehrungspflicht über **Unfall- und Gesundheitsgefahren** im Zusammenhang mit der Tätigkeit, § 81 Abs. 1 S. 2 BetrVG
- Unterrichtungspflicht des Arbeitgebers über Auswirkungen von geplanten **technischen Anlagen, Arbeitsverfahren und Arbeitsabläufen**, § 81 Abs. 4 S. 1 BetrVG
- Recht des Arbeitnehmers zur Einsicht in die über ihn geführten **Personalakten**, § 83 Abs. 1 S. 1 BetrVG
- **Beschwerderecht** des Arbeitnehmers bei den zuständigen Stellen, wenn er sich vom Arbeitgeber oder anderen Arbeitnehmern beeinträchtigt fühlt, § 84 Abs. 1 S. 1 BetrVG

Das Gesetz sieht in mehreren Fällen vor, dass der Arbeitnehmer zu den Gesprächen mit dem Arbeitgeber, die die zuvor bezeichneten Pflichten betreffen, ein **Betriebsratsmitglied hinzuziehen** kann (§ 81 Abs. 4 S. 3, § 82 Abs. 2 S. 2, § 83 Abs. 1 S. 2 und § 84 Abs. 1 S. 2 BetrVG). **Sinn und Zweck** des Rechts zur Hinzuziehung eines Betriebsratsmitglieds ist es, eine „Waffengleichheit" mit dem ggf. intellektuell überlegenen Arbeitgeber herzustellen. Zudem kann das Betriebsratsmitglied eine wichtige Kontroll- und Korrekturfunktion übernehmen und ggf. als Zeuge dienen (BAG 16.11.2004 AP Nr. 3 zu § 82 BetrVG 1972; BAG 23.2.1984 AP Nr. 2 zu § 82 BetrVG 1972). Einen **generellen Anspruch** des Arbeitnehmers, sich bei jedem Ge-

Hinzuziehung eines Betriebsratsmitglieds

spräch von einem Betriebsratsmitglied begleiten zu lassen, sieht das BetrVG jedoch **nicht** vor. Es ist erforderlich, dass ein Anspruch für den jeweiligen **Einzelfall** aus dem BetrVG hergeleitet werden kann.

➲ **Beispiel:**

Anschauungsbeispiel ist das Gespräch zwischen Arbeitnehmer und Arbeitgeber über den Abschluss eines Aufhebungsvertrags. Ein Anspruch auf Hinzuziehung eines Betriebsratsmitglieds kann aus § 82 Abs. 2 S. 2 BetrVG folgen. Allein die Verhandlung über einen Aufhebungsvertrag fällt nicht zwangsläufig in den Anwendungsbereich dieser Regelung. Es ist vielmehr im konkreten Fall zu prüfen, ob zumindest auch Themen i.S.v. § 82 Abs. 2 Satz 1 BetrVG Gegenstand des Gesprächs sind. Wenn es z.B. nicht nur um das „Wie", sondern auch um das „Ob" des Abschlusses eines Aufhebungsvertrags geht, können für den Arbeitnehmer die Beurteilung seiner Leistungen und die Möglichkeiten seiner beruflichen Entwicklung im Betrieb von Bedeutung sein, so dass er gem. § 82 Abs. 2 S. 2 BetrVG einen Anspruch auf Hinzuziehung hat (BAG 16.11.2004 AP Nr. 3 zu § 82 BetrVG 1972).

2. Rechte gegenüber dem Betriebsrat

Pflichten des Betriebsrats

Die §§ 85, 86a BetrVG enthalten Rechte des einzelnen Arbeitnehmers, die ihm gegenüber dem Betriebsrat zustehen.

➲ **Beispiele:**

– Pflicht des Betriebsrats zur **Entgegennahme von Beschwerden** und zur Vermittlung beim Arbeitgeber, § 85 Abs. 1 BetrVG
– Recht des Arbeitnehmers, dem Betriebsrat **Themen zur Beratung vorzuschlagen**, § 86a S. 1 BetrVG

Für den Begriff der **Beschwerde i.S.v. § 85 BetrVG** sind die Anforderungen des § 84 Abs. 1 S. 1 BetrVG übertragbar. Eine Beschwerde liegt demnach vor, wenn der Arbeitnehmer auf eine Benachteiligung, eine ungerechte Behandlung oder eine sonstige Beeinträchtigung durch den Arbeitgeber oder andere Arbeitnehmer des Betriebs hinweist und Abhilfe des belastenden Zustands begehrt. Der Arbeitnehmer muss sich selbst betroffen fühlen. Sog. Popularbeschwerden, mit der ein Arbeitnehmer sich zum Fürsprecher seiner Kollegen macht, sind nicht von § 85 BetrVG erfasst. (BAG 22.11.2005 Nr. 2 zu § 85 BetrVG 1972).

II. Unterrichtungsrechte der Gesamtheit der Arbeitnehmer in betriebsratslosen Betrieben

Beteiligung der Gesamtheit der Arbeitnehmer

§ 81 Abs. 3 BetrVG begründet die Pflicht des Arbeitgebers, in betriebsratslosen Betrieben die **Gesamtheit der Arbeitnehmer** zu allen Maßnahmen anzuhören, die Auswirkungen auf Sicherheit und Ge-

III. Mitbestimmung des Betriebsrats auch gegen den Willen des Arbeitnehmers? § 150

sundheit haben können. Mit dieser Vorschrift ist die europäische Richtlinie 98/391/EWG (ABl. EG Nr. L 183, S. 1) umgesetzt worden. Diese Richtlinie gilt für alle Betriebe unabhängig von der Zahl der Arbeitnehmer. In richtlinienkonformer Auslegung ist § 81 Abs. 3 BetrVG daher auf alle Betriebe – **auch auf Kleinbetriebe**, die dem BetrVG nicht unterfallen – anzuwenden (Fitting, § 81 Rn. 20). Dadurch wird sichergestellt, dass auch in betriebsratslosen Betrieben die Arbeitnehmer in Fragen des Arbeitsschutzes beteiligt werden.

III. Mitbestimmung des Betriebsrats auch gegen den Willen des Arbeitnehmers?

Eine weitere Frage im Zusammenhang mit der Rechtsstellung des Arbeitnehmers ist, ob eine Mitwirkung des Betriebsrats bei **Einzelmaßnahmen auch gegen den Willen des betroffenen Arbeitnehmers** stattfindet. Denkbar ist z.B. der Fall, dass der Arbeitnehmer eine Versetzung selbst wünscht, der Betriebsrat aber sein Zustimmungsverweigerungsrecht nach § 99 Abs. 1 BetrVG geltend macht und die Versetzung daher (u.U. bis zu einer gerichtlichen Entscheidung) nicht vorgenommen werden darf (siehe unter § 155 III 4). In diesen Fällen ist nach dem **Zweck** des Mitbestimmungsrechts zu differenzieren. Der Betriebsrat vertritt die Interessen der Arbeitnehmer. Durch das Mitbestimmungsrecht soll jedoch nicht nur derjenige Arbeitnehmer selbst geschützt werden, der von der Einzelmaßnahme unmittelbar betroffen ist. Vielmehr bezweckt das Mitbestimmungsrecht auch einen Schutz der übrigen – lediglich mittelbar betroffenen – Arbeitnehmer (Fitting § 99 Rn. 3). Ein Ausgleich erfolgt durch eine **Interessenabwägung** der individuellen und kollektiven Interessen.

Mitbestimmung bei Einverständnis des Arbeitnehmers mit einer Maßnahme

Maßgeblich ist also, ob und inwieweit Auswirkungen auf andere Arbeitnehmer bestehen. Hat die Versetzung **keine Auswirkungen auf andere Arbeitnehmer**, prüft der Betriebsrat lediglich, ob die Versetzung auch dem Interesse des betroffenen Arbeitnehmers entspricht. Wünscht dieser selbst die Versetzung, bedarf er keines Schutzes durch das Mitbestimmungsrecht. Er muss nicht vor seinem eigenen Willen geschützt werden. Eine dennoch erfolgte Zustimmungsverweigerung wäre daher rechtsmissbräuchlich. Sind dagegen auch **andere Arbeitnehmer von der Versetzung betroffen**, besteht das Mitbestimmungsrecht unabhängig davon, ob der einzelne Arbeitnehmer mit dieser Maßnahme des Arbeitgebers einverstanden ist.

Differenzierung nach den Auswirkungen auf andere Arbeitnehmer

§ 151 Beteiligungsrechte des Betriebsrats

➲ Übersicht:
  I. Arten der Beteiligungsrechte
   1. Informations- und Unterrichtungsrechte
       a) Allgemeines
       b) Unterrichtungspflicht bei allgemeinen Aufgaben des Betriebsrates (§ 80 BetrVG)
   2. Anhörungsrechte
   3. Beratungsrechte
   4. Widerspruchsrechte
   5. Zustimmungserfordernisse
   6. Mitbestimmungsrechte
   7. Initiativrechte
  II. Durchsetzung der Rechte
   1. Allgemeines
   2. Gesetzlicher Unterlassungsanspruch
  III. Die Einigungsstelle
   1. Allgemeines
   2. Die Einigungsstelle bei erzwingbarer Mitbestimmung
       a) Fälle erzwingbarer Mitbestimmung
       b) Einsetzung der Einigungsstelle
       c) Verfahren vor der Einigungsstelle
       d) Entscheidung der Einigungsstelle
       e) Gerichtliche Überprüfung des Einigungsstellenspruchs
   3. Die Einigungsstelle bei freiwilliger Mitbestimmung
  IV. Betriebsverfassung und Arbeitskämpfe

I. Arten der Beteiligungsrechte

Das BetrVG räumt dem Betriebsrat eine Vielzahl unterschiedlicher Beteiligungsrechte in wirtschaftlichen, personellen und sozialen Angelegenheiten ein. Dabei sind die Beteiligungsrechte jeweils hinsichtlich ihrer Intensität unterschiedlich ausgestaltet. Wo das Gesetz der Freiheit der unternehmerischen Entscheidung des Arbeitgebers am stärksten Rechnung tragen will, sind die Beteiligungsrechte des Betriebsrats entsprechend gering ausgestaltet. Wo dagegen die unternehmerische Entscheidung hinter dem Schutz der Arbeitnehmer zurücktritt, hat der Betriebsrat stärkere Beteiligungsrechte. Im Einzelnen sind zu unterscheiden:

I. Arten der Beteiligungsrechte § 151

- Informations- und Unterrichtungsrechte
- Anhörungsrechte
- Beratungsrechte
- Widerspruchsrechte
- Zustimmungserfordernisse
- Mitbestimmungsrechte
- Initiativrechte.

Die Informations- und Unterrichtungsrechte stehen auf der niedrigsten Stufe, die Initiativrechte dagegen bilden das stärkste Beteiligungsrecht des Betriebsrates.

1. Informations- und Unterrichtungsrechte

a) Allgemeines

Die Informations- und Unterrichtungsrechte sind die schwächste Form der Beteiligung des Betriebsrates. Sie eröffnen dem Betriebsrat keine unmittelbare Einwirkungsmöglichkeit, sind jedoch notwendige Voraussetzung einer sinnvollen Mitwirkung. Oft sind Informationsrechte als **Vorstufe zu weitergehenden Beteiligungsrechten** vorgesehen. Interessanterweise stehen Informationsrechte dem Betriebsrat als Kollegialorgan, nicht aber dem einzelnen Betriebsratsmitglied zu. Das einzelne Betriebsratsmitglied hat Informationsrechte nur gegenüber dem eigenen Gremium.

Kollektivanspruch

⊃ **Beispiele für Informationsrechte:**
- Gemäß § 90 BetrVG hat der Arbeitgeber den Betriebsrat über die Planung von Neu- und Umbauten von Fabrikations- oder Verwaltungsräumen zu unterrichten.
- Der Jahresabschluss ist dem Wirtschaftsausschuss unter Beteiligung des Betriebsrats zu erläutern (§ 108 Abs. 5 BetrVG).
- Weitere Unterrichtungs- und Informationsrechte sind in § 80 Abs. 2 (Wahrnehmung allgemeiner Aufgaben), § 85 Abs. 3 (Behandlung von Beschwerden), § 89 Abs. 4 und 5 (Arbeitsschutz), § 92 Abs. 1 (Personalplanung), § 99 Abs. 1 (personelle Einzelmaßnahmen), § 100 Abs. 2 (Kündigungen), § 105 (Einstellung oder personelle Veränderung von leitenden Angestellten), § 106 (wirtschaftliche Angelegenheiten) und § 111 S. 1 (Betriebsänderungen) BetrVG vorgesehen.

Wesentlich ist der Zeitpunkt und der Umfang der Unterrichtungspflichten, die sich je nach Gegenstand und Art der Beteiligung ergeben. Allgemein kann festgehalten werden, dass eine Unterrichtung nur dann **rechtzeitig** erfolgt, **wenn hinreichend Zeit zur Information und ggf. Beratung der jeweiligen Maßnahme besteht**, um noch Einfluss auf die Entschließung des Arbeitgebers nehmen zu können. Im Falle des § 80 Abs. 2 S. 3 BetrVG ist die Unterrichtung und Überlas-

Zeitpunkt und Umfang der Information

sung von Unterlagen (auch in Unternehmen mit ausländischer Konzernmutter in deutscher Sprache: LAG Hessen 19.8.1993 NZA 1995, 285) schon dann erforderlich, wenn erst die Prüfung der Unterlagen ergeben kann, ob der Betriebsrat zur Erfüllung seiner Aufgaben tätig werden soll oder nicht (BAG 27.6.1989 AP Nr. 37 zu § 80 BetrVG 1972; BAG 31.1.1989 AP Nr. 33 zu § 80 BetrVG 1972). Dass der Betriebsrat ein Mindestmaß an Zeit – je nach Komplexität der Maßnahme – benötigt, verdeutlicht auch § 80 Abs. 2 S. 3 BetrVG. Danach hat der Arbeitgeber dem Betriebsrat sachkundige Arbeitnehmer als Auskunftspersonen zur Verfügung zu stellen, soweit dies zur ordnungsgemäßen Aufgabenerfüllung notwendig ist.

„Soweit sich für den Betriebsrat Aufgaben erst dann stellen, wenn der Arbeitgeber eine Maßnahme ergreift oder plant, die Beteiligungsrechte des Betriebsrats auslöst, kann der Betriebsrat die Vorlage von Unterlagen, die zur Erfüllung seiner Aufgaben erforderlich sind, auch erst dann verlangen, wenn der Arbeitgeber tätig wird und damit Aufgaben des Betriebsrats auslöst. Revisionsberichte, die solche Maßnahmen des Arbeitgebers lediglich anregen, sind daher nicht schon deswegen dem Betriebsrat zur Verfügung zu stellen." (BAG 27.6.1989 AP Nr. 37 zu § 80 BetrVG 1972)

„Werden im Betrieb des Arbeitgebers Arbeitnehmer von Fremdfirmen beschäftigt, so kann der Betriebsrat verlangen, dass ihm die Verträge mit den Fremdfirmen, die Grundlage dieser Beschäftigung sind, zur Einsicht zur Verfügung gestellt werden. Der Betriebsrat kann auch verlangen, dass ihm die Listen zur Verfügung gestellt werden, aus denen sich die Einsatztage und Einsatzzeiten der einzelnen Arbeitnehmer der Fremdfirmen ergeben." (BAG 31.1.1989 AP Nr. 33 zu § 80 BetrVG 1972)

b) Unterrichtungspflicht bei allgemeinen Aufgaben des Betriebsrats (§ 80 BetrVG)

Zweck Die Wahrnehmung allgemeiner Rechte und Pflichten des Betriebsrats nach § 80 Abs. 1 BetrVG bildet oft die Voraussetzung dafür, die speziellen Mitwirkungs- und Mitbestimmungsrechte ausüben zu können. Dies ist und bleibt der Hauptzweck der Vorschrift, die insoweit eine starke Verbindungslinie zum Grundsatz der vertrauensvollen Zusammenarbeit (§ 2 Abs. 1 BetrVG) sowie zur Besprechungspflicht (§ 74 Abs. 1 BetrVG) aufweist. Instrumente für die Durchsetzung sind das weitreichende Unterrichtungsrecht nach § 80 Abs. 2 BetrVG und die Möglichkeit des Betriebsrats, **Sachverständige** hinzuzuziehen (§ 80 Abs. 3 BetrVG), aber nur, soweit dies „erforderlich ist".

„Der Betriebsrat muss vor der Hinzuziehung eines Sachverständigen nach § 80 Abs. 3 BetrVG alle ihm zur Verfügung stehenden Erkenntnisquellen nutzen, um sich das notwendige Wissen anzueignen. Die Beauftragung eines Sachverständigen ist daher nicht erforderlich, wenn sich der Betriebsrat nicht zuvor bei dem Arbeitgeber um die Klärung der of-

I. Arten der Beteiligungsrechte

fenen Fragen bemüht hat (BAG 16.11.2005 AP Nr. 64 zu § 80 BetrVG 1972).

Nach § 80 Abs. 2 S. 2 Halbs. 1 BetrVG sind dem Betriebsrat auf sein Verlangen jederzeit die zur Durchführung seiner Aufgaben erforderlichen Unterlagen zur Verfügung zu stellen. Es genügt, dass der Betriebsrat im Rahmen seiner Aufgaben tätig werden oder prüfen will, ob ihm ein Mitbestimmungsrecht zusteht (BAG 26.1.1988 AP Nr. 31 zu § 80 BetrVG 1972). Nur ein rechtsmissbräuchliches Verlangen (z.B. bei offensichtlicher Unzuständigkeit des Betriebsrat) schließt die Vorlagepflicht des Arbeitgebers aus. Aus dem Wortlaut ergibt sich ein zweistufiges Prüfungsschema (BAG 19.2.2008 NZA 2008, 1078):

– Die Vorlage muss eine Aufgabe des Betriebsrats betreffen und
– die Unterlagen müssen zur Durchführung dieser Aufgaben erforderlich sein (BAG 19.10.1999 AP Nr. 58 zu § 80 BetrVG 1972).

Voraussetzungen

Zu den zur Verfügung zu stellenden Unterlagen zählen **nicht** die **Personalakten** der einzelnen Arbeitnehmer, wie sich mittelbar aus § 83 BetrVG ergibt (BAG 20.12.1988 AP Nr. 5 zu § 92 ArbGG 1979). Die Unterlagen sind dem Betriebsrat im Original, in Abschrift oder in Fotokopie **auszuhändigen,** entweder auf Dauer oder zumindest für einen angemessenen Zeitraum. Der Arbeitgeber muss die Unterlagen folglich aus der Hand geben, damit der Betriebsrat sie ohne Beisein des Arbeitgebers auswerten kann (BAG 20.11.1984 AP Nr. 3 zu § 106 BetrVG 1972). Die Pflicht zur Unterrichtung des Betriebsrats erstreckt sich auch auf im Betrieb beschäftigte Personen, die nicht in einem Arbeitsverhältnis zum Arbeitgeber stehen (§ 80 Abs. 2 S. 1 Halbs. 2 BetrVG), was insbesondere auf Leiharbeitnehmer zielt. Hinsichtlich der personellen Informationsmittel besteht die Pflicht, dem Betriebsrat im Rahmen seiner Aufgabenerfüllung sachkundige Arbeitnehmer des Betriebes als Auskunftspersonen zur Verfügung zu stellen (§ 80 Abs. 2 S. 3 BetrVG).

Reichweite der Unterrichtungspflicht

⊃ **Wichtige Beispielsfälle:**
– Unterrichtungsanspruch über außertarifliche Sonderzahlungen (BAG 10.10.2006 AP Nr. 68 zu § 80 BetrVG 1972) und Bandbreiten der Gehälter (BAG 24.1.2006 AP Nr. 65 zu § 80 BetrVG 1972).
– Auskunftsanspruch zur Prüfung der Einhaltung der gesetzlichen Ruhezeiten und der tariflichen wöchentlichen Arbeitszeit bei „Vertrauensarbeitszeit" (BAG 6.5.2003 AP Nr. 61 zu § 80 BetrVG 1972).

2. Anhörungsrechte

Die nächste Stufe der Mitwirkung bilden die Anhörungsrechte. Während der Betriebsrat bei den reinen Informationsrechten keinen Anspruch darauf hat, dass der Arbeitgeber sich mit seinen Anregun-

Anhörungspflicht

gen oder Bedenken auseinandersetzt, ist dies bei den Anhörungsrechten anders. Wichtigstes Beispiel ist wohl § 102 Abs. 1 BetrVG, die **Anhörungspflicht vor jeder Kündigung**. Ihre Unterlassung macht die Kündigung unwirksam. **Der Arbeitgeber ist verpflichtet**, sich insoweit mit den Anregungen des Betriebsrats **auseinander zu setzen**. Er kann die Maßnahme jedoch auch dann ausführen, wenn der Betriebsrat sich dagegen ausgesprochen hat. Auch eine gemeinsame Erörterung ist nicht erforderlich.

⊃ Weitere Beispiele:
- Personalplanung (§ 92 Abs. 2 BetrVG)
- Berufsbildung (§ 96 Abs. 1 S. 3 BetrVG)

3. Beratungsrechte

Beratungspflicht

Weiter gegenüber dem Anhörungsrecht gehen die Beratungsrechte. Bei ihnen muss der Arbeitgeber den Betriebsrat nicht nur informieren und dessen Meinung anhören, sondern er muss den Verhandlungsgegenstand mit ihm auch **gemeinsam erörtern**. Nach § 92 Abs. 1 S. 2 BetrVG hat der Arbeitgeber beispielsweise mit dem Betriebsrat über **Art und Umfang der Personalplanung** und über die Vermeidung von Härten zu beraten.

⊃ Beispiele für weitere Beratungsrechte:
- § 89 BetrVG (Arbeitsschutz),
- § 90 Abs. 2 BetrVG (Gestaltung von Arbeitsplatz, Arbeitsablauf und Arbeitsumgebung),
- §§ 96, 97 BetrVG (Berufsbildung),
- § 106 Abs. 1 BetrVG (wirtschaftliche Angelegenheiten),
- § 111 S. 1 BetrVG (Betriebsänderungen).

4. Widerspruchsrechte

Entscheidungsfreiheit des Arbeitgebers

Bei den bloßen Beratungsrechten des Betriebsrats entscheidet der Arbeitgeber allein. Dies ist auch bei den Widerspruchs- oder Vetorechten grundsätzlich nicht anders. Ein Widerspruch des Betriebsrates kann jedoch bei Durchführung der Maßnahme zu Konsequenzen führen. So berührt das Widerspruchsrecht des Betriebsrats nach § 102 Abs. 3 BetrVG z.B. die Wirksamkeit der vom Arbeitgeber ausgesprochenen Kündigung nicht, doch begründet der Widerspruch eine **Weiterbeschäftigungspflicht**, sofern der betreffende Arbeitnehmer gegen die Kündigung klagt und einen entsprechenden Antrag stellt (§ 102 Abs. 5 S. 1 BetrVG).

5. Zustimmungserfordernisse

Zustimmungsverweigerungsrecht

Bei den Zustimmungserfordernissen ist eine Intensitätsstufe erreicht, bei der der Betriebsrat sich mit einer erhöhten Wirksamkeit

I. Arten der Beteiligungsrechte § 151

einschalten kann. Die Zustimmung des Betriebsrats ist insbesondere bei personellen Einzelmaßnahmen nach § 99 BetrVG von Belang. Tatsächlich geht es hier allerdings nur um die Verweigerung der Zustimmung („**negatives Konsensprinzip**"). Der Betriebsrat darf seine Zustimmung nur unter gewissen Voraussetzungen verweigern. Nach Ablauf einer bestimmten Frist wird die Zustimmung fingiert (§ 99 Abs. 3 BetrVG). Hat der Betriebsrat sie zu Unrecht verweigert, so kann sie vom Gericht ersetzt werden (§ 99 Abs. 4 BetrVG).

6. Mitbestimmungsrechte

Die Mitbestimmungsrechte im engeren Sinne stellen die stärkste Art der Beteiligungsmöglichkeiten des Betriebsrats dar. Man könnte auch alle fünf bislang vorgestellten „Rechte" unter dem Oberbegriff **„Mitwirkungsrechte"** zusammenfassen, um den qualitativen Sprung zu den **Mitbestimmungsrechten** angemessen zu verdeutlichen.

Mitbestimmung im engeren Sinne

Die Beteiligung des Betriebsrats tritt hier gleichberechtigt neben die des Arbeitgebers. Ob der Betriebsrat zustimmt, steht in seinem Ermessen, seine Zustimmung kann auch nicht gerichtlich ersetzt werden. Steht dem Betriebsrat ein Mitbestimmungsrecht in einer Angelegenheit zu, kann der Arbeitgeber Maßnahmen nur im einvernehmlichen Zusammenwirken mit dem Betriebsrat treffen. Es besteht also Einigungszwang („**positives Konsensprinzip**"). Der Hauptfall sind die Mitbestimmungsrechte in sozialen Angelegenheiten nach § 87 BetrVG (siehe unter § 153).

Einigungszwang

7. Initiativrechte

Ein Nachteil aller oben genannten Mitwirkungsrechte ist allerdings unübersehbar: Der Arbeitgeber kann davon absehen, überhaupt eine Regelung zu treffen. Das Unterlassen einer Maßnahme selbst ist nicht mitbestimmungspflichtig. Der Arbeitgeber kann den status quo ohne Beteiligung des Betriebsrats aufrechterhalten. Eine weitere Beteiligungsform bilden daher die **Initiativrechte**. Erst hier ist die volle (gleichberechtigte) Mitbestimmung erreicht, soweit sich das Initiativrecht auf Gegenstände der echten Mitbestimmung bezieht. Hier kann der Betriebsrat von sich aus eine Entscheidung und Einigung verlangen (BAG 14.11.1974 AP Nr. 1 zu § 87 BetrVG 1972), ggf. unter Anrufung der Einigungsstelle (§ 76 Abs. 5 BetrVG).

Gleichberechtigte Mitbestimmung

„Bestimmt das Gesetz – wie in § 87 Abs. 1 BetrVG –, dass der Betriebsrat mitzubestimmen hat, dann schließt dies grundsätzlich auch das Initiativrecht des Betriebsrats ein, weil die Mitbestimmung schon begrifflich beiden Teilen gleiche Rechte einräumt." (BAG 14.11.1974 AP Nr. 1 zu § 87 BetrVG 1972)

Als **Beispiele** für Initiativrechte lassen sich weiter nennen:
- Maßnahmen zum Ausgleich nachteiliger Arbeitsplatzveränderungen (§ 91 BetrVG);

- Aufstellung von Auswahlrichtlinien in Großbetrieben (§ 95 Abs. 2 BetrVG);
- Aufstellung eines Sozialplans (§ 112 Abs. 4 BetrVG);
- Entfernung betriebsstörender Arbeitnehmer (§ 104 S. 1 BetrVG);
- weitere Initiativ- und Vorschlagsrechte: §§ 80 Abs. 1 Nr. 2 und 3, 92 Abs. 2, 93, 96 Abs. 1 S. 3, 98 Abs. 3 und 4, 112 Abs. 3 S. 1 BetrVG.

Kein Exekutivrecht des Betriebsrats

Auch bei Initiativrechten auf dem Gebiet der echten Mitbestimmung besteht allerdings **kein Exekutivrecht** des Betriebsrats, d.h. die Durchführung der Vereinbarungen obliegt grundsätzlich allein dem Arbeitgeber. Der Betriebsrat darf nicht durch einseitige Handlungen in die Leitung des Betriebs eingreifen (§ 77 Abs. 1 S. 2 BetrVG).

II. Durchsetzung der Rechte

1. Allgemeines

Rechtsqualität des Beteiligungsrechts

Fehlende Exekutivrechte des Betriebsrats bedingen die Frage nach der **rechtlichen Durchsetzbarkeit** der Beteiligungs- und Mitbestimmungsrechte. Die Frage kann nicht einheitlich beantwortet werden; vielmehr richtet sich die Durchsetzbarkeit nach der Qualität des jeweiligen Beteiligungsrechts. Zum Teil kann das Beteiligungsrecht über die Einigungsstelle erzwungen werden; vielfach ist der Betriebsrat jedoch auch auf das arbeitsgerichtliche Beschlussverfahren verwiesen.

Rechtsfolge bei der Nichtbeachtung von Beteiligungsrechten

Als sehr viel effizientere Sanktion erweist sich häufig, dass die Nichtbeachtung von Beteiligungsrechten des Betriebsrats zur Unwirksamkeit arbeitgeberseitiger Maßnahmen führt, wenn der Betriebsrat nicht ordnungsgemäß eingeschaltet wurde. Die wichtigsten Fallbereiche sind hier die personellen Einzelmaßnahmen. Eine ohne ordnungsgemäße Anhörung des Betriebsrats erfolgte Kündigung ist nichtig (§ 102 Abs. 1 S. 3 BetrVG). Personelle Einzelmaßnahmen wie Einstellung und Versetzung sind bei fehlender Zustimmung des Betriebsrats rückgängig zu machen (§ 101 BetrVG). Individualrechtliche Auswirkungen hat nach der **„Theorie der Wirksamkeitsvoraussetzung"** auch ein Verstoß gegen das Mitbestimmungsrecht im Bereich der sozialen Angelegenheiten nach § 87 Abs. 1 BetrVG (BAG 16.9.1986 AP Nr. 17 zu § 77 BetrVG 1972).

„Die Theorie der Wirksamkeitsvoraussetzungen bzw. die Theorie der notwendigen Mitbestimmung ist von der Rechtsprechung entwickelt worden, um zu verhindern, dass der Arbeitgeber dem Einigungszwang mit dem Betriebsrat durch Rückgriff auf arbeitsvertragliche Gestaltungsmöglichkeiten ausweicht. Die Rechtsunwirksamkeit von arbeitsvertraglichen Maßnahmen und Abreden soll eine Sanktion dafür sein, dass der Arbeitgeber das Mitbestimmungsrecht des Betriebsrats verletzt hat. Derjenige, der sich betriebsverfassungswidrig verhält, soll sich

II. Durchsetzung der Rechte § 151

Dritten gegenüber nicht auf die Verletzung berufen können mit dem Ziel, sich so seiner vertraglich eingegangenen Verpflichtungen zu entledigen. Dementsprechend ist die Unwirksamkeitsfolge einer Maßnahme die geeignete Sanktion, wenn der Arbeitgeber bei einer belastenden Maßnahme das Mitbestimmungsrecht verletzt hat." (BAG 16.9.1986 AP Nr. 17 zu § 77 BetrVG 1972)

Ohne Beteiligung des Betriebsrats durchgeführte Maßnahmen im Bereich der gleichberechtigten Mitbestimmung sind **unwirksam**. Dies hat unmittelbare arbeitsrechtliche Konsequenzen. Die Anordnung von Überstunden ohne Beteiligung des Betriebsrats nach § 87 Abs. 1 Nr. 3 BetrVG hat zur Folge, dass dem Arbeitnehmer, der die Ableistung von Überstunden verweigert, keine kündigungsrelevante Vertragspflichtverletzung vorzuwerfen ist. Die Unwirksamkeit individualrechtlicher Maßnahmen kann unter Umständen **erhebliche finanzielle Konsequenzen für den Arbeitgeber** nach sich ziehen. Diese Rechtsfolge wegen Verletzung des Mitbestimmungsrechts ist nicht zu beanstanden (BAG 22.10.1991 AP Nr. 48 zu § 87 BetrVG 1972 Arbeitszeit).

Gleichberechtigte Mitbestimmung

„Der Senat hat in mehreren Entscheidungen darauf hingewiesen, dass der Gesetzgeber den Kern der unternehmerischen Entscheidungsfreiheit dadurch berücksichtigt hat, dass er je nach der Intensität des Eingriffs die Beteiligungsrechte des Betriebsrats in sozialen, personellen und wirtschaftlichen Angelegenheiten sehr unterschiedlich ausgestaltet hat [. . .]. Das BVerfG hat entschieden, dass § 87 Abs. 1 Nr. 2 BetrVG in der Interpretation des BAG nicht gegen Art. 12 Abs. 1 GG verstößt [. . .]. Sieht aber das verfassungsgemäße Gesetz vor, dass die Mitbestimmungsrechte die unternehmerische Entscheidungsfreiheit einschränken dürfen und auch sollen, so ist schwer nachvollziehbar, weshalb die Sanktion der Umgehung eines Mitbestimmungsrechts gegen Art. 12 Abs. 1 GG verstoßen soll." (BAG 22.10.1991 AP Nr. 48 zu § 87 BetrVG 1972 Arbeitszeit)

Empfindliche Folgen hat die Verletzung des Mitbestimmungsrechts insbesondere im Rahmen des § 87 Abs. 1 Nr. 10 BetrVG. Wenn der Arbeitgeber ohne Zustimmung des Betriebsrats neue Entlohnungsgrundsätze im Betrieb einführt, ist dies nicht nur im Verhältnis zum Betriebsrat rechtswidrig. Vielmehr gilt die getroffene Vergütungsabrede auch im Verhältnis zum Arbeitnehmer nicht, soweit sie zu dessen Nachteil auf der nicht mitbestimmten neuen Vergütungsordnung beruht. Die Konsequenz ist, dass eine ggf. abgesenkte Vergütungsordnung nicht durchgreift und der Arbeitnehmer Zahlungsansprüche aus der alten Vergütungsordnung geltend machen kann (BAG 11.6.2002 AP Nr. 113 zu § 87 BetrVG 1972 Lohngestaltung).

⊃ **Beispiel:**
Die Arbeitnehmerin war seit 1995 auf der Basis befristeter Verträge beschäftigt. Bis 1997 wendete der Arbeitgeber allgemein die tariflich vorgegebene Vergütungsordnung an. Sie war u.a. durch eine Gehaltsdifferenzierung nach Lebensaltersstufen und durch

die Möglichkeit eines Bewährungsaufstiegs aus bestimmten Vergütungsgruppen gekennzeichnet. Nach dem die Tarifbindung entfallen war, führte der Arbeitgeber mit Wirkung vom 1. Januar 1998 ohne Zustimmung des Betriebsrats ein neues betriebliches Vergütungssystem ein, das für die Gehaltsfindung bei allen neuen Vertragsschlüssen die tariflich vorgesehenen Lebensaltersstufen und Bewährungsaufstiege nicht mehr berücksichtigte. Am 15. September 1998 schlossen die Parteien einen unbefristeten Arbeitsvertrag, der auf dem neuen Vergütungssystem basierte. Die Arbeitnehmerin macht nunmehr die höhere Vergütung auf der Basis einer höheren Lebensaltersstufe geltend, wie sie noch in den früher geltenden Tarifverträgen geregelt war.

Das BAG stellte fest, dass die Einführung der neuen Vergütungsordnung als kollektive Maßnahme der Mitbestimmung des Betriebsrats unterlag. Mit dem Wegfall der Tarifbindung bestand aber seit dem 1. Januar 1998 eine das Mitbestimmungsrecht ausschließende zwingende tarifliche Regelung nicht mehr. An der Einführung des neuen Entlohnungssystems ist der Betriebsrat nicht beteiligt worden. Darin liegt ein Verstoß gegen § 87 Abs. 1 Nr. 10 BetrVG. Darauf, ob der Betriebsrat seine Beteiligung eingefordert hat, kommt es nicht an. Der Arbeitgeber muss in Angelegenheiten des § 87 Abs. 1 BetrVG von sich aus die Zustimmung des Betriebsrats einholen (BAG 11.6.2002 AP Nr. 113 zu § 87 BetrVG 1972 Lohngestaltung).

Keine Begründung neuer Individualansprüche

Der in ständiger Rechtsprechung bestätigte Grundsatz, dass die tatsächlich durchgeführte Mitbestimmung Wirksamkeitsvoraussetzung für Maßnahmen zum Nachteil des Arbeitnehmers ist (vgl. BAG 26.4.1988 AP Nr. 16 zu § 87 BetrVG 1972 Altersversorgung), geht aber nicht so weit, dass bei der Verletzung eines Mitbestimmungsrechts Ansprüche entstehen, die **bisher nicht bestanden haben**. Entscheidend für diese Aussage sind Umfang und Grenzen des Mitbestimmungsrechts, z.B. § 87 Abs. 1 Nr. 10 BetrVG. Der Betriebsrat hat hier nämlich lediglich ein Mitbestimmungsrecht bei der Festlegung abstrakt-genereller (kollektiver) Grundsätze zur Lohnfindung, nicht aber bei der Festsetzung des einzelnen Gehalts. Deshalb hat der Betriebsrat auch nicht mitzubestimmen bei der individuellen Gehaltserhöhung. Davon unberührt bleibt, dass ein möglicherweise erklärter Widerruf einer übertariflichen Zulage unwirksam ist und der einzelne Arbeitnehmer wegen der Unwirksamkeit eines Widerrufs Anspruch auf Fortzahlung des bisherigen ungeschmälerten Entgelts hat. Das Mitbestimmungsrecht kann aber keine Ansprüche begründen, die auch bei Beachtung des Mitbestimmungsrechts nicht entstanden wären (BAG 20.8.1991 AP Nr. 50 zu § 87 BetrVG 1972 Lohngestaltung).

„Sowohl bei dem Widerruf von Zulagen als auch bei dem Widerruf von Zusagen der betrieblichen Altersversorgung bestanden Ansprüche bzw. Anwartschaften von Arbeitnehmern, die unter Verletzung von Mitbestimmungsrechten durch einseitige Maßnahmen des Arbeitgebers be-

II. Durchsetzung der Rechte § 151

seitigt werden sollten. Im vorliegenden Fall bestand ein entsprechender Anspruch des Klägers vor Ausübung der vom Arbeitgeber mitbestimmungswidrig getroffenen Maßnahme gerade nicht. Der Kläger hatte gerade keinen Anspruch auf Lohnerhöhung. Es ist also zu fragen, ob aus der Verletzung von Mitbestimmungsrechten des Betriebsrats sich ein individualrechtlicher Anspruch ergeben kann, der zuvor noch nicht bestanden hatte. [...] Sie ist zu verneinen, da es keinen rechtlichen Anknüpfungspunkt dafür gibt, wie sich aus der Verletzung von Mitbestimmungsrechten ein vertraglicher Erfüllungsanspruch eines Arbeitnehmers ergeben soll. Dem Grundsatz, dass Maßnahmen unwirksam sind, mit denen unter Verletzung von Mitbestimmungsrechten bestehende Ansprüche von Arbeitnehmern beseitigt werden sollen, kann nicht entnommen werden, dass bei Verletzung eines Mitbestimmungsrechts Ansprüche entstehen, die bisher nicht bestanden und auch bei Beachtung des Mitbestimmungsrechts nicht entstanden wären." (BAG 20.8.1991 AP Nr. 50 zu § 87 BetrVG 1972 Lohngestaltung)

Im Interesse harmonischer Arbeitsbeziehungen ist den Betriebsparteien nicht anzuraten, die Gefahr der Unwirksamkeit arbeitgeberseitiger Maßnahmen bei Verletzung des Mitbestimmungsrechts in Kauf zu nehmen. Deshalb liegt es nahe, bei Uneinigkeit der Betriebspartner, ob ein Mitbestimmungsrecht des Betriebsrats besteht, dies durch einen Feststellungsantrag im Wege des arbeitsgerichtlichen Beschlussverfahrens (§§ 2a Abs. 1 Nr. 1, 80 ff. ArbGG; siehe unter §§ 182 ff.) prüfen zu lassen.

Feststellungsantrag

2. Gesetzlicher Unterlassungsanspruch

Außerordentlich umstritten ist die Frage, ob und inwieweit dem Betriebsrat über spezielle Sanktionsregelungen des BetrVG hinaus ein eigenständiger Unterlassungsanspruch bei Verletzung des Mitbestimmungsrechts zusteht (siehe unter § 153 II 6). Zumindest im Rahmen der Mitbestimmung nach § 87 BetrVG nimmt das BAG einen Unterlassungsanspruch an, den es direkt aus den einzelnen Mitbestimmungstatbeständen sowie dem Grundsatz der vertrauensvollen Zusammenarbeit (§ 2 Abs. 1 BetrVG) herleitet (grundlegend BAG 3.5.1994 AP Nr. 23 zu § 23 BetrVG 1972). In Fällen grober Missachtung des Mitbestimmungsrechts bleibt in jedem Fall die Sanktionsmöglichkeit für den Betriebsrat gegen den Arbeitgeber nach § 23 Abs. 3 BetrVG unberührt (vgl. auch BAG 29.2.2000 AP Nr. 105 zu § 87 BetrVG 1972 Lohngestaltung). Hiernach kann der Betriebsrat oder eine im Betrieb vertretene Gewerkschaft bei groben Verstößen des Arbeitgebers gegen seine Verpflichtungen aus dem BetrVG beim Arbeitsgericht beantragen, dem Arbeitgeber aufzugeben, eine Handlung zu unterlassen, die Vornahme einer Handlung zu dulden oder eine Handlung vorzunehmen. Ein grober Verstoß liegt nur bei einer **erheblichen Belastung der betriebsverfassungsrechtlichen Ordnung** vor (BAG 14.11.1989 AP Nr. 76 zu § 99 BetrVG 1972).

Grobe Pflichtverletzung des Arbeitgebers

„Ein grober Verstoß im Sinne von § 23 Abs. 3 BetrVG liegt vor, wenn eine objektiv erhebliche Belastung für die betriebsverfassungsrechtliche

Ordnung infolge zumindest eines Verstoßes des Arbeitgebers gegen seine betriebsverfassungsrechtlichen Pflichten vorliegt. Ein grober Verstoß liegt nicht vor, wenn der Arbeitgeber seine Rechtsposition in einer schwierigen und ungeklärten Rechtslage verteidigt." (BAG 14.11.1989 AP Nr. 76 zu § 99 BetrVG 1972)

III. Die Einigungsstelle

Literatur: EISEMANN, Das Verfahren vor der Einigungsstelle, FS 25 Jahre Arbeitsgemeinschaft Arbeitsrecht im Deutschen Anwaltverein; TSCHÖPE, Die Bestellung der Einigungsstelle – Rechtliche und taktische Fragen, NZA 2004, 945.

1. Allgemeines

Betriebsverfassungsrechtliche Institution eigener Art

Die Einigungsstelle ist eine **betriebsverfassungsrechtliche Institution eigener Art**. Sie ist weder Gericht noch Verwaltungsbehörde, sondern eine privatrechtliche Einrichtung zur Beilegung von Meinungsverschiedenheiten zwischen dem Arbeitgeber und dem Betriebsrat, Gesamtbetriebsrat oder Konzernbetriebsrat. Sie wird üblicherweise nur bei Bedarf gebildet, kann aber auch als ständige Einrichtung installiert sein (§ 76 Abs. 1 BetrVG).

Zwangsschlichtung

Ihr Spruch führt in den Fällen, in denen er die Einigung zwischen Arbeitgeber und Betriebsrat ersetzt, eine **Zwangsschlichtung** herbei, die von den Gerichten für Arbeitssachen weitgehend nur auf die Einhaltung billigen Ermessens (§ 76 Abs. 5 BetrVG) überprüft werden kann. Ein Verstoß gegen das Rechtsstaatsgebot des GG liegt hierin nicht (BVerfG 18.10.1986 AP Nr. 7 zu § 87 BetrVG 1972 Auszahlung).

„Die Einigungsstelle ist kein Gericht i.S. von Art. 92 GG. Sie löst Regelungs- und nicht Rechtsstreitigkeiten. Die Einigungsstellen dienen – auch soweit ihr Spruch die Einigung zwischen Arbeitgeber und Betriebsrat ersetzt – als betriebsverfassungsrechtliche Hilfsorgane eigener Art dem Zweck, die Mitbestimmung der Arbeitnehmer bei der Gestaltung der betrieblichen Ordnung zu gewährleisten, weil dadurch nicht nur Rechte des Arbeitgebers, sondern auch der in seinem Betrieb beschäftigten Arbeitnehmer berührt werden. Soweit die Gestaltungs- und Regelungsbefugnisse der Arbeitgeber durch die Mitbestimmungsrechte des Betriebsrats beschränkt sind, bestehen deshalb von Verfassungs wegen keine Bedenken, zur Beilegung von Meinungsverschiedenheiten Einigungsstellen mit Zwangsschlichtungsbefugnissen vorzusehen." (BVerfG 18.10.1986 AP Nr. 7 zu § 87 BetrVG 1972 Auszahlung)

Zusammensetzung

Die Einigungsstelle besteht aus gleich vielen vom Arbeitgeber und vom Betriebsrat bestellten Beisitzern (typischerweise je zwei pro Seite, nämlich ein Belegschaftsangehöriger [z.B. Personaldirektor bzw. Betriebsratsvorsitzender] und ein Rechtsanwalt oder Verbandsvertreter [Gewerkschaftsbeauftragter bzw. Vertreter des Arbeitgeberverbands]) sowie einem unparteiischen Vorsitzenden, auf den sich beide

III. Die Einigungsstelle § 151

Seiten geeinigt haben müssen oder der vom Arbeitsgericht bestellt worden ist.

Die **Kosten der Einigungsstelle** trägt der Arbeitgeber (§ 76a Abs. 1 BetrVG). Dazu zählen neben dem Sachaufwand (Bereitstellung der Räumlichkeiten, ggf. einer Schreibkraft etc.) insbesondere die Honorare für den Vorsitzenden und die Beisitzer. Insoweit gilt, solange die in § 76a Abs. 4 BetrVG vorgesehene Rechtsverordnung noch nicht erlassen ist, folgende Regelung: *(Kostenregelung)*

– Der **Vorsitzende** setzt sein Honorar entweder durch Vereinbarung mit dem Arbeitgeber, oder, wenn eine Einigung nicht zustande kommt, nach billigem Ermessen (§ 315 Abs. 1 BGB) unter Berücksichtigung der in § 76 Abs. 4 BetrVG genannten Grundsätze selbständig fest (BAG 12.2.1992 AP Nr. 2 zu § 76a BetrVG). *(Vorsitzender)*

„Solange es an der in § 76 Abs. 4 BetrVG vorgesehenen Rechtsverordnung fehlt, bedarf es zur Bestimmung der Höhe der Vergütung entweder einer entsprechenden vertraglichen Vereinbarung zwischen dem Arbeitgeber und dem Einigungsstellenmitglied, oder, wenn eine solche Vereinbarung nicht zustande kommt, einer Bestimmung der Vergütungshöhe durch das anspruchsberechtigte Einigungsstellenmitglied nach billigem Ermessen gemäß den §§ 315, 316 BGB unter Beachtung der Grundsätze des § 76a Abs. 4 S. 3 bis 5 BetrVG. Für die gerichtliche Ersetzung der Vergütungshöhe ist nur Raum, wenn die vom Einigungsstellenmitglied getroffene Vergütungsbestimmung nicht der Billigkeit entspricht (§ 315 Abs. 3 S. 2 BGB)." (BAG 12.2.1992 AP Nr. 2 zu § 76a BetrVG)

– Die **betriebsfremden Beisitzer** bestimmen ihre Vergütung in gleicher Weise, wobei sie in der Regel sieben Zehntel des Honorars des Vorsitzenden beanspruchen können (BAG 14.2.1996 AP Nr. 6 zu § 76a BetrVG 1972; BAG 12.2.1992 AP Nr. 2 zu § 76a BetrVG 1972). *(Betriebsfremde Beisitzer)*

„Durch einen Abschlag von 3/10 gegenüber der Vorsitzendenvergütung wird im Allgemeinen der Unterschied in den Aufgaben und der Beanspruchung des Vorsitzenden und der Beisitzer der Einigungsstelle ausreichend Rechnung getragen. Eine Bestimmung der Beisitzervergütung in Höhe von 7/10 der Vorsitzendenvergütung hält sich deshalb beim Fehlen besonders zu berücksichtigender individueller Umstände im Rahmen billigen Ermessens (§ 315 Abs. 3 S. 2 BGB)." (BAG 12.2.1992 AP Nr. 2 zu § 76a BetrVG)

– Die **betriebsangehörigen Beisitzer** erhalten **keine** Vergütung, sondern haben wie Betriebsratsmitglieder Anspruch auf Fortzahlung des Arbeitsentgelts bzw., wenn die Einigungsstelle außerhalb der Arbeitszeit tagt, auf Freizeitausgleich, § 76a Abs. 2 i.V.m. § 37 Abs. 2, 3 BetrVG. *(Betriebsangehörige Beisitzer)*

Nach § 76 Abs. 8 BetrVG kann durch Tarifvertrag bestimmt werden, dass an Stelle der in Absatz 1 bezeichneten Einigungsstelle eine tarifliche Schlichtungsstelle tritt. Es handelt sich um Regelungen über eine betriebsverfassungsrechtliche Frage, so dass gem. § 3 Abs. 2 TVG die Tarifbindung des Arbeitgebers zur Begründung der Zustän- *(Tarifliche Schlichtungsstelle)* digkeit ausreicht. Die Schlichtungsstelle kann alle oder einen Teil der Aufgaben der Einigungsstelle übernehmen.

2. Die Einigungsstelle bei erzwingbarer Mitbestimmung

a) Fälle erzwingbarer Mitbestimmung

Substitution In vielen Fällen ordnet das Gesetz an, dass der Spruch der Einigungsstelle die Einigung zwischen Arbeitgeber und Betriebsrat ersetzt.

⊃ **Beispiele:**
- aus dem **organisatorischen Bereich**: Streitigkeiten über die zeitliche Lage der Teilnahme an Schulungs- und Bildungsveranstaltungen (§§ 37 Abs. 6 und 7, 65 Abs. 1 BetrVG); über die Vertretbarkeit der Auswahl der nach § 38 BetrVG freizustellenden Betriebsratsmitglieder (§ 38 Abs. 2 BetrVG); über Zeit und Ort der Sprechstunden des Betriebsrats und der Jugend- und Auszubildendenvertretung (§§ 39 Abs. 1, 69 BetrVG);
- aus den **allgemeinen Angelegenheiten**: Streitigkeiten über die Behandlung von Beschwerden des Arbeitnehmers (§ 85 Abs. 2 BetrVG);
- aus den **sozialen Angelegenheiten**: Streitigkeiten über die sozialen Angelegenheiten des § 87 Abs. 1 BetrVG (§ 87 Abs. 2 BetrVG) sowie die Gestaltung von Arbeitsplatz, Arbeitsablauf und Arbeitsumgebung (§ 91 BetrVG);
- aus den **personellen Angelegenheiten**: Streitigkeiten über personelle Einzelmaßnahmen (§§ 99 Abs. 4, 100 Abs. 2, 103 Abs. 2, 104 BetrVG); bei der Aufstellung von Personalfragebögen, allgemeinen Beurteilungsgrundsätzen und Auswahlrichtlinien bei Einstellungen, Versetzungen, Umgruppierungen und Kündigungen (§§ 94, 95 BetrVG), sowie bei der Durchführung betrieblicher Bildungsmaßnahmen (§ 98 Abs. 4 BetrVG);
- aus den **wirtschaftlichen Angelegenheiten**: Streitigkeiten über die Pflicht des Arbeitgebers zur Erteilung von Auskünften an den Wirtschaftsausschuss (§ 109 BetrVG) und vor allem über die Aufstellung und den Inhalt von Sozialplänen bei Betriebsänderungen (§ 112 Abs. 4 und 5 BetrVG).

b) Einsetzung der Einigungsstelle

Durchsetzbarkeit In den Fällen erzwingbarer Mitbestimmung wird die Einigungsstelle **schon dann tätig, wenn nur eine Seite dies verlangt**. Weigert sich die andere, die erforderlichen Mitwirkungshandlungen vorzunehmen, insbesondere in Verhandlungen über die Person des Vorsitzenden einzutreten, kann **auf Antrag das Arbeitsgericht** die Einigungsstelle errichten, die Person des Vorsitzenden und die Zahl der Beisitzer bestimmen. Der Antrag darf nur bei offensichtlicher Unzuständigkeit der Einigungsstelle abgelehnt werden, § 98 Abs. 1 S. 2 ArbGG (LAG Berlin 18.2.1980 AP Nr. 1 zu § 98 ArbGG 1979).

III. Die Einigungsstelle § 151

„Das bedeutet nicht, dass alle Rechtsfragen mit dem paraten Wissen des Beurteilers gelöst werden müssen. Es genügt vielmehr, dass sich ihm die Unbegründetheit des Antrages bzw. des Rechtsmittels ohne Weiteres aufdrängt und dass ein Blick in einen Kommentar zu dem Ergebnis führt, dass sie keinen Erfolg haben können. Nicht ausgeschlossen ist, dass der Stand der Rechtsprechung zu einer entlegenen, seltenen Frage erst festgestellt werden muss, wenn nur danach keine rechtlichen Zweifel mehr bestehen. Zusammenfassend lässt sich sagen, dass offensichtlich ist, was dem Sachkundigen aufgrund des ihm unterbreiteten Sachverhalts ohne weitere Nachprüfung zweifelsfrei erkennbar ist. [...] Das bedeutet in Bezug auf die offensichtliche Unzuständigkeit der Einigungsstelle, dass sich die beizulegende Streitigkeit bei fachkundiger Beurteilung durch das Gericht sofort erkennbar nicht unter die mitbestimmungspflichtigen Angelegenheiten des BetrVG subsumieren lässt." (LAG Berlin 18.2.1980 AP Nr. 1 zu § 98 ArbGG 1979)

Der Vorsitzende beruft die Einigungsstelle ein und gibt den Beteiligten auf, ihre Beisitzer zu benennen. Kommt eine Seite dem nicht nach oder erscheinen die von ihr benannten Beisitzer zum Termin nicht, entscheiden die übrigen allein (§ 76 Abs. 5 S. 2 BetrVG).

Einberufung

Bei der Einsetzung des Vorsitzenden hat das Arbeitsgericht besonderes Augenmerk auf dessen **Unparteilichkeit** zu richten. Die Benennung eines Betriebsangehörigen oder eines Verbandsvertreters scheidet daher aus. Regelmäßig wird ein Richter aus der Arbeitsgerichtsbarkeit den Vorsitz übernehmen. Hat eine Seite gegen die Unparteilichkeit Bedenken, kann sie den Vorsitzenden wegen der Besorgnis der Befangenheit ablehnen (BAG 9.5.1995 AP Nr. 2 zu § 76 BetrVG 1972 Einigungsstelle).

Einsetzung des Vorsitzenden

„Ergeben sich im laufenden Einigungsstellenverfahren Anhaltspunkte für eine Parteilichkeit des Vorsitzenden der Einigungsstelle, kann dieser in entsprechender Anwendung von § 1032 Abs. 1 ZPO i.V. mit § 42 Abs. 1 und Abs. 2 ZPO wegen Besorgnis der Befangenheit abgelehnt werden. [...] Bedenken, ein Befangenheitsantrag, über den nach überwiegender Auffassung im Verfahren nach § 98 ArbGG zu entscheiden ist, führe zu einer Verzögerung des Einigungsstellenverfahrens, sind im Ergebnis nicht durchschlagend." (BAG 9.5.1995 AP Nr. 2 zu § 76 BetrVG 1972 Einigungsstelle)

c) Verfahren vor der Einigungsstelle

Die Einigungsstelle prüft zunächst ihre Zuständigkeit, die sie selbst dann verneinen kann, wenn sie vom Arbeitsgericht eingesetzt worden ist (weil das Arbeitsgericht die Einsetzung nur bei offensichtlicher Unzuständigkeit verweigern kann). Sie erörtert sodann mit den Betriebspartnern den Sach- und Streitstand, hat ihnen insbesondere **rechtliches Gehör** zu gewähren. Entgegen der Auffassung des BAG (11.2.1992 AP Nr. 50 zu § 76 BetrVG 1972) müssen die Betriebspartner selbst die Möglichkeit der Äußerung erhalten (wobei sie auf dieses Recht selbstverständlich verzichten und die Vertre-

Zwei Beratungen

tung ihrer Interessen allein den von ihnen benannten Mitgliedern der Einigungsstelle überlassen können). Die abschließende Beratung und Beschlussfassung erfolgt in Abwesenheit der Betriebsparteien (BAG 18.1.1994 AP Nr. 51 zu § 76 BetrVG 1972). Die Beschlussfassung erfolgt zunächst ohne den Vorsitzenden. Ergibt sich (wie meistens) eine Pattsituation, findet eine weitere Beratung statt, in deren Anschluss erneut und diesmal unter Beteiligung des Vorsitzenden abgestimmt wird (§ 76 Abs. 3 BetrVG). Auf die zweite Beratung kann im allseitigen Einvernehmen verzichtet werden (BAG 30.1.1990 AP Nr. 41 zu § 87 BetrVG 1972 Lohngestaltung).

d) Entscheidung der Einigungsstelle

Die Einigungsstelle kann

- sich für unzuständig erklären und das **Verfahren einstellen**.
- eine **gütliche Beilegung des Streits** erreichen. Diese kann beispielsweise darin bestehen, dass eine Seite ihren Antrag zurückzieht, die andere dem Begehren stattgibt oder die Grundlage entzieht (z.B. der Arbeitgeber auf die Einführung von Personalfragebögen verzichtet) oder insbesondere eine Betriebsvereinbarung abgeschlossen oder eine Regelungsabrede getroffen wird.
- einen Spruch fällen, der für beide Seiten bindend ist und die **Einigung zwischen den Betriebsparteien ersetzt**. Die Rechtsnatur des Spruchs der Einigungsstelle hängt von Gegenstand und Inhalt der Entscheidung ab. Daher wird dem Spruch der Einigungsstelle regelmäßig die Wirkung einer **Betriebsvereinbarung** zukommen, denkbar ist aber auch die Wirkung einer Regelungsabrede.

Die Einigungsstelle ist an die Anträge der Betriebsparteien nicht gebunden und muss mit ihrem Spruch eine vollständige Regelung des Streitgegenstands treffen (BAG 30.1.1990 AP Nr. 41 zu § 87 BetrVG 1972 Lohngestaltung):

„Die Einigungsstelle hat übersehen, dass sie nicht an Anträge gebunden ist. Sie kann den Antrag einer Seite zum Inhalt ihres Spruchs machen, jedoch auch eine von den Anträgen abweichende Lösung des Konflikts beschließen. Die Einigungsstelle ist zu diesem Vorgehen sogar verpflichtet, um den Verfahrensgegenstand auszuschöpfen. [...] Soweit das Mitbestimmungsrecht reicht, hat die Einigungsstelle den Konflikt vollständig zu lösen." (BAG 30.1.1990 AP Nr. 41 zu § 87 BetrVG 1972 Lohngestaltung)

Ermessensentscheidung

Die Einigungsstelle fasst ihre Beschlüsse **unter angemessener Berücksichtigung der Belange des Betriebs und der betroffenen Arbeitnehmer nach billigem Ermessen** (§ 76 Abs. 5 S. 3 BetrVG; BAG 17.10.1989 AP Nr. 39 zu § 76 BetrVG 1972). Aufgabe der Einigungsstelle ist es, durch ihren Spruch die Belange des Betriebs und der betroffenen Arbeitnehmer angemessen zu berücksichtigen und zu einem billigen Ausgleich zu bringen. Dabei ist der Zweck des jeweiligen Mitbestimmungsrechts zu beachten. Die getroffene Rege-

III. Die Einigungsstelle § 151

lung muss in ihrem Ergebnis auch denjenigen Interessen Rechnung tragen, um derentwillen dem Betriebsrat ein Mitbestimmungsrecht zusteht.

„Das Regelungsermessen der Einigungsstelle wird durch den Zweck des jeweiligen Mitbestimmungsrechts bestimmt. Dem Zweck dieses Mitbestimmungsrechts muss der Spruch Rechnung tragen. Die getroffene Regelung muss sich als Wahrnehmung dieses Mitbestimmungsrechts darstellen." (BAG 17.10.1989 AP Nr. 39 zu § 76 BetrVG 1972)

Ein Spruch der Einigungsstelle, der nicht selbst eine Regelung der mitbestimmungspflichtigen Angelegenheit trifft, sondern die der Einigungsstelle zustehende Regelungsbefugnis auf den Arbeitgeber überträgt, wird der Entscheidungspflicht nicht gerecht. Denn in diesem Fall liegt keine eigene Ermessensentscheidung der Einigungsstelle vor. Letztlich übt der Arbeitgeber das Ermessen aus. Ein solcher Spruch der Einigungsstelle ist rechtsfehlerhaft.

Eigene Entscheidung der Einigungsstelle

„Dementsprechend ist ein – abschließender – Spruch der Einigungsstelle unwirksam, der keine Regelung über den betreffenden Gegenstand vorsieht, sondern dem Arbeitgeber aufgibt, dem Betriebsrat eine Betriebsvereinbarung vorzulegen, die sich nach bestimmten, von der Einigungsstelle für richtig gehaltenen Grundsätzen richtet [...]. Anders wird ein solcher Beschluss der Einigungsstelle zu beurteilen sein, wenn er nicht einen ihre Tätigkeit beendenden Spruch, sondern lediglich einen – dann nicht isoliert anfechtbaren – Zwischenbeschluss darstellt, nach dessen Vollzug durch den Arbeitgeber die Einigungsstelle ihre Tätigkeit fortsetzen will, um auf der Grundlage des Regelungsentwurfs des Arbeitgebers schließlich durchaus eine eigene Ermessensentscheidung zu treffen." (BAG 8.6.2004 AP Nr. 20 zu § 76 BetrVG 1972 Einigungsstelle)

Dies schließt es eine „Regelung" nicht aus, die dem Arbeitgeber innerhalb eines von der Einigungsstelle in Ausübung ihres Ermessens festgelegten Rahmens inhaltlicher Vorgaben gewisse Entscheidungsspielräume belässt. Doch muss die Einigungsstelle selbst den Regelungsgegenstand gestaltet haben.

Entscheidungen über Ein-, Neu- und Umgruppierungen nach § 99 Abs. 1 S. 1 BetrVG sind keine Ermessensfragen, sondern betreffen nur die rechtliche Einordnung. Für § 109 BetrVG ist die Frage umstritten (siehe unter § 156 I 5).

e) Gerichtliche Überprüfung des Einigungsstellenspruchs

aa) Beschlussverfahren

Der Spruch der Einigungsstelle unterliegt in mehrfacher Hinsicht der **gerichtlichen Kontrolle**: Zum einen kann innerhalb von zwei Wochen nach der Zuleitung des Beschlusses der Einwand erhoben werden, die Einigungsstelle habe die Grenzen des ihr zustehenden Ermessens überschritten, § 76 Abs. 5 S. 4 BetrVG. Die wirksame

Ermessensüberschreitung

Geltendmachung setzt voraus, dass erkennbar ist, dass **Ermessensfehler** gerügt werden, und Gründe vorgetragen werden, die geeignet sind, Zweifel an der Einhaltung der Ermessensgrenzen zu begründen (BAG 26.5.1988 AP Nr. 26 zu § 76 BetrVG 1972). Diese Kontrolle ist eine **reine Rechts-, keine Zweckmäßigkeitskontrolle**, insbesondere darf das Arbeitsgericht nicht sein eigenes Ermessen an die Stelle des Ermessens der Einigungsstelle setzen (BAG 30.10.1979 AP Nr. 9 zu § 112 BetrVG 1972). Die hier denkbaren Mängel sind zahlreich, weil bei der Interessenberücksichtigung auch der Zweck des Mitbestimmungsrechts beachtet werden muss (BAG 11.2.1992 AP Nr. 50 zu § 76 BetrVG 1972):

„Das LAG [Bremen] ist auch zutreffend von der Rechtsprechung des [1.] Senats ausgegangen, dass die Ermessensüberprüfung eines Einigungsstellenspruchs die Frage zum Gegenstand hat, ob die durch den Spruch getroffene Regelung als solche die Belange des Betriebs und der betroffenen Arbeitnehmer angemessen berücksichtigt und zu einem billigen Ausgleich bringt, wobei diese Belange und auch diejenigen tatsächlichen Umstände, die das jeweilige Gewicht dieser Belange begründen, festzustellen sind. Zutreffend ist auch der weiter vom LAG herangezogene Gesichtspunkt, dass bei dieser Überprüfung auch der Zweck des jeweiligen Mitbestimmungsrechts zu beachten ist, d.h. dass die getroffene Regelung in ihrem Ergebnis auch denjenigen Interessen Rechnung tragen muss, um derentwillen dem Betriebsrat ein Mitbestimmungsrecht zusteht." (BAG 11.2.1992 AP Nr. 50 zu § 76 BetrVG 1972)

Rechtsverletzung

Zum anderen kann jede Seite den Spruch der Einigungsstelle **in vollem Umfang und zeitlich unbegrenzt** mit der Begründung anfechten, die Einigungsstelle habe – jenseits der Ermessensüberschreitung – das geltende Recht verletzt. Wichtigster Fall ist, dass die Einigungsstelle das **Bestehen oder die Reichweite des Mitbestimmungsrechts verkennt** (BAG 22.7.2003 AP Nr. 108 zu § 87 BetrVG 1972 Arbeitszeit).

➲ **Weitere Beispiele:**
Unzuständigkeit der Einigungsstelle, schwere Verfahrensfehler, Verstoß des Spruchs gegen zwingendes höherrangiges Recht (insbesondere § 75 BetrVG), fehlerhafte Auslegung eines unbestimmten Rechtsbegriffs.

bb) Urteilsverfahren

Inzidentkontrolle

§ 76 Abs. 7 BetrVG stellt klar, dass durch die Möglichkeit der unmittelbaren Anfechtung des Einigungsstellenspruchs durch die Betriebspartner eine **Inzidentkontrolle im Rahmen individualrechtlicher Streitigkeiten** nicht ausgeschlossen wird. Selbst wenn beide Betriebsparteien sich über eine bestimmte Regelung einig geworden sind, steht den betroffenen Arbeitnehmern die Möglichkeit offen, ihre gesetzlichen oder vertraglichen Ansprüche weiter zu verfolgen.

III. Die Einigungsstelle § 151

⮕ **Beispiel:**
Im Rahmen eines Einigungsstellenverfahrens über die betriebliche Altersversorgung (§ 87 Abs. 1 Nr. 8 BetrVG) einigen sich Arbeitgeber und Betriebsrat auf eine neue Versorgungsordnung, die den Beschäftigten eine deutlich schlechtere Altersversorgung gewährt als die bislang geltende Regelung. Die betroffenen Arbeitnehmer können durch Feststellungs- oder Leistungsklage ihre Ansprüche auf der Grundlage der früheren Versorgungszusage weiterhin geltend machen, wenn die neue Versorgungsordnung ihnen Ansprüche entzieht, die ihnen nach dem BetrAVG und der Rechtsprechung des BAG zum Widerruf von Versorgungszusagen nicht entzogen werden dürfen. Insoweit muss im Rahmen dieser Individualstreitigkeiten inzident die Wirksamkeit der neuen Versorgungsordnung geprüft werden.

cc) Antrag auf Erlass einer einstweiligen Verfügung

Einstweilige Verfügungen, die die Durchführung eines Einigungsstellenspruchs verhindern sollen, sind – wenn überhaupt – nur in engen Grenzen zulässig, nämlich allenfalls dann, wenn der Spruch **krasse Rechtsverstöße** enthält und diese zudem **offensichtlich** sind (LAG Köln 30.7.1999 AP Nr. 1 zu § 87 BetrVG Unterlassungsanspruch).

Einstweilige Verfügung

„Einstweilige Verfügungen gegen die Durchführung eines Einigungsstellenspruchs sind – wenn überhaupt – nur in ganz engen Grenzen zulässig [...]. Das folgt schon daraus, dass auch das Einigungsstellenverfahren vom Gesetz mit besonderen Beschleunigungsmechanismen ausgestattet ist, weshalb bewusst Abstriche an seiner Richtigkeitsgewähr hingenommen werden: So soll die Einigungsstelle ihre Tätigkeit sogar dann aufnehmen, wenn sie für die zu entscheidende Frage unzuständig ist; es sei denn, die Unzuständigkeit ist „offensichtlich" (§ 98 Abs. 1 Satz 2 ArbGG). Die letztendliche Überprüfung durch die Gerichte soll grundsätzlich im Nachhinein erfolgen, damit das betriebliche Geschehen zunächst einmal seinen Fortgang nehmen kann (§ 76 Abs. 5 Satz 4 BetrVG). Durch eine einstweilige Verfügung gegen die Durchführung eines Einigungsstellenspruchs wird nicht nur diese Absicht des Gesetzgebers durchkreuzt, sondern ein kursorisches Verfahren gegen das andere ausgespielt: Das gerichtliche Eilverfahren mit seiner verminderten Richtigkeitsgewähr konkurriert mit dem Einigungsstellenverfahren, dessen verminderte Richtigkeitsgewähr vom Gesetzgeber im Interesse der Beschleunigung bewusst in Kauf genommen wird. Zum anderen führt eine einstweilige Verfügung gegen die Durchführung eines Einigungsstellenspruchs zumindest in den Fällen, in denen Ermessensüberschreitung geltend gemacht wird, zu einem ungeregelten Zustand. Der Betriebsrat irrt, wenn er meint, durch eine solche einstweilige Verfügung werde die abgelöste Betriebsvereinbarung wieder in Kraft gesetzt: Eine unterlassene Durchführung schafft den Einigungsstellenspruch und damit auch seine ablösende Wirkung rechtlich nicht aus der Welt. Alles andere ergäbe im Vergleich mit dem Anfechtungsverfahren nach § 76 Abs. 5 BetrVG einen nicht hinnehmbaren Wertungswiderspruch: Das Anfechtungsverfahren im Falle angeblicher Ermessensüberschreitung hat nämlich zur Vermeidung eines betrieblichen Stillstands keine suspendierende Wirkung [...]. Suspendiert nicht einmal ein gerichtliches Hauptsacheverfahren einen Einigungsstellenspruch, so kann diese Wirkung keinesfalls einem bloßen Eilverfahren zuerkannt werden, das damit weitreichendere Folgen als das Hauptsacheverfahren hätte. Zu diesem Ergebnis führte es aber, wenn eine auf Verbot der Durchführung gerichtete einstweilige Verfügung eine durch den Einigungsstellenspruch abgelöste Betriebsvereinbarung vorübergehend wieder in Kraft setzte." (LAG Köln 30.7.1999 AP Nr. 1 zu § 87 BetrVG Unterlassungsanspruch)

3. Die Einigungsstelle bei freiwilliger Mitbestimmung

Einvernehmen

In Angelegenheiten, in denen dem Betriebsrat ein zwingendes Mitbestimmungsrecht nicht zusteht, kann eine Seite nicht allein die Einrichtung und das Tätigwerden der Einigungsstelle erreichen. Vielmehr bestimmt § 76 Abs. 6 BetrVG, dass diese **nur auf Antrag oder im Einverständnis sowohl des Arbeitgebers als auch des Betriebsrats** tätig wird. Selbst wenn dieses vorliegt, entfaltet ihr Spruch aber noch keine bindende Wirkung, diese kommt ihm nur zu, wenn beide Seiten sich ihm im Voraus unterworfen oder ihn nachträglich angenommen haben.

Unterwerfung

Hat eine vorherige Unterwerfung nicht stattgefunden, so kann eine Seite die Annahme des Vorschlags schlicht verweigern, so dass ein Bedürfnis nach gerichtlicher Überprüfung nur im gleichen Umfang wie im Vertragsrecht in Betracht kommt (Feststellung der Nichtigkeit oder der wirksamen Anfechtung der Einigung). Bei einer vorherigen Unterwerfung wird man dagegen dieselben Regeln wie bei der erzwingbaren Mitbestimmung anwenden müssen, mit der Einschränkung, dass die Unzuständigkeit der Einigungsstelle oder das Fehlen des Mitbestimmungsrechts nicht geltend gemacht werden kann.

IV. Betriebsverfassung und Arbeitskämpfe

Friedenspflicht

Problematisch ist der Umfang der Beteiligungsrechte des Betriebsrats im Falle des Arbeitskampfs. Das BetrVG enthält hierfür keine spezifischen Vorschriften. Normative Leitmaxime ist lediglich § 74 Abs. 2 S. 1 BetrVG, wonach Maßnahmen des Arbeitskampfs zwischen Arbeitgeber und Betriebsrat unzulässig sind. Dies schließt jedenfalls Maßnahmen des Betriebsrats aus, die unmittelbar als Arbeitskampfmaßnahmen gewertet werden müssen.

Vom Arbeitskampf unabhängige Amtsstellung

Die Amtsstellung des Betriebsrats während des Arbeitskampfs wird nicht berührt. **Koalitionsrechtliche und betriebsverfassungsrechtliche Rechtsstellungen sind grundsätzlich voneinander zu trennen;**

IV. Betriebsverfassung und Arbeitskämpfe § 151

sie bestehen auch grundsätzlich nebeneinander, wie § 2 Abs. 3 und § 74 Abs. 3 BetrVG zeigen.

Deshalb kann auch nicht generell von einem Ruhen der Beteiligungsrechte während eines Arbeitskampfs gesprochen werden. Denn es existieren **arbeitskampfunabhängige Beteiligungsrechte des Betriebsrats;** soweit kein Zusammenhang mit dem Arbeitskampf besteht, sind die Beteiligungsrechte des Betriebsrats zu wahren. Dies hat das BAG bereits für das Unterrichtungsrecht nach § 80 Abs. 2 BetrVG und die Anhörung nach § 102 BetrVG entschieden:

Vom Arbeitskampf unabhängige Beteiligungsrechte

„Der Unterrichtungsanspruch des Betriebsrats aus § 80 Abs. 2 S. 1 BetrVG besteht auch während der Dauer von Arbeitskampfmaßnahmen im Betrieb. Die Arbeitskampffreiheit des Arbeitgebers wird dadurch nicht eingeschränkt." (BAG 10.12.2002 AP Nr. 59 zu § 80 BetrVG 1972)

„Eine während eines Streiks ausgesprochene arbeitgeberseitige Kündigung bedarf zu ihrer Wirksamkeit der vorherigen Anhörung des Betriebsrats, wenn die Kündigung aus anderen als arbeitskampfbedingten Gründen erfolgt." (BAG 6.3.1979 AP Nr. 20 zu § 102 BetrVG 1972)

Jedoch gibt es Beteiligungsrechte, deren **unmittelbare Auswirkung auf das Arbeitskampfgeschehen** evident ist. Der Arbeitgeber kann ein Interesse daran haben, arbeitskampfbedingte Störungen des Betriebsablaufs durch Kurzarbeit, Mehrarbeit, Neueinstellungen, Versetzungen und ggf. Kündigungen zu begegnen. Ist der arbeitskampfbedingte Zusammenhang klar, muss die Entscheidung über das **„Ob" der Maßnahme grundsätzlich mitbestimmungsfrei** bleiben (BAG 26.10.1971 AP Nr. 44 zu Art. 9 GG Arbeitskampf). Mitbestimmungsrechte könnten insoweit mit der Neutralitätspflicht des Betriebsrats nach § 74 Abs. 2 BetrVG kollidieren. Im Wesentlichen ist nach der Rechtsprechung des BAG danach zu differenzieren, ob die Arbeitszeitveränderungen aufgrund einer Fernwirkung eines Arbeitskampfs vorgenommen werden sollen oder ob der eigene Betrieb bestreikt wird. Im ersten Fall ist die Veränderung der Arbeitszeit mitbestimmungsfrei, wenn eine Beeinträchtigung der Kampfparität droht. Dies ist zum Beispiel dann der Fall, wenn für die mittelbar betroffenen Betriebe dieselben Verbände zuständig sind. Für das „Wie" der Arbeitszeitveränderung im mittelbar kampfbetroffenen Betrieb bleibt das Mitbestimmungsrecht bestehen. Im zweiten Fall besteht überhaupt kein Mitbestimmungsrecht (BAG 22.12.1980 AP Nr. 70 zu Art. 9 GG Arbeitskampf; BAG 24.4.1979 AP Nr. 63 zu Art. 9 GG Arbeitskampf).

Arbeitskampfrisiko

„Die Verlängerung der betriebsüblichen Arbeitszeit unterliegt zwar nach § 87 Abs. 1 Nr. 3 BetrVG dem obligatorischen Mitbestimmungsrecht des Betriebsrats, so dass sie nicht ohne dessen Zustimmung vorgenommen werden kann. Eine Ausnahme hiervon ist jedoch im Falle eines Streiks zu machen, wenn die Verlängerung der betriebsüblichen Arbeitszeit aus streikbedingten Gründen erfolgt. Wie der Senat schon wiederholt ausgesprochen hat, ist der Betriebsrat während eines Arbeitskampfes gehindert, einzelne Beteiligungsrechte bei personellen Maßnahmen des Arbeitgebers, die durch das Kampfgeschehen bedingt sind, auszuüben, da sonst die legitime Chancengleichheit zwischen den Arbeitskampfparteien beeinträchtigt und der Betriebsrat auch überfordert wäre, wenn er bei Maßnahmen mitwirken sollte, mit denen der Arbeitgeber dem Streik der Belegschaft oder dessen Auswirkungen begegnen will." (BAG 24.4.1979 AP Nr. 63 zu Art. 9 GG Arbeitskampf)

Keine Mitbestimmung bei Kurzarbeit

Um eine praktische Konkordanz zwischen koalitionsspezifischer Betätigung und betriebsverfassungsrechtlichen Rechten herzustellen, vertritt das BAG die Auffassung, dass hinsichtlich der Modalitäten einer arbeitskampfbezogenen Maßnahme das Mitbestimmungsrecht bestehen bleibt, soweit ein arbeitskampfunabhängiger Gestaltungsspielraum verbleibt. Konkret bedeutet dies, dass zwar nicht die grundsätzliche Einführung der arbeitskampfbedingten Kurzarbeit der Mitbestimmung unterliegen soll, wohl aber die Lage und Verteilung der Kurzarbeit (BAG 22.12.1980 AP Nr. 71 zu Art. 9 GG Arbeitskampf).

„Die Grundsätze des Arbeitskampfrisikos lassen normalerweise einen nicht unerheblichen Beurteilungsspielraum in Bezug auf die Modalitäten einer etwaigen Arbeitszeitverkürzung. Insofern besteht ein Mitbestimmungsrecht des Betriebsrats gem. § 87 Abs. 1 Nr. 2 und 3 BetrVG. Die Regelung der Modalitäten unterliegt gem. § 87 Abs. 1 Nr. 2 und 3 BetrVG der Mitbestimmung des Betriebsrats. Hingegen sind die Voraussetzungen und der Umfang der Arbeitszeitverkürzung durch das Recht vorgegeben und nicht von der Zustimmung des Betriebsrats abhängig." (BAG 22.12.1980 AP Nr. 71 zu Art. 9 GG Arbeitskampf)

§ 152 Instrumente der gemeinsamen Entscheidungstätigkeit

⮕ Übersicht:
- I. Betriebsvereinbarung
  1. Wirkung
     - a) Grundsatz der unmittelbaren Wirkung
     - b) Grundsatz der zwingenden Wirkung
     - c) Günstigkeitsprinzip
  2. Inhalt von Betriebsvereinbarungen
  3. Arten von Betriebsvereinbarungen
  4. Zustandekommen von Betriebsvereinbarungen
     - a) Schriftformerfordernis
     - b) Sonstige Abschlussmängel
     - c) Bekanntmachung
  5. Beendigung und Nachwirkungen

6. Verhältnis zum Tarifvertrag (Tarifvorbehalt)
7. Verhältnis Betriebsvereinbarung zu Betriebsvereinbarung
8. Verhältnis zum Arbeitsvertrag
9. Grenzen der Betriebsautonomie
II. Formlose Einigung
III. Spruch der Einigungsstelle

Können sich Betriebsrat und Arbeitgeber ohne Anrufung der Einigungsstelle über eine Angelegenheit einigen, stellt sich die Frage, in welcher Form das Ergebnis festgehalten wird und welche Auswirkungen diese Einigung auf das Einzelarbeitsverhältnis hat. In Betracht kommen die **Betriebsvereinbarung** und die **formlose Einigung (Regelungsabrede)**. Der wichtigste Unterschied zwischen beiden besteht in ihrer Wirkung: Die Betriebsvereinbarung wirkt normativ auf die Einzelarbeitsverhältnisse ein, die Regelungsabrede dagegen nicht.

Betriebsvereinbarung und Regelungsabrede

I. Betriebsvereinbarung

Literatur: ANNUSS, Der Eingriff in den Arbeitsvertrag durch Betriebsvereinbarung, NZA 2001, 756; FRANZEN, Betriebsvereinbarung – Alternative zu Tarifvertrag und Arbeitsvertrag, NZA 2006, Beilage Nr. 3, 107; HANAU, Rechtswirkungen der Betriebsvereinbarung, RdA 1989, 207; WALTERMANN, Gestaltung von Arbeitsbedingungen durch Vereinbarung mit dem Betriebsrat, NZA 1996, 357.

1. Wirkung

Die Betriebsvereinbarung ist das klassische Instrument für eine gleichberechtigte Beteiligung des Betriebsrats bei der Gestaltung der betrieblichen Ordnung. Wie der Tarifvertrag ist die **Betriebsvereinbarung ein privatrechtlicher Vertrag mit normativem Charakter und schuldrechtlichen Wirkungen.** Das bedeutet, dass die Betriebsvereinbarung zwar zwischen den Betriebspartnern, dem Arbeitgeber und dem Betriebsrat, abgeschlossen wird, aber nach § 77 Abs. 4 S. 1 BetrVG unmittelbar und zwingend gegenüber allen Arbeitnehmern des Betriebs gilt. Darin gleicht sie dem Tarifvertrag.

Unmittelbare und zwingende Wirkung

a) Grundsatz der unmittelbaren Wirkung

Betriebsvereinbarungen gelten **unmittelbar**. Das bedeutet, dass jedes Einzelarbeitsverhältnis im Geltungsbereich der jeweiligen Betriebsvereinbarung von dieser automatisch erfasst wird. Es kommt nicht darauf an, ob der einzelne Arbeitnehmer etwas von der Betriebsvereinbarung weiß oder nicht, ja noch nicht einmal, ob er sie billigt oder nicht. Im Unterschied zum Tarifvertrag, der unmittelbar nur für die gewerkschaftlich organisierten Arbeitnehmer gilt, erfasst die

Wirkung für alle Arbeitnehmer im Betrieb

Betriebsvereinbarung alle Arbeitnehmer in einem Betrieb (BAG 16.9.1986 AP Nr. 17 zu § 77 BetrVG 1972). Darunter fallen auch die Arbeitnehmer, die erst nach Abschluss der Betriebsvereinbarung in den Betrieb eingetreten sind.

„‚Unmittelbare Wirkung' bedeutet, dass die Bestimmungen des normativen Teils der Betriebsvereinbarung – wie anderes objektives Recht auch – den Inhalt der Arbeitsverhältnisse unmittelbar (automatisch) gestalten, ohne dass es auf Billigung oder Kenntnis der Vertragsparteien ankommt. Es bedarf keiner Anerkennung, Unterwerfung oder Übernahme dieser Normen durch die Parteien des Einzelarbeitsvertrags." (BAG 16.9.1986 AP Nr. 17 zu § 77 BetrVG 1972)

b) Grundsatz der zwingenden Wirkung

Unabdingbarkeit

Damit allein erschöpft sich die Wirkung einer Betriebsvereinbarung jedoch nicht. Sie gilt vielmehr auch **zwingend.** Das bedeutet, dass einzelvertraglich nicht vereinbart werden kann, dass eine bestimmte, günstigere Betriebsvereinbarung nicht gelten soll. Auch der Verzicht auf Rechte aus einer Betriebsvereinbarung ist nur mit Zustimmung des Betriebsrats möglich (§ 77 Abs. 4 S. 2 BetrVG).

⇨ **Beispiel:**

Der Arbeitgeber hat mit dem Betriebsrat eine Betriebsvereinbarung über die Auszahlung eines Weihnachtsgelds geschlossen. Die Betriebsvereinbarung erfasst zwar alle Arbeitnehmer, gleichwohl legt der Arbeitgeber einem erst seit kurzem beschäftigten Arbeitnehmer nahe, doch „freiwillig" auf die Gratifikation zu verzichten, weil es dem Unternehmen nicht gut gehe. Der Arbeitnehmer erklärt den Verzicht. Später bereut er das. Er kann die Gratifikation dennoch verlangen, weil der Verzicht gem. § 77 Abs. 4 S. 2 BetrVG unwirksam war.

Vorrang der Betriebsvereinbarung

Doch nicht nur für den Fall des Verzichts, sondern für alle Fälle widersprechender einzelvertraglicher Vereinbarungen regelt § 77 Abs. 4 S. 1 BetrVG den Vorrang der Betriebsvereinbarung (BAG 16.9.1986 AP Nr. 17 zu § 77 BetrVG 1972).

„‚Zwingende Wirkung' bedeutet, dass abweichende einzelvertragliche Abmachungen nicht getroffen werden können. Für den Tarifvertrag heißt das: Die Parteien des Arbeitsvertrags können nichts vereinbaren, was gegen den Tarifvertrag verstößt. [...] Entsprechendes gilt für die Betriebsvereinbarung: Die Parteien des Arbeitsvertrags können keine entgegenstehenden einzelvertraglichen Abmachungen treffen." (BAG 16.9.1986 AP Nr. 17 zu § 77 BetrVG 1972)

c) Günstigkeitsprinzip

Allgemeiner Grundsatz

Die zwingende Wirkung der Betriebsvereinbarung nach § 77 Abs. 4 S. 1 BetrVG wird jedoch im Falle günstigerer arbeitsvertraglicher

I. Betriebsvereinbarung § 152

Vereinbarungen durchbrochen. Bestimmungen einer Betriebsvereinbarung sind danach nur einseitig zwingend und haben zugunsten der Arbeitnehmer dispositiven Charakter (siehe dazu ausführlich unter § 152 I 7). Zwar enthält das Gesetz in § 77 BetrVG – anders als das Tarifrecht (§ 4 Abs. 3 TVG) – **keine ausdrückliche Regelung des Günstigkeitsprinzips.** Hieraus kann aber nicht abgeleitet werden, dass der Gesetzgeber das Günstigkeitsprinzip habe ausschließen wollen. Vielmehr kommt mit dem Günstigkeitsprinzip ein **allgemeiner Grundsatz** zur Anwendung. § 77 Abs. 4 S. 1 BetrVG ist insoweit unvollständig und durch Auslegung zu ergänzen (grundlegend: BAG GS 16.9.1986 AP Nr. 17 zu § 77 BetrVG 1972).

„Doch ist der Inhalt der Kollisionsnorm des § 77 Abs. 4 Satz 1 BetrVG durch die angeordnete unmittelbare und zwingende Wirkung der Betriebsvereinbarung noch nicht vollständig beschrieben. § 77 BetrVG sagt nicht ausdrücklich, ob abweichende günstigere Abmachungen zwischen Arbeitgebern und Arbeitnehmern, die vor oder nach Inkrafttreten einer Betriebsvereinbarung getroffen werden, rechtswirksam oder nichtig sind. Ob und in welchem Umfang günstigere Abreden unberührt bleiben, muss daher durch Auslegung des Gesetzes erschlossen werden.

§ 77 Abs. 4 Satz 1 BetrVG ist § 4 TVG nachgebildet. [...] Das in § 4 Abs. 3 TVG nur unvollkommen geregelte Günstigkeitsprinzip ist Ausdruck eines umfassenden Grundsatzes, der unabhängig von der Art der Rechtsquelle und auch außerhalb des Tarifvertragsgesetzes Geltung beansprucht. Alle arbeitsrechtlichen Gestaltungsfaktoren können im Verhältnis zu rangniedrigeren Regelungen, soweit solche nicht von vornherein ausgeschlossen sind (§ 77 Abs. 3 BetrVG), Verbesserungen nicht ausschließen, sie können nur einseitig zwingendes Recht schaffen. [...] Das Bundesarbeitsgericht hat das Günstigkeitsprinzip einmal im Anschluss an Hueck/Nipperdey (Lehrbuch des Arbeitsrechts, 7. Aufl., Bd. II 1, § 13 VII 2, S. 232) als „verfassungsmäßig anerkannten Grundsatz des kollektiven Arbeitsrechts" bezeichnet (BAGE 10, 247, 256 = AP Nr. 2 zu § 4 TVG Angleichungsrecht, unter II 2 a der Gründe).

Als allgemeiner Grundsatz gilt das Günstigkeitsprinzip auch für das Verhältnis von Inhaltsnormen einer Betriebsvereinbarung zu günstigeren vertraglichen Abreden. Der Wortlaut des § 77 Abs. 4 Satz 1 BetrVG steht nicht entgegen. Die Norm muss wegen der Bedeutung des Günstigkeitsprinzips für die gesamte Arbeitsrechtsordnung und im Hinblick auf die Entstehungsgeschichte und systematische Überlegungen um die Kollisionsnorm des Günstigkeitsprinzips ergänzt und damit im Ergebnis eingeschränkt werden. Das entspricht der bisherigen Auffassung des Bundesarbeitsgerichts (mit Ausnahme der Entscheidung des Sechsten Senats vom 12. August 1982 – BAG 39, 295 = AP Nr. 4 zu § 77 BetrVG 1972) und der nahezu einhelligen Auffassung im Schrifttum. Bestimmungen einer Betriebsvereinbarung sind danach nur einseitig zwingend und haben zugunsten der Arbeitnehmer stets dispositiven Charakter.

Der Gedanke an einen Umkehrschluss, wonach das Schweigen des Betriebsverfassungsgesetzes von 1972 als Ablehnung des Günstigkeitsprinzips zu verstehen wäre, wird mit guten Gründen verworfen. [...]

Wäre das Günstigkeitsprinzip nicht auf das Verhältnis vertraglicher Abreden zu Normen einer Betriebsvereinbarung anwendbar, hätten die Betriebspartner das Recht, die von ihnen getroffene Regelung als Höchstbedingung festzulegen. Ihre Regelungskompetenz reichte demnach weiter als die Regelungsbefugnis der Tarifvertragsparteien. Bei einer tariflichen Regelung von Arbeitsbedingungen blieben günstigere einzelvertragliche Abreden wirksam, nicht aber bei einer betrieblichen Regelung. Andererseits könnte die Verdrängung einer Betriebsvereinbarung durch den Tarifvertrag nach § 77 Abs. 3 BetrVG dazu führen, dass die Wirksamkeit einer einzelvertraglichen Abrede wiederhergestellt wird. Ein Verzicht auf das Günstigkeitsprinzip im Verhältnis der Individualabrede zur Betriebsvereinbarung führt also zu unlösbaren Wertungswidersprüchen." (BAG GS 16.9.1986 AP Nr. 17 zu § 77 BetrVG)

Objektiver Maßstab

Für die Prüfung, ob eine Regelung günstiger ist, ist ein objektiver Beurteilungsmaßstab anzulegen (BAG 27.1.2004 AP Nr. 166 zu § 112 BetrVG 1972; GK-BetrVG/Kreutz § 77 Rn. 247). Abzustellen für den Vergleich ist auf den Zeitpunkt, zu dem sich Betriebsvereinbarung und einzelvertragliche Abrede erstmals konkurrierend gegenüberstehen.

Sachgruppenvergleich

Wie im Tarifvertragsrecht auch (ausführlich siehe unter § 98 II 1) ist ein sog. **Sachgruppenvergleich** vorzunehmen. Dabei sind die in einem inneren Zusammenhang stehenden Teilkomplexe der unterschiedlichen Regelungen zu vergleichen. Beim Vergleich von unterschiedlichen Leistungen kommt es darauf an, ob diese funktional äquivalent sind. Ist dies nicht der Fall, ist ein Günstigkeitsvergleich regelmäßig nicht möglich (kein Vergleich von „Äpfel und Birnen"). Ein Günstigkeitsvergleich scheidet regelmäßig aus, wenn die zu vergleichenden Leistungen mit unterschiedlichen Gegenleistungen verbunden sind (BAG 30.3.2004 AP Nr. 170 zu § 112 BetrVG 1972).

> **Beispiel:**
>
> Besondere Bedeutung hat die Frage bei einem **Verzicht auf Sozialplanansprüche** gegen Abfindung. Hier ist der Vergleich wegen der Art der Leistungen oftmals schwierig. Falls wiederkehrende Leistungen zu vergleichen sind, muss zur Beurteilung der Günstigkeit ein überschaubarer Zeitraum zu Grunde gelegt werden. Mittelbare Fernwirkungen – z.B. für die Höhe und Bezugsdauer von etwaigem späterem Arbeitslosengeld oder bei der Anwartschaft in der gesetzlichen Altersrente – sollen bereits wegen der Unsicherheit einer Prognose regelmäßig außer Betracht bleiben, ebenso wie unwahrscheinliche Kausalverläufe (z.B. Unfall, frühzeitigen Tod, Krankheit oder Erwerbsunfähigkeit). Wenn Leistungen Dritter, wie z.B. Kurzarbeitergeld, in den Günstigkeitsvergleich einzubeziehen sein sollten, müssen sie jedenfalls bei sämtlichen zu vergleichenden möglichen Kausalverläufen berücksichtigt werden (BAG 27.1.2004 AP Nr. 166 zu § 112 BetrVG 1972).

I. Betriebsvereinbarung § 152

Wenn nicht zweifelsfrei feststellbar ist, ob die Abweichung für den einzelnen Arbeitnehmer günstiger ist, bleibt es bei der zwingenden Geltung der Betriebsvereinbarung (BAG 27.1.2004 AP Nr. 166 zu § 112 BetrVG 1972).

Zweifelsregelung

2. Inhalt von Betriebsvereinbarungen

Welchen Inhalt Betriebsvereinbarungen haben können, bestimmt das BetrVG nicht ausdrücklich; aus § 77 Abs. 3 S. 1 BetrVG geht lediglich hervor, dass der Inhalt von Betriebsvereinbarungen nicht oder nicht üblicherweise durch Tarifvertrag geregelt sein darf. Gegenstand von Betriebsvereinbarungen können daher **betriebliche und betriebsverfassungsrechtliche Regelungen** sowie auch **normative Regelungen über Inhalt, Abschluss und Beendigung von Arbeitsverhältnissen** (sog. Inhaltsnormen) sein, gleichgültig, ob es sich dabei um materielle oder formelle Arbeitsbedingungen handelt (vgl. BAG 9.4.1991 AP Nr. 1 zu § 77 BetrVG 1972 Tarifvorbehalt). Innerhalb seiner funktionellen Zuständigkeit kommt dem Betriebsrat als Repräsentant der Belegschaft damit eine umfassende Regelungskompetenz zu (BAG GS 7.11.1989 AP Nr. 46 zu § 77 BetrVG 1972).

Normative Regelungen

„Für soziale Angelegenheiten folgt die umfassende Regelungsbefugnis zum Abschluss (freiwilliger) Betriebsvereinbarungen aus § 88 BetrVG. Die Regelungsbefugnis lässt sich jedoch inhaltlich nicht auf soziale Angelegenheiten beschränken. Die Grenzen zwischen sozialen, personellen (§ 92 ff. BetrVG) und wirtschaftlichen Angelegenheiten (§ 106 ff. BetrVG) sind fließend [...]. Die allgemeinen personellen Angelegenheiten i.S. der §§ 92 bis 95 BetrVG haben vielfach einen Bezug zu wirtschaftlichen Entscheidungen des Unternehmers und zu sozialen Angelegenheiten. [...] § 77 Abs. 3 BetrVG spricht ebenfalls für eine solche Regelungskompetenz. Nach dieser Bestimmung haben Arbeitgeber und Betriebsrat, wenn auch mit den dort angeführten Beschränkungen, eine umfassende Regelungskompetenz [...].

Nach § 77 Abs. 3 BetrVG können, sofern der Tarifvertrag den Abschluss ergänzender Betriebsvereinbarungen nicht ausdrücklich zulässt, Arbeitsentgelte und sonstige Arbeitsbedingungen, die durch Tarifvertrag geregelt sind oder üblicherweise geregelt werden, nicht Gegenstand von Betriebsvereinbarungen sein. Positiv ausgedrückt bedeutet dies, dass in den Schranken des § 77 Abs. 3 BetrVG jede durch Tarifvertrag gemäß § 1 Abs. 1 TVG regelbare Angelegenheit grundsätzlich Gegenstand einer Betriebsvereinbarung sein kann. Neben betrieblichen und betriebsverfassungsrechtlichen Fragen können daher von Arbeitgeber und Betriebsrat in einer Betriebsverfassung nähere Regelungen über Inhalt, Abschluss und Beendigung von Arbeitsverhältnissen getroffen werden. Die Annahme einer globalen Regelungskompetenz der Betriebsparteien steht in Übereinstimmung mit den Gesetzesmaterialien [...]." (BAG GS 7.11.1989 AP Nr. 46 zu § 77 BetrVG 1972)

Ob darüber hinaus auch **schuldrechtliche Verpflichtungen**, die allein Arbeitgeber und Betriebsrat ohne unmittelbare Wirkung für die Be-

Schuldrechtliche Regelungen

legschaft verpflichten, Gegenstand von Betriebsvereinbarungen sein können, ist strittig. Gegen die Möglichkeit, schuldrechtliche Regelungen zu vereinbaren, könnte insbesondere sprechen, dass der Betriebsvereinbarung nach § 77 Abs. 4 BetrVG unmittelbare und zwingende Geltung zukommt. In Abgrenzung zu § 1 Abs. 1 TVG spricht einiges dafür, diese Wirkung den Betriebsvereinbarungen stets und im Ganzen beizumessen (vgl. GK-BetrVG/Kreutz § 77 Rn. 187 m.w.N.). Dennoch lässt die h.M. schuldrechtliche Abreden zwischen den Betriebspartnern zu und unterscheidet insoweit einen normativen und einen schuldrechtlichen Teil der Betriebsvereinbarung, die dann allerdings beide unter das Schriftformerfordernis fallen. Den Regelungsbedürfnissen der Betriebspartner kann durch getrennte Vereinbarungen in Form von Betriebsabsprachen oder Regelungsabreden neben den Betriebsvereinbarungen weder genügt werden noch entsprechen getrennte Vereinbarungen den praktischen Erfordernissen; auch erscheint es sinnvoll, entsprechend dem Formerfordernis des § 77 Abs. 2 BetrVG den ausgehandelten Regelungs- und Sachzusammenhang umfassend zu dokumentieren. Ausschließlich schuldrechtlich wirkende Betriebsvereinbarungen widersprechen dagegen dem klaren Wortlaut des § 77 Abs. 4 BetrVG und sind wegen des fehlenden Regelungszusammenhangs auch nicht zu rechtfertigen. Dies hindert die Wirksamkeit der Vereinbarung allerdings nicht, denn es handelt sich bei ihr unabhängig von der Bezeichnung durch die Betriebsparteien der Sache nach um eine Regelungsabrede (vgl. Fitting § 77 Rn. 50).

3. Arten von Betriebsvereinbarungen

Im Einzelnen ist zwischen **mitbestimmten, teilmitbestimmten und freiwilligen Betriebsvereinbarungen** zu unterscheiden.

Mitbestimmte Betriebsvereinbarungen

Mitbestimmt sind diejenigen Betriebsvereinbarungen, die im Streitfall von der Einigungsstelle erzwungen werden können. Die wichtigsten Beispiele finden sich insoweit in den Regelungsgegenständen des § 87 BetrVG (soziale Angelegenheiten) und in § 112 BetrVG (Sozialplan). Demgegenüber sind freiwillige Betriebsvereinbarungen solche, die nicht den zwingenden Mitbestimmungsrechten des Betriebsrats unterfallen.

Die mitbestimmten Betriebsvereinbarungen unterscheiden sich hinsichtlich des Abschlusstatbestandes und hinsichtlich der Wirkungsweise von den freiwilligen Betriebsvereinbarungen. Sie sind in geringerem Umfang an den Tarifvorbehalt aus § 77 Abs. 3 BetrVG gebunden (siehe unter § 152 I 6) und sie haben Nachwirkung nach § 77 Abs. 4 BetrVG (siehe unter § 152 I 5).

Teilmitbestimmte Betriebsvereinbarungen

Eine Betriebsvereinbarung ist teilmitbestimmt, wenn ihr Inhalt teilweise einem Mitbestimmungsrecht unterliegt. Eine solche Betriebsvereinbarung kann zum einen derart ausgestaltet sein, dass einzelne Aspekte der Regelungsmaterie der zwingenden Mitbestimmung unterliegen und andere nicht. Eine solche Betriebsvereinbarung ist teil-

I. Betriebsvereinbarung § 152

mitbestimmt und im Streitfall durch die Einigungsstelle erzwingbar. Regelt die Betriebsvereinbarung dagegen ganz verschiedene Materien, muss die Betriebsvereinbarung nicht einheitlich behandelt werden. Jeder Teil kann nach den entsprechenden Regelungen behandelt werden. Es liegt mithin keine „echte" teilmitbestimmte Betriebsvereinbarung vor.

4. Zustandekommen von Betriebsvereinbarungen

Betriebsvereinbarungen kommen als privatrechtliche Vereinbarungen durch einen **Vertragsschluss** zwischen Arbeitgeber und Betriebsrat zustande. Nach der ganz herrschenden Vertragstheorie wird die Betriebsvereinbarung als zweiseitiger Vertrag zwischen Arbeitgeber und Betriebsrat geschlossen. Als solcher bedarf die Betriebsvereinbarung zu ihrer Wirksamkeit zweier übereinstimmender Willenserklärungen der Betriebspartner. Die Vertragstheorie findet in § 77 Abs. 2 S. 1 BetrVG („gemeinsam zu beschließen") ihre Bestätigung.

Vertragstheorie

Auf Seiten des Betriebsrats setzt der Abschluss der Betriebsvereinbarung die Zuständigkeit des Betriebsrates zur Regelung der Angelegenheit voraus (siehe zu den Zuständigkeiten unter § 147 V).

Können die Betriebspartner keine Einigung erzielen, kann die Betriebsvereinbarung in Fällen der erzwingbaren Mitbestimmung durch den **Spruch der Einigungsstelle** zustande kommen. Die Betriebsparteien können sich auch im Voraus dem Spruch der Einigungsstelle unterwerfen.

a) Schriftformerfordernis

§ 77 Abs. 2 BetrVG verlangt, dass die Betriebsvereinbarung schriftlich niedergelegt und von beiden Seiten unterzeichnet wird. Bei dieser Formvorschrift handelt es sich um ein **konstitutives Erfordernis**, das von der Rechtsprechung **streng gehandhabt** wird. Arbeitgeber und Betriebsrat müssen die Betriebsvereinbarung eigenhändig und auf einer Urkunde unterzeichnen (§ 126 Abs. 2 S. 1 BGB; S. 2 findet keine Anwendung). Eine nur mündlich geschlossene Betriebsvereinbarung ist gem. § 125 S. 1 BGB nichtig. Die Rechtsprechung wendet insgesamt die allgemeinen Regeln des BGB über das Schriftformerfordernis an, ebenso wie die Anforderungen an die Wahrung des Formerfordernisses bei Gesamturkunden (vgl. BAG 11.11.1986 AP Nr. 4 zu § 1 BetrAVG Gleichberechtigung).

Anwendbarkeit der Regeln des BGB

Im Falle des Verstoßes gegen das Schriftformerfordernis ist an eine Umdeutung in eine (formlose) Regelungsabrede analog § 140 BGB zu denken. Dies ist nach der Rechtsprechung des BAG grundsätzlich möglich, wenn die Umdeutung dem Parteiwillen entspricht (vgl. BAG 20.11.2001 EzA Nr. 70 zu § 77 BetrVG 1972).

Umdeutung in formlose Regelungsabrede

Fraglich ist, ob und inwieweit das Schriftformerfordernis auch durch die Bezugnahme auf andere schriftliche Regelungen, insbesondere

Dynamische Blankettverweisungen

Tarifverträge gewahrt wird, wenn diese der Betriebsvereinbarung nicht im Wortlaut beigefügt werden. Dennoch **widerspricht dies nicht dem Grundsatz der Urkundeneinheit**, weil der Tarifvertrag eine Regelung ist und nicht einen Teil des Rechtsgeschäfts darstellt. Gleiches gilt für die Bezugnahme auf eine andere Betriebsvereinbarung. Erforderlich ist jedoch, dass die Regelung, auf die Bezug genommen wird, selbst schriftlich abgefasst ist und genau bezeichnet wird (BAG 22.8.2006 AP Nr. 30 zu § 77 BetrVG 1972 Betriebsvereinbarung).

„Der Nachtrag 1989 verstößt darüber hinaus gegen das Schriftformerfordernis des § 77 Abs. 2 BetrVG. Um dem Gebot der Normenklarheit zu genügen, muss die durch eine Betriebsvereinbarung in Bezug genommene Regelung nicht nur selbst schriftlich abgefasst sein, sondern in der verweisenden Betriebsvereinbarung so genau bezeichnet werden, dass Irrtümer über Art und Ausmaß der in Bezug genommenen Regelung ausgeschlossen sind. Der Nachtrag 1989 verweist nur auf Gesamtbetriebsvereinbarungen, die die ‚betriebsspezifischen Belange der SN-Gas ausreichend berücksichtigen'. Damit ist nicht hinreichend bestimmt, welche Gesamtbetriebsvereinbarungen in welchem Umfang in Bezug genommen wurden." (BAG 22.8.2006 AP Nr. 30 zu § 77 BetrVG 1972 Betriebsvereinbarung)

Dennoch sind **sog. dynamische Blankettverweisungen** in Betriebsvereinbarungen **unzulässig** (BAG 28.3.2007 AP Nr. 184 zu § 112 BetrVG 1972). Grund dafür ist allerdings das **höchstpersönliche Mandat des Betriebsrates**, das die Übertragung der Regelungsbefugnis auf andere ausschließt.

„Die Betriebspartner entäußern sich durch eine dynamische Blankettverweisung ihrer gesetzlichen Normsetzungsbefugnis. Sie können sich ihrer Regelungsaufgaben nicht dadurch entziehen, dass sie die Gestaltung der betrieblichen Rechtsverhältnisse anderen überlassen. Der Betriebsrat hat sein Mandat höchstpersönlich auszuüben. Das schließt grundsätzlich eine Einigung mit dem Arbeitgeber aus, nach der im Betrieb die Regelung gelten soll, die in einem künftigen Tarifvertrag getroffen wird. Es handelt sich dabei letztendlich um einen unzulässigen Verzicht auf eine vorhersehbare und bestimmbare eigene inhaltliche Gestaltung. Anders als die Übernahme bestehender, konkreter Regelungen eines Tarifvertrags ist die vorherige Unterwerfung unter künftige Regelungen mit den Funktionen des Betriebsverfassungsrechts unvereinbar." (BAG 23.6.1992 AP Nr. 55 zu § 77 BetrVG 1972; 28.3.2007 AP Nr. 184 zu § 112 BetrVG 1972)

Ob ähnlich wie beim Tarifvertrag (vgl. BAG 10.11.1982 AP Nr. 8 zu § 1 TVG Form) anzunehmen ist, dass die Blankettverweisung ausnahmsweise zulässig ist, wenn die Regelung in einem **engen sachlichen Zusammenhang** mit den in Bezug genommenen Regelungen steht, ist in der Rechtsprechung des BAG nicht eindeutig entschieden (im Ergebnis offen gelassen BAG [1. Senat] 23.6.1992 AP Nr. 55 zu § 77 BetrVG 1972; BAG [10. Senat] 23.3.2007 AP Nr. 184 zu § 112

I. Betriebsvereinbarung § 152

BetrVG 1972). Der 3. Senat hatte jüngst über die Zulässigkeit eines Verweises auf eine Gesamtbetriebsvereinbarung zu entscheiden (BAG 22.8.2006 AP Nr. 30 zu § 77 BetrVG 1972). Die Regelung hatte die Angleichung von Arbeitsbedingungen mit denen der Konzernmutter zum Gegenstand. Obwohl ein Sachzusammenhang insoweit sicherlich anzunehmen gewesen wäre, hat der Senat den Verweis als unzulässig angesehen und eine Ausnahme ähnlich der Verweisung in einem Tarifvertrag nicht angenommen. Das Gericht hat vielmehr auch in diesem Fall den Verzicht auf eine eigene inhaltliche Gestaltung durch die Betriebsparteien als unzulässig erachtet. Dem ist zuzustimmen, denn das Mandat des Betriebsrates und dessen Ausübung ist mit der Stellung der Gewerkschaft oder des Verbandes nicht vergleichbar.

Ob und wie die durch die Unzulässigkeit der Verweisung entstehende Lücke zu schließen ist, ist vom Willen der Parteien abhängig. Die in Bezug genommene Regelung kann durchaus in der zum Zeitpunkt des Abschlusses der Betriebsvereinbarung bestehenden Fassung in die Betriebsvereinbarung aufgenommen werden, solange dies dem Parteiwillen entspricht. In diesem Fall ist lediglich eine Teilunwirksamkeit hinsichtlich des noch nicht feststehenden zukünftigen Inhalts anzunehmen (vgl. dazu BAG 23.3.2007 AP Nr. 184 zu § 112 BetrVG 1972). Ist allerdings gerade die dynamische Verweisung gewollt und verliert die Regelung ohne die fortlaufende Anpassung ihren Sinn, so kann eine Teilunwirksamkeit in diesem Sinne nicht mehr angenommen werden. In diesem Fall ist die Betriebsvereinbarung zwangsläufig insgesamt unwirksam (vgl. dazu BAG 22.8.2006 AP Nr. 30 zu § 77 BetrVG 1972 Betriebsvereinbarung).

b) Sonstige Abschlussmängel

Kommt eine Betriebsvereinbarung **fehlerhaft** zustande, richtet sich die Frage der Wirksamkeit oder Unwirksamkeit nach den allgemeinen Regeln für die Gültigkeit von Rechtsgeschäften. Ist das Zustandekommen der Betriebsvereinbarung fehlerhaft, weil es an einem ordnungsgemäßen Betriebsratsbeschluss nach § 33 BetrVG fehlt, kann dies nachträglich durch eine ordnungsgemäße Beschlussfassung nach Maßgabe der §§ 177 Abs. 1, 184 Abs. 1 BGB rückwirkend geheilt werden. Ist jedoch die Wahl eines Betriebsrats nichtig (siehe unter § 148 III 3), sind ebenso alle mit diesem Betriebsrat abgeschlossenen Betriebsvereinbarungen nichtig.

Anwendbarkeit der allgemeinen Regeln für die Gültigkeit von Rechtsgeschäften

Sind – aus welchem Rechtsgrund auch immer – einzelne Bestimmungen einer Betriebsvereinbarung nichtig, bleibt der übrige Teil der Betriebsvereinbarung nach allgemeiner Auffassung davon regelmäßig unberührt (BAG 11.11.1986 AP Nr. 4 zu § 1 BetrAVG Gleichberechtigung). Die Vorschrift des § 139 BGB findet wegen des Normcharakters der Betriebsvereinbarung nur eingeschränkt Anwendung (vgl. BAG 24.8.2004 AP Nr. 174 zu § 112 BetrVG 1972).

Teilweise Unwirksamkeit

„Ist eine Betriebsvereinbarung teilweise unwirksam, so ist sie mit dem Restinhalt aufrecht zu erhalten, wenn dieser eine sinnvolle und dem Parteiwillen entsprechende Regelung enthält." (BAG 11.11.1986 AP Nr. 4 zu § 1 BetrAVG Gleichberechtigung)

Anfechtungswirkung für die Zukunft

Beruhen Willenserklärungen zum Abschluss einer Betriebsvereinbarung auf einem **Willensmangel**, kommt eine Anfechtung nach Maßgabe der Vorschriften der §§ 119, 123 BGB in Betracht. Hinsichtlich der Rechtsfolge ist jedoch auch hier – abweichend von § 142 Abs. 1 BGB – nicht von einer rückwirkenden Nichtigkeit des Rechtsgeschäfts auszugehen. Hier gelten die gleichen Grundsätze wie bei anderen Dauerschuldverhältnissen. Eine bereits in Vollzug gesetzte Betriebsvereinbarung birgt häufig praktisch unüberwindbare Rückabwicklungsschwierigkeiten, so dass in der Regel nur von einer Anfechtungswirkung für die Zukunft auszugehen ist (vgl. BAG 15.12.1961 AP Nr. 1 zu § 615 BGB Kurzarbeit).

c) Bekanntmachung

Keine konstitutive Wirkung

Nach § 77 Abs. 2 S. 3 BetrVG hat der Arbeitgeber die Betriebsvereinbarung – auch soweit sie auf einem Spruch der Einigungsstelle beruht – an geeigneter Stelle im Betrieb auszulegen. Nach herrschender Meinung ist diese Bestimmung eine bloße **Ordnungsvorschrift** und hat somit keine konstitutive Bedeutung für die Wirksamkeit der Betriebsvereinbarung. Die unterlassene Auslegung wirkt sich also auf die Wirksamkeit der Betriebsvereinbarung nicht aus.

5. Beendigung und Nachwirkungen

Literatur: HANAU/PREIS, Die Kündigung von Betriebsvereinbarungen, NZA 1991, 81; KORT, Die Kündigung von Betriebsvereinbarungen über Betriebsrenten, NZA 2004, 889; WALTERMANN, Zur Kündigung der freiwilligen Betriebsvereinbarung, Gedächtnisschrift für Heinze (2005), S. 1021.

Kündigung

Soweit nichts anderes in der Betriebsvereinbarung selbst bestimmt ist, kann die Betriebsvereinbarung nach § 77 Abs. 5 BetrVG mit einer **Frist von drei Monaten** gekündigt werden.

Form

Die Kündigung einer Betriebsvereinbarung bedarf **keiner besonderen Form**. Sie muss aber **unmissverständlich und eindeutig** sein (BAG 19.2.2008 NZA-RR 2008, 412). Kommen als möglicher Gegenstand einer Kündigung mehrere Betriebsvereinbarungen in Betracht, muss sich aus der Kündigungserklärung zweifelsfrei ergeben, welche Betriebsvereinbarung gekündigt werden soll. Lässt sich im Wege der Auslegung nach § 133 BGB nicht zweifelsfrei feststellen, dass sich eine Kündigung auf eine bestimmte Betriebsvereinbarung bezieht, entfaltet sie keine beendende Wirkung.

Kein „Kündigungsschutz"

Die Ausübung des Kündigungsrechts bedarf keiner Rechtfertigung und unterliegt – unabhängig vom Regelungsgegenstand – keiner inhaltlichen Kontrolle. Bislang begrenzt die Rechtsprechung die Kün-

I. Betriebsvereinbarung § 152

digungswirkungen einer Betriebsvereinbarung nur in Fällen der betrieblichen Altersversorgung.

„Die Beendigungswirkung der Kündigung ist nicht durch Grundsätze des Vertrauensschutzes oder der Verhältnismäßigkeit eingeschränkt. Mit dem Ablauf einer nachwirkungslos endenden Betriebsvereinbarung verliert diese grundsätzlich jegliche Geltung und damit die Fähigkeit, weiterhin Grundlage für in ihr geregelte Ansprüche zu sein, soweit diese bei Ablauf nicht schon entstanden waren. Ein Vertrauen der bislang Begünstigten auf den Fortbestand der Betriebsvereinbarung ist regelmäßig nicht schützenswert. Etwas anderes gilt nach der Rechtsprechung des Bundesarbeitsgerichts für Betriebsvereinbarungen über betriebliche Altersversorgung (vergleiche BAG 11.5.1999 AP Nr. 6 zu § 1 BetrAVG Betriebsvereinbarung). Hier dürfen bereits erworbene Versorgungsanwartschaften auch nach Ablauf der Betriebsvereinbarung nicht ohne überwiegende Belange des Arbeitgebers entfallen." (BAG 19.9.2006 AP Nr. 29 zu § 77 BetrVG 1972 Betriebsvereinbarung)

Die Zulässigkeit der Teilkündigung einer Betriebsvereinbarung ist **differenziert zu beurteilen**. Führt eine Teilkündigung als einseitige Ausübung eines Gestaltungsrechts einer Betriebspartei zu einer Störung des Ordnungs- und Äquivalenzgefüges, so ist sie unzulässig; andernfalls ist sie rechtlich nicht zu beanstanden (BAG 6.11.2007 AP Nr. 35 zu § 77 BetrVG 1972 Betriebsvereinbarung). Das führt zu der „einfachen" Regel, dass die Teilkündigung dann unzulässig ist, wenn in der Betriebsvereinbarung nur „ein" betriebsverfassungsrechtlicher Gegenstand geregelt ist.

Teilkündigung

„Die Störung des Ordnungsgefüges einer Betriebsvereinbarung ist mit einer Teilkündigung verbunden, wenn in der Betriebsvereinbarung nur ein Gegenstand geregelt ist, der aus rechtlichen oder tatsächlichen Gründen notwendig in ein und derselben Betriebsvereinbarung geregelt werden muss. Dagegen wird das Ordnungsgefüge nicht beeinträchtigt, wenn es sich um mehrere Regelungskomplexe handelt, die ebenso in mehreren gesonderten Betriebsvereinbarungen geregelt werden könnten und die lediglich – mehr oder weniger zufällig – in einer Betriebsvereinbarung zusammengefasst werden. Anzuknüpfen ist insoweit an die jeweils geregelte betriebsverfassungsrechtliche ‚Angelegenheit'." (BAG 6.11.2007 AP Nr. 35 zu § 77 BetrVG 1972 Betriebsvereinbarung)

⊃ **Beispiel:**

In sogenannten „Betriebsordnungen", die als Betriebsvereinbarungen im Betrieb gelten, sind unterschiedlichste Gegenstände geregelt, z.B. Arbeitskleidung, Arbeitsplatzwechsel, Fahrtkostenzuschüsse, Dienstreisen, dienstliche Benutzung eines privaten PKW, Schichtarbeit, Essengeldzuschuss, Lohn- und Gehaltszahlung, Lage der Arbeitszeit. In einem solchen Fall kann etwa der Fahrtkostenzuschuss ohne weiteres im Wege der Teilkündigung beseitigt werden.

Sonstige Beendigungsgründe

Die Bestimmung des § 77 Abs. 5 BetrVG lässt offen, welche weiteren Beendigungsgründe neben der Kündigung in Betracht kommen. Eine Betriebsvereinbarung kann zulässigerweise, ohne dass es eines besonderen Grundes bedarf, befristet werden. Sie kann daher durch **Zeitablauf** enden, also ihre unmittelbare und zwingende Wirkung verlieren. Ferner kann die Betriebsvereinbarung durch **Zweckerreichung** enden, wenn sie zur Erreichung eines bestimmten Zwecks abgeschlossen ist. Die Betriebsparteien können die Betriebsvereinbarung jederzeit **durch einen Vertrag aufheben**. Dieser bedarf als „actus contrarius" zur Betriebsvereinbarung der Schriftform des § 77 Abs. 2 BetrVG. Ferner besteht die Möglichkeit der Beendigung der **Ablösung** durch eine neue Betriebsvereinbarung (siehe dazu unter § 152 I 7).

Nachwirkung bei erzwingbarer Betriebsvereinbarung

Es fragt sich, welche Auswirkungen auf die Einzelarbeitsverhältnisse eine Beendigung der Betriebsvereinbarung hat. Für den Fall, dass es sich um eine Angelegenheit handelt, in der der Spruch der Einigungsstelle die Einigung zwischen Arbeitgeber und Betriebsrat ersetzen kann, d.h. **im Bereich der erzwingbaren Mitbestimmung**, bestimmt § 77 Abs. 6 BetrVG, dass die Regelungen weiter gelten, bis sie durch eine andere Abmachung ersetzt werden (**sog. Nachwirkung**). Dies bedeutet, dass die Vorschriften der Betriebsvereinbarung **ihre unmittelbare Wirkung behalten**. Damit wird in diesen Bereichen ein gewisser **Bestandsschutz** erreicht. Dagegen geht die **zwingende Wirkung der Betriebsvereinbarung mit ihrer Beendigung unter**. Mit dem Beendigungszeitpunkt kann die Betriebsvereinbarung durch jede andere Regelung auch einzelvertraglicher Art zum Nachteil des betroffenen Arbeitnehmers verändert werden.

Freiwillige Betriebsvereinbarung

Aus § 77 Abs. 6 BetrVG folgt, dass eine Weitergeltung **nur bei sog. erzwingbaren** Betriebsvereinbarungen in Betracht kommt, da ansonsten der Spruch der Einigungsstelle die Einigung zwischen Arbeitgeber und Betriebsrat nur nach einer freiwilligen Unterwerfung ersetzen kann (§ 76 Abs. 6 S. 2 BetrVG), nicht dagegen bei sog. freiwilligen Betriebsvereinbarungen nach § 88 BetrVG (siehe unter § 151 III 2 und 3). Davon unberührt bleibt die Möglichkeit, dass die Betriebspartner freiwillig auch eine Nachwirkung einer Betriebsvereinbarung vereinbaren können. Es ist jedenfalls festzuhalten, dass eine **freiwillige Betriebsvereinbarung** (§ 88 BetrVG) nach Maßgabe des § 77 Abs. 5 und 6 BetrVG **ohne Nachwirkung und Bestandsschutz gekündigt** werden kann. Dies bedeutet in der Konsequenz, dass Ansprüche aus einer Betriebsvereinbarung weniger bestandsfest sind als solche aus einer betrieblichen Übung, einer Gesamtzusage oder einer vertraglichen Einheitsregelung.

Keine Nachwirkung

Eine Nachwirkung besteht ferner dann nicht, wenn die Betriebsvereinbarung nur zu einem bestimmten Zweck abgeschlossen und dieser erreicht ist. Dies ergibt sich daraus, dass die Nachwirkung nach § 77 Abs. 6 BetrVG **dispositiv** ist. Insbesondere wenn eine Betriebsvereinbarung einen einmaligen, zeitlich begrenzten Gegenstand regelt, ist aus der Natur der Sache eine konkludente Vereinbarung der

I. Betriebsvereinbarung § 152

Abbedingung anzunehmen (BAG 17.1.1995 AP Nr. 7 zu § 77 BetrVG 1972 Nachwirkung).

Vielfach sind in einer Betriebsvereinbarung sowohl mitbestimmungspflichtige als auch mitbestimmungsfreie Gegenstände geregelt. Insoweit ist zu differenzieren, ob der erzwingbare Teil und der freiwillige Teil der Regelung einen einheitlichen Gegenstand oder eine jeweils aus sich heraus handhabbare Regelung enthalten. Sind die Tatbestände untrennbar miteinander verbunden, werden auch die freiwilligen Regelungen ausnahmsweise von der Nachwirkung erfasst. Ansonsten erfasst die Nachwirkung grundsätzlich nur den mitbestimmungspflichtigen Teil.
Teilmitbestimmte Regelungen

„Vorliegend ist ein Teil der Angelegenheiten, die in der Betriebsvereinbarung geregelt sind, nicht mitbestimmungspflichtig. Deren Regelungen wirken dementsprechend auch nicht nach. Ein anderer Teil untersteht dem Mitbestimmungsrecht des Betriebsrats, insbesondere die Gehaltsgruppenvereinbarung nach § 87 Abs. 1 Nr. 10 BetrVG. Diese in sich geschlossene Regelung ist so lange im Betrieb anzuwenden, bis eine neue Regelung über eine Gehaltsgruppenordnung vereinbart worden ist." (BAG 23.6.1992 AP Nr. 55 zu § 77 BetrVG 1972)

Problematisch ist die Nachwirkung teilmitbestimmter Regelungen insbesondere im Bereich der freiwilligen Sozialleistungen. Dabei geht es im Kern um die Umsetzung der mitbestimmungsrechtlichen Grundlagen zu § 87 Abs. 1 Nr. 10 BetrVG (näher siehe unter § 153 III 10), wonach das „Ob" der Leistung mitbestimmungsfrei ist, dagegen das „Wie" der Mitbestimmung des Betriebsrats unterfällt. An dieser Differenzierung orientiert sich gleichermaßen die Nachwirkung. Beabsichtigt der Arbeitgeber mit der Kündigung einer bestehenden Betriebsvereinbarung nur die Änderung der Umstände, über die er mitbestimmungsfrei entscheiden kann („Ob" der Leistung, Dotierungsrahmen), so wirkt die Betriebsvereinbarung nicht nach. Wenn dabei allerdings der mitbestimmungspflichtige Verteilungs- und Leistungsplan geändert wird, wirkt die gekündigte Betriebsvereinbarung insgesamt so lange nach, bis sie durch eine andere Regelung ersetzt wird (BAG 26.8.2008 DB 2008, 2709; anschaulich zu dieser Problematik FITTING § 77 Rn. 189 ff.).
Freiwillige Sozialleistungen

„Der Arbeitgeber kann zunächst mitbestimmungsfrei das Zulagenvolumen und – unter Beibehaltung der Verteilungsrelationen – auch die einzelnen Zulagen kürzen." (BAG 19.9.1995 AP Nr. 61 zu § 77 BetrVG 1972)

„Die Regelungen einer teilmitbestimmten Betriebsvereinbarung über freiwillige Leistungen gelten nach Ablauf der Kündigungsfrist nicht weiter, wenn der Arbeitgeber mit der Kündigung beabsichtigt, die freiwillige Leistung vollständig entfallen zu lassen. Die teilmitbestimmte Betriebsvereinbarung über freiwillige Leistungen (hier zusätzliches Weihnachtsgeld) wirkt gem. § 77 Abs. 6 BetrVG nach, wenn der Arbeitgeber mit der Kündigung beabsichtigt, das zur Verfügung gestellte Volumen zu reduzieren und den Verteilungsschlüssel zu ändern." (BAG 26.10.1993 AP Nr. 6 zu § 77 BetrVG 1972 Nachwirkung)

Kritik

Dieser ständigen Rechtsprechung des BAG wird entgegengehalten, dass sich daraus ein Wertungsproblem ergebe. Denn im Ergebnis ist es für den Arbeitgeber schwerer, den Verteilungsschlüssel zu ändern, als die freiwillige Leistung vollständig einzustellen. Die vollständige Kündigung einer Betriebsvereinbarung ist daher wesentlich leichter, da deren Änderung ohne inhaltliche Kontrolle möglich ist. Auf der anderen Seite nimmt die Rechtsprechung eine konsequente Anwendung von § 87 Abs. 1 Nr. 10 BetrVG vor und differenziert konsequent zwischen mitbestimmungspflichtigen und freiwilligen Tatbeständen.

Unzulässiger Missbrauch

Dieses darf vom Arbeitgeber aber nicht verwendet werden, um den Betriebsrat unzulässig unter Druck zu setzen (vgl. BAG 26.5.1998 AP Nr. 98 zu § 87 BetrVG 1972 Lohngestaltung).

„Beabsichtigt der Arbeitgeber, eine Tariferhöhung auf übertarifliche Zulagen teilweise anzurechnen, so hat der Betriebsrat bei den Verteilungsgrundsätzen ein Mitspracherecht nach § 87 Abs. 1 Nr. 10 BetrVG (st.Rspr.). Dieses Mitspracherecht sowie der Grundsatz vertrauensvoller Zusammenarbeit werden verletzt, wenn der Arbeitgeber eigene Verteilungsgrundsätze vorgibt, über die er keine Verhandlungen zulässt, sondern für den Fall abweichender Vorstellungen des Betriebsrats von vornherein eine mitbestimmungsfreie Vollanrechnung vorsieht.

Widerspricht der Betriebsrat in einem solchen Fall nicht der Verteilung, sondern der Kürzung des Leistungsvolumens, so überschreitet er sein Mitbestimmungsrecht nach § 87 Abs. 1 Nr. 10 BetrVG. Reagiert der Arbeitgeber darauf mit einer vollständigen Anrechnung, um einer Blockade seiner Maßnahme auszuweichen, so ist das nicht zu beanstanden." (BAG 26.5.1998 AP Nr. 98 zu § 87 BetrVG 1972 Lohngestaltung)

Einschränkung der Rechtswirkungen einer Kündigung

Für den Bereich der **betrieblichen Altersversorgung** versucht das BAG die Folgen dieser Rechtsprechung dadurch abzumildern, dass die Wirkung der Kündigung einer Betriebsvereinbarung über betriebliche Altersversorgung mit Hilfe der Grundsätze des Vertrauensschutzes und der Verhältnismäßigkeit zu begrenzen ist; insoweit soll die Betriebsvereinbarung als Rechtsgrundlage bestehen bleiben (BAG 11.5.1999 AP Nr. 6 zu § 1 BetrAVG Betriebsvereinbarung; BAG 17.8.1999 AP Nr. 79 zu § 77 BetrVG 1972; BAG 19.9.2006 AP Nr. 29 zu § 77 BetrVG 1972 Betriebsvereinbarung).

„Die sich aus § 77 Abs. 5 BetrVG ergebende einschneidende Wirkung der Kündigung einer Betriebsvereinbarung über betriebliche Altersversorgung muss mit Hilfe der Grundsätze des Vertrauensschutzes und der Verhältnismäßigkeit begrenzt werden." (BAG 11.5.1999 AP Nr. 6 zu § 1 BetrAVG Betriebsvereinbarung)

I. Betriebsvereinbarung § 152

6. Verhältnis zum Tarifvertrag (Tarifvorrang)

Literatur: HANAU, Die Deregulierung von Tarifverträgen, RdA 1993, 1; MÖ-SCHEL, Das Spannungsverhältnis zwischen Individualvertrag, Betriebsvereinbarung und Tarifvertrag, BB 2002, 1214; RICHARDI, Gutachten B für den 61. Deutschen Juristentag 1996, Bd. 1/B.

Gemäß § 77 Abs. 3 BetrVG sind Betriebsvereinbarungen unzulässig, soweit sie Arbeitsentgelte und sonstige Arbeitsbedingungen enthalten, die durch Tarifvertrag geregelt sind oder üblicherweise geregelt werden. Der tariflichen oder tarifüblichen Regelung kommt also eine **Sperrwirkung** zu. Dieser sog. **Tarifvorrang** (oder Tarifvorbehalt) soll die Funktionsfähigkeit der durch Art. 9 Abs. 3 GG verbürgten Tarifautonomie gewährleisten, indem sie den Tarifvertragsparteien den Vorrang zur Regelung von Arbeitsbedingungen einräumt. Diese Befugnis soll nicht dadurch ausgehöhlt werden, dass Arbeitgeber und Betriebsrat ergänzende oder abweichende Regelungen vereinbaren. Es geht um die Sicherung der ausgeübten und aktualisierten Tarifautonomie (BAG 24.1.1996 AP Nr. 8 zu § 77 BetrVG 1972 Tarifvorbehalt). Daher findet auch das tarifvertragliche Günstigkeitsprinzip (§ 4 Abs. 3 TVG), wonach Vereinbarungen günstigeren Inhalts tarifliche Bestimmungen verdrängen, im Verhältnis zur Betriebsvereinbarung keine Anwendung. Bei einer Anwendung des Günstigkeitsprinzips bestünde nämlich für die Gewerkschaften die Gefahr, dass die einschlägigen Ergebnisse des Tarifvertrags für nichtorganisierte Arbeitnehmer auf dem zweiten kollektivrechtlichen Weg, nämlich dem der betrieblichen Mitbestimmung, erreichbar wären. Dadurch würde ein Gewerkschaftsbeitritt an Attraktivität verlieren. Entsprechend hängt die Sperrwirkung des § 77 Abs. 3 BetrVG auch nicht davon ab, ob ein Arbeitgeber tarifgebunden ist oder nicht (BAG 24.1.1996 AP Nr. 8 zu § 77 BetrVG 1972 Tarifvorbehalt).

Sicherung der Tarifautonomie

„Die Vorschrift soll die Funktionsfähigkeit der Tarifautonomie nach Art. 9 Abs. 3 GG gewährleisten. Dazu räumt sie den Tarifvertragsparteien den Vorrang bei der Regelung von Arbeitsbedingungen ein. Zum Schutz der ausgeübten und aktualisierten Tarifautonomie ist jede Normsetzung durch die Betriebsparteien ausgeschlossen, die inhaltlich zu derjenigen der Tarifvertragsparteien in Konkurrenz treten würde. Arbeitgeber und Betriebsrat sollen weder abweichende noch auch nur ergänzende Betriebsvereinbarungen mit normativer Wirkung abschließen können. Die Funktionsfähigkeit der Tarifautonomie wird auch dann gestört, wenn nicht tarifgebundene Arbeitgeber kollektivrechtliche Konkurrenzregelungen in Form von Betriebsvereinbarungen treffen können." (BAG 22.3.2005 AP Nr. 2 zu § 4 TVG Geltungsbereich)

Angesichts der angespannten Arbeitsmarktsituation war zuletzt eine intensive rechtspolitische Diskussion darüber in Gang gekommen, ob die Regelungssperre des § 77 Abs. 3 BetrVG aufgehoben oder eingeschränkt werden sollte, um die Arbeitsbedingungen in stärkerem Umfang auf betrieblicher Ebene regeln zu können. Indes ist, ungeachtet wirtschaftlicher Erwägungen, eine Verlagerung der Regelungsbefugnis der Tarifvertragsparteien auf die Betriebsparteien

Keine Beschränkung

schon aus verfassungsrechtlichen Gründen abzulehnen. Das Grundrecht der Koalitionsfreiheit (Art. 9 Abs. 3 GG) verbietet es, die zwingende und unmittelbare Wirkung der Tarifnormen zu beseitigen (RICHARDI, Gutachten B für den 61. Deutschen Juristentag 1996, Bd. 1/B, S. 95; HANAU, RdA 1993, 1, 5 und 10). Eine Arbeitsgruppe zur Änderung des Tarifvertrags- und Betriebsverfassungsrechts schlug daher die Einführung eines formalisierten Verfahrens vor, in dem die Betriebsparteien bei den Tarifvertragsparteien die Freistellung vom Tarifvertrag – etwa zur Beschäftigungssicherung (sog. Betriebliches Bündnis) – beantragen können (vgl. DIETERICH/HANAU/HENSSLER/OETKER/WANK/WIEDEMANN, RdA 2004, 65, 70).

Arbeitsentgelte und sonstige Arbeitsbedingungen

Die Regelungssperre gilt nach § 77 Abs. 3 S. 1 BetrVG für „Arbeitsentgelte und sonstige Arbeitsbedingungen", die durch Tarifvertrag geregelt sind oder üblicherweise geregelt werden. Unter **sonstigen Arbeitsbedingungen** sind alle Bestimmungen zu verstehen, die als tarifvertragliche Inhaltsnormen nach § 1 Abs. 1 TVG den Inhalt von Arbeitsverhältnissen ordnen, mithin sowohl formelle als auch materielle Arbeitsbedingungen (BAG 9.4.1991 AP Nr. 1 zu § 77 BetrVG 1972 Tarifvorbehalt).

Tarifliche Regelung

Voraussetzung ist, dass die entsprechenden Arbeitsbedingungen „**durch Tarifvertrag geregelt sind oder üblicherweise geregelt werden**". Eine tarifliche Regelung im Sinne dieser Vorschrift liegt damit frühestens vor, wenn mindestens ein Tarifvertrag über die fraglichen Arbeitsbedingungen geschlossen ist und der Betrieb bzw. die dort beschäftigten Arbeitnehmer in den Geltungsbereich des Tarifvertrags fallen (BAG 27.1.1987 AP Nr. 42 zu § 99 BetrVG 1972).

„Arbeitsbedingungen sind dann durch Tarifvertrag geregelt, wenn über sie ein Tarifvertrag abgeschlossen worden ist und der Betrieb in den räumlichen, betrieblichen, fachlichen und persönlichen Geltungsbereich des Tarifvertrags fällt." (BAG 22.3.2005 AP Nr. 2 zu § 4 TVG Geltungsbereich)

Eine Regelung durch Tarifvertrag ist allerdings dann nicht (mehr) anzunehmen, wenn der Tarifvertrag nur noch kraft Nachwirkung gemäß § 4 Abs. 5 TVG gilt. Mangels zwingender Wirkung kann er durch eine andere Regelung ersetzt werden.

Tarifüblichkeit

Schwieriger ist die Feststellung der **Tarifüblichkeit** einer Regelung. Auch hier kann die Sperrwirkung nur ausgelöst werden durch Tarifverträge, die in den einschlägigen räumlichen, betrieblichen, fachlichen und persönlichen Geltungsbereich fallen. Nur Tarifverträge dieser Art können eine Tarifüblichkeit begründen. Da die Sperrwirkung des § 77 Abs. 3 BetrVG bereits eintritt, sobald eine Arbeitsbedingung erstmals tariflich geregelt wird, ist eine Regelung schon dann als tarifüblich anzusehen, wenn sie für den Wirtschaftszweig sowie den räumlichen und fachlichen Bereich des Betriebs **schon mindestens einmal durch Tarifvertrag geregelt war und ihre künftige tarifliche Regelung demnächst zu erwarten ist**. Hiervon ist in der Regel jedenfalls dann auszugehen, wenn und soweit sich die Tarif-

I. Betriebsvereinbarung § 152

vertragsparteien erkennbar und ernsthaft um eine Neuregelung bemühen.

◌ **Beispiel:**
Verwehrt ist den Betriebsparteien jegliche Regelung über die tariflichen Vergütungsbestandteile. Sie können diese weder hinsichtlich ihrer Höhe noch hinsichtlich der Anspruchsberechtigten modifizieren. Sie können daher auch keinerlei Regelungen über Tariferhöhungen treffen und nicht über deren Höhe und Zeitpunkt disponieren. Dies gilt auch, wenn die von ihnen getroffene Regelung für die Arbeitnehmer günstiger ist als diejenige der Tarifvertragsparteien. Eine Betriebsvereinbarung über eine übertarifliche Zulage ist nach der Rechtsprechung des Bundesarbeitsgerichts dann mit dem Tarifvorbehalt des § 77 Abs. 3 S. 1 BetrVG unvereinbar, wenn sie sich in der Aufstockung der Tariflöhne erschöpft. Dies gilt auch für die Gewährung allgemeiner, nicht an besondere Voraussetzungen gebundene Zulagen

Dagegen sind die Betriebsparteien grundsätzlich nicht gehindert zu bestimmen, ob und inwieweit Tariferhöhungen auf übertarifliche Zulagen angerechnet werden können. Mit einem Anrechnungsverbot regeln die Betriebsparteien nicht das Schicksal der Tariferhöhung, sondern die Behandlung der übertariflichen Zulage. Eine solche Regelung tangiert die Tarifautonomie nicht, sondern nimmt das Tarifgeschehen lediglich zum Anlass einer Erhöhung der übertariflichen Zulage (BAG 30.5.2006 AP Nr. 23 zu § 77 BetrVG 1972 Tarifvorbehalt).

Für den Tarifvorrang gem. § 77 Abs. 3 BetrVG kommt es nach (nicht unumstrittener) ständiger Rechtsprechung des BAG **nicht auf die Tarifbindung des Arbeitgebers an** (vgl. nur BAG 22.3.2005 AP Nr. 26 zu § 4 TVG Geltungsbereich; a.A. GK-BetrVG/Kreutz § 77 Rn. 100 m.w.N.). Dies begründet das BAG damit, dass es sich bei § 77 Abs. 3 BetrVG nicht um eine Kollisionsnorm, sondern um eine **Zuständigkeitsnorm** handelt (kritisch Buchner, NZA 2006, 1377, 1378).

Fehlende Tarifbindung des Arbeitgebers

„Ausgehend von diesem Normzweck kann die Sperrwirkung nicht davon abhängen, ob ein Arbeitgeber tarifgebunden ist oder nicht. Es soll vorrangig Aufgabe der Tarifpartner sein, Arbeitsbedingungen kollektivrechtlich zu regeln. Die Funktionsfähigkeit der Tarifautonomie würde auch dann gestört, wenn die nicht tarifgebundenen Arbeitgeber kollektivrechtliche ‚Konkurrenzregelungen' in der Form von Betriebsvereinbarungen erreichen könnten. Soweit ein Bedürfnis nach betriebsnaher Regelung besteht, stehen Firmentarifverträge als kollektivrechtliches Gestaltungsmittel zur Verfügung; darüber hinaus können ergänzende Betriebsvereinbarungen durch entsprechende tarifliche Öffnungsklauseln zugelassen werden." (BAG 24.1.1996 AP Nr. 8 zu § 77 BetrVG 1972 Tarifvorbehalt)

„Die Sperrwirkung des § 77 Abs. 3 BetrVG hinsichtlich Betriebsvereinbarungen hängt einerseits nicht davon ab, dass der Arbeitgeber tarifgebunden ist. Sie wird andererseits auch durch Firmentarifverträge erzeugt. Die Regelungssperre des § 77 Abs. 3 BetrVG wirkt auch dann, wenn entsprechende Tarifbestimmungen erst später in Kraft treten. Sie erfasst dabei nur Betriebsvereinbarungen i.S.d. § 77 Abs. 4 BetrVG." (BAG 21.1.2003 AP Nr. 1 zu § 21a BetrVG 1972)

Der Betrieb muss jedoch dem fachlichen Geltungsbereich des Tarifvertrages unterliegen, also dem Wirtschaftszweig angehören, für den die Tarifregelung getroffen wurde oder üblich ist. Der Betrieb muss ferner im räumlichen Geltungsbereich liegen (BAG 9.12.1997 AP Nr. 11 zu § 77 BetrVG 1972 Tarifvorbehalt).

Bedeutung des weiten Anwendungsbereichs

Die Regelungssperre des § 77 Abs. 3 TVG hat in ihrem weiten Anwendungsbereich allerdings in erster Linie Bedeutung für den Bereich der freiwilligen Mitbestimmung. Im Bereich der erzwingbaren Mitbestimmung gilt die vorrangige Regelungssperre des § 87 Abs. 1 Eingangssatz BetrVG, welche auch die Tarifbindung des Arbeitgebers voraussetzt (siehe dazu ausführlich unter § 153 I 4).

Sperrwirkung

Haben Tarifvertragsparteien die betreffenden Arbeitsbedingungen abschließend und vollständig durch Tarifvertrag geregelt, ist eine Regelungskompetenz der Betriebspartner ausgeschlossen. Sofern aber der Tarifvertrag über die spezifische Frage **keine positive Sachregelung** trifft, können sie zum Gegenstand einer Betriebsvereinbarung gemacht werden. Es bedarf daher einer Auslegung der Reichweite der tariflichen oder tarifüblichen Normen. Eine Sperrwirkung greift jedenfalls nicht ein, wenn und soweit Tarifvertragsparteien bestimmte Arbeitsbedingungen für eine bestimmte Gruppe von Arbeitnehmern ausdrücklich nicht regeln wollen (sog. **Negativregelung**). Schwieriger ist die Sperrwirkung zu bestimmen, wenn die Tarifvertragsparteien nur teilweise bestimmte Arbeitsbedingungen geregelt haben, insbesondere nur ergänzungsbedürftige Rahmenregelungen zur Verfügung gestellt haben. So ist etwa neben Lohntarifverträgen nicht ausgeschlossen, dass die Betriebsparteien Modalitäten des Lohnanspruchs durch Betriebsvereinbarung regeln. Ferner schließen Lohntarifverträge nicht die Einführung von übertariflichen Zulagen durch Betriebsvereinbarung aus (BAG 17.12.1985 AP Nr. 5 zu § 87 BetrVG 1972 Tarifvorrang).

„An einer solchen tariflichen Regelung fehlt es, wenn der Tarifvertrag lediglich das Entgelt für die vertraglich geschuldete Arbeitsleistung regelt. Es entspricht dem Wesen tariflicher Entgeltregelungen, dass diese nur Mindestbedingungen setzen. Damit kann aber die tarifliche Entgeltregelung im übertariflichen Bereich gerade diejenige Schutzwirkung nicht entfalten, um derentwillen dem Betriebsrat bei der Lohngestaltung ein Mitbestimmungsrecht eingeräumt worden ist. Die tarifliche Entgeltregelung kann die Durchsichtigkeit der tatsächlichen betrieblichen Lohngestaltung nicht bewirken und innerbetriebliche Lohngerechtigkeit im übertariflichen Bereich nicht gewährleisten." (BAG 17.12.1985 AP Nr. 5 zu § 87 BetrVG 1972 Tarifvorrang)

I. Betriebsvereinbarung § 152

Greift die Sperrwirkung ein, können durch Betriebsvereinbarungen **weder günstigere noch ungünstigere** als die tariflich vereinbarten Arbeitsbedingungen geschaffen werden. Dies gilt für abweichende und zusätzliche Regelungen wie auch für die Übernahme des Inhalts geltender Tarifverträge durch Betriebsvereinbarung, nach der die tarifvertragliche Regelung für alle Arbeitnehmer im Betrieb gelten soll. Die individualrechtliche Vereinbarung übertariflicher Arbeitsbedingungen ist indes nicht von der Sperrwirkung des § 77 Abs. 3 BetrVG erfasst und daher – vorbehaltlich § 4 Abs. 3 und 5 TVG – immer zulässig (zu Einzelheiten des Verhältnisses von § 77 Abs. 3 BetrVG zu § 87 Abs. 1 Eingangssatz BetrVG siehe unter § 153 I 4). Das Gleiche gilt für die Schaffung allgemeiner Arbeitsbedingungen in Form von arbeitsvertraglichen Einheitsregelungen, Gesamtzusagen oder einer betrieblichen Übung. Die Regelungssperre des § 77 Abs. 3 BetrVG versagt den Betriebspartnern auch nicht, Absprachen über günstigere Arbeitsbedingungen in Form einer Regelungsabrede zu treffen, da die Regelungssperre des § 77 Abs. 3 BetrVG nicht zum Ziel hat, den Betriebspartnern jegliche kollektiven Absprachen zu untersagen. Zu beachten ist jedoch, dass den Regelungsabreden keine normative Wirkung zukommt und sie daher arbeitsvertraglich umgesetzt werden müssen. Eine unter Verstoß gegen die Sperrwirkung abgeschlossene Betriebsvereinbarung ist nach allgemeiner Meinung unwirksam und damit nichtig. Aber auch vortarifliche Betriebsvereinbarungen werden mit Inkrafttreten der tarifvertraglichen Regelung durch diese abgelöst (BAG 26.2.1986 AP Nr. 12 zu § 4 TVG Ordnungsprinzip).

Rechtsfolgen der Sperrwirkung

Eine gem. § 77 Abs. 3 S. 1 BetrVG unwirksame Betriebsvereinbarung kann nur in Ausnahmefällen gemäß § 140 BGB umgedeutet werden.

Umdeutung

„Es ist nicht völlig ausgeschlossen, eine nach § 77 Abs. 3 BetrVG unwirksame Betriebsvereinbarung entsprechend § 140 BGB in eine vertragliche Einheitsregelung (Gesamtzusage oder gebündelte Vertragsangebote) umzudeuten. An eine solche Umdeutung sind allerdings strenge Anforderungen zu stellen. Sie kommt nur in Betracht, wenn besondere Umstände die Annahme rechtfertigen, der Arbeitgeber habe sich auf jeden Fall verpflichten wollen, den Arbeitnehmern die in der unwirksamen Betriebsvereinbarung vorgesehenen Leistungen zukommen zu lassen [...]." (BAG 24.1.1996 AP Nr. 8 zu § 77 BetrVG 1972 Tarifvorbehalt)

Die Sperrwirkung des § 77 Abs. 3 S. 1 BetrVG wird aber nach S. 2 dann beseitigt, „wenn ein Tarifvertrag den Abschluss ergänzender Betriebsvereinbarungen ausdrücklich zulässt" (sog. Öffnungsklausel). Das BAG (18.8.1987 AP Nr. 23 zu § 77 BetrVG 1972) hat die Zulässigkeit einer tariflichen Vereinbarung bejaht, mit der den Betriebspartnern die Befugnis zur Regelung der Dauer der individuellen regelmäßigen wöchentlichen Arbeitszeit übertragen wurde (sog. Leber/Rüthers-Kompromiss).

Öffnungsklausel

§ 152 Instrumente der gemeinsamen Entscheidungstätigkeit

„Zur Regelung der individuellen regelmäßigen wöchentlichen Arbeitszeit für Arbeitnehmer sind in erster Linie die Tarifvertragsparteien berufen. Sie können die Bestimmungen jedenfalls im Rahmen weiterer Vorgaben Arbeitgeber und Betriebsrat überlassen. Betriebsvereinbarungen über die Dauer der individuellen Arbeitszeit der Arbeitnehmer gelten unmittelbar und zwingend für alle in den Geltungsbereich der Betriebsvereinbarung fallenden Arbeitnehmer des Betriebs. Günstigere Regelungen in einzelnen Arbeitsverträgen gelten weiter. Die negative Koalitionsfreiheit der nicht tarifgebundenen Arbeitnehmer des Betriebs wird durch den Abschluss von Betriebsvereinbarungen über die Dauer der wöchentlichen Arbeitszeit nicht verletzt." (BAG 18.8.1987 AP Nr. 23 zu § 77 BetrVG 1972)

Diese Entscheidung ist die Grundlage für eine betriebsnahe Tarifpolitik.

Sonstige Ausnahmen von der Sperrwirkung

Die Sperrwirkung von § 77 Abs. 3 BetrVG gilt nicht für Sozialpläne nach §§ 112, 112a BetrVG, vgl. § 112 Abs. 1 S. 4 BetrVG. Ferner findet § 77 Abs. 3 BetrVG nach herrschender Meinung keine Anwendung im Bereich der erzwingbaren Mitbestimmung. Insofern ist § 87 Abs. 1 Eingangssatz BetrVG vorrangig (siehe unter § 153 I 4).

7. Verhältnis Betriebsvereinbarung zu Betriebsvereinbarung

Ablösungsprinzip

Regeln mehrere Betriebsvereinbarungen denselben Gegenstand, gilt grundsätzlich das **Ablösungsprinzip** (auch Zeitkollisionsregel genannt). Die **jüngere Norm ersetzt die ältere mit der Wirkung für die Zukunft** (BAG 10.8.1994 AP Nr. 86 zu § 112 BetrVG 1972; 5.10.2000 AP Nr. 141 zu § 112 BetrVG 1972). Damit kann auch eine Verschlechterung von Ansprüchen durch eine nachfolgende Betriebsvereinbarung verbunden sein. Der Eingriff in Besitzstände findet nach der Rechtsprechung des BAG jedoch seine Grenze in den Grundsätzen der Verhältnismäßigkeit und des Vertrauensschutzes (BAG 5.10.2000 AP Nr. 141 zu § 112 BetrVG 1972; siehe unter § 152 I 9).

„Die Parteien einer Betriebsvereinbarung können die von ihnen getroffenen Regelungen jederzeit für die Zukunft abändern. Die neue Betriebsvereinbarung kann auch Bestimmungen enthalten, die für die Arbeitnehmer ungünstiger sind. Im Verhältnis zweier gleichrangiger Normen gilt nicht das Günstigkeitsprinzip, sondern die Zeitkollisionsregel. Danach geht die jüngere Norm der älteren vor [...]. Allerdings kann eine neue Betriebsvereinbarung bereits entstandene Ansprüche der Arbeitnehmer grundsätzlich nicht schmälern oder entfallen lassen. Die Möglichkeit einer Rückwirkung normativer Regelungen ist durch das Vertrauensschutz- und das Verhältnismäßigkeitsprinzip beschränkt." (BAG 23.1.2008 NZA 2008, 709)

Grundsätzlich keine Rückwirkung

Denkbar ist, dass eine Betriebsvereinbarung rückwirkende Änderungen herbeiführt. Die **rückwirkende Abänderung** einer Betriebsvereinbarung zuungunsten der Arbeitnehmer unterliegt Grenzen. Das

BAG wendet insoweit die verfassungsrechtlichen Grundsätze der Rückwirkung an.

„Eine echte Rückwirkung liegt vor, wenn eine Rechtsnorm nachträglich ändernd in abgewickelte, der Vergangenheit angehörende Tatbestände eingreift. Sie ist verfassungsrechtlich grundsätzlich unzulässig. Unechte Rückwirkung liegt vor, wenn eine Rechtsnorm auf gegenwärtige, noch nicht abgeschlossene Sachverhalte und Rechtsbeziehungen einwirkt und damit zugleich die betroffene Rechtsposition nachträglich entwertet. Sie ist verfassungsrechtlich grundsätzlich zulässig. Grenzen der Zulässigkeit können sich aus dem Grundsatz des Vertrauensschutzes und dem Verhältnismäßigkeitsprinzip ergeben. Rechtlich ungesicherte, bloß tatsächliche Erwartungshaltungen sind aber aus Rechtsgründen nicht schutzbedürftig." (BAG 23.1.2008 NZA 2008, 709).

Insbesondere werden rückwirkende Änderungen dann akzeptiert, wenn die Arbeitnehmer mit einer rückwirkenden Belastung rechnen mussten und sich darauf einstellen konnten (BAG 19.9.1995 AP Nr. 61 zu § 77 BetrVG 1972). Die Grenzen der Zulässigkeit sind aber überschritten, wenn die vom Normgeber angeordnete unechte Rückwirkung zur Erreichung des Normzwecks nicht geeignet oder nicht erforderlich ist oder wenn die Bestandsinteressen der Betroffenen die Veränderungsgründe der Neuregelung überwiegen (BAG 2.10.2007 NZA-RR 2008, 242).

„Kündigt der Arbeitgeber schon bei Wirksamwerden der Tariferhöhung eine Anrechnung übertariflicher Zulagen an, und macht er darüber hinaus die geplante Regelung, durch die sich die Verteilungsgrundsätze ändern, in geeigneter Form bekannt, so wird es im Regelfall zulässig sein, dass eine spätere Betriebsvereinbarung, die dieses Konzept realisiert, auf den Zeitpunkt der Tariferhöhung zurückwirkt. Mit der rückwirkenden Regelung mussten die Arbeitnehmer in diesem Fall rechnen. Insoweit bestehen gegen eine rückwirkende Betriebsvereinbarung auch dann keine Bedenken, wenn sie durch einen Spruch der Einigungsstelle zustande kommt." (BAG 19.9.1995 AP Nr. 61 zu § 77 BetrVG 1972)

8. Verhältnis zum Arbeitsvertrag

Im Verhältnis der Betriebsvereinbarung zum Arbeitsvertrag gelangt das Günstigkeitsprinzip zur Anwendung (siehe bereits unter § 152 I 1 c). Es durchbricht den Grundsatz des § 77 Abs. 4 BetrVG, dass Betriebsvereinbarungen unmittelbar und zwingend wirken. Bestimmungen einer Betriebsvereinbarung sind demnach nur einseitig zwingend und haben zugunsten der Arbeitnehmer dispositiven Charakter. Das Günstigkeitsprinzip gilt dabei für Abweichungen durch arbeitsvertragliche Vereinbarung nach Inkrafttreten einer Betriebsvereinbarung; es schützt aber auch davor, dass günstigere arbeitsvertragliche Regelungen durch nachteilige Regelungen in Betriebsvereinbarungen ersetzt werden (BAG 16.9.1986 AP Nr. 17 zu § 77 BetrVG 1972; BAG 7.11.1989 AP Nr. 46 zu § 77 BetrVG 1972).

Verdrängende Wirkung

Ungünstigere arbeitsvertragliche Regelungen können durch die Betriebsvereinbarung nur so lange verdrängt werden, wie diese – einschließlich des Nachwirkungszeitraums – wirkt. Dabei macht die günstigere Betriebsvereinbarung die arbeitsvertragliche Regelung jedoch nicht nichtig, so dass diese **wieder auflebt, wenn die Betriebsvereinbarung ihre Wirkung verliert** (BAG 21.9.1989 AP Nr. 43 zu § 77 BetrVG 1972). Damit wird verhindert, dass durch eine günstigere Betriebsvereinbarung zunächst eine vertragliche Regelung ersetzt wird und die Betriebsvereinbarung dann durch eine weitere insgesamt noch unter dem seinerzeitigen vertraglichen Niveau liegende Betriebsvereinbarung nach dem nun geltenden Ordnungsprinzip abgelöst wird.

„Macht damit eine nachfolgende Betriebsvereinbarung eine früher abgeschlossene arbeitsvertragliche Vereinbarung, die ungünstiger als die Betriebsvereinbarung ist, nicht nichtig, sondern lässt sie (latent) bestehen, so fehlt es an jeder in der gesetzlichen Regelung über die Wirkungen einer Betriebsvereinbarung liegenden Grundlage für die Annahme, eine nachfolgende günstigere Betriebsvereinbarung trete an die Stelle der früheren ungünstigeren arbeitsvertraglichen Vereinbarung und löse diese ab. Betriebsvereinbarungen über materielle Arbeitsbedingungen kommt daher hinsichtlich früherer ungünstigerer arbeitsvertraglicher Vereinbarungen keine ablösende Wirkung zu, sofern es sich nicht um arbeitsvertragliche Ansprüche auf Sozialleistungen im Sinne der Entscheidung des Großen Senats handelt, die auf einer arbeitsvertraglichen Einheitsregelung beruhen." (BAG 21.9.1989 AP Nr. 43 zu § 77 BetrVG 1972)

Ausnahmsweise Ablösungsprinzip bei § 613a BGB und Sozialleistungen

Von diesem Grundsatz sind **zwei Ausnahmen** zu machen. Zum einen die bereits durch das BAG selbst genannte Ausnahme bei Ansprüchen auf Sozialleistungen aus einer Einheitsregelung. Zum anderen gilt ausnahmsweise das Ablöseprinzip, wenn die arbeitsvertragliche (ungünstigere) Regelung zunächst durch Betriebsvereinbarung geregelt war und gemäß § 613a BGB zum Inhalt des Arbeitsvertrages wurde. In diesem Fall ist die arbeitsvertragliche Regelung nicht weiter geschützt, als wenn sie kollektivrechtlich weitergegolten hätte (BAG 14.8.2001 AP Nr. 85 zu § 77 BetrVG 1972).

Ferner kann eine umstrukturierende Betriebsvereinbarung über **Sozialleistungen** nach der Rechtsprechung des BAG einzelvertragliche Ansprüche der Arbeitnehmer dann **ablösen** – und nicht lediglich verdrängen –, wenn diese in einem entsprechenden Bezugssystem zueinander stehen und damit einen kollektiven Bezug zueinander aufweisen:

„Vertraglich begründete Ansprüche der Arbeitnehmer auf sog. freiwillige Sozialleistungen, die auf eine vom Arbeitgeber gesetzte Einheitsregelung oder eine Gesamtzusage zurückgehen, können durch eine nachfolgende Betriebsvereinbarung in den Grenzen von Recht und Billigkeit beschränkt werden, wenn die Neuregelungen insgesamt bei kollektiver Betrachtung nicht ungünstiger sind. Solche den einzelnen Arbeitnehmern zukommenden (Sozial-)Leistungen bilden untereinander

I. Betriebsvereinbarung § 152

ein Bezugssystem. [...] Durch eine umstrukturierende Betriebsvereinbarung werden daher nur solche einzelvertraglichen Ansprüche der Arbeitnehmer abgelöst, die in einem entsprechenden Bezugssystem zueinander stehen und damit einen kollektiven Bezug zueinander aufweisen. Nur für solche Ansprüche kann von einem Dotierungsrahmen gesprochen werden, nur für diese stellt sich die Frage, wie die durch den Dotierungsrahmen vorgegebenen finanziellen Mittel verteilt werden." (BAG 28.3.2000 AP Nr. 83 zu § 77 BetrVG 1972; BAG 16.9.1986 AP Nr. 17 zu § 77 BetrVG 1972; bestätigt durch BAG GS 7.11.1989 AP Nr. 46 zu § 77 BetrVG 1972).

Damit hat der 1. Senat seine Rechtsprechung vom 21.9.1989 (AP Nr. 43 zu § 77 BetrVG 1972) bestätigt und klargestellt, dass eine Betriebsvereinbarung auch im Bereich der Sozialleistungen arbeitsvertraglich geregelte Arbeitsbedingungen **nur dann ablösen kann, wenn die einzelvertraglichen Ansprüche der Arbeitnehmer untereinander ein Bezugssystem in der Weise bilden, dass diese aus einer vorgegebenen Finanzierungsmasse befriedigt werden, die nach bestimmten Verteilungsgrundsätzen zu verteilen ist.** Nur in diesem Fall kommt der Betriebsvereinbarung, wenn sie einem kollektiven Günstigkeitsvergleich standhält, eine ablösende Wirkung zu, so dass sie die arbeitsvertragliche Regelung ersetzt und diese auch nach Kündigung der Betriebsvereinbarung nicht wieder auflebt.

Diese Linie hat das BAG auch für andere arbeitsvertragliche Ansprüche bestätigt, insbesondere, wenn die bisher auf einer arbeitsvertraglichen Einheitsregelung beruhenden wesentlichen Arbeitsbedingungen insgesamt neu geregelt werden (BAG 28.3.2000 AP Nr. 83 zu § 77 BetrVG):

Keine ablösende Wirkung bei gleichzeitiger Regelung wesentlicher Arbeitsbedingungen

„Regelt eine Betriebsvereinbarung die bisher auf arbeitsvertraglicher Einheitsregelung beruhenden wesentlichen Arbeitsbedingungen insgesamt neu, kommt ihr auch hinsichtlich vertraglich gewährter Sozialleistungen keine ablösende Wirkung in dem Sinne zu, dass ihre Normen an die Stelle der vertraglichen Vereinbarung treten würden. In einem solchen Fall ist kein kollektiver Günstigkeitsvergleich möglich. [...] Das gilt vor allem für Ansprüche auf das eigentliche Arbeitsentgelt als Gegenleistung für die geschuldete Arbeitsleistung, Ansprüche auf Bezahlung von Mehrarbeit, Nachtarbeit und Feiertagsarbeit, Ansprüche auf Urlaub und Urlaubsvergütung, Ansprüche auf Fortzahlung des Lohnes bei Arbeitsverhinderung, aber auch für andere Regelungen, die den Inhalt des Arbeitsverhältnisses bestimmen, wie die Dauer der wöchentlichen Arbeitszeit oder die Kündigungsfristen. Hierauf gerichtete Vereinbarungen haben einen anderen Inhalt und andere Ansprüche zum Gegenstand als eine arbeitsvertragliche Einheitsregelung, die Ansprüche auf (Sozial-)Leistungen begründet, die in einem Bezugssystem zu gleichartigen Ansprüchen anderer Arbeitnehmer stehen. [...] Solche Ansprüche werden daher auch nicht durch eine nachfolgende Betriebsvereinbarung abgelöst." (BAG 28.3.2000 AP Nr. 83 zu § 77 BetrVG 1972)

Beurteilung der Günstigkeit

Für Leistungen, die untereinander in einem Bezugssystem stehen und damit ein geschlossenes Regelungssystem bilden, kommt es demnach auf einen kollektiven Günstigkeitsvergleich an. Ist die Regelung der Betriebsvereinbarung kollektiv günstiger, kann sie die Einheitsregelung oder Gesamtzusage verdrängen.

In den weit überwiegenden Fallgestaltungen ohne ein derartiges Bezugssystem findet das kollektive Günstigkeitsprinzip keine Anwendung (vgl. BAG GS 7.11.1989 AP Nr. 46 zu § 77 BetrVG 1972). Vielmehr gilt der **individuelle Günstigkeitsvergleich**. Dabei ist es objektiv zu beurteilen, ob arbeitsvertragliche Abreden Betriebsvereinbarungen gegenüber günstiger sind (siehe unter § 152 I 1 c). Subjektive Einschätzungen des betroffenen Arbeitnehmers sind mithin ohne Bedeutung; auch wenn der Maßstab für die objektive Beurteilung die Interessen des Arbeitnehmers sind, um dessen privatautonom vereinbarten Arbeitsvertrag es geht.

9. Grenzen der Betriebsautonomie

Literatur: KREUTZ, Grenzen der Betriebsautonomie, 1979; LINSENMAIER, Normsetzung der Betriebsparteien und Individualrechte der Arbeitnehmer, RdA 2008, 1; RICHARDI, Kollektivgewalt und Individualwille bei der Gestaltung des Arbeitsverhältnisses, 1978; SACKER, Gruppenautonomie und Übermachtkontrolle, 1972; v. HOYNINGEN-HUENE, Die Billigkeit im Arbeitsrecht, 1978; ROLFS, Die Inhaltskontrolle arbeitsrechtlicher Individual- und Betriebsvereinbarungen, RdA 2006, 349; WALTERMANN, „Umfassende Regelungskompetenz" der Betriebsparteien zur Gestaltung durch Betriebsvereinbarung?, RdA 2007, 257.

Bindung an höherrangiges Recht

Eine Grenze der Betriebsautonomie bildet zunächst höherrangiges Recht, an das die Betriebspartner gebunden sind. Beim Abschluss von Betriebsvereinbarungen geht **zwingendes staatliches Recht vor**. So kann etwa durch Betriebsvereinbarungen nicht das geltende Kündigungsschutzrecht abgeändert oder umgangen werden (BAG 20.11.1987 AP Nr. 2 zu § 620 BGB Altersgrenze). Einseitig zwingendes Gesetzesrecht hingegen kann durch Betriebsvereinbarung zugunsten des Arbeitnehmers abgeändert werden. Auch tarifdispositives Gesetzesrecht (etwa § 622 Abs. 4 BGB, § 4 Abs. 4 S. 1 EFZG, § 13 Abs. 1 S. 1 BUrlG) ist für die Betriebsparteien (einseitig) zwingend. Die Tarifdispositivität gilt nicht zugleich für Betriebsvereinbarungen. Eine Analogie kommt angesichts der bewussten gesetzgeberischen Entscheidung, die Disposition zu Lasten des Arbeitnehmers nur den Tarifvertragsparteien zu eröffnen, nicht in Betracht.

Privatrechtlicher Charakter

Ob und inwieweit Betriebsvereinbarungen einer **unmittelbaren Grundrechtsbindung** unterliegen, ist umstritten. Es spricht allerdings viel dafür, eine unmittelbare Grundrechtsbindung grundsätzlich nur für den Staat als Adressaten der Grundrechte anzunehmen (siehe unter § 105 V). Auch das BVerfG hat mit Hinweis auf den privatrechtlichen Charakter der Betriebsvereinbarung eine unmittelbare Grundrechtsbindung verneint, woraus allerdings im Ergebnis keine minderstrenge Grundrechtsbindung folgen dürfte. Die Grund-

I. Betriebsvereinbarung § 152

rechte entfalten über die §§ 134, 138 BGB und vor allem im Rahmen der Generalklauseln der §§ 2 und 75 BetrVG ihre Wirkungskraft (vgl. BVerfG 23.4.1986 AP Nr. 28 zu Art. 2 GG). In ständiger Rechtsprechung nimmt auch das BAG an, dass über § 75 Abs. 1, 2 BetrVG die Betriebspartner insbesondere auch an die grundrechtlichen Prinzipien des Vertrauensschutzes und der Verhältnismäßigkeit gebunden sind. Sie dürfen daher nicht gegen das Übermaßverbot verstoßen (BAG 7.11.1989 AP Nr. 46 zu § 77 BetrVG 1972).

„Die Regelungsbefugnis der Betriebsparteien besteht nur in den Grenzen von Recht und Billigkeit (§ 75 Abs. 1 BetrVG). Höherrangiges und zwingendes Recht darf nicht verletzt werden. Bei der Ausübung und Ausgestaltung ihrer Regelungsbefugnis haben die Betriebsparteien den Grundsätzen des freiheitlichen und sozialen Rechtsstaates (Art. 20 GG) und der individuellen Entfaltungsfreiheit (Art. 2 Abs. 1 und Art. 12 GG) Rechnung zu tragen." (BAG 7.11.1989 AP Nr. 46 zu § 77 BetrVG 1972)

Nunmehr geht auch das **BAG** ausdrücklich von einer **mittelbaren Grundrechtsbindung** der Betriebsparteien über das Einfallstor des § 75 BetrVG aus. Gegenstand gerichtlicher Entscheidungen war neben dem Schutz aus Art. 6 GG (BAG 12.11.2002 AP Nr. 159 zu § 112 BetrVG 1972) immer wieder der Schutz der allgemeinen Handlungsfreiheit betroffener Arbeitnehmer aus Art. 2 Abs. 1 GG gegenüber der kollektiven Regelungsmacht (BAG 1.2.2006 AP Nr. 28 zu § 77 BetrVG 1972 Betriebsvereinbarung; 18.7.2006 AP Nr. 15 zu § 850 ZPO; 12.12.2006 AP Nr. 94 zu § 77 BetrVG 1972; 13.2.2007 AP Nr. 40 zu § 87 BetrVG 1972 Ordnung des Betriebes).

„Über § 75 Abs. 1, 2 BetrVG [a.F.] sind die Betriebsparteien mittelbar an die Grundrechte gebunden. Sie haben damit auch die allgemeine Handlungsfreiheit nach Art. 2 Abs. 1 GG zu beachten. Diese schützt nicht nur einen Kernbereich, sondern jede Form menschlichen Handelns ohne Rücksicht darauf, welches Gewicht der Betätigungsfreiheit für die Persönlichkeitsentfaltung zukommt. Zwar wird die über den Kernbereich der Persönlichkeit hinausgehende allgemeine Handlungsfreiheit ihrerseits durch die verfassungsmäßige Ordnung beschränkt, zu der auch die von den Betriebsparteien im Rahmen ihrer allgemeinen Regelungskompetenz geschlossenen Betriebsvereinbarungen gehören. Zugleich sind jedoch die einzelnen Grundrechtsträger vor unverhältnismäßigen Beschränkungen ihrer Grundrechte durch privatautonome Regelungen zu schützen. In welchem Umfang die allgemeine Handlungsfreiheit begrenzt werden kann, bestimmt sich deshalb nach dem Grundsatz der Verhältnismäßigkeit. Die von den Betriebsparteien getroffene Regelung muss geeignet, erforderlich und unter Berücksichtigung der gewährleisteten Freiheitsrechte angemessen sein, um den erstrebten Zweck zu erreichen. Innerhalb der Prüfung der Angemessenheit ist eine Gesamtabwägung zwischen der Intensität des Eingriffs und dem Gewicht der ihn rechtfertigenden Gründe erforderlich." (BAG 18.7.2006 AP Nr. 15 zu § 850 ZPO)

Diese Bindung gilt selbstredend auch für die Beschlüsse einer Einigungsstelle (BAG 13.2.2007 AP Nr. 40 zu § 87 BetrVG 1972 Ordnung des Betriebes).

Billigkeitskontrolle Dauerbrenner rechtlicher Diskussionen in diesem Zusammenhang ist, ob der Inhalt von Betriebsvereinbarungen über die Rechtskontrolle nach Maßgabe höherrangigen Rechts gerichtlich hinaus einer allgemeinen Billigkeitskontrolle zu unterziehen ist.

Nach früherer ständiger Rechtsprechung des BAG unterlag die Betriebsvereinbarung einer solchen **gerichtlichen Billigkeitskontrolle** (BAG 16.9.1986 AP Nr. 17 zu § 77 BetrVG 1972). Dem Gericht sollte damit die Möglichkeit gegeben sein, in den Inhalt von Betriebsvereinbarungen korrigierend einzugreifen, wenn zwingendes höherrangiges Recht und die guten Sitten (§§ 134, 138 BGB) der Betriebsvereinbarung zwar nicht entgegenstehen, der Inhalt der Vereinbarung dem Gericht aber unbillig und unangemessen erschien. Gerechtfertigt wurde die Billigkeitskontrolle mit der Argumentation, zwischen den Betriebspartnern herrsche wegen der Abhängigkeit der Mitglieder des Betriebsrats vom Arbeitgeber keine hinreichende Parität; zudem sei dem Betriebsrat der Arbeitskampf verwehrt (BAG 30.1.1970 AP Nr. 142 zu § 242 BGB Ruhegehalt).

„Auf der anderen Seite unterliegt auch der Inhalt einer Betriebsvereinbarung der Billigkeitskontrolle durch das Gericht. Die betriebliche Ruhegeldvereinbarung ist zwar wie der Tarifvertrag ein kollektivrechtlicher Normenvertrag. Sie ist jedoch nicht in demselben Maße wie der Tarifvertrag autonom und der gerichtlichen Inhaltskontrolle entzogen. Der Tarifvertrag ist nur daraufhin zu überprüfen, ob er gegen die Verfassung, zwingendes Gesetzesrecht, die guten Sitten und tragende Grundsätze des Arbeitsrechts verstößt. Das rechtfertigt sich aus der Institutsgarantie in Art. 9 Abs. 3 GG und aus der Stärke und Unabhängigkeit der Tarifvertragsparteien, die auf den Arbeitskampf als ultima ratio zurückgreifen können. Diese Voraussetzungen sind bei der Betriebsvereinbarung nicht in gleicher Weise garantiert. Die Betriebsratsmitglieder genießen zwar Unabhängigkeit und Kündigungsschutz [...]. Dies vermag die Abhängigkeit, in der sie als Arbeitnehmer stehen, weitgehend, jedoch nicht vollständig auszugleichen. Es kommt hinzu, dass dem Betriebsrat [...] der Arbeitskampf verwehrt ist. Aus diesen Gründen ist eine gerichtliche Inhaltsprüfung bei der Betriebsvereinbarung – anders als beim Tarifvertrag – nicht zu entbehren. [...] Hiernach rechtfertigt sich eine Billigkeitskontrolle durch das Gericht, bei der jedoch nicht, wie im Kündigungsschutzprozess, die individuelle Interessenabwägung im Vordergrund steht. Vielmehr wird das Gericht im Streitfall nach dem Maßstab von Treu und Glauben unter besonderer Berücksichtigung des Vertrauensschutzgedankens die Auswirkung auf alle Gruppen unter den Arbeitnehmern prüfen müssen." (BAG 30.1.1970 AP Nr. 142 zu § 242 BGB Ruhegehalt)

Diese vom BAG eingeräumte gerichtliche Möglichkeit des korrigierenden Eingreifens auf den Inhalt von Betriebsvereinbarungen, wenn dieser (nach den Vorstellungen des Gerichts) unbillig oder unange-

I. Betriebsvereinbarung § 152

messen ist, unterlag starker **Kritik in der Literatur** (vgl. GK-BetrVG/ KREUTZ § 77 Rn. 299 m.w.N.). So wurde der Rechtsprechung des BAG u.a. entgegengehalten, dass für die Billigkeitskontrolle keine dogmatische Grundlage vorhanden sei. Auch könne eine Billigkeitskontrolle nicht bei kollektiven Tatbeständen vorgenommen werden, da Billigkeit auf die Verwirklichung der Gerechtigkeit im Einzelfall ziele. Nach Auffassung der Literatur sollte sich die gerichtliche Überprüfung der Betriebsvereinbarungen daher auf eine Rechtskontrolle beschränken. Dennoch hat das BAG an dem Erfordernis der Billigkeitskontrolle festgehalten und sie später auf § 75 BetrVG gestützt (BAG 24.3.1981 AP Nr. 12 zu § 112 BetrVG 1972; 20.4.1994 AP Nr. 77 zu § 112 BetrVG 1972).

„Eine gerichtliche Billigkeitskontrolle ist vor allem dann geboten, wenn eine Betriebsvereinbarung bereits bestehende Rechtspositionen zum Nachteil der Arbeitnehmer verschlechtert. [...] Dem BAG ist entgegengehalten worden, er stütze sich bei seiner Rechtsprechung zur Billigkeitskontrolle fälschlich auf § 315 BGB; diese Vorschrift gelte nur für bestimmte einzelvertragliche Gestaltungen und lasse sich auf kollektive Regelungen nicht übertragen. [...] § 315 BGB betrifft zweifellos nicht die Regelungsmacht der Betriebspartner. Aber er ist Ausdruck eines allgemeinen Rechtsgedankens, der auch im Betriebsverfassungsrecht Geltung beansprucht. Dass auch die Betriebspartner Recht und Billigkeit beachten müssen, zeigen die § 75 Abs. 1 S. 1 [a.F.] und 76 Abs. 5 S. 3 BetrVG.

Allgemeine Inhaltskontrolle am Maßstab der Billigkeit

Richtig ist allerdings, dass die Überprüfung einer Betriebsvereinbarung andere Maßstäbe erfordert als die Beurteilung einer einzelvertraglichen Regelung. Die generellen und abstrakten Normen einer Betriebsvereinbarung gelten für eine unbestimmte Zahl von Arbeitnehmern und müssen deshalb zunächst an einem verallgemeinernden Maßstab gemessen werden. Es kommt darauf an, ob das Regelungsziel und die Mittel, mit denen es erreicht werden soll, die Grundsätze der Billigkeit beachten. Bei Eingriffen in vorhandene Versorgungsrechte ist zu prüfen, ob der Vertrauensschutz der berechtigten Arbeitnehmer, die sich bei ihrer Vorsorge für das Alter auf eine günstigere Versorgungsregelung eingestellt haben, angemessen berücksichtigt wird. Dieser abstrakten Billigkeitskontrolle kann u.U. eine konkrete Billigkeitskontrolle folgen, wenn die Neuregelung zwar insgesamt nicht zu beanstanden ist, jedoch im Einzelfall Wirkungen entfaltet, die nach dem Regelungsplan nicht beabsichtigt sein können und unbillig erscheinen. Eine solche konkrete Billigkeitskontrolle ändert nichts am Inhalt und der Wirksamkeit einer Betriebsvereinbarung; sie fügt ihr nur gleichsam eine Härteklausel hinzu." (BAG 8.12.1981 AP Nr. 1 zu § 1 BetrAVG Ablösung)

Die Kritik an der Billigkeitskontrolle hat das BAG jedoch nicht gänzlich unberührt gelassen. So kam es der Literatur entgegen und legte der Billigkeitskontrolle nunmehr das **Verständnis einer Rechtskontrolle** zugrunde (BAG 22.5.1990 AP Nr. 3 zu § 1 BetrAVG Betriebsvereinbarung; 26.10.1994 AP Nr. 18 zu § 611 BGB Anwesenheitsprämie).

Rechtskontrolle

„Es entspricht der Rechtsprechung des Bundesarbeitsgerichts, dass Betriebsvereinbarungen einer gerichtlichen Billigkeitskontrolle unterliegen. Maßstab für die gerichtliche Prüfung ist dabei die Bindung der Betriebspartner an die Zielbestimmungen des Betriebsverfassungsgesetzes, wie sie insbesondere in § 75 BetrVG umschrieben sind. Die Billigkeitskontrolle bezieht sich auf die sog. Innenschranken der Betriebsvereinbarung. Sie ist insoweit eine Rechtskontrolle. Es geht darum, ob die von den Betriebspartnern vereinbarte Regelung in sich der Billigkeit entspricht oder ob einzelne Arbeitnehmer oder Gruppen von ihnen in unbilliger Weise benachteiligt werden. Auch der Senat hat in ständiger Rechtsprechung entschieden, dass die Betriebspartner bei der Vereinbarung eines Sozialplanes an die Grundsätze in § 75 BetrVG gebunden sind, wobei den Betriebspartnern jedoch ein weiter Regelungsspielraum verbleibt.

Die Billigkeitskontrolle von Betriebsvereinbarungen hat im Schrifttum verbreitete Kritik erfahren. Diese Kritik ist jedenfalls insoweit nicht gerechtfertigt, als sich die Billigkeitskontrolle als Rechtskontrolle versteht, indem sie ausgehend von § 75 BetrVG prüft, ob die betriebliche Regelung gesetzlichen Grundentscheidungen widerspricht, den Gleichbehandlungsgrundsatz und das Gleichbehandlungsgebot beachtet, den Betriebspartnern aber hinsichtlich der Bewertung der Interessen des Betriebes und der Arbeitnehmer einen weiten Beurteilungsspielraum einräumt." (BAG 26.10.1994 AP Nr. 18 zu § 611 BGB Anwesenheitsprämie)

Das BAG kehrte demnach schon vor der Schuldrechtsmodernisierung vom Prüfungsmaßstab des Grundsatzes von Treu und Glauben sowie der abgestuften abstrakten und konkreten Billigkeitskontrolle ab. Infolge der Kritik an der Billigkeitskontrolle beschränkte sich die Rechtsprechung nunmehr weitgehend auf die Gewährleistung der Freiheitsrechte, den **Grundsatz der Gleichbehandlung und das Verhältnismäßigkeitsprinzip, mithin** auf eine Rechtskontrolle.

Schuldrechtsmodernisierung

§ 310 Abs. 4 Satz 1 BGB schließt eine Inhaltskontrolle nach Maßgabe der §§ 305 ff. BGB aus. Diese gesetzgeberische Entscheidung ist zu respektieren (BAG 1.2.2006 AP Nr. 28 zu § 77 BetrVG 1972 Betriebsvereinbarung). Die Inhaltskontrolle einer Betriebsvereinbarung hat sich daher nach wie vor an § 75 BetrVG zu orientieren.

Ausdrücklich offen gelassen hat der 5. Senat des BAG in einer Entscheidung zur Wirksamkeit von Widerrufsvorbehalten in Betriebsvereinbarungen jedoch zunächst, ob die Grundsätze der Angemessenheitskontrolle von Individualvereinbarungen auf die Inhaltskontrolle nach § 75 BetrVG übertragbar sind.

„Der in der Betriebsvereinbarung vom 2.3.1993 geregelte Widerrufsvorbehalt ist nach § 310 Abs. 4 Satz 1 BGB der Inhaltskontrolle nach §§ 305 ff. BGB entzogen. Nach § 310 Abs. 4 Satz 1 BGB finden die §§ 305 ff. BGB keine Anwendung auf Betriebsvereinbarungen. [...] Die Betriebsvereinbarung vom 2.3.1993 unterliegt einer Inhaltskontrolle nach § 75 BetrVG.

I. Betriebsvereinbarung § 152

Ob auf eine Überprüfung von Betriebsvereinbarungen die für die Angemessenheitskontrolle von Individualvereinbarungen geltenden Grundsätze übertragbar sind, wenn auf Grund einer Betriebsvereinbarung Leistungen widerrufen werden, bedarf vorliegend keiner Entscheidung. Auch bei Anwendung der für den Widerruf von Leistungen geltenden Maßstäbe auf das in der Betriebsvereinbarung geregelte Widerrufsrecht sind die erfolgten Widerrufe der Coachtätigkeit nicht zu beanstanden. Nach der Senatsrechtsprechung ist die Vereinbarung eines Widerrufsvorbehalts zulässig, soweit der widerrufliche Anteil am Gesamtverdienst unter 25 bis 30 % liegt und der Tariflohn nicht unterschritten wird." (BAG 1.2.2006 AP Nr. 28 zu § 77 BetrVG 1972 Betriebsvereinbarung)

Dagegen hat der 1. Senat in einer späteren Entscheidung gerade auf den Unterschied der Betriebsvereinbarung zu einer Individualvereinbarung hingewiesen und in dieser sowie in folgenden Senatsentscheidungen eine rein betriebsverfassungsspezifische Inhaltskontrolle vollzogen.

„Ferner bietet die gleichberechtigte Mitwirkung des Betriebsrats eine gewisse Gewähr dafür, dass die Interessen der Arbeitnehmer berücksichtigt und diese nicht unangemessen belastet werden. Das bringt der Gesetzgeber durch die Regelung in § 310 Abs. 4 Satz 1 BGB zum Ausdruck, nach der Betriebsvereinbarungen nicht der Kontrolle anhand von §§ 305 ff. BGB unterfallen. Darüber hinaus ist der Betriebsrat von der Belegschaft nach demokratischen Grundsätzen gewählt und muss sich in regelmäßigen Abständen zur Neuwahl stellen." (BAG 12.12.2006 AP Nr. 94 zu § 77 BetrVG 1972)

Im Zusammenhang der Grenzen der Regelungsmacht der Betriebsparteien stellt sich ferner die Frage, ob und inwieweit die Betriebsvereinbarung **genuinen Innenschranken** unterliegt.

(B)Innenschranken

So wird in der Literatur teilweise angenommen, dass sich aus dem Verhältnis von kollektiven Regelungen zu den individuellen Rechtspositionen der Arbeitnehmer innere Grenzen ergeben. Aus dem Schutzzweck einer Betriebsvereinbarung wird daher teilweise abgeleitet, dass diese die Arbeitnehmer nicht ausschließlich belasten dürfe (GK-BetrVG/Kreutz § 77 Rn. 315 ff.). Teilweise wird eine Beschränkung auf Inhalte angenommen, für die der Arbeitgeber gegenüber dem Arbeitnehmer die einseitige Regelungsbefugnis hat (Säcker, Gruppenautonomie und Übermachtkontrolle im Arbeitsrecht, S. 450 ff.).

Diesen Auffassungen in der Literatur ist das BAG jüngst entgegen getreten (BAG 12.12.2006 AP Nr. 94 zu § 77 BetrVG 1972). Das BetrVG gehe seiner Konzeption nach von einer umfassenden Kompetenz der Betriebsparteien zur Regelung materieller und formeller Arbeitsbedingungen aus, welche auch die Befugnis einschließe, in Betriebsvereinbarungen Regelungen zu treffen, die die Arbeitnehmer belasten. Die Kompetenz sei auch nicht auf Regelungen beschränkt, für die der Arbeitnehmer die einseitige Regelungsbefugnis hat.

Doch auch das BAG geht nicht von einer schrankenlosen Regelungsbefugnis aus. So hat es unter dem Aspekt der „Innenschranken" eine Vertragsstrafenregelung in einer Betriebsvereinbarung für unwirksam erklärt, weil durch eine solche Vereinbarung der Zweck der Betriebsvereinbarung in ihr Gegenteil verkehrt werde (BAG 6.8.1991 AP Nr. 52 zu § 77 BetrVG 1972).

„Im Schrifttum wird trotz Bejahung einer umfassenden Regelungskompetenz der Betriebspartner vertreten, dass diese jedoch an ‚Innenschranken' gebunden sei. So gehe Individualschutz vor Kollektivschutz [...]. Unter diesem Begriff wird die Frage diskutiert, ob in Betriebsvereinbarungen Kostenpauschalen für die Bearbeitung von Lohnpfändungen, Lohnabtretungsverbote, Wettbewerbsverbote oder ein Haftungsausschluss für den Arbeitgeber vereinbart werden kann. Insbesondere im Anschluss an eine Entscheidung des 2. Senats vom 5.3.1959 (AP Nr. 26 zu § 611 BGB Fürsorgepflicht) wird weitgehend die Ansicht vertreten, dass Betriebsvereinbarungen nicht ausschließlich Bestimmungen zu Lasten der Arbeitnehmer enthalten dürfen [...]. Der [1.] Senat braucht vorliegend nicht abschließend zu entscheiden, welche ‚Innenschranken' der grundsätzlich umfassenden Regelungskompetenz der Betriebspartner gezogen sind. Die Betriebspartner missbrauchen jedenfalls ihre Regelungskompetenz, wenn sie das Regelungsinstrument der Betriebsvereinbarung zweckwidrig einsetzen." (BAG 6.8.1991 AP Nr. 52 zu § 77 BetrVG 1972)

Dies geschah im vorliegenden Fall aus Sicht des BAG deshalb, weil in einer Betriebsvereinbarung die Bestimmung enthalten war, dass einzelvertragliche Vertragsstrafenversprechen der Betriebsvereinbarung auch dann vorgehen, wenn sie für den Arbeitnehmer ungünstiger sind.

In jüngeren Entscheidungen geht das BAG – unter Verwendung einer leicht veränderten Terminologie – jedoch nur noch von „**Binnenschranken**" aus, die der Begrenzung durch die **Vereinbarkeit mit höherrangigem Recht** entsprechen.

„Außerdem unterliegt die Regelungsbefugnis der Betriebsparteien Binnenschranken. Die Vereinbarkeit mit höherrangigem Recht ist gerichtlich voll überprüfbar. Insbesondere diese Prüfung, die ein betroffener Arbeitnehmer im Individualprozess herbeiführen kann, verhindert ungerechtfertigte oder unverhältnismäßige Beschränkung individualrechtlicher Rechtspositionen durch die Ausübung der den Betriebsparteien verliehenen kollektiven Regelungsmacht. Nach der ständigen Rechtsprechung des Senats sind die Betriebsparteien beim Abschluss von Betriebsvereinbarungen gemäß § 75 Abs. 1, Abs. 2 S. 1 BetrVG zur Wahrung der grundrechtlich geschützten Freiheitsrechte verpflichtet." (BAG 12.12.2006 AP Nr. 94 zu § 77 BetrVG 1972)

Damit ist die Kontrolle der Betriebsvereinbarungen im Hinblick auf die „(B)Innenschranken" von der allgemeinen Rechtskontrolle in der Judikatur des BAG nicht mehr zu unterscheiden. Der Begriff oder die Thematik hat daher seine eigenständige Bedeutung verloren.

I. Betriebsvereinbarung § 152

Dass das BAG nun die Vereinbarkeit mit höherrangigem Recht teils unter dem Begriff der „Binnenschranken" erörtert, erscheint indes im Hinblick auf die Begriffswahl verfehlt.

Dreh- und Angelpunkt der Grenze der Betriebsautonomie ist in jüngster Rechtsprechung des BAG immer wieder die **Vereinbarkeit** des Inhalts von Betriebsvereinbarungen **mit der allgemeinen Handlungsfreiheit** aus Art. 2 Abs. 1 GG gewesen, die über § 75 BetrVG zu beachten ist. An diesen Entscheidungen zeigt sich insbesondere die „neue Einkleidung" der Angemessenheitsprüfung im Rahmen der Inhaltskontrolle von Betriebsvereinbarungen. Entscheidend für die Zulässigkeit oder Unzulässigkeit einer betrieblichen Norm ist regelmäßig der Grundsatz der Verhältnismäßigkeit.

Aktuelle Tendenzen der Inhaltskontrolle

„Über § 75 Abs. 1, Abs. 2 BetrVG sind die Betriebsparteien mittelbar an die Grundrechte gebunden. Sie haben damit auch die allgemeine Handlungsfreiheit nach Art. 2 Abs. 1 GG zu beachten. Diese schützt nicht nur einen Kernbereich, sondern jede Form menschlichen Handelns ohne Rücksicht darauf, welches Gewicht der Betätigungsfreiheit für die Persönlichkeitsentfaltung zukommt. Zwar wird die über den Kernbereich der Persönlichkeit hinausgehende allgemeine Handlungsfreiheit ihrerseits durch die verfassungsmäßige Ordnung beschränkt, zu der auch die von den Betriebsparteien im Rahmen ihrer allgemeinen Regelungskompetenz geschlossenen Betriebsvereinbarungen gehören. Zugleich sind jedoch die einzelnen Grundrechtsträger vor unverhältnismäßigen Beschränkungen ihrer Grundrechte durch privatautonome Regelungen zu schützen. In welchem Umfang die allgemeine Handlungsfreiheit begrenzt werden kann, bestimmt sich deshalb nach dem Grundsatz der Verhältnismäßigkeit."

„Die von den Betriebspartnern getroffene Regelung muss geeignet, erforderlich und unter Berücksichtigung der gewährleisteten Freiheitsrechte angemessen sein, um den erstrebten Zweck zu erreichen. Innerhalb der Prüfung der Angemessenheit ist eine Gesamtabwägung zwischen der Intensität des Eingriffs und dem Gewicht der ihn rechtfertigenden Gründe erforderlich." (BAG 18.7.2006 AP Nr. 15 zu § 850 ZPO und BAG 11.7.2000 AP Nr. 16 zu § 87 BetrVG 1972 Sozialeinrichtungen)

Im Ergebnis hat das BAG die Regelung einer Betriebsvereinbarung, die Arbeitnehmer mit der Kostentragungspflicht von **Kantinenessen** belastet, auch wenn sie dieses nicht in Anspruch nehmen, als unangemessen benachteiligend für unwirksam erklärt (BAG 11.7.2000 AP Nr. 16 zu § 87 BetrVG 1972 Sozialeinrichtungen). Das BAG sah in der Regelung eine unzulässige Lohnverwendungsbestimmung, die zu einem unverhältnismäßigen Eingriff in das Recht der Klägerin auf freie Entfaltung ihrer Persönlichkeit bzw. auf allgemeine Handlungsfreiheit führe. In den Obersätzen der Entscheidung ist ein Unterschied zur Kontrolle nach dem Maßstab des § 307 Abs. 1 BGB kaum zu erkennen.

Kostentragungspflicht für Kantinenessen und Kleidung

Gegenstand einer weiteren Entscheidung des BAG vom 13.2.2007 (AP Nr. 40 zu § 87 BetrVG 1972 Betriebliche Ordnung) war ein Spruch der Einigungsstelle, der für das gesamte Personal eines staatlich konzessionierten Spielcasinos während der Arbeitszeit das Tragen einer bestimmten, nach Funktionsgruppen differenzierten **Kleidung** vorschrieb. Die Betriebsvereinbarung sah die Beschaffung der detailliert umschriebenen Kleidung durch die Arbeitnehmer vor, traf indes keine Regelung über die Kostentragung. Das BAG gelangte zur Wirksamkeit des Einigungsstellenspruches und bestätigte unter Zugrundelegung der Maßstäbe der Kantinenessenentscheidung sowohl die Kleiderordnung als auch die Beschaffungspflicht. Im Hinblick auf die Kleiderordnung ging das BAG bei der Gesamtabwägung von einem überwiegenden Interesse des Arbeitgebers an einem einheitlichen Erscheinungsbild der im Spielcasino beschäftigten Angestellten aus. Für ein Spielcasino sei das Erscheinungsbild des Personals von wesentlicher Bedeutung und würde auch von den Casinobesuchern erwartet. Dies müsse den Beschäftigten bei Eingehung des Arbeitsverhältnisses nach Auffassung des Gerichts auch „klar sein". Die Selbstbeschaffungspflicht sei ebenfalls geeignet, erforderlich und angemessen. Insbesondere sei dies angesichts der Auswahl nach individuellen Vorstellungen das mildere Mittel gegenüber einer Beschaffung durch den Arbeitgeber.

Unzulässigkeit der Kostentragungspflicht bei Gehaltspfändungen

In einer anderen Entscheidung hatte sich das BAG mit der Kostentragung für die Bearbeitung von Gehaltspfändungen zu befassen (BAG 18.7.2006 AP Nr. 15 zu § 850 ZPO). In einer freiwilligen Betriebsvereinbarung regelten die Betriebsparteien, dass der Arbeitgeber für die Bearbeitung von Pfändungen jeweils 3 % des gepfändeten Betrages vom Lohn einbehalten sollte. Das Gericht prüfte zunächst eingehend, ob dem Arbeitgeber ein gesetzlicher Anspruch auf Ersatz der Bearbeitungskosten zustehe und verneinte dies. Im Rahmen der Kontrolle der Betriebsvereinbarung nach § 75 BetrVG unter dem oben dargestellten Prüfungsmaßstab nahm das BAG einen Verstoß gegen höherrangiges Recht an, weil die Regelung schon nicht geeignet und darüber hinaus auch nicht angemessen war. Der Zweck, die Arbeitnehmer zur Ordnung ihrer Vermögensverhältnisse anzuhalten, konnte nach Auffassung des Gerichts durch die Regelung nicht gefördert werden. Die Aussicht, zur Zahlung von Pfändungsgebühren herangezogen zu werden, war insoweit nicht geeignet. Ferner sei die Kostentragungsverpflichtung des Arbeitnehmers unangemessen, weil die Rechtsordnung wegen des Fehlens anderslautender Bestimmungen die dem Drittschuldner [hier: dem Arbeitgeber] entstehenden Kosten selbst zuweist. Diese „Grundentscheidung des Gesetzgebers" hätten die Betriebsparteien durch die Auferlegung einer „Pfändungsgebühr" zu Lasten der Arbeitnehmer umgekehrt. Diese Entscheidung hätte ebenso zu § 307 Abs. 2 Nr. 1 BGB ergehen können. Denn in der Sache prüft das BAG unter dem Schirm des § 75 BetrVG die „Leitbildfunktion" gesetzlicher Regelungen.

I. Betriebsvereinbarung § 152

Das Gleiche geschieht in der Frage der Zulässigkeit von Ausschlussklauseln für Ansprüche aus Annahmeverzug während eines laufenden Kündigungsschutzprozesses (BAG 12.12.2006 AP Nr. 94 zu § 77 BetrVG 1972). Durch Bezugnahme auf den Tarifvertrag regelte die streitgegenständliche Betriebsvereinbarung unter anderem, dass Ansprüche aus dem Arbeitsverhältnis innerhalb von drei Monaten nach ihrer Fälligkeit und im Falle ihrer Erfüllungsverweigerung innerhalb von drei Monaten seit der Ablehnung gerichtlich geltend zu machen waren. Eine spätere Geltendmachung war dagegen ausgeschlossen. Die Regelung erklärte das BAG insoweit für **unwirksam** ist, als sie bereits während eines laufenden Kündigungsschutzprozesses die gerichtliche Geltendmachung auch von solchen Annahmeverzugsansprüchen verlangt, die allein vom Ausgang dieses Kündigungsschutzprozesses abhängen. Die Regelung halte einer Verhältnismäßigkeitskontrolle nicht stand, da sie unangemessen die regelmäßigen Verjährungsfristen gem. §§ 195, 199 BGB verkürze. Dieses Ergebnis stützte das BAG abermals auf die entgegenstehende gesetzgeberische Wertung.

Ausschlussklauseln

„Solange über die Wirksamkeit der Kündigung nicht rechtskräftig entschieden ist, kann der Arbeitnehmer das Bestehen von Annahmeverzugsansprüchen nicht zuverlässig beurteilen. Dieser Situation trägt der Gesetzgeber dadurch Rechnung, dass er nach einer Kündigung des Arbeitsverhältnisses durch den Arbeitgeber vom Arbeitnehmer jedenfalls bis zum Ablauf der Verjährungsfrist nicht verlangt, seine Ansprüche aus dem möglicherweise fortbestehenden Arbeitsverhältnis einzuklagen, sondern mit § 4 S. 1 KSchG die Möglichkeit und die Obliegenheit vorsieht, zunächst das Fortbestehen des Arbeitsverhältnisses mit einer Feststellungsklage gerichtlich zu klären. [...] Dies ist Teil einer vom Gesetzgeber seit jeher verfolgten Gesamtkonzeption, dem Arbeitnehmer insbesondere beim Streit über den (Fort-)Bestand seines Arbeitsverhältnisses den Weg zu den Gerichten für Arbeitssachen zu ebnen und nicht durch Kostenbarrieren zu sperren. Diese gesetzgeberische Konzeption gerät in Gefahr, wenn der Arbeitnehmer gezwungen ist, seine Annahmeverzugsansprüche bereits während des laufenden Kündigungsschutzprozesses einzuklagen. [...] Die mit der Ausschlussfrist verbundenen Eingriffe in die Handlungsfreiheit des Arbeitnehmers und die dadurch entstehenden wirtschaftlichen Risiken bei der Wahrnehmung der Rechte in Streitigkeiten über den Fortbestand des Arbeitsverhältnisses wiegen deutlich schwerer als das Interesse des Arbeitgebers einer parallel zum Kündigungsschutzprozess erfolgenden gerichtlichen Klärung der Annahmeverzugsansprüche." (BAG 12.12.2006 AP Nr. 94 zu § 77 BetrVG 1972)

Der Eindruck, durch die Einführung von § 310 Abs. 4 S. 1 BGB sei dem BAG die Grundlage für die Inhaltskontrolle entzogen worden, kann nicht bestätigt werden. Im Gegenteil stellt das BAG nach wie vor strenge Maßstäbe an die Zulässigkeit von Betriebsvereinbarungen, wenn diese in die Rechte der Arbeitnehmer eingreifen. Die Rechtskontrolle ist dabei intensiver als bei Tarifverträgen, obwohl

Bewertung und Ausblick

605

diese gleichermaßen gemäß § 310 Abs. 4 S. 1 BGB von der Bereichsausnahme der Inhaltskontrolle erfasst werden.

Auf der Basis des § 75 BetrVG vollzieht das BAG eine Inhaltskontrolle, die in ihrer Intensität derjenigen nach § 307 BGB gleich kommt. Dies wird – wie einige der dargestellten Entscheidungen zeigen – noch dadurch verstärkt, dass das BAG die Angemessenheit von Regelungen in Betriebsvereinbarungen auch daran misst, ob die Betriebsparteien zum Nachteil der Arbeitnehmer von gesetzlichen Regelungen oder gesetzgeberischen Wertungen abweichen. Insoweit entfernt sich das BAG von einer Grundrechtsprüfung im klassischen Sinne, und ein Unterschied zu einer Kontrolle nach § 307 BGB ist kaum mehr erkennbar.

Bei Auswertung der Rechtsprechung und genauerer Betrachtung kann eine **Differenzierung** jedoch an zwei Gesichtspunkten festgemacht werden. Zum einen betont das BAG mitunter, dass den Betriebsparteien bei der Regelung ein **Beurteilungsspielraum** zukommt. Insbesondere bei der Frage der Geeignetheit und Erforderlichkeit einer in die Rechte der Arbeitnehmer eingreifenden Regelung hat das BAG einen solchen angenommen (BAG 29.6.2004 AP Nr. 41 zu § 87 BetrVG 1972 Überwachung). Insofern hat es einen Vergleich zum Beurteilungsspielraum des Gesetzgebers gezogen.

Zum anderen stellt das BAG mitunter weniger strenge Voraussetzungen an die **Transparenz** der Regelungen in Betriebsvereinbarungen. Ob es insgesamt von einer Transparenzkontrolle absieht, kann anhand der jüngeren Rechtsprechung indes nicht abschließend beantwortet werden. Zumindest der 5. Senat hat in seiner Entscheidung zur Zulässigkeit eines Widerrufsvorbehalts in einer Betriebsvereinbarung von einer Prüfung der Transparenz gänzlich abgesehen, obwohl er im Übrigen den Eingriff in die Rechtspositionen der betroffene Arbeitnehmer an denselben Maßstäben wie eine Individualvereinbarung gemessen hat (BAG 1.2.2006 AP Nr. 28 zu § 77 BetrVG 1972 Betriebsvereinbarung). Die streitgegenständliche Regelung hatte den Inhalt, „dass die Bestellung von Funktionsträgern jederzeit widerrufbar ist". Ein Widerrufsgrund wurde in der Regelung nicht genannt. In Individualvereinbarungen hält der gleiche Senat dies im Hinblick auf das Gebot der Verständlichkeit jedoch für zwingend erforderlich.

„Was die Vertragsregelung enthalten muss, richtet sich nicht allein nach § 307 Abs. 1 S. 2 BGB. Die Bestimmung muss nicht nur klar und verständlich sein. Sie darf auch als solche nicht unangemessen benachteiligen; die Vereinbarung des konkreten Widerrufsrechts muss zumutbar sein. Das bedeutet: Die Bestimmung muss die Angemessenheit und Zumutbarkeit erkennen lassen. Der Maßstab von § 307 Abs. 1 und Abs. 2, § 308 Nr. 4 BGB muss nach dem Text der Klausel zum Ausdruck kommen. Es muss sich aus der Regelung selbst ergeben, dass der Widerruf nicht ohne Grund erfolgen darf. Voraussetzungen und Umfang der vorbehaltenen Änderungen müssen möglichst konkretisiert werden. [...] Bei den Voraussetzungen der Änderung, also den Widerrufsgrün-

II. Formlose Einigung § 152

den, lässt sich zumindest die Richtung angeben, aus der der Widerruf möglich sein soll (wirtschaftliche Gründe, Leistung oder Verhalten des Arbeitnehmers). Welches die Gründe sind, ist keineswegs selbstverständlich und für den Arbeitnehmer durchaus von Bedeutung. [...] Der Arbeitsvertrag der Parteien nennt keine Widerrufsgründe. Vielmehr soll die Insolvenzschuldnerin das Recht haben, die genannten Leistungen „jederzeit unbeschränkt" zu widerrufen. Dieser Änderungsvorbehalt ist nicht zumutbar." (BAG 11.10.2006 AP Nr. 6 zu § 308 BGB)

Die Überprüfung von Betriebsvereinbarungen nimmt demnach quasi eine **Zwischenposition** ein: Sie geht weiter als die **Überprüfung von Tarifverträgen**, bleibt jedoch hinter der „echten" **Inhaltskontrolle vorformulierter Arbeitsverträge** zurück. Die gegenüber dem Tarifvertrag erweiterte Kontrolle rechtfertigt das BAG neben der ursprünglichen Argumentation der Abhängigkeit der Mitglieder des Betriebsrates sowie des fehlenden Druckmittels des Arbeitskampfes nunmehr auch damit, dass die einfach gesetzlich gewährleistete Betriebsautonomie sich von der in Art. 9 Abs. 3 GG grundrechtlich gewährleisteten Tarifautonomie unterscheidet. Ferner unterscheidet sich der Tarifvertrag von der Betriebsvereinbarung durch die mitgliedschaftliche Legitimation (vgl. BAG 12.12.2006 AP Nr. 94 zu § 77 BetrVG 1972). Daher ist auch die Richtigkeitsgewähr einer Betriebsvereinbarung in der Rechtsprechung des BAG, obwohl § 310 Abs. 4 S. 1 BGB insoweit keine Unterscheidung trifft, eine andere als die des Tarifvertrages. Die Kontrolle von Betriebsvereinbarungen als Kollektivvereinbarung geht aber nicht so weit wie die „echte" Inhaltskontrolle. Dies ist nach der Rechtsprechung des BAG wohl darauf zurückzuführen, dass die gleichberechtigte Mitwirkung des Betriebsrates eine „gewisse" Gewähr dafür bietet, dass die Interessen der Arbeitnehmer berücksichtigt und diese nicht unangemessen belastet werden. Darüber hinaus merkt das Gericht an, dass der Betriebsrat nach demokratischen Grundsätzen gewählt ist und sich in regelmäßigen Abständen zur Neuwahl stellen muss (vgl. BAG 12.12.2006 AP Nr. 94 zu § 77 BetrVG 1972).

Inhaltskontrolle eigener Art

Insgesamt lässt sich feststellen, dass das BAG eine „**betriebsverfassungsimmanente**" Inhaltskontrolle eigener Art vollzieht, deren Maßstäbe eher im Hinblick auf Begrifflichkeiten als auf den Inhalt dem Wandel unterliegen und sich durch die Schuldrechtsmodernisierung nicht verändert haben.

II. Formlose Einigung

Literatur: PETEREK, Fragen zur Regelungsabrede, FS Gaul (1992), S. 471.

Statt einer Betriebsvereinbarung können Arbeitgeber und Betriebsrat auch **formlose Absprachen** (sog. **Regelungsabreden oder Betriebsabsprachen**) treffen. Diese sind zwar nicht ausdrücklich im BetrVG geregelt, finden aber in der Systematik des Gesetzes sowie im Wortlaut des § 77 Abs. 1 BetrVG („Vereinbarung") eine Bestätigung und sind als Mittel der betrieblichen Einigung unbestritten. Mit der Re-

Wirkung

gelungsabrede können nicht nur mitbestimmungspflichtige Angelegenheiten, sondern grundsätzlich alle Angelegenheiten betriebsverfassungsrechtlicher Art formlos geregelt werden. Schon daher erweist sich die Regelungsabrede als ein betrieblich sehr flexibles Instrument, mit dem auch kurzfristig und schnell auf dringende betriebliche Fragen durch die Betriebspartner reagiert werden kann. Allerdings kann eine wirksame Betriebsvereinbarung nicht durch eine Regelungsabrede abgelöst werden (BAG 27.6.1985 AP Nr. 14 zu § 77 BetrVG 1972). Ungeklärt ist, ob in einer formlosen Regelungsabrede zugleich ein Aufhebungsvertrag hinsichtlich einer entgegenstehenden Betriebsvereinbarung gesehen werden kann (offen gelassen von BAG 20.11.1990 AP Nr. 2 zu § 77 BetrVG 1972 Regelungsabrede).

Regelungsabreden

Anders als die Betriebsvereinbarung wirkt die Regelungsabrede nicht unmittelbar und zwingend (vgl. § 77 Abs. 4 BetrVG). Vielmehr erzeugt sie – wie andere Verträge auch – nur Rechtswirkungen zwischen den Parteien der Absprache. Sie bedarf also im Allgemeinen noch der zusätzlichen Umsetzung in die Einzelarbeitsverträge, etwa durch Vertragsänderung, einzelvertragliche Abreden, Gesamtzusage oder auch durch das Direktionsrecht des Arbeitgebers. Denkbar sind aber auch Regelungsabreden zugunsten Dritter.

➲ **Beispiel:**

Betriebsrat und Arbeitgeber einigen sich auf die Verlegung des Beginns der Arbeitszeit für einen Tag. Wegen dieses einmaligen Ereignisses lohnt sich der Abschluss einer Betriebsvereinbarung nicht. Gem. § 87 Abs. 1 Nr. 2 BetrVG kann auf die Zustimmung des Betriebsrats jedoch nicht verzichtet werden. Hier betrifft die Regelungsabrede einen Bereich, der sonst vom arbeitsrechtlichen Direktionsrecht erfasst wird.

Beendigung

Die Regelungsabrede wird in den meisten Fällen durch Zeitablauf oder durch Zweckerreichung beendet. Sie kann zudem jederzeit aufgehoben oder ersetzt werden.

Die Betriebsparteien können eine formlose Abrede, durch die für einen **längeren Zeitraum** eine mitbestimmungspflichtige Angelegenheit im Sinne von § 87 Abs. 1 BetrVG geregelt wird, ordentlich mit einer Frist von drei Monaten (analog § 77 Abs. 5 BetrVG) kündigen, sofern keine andere Kündigungsfrist vereinbart worden ist (BAG 10.3.1992 AP Nr. 1 zu § 77 BetrVG 1972 Regelungsabrede). Wird eine Regelungsabrede über eine mitbestimmungspflichtige Angelegenheit gekündigt, wirkt sie nach Auffassung des BAG wie eine Betriebsvereinbarung analog § 77 Abs. 6 BetrVG nach (BAG 23.6.1992 AP Nr. 55 zu § 77 BetrVG 1972). Weite Teile der Literatur lehnen diese Auffassung ab (vgl. RICHARDI/RICHARDI § 77 Rn. 234 m.w.N.).

Verhältnis zu § 77 Abs. 3 BetrVG

Ebenso ist umstritten, ob auch Regelungsabreden von der Regelungssperre des § 77 Abs. 3 S. 1 BetrVG zugunsten des Tarifvertrags erfasst sind (so wohl LIEB/JACOBS, Arbeitsrecht, Rn. 774). Die herrschende Gegenansicht (vgl. BAG 20.4.1999 AP Nr. 89 zu Art. 9 GG mit Anm. RICHARDI; GK-BetrVG/KREUTZ § 77 Rn. 135) überzeugt jedoch. Der Wortlaut spricht eindeutig nur von Betriebsvereinbarungen. Gegen eine Analogie spricht der Normzweck, der lediglich den Normsetzungsvorrang der Tarifvertragsparteien sichern und solche Vereinbarungen mit gleichem Gegenstand unterbinden soll, die die gleiche Wirkungsweise wie der Tarifvertrag haben, nämlich Betriebsvereinbarungen.

„Dabei kommt allerdings dem Umstand, dass § 77 Abs. 2 BetrVG nur Betriebsvereinbarungen nennt, keine entscheidende Bedeutung zu. Der Wortlaut reicht hier zur Begründung eines Umkehrschlusses nicht aus. Zutreffend wird insoweit darauf verwiesen, dass Regelungsabreden auch sonst nirgends im BetrVG erwähnt werden. Entscheidend ist vielmehr der Zweck der Vorschrift. § 77 Abs. 3 BetrVG soll eine Konkurrenz zur tariflichen Normsetzung auf der betrieblichen Ebene ausschließen. Eine solche Konkurrenz liegt aber nicht bereits im Abschluss einer Regelungsabrede. Anders als Tarifverträge und Betriebsvereinbarungen können Regelungsabreden mangels normativer Wirkung die Arbeitsverhältnisse nicht unmittelbar gestalten. An dieser Gestaltungsmacht setzt aber die Kompetenzgrenze des § 77 Abs. 3 BetrVG an." (BAG 20.4.1999 AP Nr. 89 zu Art. 9 GG)

Bei Zugrundelegung dieser Auffassung müsste das BAG konsequenter Weise aber auch die analoge Anwendung des § 77 Abs. 6 BetrVG ablehnen.

Verpflichtende Betriebsabsprachen sind wirksam. Gleichwohl kann eine Betriebsabsprache, die das Ziel verfolgt, normativ geltende Tarifbestimmungen zu verdrängen, die Tarifvertragsparteien in ihrer kollektiven Koalitionsfreiheit aus Art. 9 Abs. 3 GG verletzen (zur Problematik siehe unter § 98 II 1 d). Zur Abwehr steht der betroffenen Gewerkschaft ein Unterlassungsanspruch entsprechend § 1004 BGB zu (BAG 20.4.1999 AP Nr. 89 zu Art. 9 GG mit Anm. RICHARDI).

III. Spruch der Einigungsstelle

Besonderes Instrument der gemeinsamen Entscheidungstätigkeit ist der Spruch der Einigungsstelle (vgl. hierzu § 151 III). Dieser ersetzt – bei erzwingbarer Mitbestimmung von sich aus, bei freiwilliger Mitbestimmung unter den Voraussetzungen des § 76 Abs. 6 BetrVG – die Einigung zwischen den Betriebsparteien und entfaltet für beide Seiten bindende Wirkung. Welche Rechtsnatur der Spruch der Einigungsstelle hat, richtet sich nach dessen Gegenstand und Inhalt. Dem Spruch der Einigungsstelle kann damit die Wirkungen einer Betriebsvereinbarung, ggf. aber auch die einer formlosen Einigung zukommen.

Gegenstand und Inhalt

⊃ **Beispiel:**
Ein Spruch der Einigungsstelle nach § 87 Abs. 2 BetrVG hat die Wirkung einer Betriebsvereinbarung.

| Gerichtliche Überprüfung | Der Spruch der Einigungsstelle unterliegt in vollem Umfang der gerichtlichen Rechtskontrolle; diese betrifft sowohl das Verfahren vor der Einigungsstelle als auch den Inhalt des Spruchs (vgl. hierzu § 151 III 2 e). Insoweit gelten dieselben Grundsätze wie bei der Betriebsvereinbarung. Im erzwingbaren Einigungsverfahren ist die Rechtskontrolle der Ermessensausübung allerdings zeitlich und sachlich nach § 76 Abs. 5 S. 4 BetrVG beschränkt. |

§ 153 Mitbestimmung in sozialen Angelegenheiten

⮕ Übersicht:

I. Die Mitbestimmungsrechte nach § 87 BetrVG
   1. Mitbestimmung bei formellen wie auch bei materiellen Arbeitsbedingungen
   2. Individuelle oder kollektive Tatbestände
   3. Vorrang des Gesetzes
   4. Vorrang des Tarifvertrags
   5. Zum Verhältnis von § 87 Abs. 1 Eingangssatz zu § 77 Abs. 3 BetrVG

II. Die Mitbestimmung im Einzelnen
   1. Unternehmerische Entscheidung
   2. Eilfälle
   3. Notfälle
   4. Initiativrecht
   5. Ausübung der Mitbestimmung
   6. Rechtsfolgen mangelnder Beteiligung

III. Die einzelnen Mitbestimmungsrechte des § 87 Abs. 1 BetrVG
   1. Ordnung des Betriebs und des Verhaltens der Arbeitnehmer im Betrieb (Nr. 1)
   2. Beginn und Ende der täglichen Arbeitszeit (Nr. 2)
   3. Vorübergehende Verlängerung oder Verkürzung der Arbeitszeit (Nr. 3)
   4. Auszahlung des Arbeitsentgelts (Nr. 4)
   5. Urlaub (Nr. 5)
   6. Kontrolleinrichtungen (Nr. 6)
   7. Arbeits- und Gesundheitsschutz (Nr. 7)
   8. Betriebliche Sozialeinrichtungen (Nr. 8)
   9. Werkmietwohnungen (Nr. 9)
   10. Betriebliche Lohngestaltung (Nr. 10)
   11. Akkordlohn (Nr. 11)

12. Betriebliches Vorschlagswesen (Nr. 12)
13. Aufstellung von Grundsätzen über die Durchführung von Gruppenarbeit (Nr. 13)
IV. Freiwillige Betriebsvereinbarungen
V. Arbeitsschutz und betrieblicher Umweltschutz

I. Die Mitbestimmungsrechte nach § 87 BetrVG

Die wichtigste Beteiligungsvorschrift im Betriebsverfassungsrecht stellt § 87 BetrVG dar. Diese Vorschrift enthält das zentrale Mitbestimmungsrecht des Betriebsrats. Zweck dieser Mitbestimmung ist es, dass die Arbeitnehmerinteressen bei der Regelung sozialer Angelegenheiten, die in § 87 BetrVG genannt sind, Berücksichtigung finden (BAG 24.2.1987 AP Nr. 21 zu § 77 BetrVG 1972).

Sinn und Zweck

„Die notwendige Mitbestimmung in sozialen Angelegenheiten dient dem Schutz der Arbeitnehmer durch gleichberechtigte Teilhabe an den sie betreffenden Entscheidungen." (BAG 24.2.1987 AP Nr. 21 zu § 77 BetrVG 1972)

Die in § 87 BetrVG enumerativ aufgeführten Angelegenheiten betreffen beispielsweise Fragen der Ordnung des Betriebs, Arbeitszeitregelungen, Urlaubsgrundsätze oder Lohnregelungen, also Angelegenheiten, die die Arbeitnehmer unmittelbar betreffen. Die Beteiligungsrechte in § 87 BetrVG sind als echtes Mitbestimmungsrecht ausgeformt. Die Mitbestimmung ist Wirksamkeitsvoraussetzung (**Theorie der notwendigen Mitbestimmung** oder **positives Konsensprinzip,** siehe unter § 151 I 6).

Echte Mitbestimmung

Kommt zwischen dem Betriebsrat und dem Arbeitgeber keine Einigung zustande, so ist die Einigungsstelle anzurufen (§ 87 Abs. 2 BetrVG). Der Spruch der Einigungsstelle ersetzt die Einigung zwischen Arbeitgeber und Betriebsrat.

Einigungsstelle

1. Mitbestimmung bei formellen wie auch bei materiellen Arbeitsbedingungen

Als Grundsatz galt nach der früheren Regelung des § 56 BetrVG 1952, dass regelmäßig Fragen der Ordnung des Betriebs – so genannte formelle Arbeitsbedingungen – der Mitbestimmung unterliegen, während die materiellen Arbeitsbedingungen, welche das Verhältnis von Leistung und Gegenleistung betreffen, nicht von dem Mitbestimmungsrecht erfasst werden.

Regelung des BetrVG 1952

Dieser Grundsatz ist nach der neuen Regelung des § 87 BetrVG obsolet, da beispielsweise die Fälle des § 87 Nr. 3, 10 und 11 BetrVG auch materielle Arbeitsbedingungen erfassen können. Maßgeblich für die Entscheidung der Frage, ob ein Fall der Mitbestimmung vorliegt, sind Wortlaut, Sinn und Zweck des jeweils einschlägigen Mit-

Keine abstrakte Kategorisierung

bestimmungstatbestands des § 87 BetrVG, nicht aber eine abstrakte Kategorisierung in formelle und materielle Arbeitsbedingungen.

➲ **Beispiel:**

Die *Lage* der Arbeitszeit fällt unter § 87 BetrVG, die *Dauer* der Arbeitszeit dagegen nicht (BAG 21.11.1978 AP Nr. 2 zu § 87 BetrVG1972 Arbeitszeit).

2. Individuelle oder kollektive Tatbestände

Verständige Interpretation des jeweiligen Mitbestimmungstatbestands

Eine früher wichtige Streitfrage galt dem Problem, ob ausschließlich kollektive Tatbestände, also Maßnahmen, die sich auf eine bestimmte Gruppe von Arbeitnehmern auswirken können, oder auch Tatbestände, die sich nur auf einzelne Arbeitnehmer auswirken, der Mitbestimmung unterliegen. Diese Frage kann nur nach verständiger Interpretation des jeweils einschlägigen Mitbestimmungstatbestands des § 87 BetrVG entschieden werden. Nach der herrschenden Meinung in der Literatur (hierzu RICHARDI/RICHARDI § 87 Rn. 17 m.w.N.) bezieht sich daher die Mitbestimmung des Betriebsrats grundsätzlich nur auf kollektive Tatbestände, es sei denn, das Gesetz billigt dem Betriebsrat auch bei Individualtatbeständen ein Mitbestimmungsrecht zu, wie es in § 87 Abs. 1 Nr. 5 und 9 BetrVG geschehen ist. Das BAG hat bisher von einer generellen Stellungnahme zu diesem Problem abgesehen, für zentrale Mitbestimmungstatbestände (§ 87 Abs. 1 Nr. 2, 3 und 10 BetrVG) aber entschieden, dass ein kollektiver Tatbestand vorliegen muss, damit das Mitbestimmungsrecht des Betriebsrats ausgelöst wird.

Definition

Ein kollektiver Tatbestand setzt voraus, dass ein **Regelungsproblem unabhängig von der Person und den individuellen Wünschen eines Arbeitnehmers besteht** (vgl. RICHARDI/RICHARDI § 87 Rn. 29; zu § 87 Abs. 1 Nr. 2 BetrVG: BAG 27.6.1989 AP Nr. 35 zu § 87 BetrVG 1972 Arbeitszeit; zu § 87 Abs. 1 Nr. 3 BetrVG: BAG 18.11.1980 AP Nr. 3 zu § 87 BetrVG 1972 Arbeitszeit; zu § 87 Abs. 1 Nr. 10: BAG 3.12.1991 AP Nr. 51 zu § 87 BetrVG 1972 Lohngestaltung). Es geht dabei um eine qualitative Bewertung der Regelungsfrage, nicht in erster Linie um die quantitative Bedeutung für eine bestimmte Anzahl von Arbeitnehmern.

Strukturformen des Entgelts

Besonders deutlich wird die Problematik am Beispiel der Mitbestimmung nach § 87 Abs. 1 Nr. 10 BetrVG, bei der die Rechtsprechung sehr weitgehend vom Vorliegen kollektiver Tatbestände ausgeht, auch wenn der Arbeitgeber in unterschiedlicher Höhe Zulagen oder Sondervergütungen gewährt (vgl. BAG 14.6.1994 AP Nr. 69 zu § 87 BetrVG 1972 Lohngestaltung).

„Das Mitbestimmungsrecht erstreckt sich allerdings nur auf die Entscheidung kollektiver Regelungsfragen. Dagegen unterliegt die individuelle Lohngestaltung, die mit Rücksicht auf besondere Umstände des einzelnen Arbeitsverhältnisses getroffen wird und bei der kein innerer Zusammenhang zur Entlohnung anderer Arbeitnehmer besteht, nicht

I. Die Mitbestimmungsrechte nach § 87 BetrVG   § 153

der Mitbestimmung. Dabei richtet sich die Abgrenzung zwischen den das Mitbestimmungsrecht auslösenden kollektiven Tatbeständen und Einzelfallgestaltungen danach, ob es um Strukturformen des Entgelts einschließlich ihrer näheren Vollzugsformen geht. Hierfür ist die Anzahl der betroffenen Arbeitnehmer nicht allein maßgeblich. Sie kann aber ein Indiz dafür sein, ob ein kollektiver Tatbestand vorliegt oder nicht. Es widerspräche nämlich dem Zweck des Mitbestimmungsrechts, wenn es dadurch ausgeschlossen werden könnte, dass der Arbeitgeber mit einer Vielzahl von Arbeitnehmern jeweils ‚individuelle' Vereinbarungen über eine bestimmte Vergütung trifft, ohne sich zu allgemeinen Regeln bekennen zu wollen." (BAG 14.6.1994 AP Nr. 69 zu § 87 BetrVG 1972 Lohngestaltung)

3. Vorrang des Gesetzes

Gemäß § 87 Abs. 1 Eingangssatz BetrVG bestehen die Mitbestimmungsrechte nach Abs. 1 nur, soweit eine gesetzliche oder tarifliche Regelung nicht besteht. Durch diese Vorrangregelung wird berücksichtigt, dass für die Erreichung des Mitbestimmungszwecks kein Raum vorhanden ist, wenn bereits eine den Arbeitgeber bindende Regelung durch Gesetz oder Tarifvertrag vorliegt. Dort, wo der Entscheidungsspielraum des Arbeitgebers entfällt, braucht auch der Betriebsrat nicht mitzuentscheiden. Zu beachten ist dabei, dass die Regelung das Mitbestimmungsrecht entfallen lässt. Sie ist daher nicht mit der Bindung der Betriebsparteien an höherrangiges Recht zu verwechseln (siehe dazu § 152 I 9). Für ein Mitbestimmungsrecht besteht in diesen Fällen auch kein Bedürfnis, da die Interessen der Arbeitnehmer durch die bestehende Regelung bereits hinreichend geschützt sind.

Mit gesetzlichen Regelungen sind sämtliche zwingenden Rechtsnormen gemeint, also neben Gesetzen im formellen Sinne auch Rechtsverordnungen, Satzungen autonomer Körperschaften etc. Voraussetzung des Ausschlusses des Mitbestimmungsrechts ist allerdings, dass der jeweilige Sachgegenstand **inhaltlich und abschließend** geregelt ist (BAG 6.11.1990 AP Nr. 8 zu § 3 AZO Kr). In diesem Fall kann der Arbeitgeber nichts bestimmen, so dass auch kein Raum für eine „Mit"bestimmung ist. Der Zweck des Mitbestimmungsrechts kann also nicht erreicht werden, wenn der Arbeitgeber schon durch die gesetzliche oder tarifliche Regelung gebunden ist (RICHARDI/RICHARDI § 87 Rn. 143 f.). Durch den Wortlaut „soweit" wird ausgedrückt, dass wenn eine gesetzliche Regelung besteht, die einen Gestaltungsspielraum offen lässt, in diesem Umfang auch das Mitbestimmungsrecht des Betriebsrats erhalten bleibt.

Gesetze im materiellen Sinne

„Der Inhalt von § 87 Abs. 1 Eingangssatz BetrVG lässt sich zutreffend nur aus dem Normzweck des § 87 BetrVG erschließen. Die notwendige Mitbestimmung in sozialen Angelegenheiten dient dem Schutz der Arbeitnehmer durch gleichberechtigte Teilhabe des Betriebsrats an den sie betreffenden Entscheidungen. [...] Für die gleichberechtigte Teilhabe an der Entscheidung fehlt das Bedürfnis, wenn der Arbeitgeber selber auch nichts bestimmen kann, weil die betreffende Angelegenheit in einem Tarifvertrag oder Gesetz inhaltlich und abschließend geregelt ist, der Arbeitgeber ohne Entscheidungsspielraum Gesetz oder Tarifvertrag anwenden muss. Dem trägt § 87 Abs. 1 BetrVG Rechnung, der das Mitbestimmungsrecht ausschließt, wenn die an und für sich mitbestimmungspflichtige Angelegenheit inhaltlich und abschließend durch Gesetz oder Tarifvertrag geregelt ist." (BAG 6.11.1990 AP Nr. 8 zu § 3 AZO Kr)

Bestandskräftige Verwaltungsakte

Darüber hinaus hat das BAG (9.7.1991 AP Nr. 19 zu § 87 BetrVG 1972 Ordnung des Betriebs) mit Zustimmung des BVerfG (22.8.1994 AP Nr. 2 zu § 87 BetrVG 1972 Gesetzesvorbehalt) auch **Verwaltungsakten**, die dem Arbeitgeber gegenüber bindend (bestandskräftig) geworden sind, eine das Mitbestimmungsrecht ausschließende Wirkung zuerkannt, soweit diese selbst eine abschließende, keinen Regelungsspielraum mehr lassende Anordnung treffen.

⇨ **Fall** (nach BAG 9.7.1991 AP Nr. 19 zu § 87 BetrVG 1972 Ordnung des Betriebs):

Die K-GmbH ist Betreiberin einer Kernforschungsanlage und beschäftigt fast 5000 Mitarbeiter. Die Genehmigungsbehörde machte der K zur Auflage, regelmäßig Sicherheitsüberprüfungen des Personals vorzunehmen. Es ist vorgesehen, diese Überprüfungen anhand von Personal- und Fragebögen über das Innenministerium, über die Polizei und den Verfassungsschutz vornehmen zu lassen. Der Betriebsrat fragt nach seinen Mitbestimmungsrechten.

Ein Mitbestimmungsrecht könnte sich aus § 87 Abs. 1 Nr. 1 BetrVG – Fragen der Ordnung des Betriebs – ergeben. Dieses Mitbestimmungsrecht besteht nach dem Eingangssatz des § 87 Abs. 1 BetrVG jedoch nur, soweit eine gesetzliche oder tarifliche Regelung nicht besteht. Die hier vorliegende Auflage der Genehmigungsbehörde erfolgte in Form eines Verwaltungsakts. Zunächst ist festzuhalten, dass ein Verwaltungsakt keine Gesetzesqualität hat. In der Literatur wird jedoch überwiegend angenommen, dass Verwaltungsakte in ihrer Wirkung den Gesetzen im Sinne des § 87 Abs. 1 Eingangssatz BetrVG gleichstehen. Das BAG hat diese Feststellung bisher nicht getroffen. Mit der Begründung, dass ein Verwaltungsakt, der aufgrund eines Gesetzes erlassen wird, den Gestaltungsspielraum des Arbeitgebers und damit auch des Betriebsrats einschränkt, kommt das BAG aber zu einem ähnlichen Ergebnis. Voraussetzung dafür, dass ein Verwaltungsakt die Mitbestimmungsrechte des Betriebsrats ausschließen kann, ist zunächst, dass der Verwaltungsakt bestandskräftig ist und eine abgeschlossene, aus sich heraus handhabbare Regelung der an sich mitbestimmungspflichtigen Angelegenheit enthält (BAG 26.5.1988 AP Nr. 14 zu § 87 BetrVG 1972 Ordnung des Betriebs; BAG 9.7.1991 AP Nr. 19 zu § 87 BetrVG 1972 Ordnung des Betriebs). Im vorliegenden Fall ist die Vorgehensweise festgelegt, so dass für den Betriebsrat kein Mitbestimmungsrecht mehr übrig bleibt.

Anders liegt es dagegen bei Verwaltungsakten, die die mitbestimmungspflichtige Angelegenheit als solche nicht regeln (BAG 26.5.1988 AP Nr. 14 zu § 87 BetrVG 1972 Ordnung des Betriebs):

„Dieses Verständnis einer gesetzlichen oder tariflichen Regelung im Eingangssatz des § 87 Abs. 1 BetrVG schließt nicht aus, dass gesetzliche und tarifliche Vorschriften, obwohl sie selbst die mitbestimmungspflichtige Angelegenheit als solche nicht regeln, bei der Ausübung des Mitbestimmungsrechts und der Ausgestaltung der mitbestimmten Regelung zu beachten sind. [...] Eine solche bei der Ausübung des Mitbestimmungsrechts zu beachtende Vorgabe kann auch ein den Arbeitgeber bindender Verwaltungsakt sein. Zweck der in § 87 BetrVG normierten Mitbestimmungsrechte des Betriebsrats ist es – je nach dem Mitbestimmungstatbestand –, die Ausübung des Direktionsrechts an die Beteiligung des Betriebsrats zu binden. Ist der Arbeitgeber bei der Ausübung seines Direktionsrechts schon unabhängig von einer Beteiligung des Betriebsrats nicht mehr frei, eine bestimmte Regelung zu treffen, können auch Mitbestimmungsrechte des Betriebsrats zu keiner von dieser Bindung abweichenden Regelung führen. Ein Mitbestimmungsrecht des Betriebsrats besteht stets nur insoweit, als auch der Arbeitgeber selbst noch etwas bestimmen kann." (BAG 26.5.1988 AP Nr. 14 zu § 87 BetrVG 1972 Ordnung des Betriebs)

Erhält der Arbeitgeber Subventionen der öffentlichen Hand und ist die Subventionsvergabe an Auflagen geknüpft, so schließt nicht schon die Notwendigkeit, den Auflagen nicht zuwiderzuhandeln, das Mitbestimmungsrecht des Betriebsrats aus. Die daraus resultierenden Zwänge sind nicht rechtlicher, sondern nur faktischer Art, weil der Arbeitgeber bei einem Verstoß die Subventionen u.U. zurückzuzahlen hätte. Derartige faktische Zwänge finden aber bei der Wahrnehmung der Mitbestimmungsrechte ihren Niederschlag insoweit, als der Betriebsrat dabei auch die **Belange des Betriebs** zu berücksichtigen hat (BAG 24.11.1987 AP Nr. 6 zu § 87 BetrVG 1972 Auszahlung).

Subventionen

4. Vorrang des Tarifvertrags

Literatur: EHMANN/SCHMIDT, Betriebsvereinbarungen und Tarifverträge, NZA 1995, 193; v. HOYNINGEN-HUENE, Die Bezugnahme auf einen Firmentarifvertrag durch Betriebsvereinbarung, DB 1994, 2026.

Das Mitbestimmungsrecht besteht des Weiteren nicht, soweit eine tarifliche Regelung existiert (§ 87 Abs. 1 Eingangssatz BetrVG). Auch in diesem Fall besteht nämlich bereits hinreichender Schutz der Arbeitnehmer durch das Eingreifen der tariflichen Regelung. Damit unterscheidet sich der Tarifvorrang des § 87 Abs. 1 BetrVG in seiner Zielsetzung von dem Tarifvorbehalt des § 77 Abs. 3 BetrVG, der die Gewerkschaften vor einer „betrieblichen Konkurrenz" schützen und so die Funktionsfähigkeit der Tarifautonomie sichern soll.

Der Ausschluss der Mitbestimmungsrechte setzt jedoch voraus, dass eine tarifliche Regelung **besteht**. Der jeweilige Tarifvertrag muss daher **im Betrieb mit unmittelbarer und zwingender Wirkung** (§ 4 Abs. 1 TVG) gelten (können). Daher muss der Tarifvertrag in Kraft getreten und darf nicht beendet sein. Ein bloß nachwirkender Tarifvertrag kann die Mitbestimmungsrechte des Betriebsrats nicht ausschließen. Der Betrieb muss ferner dem räumlichen und fachlichen Geltungsbereich des Tarifvertrages unterfallen.

Tarifbindung des Arbeitgebers

Schließlich muss der **Arbeitgeber** die persönlichen Voraussetzungen der **Tarifgebundenheit erfüllen**. Bei einem Verbandstarifvertrag bedeutet dies, dass er Mitglied im tarifschließenden Arbeitgeberverband sein (bzw. gewesen sein) muss (§ 3 TVG); es sei denn, der Tarifvertrag wurde für allgemeinverbindlich erklärt (§ 5 TVG). Auch insoweit unterscheidet sich § 87 Abs. 1 BetrVG vom Tarifvorbehalt des § 77 Abs. 3 BetrVG, der die Tarifbindung des Arbeitgebers nicht erfordert (siehe unter § 152 I 6).

Tarifbindung des Arbeitnehmers

Dagegen ist umstritten, ob neben dem Arbeitgeber auch der Arbeitnehmer tarifgebunden sein muss. Ausgangspunkt der Diskussion ist insoweit, dass Inhaltsnormen eines Tarifvertrages nur dann unmittelbar und zwingend gelten, wenn Arbeitgeber und Arbeitnehmer tarifgebunden sind (§§ 3 Abs. 1, 4 Abs. 1 S. 1 TVG). Lediglich für Betriebsnormen genügt die Tarifbindung des Arbeitgebers (§ 3 Abs. 2 TVG, siehe dazu unter § 99 III). Daher geht ein Teil der Literatur davon aus, dass im Falle der Mitbestimmung zu materiellen Arbeitsbedingungen ein Tarifvorrang nur dann anzunehmen sei, wenn auch der Arbeitnehmer tarifgebunden ist (GK-BetrVG/WIESE § 87 Rn. 67 f.). Folgerichtig wird insoweit teilweise gefordert, dass die tarifliche Regelung für den ganzen Betrieb gelten müsse, also sämtliche Arbeitnehmer tarifgebunden sein müssen, wenn nicht der Tarifvertrag für allgemeinverbindlich erklärt wurde (GK-BetrVG/WIESE § 87 Rn. 67 f. in Anlehnung an NIPPERDEY). Im Ergebnis wären die Mitbestimmungsrechte allein bei Tarifbindung sämtlicher Arbeitnehmer ausgeschlossen oder der Ausschluss würde sich nur auf die Regelung von Arbeitsbedingungen der tarifgebundenen Arbeitnehmer beziehen. Es käme im letzteren Fall hinsichtlich der materiellen Arbeitsbedingungen zu einem mit zahlreichen praktischen Schwierigkeiten verbundenen Nebeneinander von tariflicher Regelung – nämlich für die tarifgebundenen Arbeitnehmer – und einer mitbestimmten Regelung – nämlich für die nicht tarifgebundenen Arbeitnehmer. Im ersten Fall wäre der Ausschluss der Mitbestimmung quasi ohne praktische Bedeutung (vgl. dazu BAG 24.2.1987 AP Nr. 21 zu § 77 BetrVG 1972).

Nach zutreffender Ansicht des BAG (24.2.1987 AP Nr. 21 zu § 77 BetrVG 1972) und der h.L. (vgl. RICHARDI/RICHARDI § 87 Rn. 157 ff.) genügt daher bereits die **Tarifbindung des Arbeitgebers**:

I. Die Mitbestimmungsrechte nach § 87 BetrVG   § 153

„Diese Vorschrift [§ 87 Abs. 1 BetrVG] geht davon aus, dass eine bestehende tarifliche oder gesetzliche Regelung dem Schutzbedürfnis der Arbeitnehmer ausreichend Rechnung trägt und daher Mitbestimmungsrechte entbehrlich macht. Dabei versteht sich von selbst, dass die gesetzliche Regelung für alle Arbeitsverhältnisse des Betriebs bindend ist und damit den unabdingbaren Schutz gewährleistet, den § 87 Abs. 1 BetrVG Eingangssatz für erforderlich hält. Fehlt es an einer gesetzlichen Regelung und überlässt der Gesetzgeber die Regelung der Angelegenheit den Tarifvertragsparteien, so bringt er damit gleichzeitig zum Ausdruck, dass die Arbeitnehmer eines Schutzes nur in dem Maße bedürftig sind, den tarifliche Regelungen bieten können. Tarifliche Regelungen bieten aber nur demjenigen unabdingbaren Schutz, der tarifgebunden ist, d.h. der mit seinem Beitritt zur Tarifvertragspartei sich dieses Schutzes bedienen will. Daher genügt es für den Ausschluss von Mitbestimmungsrechten, wenn der Arbeitgeber hinsichtlich der bestehenden tariflichen Regelung tarifgebunden ist. Der Arbeitnehmer kann durch den Beitritt zur tarifvertragsschließenden Gewerkschaft den unabdingbaren Schutz der tariflichen Regelung jederzeit erlangen." (BAG 24.2.1987 AP Nr. 21 zu § 77 BetrVG 1972)

Neben den praktischen Schwierigkeiten spricht also auch der Zweck der Vorschrift für die h.M. Da die Vorschrift dem Schutz der Wahrung der Interessen der Arbeitnehmer dient, reicht die Tarifbindung des Arbeitgebers aus. Denn der Arbeitnehmer kann durch den Beitritt zur tarifschließenden Gewerkschaft – ohne weiteres – in den Genuss des Schutzes gelangen.

Wie bei gesetzlichen Regelungen ist auch bei tariflichen Regelungen das Mitbestimmungsrecht **lediglich insoweit ausgeschlossen**, als der einschlägige Tarifvertrag selbst **bindende Festsetzungen** enthält, also keine weitere Regelungsmöglichkeit mehr besteht. Damit hängt das Mitbestimmungsrecht von der Regelungsintensität des Tarifvertrags ab. Sieht dieser beispielsweise Zuschläge für Nachtarbeit in bestimmter Höhe vor, ohne die als Nachtstunden geltende Arbeitszeit selbst zu definieren, steht den Betriebspartnern insoweit die Regelungsbefugnis und dem Betriebsrat das Mitbestimmungsrecht aus § 87 Abs. 1 Nr. 10 BetrVG zu. Das Mitbestimmungsrecht des Betriebsrats ist nach § 87 Abs. 1 Einleitungssatz BetrVG durch eine tarifliche Vorschrift nur insoweit ausgeschlossen, wie diese selbst eine zwingende und abschließende inhaltliche Regelung enthält und damit dem Schutzzweck des verdrängten Mitbestimmungsrechts genügt. Die Tarifnorm darf sich deshalb nicht darauf beschränken, die notwendige Mitbestimmung des Betriebsrats lediglich auszuschließen, indem sie dem Arbeitgeber ein einseitiges Bestimmungsrecht zuweist. Eine solche Tarifnorm muss die betreffende Angelegenheit nicht in jeglicher Hinsicht selbst regeln. Die Tarifvertragsparteien haben in diesem Zusammenhang denselben Spielraum wie die Betriebsparteien selbst. Etwas anderes wäre mit dem Zweck des § 87 Abs. 1 Einleitungssatz BetrVG nicht zu vereinbaren und widerspräche überdies der Wertung des Art. 9 Abs. 3 GG. Die Betriebsparteien wiederum dürfen für bestimmte Fälle ein Alleinentscheidungsrecht

Umfang der Bindungswirkung – Öffnungsklauseln

des Arbeitgebers vorsehen, sofern dadurch das Mitbestimmungsrecht nicht in seiner Substanz beeinträchtigt wird (BAG 3.5.2006 AP Nr. 119 zu § 87 BetrVG 1972 Arbeitszeit).

Rahmenbestimmungen

Dasselbe gilt auch für **Öffnungsklauseln**, mit denen die Tarifvertragsparteien ausdrücklich abweichende oder ergänzende Betriebsvereinbarungen zulassen. Insoweit ist umstritten, ob der Tarifvertrag sich in diesen Fällen einer Regelung vollständig enthalten muss oder ob er einen Rahmen vorgeben darf, innerhalb dessen das Mitbestimmungsrecht auszuüben ist. In der Literatur wurde mit guten Gründen geltend gemacht, eine derartige Regelung überschreite die Grenzen der Tarifmacht (Art. 9 Abs. 3 GG), weil die Tarifvertragspartner mit Hilfe der zwingenden Wirkung der Betriebsvereinbarung den Inhalt ihrer tariflichen Regelungen auf alle Arbeitnehmer, auch die nicht tarifgebundenen, erstrecken könnten. Das BAG (18.8.1987 AP Nr. 23 zu § 77 BetrVG 1972) sieht dies jedoch anders:

„Der Tarifvertrag verletzt auch nicht die negative Koalitionsfreiheit derjenigen Arbeitnehmer, die keiner tarifvertragschließenden Gewerkschaft angehören, deren Arbeitszeit dennoch durch Betriebsvereinbarung entsprechend den Vorgaben des Manteltarifvertrags festgesetzt wird. Die Rechtsstellung dieser Arbeitnehmer wird durch den Tarifvertrag nicht verschlechtert. Der Tarifvertrag lässt nur Betriebsvereinbarungen zu. Die Arbeitnehmer werden nicht von den Normen des Tarifvertrags erfasst." (BAG 18.8.1987 AP Nr. 23 zu § 77 BetrVG 1972)

5. Zum Verhältnis von § 87 Abs. 1 Eingangssatz BetrVG zu § 77 Abs. 3 BetrVG

Regelungsverbot bei bloßer Tarifüblichkeit?

§ 77 Abs. 3 BetrVG entfaltet eine Sperrwirkung für die Regelung durch Betriebsvereinbarung, soweit Arbeitsbedingungen durch Tarifvertrag geregelt sind oder üblicherweise geregelt werden. Da die Regelung keine Unterscheidung zwischen mitbestimmungspflichtigen und mitbestimmungsfreien Tatbeständen trifft, ist fraglich, ob eine lediglich tarifübliche Regelung das Mitbestimmungsrecht des Betriebsrats nach § 87 BetrVG bei Abschluss einer Betriebsvereinbarung ausschließen kann. Dies wäre dann der Fall, wenn im Rahmen des § 87 BetrVG auch die Regelungssperre des § 77 Abs. 3 BetrVG Anwendung fände. Das Verhältnis von § 77 Abs. 3 BetrVG und § 87 Abs. 1 Eingangssatz BetrVG ist heftig umstritten. **Praktische Auswirkungen** hat diese Frage vor allem im Nachwirkungszeitraum (§ 4 Abs. 5 TVG) und bei nicht tarifgebundenen Arbeitgebern im Geltungsbereich eines Verbandstarifvertrags.

Die Zwei-Schranken-Theorie

Nach der teilweise vertretenen sog. „**Zwei-Schranken-Theorie**" findet die Sperrwirkung des § 77 Abs. 3 BetrVG auch in den Angelegenheiten des § 87 Abs. 1 BetrVG Anwendung. Die Vertreter der Zwei-Schranken-Theorie (heute vor allem noch FITTING § 77 Rn. 110 ff.) verweisen darauf, dass das BetrVG der Zuständigkeit der Koalitionen bei der Festsetzung der formellen und materiellen Arbeitsbedingungen den unbedingten Vorrang einräumen wollte. Die Gegenstände,

I. Die Mitbestimmungsrechte nach § 87 BetrVG § 153

auf die sich der Tarifvorbehalt des § 77 Abs. 3 BetrVG bzw. der Tarifvorrang des § 87 Abs. 1 Eingangssatz BetrVG erstrecken, überschnitten sich teilweise, sowohl in ihren Voraussetzungen als auch in ihren Wirkungen. Beide Vorschriften würden daher im Rahmen des § 87 BetrVG nebeneinander gelten.

Demgegenüber steht die heute zutreffende h.M. im Anschluss an die Beschlüsse des BAG vom 3.12.1991 (AP Nr. 51 und 52 zu § 87 BetrVG 1972 Lohngestaltung) auf dem Standpunkt, dass § 77 Abs. 3 BetrVG einem Mitbestimmungsrecht nach § 87 Abs. 1 BetrVG den Normzwecken entsprechend nicht entgegensteht und dieses Mitbestimmungsrecht **auch durch Abschluss einer Betriebsvereinbarung wahrgenommen werden kann (sog. Vorrangtheorie)**. Nur auf diese Weise wird man dem Schutzzweck des § 87 Abs. 1 BetrVG gerecht. Wären die Mitbestimmungsrechte schon ausgeschlossen, wenn die Arbeitsbedingungen üblicherweise durch Tarifvertrag geregelt würden, liefen die Mitbestimmungsrechte weitgehend leer. Bei lediglich tarifüblicher Regelung ist es unerlässlich, dass das Mitbestimmungsrecht des Betriebsrats auch durch Betriebsvereinbarung ausgeübt werden kann, da nur ihr eine unmittelbare und zwingende Wirkung zukommt (so auch BAG 3.12.1991 AP Nr. 52 zu § 87 BetrVG 1972 Lohngestaltung).

Vorrangtheorie

„Den Vertretern der Zwei-Schranken-Theorie ist zwar zuzugeben, dass eine gewisse „Aushöhlung der Tarifautonomie" stattfindet, diese beschränkt sich aber praktisch auf den kleinen Bereich des Zeitraums zwischen zwei Tarifverträgen. In Betrieben nicht tarifgebundener Arbeitgeber wird die Tarifautonomie dagegen durch die Möglichkeit des Abschlusses von Betriebsvereinbarungen nicht unterlaufen, den Gewerkschaften steht es uneingeschränkt frei, einen Firmentarifvertrag zu erstreiten. Der Zwei-Schranken-Theorie ist aber vor allem entgegenzuhalten, dass sie nicht zu erklären vermag, wie das Mitbestimmungsrecht des § 87 Abs. 1 BetrVG praktisch ausgeübt werden soll, wenn es wegen bloßer Tarifüblichkeit zwar besteht, gemäß § 77 Abs. 3 BetrVG aber nicht in Form einer Betriebsvereinbarung wahrgenommen werden darf. Der Vorrangtheorie ist daher der Vorzug einzuräumen. Der Große Senat schließt sich der Auffassung an, dass § 77 Abs. 3 BetrVG einem Mitbestimmungsrecht nach § 87 Abs. 1 BetrVG nicht entgegensteht und dieses Mitbestimmungsrecht auch durch Abschluss einer Betriebsvereinbarung wahrgenommen werden kann. [...] Entscheidend ist eine Gewichtung der Normzwecke: Während durch § 77 Abs. 3 BetrVG die Funktionsfähigkeit der Tarifautonomie gewährt werden soll, ist der Zweck des Tarifvorrangs nach § 87 Abs. 1 Eingangssatz BetrVG, das Mitbestimmungsrecht nur dann entfallen zu lassen, wenn bereits die Arbeitnehmerinteressen durch im Betrieb anwendbare tarifliche oder gesetzliche Regelungen ausreichend berücksichtigt sind. Dieser Zweck wäre vereitelt, wenn bei bloßer Tarifüblichkeit oder fehlender Tarifbindung des Arbeitgebers die Mitbestimmung entfallen würde." (BAG 3.12.1991 AP Nr. 52 zu § 87 BetrVG 1972 Lohngestaltung)

Nach den Vertretern der Vorrangtheorie ist daher der **Abschluss von Betriebsvereinbarungen** in den Fällen des § 87 BetrVG **stets zulässig, wenn keine tarifliche Regelung besteht.** Dies gilt ferner, wenn der Tarifvertrag lediglich nachwirkt oder der Arbeitgeber nicht oder nicht mehr tarifgebunden ist.

II. Die Mitbestimmung im Einzelnen

1. Unternehmerische Entscheidung

Abstufung der Mitbestimmungsrechte durch das BetrVG

Zu den Grundfragen aller Mitwirkungsrechte – insbesondere aber der zwingenden Mitbestimmungstatbestände des § 87 BetrVG – gehört, ob durch ihre Ausübung in den **Kernbestand der unternehmerischen Entscheidung** eingegriffen werden darf (siehe unter § 143 IV). So stellt sich die Frage, ob die unternehmerische Entscheidung die Mitwirkungsrechte nach § 87 BetrVG begrenzt. Das BetrVG selbst hat durch die Abstufung der Mitwirkungsrechte (siehe unter § 151 I) zu erkennen gegeben, dass die Beteiligungsrechte des Betriebsrats dort schwächer sind, wo die Grundrechte des Arbeitgebers tangiert werden.

◌ **Beispiele:**
– So ist die Beteiligung des Betriebsrats bei der Gestaltung von Arbeitsablauf und Arbeitsumgebung auf Unterrichtungs- und Beratungsrechte (§ 90 BetrVG) und auf Maßnahmen zur Abwendung, Milderung oder zum Ausgleich der Belastung beschränkt worden (§ 91 BetrVG).
– Im Bereich der wirtschaftlichen Angelegenheiten hat der Wirtschaftsausschuss nur ein Beratungs- und Unterrichtungsrecht (§ 106 BetrVG), Entsprechendes gilt für den Betriebsrat bei Betriebsänderungen (§ 111 BetrVG). Erzwingbar ist auch hier nur ein Sozialplan zum Ausgleich oder zur Milderung der durch die Betriebsänderung bedingten wirtschaftlichen Nachteile der Arbeitnehmer (§ 112 Abs. 4 BetrVG), der Interessenausgleich über die Betriebsänderung selbst kann dagegen nicht erzwungen werden (siehe unter § 156 II 3 und 4).

Grundentscheidung des Gesetzgebers

Dieser Befund beantwortet aber noch nicht die Frage, ob das Mitbestimmungsrecht des § 87 BetrVG der **immanenten Schranke „unternehmerische Gestaltungsfreiheit"** unterliegt (näher siehe unter § 143 V). Die ganz herrschende Literatur bejaht dies, weil sonst der Betriebsrat beispielsweise über § 87 Abs. 1 Nr. 2 BetrVG (Beginn und Ende der täglichen Arbeitszeit) aus einem Nachtlokal einen Gasthof mit bürgerlichem Mittagstisch machen könnte (Beispiel von RICHARDI/Richardi § 87 Rn. 314). Das BAG hat dies anders gesehen (BAG 31.8.1982 AP Nr. 8 zu § 87 BetrVG 1972 Arbeitszeit):

„Begründet wird die Lehre von der Mitbestimmungsfreiheit unternehmerischer Entscheidungen mit der in der amtlichen Begründung des Re-

II. Die Mitbestimmung im Einzelnen § 153

gierungsentwurfs (Bundesrats-Drucks. 715/70, S. 31) und in der parlamentarischen Beratung des BetrVG zum Ausdruck gekommenen grundsätzlichen Wertentscheidung des Gesetzgebers, durch die Gewährung von Mitbestimmungs- und Mitwirkungsrechten an den Betriebsrat nicht in „eigentlich unternehmerische Entscheidungen" einzugreifen und die Beteiligung der Arbeitnehmer an der Unternehmensführung nicht im Rahmen der Betriebsverfassung zu regeln. Diese Grundentscheidung des Gesetzgebers rechtfertigt jedoch nicht die Annahme einer immanenten Schranke für positiv-rechtlich geregelte Mitbestimmungsrechte des Betriebsrats. Der Gesetzgeber hat gesehen, dass durch die Beteiligung des Betriebsrats an Entscheidungen des Unternehmers dieser in seiner Entscheidungsfreiheit grundsätzlich berührt wird. Er hat daher im BetrVG die Beteiligungsrechte des Betriebsrats an den einzelnen Maßnahmen und Entscheidungen unterschiedlich stark ausgestaltet und damit selbst seiner Grundentscheidung Rechnung getragen. [...] Diese Entscheidung des Gesetzgebers haben die Gerichte zu respektieren." (BAG 31.8.1982 AP Nr. 8 zu § 87 BetrVG 1972 Arbeitszeit)

2. Eilfälle

Die Mitbestimmungsrechte könnten ferner in Eilfällen beschränkt sein oder entfallen. Zu § 56 BetrVG 1952 vertrat die herrschende Literatur (Rechtsprechung des BAG lag nicht vor) die Auffassung, dass der Arbeitgeber in Eilfällen, also in Situationen, in denen eine Regelung möglichst umgehend erfolgen muss, der Betriebsrat hingegen noch nicht zugestimmt hat, einseitig Anordnungen treffen könne und lediglich später unverzüglich den Betriebsrat beteiligen müsse. Diese Meinung ist vereinzelt auch nach Inkrafttreten des BetrVG 1972 aufrecht erhalten worden, das BAG hat sie jedoch zurückgewiesen (BAG 2.3.1982 AP Nr. 6 zu § 87 BetrVG 1972 Arbeitszeit).

Fehlen von Sonderregelungen; argumentum e contrario

„Die Eilbedürftigkeit der zu treffenden Maßnahme lässt ein an sich gegebenes Mitbestimmungsrecht des Betriebsrats nach § 87 BetrVG jedoch nicht entfallen. Der Gesetzgeber hat die Fälle, in denen im Mitbestimmungsbereich des BetrVG wegen der Dringlichkeit der Angelegenheit einseitige Maßnahmen des Arbeitgebers zulässig sein sollen, ausdrücklich geregelt (§§ 100, 115 Abs. 7 Nr. 4 BetrVG). Für die mitbestimmungspflichtigen Angelegenheiten des § 87 BetrVG ist für Dringlichkeitsfälle keine Sonderregelung getroffen worden, obwohl gerade die vorübergehende Verkürzung oder Verlängerung der betriebsüblichen Arbeitszeit nach § 87 Abs. 1 Nr. 3 BetrVG kurzfristig erfolgen muss. Das Fehlen einer Sonderregelung für Eilfälle in § 87 BetrVG zeigt, dass der Gesetzgeber in diesem Bereich die Mitbestimmung des Betriebsrats in solchen Fällen nicht einschränken wollte." (BAG 2.3.1982 AP Nr. 6 zu § 87 BetrVG 1972 Arbeitszeit)

3. Notfälle

Anders kann hingegen in Notfällen entschieden werden. Ein Notfall ist gegeben, wenn eine **plötzliche, nicht vorhersehbare Situation** ein-

Extremsituationen

tritt, die bei Unterbleiben der unaufschiebbaren Maßnahmen **zu irreparablen Schäden** führt. In solchen Extremsituationen muss das Mitbestimmungsrecht des Betriebsrats zurückstehen; der Arbeitgeber hat die Beteiligung des Betriebsrats aber unverzüglich nachzuholen.

○ **Beispiele:**
Überschwemmungen, Brandfälle, Explosionsgefahren

Vertrauensvolle Zusammenarbeit

Zu beachten sind jedoch die **strengen Voraussetzungen**, die das BAG (19.2.1991 AP Nr. 42 zu § 87 BetrVG 1972 Arbeitszeit) selbst bei solchen Extremfällen an die Zulässigkeit vorläufiger Maßnahmen stellt:

„Diskutiert wird das Recht des Arbeitgebers für einseitige Anordnungen nur in so genannten Notfällen, in denen sofort gehandelt werden muss, um von dem Betrieb oder den Arbeitnehmern Schaden abzuwenden und in denen entweder der Betriebsrat nicht erreichbar ist oder keinen ordnungsgemäßen Beschluss fassen kann. Schon dem Grundsatz der vertrauensvollen Zusammenarbeit (§ 2 Abs. 1 BetrVG) kann entnommen werden, dass in solchen extremen Notsituationen der Arbeitgeber das Recht hat, vorläufig zur Abwendung akuter Gefahren oder Schäden eine Maßnahme durchzuführen, wenn er unverzüglich die Beteiligung des Betriebsrats nachholt." (BAG 19.2.1991 AP Nr. 42 zu § 87 BetrVG 1972 Arbeitszeit)

4. Initiativrecht

Gleichheit der Rechte

Aus dem Mitbestimmungsrecht des Betriebsrats folgt zugleich ein Initiativrecht (siehe unter § 151 I 7). Dies ergibt sich aus dem Charakter des Mitbestimmungsrechts, der gleiche Rechte für beide Betriebspartner voraussetzt. Das Mitbestimmungsrecht soll sicherstellen, dass die **Interessen der Arbeitnehmer bei allen Entscheidungen berücksichtigt** werden. Auch der Arbeitgeber hat also auf Initiative des Betriebsrats die Verhandlungen aufzunehmen. Der Betriebsrat kann erforderlichenfalls auch die Einigungsstelle anrufen und mit ihrer Hilfe eine Regelung durchsetzen (§§ 87 Abs. 2, 76 Abs. 5 BetrVG).

Reichweite der Rechte

Schwierigkeiten können sich bei der Grenzziehung des mitbestimmungspflichtigen Bereichs, in dem ein Initiativrecht besteht, ergeben. Der Bereich wird durch die Reichweite des Inhalts und dem Sinn und Zweck des einzelnen Mitbestimmungsrechts sowie durch gesetzliche Schranken festgelegt (BAG 8.8.1989 AP Nr. 3 zu § 87 BetrVG 1972 Initiativrecht).

„Der Betriebsrat kann von seinem Initiativrecht in einer mitbestimmungspflichtigen Angelegenheit auch dann Gebrauch machen, wenn er lediglich die bisherige betriebliche Praxis zum Inhalt einer Betriebsvereinbarung machen will." (BAG 8.8.1989 AP Nr. 3 zu § 87 BetrVG 1972 Initiativrecht)

II. Die Mitbestimmung im Einzelnen § 153

5. Ausübung der Mitbestimmung

Ziel der Mitbestimmungsregeln ist es, die tatsächliche Beteiligung des Betriebsrats sicherzustellen. Mitbestimmung bedeutet daher, dass der Arbeitgeber grundsätzlich nur mit Zustimmung des Betriebsrats eine Maßnahme durchführen kann.

Das Verfahren kommt entweder auf die **Initiative des Arbeitgebers** oder des **Betriebsrats** in Gang, woraufhin Verhandlungen aufgenommen werden. Im Einzelnen ist ein spezielles Verfahren nicht vorgesehen. Diese Verhandlungen haben jedoch den allgemeinen Grundsatz des § 74 Abs. 1 S. 2 BetrVG zu beachten. Dieser besagt, dass über strittige Fragen mit dem ernsten Willen zur Einigung zu verhandeln ist und Vorschläge für die Beseitigung von Meinungsverschiedenheiten zu machen sind. Oberstes Ziel ist also, zu einer Einigung zu gelangen. — Verfahren

Kann eine Einigung erzielt werden, ist eine bestimmte Form nicht vorgeschrieben. Im Normalfall wird die Einigung jedoch in Form einer Betriebsvereinbarung gem. § 77 BetrVG festgehalten. Eine nach § 77 Abs. 2 BetrVG schriftlich niederzulegende Betriebsvereinbarung, die **normative Wirkung** entfaltet, bietet den Vorteil der **Rechtssicherheit** und der Vermeidung von Streitigkeiten und ist insbesondere angebracht, wenn Einigungen getroffen werden, die langfristig Bestand haben sollen. — Betriebsvereinbarung

Es ist jedoch auch eine formlose Übereinkunft möglich (siehe unter § 152 II). Für eine solche Übereinkunft werden die Begriffe betriebliche Einigung, Regelungsabrede oder Betriebsabsprache verwandt. Ein solches Vorgehen kann bei Eilfällen oder für die Regelung von Einzelfällen praktikabel sein. Zu beachten ist, dass die Regelungsabrede nicht wie eine Betriebsvereinbarung normativ wirkt und nicht automatisch zu einer Änderung der Individualarbeitsverträge führt (BAG 14.2.1991 AP Nr. 4 zu § 615 BGB Kurzarbeit). Auch bei der Regelungsabrede müssen eine **eindeutige Erklärung** und ein **ordnungsgemäßer Beschluss** des Betriebsrats vorliegen. Ein bloßes Stillschweigen kann nicht als Ausübung des Mitbestimmungsrechts des § 87 BetrVG gewertet werden (BAG 10.11.1992 AP Nr. 58 zu § 87 BetrVG 1972 Lohngestaltung). Soll nach dem BetrVG ein Schweigen als Zustimmung gelten, ist dies ausdrücklich geregelt, vgl. §§ 99 Abs. 3 und 102 Abs. 2 BetrVG. — Regelungsabrede

„In allen anderen Fällen gilt Schweigen nicht als Zustimmung; das Schweigen ist insbesondere dann nicht als Zustimmung zu interpretieren, wenn der Betriebsratsvorsitzende als Mitglied einer Einigungsstelle zu einer bestimmten Erklärung des Arbeitgebers nicht sofort Stellung nimmt und ein entsprechender Beschluss des Betriebsrats gar nicht vorliegt." (BAG 10.11.1992 AP Nr. 58 zu § 87 BetrVG 1972 Lohngestaltung)

Der Betriebsrat kann nicht auf seine zwingenden Mitbestimmungsrechte verzichten oder diese dergestalt ausüben, dass er dem Arbeitgeber das alleinige Gestaltungsrecht über den mitbestimmungs- — Keine Übertragung auf den Arbeitgeber pflichtigen Tatbestand eröffnet (BAG 3.6.2003 AP Nr. 19 zu § 77 BetrVG Tarifvorbehalt). Dagegen ist die Ausübung der Mitbestimmung durch Vorgaben des Betriebsrats, die unter bestimmten, geregelten Voraussetzungen eine Entscheidung des Arbeitgebers im Einzelfall ermöglichen, zulässig (BAG 8.6.2004 AP Nr. 20 zu § 76 BetrVG 1972 Einigungsstelle).

6. Rechtsfolgen mangelnder Beteiligung

Literatur: DOBBERAHN, Unterlassungsanspruch des Betriebsrats, NJW 1995, 1333; KONZEN, Rechtsfragen bei der Sicherung der betrieblichen Mitbestimmung, NZA 1995, 865; KOTHE, Der Unterlassungsanspruch der betrieblichen Arbeitnehmervertretung, FS Richardi (2007), S. 601; LOBINGER, Zum Unterlassungsanspruch des Betriebsrats bei Betriebsänderungen, FS Richardi (2007), S. 657; PRÜTTING, Unterlassungsanspruch und einstweilige Verfügung in der Betriebsverfassung, RdA 1995, 257; RICHARDI, Kehrtwende des BAG zum betriebsverfassungsrechtlichen Unterlassungsanspruch des Betriebsrats, NZA 1995, 8; WALKER, Zum Unterlassungsanspruch des Betriebsrats bei mitbestimmungswidrigen Maßnahmen des Arbeitgebers, DB 1995, 1961.

Theorie der Wirksamkeitsvoraussetzung

Welche Rechtsfolgen eintreten, wenn das Mitbestimmungsrecht missachtet wird und der Arbeitgeber einseitige Maßnahmen trifft, hat **keine ausdrückliche Regelung** in § 87 BetrVG gefunden. Die Vorschrift dient dem Schutz des Arbeitnehmers vor einseitigen Maßnahmen des Arbeitgebers. Eine Verletzung dieses Mitbestimmungsrechts hat daher zur Folge, dass die einseitig getroffenen Anordnungen des Arbeitgebers gegenüber dem einzelnen Arbeitnehmer unwirksam sind; einseitige Regelungen verstoßen gegen das BetrVG und sind damit rechtswidrig. Diese **Theorie der Wirksamkeitsvoraussetzung** ist allgemein anerkannt (BAG 20.8.1991 AP Nr. 50 zu § 87 BetrVG 1972 Lohngestaltung).

„Die tatsächlich durchgeführte Mitbestimmung ist Wirksamkeitsvoraussetzung für Maßnahmen zum Nachteil der Arbeitnehmer. Die Maßnahmen können ohne Zustimmung des Betriebsrats nicht verbindlich durchgeführt werden." (BAG 20.8.1991 AP Nr. 50 zu § 87 BetrVG 1972 Lohngestaltung)

Teilweise wird sie jedoch für den Fall abgelehnt, dass der Arbeitgeber dem Arbeitnehmer ohne Beteiligung des Betriebsrats eine günstigere Rechtsposition einräumt, da § 87 BetrVG den Arbeitnehmer schützen soll (LIEB/JACOBS Arbeitsrecht, Rn. 767; a.A. GK-BetrVG/WIESE § 87 BetrVG Rn. 117). Dieses würde jedoch das Mitbestimmungsrecht in weiten Bereichen aushebeln. Ein Schutzbedürfnis der Arbeitnehmer vor Maßnahmen des Arbeitgebers entfällt nicht schon dadurch, dass die Maßnahme den Arbeitnehmern nur vorteilhafte Regelungen einräumt.

Kein Beweisverwertungsverbot

Die Wirkung der Verletzung des Mitbestimmungstatbestandes geht aber nicht so weit, dass unterbliebene Mitbestimmung zu einem Beweisverwertungsverbot führt, etwa für den Fall, dass mit Hilfe einer Videoüberwachung eine Straftat ermittelt werden konnte, die Überwachung aber entgegen § 87 Abs. 1 Nr. 6 BetrVG eingeführt wurde.

II. Die Mitbestimmung im Einzelnen § 153

Das gilt jedenfalls dann, wenn der Betriebsrat den Mitbestimmungsverstoß kennt und der Verwertung der so gewonnenen Beweismittel zustimmt (BAG 27.3.2003 AP Nr. 36 zu § 87 BetrVG 1972 Überwachung).

Der Betriebsrat kann das Bestehen seines Mitbestimmungsrechts gerichtlich feststellen lassen. Ob dem Betriebsrat darüber hinaus ein eigenständiger Unterlassungsanspruch bei Verletzung des Mitbestimmungsrechts zusteht, ist umstritten. Eine ausdrückliche Regelung eines Unterlassungsanspruchs findet sich in § 23 Abs. 3 BetrVG. Ein weiterer im BetrVG normierter **Unterlassungsanspruch** für den Fall der Verletzung der Mitbestimmungsrechte aus § 87 BetrVG existiert nicht, so dass man § 23 Abs. 3 BetrVG als abschließende Regelung betrachten könnte, wie es auch das BAG zunächst tat. Da der Unterlassungsanspruch nach § 23 Abs. 3 BetrVG an enge Voraussetzungen wie einen groben Pflichtverstoß geknüpft ist, wird diese Situation jedoch als unbillig empfunden. Das BAG leitet nunmehr einen **allgemeinen Unterlassungsanspruch** bei mitbestimmungswidrigen Maßnahmen des Arbeitgebers aus dem **Gebot der vertrauensvollen Zusammenarbeit** (§ 2 Abs. 1 BetrVG) her (BAG 3.5.1994 AP Nr. 23 zu § 23 BetrVG 1972; vgl. auch BAG 29.2.2000 AP Nr. 105 zu § 87 BetrVG 1972 Lohngestaltung).

Unterlassungsanspruch

„Ob [...] ein Unterlassungsanspruch als selbständiger Nebenleistungsanspruch unmittelbar aus § 87 BetrVG abzuleiten ist, mag fraglich erscheinen; der Anspruch ergibt sich jedoch bei sozialen Angelegenheiten im Sinne von § 87 BetrVG aus der besonderen Rechtsbeziehung, die zwischen Arbeitgeber und Betriebsrat besteht. Das durch die Bildung des Betriebsrats kraft Gesetzes zustande kommende ‚Betriebsverhältnis' ist einem gesetzlichen Dauerschuldverhältnis ähnlich. Es wird bestimmt durch die Rechte und Pflichten, die in den einzelnen Mitwirkungstatbeständen normiert sind, sowie durch wechselseitige Rücksichtspflichten, die sich aus § 2 BetrVG ergeben. § 2 BetrVG enthält eine dem Grundsatz von Treu und Glauben im Sinne von § 242 BGB vergleichbare Konkretisierung des Gebots partnerschaftlicher Zusammenarbeit. Zwar lassen sich aus der Vorschrift keine Mitwirkungs- und Mitbestimmungsrechte ableiten, die im Gesetz nicht vorgesehen sind. § 2 BetrVG ist aber bei der Auslegung der einzelnen Tatbestände des BetrVG zu berücksichtigen. [...] Bei der Bewertung der im Gesetz vorgesehenen Rechte kann daher aus dem allgemeinen Gebot der vertrauensvollen Zusammenarbeit als Nebenpflicht grundsätzlich auch das Gebot abgeleitet werden, alles zu unterlassen, was der Wahrnehmung des konkreten Mitbestimmungsrechts entgegensteht. Insoweit ist eine dem vertraglich begründeten Schuldverhältnis vergleichbare Lage gegeben." (BAG 3.5.1994 AP Nr. 23 zu § 23 BetrVG 1972)

Der Unterlassungsanspruch ist begrenzt auf die Sicherung des konkreten Mitbestimmungsrechts. In mehreren Entscheidungen ist der Antrag des Betriebsrats als Globalantrag, der viele denkbare Fallgestaltungen umfasst, für die nicht in jeder Fallvariante die Unterlassung verlangt werden kann, zurückgewiesen worden.

Begrenzung

625

III. Die einzelnen Mitbestimmungsrechte des § 87 Abs. 1 BetrVG

1. Ordnung des Betriebs und des Verhaltens der Arbeitnehmer im Betrieb (Nr. 1)

Literatur: BORGMANN, Ethikrichtlinien und Arbeitsrecht, NZA 2003, 352; RAAB, Mitbestimmung des Betriebsrats bei der Einführung und Ausgestaltung von Krankengesprächen, NZA 1993, 193; SCHLACHTER, Mitbestimmung bei der Einführung von „Ethikregeln" in transnationalen Wirtschaftseinheiten, Festschrift Richardi (2007), S. 1067.

Formelle und kollektive Tatbestände

Da § 87 Nr. 1 BetrVG aus dem alten Betriebsverfassungsgesetz 1952 übernommen wurde, gilt hier auch im Wesentlichen der Grundsatz, dass hauptsächlich kollektive und formelle Tatbestände erfasst werden.

Betriebliches Zusammenleben und Zusammenwirken

Was unter dem Mitbestimmungstatbestand der Nr. 1 zu verstehen ist, wird vom BAG (8.11.1994 AP Nr. 24 zu § 87 BetrVG 1972 Ordnung des Betriebs; vgl. auch BAG 24.11.1981 AP Nr. 2 zu § 87 BetrVG 1972 Ordnung des Betriebs) in ständiger Rechtsprechung wie folgt bestimmt:

„Nach dieser Vorschrift hat der Betriebsrat mitzubestimmen bei Fragen der Ordnung des Betriebs und des Verhaltens der Arbeitnehmer im Betrieb. Gegenstand des Mitbestimmungsrechts ist das betriebliche Zusammenleben und Zusammenwirken der Arbeitnehmer. Dieses fordert ein aufeinander abgestimmtes Verhalten. Dazu dienen verbindliche Verhaltensregeln sowie unterschiedliche Maßnahmen, die geeignet sind, das Verhalten der Arbeitnehmer zu beeinflussen und zu koordinieren. Zweck des Mitbestimmungsrechts ist es, den Arbeitnehmern eine gleichberechtigte Teilhabe an der Gestaltung des betrieblichen Zusammenlebens zu gewähren. Von dem mitbestimmungspflichtigen Ordnungsverhalten ist das reine Arbeitsverhalten zu unterscheiden. Dieses betreffen alle Regelungen und Weisungen, die bei der unmittelbaren Erbringung der Arbeitsleistung selbst zu beachten sind. Das Arbeitsverhalten wird berührt, wenn der Arbeitgeber kraft seiner Organisations- und Leitungsmacht näher bestimmt, welche Arbeiten in welcher Weise auszuführen sind. Nicht mitbestimmungspflichtig sind danach Anordnungen, mit denen die Arbeitspflicht unmittelbar konkretisiert wird." (BAG 8.11.1994 AP Nr. 24 zu § 87 BetrVG 1972 Ordnung des Betriebs)

Zu unterscheiden sind nach der Auffassung des BAG also mitbestimmungspflichtige Regelungen, die das **Ordnungsverhalten** der Arbeitnehmer betreffen, und mitbestimmungsfreie Maßnahmen, die das **Arbeitsverhalten** der Arbeitnehmer regeln und im Verhältnis Arbeitgeber – Arbeitnehmer anzusiedeln sind. Die Ausübung des Direktionsrechts bezüglich der Arbeitsleistung im Einzelfall ist also nicht mitbestimmungspflichtig (BAG 21.1.1997 AP Nr. 27 zu § 87 BetrVG 1972 Ordnung des Betriebs).

„Gemäß § 87 Abs. 1 Nr. 1 BetrVG hat der Betriebsrat mitzubestimmen bei Fragen der Ordnung des Betriebs und des Verhaltens der Arbeitnehmer im Betrieb. Nach ständiger Senatsrechtsprechung ist dabei zu unterscheiden zwischen mitbestimmungspflichtigem Ordnungsverhalten und mitbestimmungsfreiem Arbeitsverhalten. Letzteres betrifft alle Weisungen, die bei der Erbringung der Arbeitsleistung selbst zu beachten sind. Das Arbeitsverhalten ist berührt, wenn der Arbeitgeber kraft seiner Organisations- und Leitungsmacht näher bestimmt, welche Arbeiten auszuführen sind und in welcher Weise das geschehen soll. Mitbestimmungsfrei sind danach nur Anordnungen, mit denen die Arbeitspflicht unmittelbar konkretisiert wird. Hingegen betreffen Anordnungen, die dazu dienen, das sonstige Verhalten der Arbeitnehmer zu koordinieren, die Ordnung des Betriebs im Sinne von § 87 Abs. 1 Nr. 1 BetrVG." (BAG 21.1.1997 AP Nr. 27 zu § 87 BetrVG 1972 Ordnung des Betriebs)

⊃ **Beispiele** für **mitbestimmungspflichtige** Regelungen:
- Torkontrollen (BAG 17.8.1982 AP Nr. 5 zu § 87 BetrVG 1972 Ordnung des Betriebs), biometrische Zugangskontrollen (BAG 27.1.2004 AP Nr 40 zu § 87 BetrVG 1972 Überwachung),
- Rauch- und Alkoholverbote (BAG 19.1.1999 AP Nr. 28 zu § 87 BetrVG 1972 Ordnung des Betriebs; BAG 23.9.1986 AP Nr. 20 zu § 75 BPersVG),
- einheitliche Arbeitskleidung (BAG 1.12.1992 AP Nr. 20 zu § 87 BetrVG 1972 Ordnung des Betriebs; BAG 11.6.2002 AP Nr. 38 zu § 87 BetrVG Ordnung des Betriebs; BAG 13.2.2007 AP Nr. 40 zu § 87 BetrVG 1972 Ordnung des Betriebs),
- Namensschilder (BAG 11.6.2002 AP Nr. 38 zu § 87 BetrVG Ordnung des Betriebs),
- Parken der Fahrzeuge der Arbeitnehmer (BAG 3.5.1950 AP Nr. 26 zu § 611 BGB Fürsorgepflicht),
- Radiohören (BAG 14.1.1986 AP Nr. 10 zu § 87 BetrVG 1972 Ordnung des Betriebs),
- Verbot, den Betrieb während der Mittagspause zu verlassen (BAG 21.8.1990 AP Nr. 17 zu § 87 BetrVG 1972 Ordnung des Betriebs),
- Betriebsbußen (BAG 17.10.1989 AP Nr. 12 zu § 87 BetrVG 1972 Betriebsbuße),
- Anweisung des Arbeitgebers, Zeiten der Arbeitsunfähigkeit generell durch eine Bescheinigung nachzuweisen (BAG 25.1.2000 AP Nr. 34 zu § 87 BetrVG 1972 Ordnung des Betriebs),
- formalisierte Krankengespräche (BAG 8.11.1994 AP Nr. 24 zu § 87 BetrVG 1972 Ordnung des Betriebs),
- Einführung eines Formulars, auf dem die Arbeitnehmer die Notwendigkeit eines Arztbesuchs während der Arbeitszeit vom Arzt bescheinigen lassen sollen (BAG 21.1.1997 AP Nr. 27 zu § 87 BetrVG 1972 Ordnung des Betriebs),

- Benutzungsregelungen für eine Kantine (BAG 11.7.2000 AP Nr. 16 zu § 87 BetrVG 1972 Sozialeinrichtungen).

➲ **Beispiele** für **mitbestimmungsfreie** Maßnahmen:
- Erfassungsbögen für Arbeitsstunden an einem Arbeitsprojekt (BAG 24.11.1981 AP Nr. 3 zu § 87 BetrVG 1972 Ordnung des Betriebs),
- Zugangssicherungssystem mit Ausweiskarten ohne weitere Datenerfassung (BAG 10.4.1984 AP Nr. 7 zu § 87 BetrVG 1972 Ordnung des Betriebs),
- private Nutzung von Dienstwagen (BAG 22.3.1983 AP Nr. 6 zu § 101 BetrVG 1972),
- Anordnung einer außerplanmäßigen Dienstreise, die Reisezeiten außerhalb der normalen Arbeitszeiten des Arbeitnehmers erforderlich macht (BAG 23.7.1996 AP Nr. 26 zu § 87 BetrVG 1972 Ordnung des Betriebs),
- Anweisung an Sachbearbeiter, in Geschäftsbriefen auch ihre Vornamen anzugeben (BAG 8.6.1999 AP Nr. 31 zu § 87 BetrVG 1972 Ordnung des Betriebs),
- Abmahnungen und Vertragsstrafen (BAG 17.10.1989 AP Nr. 12 zu § 87 BetrVG 1972 Betriebsbuße),
- heimliche Überprüfung der Beratungsqualität von Bankmitarbeitern an zufällig ausgewählten Bankschaltern durch ein Fremdunternehmen (BAG 18.4.2000 AP Nr. 33 zu § 87 BetrVG 1972 Überwachung).

Anhand des folgenden Beispielsfalls wird deutlich, wie schwierig die Abgrenzung im Einzelfall sein kann:

➲ **Fall** (BAG 8.11.1994 AP Nr. 24 zu § 87 BetrVG 1972 Ordnung des Betriebs):

Da der Krankenstand in einem Betriebsteil überdurchschnittlich hoch ist, werden in dem Betrieb sog. Krankengespräche geführt. Die Arbeitnehmer, die mehr als 30 Ausfalltage aufzuweisen hatten, werden durch den Personalleiter einbestellt und zu den Krankheitsursachen befragt. Den Arbeitnehmern werden vorbereitete schriftliche Erklärungen vorgelegt, in denen sie den behandelnden Arzt von der Schweigepflicht entbinden sollen. Sind das „Ob" und „Wie" der Krankengespräche mitbestimmungspflichtig?

Nach Ansicht des BAG und der wohl h.M. kann offen bleiben, ob eine Maßnahme, die das Krankenverhalten der Arbeitnehmer beeinflussen soll, als Ordnungsmaßnahme schon an sich unter das Mitbestimmungsrecht des § 87 Abs. 1 Nr. 1 BetrVG fällt. Umstrittener Regelungsgegenstand ist nicht das Krankheitsverhalten, sondern das Verhalten der Arbeitnehmer bei der Gesprächsführung selbst. Es handelt sich hierbei um eine betriebliche Aufklärungsaktion, bei der die Arbeitnehmer als arbeitsvertragli-

III. Die einzelnen Mitbestimmungsrechte des § 87 Abs. 1 BetrVG   § 153

che Nebenpflicht mitzuwirken haben. Die Erfüllung dieser Pflicht ist dem Ordnungsverhalten zuzuordnen. Die Gespräche selber sollen in einer generalisierten Art und Weise durchgeführt werden. Die Befragung erfolgt nach einem formalisierten Verfahren. Die einzelnen Arbeitnehmer werden danach bestimmt, wer mehr als 30 Krankheitstage aufweist, die Arbeitnehmer werden also nach einer abstrakten Regel ausgesucht. Demgemäß handelt es sich hierbei um einen kollektiven Tatbestand, der einer generellen Regelung zugänglich ist und die Mitbestimmung des Betriebsrats erforderlich macht. Dagegen wird allerdings in der Literatur vereinzelt eingewandt, dass die Aufklärung von Krankheitsursachen nicht dazu diene, Regelungen für das Ordnungsverhalten der Arbeitnehmer aufzustellen. Stelle der Arbeitgeber nämlich Regelungen auf, um die Berechtigung der Fehlzeiten und ihrer Dauer zu kontrollieren, mache er von seinem Gläubigerrecht Gebrauch. Insoweit bestehe kein Bezug zur betrieblichen Ordnung (Richardi/Richardi § 87 Rn. 192).

Einer Klärung durch das BAG angenähert hat sich das Problem der Mitbestimmung des Betriebsrats bei der Einführung sogenannter **Ethikregeln** oder Ethikrichtlinien. In einer ersten Entscheidung zur Offenlegung des Besitzes von Wertpapieren und der Ausübung von Nebentätigkeiten von Redakteuren hatte sich das BAG allein mit der Abgrenzung von inner- und außerbetrieblichem Verhalten und damit der Eröffnung des Regelungsbereiches von § 87 Abs. 1 Nr. 1 BetrVG zu befassen (BAG 28.5.2002 AP Nr. 39 zu § 87 BetrVG 1972 Ordnung des Betriebs). Ob ein mitbestimmungspflichtiger Tatbestand besteht, konnte offen bleiben, weil das Mitbestimmungsrecht jedenfalls wegen des Tendenzschutzes nach § 118 Abs. 1 S. 1 BetrVG ausgeschlossen war.

Ethikregeln

„Entgegen der Auffassung der Arbeitgeberin betrifft die beabsichtigte Maßnahme nicht das außerbetriebliche Verhalten der Arbeitnehmer, das der Regelungskompetenz der Betriebsparteien entzogen ist. Nach der Rechtsprechung des Senats berechtigt § 87 Abs. 1 Nr. 1 BetrVG nicht dazu, in die private Lebensführung der Arbeitnehmer einzugreifen. Der Arbeitgeberin ist zuzugeben, dass die Ethikregeln einen Teilbereich der privaten Lebensführung der Redakteure und damit deren Verhalten außerhalb des Betriebs zum Gegenstand haben. Das ist jedoch nur der äußere Anknüpfungspunkt. Tatsächlich geht es bei dem Ziel, eine unabhängige und von persönlichen Interessen der Redakteure freie Berichterstattung im „H" zu gewährleisten, um betriebliche Abläufe. Die Arbeitgeberin sieht in einem finanziellen Engagement ihrer Redakteure bei Unternehmen, über die sie zu berichten haben, die Gefahr einer an eigenen Vermögensinteressen ausgerichteten Berichterstattung. Ein Bekanntwerden solcher Beteiligungen könnte bei den Lesern Zweifel an der Unabhängigkeit der Redakteure und damit an der Seriosität des „H" wecken. Ähnliches gilt für Nebentätigkeiten der Redakteure. [...] Die beabsichtigten Regeln sollen diese Gefahren verringern und es der Arbeitgeberin ermöglichen, ihnen auch aktiv durch die Gestaltung und die Überwachung der Arbeitsaufträge entgegenzutreten. Sie setzen an denjenigen persönlichen Verhältnissen der Redakteure an, aus denen eine Gefährdung der Objektivität und der Unabhängigkeit des „H" folgen kann. Zudem will sich die Arbeitgeberin durch die Ethikregeln von Wettbewerbern abheben. Dazu setzt sie die Reglementierung der privaten Lebensführung der Redakteure ein. Die private Vermögensbildung der Redakteure und deren nebenberufliches Engagement werden damit Teil des betrieblichen Geschehens. Dieses unterliegt der Regelungsbefugnis der Betriebsparteien." (BAG 28.5.2002 AP Nr. 39 zu § 87 BetrVG 1972 Ordnung des Betriebs)

Jüngst hatte das BAG sodann auch inhaltlich darüber zu entscheiden, welche Ethikregeln der Mitbestimmung des Betriebsrats unterliegen (BAG 22.7.2008 NZA 2008, 1248). Dabei ist zunächst zu beachten, dass das Bestehen des Mitbestimmungsrechts **nicht pauschal** angenommen (so wohl Fitting § 87 Rn. 71) oder abgelehnt werden kann. Weder aus der Mitbestimmungspflichtigkeit von Teilregelungen noch aus einer Klammerwirkung von auf alle Inhalte bezogenen Meldepflichten (so noch die Vorinstanz LAG Hessen 18.1.2007 AiB 2007, 663) ist auf ein umfassendes Mitbestimmungsrecht zu schließen. Vielmehr ist angesichts der Vielgestaltigkeit solcher Richtlinien und der Abgrenzbarkeit der einzelnen Regelungsbereiche die Frage der Mitbestimmung **jeweils für den einzelnen Regelungsbereich zu beurteilen.** Kodizes dieser Art stellen regelmäßig auch keine unauflösbaren Gesamtwerke dar.

„Ein vom Arbeitgeber aufgestellter Verhaltenskodex, der unterschiedliche Regelungen, Verlautbarungen und Vorgaben zum Inhalt hat, unterliegt nicht nur entweder insgesamt oder überhaupt nicht der Mitbestimmung. Der Umstand, dass ein Arbeitgeber Verlautbarungen unterschiedlicher Inhalte in einem Gesamtwerk, wie etwa einem Handbuch oder Katalog zusammenfasst, hat nicht zur Folge, dass das Gesamtwerk mitbestimmungsrechtlich nur einheitlich behandelt werden könnte. Ein solches Gesamtwerk kann sowohl Teile enthalten, die mitbestimmungspflichtig sind, als auch solche, die nicht der Mitbestimmung unterliegen. Entscheidend ist nicht die mehr oder weniger zufällige Zusammenfassung arbeitgeberseitiger Verlautbarungen in einem Werk, sondern der Inhalt der einzelnen Bestimmungen. Das gilt auch für konzernweite Ethik-Richtlinien. Diese sind weder pauschal mitbestimmungspflichtig noch pauschal mitbestimmungsfrei. Vielmehr ist nach dem Inhalt der einzelnen Regelungen zu differenzieren. Ebenso wie Arbeitsordnungen können derartige Ethik-Richtlinien mitbestimmungspflichtige und mitbestimmungsfreie Sachverhalte betreffen. [...] Im Regelfall wird auch nicht angenommen werden können, die einzelnen Verlautbarungen und Vorgaben seien unauflösbar in einer Weise verknüpft, die dazu führe, dass die Mitbestimmungspflicht hinsichtlich einzelner Teile zwangsläufig die Mitbestimmungspflicht hinsichtlich des Gesamtwerks zur Folge habe.

[...] Die Meldepflicht ist entgegen der Auffassung des Landesarbeitsgerichts keine „Klammer", die ein Mitbestimmungsrecht bei sämtlichen Regelungen des Verhaltenskodexes begründet. Das Mitbestimmungsrecht bei einem Meldeverfahren bezüglich bestimmter Tatbestände begründet kein Mitbestimmungsrecht bei den zu meldenden Tatbeständen selbst. Erhebliche Teile des Verhaltenskodexes regeln keine Verhaltenspflichten der Arbeitnehmer, sondern beschreiben Ziele, Wertvorstellungen und Selbstverpflichtungen des Unternehmens. Insoweit gibt es nichts zu melden. Aber auch soweit die Meldpflicht sich auf Pflichtenverstöße von Arbeitnehmern in ihrem Arbeitsverhalten bezieht, begründet ein Mitbestimmungsrecht bei der Einführung und Ausgestaltung einer Meldpflicht kein Mitbestimmungsrecht beim Arbeitsverhalten." (BAG 22.7.2008 NZA 2008, 1248, 1252 f.)

Ferner ist nach den allgemeinen Grundsätzen zu beachten, dass ein Mitbestimmungsrecht hinsichtlich einzelner Regelungskomplexe immer dann **ausgeschlossen** ist, wenn den Betriebspartnern kein eigener Regelungsbereich verbleibt, etwa weil lediglich eine **gesetzliche Bestimmung** wiedergegeben wird (vgl. § 87 Abs. 1 Eingangssatz BetrVG) oder Pflichten aus dem Arbeitsvertrag geregelt werden sollen. So bestehen beispielsweise für Diskriminierungsverbote und ihre Sanktionen abschließende Regelungen im AGG. Die Pflicht zur korrekten Rechnungsstellung gegenüber dem Kunden ist Gegenstand des Arbeitsverhaltens und als solches mitbestimmungsfrei (vgl. zu weiteren Klauseln BAG 22.7.2008 NZA 2008, 1248). **Unerheblich** für das Mitbestimmungsrecht nach § 87 Abs. 1 Nr. 1 BetrVG ist, dass die Verhaltensregeln lediglich **unverbindlich** sein sollen. Für ein Mitbestimmungsrecht nach § 87 Abs. 1 Nr. 1 BetrVG ist nämlich ausreichend, dass die Maßnahme darauf gerichtet ist, das Verhalten der Arbeitnehmer zu steuern oder die Ordnung des Betriebes zu gewährleisten (BAG 22.7.2008 NZA 2008, 1248, 1254). Dies ist bei den in Rede stehenden Ethikrichtlinien regelmäßig der Fall.

Zuständig ist bei Konzernbetriebsvereinbarungen originär der **Konzernbetriebsrat** gemäß § 58 Abs. 1 BetrVG, wenn durch den Verhaltenskodex eine konzerneinheitliche Unternehmensphilosophie, eine konzernweite Identität oder ein einheitliches „ethisch-moralisches Erscheinungsbild" geschaffen oder gefördert werden sollen (BAG 22.7.2008 NZA 2008, 1248, 1255).

Bei der Einführung von Ethikrichtlinien durch Betriebsvereinbarung haben die Betriebsparteien über **§ 75 BetrVG** die **Grundrechte** der Arbeitnehmer zu beachten, so dass Eingriffe in diese dem **Grundsatz der Verhältnismäßigkeit** genügen, also geeignet, erforderlich und angemessen sein müssen. Ein Eingriff in Grundrechte wirkt sich jedoch nicht auf den Mitbestimmungstatbestand als solchen aus, lässt also insbesondere nicht das Mitbestimmungsrecht entfallen (BAG 22.7.2008 NZA 2008, 1248 1255; a.A. LAG Düsseldorf 14.11.2005 DB 2006, 162, 165).

⇨ **Beispiele:**

„**Liebesverbote**"

Oftmals verbieten Ethikrichtlinien, dass die Arbeitnehmer untereinander in Liebesbeziehungen stehen. Klauselbeispiel: „Sie dürfen nicht mit Jemandem ausgehen oder in eine Liebesbeziehung mit Jemandem treten, wenn Sie die Arbeitsbedingungen dieser Person beeinflussen können, oder der Mitarbeiter Ihre Arbeitsbedingungen beeinflussen kann." Zu eben dieser Klausel entschied das LAG Düsseldorf, dass sie nicht der Mitbestimmung unterliege (LAG Düsseldorf 14.11.2005 DB 2006, 162). Dies begründet das LAG damit, dass eine solche Klausel gegen das allgemeine Persönlichkeitsrecht der Arbeitnehmer aus Art. 2 Abs. 1 i.V.m. Art. 1 GG verstoße und es aufgrund dessen „nichts mitzubestimmen" gebe. Ein Verstoß gegen Grundrechte kann jedoch ein Mitbestimmungsrecht als solches nicht hindern, er kann lediglich die Rechtswidrigkeit der Betriebsvereinbarung am Maßstab des § 75 BetrVG zur Folge haben. Ist durch die Regelung das allgemeine Persönlichkeitsrecht der Arbeitnehmer tangiert, kommt es für die Frage der Zulässigkeit der Regelung auf eine Interessenabwägung mit den Interessen des Arbeitgebers an einer solchen Regelung an. Erst wenn diese Abwägung zu Lasten des Arbeitgebers ausgeht, ist im Übrigen ein Verstoß anzunehmen. Dies ist jedoch unabhängig von der Frage der Mitbestimmung zu beurteilen. Entgegen der Auffassung des LAG Düsseldorf unterliegen derartige Regelungen der Mitbestimmung nach § 87 Abs. 1 Nr. 1 BetrVG. Tangiert ist nämlich zum einen nicht nur das außerbetriebliche Verhalten, das der Regelungsmacht der Betriebspartner entzogen ist. Des Weiteren betrifft die Regelung das betriebliche Zusammenleben und Zusammenwirken der Arbeitnehmer und nicht das dem Direktionsrecht des Arbeitgebers unterliegende Arbeitsverhalten. Fraglich ist indes, ob der Arbeitgeber ein überwiegendes Interesse an einer solchen Regelung hat. Dies ist angesichts des schwerwiegenden Grundrechtseingriffs zu verneinen (so in einem obiter dictum auch BAG 22.7.2008 NZA 2008, 1248, 1255).

„Whistleblowing"/Meldepflichten

„Whistleblowing" bedeutet sinngemäß „verpfeifen" oder „anschwärzen". Gegenstand solcher Klauseln ist daher die Verpflichtung oder Anregung, Verstöße gegen den Verhaltenskodex anzuzeigen, oftmals über eine anonyme Telefonhotline. Die Rechtsprechung nimmt ein Mitbestimmungsrecht des Betriebsrates nach Nr. 1 zumindest dann an, wenn auch ein bestimmtes Verfahren für die Meldepflicht (wie z.B. Telefonhotline) geregelt wird (BAG 22.7.2008 NZA 2008, 1248, 1255; LAG Düsseldorf 14.11.2005 DB 2006, 162, 163). Es ist jedoch davon auszugehen, dass Richtlinien, die dem Arbeitnehmer seine arbeitsvertragliche Nebenpflicht übersteigende Hinweispflichten aufgeben, generell das Mitbestimmungsrecht nach Nr. 1 auslösen. Solche Regelungen haben zumindest wegen der ständigen Gefahr der Denunziation Auswirkungen auf das Zusammenleben im Betrieb.

Betriebsbußen Zur Durchsetzung der Verhaltens- und Ordnungsvorschriften werden in der Praxis häufig sog. Bußordnungen aufgestellt. Auch diese

III. Die einzelnen Mitbestimmungsrechte des § 87 Abs. 1 BetrVG

sind mitbestimmungspflichtig. Gleichermaßen die Verhängung der Buße im Einzelfall (BAG 17.10.1989 AP Nr. 12 zu § 87 BetrVG 1972 Betriebsbuße). Zu beachten ist, dass **Betriebsbußen** nur für Verstöße des Arbeitnehmers gegen die kollektive betriebliche Ordnung verhängt werden dürfen.

2. Beginn und Ende der täglichen Arbeitszeit (Nr. 2)

Literatur: PREIS/LINDEMANN, Mitbestimmung bei Teilzeitarbeit und befristeter Beschäftigung, NZA Sonderheft 2001, 33; RICHARDI, Die Mitbestimmung des Betriebsrats bei flexibler Arbeitszeitgestaltung, NZA 1994, 593.

Nach § 87 Abs. 1 Nr. 2 BetrVG hat der Betriebsrat über den Beginn und das Ende der täglichen Arbeitszeit einschließlich der Pausen sowie die Verteilung der Arbeitszeit auf die einzelnen Wochentage mitzubestimmen. Das Mitbestimmungsrecht nach § 87 Abs. 1 Nr. 2 BetrVG umfasst sämtliche mit der Lage und Verteilung der Arbeitszeit verbundenen Fragen. Es dient dem **Zweck**, die **Interessen der Arbeitnehmer an der Lage ihrer Arbeitszeit** und damit zugleich ihrer freien und für die **Gestaltung des Privatlebens nutzbaren Zeit** zur Geltung zu bringen (BAG 28.5.2002 AP Nr. 96 zu § 87 BetrVG 1972 Arbeitszeit). Dem Mitbestimmungsrecht unterliegt es deshalb auch, ob von einer regulären Verteilung der Arbeitszeit auf die einzelnen Wochentage im Einzelfall abgewichen werden soll. Dabei hat der Betriebsrat nicht nur mitzubestimmen, wenn der Arbeitgeber von der regulären Verteilung abweichen will. Der Mitbestimmungstatbestand des § 87 Abs. 1 Nr. 2 BetrVG umfasst vielmehr auch ein darauf gerichtetes **Initiativrecht des Betriebsrats** (BAG 26.10.2004 AP Nr. 113 zu § 87 BetrVG 1972 Arbeitszeit). Dieser kann verlangen, dass Ausnahmen von der regulären (mitbestimmten) Verteilung vorgesehen werden; können sich die Betriebsparteien nicht verständigen, entscheidet die betriebliche Einigungsstelle.

Zweck

„Das Mitbestimmungsrecht des Betriebsrats hinsichtlich der Lage der Arbeitszeit soll gewährleisten, dass die Interessen der Arbeitnehmer an der Lage der für sie verbindlichen Arbeitszeit zur Geltung gebracht werden können. Die Lage der Arbeitszeit berührt die Interessen der Arbeitnehmer in erheblicher Weise. Durch Beginn und Ende der täglichen Arbeitszeit wird gleichzeitig die Freizeit des Arbeitnehmers zeitlich fixiert, es wird festgelegt, welche Zeiten ihm für die Gestaltung seines Privatlebens zur Verfügung stehen." (BAG 21.12.1982 AP Nr. 9 zu § 87 BetrVG 1972 Arbeitszeit)

Aus dieser Zwecksetzung des Mitbestimmungstatbestands ergibt sich, dass die Dauer der Arbeitszeit – also der Umfang der geschuldeten Arbeitsleistung – nicht der Mitbestimmung unterliegt (BAG 15.5.2007 AP Nr. 30 zu § 1 BetrVG 1972 Gemeinsamer Betrieb), sondern lediglich die **Lage der Arbeitszeit** – also die Verteilung der geschuldeten Arbeitszeit. Dies ergibt sich auch aus dem Wortlaut des Gesetzes. Danach besteht ein Mitbestimmungsrecht nur bei der Verteilung der Arbeitszeit auf die einzelnen Wochentage. Daraus ergibt sich gleichzeitig, dass das Mitbestimmungsrecht sich nicht auf die Festlegung der Wochenarbeitszeit beziehen soll. Der Betriebsrat kann zwar – mittelbar – über die Dauer der **täglichen**, **nicht** aber die **der wöchentlichen** Arbeitszeit mitbestimmen. Diese wird regelmäßig tariflich geregelt sein, im Übrigen ist sie der nicht mitbestimmten Vertragsgestaltung zwischen Arbeitgeber und Arbeitnehmern vorbehalten.

„Der Wortlaut enthält keine Anhaltspunkte dafür, dass zur mitbestimmungspflichtigen Angelegenheit auch die Dauer der geschuldeten wöchentlichen Arbeitszeit gehört. Gegen ein Mitbestimmungsrecht bei der Festlegung der Dauer der Arbeitszeit sprechen Wortlaut, systematischer Zusammenhang und Entstehungsgeschichte dieser Vorschrift. Sie wird insbesondere nicht notwendigerweise von den in § 87 Abs. 1 Nr. 2 BetrVG geregelten Angelegenheiten umfasst. Die Frage, wie lange Arbeitnehmer je Woche zu arbeiten haben, ist weder denknotwendig noch sachlich zwingend mit der Verteilung dieser Arbeitszeit auf Arbeitstage und Wochentage verknüpft." (BAG 13.10.1987 AP Nr. 24 zu § 87 BetrVG 1972 Arbeitszeit)

Mitbestimmung auch bei vorübergehender Regelung

Unerheblich für das Eingreifen des Mitbestimmungsrechts ist, ob es sich um eine **Dauerregelung** über die Lage der Arbeitszeit handelt oder nur um eine **vorübergehende Veränderung** der Arbeitszeitverteilung (RICHARDI/RICHARDI § 87 Rn. 306). Das Schutzbedürfnis der Arbeitnehmer besteht in beiden Fällen gleichermaßen. Dies ist auch vom Wortlaut des § 87 Abs. 1 Nr. 2 BetrVG gedeckt, der keine Einschränkung auf die „regelmäßige" tägliche Arbeitszeit enthält.

Kollektiver Bezug

Das Mitbestimmungsrecht des § 87 Abs. 1 Nr. 2 BetrVG setzt einen kollektiven Tatbestand voraus (siehe unter § 153 I 2). Ein Mitbestimmungsrecht besteht insoweit beispielsweise nicht, wenn die Arbeitszeit an Hand der persönlichen Wünsche und Bedürfnisse eines einzelnen Arbeitnehmers für diesen individuell geregelt wird.

Praktische Bedeutung

Durch die zunehmende **Flexibilisierung der Arbeitszeit** gewinnt der Mitbestimmungstatbestand der Arbeitszeitverteilung an praktischer Bedeutung. Man denke hierbei an die Arbeitszeitverkürzung und an neue Arbeitszeitmodelle, die die Betriebszeiten von den persönlichen Arbeitszeiten der Arbeitnehmer entkoppeln, z.B. Gleitzeitregelungen, Schichtarbeit, Abrufarbeit (KAPOVAZ), Jahresarbeitszeit u.v.m. Die Ausgestaltung des jeweiligen Arbeitszeitmodells unterliegt der Mitbestimmung des Betriebsrats. So hat dieser etwa bei der Aufstellung von Schichtplänen sowie der Festlegung der Kernzeit bei Gleitzeitmodellen mitzubestimmen. Auch bei der Festlegung der Verteilung der wöchentlichen Arbeitszeit **Teilzeitbeschäftigter** steht dem Betriebsrat ein Mitbestimmungsrecht in demselben Umfang wie bei Vollzeitbeschäftigten zu.

➲ **Beispiele** für **mitbestimmungspflichtige** Tatbestände:
- Schichtarbeit: Einführung, Lage und Schichtpläne, Dienstpläne (BAG 18.4.1989 AP Nr. 34 zu § 87 BetrVG 1972 Arbeits-

zeit), Abweichung und nähere Ausgestaltung von Schichtplänen (BAG 28.5.2002 AP Nr. 96 zu § 87 BetrVG 1972 Arbeitszeit; BAG 29.9.2004 AP Nr. 111 zu § 87 BetrVG 1972 Arbeitszeit),
- Rufbereitschaftspläne (BAG 21.12.1982 AP Nr. 9 zu § 87 BetrVG 1972 Arbeitszeit),
- Rolliersystem – ein freier Arbeitstag bei 5-Tage-Woche der Arbeitnehmer und 6tägiger Betriebszeit (BAG 25.7.1989 AP Nr. 38 zu § 87 BetrVG 1972 Arbeitszeit),
- Lage der Arbeitszeit bei Teilzeitbeschäftigten, selbst wenn viele Arbeitnehmer **individuelle** Arbeitszeiten wünschen (BAG 13.10.1987 AP Nr. 24 zu § 87 BetrVG 1972 Arbeitszeit).
- Zeitliche Lage bezahlter tariflicher Kurz**pausen** (BAG 1.7.2003 AP Nr. 107 zu § 87 BetrVG 1972 Arbeitszeit)
- Ausnahme von Arbeitszeit an **Karnevalstagen** (BAG 26.10.2004 AP Nr. 113 zu § 87 BetrVG 1972 Arbeitszeit).

➲ **Beispiel** für einen *mitbestimmungsfreien* Tatbestand:
Wöchentliche **Höchstarbeitszeiten** (BAG 22.7.2003 AP Nr. 108 zu § 87 BetrVG 1972 Arbeitszeit)

Im Zusammenhang mit der Einführung flexibler Arbeitszeitmodelle stellt sich die Frage, inwieweit der Betriebsrat durch die Ausübung seines Mitbestimmungsrechts **in unternehmerische Entscheidungen des Arbeitgebers eingreifen** darf. Beispielsweise hat der Betriebsrat zwar nicht über die **Geschäftsöffnungszeiten** mitzubestimmen. Vielmehr unterliegen diese der alleinigen Entscheidung des Arbeitgebers. Erzwingt der Betriebsrat jedoch eine Regelung, nach der Arbeitnehmer nur von 9 bis 18 Uhr beschäftigt werden dürfen, kann er faktisch verhindern, dass die gesetzlichen Ladenöffnungszeiten voll ausgeschöpft werden können. Das BVerfG hat darin jedoch keinen Verstoß gegen das Grundrecht des Arbeitgebers aus Art. 12 Abs. 1 GG gesehen, da über den Weg der Einigungsstelle ein Ausgleich der gegenläufigen Interessen von Arbeitgeber und Arbeitnehmer gefunden werden kann (BVerfG 18.12.1985 AP Nr. 15 zu § 87 BetrVG 1972 Arbeitszeit).

Eingriff in unternehmerische Entscheidungen?

„Art. 12 Abs. 1 GG gebietet nicht, Berufsausübungsregelungen so zu gestalten und auszulegen, dass sie die unternehmerische Entscheidungsfreiheit unberührt lassen, sondern lässt Raum dafür, auch durch Einschaltung einer Einigungsstelle nach Maßgabe des BetrVG § 76 Abs. 5 eine Konkordanz der Berufsfreiheit der Beschwerdeführerin und der bei ihr beschäftigten Arbeitnehmer herbeizuführen." (BVerfG 18.12.1985 AP Nr. 15 zu § 87 BetrVG 1972 Arbeitszeit)

Eine ähnliche Problematik ergibt sich im Rahmen der **Abrufarbeit** (KAPOVAZ). Zwar ist der konkrete Abruf der Arbeit bei einzelnen Arbeitnehmern nicht mitbestimmungspflichtig, denn dadurch wird lediglich die individuelle Arbeitspflicht konkretisiert und keine kol-

Verhinderung von Abrufarbeit?

lektive Regelung geschaffen. Der Betriebsrat kann jedoch faktisch die Einführung von KAPOVAZ verhindern, indem er der Beschäftigung von Arbeitnehmern zu variablen Arbeitszeiten widerspricht oder eine Regelung erzwingt, nach der Teilzeitarbeitnehmer nur zu festen Zeiten beschäftigt werden dürfen. Ob ein solches Verhalten allerdings zulässig ist, wird unterschiedlich beurteilt. Nach der Rechtsprechung des BAG (BAG 28.9.1988 AP Nr. 29 zu § 87 BetrVG 1972 Arbeitszeit) und einem Teil der Literatur (vgl. BUSCHMANN, FS Kehrmann 1997, S. 105, 119) ist dies nicht zu beanstanden.

„Wie der Begründungszusammenhang der Rechtsbeschwerde ergibt, will der Arbeitgeber letzten Endes auch etwas ganz anderes rügen, nämlich, dass die Regelungen in § 4 und § 5 des Einigungsstellenspruchs es ihm verwehren, bestimmte variable Arbeitszeiten einzelvertraglich mit dem Teilzeitbeschäftigten zu vereinbaren. Auch das ist nicht richtig. Das Mitbestimmungsrecht des Betriebsrats sagt nichts darüber, was der Arbeitgeber mit dem jeweiligen Arbeitnehmer individualrechtlich vereinbaren kann [...]. Allerdings trifft es zu, dass es eine Folge des Mitbestimmungsrechts nach § 87 Abs. 1 Nr. 2 BetrVG ist, dass der Arbeitgeber den Einsatz von Arbeitnehmern in kapazitätsorientierter variabler Arbeitszeit nicht einseitig anordnen kann, vielmehr hierbei auf die Zustimmung des Betriebsrats angewiesen ist und ggf. die Einigungsstelle anrufen muss." (BAG 28.9.1988 AP Nr. 29 zu § 87 BetrVG 1972 Arbeitszeit)

Dem ist jedoch entgegenzuhalten, dass das **Mitbestimmungsrecht** angesichts der gesetzgeberischen Entscheidung für die Zulässigkeit von Abrufarbeit in § 12 TzBfG **nicht zu deren grundsätzlicher Verhinderung** genutzt werden darf. So dürfte es ermessensfehlerhaft i.S.v. § 76 Abs. 5 BetrVG sein, wenn die Einigungsstelle bei Nichteinigung zwischen Arbeitgeber und Betriebsrat (vgl. § 87 Abs. 2 BetrVG) die Einführung von Abrufarbeit wegen grundsätzlicher Ablehnung dieser Arbeitszeitform ausschließen würde.

➲ **Übungsfall: Karnevalsdienstag**

Der Betriebsrat eines rheinländischen Unternehmens verlangt, dass ab dem kommenden Jahr am Karnevalsdienstag nicht mehr gearbeitet wird und die ausfallende Arbeitszeit in den Folgetagen nachgeholt wird. Arbeitsfrei am Karnevalsdienstag sei auch bei anderen Arbeitgebern üblich. Der Arbeitgeber will, dass Karnevalsdienstag „normal" gearbeitet wird. Hat der Betriebsrat ein Mitbestimmungsrecht und kann er eine Regelung über die Befreiung von der Arbeitsleistung am Karnevalsdienstag verlangen?

Nach dem Begehren des Betriebsrats soll die für die Karnevalstage übliche Arbeitszeit dauerhaft geändert werden. Nach den Vorstellungen der Arbeitgeberin soll sich die Arbeitszeit auf den Karnevalsdienstag nicht nur ausnahmsweise, sondern auf unabsehbare Zeit erstrecken. Damit ist der Anwendungsbereich des § 87 Abs. 1 Nr. 3 BetrVG nicht eröffnet. Denn eine „vorübergehende" Verlängerung der betriebsüblichen Arbeitszeit liegt nur vor, wenn es sich um eine Abweichung von dem allgemein geltenden Zeitvolumen mit anschließender Rückkehr zur betriebsüblichen Dauer der Arbeitszeit handelt.

Es kann jedoch ein Mitbestimmungsrecht nach § 87 Abs. 1 Nr. 2 BetrVG bestehen. Danach hat der Betriebsrat mitzubestimmen über Beginn und Ende der täglichen Arbeitszeit und die Verteilung der Arbeitszeit auf die einzelnen Wochentage. Das Mitbestimmungsrecht nach § 87 Abs. 1 Nr. 2 BetrVG umfasst sämtliche mit der Lage und Verteilung der Arbeitszeit verbundenen Fragen. Es dient dem Zweck, die Interessen der Arbeitnehmer an der Lage ihrer Arbeitszeit und damit zugleich ihrer freien und für die Gestaltung des Privatlebens nutzbaren Zeit zur Geltung zu bringen. Dem Mitbestimmungsrecht unterliegt es deshalb auch, ob von einer regulären Verteilung der Arbeitszeit auf die einzelnen Wochentage im Einzelfall abgewichen werden soll. Deshalb ist auch die Frage, ob an Karnevalsdienstag nicht gearbeitet und die Arbeit an anderen Tagen nachgeholt wird, mitbestimmungspflichtig. Der Mitbestimmungstatbestand des § 87 Abs. 1 Nr. 2 BetrVG umfasst auch ein darauf gerichtetes Initiativrecht des Betriebsrats. Dieser kann verlangen, dass Ausnahmen von der regulären (mitbestimmten) Verteilung vorgesehen werden; können sich die Betriebsparteien nicht verständigen, entscheidet die betriebliche Einigungsstelle.

3. Vorübergehende Verlängerung oder Verkürzung der Arbeitszeit (Nr. 3)

Literatur: BISCHOF, Mitbestimmung bei Einführung und Abbau von Kurzarbeit, NZA 1995, 1021; ROETTEKEN, Arbeitszeit und Mitbestimmung, PersR 1994, 60.

Nach § 87 Abs. 1 Nr. 3 BetrVG hat der Betriebsrat bei der vorübergehenden Verkürzung (Kurzarbeit) oder der Verlängerung (Überstunden) der betriebsüblichen Arbeitszeit ein Mitbestimmungsrecht. Dieser Tatbestand erfasst somit auch die Dauer der wöchentlich oder monatlich geschuldeten Arbeitsleistung, jedoch nur in dem Sinne, dass die **vorübergehende** Verkürzung oder Verlängerung mitbestimmungspflichtig ist. Die Vereinbarung der regelmäßig geschuldeten Arbeitszeit hingegen sowie deren Veränderung auf Dauer sind mitbestimmungsfrei. Was unter der missverständlichen Formulierung der **betriebsüblichen Arbeitszeit** zu verstehen ist, hat das BAG differenzierend konkretisiert (BAG 16.7.1991 AP Nr. 44 zu § 87 BetrVG 1972 Arbeitszeit):

Betriebsübliche Arbeitszeit

„Unter der betrieblichen Arbeitszeit ist nach dem Wortsinne die regelmäßige betriebliche Arbeitszeit zu verstehen. [...] Bereits im Beschluss vom 13.6.1989 hat der Senat jedoch betont, der Begriff der Betriebsüblichkeit sei nicht so zu verstehen, dass damit die im Betrieb häufigste Arbeitszeit gemeint wäre. Vielmehr sei auf die im Betrieb für bestimmte Arbeitsplätze und Arbeitnehmergruppen geltenden Arbeitszeiten abzustellen. Damit kann es in ein und demselben Betrieb mehrere betriebsübliche Arbeitszeiten geben. Betriebsübliche Arbeitszeiten sind alle Arbeitszeiten, die Arbeitnehmer, ein Teil von ihnen oder auch ein einzelner Arbeitnehmer jeweils individualrechtlich – sei es aufgrund arbeitsvertraglicher Vereinbarung oder kraft tariflicher Regelung – dem Arbeitgeber schulden. § 87 Abs. 1 Nr. 3 BetrVG will dem Betriebsrat gerade ein Mitbestimmungsrecht bei der vorübergehenden Veränderung der nicht mitbestimmungspflichtigen Festlegung der Dauer der Arbeitszeit einräumen." (BAG 16.7.1991 AP Nr. 44 zu § 87 BetrVG 1972 Arbeitszeit)

„Der Betriebsrat hat bei der vorübergehenden Verlängerung der Arbeitszeit von Teilzeitbeschäftigten nach § 87 Abs. 1 Nr. 3 BetrVG mitzubestimmen. Dieses Mitbestimmungsrecht wird nicht durch eine tarifliche Regelung ausgeschlossen, wonach Mehrarbeit der Teilzeitbeschäftigten nur diejenige Arbeitszeit sein soll, die über die regelmäßige Arbeitszeit Vollzeitbeschäftigter hinausgeht." (BAG 23.7.1996 AP Nr. 68 zu § 87 BetrVG 1972 Arbeitszeit)

Die Betriebsüblichkeit ist also nicht für alle Arbeitnehmer des Betriebs einheitlich zu bestimmen. Vielmehr umschreibt sie die für **bestimmte Arbeitsplätze und Arbeitnehmergruppen regelmäßige Arbeitszeit.** So gibt es z.B. für Teilzeitbeschäftigte eine andere betriebsübliche Arbeitszeit als für Vollzeitbeschäftigte. Der Tatbestand der Betriebsüblichkeit kann aber auch dann vorliegen, wenn es sich um die Arbeitszeit eines einzelnen Arbeitnehmers handelt (RICHARDI/RICHARDI § 87 Rn. 340).

Das Mitbestimmungsrecht nach Nr. 3 besteht nur, wenn jedenfalls auch der Umfang der regelmäßig geschuldeten Arbeitszeit – also die **Dauer** der Arbeitszeit – **vorübergehend** verkürzt oder verlängert werden soll. Soll dagegen ausschließlich die **Lage** der Arbeitszeit verändert werden, greift der Mitbestimmungstatbestand des § 87 Abs. 1 Nr. 2 BetrVG ein. „Vorübergehend" i.S.v. § 87 Abs. 1 Nr. 3 BetrVG ist eine Verlängerung oder Verkürzung der betriebsüblichen Arbeitszeit, wenn für einen überschaubaren Zeitraum vom ansonsten maßgeblichen Zeitvolumen abgewichen wird, um anschließend zur betriebsüblichen Dauer der Arbeitszeit zurückzukehren. Die Verlängerung darf, um das Mitbestimmungsrecht nach § 87 Abs. 1 Nr. 3 BetrVG zu begründen, nur für einen überschaubaren Zeitraum und nicht auf Dauer erfolgen (BAG 24.4.2007 AP Nr. 124 zu § 87 BetrVG 1972 Arbeitszeit).

Kollektiver Bezug

Aus der Formulierung „betriebsüblich" soll sich weiterhin ergeben, dass von § 87 Abs. 1 Nr. 3 BetrVG nur Kollektivtatbestände erfasst werden (siehe unter § 153 I 2). Ein kollektiver Tatbestand ist hierbei zu bejahen, wenn bei der Veränderung der Arbeitszeit aus betrieblichen Gründen Regelungsfragen auftreten, die die kollektiven Interessen der Arbeitnehmer betreffen. Jedoch begnügt sich das BAG mit einem **kollektiven Bezug,** so dass auch eine Regelung, die nur einen einzigen Arbeitnehmer betrifft, das Mitbestimmungsrecht nach § 87 Abs. 1 Nr. 3 BetrVG auslösen kann (BAG 10.6.1986 AP Nr. 18 zu § 87 BetrVG 1972 Arbeitszeit).

III. Die einzelnen Mitbestimmungsrechte des § 87 Abs. 1 BetrVG § 153

„Das Mitbestimmungsrecht des Betriebsrats bei der Anordnung von Mehrarbeit oder Überstunden setzt einen kollektiven Tatbestand voraus. Es greift nicht bei individuellen Regelungen ohne kollektiven Bezug ein. Dabei liegt ein kollektiver Tatbestand immer dann vor, wenn sich eine Regelungsfrage stellt, die kollektive Interessen der Arbeitnehmer des Betriebs berührt. Auf die Zahl der Arbeitnehmer, für die Mehrarbeit oder Überstunden angeordnet werden, kommt es deshalb nicht an. Die Zahl der Arbeitnehmer ist allenfalls ein Indiz dafür, dass ein kollektiver Tatbestand vorliegt." (BAG 10.6.1986 AP Nr. 18 zu § 87 BetrVG 1972 Arbeitszeit)

Auf die Anzahl der betroffenen Arbeitnehmer kommt es demnach nicht entscheidend an. Ein kollektiver Tatbestand ist vielmehr immer dann gegeben, wenn die Anordnung **nicht auf der Berücksichtigung individueller Interessen eines oder einzelner Arbeitnehmer beruht** (FITTING § 87 Rn. 134).

Die Hauptanwendungsfälle für mitbestimmungspflichtige Tatbestände nach Nr. 3 sind im Wesentlichen **Überstunden** (bzw. Mehrarbeit) und **Kurzarbeit**.

Hauptanwendungsfälle: Überstunden und Kurzarbeit

Bei Überstunden bezieht sich das Mitbestimmungsrecht darauf, in welchem **Umfang** Überstunden zu leisten sind, und, **welche Arbeitnehmer** diese Überstunden leisten sollen. Ausnahmsweise kann der Betriebsrat sein Mitbestimmungsrecht hinsichtlich der Anordnung von Überstunden auch durch eine langfristige Regelung ausüben, ohne dabei in unzulässiger Weise auf sein Mitbestimmungsrecht zu verzichten, wenn detaillierte Regelungen zu Umfang, Verteilung und Verfahren getroffen werden (BAG 3.6.2003 AP Nr. 19 zu § 77 BetrVG 1972 Tarifvorbehalt). Nicht nur die Anordnung von Überstunden durch den Arbeitgeber löst das Mitbestimmungsrecht aus, sondern auch das bloße Dulden freiwillig geleisteter Überstunden, solange ein kollektiver Tatbestand vorliegt (BAG 27.11.1990 AP Nr. 41 zu § 87 BetrVG 1972 Arbeitszeit). Regelungen zum Abbau von Überstunden sind dagegen mitbestimmungsfrei (25.10.1977 AP Nr. 1 zu § 87 BetrVG 1972 Arbeitszeit). Das Mitbestimmungsrecht nach § 87 Abs. 1 Nr. 3 BetrVG erstreckt sich auch auf Regelungen zum Bereitschaftsdienst und der Rufbereitschaft außerhalb der regelmäßigen Arbeitszeit. Hierbei hat der Betriebsrat auch darüber mitzubestimmen, ob der entsprechende Arbeitsanfall durch Einrichtung eines Bereitschaftsdiensts oder einer Rufbereitschaft abgedeckt werden soll (BAG 29.2.2000 AP Nr. 81 zu § 87 BetrVG 1972 Arbeitszeit). Entsprechend seines Schutzzwecks wird ferner die Anordnung zusätzlicher Arbeit für Teilzeitbeschäftigte erfasst (BAG 24.4.2007 AP Nr. 124 zu § 87 BetrVG 1972 Arbeitszeit).

Bei der vorübergehenden Verkürzung der Arbeitszeit, also der **Kurzarbeit**, sind die Fragen, ob und in welchem Umfang Kurzarbeit eingeführt werden soll, sowie die Frage, wie die geänderte Arbeitszeit auf die einzelnen Arbeitstage verteilt werden soll, mitbestimmungspflichtig (FITTING § 87 Rn. 150; zur Einschränkung der Mitbestimmung im Arbeitskampf siehe unter § 151 IV). Der Verzicht auf Kurzarbeit und die Rückkehr zur Normalarbeitszeit sind dagegen mitbestimmungsfrei (BAG 21.11.1978 AP Nr. 2 zu § 87 BetrVG 1972 Arbeitszeit; a.A. FITTING § 87 Rn. 151).

Das Mitbestimmungsrecht bezieht sich nicht auf das während der verlängerten oder verkürzten Arbeitszeit zu entrichtende Entgelt. Daher darf auch die Zustimmung zur Anordnung von Überstunden nicht von der Bedingung abhängig gemacht werden, dass der Arbeitgeber Zuschläge zahlt.

Mitbestimmung bei der zeitlichen Lage von Mitarbeiterversammlungen des Arbeitgebers

Führt der Arbeitgeber eine Mitarbeiterversammlung außerhalb der betriebsüblichen Arbeitszeit durch, ist die Maßnahme nach § 87 Abs. 1 Nr. 3 BetrVG nur dann mitbestimmungspflichtig, wenn der Arbeitgeber kraft seines Direktionsrechts die Teilnahme anordnen kann oder wenn eine anderweitige Verpflichtung der Arbeitnehmer gegenüber dem Arbeitgeber zur Teilnahme besteht (BAG 13.3.2001 AP Nr. 87 zu § 87 BetrVG 1972 Arbeitszeit).

Dienstreisen

Dienstreisen, die Reisezeiten außerhalb der normalen Arbeitszeit des Arbeitnehmers erforderlich machen, sind keine mitbestimmungspflichtige Angelegenheit (BAG 23.7.1996 AP Nr. 26 zu § 87 BetrVG 1972 Ordnung des Betriebs; BAG 14.11.2006 AP Nr. 121 zu § 87 BetrVG 1972 Arbeitszeit).

„Ordnet der Arbeitgeber eine außerplanmäßige Dienstreise an, die Reisezeiten außerhalb der normalen Arbeitszeit des Arbeitnehmers erforderlich macht, liegt hierin keine gemäß § 87 Abs. 1 Nr. 3 BetrVG mitbestimmungspflichtige Verlängerung der betriebsüblichen Arbeitszeit, wenn während der Dienstreise keine Arbeitsleistung zu erbringen ist." (BAG 23.7.1996 AP Nr. 26 zu § 87 BetrVG 1972 Ordnung des Betriebs)

„Eine vorübergehende Verlängerung der betriebsüblichen Arbeitszeit liegt vor, wenn es sich um eine Erweiterung des für einen bestimmten Wochentag regulär festgelegten Arbeitszeitvolumens mit anschließender Rückkehr zur betriebsüblichen Dauer der Arbeitszeit handelt. Der Begriff der Arbeitszeit ist dabei derselbe wie in § 87 Abs. 1 Nr. 2 BetrVG. Da nach dieser Regelung Dienstreisezeiten in Fällen wie dem vorliegenden keine Arbeitszeit darstellen, kann ein Reiseantritt vor Beginn des täglichen Arbeitszeitrahmens nicht zu einer Überschreitung des regulären täglichen Arbeitszeitvolumens i.S.v. § 87 Abs. 1 Nr. 3 BetrVG führen." (BAG 14.11.2006 AP Nr. 121 zu § 87 BetrVG 1972 Arbeitszeit)

Schwankungsbereich

Je nach Tätigkeit endet die tägliche Arbeitszeit immer zu leicht unterschiedlichen Zeiten, ohne dass dann jeweils ein Mitbestimmungserfordernis entsteht (vgl. BAG 23.3.1999 AP Nr. 80 zu § 87 BetrVG 1972 Arbeitszeit).

„Legt ein mit dem Betriebsrat vereinbarter Dienstplan für Postzusteller das Ende der täglichen Arbeitszeit fest, so ist mangels anderer Anhaltspunkte davon auszugehen, dass dieses Dienstende entsprechend den im Betrieb angewandten Arbeitszeitrichtlinien nur einen Durchschnittswert markiert. Die Überschreitung des dienstplanmäßigen Arbeitszeitendes ist von der mitbestimmten Arbeitszeitregelung gedeckt und stellt keine Verlängerung der betriebsüblichen Arbeitszeit im Sinne des § 87 Abs. 1 Nr. 3 BetrVG dar.

Gegen eine solche Regelung bestehen keine Bedenken, wenn der Arbeitgeber nach den gewählten Verfahrensgrundsätzen das Ende der tatsächlichen Arbeitszeit nicht durch Veränderung der Zustellbezirke beliebig beeinflussen kann." (BAG 23.3.1999 AP Nr. 80 zu § 87 BetrVG 1972 Arbeitszeit)

Das Gleiche gilt, wenn der Arbeitnehmer bei **variabler Arbeitszeit**, z.B. Gleitzeit, selbst in bestimmten Grenzen Beginn und Ende seiner täglichen Arbeitszeit bestimmen kann. In diesen Fällen besteht ein Mitbestimmungsrecht nach Nr. 3 nur dann, wenn der mit dem Arbeitnehmer vereinbarte Arbeitszeitrahmen, also seine durchschnittlich geschuldete Arbeitszeit, vorübergehend verändert werden soll.

Dem Betriebsrat steht im Rahmen des § 87 Abs. 1 Nr. 3 BetrVG ein Initiativrecht zu. Dies hat das BAG zur Einführung von **Kurzarbeit** entschieden (BAG 4.3.1986 AP Nr. 3 zu § 87 BetrVG 1972 Kurzarbeit). Bezüglich der Einführung von Überstunden ist noch keine Entscheidung des BAG ergangen. Für den Bereich des öffentlichen Dienstes hat das BVerwG entschieden, dass dem Personalrat kein auf die Anordnung von Mehrarbeit und Überstunden gerichtetes Initiativrecht zusteht (BVerwG 6.10.1992 AP Nr. 1 zu § 79 LPVG Berlin). Die Ablehnung eines Initiativrechts zur Anordnung von Überstunden ist sachgerecht. Anderenfalls könnte der Betriebsrat Neueinstellungen verhindern, indem er für Zeiten erhöhten Arbeitsanfalls die Verlängerung der betriebsüblichen Arbeitszeit erzwingt (RICHARDI/RICHARDI § 87 Rn. 367).

Initiativrecht

4. Auszahlung des Arbeitsentgelts (Nr. 4)

Nach § 87 Abs. 1 Nr. 4 BetrVG hat der Betriebsrat ein Mitbestimmungsrecht hinsichtlich Zeit, Ort und Art der Auszahlung der Arbeitsentgelte. Das Mitbestimmungsrecht erfasst alle Modalitäten der Auszahlung des Arbeitsentgelts, nicht jedoch die Höhe der Vergütung selbst. Unter den Arbeitsentgelten im Sinne dieser Vorschrift sind alle Vergütungen in Geld und alle Sachleistungen zu verstehen.

Arbeitsentgelt

⊃ **Beispiele:**
Lohn, Gehalt, Provisionen, Gratifikationen, Gewinnbeteiligungen, Zulagen, Urlaubsentgelt, vermögenswirksame Leistungen, Spesen, Wegegelder, Unterkunft, Kost.

Die Mitbestimmung über die **Zeit** der Auszahlung erstreckt sich auf den Zeitpunkt der Auszahlung – also die genaue Bestimmung nach Tag und Stunde – und auf die Festlegung der Zeitabschnitte im Rahmen der gesetzlichen und tariflichen Regelungen – also die Frage, ob die Auszahlung monatlich oder wöchentlich vorgenommen wird. Die Betriebspartner können auch den **Ort** der Auszahlung festlegen, z.B. Betrieb des Arbeitgebers, Ort der tatsächlichen Beschäftigung

Zeit, Art und Ort

oder eine außerhalb des Betriebs liegende Zahlstelle. Bei der **Art** der Auszahlung geht es um die Frage der Barauszahlung oder die Überweisung auf Arbeitnehmerkonten.

Annex-Kompetenz: Kostentragung

Interessant ist hier die Frage der Mitbestimmung über die Tragung der Kontoführungsgebühren und Einführung einer Kontostunde, um das Geldinstitut aufzusuchen (BAG 10.8.1993 AP Nr. 12 zu § 87 BetrVG 1972 Auszahlung).

„Nach ständiger Rechtsprechung des Senats gehört zur Regelung über die bargeldlose Auszahlung des Arbeitsentgelts als notwendiger Annex auch eine solche über die Zahlung von Kontoführungsgebühren oder die Einführung einer Kontostunde. Nur insoweit zwischen den anfallenden Gebühren bzw. dem Besuch des Kreditinstituts und der Entscheidung über eine bargeldlose Auszahlung des Entgelts ein notwendiger Zusammenhang besteht, lässt sich eine Annex-Kompetenz des Betriebsrats nach § 87 Abs. 1 Nr. 4 BetrVG begründen. Mitbestimmungspflichtige Entscheidungen über die Zahlung von Kontoführungsgebühren bzw. die Einführung einer Kontostunde sind nur insoweit denkbar, als diese durch die Überweisung des Entgelts zwangsläufig und für den Arbeitnehmer unvermeidlich anfallen. Alles andere steht nicht mehr im Zusammenhang mit der Entscheidung über die bargeldlose Lohnzahlung, sondern bezieht sich auf die private Lebensführung des Arbeitnehmers." (BAG 10.8.1993 AP Nr. 12 zu § 87 BetrVG 1972 Auszahlung)

Regelungszusammenhang

Der Betriebsrat braucht einer Regelung über die Art der Auszahlung der Arbeitsentgelte nicht zuzustimmen, ohne dass gleichzeitig die Frage der Kostentragungspflicht geklärt wird. Im Ergebnis kann daher der Betriebsrat ein Mitbestimmungsrecht dahingehend ausüben, dass der Arbeitnehmer sein ihm zustehendes Arbeitsentgelt ungeschmälert erhält, wie es bisher bei der Barauszahlung der Fall war (BAG 8.3.1977 AP Nr. 1 zu § 87 BetrVG 1972 Auszahlung).

Kostentragungspflichten

Mitbestimmungsfrei ist dagegen die Festlegung von „Gebühren" etwa für die Bearbeitung von Gehaltspfändungen. Die Schaffung eines solchen Kostenerstattungsanspruchs und einer Verrechnungsbefugnis zugunsten der Beklagten betrifft weder Zeit noch Ort und Art der Auszahlung des Arbeitsentgelts (BAG 18.7.2006 AP Nr. 15 zu § 850 ZPO). Gleichermaßen eröffnet eine Beteiligung der Arbeitnehmer an den Kosten der Kantine nicht den Mitbestimmungstatbestand des § 87 Abs. 1 Nr. 4 BetrVG (BAG 11.7.2000 AP Nr. 16 zu § 87 BetrVG 1972 Sozialeinrichtung).

5. Urlaub (Nr. 5)

Individuelle sowie kollektive Regelungen

§ 87 Abs. 1 Nr. 5 BetrVG stellt einen Tatbestand dar, der **sowohl kollektive als ausdrücklich auch individuelle Einzelregelungen** erfasst. Eine Mitbestimmung bei der Urlaubsfestlegung von einzelnen Arbeitnehmern setzt allerdings zudem voraus, dass zwischen dem Arbeitgeber und den beteiligten Arbeitnehmern kein Einverständnis erzielt wurde.

III. Die einzelnen Mitbestimmungsrechte des § 87 Abs. 1 BetrVG § 153

Urlaub im Sinne der Vorschrift ist jede Form bezahlter oder unbezahlter Freistellung von der Arbeit. Neben dem Erholungsurlaub fällt hierunter beispielsweise auch Bildungsurlaub (BAG 28.5.2002 AP Nr. 10 zu § 87 BetrVG 1972 Urlaub). *Urlaubsbegriff*

Die mitbestimmten Tatbestände sind in § 87 Abs. 1 Nr. 5 BetrVG abschließend aufgezählt. Die Mitbestimmung betrifft danach die Aufstellung allgemeiner **Urlaubsgrundsätze, den Urlaubsplan und die zeitliche Lage des Urlaubs** für einzelne Arbeitnehmer im Streitfall. Dagegen wird die Dauer des Urlaubs nicht vom Mitbestimmungsrecht umfasst, hierfür gelten bereits die Bestimmungen des BUrlG und die einschlägigen Tarifverträge (BAG 18.6.1974 AP Nr. 1 zu § 87 BetrVG 1972 Urlaub). *Regelungsgegenstand*

„Unter allgemeinen Urlaubsgrundsätzen sind Richtlinien zu verstehen, nach denen dem einzelnen Arbeitnehmer im Einzelfall Urlaub zu gewähren ist oder aber nicht gewährt werden darf oder soll. [...] Sinn und Zweck des Mitbestimmungsanspruchs des Betriebsrats nach § 87 Abs. 1 Nr. 5 BetrVG 1972 ist aber unter Berücksichtigung des dem dieser Vorschrift innewohnenden sozialen Schutzgedankens gerade auch, dass sich die Urlaubswünsche des einzelnen Arbeitnehmers nicht nur nach den betrieblichen Belangen richten, sondern ferner den möglicherweise vorrangigen Urlaubswünschen anderer unterordnen." (BAG 18.6.1974 AP Nr. 1 zu § 87 BetrVG 1972 Urlaub)

⊃ **Beispiele:**
Festlegung der Urlaubsperiode, Urlaubsvertretungsregelungen, Betriebsferien (siehe dazu Exkurs), Urlaubssperren und Übertragung des Urlaubs.

Durch das Mitbestimmungsrecht sollen die Urlaubswünsche der einzelnen Arbeitnehmer und die betrieblichen Belange in Einklang gebracht werden (Richardi/Richardi § 87 Rn. 440). Aus dieser Zwecksetzung ergibt sich – parallel zur Regelung der Dauer der Arbeitszeit –, dass der Umfang des Urlaubsanspruchs sowie die Zahlung und Höhe eines Urlaubsgelds mitbestimmungsfrei sind.

Der Urlaubsplan, welcher mit dem Betriebsrat gemeinsam aufgestellt wird, legt die zeitliche Reihenfolge fest, in der den einzelnen Arbeitnehmern im laufenden Kalenderjahr Urlaub gewährt wird. Wird der Urlaubsplan als vorläufiges Programm aufgestellt, so muss der Arbeitnehmer vor seinem Urlaubsantritt noch eine Genehmigung beim Arbeitgeber einholen. Ist der Urlaubsplan verbindlich festgelegt, ist der Arbeitgeber daran gebunden und es bedarf keiner besonderen Urlaubserteilung mehr. Der Arbeitnehmer braucht sich dann vor seinem Urlaubsantritt nur noch abzumelden. Eine spätere Änderung des Urlaubsplans bedarf der erneuten Zustimmung des Betriebsrats. *Urlaubsplan*

Bei der Festsetzung der zeitlichen Lage des Urlaubs im Einzelfall besteht das Mitbestimmungsrecht ausdrücklich **nur, wenn Arbeitgeber und Arbeitnehmer darüber keine Einigung erzielen konnten.** Dazu *Zeitliche Lage des Urlaubs* kommt es in der Regel, wenn mehrere Arbeitnehmer zur selben Zeit Urlaub beanspruchen oder dem Urlaubsbegehren des Arbeitnehmers dringende betriebliche Belange entgegenstehen, da nach § 7 Abs. 1 BUrlG der Arbeitgeber nur in diesen Fällen den Urlaubswünschen der Arbeitnehmer widersprechen kann. Ruft der Arbeitnehmer dann den Betriebsrat an, müssen Arbeitgeber und Betriebsrat (ausgehend von den Bestimmungen des § 7 Abs. 1 BUrlG) die Urlaubswünsche des betroffenen Arbeitnehmers mit den dringenden betrieblichen Belangen sowie den konkurrierenden Urlaubswünschen anderer Arbeitnehmer gegeneinander abwägen. Bei den dringenden betrieblichen Belangen haben Arbeitgeber und Betriebsrat solche Umstände zu beachten, die in der betrieblichen Organisation, im technischen Arbeitsablauf, der Auftragslage und ähnlichen Umständen ihren Grund haben. Kommt auch zwischen Arbeitgeber und Betriebsrat keine Einigung zustande, entscheidet die Einigungsstelle (§ 87 Abs. 2 BetrVG). Daneben besteht für den Arbeitnehmer die Möglichkeit, Klage vor dem Arbeitsgericht zu erheben.

Exkurs: Betriebsferien

Unter das Mitbestimmungsrecht des Betriebsrats hinsichtlich der Aufstellung allgemeiner Urlaubsgrundsätze fällt auch die Frage, ob der Urlaub einheitlich durch **Betriebsferien** festgelegt werden soll. Insoweit hat der Betriebsrat sowohl über die zeitliche Lage als auch über die Dauer der Betriebsferien mitzubestimmen. Voraussetzung ist allerdings, dass sich die zeitliche Dauer der Betriebsferien im Rahmen des dem Arbeitnehmer zustehenden gesetzlichen Urlaubsanspruchs halten. Betriebsferien können auch für mehrere Jahre im Voraus festgelegt werden. Nach Auffassung des BAG (BAG 28.7.1981 AP Nr. 2 zu § 87 BetrVG 1972 Urlaub) stellen Betriebsferien sogar dringende betriebliche Belange im Sinne des § 7 Abs. 1 BUrlG dar, so dass diese den Urlaubswünschen einzelner Arbeitnehmer vorgehen. Der Betriebsrat hat auch im Rahmen von § 87 Abs. 1 Nr. 5 BetrVG ein Initiativrecht. Er kann daher nach allgemeiner Auffassung sowohl die Aufstellung allgemeiner Urlaubsgrundsätze als auch eines Urlaubsplans erzwingen. Strittig ist, ob dies auch für die Einführung von Betriebsferien gilt, der Betriebsrat also auch die Betriebsschließung erzwingen könnte (dafür: FITTING § 87 Rn. 198; dagegen: RICHARDI/RICHARDI § 87 Rn. 454).

6. Kontrolleinrichtungen (Nr. 6)

Literatur: BACHNER, Mitbestimmung des Betriebsrats bei der Auswahl technischer Überwachungseinrichtungen, DB 2006, 2518; DÄUBLER, Das Fernsprechgeheimnis des Arbeitnehmers, CR 1994, 754; FISCHER, Heimliche und verdeckte Arbeitnehmer-Videoüberwachung: Auge des Gesetzes oder Big Brother Horror, Personalrecht im Wandel, FS Küttner (2006), S. 75; KILZ/REH/SCHRÖDER, Kontrollierbarer Einsatz von standortübergreifenden ISDN-Anlagenetzen, ArbuR 1994, 221.

Bedeutung

Nach § 87 Abs. 1 Nr. 6 BetrVG steht dem Betriebsrat ein Mitbestimmungsrecht bei der Einführung und Anwendung von technischen Überwachungseinrichtungen zu, die dazu bestimmt sind, das Verhalten oder die Leistung der Arbeitnehmer zu überwachen. Dieser

III. Die einzelnen Mitbestimmungsrechte des § 87 Abs. 1 BetrVG　　§ 153

Tatbestand hat aufgrund der datentechnischen Möglichkeiten in den letzten Jahren große Bedeutung erlangt und dient in erster Linie dem Schutz des allgemeinen Persönlichkeitsrechts der Arbeitnehmer vor Eingriffen durch anonyme technische Kontrolleinrichtungen. Das Mitbestimmungsrecht ist zumeist auch im Zusammenhang mit weiteren Tatbeständen, wie beispielsweise Nr. 1 oder 7 oder §§ 91, 94, 95 BetrVG, zu sehen (BAG 28.11.1989 AP Nr. 4 zu § 87 BetrVG 1972 Initiativrecht).

„Sinn des Mitbestimmungsrechts des Betriebsrats nach § 87 Abs. 1 Nr. 6 BetrVG bei der Einführung und Anwendung von technischen Einrichtungen, die dazu bestimmt sind, das Verhalten oder die Leistung der Arbeitnehmer zu überwachen, ist es, Eingriffe in den Persönlichkeitsbereich der Arbeitnehmer durch Verwendung anonymer technischer Kontrolleinrichtungen nur bei gleichberechtigter Mitbestimmung des Betriebsrats zuzulassen. Den Gefahren einer Verletzung des Persönlichkeitsrechts und des Rechts der Arbeitnehmer auf freie Entfaltung dieser Persönlichkeit, die von technischen Überwachungseinrichtungen ausgehen können, soll durch eine mitbestimmte Regelung über die Einführung und nähere Nutzung solcher Einrichtungen begegnet werden. Dem Mitbestimmungsrecht kommt daher eine Abwehrfunktion gegenüber der Einführung solcher technischer Kontrolleinrichtungen zu, deren Einführung als solche nicht verboten ist und deren Anwendung unter Berücksichtigung der Interessen der Arbeitnehmer auch sinnvoll und geboten sein kann." (BAG 28.11.1989 AP Nr. 4 zu § 87 BetrVG 1972 Initiativrecht)

Aus dem Sinn und Zweck des Mitbestimmungsrechts nach § 87 Abs. 1 Nr. 6 BetrVG, Gefahren durch die Überwachung durch technische Einrichtungen abzuwehren, ergibt sich nach h.M., dass dem Betriebsrat hier ausnahmsweise **kein Initiativrecht** zur Einrichtung zusteht und im Gegenzug auch kein **Mitbestimmungsrecht bei der Abschaffung** von technischen Einrichtungen besteht. Die Mitbestimmung beschränkt sich auf die **Einführung und Anwendung** konkreter technischer Einrichtungen (a.A. Fitting § 87 Rn. 251, der auch im Rahmen der Nr. 6 dem Betriebsrat ein Initiativrecht zubilligt).

Abwehrfunktion

Als **technische Einrichtungen** zur Überwachung waren bei Einführung des Gesetzes 1972 im Wesentlichen sog. Produktographen – also Geräte, die Daten über die Ausnutzung und den Lauf von Maschinen aufzeichnen – und Multimomentfilmkameras, die in bestimmten Abständen Aufnahmen von den Arbeitsplätzen machen, bekannt. Insoweit hat die Technologie seither eine rasante Entwicklung erfahren. Als technische Einrichtung wird nunmehr jedes optische, mechanische, akustische oder elektronische Gerät verstanden. Technische Überwachungseinrichtungen sind daher beispielsweise Fahrtenschreiber, Fotoapparate, Stempeluhren oder Mobiltelefone. Besondere Möglichkeiten der Überwachung bietet die elektronische Datenverarbeitung. So speichert zum Beispiel das Produktpaket Microsoft Office in seiner jeweils aktuellen Version für jede mit dem

Technische Einrichtung

Office-Paket bearbeitete Datei den Bearbeitungszeitpunkt und die Bearbeitungsdauer in einer Log-Datei, welche vom Arbeitgeber eingesehen werden kann. Die Rechtsprechung des BAG hat dieser Entwicklung Rechnung getragen (BAG 26.7.1994 AP Nr. 26 zu § 87 BetrVG 1972 Überwachung):

„Wie der Senat schon mehrfach entschieden hat, stellt Computer-Software i.V. mit dem Rechner, der mit ihr betrieben wird, eine technische Einrichtung i.S. von § 87 Abs. 1 Nr. 6 BetrVG dar. Dabei ist unerheblich, ob der verwendete Rechner bereits vor der Anschaffung der im Streit befindlichen Software im Betrieb vorhanden war oder in anderer Weise genutzt wurde. Erst die entsprechende Software ermöglicht die Nutzung einer EDV-Anlage zu einem bestimmten Zweck. Wie der Senat mit eingehender Auseinandersetzung mit der Gegenmeinung entschieden hat, rechtfertigen es weder Wortlaut noch Sinn des § 87 Abs. 1 Nr. 6 BetrVG, unter technischer Überwachung nur einen Vorgang zu verstehen, der auch die Erhebung der Leistungsdaten auf technischem Wege umfasst. Vielmehr kann schon das Verarbeiten von Informationen für sich allein als Überwachung zu verstehen sein." (BAG 26.7.1994 AP Nr. 26 zu § 87 BetrVG 1972 Überwachung)

Überwachungsbestimmung

Die technischen Einrichtungen müssen dazu bestimmt sein, das **Verhalten oder die Leistung des Arbeitnehmers zu überwachen**. Den Begriff der Überwachung interpretiert das BAG als Sammeln und Auswerten von Informationen zur Beurteilung des zu Überwachenden (BAG 14.9.1984 AP Nr. 9 zu § 87 BetrVG 1972 Überwachung).

„Unter technischer ‚Überwachung' von Leistung oder Verhalten der Arbeitnehmer hat der Senat in seiner bisherigen Rechtsprechung stets einen Vorgang verstanden, durch den mit Hilfe einer technischen Einrichtung Informationen über das Verhalten oder die Leistung der Arbeitnehmer erhoben und – jedenfalls in der Regel – aufgezeichnet werden, damit diese Informationen auch der menschlichen Wahrnehmung zugänglich gemacht werden. Danach ist Überwachung sowohl das Sammeln als auch das Auswerten bereits vorliegender Informationen im Hinblick auf eine Beurteilung des zu überwachenden Objektes." (BAG 14.9.1984 AP Nr. 9 zu § 87 BetrVG 1972 Überwachung)

Trotz des insoweit missverständlichen Wortlauts reicht es nach ständiger Rechtsprechung des BAG aus, dass eine technische Einrichtung **objektiv** zur Überwachung **geeignet** ist (BAG 9.9.1975 AP Nr. 2 zu § 87 BetrVG 1972 Überwachung). Das heißt aber gleichzeitig, dass die technische Einrichtung zumindest konkrete Funktionen enthalten muss, die zur Überwachung geeignet sind. So reicht die alleinige Anschaffung einer Computerhardware noch nicht aus, um eine objektive Eignung zu bejahen. Vielmehr muss der Arbeitgeber erst die entsprechende Software installieren, um überhaupt in die Lage versetzt zu werden, den Arbeitnehmer zu überwachen.

„Eine technische Einrichtung iS.d. § 87 Abs. 1 Nr. 6 BetrVG ist dann dazu bestimmt, das Verhalten oder die Leistung der Arbeitnehmer zu überwachen, wenn die Einrichtung zur Überwachung objektiv und unmittelbar geeignet ist, ohne Rücksicht darauf, ob der Arbeitgeber dieses Ziel verfolgt und die durch die Überwachung gewonnenen Daten auch auswertet. Die Möglichkeit, dass erst durch zusätzliche anderweitige Anordnungen oder bestimmte Gestaltungen zukünftig Arbeitnehmer überwacht werden könnten, genügt andererseits nicht." (BAG 9.9.1975 AP Nr. 2 zu § 87 BetrVG 1972 Überwachung)

Nicht erforderlich ist also, dass der Arbeitgeber tatsächlich die Absicht zur Überwachung hat.

Unter die technische Überwachung fällt auch die technische Auswertung von manuell gesammelten Daten, nicht hingegen die Überwachung durch einen Menschen. Daher unterfällt die Überwachung der Arbeitnehmer durch einen Privatdetektiv nicht dem Tatbestand des § 87 Abs. 1 Nr. 6 BetrVG.
<small>Technische Überwachung</small>

Damit das Mitbestimmungsrecht des Betriebsrats ausgelöst wird, verlangt das Gesetz, dass sich die Überwachung auf das Verhalten oder die Leistung der Arbeitnehmer bezieht. Unter dem Begriff „Verhalten" wird nach einhelliger Auffassung ein individuell steuerbares Tun oder Unterlassen verstanden (BAG 11.3.1986 AP Nr.14 zu § 87 BetrVG 1972 Überwachung).
<small>Verhalten oder Leistung der Arbeitnehmer</small>

⊃ **Beispiele** für **mitbestimmungspflichtige** Tatbestände:
– Personalinformationssysteme (PAISY) bei möglichen Aussagen über Fehlzeiten (BAG 11.3.1986 AP Nr. 14 zu § 87 BetrVG 1972 Überwachung),
– Computergestützte Bildschirmsysteme, wenn Verhaltensdaten von bestimmten Arbeitnehmern erfasst werden (BAG 6.12.1983 AP Nr. 7 zu § 87 BetrVG 1972 Überwachung),
– Fahrtenschreiber, sofern nicht gesetzlich vorgeschrieben (BAG 10.7.1979 AP Nr. 3 zu § 87 BetrVG 1972 Überwachung),
– Filmkameras/Videoüberwachung, auch bei kurzzeitigen Aufnahmen (BAG 10.7.1979 AP Nr. 3 zu § 87 BetrVG 1972 Überwachung; BAG 29.6.2004 AP Nr. 41 zu § 87 BetrVG 1972 Überwachung),
– Einführung eines „Arbeitswirtschaftsinformationssystems", mit dem zwar nur die technische Auswertung von Leistungsdaten bestimmter Arbeitnehmergruppen möglich ist, wenn diese Gruppen aber so klein sind, dass der Überwachungsdruck auf die einzelnen Gruppenmitglieder weitergeleitet wird (BAG 26.7.1994 AP Nr. 26 zu § 87 BetrVG 1972 Überwachung),
– Anweisung an den Arbeitnehmer, sich im Einverständnis mit dem Kunden im Kundenbetrieb dem Zugangskontrollsystem zu unterwerfen (BAG 27.1.2004 AP Nr. 40 zu § 87 BetrVG 1972 Überwachung).

⊃ **Beispiele** für nach Nr. 6 **mitbestimmungsfreie** Tatbestände:
- Datenerfassung mit herkömmlichen Schreibgeräten (BAG 24.11.1981 AP Nr. 3 zu § 87 BetrVG 1972 Ordnung des Betriebs),
- Zeiterfassung mit manuell betätigten Stoppuhren (BAG 8.11.1994 AP Nr. 27 zu § 87 BetrVG 1972 Überwachung),
- Zugangssicherungssystem mit codierten Ausweiskarten, ohne dass festgehalten wird, wer wann in welcher Richtung den Zugang benutzt (BAG 10.4.1984 AP Nr. 7 zu § 87 BetrVG 1972 Ordnung des Betriebs),
- Fahrtenschreiber, wenn gesetzlich vorgeschrieben (BAG 10.7.1979 Nr. 3 zu § 87 BetrVG 1972 Überwachung),
- Heimliche Überprüfung der Beratungsqualität von Bankmitarbeitern an zufällig ausgewählten Bankschaltern durch ein Fremdunternehmen (BAG 18.4.2000 AP Nr. 33 zu § 87 BetrVG 1972 Überwachung).

⊃ **Fall** (nach BAG 27.5.1986 AP Nr. 15 zu § 87 BetrVG 1972 Überwachung):

Die Arbeitgeberin will eine Telefondatenerfassungsanlage installieren. Mit dem Betriebsrat wird darüber eine Betriebsvereinbarung abgeschlossen. Über die Frage, ob bestimmte Telefondaten erfasst werden dürfen, konnten sich die Betriebspartner nicht einigen. Die angerufene Einigungsstelle beschließt daraufhin, dass bei Dienstgesprächen auch die Zielnummer des Gesprächs und dessen Dauer erfasst werden darf. Der Betriebsrat ist der Ansicht, dass der Spruch ermessensmissbräuchlich sei, da er die Erfassung von Daten erlaube, die zur Abrechnung der Telefonkosten nicht erforderlich seien.

Der Betriebsrat könnte die Überschreitung der Grenzen des Ermessens gem. § 76 Abs. 5 S. 4 BetrVG binnen zwei Wochen, vom Tage der Zuleitung des Beschlusses an gerechnet, beim Arbeitsgericht geltend machen.

Zunächst ist festzuhalten, dass dem Betriebsrat gem. § 87 Abs. 1 Nr. 6 BetrVG ein Mitbestimmungsrecht zusteht. Die Telefonerfassungsanlage stellt die Anwendung einer technischen Einrichtung dar, die dazu bestimmt ist, das Verhalten oder die Leistung der Arbeitnehmer zu überwachen. Da sich die Betriebsparteien nicht einigen konnten, wurde die Einigungsstelle angerufen. Der Spruch der Einigungsstelle ersetzt die Einigung der Betriebspartner. Der Spruch der Einigungsstelle müsste ermessensfehlerfrei sein.

Gegenstand einer mitbestimmten Regelung müssen Vorkehrungen dafür sein, dass die Erhebung und Verarbeitung von Verhaltens- und Leistungsdaten nicht zu einem persönlichkeitsgefährdenden Überwachungssystem führt. Die vorzunehmende Interessenabwägung ergibt, dass sich der Spruch der Einigungsstelle im Rahmen der Regelungsmacht der Betriebspartner hält. Die Telefondatenerfassung gibt der Arbeitgeberin die Möglichkeit, zu erkennen, ob und wie die Arbeitnehmer das Arbeitsmittel Telefon nutzen und diesbezüglich Anweisungen und Verpflichtungen beachten. Mit der Kenntnis von Dienstgesprächen geben die Arbeitnehmer dem Arbeitgeber nicht Kenntnis von privaten Vorgängen, sondern von der Erfüllung der Arbeitspflicht. Seine freie Entfaltung der Persönlichkeit wird dadurch nicht verletzt. Der Spruch der Einigungsstelle stellt sich daher nicht als ermessensfehlerhaft dar.

7. Arbeits- und Gesundheitsschutz (Nr. 7)

Literatur: HEILMANN, Vier Fragen zur Sicherheitskleidung, Dienstkleidung und Waschzeit, AiB 1994, 7; KOHTE, Arbeit, Leben und Gesundheit – betriebsverfassungsrechtliche Herausforderungen und Perspektiven, FS Kissel (1994), S. 547; MASCHMANN/SCHULZ/GÄBERT, Mitbestimmung bei Arbeit am Bildschirm, AiB 1995, 418; WLOTZKE, Das Mitbestimmungsrecht nach § 87 Abs. 1 Nr. 7 Betriebsverfassungsgesetz und das erneuerte Arbeitsschutzrecht, Arbeitsrecht im sozialen Dialog, FS Wissmann (2005), S. 426.

§ 87 Abs. 1 Nr. 7 BetrVG gewährt dem Betriebsrat ein Mitbestimmungsrecht bei der betrieblichen Umsetzung von Vorschriften des Arbeits- und Gesundheitsschutzes und ermöglicht so eine Arbeitnehmerbeteiligung zur Erreichung einer möglichst hohen Effizienz an den Maßnahmen zum Schutze der Gesundheit. Gegenstand der Mitbestimmung sind nach dem Wortlaut der Vorschrift Regelungen **„im Rahmen der gesetzlichen Vorschriften oder der Unfallverhütungsvorschriften"**. Das Mitbestimmungsrecht setzt also zunächst eine entsprechende Rechtsnorm voraus (BAG 15.1.2002 AP Nr. 12 zu § 87 BetrVG 1972 Gesundheitsschutz). Gesetzliche Regelungen sind insbesondere solche des Arbeitssicherheitsgesetzes (ASiG) und des Arbeitsschutzgesetzes (ArbSchG; vgl. BAG 8.6.2004 AP Nr. 13 zu § 87 BetrVG 1972 Gesundheitsschutz). Unfallverhütungsvorschriften sind solche der zuständigen Berufsgenossenschaften nach §§ 15, 16 SGB VII. Unerheblich für die Frage der Mitbestimmung ist, ob die Vorschriften **unmittelbar oder nur mittelbar dem Gesundheitsschutz dienen** (BAG 26.4.2005 AP Nr. 118 zu § 87 BetrVG 1972 Arbeitszeit). Keine Vorschriften i.S.v. § 87 Abs. 1 Nr. 7 BetrVG sind arbeitsschutzrechtliche EG-Richtlinien. Diese richten sich gemäß Art. 249 Abs. 3 EG nur an die Mitgliedsstaaten und haben keine unmittelbare Wirkung gegenüber Privaten. Sie erfordern also eine Umsetzung in nationales Recht, um entsprechende Geltung zu erlangen. Selbst bei Verstreichen einer Umsetzungsfrist ergibt sich keine andere Bewertung (BAG 18.2.2003 AP Nr. 12 zu § 611 BGB Arbeitsbereitschaft). Keine Rechtsnormen i.S.v. § 87 Abs. 1 Nr. 7 BetrVG sind ferner allgemeine Verwaltungsvorschriften der Arbeitsschutzbehörden. Da das Mitbestimmungsrecht nur „im Rahmen" der Vorschriften besteht, müssen diese dem Arbeitgeber zur Erreichung des Schutzziels einen **Handlungs-, Ermessens- oder Beurteilungsspielraum** eröffnen. Legt die Regelung dagegen eine be-

Rahmenvorschriften

stimmte Maßnahme fest, gibt es für den Arbeitgeber nichts zu bestimmen und demnach für den Betriebsrat auch nichts mitzubestimmen. Ein Spielraum ist immer dann anzunehmen, wenn die Vorschrift offen lässt, in welcher Art und Weise der Arbeitgeber der sich aus der Vorschrift ergebenden Verpflichtung nachkommen will. Daher sind auch **Generalklauseln** als Rahmenvorschriften anzusehen, solange sie dem Arbeitgeber auch Handlungspflichten auferlegen (BAG 26.4.2005 AP Nr. 118 zu § 87 BetrVG 1972 Arbeitszeit).

„Nach § 87 Abs. 1 Nr. 7 BetrVG hat der Betriebsrat bei betrieblichen Regelungen über den Gesundheitsschutz mitzubestimmen, die der Arbeitgeber zwar auf Grund einer öffentlich-rechtlichen Rahmenvorschrift zu treffen hat, bei deren Gestaltung ihm aber Handlungsspielräume verbleiben. Mitzubestimmen hat der Betriebsrat bei der Ausfüllung dieses Spielraums. Dadurch soll im Interesse der betroffenen Arbeitnehmer eine möglichst effiziente Umsetzung des gesetzlichen Arbeitsschutzes im Betrieb erreicht werden. Das Mitbestimmungsrecht setzt ein, wenn eine gesetzliche Handlungspflicht objektiv besteht und wegen Fehlens einer zwingenden Vorgabe betriebliche Regelungen verlangt, um das vom Gesetz vorgegebene Ziel des Arbeits- und Gesundheitsschutzes zu. Ob die Rahmenvorschrift dem Gesundheitsschutz mittelbar oder unmittelbar dient, ist unerheblich. Keine Rolle spielt auch, welchen Weg oder welche Mittel die dem Gesundheitsschutz dienende Rahmenvorschrift vorsieht. Ebenso wenig kommt es auf eine subjektive Regelungsbereitschaft des Arbeitgebers an." (BAG 8.6.2004 AP Nr. 13 zu § 87 BetrVG 1972 Gesundheitsschutz)

Gegenstand des Mitbestimmungsrechts

Das Mitbestimmungsrecht betrifft Regelungen über die Verhütung von Arbeitsunfällen und Berufskrankheiten sowie den Gesundheitsschutz. Unter **Arbeitsunfällen** sind nach der Legaldefinition in § 8 Abs. 1 SGB VII von außen auf den Körper einwirkende Ereignisse zu verstehen, die der Versicherte im Rahmen der versicherten Tätigkeit erleidet und die zu einem Gesundheitsschaden oder zum Tode führen. Auch Wegeunfälle stellen gem. § 8 Abs. 2 Nr. 1 bis 4 SGB VII Arbeitsunfälle dar.

Berufskrankheiten sind Krankheiten, die in der Berufskrankheitenverordnung (BKV) als solche festgelegt werden und die der Versicherte in Folge der versicherten Tätigkeit erleidet (§ 9 SGB VII).

Der Begriff des Gesundheitsschutzes ist nicht legal definiert und wurde durch das BAG zunächst einschränkend ausgelegt (vgl. BAG 6.12.1983 AP Nr. 7 zu § 87 BetrVG 1972 Überwachung). Mit Einführung des ArbSchG im Jahre 1996 sind die Diskussionen um die Begrifflichkeit weitestgehend obsolet geworden. Der **Gesundheitsschutz** wird seither wie § 1 Abs. 1 ArbSchG zugrunde gelegt im Sinne der Erhaltung und Förderung der physischen und psychischen Integrität der Beschäftigten gegenüber Schädigungen durch medizinisch feststellbare arbeitsbedingte Erkrankungen oder sonstigen gesundheitlichen Beeinträchtigungen verstanden (RICHARDI/RICHARDI § 87 Rn. 541).

III. Die einzelnen Mitbestimmungsrechte des § 87 Abs. 1 BetrVG — § 153

Die Reichweite der Mitbestimmung wird durch die Vorgaben der Rahmenvorschrift festgelegt. Inhalt der Mitbestimmung können daher je nach Rahmenvorschrift **objektive Sachmaßnahmen** oder **personelle Angelegenheiten** sein. Der Mitbestimmung unterliegen nach dem eindeutigen Wortlaut der Vorschrift jedoch nur **Regelungen**, also **keine Einzelmaßnahmen**. Eine Ausnahme kann sich insoweit jedoch bei der Bestellung und Abberufung von Betriebsärzten und Fachkräften für Arbeitssicherheit, also personellen Einzelmaßnahmen, ergeben (§ 9 Abs. 3 ASiG). Dem Betriebsrat steht ein **Initiativrecht** zum Erlass von Regelungen zu (RICHARDI/RICHARDI § 87 Rn. 560).

Inhalt und Umfang des Mitbestimmungsrechts

➲ Beispiele für **mitbestimmungspflichtige** Tatbestände:
- Ausgleich von Nachtarbeit nach § 6 Abs. 5 ArbZG (BAG 26.4.2005 AP Nr. 118 zu § 87 BetrVG 1972 Arbeitszeit),
- Entscheidung, ob nach § 2 Abs. 1 ASiG Betriebsärzte als Arbeitnehmer angestellt oder freiberuflich tätig sein sollen (BAG 10.4.1979 AP Nr. 1 zu § 87 BetrVG 1972 Arbeitssicherheit),
- Bestellung und Abberufung der Betriebsärzte und Fachkräfte für Arbeitssicherheit nach § 9 Abs. 3 ASiG (BAG 24.3.1988 AP Nr. 1 zu § 9 ArbSichG),
- Erlass von Arbeits- und Sicherheitsanweisungen, um Unfallverhütungsvorschriften zu konkretisieren (BAG 16.6.1998 NZA 1999, 49).

8. Betriebliche Sozialeinrichtungen (Nr. 8)

Gemäß § 87 Abs. 1 Nr. 8 BetrVG hat der Betriebsrat ferner ein Mitbestimmungsrecht hinsichtlich der Form, Ausgestaltung und Verwaltung von Sozialreinrichtungen. Unter einer **Sozialeinrichtung** im Sinne der Vorschrift ist ein **zweckgebundenes Sondervermögen** mit einer abgrenzbaren, auf Dauer gerichteten Organisation, die der Verwaltung bedarf, zu verstehen. Problematisch ist das Begriffsmerkmal der „eigenen Organisation". Das BAG geht daher von einem engen Begriff der Sozialeinrichtung aus:

Begriffsbestimmung

„Eine Sozialeinrichtung liegt vor, wenn über ein zweckgebundenes Sondervermögen Leistungen an die Arbeitnehmer erbracht werden sollen." (BAG 15.9.1987 AP Nr. 9 zu § 87 BetrVG 1972 Sozialeinrichtung)

Das Mitbestimmungsrecht über Sozialeinrichtungen beschränkt sich auf die **Form, Ausgestaltung und Verwaltung** der Sozialeinrichtung. Soll ein Mitbestimmungsrecht bestehen, muss die Sozialeinrichtung in ihrem **Wirkungsbereich** auf den Betrieb, das Unternehmen oder den Konzern beschränkt sein. Sie darf nicht für einen unbegrenzten Personenkreis offen sein (BAG 21.6.1979 AP Nr. 1 zu § 87 BetrVG 1972 Sozialeinrichtung).

Gegenstand der Mitbestimmung

„Ob eine Sozialeinrichtung den Wirkungsbereich eines Betriebs, Unternehmens oder Konzerns überschreitet und deshalb dem Mitbestimmungsrecht nach § 87 Abs. 1 Nr. 8 BetrVG entzogen ist, richtet sich nach dem Zweck der Sozialeinrichtung, ggf. nach der Satzung. Das Mitbestimmungsrecht wird nicht berührt, wenn Außenstehende nur als Gäste zur Nutzung der Sozialeinrichtung zugelassen sind." (BAG 21.6.1979 AP Nr. 1 zu § 87 BetrVG 1972 Sozialeinrichtung)

Umfang der Mitbestimmung

Charakteristisch für eine solche Sozialeinrichtung ist es, dass der Arbeitgeber den Arbeitnehmern zusätzlich zur laufenden Vergütung bestimmte Sozialleistungen erbringt, die jedoch nicht in der Zahlung von Geld bestehen, sondern in der Gewährung sozialer Vorteile. Durch die Mitbestimmung an der Ausgestaltung der Sozialeinrichtungen soll eine gerechte Verteilung der Leistungen sichergestellt werden. Aus dieser Zwecksetzung ergibt sich zugleich, dass ein Mitbestimmungsrecht über die Frage des „Ob", also die Frage der Einrichtung und Schließung, nicht besteht. Auch die Frage der Auswahl – einer Versorgungseinrichtung etwa – unterliegt nicht der Mitbestimmung, denn auch sie betrifft nicht die Lohngerechtigkeit (BAG 29.7.2006 AP Nr. 18 zu § 87 BetrVG 1972 Sozialeinrichtung).

➲ **Beispiele für Sozialeinrichtungen:**
- Kantinen und Werksküchen (BAG 15.9.1987 AP Nr. 9 zu § 87 BetrVG 1972 Sozialeinrichtungen, BAG 11.7.2000 AP Nr. 16 zu § 87 BetrVG 1972 Sozialeinrichtungen),
- Unterstützungs- und Pensionskassen (BAG 26.4.1988 AP Nr. 16 zu § 87 BetrVG 1972 Altersversorgung) und Abschluss von Lebensversicherungsverträgen zugunsten der Arbeitnehmer (BAG 16.2.1993 AP Nr. 19 zu § 87 BetrVG Altersversorgung),
- Verkaufsstellen und -automaten (BAG 26.10.1965 AP Nr. 8 zu § 56 BetrVG Wohlfahrtseinrichtungen),
- Betriebskindergärten (BAG 22.10.1981 AP Nr. 10 zu § 76 BetrVG 1972).

Ein Betriebsausflug ist hingegen keine Sozialeinrichtung, denn ihm fehlt die auf Dauer angelegte Organisation (BAG 27.1.1998 AP Nr. 14 zu § 87 BetrVG 1972 Sozialeinrichtung).

Rechtlich selbständige Einrichtungen

Betreibt der Arbeitgeber eine rechtlich selbständige Sozialeinrichtung, so kann er sich entweder mit dem Betriebsrat darüber einigen, wie er seinen gesellschaftsrechtlichen Einfluss ausübt, oder er ermöglicht es dem Betriebsrat, selbst Vertreter zu entsenden.

9. Werkmietwohnungen (Nr. 9)

Eigenständiger Tatbestand

Nach § 87 Abs. 1 Nr. 9 BetrVG ist die Zuweisung und Kündigung von Wohnräumen, die den Arbeitnehmern mit Rücksicht auf das Bestehen eines Arbeitsverhältnisses vermietet werden, sowie die allgemeine Festlegung der Nutzungsbedingungen mitbestimmungspflichtig. Diese Vorschrift regelt also einen Unterfall der Sozialeinrichtung (§ 87 Abs. 1 Nr. 8 BetrVG), ist allerdings eigenständig ausgestaltet und somit als eigener Tatbestand zu prüfen. Auch hier handelt es sich um die Frage der Erbringung und Ausgestaltung von Leistungen durch den Arbeitgeber. Es ist zu beachten, dass unter die Vorschrift die **Werk*miet*wohnungen** nach §§ 576, 576a BGB fallen und **nicht die Werk*dienst*wohnung** nach § 576b BGB, die der Arbeitnehmer beziehen muss (BAG 3.6.1975 AP Nr. 3 zu § 87 BetrVG 1972 Werkmietwohnungen). Die Zuweisung und Kündigung von Wohnraum erfasst Einzelfälle, während es sich bei der allgemeinen Festlegung von Nutzungsbedingungen um einen kollektiven Tatbestand handelt.

Das Mitbestimmungsrecht des Betriebsrats greift nur dann ein, wenn den Arbeitnehmern **Wohnräume** vermietet oder später wieder gekündigt werden. Unter Wohnräumen versteht man hierbei jegliche Art von Räumen, die zum Wohnen geeignet sind. Nicht ausschlaggebend ist daher, ob es sich bei den Wohnräumen um eine abgeschlossene Wohnung handelt (BAG 3.6.1975 AP Nr. 3 zu § 87 BetrVG 1972 Werkmietwohnungen). *Wohnräume*

Ob dem Betriebsrat **nach Beendigung des Arbeitsverhältnisses** weiterhin ein Mitbestimmungsrecht **hinsichtlich der Kündigung** der Wohnräume zusteht, ist umstritten. Nach Auffassung des BAG (BAG 28.7.1992 AP Nr. 7 zu § 87 BetrVG 1972 Werkmietwohnungen) und der herrschenden Meinung in der Literatur ist dies der Fall, da die Belegschaftsinteressen in der Weise betroffen sind, dass die Wohnung nicht mit einem gegenwärtigen Arbeitnehmer des Betriebs belegt werden kann. Der Betriebsrat kann nämlich ein Interesse daran haben, auf das Freiwerden der Wohnung durch Kündigung zu drängen, wenn etwa der Arbeitgeber trotz Wohnbedarfs der Belegschaft die Wohnung weiterhin einem betriebsfremden Dritten überlässt, obwohl der ursprüngliche Grund für die Zuweisung an diesen nicht mehr besteht. Nach anderer Auffassung (HSWG/Worzalla § 87 Rn. 443) ist die Kündigung einer Werkmietwohnung nur so lange mitbestimmungspflichtig, wie das Arbeitsverhältnis noch nicht beendet ist. Einigkeit herrscht allerdings darüber, dass sich das Mitbestimmungsrecht des Betriebsrats **bei der Festlegung der Nutzungsbedingungen** nur auf die Wohnungen bezieht, die an gegenwärtige Arbeitnehmer vermietet sind. *Mitbestimmungsrecht auch nach Beendigung des Arbeitsverhältnisses*

⊃ **Beispiele für mitbestimmungspflichtige Tatbestände:**
  – Zuweisung und Kündigung (BAG 28.7.1992 AP Nr. 7 zu § 87 BetrVG 1972 Werkmietwohnungen; vgl. OLG Frankfurt am Main 14.8.1992 AP Nr. 6 zu § 87 BetrVG 1972 Werkmietwohnungen);
  – Festlegung der Nutzungsbedingungen: Mietvertrag, Hausordnung, Schönheitsreparaturen, Mietzinsbildung (BAG 28.7.1992 AP Nr. 7 zu § 87 BetrVG 1972 Werkmietwohnungen).

Dagegen unterliegt der Beschluss des Arbeitgebers, überhaupt Wohnräume zu vermieten oder bestimmte Wohnungen künftig nur noch an eine nicht vom Betriebsrat repräsentierte Personengruppe (z.B. leitende Angestellte) zu vergeben, nicht der Mitbestimmung des Betriebsrats (BAG 23.3.1993 AP Nr. 8 zu § 87 BetrVG Werkmietwohnungen).

10. Betriebliche Lohngestaltung (Nr. 10)

Literatur: GAUL, Die Mitbestimmung des Betriebsrats bei der fehlzeitenorientierten Gewährung von Sonderleistungen, DB 1994, 1137; REICHOLD, Entgeltmitbestimmung als Gleichbehandlungsproblem, RdA 1995, 147.

Umfassendes Mitbestimmungsrecht

§ 87 Abs. 1 Nr. 10 BetrVG ist einer der wichtigsten und gleichzeitig umstrittensten Mitbestimmungstatbestände. Nach dieser Vorschrift besteht ein Mitbestimmungsrecht über Fragen der betrieblichen Lohngestaltung, insbesondere über die **Aufstellung von Entlohnungsgrundsätzen** und der **Einführung und Anwendung neuer Entlohnungsmethoden und deren Änderung**. Nach dem Willen des Gesetzgebers soll auf dem Gebiet der Lohngestaltung ein umfassendes Mitbestimmungsrecht sichergestellt werden (vgl. BT-Drs. VI/1786, S. 49). Das Mitbestimmungsrecht dient dem Schutz der Arbeitnehmer durch gleichberechtigte Teilhabe an den sie betreffenden Entscheidungen zur Lohngestaltung. Es soll vor einer einseitig an den Interessen des Arbeitgebers orientierten oder willkürlichen Lohngestaltung schützen und die Angemessenheit und Durchsichtigkeit des innerbetrieblichen Lohngefüges und die Wahrung der innerbetrieblichen Lohngerechtigkeit sichern (BAG GS 3.12.1991 AP Nr. 52 zu § 87 BetrVG 1972 Lohngestaltung; BAG 11.6.2002 AP Nr. 113 zu § 87 BetrVG 1972 Lohngestaltung).

Gegenstand der Mitbestimmung

Dem Mitbestimmungsrecht unterliegen die **betriebliche Lohngestaltung**, die **Entlohnungsgrundsätze** und **Entlohnungsmethoden** (BAG 6.12.1988 AP Nr. 37 zu § 87 BetrVG 1972 Lohngestaltung):

„Lohngestaltung ist gegenüber Entlohnungsgrundsatz und Entlohnungsmethode der weitergehende Begriff. Er umfasst alle generellen (kollektiven) Regelungen, nach denen die Entlohnung im Betrieb bzw. Unternehmen sich richten soll. Es geht bei der Lohngestaltung um die Struktur des Lohnes und dessen Vollziehungsformen, die Grundlage der Lohnfindung und die betriebliche Lohngerechtigkeit, aber nicht um die Lohnhöhe. Demgegenüber versteht man unter Entlohnungsgrundsatz das System, nach dem das Arbeitsentgelt gezahlt werden soll (z.B. Zeitlohn, Akkordlohn, Prämienlohn) und seine Ausformung. Unter Entlohnungsmethoden ist die Art und Weise der Durchführung des gewählten Entlohnungssystem zu verstehen." (BAG 6.12.1988 AP Nr. 37 zu § 87 BetrVG 1972 Lohngestaltung)

Nicht jede Maßnahme des Arbeitgebers, die Auswirkungen auf den Lohn hat, fällt jedoch unter § 87 Abs. 1 Nr. 10 BetrVG, z.B. nicht die Ein- und Zuteilung der Bearbeitungsgebiete von Außendienstange-

III. Die einzelnen Mitbestimmungsrechte des § 87 Abs. 1 BetrVG § 153

stellten, die Prämien und Bonuszahlungen erhalten (BAG 16.7.1991 AP Nr. 49 zu § 87 BetrVG 1972 Lohngestaltung).

Von § 87 Abs. 1 Nr. 10 BetrVG werden ausschließlich **kollektive Tatbestände** erfasst, d.h. abstrakt-generelle Regelungen der Lohngestaltung. Ausgenommen sind demnach individuelle Lohnvereinbarungen, also Einzelfallregelungen, bei denen besondere Umstände des einzelnen Arbeitnehmers eine Rolle spielen. Mitbestimmungspflichtig sind ferner nur die Maßstäbe der Lohn- und Gehaltsfindung, **nicht jedoch die Lohn- und Gehaltshöhe** selbst. Letztere unterliegt allein der Vereinbarung durch die Parteien des Arbeits- oder Tarifvertrags (sofern keine gesetzlichen Regelungen eingreifen, wie dies z.B. bei der Gebührenordnung für Ärzte der Fall ist). Mitbestimmungsfrei sind auch die Ausgestaltung des Verhältnisses zwischen Leistung und Gegenleistung sowie der Umfang, den der Arbeitgeber für Sonderleistungen zur Verfügung stellt. Zweck des Mitbestimmungsrechts ist es also, Verteilungsgerechtigkeit im Rahmen dessen zu erreichen, was der Arbeitgeber zu verteilen bereit ist.

Keine Mitbestimmung bei der Höhe der Vergütung

Der Große Senat hat sich eingehend mit der **Unterscheidung** einer kollektiven Regelung einerseits und der individuellen Lohngestaltung andererseits auseinandergesetzt (BAG GS 3.12.1991 AP Nr. 52 zu § 87 BetrVG 1972 Lohngestaltung). Auch in dieser Entscheidung wird eine rein quantitative Betrachtung (siehe unter § 153 I 2) abgelehnt.

Definition des kollektiven Tatbestands

„Ob ein das Mitbestimmungsrecht auslösender kollektiver Tatbestand vorliegt, kann nicht allein quantitativ bestimmt werden, wie dies noch zu § 56 BetrVG 1952 angenommen wurde. Das BAG lehnt seit der Entscheidung vom 18.11.1980 die Lehre vom ‚quantitativen Kollektiv' ab, weil diese ohne dezisionistische Festlegung keinen Maßstab ergibt, es andererseits aber für die betriebliche Praxis unzumutbar ist, mit der nichtssagenden Formel einer ‚relativ nicht unerheblichen Anzahl von Arbeitnehmern' arbeiten zu müssen. Es sind auch durchaus generelle Regelungsfragen vorstellbar, die vorübergehend nur einen Arbeitnehmer betreffen, andererseits können individuelle Sonderregelungen auf Wunsch der betroffenen Arbeitnehmer gehäuft auftreten. Die Zahl der betroffenen oder interessierten Arbeitnehmer ist deshalb nur ein Indiz für das Vorliegen eines kollektiven Tatbestandes. [...] Beim Mitbestimmungstatbestand des § 87 Abs. 1 Nr. 10 BetrVG richtet sich die Abgrenzung von Einzelfallgestaltung zu kollektivem Tatbestand danach, ob es um die Strukturformen des Entgelts einschließlich ihrer näheren Vollzugsformen geht oder nicht. Hierbei kann die Anzahl der betroffenen Arbeitnehmer ein Indiz dafür sein, ob ein kollektiver Tatbestand vorliegt oder nicht. Das ist deshalb von Bedeutung, weil es dem Zweck des Mitbestimmungsrechts widerspräche, wenn der Arbeitgeber es dadurch ausschließen könnte, dass er mit einer Vielzahl von Arbeitnehmern jeweils ‚individuelle' Vereinbarungen über eine bestimmte Vergütung trifft und sich hierbei nicht selbst binden und keine allgemeine Regelung aufstellen will. Mit einer solchen Vorgabe, nur individuell entscheiden zu wollen, könnte sonst jedes Mitbestimmungsrecht ausgeschlossen werden. Bei der Änderung der Verteilungsgrundsätze für über-/außertarifliche Zulagen geht es stets um die Strukturformen des Entgelts. Deshalb liegt hier stets ein kollektiver Tatbestand vor." (BAG 3.12.1991 AP Nr. 52 zu § 87 BetrVG 1972 Lohngestaltung)

Gewährt der Arbeitgeber beispielsweise mehreren Arbeitnehmern eine einmalige Sonderzahlung, mit der ihr besonderes Engagement in einer Ausnahmesituation nachträglich honoriert werden soll, so kann es sich um einen nach § 87 Abs. 1 Nr. 10 BetrVG mitbestimmungspflichtigen kollektiven Tatbestand handeln. Entscheidend ist insoweit, ob ein **innerer Zusammenhang** zwischen den Leistungen an die Arbeitnehmer besteht. Dieser ist typischerweise bei Zahlungen zu bejahen, die nach Leistungsgesichtspunkten erfolgen, also von allgemeinen Merkmalen abhängig sind (BAG 29.2.2000 AP Nr.105 zu § 87 Lohngestaltung). Die Anzahl der begünstigten Arbeitnehmer ist jeweils nur ein Indiz für das Vorliegen eines kollektiven Tatbestandes.

Vergütungscharakter

Unter „**Lohn**" i.S.d. § 87 Abs. 1 Nr. 10 BetrVG sind alle Leistungen des Arbeitgebers zu verstehen, die Vergütungscharakter haben. Unerheblich ist hierbei, ob die Leistung freiwillig erbracht wird. Mitbestimmungspflichtig ist auch die Entlohnung außertariflicher (AT) Angestellter (BAG 22.1.1980 AP Nr. 3 zu § 87 BetrVG 1972 Lohngestaltung). Auch Einmalzahlungen und freiwillige Leistungen können dem Mitbestimmungsrecht unterliegen.

➲ **Beispiele:**

Sonderbonus, außertarifliche Zulagen, übertarifliche Zulagen, Zuschläge für Nachtarbeitszeit, Provisionen, Gratifikationen, Bezahlung von Erholungspausen, Gewinn- und Ergebnisbeteiligungen, Zeitgutschriften, zusätzliche Essensmarken für die Kantine, zinsgünstige Darlehen, Mietzuschüsse, betriebliche Altersversorgung durch generelle Direktzusagen; nicht hingegen pauschalisierte Spesenregelungen und Aufwendungsersatz (BAG 27.10.1998 AP Nr. 99 zu § 87 BetrVG 1972 Lohngestaltung), Abfindungen.

Freiwillige Leistungen

Bei freiwilligen Leistungen, also solchen, zu denen der Arbeitgeber nicht durch Tarifvertrag oder Gesetz verpflichtet ist, besteht das Mitbestimmungsrecht nur eingeschränkt. Insbesondere sind die unternehmerischen Entscheidungen des Arbeitgebers im Hinblick auf das „Ob" und den Umfang der zusätzlichen Leistungen mitbestimmungsfrei. Daher unterliegen auch die Kürzungen oder Einstellungen der Zahlungen grundsätzlich nicht der Mitbestimmung (anders, wenn dadurch auch die Entlohnungsgrundsätze geändert werden, BAG 28.8.2006 AP Nr. 127 zu § 87 BetrVG 1972 Lohngestaltung). Auch über den Zweck, den der Arbeitgeber mit seiner Leistung verfolgen will und über den Personenkreis, den er begünstigen will, entscheidet der Arbeitgeber frei (BAG 9.12.1980 AP Nr. 5 zu § 87 BetrVG 1972 Lohngestaltung). Mitbestimmungspflichtig ist dagegen, nach welchen Grundsätzen die Leistung verteilt wird und wie der Verteilungsschlüssel durchgeführt wird (RICHARDI/RICHARDI § 87 Rn. 745). § 87 Abs. 1 Nr. 10 BetrVG hat insbesondere für nicht tarifgebundene Arbeitgeber eine große Bedeutung, da bei diesen mitbestimmungsrechtlich die gesamte Vergütung „freiwillig" ist (BAG 26.8.2008 DB 2008, 2709).

Das Mitbestimmungsrecht nach § 87 Abs. 1 Nr. 10 BetrVG spielt eine große Rolle im Bereich der **Anrechnung von Tariferhöhungen auf übertarifliche Zulagen**. Insoweit ist vor der Frage der Mitbestimmung zunächst die individualrechtliche Zulässigkeit der Anrechnung zu prüfen. Ist diese unzulässig, bleibt für ein Mitbestimmungsrecht kein Raum. Die Anrechnung von Tariferhöhungen auf übertarifliche Zulagen ist grundsätzlich dann zulässig, wenn die Zulage dem Arbeitnehmer nicht vertraglich als selbständiger Entgeltbestandteil neben dem jeweiligen Tarifentgelt zugesagt war (BAG 25.6.2002 AP Nr. 4 zu § 4 TVG Übertarifl. Lohn- und Tariflohnerhöhung, siehe auch § 39 II 3 c). Ist die Anrechnung individualrechtlich zulässig, stellt sich die Frage nach der Mitbestimmung. Dazu bestanden in den einzelnen Senaten des BAG unterschiedliche Rechtsauffassungen. Der Große Senat entschied darauf hin, dass ein Mitbestimmungsrecht für Fragen der **Aufstellung oder der Änderung der Verteilungsgrundsätze** bestehe (BAG GS 3.12.1991 AP Nr. 52 zu § 87 BetrVG Lohngestaltung). Dies setzt voraus, dass in dem vom Arbeitgeber vorgegeben Dotierungsrahmen ein Gestaltungsspielraum besteht und sich durch die Anrechnung die bisher bestehenden Verteilungsrelationen ändern. Dies ist insbesondere der Fall, wenn der Arbeitgeber die Tariferhöhung nur teilweise auf die übertariflichen Zulagen anrechnet. Dagegen besteht kein Mitbestimmungsrecht, wenn die Anrechnung das Zulagenvolumen vollständig aufzehrt. Gleiches gilt, wenn die Tariferhöhung im Rahmen des rechtlich und tatsächlich Möglichen vollständig und gleichmäßig auf die übertarifliche Zulage angerechnet wird (BAG 21.1.2003 AP Nr. 118 zu § 87 BetrVG 1972 Lohngestaltung). Verletzt der Arbeitgeber dabei das Mitbestimmungsrecht des Betriebsrats, so führt das nach der Theorie der Wirksamkeitsvoraussetzung zur Unwirksamkeit der Anrechnung in ihrer vollen Höhe (BAG 9.7.1996 AP Nr. 86 zu § 87 BetrVG 1972 Lohngestaltung).

Anrechnung von Tariferhöhungen auf übertarifliche Zulagen

„Nach § 87 Abs. 1 Nr. 10 BetrVG unterliegt die Aufstellung und Änderung von Entlohnungsgrundsätzen der Mitbestimmung des Betriebsrats. Mit dem Festlegen der Kriterien für die Vergabe und die Verteilung von über-/außertariflichen Zulagen werden – als Teil des Entlohnungsgrundsatzes – Verteilungsgrundsätze aufgestellt, für die der Arbeitgeber nach § 87 Abs. 1 Nr. 1 BetrVG der Zustimmung des Betriebsrats bedarf. Werden diese Grundsätze aufgrund einer Anrechnung, gleichgültig ob sie auf einer Entscheidung des Arbeitgebers beruht oder Folge einer Automatik ist, geändert, ist auch diese Änderung nach § 87 Abs. 1 Nr. 10 BetrVG grundsätzlich mitbestimmungspflichtig. Die Änderung der Verteilungsgrundsätze infolge Widerrufs oder Anrechnung einer Tariflohnerhöhung auf über-/außertarifliche Zulagen unterliegt nur grundsätzlich der Mitbestimmung des Betriebsrats. Für ein Mitbestimmungsrecht ist dann kein Raum, wenn für eine anderweitige Anrechnung bzw. Kürzung der Zulagen kein Regelungsspielraum mehr besteht. Das Mitbestimmungsrecht entfällt, wenn die Anrechnung bzw. der Widerruf zum vollständigen Wegfall aller Zulagen führt, weil dann kein Zulagenvolumen mehr vorhanden ist, das verteilt werden könnte." (BAG 3.12.1991 AP Nr. 52 zu § 87 BetrVG 1972 Lohngestaltung)

Erfolgt die **Tariflohnerhöhung in Stufen** und gibt der Arbeitgeber die Tariflohnerhöhung zunächst voll weiter und rechnet die spätere voll auf die übertarifliche Zulage an, kommt es im Rahmen der Mitbestimmung darauf an, ob beide Vorgänge auf einem **einheitlichen Konzept** des Arbeitgebers beruhen. Zu einer solchen Anrechnungskonzeption des Arbeitgebers, die mehrere Tariflohnerhöhungen regelungstechnisch zusammenfasst, kann es dabei nur unter besonderen Umständen kommen. Für den Regelfall ist davon auszugehen, dass der Arbeitgeber bei jeder Tariflohnerhöhung neu darüber befindet, ob und gegebenenfalls in welchem Umfang er sie auf übertarifliche Leistungen anrechnen will. Etwas anderes kann sich dann ergeben, wenn die Tarifvertragsparteien von vorneherein eine Tariflohnerhöhung in mehreren Stufen vereinbart haben (BAG 8.6.2004 AP Nr. 124 zu § 87 BetrVG 1972 Lohngestaltung).

Initiativrecht | Ein besonderes **Kostenrisiko** für den Arbeitgeber kann bei der Gewährung einer Sonderzulage von dem **Initiativrecht** des Betriebsrats ausgehen. Dieser kann sein Mitbestimmungsrecht nach **§ 87 Abs. 1 Nr. 10 BetrVG** erzwingen und ggf. die Einigungsstelle anrufen, um eine Regelung der Verteilung herbeizuführen. Das Kostenrisiko zeigt sich an folgendem

➲ **Beispiel:**
Der Arbeitgeber legt für die Gewährung einer Sonderzahlung einen Dotierungsrahmen von 300 000 Euro fest. Davon soll die Arbeitnehmer-Gruppe A 50 000 Euro, B 100 000 Euro und C 150 000 Euro erhalten. Entsprechende einzelvertragliche Regelungen werden getroffen. Der Betriebsrat wird nicht mit einbezogen und das Geld ausgezahlt. Der Betriebsrat erzwingt daraufhin vor der Einigungsstelle eine Betriebsvereinbarung, die einen Verteilungsschlüssel vorsieht, nach der jede Gruppe 100 000 Euro erhalten soll. Danach erhält Gruppe A ebenso wie Gruppe B 100 000 Euro. Die Gruppe C hingegen kann sich auf die für sie günstigere einzelvertragliche Regelung mit dem Arbeitgeber berufen, nach der ihr 150 000 Euro zustehen. Die Gesamtverpflichtung des Arbeitgebers beläuft sich nun folglich auf 350 000 Euro.

Rechtsfolgen | Die Verletzung des Mitbestimmungsrechts des Betriebsrats nach § 87 Abs 1 Nr. 10 BetrVG kann bei der Änderung einer im Betrieb geltenden Vergütungsordnung empfindliche Folgen haben. Nach der Theorie der Wirksamkeitsvoraussetzung führt die Verletzung des Mitbestimmungsrechts dazu, dass die Vergütungsordnung mit der vor der Änderung bestehenden Struktur weiter anzuwenden ist.

III. Die einzelnen Mitbestimmungsrechte des § 87 Abs. 1 BetrVG   § 153

Dies kann die weitere Konsequenz haben, dass bei Neueinstellungen die Arbeitnehmer Ansprüche auf eine höhere Vergütung erlangen als vertraglich vereinbart wurde (BAG 11.6.2002 AP Nr. 113 zu § 87 BetrVG 1972 Lohngestaltung).

Zu den Fragen der betrieblichen Lohngestaltung gehört auch die **betriebliche Altersversorgung** (BAG 12.6.1975 AP Nr. 1 zu § 87 BetrVG 1972 Altersversorgung). Unter betrieblicher Altersversorgung versteht das Gesetz nach der Legaldefinition des § 1 BetrAVG Leistungen der Alters-, Invaliditäts- oder Hinterbliebenenversorgung aus Anlass des Arbeitsverhältnisses. Sie hat den Zweck, einen Beitrag zum Schutz des Arbeitnehmers vor den materiellen Folgen beim Ausscheiden aus dem Erwerbsleben zu leisten. In der Regel dient sie als Ergänzung der Grundsicherung aus der gesetzlichen Rentenversicherung. Ein Mitbestimmungsrecht nach Nr. 10 besteht allerdings nur dann, wenn die betriebliche Altersversorgung nicht durch eine Sozialeinrichtung nach Nr. 8 (z.B. Unterstützungs- oder Pensionskasse) geleistet wird. Ansonsten geht der Mitbestimmungstatbestand nach Nr. 8 als speziellere Regelung vor. Auch steht dem Betriebsrat hinsichtlich der Einführung, des Umfangs, der Form und der Adressaten einer betrieblichen Altersversorgung kein Mitbestimmungsrecht zu. Der Betriebsrat hat kein Recht, bei der Auswahl der „Versorgungseinrichtung" mitzubestimmen. Wählt der Arbeitgeber den Durchführungsweg „Direktversicherung", so gehört auch diese Auswahl zu den mitbestimmungsfreien Entscheidungen des Arbeitgebers (BAG 29.7.2003 AP Nr. 18 zu § 87 BetrVG 1972 Sozialeinrichtung). Auch hier ist also – wie bei den übrigen Mitbestimmungsrechten auch – die Bestimmung des Umfangs der Leistung mitbestimmungsfrei. Diese Fragen unterliegen der freien Unternehmerentscheidung des Arbeitgebers, da es sich bei der betrieblichen Altersversorgung um eine freiwillige Leistung handelt. Dem Mitbestimmungsrecht des Betriebsrats unterfällt daher nur ein eng umgrenzter Bereich auf dem Gebiet der betrieblichen Altersversorgung, nämlich die **nähere Ausgestaltung**, wie die zur Verfügung stehenden Mittel auf den begünstigten Personenkreis verteilt werden sollen. Dem Betriebsrat verbleibt damit beispielsweise ein Mitbestimmungsrecht hinsichtlich der Fragen, ob jeder Arbeitnehmer gleich hohe Zahlungen erhalten soll oder ob bestimmte Kriterien (Betriebstreue, Einkommen u.ä.) zu einer unterschiedlichen Zahlung führen.

Betriebliche Altersversorgung

„Wird betriebliche Altersversorgung durch generelle Direktzusagen oder Versicherungen gewährt, so unterliegt diese Art der Altersversorgung dem Mitbestimmungsrecht des Betriebsrats nach § 87 Abs. 1 Nr. 10 BetrVG 1972 mit folgendem Inhalt: a) Der Arbeitgeber ist in vierfacher Beziehung frei: nämlich darin, ob er finanzielle Mittel für die betriebliche Altersversorgung zur Verfügung stellen will, in welchem Umfang er das tun will, welche Versorgungsform er wählen will und welchen Arbeitnehmerkreis er versorgen will. – b) Für ein Mitbestimmungsrecht nach § 87 Abs. 1 Nr. 10 BetrVG 1972 ist insoweit kein Raum, als eine gesetzliche oder tarifliche Regelung besteht. – c) In jedem Fall sind bei der Durchführung einer betrieblichen Altersversorgung Arbeitgeber und Betriebsrat an die Grundsätze von Recht und Billigkeit gebunden, und sie müssen die freie Entfaltung der im Betrieb beschäftigten Arbeitnehmer schützen (§ 75 BetrVG 1972).

Innerhalb des vorstehend abgegrenzten Rahmens hat der Betriebsrat bei der Gestaltung der betrieblichen Altersversorgung mitzubestimmen. Dazu gehört auch die Gestaltung des ‚Leistungsplanes', soweit nicht der Dotierungsrahmen, die Grundform der Altersversorgung und die Abgrenzung des begünstigten Personenkreises berührt werden. Für das soeben dargestellte Mitbestimmungsrecht steht dem Betriebsrat ein Initiativrecht zu. Will er eine Änderung des Leistungsplanes erreichen, muss er konstruktiv darlegen, wie dabei der vom Arbeitgeber vorgegebene Dotierungsrahmen gewahrt werden kann." (BAG 12.6.1975 AP Nr. 2 zu § 87 BetrVG 1972 Altersversorgung)

11. Akkordlohn (Nr. 11)

Zweckbestimmung des BAG

Eine ähnliche Zweckrichtung wie § 87 Abs. 1 Nr. 10 BetrVG verfolgt auch das Mitbestimmungsrecht nach § 87 Abs. 1 Nr. 11 BetrVG. Danach besteht ein Mitbestimmungsrecht über die Festsetzung der Akkord- und Prämiensätze und vergleichbarer leistungsbezogener Entgelte einschließlich der Geldfaktoren. Nach der nicht unumstrittenen Zweckbestimmung durch das BAG fällt unter diesen Mitbestimmungstatbestand auch die **Entgelthöhe** (BAG 13.9.1983 AP Nr. 3 zu § 87 BetrVG 1972 Prämie, a.A. Richardi/Richardi § 87 Rn. 904 f.).

„Der Senat hat [. . .] schon in seiner ersten Provisionsentscheidung darauf hingewiesen, dass die ausdrückliche Erwähnung des Geldfaktors in § 87 Abs. 1 Nr. 11 BetrVG zeige, dass dem Betriebsrat ein Recht eingeräumt worden sei, auch über die Lohnhöhe mitzubestimmen. Von daher könne nicht davon gesprochen werden, dass im Wege der Mitbestimmung keine betriebliche Lohnpolitik erfolgen dürfe, sie sei dem Betriebsrat vielmehr hinsichtlich der Leistungsentgelte eröffnet. Schon aus diesem Grunde vermag der Senat der im Schrifttum vertretenen Ansicht nicht zu folgen, die die Mitbestimmungspflichtigkeit des Geldfaktors i.S. des Preises für die Arbeit im Leistungslohn überhaupt mit der Begründung verneint, dem Betriebsrat sei eine Einflussnahme auf die Lohnhöhe verwehrt. Die Mitbestimmungspflichtigkeit des Geldfaktors in diesem Sinne entspricht auch dem Schutzzweck des durch § 87 Abs. 1 Nr. 11 BetrVG gewährten Mitbestimmungsrechts. Die Gefahren eines Leistungslohnsystems liegen nicht nur in der unzutreffenden Bewertung der einzelnen Leistungsansätze. Sie liegen auch darin, dass jedes Leistungslohnsystem einen Anreiz zur Mehrleistung schafft, die den Arbeitnehmer überfordern und damit letztlich in seiner Gesundheit schädigen kann. Eine angemessene Ausgestaltung des Leistungssystems muss daher auch zum Inhalt haben, dass der Anreiz zur Mehrleistung auch in einem angemessenen Verhältnis zu einem möglichen Mehrverdienst steht, der einen übermäßigen und damit schädigenden Leistungseinsatz entbehrlich macht." (BAG 13.9.1983 AP Nr. 3 zu § 87 BetrVG 1972 Prämie)

Akkordlohn bedeutet, dass die Höhe des Entgelts allein nach der vom Arbeitnehmer in einer bestimmten Zeit erbrachten Arbeitsleistung bemessen wird. Im Wesentlichen lassen sich der Zeit- und Geldakkord unterscheiden. Bei dem in der Praxis häufiger durchgeführten **Zeitakkord** werden den Arbeitnehmern bestimmte Zeiteinheiten („Akkordminuten") pro Leistungseinheit vorgegeben. Diesen Akkordminuten ist ein bestimmter Geldbetrag zugeordnet. Beim **Geldakkord** wird dagegen ein Geldbetrag pro Leistungseinheit vorgegeben. Beim **Prämienlohn** wird eine Vergütung für eine besondere Leistung gewährt. Voraussetzung für die Mitbestimmung nach § 87 Abs. 1 Nr. 11 BetrVG ist, dass die Höhe des Prämienlohns von der Leistung der Arbeitnehmer abhängt. Von der Leistung unabhängige Prämien fallen nicht unter das Mitbestimmungsrecht nach § 87 Abs. 1 Nr. 11 BetrVG. Bei einem **vergleichbaren leistungsbezogenen Entgelt** muss ebenfalls die Vergütung von einer Leistung abhängen und mit einer Bezugsleistung verglichen werden. So ist eine Leistungsprämie, bei der allein die in einem Beurteilungszeitraum von drei Monaten erbrachte Leistung die Höhe der Vergütung in den folgenden zwölf Monaten bestimmt, kein vergleichbares leistungsbezogenes Entgelt i.S.d. § 87 Abs. 1 Nr. 11 BetrVG (BAG 15. 52 001 AP Nr. 17 zu § 87 BetrVG 1972 Prämie).

Leistungsbezug

Nicht abschließend geklärt ist, inwieweit Zielvereinbarungen dem Mitbestimmungstatbestand unterfallen können (BAG 21.10.2003 AP Nr. 62 zu § 80 BetrVG 1972).

➲ **Beispiel:**

Gedingelohn (eine besondere Form des Leistungslohns im Bergbau), nicht unter § 87 Abs. 1 Nr. 11 BetrVG fallen dagegen (Abschluss-) Provisionen.

Das Mitbestimmungsrecht bei der **Festsetzung** der Akkord- und Prämiensätze erstreckt sich auf alle Bezugsgrößen, die für die Berechnung der abstrakten Leistungslohnsysteme erforderlich sind.

Gegenstand der Mitbestimmung

12. Betriebliches Vorschlagswesen (Nr. 12)

Unter das Mitbestimmungsrecht über die Grundsätze des betrieblichen Vorschlagswesens nach § 87 Abs. 1 Nr. 12 fallen die grundsätzliche Organisation, Behandlung und Bewertungsmaßstäbe der **Verbesserungsvorschläge** der Arbeitnehmer. Dagegen ist die **Höhe der Dotierung** für Verbesserungsvorschläge **mitbestimmungsfrei**. Auch kann der Betriebsrat nicht darüber mitbestimmen, ob der Arbeitgeber überhaupt einen Verbesserungsvorschlag eines Arbeitnehmers annimmt. Für einen verwerteten Verbesserungsvorschlag haben die Arbeitnehmer nämlich einen Vergütungsanspruch. Würde dem Betriebsrat hier ein Mitbestimmungsrecht zugebilligt, so führte dies mittelbar dazu, dass der Arbeitgeber zu einer Vergütung verpflichtet würde, obwohl er den Verbesserungsvorschlag möglicherweise gar nicht annehmen wollte. Durch das betriebliche Vorschlagswesen

Initiativrecht des Betriebsrats

kann der Arbeitgeber Grundsätze zur Regelung schaffen und somit die Arbeitnehmer zu Verbesserungsvorschlägen motivieren. Umgekehrt steht auch dem Betriebsrat ein **Initiativrecht** zur Regelung des betrieblichen Vorschlagswesens zu. Dies ergibt sich auch aus dem Zweck des § 87 Abs. 1 Nr. 12 BetrVG (BAG 28.4.1981 AP Nr. 1 zu § 87 BetrVG 1972 Vorschlagswesen):

„Sinn und Zweck des Mitbestimmungsrechts des Betriebsrats in Bezug auf das betriebliche Vorschlagswesen ist es, die Behandlung betrieblicher Verbesserungsvorschläge so zu gestalten, dass diese für den Arbeitnehmer durchschaubar wird. Es dient damit der Entfaltung der Persönlichkeit des Arbeitnehmers, indem der Arbeitnehmer zum Mitdenken und damit zur Teilnahme an der Gestaltung der Arbeit und der Entwicklung des Betriebs motiviert wird. Es dient seinem Schutz, indem es die Berücksichtigung seiner Initiative und seiner Leistung ordnet und durchschaubar macht und damit dazu beiträgt, dass die Arbeitnehmer des Betriebs insoweit gleichmäßig und nach den Grundsätzen von Recht und Billigkeit (§ 75 Abs. 1 BetrVG) behandelt werden." (BAG 28.4.1981 AP Nr. 1 zu § 87 BetrVG 1972 Vorschlagswesen)

13. Aufstellung von Grundsätzen über die Durchführung von Gruppenarbeit (Nr. 13)

Literatur: PREIS/ELERT, Erweiterung der Mitbestimmung bei Gruppenarbeit, NZA 2001, 371; WIESE, Die Mitbestimmung des Betriebsrats über Grundsätze von Gruppenarbeit nach § 87 Abs. 1 Nr. 13 BetrVG, BB 2002, 198.

Gruppenarbeitsbegriff

Nach § 87 Abs. 1 Nr. 13 BetrVG hat der Betriebsrat bei der Aufstellung von Grundsätzen über die Durchführung von Gruppenarbeit mitzubestimmen. **Gruppenarbeit** im Sinne dieser Vorschrift liegt nach der Legaldefinition in Nr. 13 vor, wenn im Rahmen des betrieblichen Arbeitsablaufs eine Gruppe von Arbeitnehmern eine ihr übertragene Gesamtaufgabe im Wesentlichen eigenverantwortlich erledigt. Erfasst wird daher – im Unterschied zur Arbeitsgruppe nach § 28a BetrVG – nur die **teilautonome Gruppe**. Daher sollen nur diejenigen Gruppen zu den Arbeitsgruppen zählen, die als Arbeitsform dauerhafter partizipativer Beteiligung der Arbeitnehmer im Arbeitsablauf verstanden werden können. Somit liegt nur dann Gruppenarbeit im Sinne der genannten Vorschrift vor, wenn der Gruppe der Arbeitnehmer Entscheidungskompetenz für die Gestaltung planender und ausführender Tätigkeit zugebilligt wird.

Umfang des Mitbestimmungsrechts

Ein erzwingbares Mitbestimmungsrecht sieht § 87 Abs. 1 Nr. 13 BetrVG nur für die Grundsätze über die **Durchführung von Gruppenarbeit** vor. Nicht mitbestimmungspflichtig ist daher die unternehmerische Grundentscheidung über Einführung und Beendigung von Gruppenarbeit und die Frage, in welchem Umfang und wie lange der Arbeitgeber Gruppenarbeit zur Verbesserung bestimmter Unternehmensstrukturen für erforderlich und geeignet hält. Das Mitbestimmungsrecht des Betriebsrats kommt daher erst dann zum Tragen, wenn sich der Arbeitgeber für die Einführung von Gruppenarbeit entschieden und mit ihrer Durchführung begonnen hat.

Ob dem Mitbestimmungstatbestand der Nr. 13 ein eigenständiger Anwendungsbereich zukommt, welcher sich von den übrigen Mitbestimmungstatbeständen unterscheidet, ist fraglich. So erfasst beispielsweise bereits das Mitbestimmungsrecht des § 87 Abs. 1 Nr. 1 BetrVG Verhaltensnormen, die der Arbeitgeber zur Reduzierung des Konfliktpotentials innerhalb der Gruppe aufstellt. Des Weiteren werden durch die Übertragung von bestimmten Tätigkeiten auf die Arbeitsgruppe die Mitbestimmungsrechte nach § 87 Abs. 1 Nr. 2, 3 und 5 BetrVG ausgelöst, da mit der Einführung der Gruppenarbeit Regelungen hinsichtlich Arbeitszeitplänen, Mehrarbeit oder Urlaubsgrundsätzen getroffen werden müssen. Als Gegenstände des Mitbestimmungsrechts verbleiben daher für den Tatbestand der Nr. 13 nur wenige Regelungen, wie zum Beispiel die Wahl des Gruppensprechers oder dessen Stellung und Aufgaben oder Regelungen hinsichtlich der Zusammenarbeit in der Gruppe und mit anderen Gruppen.

Eigenständiger Anwendungsbereich

IV. Freiwillige Betriebsvereinbarungen

Während § 87 BetrVG die erzwingbaren Fälle der Mitbestimmung abschließend regelt, finden sich in § 88 BetrVG Beispiele für Regelungsgegenstände, über die **freiwillige** Betriebsvereinbarungen geschlossen werden können. Eine Regelung kann also vor der Einigungsstelle nicht erzwungen werden. Die Betriebsparteien können sich aber einverständlich an die Einigungsstelle zur Behebung von Meinungsverschiedenheiten wenden und sich dem Spruch der Einigungsstelle unterwerfen. Hinsichtlich der Abschlussform, Wirkungsweise und Kündbarkeit gelten die allgemeinen Regeln, jedoch entfällt bei freiwilligen Betriebsvereinbarungen nach deren Ablauf die Nachwirkung (vgl. hierzu § 152 I 5). Zu beachten ist zudem, dass die Regelungsbefugnis der Betriebspartner unter dem Tarifvorbehalt des § 77 Abs. 3 BetrVG steht. Die Regelungsbefugnis ist gleichermaßen begrenzt durch höherrangiges Recht und die Vorgaben des § 75 BetrVG (siehe hierzu § 152 I 9).

Keine obligatorische Mitbestimmung

§ 88 BetrVG enthält fünf Beispielsfälle für freiwillige Betriebsvereinbarungen:

Keine abschließende Aufzählung

Unter **Nr. 1** werden zusätzliche Maßnahmen zur **Verhütung von Arbeitsunfällen und Gesundheitsschädigungen** genannt. Diese Regelung ist in Zusammenhang mit § 87 Abs. 1 Nr. 7 BetrVG zu sehen. § 88 Nr. 1 BetrVG bietet Raum, über den gesetzlich vorgegebenen Regelungsrahmen hinauszugehen und weitere Maßnahmen zur Arbeitssicherheit und zum Gesundheitsschutz zu treffen.

Verhütung von Arbeitsunfällen und Gesundheitsschädigungen

➲ **Beispiele:**

Schutzkleidung, Lärmschutz, Beleuchtungen, ärztliche Untersuchungen, Schutzvorrichtungen an Maschinen, Verbesserung der Arbeitshygiene, Einrichtung einer Unfallstation.

§ 153 Mitbestimmung in sozialen Angelegenheiten

Maßnahmen des betrieblichen Umweltschutzes

Nr. 1a räumt den Betriebspartnern die Möglichkeit ein, freiwillige Betriebsvereinbarungen über **Maßnahmen des betrieblichen Umweltschutzes** abzuschließen. Hierdurch wird den Betriebspartnern u.a. die Gelegenheit gegeben, ein allgemeines Unterrichtungs- und Beratungsrecht in allen umweltschutzrelevanten Angelegenheiten vorzusehen.

Errichtung von Sozialeinrichtungen

Nr. 2 behandelt die **Errichtung von Sozialeinrichtungen**, deren Wirkungsbereich auf den Betrieb, das Unternehmen oder den Konzern beschränkt ist. Im Unterschied zu § 87 Abs. 1 Nr. 8 BetrVG, der nur die Form, Ausgestaltung und Verwaltung von Sozialeinrichtungen erwähnt, betrifft § 88 Nr. 2 BetrVG die Errichtung von Sozialeinrichtungen. Die Errichtung und der Dotierungsrahmen kann in einer Betriebsvereinbarung freiwillig festgelegt werden.

Förderung der Vermögensbildung

Nr. 3 erfasst Maßnahmen zur **Förderung der Vermögensbildung**. Es handelt sich hierbei um Maßnahmen zur Vermögensbildung, nicht nur nach dem Fünften Vermögensbildungsgesetz (5. VermBG), sondern auch um weitere Formen der Vermögensbildung.

➲ **Beispiele:**

Belegschaftsaktien, Beteiligung der Arbeitnehmer in Form der stillen Gesellschaft.

Maßnahmen zur Integration ausländischer Arbeitnehmer

Das letzte Beispiel nach **Nr. 4** ermöglicht den Betriebspartnern Regelungen über Maßnahmen zur **Integration ausländischer Arbeitnehmer** sowie zur Bekämpfung von Rassismus und Fremdenfeindlichkeit im Betrieb zu treffen. Hierbei sind u.a. Regelungen denkbar, die den ausländischen Arbeitnehmern Gelegenheit bieten, die deutsche Sprache zu erlernen.

Keine Beschränkung auf soziale Angelegenheiten

Unklar ist wegen der systematischen Stellung des § 88 BetrVG im Abschnitt „Soziale Angelegenheiten", ob sich die möglichen Regelungsgegenstände auf diesen Bereich beschränken sollen. Das ist jedoch nicht der Fall (BAG 7.11.1989 AP Nr. 46 zu § 77 BetrVG 1972):

„Für die sozialen Angelegenheiten folgt die umfassende Regelungsbefugnis zum Abschluss freiwilliger Betriebsvereinbarungen aus § 88 BetrVG. Die Regelungsbefugnis lässt sich jedoch inhaltlich nicht auf soziale Angelegenheiten beschränken. Die Grenzen zwischen sozialen, personellen (§§ 92 ff. BetrVG) und wirtschaftlichen Angelegenheiten (§§ 106 ff. BetrVG) sind fließend. Insoweit ist es richtig, § 88 BetrVG gleichsam als Auffangnorm zu betrachten und als ausreichend tragende Grundlage für freiwillige Betriebsvereinbarungen anzusehen." (BAG 7.11.1989 AP Nr. 46 zu § 77 BetrVG 1972)

Umfassende Regelungskompetenz der Betriebsparteien

Das BAG folgert – auch aus der Regelung des § 88 BetrVG –, dass die Betriebsparteien eine umfassende Kompetenz zur Regelung materieller und formeller Arbeitsbedingungen. Freiwillige Betriebsvereinbarungen seien nach § 88 BetrVG nicht auf die dort ausdrücklich genannten Gegenstände beschränkt, sondern, wie sich aus dem Wort „insbesondere" ergibt, auch über andere Gegenstände möglich sein sollen. Die Betriebsparteien haben dementsprechend auch die Befugnis, in freiwilligen Betriebsvereinbarungen Regelungen zu treffen, welche die Arbeitnehmer belasten (BAG 12.12.2006 AP Nr. 94 zu § 77 BetrVG 1972). Die umfassende Regelungskompetenz wird in der Literatur zu Recht bestritten (vgl. hierzu Kreutz, Grenzen der Betriebsautonomie, 1979, S. 239, 248; Veit, Die funktionelle Zuständigkeit des Betriebsrats, 1998, S. 272 ff., 374; Reichold, Betriebsverfassung als Sozialprivatrecht, 1992, S. 511 ff., 526 ff., 542 f.; Säcker, Gruppenautonomie und Übermachtkontrolle im Arbeitsrecht, 1972, S. 450 ff.; WP/Preis § 77 Rn. 18). Das BAG löst die Fragestellung über die Binnenschranken, deren Einhaltung gerichtlich überprüfbar ist (hierzu § 152 I 9).

V. Arbeitsschutz und betrieblicher Umweltschutz

Nach § 89 BetrVG besteht eine umfassende Pflicht des Arbeitgebers, den Betriebsrat bei allen arbeits- und umweltschutzrelevanten Fragen und Untersuchungen hinzuzuziehen. In erster Linie geht es hier darum, dass sich der Betriebsrat für die Durchführung der Vorschriften des betrieblichen Umweltschutzes, des Arbeitsschutzes und der Unfallverhütung einzusetzen hat. Eine Legaldefinition des betrieblichen Umweltschutzes findet sich in § 89 Abs. 3 BetrVG. Danach werden als betrieblicher Umweltschutz alle personellen und organisatorischen Maßnahmen sowie alle die betriebliche Bauten, Räume, technische Anlagen, Arbeitsverfahren, Arbeitsabläufe und Arbeitsplätze betreffenden Maßnahmen verstanden, die dem Umweltschutz dienen. Aus dieser streng zweckorientierten Legaldefinition wird deutlich, dass dem Betriebsrat nach § 89 BetrVG **kein generelles umweltpolitisches Mandat** zugunsten Dritter oder der Allgemeinheit zusteht. Vielmehr muss die Maßnahme die **im Betrieb beschäftigten Arbeitnehmer unmittelbar betreffen**. Auch betriebliche Investitionsentscheidungen unterliegen nicht dem Mitbestimmungsrecht des Betriebsrats. Besteht in dem Unternehmen ein Wirtschaftsausschuss, so ist auch dieser über Fragen des betrieblichen Umweltschutzes zu unterrichten (§ 106 Abs. 3 Nr. 5a BetrVG).

Umfassende Information und Beteiligung in Fragen des Arbeitsschutzes und betrieblichen Umweltschutzes

§ 154 Gestaltung von Arbeitsplatz, Arbeitsablauf und Arbeitsumgebung

Mitwirkungsrechte stehen dem Betriebsrat auch im Rahmen der Gestaltung der Arbeitsbedingungen zu, um zur Humanisierung des Arbeitslebens beizutragen. Der Arbeitgeber hat den Betriebsrat nach § 90 BetrVG bereits im Planungsstadium über die Art der Arbeit und ihre Anforderungen zu unterrichten. Im Anschluss daran sind mit dem Betriebsrat rechtzeitig Beratungen zu führen. Der Betriebsrat muss noch die Möglichkeit haben, Vorschläge und Bedenken gegen die vom Arbeitgeber vorgesehene Maßnahme vorzutragen.

Unterrichtung und Beratung

Maßnahmen Im Einzelnen geht es in § 90 Abs. 1 **Nr. 1** BetrVG um Neu-, Um- und Erweiterungsbauten von Fabrikations-, Verwaltungs- und sonstigen betrieblichen Räumen. Darunter fällt beispielsweise der Um- oder Neubau einer Fabrikations- oder Lagerhalle. § 90 Abs. 1 **Nr. 2** BetrVG nennt weiter technische Anlagen. Darunter sind Geräte und Hilfsmittel zu verstehen, die dem Arbeitsablauf dienen, wie zum Beispiel der Neubau von Klimaanlagen oder Fahrstühlen. Zu den Arbeitsverfahren und Arbeitsabläufen in § 90 Abs. 1 **Nr. 3** BetrVG gehört die organisatorische, räumliche und zeitliche Ausgestaltung der Arbeit, z.B. Fließbandarbeit, Gruppenarbeit, Einzelarbeit, Telearbeit, Arbeit im Freien oder in der Halle und Schichtarbeit. Unter den Arbeitsplätzen in § 90 Abs. 1 **Nr. 4** BetrVG ist der Arbeitsplatz in räumlicher Hinsicht und auch in seiner „Mensch-Arbeit-Beziehung" zu verstehen.

Mitbestimmung Neben dem Beratungsrecht nach § 90 BetrVG besteht ein **korrigierendes Mitbestimmungsrecht** nach § 91 BetrVG, das an enge Voraussetzungen geknüpft ist. Zunächst ist eine Änderung der Arbeitsplätze, des Arbeitsablaufs oder der Arbeitsumgebung vorauszusetzen; eine unveränderte Lage reicht nicht aus (BAG 28.7.1981 AP Nr. 3 zu § 87 BetrVG 1972 Arbeitssicherheit). Weiterhin muss diese im offensichtlichen Widerspruch zu den gesicherten arbeitswissenschaftlichen Erkenntnissen stehen und zudem die Arbeitnehmer in besonderer Weise belasten. Eine besondere Belastung im Sinne des § 91 BetrVG liegt dann vor, wenn der Arbeitnehmer Belastungen unterworfen ist, die das Maß von zumutbaren Belastungen am Arbeitsplatz übersteigen. Es muss sich aber um Maßnahmen handeln, die nicht mit Mitteln des gesetzlichen Arbeitsschutzes abgewehrt werden können, weil sonst ein Mitbestimmungsrecht bereits nach § 87 Abs. 1 Nr. 7 BetrVG besteht. Liegen diese Voraussetzungen vor, kann der Betriebsrat angemessene Maßnahmen zur Abwendung, Milderung oder zum Ausgleich der Belastung verlangen. Umstritten ist, ob und wann Lohnzuschläge, wie z.B. Erschwerniszulagen, zulässige Ausgleichsmaßnahmen sind, oder ob Ausgleichsmaßnahmen unmittelbar ausgleichend wirken müssen (z.B. Verkürzung der Tätigkeitsdauer, Stellung von Wechselkleidung oder Einrichtung von Bädern). Eine Ansicht (RICHARDI/ANNUSS § 91 Rn. 15 m.w.N.) lehnt die Zahlung eines zusätzlichen Arbeitsentgelts als Ausgleichsmaßnahme gänzlich ab. Begründet wird diese Ansicht mit dem Zweck des Mitbestimmungsrechts nach § 91 BetrVG. Danach soll das Mitbestimmungsrecht des Betriebsrats nämlich dazu dienen, den Arbeitnehmern eine menschengerechte Gestaltung der Arbeit zu sichern. Die Zahlung eines Lohnzuschlags führe jedoch nicht dazu, dass der veränderte Arbeitsplatz so umgestaltet wird, dass er wieder den gesicherten arbeitswissenschaftlichen Erkenntnissen entspricht. Nach anderer zutreffender Ansicht (FITTING § 91 Rn. 21 m.w.N.) stellt eine Erschwerniszulage dann eine zulässige Ausgleichsmaßnahme dar, wenn kein anderer Ausgleich möglich ist. Die strengen und schwer zu bestimmenden Voraussetzungen führen dazu, dass dem Mitbestimmungsrecht nach § 91 BetrVG in der Praxis **keine große Bedeutung** zukommt.

Kommt eine Einigung nicht zustande, entscheidet nach §§ 91 S. 2, 76 BetrVG die Einigungsstelle.

Einigungsstelle

§ 155 Mitbestimmung in personellen Angelegenheiten

⮕ **Übersicht:**
  I. Allgemeine personelle Angelegenheiten
     1. Personalplanung
     2. Beschäftigungssicherung
     3. Ausschreibung von Arbeitsplätzen
     4. Personalfragebogen, Beurteilungsgrundsätze
     5. Auswahlrichtlinien
  II. Berufsbildung
  III. „Mitbestimmung" bei personellen Einzelmaßnahmen
     1. Mitbestimmungspflichtige Maßnahmen
        a) Einstellung
        b) Ein- und Umgruppierungen
        c) Versetzung
     2. Zustimmungsverweigerungsgründe
        a) Verstoß gegen Gesetze und andere Normen (Nr. 1)
        b) Verstoß gegen Auswahlrichtlinien (Nr. 2)
        c) Besorgnis der Benachteiligung anderer Arbeitnehmer (Nr. 3)
        d) Benachteiligung des betroffenen Arbeitnehmers (Nr. 4)
        e) Fehlende Ausschreibung im Betrieb (Nr. 5)
        f) Gefahr für den Betriebsfrieden (Nr. 6)
     3. Verfahren der Mitbestimmung
     4. Rechtsstellung des Arbeitnehmers
  IV. „Mitbestimmung" bei Kündigungen
     1. Allgemeines
     2. Sachlicher Geltungsbereich
     3. Persönlicher Geltungsbereich
        a) Leitende Angestellte – Sprecherausschussgesetz
        b) Im Ausland tätige/ausländische Arbeitnehmer
     4. Vertiefungsproblem: Betriebsratsanhörung nach Betriebsübergang

5. Gegenstand der Anhörung
   a) Beendigungs- und Änderungskündigung
   b) Sonstige Beendigungstatbestände
6. Inhalt und Umfang der Unterrichtungspflicht des Arbeitgebers
   a) Adressat der Arbeitgebermitteilung
   b) Mindestinhalt der Unterrichtung
   c) Insbesondere: Kündigungsgrundbezogener Inhalt der Mitteilung
7. Stellungnahmefrist des Betriebsrats – Beendigung des Anhörungsverfahrens
8. Rechtsfolgen eines fehlerhaften Anhörungsverfahrens
   a) Fehler im Bereich des Arbeitgebers
   b) Fehler im Bereich des Betriebsrats
9. Widerspruch des Betriebsrats

V. Außerordentliche Kündigung von Betriebsratsmitgliedern

VI. Entfernung betriebsstörender Arbeitnehmer

Drei Unterabschnitte

Die personellen Angelegenheiten sind nach dem BetrVG in drei Unterabschnitte unterteilt:
- **Allgemeine personelle Angelegenheiten**, §§ 92–95 BetrVG,
- **Berufsbildung**, §§ 96–98 BetrVG, und
- **Personelle Einzelmaßnahmen**, §§ 99–105 BetrVG.

I. Allgemeine personelle Angelegenheiten

Definition

Unter den Begriff „allgemeine personelle Angelegenheiten" fallen die **Personalplanung**, die **Stellenausschreibung**, die **Personalfragebögen**, die **Beurteilungsgrundsätze** und die **Auswahlrichtlinien**. Im Gegensatz zu den personellen Einzelmaßnahmen der §§ 99 ff. BetrVG betreffen sie nicht nur einzelne Arbeitnehmer. Die Beteiligung des Betriebsrats soll sicherstellen, dass der Betriebsrat als Interessenvertretung der Arbeitnehmer zum **frühstmöglichen Zeitpunkt an Grundentscheidungen des Arbeitgebers beteiligt** wird.

1. Personalplanung

Begriff/Ziel der Personalplanung

Gesetzlich definiert ist der Begriff der Personalplanung nicht. Nach der Begründung zum Regierungsentwurf soll § 92 Abs. 2 BetrVG sicherstellen, dass der Betriebsrat bereits zu einem möglichst frühen Zeitpunkt über die personelle Situation des Betriebs und deren Entwicklung umfassend anhand von Unterlagen unterrichtet wird und mit ihm die Maßnahmen sowie die Vorsorge zur Vermeidung von Härten für die Arbeitnehmer beraten werden. Unter **Personalplanung** ist daher **jede Planung** zu verstehen, **die sich auf den gegenwär-**

I. Allgemeine personelle Angelegenheiten § 155

tigen und künftigen Personalbedarf in quantitativer und qualitativer Hinsicht, auf dessen Deckung im weiteren Sinne und auf den abstrakten Einsatz der personellen Kapazität bezieht (BAG 6.11.1990 AP Nr. 3 zu § 92 BetrVG 1972). Dazu gehören jedenfalls:

- die **Personalbedarfsplanung** (Feststellung des künftigen Personalbedarfs),
- die **Personaldeckungsplanung** (Ermittlung, wie Bedarf gedeckt werden kann, z.B. durch Personalbeschaffung oder Personalabbau),
- **Personalentwicklungsplanung** (Neueinstellungen, interne Versetzungen) und
- die **Personaleinsatzplanung** (Verwendung des Personals).

Zentrales Anliegen einer erfolgreichen, zwischen den Betriebsparteien kooperativ geführten Personalpolitik ist es somit, eine weitgehende Egalisierung zwischen den künftigen Bedürfnissen in qualitativer und quantitativer Hinsicht und dem zur Verfügung stehenden Personal zu erreichen. Sowohl der Überschuss als auch der Mangel an Arbeitskräften sollen vermieden werden.

Um dieses Ziel zu erreichen, steht dem Betriebsrat jedoch kein echtes Mitbestimmungsrecht, sondern lediglich ein **Unterrichtungs- und Beratungsrecht** (§ 92 Abs. 1 BetrVG) zu. Darüber hinaus kann der Betriebsrat nach § 92 Abs. 2 BetrVG auch **Vorschläge** zur Personalplanung oder zur Frauenförderung machen. Die begrenzte Beteiligung bedeutet zugleich, dass eine Personalplanung **nicht erzwingbar** ist. Geht der Arbeitgeber auf einen Vorschlag zur Einführung einer Personalplanung nicht ein, findet eine Personalplanung in dem Betrieb nicht statt. Sobald der Arbeitgeber jedoch eine solche betreibt, ist der Betriebsrat umfassend im Planungsstadium zu unterrichten. Der **Arbeitgeber** muss in diesem Fall **von sich aus** an den Betriebsrat herantreten. Die Unterrichtung hat anhand von Unterlagen zu erfolgen, etwa Personalstatistiken, Stellenbeschreibungen und Stellenplänen. Daher ist es möglich, dass auch Planungen vorgelegt werden müssen, die in anderen Zusammenhängen erstellt worden sind, z.B. Investitionsentscheidungen oder Rationalisierungsvorschläge.

Unterrichtungs- und Beratungsrecht

Kommt der Arbeitgeber seiner Unterrichtungspflicht nicht nach, droht ihm gem. § 92 Abs. 1 S. 1 i.V.m. § 121 BetrVG ein Bußgeld bis zu 10 000 Euro. Verstöße gegen die Unterrichtungspflicht haben also keinen Einfluss auf die Wirksamkeit der Personalplanung oder die diese umsetzenden Maßnahmen.

Sanktionen

Als gesetzlich normierter Sonderfall der Beteiligung des Betriebsrats bei der Personalplanung lässt sich § 7 TzBfG bezeichnen. Danach ist der Arbeitgeber verpflichtet, den Betriebsrat über vorhandene und geplante **Teilzeitarbeitsplätze** sowie die Umwandlung von Vollzeit- in Teilzeitarbeitsplätze zu informieren.

§ 7 TzBfG

2. Beschäftigungssicherung

Vorschlagsrecht

§ 92a Abs. 1 BetrVG spricht dem Betriebsrat ein **Initiativrecht** zur Sicherung und Förderung der Beschäftigung zu. Ob dem Betriebsrat damit ein beschäftigungspolitisches Mandat auch für nicht in dem Betrieb bereits beschäftigte Arbeitnehmer übertragen worden ist, erscheint angesichts seiner grundsätzlichen Aufgabe, die Interessen seiner Belegschaft zu vertreten, außerordentlich zweifelhaft. Bejaht man es, so erklärt man den Betriebsrat auch zum Interessenvertreter der „Arbeitssuchenden". Ungeachtet dieser Frage billigt § 92a BetrVG dem Betriebsrat jedenfalls kein Mitbestimmungsrecht, sondern nur ein **Vorschlagsrecht** hinsichtlich der nur beispielhaft und somit nicht abschließend aufgezählten Maßnahmen zur Sicherung und Förderung der Beschäftigung zu.

Beratungsrecht

Hat der Betriebsrat dem Arbeitgeber Vorschläge zur Beschäftigungssicherung unterbreitet, so sind diese mit dem Betriebsrat nur zu **beraten**. Hält der Arbeitgeber die Vorschläge für ungeeignet, so hat er seine ablehnende Entscheidung zu begründen. In Betrieben mit **mehr als 100 Arbeitnehmern** muss diese **Begründung schriftlich** erfolgen (§ 92a Abs. 2 S. 2 BetrVG). Ein unvertretbarer Eingriff in die Unternehmerfreiheit des Arbeitgebers liegt nicht vor, da er nicht verpflichtet ist, einen Vorschlag des Betriebsrats umzusetzen, selbst wenn er diesen für geeignet hält. Erfolgreiche Beratungen können in den Abschluss sog. „**Standortsicherungsvereinbarungen**" einmünden, in denen der Arbeitgeber z.B. betriebsbedingte Kündigungen im Gegenzug zu Zugeständnissen des Betriebsrats ausschließt.

Keine unmittelbaren Rechtswirkungen

§ 92a BetrVG begründet lediglich Rechte und Pflichten im Verhältnis zwischen Betriebsrat und Arbeitgeber. Dagegen entfaltet die Vorschrift keine unmittelbaren Rechtswirkungen für das Rechtsverhältnis zwischen dem Arbeitgeber und dem einzelnen Arbeitnehmer. Eine Beschränkung des Kündigungsrechts ergibt sich deshalb nicht allein daraus, dass der Arbeitgeber z.B. seiner Beratungs- oder Begründungspflicht nicht ausreichend nachgekommen ist. Eine solche Rechtsfolge würde auch zu einem bedenklichen Eingriff in die unternehmerische Entscheidungsfreiheit führen. Denn ein in irgendeiner Form verbindlicher Vorschlag des Betriebsrats liefe darauf hinaus, dem Arbeitgeber eine bestimmte Anzahl von zu beschäftigenden Arbeitnehmern vorzugeben. Zur unternehmerischen Entscheidungsfreiheit gehört es aber, selbst bestimmen zu können, mit welcher Anzahl von Arbeitskräften der Arbeitgeber die verbleibende Arbeitsmenge nach Durchführung eines innerbetrieblichen Organisationsaktes durchführen lässt (BAG 18.10.2006 NZA 2007, 552).

3. Ausschreibung von Arbeitsplätzen

Echtes Mitbestimmungsrecht

Nach § 93 BetrVG kann der Betriebsrat verlangen, dass zu besetzende Stellen innerhalb des Betriebs ausgeschrieben werden. Die Vorschrift dient nach dem Willen des Gesetzgebers der Aktivierung des innerbetrieblichen Arbeitsmarktes und der Transparenz inner-

I. Allgemeine personelle Angelegenheiten § 155

betrieblicher Vorgänge bei Einstellungen (BT-Drs. VI/1786 S. 50). Der Belegschaft soll eine gleichwertige Chance bei der Bewerbung eröffnet werden. Der Kreis der für eine Einstellung in Frage kommenden Arbeitnehmer kann und soll indes durch § 93 BetrVG nicht auf die innerbetrieblichen Arbeitnehmer beschränkt werden.

„Unter ‚Ausschreibung einer Stelle' i.S. von § 93 BetrVG ist die allgemeine Aufforderung an alle oder eine bestimmte Gruppe von Arbeitnehmern zu verstehen, sich für einen bestimmten Arbeitsplatz im Betrieb zu bewerben. Zweck der Regelung des § 93 BetrVG ist es, innerbetrieblichen Bewerbern Kenntnisse von einer freien Stelle zu vermitteln und ihnen die Möglichkeit zu geben, ihr Interesse an dieser Stelle kundzutun und sich darum zu bewerben. Die Vorschrift soll den innerbetrieblichen Arbeitsmarkt erschließen und im Betrieb selbst vorhandene Möglichkeiten des Personaleinsatzes aktivieren. Außerdem sollen Verstimmung und Beunruhigung(en) der Belegschaft über die Hereinnahme Außenstehender trotz eines möglicherweise im Betrieb vorhandenen qualifizierten Angebots vermieden werden. Aus dem Sinn und Zweck einer Ausschreibung folgt jedoch, dass aus ihr selbst hervorgehen muss, um welchen Arbeitsplatz es sich handelt und welche Anforderungen ein Bewerber erfüllen muss." (BAG 23.2.1988 AP Nr. 2 zu § 93 BetrVG 1972)

Der Betriebsrat kann auch die Ausschreibung von Arbeitsplätzen verlangen, die der Arbeitgeber mit **freien Mitarbeitern** besetzen will, da es auf das Rechtsverhältnis, in dem diese Personen zum Arbeitgeber als Betriebsinhaber stehen, nicht ankommt (BAG 27.7.1993 AP Nr. 3 zu § 93 BetrVG 1972). Grundsätzlich kann der Betriebsrat **nur eine allgemeine Regelung** verlangen, nicht aber die Ausschreibung einer bestimmten Stelle. § 93 BetrVG normiert kein Mitbestimmungsrecht bezüglich der Form und des Inhalts der Stellenausschreibungen (BAG 23.2.1988 AP Nr. 2 zu § 93 BetrVG 1972). Durch die Ausschreibung innerhalb des Betriebs wird der Arbeitgeber **nicht gehindert**, auf andere Art und Weise externe Arbeitskräfte zu werben (**Zeitungsanzeigen**). Allerdings darf er in dieser Ausschreibung nicht geringere Anforderungen an den Bewerber stellen als in der betriebsinternen Ausschreibung (BAG 23.2.1988 AP Nr. 2 zu § 93 BetrVG 1972). Der Arbeitgeber muss innerbetriebliche Bewerber nicht bevorzugen. Gesondert normiert ist die Verpflichtung des Arbeitgebers, einen ausgeschriebenen Arbeitsplatz auch als Teilzeitarbeitsplatz auszuschreiben, wenn sich der Arbeitsplatz dafür eignet (§ 7 Abs. 1 TzBfG).

Reichweite des § 93 BetrVG

Die Beachtung des Beteiligungsrechts des Betriebsrats ist über § 99 Abs. 2 Nr. 5 BetrVG gewährleistet: Hiernach kann der Betriebsrat die Zustimmung zur Einstellung eines externen Bewerbers verweigern, wenn eine nach § 93 BetrVG erforderliche Ausschreibung unterblieben ist, also der Betriebsrat die Ausschreibung verlangt hatte oder insoweit eine generelle Vereinbarung zwischen den Betriebsparteien besteht (BAG 14.12.2004 AP Nr. 121 zu § 99 BetrVG 1972).

Rechtsfolgen

4. Personalfragebogen, Beurteilungsgrundsätze

Die **Zustimmungsrechte** nach § 94 BetrVG erfassen die Abfassung von Personalfragebögen (§ 94 Abs. 1 BetrVG), bestimmte Teile in Formulararbeitsverträgen und allgemeine Beurteilungsgrundsätze, nach denen die Leistung und das Verhalten der Arbeitnehmer bewertet werden (§ 94 Abs. 2 BetrVG). Neben dem Inhalt ist auch das „Ob" der Einführung mitbestimmungspflichtig, nicht dagegen die Verwendung der durch die Fragebögen erhobenen Daten. Es besteht ferner **kein Initiativrecht** des Betriebsrats. Die Beteiligungsrechte dienen dem Schutz der Arbeitnehmer in ihrem Persönlichkeitsrecht, insbesondere ihrem Recht auf informationelle Selbstbestimmung (BAG 9.7.1991 AP Nr. 19 zu § 87 BetrVG 1972 Ordnung des Betriebes). Das Beteiligungsrecht des Betriebsrates soll sicherstellen, dass das **Fragerecht des Arbeitgebers** auf die Gegenstände **beschränkt** wird, an denen seinerseits ein **berechtigtes Interesse** besteht (BT-Drs. VI/1786 S. 50).

„Die Beteiligung des Betriebsrats an der Verwendung von Personalfragebögen nach § 94 BetrVG soll sicherstellen, dass vom Arbeitgeber von vornherein nur zulässige Fragen gestellt werden, die einen Bezug zum bestehenden oder zu dem zu begründenden Arbeitsverhältnis haben und für die ein berechtigtes Auskunftsbedürfnis des Arbeitgebers besteht. Die Beteiligung des Betriebsrats dient einem präventiven Schutz des Persönlichkeitsrechts des Arbeitnehmers, soweit dieses durch Fragen des Arbeitgebers nach persönlichen Verhältnissen, Eigenschaften und Fähigkeiten beeinträchtigt werden kann." (BAG 9.7.1991 AP Nr. 19 zu § 87 BetrVG 1972 Ordnung des Betriebs)

Fragerechte in Personalfragebögen

Mit Personalfragebögen werden Formulare bezeichnet, in denen **personenbezogene Fragen** nach einem bestimmten Schema zusammengestellt sind, die dem Arbeitgeber Aufschluss über die Person und Qualifikation geben.

„Unter Personalfragebogen ist die formularmäßige Zusammenfassung von Fragen über die persönlichen Verhältnisse, insbesondere Eignung, Kenntnisse und Fähigkeiten einer Person zu verstehen. [...] Ausreichend ist es auch, dass die Fragen an den Bewerber oder Arbeitnehmer anhand eines standardisierten Fragenkatalogs, einer ‚Checkliste', vom Arbeitgeber mündlich gestellt und die Antworten vom Fragenden schriftlich festgehalten werden." (BAG 21.9.1993 AP Nr. 4 zu § 94 BetrVG 1972)

Sowohl in Personalfragebögen (§ 94 Abs. 1 BetrVG) als auch in Formularverträgen (§ 94 Abs. 2, 1. Var. BetrVG) dürfen zulässigerweise nur Fragen gestellt werden, an deren wahrheitsgemäßer Beantwortung der Arbeitgeber ein berechtigtes, billigenswertes und schutzwürdiges Interesse hat, aufgrund dessen die Belange des Bewerbers zurücktreten müssen (BAG 5.10.1995 AP Nr. 40 zu § 123 BGB; zu einzelnen Fragen siehe unter § 20 III). Dabei ändert die Zustimmung des Betriebsrats nichts an der Zulässigkeit oder Unzulässigkeit der Frage. Ebenso nimmt die fehlende Zustimmung des Betriebrats zu

I. Allgemeine personelle Angelegenheiten § 155

einem Personalfragebogen dem Arbeitgeber nicht seine individualrechtlichen Befugnisse, den Arbeitnehmer bei wahrheitswidriger Beantwortung zulässigerweise gestellter Fragen zu entlassen bzw. den Arbeitsvertrag wegen arglistiger Täuschung anzufechten (BAG 2.12.1999 AP Nr. 16 zu § 79 BPersVG 1972).

Beurteilungsgrundsätze sind Regelungen, die die Bewertung des Verhaltens oder der **Leistung** der Arbeitnehmer **verobjektivieren** und nach einheitlichen, für die Beurteilung jeweils erheblichen Kriterien ausrichten sollen (BAG 23.10.1984 AP Nr. 1 zu § 94 BetrVG 1972). Sie gelten für eine bestimmte Gruppe von Arbeitnehmern und nicht nur individuell. Beispiele sind Grundsätze über die Effektivität, Sorgfalt, Belastbarkeit und Zusammenarbeit.

Beurteilungsgrundsätze

Bei Streitigkeiten über den Inhalt entscheidet gem. § 94 BetrVG verbindlich die Einigungsstelle.

Einigungsstelle

5. Auswahlrichtlinien

Nach § 95 Abs. 1 BetrVG bedürfen Richtlinien über die **personelle Auswahl bei Einstellungen, Versetzungen, Umgruppierungen und Kündigungen** der **Zustimmung des Betriebsrats**. Eine Legaldefinition des Begriffs Auswahlrichtlinie enthält das Gesetz selbst nicht. Aus dem Begriff „Richtlinie" lässt sich lediglich ableiten, dass die Beteiligung des Betriebsrats sich nicht individuell auf einen Arbeitnehmer beziehen darf, sondern eine Vielzahl von Fällen betreffen muss. Die Aufstellung von Auswahlrichtlinien soll **Transparenz** und **Objektivierung** bei der Auswahl von Arbeitnehmern fördern, um durch höhere betriebsinterne Akzeptanz von Auswahlentscheidungen des Arbeitgebers Personalstreitigkeiten zu vermeiden. Da vor diesem Hintergrund und der besonderen kündigungsrechtlichen Verknüpfung auch der Arbeitgeber regelmäßig ein Interesse an der Aufstellung von Auswahlrichtlinien haben wird, ist es dem Betriebsrat zudem möglich, dem Auswahlverfahren durch das Einbringen von bestimmten Vorstellungen und Wertungen seinen „Stempel" aufzudrücken. Zusammenfassend lässt sich der Begriff der Auswahlrichtlinien wie folgt definieren: Auswahlrichtlinien sind **abstrakt-generelle Regelungen**, die der Entscheidungsfindung bei personellen Einzelmaßnahmen dienen, wenn für diese mehrere Arbeitnehmer oder – bei der Einstellung – Bewerber in Frage kommen. Noch knapper definierte das BAG den Begriff wie folgt:

Begriff und Funktion

„Unter Auswahlrichtlinien sind allgemeine Grundsätze zu verstehen, welche Gesichtspunkte der Arbeitgeber bei personellen Maßnahmen zu berücksichtigen hat." (BAG 27.10.1992 AP Nr. 29 zu § 95 BetrVG 1972)

⇒ **Beispiele für Auswahlgesichtspunkte:**
Alter, Zuverlässigkeit, Qualifizierung, Tauglichkeit, physische/psychische Belastbarkeit (persönliche Aspekte), Familienstand, Dauer der Betriebszugehörigkeit, Schutz älterer Personen, Schutz regelmäßig benachteiligter Personengruppen (soziale Aspekte).

Beteiligung des Betriebsrats und Initiativrecht

Will der Arbeitgeber Auswahlrichtlinien aufstellen, so bedürfen sowohl die Entscheidung über das **Ob** als auch der **Inhalt** der Richtlinie der Zustimmung des Betriebsrats. Allerdings steht dem Betriebsrat ein Initiativrecht zur Aufstellung von Auswahlrichtlinien, das er über die Anrufung der Einigungsstelle auch durchsetzen kann (§ 95 Abs. 2 BetrVG), nur in Betrieben mit mehr als 500 Arbeitnehmern zu. Erstaunlich ist, dass für Auswahlrichtlinien die Schriftform nicht zwingend vorgeschrieben ist. Allerdings werden Auswahlrichtlinien regelmäßig in der Form einer Betriebsvereinbarung und damit schriftlich abgeschlossen (zur Frage des Versetzungsbegriffs nach § 99 Abs. 3 BetrVG siehe unter § 155 III 1 c).

Kündigungsschutz

Eine besondere, auch für den Arbeitgeber attraktive Verknüpfung besteht zwischen dem kollektiven Regelungsinstrument der Auswahlrichtlinie und dem Kündigungsschutz nach dem KSchG. Wenn die Betriebsparteien ihre Regelungskompetenz nach § 95 BetrVG ausüben und eine Betriebsvereinbarung abschließen, so greift die Rechtsfolge des § 1 Abs. 4 KSchG, nach der die soziale Auswahl der Arbeitnehmer nur auf grobe Fehlerhaftigkeit überprüft werden kann (siehe unter § 63 II 5 e). Eine weitgehende Bedeutung im Vorfeld des Kündigungsschutzes gewinnt das Mitbestimmungsrecht, weil der Betriebsrat die Initiative zur Aufstellung einer Auswahlrichtlinie ergreifen kann.

„Ein Punkteschema für die soziale Auswahl ist auch dann eine nach § 95 Abs. 1 BetrVG mitbestimmungspflichtige Auswahlrichtlinie, wenn es der Arbeitgeber nicht generell auf alle künftigen betriebsbedingten Kündigungen, sondern nur auf konkret bevorstehende Kündigungen anwenden will.

Verletzt der Arbeitgeber in einem solchen Fall das Mitbestimmungsrecht, kann ihm auf Antrag des Betriebsrats die Wiederholung des mitbestimmungswidrigen Verhaltens auf der Grundlage des allgemeinen Unterlassungsanspruchs gerichtlich untersagt werden." (BAG 26.7.2005 AP Nr. 43 zu § 95 BetrVG 1972)

Diese Rechtsprechung des 1. Senats hat der 2. Senat des BAG dadurch entschärft, dass eine ordnungsgemäße Durchführung des nach § 95 Abs. 1 BetrVG für das Punktesystem erforderlichen Mitbestimmungsverfahrens **nicht Wirksamkeitsvoraussetzung einer Kündigung** ist.

„Dies führt jedoch mangels einer § 102 Abs. 1 Satz 3 BetrVG entsprechenden Norm nicht zur Unwirksamkeit der in Anwendung des – nicht mitbestimmten – Punktesystems ausgesprochenen Kündigung [...]. Gerade das Fehlen einer solchen Unwirksamkeitsnorm ist einer der Gründe dafür, dem Betriebsrat einen Unterlassungsanspruch zu gewähren [...]. Solange aber der Betriebsrat einen insoweit gegebenen Verstoß gegen sein Mitbestimmungsrecht nicht geltend gemacht hat, ist es dem Arbeitgeber nicht verwehrt, sich auf das Punkteschema zu berufen." (BAG 9.11.2006 AP Nr. 87 zu § 1 KSchG 1969 Soziale Auswahl)

Die Wirkkraft des Mitbestimmungsrechts zum Schutze der Arbeitnehmer hängt also davon ab, dass der Betriebsrat sein Mitbestimmungsrecht rechtzeitig vor Ausspruch der Kündigungen geltend macht.

II. Berufsbildung

Literatur: Franzen, Das Mitbestimmungsrecht des Betriebsrats bei der Einführung von Maßnahmen der betrieblichen Berufsbildung nach § 97 II BetrVG, NZA 2001, 865; Raab, Betriebliche und außerbetriebliche Bildungsmaßnahmen, NZA 2008, 270; Rieble, Erweiterte Mitbestimmung in personellen Angelegenheiten, NZA Sonderheft 2001, 48.

Bedeutung

Vor allem angesichts des teils rasanten technischen Fortschritts ist die berufliche Bildung nicht nur für die berufliche Karriere des Arbeitnehmers, sondern oftmals auch **für** den **Erhalt des Arbeitsplatzes entscheidend**. So wurden mit dem Siegeszug der Personalcomputer anwendungsbezogene Kenntnisse für die meisten Arbeitsplätze unerlässlich. Neben technischer Qualifizierung ist insbesondere auch die Fähigkeit, in Fremdsprachen geschäftlich kommunizieren zu können, immer wichtiger geworden. Welch hohes Gewicht der Gesetzgeber der beruflichen (Weiter)Bildung beimisst, belegt nicht zuletzt § 2 Abs. 4 SGB III. Er verpflichtet die Arbeitnehmer ausdrücklich, ihre berufliche Leistungsfähigkeit den sich ändernden Anforderungen anzupassen. Der Betriebsrat kann über seine Beteiligungsrechte wesentlich dazu beitragen, dass diesem individuellen Verpflichtungsauftrag entsprochen wird.

Begriff

Trotz der immensen Bedeutung der beruflichen Bildung ist der Begriff der Berufsbildung gesetzlich nicht definiert. Vor dem Hintergrund des Sinn und Zwecks, Arbeitnehmer als attraktive Vertragspartner des Arbeitgebers zu erhalten oder zu solchen zu machen, umfasst er nicht nur alle Maßnahmen, die zur **Berufsausbildung** im Sinne des Berufsbildungsgesetzes (BBiG) gehören (Lehrstellen, Praktika, Volontariate), sondern auch die berufliche **Fortbildung und Umschulung** (betriebliche Lehrgänge, Seminare, Bildungsprogramme und Ähnliches). Gegenstand der Berufsbildung sind also solche Maßnahmen, die dem Arbeitnehmer gezielt Kenntnisse und Erfahrungen vermitteln, welche ihn zur Ausübung einer bestimmten Tätigkeit erst befähigen (BAG 28.1.1992 AP Nr. 1 zu § 96 BetrVG 1972). Mit Berufsbildung ist daher der gesamte Bereich der beruflichen Bildung innerhalb und außerhalb des BBiG gemeint. Abzugrenzen ist die Berufsbildung stets von der mitbestimmungsfreien Unterrichtung des Arbeitnehmers nach § 81 BetrVG.

„Der Senat hat in ständiger Rechtsprechung ausgeführt, dass zur betrieblichen Berufsbildung in diesem Sinne alle - aber auch nur diejenigen – Maßnahmen gehören, die über die – mitbestimmungsfreie – Unterrichtung des Arbeitnehmers hinsichtlich seiner Aufgaben und Verantwortung, über die Art seiner Tätigkeit und ihre Einordnung in den Arbeitsablauf des Betriebes sowie über die Unfall- und Gesundheitsgefahren und die Maßnahmen und Einrichtungen zur Abwendung dieser Gefahren i.S. von § 81 BetrVG hinausgehen, indem sie dem Arbeitnehmer gezielt Kenntnisse und Erfahrungen vermitteln, die ihn zur Ausübung einer bestimmten Tätigkeit erst befähigen oder es ermöglichen, die beruflichen Kenntnisse und Fähigkeiten zu erhalten, § 1 Abs. 3 BBiG. Es geht um die gezielte Vermittlung beruflicher Kenntnisse und Erfahrungen, auf deren Grundlage der Arbeitnehmer im Betrieb eine konkrete Tätigkeit unter Einsatz dieser Kenntnisse und Erfahrungen ausüben kann.

Soweit die Kundenbefragung Defizite bei der Freundlichkeit und Hilfsbereitschaft der Arbeitnehmer in den Servicebereichen aufzeigt, sind Maßnahmen, die auf die Behebung dieses Defizits ausgerichtet sind, keine Maßnahmen der beruflichen Bildung. Der Arbeitgeber kann von den Arbeitnehmern kraft seines Direktionsrechtes verlangen, daß diese ihre Arbeitsleistungen gegenüber Kunden in freundlicher Weise erbringen und sich stets hilfsbereit erweisen." (BAG 28.1.1992 AP Nr. 1 zu § 96 BetrVG 1972)

Beteiligung des Betriebsrats

Das Gesetz widmet der Berufsbildung in den §§ 96-98 BetrVG einen eigenen Unterabschnitt mit **verschiedenen Beteiligungsrechten** des Betriebsrats. Während §§ 96 und § 97 Abs. 1 BetrVG dem Betriebsrat in erster Linie **Beratungs- und Vorschlagsrechte** einräumen, enthalten § 97 Abs. 2 und § 98 BetrVG **echte Mitbestimmungstatbestände**.

Förderung und Beratung nach § 96 BetrVG

In § 96 Abs. 1 S. 1 BetrVG hat der Gesetzgeber Arbeitgeber und Betriebsrat ganz allgemein damit beauftragt, die **Berufsbildung zu fördern**. Aus diesem Auftrag folgt für die Betriebsparteien ein besonderes **Gebot der Zusammenarbeit**. Auf Verlangen des Betriebsrats hat der Arbeitgeber nach § 96 Abs. 1 S. 2 BetrVG den Berufsbildungsbedarf zu ermitteln. Dadurch soll in einem Frühstadium erkannt werden können, wie viele Arbeitnehmer mit welcher Qualifizierung in der Zukunft benötigt werden und ob die momentanen und zukünftigen Maßnahmen insoweit ausreichen. Zusätzlich hat der Arbeitgeber auf Verlangen des Betriebsrats Fragen der Berufsbildung mit ihm zu beraten, wobei dem Betriebsrat ein Vorschlagsrecht zusteht.

⊃ **Beratungsgegenstände** sind zum Beispiel:
– Art und Gestaltung der beruflichen Bildungsmaßnahme,
– ihre Dauer
– sowie die Zahl der Teilnehmer.

Nach Abs. 2 haben die Betriebsparteien darauf zu achten, dass den Arbeitnehmern die Teilnahme an betrieblichen oder außerbetrieblichen Maßnahmen der Berufsbildung ermöglicht wird.

Beratungsrecht nach § 97 Abs. 1 BetrVG

Die Vorschrift des § 97 BetrVG räumt dem Betriebsrat in Abs. 1 in Ergänzung zu § 96 BetrVG ein **Beratungs- und Vorschlagsrecht** bei der **Errichtung und Ausstattung** betrieblicher Berufsbildungseinrichtungen, der **Einrichtung** von Berufsbildungsmaßnahmen und für die

II. Berufsbildung § 155

Teilnahme an außerbetrieblichen Berufsbildungsmaßnahmen ein. Diese Beteiligung zielt auf die Gestaltung der „sachlichen Mittel" der beruflichen Bildung ab. Eine Beratungspflicht besteht auch hinsichtlich der **Einführung** betrieblicher Berufsbildungsmaßnahmen. Eine solche liegt vor, wenn der Arbeitgeber nach funktionaler Betrachtung Träger bzw. Veranstalter der Maßnahme ist und die Maßnahme – auch – für seine Arbeitnehmer durchführt (BAG 18.4.2000 AP Nr. 9 zu § 98 BetrVG 1972).

Nach § 97 Abs. 2 BetrVG hat der Betriebsrat unter bestimmten Voraussetzungen bei der Einführung von Maßnahmen der betrieblichen Bildung mitzubestimmen. Das im Jahre 2001 eingeführte **erzwingbare Mitbestimmungsrecht** dient der Beschäftigungssicherung der einzelnen Arbeitnehmer. Sein Ziel ist es, den Betriebsrat in die Lage zu versetzen, **präventiv betriebliche Berufsbildungsmaßnahmen** zugunsten von Arbeitnehmern **durchzusetzen**, bei denen durch Maßnahmen des Arbeitgebers Qualifikationsdefizite entstehen, aufgrund derer die Verwendung auf dem bisherigen Arbeitsplatz in Frage gestellt wird. § 97 Abs. 2 BetrVG ist somit präventives Pedant zu § 102 Abs. 3 Nr. 4 BetrVG.

Mitbestimmung nach § 97 Abs. 2 BetrVG

Dabei gibt § 97 Abs. 2 BetrVG vor, dass der Betriebsrat bei der **Einführung** von Maßnahmen der **betrieblichen** Berufsbildung mitzubestimmen hat, wenn der Arbeitgeber **Maßnahmen geplant oder durchgeführt hat**, die dazu führen, dass sich die Tätigkeit der betroffenen Arbeitnehmer ändert und ihre beruflichen Kenntnisse und Fähigkeiten zur Erfüllung ihrer Aufgaben nicht mehr ausreichen. Letzteres setzt voraus, dass sich die geplanten oder durchgeführten Maßnahmen nachhaltig auf das für die konkrete Tätigkeit erforderliche Qualifikationsniveau auswirken. Da der Gesetzgeber seine ursprüngliche Absicht, den Begriff „Maßnahme" einzugrenzen, aufgegeben hat, ist jener nunmehr umfassend zu verstehen.

⊃ Als **Maßnahmen** kommen u.a. in Betracht:
- Einführung neuer Produktionsformen- und anlagen und neuer Techniken;
- Umstrukturierungen oder Rationalisierungen;
- Versetzungen (ablehnend RIEBLE, NZA-Sonderheft 2001, 48, 53).

Da der Betriebsrat über § 97 Abs. 2 BetrVG präventiv tätig werden soll, kann er die Durchführung betrieblicher Bildungsmaßnahmen entgegen dem Wortlaut auch schon verlangen, wenn die Planung einer Maßnahme dazu führen wird, dass sich die Tätigkeit der Arbeitnehmer ändern wird. Insgesamt wird die Möglichkeit des Betriebsrats, Bildungsmaßnahmen durchzusetzen, durch das Kriterium der Zumutbarkeit begrenzt: Dies ergibt sich trotz des grundsätzlich offenen Wortlauts aus der „Verwandtschaft" mit § 102 Abs. 3 BetrVG, der ebenfalls nur die Verpflichtung zur Durchführung zumutbarer Bildungsmaßnahmen vorsieht.

Wie andere Mitbestimmungstatbestände enthält § 97 Abs. 2 BetrVG keine Regelung darüber, wer die Kosten der ergriffenen Maßnahmen zu tragen hat. Allgemein wird die Frage der **Kostentragungspflicht** danach beantwortet, in wessen Sphäre sie entstanden sind. Da es sich bei § 97 BetrVG um solche Maßnahmen handelt, die auf den Arbeitgeber zurückgehen, wird allgemein eine Kostentragungspflicht des Arbeitgebers angenommen. Allerdings ist fraglich, ob der Arbeitgeber darüber hinaus auch noch verpflichtet ist, dem Arbeitnehmer für den Zeitraum der Durchführung der Bildungsmaßnahmen Lohn zu zahlen (ablehnend FRANZEN, NZA 2001, 865, 869). Als Arbeitszeit lässt sich der Zeitraum der Teilnahme jedenfalls nicht klassifizieren.

Mitbestimmung nach § 98 BetrVG

Während der Arbeitgeber hinsichtlich der Einführung von Maßnahmen der Berufsbildung in seiner Entscheidungsfreiheit nur durch §§ 97 Abs. 2 und 102 Abs. 3 BetrVG eingeschränkt ist, unterliegt die **Durchführung** von Maßnahmen der betrieblichen Berufsbildung nach **§ 98 Abs. 1 BetrVG** grundsätzlich der Mitbestimmung des Betriebsrats. Der **Betriebsrat bestimmt** daher **grundsätzlich nicht über das „Ob", dafür aber immer über das „Wie" betrieblicher Bildungsmaßnahmen mit.** So hat der Betriebsrat mitzubestimmen, wenn der Arbeitgeber generell eine nach § 29 Abs. 2 BBiG verkürzte Ausbildung vorsehen will (BAG 24.8.2004 AP Nr. 12 zu § 98 BetrVG 1972). Hinsichtlich des Inhalts und Umfangs des Mitbestimmungsrechts gibt § 98 Abs. 2 und Abs. 3 BetrVG bestimmte Vorgaben. Danach kann der Betriebsrat der Bestellung einer mit der Durchführung der betrieblichen Berufsbildung beauftragten Person widersprechen und ihre Abberufung verlangen, wenn diese ungeeignet ist oder ihre Pflichten vernachlässigt (§ 98 Abs. 2 BetrVG). Kommt hierüber eine Einigung nicht zustande, entscheidet das Arbeitsgericht (§ 98 Abs. 5 BetrVG). Nach § 98 Abs. 3 BetrVG kann der Betriebsrat vorschlagen, welche Arbeitnehmer an Berufsbildungsveranstaltungen teilnehmen sollen. Dieses Vorschlagsrecht soll der Chancengleichheit dienen. Eine Entscheidung der Einigungsstelle über die Teilnahme von Arbeitnehmern kommt allerdings nur in Betracht, wenn der Betriebsrat selbst Arbeitnehmer vorgeschlagen hat. Die Möglichkeit, nur die Teilnahme der vom Arbeitgeber vorgeschlagenen Arbeitnehmer zu verhindern, besteht nicht (BAG 10.2.1988 AP Nr. 5 zu § 98 BetrVG 1972).

Betriebliche und außerbetriebliche Maßnahmen

Ein **Mitbestimmungsrecht** des Betriebsrats besteht **nur**, wenn es sich um die Durchführung von Maßnahmen der **betrieblichen Berufsbildung** handelt. Bei außerbetrieblichen Maßnahmen steht dem Betriebsrat kein Mitbestimmungsrecht zu. Vereinbaren mehrere Arbeitgeber die gemeinsame Durchführung von Maßnahmen der Berufsbildung, ohne dass einzelne Arbeitgeber insoweit einen beherrschenden Einfluss hätten, so haben die Betriebsräte der betroffenen Betriebe bei der Durchführung der Bildungsmaßnahmen kein Mitbestimmungsrecht nach § 98 Abs. 1 BetrVG (BAG 18.4.2000 AP Nr. 9 zu § 98 BetrVG 1972). Verwunderlich und letztlich unbillig wäre es jedoch, wenn das zwingende Mitbestimmungsrecht allein dadurch ausgehebelt werden könnte, dass die veranstaltenden Arbeitgeber einen beherrschenden Einfluss ausschließen und sich als gleichberechtigt betrachten. Daher haben die Betriebsräte zumindest in entsprechender Anwendung des § 98 Abs. 1 BetrVG beim Abschluss der Vereinbarung über die Zusammenarbeit der Arbeitgeber insoweit mitzubestimmen, als Regelungen über die spätere Durchführung der Bildungsmaßnahmen getroffen werden (BAG 18.4.2000 AP Nr. 9 zu § 98 BetrVG 1972).

„Das Mitbestimmungsrecht besteht nur bei Maßnahmen der betrieblichen Berufsbildung. In diesem Zusammenhang wird der Begriff „betrieblich" nach ständiger Senatsrechtsprechung nicht räumlich, sondern funktional verstanden. Entscheidend ist nicht, an welchem Ort die Maßnahme durchgeführt wird. Eine betriebliche – im Unterschied zur außerbetrieblichen – Maßnahme liegt dann vor, wenn sie vom Arbeitgeber getragen oder veranstaltet und für seine Arbeitnehmer durchgeführt wird. Träger oder Veranstalter der Maßnahme ist der Arbeitgeber dann, wenn er die Maßnahme allein durchführt oder – bei Zusammenarbeit mit Dritten – auf Inhalt und Durchführung der Maßnahme rechtlich oder tatsächlich einen beherrschenden Einfluss hat. Führt dagegen ein Dritter in Zusammenarbeit mit dem Arbeitgeber eine Berufsbildungsmaßnahme durch, auf die der Arbeitgeber keinen beherrschenden Einfluss hat, liegt keine betriebliche Maßnahme vor. Diese Differenzierung entspricht Sinn und Zweck der §§ 96 bis 98 BetrVG. Das Beteiligungsrecht bei betrieblichen und außerbetrieblichen Maßnahmen ist unterschiedlich, weil ein echtes Mitbestimmungsrecht nur denkbar ist, soweit der Arbeitgeber die Maßnahmen gestalten kann. Bei außerbetrieblichen Maßnahmen, deren Inhalt und Form von Dritten bestimmt werden, müsste ein Mitbestimmungsrecht daran scheitern, dass dessen Adressat – der Arbeitgeber – keine Gestaltungsmacht hat."
(BAG 18.4.2000 AP Nr. 9 zu § 98 BetrVG 1972)

Nach § 98 Abs. 6 BetrVG gilt § 98 Abs. 1–5 BetrVG auch für **sonstige Bildungsmaßnahmen** im Betrieb. Dabei ist es unerheblich, ob sie örtlich im Betrieb durchgeführt werden oder nicht.

<small>Sonstige Bildungsmaßnahmen</small>

➲ **Beispiele** für sonstige Bildungsmaßnahmen:
   Sprach-, Rhetorik-, Erste Hilfe- und Rechtskurse.

III. Mitbestimmung bei personellen Einzelmaßnahmen

Gemäß § 99 Abs. 1 BetrVG hat der Arbeitgeber den Betriebsrat in **Unternehmen mit in der Regel mehr als 20 wahlberechtigten Arbeitnehmern** vor jeder **Einstellung, Eingruppierung, Umgruppierung** oder **Versetzung** zu **beteiligen**. Es ist bei der Berechnung des Schwellenwerts nicht zwangsläufig die Anzahl der zum Zeitpunkt der personellen Einzelmaßnahme bestehenden Personalstärke zugrunde zu legen, sondern die regelmäßige Arbeitnehmeranzahl. Diese ist aus einer Rückschau und einer Prognose zu ermitteln. Bei der Berechnung sind die leitenden Angestellten nicht mitzuzählen. Voll mit-

<small>Anwendungsbereich</small>

gezählt werden dagegen die Teilzeitbeschäftigten, da § 99 BetrVG allein auf die Arbeitnehmerzahl und nicht auf den Umfang der Arbeitszeit – wie etwa bei § 23 Abs. 1 S. 3 KSchG – abstellt.

Gemeinschaftsbetriebe

Differenziert zu betrachten ist die Anwendung von § 99 BetrVG auf **Gemeinschaftsbetriebe mehrerer Unternehmen** (siehe unter § 147 IV 4). Arbeitnehmer eines am Gemeinschaftsbetrieb beteiligten Unternehmens, welches den Schwellenwert allein bereits erfüllt, fallen in den direkten Anwendungsbereich. Über ihren Wortlaut hinaus findet die Vorschrift nach Ansicht des BAG – jedenfalls bei Versetzungen – entsprechende Anwendung auf solche Gemeinschaftsbetriebe, deren beteiligte Unternehmen jeweils allein den Schwellenwert nicht erreichen, gemeinsam allerdings mehr als 20 wahlberechtigte Arbeitnehmer **im gemeinsamen Betrieb** beschäftigen (BAG 29.9.2004 AP Nr. 40 zu § 99 BetrVG 1972 Versetzung).

Zustimmungsverweigerungsrecht

Der Begriff „Mitbestimmung" ist als Normüberschrift missverständlich. Dem Betriebsrat steht bei den personellen Einzelmaßnahmen **kein echtes Mitbestimmungsrecht** zu; bei Streitigkeiten entscheidet nicht die Einigungsstelle, sondern das Arbeitsgericht. Ferner steht dem Betriebsrat **kein Initiativrecht** zu. Dem Betriebsrat steht unter den Voraussetzungen des § 99 Abs. 2 BetrVG ein **Zustimmungsverweigerungsrecht** zu, dessen Ausübung auf ein betriebsverfassungsrechtliches Beschäftigungsverbot hinausläuft. Dadurch wird die Entscheidungsfreiheit des Arbeitgebers bei Personalentscheidungen erheblich eingeschränkt.

1. Mitbestimmungspflichtige Maßnahmen

a) Einstellung

Eingliederung

Obwohl es nach dem allgemeinen Sprachgebrauch nahe liegt, unter Einstellung auch die Begründung des Arbeitsverhältnisses zu verstehen, erachtet das BAG diese – an sich – nicht als mitbestimmungspflichtig. Das BAG stellt darauf ab, ob eine **tatsächliche Eingliederung in den Betrieb vorliegt und mit den bereits beschäftigten Arbeitnehmern der arbeitstechnische Zweck des Betriebs weisungsgebunden verwirklicht wird** (BAG 5.4.2001 AP Nr. 32 zu § 99 BetrVG 1972 Einstellung; BAG 28.4.1998 AP Nr. 22 zu § 99 BetrVG 1972 Einstellung). Um die Frage der Eingliederung und damit seine Zuständigkeit beurteilen zu können, hat der Betriebsrat ein Unterrichtungsrecht aus § 80 Abs. 2 BetrVG (BAG 15.12.1998 AP Nr. 56 zu § 80 BetrVG 1972). Bisweilen wird das Begriffsverständnis des BAG kritisiert. Insbesondere für den Fall, dass Vertragsabschluss und Arbeitsaufnahme auseinanderfallen, erscheint es schwer verständlich, dass der Betriebsrat nicht schon vorher beteiligt sein soll. Dies erkennt auch das BAG (BAG 28.4.1992 AP Nr. 98 zu § 99 BetrVG 1972). Insofern liegt es nahe, unter Einstellung sowohl den Abschluss eines Vertrags, der auf eine Eingliederung abzielt, als auch die tatsächliche Eingliederung zu verstehen (vgl. GK-BetrVG/ KRAFT/RAAB § 99 Rn. 22 ff.).

III. Mitbestimmung bei personellen Einzelmaßnahmen § 155

Da die bereits beschäftigten Arbeitnehmer davor geschützt werden sollen, dass ihr status quo durch die Mitarbeit eines neuen Betriebsangehörigen negativ beeinflusst wird, fällt unter den Begriff der Einstellung nicht nur die Eingliederung von Arbeitnehmern. Das **Mitbestimmungsrecht** kann sich auch auf freie Handelsvertreter oder **freie Mitarbeiter** beziehen. Allerdings sind die Voraussetzungen für eine Eingliederung bei ihnen regelmäßig nicht gegeben, da sich der freie Mitarbeiter vom Arbeitnehmer gerade dadurch unterscheidet, dass die durch Weisungsgebundenheit und Eingliederung bestimmte persönliche Abhängigkeit fehlt. Daher kommt eine Einstellung im Sinne von § 99 BetrVG nur bei **atypischen Fallgestaltungen** in Betracht (BAG 30.8.1994 AP Nr. 6 zu § 99 BetrVG 1972 Einstellung; vgl. auch BAG 27.7.1993 AP Nr. 3 zu § 93 BetrVG 1972). Bei der Übernahme eines erwerbsfähigen Hilfsbedürftigen im Sinne des § 16 Abs. 3 S. 2 SGB II, den sogenannten „Ein-Euro-Jobbern", liegen die Voraussetzungen für eine Eingliederung hingegen in aller Regel vor (BAG 2.10.2007 NZA 2008, 244).

Freie Mitarbeiter

Eine Eingliederung ist auch bei Arbeitnehmern von Fremdfirmen – unabhängig von dem zugrunde liegenden Rechtsverhältnis – möglich, wenn diese mit Tätigkeiten im Betrieb beauftragt werden. Für die Annahme einer Eingliederung ist erforderlich, dass das Fremdpersonal gemeinsam mit den im Betrieb beschäftigten Arbeitnehmern eine **Tätigkeit** zu verrichten hat, **die ihrer Art nach weisungsgebunden ist**, der Verwirklichung des arbeitstechnischen Zwecks des Betriebs dient und daher **vom Arbeitgeber organisiert** werden muss (BAG 18.10.1994 AP Nr. 5 zu § 99 BetrVG 1972 Einstellung). Eine „Einstellung" ist regelmäßig nur dann anzunehmen, wenn ein Teil der Arbeitgeberstellung des Fremdunternehmens auf das Beschäftigungsunternehmen übergeht und so dessen Personalhoheit zum Ausdruck gelangt (BAG 30.8.1994 AP Nr. 6 zu § 99 BetrVG 1972 Einstellung; BAG 13.12.2005 AP Nr. 50 zu § 99 BetrVG 1972). So hat das BAG den **Einsatz von Testkäufern** einer Fremdfirma nicht als Einstellung angesehen, da diese weder dem Weisungsrecht der Arbeitgeberin unterlagen, noch mit dem betriebsangehörigen Arbeitnehmern zusammen gearbeitet haben (BAG 13.3.2001 AP Nr. 34 zu § 99 BetrVG 1972 Einstellung).

Einsatz von Fremdpersonal

„Der Einsatz von Fremdpersonal im Betrieb ist nur dann nach § 99 BetrVG mitbestimmungspflichtig, wenn dieses Personal in den Betrieb eingegliedert wird. Die Eingliederung setzt voraus, dass der Arbeitgeber auch gegenüber dem Fremdpersonal wenigstens einen Teil der Arbeitgeberstellung übernimmt. Sie ist dagegen zu verneinen, wenn – z.B. auf der Basis eines echten Werkvertrags – nur das betriebsfremde Unternehmen die für ein Arbeitsverhältnis typischen Entscheidungen über den Arbeitseinsatz nach Zeit und Ort zu treffen hat." (BAG 18.10.1994 AP Nr. 5 zu § 99 BetrVG 1972 Einstellung)

Nach diesen Grundsätzen besteht auch für Leiharbeitnehmer ein Beteiligungsrecht des Betriebsrats. Dies ordnet § 14 Abs. 3 AÜG ausdrücklich an (siehe zum Leiharbeitnehmer § 147 II Nr. 2 b). § 14

Leiharbeitnehmer

Abs. 3 AÜG greift jedoch erst, wenn der Einsatz des Leiharbeitnehmers nach Art und Umfang hinreichend konkretisiert wurde. Die Aufnahme eines Leiharbeitnehmers in einen Mitarbeiterpool, aus dem ein Entleiher im Bedarfsfall Personal auswählen kann, stellt nach Ansicht des BAG lediglich eine „Einstellung" in Aussicht, ist im Gegensatz zur später möglichen Eingliederung jedoch noch nicht mitbestimmungspflichtig (BAG 23.1.2008 NZA 2008, 603).

Zustimmung bei erneuter Eingliederung Soweit sich die Umstände der Beschäftigung grundlegend ändern und daraus neue Zustimmungsverweigerungsgründe erwachsen können, die bei der „Ersteinstellung" nicht vorlagen oder überschaubar waren, macht der Sinn und Zweck des Mitbestimmungsrechts eine Beteiligung des Betriebsrats auch in den Fällen einer „Eingliederung eines an sich eingegliederten Arbeitnehmers zu anderen Umständen" erforderlich. Eine **(erneute) Eingliederung** liegt daher auch bei der **Verlängerung eines befristeten Arbeitsverhältnisses** oder der Fortführung eines Arbeitsverhältnisses über eine bestimmte Altersgrenze hinaus vor (BAG 28.4.1998 AP Nr. 22 zu § 99 BetrVG 1972 Einstellung; BAG 7.8.1990 AP Nr. 82 zu § 99 BetrVG 1972; a.A. zur Altersgrenze GK-BetrVG/KRAFT/RAAB § 99 Rn. 28), nicht jedoch, wenn der Arbeitgeber eine Kündigung zurücknimmt oder ein aufgrund Wehr- oder Zivildiensts ruhendes Arbeitsverhältnis wieder aufgenommen wird (zur Einstellung von **Zivildienstleistenden** vgl. BAG 21.6.2001 AP Nr. 35 § 99 BetrVG 1972 Einstellung: öffentlich-rechtliches Dienstverhältnis und fehlende Arbeitnehmereigenschaft stehen einer Eingliederung in den Betrieb nicht entgegen). Umstritten im Schrifttum war die Frage, ob eine Einstellung auch vorliegt, wenn die **Arbeitszeit** auf- bzw. abgestockt wird (vgl. PREIS/LINDEMANN, NZA Sonderheft 2001, 33, 43). Das BAG hat diese Frage jüngst dahingehend entschieden, dass eine **sowohl nach Dauer als auch nach Umfang nicht unerhebliche Erweiterung** der arbeitsvertraglich geschuldeten regelmäßigen Arbeitszeit eine neuerliche Einstellung darstelle. Die Absenkung der Arbeitszeit stelle demgegenüber keine Einstellung dar (BAG 25.1.2005 AP Nr. 114 zu § 87 BetrVG 1972 Arbeitszeit).

„Im Hinblick auf diesen Schutzzweck kommt eine Einstellung nicht nur bei der erstmaligen Eingliederung eines Mitarbeiters in den Betrieb in Betracht. Sinn und Zweck des Mitbestimmungsrechts verlangen vielmehr eine erneute Beteiligung des Betriebsrats dann, wenn sich die Umstände der Beschäftigung – ohne dass eine Versetzung vorläge – auf Grund einer neuen Vereinbarung grundlegend ändern. [...] Der erkennende Senat hat bislang nicht entschieden, ob auch die Verlängerung der Wochenarbeitszeit eine Einstellung darstellen kann. [...] In der Instanzrechtsprechung und im Schrifttum ist die Frage umstritten. [...] Eine sowohl nach Dauer als auch nach Umfang nicht unerhebliche Erweiterung der arbeitsvertraglich geschuldeten regelmäßigen Arbeitszeit eines im Betrieb beschäftigten Arbeitnehmers stellt eine neuerliche Einstellung nach § 99 Abs. 1 Satz 1 BetrVG dar. Dieses Verständnis folgt nicht unmittelbar aus dem Wortlaut der Vorschrift. Dieser lässt einen engeren Anwendungsbereich zu. Es steht zum Wortsinn des Begriffs

III. Mitbestimmung bei personellen Einzelmaßnahmen § 155

aber auch nicht im Widerspruch. Die „Einstellung" im Sinne einer Eingliederung in den Betrieb wird auch vom zeitlichen Ausmaß der Eingliederung bestimmt. Ein Arbeitnehmer ist nicht mehr in der bisherigen Weise in den Betrieb eingegliedert, wenn er etwa statt bislang zehn Wochenstunden künftig vierzig Wochenstunden anwesend ist. Die Erhöhung des regelmäßig geschuldeten Arbeitszeitvolumens beendet die bisherige Zuweisung des Arbeitsbereichs und ersetzt sie durch eine neue. Dieser Vorgang lässt sich auch nach dem Wortsinn – ebenso wie die Umwandlung eines bisher befristeten in ein unbefristetes Arbeitsverhältnis – als erneute Einstellung verstehen. Für ein solches Verständnis sprechen zum einen systematische Gründe. Die Erhöhung des bisherigen Arbeitszeitvolumens ist von der – erteilten oder ersetzten – Zustimmung des Betriebsrats zur erstmaligen Einstellung des Arbeitnehmers nicht gedeckt. Zwar ist der Inhalt des Arbeitsvertrags grundsätzlich der Mitbestimmung des Betriebsrats nach § 99 BetrVG entzogen. Dieser kann deshalb einer beabsichtigten Einstellung nicht mit der Begründung widersprechen, der Arbeitnehmer solle nicht als Teilzeit-, sondern als Vollzeitkraft eingestellt werden oder umgekehrt. Gleichwohl liegt einer Entscheidung des Betriebsrats über eine Zustimmung zur beabsichtigten Einstellung stets der aktuell vorgesehene Arbeitszeitumfang zugrunde. Nur mit Blick auf diesen kann der Betriebsrat das Vorliegen von möglichen Zustimmungsverweigerungsgründen prüfen. Eine nicht nur unbedeutende Änderung des bisherigen Arbeitszeitvolumens muss deshalb zu einer neuerlichen Beteiligung führen. Zum anderen ist es nach Sinn und Zweck des Mitbestimmungsrechts gemäß § 99 BetrVG geboten, die nicht unerhebliche Aufstockung des bisherigen Arbeitszeitvolumens als neue Einstellung anzusehen. Das Mitbestimmungsrecht des Betriebsrats bei der Einstellung dient insbesondere den Interessen der schon beschäftigten Arbeitnehmer. Der Betriebsrat soll in die Lage versetzt werden, deren Belange nach Maßgabe möglicher Zustimmungsverweigerungsgründe nach § 99 Abs. 2 BetrVG gegen die beabsichtigte Einstellung geltend zu machen. Die Interessen der Belegschaft sind gleichermaßen berührt, wenn der Umfang der bisher vereinbarten regelmäßigen Arbeitszeit eines (teilzeitbeschäftigten) Mitarbeiters nicht unbedeutend erhöht werden soll. [...] Durch die Erhöhung des bisherigen Arbeitszeitvolumens eines Mitarbeiters werden damit regelmäßig dieselben mitbestimmungsrechtlich bedeutsamen Fragen aufgeworfen wie bei der Ersteinstellung. Sie bedürfen einer erneuten Beurteilung durch den Betriebsrat." (BAG 25.1.2005 AP Nr. 114 zu § 87 BetrVG 1972 Arbeitszeit)

Eine **nicht unerhebliche Dauer der Erhöhung der Arbeitszeit** nimmt das BAG in Anlehnung an § 95 Abs. 3 BetrVG bei einem Zeitraum von **mehr als einem Monat**, eine nicht unerhebliche **Erweiterung des Umfangs der Arbeitszeit** jedenfalls dann an, wenn der Arbeitgeber den fraglichen Arbeitsplatz ausgeschrieben hatte oder ihn wegen § 93 BetrVG hätte ausschreiben müssen. Die Erheblichkeit einer Erhöhung des regulären Arbeitsvolumens hängt aber nicht notwendig von der (Pflicht zur) Vornahme einer Ausschreibung ab, sondern kann sich allein aus dem quantitativen Umfang der Zeitaufstockung ergeben. Entscheidende Kriterien für die Bestimmung des erforderlichen Maßes sind ferner die nach Maßgabe der möglichen Widerspruchsgründe des § 99 Abs. 2 BetrVG zu beachtenden schützenswerten Interessen der Belegschaft. Es muss möglich erscheinen, dass mit der längeren Arbeitszeit und Anwesenheit einer schon beschäftigten konkreten Person (erneut) ein Bedürfnis für die Beteiligung des Betriebsrats nach § 99 BetrVG einhergeht (BAG 15.5.2007 AP Nr. 30 zu § 1 BetrVG 1972 Gemeinsamer Betrieb).

Wiedereinstellung Eine Wiedereinstellung, die nach Beendigung eines vorangegangenen Arbeitsverhältnisses durch Neuabschluss eines Arbeitsvertrags erfolgt, stellt dann eine mitbestimmungspflichtige Einstellung dar, wenn dem Arbeitgeber hinsichtlich des Einsatzes des Arbeitnehmers nicht jeglicher Entscheidungsspielraum fehlt. Allerdings begründet die fehlende Zustimmung des Betriebsrats zur (Wieder-)Einstellung eines Arbeitnehmers für diesen grundsätzlich nur dann ein Leistungsverweigerungsrecht, wenn der Betriebsrat sich auf die Verletzung seines Mitbestimmungsrechts beruft und die Aufhebung der Einstellung verlangt (BAG 5.4.2001 AP Nr. 32 zu § 99 BetrVG 1972 Einstellung).

b) Ein- und Umgruppierungen

Begriff Ein-/Umgruppierung Unter dem Begriff der **Eingruppierung** versteht man die erste **Einstufung in** eine bestimmte **Lohn- oder Gehaltsgruppe** eines kollektiven, mindestens zwei Vergütungsgruppen enthaltenden Entgeltschemas. Dabei erfolgt die Zuordnung der Arbeitnehmer nach bestimmten, generell beschriebenen Merkmalen wie Tätigkeit, Lebensalter, Dauer der Berufstätigkeit oder Betriebszugehörigkeit (Fitting § 99 Rn. 79). **Umgruppierung** i.S.v. §§ 95 Abs. 1, 99 BetrVG ist die **Neueinreihung** des Arbeitnehmers in eine im Betrieb geltende Vergütungsordnung. Sie besteht in der Feststellung, dass die Tätigkeit des Arbeitnehmers nicht oder nicht mehr den Merkmalen der Vergütungsgruppe entspricht, in die er bisher eingruppiert ist, sondern denen einer anderen (BAG 10.12.2002 AP Nr. 42 zu § 95 BetrVG 1972). Eine Umgruppierung findet nicht nur statt, wenn dem Arbeitnehmer eine neue Tätigkeit zugewiesen wird, die den Tätigkeitsmerkmalen einer anderen Vergütungsgruppe entspricht, sondern auch, wenn sich bei gleichbleibender Tätigkeit des Arbeitnehmers die Vergütungsordnung ändert. Eine Umgruppierung kann auch dann vorliegen, wenn der Arbeitgeber auf Grund einer Prüfung zu dem Ergebnis gelangt, der Arbeitnehmer sei nicht mehr in eine der Gehaltsgruppen der maßgeblichen Vergütungsordnung einzugruppieren, weil die vorgesehene Tätigkeit höherwertige Qualifikationsmerkmale als die höchste Vergütungsgruppe aufweist (BAG 26.10.2004 AP Nr. 29 zu § 99 BetrVG Eingruppierung). Auch die Korrektur einer nach Ansicht des Arbeitgebers fehlerhaften Eingruppierung stellt sich als mitbestimmungspflichtige Umgruppierung dar (BAG 20.3.1990 AP Nr. 79 zu § 99 BetrVG 1972; 30.5.1990 AP Nr. 31 zu § 75 BPersVG).

III. Mitbestimmung bei personellen Einzelmaßnahmen § 155

Die Ein- oder Umgruppierung in die Lohngruppen eines Tarifvertrages oder der betrieblichen Lohnordnung erfolgt **automatisch** je nach der ausgeübten Tätigkeit und damit **zwingend**. Die korrekte Einreihung des Arbeitnehmers in einer im Betrieb geltenden Vergütungsordnung ist demnach keine ins Ermessen des Arbeitgebers gestellte, rechtsgestaltende Maßnahme, sondern **Rechtsanwendung** (BAG 3.5.2006 AP Nr. 31 zu § 99 BetrVG 1972 Eingruppierung). Sie ist kein Gestaltungsakt, sondern ein Beurteilungsakt (FITTING § 99 Rn. 96). Dem entsprechend steht dem Betriebsrat auch nur ein **Mitbeurteilungsrecht** zu. Dieses dient einer „Richtigkeitskontrolle", es soll also eine größere Gewähr für die Richtigkeit der vorgenommenen Eingruppierung bieten und der gleichmäßigen Anwendung der Lohn- und Gehaltsgruppenordnung dienen (BAG 3.5.2006 AP Nr. 31 zu § 99 BetrVG 1972 Eingruppierung). Das Mitbeurteilungsrecht findet jedoch dort seine Grenze, wo aufgrund ausreichender Konkretisierung der betrieblichen Vergütungsordnung mit bindender Wirkung Beurteilungsspielräume des Arbeitgebers faktisch ausgeschlossen sind.

Beurteilungsakt und Mitbeurteilungsrecht

„Das Mitbeurteilungsrecht des Betriebsrats nach § 99 BetrVG reicht nicht weiter als die Notwendigkeit zur Rechtsanwendung durch den Arbeitgeber. Wo es der Anwendung abstrakter Tätigkeitsmerkmale einer Vergütungsordnung auf die mit einer konkreten Arbeitsstelle verbundenen Tätigkeitsaufgaben zur korrekten Einreihung des Arbeitnehmers nicht bedarf, besteht kein Erfordernis der Beurteilung der Rechtslage durch den Arbeitgeber und damit kein Erfordernis der Mitbeurteilung durch den Betriebsrat." (BAG 3.5.2006 AP Nr. 31 zu § 99 BetrVG 1972 Eingruppierung)

Das Beteiligungsrecht des Betriebsrats dient der einheitlichen und **gleichmäßigen Anwendung der Vergütungsordnung** in gleichen und vergleichbaren Fällen. Es soll zur **innerbetrieblichen Lohngerechtigkeit** und **Transparenz** der im Betrieb vorgenommenen Eingruppierungen beitragen (BAG 31.10.1995 AP Nr. 5 zu § 99 BetrVG 1972 Eingruppierung). Deswegen erfasst § 99 Abs. 1 BetrVG auch die Zuordnung eines Arbeitnehmers zum außertariflichen Bereich, da auch dieser der betrieblichen Vergütungsordnung zuzurechnen ist (BAG 12.12.2006 AP Nr. 32 zu § 99 BetrVG 1972 Eingruppierung). Vom Mitbeurteilungsrecht erfasst ist dabei grundsätzlich auch die Eingruppierung in eine außertarifliche Vergütungsgruppe, sofern eine außertariflich differenzierte Vergütungsordnung mit mehr als einem nicht näher bestimmten Entgeltbereich im Betrieb besteht. Die Entscheidung zur Umgruppierung und die anschließende außertarifliche Eingruppierung sind nach Ansicht des BAG eine notwendig einheitlich vorzunehmende Maßnahme (BAG 26.10.2004 AP Nr. 29 zu § 99 BetrVG 1972 Eingruppierung). Der Zielsetzung der Betriebseinheitlichkeit der Vergütungsordnung folgend bezieht sich das Mitbeurteilungsrecht darüber hinaus nicht nur auf die Eingruppierung innerhalb eines Tarifvertrags, sondern auch auf die Rechtsfrage, wel-

Sinn und Zweck der Beteiligung

cher Tarifvertrag anzuwenden ist (BAG 27.6.2000 AP Nr. 23 zu § 99 BetrVG 1972 Eingruppierung).

„Es geht bei der Eingruppierung nicht nur darum, ob innerhalb der einen oder anderen Vergütungsordnung die richtige Fallgruppe bzw. Vergütungsgruppe ermittelt worden ist [...], vielmehr ist bereits die Entscheidung des Arbeitgebers, nicht mehr das tarifvertragliche Eingruppierungsschema des MTV Nr. 2 unter Einbeziehung der Lebensaltersstufe und eines Bewährungsaufstiegs anzuwenden, sondern ein neues Vergütungssystem unter Ausschluss der Lebensaltersstufen und der Möglichkeit des Bewährungsaufstiegs, eine Eingruppierungsentscheidung." (BAG 27.6.2000 AP Nr. 23 zu § 99 BetrVG 1972 Eingruppierung)

Da der Betriebsrat berufen ist, eine Gleichmäßigkeit der Vergütungsordnung zu bewirken, kann er auch die zu hohe Eingruppierung eines Arbeitnehmers nach § 99 Abs. 2 Nr. 1 BetrVG rügen (BAG 28.4.1998 AP Nr. 18 zu § 99 BetrVG Eingruppierung). Wird die von neu eingestellten Arbeitnehmern zu verrichtende Tätigkeit von einer tariflichen Gehaltsgruppe erfasst, die kraft betrieblicher Übung (einseitiger Einführung durch den Arbeitgeber, siehe unter § 18 V) im Betrieb zur Anwendung kommt, ist der Arbeitgeber zur Eingruppierung der neu eingestellten Arbeitnehmer in diese Gehaltsgruppenordnung und zur Beteiligung des Betriebsrats an dieser Eingruppierung verpflichtet (BAG 23.11.1993 AP Nr. 111 zu § 99 BetrVG 1972).

c) Versetzung

Literatur: HUNOLD, Die Rechtsprechung zur Mitbestimmung des Betriebsrats bei Versetzungen, NZA-RR 2001, 617.

Legaldefinition — Eine Versetzung ist nach der Legaldefinition des § 95 Abs. 3 S. 1 BetrVG die **Zuweisung eines anderen Arbeitsbereichs,** die voraussichtlich die Dauer von einem Monat überschreitet oder die mit einer erheblichen Änderung der Umstände verbunden ist, unter denen die Arbeit zu leisten ist.

Arbeitsbereich — Der „Arbeitsbereich" i.S.v. § 95 Abs. 3 S. 1 BetrVG wird in § 81 Abs. 2 BetrVG i.V.m. § 81 Abs. 1 S. 1 BetrVG durch die Aufgabe und Verantwortung des Arbeitnehmers sowie die Art seiner Tätigkeit und ihrer Einordnung in den Arbeitsablauf des Betriebs umschrieben. Der Begriff ist danach auch funktional zu verstehen (BAG 10.4.1984 AP Nr. 4 zu § 95 BetrVG 1972) Arbeitsbereich ist demnach der konkrete Arbeitsplatz und seine Beziehung zu einer betrieblichen Umgebung in **räumlicher, technischer** und **organisatorischer Hinsicht** (BAG 23.11.1993 AP Nr. 33 zu § 99 BetrVG 1972). Zum Arbeitsbereich gehören:

– die Art der Tätigkeit einschließlich der Nebenaufgaben,
– die organisatorische Einbindung des Arbeitnehmers und
– der Arbeitsort.

III. Mitbestimmung bei personellen Einzelmaßnahmen § 155

Die Zuweisung eines anderen Arbeitsbereichs liegt vor, wenn sich das **Gesamtbild** der bisherigen Tätigkeit des Arbeitnehmers so verändert, dass die neue Tätigkeit sich vom Standpunkt eines mit den betrieblichen Verhältnissen vertrauten Beobachters **als eine „andere" darstellt** (BAG 13.3.2007 AP Nr. 52 zu § 95 BetrVG 1972). Dies kann sich aus dem Wechsel des Inhalts der Arbeitsaufgaben und der mit ihnen verbundenen Verantwortung ergeben (BAG 13.3.2007 AP Nr. 52 zu § 95 BetrVG 1972). Dabei ist zu beachten, dass die Beantwortung der Frage, ob ein anderer Tätigkeitsbereich zugewiesen worden ist, ausschließlich von den tatsächlichen Verhältnissen im Betrieb abhängt. Eine Veränderung des Gesamtbilds kann z.B. auch auf den Entzug eines wesentlichen Teils der Aufgaben eines Arbeitnehmers zurück zu führen sein (BAG 2.4.1996 AP Nr. 34 zu § 95 BetrVG 1972). Eine Tätigkeitsänderung wird jedenfalls regelmäßig dann vorliegen, wenn der Arbeitnehmer seinen Arbeitsplatz wechselt, d.h. nach der Versetzung in einer anderen Abteilung als zuvor tätig werden soll (Wechsel von Forschungs- in Produktionsabteilung).

Neuer Tätigkeitsbereich

⊃ **Beispiel:**
Die Umsetzung einer Altenpflegekraft für mehr als einen Monat von einer Station auf eine andere in einem in mehrere Stationen gegliederten Seniorenheim soll eine Versetzung i.S.d. § 95 Abs. 3 BetrVG darstellen, soweit die einzelnen Stationen organisatorisch eigenständig sind (BAG 29.2.2000 AP Nr. 27 zu § 99 BetrVG 1972 Versetzung). Begründung: Der Arbeitnehmer soll über § 99 BetrVG auch davor geschützt werden, aus seiner betrieblichen Eingliederung herausgelöst zu werden.

Abgesehen von geringfügigen Ortsveränderungen (z.B. der Umzug einer Betriebsabteilung in ein neues Gebäude innerhalb einer politischen Gemeinde in wenigen Kilometern Entfernung, BAG 27.6.2006 AP Nr. 47 zu § 99 BetrVG 1972) stellt regelmäßig auch der Wechsel des Arbeitsorts eine Versetzung dar. Dies gilt nach Ansicht des BAG selbst für den Fall, dass **sich die Arbeitsaufgabe des Arbeitnehmers oder seine Eingliederung in eine betriebliche Organisation dadurch nicht ändert** (BAG 19.2.1991 AP Nr. 25 zu § 95 BetrVG 1972). Insbesondere greift das Mitbestimmungsrecht auch für den Fall, dass der Ortswechsel mit dem Wechsel in einen anderen Betrieb desselben Unternehmens verbunden ist (BAG 19.2.1991 AP Nr. 26 zu § 99 BetrVG 1972). Nur für den Fall, dass der Arbeitnehmer den Wechsel selbst gewünscht hat oder dieser seinen Wünschen und seiner freien Entscheidung entspricht, entfällt das Mitbestimmungsrecht des Betriebsrats (BAG 2.4.1996 AP Nr. 9 zu § 99 BetrVG 1972 Versetzung). Steht allerdings von vornherein fest, dass der Arbeitnehmer nach Beendigung der Versetzung an seinen bisherigen Arbeitsplatz zurückkehrt, so bedarf diese Versetzung in jedem Fall der Zustimmung des Betriebsrats des Betriebs, in dem der Arbeitnehmer bis zur Versetzung beschäftigt war. Dies gilt selbst dann, wenn der Arbeitnehmer

Wechsel des Arbeitsorts

für die Dauer der Versetzung in einen anderen Betrieb eingegliedert wird (BAG 18.2.1986 AP Nr. 33 zu § 99 BetrVG 1972).

Arbeitsumstände — Ein anderer Arbeitsbereich kann auch dadurch gekennzeichnet sein, dass sich die **Umstände, unter denen die Arbeit zu leisten ist**, erheblich ändern. Dies ergibt sich aus dem in § 95 Abs. 3 BetrVG normierten betriebsverfassungsrechtlichen Versetzungsbegriff. Dieser erfasst – unabhängig von individualrechtlichen Beurteilungen – auch die Änderung der Arbeitsumstände. Auch wenn die Vorschrift dem Wortlaut nach nur kurzfristige erhebliche Änderungen als Versetzung ansieht, muss dies zur Vermeidung von Wertungswidersprüchen jedoch erst recht für längerfristige Änderungen gelten (BAG 26.5.1988 AP Nr. 13 zu § 95 BetrVG 1972 unter Aufgabe von BAG 10.4.1984 AP Nr. 4 zu § 95 BetrVG 1972). Arbeitsumstände sind die äußeren Umstände, unter denen der Arbeitnehmer seine – nunmehr andere – Tätigkeit zu verrichten hat. Dazu zählen etwa die zeitliche Lage der Arbeit, die Ausstattung des Arbeitsplatzes mit technischen Hilfsmitteln und Faktoren wie Lärm, Schmutz, Hitze, Kälte oder Nässe (BAG 11.12.2007 NZA-RR 2008, 353). In diesem Sinne hat das BAG z.B. die Umstellung von Einzel- auf Gruppenakkord als Versetzung angesehen (BAG 22.4.1997 AP Nr. 14 zu § 99 BetrVG Versetzung).

Arbeitszeit — Hinsichtlich der Arbeitszeit ist zu beachten, dass die Rechtsprechung bei Änderung der Arbeitszeit regelmäßig keine Versetzung annimmt. Der Arbeitsbereich im Sinne von § 95 Abs. 3 BetrVG wird regelmäßig **nicht durch die Lage oder die Dauer der Arbeitszeit** bestimmt. Die Umsetzung der Arbeitnehmer von Normalschicht in die vereinbarte Wechselschicht ist daher keine zustimmungspflichtige Versetzung, wenn sich dadurch lediglich die Lage der Arbeitszeit der betroffenen Arbeitnehmer ändert (BAG 19.2.1991 AP Nr. 25 zu § 95 BetrVG 1972). Die Verlängerung oder Verkürzung der Wochenarbeitszeit eines Arbeitnehmers stellt ebenfalls keine Versetzung im Sinne von § 95 Abs. 3 BetrVG dar, die der Zustimmung des Betriebsrats nach § 99 BetrVG bedarf. Das gilt auch für die Verlängerung (oder Verkürzung) der Mindestwochenarbeitszeit von Teilzeitkräften mit variabler Arbeitszeit (BAG 16.7.1991 AP Nr. 28 zu § 95 BetrVG 1972) und der Umsetzung von der Tagschicht in die Nachtschicht (BAG 23.11.1993 AP Nr. 33 zu § 95 BetrVG 1972). Ein wesentlicher Grund für diese Sichtweise liegt auch darin, dass die Lage der Arbeitszeit in der Regel schon einem umfassenden Mitbestimmungsrecht nach § 87 Abs. 1 Nr. 2 BetrVG unterliegt (siehe unter § 153 III 2). Allerdings ist nach neuester Rechtsprechung des BAG in einer erheblichen Erhöhung der wöchentlichen Arbeitszeit für eine nicht unerhebliche Dauer eine erneute mitbestimmungspflichtige **Einstellung** des betroffenen Arbeitnehmers zu sehen (BAG 25.1.2005 AP Nr. 114 zu § 87 BetrVG 1972 Arbeitszeit; BAG 15.5.2007 AP Nr. 30 zu § 1 BetrVG 1972 Gemeinsamer Betrieb).

III. Mitbestimmung bei personellen Einzelmaßnahmen § 155

Die Zuweisung des anderen Arbeitsbereichs erfüllt für sich allein den Versetzungsbegriff des § 95 Abs. 3 S. 1 BetrVG nur, wenn sie für **längere Zeit als einen Monat** geplant ist. Andernfalls liegt auch bei Zuweisung eines anderen Arbeitsbereichs eine Versetzung nur vor, wenn mit dieser Zuweisung zugleich eine **erhebliche Änderung der Umstände** einhergeht, unter denen die Arbeit zu leisten ist. Die Arbeitsumstände müssen sich also nicht nur überhaupt geändert haben. Ihre Änderung muss vielmehr „erheblich" sein, um Beteiligungsrechte nach § 99 BetrVG bei lediglich kurzfristiger Zuweisung eines anderen Arbeitsbereichs auszulösen.

Dauer/erhebliche Änderung der Arbeitsumstände

➲ **Unter Beachtung der Besonderheiten des Einzelfalls sind Beispiele für eine erhebliche Veränderung der Arbeitsumstände:**
- zweitägige Abordnung eines Croupiers von Berlin zur Kölner Messe (BAG 1.8.1989 AP Nr. 17 zu § 95 BetrVG 1972);
- kurzzeitige Versetzung in eine andere (weit entfernte) Filiale (BAG 18.10.1988 AP NR. 56 zu § 99 BetrVG 1972; vgl. auch BAG 28.9.1988 AP Nr. 55 zu § 99 BetrVG 1972) oder Entsendung in ein 160 km entferntes Werk (BAG 8.8.1989 AP Nr. 18 zu § 95 BetrVG 1972).

➲ **Im Gegensatz dazu sieht das BAG in folgenden Fällen keine erhebliche Veränderung der Arbeitsumstände:**
- kurzfristige Änderung der Arbeitsaufgaben unter Beibehaltung derselben Räumlichkeiten, Arbeitszeiten, Kollegen und desselben Maßes an Kundenkontakt (BAG 13.3.2007 AP Nr. 52 zu § 95 BetrVG 1972); bloßer „Etagenwechsel" (BAG 2008, 2771).
- Anordnung von „Workshops" auf dem Betriebsgelände während der betriebsüblichen Arbeitszeit (BAG 28.8.2007 AP Nr. 53 zu § 95 BetrVG 1972);
- maßgeblich auf einer hierarchischen Unterordnung basierende Änderung der Arbeitsumstände bei Einsätzen von Flugkapitänen als Copiloten (BAG 11.12.2007 NZA-RR 2008, 353). Konkret ging es um die Fragestellung, ob ein Flugkapitän, dessen Arbeitsplatz der „left-hand-seat" ist, auch auf dem „right-hand-seat"- des Copiloten eingesetzt werden kann, oder ob hierin betriebsverfassungsrechtlich eine mitbestimmungspflichtige „Versetzung" liegt.

Um eine übertriebene Lähmung betrieblicher Personalentscheidungen zu unterbinden, ist das Kriterium der **„Erheblichkeit"** bedeutsam. Dies zeigt die Klarstellung des BAG, bei einer (Auslands-)Dienstreise könne nicht generell aus der Notwendigkeit einer auswärtigen Übernachtung auf eine erhebliche Änderung der Arbeitsumstände geschlossen werden (BAG 21.9.1999 AP Nr. 21 zu § 99 BetrVG 1972 Versetzung). Betont wurde, dass sich bei der Beantwortung der Frage, ob eine erhebliche Änderung vorliegt, in jedem Fall eine generalisierende Betrachtungsweise verbietet (so BAG 28.9.1988 AP Nr. 55 zu § 99 BetrVG 1972; BAG 18.10.1986 AP

Nr. 56 zu § 99 BetrVG 1972). Insbesondere bei Ortsveränderungen ist somit genau zu prüfen, wie (Anfahrtsweg, Verkehrsanbindung) sich die Veränderung für den Arbeitnehmer auswirkt (BAG 28.9.1988 AP Nr. 55 zu § 99 BetrVG 1972).

„Die weniger als einen Monat dauernde Abordnung eines Arbeitnehmers in eine andere Filiale des Arbeitgebers bedarf nur dann der Zustimmung des Betriebsrats, wenn sie mit einer erheblichen Änderung der Umstände verbunden ist, unter denen die Arbeit zu leisten ist. Der bloße Wechsel des Arbeitsortes sowie die Tatsache, dass der Arbeitnehmer unter einem anderen Vorgesetzten und mit anderen Arbeitskollegen zu arbeiten hat, stellt noch keine erhebliche Änderung der Arbeitsumstände dar. Die Abordnung von Arbeitnehmern in eine andere Filiale ist für die abgebende Filiale eine Versetzung im Sinne von § 99 BetrVG, wenn sie mit einer erheblichen Änderung der Umstände verbunden ist, unter denen die Arbeit zu leisten ist." (BAG 16.12.1986 AP Nr. 40 zu § 99 BetrVG 1972)

Üblicher und ständiger Wechsel

Nach § 95 Abs. 3 S. 2 BetrVG gilt die Bestimmung des jeweiligen Arbeitsplatzes nicht als Versetzung, wenn Arbeitnehmer nach der Eigenart ihres Arbeitsverhältnisses üblicherweise nicht ständig an einem bestimmten Arbeitsplatz beschäftigt werden. So soll sichergestellt sein, dass der Betriebsrat sich der Verwendung eines Arbeitnehmers dann nicht versperrend in den Weg stellen kann, wenn sowohl dem Arbeitgeber, dem Arbeitnehmer als auch Dritten beim Abschluss des Vertrags klar sein musste, dass es zu häufigen Einsatzwechseln kommen wird. Sinn und Zweck dieser Einschränkung ist es wiederum, eine unnötige Lähmung von Personalentscheidungen zu unterbinden. Erforderlich ist jedoch, dass gerade der übliche und ständige Wechsel des Arbeitsplatzes für das Arbeitsverhältnis typisch ist: Die Eigenart des Arbeitsverhältnisses muss es geradezu mit sich bringen, dass der Arbeitnehmer üblicherweise nicht ständig an einem bestimmten Arbeitsplatz beschäftigt wird (BAG 21.9.1999 Nr. 21 zu § 99 BetrVG 1972 Versetzung; BAG 18.2.1986 AP Nr. 33 zu § 99 BetrVG 1972). Da Wechsel und Veränderungen in jedem Arbeitsverhältnis vorkommen können, ist dies nicht der Fall, wenn einem Arbeitnehmer gelegentlich, sei es in Ausübung des Direktionsrechts des Arbeitgebers, sei es mit Einverständnis des Arbeitnehmers, ein anderer Arbeitsplatz zugewiesen wird.

⊃ **Beispiele zustimmungsfrei versetzbarer Arbeitnehmer:**

Montagearbeiter, Springer, Außendienstmitarbeiter (BAG 8.8.1989 AP Nr. 18 zu § 95 BetrVG 1972), Arbeitnehmer des Baugewerbes, Auszubildende, soweit der planmäßige Ortswechsel des Arbeitsplatzes üblich und zur Erreichung des Ausbildungsziels erforderlich ist (BAG 21.9.1999 AP Nr. 21 zu § 99 BetrVG 1972 Versetzung).

III. Mitbestimmung bei personellen Einzelmaßnahmen § 155

2. Zustimmungsverweigerungsgründe

Die Gründe, aufgrund derer der Betriebsrat die Zustimmung zu der vom Arbeitgeber geplanten Maßnahme verweigern kann, sind in § 99 Abs. 2 BetrVG **abschließend aufgezählt**: *Erschöpfend aufgezählte Gründe*

a) Verstoß gegen Gesetze und andere Normen (Nr. 1)

Damit der Betriebsrat seine Zustimmung verweigern darf, muss die konkrete Maßnahme (Einstellung, Versetzung, Ein- oder Umgruppierung) gegen die in § 99 Abs. 2 BetrVG genannten Bestimmungen verstoßen. Maßgebend ist dabei stets, ob die Norm die personelle Maßnahme als solche verbietet. Erforderlich ist also, dass der – ggf. durch Auslegung zu ermittelnde – Zweck der verletzten Norm nur verwirklicht werden kann, wenn die personelle Maßnahme in der vorgesehenen Art ganz unterbleibt (BAG 28.6.1994 AP Nr. 4 § 99 BetrVG 1972 Einstellung; BAG 17.6.2008 NZA 2008, 1139). Liegt die Maßnahme beispielsweise in einer Einstellung, muss diese als solche durch die Vorschrift untersagt sein. Es genügt nicht, dass einzelne Vertragsbedingungen einer Norm zuwiderlaufen. Ein Verstoß gegen ein Gesetz liegt auch nicht bei einer Verletzung der Unterrichtungspflicht nach § 99 Abs. 1 S. 1 BetrVG vor. Der Betriebsrat kann einer personellen Maßnahme daher nicht mit Hinweis die Zustimmung verweigern, der Arbeitgeber habe ihn nicht ordnungsgemäß „informiert" (BAG 10.8.1993 NZA 1994, 187, 188). Allerdings wird in diesem Fall die Wochenfrist für seine Stellungnahme nicht in Lauf gesetzt, so dass der Arbeitgeber die personelle Maßnahme noch nicht durchführen darf und ein Zustimmungsersetzungsantrag als unbegründet abzuweisen ist (Fitting § 99 Rn. 177). *Gesetzeswidrigkeit der Maßnahme als solche*

Die Möglichkeit des Betriebsrats, einer Einstellung nach § 99 Abs. 2 Nr. 1 BetrVG zu widersprechen, ist **kein Instrument zur Inhaltskontrolle** des Arbeitsvertrags (BAG 28.6.1994 AP Nr. 4 zu § 99 BetrVG 1972 Einstellung). Auch deswegen ermöglicht § 99 BetrVG es dem Betriebsrat nur, der Einstellung in der vom Arbeitgeber beabsichtigten Form zuzustimmen oder die Zustimmung insgesamt zu verweigern. Er kann hingegen nicht die Einstellung zu anderen normgemäßen Bedingungen durchsetzen (BAG 28.3.2000 AP Nr. 27 zu § 99 BetrVG 1972 Einstellung). *Keine Inhaltskontrolle des Arbeitsvertrags*

„Bei vom Arbeitgeber beabsichtigten Einstellungen eines Arbeitnehmers kann der Betriebsrat seine Zustimmung wegen eines Verstoßes gegen eine Norm im Sinne des § 99 Abs. 2 Nr. 1 BetrVG nur dann verweigern, wenn nach dem Zweck der verletzten Norm die geplante Einstellung ganz unterbleiben muss. Hingegen ist das Mitbestimmungsrecht des Betriebsrats bei Einstellungen kein Instrument einer umfassenden Vertragsinhaltskontrolle. Lässt eine tarifliche Regelung befristete Arbeitsverträge nur bei Vorliegen eines sachlichen oder in der Person des Arbeitnehmers gegebenen Grundes zu, so handelt es sich dabei in der Regel nicht um eine Norm, deren Verletzung eine Zustimmungsverweigerung nach § 99 Abs. 2 Nr.1 BetrVG begründen könnte."

(BAG 28.6.1994 AP Nr. 4 zu § 99 BetrVG 1972 Einstellung; BAG 28.3.2000 AP Nr. 27 zu § 99 BetrVG 1972 Einstellung)

Verstöße gegen einen Tarifvertrag

Insbesondere bei **Ein- oder Umgruppierungen** kommen Verstöße gegen einen Tarifvertrag in Betracht. Der Betriebsrat kann der beabsichtigten Umgruppierung mit der Begründung widersprechen, die Tätigkeit des betroffenen Arbeitnehmers erfülle entgegen der Annahme des Arbeitgebers die Voraussetzungen für eine übertarifliche Vergütung nach der vom Arbeitgeber geschaffenen Vergütungsordnung (BAG 28.1.1986 AP Nr. 32 zu § 99 BetrVG 1972).

Bei **Einstellungen und Versetzungen** ist Voraussetzung des Zustimmungsverweigerungsgrunds, dass der Verstoß gegen die tarifliche Bestimmung nur durch das Unterbleiben der personellen Maßnahme verhindert werden kann (BAG 14.12.2004 AP Nr. 121 zu § 99 BetrVG 1972). Das kann der Fall sein, wenn die Tarifnorm die Beschäftigung als solche verbietet oder sie nur unter bestimmten Voraussetzungen erlaubt. Als derartige Verbotsnormen kommen u.a. sog. qualitative tarifliche Besetzungsregeln in Betracht. Sie verbieten - insbesondere aus Gründen des Schutzes vor Überforderung, der Förderung der Arbeitsqualität sowie des Beschäftigungsschutzes für Fachkräfte – auf bestimmten Arbeitsplätzen die Beschäftigung von Arbeitnehmern, die bestimmte Anforderungen nicht erfüllen (dazu insgesamt BAG 18.3.2008 NZA 2008, 832).

➲ Beispielhafte Gründe für eine Zustimmungsverweigerung nach Nr. 1:
– Verstoß gegen Art. 9 Abs. 3 GG, wenn der Arbeitgeber die Einstellung davon abhängig macht, dass der Arbeitnehmer nicht Gewerkschaftsmitglied ist (BAG 28.3.2000 AP Nr. 27 zu § 99 BetrVG 1972 Einstellung);
– Verstöße gegen gesetzliche Einstellungs- und Beschäftigungsverbote (§§ 3, 4, 6, 8 MuSchG);
– Verstöße gegen tarifliche Besetzungsregeln (BAG 18.3.2008 NZA 2008, 832);
– zu hohe Eingruppierung eines Arbeitnehmers (BAG 28.4.1998 AP Nr. 18 zu § 99 BetrVG Eingruppierung);
– unzulässige Befristungen (BAG 20.6.1978 AP Nr. 8 zu § 99 BetrVG 1972; 16.7.1985 AP Nr. 21 zu § 99 BetrVG 1972).

b) Verstoß gegen Auswahlrichtlinien (Nr. 2)

Mitbestimmte Richtlinie

Der Betriebsrat kann die Zustimmung zur personellen Einzelmaßnahme verweigern, wenn diese Maßnahme gegen eine Richtlinie nach § 95 BetrVG (Auswahlrichtlinie) verstoßen würde. Dabei muss es sich um eine verabschiedete mitbestimmte Richtlinie handeln, auf die sich Arbeitgeber und Betriebsrat geeinigt haben oder über die eine Einigungsstelle verbindlich entschieden hat. Hat der Arbeitgeber dagegen einseitig „Auswahlrichtlinien" aufgestellt und der Betriebsrat diese bloß geduldet und widerspruchslos hingenommen, so erfolgte keine Ausübung des Mitbestimmungsrechts gem. § 95 Abs. 1 oder 2 BetrVG. In diesem Fall ist ein Zustimmungsverweigerungsgrund nach § 99 Abs. 2 BetrVG nicht gegeben. Wesentlicher Sinn und Zweck der Möglichkeit, die Zustimmung nach Nr. 2 zu verweigern, ist es, die Durchsetzung der betriebsparteilichen Einigung nach § 95 BetrVG zu gewährleisten.

c) Besorgnis der Benachteiligung anderer Arbeitnehmer (Nr. 3)

Dieser Zustimmungsverweigerungsgrund ist nur bei Einstellungen und Versetzungen von Bedeutung. Mit ihm ist dem Betriebsrat ein **kündigungsschutzrechtliches Mandat** übertragen worden. Seine Ausübung soll verhindern, dass personelle Entscheidungen des Arbeitgebers unüberlegt ausfallen oder aber bewusst darauf abzielen, beschäftigte Arbeitnehmer zu verdrängen. Dementsprechend kann der Betriebsrat die Zustimmung zu einer Versetzung wegen der Besorgnis der Kündigung eines Arbeitnehmers jedenfalls dann verweigern, wenn ein Arbeitnehmer, dessen Arbeitsplatz wegfällt, auf einen bereits besetzten Arbeitsplatz versetzt wird und nach den Grundsätzen der Sozialauswahl dem versetzten Arbeitnehmer gekündigt werden müsste (BAG 15.9.1987 AP Nr. 45 zu § 99 BetrVG 1972).

Mittelbare Verstärkung des Kündigungsschutzes

„§ 99 Abs. 2 Nr. 3 BetrVG verlangt die durch Tatsachen begründete Besorgnis, dass ‚infolge' der personellen Maßnahme im Betrieb beschäftigte Arbeitnehmer Nachteile erleiden. Ein solcher liegt nicht schon dann vor, wenn der bei der Auswahl der Bewerber im Rahmen einer Versetzung nicht berücksichtigte Arbeitnehmer in einem späteren Kündigungsschutzverfahren gehindert sei vorzubringen, es sei eine Weiterbeschäftigungsmöglichkeit im Betrieb vorhanden gewesen, hätte der Arbeitgeber diesen Arbeitsplatz nur nicht vorher bereits anderweitig besetzt." (BAG 13.6.1989 AP Nr. 66 zu § 99 BetrVG 1972)

Kommt es zur Einleitung eines Zustimmungsersetzungsverfahrens, muss entschieden werden, ob die geplante Kündigung aus betrieblichen oder persönlichen Gründen gerechtfertigt ist. Anders ist dies, wenn die geplante Kündigung in keinem sachlichen Zusammenhang mit der Versetzung eines Arbeitnehmers steht (BAG 15.9.1987 AP Nr. 45 zu § 99 BetrVG 1972).

Geschützt werden über § 99 Abs. 2 Nr. 3 BetrVG **ausschließlich andere Arbeitnehmer** vor der **Verschlechterung des bisherigen rechtlichen oder tatsächlichen Status**. Als andere Arbeitnehmer sind insbesondere auch diejenigen anzusehen, die in der Abteilung, aus der ein Arbeitnehmer heraus versetzt werden soll, beschäftigt sind (BAG 15.9.1987 AP Nr. 46 zu § 99 BetrVG 1972). So ist es denkbar, dass es infolge der Versetzung des einen Arbeitnehmers zu einem beachtlichen Anwachsen des Verantwortungsbereichs der verbleibenden Arbeitnehmer kommt (BAG 15.9.1987 AP Nr. 46 zu § 99 BetrVG 1972) oder die Leistungsverpflichtungen, die sie zu erfüllen haben,

Schutz anderer Arbeitnehmer

empfindlich ansteigen. Allerdings wird im Hinblick auf § 91 BetrVG, der eine Einflussnahme auf den Arbeitsablauf nur unter bestimmten Voraussetzungen vorsieht, insoweit die unternehmerische Entscheidungsfreiheit zu beachten sein.

Nachteil

„Nachteil" darf nicht dahin gehend missverstanden werden, dass das Ausbleiben eines Vorteils aufgrund der Versetzung unterbunden werden kann. Da nur der bestehende status quo anderer Arbeitnehmer geschützt werden soll, ermächtigt nur der **Verlust einer Rechtsposition** oder **einer rechtserheblichen Anwartschaft** zur Zustimmungsverweigerung. Der Verlust der Chance auf einen zukünftigen Vorteil kann danach nur dann als gegenwärtiger Nachteil bewertet werden, wenn der zukünftige Vorteil bereits soweit rechtlich verfestigt ist, dass er Bestandteil des gegenwärtigen Arbeitsverhältnisses ist (BAG 13.6.1989 AP Nr. 66 zu § 99 BetrVG 1972; BAG 18.9.2002 AP Nr. 31 zu § 99 BetrVG 1972 Versetzung). Bloße **subjektive Hoffnungen oder Erwartungen** der Arbeitnehmer sind **nicht geschützt**. So liegt ein Nachteil i.S.v. § 99 Abs. 2 Nr. 3 BetrVG auch nicht vor, wenn durch die Einstellung oder Versetzung einem anderen im Betrieb beschäftigten Arbeitnehmer nur die Chance genommen wird, diesen Arbeitsplatz zu erhalten (BAG 13.6.1989 AP Nr. 66 zu § 99 BetrVG 1972). Durch das BetrVG 2001 neu aufgenommen wurde in § 99 Abs. 2 Nr. 3 BetrVG, dass ein Nachteil auch dann vorliegt, wenn gleich geeignete befristet Beschäftigte bei der Einstellung eines Betriebsexternen nicht berücksichtigt werden. Dadurch soll gewährleistet sein, dass zunächst solche Arbeitnehmer in ein dauerhaftes Beschäftigungsverhältnis überführt werden, die dem Betrieb bereits verbunden sind, es aber wegen der Befristung – bislang – nicht dauerhaft sind.

d) Benachteiligung des betroffenen Arbeitnehmers (Nr. 4)

Der Widerspruch nach Nr. 4 ist grundsätzlich nur bei Versetzungen relevant. Eine denkbare Benachteiligung des betroffenen Arbeitnehmers kann z.B. darin liegen, dass er nach der Versetzung an einem Arbeitsplatz tätig werden soll, an dem er einer höheren Lärmbelästigung ausgesetzt ist oder zu dem er länger anfahren muss. **Geschützt** werden soll der Arbeitnehmer über Nr. 4 somit allgemein **vor der Verschlechterung der äußeren und/oder der materiellen Arbeitsbedingungen** (BAG 6.10.1978 AP Nr. 10 zu § 99 BetrVG 1972). Darüber hinaus kann der Tatbestand der Nr. 4 erfüllt sein, wenn mehrere vergleichbare Arbeitsplätze wegfallen und lediglich für einen Teil der betroffenen Arbeitnehmer andere gleichwertige Arbeitsplätze zur Verfügung stehen. In dieser Situation kann der Betriebsrat die Zustimmung zur Versetzung eines Arbeitnehmers auf einen niedriger einzustufenden Arbeitsplatz gem. § 99 Abs. 2 Nr. 4 BetrVG mit der Begründung verweigern, der Arbeitgeber habe soziale Auswahlkriterien nicht berücksichtigt (BAG 2.4.1996 AP Nr. 9 zu § 99 BetrVG 1972 Versetzung). Ebenso sieht das BAG in diesen Fällen ein **Zustimmungsverweigerungsrecht nach Nr. 3**.

III. Mitbestimmung bei personellen Einzelmaßnahmen § 155

„Wie der Senat schon entschieden hat [...], kann der Betriebsrat im Rahmen des § 99 Abs. 2 Nr. 3 BetrVG seine Zustimmung zur Versetzung eines Arbeitnehmers verweigern mit der Begründung, der Arbeitgeber habe soziale Auswahlkriterien nicht berücksichtigt. Dies muss entsprechend gelten für § 99 Abs. 2 Nr. 4 BetrVG, dessen Widerspruchsgründe trotz leicht abweichenden Wortlauts nach überwiegender Auffassung wie diejenigen des § 99 Abs. 2 Nr. 3 BetrVG auszulegen sind. [...] § 99 Abs. 2 Nr. 4 BetrVG enthält zwar keinen ausdrücklichen Hinweis auf eine Kündigung, sondern erfasst Benachteiligungen ganz allgemein, aber die Versetzung auf einen geringerwertigen Arbeitsplatz, wegen derer eine Änderungskündigung ausgesprochen wird, führt zu einer Benachteiligung in diesem Sinne. § 99 Abs. 2 Nr. 3 und Nr. 4 BetrVG stellen in gleicher Weise auf betriebliche oder persönliche bzw. in der Person liegende Gründe ab. Es ist daher davon auszugehen, dass der Widerspruchstatbestand der Nr. 4 auch eine Stärkung der kündigungsschutzrechtlichen Position der von der Maßnahme betroffenen Arbeitnehmer erreichen will." (BAG 2.4.1996 AP Nr. 9 zu § 99 BetrVG 1972 Versetzung)

Diese Auffassung ist nicht unumstritten. Es wird eingewandt, dass sich vergleichbare Arbeitnehmer, also auch derjenige, zu dessen Gunsten die Versetzungsentscheidung des Arbeitgebers ausfällt, ohnehin einer Sozialauswahl stellen müssen (ErfK/Kania § 99 BetrVG Rn. 30). Dagegen kann man argumentieren, dass der Betriebsrat durch seine Zustimmungsverweigerung von vornherein vermeiden kann, dass sozial schutzwürdige Arbeitnehmer zu Unrecht entlassen werden.

Nach Auffassung des BAG sollen auch **Verstöße gegen den Gleichbehandlungsgrundsatz** sowie Diskriminierungsverbote (§ 75 BetrVG und AGG) über Nr. 4 geltend gemacht werden. Nach dem gesetzgeberischen Willen dient der Zustimmungsverweigerungsgrund der Wahrung der Individualinteressen des von der Maßnahme des Arbeitgebers unmittelbar betroffenen Arbeitnehmers (BAG 3.12.1985 AP Nr. 2 zu § 74 BAT).

„Die Individualinteressen des Arbeitnehmers werden aber, wie sich auch aus § 75 BetrVG ergibt, gerade dann betroffen, wenn der Arbeitgeber dem Gleichbehandlungsgrundsatz zuwiderhandelt, was auch im Bereich der Eingruppierung rechtlich möglich ist und sich damit regelmäßig zugleich als Erfüllung des Zustimmungsverweigerungsrechts nach § 99 Abs. 2 Nr. 1 BetrVG darstellt." (BAG 3.12.1985 AP Nr. 2 zu § 74 BAT)

Problematisch ist, ob ein Recht zur Zustimmungsverweigerung ausscheidet, wenn der **betroffene Arbeitnehmer mit der Maßnahme einverstanden ist**. Das BAG ging davon aus, dass das Mitbestimmungsrecht in dieser Situation entfällt (BAG 2.4.1996 AP Nr. 9 zu § 99 BetrVG 1972 Versetzung; BAG 20.9.1990 AP Nr. 84 zu § 99 BetrVG 1972). Der Ausschluss einer Zustimmungsverweigerung nach Nr. 4 stellt andere Arbeitnehmer nicht schutzlos, da deren Interessen nach wie vor über Nr. 3 geschützt werden. Dagegen ließe sich ein-

Wegfall der Mitbestimmung bei Einverständnis des Arbeitnehmers?

wenden, dass ein Arbeitnehmer wegen des strukturellen Ungleichgewichts zwischen Arbeitgeber und Arbeitnehmer nicht wirksam auf seinen Schutz verzichten könne und eine kollektive Interessenwahrnehmung immer notwendig bleibe. Doch muss der Arbeitnehmer nicht vor sich selbst durch den Betriebsrat geschützt werden. Decken sich die Einschätzung des Betriebsrats und des Arbeitnehmers nicht, muss letzterer auch auf seinen Schutz verzichten können. Allerdings ist zur Minimierung des **Missbrauchsrisikos** durch den Arbeitgeber nur dann von einem das Mitbestimmungsrecht des Betriebsrats ausschließenden Einverständnis auszugehen, wenn wirklich sichergestellt ist, dass der Arbeitnehmer die Versetzung selbst gewünscht hat oder diese tatsächlich seinen Wünschen und seiner freien Entscheidung entspricht. Dazu reicht es nicht aus, dass der Arbeitnehmer sich gegen die mit einer Versetzung einhergehenden Änderungskündigung nicht mit der Änderungsschutzklage zur Wehr setzt (BAG 2.4.1996 AP Nr. 9 zu § 99 BetrVG 1972 Versetzung). Begründen lässt sich diese Einschätzung mit der Überlegung, dass der Arbeitnehmer darauf vertraut, der Betriebsrat werde der beruflichen Veränderung über § 99 BetrVG schon entgegentreten.

⊃ **Beispiel:**

Arbeitnehmer A erhält von seinem Arbeitgeber die Anfrage, ob er bereit sei, aufgrund von Umstrukturierungen für einen bestimmten Zeitraum auf eine andere Stelle, deren äußere Umstände erheblich schlechter sind, zu wechseln. Der Arbeitnehmer erklärt sich bereit, da er dem Arbeitgeber – auch im Hinblick auf weitere berufliche Aussichten – entgegenkommen möchte. Der Betriebsrat jedoch verweigert seine Zustimmung, da er ein „Ausnutzen" des Arbeitnehmers befürchtet. In diesem Fall muss dem Willen des Arbeitnehmers der Vorrang eingeräumt werden. Die Zustimmungsverweigerung des Betriebsrats ist unerheblich.

Einstellung Unterschiedlich wird beurteilt, ob der Mitbestimmungstatbestand der Nr. 4 auch im Fall einer **Einstellung** einschlägig sein kann (ablehnend BAG 9.7.1996 AP Nr. 9 zu § 99 BetrVG 1972 Einstellung; a.A. FITTING § 99 Rn. 245). Zwar ist es denkbar, dass Arbeitnehmer zu schlechteren Konditionen als die bereits beschäftigten Arbeitnehmer eingestellt werden sollen. Gegen die Anerkennung des Zustimmungsverweigerungsrechts spricht jedoch, dass der Betriebsrat **keine Legitimation zur Vertragskontrolle** hat.

Rechtfertigende Gründe Stets erforderlich ist, dass der Betriebsrat prüft, ob die **Benachteiligung** des betroffenen Arbeitnehmers nicht eventuell durch betriebliche oder in der Person des Arbeitnehmers liegende Gründe **gerechtfertigt** ist. Als einen betrieblichen Grund in diesem Sinne hat das BAG die Entscheidung des Arbeitgebers klassifiziert, eine Abteilung zu schließen. Sie sei als unternehmerische Entscheidung insbesondere nicht auf ihre Zweckmäßigkeit zu überprüfen (BAG 10.8.1993

III. Mitbestimmung bei personellen Einzelmaßnahmen § 155

NZA 1994, 187). Das deckt sich mit den kündigungsrechtlichen Grundsätzen (siehe unter § 63).

e) Fehlende Ausschreibung im Betrieb (Nr. 5)

Dieser Zustimmungsverweigerungsgrund soll letztlich gewährleisten, dass bereits **beschäftigte Arbeitnehmer** bei neuen Beschäftigungsmöglichkeiten **nicht übergangen werden** und jedenfalls die gleichen Bewerbungsmöglichkeiten haben. Der Betriebsrat muss dem Arbeitgeber im Vorfeld sein Verlangen bezüglich einer internen Stellenausschreibung für den Einzelfall oder generell durch eine Betriebsvereinbarung deutlich machen. Es genügt nicht, sich auf eine bisherige Ausschreibungspraxis zu berufen (BAG 14.12.2004 AP Nr. 121 zu § 99 BetrVG 1972). Aus Gleichbehandlungsgründen kann der Betriebsrat einer Einstellung eines externen Bewerbers auch dann widersprechen, wenn der Arbeitgeber eine neu zu besetzende Stelle im Betrieb anders ausgeschrieben hat, als in einer Zeitung inseriert. In diesem Fall ist das inserierte Stellenangebot – so – noch nicht ausgeschrieben worden (BAG 23.2.1988 AP Nr. 2 § 93 BetrVG 1972). Zum Widerspruch berechtigten soll auch eine nicht den Ausschreibungsgrundsätzen entsprechende oder gegen geltendes Recht verstoßende Ausschreibung (zum Verstoß gegen den damaligen § 611b BGB: LAG Hessen 2.11.1999 AP Nr. 7 zu § 93 BetrVG 1972).

Fehlende Ausschreibung und Fehler in der Form

Die Frage, ob eine Zustimmungsverweigerung dann unzulässig ist, wenn von vornherein feststeht, dass kein Arbeitnehmer für die ausgeschriebene Stelle in Betracht kommt (ErfK/Kania § 99 BetrVG Rn. 35), ist mit der nötigen Vorsicht zu beantworten, da die Ausschreibung an sich erst dazu dient, das Interesse und die mögliche Eignung der Arbeitnehmer festzustellen. In diesem Sinne hat das Hessische LAG die Möglichkeit des Arbeitgebers verneint, sich auf die Rechtsmissbräuchlichkeit der Zustimmungsverweigerung mit dem Hinweis zu berufen, dass für den zu besetzenden Arbeitsplatz kein Mitarbeiter in Betracht kommen oder Interesse haben könne (LAG Hessen 2.11.1999 AP Nr. 7 zu § 93 BetrVG 1972). Bei dem Zustimmungsverweigerungsgrund des § 99 Abs. 2 Nr. 5 BetrVG ist keine weitere Begründung erforderlich, wenn aus der schriftlichen Zustimmungsverweigerung hinreichend deutlich wird, dass der Betriebsrat seine Verweigerung auf das Unterbleiben einer innerbetrieblichen Ausschreibung stützt, welche er zuvor verlangt hat. Auch wenn die Ausschreibung nicht in der Form erfolgt, die mit dem Betriebsrat vereinbart wurde, hat dieser ein Zustimmungsverweigerungsrecht (BAG 18.12.1990 AP Nr. 85 zu § 99 BetrVG 1972).

f) Gefahr für den Betriebsfrieden (Nr. 6)

Der Verweigerungsgrund des § 99 Abs. 2 Nr. 6 BetrVG verlangt, dass bestimmte, in der Vergangenheit liegende Tatsachen objektiv die **Prognose** rechtfertigen, der für die Maßnahme in Aussicht genommene Bewerber oder Arbeitnehmer werde künftig den Betriebsfrie-

Konkretisierungspflicht

den dadurch stören, dass er sich **gesetzwidrig verhalten oder gegen die Grundsätze des § 75 Abs. 1 BetrVG verstoßen wird**. Es ist nicht erforderlich, dass schon die tatsächlichen Grundlagen dieser Prognose in gesetzwidrigen oder die Grundsätze des § 75 Abs. 1 BetrVG verletzenden Handlungen bestehen. Dabei muss nicht das vergangene tatsächliche, sondern das künftig zu besorgende Verhalten gesetzwidrig sein oder gegen § 75 Abs. 1 BetrVG verstoßen. Gründet allerdings die Prognose auf der Annahme, das in der Vergangenheit gezeigte Verhalten des Arbeitnehmers oder Bewerbers werde sich nach Durchführung der personellen Maßnahme wiederholen, fallen beide Aspekte zusammen (BAG 16.11.2004 AP Nr. 44 zu § 99 BetrVG 1972 Einstellung). Eine wirksame Zustimmungsverweigerung des Betriebsrats nach § 99 Abs. 2 Nr. 6 BetrVG, die den Arbeitgeber zu einem gerichtlichen Zustimmungsersetzungsverfahren zwingt, liegt allerdings nur vor, wenn der Betriebsrat auf den Einzelfall bezogene konkrete Tatsachen angibt, aus denen er seine Besorgnis herleitet (BAG 26.1.1988 AP Nr. 50 zu § 99 BetrVG 1972).

3. Verfahren der Mitbestimmung

Unterrichtung

Nach § 99 Abs. 1 BetrVG steht dem Betriebsrat über die geplante personelle Maßnahme ein **Unterrichtungsrecht** zu. Der Arbeitgeber hat die beabsichtigten Maßnahmen zu bezeichnen sowie Auskunft über die **Personen der Beteiligten und zum Arbeitsplatz** zu erteilen. Dazu gehören die Vorlage der erforderlichen Unterlagen und die Auskunft über die Auswirkungen der geplanten Maßnahme. Letztlich richtet sich der genaue Umfang der Unterrichtung des Betriebsrats nach dem **Zweck seiner Beteiligung an personellen Maßnahmen**. Ziel ist es, ihn in die Lage zu versetzen, dass er auf Grundlage der erhaltenen Informationen prüfen kann, ob einer der Zustimmungsverweigerungsgründe vorliegt (BAG 10.8.1993 NZA 1994, 187, 188). Die Unterrichtungspflicht soll dem Betriebsrat somit erst seine ordnungsgemäße und effektive Aufgabenwahrnehmung ermöglichen. Hierzu müssen ihm **alle** für den Arbeitgeber **entscheidungsrelevanten Informationen** von diesem bekanntgegeben werden. Relevante Informationen können sich auch aus Bewerbungsunterlagen nicht berücksichtigter Bewerber, aus Test- und Übungsergebnissen oder aus Protokollen von Bewerbungsgesprächen ergeben, sodass solche Unterlagen, soweit vorliegend, von der Unterrichtungspflicht umfasst sind. Ergeben sich entscheidungsrelevante Tatsachen nicht aus angefertigten Dokumenten, so trifft den Arbeitgeber die Verpflichtung einer mündlichen Unterrichtung (BAG 28.6.2005 AP Nr. 49 zu § 99 BetrVG 1972 Einstellung; BAG 14.12.2004 AP Nr. 122 zu § 99 BetrVG 1972). Zwar verlangt das Gesetz dem Wortlaut nach nur, dass der Betriebsrat „vor" der jeweiligen Maßnahme zu unterrichten ist. Doch hat die Information **spätestens eine Woche vor der Durchführung** der Maßnahme zu erfolgen, weil das Gesetz dem Betriebsrat in Abs. 3 eine Wochenfrist zur Verweigerung der Zustimmung einräumt.

III. Mitbestimmung bei personellen Einzelmaßnahmen § 155

Wird ein Arbeitnehmer **auf Dauer** in einen **anderen Betrieb** des Arbeitgebers versetzt, bedarf es neben der Zustimmung des aufnehmenden auch der Zustimmung des Betriebsrats des abgebenden Betriebs, wenn der Arbeitnehmer mit der Versetzung nicht einverstanden ist (BAG 26.1.1993 AP Nr. 102 zu § 99 BetrVG 1972).

Zuständigkeit der Betriebsräte

„Bei der Versetzung eines Arbeitnehmers von einem Betrieb in einen anderen ist nicht nur der aufnehmende Betrieb unter dem Gesichtspunkt der Einstellung nach § 99 BetrVG zu beteiligen. Auch dem Betriebsrat des abgebenden Betriebs steht ein Mitbestimmungsrecht unter dem Gesichtspunkt der Versetzung zu, welches nur dann entfällt, wenn der Arbeitnehmer mit der Versetzung einverstanden ist. [...] Entgegen der Auffassung des Beklagten war keine Zuständigkeit des Gesamtbetriebsrats gegeben. Es handelt sich weder um eine überbetriebliche Angelegenheit im Sinne des § 50 Abs. 1 BetrVG, noch ist eine wirksame Beauftragung des Gesamtbetriebsrats durch den betroffenen Betriebsrat B. gem. § 50 Abs. 2 BetrVG erfolgt." (BAG 26.1.1993 AP Nr. 102 zu § 99 BetrVG 1972)

Innerhalb **einer Woche** nach Unterrichtung hat der Betriebsrat **über die Zustimmung zu der Maßnahme zu entscheiden** (§ 99 Abs. 3 BetrVG). Die Frist berechnet sich nach §§ 187 Abs. 1, 188 Abs. 2 BGB und kann im Einvernehmen verlängert werden (BAG 16.11.2004 AP Nr. 44 zu § 99 BetrVG 1972 Einstellung). Der Lauf der Frist beginnt erst nach vollständiger Unterrichtung des Betriebsrats (BAG 10.8.1993 NZA 1994, 187). Der Betriebsrat hat drei Möglichkeiten, auf die Maßnahme zu reagieren: er kann der Maßnahme ausdrücklich zustimmen, er kann sie ausdrücklich verweigern oder er kann die Frist schlicht verstreichen lassen. Die Verweigerung der Zustimmung hat gemäß § 99 Abs. 3 BetrVG schriftlich zu erfolgen. Es genügt dabei die Textform i.S.d. § 126 b BGB (BAG 9.12.2008 – 1 ABR 79/07). Dabei ist der Betriebsrat gehalten, **alle Gründe**, aus denen er seine Zustimmung verweigern will, **mitzuteilen**. Auf nicht vorgebrachte Gründe kann er sich im späteren Ersetzungsverfahren nicht berufen (BAG 15.4.1986 AP Nr. 36 zu § 99 BetrVG 1972). Lässt der Betriebsrat die Frist verstreichen, gilt die Zustimmung als erteilt (§ 99 Abs. 3 S. 2 BetrVG).

Stellungnahme innerhalb einer Woche

Hat der Betriebsrat die Zustimmung ordnungsgemäß verweigert, darf der Arbeitgeber die personelle Maßnahme nicht durchführen. Es besteht ein betriebsverfassungsrechtliches **Beschäftigungsverbot**. Der Arbeitgeber kann beim zuständigen Arbeitsgericht beantragen, die fehlende Zustimmung des Betriebsrats zu ersetzen (§ 99 Abs. 4 BetrVG). Abgesehen von Fällen der Ein- oder Umgruppierung kann der Arbeitgeber auch von der Maßnahme absehen. Ferner kann der Arbeitgeber in diesen Fällen sowie in den Fällen, in denen sich der Betriebsrat noch nicht geäußert hat, gemäß § 100 Abs. 1 BetrVG die **Maßnahme vorläufig durchführen**, wenn dies **aus sachlichen Gründen dringend erforderlich** ist. Die Beachtung des betriebsverfassungsrechtlichen Beschäftigungsverbots kann der **Betriebsrat über § 101 BetrVG** gewährleisten, der ihn ermächtigt, beim Arbeits-

Beschäftigungsverbot

gericht die **Aufhebung einer Maßnahme** zu beantragen. Dabei wird der Antrag des Betriebsrats nach § 101 BetrVG auf Aufhebung einer ohne seine Zustimmung durchgeführten Versetzung nicht dadurch unbegründet, dass der Grund, auf den der Betriebsrat seine Zustimmungsverweigerung gestützt hat, im Laufe des Aufhebungsverfahrens wegfällt (BAG 20.11.1990 AP Nr. 47 zu § 118 BetrVG 1972). Da das Gesetz mit § 101 BetrVG bereits ein Sanktionsverfahren für mitbestimmungswidriges Verhalten vorsieht, ist ein Antrag des Betriebsrats, den Arbeitgeber zu verpflichten, zu bereits vorgenommenen Einstellungen nachträglich die Zustimmung des Betriebsrats nach § 99 Abs. 1 BetrVG einzuholen, nicht möglich (BAG 20.2.2001 AP Nr. 33 zu § 99 BetrVG 1972 Einstellung).

Zustimmungsersetzungsverfahren

Geeignetes Mittel des Arbeitgebers, eine „Blockadehaltung" des Betriebsrats zu durchbrechen, ist die Einleitung des Zustimmungsersetzungsverfahrens nach § 99 Abs. 4 BetrVG. Dazu kann es insbesondere auch dann kommen, wenn die Maßnahme seitens des Arbeitgebers vorläufig durchgeführt worden ist und der Betriebsrat das Vorliegen dringender sachlicher Gründe ablehnt (§ 100 Abs. 2 S. 3 BetrVG). **Der Arbeitnehmer**, auf den sich die Maßnahme bezieht, ist **weder antragsbefugt noch Beteiligter** eines eingeleiten Verfahrens. Nicht unproblematisch ist dies insofern, als der Betriebsrat in den Fällen, in denen der Arbeitgeber ein Verfahren nach § 99 Abs. 4 BetrVG nicht anstrengen möchte, dadurch letztinstanzlich über eine Neueinstellung oder berufliche Veränderung eines Arbeitnehmers entscheidet. Besonders brisant wird es, wenn der Arbeitgeber eine Versetzung vornehmen möchte, um die Kündigung eines Arbeitnehmers zu verhindern, der Betriebsrat jedoch die notwendige Zustimmung nicht erteilt. Hier wird der Betriebsrat jedenfalls dann zur Entscheidungsinstanz über das Beschäftigungsschicksal eines Arbeitnehmers, wenn der Arbeitgeber zur Einleitung eines Verfahrens nach § 99 Abs. 4 BetrVG nicht verpflichtet ist und eine Überprüfung der Zustimmungsverweigerung in einem möglichen Kündigungsschutzprozess nicht vorgenommen wird (vgl. BAG 29.1.1997 AP Nr. 32 zu § 1 KSchG 1969 Krankheit, zum „leidensgerechten Arbeitsplatz" siehe unter § 62 III 4). Der Arbeitgeber kann jedoch gegenüber dem Arbeitnehmer verpflichtet sein, ein Zustimmungsersetzungsverfahren durchzuführen, wenn besondere Umstände vorliegen. Dies ist etwa bei schwerbehinderten Arbeitnehmern, bei offensichtlich unbegründetem Widerspruch oder bei kollusivem Zusammenwirken von Arbeitgeber und Betriebsrat der Fall (BAG 22.9.2005 AP Nr. 10 zu § 81 SGB IX).

4. Rechtsstellung des Arbeitnehmers

Unwirksamkeit einer Versetzung bei Zustimmungsverweigerung

Grundlegend für die Auswirkungen einer verweigerten Zustimmung auf die Rechtsstellung des Arbeitnehmers ist die strikte Trennung zwischen der **kollektiven Ebene** (personelle Einzelmaßnahme) einerseits und der **individualrechtlichen Ebene** (individualvertragliche Gestaltungsmaßnahme) andererseits.

III. Mitbestimmung bei personellen Einzelmaßnahmen § 155

⊃ **Beispiel:**
Unter **Versetzung i.S.d. BetrVG ist nur die tatsächliche Zuweisung des Arbeitsplatzes** zu verstehen. Diese ändert nichts an der **Notwendigkeit für den Arbeitgeber**, auch auf **der arbeitsvertraglichen Ebene** eine entsprechende Änderung durch die Ausübung des Direktionsrechts oder den Ausspruch einer Änderungskündigung zu bewirken.

Ob eine Zustimmungsverweigerung nicht nur die geplante personelle Einzelmaßnahme betriebsverfassungsrechtlich unzulässig macht, sondern auch die Unwirksamkeit der individualrechtlichen Gestaltungsmaßnahme zur Folge hat, ist von der jeweiligen Maßnahme und vom Sinn und Zweck des Mitbestimmungsrechts abhängig (BAG 5.4.2001 AP Nr. 13 zu § 242 BGB Kündigung). Eine generelle Unwirksamkeit der individualrechtlichen Maßnahme, die den Arbeitnehmer lediglich auf Schadensersatzansprüche verweist, führt nicht in allen Fällen zu akzeptablen Rechtsfolgen (RICHARDI/THÜSING § 99 Rn. 291). Ferner wirkt sich die Unterscheidung zwischen Gestaltungsakten (Einstellung und Versetzung) und Beurteilungsakten (Ein-/Umgruppierung) auch auf der Individualebene aus.

Im Fall einer **Einstellung** ist der Arbeitsvertrag trotz der Zustimmungsverweigerung voll wirksam (BAG 5.4.2001 AP Nr. 13 zu § 242 BGB, Kündigung). Dennoch schlägt die Nichtbeachtung des Mitbestimmungsrechts auch auf die individualrechtliche Ebene durch. Der Betriebsrat kann nämlich vom Arbeitgeber verlangen, dass der Arbeitnehmer nicht beschäftigt wird (§ 101 BetrVG). Dies lässt den Lohnanspruch gem. § 615 S. 1 BGB unberührt. Der Arbeitgeber ist jedoch befugt, dem Arbeitnehmer wegen des betriebsverfassungsrechtlichen Beschäftigungsverbots betriebsbedingt zu kündigen (BAG 2.7.1980 AP Nr. 5 zu § 101 BetrVG 1972). Der Arbeitgeber hat sich vor dem Ausspruch einer Kündigung jedoch um die Einholung der Zustimmung zu bemühen. Um Haftungsprobleme wegen Verschuldens bei Vertragsschluss (§ 311a Abs. 2 BGB) zu vermeiden, bietet es sich an, den Arbeitsvertrag unter der aufschiebenden Bedingung der Erteilung der Zustimmung zu schließen.

Einstellung

Der Verstoß gegen die Mitbestimmung bei einer Ein- oder Umgruppierung hat **nur begrenzte Auswirkungen** auf die individualrechtliche Stellung des Arbeitnehmers. Dies liegt bereits daran, dass es sich bei dieser Maßnahme nur um einen Akt der Rechtsanwendung und nicht um einen der Rechtsgestaltung handelt (siehe unter § 155 III 1 b). Daher kann der Betriebsrat auch nicht die Aufhebung der Maßnahme nach § 101 BetrVG verlangen. Auch bei fehlender Zustimmung des Betriebsrats zu einer **Ein- oder Umgruppierung** steht dem Arbeitnehmer die geänderte Vergütung zu. Der Arbeitnehmer hat einen Rechtsanspruch darauf, in die zutreffende Lohn- oder Gehaltsgruppe eingestuft und nach ihr entlohnt zu werden. Er ist entsprechend seiner tatsächlichen Beschäftigung zu vergüten und kann ggf. gerichtlich feststellen lassen, in welche Vergütungsgruppe er einzustufen ist.

Ein- oder Umgruppierung

Versetzung Bei der Versetzung geht das BAG davon aus, dass die Zustimmungsverweigerung oder Nichtbeachtung der Mitbestimmung die **Versetzung** im Sinne der tatsächlichen Zuweisung eines Arbeitsplatzes auch **individualrechtlich unwirksam** macht (BAG 26.1.1988 AP Nr. 50 zu § 99 BetrVG 1972; BAG 5.4.2001 AP Nr. 32 zu § 99 BetrVG 1972 Einstellung). Die Folge der Unwirksamkeit der individualrechtlichen Zuweisung des Arbeitsplatzes entnimmt das BAG der Vorschrift des § 134 BGB, weil § 99 Abs. 1 BetrVG bei der Versetzung nicht ausschließlich kollektiven Interessen zu dienen bestimmt sei, sondern auch dem Schutz des betroffenen Arbeitnehmers (BAG 5.4.2001 AP Nr. 32 zu § 99 BetrVG 1972 Einstellung).

Das bedeutet, dass der Arbeitnehmer berechtigt ist, an seinem alten Arbeitsplatz weiterbeschäftigt zu werden (BAG 26.1.1988 AP Nr. 50 zu § 99 BetrVG 1972). Dies wiederum hat zur Folge, dass ihm ein **Leistungsverweigerungsrecht** gegenüber dem Arbeitgeber zusteht, das auch einer Kündigung des Arbeitnehmers entgegensteht. Das Recht des Arbeitnehmers, die Leistung auf dem zugewiesenen Arbeitsplatz zu verweigern, besteht – anders als bei der Einstellung (vgl. BAG 5.1.2001 AP Nr. 32 zu § 99 BetrVG 1972 Einstellung) – unabhängig davon, ob der Betriebsrat die Aufhebung der Maßnahme nach § 101 BetrVG verlangt hat. Dies ergibt sich aus der Konsequenz der Annahme des Individualschutzes bei der Versetzung.

Bedarf die Versetzung individualrechtlich einer **Änderungskündigung**, so ist die Wirksamkeit dieser unabhängig von der Zustimmung des Betriebrats nach § 99 BetrVG zu beurteilen (BAG 30.9.1993 AP Nr. 33 zu § 2 KSchG 1969). Trotz Verweigerung der Zustimmung kann die Änderungskündigung demnach wirksam sein. Dies steht zumindest dann nicht im Widerspruch zur bereits erörterten Rechtsprechung, wenn man darauf abstellt, dass der individuelle Schutz des Arbeitnehmers parallel zum Recht des Betriebsrates verläuft. Auch dieser kann nur die Durchführung der Maßnahme – also die tatsächliche Beschäftigung auf dem zugewiesenen Arbeitsplatz – verhindern. Um dieses Ziel zu erreichen, bedarf es indes nicht der Unwirksamkeit der Änderungskündigung. Ferner würde die Rechtsfolge der Unwirksamkeit der Änderungskündigung dem System der §§ 99 ff. und § 102 f. BetrVG widersprechen.

IV. „Mitbestimmung" bei Kündigungen

Literatur: BADER, Die Anhörung des Betriebsrats – eine Darstellung anhand der neueren Rechtsprechung, NZA-RR 2000, 57; GRIESE, Neuere Tendenzen bei der Anhörung des Betriebsrats vor der Kündigung, BB 1990, 1899; ISENHARDT, § 102 BetrVG auf dem Prüfstand – neue Zeiten, andere Rechtsprechung?, FS 50 Jahre BAG (2004), S. 943; KAISER, Kündigungsprävention durch den Betriebsrat, FS Löwisch (2007), S. 153; KRAFT, Das Anhörungsverfahren gemäß § 102 BetrVG und die „subjektive Determinierung" der Mitteilungspflicht, FS Kissel (1994), S. 611; OETKER, Die Anhörung des Betriebsrats vor Kündigungen und die Darlegungs- und Beweislast im Kündigungsschutzprozess, BB 1989, 417.

IV. „Mitbestimmung" bei Kündigungen — § 155

1. Allgemeines

§ 102 BetrVG normiert die Pflicht des Arbeitgebers, den Betriebsrat vor jeder Kündigung zu hören, und bildet damit den **Kern eines präventiven, kollektiv-rechtlichen Kündigungsschutzes**, dem in Praxis, Rechtsprechung und Schrifttum zu Recht erhebliche Bedeutung beigemessen wird. Eine ohne die vorherige Anhörung des Betriebsrats ausgesprochene Kündigung ist unwirksam, § 102 Abs. 1 S. 3 BetrVG. Das Anhörungserfordernis soll den Arbeitgeber dazu veranlassen, eventuell vom Betriebsrat vorgetragene Bedenken zu berücksichtigen und ggf. vom Ausspruch einer Kündigung abzusehen. Der Entscheidungsprozess des Arbeitgebers kann retardiert, wenn nicht sogar revidiert werden. Da es entscheidend auf die bloße Möglichkeit ankommt, ist es für die Wirksamkeit der Anhörung unerheblich, ob der Arbeitgeber seinen Kündigungswillen bei Einleitung des Anhörungsverfahrens bereits abschließend gebildet hat (str., so in Abweichung von früherer Rechtsprechung BAG 13.11.1975 AP Nr. 7 zu § 102 BetrVG 1972).

Sinn und Zweck

Um das kündigungsschutzrechtliche Mandat des Betriebsrats effektiv zu gestalten, gehen die Verpflichtungen des Arbeitgebers über die bloße Mitteilung seiner Kündigungsabsicht hinaus. Er muss dem Betriebsrat **Gelegenheit** geben, zu der geplanten Kündigung **Stellung zu nehmen**. Letzteres ist dem Betriebsrat jedoch nur dann möglich, wenn er über **hinreichende Informationen** verfügt, um den kündigungsbegründenden Sachverhalt beurteilen zu können. Daher ist die tatsächliche Mitteilung der Gründe für die Kündigung zentrale Voraussetzung für eine sinn- und zweckmäßige Beteiligung des Betriebsrats.

Informationspflicht

Eine Bindung des Arbeitgebers an die Stellungnahme des Betriebsrats ist allerdings nicht vorgesehen, auch nicht für den Fall, dass der Betriebsrat gegenüber einer ordentlichen Kündigung Widerspruch erhebt. **Der Arbeitgeber bleibt in seiner Entscheidung, ob er kündigen will oder nicht, frei.** Er muss seine Kündigungsabsicht auch nicht mit dem Betriebsrat beraten. Tatsächlich unterbinden kann der Betriebsrat eine Kündigung nur, wenn er und der Arbeitgeber gem. § 102 Abs. 6 BetrVG vereinbart haben, dass Kündigungen der Zustimmung des Betriebsrats bedürfen.

Keine Bindungswirkung

2. Sachlicher Geltungsbereich

Das Beteiligungsrecht kann nur in einem nach § 1 BetrVG **betriebsratsfähigen Betrieb** von einem **bestehenden Betriebsrat** ausgeübt werden. Der Arbeitgeber ist nicht verpflichtet, mit dem Ausspruch einer Kündigung zu warten, bis sich der Betriebsrat (z.B. nach Neuwahlen) konstituiert hat (BAG 23.8.1984 AP Nr. 17 zu § 103 BetrVG). Der von der Kündigung bedrohte Arbeitnehmer muss dem Betrieb, für den der Betriebsrat gebildet worden ist, angehören. Die **Anhörung eines falschen Betriebsrats** (z.B. bei vorübergehender Entsendung eines Arbeitnehmers in einen anderen Betrieb) steht der un-

Betriebsrat muss bestehen

terbliebenen Anhörung gleich und **macht die Kündigung unwirksam**. Insbesondere bei Leiharbeitnehmern ist zu beachten, dass bei der Kündigung des Arbeitsverhältnisses durch den Verleiher als alleiniger Vertragspartner „dessen" Betriebsrat und nicht der des Betriebes des Entleihers angehört werden muss.

Betriebsteil

Betrifft die Kündigung einen in einem **Betriebsteil** beschäftigten Arbeitnehmer, hängt die Anhörung des Betriebsrats des Hauptbetriebes von der Selbständigkeit bzw. Unselbständigkeit des Betriebsteils ab (§ 4 Abs. 1 BetrVG). Ein selbständiger Betriebsteil kann einen eigenen Betriebsrat bilden. Der Betriebsrat des Hauptbetriebes ist für den selbständigen Betriebsteil nicht zuständig und demnach vor der Kündigung grundsätzlich nicht anzuhören. Etwas anderes kann sich bei einem selbständigen betriebsratslosen Betriebsteil ergeben, der bei der Wahl des Betriebsrats des Hauptbetriebs nach den Vorgaben des § 4 Abs. 1 S. 2 BetrVG beteiligt wurde. Bei einem unselbständigen Betriebsteil ist der Betriebsrat des Hauptbetriebs dagegen vor der Kündigung anzuhören. Sind die Arbeitnehmer des unselbständigen Betriebsteils jedoch fehlerhaft an der Wahl des Betriebsrats im Hauptbetrieb nicht beteiligt worden, können sie sich auf die Unwirksamkeit der Kündigung unter Umständen jedoch nicht berufen, wenn sie die Betriebsratswahl nicht angefochten haben (so BAG 3.6.2004 AP Nr. 141 zu § 102 BetrVG 1972; a.A. FITTING § 102 Rn. 20c). Aus Gründen der Rechtssicherheit (vgl. § 19 BetrVG) soll in diesen Fällen der Nichtanfechtung der Wahl der Betriebsrat nur die Belegschaft repräsentieren, die ihn gewählt hat. Ob dies auch Geltung beanspruchen kann, wenn der Betriebsteil offensichtlich nicht die Voraussetzungen eines selbständigen Betriebsteils – etwa wegen Unterschreitung des Schwellenwertes – erfüllt, ist zweifelhaft (in der Entscheidung zugrunde liegenden Fall waren 12 Arbeitnehmer im Betriebsteil beschäftigt, strittig und im Ergebnis offen gelassen war die Frage der weiten Entfernung i.S.v. § 4 Abs. 1 S. 1 Nr. 1 BetrVG).

Arbeitskampf

Ob § 102 BetrVG auch während eines **Arbeitskampfs** Anwendung findet, ist umstritten (siehe unter § 151 IV). Das BAG unterscheidet zwischen arbeitskampfbedingten, mitbestimmungsfreien und nicht arbeitskampfbedingten, mitbestimmungsfreien Kündigungen. Als arbeitskampfbedingte Kündigung lässt sich eine solche bezeichnen, mit welcher der Arbeitgeber auf Kampfmaßnahmen der Arbeitnehmer reagiert (vgl. BAG 6.3.1979 AP Nr. 20 zu § 102 BetrVG 1972).

3. Persönlicher Geltungsbereich

a) Leitende Angestellte – Sprecherausschussgesetz

Anhörungsrecht des Sprecherausschusses

Auf **leitende Angestellte** findet das BetrVG nach § 5 Abs. 3 BetrVG keine Anwendung. Für den Kreis der leitenden Angestellten besteht aber nach dem Sprecherausschussgesetz ein Anhörungsrecht des Sprecherausschusses (§ 31 Abs. 2 SprAuG); darüber hinaus ist die Mitteilung an den Betriebsrat erforderlich (§ 105 BetrVG). Welches

IV. „Mitbestimmung" bei Kündigungen § 155

Recht anwendbar ist, richtet sich danach, ob der Arbeitnehmer tatsächlich als leitender Angestellter einzustufen ist (siehe unter § 147 III 3).

Im Kündigungsschutzprozess wird als Vorfrage geprüft, ob der gekündigte Angestellte ein leitender Angestellter war oder nicht (BAG 29.1.1980 AP Nr. 22 zu § 5 BetrVG 1972). Daher besteht bei einer **Anhörung des falschen Gremiums** das Risiko, dass die Kündigung allein aus diesem Grunde gem. § 102 Abs. 1 S. 2 BetrVG bzw. § 31 Abs. 2 S. 3 SprAuG unwirksam ist. Zu empfehlen ist daher, in Zweifelsfällen sowohl den Betriebsrat als auch den Sprecherausschuss anzuhören.

Fehlerrisiko

b) Im Ausland tätige/ausländische Arbeitnehmer

Die Anhörung hat auch dann stattzufinden, wenn ein Arbeitnehmer vorübergehend ins Ausland entsendet wird, aber nach den Grundsätzen über den räumlichen Geltungsbereich eine Ausstrahlungswirkung des BetrVG anzunehmen ist. Grundsätzlich ist § 102 BetrVG wegen des Territorialitätsprinzips (siehe unter § 147 II) auch bei Kündigungen gegenüber ausländischen Arbeitnehmern, die im Inland tätig werden, einschlägig. Unerheblich ist in diesem Zusammenhang jedenfalls, ob das KSchG oder deutsches Arbeitsvertragsrecht Anwendung findet (siehe unter § 147 III 2 c).

4. Betriebsratsanhörung nach Betriebsübergang

Werden nach dem Übergang eines Betriebs oder Betriebsteils i.S.d. § 613a BGB Kündigungen ausgesprochen, die nicht unter das Kündigungsverbot des § 613a Abs. 4 BGB (siehe unter § 73 III 5) fallen, ist hinsichtlich der Betriebsratsanhörung zwischen unterschiedlichen Fallkonstellationen zu unterscheiden:

Unterschiedliche Fallkonstellationen

Wenn ein **ganzer Betrieb** übertragen, in Zukunft als **eigenständige** organisatorische Einheit fortgeführt und die Betriebsidentität gewahrt wird, bleibt der **Betriebsrat in unveränderter Form** bestehen, so dass dieser gem. § 102 Abs. 1 BetrVG vor jeder Kündigung anzuhören ist.

Übertragung eines ganzen Betriebs

Im Falle der **Spaltung und Zusammenlegung von Betriebsteilen**, durch die die Betriebsidentität berührt wird, kommt – je nach der konkreten Konstellation – ein Übergangsmandat des bisherigen Betriebsrats in Betracht, der auch für die Wahrnehmung der Mitbestimmungsrechte aus § 102 BetrVG zuständig ist, bis ein neuer Betriebsrat gewählt worden ist. Wird ein übertragener Betrieb oder Betriebsteil **in einen Betrieb des Erwerbers eingegliedert**, ist ein Übergangsmandat aber nicht erforderlich, wenn in dem Erwerberbetrieb ein Betriebsrat besteht § 21a Abs. 1 S. 1 BetrVG. In jedem Falle besteht das Übergangsmandat, wenn der Erwerber einen ehemals unselbständigen Betriebsteil als selbständigen Betrieb (ohne Betriebsrat) fortführt.

Übergangsmandat bei Verlust der Betriebsidentität

Kündigung widersprechender Arbeitnehmer

Macht der Arbeitnehmer bei einem Betriebsübergang von seinem **Widerspruchsrecht** (siehe unter § 73 III 2) Gebrauch und wird diesem Arbeitnehmer von seinem bisherigen Arbeitgeber gekündigt, kann fraglich sein, ob überhaupt und welcher Betriebsrat für die Anhörung zuständig ist. Durch den Widerspruch kann der Betriebsrat des Erwerberbetriebs nicht mehr zuständig sein. Der Erwerber muss angesichts des Widerspruchs nicht kündigen. Ob jetzt – nach Ausübung des Widerspruchs – überhaupt ein Betriebsrat zuständig ist, ist unsicher. Denn vielleicht ist der Ursprungsbetrieb nicht mehr vorhanden. Das BAG meint, die Frage hinge davon ab, dass der bisherige Arbeitgeber den widersprechenden Arbeitnehmer einem bestimmten Betrieb zur Arbeitsleistung zuweist. Ohne weiteres kann der Arbeitnehmer nicht irgendeinem Betrieb und damit der Zuständigkeit des dort gebildeten Betriebsrats unterstellt werden, wenn er dort nie gearbeitet hat. Eine „Auffangzuständigkeit" eines möglicherweise existierenden Gesamtbetriebsrats kommt jedenfalls nicht in Betracht mit der Folge, dass der Arbeitnehmer den Schutz des § 102 BetrVG nicht genießt (vgl. BAG 21.3.1996 AP Nr. 81 zu § 102 BetrVG 1972).

„Widerspricht ein Arbeitnehmer dem Übergang seines Beschäftigungsbetriebs auf einen neuen Betriebsinhaber und kündigt daraufhin der bisherige Betriebsinhaber das Arbeitsverhältnis wegen fehlender Weiterbeschäftigungsmöglichkeiten, ohne den Arbeitnehmer zuvor einem anderen Betrieb seines Unternehmens zuzuordnen, so ist zu dieser Kündigung nicht der Gesamtbetriebsrat im Unternehmen des bisherigen Betriebsinhabers anzuhören.

Dies gilt selbst dann, wenn der Widerspruch des Arbeitnehmers dazu führt, dass zu der Kündigung keiner der im Unternehmen des bisherigen Betriebsinhabers gebildeten Einzelbetriebsräte anzuhören ist." (vgl. BAG 21.3.1996 AP Nr. 81 zu § 102 BetrVG 1972)

5. Gegenstand der Anhörung

Anhörung vor Kündigung

Der Betriebsrat ist **vor jeder** Kündigung anzuhören. Davon kann auch nicht in Not- und Eilfällen abgewichen werden, möglich ist nur eine Freistellung des Arbeitnehmers unter Fortzahlung der Bezüge.

a) Beendigungs- und Änderungskündigungen

Beendigungskündigungen aller Art

Der Betriebsrat ist vor jeder ordentlichen oder außerordentlichen **Beendigungskündigung** zu hören. Erfasst sind auch Kündigungen, die vor Ablauf von 6 Monaten seit Bestehen des Arbeitsverhältnisses – also vor erfüllter Wartefrist des § 1 Abs. 1 KSchG – ausgesprochen werden sollen. Eine Anhörungspflicht besteht auch bei Kündigungen vor Dienstantritt, vorsorglichen Kündigungen oder Wiederholungskündigungen.

Hilfsweise Kündigung

Will der Arbeitgeber eine **außerordentliche Kündigung** und **hilfsweise** eine **ordentliche Kündigung** aussprechen, muss der Betriebsrat

IV. „Mitbestimmung" bei Kündigungen

zu beiden Kündigungen angehört werden. Etwas anderes gilt ausnahmsweise nur dann, wenn erkennbar ist, dass der einer außerordentlichen Kündigung zustimmende Betriebsrat auch der ordentlichen Kündigung zugestimmt hätte (BAG 20.9.1984 AP Nr. 80 zu § 626 BGB).

„Lediglich dann, wenn der Betriebsrat ausdrücklich und vorbehaltlos der außerordentlichen Kündigung zugestimmt hat und einer ordentlichen Kündigung erkennbar nicht entgegengetreten wäre, reicht die wirksame Anhörung zur außerordentlichen Kündigung auch zur ordentlichen Kündigung aus." (BAG 20.9.1984 AP Nr. 80 zu § 626 BGB)

Da § 102 Abs. 1 BetrVG die Erforderlichkeit der Anhörung für alle Kündigungen konstituiert, besteht die Anhörungspflicht auch bei **Änderungskündigungen**. Dabei finden bei einer Änderungskündigung, die auf eine Versetzung des Arbeitnehmers i.S.v. § 95 Abs. 3 BetrVG zielt, §§ 102 und 99 BetrVG nach der Rechtsprechung des BAG nebeneinander Anwendung (BAG 30.9.1993 AP Nr. 33 zu § 2 KSchG 1969).

Änderungskündigung

„Beide Formen der Beteiligung sind im Gesetz unterschiedlich ausgestaltet und die Entscheidung des Betriebsrats muss nicht notwendig einheitlich ausfallen. Der Betriebsrat ist nicht gehalten, einer Versetzung und der entsprechenden Änderungskündigung insgesamt zu widersprechen oder zuzustimmen, der Widerspruch kann vielmehr auf die Versetzung oder auf die Änderungskündigung beschränkt werden." (BAG 30.9.1993 AP Nr. 33 zu § 2 KSchG 1969)

Verlangt der Betriebsrat vom Arbeitgeber, einem bestimmten Arbeitnehmer zu kündigen, und entschließt sich der Arbeitgeber dazu, so ist eine erneute Beteiligung des Betriebsrats nicht mehr erforderlich (BAG 15.5.1997 AP Nr. 1 zu § 104 BetrVG 1972).

Ausnahme: Kündigung auf Verlangen des Betriebsrats

b) Sonstige Beendigungstatbestände

Bei einer sonstigen Beendigung des Arbeitsverhältnisses (Zeitablauf, Aufhebungsvertrag, Anfechtung [h.M.], Beendigung des Arbeitsverhältnisses durch gerichtliche Entscheidung gem. § 100 Abs. 3, § 101, § 104 BetrVG, Nichtübernahme nach § 78a BetrVG) besteht **kein Anhörungsrecht**. Bei befristeten Arbeitsverhältnissen ist die so genannte Nichtverlängerungsanzeige keine Kündigung im Sinne des § 102 BetrVG. Ein Anhörungsrecht kommt jedoch in Betracht, wenn vorsorglich neben ihr eine Kündigung ausgesprochen wird.

Kein Anhörungsrecht

Insbesondere bei der einvernehmlichen Beendigung des Arbeitsverhältnisses durch einen **Aufhebungsvertrag** besteht keine Anhörungsverpflichtung gegenüber dem Betriebsrat. Insoweit sind die objektive Interessenlage und Schutzbedürftigkeit des Arbeitnehmers nicht die gleichen wie bei einer einseitigen Kündigung durch den Arbeitgeber. Einer Anhörung bedarf es jedoch in Fällen einer Kündigung kombiniert mit einem **Abwicklungsvertrag**, der lediglich die Modalitäten der Abwicklung regelt, nicht aber die Anforderungen an einen Aufhebungsvertrag erfüllt (BAG 28.6.2005 AP Nr. 146 zu § 102 BetrVG 1972).

6. Inhalt und Umfang der Unterrichtungspflicht des Arbeitgebers

a) Adressat der Arbeitgebermitteilung

Zuständig für die Entgegennahme der Mitteilung des Arbeitgebers ist nach § 26 Abs. 2 S. 2 BetrVG der **Vorsitzende des Betriebsrats**, im Falle seiner Verhinderung sein Stellvertreter. Hat der Betriebsrat einen **Ausschuss für Personalangelegenheiten** gebildet, ist dessen **Vorsitzender** bzw. sein Stellvertreter berechtigt und verpflichtet, die Informationen des Arbeitgebers entgegenzunehmen. Eine Verpflichtung zur Entgegennahme besteht allerdings nur, wenn die Mitteilung des Arbeitgebers während der Arbeitszeit erfolgt. Soweit der Betriebsratsvorsitzende eine Unterrichtung des Arbeitgebers z.B. während einer betrieblichen Abendveranstaltung dennoch widerspruchslos hinnimmt, ist diese dem Betriebsrat auch zugegangen (BAG 27.8.1982 AP Nr. 25 zu § 102 BetrVG 1972). Für den Fall, dass ausnahmsweise kein zur Entgegennahme Berechtigter vorhanden ist (Urlaubsabwesenheit), ist jedes Betriebsratsmitglied berechtigt und verpflichtet, Erklärungen des Arbeitgebers für den Betriebsrat entgegenzunehmen (BAG 27.6.1985 AP Nr. 37 zu § 102 BetrVG).

b) Mindestinhalt der Unterrichtung

Formfreiheit

Die Unterrichtung des Betriebsrats muss nicht schriftlich erfolgen (BAG 6.2.1997 AP Nr. 85 zu § 102 BetrVG 1972).

„§ 102 Abs. 1 BetrVG enthält für das Anhörungsverfahren keine Formvorschrift. [...] [Es] folgt weder aus der vom Arbeitgeber gewählten schriftlichen Form der Anhörungseinleitung noch aus der Komplexität des Kündigungssachverhalts eine Verpflichtung des Arbeitgebers, sich auf schriftliche Informationen zu beschränken oder gar vorhandene schriftliche Unterlagen dem Betriebrat auszuhändigen." (BAG 6.2.1997 AP Nr. 85 zu § 102 BetrVG 1972)

Beachte: Zweck der Mitteilungspflicht

Dem Betriebsrat muss aus der Mitteilung erkennbar sein, dass seine Beteiligung im Verfahren nach § 102 BetrVG verlangt wird. Mitzuteilen sind alle Umstände, die der Betriebsrat **kennen muss, um eine Stellungnahme zu der beabsichtigten Kündigung abgeben zu können** (BAG 15.12.1994 AP Nr. 67 zu § 1 KSchG 1969 Betriebsbedingte Kündigung).

„Aus dem Sinn und Zweck der Anhörung folgt für den Arbeitgeber die Verpflichtung, die Gründe für seine Kündigungsabsicht derart mitzuteilen, dass der Betriebsrat sich über die Person des betroffenen Arbeitnehmers und über die Kündigungsgründe für seine Stellungnahme ein Bild machen kann." (BAG 15.12.1994 AP Nr. 67 zu § 1 KSchG 1969 Betriebsbedingte Kündigung)

IV. „Mitbestimmung" bei Kündigungen § 155

Der genaue Umfang der Unterrichtungspflicht hängt vom **Kenntnisstand des Betriebsrats** ab (BAG 27.2.1997 AP Nr. 36 zu § 1 KSchG 1969 Verhaltensbedingte Kündigung). Die Verpflichtung zur vollständigen Mitteilung der Umstände entfällt, wenn der Betriebsrat den erforderlichen Kenntnisstand bereits besitzt. Das Beweisrisiko hierfür trägt jedoch der Arbeitgeber (BAG 27.6.1985 AP Nr. 37 zu § 102 BetrVG 1972).

„Wenn der Betriebsrat bei Einleitung des Anhörungsverfahrens bereits über den erforderlichen Kenntnisstand verfügt, um über die konkret beabsichtigte Kündigung eine Stellungnahme abgeben zu können, bedarf es keiner weiteren Darlegung der Kündigungsgründe durch den Arbeitgeber mehr. [...] Unterlässt es der Arbeitgeber, den Betriebsrat über die Gründe zu unterrichten, in der irrigen oder vermeintlichen Annahme, dass dieser bereits über den erforderlichen und aktuellen Kenntnisstand verfügt, liegt gleichwohl keine ordnungsgemäße Einleitung des Anhörungsverfahrens vor." (BAG 27.6.1985 AP Nr. 37 zu § 102 BetrVG 1972)

Die Umstände, die der Arbeitgeber in jedem Falle mitzuteilen hat, sind:

Mitzuteilende Umstände

– **Name** des Arbeitnehmers und relevante **Sozialdaten** (Lebensalter, Unterhaltsverpflichtungen, Dauer der Betriebszugehörigkeit und sonstige besondere Umstände, z.B. Schwerbehinderung, vgl. BAG 15.11.1995 AP Nr. 73 zu § 102 BetrVG 1972).

„Die Mitteilung der genauen Sozialdaten kann entbehrlich sein, wenn es auf sie wegen der Schwere der Vorwürfe (hier: Annahme von Schmiergeldern in Millionenhöhe) ausnahmsweise nicht ankommt und der Betriebsrat die Daten ungefähr kennt." (BAG 15.11.1995 AP Nr. 73 zu § 102 BetrVG 1972)

„Wenn eine Sozialauswahl nach der für den Betriebsrat erkennbaren Auffassung des Arbeitgebers wegen der Stilllegung des gesamten Betriebes nicht vorzunehmen ist, braucht der Arbeitgeber den Betriebsrat nicht nach § 102 BetrVG über Familienstand und Unterhaltspflichten der zu kündigenden Arbeitnehmer unterrichten (Teilweise Aufgabe von BAG 16. September 1993 – 2 AZR 267/93 – BAGE 74, 185)." BAG 13.5.2004 AP Nr. 140 zu § 102 BetrVG 1972

– **Art der Kündigung** (ordentliche oder außerordentliche Kündigung, BAG 29.8.1991 AP Nr. 58 zu § 102 BetrVG 1972).

„Die ordnungsgemäße Anhörung des Betriebsrats nach § 102 Abs. 1 BetrVG setzt u.a. voraus, dass der Arbeitgeber dem Betriebsrat die Art der beabsichtigten Kündigung, insbesondere also mitteilt, ob eine ordentliche oder eine außerordentliche Kündigung ausgesprochen werden soll." (BAG 29.8.1991 AP Nr. 58 zu § 102 BetrVG 1972)

– **Kündigungstermin** und Ablauf der Kündigungsfrist (BAG 28.2.1974 AP Nr. 2 zu § 102 BetrVG 1972; BAG 26.1.1995 AP Nr. 69 zu § 102 BetrVG 1972).

– **Kündigungsgrund**: Welche Angaben der Arbeitgeber im Einzelfall zum Kündigungsgrund machen muss, hängt nicht zuletzt davon ab, an welchen gesetzlichen Anforderungen der Kündigungsgrund des Arbeitgebers zu messen ist (§ 59 II).

c) Insbesondere: Kündigungsgrundbezogener Inhalt der Mitteilung

aa) Allgemeines

Ordnungsgemäße Anhörung erforderlich

Auch die nicht ordnungsgemäße bzw. nicht ausreichende Unterrichtung des Betriebsrats über die Kündigungsgründe führt zur Unwirksamkeit nach § 102 BetrVG, weil Sinn und Zweck des Anhörungsverfahrens nur erfüllt werden können, wenn der **Arbeitgeber seine Gründe für die Kündigung in der Substanz vollständig darlegt** (BAG 16.9.1993 AP Nr. 62 zu § 102 BetrVG 1972). Der Arbeitgeber ist gehalten, dem Betriebsrat Informationen zu geben bzw. nicht vorzuenthalten, ohne die bei ihm ein falsches Bild über den Kündigungssachverhalt entstünde (BAG 8.9.1988 AP Nr. 49 zu § 102 BetrVG 1972). Eine aus Sicht des Arbeitgebers bewusst unrichtige oder unvollständige und dadurch irreführende Darstellung des Kündigungssachverhalts stellt daher keine ordnungsgemäße Anhörung dar. Durch eine solche Darstellung verletzt der Arbeitgeber nicht nur die im Anhörungsverfahren geltende Pflicht zur vertrauensvollen Zusammenarbeit nach §§ 2 Abs. 1, 74 BetrVG, sondern er setzt den Betriebsrat auch außer Stande, sich ein zutreffendes Bild von den Gründen für die Kündigung zu machen (BAG 22.9.1994 AP Nr. 68 zu § 102 BetrVG 1972).

„Wenn der Arbeitgeber dem Betriebsrat bewusst ihm bekannte und seinen Kündigungsentschluss bestimmende Tatsachen vorenthält, die nicht nur eine Ergänzung oder Konkretisierung des mitgeteilten Sachverhaltes darstellen, sondern diesem erst das Gewicht eines Kündigungsgrundes geben oder weitere eigenständige Kündigungsgründe beinhalten, dann ist das Anhörungsverfahren fehlerhaft und die Kündigung nach § 102 BetrVG unwirksam." (BAG 8.9.1988 AP Nr. 49 zu § 102 BetrVG 1972)

Subjektive Determinierung

Der Sachverhalt muss derart mitgeteilt werden, dass der Betriebsrat ohne zusätzliche eigene Nachforschungen in der Lage ist, die Stichhaltigkeit der Kündigungsgründe zu prüfen und eine Stellungnahme abzugeben (BAG 2.3.1989 AP Nr. 101 zu § 626 BGB). Eine pauschale, schlag- oder stichwortartige Bezeichnung des Kündigungsgrunds reicht nicht aus. Allerdings ist das Anhörungsverfahren „**subjektiv determiniert**", der Betriebsrat also immer schon dann ordnungsgemäß angehört, wenn der **Arbeitgeber** ihm die **aus seiner Sicht** tragenden Umstände für die Kündigung unterbreitet hat. Der Arbeitgeber ist daher nicht dazu verpflichtet, Gründe mitzuteilen, die für seinen Kündigungsentschluss nicht von Bedeutung waren (st.Rspr., vgl. nur BAG 8.9.1988 AP Nr. 49 zu § 102 BetrVG 1972; BAG 16.9.2004 AP Nr. 142 zu § 102 BetrVG 1972). Ob sie die Kündigung letztlich rechtfertigen, sich als unzutreffend herausstellen oder aber vom Arbeitgeber nicht bewiesen werden können, ist bei der Prüfung

IV. „Mitbestimmung" bei Kündigungen § 155

der ordnungsgemäßen Durchführung des Anhörungsverfahrens unerheblich (BAG 24.3.1977 AP Nr.12 zu § 102 BetrVG 1972).

„Ebenso zutreffend geht das LAG auch davon aus, dass an die Mitteilungspflicht des Arbeitgebers bei der Betriebsratsanhörung nicht dieselben Anforderungen zu stellen sind wie an die Darlegungslast im Kündigungsschutzprozess, sondern der Grundsatz der sog. **„subjektiven Determinierung"** gilt, dem zufolge der Betriebsrat immer dann ordnungsgemäß angehört worden ist, wenn der Arbeitgeber die aus seiner Sicht tragenden Umstände unterbreitet hat [...]. Teilt der Arbeitgeber dem Betriebsrat objektiv kündigungsrechtlich erhebliche Tatsachen nicht mit, weil er die Kündigung darauf (zunächst) nicht stützen will oder weil er sie bei seinem Kündigungsentschluss für unerheblich oder entbehrlich hält, dann ist die Anhörung selbst ordnungsgemäß. Die in objektiver Hinsicht unvollständige Unterrichtung hat lediglich mittelbar die Unwirksamkeit der Kündigung zur Folge, wenn der mitgeteilte Sachverhalt zur sozialen Rechtfertigung der Kündigung nicht ausreicht, weil es dem Arbeitgeber verwehrt ist, Gründe nachzuschieben, die nicht Gegenstand der Betriebsratsanhörung waren." (BAG 17.2.2000 AP Nr. 113 zu § 102 BetrVG 1972)

Dabei gehört zu einer vollständigen und wahrheitsgemäßen Information des Betriebsrats auch die Unterrichtung über dem Arbeitgeber bekannte und von ihm als für eine Stellungnahme des Betriebsrats möglicherweise bedeutsam erkannte Tatsachen, die den **Arbeitnehmer entlasten** und **gegen den Ausspruch einer Kündigung sprechen** (BAG 6.2.1997 AP Nr. 85 zu § 102 BetrVG 1972).
Entlastungstatsachen

Auch die Mitteilung von **Scheingründen** oder die unvollständige Mitteilung von Kündigungsgründen unter **bewusster Verschweigung** der wahren Kündigungsgründe genügt für eine ordnungsgemäße Anhörung nicht. Kommen – aus Sicht des Arbeitgebers – für eine Kündigung mehrere Sachverhalte und Kündigungsgründe in Betracht, so führt jedoch das bewusste Verschweigen eines von mehreren Sachverhalten nicht zur Unwirksamkeit der Anhörung (BAG 16.9.2004 AP Nr. 142 zu § 102 BetrVG 1072).
Bewusstes Verschweigen

Dem Betriebsrat bereits bekannte Tatsachen muss der Arbeitgeber nur eingeschränkt mitteilen. Weiß der Betriebsrat ebenso viel oder sogar mehr als der Arbeitgeber, muss der Arbeitgeber lediglich mitteilen, auf welchen **kündigungsrechtlich relevanten „Tatsachenkomplex"** er die Kündigung stützt. Denn der Betriebsrat muss vom Arbeitgeber so viel erfahren, dass er – auch unter Rückgriff auf vorhandene Kenntnisse – die ihm in § 102 BetrVG eingeräumten Rechte bezogen auf die konkret beabsichtigte Kündigung ausüben kann. Ansonsten weiß er nicht, ob er etwa ein Widerspruchsrecht hat, in welcher Richtung er den Arbeitnehmer befragen oder sonstige Erkundigungen im Betrieb einholen und mit welchen Argumenten er Erörterungen mit dem Arbeitgeber führen soll. Erklärt der Arbeitgeber etwa nur, es solle gekündigt werden, Gründe gebe es genug und sie seien dem Betriebsrat alle bekannt, ist selbst dann keine ordnungsgemäße Unterrichtung gegeben, wenn der Betriebsrat alle Tat-
Bekannte Tatsachen

sachen kennt. Teilt der Arbeitgeber dem Betriebsrat aber z.B. mit, der Arbeitnehmer solle wegen eines bestimmten näher bezeichneten Ereignisses gekündigt werden, und weiß der Betriebsrat – etwa auf Grund einer Vorbefassung -, welche konkreten Vorgänge damit gemeint sind, so liegt zum einen eine ordnungsgemäße Anhörung vor und zum anderen ist der Arbeitgeber mit den dem Betriebsrat bekannten Einzelheiten im Prozess nicht präkludiert, auch wenn die Einzelheiten des Hergangs nicht ausdrücklich mitgeteilt wurden (BAG 11.12.2003 AP Nr. 65 zu § 1 KSchG 1969 Soziale Auswahl).

Mitteilung möglicher Widerspruchsgründe

Der Arbeitgeber hat dem Betriebsrat auch die Gründe für die Kündigung mitzuteilen, die nach **§ 102 Abs. 3 Nr. 3 bis 5 BetrVG** den Betriebsrat zum **Widerspruch** berechtigen könnten. Wie ausführlich der Arbeitgeber den Betriebsrat über die Kündigungsgründe zu informieren hat, ergibt sich hierbei aus dem oben aufgezeigten **Sinn und Zweck** des Anhörungsverfahrens. So genügt der Arbeitgeber seiner Mitteilungspflicht gegenüber dem Betriebsrat beispielsweise dann mit dem Hinweis, dass für den betroffenen Arbeitnehmer keine Weiterbeschäftigungsmöglichkeit bestehe, wenn der Arbeitgeber **subjektiv** davon ausgeht, dass für den Arbeitnehmer kein geeigneter Arbeitsplatz vorhanden ist. Hat der Betriebsrat den Arbeitgeber allerdings vor Einleitung des Anhörungsverfahrens auf einen unbesetzten Arbeitsplatz hingewiesen und geltend gemacht, dass auf diesem Arbeitsplatz eine Weiterbeschäftigungsmöglichkeit bestehe, ist der Arbeitgeber verpflichtet, weitere konkrete Auskünfte über diesen Arbeitsplatz zu erteilen, da der Betriebsrat sich nur auf diese Weise ein Bild über die Stichhaltigkeit der Kündigungsgründe und ein etwaiges Widerspruchsrecht machen kann. Kommt der Arbeitgeber dieser Verpflichtung nicht nach, macht dies die Kündigung unwirksam.

bb) Nachschieben von Kündigungsgründen

Mitteilung weiterer Gründe vor Kündigung

Innerhalb des Anhörungsverfahrens und vor Ausspruch der Kündigung kann der Arbeitgeber weitere Tatsachen, ggf. auch auf Nachfrage des Betriebsrats, mitteilen, die im Kündigungsschutzprozess verwertbar sind. Dies setzt jedoch voraus, dass der Arbeitgeber nach dieser weiteren Mitteilung die Äußerungsfrist des § 102 Abs. 2 BetrVG bzw. die abschließende Stellungnahme des Betriebsrats erneut abwartet, bevor er die beabsichtigte Kündigung ausspricht (BAG 6.2.1997 AP Nr. 85 zu § 102 BetrVG 1972).

Nachschieben von Kündigungsgründen im Prozess

Materiell-rechtlich können Kündigungsgründe, die **bei Ausspruch der Kündigung bereits entstanden waren, dem Arbeitgeber aber erst später bekannt geworden sind**, im Kündigungsschutzprozess uneingeschränkt nachgeschoben werden. Die auf diese Gründe gestützte Kündigung ist vor dem Hintergrund des § 102 BetrVG jedoch nur dann wirksam, wenn der Betriebsrat auch zu diesen Gründen angehört worden ist, bevor sie in den Prozess eingebracht werden. Daher scheitert das Nachschieben in der Praxis häufig an der fehlenden er-

IV. „Mitbestimmung" bei Kündigungen   § 155

neuten Anhörung des Betriebsrats (BAG 11.4.1985 AP Nr. 39 zu
§ 102 BetrVG 1972).

„Betriebsverfassungsrechtlich können Kündigungsgründe, die bei Ausspruch der Kündigung bereits entstanden waren, dem Arbeitgeber aber erst später bekannt geworden sind, im Kündigungsschutzprozess nachgeschoben werden, wenn der Arbeitgeber zuvor den Betriebsrat hierzu erneut angehört hat." (BAG 11.4.1985 AP Nr. 39 zu § 102 BetrVG 1972)

Das Nachschieben von Kündigungsgründen, die dem Arbeitgeber **bei Ausspruch der Kündigung bereits bekannt** waren, ist hingegen unzulässig. Kein Nachschieben in diesem Sinne ist das Vertiefen oder Ergänzen von Einzeltatsachen, wenn der Arbeitgeber seine Kündigung auf einen zunächst nur grob umrissenen Tatsachenkomplex stützt, der auch dem Betriebsrat hinreichend bekannt ist (BAG 11.12.2003 AP Nr. 65 zu § 1 KSchG 1969 Soziale Auswahl). Weitere Kündigungsgründe, die erst nach Ausspruch der Kündigung entstanden sind, sind unabhängig von § 102 BetrVG für diese Kündigung irrelevant und können – im Falle der Unwirksamkeit der ersten Kündigung – nur für eine weitere Kündigung Bedeutung haben.

cc) Personenbedingte Kündigung

Bei der personen-, insbesondere der krankheitsbedingten Kündigung gem. § 1 Abs. 2 KSchG hat der Arbeitgeber alle kündigungsbegründenden Umstände (siehe unter § 64 I) darzulegen. Er muss dem Betriebsrat daher mitteilen, an welche (fehlenden) **persönlichen Eigenschaften oder Fähigkeiten** die Kündigung anknüpft und welche vertraglichen Interessen hierdurch auch zukünftig beeinträchtigt werden bzw. inwieweit sich konkret feststellbare betriebliche **Beeinträchtigungen** ergeben. Ebenso sind die Umstände mitzuteilen, die der Arbeitgeber im Rahmen der **Interessenabwägung** berücksichtigt hat. Bei der krankheitsbedingten Kündigung (siehe unter § 64 III) gehören insbesondere die **einzelnen Fehlzeiten** zu den mitteilungspflichtigen Tatsachen.

Mitzuteilende Umstände

Besonders wichtig ist die Trennung von personen- und verhaltensbedingten Gründen (siehe unter § 64 I 1). Werden etwa bei der Anhörung entschuldigte krankheitsbedingte sowie – unzutreffend – unentschuldigte Fehlzeiten miteinander vermengt, kann die Anhörung allein deshalb fehlerhaft sein (BAG 23.9.1992 EzA § 1 KSchG Krankheit Nr. 37). In Grenzfällen (alkoholbedingte Kündigung, Kündigung wegen Schlechtleistung oder krankheitsbedingter Leistungsminderung) empfiehlt es sich, den Betriebsrat zu beiden Kündigungsvarianten anzuhören, weil sonst ein Nachschieben des Kündigungsgrunds im Prozess ausgeschlossen ist. Dieses **doppelspurige Anhörungsverfahren** ist insbesondere bei Sachverhalten zu empfehlen, bei denen unklar ist, ob eine (verhaltensbedingte) Kündigung wegen erwiesener Pflichtverletzung oder eine (personenbedingte) Verdachtskündigung ausgesprochen werden soll (BAG 3.4.1986 AP Nr. 18 zu § 626 BGB Verdacht strafbarer Handlung).

Trennung personen- und verhaltensbedingter Gründe

"Teilt der Arbeitgeber dem Betriebsrat mit, er beabsichtige, dem Arbeitnehmer wegen einer nach dem geschilderten Sachverhalt für nachgewiesen erachteten Straftat fristlos und vorsorglich ordentlich zu kündigen, und stützt er später die Kündigung bei unverändert gebliebenem Sachverhalt auch auf den Verdacht dieser Straftat, so ist der nachgeschobene Kündigungsgrund der Verdachtskündigung wegen insoweit fehlender Anhörung des Betriebsrats im Kündigungsschutzprozess nicht zu verwerten." (BAG 3.4.1986 AP Nr. 18 zu § 626 BGB Verdacht strafbarer Handlung)

dd) Verhaltensbedingte Kündigung

Mitzuteilende Umstände

Bei der verhaltensbedingten Kündigung i.S.d. § 1 Abs. 2 KSchG (siehe unter § 65 I) hat der Arbeitgeber zum einen die Tatsachen für den Kündigungsgrund mitzuteilen, also die **schuldhafte Vertragsverletzung** des Arbeitnehmers und die sich daraus ergebenden, auch zukünftig zu befürchtenden **Beeinträchtigungen** darzulegen (BAG 27.2.1997 AP Nr. 36 zu § 1 KSchG 1969 Verhaltensbedingte Kündigung). Zu den mitteilungspflichtigen Umständen gehört daher auch das Vorliegen oder Fehlen vorangehender **Abmahnungen** und die Reaktionen des Arbeitnehmers hierauf (BAG 31.8.1989 AP Nr. 1 zu § 77 LPVG Schleswig-Holstein). Zum anderen sind auch die im Rahmen der Interessenabwägung relevanten Umstände mitzuteilen.

ee) Betriebsbedingte Kündigung

Mitzuteilende Umstände

Will der Arbeitgeber eine betriebsbedingte Kündigung i.S.d. § 1 Abs. 2 und 3 KSchG aussprechen (siehe unter § 63 II), hat er die Tatsachen mitzuteilen, aus denen sich die Betriebsbedingtheit der Kündigung ableiten lässt. Zunächst hat der Arbeitgeber den Betriebsrat zu unterrichten über

- **die dringenden betrieblichen Erfordernisse (§ 1 Abs. 2 S. 1 KSchG).** Der Arbeitgeber muss daher seine unternehmerische Entscheidung und ggf. deren Ursachen mitteilen und darlegen, inwieweit diese zum dauerhaften Wegfall von Arbeitsplätzen führt (vgl. BAG 11.10.1989 AP Nr. 47 zu § 1 KSchG 1969 Betriebsbedingte Kündigung).

- Regelmäßig muss der Arbeitgeber keine Angaben zur **fehlenden Weiterbeschäftigungsmöglichkeit** machen (BAG 29.3.1990 AP Nr. 50 zu § 1 KSchG 1969 Betriebsbedingte Kündigung). Nur wenn dem Arbeitgeber vom Betriebsrat bereits im Vorfeld der Kündigung ein anderer Arbeitsplatz für eine mögliche Weiterbeschäftigung benannt worden ist, ist die Mitteilung erforderlich, warum die Weiterbeschäftigung dort nicht möglich ist (BAG 17.2.2000 AP Nr. 113 zu § 102 BetrVG 1972).

- Ferner ist zu unterrichten über die Gründe, die den Arbeitgeber im Rahmen der **Sozialauswahl** dazu veranlasst haben, gerade diesem Arbeitnehmer zu kündigen (vgl. BAG 2.3.1989 AP Nr. 101 zu § 626 BGB).

IV. „Mitbestimmung" bei Kündigungen § 155

„Will der Arbeitgeber eine ordentliche Kündigung aussprechen, so muss er im Rahmen der Anhörung nach § 102 BetrVG dem Betriebsrat von vornherein, auch ohne ein entsprechendes Verlangen, die Gründe mitteilen, die ihn zur Auswahl gerade dieses Arbeitnehmers veranlasst haben." (BAG 2.3.1989 AP Nr. 101 zu § 626 BGB)

ff) Änderungskündigung

Will der Arbeitgeber im Wege der Änderungskündigung (§ 2 KSchG) die Arbeitsbedingungen einseitig ändern, so hat er dem Betriebsrat das **Änderungsangebot** und die **Gründe für die beabsichtigte Änderung** der Arbeitsbedingungen mitzuteilen sowie dann, wenn er sich eine Beendigungskündigung vorbehalten und dazu eine erneute Anhörung ersparen will, zugleich zu verdeutlichen, dass er im Falle der Ablehnung des Änderungsangebots durch den Arbeitnehmer die Beendigungskündigung beabsichtigt (BAG 30.11.1989 AP Nr. 53 zu § 102 BetrVG 1972).

Mitzuteilende Umstände

gg) Kündigungen außerhalb des KSchG

Ist das **Kündigungsschutzgesetz** wegen Unterschreitung des Schwellenwerts aus § 23 Abs. 1 KSchG oder wegen Nichterfüllung der Wartezeit aus § 1 Abs. 1 KSchG (noch) **nicht anwendbar**, ist die Kündigung nicht an die Kündigungsgründe des § 1 Abs. 2 KSchG gebunden. Auch hier erstreckt sich die Mitteilungspflicht des Arbeitgebers gegenüber dem Betriebsrat nur auf die Umstände oder subjektiven Vorstellungen mitteilen, die ihn zum Ausspruch der Kündigung bewegt haben (BAG 16.9.2004 AP Nr. 142 zu § 102 BetrVG 1972; BAG 11.7.1991 AP Nr. 57 zu § 102 BetrVG 1972).

„Wenn es [...] um eine Kündigung in den ersten 6 Monaten des Arbeitsverhältnisses geht, ist die Substantiierungspflicht des Arbeitgebers nicht an den objektiven Merkmalen der noch nicht erforderlichen Kündigungsgründen nach § 1 KSchG, sondern daran zu messen, welche konkreten Umstände oder subjektiven Vorstellungen zum Kündigungsentschluss geführt haben. Hat der Arbeitgeber keine Gründe oder wird sein Kündigungsentschluss allein von subjektiven, durch Tatsachen nicht belegbaren Vorstellungen bestimmt, so reicht die Unterrichtung über diese Vorstellungen aus." (BAG 11.7.1991 AP Nr. 57 zu § 102 BetrVG 1972)

7. Stellungnahmefrist des Betriebsrats – Beendigung des Anhörungsverfahrens

Die Kündigung darf erst dann ausgesprochen werden, wenn das Anhörungsverfahren beendet ist. Das Anhörungsverfahren endet
– durch **Fristablauf**; die Frist beträgt:
   eine Woche bei ordentlicher Kündigung (§ 102 Abs. 2 S. 1 BetrVG)

Ablauf des Verfahrens

drei Tage bei außerordentlicher Kündigung (§ 102 Abs. 2 S. 3 BetrVG)

Die Frist berechnet sich nach §§ 187 Abs. 1, 188 Abs. 1, 2 BGB und endet demnach um 24.00 Uhr des letzten Tages.

Fristverlängerung

Bei ordentlichen Kündigungen muss der Betriebsrat also innerhalb einer Woche, bei außerordentlichen Kündigungen innerhalb von drei Tagen seinen Beschluss fassen. Eine Abkürzung der Frist durch den Arbeitgeber ist nicht möglich, wohl aber können die Betriebspartner eine **Fristverlängerung vereinbaren**. Auch bei Massenentlassungen verlängert sich die einwöchige Anhörungsfrist nicht automatisch, so dass eine erforderlich werdende Fristverlängerung beantragt werden muss (BAG 14.8.1986 AP Nr. 43 zu § 102 BetrVG 1972).

Das Anhörungsverfahren ist nicht ordnungsgemäß abgeschlossen, wenn der Arbeitgeber die Kündigung so auf den Weg bringt, dass sie dem Arbeitnehmer nicht vor Fristende zugeht. Zu einer ordnungsgemäßen Anhörung des Betriebsrats reicht es nämlich nicht aus, dass das Anhörungsverfahren lediglich vor Zugang der Kündigung abgeschlossen ist (BAG 11.7.1991 AP Nr. 57 zu § 102 BetrVG 1972). Dies würde dem Sinn und Zweck der gesetzlichen Regelung widersprechen. Die Äußerungsfrist des § 102 Abs. 2 Satz 1 BetrVG soll dem Betriebsrat voll als Überlegungsfrist zur Verfügung stehen. Könnte der Arbeitgeber regelmäßig schon während des Laufs der Anhörungsfrist das Kündigungsschreiben auf den Weg bringen, solange er nur sicherstellt, dass dieses dem Arbeitnehmer erst nach Ablauf der Frist des § 102 Abs. 2 Satz 1 BetrVG zugeht, hätte er die Möglichkeit, die gesetzliche Frist, die dem Betriebsrat zur Überlegung und möglichen Einflussnahme auf den Entschluss des Arbeitgebers zur Verfügung steht, abzukürzen. Daher muss das Anhörungsverfahren grundsätzlich abgeschlossen sein, ehe der Arbeitgeber die Kündigung erklärt. Eine Ausnahme kann sich ergeben, wenn der Arbeitgeber am letzten Tag der Äußerungsfrist bei Dienstschluss das Kündigungsschreiben einem Kurierdienst übergibt und gleichzeitig dafür sorgt, dass eine Zustellung erst so spät erfolgt, dass er sie noch verhindern kann, wenn der Betriebsrat wider Erwarten doch zu der Kündigungsabsicht Stellung nimmt (BAG 8.4.2003 AP Nr. 133 zu § 102 BetrVG 1972).

- durch **vorzeitige abschließende Stellungnahme** des Betriebsrats (vgl. BAG 1.4.1976 AP Nr. 8 zu § 102 BetrVG 1972). Diese erfolgt durch Beschluss des Betriebsrats (§ 33 BetrVG) bzw. des zuständigen Ausschusses und muss dem Arbeitgeber zugehen (§ 130 Abs. 1 BGB). Das Abwarten der gesetzlich vorgesehenen Frist wäre in diesen Fällen überflüssiger Formalismus (st. Rspr., BAG 24.6.2004 AP Nr. 22 zu § 620 BGB Kündigungserklärung).

„Das Verfahren zur Anhörung des Betriebsrats vor einer Kündigung ist vor Ablauf der in § 102 Abs. 2 BetrVG bezeichneten Fristen nur dann beendet, wenn der Betriebsrat zu der Kündigungsabsicht des Arbeitgebers eine Erklärung abgegeben hat, aus der sich ergibt, dass der Betriebsrat

IV. „Mitbestimmung" bei Kündigungen § 155

eine weitere Erörterung des Falles nicht mehr wünscht, es sich also um eine abschließende Stellungnahme des Betriebsrats handelt. Erst dann kann der Arbeitgeber ohne die Beschränkung des § 102 Abs. 1 BetrVG kündigen." (BAG 1.4.1976 AP Nr. 8 zu § 102 BetrVG 1972)

Eine solche abschließende Stellungnahme liegt insbesondere in der **Zustimmung des Betriebsrats** zu der Kündigung (BAG 15.11.1995 AP Nr. 73 zu § 102 BetrVG 1972; vgl. auch BAG 12.3.1987 AP Nr. 47 zu § 102 BetrVG 1972). *Ausdrückliche Zustimmung*

8. Rechtsfolgen eines fehlerhaften Anhörungsverfahrens

Die erforderliche Anhörung des Betriebsrats nach § 102 Abs. 1 und Abs. 2 BetrVG vollzieht sich – wie gezeigt – in zwei aufeinander folgenden Verfahrensabschnitten. Diese sind auch nach ihren Zuständigkeits- und Verantwortungsbereichen voneinander abzugrenzen. So hat zunächst der Arbeitgeber unter Beachtung der in § 102 Abs. 1 BetrVG umschriebenen Erfordernisse das Anhörungsverfahren einzuleiten. Im Anschluss daran ist es Aufgabe des Betriebsrats, sich mit der beabsichtigten Kündigung zu befassen und darüber zu entscheiden, ob und wie er Stellung nehmen will. Die Trennung dieser beiden Verantwortungsbereiche ist wesentlich für die Entscheidung der Frage, wann eine Kündigung i.S.d. § 102 Abs. 1 S. 3 BetrVG „ohne Anhörung des Betriebsrats ausgesprochen" und deswegen unwirksam ist. Da im Regelungsbereich des § 102 BetrVG sowohl dem Arbeitgeber als auch dem Betriebsrat Fehler unterlaufen können, ermöglicht diese Abgrenzung eine sachgerechte Lösung, wem im Einzelnen ein Fehler zuzurechnen ist (BAG 24.6.2004 AP Nr. 22 zu § 620 BGB Kündigungserklärung).

a) Fehler im Bereich des Arbeitgebers

Wenn dem Arbeitgeber bei der ihm obliegenden Einleitung des Anhörungsverfahrens ein Fehler unterläuft, liegt darin eine Verletzung des § 102 Abs. 1 BetrVG mit der Folge der Unwirksamkeit der Kündigung. *Unwirksamkeit*

Die ist der Fall bei
- unzureichender Erfüllung der Mitteilungspflichten des Arbeitgebers,
- Kündigung vor Fristablauf oder
- Kündigung vor abschließender Stellungnahme.

Auch eine **nachträgliche Zustimmung** kann die eingetretene Unwirksamkeit nicht heilen, so dass der Arbeitgeber gegebenenfalls nach ordnungsgemäßer Anhörung erneut kündigen muss. Die auf einer fehlenden oder mangelhaften Anhörung beruhende Unwirksamkeit der Kündigung kann der Arbeitnehmer jederzeit geltend machen, es gelten nur die allgemeinen Rechtsgrundsätze der Verwirkung. Kündigt der Arbeitgeber erst längere Zeit nach Anhörung des *Keine Heilung*

Betriebsrats, so ist eine erneute Anhörung erforderlich, wenn sich inzwischen der Kündigungssachverhalt geändert hat (BAG 11.10.1989 AP Nr. 55 zu § 102 BetrVG 1972).

„Scheitert eine Kündigung, zu der der Betriebsrat ordnungsgemäß angehört worden ist und der er ausdrücklich und vorbehaltlos zugestimmt hat, an dem fehlenden Zugang an den Kündigungsgegner, so ist vor einer erneuten Kündigung eine nochmalige Anhörung des Betriebsrats dann entbehrlich, wenn sie in engem zeitlichen Zusammenhang ausgesprochen und auf denselben Sachverhalt gestützt wird." (BAG 11.10.1989 AP Nr. 55 zu § 102 BetrVG 1972)

Darlegungs- und Beweislast

Für die ordnungsgemäße Anhörung des Betriebsrats ist der **Arbeitgeber** darlegungs- und beweispflichtig. Es ist allerdings anerkannt, dass der Arbeitgeber im Rechtsstreit erst dann etwas zur Anhörung des Betriebsrats vortragen muss, wenn die korrekte Durchführung der Anhörung vom Arbeitnehmer bestritten wird. Der Arbeitnehmer kann die Behauptung des Arbeitgebers, er hätte den Betriebsrat ordnungsgemäß angehört, gem. § 138 Abs. 4 ZPO mit Nichtwissen bestreiten, da die Anhörung vom Arbeitnehmer nicht wahrgenommen wird (BAG 16.3.2000 AP Nr. 114 zu § 102 BetrVG 1972).

b) Fehler im Bereich des Betriebsrats

Keine Unwirksamkeit

Mängel, die im Verantwortungsbereich des Betriebsrats entstehen, führen hingegen grundsätzlich nicht zur Unwirksamkeit der Kündigung wegen fehlerhafter Anhörung. Insbesondere haben mögliche Mängel bei der Beschlussfassung des Betriebsrats keine Auswirkungen auf die Ordnungsgemäßheit des Anhörungsverfahrens nach § 102 Abs. 1 BetrVG. So berühren Fehler bei der Willensbildung des Betriebsrats – beispielsweise eine fehlerhafte Besetzung des Betriebsrats bei der Beschlussfassung, weil ein Betriebsratsmitglied nicht geladen oder ein Ersatzmitglied nicht nachgerückt war – das Anhörungsverfahren grundsätzlich nicht. Dies gilt vor allem deshalb, weil der Arbeitgeber sich nicht in die Amtsführung des Betriebsrats einmischen darf und keine wirksamen rechtlichen Einflussmöglichkeiten auf die Beschlussfassung des Betriebsrats hat (BAG 16.1.2003 AP Nr. 129 zu § 102 BetrVG 1972). Es ist Sache des Betriebsrats, ob und wie er im Rahmen des Anhörungsverfahrens nach § 102 BetrVG tätig wird. Ob und wie er tätig wird, geht letztlich zu lasten des Arbeitnehmers.

„Der Betriebsrat braucht, wie § 102 Abs. 2 Satz 1 und 2 BetrVG zeigt, auf die Kündigungsmitteilung gar nicht zu reagieren. Die Folge der kraft gesetzlicher Fiktion eintretenden Zustimmung hat der Arbeitnehmer zu tragen. Erst recht muss deshalb der Arbeitnehmer den Rechtsnachteil tragen, der dadurch entsteht, dass der Betriebsrat als sein Repräsentant nur verfahrensfehlerhaft reagiert. Kann der Arbeitgeber aus der Mitteilung des Betriebsrats entnehmen, der Betriebsrat wünsche keine weitere Erörterung des Falles, seine Stellungnahme solle also abschließend sein, dann ist das Anhörungsverfahren beendet und der Arbeitgeber kann die Kündigung wirksam aussprechen." (BAG 24.6.2004 AP Nr. 22 zu § 620 BGB Kündigungserklärung)

Selbst die **Kenntnis des Arbeitgebers von Verfahrensfehlern** rechtfertigt nach der Rechtsprechung des BAG keine andere Beurteilung. Nur, wenn der Arbeitgeber den Fehler zurechenbar veranlasst hat oder lediglich eine persönliche Stellungnahme des Betriebsratsvorsitzenden vorliegt, ist eine fehlerhafte Anhörung anzunehmen (BAG 24.6.2004 AP Nr. 22 zu § 620 BGB Kündigungserklärung; BAG 16.1.2003 AP Nr. 129 zu § 102 BetrVG 1972).

„Der Grundsatz, dass Mängel bei der Willensbildung des Betriebsrats nicht dem Arbeitgeber anzulasten sind, gilt regelmäßig auch dann, wenn der Arbeitgeber weiß oder vermuten kann, dass das Verfahren im Betriebsrat fehlerhaft verlaufen ist. Auf diesen subjektiven Umstand kann es aus Gründen der Rechtssicherheit schon deshalb nicht ankommen, weil sonst die Gültigkeit des Anhörungsverfahrens von dem Zufall abhinge, welche Kenntnis der Arbeitgeber von den betriebsratsinternen Vorgängen hat. Wegen dieser Zufälligkeiten kann selbst unter besonderen Umständen, etwa bei Offensichtlichkeit des Verfahrensfehlers, dem Arbeitgeber die Fehlerhaftigkeit der Willensbildung des Betriebsrats nicht zugerechnet werden. Etwas anderes gilt ausnahmsweise nur dann, wenn der Arbeitgeber den Fehler bei der Willensbildung des Betriebsrats durch unsachgemäßes Verhalten selbst veranlasst bzw. beeinflusst hat." (BAG 24.6.2004 AP Nr. 22 zu § 620 BGB Kündigungserklärung)

Unerheblich für die Wirksamkeit der Kündigung ist insbesondere, ob der Betriebsrat den betroffenen Arbeitnehmer, wie in § 102 Abs. 2 S. 4 BetrVG gefordert, angehört hat, denn diese Regelung ist lediglich eine Soll-Vorschrift.

9. Widerspruch des Betriebsrats

Bei ordentlicher Kündigung ist ein **schriftlicher** Widerspruch des Betriebsrats gegen die Kündigung nach § 102 Abs. 2 S. 1 BetrVG möglich. Der Widerspruch muss innerhalb der Wochenfrist erklärt werden. Die Widerspruchsgründe sind in erster Linie Gesichtspunkte mit kollektivem Einschlag, die der Betriebsrat wegen seines besseren Überblicks über die betrieblichen Verhältnisse bei betriebsbedingten Kündigungen leichter geltend machen kann als der einzelne Arbeitnehmer. Ein Widerspruch kommt aber auch bei personen- oder verhaltensbedingten Kündigungsgründen in Betracht. Im Einzelnen:

Widerspruchsgründe

- fehlerhafte **soziale Auswahl** (Nr. 1),
- Verstoß gegen eine **Auswahlrichtlinie** (Nr. 2),
- Möglichkeit der **Weiterbeschäftigung** an einem anderen Arbeitsplatz (Nr. 3), ggf. auch erst nach Umschulungs- oder Fortbildungsmaßnahmen (Nr. 4) oder unter geänderten Vertragsbedingungen (Nr. 5).

Fehlerhafte Sozialauswahl — Stützt der Betriebsrat seinen Widerspruch auf eine **fehlerhafte Sozialauswahl**, muss er – unabhängig vom Umfang der Mitteilung des Arbeitgebers – aufzeigen, welcher vom Arbeitgeber bei der sozialen Auswahl nicht berücksichtigte Arbeitnehmer sozial weniger schutzwürdig ist (BAG 9.7.2003 AP Nr. 14 zu § 102 BetrVG 1972 Weiterbeschäftigung). Macht der Betriebsrat geltend, der Arbeitgeber habe zu Unrecht Arbeitnehmer nicht in die soziale Auswahl einbezogen, müssen diese Arbeitnehmer vom Betriebsrat entweder konkret benannt oder anhand abstrakter Merkmale aus dem Widerspruchsschreiben bestimmbar sein. Dies folgt nach Auffassung des BAG aus dem Regelungszusammenhang von § 102 Abs. 3 Nr. 1 und § 102 Abs. 5 S. 2 Nr. 3 BetrVG. Das Arbeitsgericht könne den Arbeitgeber nämlich nur dann im Wege der einstweiligen Verfügung von der Weiterbeschäftigungspflicht wegen eines offensichtlich unwirksamen Widerspruchs nach § 102 Abs. 3 Nr. 1 BetrVG entbinden, wenn sich aus dem Widerspruch des Betriebsrats hinreichend deutlich ergibt, welche Arbeitnehmer im Hinblick auf ihre soziale Schutzwürdigkeit zu vergleichen sein sollen. Den hierfür erforderlichen Sachvortrag kann der Arbeitgeber nur leisten, wenn der oder die nach Auffassung des Betriebsrats weniger schutzwürdigen Arbeitnehmer jedenfalls identifizierbar sind (BAG 9.7.2003 AP Nr. 14 zu § 102 BetrVG 1972 Weiterbeschäftigung).

Anderweitige Beschäftigungsmöglichkeit — Im Hinblick auf einen Widerspruch wegen einer anderweitigen **Beschäftigungsmöglichkeit** reicht es nicht aus, wenn der Betriebsrat nur allgemein auf eine anderweitige Beschäftigungsmöglichkeit im selben Betrieb oder in einem anderen Betrieb des Unternehmens verweist. Vielmehr muss der Betriebsrat einen Arbeitsplatz, auf dem der zu kündigende Arbeitnehmer eingesetzt werden soll, in **bestimmbarer Weise** angeben (BAG 17.6.1999 AP Nr. 11 zu § 102 BetrVG 1972 Weiterbeschäftigung). Daher genügt es für einen Widerspruch auch nicht, wenn der Betriebsrat lediglich auf Personalengpässe bei Arbeiten hinweist, die im Betrieb von einem Subunternehmer aufgrund eines Werkvertrags erledigt werden (BAG 11.5.2000 AP Nr. 13 zu § 102 BetrVG 1972 Weiterbeschäftigung). Der Kündigung kann insbesondere auch nicht mit der Begründung widersprochen werden, der Arbeitnehmer könne an demselben Arbeitsplatz weiterbeschäftigt werden (BAG 12.9.1985 AP Nr. 7 zu § 102 BetrVG 1972 Weiterbeschäftigung).

Zum „ordnungsgemäßen" Widerspruch des Betriebsrats gehört neben der Wahrung von **Form** und **Frist**, dass sich der Betriebsrat abstrakt auf einen oder mehrere der in § 102 Abs. 3 Nr. 1 bis 5 BetrVG aufgeführten Gründe bezieht und zum Gegenstand seiner schriftlichen Ablehnung der vom Arbeitgeber vorgesehenen Kündigung erhebt. Darüber hinaus muss der Betriebsrat den gesetzlichen **Widerspruchsgrund**, bezogen auf den betroffenen Arbeitnehmer, unter Angabe von Tatsachen substantiell **konkretisieren**, d.h. Tatsachen vorbringen, die es möglich erscheinen lassen, dass einer der in § 102 Abs. 3 Nr. 1 bis 5 BetrVG aufgezählten Gründe vorliegt (LAG Düsseldorf 15.3.1978 BB 1978, 810).

Der Arbeitgeber hat dem Arbeitnehmer mit der Kündigung eine Abschrift des Widerspruchs zuzuleiten (§ 102 Abs. 4 BetrVG), damit dem Arbeitnehmer das Führen eines Kündigungsschutzprozesses erleichtert wird. Unterlässt er es, hat dieses jedoch keine Unwirksamkeit, sondern nur u.U. Schadensersatzansprüche (Anwalts- und Gerichtskosten) zur Folge.

Zuleitung an Arbeitnehmer

Nach § 102 Abs. 5 S. 1 BetrVG muss der Arbeitgeber auf Verlangen des Arbeitnehmers diesen nach Ablauf der Kündigungsfrist bis zum rechtskräftigen Abschluss des Rechtsstreits zu unveränderten Arbeitsbedingungen weiterbeschäftigen, wenn der Betriebsrat einer ordentlichen Kündigung nach § 102 Abs. 3 BetrVG **frist- und ordnungsgemäß widersprochen** und der Arbeitnehmer nach dem Kündigungsschutzgesetz Klage auf Feststellung erhoben hat, dass das Arbeitsverhältnis durch die Kündigung nicht aufgelöst sei. Der **Weiterbeschäftigungsanspruch** setzt also einen fristgemäßen und auch im Übrigen ordnungsgemäßen Widerspruch des Betriebsrats voraus (siehe unter § 69 VI 1). Unter den weiteren Voraussetzungen des § 1 Abs. 2 S. 2 KSchG ist der Widerspruch ein absoluter Grund für die Sozialwidrigkeit der Kündigung. Nichts desto trotz bleibt der Arbeitgeber auch bei einem Widerspruch in seiner Kündigungsentscheidung frei.

Rechtsfolgen: Weiterbeschäftigungsanspruch

V. Außerordentliche Kündigung und Versetzung von Betriebsratsmitgliedern

Betriebsratsmitglieder sowie Mitglieder der Jugend- und Auszubildendenvertretung, der Bordvertretung, des Seebetriebsrats, des Wahlvorstands sowie die Wahlbewerber genießen während ihrer Amtszeit sowie eine bestimmte Zeit nach deren Ende (sechs Monate bis ein Jahr) einen besonderen Kündigungsschutz, der eine ordentliche Kündigung ausschließt (§ 15 KSchG). Nach § 103 Abs. 1 BetrVG bedarf die **außerordentliche** Kündigung dieses geschützten Personenkreises der **vorherigen Zustimmung** des Betriebsrats. Die Zustimmung zur Kündigung oder deren Ersetzung durch das Gericht nach § 103 Abs. 2 BetrVG ist Wirksamkeitsvoraussetzung, wobei die zweiwöchige Frist des § 626 Abs. 2 BGB zu beachten ist. Eine nicht erteilte Zustimmung gilt als verweigert. Für das Zustimmungsverfahren gelten dieselben Grundsätze wie für das Anhörungsverfahren nach § 102 BetrVG. Der Betriebsrat hat keinen Ermessensspielraum. Liegen die Voraussetzungen für die außerordentliche Kündigung vor, muss er die Zustimmung erteilen.

Wirksamkeitsvoraussetzung einer außerordentlichen Kündigung von Betriebsratsmitgliedern

Neben der außerordentlichen Kündigung ist auch die mit dem Verlust von Amt oder Wählbarkeit verbundene **Versetzung von Betriebsratsmitgliedern** zustimmungspflichtig (§ 103 Abs. 3 BetrVG). Der Begriff der Versetzung ergibt sich auch hier aus der Legaldefinition in § 95 Abs. 3 BetrVG. Daher kann dann nicht von einer Versetzung im Sinne der genannten Vorschrift gesprochen werden, wenn der Arbeitnehmer seinen konkreten Arbeitsplatz behält, auch wenn

Versetzung von Betriebsratsmitgliedern

er aus dem Betrieb und damit dem Betriebsratsamt selbst ausscheidet, soweit kein Übergangsmandat besteht. Im Übrigen bedarf es keiner Zustimmung, wenn der betroffene Arbeitnehmer mit der Versetzung einverstanden ist. Eine Ersetzung der Zustimmung durch das Arbeitsgericht kann erfolgen, wenn dies aus dringenden betrieblichen Gründen gerechtfertigt ist.

VI. Entfernung betriebsstörender Arbeitnehmer

Hat ein Arbeitnehmer durch gesetzwidriges Verhalten oder durch grobe Verletzung der in § 75 Abs. 1 BetrVG enthaltenen Grundsätze den Betriebsfrieden wiederholt ernstlich gestört, so kann der Betriebsrat vom Arbeitgeber die Entlassung oder Versetzung verlangen (§ 104 S. 1 BetrVG) und dieses nötigenfalls auch gerichtlich durchsetzen (§ 104 S. 2 BetrVG).

§ 156 Mitbestimmung in wirtschaftlichen Angelegenheiten

Literatur: Birk, Der Sozialplan, FS Konzen (2006), S. 11; Gravenhorst, Rentennähe als Kriterium bei Sozialauswahl und Sozialplanabfindung?, Bewegters Arbeitsrecht, FS Leinemann (2006), S. 325; Heither, Die Sicherung der Beteiligungsrechte des Betriebsrats bei geplanten Betriebsänderungen, FS Däubler (1999), S. 338; Joost, Wirtschaftliche Angelegenheiten als Kompetenzbereich des Wirtschaftsausschusses, FS Kissel (1994), S. 433; Löwisch, Der „vorsorgliche Sozialplan" – eine zweifelhafte Rechtsfigur, FS Dieterich (1999), S. 345; Matthes, Betriebsübergang und Betriebsteilübergang als Betriebsänderung, NZA 2000, 1073; Meyer, Abänderung von Sozialplanregelungen, NZA 1995, 974; Meyer, Bindungswirkung eines Interessenausgleichs, BB 2001, 882; Röder/Baeck, Interessenausgleich und Sozialplan, 3. Aufl. 2000; Rumpff/Boewer, Mitbestimmung in wirtschaftlichen Angelegenheiten, 3. Aufl. 1990; Schaub, Der Interessenausgleich, FS Däubler (1999), S. 347; Schmitt-Rolfes, Interessenausgleich und Sozialplan in Unternehmen und Konzern, FS 50 Jahre Bundesarbeitsgericht, S. 1081; Thüsing/Wege, Freiwilliger Interessenausgleich und Sozialauswahl, BB 2005, 213; Willemsen/Hohenstatt, Zur umstrittenen Bindungs- und Normwirkung des Interessenausgleichs, NZA 1997, 345; Winderlich, Sozialplan und Betriebsänderung, BB 1994, 2483.

➲ Übersicht:

I. Mitbestimmung über den Wirtschaftsausschuss

   1. Funktion des Wirtschaftsausschusses
   2. Errichtung des Wirtschaftsausschusses
   3. Zusammensetzung des Wirtschaftsausschusses
   4. Aufgaben und Befugnisse des Wirtschaftsausschusses
   5. Beilegung von Meinungsverschiedenheiten

II. Mitbestimmung über den Betriebsrat
1. Voraussetzungen der Beteiligungsrechte
2. Unterrichtung und Beratung
3. Interessenausgleich
4. Sozialplan
5. Nachteilsausgleich

Neben den sozialen (§§ 87 ff. BetrVG) und personellen Angelegenheiten (§§ 92 ff. BetrVG) finden sich in §§ 106 ff. BetrVG Regelungen für den dritten wichtigen Bereich der Mitbestimmung: die wirtschaftlichen Angelegenheiten. In diesem Bereich sind die **Beteiligungsrechte stark eingeschränkt**, da die wirtschaftlichen Belange des Unternehmens regelmäßig dem Einwirkungsbereich der **freien unternehmerischen Entscheidung** unterfallen. Zumeist handelt es sich um Unterrichtungs- und Beratungsrechte, die zudem von einem besonderen Organ, dem Wirtschaftsausschuss, wahrgenommen werden (§§ 106 bis 109 BetrVG). Eine unmittelbare Mitbestimmung über den Betriebsrat ist in dem für die Praxis besonders bedeutsamen Fall der Betriebsänderung vorgesehen (§§ 111 bis 113 BetrVG).

I. Mitbestimmung über den Wirtschaftsausschuss

1. Funktion des Wirtschaftsausschusses

Der Wirtschaftsausschuss ist kein selbständiges Mitbestimmungsorgan, sondern ein „**Hilfsorgan des Betriebsrats**" (BAG 5.2.1991 AP Nr. 10 zu § 106 BetrVG 1972). Er stellt in wirtschaftlichen Angelegenheiten ein Bindeglied zwischen dem Unternehmer und dem Betriebsrat dar und soll deren Zusammenarbeit fördern. Damit dies möglich ist, hat der Unternehmer die wirtschaftlichen Angelegenheiten mit dem Wirtschaftsausschuss zu beraten. Der Wirtschaftsausschuss unterrichtet dann den Betriebsrat über seine Beratungen. Träger der Beteiligungsrechte bleibt auch in wirtschaftlichen Angelegenheiten ausschließlich der Betriebsrat.

Hilfsorgan des Betriebsrats

2. Errichtung des Wirtschaftsausschusses

Ein Wirtschaftsausschuss ist (zwingend) **in allen Unternehmen mit in der Regel mehr als 100 ständig beschäftigten Arbeitnehmern** zu errichten (§ 106 Abs. 1 S. 1 BetrVG). Unabhängig von der Anzahl der Betriebe ist in jedem Unternehmen **immer nur ein Wirtschaftsausschuss** zu bilden. Der Unterrichtungs- und Beratungsanspruch erstreckt sich stets auf alle Betriebe des Unternehmens, ggf. auch auf solche Betriebe, in denen kein Betriebsrat besteht (BAG 9.5.1995 AP Nr. 12 zu § 106 BetrVG 1972). **Voraussetzung** ist allerdings, dass zumindest in einem Betrieb des Unternehmens ein **Betriebsrat besteht**. Dies ergibt sich bereits aus der Funktion des Wirtschaftsausschusses, aber auch daraus, dass die Mitglieder des Wirtschaftsausschus-

Voraussetzungen der Errichtung

ses vom Betriebsrat bestimmt werden (§ 107 Abs. 2 S. 1 BetrVG). Aus der Funktion des Wirtschaftsausschusses als **Hilfsorgan des Betriebsrats** erklärt sich auch die Möglichkeit, die Aufgaben des Wirtschaftsausschusses auf einen besonderen Ausschuss des Betriebsrats (§ 28 BetrVG) bzw. des Gesamtbetriebsrats (§ 51 Abs. 1 BetrVG) zu übertragen, ggf. auch auf den Betriebsausschuss nach § 27 BetrVG (§ 107 Abs. 3 S. 1 BetrVG).

Möglichkeiten in kleineren Unternehmen

In Unternehmen mit bis zu 100 ständig beschäftigten Arbeitnehmern gehen die Rechte des Wirtschaftsausschusses nicht auf die Betriebsräte über. In diesem Falle verbleibt es vielmehr bei dem weniger umfangreichen Informationsrecht nach § 80 Abs. 2 BetrVG (BAG 5.2.1991 AP Nr. 10 zu § 106 BetrVG 1972).

„Ist in einem Unternehmen ein Wirtschaftsausschuss nicht zu errichten, weil die nach § 106 Abs. 1 BetrVG erforderliche Zahl beschäftigter Arbeitnehmer nicht erreicht wird, so stehen die Unterrichtungsansprüche des Wirtschaftsausschusses über wirtschaftliche Angelegenheiten nach § 106 Abs. 2 BetrVG nicht dem Betriebsrat bzw. Gesamtbetriebsrat zu." (BAG 5.2.1991 AP Nr. 10 zu § 106 BetrVG 1972)

Ein Wirtschaftsausschuss kann dann jedoch auf der Grundlage einer freiwilligen Betriebsvereinbarung errichtet werden.

Kein Konzernwirtschaftsausschuss

Auf Konzernebene kann **kein Wirtschaftsausschuss** gebildet werden (BAG 23.8.1989 AP Nr. 7 zu § 106 BetrVG 1972). Nach dem bewussten Verzicht des Gesetzgebers auf die Einführung von Konzernwirtschaftsausschüssen im Rahmen der Betriebsverfassungsreform 2001 kommt auch eine analoge Anwendung des § 106 BetrVG nicht in Betracht.

1. Sonderfall: Gemeinschaftsbetriebe

Probleme bereitet die Errichtung des Wirtschaftsausschusses, wenn mehrere Unternehmen einen Betrieb gemeinsam führen (Gemeinschaftsbetrieb siehe unter § 147 IV 4). Insoweit ist zu differenzieren:

– Verfügen die Unternehmen außer dem Gemeinschaftsbetrieb noch über **weitere Betriebe**, wird bei Vorliegen der sonstigen gesetzlichen Voraussetzungen bei jedem Unternehmen ein Wirtschaftsausschuss gebildet. Dabei **zählen die Arbeitnehmer des Gemeinschaftsbetriebs bei jedem Unternehmen mit**, unabhängig davon, zu welchem Unternehmen das Vertragsverhältnis besteht.

– Haben die Unternehmen neben dem Gemeinschaftsbetrieb **keine weiteren Betriebe** und überschreiten die beteiligten Unternehmen selbst jeweils nicht den Schwellenwert von 100 Arbeitnehmern, so ist für dieses „Unternehmensgebilde" ein Wirtschaftsausschuss zu bilden, der die gesetzlichen Befugnisse gegenüber den Rechtsträgern aller beteiligten Unternehmen wahrnimmt (BAG 1.8.1990 AP Nr. 8 zu § 106 BetrVG 1972; a.A. RICHARDI/ANNUSS § 106 Rn. 8).

„Nach Auffassung des Senats liegt hinsichtlich dieser Fallgestaltung eine planwidrige Gesetzeslücke vor. [...] [Diese] Gesetzeslücke ist dahin zu schließen, dass ein Wirtschaftsausschuss schon dann zu errichten ist, wenn ein Betrieb die Größe von in der Regel mehr als 100 ständig beschäftigten Arbeitnehmern erreicht. Ist dieser Betrieb mehreren Unternehmen zuzuordnen, so bestehen die gesetzlichen Befugnisse des Wirtschaftsausschusses gegenüber den Rechtsträgern aller dieser Unternehmen." (BAG 1.8.1990 AP Nr. 8 zu § 106 BetrVG 1972)

Bei Unternehmen mit Betrieben im In- und Ausland ist aufgrund der inländischen Geltungsbeschränkung des BetrVG zu unterscheiden:

2. Sonderfall: Betriebe im Ausland

– Liegt der Hauptsitz des Unternehmens im **Inland, finden Arbeitnehmer ausländischer Betriebe bei der Berechnung der Mindestarbeitnehmerzahl keine Berücksichtigung**, wohl aber können sie zu Mitgliedern des Wirtschaftsausschusses bestimmt werden (a.A. RICHARDI/ANNUSS § 106 Rn. 6).

– Liegt der Hauptsitz im **Ausland**, ist bei Vorliegen der sonstigen gesetzlichen Voraussetzungen auch für die inländischen Betriebe ein Wirtschaftsausschuss zu bilden (BAG 1.10.1974 AP Nr. 1 zu § 106 BetrVG 1972 und BAG 31.10.1975 AP Nr. 2 zu § 106 BetrVG 1972).

3. Zusammensetzung des Wirtschaftsausschusses

In Unternehmen mit nur einem Betrieb **werden die Mitglieder des Wirtschaftsausschusses vom Betriebsrat bestellt** (§ 107 Abs. 2 S. 1 BetrVG). Hat das Unternehmen mehrere Betriebe, obliegt die Bestellung dem Gesamtbetriebsrat (§ 107 Abs. 2 S. 2 BetrVG). Ist ein Gesamtbetriebsrat entgegen § 47 Abs. 1 BetrVG nicht gebildet worden, so ist die Bestellung eines Wirtschaftsausschusses nicht möglich (a.A. GK-BetrVG/OETKER § 107 Rn. 22). **Die Amtszeit des Wirtschaftsausschusses entspricht der Amtszeit des Betriebsrats** (§ 107 Abs. 2 S. 1 BetrVG). Hat der Gesamtbetriebsrat die Mitglieder bestellt, endet die Amtszeit des Wirtschaftsausschusses zu dem Zeitpunkt, in dem die Amtszeit der Mehrheit der Mitglieder des Gesamtbetriebsrats, die an der Bestimmung mitzuwirken berechtigt waren, abgelaufen ist (§ 107 Abs. 2 S. 2 BetrVG). Die Mitglieder des Wirtschaftsausschusses können nach § 107 Abs. 2 S. 3 BetrVG jederzeit abberufen werden. Die Amtszeit der Mitglieder des Wirtschaftsausschusses endet ferner, wenn die Belegschaftsstärke des Unternehmens nicht nur vorübergehend auf weniger als 101 ständig beschäftigte Arbeitnehmer absinkt. Dies gilt auch, wenn die Amtszeit des Betriebsrats, der den Wirtschaftsausschuss bestellt hat, noch nicht beendet ist (BAG 7.4.2004 AP Nr. 17 zu § 106 BetrVG 1972).

Bestellung, Amtszeit und Abberufung

Der Wirtschaftsausschuss besteht aus mindestens drei und höchstens sieben Mitgliedern (§ 107 Abs. 1 S. 1 BetrVG). Innerhalb dieses Rahmens bestimmt der Betriebsrat die Anzahl der Mitglieder unabhängig von der Größe des Unternehmens, auch gerade Mitgliederzahlen sind zulässig. Alle Mitglieder müssen dem Unternehmen angehören, mindestens ein Mitglied des Wirtschaftsausschusses muss Mitglied des Betriebsrats sein (§ 107 Abs. 1 S. 1 BetrVG). Auch lei-

Anzahl und Art der Mitglieder

tende Angestellte (§ 5 Abs. 3 BetrVG) können gem. § 107 Abs. 1 S. 1 BetrVG zu Mitgliedern des Wirtschaftsausschusses berufen werden. Alle Mitglieder sollen nach § 107 Abs. 1 S. 3 BetrVG die zur Erfüllung ihrer Aufgaben erforderliche fachliche und persönliche Eignung besitzen. Über die fachliche und persönliche Eignung entscheidet der Betriebsrat bzw. der Gesamtbetriebsrat nach pflichtgemäßem Ermessen.

Rechtsstellung der Mitglieder

Die Rechtsstellung der Mitglieder des Wirtschaftsausschusses ist ausdrücklich lediglich in §§ 78, 79 Abs. 2 BetrVG geregelt. Danach dürfen sie in der Ausübung ihrer Tätigkeit nicht gestört oder behindert oder wegen ihrer Tätigkeit benachteiligt oder begünstigt werden. Darüber hinaus **können teilweise die Vorschriften über die Mitglieder des Betriebsrats entsprechend angewendet werden**: Die Mitglieder des Wirtschaftsausschusses führen ihr Amt unentgeltlich als Ehrenamt (entspr. § 37 Abs. 1 BetrVG); sie sind zur Wahrnehmung ihrer Aufgaben unter Fortzahlung des Arbeitsentgelts freizustellen (entspr. § 37 Abs. 2 BetrVG); soweit sie außerhalb ihrer Arbeitszeit für den Wirtschaftsausschuss tätig sind, steht ihnen ein Ausgleich zu (entspr. § 37 Abs. 3 BetrVG). Keine entsprechende Anwendung finden dagegen z.B. der Anspruch auf Freistellung zur Teilnahme an Schulungs- und Bildungsveranstaltungen nach § 37 Abs. 7 BetrVG sowie der besondere Kündigungsschutz nach § 15 KSchG. Jedoch ist eine Kündigung, die wegen der Tätigkeit im Wirtschaftsausschuss erfolgt, nichtig (§ 78 S. 2 BetrVG, sog. „**relativer Kündigungsschutz**").

4. Aufgaben und Befugnisse des Wirtschaftsausschusses

Beratung mit dem Unternehmer

Der Wirtschaftsausschuss hat nach § 106 Abs. 1 S. 2 BetrVG **zwei Aufgaben**: Er hat zum einen die **wirtschaftlichen Angelegenheiten** des Unternehmens **mit dem Unternehmer** zu **beraten**. Die Beratung erstreckt sich auf alle Auskünfte des Unternehmers über wirtschaftliche Angelegenheiten. Die wichtigsten wirtschaftlichen Angelegenheiten sind in dem – nicht abschließenden – **Katalog des § 106 Abs. 3 Nr. 1 bis 10 BetrVG** genannt. Hierzu gehören insbesondere Auskünfte über die wirtschaftliche und finanzielle Lage des Unternehmens (Nr. 1), über die Einschränkung, Verlegung oder Stilllegung von Betrieben oder Betriebsteilen (Nr. 6, 7) die Änderung der Betriebsorganisation oder des Betriebszwecks (Nr. 9) sowie die Übernahme des Unternehmens (Nr. 9a). § 106 Abs. 3 Nr. 10 BetrVG dient als Auffangtatbestand. Fragen der laufenden Geschäftsführung werden von § 106 Abs. 3 BetrVG in der Regel nicht erfasst.

Unterrichtungspflicht des Unternehmers

Zum Zwecke der Beratung hat der Unternehmer den Wirtschaftsausschuss **rechtzeitig und umfassend** über die wirtschaftlichen Angelegenheiten zu unterrichten (§ 106 Abs. 2 BetrVG). Die Unterrichtung ist rechtzeitig, wenn die jeweilige Angelegenheit noch sinnvoll mit dem Unternehmer beraten werden kann und der vom Wirtschaftsausschuss nachfolgend hierüber unterrichtete Betriebsrat

I. Mitbestimmung über den Wirtschaftsausschuss § 156

noch Gelegenheit hat, auf die Planungen des Unternehmers Einfluss zu nehmen. Sie ist umfassend, wenn sie den Wirtschaftsausschuss in die Lage versetzt, die Angelegenheit gleichgewichtig mit dem Unternehmer zu beraten (BAG 20.11.1984 AP Nr. 3 zu § 106 BetrVG 1972).

„Sinnvoll ist die Beratung der wirtschaftlichen Angelegenheiten zwischen Wirtschaftsausschuss und Unternehmer nur, wenn der Wirtschaftsausschuss Gelegenheit hat, auf die Planungen des Unternehmers Einfluss zu nehmen. Dementsprechend soll die Verpflichtung, den Wirtschaftsausschuss rechtzeitig und umfassend zu unterrichten, sicherstellen, dass der Wirtschaftsausschuss und der von ihm unterrichtete Betriebsrat bzw. Gesamtbetriebsrat Einfluss auf die Gesamtplanung nehmen können, weil sich diese in der Regel auf die Personalplanung auswirkt." (BAG 22.1.1991 AP Nr. 9 zu § 106 BetrVG 1972)

Die Unterrichtung hat zudem **unter Vorlage der erforderlichen Unterlagen** zu erfolgen (§ 106 Abs. 2 BetrVG). Welche Unterlagen zur Vorbereitung erforderlich sind, hängt von dem jeweiligen Beratungsgegenstand ab. Dazu können etwa der Jahresabschluss nach § 242 HGB und der Wirtschaftsprüfungsbericht nach § 321 HGB gehören (BAG 8.8.1989 AP Nr. 6 zu § 106 BetrVG 1972). Eine zusätzliche Pflicht zur Erläuterung des Jahresabschlusses folgt aus § 108 Abs. 5 BetrVG, wonach auch der Betriebsrat an der Erläuterung zu beteiligen ist. Die Unterrichtungspflicht besteht nicht, soweit Betriebs- und Geschäftsgeheimnisse des Unternehmens gefährdet werden (§ 106 Abs. 2 BetrVG).

Vorlage erforderlicher Unterlagen

Zum anderen hat der Wirtschaftsausschuss die Aufgabe, nach jeder Sitzung mit dem Unternehmer **den Betriebsrat unverzüglich und vollständig** über das Ergebnis der Beratungen und die dabei erhaltenen Auskünfte **zu unterrichten** (§§ 106 Abs. 1 S. 2, 108 Abs. 4 BetrVG). Die Art und Weise der Berichterstattung bestimmt der Wirtschaftsausschuss nach pflichtgemäßem Ermessen, insoweit enthält das Gesetz keinerlei Vorgaben (BAG 17.10.1990 AP Nr. 8 zu § 108 BetrVG 1972).

Unterrichtung des Betriebsrats

Regelungen zur Geschäftsführung des Wirtschaftsausschusses finden sich lediglich in § 108 BetrVG. Danach soll der Wirtschaftsausschuss monatlich einmal zusammentreten (Abs. 1). Der Unternehmer bzw. sein Vertreter ist verpflichtet, an den Sitzungen teilzunehmen (Abs. 2). Die Mitglieder sind auch während der Sitzungen berechtigt, in die nach § 106 Abs. 2 BetrVG vorzulegenden Unterlagen Einsicht zu nehmen (Abs. 3). Im Übrigen **finden auf den Wirtschaftsausschuss die für die Sitzungen des Betriebsrats geltenden Vorschriften sinngemäß Anwendung** (BAG 18.11.1980 AP Nr. 2 zu § 108 BetrVG 1972). Insbesondere hat der Unternehmer die durch die Tätigkeit des Wirtschaftsausschusses entstehenden Kosten zu tragen (entspr. § 40 Abs. 1 BetrVG) und den für die laufende Geschäftsführung erforderlichen Sach- und Personalaufwand zur Ver-

Geschäftsführung des Wirtschaftsausschusses

fügung zu stellen (entspr. § 40 Abs. 2 BetrVG; BAG 17.10.1990 AP Nr. 8 zu § 108 BetrVG 1972).

5. Beilegung von Meinungsverschiedenheiten

Einigungsstellenverfahren

Zur Beilegung von Streitigkeiten ist in § 109 BetrVG ein **besonderes Einigungsstellenverfahren** vorgesehen, wodurch sich allerdings die in Einzelheiten schwierige und umstrittene Problematik der **Abgrenzung zum arbeitsgerichtlichen Beschlussverfahren** ergibt. Insoweit gilt grundsätzlich: Gegenstand des Einigungsstellenverfahrens ist nur der Streit, ob eine vom Wirtschaftsausschuss verlangte Auskunft vom Unternehmer nicht, nicht rechtzeitig oder ungenügend erteilt worden ist (§ 109 S. 1, 4 BetrVG). In der Praxis liegt die Hauptbedeutung dieses Verfahrens in der Frage, ob der Unternehmer eine Auskunft unter Berufung auf Betriebs- und Geschäftsgeheimnisse verweigern durfte. Alle Streitigkeiten über die Errichtung und die Tätigkeit eines Wirtschaftsausschusses sowie über die Vorfrage, ob überhaupt eine wirtschaftliche Angelegenheit i.S.v. § 106 Abs. 3 BetrVG vorliegt, entscheidet nach ständiger Rechtsprechung des BAG dagegen das Arbeitsgericht im Beschlussverfahren gem. §§ 2a, 80 ff. ArbGG (BAG 17.9.1991 AP Nr. 13 zu § 106 BetrVG 1972).

Gerichtliche Überprüfung

Nach nunmehr geänderter Ansicht des BAG **unterliegt der Einigungsstellenspruch nach § 109 BetrVG der vollen Rechtskontrolle durch die Arbeitsgerichte** (BAG 11.7.2000 AP Nr. 2 zu § 109 BetrVG 1972). Bei der Entscheidung der Einigungsstelle über die Frage, ob, wann und in welcher Weise eine Auskunft unter Vorlage welcher Unterlagen zu geben ist, handelt es sich um eine Rechtsfrage. Diese unterliegt nicht nur einer eingeschränkten Ermessenskontrolle nach § 76 Abs. 5 BetrVG, sondern ist in vollem Umfang arbeitsgerichtlich überprüfbar.

Sanktionen

Setzt der Unternehmer den Spruch der Einigungsstelle nicht um, ist das arbeitsgerichtliche Beschlussverfahren eröffnet. Die Nichterfüllung der Auskunftspflicht nach § 106 Abs. 2 BetrVG oder der Erläuterungspflicht nach § 108 Abs. 5 BetrVG kann zudem als **Ordnungswidrigkeit** geahndet werden (§ 121 BetrVG). Bei einem groben Verstoß des Unternehmers kommt auch ein Verfahren nach § 23 Abs. 3 BetrVG in Betracht.

II. Mitbestimmung über den Betriebsrat

Verhältnis zum Wirtschaftsausschuss

Während vorwiegend der Wirtschaftsausschuss die Beteiligungsrechte in wirtschaftlichen Angelegenheiten wahrnimmt (§§ 106 ff. BetrVG), ist, soweit der Arbeitgeber eine Betriebsänderung beabsichtigt, unmittelbar der Betriebsrat zu beteiligen (§§ 111 ff. BetrVG). **Die Beteiligungsrechte bestehen nebeneinander**, regelmäßig hat der Arbeitgeber zunächst den Wirtschaftsausschuss zu unterrichten. Die unmittelbare Beteiligung des Betriebsrats bezweckt einen Ausgleich der wirtschaftlichen Interessen des Unternehmers mit den sozialen Belangen der von einer Betriebsänderung betroffenen Arbeitnehmer. Die übrigen Mitbestimmungsrechte des Betriebsrats in sozialen und personellen Angelegenheiten bleiben hiervon unberührt. Ebenso bestehen ggf. zusätzliche Unterrichtungspflichten nach dem Umwandlungsgesetz.

1. Voraussetzungen der Beteiligungsrechte

Beteiligungsrechte des Betriebsrats bei Betriebsänderungen gem. §§ 111 ff. BetrVG bestehen nach § 111 BetrVG unter **drei Voraussetzungen**: *(Drei Voraussetzungen)*

1. Im Unternehmen sind regelmäßig mehr als **zwanzig wahlberechtigte Arbeitnehmer** beschäftigt;
2. eine **Betriebsänderung** ist **geplant**;
3. die Betriebsänderung hat **wesentliche Nachteile** für die Belegschaft oder erhebliche Teile der Belegschaft zur Folge.

Ungeschriebene Voraussetzung der Beteiligungsrechte ist das **Bestehen eines Betriebsrats** in dem Betrieb, der von der Betriebsänderung betroffen ist. Maßgeblich ist der Zeitpunkt, in dem sich der Arbeitgeber zur Durchführung einer Betriebsänderung entschließt (BAG 28.10.1992 AP Nr. 63 zu § 112 BetrVG 1972). *(Ungeschriebene Voraussetzung)*

„Beteiligungsrechte des Betriebsrats und damit die Pflicht des Arbeitgebers, den Betriebsrat zu beteiligen, entstehen in dem Moment, in dem sich derjenige Tatbestand verwirklicht, an den das Beteiligungsrecht anknüpft. Das ist bei den Beteiligungsrechten gem. §§ 111 ff. BetrVG die geplante Betriebsänderung. Eine solche geplante Betriebsänderung liegt dann vor, wenn der Arbeitgeber aufgrund abgeschlossener Prüfungen und Vorüberlegungen grundsätzlich zu einer Betriebsänderung entschlossen ist. Von diesem Zeitpunkt an hat er den Betriebsrat zu unterrichten und die so geplante Betriebsänderung mit ihm zu beraten. Besteht zu diesem Zeitpunkt kein Betriebsrat im Betrieb, können auch Beteiligungsrechte des Betriebsrats an der geplanten Betriebsänderung nicht gegeben sein." (BAG 28.10.1992 AP Nr. 63 zu § 112 BetrVG 1972)

Das Beteiligungsrecht besteht nur in **Unternehmen mit mehr als zwanzig regelmäßig beschäftigten wahlberechtigten Arbeitnehmern**. Der Schwellenwert dient dem Schutz kleinerer Unternehmen vor zu starker finanzieller Belastung durch Sozialpläne. Seit der Reform des BetrVG im Jahre 2001 ist die **Bezugsgröße** zur Berechnung der Arbeitnehmerzahl **nicht mehr der Betrieb, sondern das Unternehmen**. Die Gesetzesänderung soll sicherstellen, dass der Schutzzweck des Schwellenwerts tatsächlich nur kleineren Unternehmen zugute kommt. Insbesondere sollen sich leistungsfähige Unternehmen, die ggf. den Schwellenwert um ein Vielfaches überschreiten, nicht mehr durch gezielte Umstrukturierungsmaßnahmen (mehrere Kleinbetriebe) der Sozialplanpflicht entziehen können. *(Unternehmensgröße)*

Maßgeblicher Zeitpunkt

Maßgeblicher Zeitpunkt zur Ermittlung der Arbeitnehmerzahl ist wiederum der **Zeitpunkt der Entstehung des fraglichen Beteiligungsrechts**. Das ist regelmäßig der Zeitpunkt, in dem sich der Arbeitgeber aufgrund abgeschlossener Planung zur Durchführung der Betriebsänderung entschließt (BAG 28.10.1992 AP Nr. 63 zu § 112 BetrVG 1972). Im Falle der Betriebsstilllegung ist dies z.B. der Stilllegungsbeschluss (vgl. BAG 9.5.1995 AP Nr. 33 zu § 111 BetrVG 1972). Dabei ist nicht entscheidend, wie viele Arbeitnehmer zu diesem Zeitpunkt zufällig im Unternehmen beschäftigt sind, sondern die Personalstärke, die für den Betrieb im Allgemeinen kennzeichnend ist. Dies erfordert regelmäßig sowohl einen Rückblick als auch eine Prognose. Im Fall der Stilllegung des gesamten Betriebs oder eines Betriebsteils kann allerdings regelmäßig nur ein Rückblick auf die bisherige Belegschaftsstärke in Betracht kommen (BAG 16.11.2004 AP Nr. 58 zu § 111 BetrVG 1972). Nicht erforderlich ist eine ständige Beschäftigung, daher zählen etwa auch befristet beschäftigte Arbeitnehmer mit (zum Begriff der „in der Regel" beschäftigten Arbeitnehmer (siehe unter § 147 IV 2), zur Wahlberechtigung (siehe unter § 147 IV 2).

Sonderfall: Gemeinschaftsbetrieb

Nach der Gesetzesänderung kann es auch in dem Sonderfall eines Gemeinschaftsbetriebs nicht mehr auf dessen Größe, sondern allein auf die Größe der an ihm beteiligten Unternehmen ankommen. Ein Beteiligungsrecht nach §§ 111 ff. BetrVG besteht deshalb nur, wenn – unabhängig von der Arbeitnehmerzahl des Gemeinschaftsbetriebs – **zumindest ein beteiligtes Unternehmen den Schwellenwert von zwanzig Arbeitnehmern überschreitet**. Ist dies nur bei einem beteiligten Unternehmen der Fall, so bestehen auch nur diesem gegenüber die Beteiligungsrechte des Betriebsrats.

Begriff der Betriebsänderung

Der **Begriff der Betriebsänderung** ist gesetzlich nicht definiert. Hierzu gehört eine Vielzahl verschiedenster unternehmerischer Entscheidungen, welche z.B. Organisation, Struktur, Standort, Zweck, Arbeitsmethoden oder Personal eines Betriebs betreffen können. Das Vorliegen einer Betriebsänderung ist – anders als die Arbeitnehmerzahl – weiterhin **betriebsbezogen** zu beurteilen. Daher lösen Vorgänge, die sich ausschließlich auf der Ebene des Unternehmens abspielen, keine Beteiligungsrechte nach §§ 111 ff. BetrVG aus. Auch der **Übergang eines Betriebs** auf einen anderen Inhaber (§ 613a BGB) stellt nach ständiger Rechtsprechung des BAG für sich allein **keine Betriebsänderung** dar. Der Betriebsübergang kann aber mit Maßnahmen verbunden sein, die als solche den Tatbestand einer Betriebsänderung erfüllen (grundlegend BAG 4.12.1979 AP Nr. 6 zu § 111 BetrVG 1972; BAG 25.1.2000 AP Nr. 137 zu § 112 BetrVG 1972).

„Nach der ständigen Rechtsprechung des Bundesarbeitsgerichts ist ein Betriebsübergang allein keine Betriebsänderung im Sinne des § 111 BetrVG [...]. Bei einem Betriebsübergang geht nach § 613a BGB das Arbeitsverhältnis mit allen Rechten und Pflichten, also in seinem rechtlichen Bestand, über; Rechte der Arbeitnehmer dürfen nicht vor Ablauf eines Jahres nach Betriebsübergang zu Lasten der Arbeitnehmer geändert werden (§ 613a Abs. 1 Satz 2 und 3 BGB). Erschöpft sich der Betriebsübergang jedoch nicht in dem bloßen Betriebsinhaberwechsel, sondern ist er mit Maßnahmen verbunden, die als solche einen der Tatbestände des § 111 BetrVG erfüllen, kommt insoweit ein Sozialplan in Betracht." (BAG 25.1.2000 AP Nr. 137 zu § 112 BetrVG 1972)

In diesem Fall besteht das Beteiligungsrecht immer nur gegenüber dem Unternehmen, das die Betriebsänderung plant.

Wann eine Betriebsänderung im Sinne des § 111 BetrVG als „geplant" anzusehen ist, lässt sich der Vorschrift nicht unmittelbar entnehmen. Abzugrenzen ist hier zwischen bloßen **Vorüberlegungen**, aus denen sich möglicherweise eine geplante Betriebsänderung ergibt, und dem Zeitpunkt, in dem die Planung schon zu einer gewissen Reife gediehen ist und sich der Arbeitgeber zu einer bestimmten Betriebsänderung **im Prinzip schon entschlossen** hat. Ändert der Arbeitgeber nachträglich seinen Entschluss und möchte die Betriebsänderung in anderer Weise durchführen, so beginnt das Verfahren nach §§ 111 ff. BetrVG von neuem (ggf. ist ein neuer Interessenausgleich und/oder Sozialplan herbeizuführen). Unerheblich ist, aus welchem Grund der Arbeitgeber eine Betriebsänderung beabsichtigt. Das Wort „geplant" hat insoweit **nur eine zeitliche, aber keine inhaltliche Bedeutung** (BAG 13.12.1978 AP Nr. 6 zu § 112 BetrVG). Eine geplante Betriebsänderung liegt daher auch dann vor, wenn sie durch ungewollte (z.B. wirtschaftliche) Umstände erzwungen wird. Hierzu zählen insbesondere Maßnahmen, die durch die Insolvenz des Unternehmens veranlasst sind. Nach Eröffnung des Insolvenzverfahrens sind neben dem BetrVG die **besonderen Vorschriften der Insolvenzordnung** zu beachten (vor allem §§ 121 bis 128 InsO zu Betriebsänderung, Interessenausgleich und Sozialplan in der Insolvenz). Die Eröffnung des Insolvenzverfahrens als solche ist keine Betriebsänderung.

„Geplante" Betriebsänderung

§ 111 S. 3 BetrVG zählt **fünf Fälle** auf, **die als Betriebsänderung** im Sinne von Satz 1 **gelten**. Es sind dies:

1. die **Einschränkung und Stilllegung** des ganzen Betriebs oder wesentlicher Betriebsteile,
2. die **Verlegung** des ganzen Betriebs oder wesentlicher Betriebsteile,
3. der **Zusammenschluss** mit anderen Betrieben oder die **Spaltung** von Betrieben,
4. grundlegende **Änderungen** der **Betriebsorganisation**, des **Betriebszwecks** oder der **Betriebsanlagen** und schließlich
5. die **Einführung** grundlegend **neuer Arbeitsmethoden** und **Fertigungsverfahren**.

Katalogtatbestände

Dieser Fünf-Punkte-Katalog des § 111 S. 3 BetrVG wirft zunächst die **Frage** auf, ob es sich um eine **abschließende Aufzählung** aller mitbestimmungspflichtigen Tatbestände handelt oder ob es darüber hinaus noch weitere Formen von Betriebsänderung im Sinne von

Abschließender Katalog?

Satz 1 geben kann. Das **BAG** hat diese Frage bislang ausdrücklich **offen gelassen** (BAG 6.12.1988 AP Nr. 26 zu § 111 BetrVG 1972). Ein erheblicher Teil der Literatur sieht die Aufzählung als abschließend an und begründet dies neben dem Wortlaut der Norm vor allem mit dem Zweck der Aufzählung, den Beteiligungstatbestand vom mitbestimmungsfreien Bereich abzugrenzen (vgl. RICHARDI/ANNUSS § 111 Rn. 41 ff. m.w.N.). Dem Wortlaut lässt sich indes, auch wenn eine Einschränkung durch das Wort „insbesondere" fehlt, nicht entnehmen, dass mit den fünf Fällen des Satz 3 alle Formen von Betriebsänderungen abschließend erfasst sein sollen. Zudem dürfte der **Sinn und Zweck der Norm** nicht lediglich in der Abgrenzung des Beteiligungstatbestands vom mitbestimmungsfreien Bereich liegen, sondern **vielmehr vorrangig in der Sicherung der Arbeitsplätze und der sozialen Stellung der Arbeitnehmer**. Insoweit wäre es wenig sinnvoll, bei Maßnahmen des Unternehmers, die zwar nicht unter § 111 S. 3 BetrVG fallen, gleichwohl aber wesentliche Nachteile für die Belegschaft zur Folge haben können, Beteiligungsrechte des Betriebsrats auszuschließen (vgl. FITTING § 111 Rn. 44 m.w.N.). **Die Fälle von beteiligungspflichtigen Betriebsänderungen sind deshalb in Satz 3 nicht erschöpfend, sondern nur beispielhaft aufgezählt.**

Fiktion der wesentlichen Nachteile?

Zudem stellt sich die Frage, ob die Beteiligungsrechte des Betriebsrats bei Vorliegen eines der Katalogtatbestände aus § 111 S. 3 BetrVG ohne Weiteres gegeben sind oder **ob als weitere Voraussetzung** gemäß Satz 1 hinzukommen muss, dass die jeweilige Betriebsänderung **tatsächlich wesentliche Nachteile** für die Belegschaft zur Folge haben kann. Das BAG geht in ständiger Rechtsprechung zu Recht davon aus, dass § 111 S. 3 BetrVG eine **Fiktion** dahingehend enthält, dass in dort genannten Betriebsänderungen **stets nachteilige Folgen** für die Arbeitnehmer eintreten können (grundlegend BAG 17.8.1982 AP Nr. 11 zu § 111 BetrVG 1972).

„Wenn es in § 111 Satz 2 [jetzt 3] BetrVG einleitend heißt: „Als Betriebsänderung i.S. des Satzes 1 gelten...", so kann sich dies nicht auf den Begriff der Betriebsänderung schlechthin, sondern nur auf die in Satz 1 näher beschriebenen Betriebsänderungen beziehen; die Worte „i.S. des Satzes 1" wären sonst überflüssig. Die in dem Katalog des § 111 Satz 2 Nr. 1-5 BetrVG genannten Betriebsänderungen sollen also nach dem Willen des Gesetzgebers als solche gelten, die wesentliche Nachteile für die Belegschaft oder erhebliche Teile derselben zur Folge haben können. [...]

Für dieses Verständnis spricht weiter, dass es zu größerer Rechtssicherheit und damit zu größerer Praktikabilität führt, wenn die in § 111 Satz 2 [3] BetrVG katalogmäßig aufgezählten Betriebsänderungen stets die Beteiligungsrechte des Betriebsrats auslösen und diese Beteiligungsrechte nicht davon abhängig sind, dass die Möglichkeit wesentlicher Nachteile für die Belegschaft oder erhebliche Teile der Belegschaft bejaht werden kann. Wenn demgegenüber eingewandt wird, es sei widersprüchlich, dem Betriebsrat Beteiligungsrechte auch da zu gewähren, wo von vornherein Nachteile oder wesentliche Nachteile nicht zu be-

II. Mitbestimmung über den Betriebsrat § 156

fürchten seien, so verkennt dieser Einwand das Wesen einer Fiktion."
(BAG 17.8.1982 AP Nr. 11 zu § 111 BetrVG 1972)

Hinsichtlich der Voraussetzungen des Beteiligungsrechts ist somit zu unterscheiden: Während im Falle der in § 111 S. 3 BetrVG aufgezählten Maßnahmen stets wesentliche Nachteile für die Arbeitnehmer zu unterstellen sind, **ist in den Fällen einer sonstigen Betriebsänderung** nach § 111 S. 1 BetrVG **zusätzlich der mögliche Eintritt von Nachteilen zu prüfen** (und ggf. vom Betriebsrat zu beweisen). Ob tatsächlich ausgleichsbedürftige Nachteile entstehen, ist hingegen immer erst bei der Aufstellung des Sozialplans zu prüfen, das Mitbestimmungsrecht ist hiervon unabhängig.

Prüfungsfolge, Beweislast

Als wesentliche Nachteile kommen **sowohl materielle Folgen** (z.B. geringeres Entgelt, Arbeitsplatzverlust) **als auch immaterielle Folgen** (z.B. höhere Leistungsanforderungen) in Betracht. Wesentlich sind die Nachteile nur dann, wenn es sich **weder** um für den Arbeitnehmer **völlig unerhebliche Nebenfolgen** handelt **noch** um typischerweise mit einer Änderung im Betrieb **vorübergehend verbundene Folgen** (z.B. Nachteile, die nach einer gewissen Einarbeitungszeit wieder verschwinden).

Wesentliche Nachteile

Die Nachteile müssen für die Belegschaft insgesamt oder jedenfalls für erhebliche Teile der Belegschaft als möglich erscheinen. Insoweit kann nach ständiger Rechtsprechung des BAG auf die Zahlen- und Prozentangaben des **§ 17 Abs. 1 KSchG als Richtschnur** abgestellt werden, jedoch mit der Maßgabe, dass von der Betriebsänderung mindestens 5 % der Belegschaft des Betriebs betroffen sein müssen (BAG 2.8.1983 AP Nr. 12 zu § 111 BetrVG 1972; BAG 28.3.2006 AP Nr 12 zu § 112a BetrVG 1972). Dabei ist zu beachten, dass diese Richtschnur aufgrund der Gesetzesänderung (Wechsel vom betriebs- zum unternehmensbezogenen Schwellenwert) nicht mehr in allen Fällen Anwendung finden kann. **In Kleinbetrieben** mit bis zu zwanzig Arbeitnehmern ist vielmehr eine **wertende Gesamtwürdigung** erforderlich. Nimmt der Arbeitgeber mehrere Maßnahmen vor, ist nicht auf die zeitliche Grenze von 30 Kalendertagen entsprechend § 17 Abs. 1 KSchG abzustellen. Maßgeblich ist allein, ob die Maßnahmen auf einer **einheitlichen unternehmerischen Planungsentscheidung** beruhen (vgl. BAG 9.5.1995 AP Nr. 33 zu § 111 BetrVG 1972). Liegt zwischen mehreren „Wellen" von Personalabbaumaßnahmen nur ein Zeitraum von wenigen Wochen oder Monaten, so spricht eine tatsächliche Vermutung dafür, dass diese Maßnahme auf einer einheitlichen unternehmerischen Planung beruht (BAG 22.1.2004 AP Nr. 1 zu § 112 BetrVG 1972 Namensliste).

Orientierung an § 17 KSchG

2. Unterrichtung und Beratung

Der Arbeitgeber hat den Betriebsrat über geplante Betriebsänderungen **rechtzeitig und umfassend** zu **unterrichten** und die geplanten Betriebsänderungen mit dem Betriebsrat zu **beraten** (§ 111 S. 1 BetrVG). Eine besondere Form der Unterrichtung sieht das Gesetz

Umfassende und rechtzeitige Unterrichtung

nicht vor. Die Unterrichtung ist rechtzeitig, wenn der Betriebsrat noch **Einwirkungsmöglichkeiten** auf die endgültige Entscheidung des Arbeitgebers und deren nähere Durchführung hat. Die geplante Betriebsänderung darf noch nicht, auch noch nicht teilweise, verwirklicht sein (BAG 14.9.1976 AP Nr. 2 zu § 113 BetrVG 1972). Die Unterrichtung ist umfassend, wenn der Betriebsrat die geplante Maßnahme **gleichgewichtig** mit dem Arbeitgeber beraten kann. Im Rahmen der Unterrichtung hat der Arbeitgeber die Gründe, den Inhalt sowie die Auswirkungen der geplanten Betriebsänderung auf die Arbeitnehmer darzulegen. Dazu gehört nach § 80 Abs. 2 S. 2 BetrVG auch die **Vorlage der erforderlichen Unterlagen** (vgl. § 106 Abs. 2 BetrVG für den Wirtschaftsausschuss). Eine selbständige Unterrichtungspflicht besteht ggf. nach § 17 Abs. 2 KSchG.

Beratung

Gegenstand der **Beratung** ist zum einen die Frage, **ob und wie** die geplante **Betriebsänderung** durchgeführt werden soll, und zum anderen die Entscheidung, **ob und in welchem Umfang** mögliche **Nachteile** für die Arbeitnehmer auszugleichen sind. Ziel der Beratung ist eine Einigung über beide Fragestellungen. Soweit sich die Einigung auf das Ob und das Wie der Betriebsänderung bezieht, handelt es sich um einen Interessenausgleich (§ 112 Abs. 1 S. 1 BetrVG). Bezieht sich die Einigung auf den Ausgleich oder die Milderung wirtschaftlicher Nachteile, handelt es sich um einen Sozialplan (§ 112 Abs. 1 S. 2 BetrVG).

Externer Berater

In Unternehmen mit **mehr als 300 Arbeitnehmern** kann der Betriebsrat zu seiner Unterstützung einen **externen Berater** auch ohne Vereinbarung mit dem Arbeitgeber hinzuziehen (§ 111 Abs. 1 S. 2 BetrVG). § 80 Abs. 3 BetrVG bleibt hiervon unberührt. Die Kosten für den Berater hat der Arbeitgeber zu tragen (§ 40 Abs. 1 BetrVG).

Unterlassungsanspruch des Betriebsrats?

Die Ansprüche des Betriebsrats auf Unterrichtung und Beratung werden individualrechtlich durch den Nachteilsausgleich gem. § 113 BetrVG gesichert. **Äußerst umstritten ist die Frage, ob es daneben auch eine kollektivrechtliche Sicherung der Beteiligungsrechte gibt.** Teilweise wird ein Anspruch des Betriebsrats gegen den Arbeitgeber auf Unterlassung einer Betriebsänderung bis zum Abschluss des Beteiligungsverfahrens bejaht (FITTING § 111 Rn. 130 ff. m.w.N.). Hierfür wird im Wesentlichen vorgebracht, dass die individualrechtliche Sicherung nach § 113 BetrVG im Hinblick auf den Zweck der Beteiligungsrechte und zur wirksamen Verhinderung betriebsverfassungswidrigen Verhaltens nicht ausreiche. Die Gegenmeinung lehnt einen solchen Anspruch unter Hinweis auf die spezielle Regelung des § 113 BetrVG ab (RICHARDI/ANNUSS § 111 Rn. 166 ff. m.w.N.). Das BAG hat für mitbestimmungspflichtige Angelegenheiten nach § 87 BetrVG einen Unterlassungsanspruch bejaht (BAG 3.5.1994 AP Nr. 23 zu § 23 BetrVG 1972). Eine abschließende Entscheidung dieser Frage für wirtschaftliche Angelegenheiten steht indes noch aus.

II. Mitbestimmung über den Betriebsrat § 156

3. Interessenausgleich

Der Interessenausgleich ist die Einigung zwischen Arbeitgeber und Betriebsrat über die Fragen des **Ob, Wann und Wie** einer geplanten Betriebsänderung (§ 112 Abs. 1 S. 1 BetrVG). Gegenstand des Interessenausgleichs ist demnach die Betriebsänderung als solche. Regelmäßig geht es um Änderungen gegenüber der ursprünglichen Planung des Arbeitgebers. Der Interessenausgleich kann aber auch in der bloßen Zustimmung des Betriebsrats zu der geplanten Betriebsänderung bestehen oder in der Einigung, die Betriebsänderung insgesamt nicht vorzunehmen. Zweck des Interessenausgleichs ist es in erster Linie, die Nachteile der geplanten Betriebsänderung möglichst gering zu halten. Durch einen vorherigen Interessenausgleich sollen möglichst wirtschaftliche Nachteile vermieden werden, die sonst durch den Sozialplan ausgeglichen werden müssten. Bei einer Unternehmensumwandlung kann es zu einem besonderen Interessenausgleich kommen (§ 323 Abs. 2 UmwG). Ferner sind im Insolvenzverfahren besondere Bestimmungen zu beachten (insb. §§ 122, 125 und 126 InsO). Mögliche Regelungsgegenstände eines Interessenausgleichs sind Modalitäten von Entlassungen und Freistellungen, die Einführung von Kurzarbeit, Auswahlrichtlinien für Versetzungen oder Entlassungen usw.

Begriff und Zweck

In der Regel wird die Initiative zur Aufnahme von Verhandlungen über einen Interessenausgleich vom Betriebsrat ausgehen. Soweit dieser allerdings nicht von sich aus tätig wird, ist der Arbeitgeber gehalten, Verhandlungen anzustreben. Kommt ein Interessenausgleich zustande, ist dieser gem. § 112 Abs. 1 S. 1 BetrVG schriftlich niederzulegen und vom Arbeitgeber und vom Vorsitzenden des Betriebsrats zu unterschreiben (§ 126 BGB). Die Einhaltung der **Schriftform ist Wirksamkeitsvoraussetzung** (BAG 20.4.1994 AP Nr. 27 zu § 113 BetrVG 1972). Der Interessenausgleich kann mit dem Sozialplan in einer Urkunde niedergelegt werden. Kommt ein Interessenausgleich **innerbetrieblich** nicht zustande, können der Arbeitgeber oder der Betriebsrat den Vorstand der Bundesagentur für Arbeit um Vermittlung ersuchen (§ 112 Abs. 2 S. 1 BetrVG). Ein solcher **Vermittlungsversuch** ist freiwillig und keine Voraussetzung für die Anrufung der Einigungsstelle. Unterbleibt oder scheitert der Vermittlungsversuch, können beide Seiten die **Einigungsstelle** anrufen (§ 112 Abs. 2 S. 2 BetrVG). Kommt es zu einer Einigung im Wege der Vermittlung oder vor der Einigungsstelle, ist der Interessenausgleich formgerecht zu vereinbaren.

Zustandekommen

Zu beachten ist, dass ein Interessenausgleich **immer nur freiwillig** zustande kommen kann. Der Arbeitgeber kann von vorn herein Verhandlungen ablehnen oder eine Einigung nicht ernsthaft anstreben. Er kann einen Vermittlungsversuch oder die Anrufung der Einigungsstelle unterlassen. Auch die Einigungsstelle kann eine Einigung nur versuchen, ein bindender Vorschlag ist ihr verwehrt. Der Betriebsrat kann folglich einen Interessenausgleich **nicht erzwingen**. Ihm steht somit nur ein Mitwirkungsrecht, aber kein zwingendes

Freiwilligkeit

735

Mitbestimmungsrecht zu. Im Ergebnis **bleibt der Arbeitgeber daher in seiner Entscheidung über die Durchführung einer Betriebsänderung frei.**

„Hier stand der Gesetzgeber vor der Aufgabe, einerseits die mit der Verantwortung für das Schicksal des Unternehmens verbundene wirtschaftliche Entscheidungsfreiheit des Unternehmers zu erhalten, andererseits aber auch den sozialen Belangen der von den Auswirkungen der unternehmerisch-wirtschaftlichen Entscheidungen betroffenen Belegschaft Rechnung zu tragen. Er hat diese Aufgabe gelöst, indem er bei wirtschaftlichen Entscheidungen mit erheblichen sozialen Auswirkungen, wie sie eine Betriebsänderung i.S. von § 111 BetrVG darstellt, den Unternehmer zwar verpflichtet, den Betriebsrat rechtzeitig und umfassend zu unterrichten, die geplante Betriebsänderung mit ihm zu beraten und sich ernsthaft um einen Interessenausgleich zu bemühen (§§ 111, 112 BetrVG), den Unternehmer insoweit aber keinem Einigungszwang aussetzt, sondern ihm beim Scheitern eines einvernehmlichen Interessenausgleichs mit dem Betriebsrat die Alleinentscheidung belässt." (BAG 22.5.1979 AP Nr. 4 zu § 111 BetrVG 1972)

Bemüht sich der Arbeitgeber jedoch nicht um den Abschluss eines Interessensausgleichs, trifft ihn die Sanktion des § 113 Abs. 3 i.V.m. Abs. 1 BetrVG. Er schuldet den Arbeitnehmern, die infolge der Betriebsänderung entlassen werden, einen Nachteilsausgleich (siehe dazu unter § 156 II 5)

Rechtsnatur und Rechtswirkung

Rechtsnatur und Rechtswirkungen des Interessenausgleichs lassen sich dem Gesetz nicht ohne Weiteres entnehmen. Wegen eines Umkehrschlusses zu § 112 Abs. 1 S. 3 BetrVG ist jedoch anzunehmen, dass es sich anders als bei einem Sozialplan nicht um eine Betriebsvereinbarung handelt. Nach überwiegender Auffassung handelt es sich um eine **Kollektivvereinbarung besonderer Art** (ausführlich RICHARDI/ANNUSS § 112 Rn. 35 ff. m.w.N.; wohl auch BAG 28.8.1991 AP Nr. 2 zu § 85 ArbGG 1979). Demnach entfaltet der Interessenausgleich keine unmittelbare und zwingende Wirkung für und gegen den einzelnen Arbeitnehmer. Davon unbeantwortet bleibt die Frage, ob der Betriebsrat einen klagbaren Anspruch auf Einhaltung des Interessenausgleichs hat. Nach Ansicht des BAG **kann der Betriebsrat die Einhaltung des Interessenausgleichs nicht erzwingen**, da es sich **lediglich** um eine **Naturalobligation** handele (BAG 28.8.1991 AP Nr. 2 zu § 85 ArbGG 1979). In der Literatur wird demgegenüber teilweise ein einklagbarer Anspruch auf Durchführung des Interessenausgleichs gegen den Arbeitgeber angenommen (GK-BetrVG/OETKER §§ 112, 112a Rn. 53 f. m.w.N.). Die Folgen einer Abweichung vom Interessenausgleich richten sich nach § 113 BetrVG (siehe unter § 156 II 5). Wegen der umstrittenen Bindungswirkung wird der Interessenausgleich **jedoch häufig in Form einer freiwilligen Betriebsvereinbarung** (§ 88 BetrVG) vereinbart. Sieht ein solcher Interessenausgleich Leistungen an die Arbeitnehmer vor, haben diese (nicht der Betriebsrat) einen unmittelbaren und durchsetzbaren Anspruch. Form und Bindungswirkung des Interessenausgleichs sind ggf. im

II. Mitbestimmung über den Betriebsrat § 156

Wege der Auslegung (§ 157 BGB) zu bestimmen (vgl. RICHARDI/ANNUSS § 112 Rn. 41 ff.).

4. Sozialplan

Literatur: SCHWEIBERT, Alter als Differenzierungskriterium in Sozialplänen, in: ARGE Arbeitsrecht im DAV, FS zum 25-jährigen Bestehen (2006), S. 1001 ff.; STINDT, Die Bedrohung durch Arbeitslosigkeit und deren Vermeidung durch das Transfer-Sozialplan-Konzept, 50 Jahre BAG (2004), S. 1101 ff. m.w.N.; TEMMING, Für einen Paradigmenwechsel in der Sozialplanrechtsprechung – Konsequenzen des Verbots der Altersdiskriminierung, RdA 2008, 205.

a) Gegenstand, Rechtsnatur und Zweck des Sozialplans

Der Sozialplan ist die Einigung zwischen Arbeitgeber und Betriebsrat über den **Ausgleich oder die Milderung wirtschaftlicher Nachteile**, die den Arbeitnehmern infolge der geplanten Betriebsänderung entstehen (§ 112 Abs. 1 S. 2 BetrVG). Die Pflicht zur Aufstellung eines Sozialplans besteht unabhängig davon, ob zuvor ein Interessenausgleich versucht oder erreicht wurde oder der Arbeitgeber die Betriebsänderung bereits durchgeführt hat. Auch eine etwaige Pflicht zum Nachteilsausgleich gem. § 113 BetrVG bleibt hiervon unberührt. Unberührt – also nicht gesperrt – bleibt auch die Autonomie der Tarifvertragsparteien, Tarifverträge mit sozialplanähnlichem Inhalt zu vereinbaren (BAG 6.12.2006 AP Nr. 1 zu § 1 TVG Sozialplan; zur Problematik der Erstreikbarkeit siehe § 114 II).

Begriff und Hintergrund

In einem Sozialplan wird **zumeist die Zahlung von einmaligen Abfindungen oder laufenden Ausgleichszahlungen mit Hilfe verschiedener Formeln** vorgesehen. Häufig findet sich dabei eine – zulässige (BAG 27.10.1987 AP Nr. 41 zu § 112 BetrVG 1972) – Pauschalierung nach einem Punktesystem, das – ähnlich der Sozialauswahl bei einer betriebsbedingten Kündigung – nach Lebensalter, Unterhaltsverpflichtungen, Dauer der Betriebszugehörigkeit, Schwerbehinderung aber auch Rentennähe bzw. Rentenberechtigung differenziert (ausf. SCHWEIBERT, FS 25 Jahre ARGE Arbeitsrecht im DAV, 2006, S. 1001 ff.). Um allzu starke **Belastungen des Arbeitsmarkts** zu vermeiden und um zu einem beschäftigungswirksameren Einsatz der Sozialplanmittel zu gelangen, hat der Gesetzgeber die **Möglichkeit der Sozialplanförderung durch die Arbeitsverwaltung** geschaffen. Die in einem Sozialplan vorgesehenen Maßnahmen zur Eingliederung von Arbeitnehmern in den Arbeitsmarkt können somit durch Zuschüsse i.R.d. §§ 254, 255 SGB III gefördert werden, vgl. auch den 2001 eingefügten § 112 Abs. 5 S. 2 Nr. 2a BetrVG. Das betrifft bspw. die vor allem bei größeren Unternehmensrestrukturierungen regelmäßig gegründeten Beschäftigungs- und Qualifizierungsgesellschaften (ausf. STINDT, FS 50 Jahre BAG, 2004, S. 1101 ff. m.w.N.).

Instrument der Frühverrentung

Sozialpläne spielten Mitte der siebziger Jahre bis Mitte der achtziger Jahre in der Praxis noch vor Erlass des Vorruhestandsgesetzes und des ersten Altersteilzeitgesetzes die **Vorreiterrolle in der Bewältigung von Wirtschaftskrisen.** Mit ihrer Hilfe wurden die Phase der „sozialverträglichen" Trennung von älteren Arbeitnehmern und das Ende ihres Erwerbslebens ohne Wiederbesetzung ihrer Stellen auf Kosten der Sozialversicherungssysteme eingeläutet. Grob gesagt funktionierte diese Frühverrentungspraxis mit Hilfe von Sozialplänen durch die bewusste **Überführung älterer Arbeitnehmer in die Arbeitslosigkeit** mit danach einhergehender Aktivierung der bis dahin kaum genutzten Altersrenten wegen Arbeitslosigkeit (ausf. TEMMING, Altersdiskriminierung im Arbeitsleben, 2008, S. 272 ff.).

Diese **Sozialplanpraxis** wurde in Zeiten praktizierter Frühverrentung vor dem Hintergrund der Externalisierung betrieblicher Restrukturierungskosten durch sozialversicherungsrechtliche Abfederungen **lange in Kauf genommen**; die Betriebspartner empfanden und empfinden die damals gewählte Klauselgestaltung als „gerecht". Die Rechtsprechung hat dies nahezu ungefragt gebilligt – die klare Dichotomie zwischen jüngeren und älteren Arbeitnehmern und gleichzeitig die bewusste Überwälzung der Kosten auf die Sozialversicherungssysteme. Ein Verstoß gegen § 75 Abs. 1 S. 1 und S. 2 BetrVG a.F. und des arbeitsrechtlichen Gleichbehandlungsgrundsatzes war damit nicht gegeben.

Widersprüchlichkeiten

Heutzutage hat sich diese **Sozialplanpraxis** von ihren historischen Wurzeln emanzipiert und **im juristischen Denken verfestigt.** Rechtlich geschah dies durch die Möglichkeit, einerseits die Sozialplankosten für ältere Arbeitnehmer mehr oder weniger konkret bezogen auf die zukünftige Überführung in die Sozialversicherungssysteme zu berechnen und diejenigen der jüngeren Arbeitnehmer jedoch pauschalisiert abzuschätzen. Andererseits wurde die bereits oben erwähnte **Rentennähe bzw. Rentenberechtigung als sachgerechtes Bemessungskriterium für die Höhe der Sozialplanleistung** anerkannt. Diese Ansicht ist nicht frei von Widersprüchen, wenn man bedenkt, dass vor allem jüngeren Arbeitnehmern im Ergebnis echte Abfindungen aus Sozialplänen zufließen, ältere Arbeitnehmer sich hingegen wegen ihrer baldigen Altersrente mit deutlich geringeren Überbrückungszahlungen zufrieden geben müssen. Dieser **Widerspruch** wird dadurch verstärkt, dass an die Stelle des Bestandsschutzes tretenden gesetzlichen Abfindungen – wie bspw. nach §§ 9, 10 KSchG – zu Recht maßgeblich eine umfassende Entschädigungsfunktion zuerkannt wird, weil sie den vermögensrechtlichen Ersatz für die Aufgabe des sozialen Besitzstandes (nämlich den Arbeitsplatz als solchen) darstellen (vgl. bspw. BAG 12.6.2003 AP Nr. 16 zu § 628 BGB; ErfK/KIEL § 10 KSchG Rn. 1).

Funktion von Sozialplänen

Für die soeben beschriebene Instrumentalisierung des Sozialplans muss sein Zweck letztlich (auch) zukunftsgerichtet bestimmt werden. So ist es kein Wunder, dass die neuere Rechtsprechung des BAG und ihm folgend Teile der Literatur dem Sozialplan keine ver-

II. Mitbestimmung über den Betriebsrat § 156

gangenheitsbezogene Entschädigungsfunktion, sondern grundsätzlich eine reine, auf die Zukunft hingewendete Überbrückungsfunktion zuweisen. Sinn und Zweck des Sozialplans sei es, die wirtschaftlichen Nachteile auszugleichen oder doch zu mildern, die den Arbeitnehmern infolge der geplanten Betriebsänderung entstünden. Deshalb solle mit einem begrenzten Sozialplanvolumen den von der Betriebsänderung betroffenen Arbeitnehmern eine „verteilungsgerechte Überbrückungshilfe" gewährt werden (BAG 11.11.2008 – 1 AZR 475/07; BAG 9.11.1994 AP Nr. 85 zu § 112 BetrVG 1972; BAG 5.10.2000 AP Nr. 141 zu § 112 BetrVG 1972; Gaul/Otto, DB 2002, 2486, 2489; Richardi/Annuss § 112 Rn. 53; Wiedemann/Willemsen, Anm. AP Nr. 3 zu § 112 BetrVG 1972).

„Die Betriebspartner müssen sich am Zweck der Sozialplanleistungen ausrichten, der darin besteht, mit einem begrenzten Volumen möglichst allen von der Entlassung betroffenen Arbeitnehmern eine verteilungsgerechte Überbrückungshilfe bis zu einem ungewissen neuen Arbeitsverhältnis oder bis zum Bezug von Altersrente zu ermöglichen." (BAG 5.10.2000 AP Nr. 141 zu § 112 BetrVG 1972)

Das BAG nimmt von diesem Grundsatz nur diejenigen vergangenheitsbezogenen Nachteile aus, die auch zukünftig fortwirken (BAG 21.10.2003 AP Nr. 163 zu § 112 BetrVG 1972). Der große Senat des BAG hat 1978 die Funktion von Sozialplänen noch anders beurteilt (BAG GS 13.12.1978 AP Nr. 6 zu § 112 BetrVG 1972); die spätere Umorientierung der zuständigen Senate erfolgte ohne seine Anrufung, was wegen § 45 Abs. 2 ArbGG schwer zu erklären ist. Teile der Literatur sprechen sich nach wie vor für die Doppelfunktion von Sozialplänen aus. Ihnen komme Entschädigungs- sowie (hauptsächlich) Überbrückungsfunktion zu (bspw. DKK/Däubler §§ 112, 112a Rn. 41; GK-BetrVG/Oetker §§ 112, 112a Rn. 102; ErfK/Kania §§ 112, 112a BetrVG Rn. 12; Hanau, ZfA 1974, 89, 102).

Bedeutung dieser Problematik

Die Frage nach dem Zweck von Sozialplanleistungen stellt sich deshalb, weil sowohl die Betriebsparteien als auch die Einigungsstelle ihre Gestaltungs- bzw. Ermessensspielräume entlang dem sie bindenden zwingenden Gesetzes-, Verfassungs- und Gemeinschaftsrecht ausrichten müssen (zu Inhalt und Schranken vgl. die Ausführungen unter 4.d). Dazu gehört zuvörderst der zweckstiftende § 112 Abs. 1 S. 2 BetrVG in derjenigen Auslegung, die er durch das BAG erfährt. Die **Betriebsparteien** und die Einigungsstelle müssen daher auch die **Zweckrichtung des Sozialplans i.R.d. § 75 Abs. 1 BetrVG** beachten. Halten sie sich nicht daran, sprechen sie dem Sozialplan also vergangenheitsbezogene Entschädigungs- oder Abfindungsfunktion zu, ist die auf diesem Zweck ruhende Klausel des Sozialplans nach der herrschenden Auffassung unwirksam.

Stellungnahme

Bemerkenswert an der neueren BAG-Rechtsprechung ist die völlige Ausblendung einer vergangenheitsbezogenen Entschädigungsfunktion von Sozialplänen. Denn um die Überbrückungsfunktion in Sozialplänen und damit die in der Praxis vorherrschende Handhabung dieses Instruments zu legitimieren, bedarf es der vollständigen Kappung jener Dimension eigentlich gar nicht. Die Anerkennung einer friedlichen Koexistenz beider Zwecke reicht aus; eine derart einengende Auslegung der §§ 112, 112a BetrVG ist nicht zwingend notwendig. Die gewandelte Rechtsprechung des BAG und die Auffassung der ihr folgenden Literatur, wonach Sozialplänen nach §§ 112, 112a BetrVG grundsätzlich nur eine reine Überbrückungsfunktion zukommt und der Ersatz von Nachteilen höchstens dann akzeptiert wird, soweit diese in der Zukunft noch fortwirken, ist allerdings nicht nur wegen dieses Gesichtspunktes abzulehnen.

Im Einklang mit einem Teil der Lehre kommt dem Sozialplan durchaus eine Doppelfunktion zu (PREIS, DJT-Gutachten, Alternde Arbeitswelt – Welche arbeits- und sozialrechtlichen Regelungen empfehlen sich zur Anpassung der Rechtsstellung und zur Verbesserung der Beschäftigungschancen älterer Arbeitnehmer?, Gutachten B, 2008, S. 101 ff.). Es handelt sich nicht nur um ein zukunftsgerichtetes Überbrückungs-, sondern gleichzeitig auch um ein vergangenheitsbezogenes Entschädigungs- bzw. Abfindungsinstrument. In dieser Hinsicht ist der Sozialplan mit §§ 9, 10 KSchG, § 113 BetrVG oder § 1a KSchG vergleichbar. Beide Zwecke stehen gleichberechtigt nebeneinander, schließen sich nicht gegenseitig aus, müssen jedoch getrennt betrachtet werden. Berücksichtigen die Betriebsparteien bei der Aufstellung eines Sozialplans beide Zweckrichtungen, dürfen sie diese deshalb nicht bspw. mittels Anrechnung gegeneinander ausspielen. Freilich können die Betriebsparteien oder die Einigungsstelle Sozialplanleistungen auf einen einzigen Zweck begrenzen; für Letztere muss dies im pflichtgemäßen Ermessen liegen. Das verstößt nicht gegen § 75 Abs. 1 BetrVG i.V.m. § 112 Abs. 1 BetrVG und entspricht der ständigen Rechtsprechung des BAG, wonach sie bei ihrer Regelung von einem Ausgleich bestimmter Nachteile auch gänzlich absehen und nach der Vermeidbarkeit von Nachteilen unterscheiden können (BAG 30.11.1994 NZA 1995, 492, 493 m.w.N.). Für die hier vertretene Ansicht sprechen der Wortlaut des § 112 Abs. 1 S. 2 BetrVG, der historische Wille des Gesetzgebers, systematische Argumente sowie der Sinn und Zweck dieser Vorschrift.

Wortlaut — Bereits der Wortlaut spricht deutlich für eine Entschädigungsfunktion von Sozialplanansprüchen. Allein die für das Wort „Ausgleich" (§ 112 Abs. 1 S. 2 BetrVG) gebräuchlicherweise verwendeten Synonyme – Abfindung, Abstand, Entschädigung, Ersatz oder Kompensation – zeigen die semantischen Querverbindungen zu den Abfindungen in §§ 9, 10 KSchG, § 113 BetrVG oder § 1a KSchG auf. Diese Instrumente gewähren vergangenheitsbezogene Abfindungen bzw. Entschädigungen.

Gesetzgeberischer Wille — Insbesondere steht einer vergangenheitsbezogenen Betrachtungsweise hinsichtlich der Nachteile des Arbeitnehmers der **historische Wille des Gesetzgebers** nicht entgegen. Die Gesetzesmaterialien zum BetrVG 1972 weisen nicht darauf hin, dass die damalige Praxis des BAG nicht fortgeführt werden sollte (BT-Drs. VI/1786, S. 33, 55).

II. Mitbestimmung über den Betriebsrat § 156

Das BAG hatte bereits zum BetrVG 1952 erkannt, dass Abfindungszahlungen Bestandteil eines Interessenausgleichs über die geplante Betriebsänderung i.S.d. § 72 BetrVG 1952 sein konnten und der Betriebsrat seine Zustimmung zur geplanten Betriebsänderung hieran koppeln durfte:

„Die Zahlung einer Entschädigung (Abfindung) ist für den Verlust somit mit dem Begriff des Interessenausgleichs vereinbar." (BAG 20.11.1970 BAGE 23, 53, 58)

Gelang insoweit keine Einigung, musste sich der Unternehmer so behandeln lassen, als ob eine Einigung vorgelegen hätte, wonach die geplante Betriebsänderung nicht vorgenommen werden sollte. Kam es dann zu Entlassungen, so hatten die gekündigten Arbeitnehmer einen Abfindungsanspruch gem. § 74 BetrVG 1952, dem heutigen § 113 BetrVG, der i.V.m. § 10 KSchG u.a. nach Ansicht des BAG auch Entschädigungscharakter besitzt (vgl. bspw. BAG 6.5.2007 AP Nr. 64 zu § 111 BetrVG 1972). Spätere Reformen der §§ 112, 112a BetrVG haben an dieser Zweckrichtung nichts ändern wollen. Das betrifft vor allem die Einfügung des § 112 Abs. 5 S. 2 Nr. 2a BetrVG und damit die **Stärkung des Transfer-Sozialplans** im Jahre 2001. Die Gesetzesmaterialien zeigen, dass der Gesetzgeber weiterhin – obschon nicht kritiklos – Sozialplananprüchen gem. § 112 BetrVG entgegen der damals bereits etablierten BAG-Rechtsprechung Abfindungs- und damit Entschädigungscharakter zumisst (BT-Drs. 14/5741, S. 52).

Auch wenn die **Einigungsstelle** verstärkt Sozialpläne vor dem Hintergrund der Schaffung neuer Beschäftigungsperspektiven für die vom Verlust des Arbeitsplatzes bedrohten Arbeitnehmer aufzustellen hat und damit erzwungene Sozialpläne – wenn möglich – als Überbrückungsinstrument eingesetzt werden sollen, hat die Reform des § 112 Abs. 5 BetrVG im Jahre 2001 der Einigungsstelle keineswegs komplett die Möglichkeit genommen, **Sozialplananprüchen gleichfalls** (ggf. nachrangig) **Entschädigungs- bzw. Abfindungscharakter beizumessen**. Das belegt § 112 Abs. 5 S. 2 Nr. 1 BetrVG, der vergangenheitsbezogene Aspekte auflistet (Ausgleich der wirtschaftlichen Nachteile, Wegfall von Sonderleistungen, Verlust von Anwartschaften auf betriebliche Altersversorgung). Nach wie vor ist die Berücksichtigung der in § 112 Abs. 5 S. 2 Nr. 2a BetrVG genannten Überbrückungsmaßnahmen in das pflichtgemäße Ermessen der Einigungsstelle gestellt („berücksichtigen"). Das heißt, sie kann sich auch ermessensgerecht dagegen entscheiden, wenn die Aufnahme solcher Maßnahmen in den Sozialplan nicht zweckdienlich erscheint.

Aus dieser Reform des § 112 Abs. 5 S. 2 BetrVG lässt sich **in systematischer Hinsicht** in einem **Umkehrschluss** folgern, dass die Betriebsparteien außerhalb des Einigungsstellenverfahrens an diese Schwerpunktsetzung nicht zwingend gebunden sind. Denn der durch das BetrVG eingeräumte Gestaltungsspielraum der Betriebsparteien ist weiter als derjenige der Einigungsstelle, die anders als die Betriebsparteien zusätzlich an § 112 Abs. 5 BetrVG gebunden ist. Wenn also nicht nur die Einigungsstelle, sondern zugleich die Betriebsparteien diesen Paradigmenwechsel hätten nachvollziehen sollen, hätte der Gesetzgeber diesen in § 112 Abs. 1 S. 2 BetrVG und nicht lediglich in der nur für die Einigungsstelle geltenden Vorschrift des § 112 Abs. 5 S. 2 BetrVG normieren müssen; dies ist jedoch nicht geschehen. Es bleibt den Betriebsparteien natürlich unbenommen, sich für diese andere Akzentuierung i.R.d. durch das BetrVG gezogenen Grenzen freiwillig zu entscheiden.

Sinn und Zweck

Schließlich lässt sich auch aus dem **Sinn und Zweck** der §§ 112, 112a BetrVG ein umfassender Ausschluss einer Entschädigungsfunktion von Sozialplananspüchen nicht herleiten. Es fällt bereits äußerst schwer, überhaupt einen Sinn und Zweck aus den §§ 112, 112a BetrVG herzuleiten, der jenseits einer bloßen Paraphrasierung des Wortlauts liegt und zugleich eine vergangenheitsbezogene Entschädigungsfunktion dieser Vorschriften in dem Maße ausschließt, dass sie das Wortlaut-, das genetische und das systematische Argument schlüssig zu überspielen vermag.

Nimmt man den Extremfall einer Betriebsänderung, also diejenige, die gleichzeitig die Entlassung von Arbeitnehmern zur Folge hat, sehen § 112 BetrVG und ggf. § 112a BetrVG finanzielle Ausgleichsleistungen mit Entschädigungscharakter oder Überbrückungshilfen vor, vgl. § 112 Abs. 1 S. 2 BetrVG. Wenn es aber darum geht, Nachteile, die aufgrund der Betriebsänderung entstanden sind, auszugleichen bzw. abzumildern, ist dies u.a. durch Entschädigungszahlungen möglich. Die finanzielle Bewertung des arbeitsvertraglichen Besitzstandes und dessen Liquidierung ist ein geeignetes Mittel, den eintretenden Nachteilen wirksam zu begegnen.

Dies verdeutlicht, dass der Sinn und Zweck des Sozialplans bereits im Wortlaut des § 112 Abs. 1 BetrVG so hinreichend niedergelegt ist, dass das teleologische Argument den Wortlaut der Norm nur bestätigen, diesem aber keinesfalls entgegenstehen kann. Deshalb überzeugt die Argumentation des BAG nicht, wonach dieses vor allem wegen des Zwecks der Sozialplanleistungen auf die künftigen Nachteile schließen will und sich sodann von einer auf die Vergangenheit ausgerichteten Sichtweise verabschiedet (BAG 24.8.2004 AP Nr. 174 zu § 112 BetrVG 1972). In seiner neueren Rechtsprechung unterstellt es, als gehöre das dem „Nachteil" von ihm eigenmächtig beigefügte Adjektiv „künftig" bereits zur Legaldefinition des § 112 Abs. 1 S. 2 BetrVG. Dem ist nicht so.

Schließlich lässt sich das an dieser Stelle vertretene **Ergebnis von der grundsätzlichen Doppelfunktion des Sozialplans** auch nicht mit anderen in der Literatur geäußerten Gegenargumenten angreifen. Insbesondere überzeugen Gesichtspunkte, die die Befriedigungs- oder Steuerungsfunktion, Aspekte der Transparenz bzw. Praktikabilität oder Art. 14 Abs. 1, Art. 12 Abs. 1 oder Art. 3 Abs. 1 GG betreffen, nicht; darauf wird aber an dieser Stelle nicht vertieft eingegan-

II. Mitbestimmung über den Betriebsrat § 156

gen (ausf. TEMMING, Altersdiskriminierung im Arbeitsleben, S. 284 bis 288).

Die hier vertretene Ansicht, dass Sozialplanansprüche sowohl Entschädigungs- als auch Überbrückungscharakter aufweisen können, ist deshalb von Bedeutung, weil die Wahl der Kriterien vom Sinn und Zweck der Sozialplanleistungen abhängt. Daraus folgt: Geht es um Entschädigungszahlungen, müssen vergangenheitsbezogene Kriterien herangezogen werden. Sie sind auf den abzufindenden Wert des Arbeitsverhältnisses bezogen und müssen geeignet sein, der Entschädigungsfunktion der Abfindung in einem auf Bestandsschutz konzipierten Arbeitsrecht sachgerechten Ausdruck zu verleihen. Geeignete Kriterien sind dafür die Dauer des Bestandes des Arbeitsverhältnisses und der Monatsverdienst. Sie sind notwendig, um den Wert des bestandsgeschützten Arbeitsverhältnisses zu bestimmen. Hinzutreten kann bei der Bewertung ebenfalls der mögliche Verlust von verfallbaren betrieblichen Anwartschaften.

Bedeutung der Doppelfunktion von Sozialplanansprüchen

Demgegenüber sind eine etwaige **Rentennähe** oder die **Lage auf dem Arbeitsmarkt** bzw. die **Vermittelbarkeit des Arbeitnehmers** für die Bemessung der Abfindung nicht heranzuziehen. Denn sie haben unmittelbar nichts mit dem finanziellen Wert des Arbeitsverhältnisses zu tun. Der vergangenheitsorientierte Bestandsschutz wird nicht dadurch im Wert gemindert, dass der Arbeitnehmer zukünftig eine Rente beziehen kann. Er ist bereits erarbeitet; darauf darf der Arbeitnehmer vertrauen. Je nach Arbeitsmarktlage und dem dort stattfindenden Kräftespiel von Angebot und Nachfrage dürfte dieser Aspekt darüber hinaus bereits in dem vom Arbeitgeber gezahlten Entgelt gebührend berücksichtigt sein. Auch dem **Lebensalter** des Arbeitnehmers ist hinsichtlich der Entschädigungsfunktion einer Abfindung keine maßgebliche Rolle zuzuschreiben. Denn rückblickend betrachtet hängt der Wert des Arbeitsverhältnisses nicht unmittelbar vom Lebensalter des Arbeitnehmers ab, sondern nur mittelbar in Form seiner zeitlichen Dauer. Dieser Gesichtspunkt wird aber bereits hinlänglich durch die Dauer des Bestands des Arbeitsverhältnisses eingefangen (speziell zu Rentennähe und Lebensalter PREIS, DJT-Gutachten B, 2008, S. 58 f., 101 ff.; ebenso BEPLER, Referat zum 67. DJT 2008). Ähnliches folgt in Bezug auf den **gesundheitlichen Zustand** des Arbeitnehmers. Wenn überhaupt, dürfte er nur bei betrieblich verursachten Krankheiten in die Abwägung einfließen. Was schließlich den **Familienstand** und etwaige **Unterhaltspflichten** anbelangt, haben auch diese Aspekte mit dem Wert des Arbeitsverhältnisses grundsätzlich nichts zu tun. Wer auf die Wertentscheidung des Art. 6 Abs. 1 GG verweist, kann vertretbar ihre Berücksichtigung herleiten.

Muss hingegen der Bedarf für eine **Überbrückungshilfe** berechnet werden, haben **zukunftsbezogene Kriterien** die Prognosebasis zu bilden. Das wären bspw. die zukünftigen Einkommensminderungen, mögliche Umzugskosten, erhöhte Fahrtkosten oder Arbeitsmarktchancen, vgl. § 112 Abs. 5 S. 2 Nr. 1 bis 2a BetrVG. Dazu gehört aber auch eine mögliche Rentennähe bzw. Rentenberechtigung. Dabei kann zumindest die Einigungsstelle – anders als der Arbeitgeber i.R.d. Sozialauswahl gem. § 1 Abs. 3 KSchG – auf kompetenten Sachverstand zurückgreifen (Mitglied des Vorstands der BA oder ein vom Vorstand der BA benannter Bediensteter der BA, vgl. § 112 Abs. 2 S. 3 BetrVG, evtl. Geschäftsführer der örtlichen Arbeitsagentur, s.a. GK-BetrVG/Oetker §§ 112, 112a Rn. 223 f.).

Rechtsnatur des Sozialplans

Nach der zutreffenden herrschenden Ansicht ist ein Sozialplan eine **Betriebsvereinbarung** (BAG 8.11.1988 AP Nr. 48 zu § 112 BetrVG 1972). Jedenfalls kommt ihm nach § 112 Abs. 1 S. 3 BetrVG die Wirkung einer Betriebsvereinbarung zu. Die Regelungen des Sozialplans gelten somit **unmittelbar und zwingend** für die von ihm erfassten Arbeitsverhältnisse. Den einzelnen Arbeitnehmern stehen aufgrund des Sozialplans unmittelbare Rechtsansprüche zu. Der Inhalt des Sozialplans ist nach den allgemeinen Auslegungsgrundsätzen zu ermitteln. Nach ständiger Rechtsprechung des BAG sind Betriebsvereinbarungen wie Tarifverträge und diese wiederum wie Gesetze auszulegen. Demnach ist maßgeblich auf den im Wortlaut des Sozialplans zum Ausdruck gelangten Willen der Betriebspartner abzustellen sowie der von den Betriebspartnern beabsichtigte Sinn und Zweck der Regelung zu berücksichtigen, soweit diese in den Regelungen des Sozialplans noch ihren Niederschlag gefunden haben (BAG 8.11.1988 AP Nr. 48 zu § 112 BetrVG 1972). Der Tarifvorbehalt des § 77 Abs. 3 BetrVG ist auf Sozialpläne nicht anzuwenden, § 112 Abs. 1 S. 4 BetrVG, im Übrigen gilt das Günstigkeitsprinzip.

b) Erzwingbarkeit und freiwillige Regelungen

Erzwingbarkeit

Im Unterschied zum Interessenausgleich **ist die Aufstellung eines Sozialplans erzwingbar** (§ 112 Abs. 4 BetrVG). Die Erzwingbarkeit soll sicherstellen, dass der Arbeitgeber bei seiner – letztlich freien – Entscheidung über die Durchführung der Betriebsänderung die sozialen Belange der Belegschaft angemessen berücksichtigt (BAG 22.5.1979 AP Nr. 4 zu § 111 BetrVG 1972).

„Weil der Unternehmer letztlich allein über eine Betriebsänderung befinden kann, ist trotz bestehender Informations- und Beratungsrechte des Betriebsrats nicht gewährleistet, dass der Unternehmer bei seiner Entscheidung die sozialen Belange der Belegschaft angemessen berücksichtigt. Das kann nur erreicht werden, wenn eine für die Belegschaft oder für erhebliche Teile derselben nachteilige unternehmerisch-wirtschaftliche Entscheidungen gegebenenfalls auch mit entsprechenden finanziellen Belastungen für das Unternehmen verbunden ist. Diese Funktion erfüllt der notfalls durch Spruch der Einigungsstelle erzwingbare Sozialplan zum Ausgleich oder zur Milderung der den Arbeitnehmern infolge der geplanten Betriebsänderung entstehenden wirtschaftlichen Nachteile. Der Unternehmer muss ihn bei seiner wirtschaftlichen Entscheidung über die Notwendigkeit oder Zweckmäßigkeit einer Betriebsänderung in Rechnung stellen. Die Erzwingbarkeit des Sozialplans bietet somit eine gewisse Gewähr dafür, dass der Unternehmer sich

II. Mitbestimmung über den Betriebsrat § 156

nicht leichtfertig und ohne Rücksicht auf die sozialen Interessen der Belegschaft zu einer Betriebsänderung entschließt und dass er, wenn er sich für eine solche Betriebsänderung entscheidet, diese in einer für die Belegschaft möglichst schonender Form durchführt, um die etwaigen finanziellen Belastungen des Unternehmens durch den Sozialplan gering zu halten." (BAG 22.5.1979 AP Nr. 4 zu § 111 BetrVG 1972)

Die Verpflichtung, einen Sozialplan aufzustellen, besteht nicht in allen Fällen einer Betriebsänderung. **Die Erzwingbarkeit des Sozialplans ist gemäß § 112a BetrVG in zwei Fällen eingeschränkt:** Besteht die geplante Betriebsänderung i.S.d. § 111 S. 3 Nr. 1 BetrVG allein in der **Entlassung von Arbeitnehmern** – wofür nach der Rechtsprechung des BAG die Zahlen des § 17 Abs. 1 KSchG maßgebend sind – so findet § 112 Abs. 4 und 5 BetrVG nur unter den in § 112a Abs. 1 BetrVG genannten Voraussetzungen Anwendung. Die Beschränkung der Sozialplanpflicht nach dieser Vorschrift wird nicht allein dadurch aufgehoben, dass zu einem Personalabbau irgendwelche sonstigen Maßnahmen des Arbeitgebers hinzukommen. Sie entfällt aber dann, wenn die sonstigen Maßnahmen selbst oder unter Einbeziehung des Personalabbaus ihrerseits eine Betriebsänderung darstellen (BAG 28.3.2006 AP Nr. 12 zu § 112a BetrVG 1972). Ebenso findet § 112 Abs. 4 und 5 BetrVG keine Anwendung auf **Betriebe eines Unternehmens in den ersten vier Jahren nach dessen Gründung** (§ 112a Abs. 2 BetrVG), wobei es nach ganz herrschender Auffassung nicht auf das Alter des Betriebs, sondern auf dasjenige des Unternehmens ankommt (BAG 27.6.2006 AP Nr. 14 zu § 112a BetrVG 1972). Die übrigen Beteiligungsrechte des Betriebsrats bestehen uneingeschränkt (Unterrichtung und Beratung, Versuch eines Interessenausgleichs). Auch der freiwillige Abschluss eines Sozialplans bleibt den Betriebspartnern unbenommen.

Einschränkungen

Die Erzwingbarkeit erfordert eine strikte **Trennung der Regelungsgegenstände von Interessenausgleich gem. § 111 BetrVG** einerseits und **Sozialplan gem. §§ 112, 112a BetrVG** anderseits. Aufgabe und Inhalt des **Interessenausgleichs** ist es, die **Entstehung** von wirtschaftlichen Nachteilen für die Arbeitnehmer zu verhindern. Inhalt eines erzwingbaren **Sozialplans** können demgegenüber nur Maßnahmen sein, die zum **Ausgleich** oder zur **Milderung gleichwohl entstehender Nachteile** getroffen werden. Insoweit gilt: Was Gegenstand des Interessenausgleichs sein kann, kann nicht Gegenstand des Sozialplans sein (BAG 17.9.1991 AP Nr. 59 zu § 112 BetrVG 1972).

Abgrenzung zum Interessenausgleich

„Gegenstand der Beratung zwischen den Betriebspartnern über eine vom Unternehmer geplante Betriebsänderung und damit auch Inhalt eines möglichen Interessenausgleichs soll nicht nur die Frage sein, ob die Betriebsänderung überhaupt durchzuführen ist, sondern auch und gerade die Frage, ob die Betriebsänderung auch gegenüber den davon betroffenen Arbeitnehmern in einer Weise durchgeführt werden kann, dass diesen möglichst keine oder doch nur geringe wirtschaftliche Nachteile entstehen. Die Betriebspartner können sich daher in einem Interessenausgleich z.B. darauf verständigen, dass anlässlich der geplan-

745

ten Betriebsänderung Arbeitnehmer nicht entlassen, sondern an anderer Stelle im Unternehmen oder Betrieb, ggf. nach einer Umschulung, durch das Unternehmen weiterbeschäftigt werden. Der Umstand, dass solche Maßnahmen geeignet sind, wirtschaftliche Nachteile für die Arbeitnehmer zu vermeiden oder gering zu halten, bedeutet nicht, dass durch solche Maßnahmen ein ‚Ausgleich oder eine Milderung wirtschaftlicher Nachteile, die den Arbeitnehmern infolge der Betriebsänderung entstehen', vereinbart wird und dass damit diese Maßnahmen Inhalt eines – erzwingbaren – Sozialplanes sein können. Der Sozialplan, über den die Einigungsstelle nach § 112 Abs. 4 BetrVG [...] verbindlich entscheiden kann, knüpft vielmehr erst an diejenigen wirtschaftlichen Nachteile an, die den von der Betriebsänderung betroffenen Arbeitnehmern trotz einer möglichst schonungsvollen Durchführung der Betriebsänderung noch tatsächlich entstehen. Nur das, was zum Ausgleich oder zur Milderung dieser gleichwohl noch entstehenden wirtschaftlichen Nachteile geschehen soll, kann die Einigungsstelle im Sozialplan verbindlich entscheiden." (BAG 17.9.1991 AP Nr. 59 zu § 112 BetrVG 1972)

Weiter gehende Regelungen

Die Betriebspartner können aber **weiter gehende Maßnahmen**, die nicht allein dem Ausgleich oder der Milderung entstehender wirtschaftlicher Nachteile dienen, sondern die Vermeidung solcher Nachteile zum Inhalt haben, **freiwillig** im Rahmen eines Sozialplans vereinbaren. Tatsächlich handelt es sich dabei – unabhängig von der Bezeichnung – um Teile eines Interessenausgleichs, die nicht Gegenstand eines verbindlichen Spruchs der Einigungsstelle sein können (BAG 17.9.1991 AP Nr. 59 zu § 112 BetrVG 1972). Insoweit ist zwischen einem erzwungenen und einem vereinbarten Sozialplan zu unterscheiden.

„Der Senat verkennt nicht, dass in der betrieblichen Praxis ‚Sozialpläne' vielfach Regelungen enthalten, die nicht dem Ausgleich oder der Milderung entstehender wirtschaftlicher Nachteile dienen, sondern die Vermeidung solcher Nachteile zum Inhalt haben, indem Kündigungsverbote normiert, Versetzungs- oder Umschulungspflichten begründet oder ähnliche Maßnahmen vorgeschrieben werden. Das ist solange unschädlich, wie sich die Betriebspartner auf einen solchen ‚Sozialplan' freiwillig einigen. Der ‚Sozialplan' enthält dann unabhängig von seiner Bezeichnung und unabhängig davon, ob sich die Betriebspartner dessen bewusst sind, Teile eines einvernehmlichen Interessenausgleichs. Entscheidet jedoch die Einigungsstelle verbindlich über den Sozialplan, können solche Regelungen nicht Gegenstand ihres Spruches sein." (BAG 17.9.1991 AP Nr. 59 zu § 112 BetrVG 1972).

c) Zustandekommen und Zeitpunkt der Vereinbarung

Zeitpunkt der Aufstellung

Wann der Sozialplan zu vereinbaren ist, ist im Gesetz nicht ausdrücklich vorgegeben. Damit der Betriebsrat noch mittelbar über den Sozialplan Einfluss auf die unternehmerische Entscheidung nehmen kann, muss der Sozialplan **regelmäßig vor Durchführung der Betriebsänderung** vereinbart werden. Wird der Sozialplan erst nach

II. Mitbestimmung über den Betriebsrat § 156

Durchführung der Betriebsänderung aufgestellt, so ist dennoch auf die wirtschaftlichen Nachteile abzustellen, mit denen vor Beginn der Betriebsänderung typischerweise zu rechnen war. Die Reichweite des Mitbestimmungsrechts kann nicht davon abhängig sein, zu welchem Zeitpunkt es ausgeübt wird oder aus tatsächlichen Gründen erst ausgeübt werden kann (so für einen erzwungenen Sozialplan BAG 23.4.1985 AP Nr. 26 zu § 112 BetrVG 1972). Ein Sozialplan kann **auch vorsorglich** für eine noch nicht geplante, aber in groben Umrissen schon abschätzbare Betriebsänderung aufgestellt werden (BAG 26.8.1997 AP Nr. 117 zu § 112 BetrVG 1972). Ein solcher Sozialplan ist **nicht erzwingbar** und wird in Form einer **freiwilligen Betriebsvereinbarung** vereinbart. Er kann als Rahmen- oder Dauersozialplan bezeichnet werden (BAG 19.2.2008 NZA 2008, 719, 721 m.w.N.). Problematisch ist, ob und inwieweit hierin ggf. ein Verzicht oder ein Verbrauch des Mitbestimmungsrechts nach § 112 BetrVG liegt. Nach Ansicht des BAG ist das Mitbestimmungsrecht verbraucht, soweit der vorsorgliche Sozialplan wirksame Regelungen enthält und eine entsprechende Betriebsänderung später tatsächlich vorgenommen wird (BAG 26.8.1997 AP Nr. 117 zu § 112 BetrVG 1972; a.A. RICHARDI/ANNUSS § 112 Rn. 63 f.).

Das Verfahren zur Herbeiführung eines Sozialplans entspricht zunächst dem des Interessenausgleichs (siehe unter § 156 II 3). Häufig verhandeln die Betriebspartner ohnehin gleichzeitig über beide Instrumente. Ebenso wie der Interessenausgleich bedarf auch der Sozialplan zu seiner Wirksamkeit der **Schriftform** (§ 112 Abs. 1 S. 1, 2 BetrVG). Unterschiede im Mitbestimmungsverfahren ergeben sich, wenn eine Einigung weder innerbetrieblich noch durch Vermittlung des Vorstandes der Bundesagentur für Arbeit (§ 112 Abs. 2 S. 1 BetrVG) bzw. der Einigungsstelle (§ 112 Abs. 2 S. 2 BetrVG) zustande kommt. In diesem Fall **entscheidet die Einigungsstelle** – im Gegensatz zum Interessenausgleich – **verbindlich** über die Aufstellung eines Sozialplans (§ 112 Abs. 4 BetrVG). *Zustandekommen*

Für den Abschluss des Sozialplans ist **grundsätzlich der Betriebsrat** des jeweils betroffenen Betriebes zuständig. Insbesondere folgt aus einer Zuständigkeit des Gesamtbetriebsrats für den Interessenausgleich nicht zwangsläufig eine Zuständigkeit auch für den Sozialplan. Der **Gesamtbetriebsrat** ist demnach für den Abschluss des Sozialplans **nur** zuständig, **wenn ein sachlich zwingendes Erfordernis** für eine betriebsübergreifende Regelung i.S.v. § 50 Abs. 1 BetrVG besteht. Kostengesichtspunkte spielen dabei grundsätzlich keine Rolle, es sei denn, es liegt ein Sanierungskonzept vor, dass anderenfalls nicht durchgeführt werden kann (vgl. insgesamt BAG 3.5.2006 AP Nr. 29 zu § 50 BetrVG 1972). *Zuständigkeit*

d) Inhalt und Schranken des Sozialplans

Bei der **inhaltlichen Ausgestaltung** des Sozialplans kommt den Betriebspartnern nach ständiger Rechtsprechung des BAG ein **weiter** *Inhalt und Schranken*

Gestaltungsspielraum zu (BAG 5.10.2000 AP Nr. 141 zu § 112 BetrVG 1972). Die Betriebspartner sind – in den Grenzen billigen Ermessens – frei in ihrer Entscheidung, welche Nachteile der von einer Betriebsänderung betroffenen Arbeitnehmer in welchem Umfang ausgeglichen oder gemildert werden. Die für die Einigungsstelle in § 112 Abs. 5 BetrVG aufgestellten Ermessensrichtlinien finden auf sie keine Anwendung. Die **Betriebspartner** haben sich vielmehr an den von ihnen zugrunde gelegten **Zwecken des Sozialplans** (Entschädigungs- und/oder Überbrückungsfunktion) **auszurichten**. Nicht zulässig sind daher Regelungen, die ausschließlich zu Lasten der betroffenen Arbeitnehmer gehen, wie etwa Vereinbarungen über die Aufhebung unverfallbarer Anwartschaften. Im Übrigen gelten lediglich die Schranken höherrangigen Rechts, also einfaches Gesetzesrecht (insbesondere § 75 Abs. 1 BetrVG), Verfassungs- und Europarecht (BAG 5.10.2000 AP Nr. 141 zu § 112 BetrVG 1972).

Alles in allem haben Rechtsprechung und h.L. die meisten Sozialplanklauseln für zulässig gehalten. Allenfalls **punktuell korrigiert** das BAG einzelne **Bestimmungen in Sozialplänen**. Besonders bedenklich ist dies im Hinblick auf die Ungleichbehandlung von älteren und jüngeren Arbeitnehmern bei der Bemessen von Sozialplanleistungen. Vor dem Hintergrund des **Verbots der Altersdiskriminierung**, das nun – noch deutlicher als die Vorgängerfassung – für die Betriebsparteien einfachgesetzlich in § 75 Abs. 1 BetrVG niedergelegt ist, sollte diese Rechtsprechungslinie nicht mehr aufrecht erhalten bleiben. Ein **Umdenken ist dringend notwendig** (Preis, DJT-Gutachten B, 2008, S. 58 f., 101 ff.; Temming, RdA 2008, 205 ff.; a.A. BAG 11.11.2008 – 1 AZR 475/07). Gleichwohl hat das BAG in einem Nichtannahmebeschluss in der Höchstbegrenzung von Sozialplanabfindungen zulasten älterer Arbeitnehmer keine Benachteiligung dieser Arbeitnehmergruppe gesehen (BAG 2.10.2007 AP Nr. 52 zu § 75 BetrVG 1972). Überträgt man die entscheidenden Gedanken des BAG auf das dogmatisch bereits durchdrungene Feld des Verbots der Geschlechterdiskriminierung, gäbe es die Figur der mittelbaren Diskriminierung nicht.

Beispiele **Zulässig** ist nach der Rechtsprechung z.B.

- eine Klausel, die den **Zeitpunkt der Entstehung des Abfindungsausspruchs** ausdrücklich regelt. Ist dies nicht der Fall, muss der Sozialplan ausgelegt werden. Dann ist Voraussetzung für die Entstehung des Abfindungsanspruchs die auf der Betriebsstilllegung beruhende Beendigung des Arbeitsverhältnisses. Erlebt der Arbeitnehmer diesen Zeitpunkt nicht, weil er vorzeitig verstirbt, ist der **Abfindungsanspruch nicht vererbbar** (BAG 27.6.2006 AP Nr. 180 zu § 112 BetrVG 1972);
- eine Klausel, die die **Anrechenbarkeit von Abfindungsleistungen** nach § 1a KSchG vorsieht (BAG 19.6.2007 AP Nr. 4 zu § 1a KSchG 1969);
- die **Minderung oder der Ausschluss der Abfindung für Arbeitnehmer**, die ihnen angebotene andere **zumutbare Arbeitsplätze** ableh-

II. Mitbestimmung über den Betriebsrat § 156

nen (BAG 28.9.1988 AP Nr. 47 zu § 112 BetrVG 1972). Dabei haben die Betriebsparteien die Wertungen des Art. 6 Abs. 1 und Abs. 2 GG zu beachten. Diese gebieten jedoch nicht, Arbeitnehmer wegen familiärer Bindungen zu bevorzugen (BAG 6.11.2007 AP Nr. 190 zu § 112 BetrVG 1972);

– die **Minderung oder der Ausschluss der Abfindung für Arbeitnehmer**, die dem **Übergang ihrer Arbeitsverhältnisse nach § 613a BGB widersprechen** (BAG 5.2.1997 AP Nr. 112 zu § 112 BetrVG 1972);

– die **Minderung oder der Ausschluss der Abfindung für Arbeitnehmer**, bei denen ein **übergangsloser Rentenbezug** möglich ist (BAG 31.7.1996 AP Nr. 103 zu § 112 BetrVG 1972);

– eine **Berechnung von Abfindungsleistungen** bei **Teilzeitarbeitnehmern** nach dem Verhältnis der persönlichen Arbeitszeit zu der als Grundlage der Abfindung herangezogenen tariflichen Arbeitszeit (BAG 28.10.1992 AP Nr. 66 zu § 112 BetrVG 1972);

– die in der Praxis besonders bedeutsame Möglichkeit, Arbeitnehmer von der Abfindung auszuschließen, die im Hinblick auf die angekündigte Betriebsänderung **selbst gekündigt** (BAG 30.11.1994 AP Nr. 89 zu § 112 BetrVG 1972) oder einen **Aufhebungsvertrag** vereinbart haben (BAG 6.8.1997 AP Nr. 116 zu § 112 BetrVG 1972). Ein solcher Ausschluss ist **nicht** möglich, soweit die Eigenkündigung oder der Abschluss des Aufhebungsvertrags **auf Veranlassung des Arbeitgebers** erfolgt (BAG 28.4.1993 AP Nr. 67 zu § 112 BetrVG 1972).

– **Stichtagsregelungen**, wenn sich die Wahl des Zeitpunkts am gegebenen Sachverhalt orientiert und somit **sachlich vertretbar** ist und das auch auf die zwischen den Gruppen gezogenen Grenzen zutrifft. Das ist insbesondere dann der Fall, wenn derartige Regelungen dem **Zweck eines Sozialplans dienen**, die Leistungen auf diejenigen Arbeitnehmer zu beschränken, die von der Betriebsänderung betroffen sind und durch diese Nachteile zu besorgen haben (BAG 22.3.2005 AP Nr. 48 zu § 75 BetrVG 1972 m.w.N.).

Unzulässig ist z.B.

– der **Ausschluss der Anrechnungsmöglichkeit von Erstattungsansprüchen** gem. § 147a SGB III in Sozialplänen (BAG 26.6.1990 AP Nr. 56 zu § 112 BetrVG 1972 – die Entscheidung bezog sich auf die Vorgängernorm § 128 AFG);

– eine Klausel, die den Anspruch auf Abfindungsleistungen wegen Verlusts des Arbeitsplatzes davon abhängig macht, dass der Arbeitnehmer wegen eines **möglicherweise vorliegenden Betriebsteilübergangs** den vermuteten Betriebsteilerwerber erfolglos auf **Feststellung des Übergangs seines Arbeitsverhältnisses verklagt** hat (BAG 22.7.2003 AP Nr. 160 zu § 112 BetrVG 1972);

– eine Klausel, die **Sozialplanleistungen** vom **Verzicht auf die Erhebung einer Kündigungsschutzklage** abhängig machen, da ein Sozialplan nicht die Aufgabe hat, Planungssicherheit zugunsten des

Arbeitgebers zu fördern (sog. Bereinigungsfunktion, dazu BAG 31.5.2005 AP BetrVG 1972 § 112 Nr. 175). **Statt dessen** kann dieses Interesse in kollektiven Regelungen außerhalb von Sozialplänen berücksichtigt werden (bspw. freiwillige Sozialpläne) und daher Arbeitnehmern für den Verlust des Arbeitsplatzes eine – zusätzliche – Abfindung versprochen werden, die aber dann entfallen soll, wenn der Begünstigte Kündigungsschutzklage erhebt (sog. Turboprämie, dazu BAG 3.5.2006 AP Nr. 17 zu § 612a BGB);

– eine Klausel, die generell einen Anspruchsausschluss für Arbeitnehmer vorsieht, die ihr Arbeitsverhältnis selbst gekündigt haben, obwohl die Eigenkündigung vom Arbeitgeber veranlasst wurde (BAG 20.5.2008 NZA-RR 2008, 636).

– eine Klausel, die die **Abfindungshöhe** nach **betrieblichen** und nicht den in § 112 Abs. 1 S. 2 BetrVG niedergelegten **Interessen** bemisst (BAG 19.2.2008 NZA 2008, 719 ff.; BAG 6.11.2007 AP Nr. 190 zu § 112 BetrVG 1972);

– eine **Stichtagsregelung**, die – nach dem Zeitpunkt des Abschlusses des Sozialplans unterscheidend – Arbeitnehmer von Abfindungsleistungsleistungen ausschließt oder deren Ansprüche kürzt, sofern sie im Hinblick auf die bevorstehende Betriebsstilllegung bereits **vor diesem Zeitpunkt selbst gekündigt** haben, während für Arbeitnehmer, die **nach dem Abschluss des Sozialplans selbst gekündigt** haben, **keine Kürzung** bzw. **kein Ausschluss** vorgesehen wird (BAG 19.2.2008 NZA 2008, 719 ff.).

Rechtsfolgen unwirksamer Klauseln

Verstoßen einzelne Sozialplanklauseln gegen § 75 Abs. 1 BetrVG i.V.m. § 134 BGB, bleibt nach der ständigen Rechtsprechung des BAG aufgrund des anwendbaren Rechtsgedankens in § 139 BGB der übrige Sozialplan davon unberührt, solange er als in sich geschlossenes Werk sinnvoll durchgeführt werden kann. Dies folgt aus dem Normencharakter von Betriebsvereinbarungen (BAG 22.10.2003 AP Nr. 163 zu § 112 BetrVG 1972; GK-BetrVG/OETKER §§ 112, 112a Rn. 285, 117 m.w.N.). Fallen einzelne Sozialplanklauseln weg und kann der Sozialplan dennoch sinnvoll durchgeführt werden, ist schließlich noch ein weiterer Aspekt zu beachten. Fallen anspruchsbeschränkende Klauseln weg, kann dadurch der ursprünglich anvisierte Gesamtdotierungsrahmen nicht nur geringfügig überstiegen, sondern ggf. sogar gesprengt werden. Die Rechtsprechung des BAG ist daher äußerst vorsichtig.

Ausgangspunkt des BAG ist der Gedanke, es sei dem einzelnen Arbeitnehmer im Individualprozess gegen seinen Arbeitgeber unmöglich, die Angemessenheit der finanziellen Gesamtausstattung eines Sozialplans der gerichtlichen Kontrolle zu unterziehen (BAG 17.2.1981 AP Nr. 11 zu § 112 BetrVG 1972). Den Anspruch auf Gleichbehandlung gewährt das BAG daher nur ausnahmsweise. Ist eine Sozialplanklausel unwirksam, ist eine mittelbare Ausdehnung des vereinbarten Finanzrahmens hinzunehmen, solange die Mehrbelastung des Arbeitgebers durch die Korrektur im Verhältnis zum

II. Mitbestimmung über den Betriebsrat § 156

Gesamtvolumen des Sozialplans nicht ins Gewicht fällt. Nach neuerer Rechtsprechung ist nicht die Zahl der betroffenen Arbeitnehmer, sondern das Verhältnis der finanziellen Mehrbelastung zum Gesamtvolumen entscheidend (BAG 21.10.2003 AP Nr. 163 zu § 112 BetrVG 1972).

Fällt die Korrektur ins Gewicht, ist die Lösung, so das BAG, über die **Grundsätze des § 313 BGB** zu suchen. Das heißt, der Sozialplan muss neu verhandelt und, ggf. durch Spruch der Einigungsstelle, angepasst werden (BAG 17.2.1981 AP Nr. 11 zu § 112 BetrVG 1972; WP/Preis/Bender §§ 112, 112a Rn. 56, 82 ff.). Was das **Verhältnis der finanziellen Mehrbelastung zum Gesamtvolumen des Sozialplans** anbelangt, hat das BAG in der o.g. Entscheidung vom 21. Oktober 2003 eine Ausweitung des Gesamtdotierungsrahmens von 1,7 Prozent noch nicht als erheblich betrachtet und der Leistungsklage stattgegeben. Das LAG Hamburg hat die Grenze bei einer Überschreitung des Sozialplanvolumens sowohl von 27,14 Prozent als auch 6,91 Prozent als gewichtig angesehen (LAG Hamburg 30.6.2006 LAGE § 75 BetrVG 2001 Nr. 3).

Im Gegensatz zur freiwilligen Vereinbarung eines Sozialplans zwischen den Betriebspartnern sind der **Einigungsstelle** in § 112 Abs. 5 BetrVG **Leitlinien für die Ermessensentscheidung** im verbindlichen Einigungsverfahren vorgegeben. Die Einigungsstelle hat nach § 112 Abs. 5 S. 1 BetrVG – in den Grenzen von Recht und Billigkeit (§ 75 BetrVG) – einen Ausgleich zwischen den sozialen Belangen der betroffenen Arbeitnehmer und der wirtschaftlichen Vertretbarkeit der Belastungen für das Unternehmen vorzunehmen. Für die **wirtschaftliche Vertretbarkeit** eines durch Spruch der Einigungsstelle aufgestellten Sozialplans kommt es auf die **objektiven Umstände** an, wie sie im Aufstellungszeitpunkt tatsächlich vorlagen. Ob diese Umstände der Einigungsstelle bekannt waren oder bekannt sein konnten, ist für die Beurteilung ohne Bedeutung (BAG 6.5.2003 AP Nr. 161 zu § 112 BetrVG 1972). Die Einigungsstelle hat insbesondere

Ermessensgrenzen der Einigungsstelle

– den Gegebenheiten des konkreten Einzelfalls Rechnung zu tragen (§ 112 Abs. 5 S. 2 Nr. 1 BetrVG)
– die Aussichten der betroffenen Arbeitnehmer auf dem Arbeitsmarkt zu berücksichtigen und diejenigen Arbeitnehmer, die eine zumutbare Weiterbeschäftigung ablehnen, von Leistungen aus dem Sozialplan auszuschließen (§ 112 Abs. 5 S. 2 Nr. 2 BetrVG)
– die in SGB III vorgesehenen Fördermöglichkeiten zur Vermeidung von Arbeitslosigkeit zu berücksichtigen (§ 112 Abs. 5 S. 2 Nr. 2a BetrVG) sowie
– bei der Bemessung des Gesamtbetrags der Sozialplanleistungen darauf zu achten, dass der Fortbestand des Unternehmens oder die nach Durchführung der Betriebsänderung verbleibenden Arbeitsplätze nicht gefährdet werden (§ 112 Abs. 5 S. 2 Nr. 3 BetrVG). Dieser Grenzziehung ist zu entnehmen, dass das Gesetz bei einem wirtschaftlich wenig leistungsstarken Unternehmen im

751

Falle der Entlassung eines großen Teils der Belegschaft auch einschneidende Belastungen bis an den Rand der Bestandsgefährdung für vertretbar ansieht (BAG 6.5.2003 AP Nr. 161 zu § 112 BetrVG 1972).

Beachtet die Einigungsstelle diese Leitlinien nicht, so überschreitet sie die ihr gesetzten Ermessensgrenzen. Der Sozialplan ist dann gem. § 112 Abs. 5 BetrVG i.V.m. § 76 Abs. 5 S. 3 und S. 4 BetrVG **ermessenfehlerhaft und damit unwirksam** (BAG 14.9.1994 AP Nr. 87 zu § 112 BetrVG 1972). Will der Betriebsrat den Spruch der Einigungsstelle zur Aufstellung eines Sozialplans mit der Begründung anfechten, dessen **Gesamtvolumen sei zu gering**, muss er darlegen, dass der Sozialplan seinen gesetzlichen Zweck nicht erfüllt, weil er nicht nur keinen Ausgleich, sondern noch nicht einmal eine substantielle Milderung der Nachteile vorsieht. Allerdings liegt ein Ermessensfehler der Einigungsstelle bei Unterschreitung der Grenze des § 112 Abs. 1 S. 2 BetrVG nicht vor, wenn andernfalls das Sozialplanvolumen für das Unternehmen wirtschaftlich unvertretbar wäre. Ist unter diesen Voraussetzungen grundsätzlich kein Ermessensfehler gegeben, so kann der Dotierungsrahmen nur dadurch ausnahmsweise trotzdem hochgeschraubt werden, wenn statt der isolierten Betrachtung auf den in Frage stehenden Arbeitgeber ein **Berechnungsdurchgriff** auf wirtschaftlich besser gestellte Konzernobergesellschaften geboten ist. Ist dies der Fall, kann der Betriebsrat den anzustellenden Berechnungsdurchgriff i.R.d. Ermessensfehlerlehre erfolgreich rügen (BAG 24.8.2004 AP Nr. 174 zu § 112 BetrVG 1972; s.a. GAUL, DB 2004, 1498, 1502 m.w.N).

e) Kündigung und Änderung des Sozialplans

Nachträgliche Änderung

Die Betriebspartner können einen Sozialplan **jederzeit einvernehmlich aufheben** und mit Wirkung für die Zukunft durch einen neuen Sozialplan ersetzen. Im Verhältnis der Sozialpläne untereinander gilt das **Ablösungsprinzip**, d.h. grundsätzlich geht der zeitlich spätere dem früheren Sozialplan vor. In bereits entstandene **Ansprüche von Arbeitnehmern** kann jedoch nur noch eingeschränkt und unter Beachtung der **Grundsätze der Verhältnismäßigkeit und des Vertrauensschutzes** eingegriffen werden (grundlegend BAG 10.8.1994 AP Nr. 86 zu § 112 BetrVG 1972; BAG 19.2.2008 NZA 2008, 719, 721).

„[...] können die Betriebspartner eine Angelegenheit, die sie durch eine Betriebsvereinbarung geregelt haben, unter – auch stillschweigender – Aufhebung dieser Betriebsvereinbarung mit Wirkung für die Zukunft in einer neuen Betriebsvereinbarung regeln. Die neue Betriebsvereinbarung tritt dann an die Stelle der bisherigen und löst diese ab [...]. Im Verhältnis aufeinanderfolgender Betriebsvereinbarungen gilt das Ablösungsprinzip, die neue Regelung ersetzt die bisherige [...]; das gilt grundsätzlich auch dann, wenn die neue Regelung für die Arbeitnehmer ungünstiger ist [...]. Diese Rechtsprechung ist auch auf Sozialpläne anzuwenden, die nach § 112 Abs. 1 Satz 3 BetrVG die Wirkung einer Betriebsvereinbarung haben. Allerdings ist ein Eingriff in die auf der Grundlage der früheren Betriebsvereinbarung bzw. des früheren Sozialplans bereits begründeten Ansprüche nicht ohne Weiteres und schrankenlos zulässig. Nach der ständigen Rechtsprechung des BAG gelten – schon von Verfassungs wegen – insoweit die Grundsätze der Verhältnismäßigkeit und des Vertrauensschutzes, soweit in Besitzstände der betroffenen Arbeitnehmer eingegriffen wird." (BAG 5.10.2000 AP Nr. 141 zu § 112 BetrVG 1972)

Eine **ordentliche Kündigung** eines Sozialplans ist dagegen, wenn nichts anderes vereinbart ist, **grundsätzlich nicht möglich**. Nur soweit der Sozialplan Dauerregelungen enthält, wird überwiegend eine ordentliche Kündigung in entsprechender Anwendung von § 77 Abs. 5 BetrVG für möglich erachtet (BAG 10.8.1994 AP Nr. 86 zu § 112 BetrVG 1972). Eine Dauerregelung liegt nicht schon deshalb vor, weil sich die geplante Betriebsänderung über einen längeren Zeitraum erstreckt und im Laufe dieses Zeitraums immer wieder neue Ansprüche der durch die Betriebsänderung betroffenen Arbeitnehmer entstehen. Dauerregelungen in diesem Sinne sind nur gegeben, wenn ein einmal entstandener wirtschaftlicher Nachteil der Arbeitnehmer nicht durch eine einmalige Leistung, sondern durch auf bestimmte oder unbestimmte Zeit laufende Leistungen ausgeglichen oder gemildert werden soll. Ob eine **außerordentliche Kündigung** in Betracht kommt, hat das BAG ausdrücklich offen gelassen (BAG 10.8.1994 AP Nr. 86 zu § 112 BetrVG 1972). Jedenfalls würde diese lediglich zu einer erneuten Anrufung der Einigungsstelle führen. Eine Auflösungswirkung kommt ihr wegen § 77 Abs. 6 BetrVG nicht zu.

Kündigung

Eine Änderung von Sozialplänen ist schließlich nach den Grundsätzen der **Störung der Geschäftsgrundlage** möglich. Insoweit genießen die Arbeitnehmer nach Ansicht des BAG **keinen Vertrauensschutz** (BAG 10.8.1994 AP Nr. 86 zu § 112 BetrVG 1972).

Störung der Geschäftsgrundlage

„Auch für Betriebsvereinbarungen und gerade auch für Sozialpläne ist anerkannt, dass diese eine Geschäftsgrundlage haben können, bei deren Wegfall die getroffene Regelung den geänderten tatsächlichen Umständen anzupassen ist, wenn dem Vertragspartner im Hinblick auf den Wegfall der Geschäftsgrundlage das Festhalten an der Vereinbarung nicht mehr zuzumuten ist [...] Der Wegfall der Geschäftsgrundlage einer Betriebsvereinbarung bzw. eines Sozialplans führt nicht dazu, dass diese bzw. dieser von selbst und gegebenenfalls rückwirkend unwirksam wird. Der Wegfall der Geschäftsgrundlage hat vielmehr nur zur Folge, dass die Regelung im Sozialplan den geänderten tatsächlichen Umständen insoweit anzupassen ist, als dem Vertragspartner das Festhalten an der getroffenen Regelung auch unter den geänderten tatsächlichen Umständen noch zuzumuten ist. [...] Ist für einen Sozialplan die Geschäftsgrundlage weggefallen und tragen die Betriebspartner diesem Wegfall durch Anpassung der bislang getroffenen Regelung an die geänderten Verhältnisse Rechnung, so sind sie befugt, anlässlich dieser Anpassung auch die auf der Grundlage der bisherigen Regelung bereits entstandenen Ansprüche der Arbeitnehmer auch zu deren Lasten zu modifizieren. Insoweit genießen die Arbeitnehmer keinen Vertrauensschutz. Ansprüche aus einem Sozialplan sind untrennbar mit dem rechtlichen Schicksal des Sozialplans verbunden." (BAG 10.8.1994 AP Nr. 86 zu § 112 BetrVG 1972)

5. Nachteilsausgleich

Zweck — Führt der Arbeitgeber eine Betriebsänderung unter Abweichung von einem vereinbarten Interessenausgleich oder ohne den Versuch eines Interessenausgleichs durch, so ist diese dennoch wirksam. Den betroffenen Arbeitnehmern stehen unter bestimmten Voraussetzungen aber Ansprüche auf Nachteilsausgleich gem. § 113 BetrVG zu. **Die Vorschrift sanktioniert** somit in finanzieller Hinsicht betriebsverfassungswidrig durchgeführte Betriebsänderungen **und kompensiert** zugleich die daraus resultierenden Nachteile. Der Arbeitgeber soll angehalten werden, den im Gegensatz zum Sozialplan nicht erzwingbaren Interessenausgleich zu versuchen und ggf. einzuhalten (BAG 13.6.1989 AP Nr. 19 zu § 113 BetrVG 1972). Freilich kann der Arbeitnehmer auf einen bereits bestehenden Nachteilsausgleichsanspruch auch ohne Zustimmung des Betriebsrats wirksam verzichten (BAG 23.9.2003 AP Nr. 43 zu § 113 BetrVG 1972).

Abweichung vom Interessenausgleich — Weicht der Unternehmer von einem Interessenausgleich über eine Betriebsänderung **ohne zwingenden Grund** ab, so können die Arbeitnehmer, die infolge dieser Abweichung entlassen werden, beim Arbeitsgericht **Klage auf Zahlung von Abfindungen** entsprechend § 10 KSchG erheben (§ 113 Abs. 1 BetrVG). Erleiden die Arbeitnehmer infolge der Abweichung andere **wirtschaftliche Nachteile**, wie z.B. höhere Fahrtkosten oder Umzugskosten bei Versetzungen, hat der Unternehmer diese **bis zu einem Zeitraum von zwölf Monaten auszugleichen** (§ 113 Abs. 2 BetrVG). An das Vorliegen eines zwingenden Grunds sind hohe Anforderungen zu stellen. Grundsätzlich kommen nur nachträglich entstandene oder erkennbar gewordene Umstände in Betracht (BAG 17.9.1974 AP Nr. 1 zu § 113 BetrVG 1972). Solche Umstände werden nur in seltenen Ausnahmefällen vorliegen, so etwa dann, wenn der Arbeitgeber zur Sicherung des Fortbestands des Unternehmens oder zur Abwendung einer schweren Schädigung zu einer Abweichung gezwungen war.

Mangelnder Versuch eines Interessenausgleichs — Der Abweichung vom Interessenausgleich sind nach § 113 Abs. 3 BetrVG die Fälle gleichgestellt, in denen der Unternehmer eine geplante Betriebsänderung nach § 111 BetrVG durchführt, ohne über sie einen Interessenausgleich mit dem Betriebsrat **versucht zu haben** und infolge der Maßnahme Arbeitnehmer entlassen werden oder andere wirtschaftliche Nachteile erleiden. Ein Arbeitgeber, der Ansprüche auf Nachteilsausgleich vermeiden will, muss deshalb das in § 112 BetrVG für den Versuch einer Einigung über den Interessenausgleich vorgesehene **Verfahren voll ausschöpfen**. Er muss insbesondere, falls keine Einigung mit dem Betriebsrat möglich ist und dieser nicht selbst die Initiative ergreift, die Einigungsstelle anrufen,

I. Einführung

§ 157

um dort einen Interessenausgleich zu versuchen (BAG 18.12.1984 AP Nr. 11 zu § 113 BetrVG 1972). Dies gilt auch, wenn der Betriebsrat sich grundsätzlich mit der geplanten Maßnahme einverstanden erklärt, es jedoch an der Form des Interessenausgleichs mangelt (BAG 26.10.2004 AP Nr. 49 zu § 113 BetrVG 1972). Nicht erforderlich ist dagegen ein Vermittlungsversuch nach § 112 Abs. 2 S. 1 BetrVG. Kommt ein aufschiebend bedingter Interessenausgleich zwischen den Betriebsparteien zustande, ist ein Interessenausgleich i.S.d. § 113 Abs. 3 BetrVG zumindest „versucht" (BAG 21.7.2005 AP Nr. 50 zu § 113 BetrVG 1972).

Wird ein Sozialplan pflichtwidrig erst nach Durchführung der Betriebsänderung aufgestellt (die Pflicht besteht fort, siehe unter § 156 II 4 a), bestehen hiervon unabhängig ggf. auch Ansprüche auf Nachteilsausgleich. Es kann zu einer Konkurrenz zwischen den Ansprüchen aus dem Sozialplan und dem Anspruch auf Nachteilsausgleich kommen. Da der Arbeitnehmer keinen doppelten Ausgleich erhalten soll, sind die **Abfindungsleistungen, die der Arbeitnehmer aufgrund des Sozialplans erhält, auf die Nachteilsausgleichsforderung anzurechnen** (BAG 16.5.2007 AP Nr. 64 zu § 111 BetrVG 1972 mit Anm. Schnittker/Grau BB 2008, 56; BAG 13.6.1989 AP Nr. 19 zu § 113 BetrVG 1972).

Anspruchskonkurrenz

3. Abschnitt: Sprecherausschussgesetz

§ 157 Grundlagen der Sprecherverfassung

Literatur: Hromadka, Sprecherausschussgesetz, 1991; Löwisch, Sprecherausschussgesetz, 2. Aufl. 1994; Oetker, Grundprobleme bei der Anwendung des Sprecherausschussgesetzes, ZfA 1990, 43; Sieg, Leiten ohne zu leiden – Das Sprecherausschussgesetz in der betrieblichen Praxis, FS Richardi (2007), S. 777.

I. Einführung

Die **leitenden Angestellten** sind, soweit nicht ausdrücklich etwas anderes bestimmt ist, nach § 5 Abs. 3 BetrVG aus dem persönlichen Anwendungsbereich des Betriebsverfassungsgesetzes **ausgenommen**. Ungeachtet einer genauen Definition des leitenden Angestellten (vgl. hierzu siehe unter § 147 III 3) liegt der Grund hierfür in dessen besonderen, dem Arbeitgeber nahestehenden Funktion. Leitende Angestellte haben – obgleich individualarbeitsrechtlich Arbeitnehmer – ihrer Funktion nach wesentlich an der Unternehmensleitung teil und müssen daher in einem **besonderen Vertrauensverhältnis zum Arbeitgeber** stehen. Entsprechend ihrem Verantwortungsbereich und aufgrund besonderer Sachkompetenz vertreten die leitenden Angestellten sogar regelmäßig den Arbeitgeber in seiner be-

Funktion der leitenden Angestellten

triebsverfassungsrechtlichen Funktion. Aufgrund des besonderen Vertrauensverhältnisses zum Arbeitgeber und der Unternehmerfunktion der leitenden Angestellten erscheint es wenig sinnvoll, die Interessen der leitenden Angestellten nach Maßgabe des BetrVG durch den Betriebsrat wahrnehmen zu lassen.

Interessenvertretung — Auch wenn die leitenden Angestellten ihrer Funktion nach dem Arbeitgeber sehr nahe sind, stehen sie diesem doch als Arbeitnehmer gegenüber. Um die Interessen der leitenden Angestellten insoweit wirksam wahrnehmen zu können, haben sich eigene Interessenvertretungen der leitenden Angestellten auf privatrechtlicher Grundlage organisiert. Seit dem 1.1.1989 gilt das Gesetz über die Sprecherausschüsse leitender Angestellten vom 20.12.1988 (**SprAuG**). Das Recht der Sprecherausschüsse für leitende Angestellte hat damit zwar eine eigene gesetzliche Regelung gefunden, der Sache nach handelt es sich aber um **materielles Betriebsverfassungsrecht**. Die Interessen eines Teils der Arbeitnehmerschaft des Betriebs sollen durch eine kollektive Interessenrepräsentation gegenüber dem Arbeitgeber wahrgenommen werden.

Gliederung — Das SprAuG ist in sechs Teile gegliedert, die in Inhalt und Systematik dem BetrVG nachempfunden sind:
- Der erste Teil enthält allgemeine Vorschriften über die **Errichtung** von Sprecherausschüssen und die **Zusammenarbeit** mit den Betriebspartnern (§§ 1 und 2 SprAuG).
- Im zweiten Teil sind Fragen der **Organisation** geregelt, unterteilt in sechs Abschnitte (§§ 3 bis 24 SprAuG).
- Im dritten Teil finden sich die Vorschriften zur **Mitwirkung** der leitenden Angestellten (§§ 25 bis 32 SprAuG).
- Die Teile vier bis sechs enthalten **besondere Straf- und Bußgeld- sowie Übergangs- und Schlussvorschriften** (§§ 33 bis 39 SprAuG).

Mitwirkungsrechte — Insgesamt enthält das SprAuG nicht nur weniger Regelungen als das BetrVG, die Möglichkeiten der Teilhabe an den unternehmerischen Entscheidungen sind bei vergleichbarem organisatorischem Aufwand auch weit weniger ausgeprägt und abgesichert. Die Sprecherausschüsse haben keine Mitbestimmungs-, sondern nur Mitwirkungsrechte: Sie sind auf **Unterrichtungs-, Anhörungs- und Beratungsrechte** beschränkt. Im Übrigen ist der Arbeitgeber in seinen unternehmerischen Entscheidungen gegenüber den leitenden Angestellten frei. Hinzu kommt, dass die Rechtsstellung der Sprecherausschussmitglieder keinen zusätzlichen Schutz erfährt. Einen besonderen Kündigungsschutz für die Mitglieder der Sprecherausschüsse kennt das SprAuG ebenso wenig wie einen besonderen Ausgleich für Tätigkeiten außerhalb der Arbeitszeit. Gewerkschaften haben im Recht der Sprecherausschüsse weder eigene Rechte noch eine besondere Funktion.

II. Leitprinzipien der Sprecherverfassung

Die Leitprinzipien der Sprecherverfassung sind mit denen des BetrVG im Wesentlichen vergleichbar (vgl. siehe unter § 146); sie gelten in der Regel – auch soweit ausdrücklich nur der Sprecherausschuss in Bezug genommen wird – für den Sprecherausschuss, den Gesamtsprecherausschuss (vgl. § 18 Abs. 3 SprAuG), den Unternehmenssprecherausschuss (§ 20 Abs. 4 SprAuG) und den Konzernsprecherausschuss (§ 24 Abs. 1 SprAuG) sowie ihre Mitglieder. Es kann zwischen den Grundsätzen für die Zusammenarbeit der Betriebspartner und den Grundsätzen für die Behandlung der leitenden Angestellten unterschieden werden.

1. Zusammenarbeit der Betriebspartner

Nach § 2 Abs. 1 SprAuG arbeitet der Sprecherausschuss mit dem Arbeitgeber zum Wohle der leitenden Angestellten und des Betriebs **vertrauensvoll zusammen**; die Verpflichtung zur vertrauensvollen Zusammenarbeit trifft nach Sinn und Zweck der Vorschrift umgekehrt auch den Arbeitgeber. Die Bestimmung entspricht – ohne allerdings auf Gewerkschaften und Arbeitgebervereinigungen Bezug zu nehmen – der Regelung in § 2 Abs. 1 BetrVG, weshalb die dazu entwickelten Grundsätze entsprechend herangezogen werden können (vgl. siehe unter § 146 I). Insbesondere sind Sprecherausschuss und Arbeitgeber bei ihrer Zusammenarbeit an höherrangiges Recht gebunden. Insoweit werden durch § 2 Abs. 1 S. 1 SprAuG Tarifverträge, in deren persönlichen Geltungsbereich die leitenden Angestellten einbezogen sind, hervorgehoben. Eine praktische Relevanz hat diese Bestimmung indes noch nicht erlangt.

Vertrauensvolle Zusammenarbeit

Ob und inwieweit der Sprecherausschuss die Interessen des nicht von ihm vertretenen Teils der Belegschaft zu berücksichtigen hat, erscheint insofern bedenklich, als der Sprecherausschuss seine Befugnisse auch zum Wohl „des Betriebs" auszuüben hat. Doch sind hiermit in Abgrenzung zu den Interessen der leitenden Angestellten die betrieblichen Interessen des Arbeitgebers gemeint. Interessen der Arbeitnehmer, die nicht leitende Angestellten sind, hat der Sprecherausschuss daher nur mittelbar zu berücksichtigen (vgl. MünchArbR/Joost § 314 Rn. 28 f.).

Interessen der leitenden Angestellten

Eine ausdrückliche Verpflichtung zur vertrauensvollen **Zusammenarbeit von Sprecherausschuss und Betriebsrat** kennt das SprAuG nicht. Vielmehr sieht § 2 Abs. 2 SprAuG nur die Teilnahme an den jeweiligen Sitzungen vor. Soweit Betriebsrat und Sprecherausschuss zusammenarbeiten sind sie jedoch auf das Wohl des Betriebs verpflichtet. Insoweit erlangt das Gebot von der vertrauensvollen Zusammenarbeit mittelbare Wirkung.

Zusammenarbeit von Sprecherausschuss und Betriebsrat

Der Grundsatz der vertrauensvollen Zusammenarbeit wird nach § 2 Abs. 4 SprAuG um die **betriebliche Friedenspflicht** und das **Verbot parteipolitischer Betätigung** ergänzt. Die Bestimmung ist § 74 Abs. 2

Friedenspflicht und Verbot parteipolitischer Betätigung

BetrVG nachgebildet. Ein ausdrückliches Verbot des Arbeitskampfs enthält sie gleichwohl nicht; ein solches folgt indes schon aus der allgemeinen Friedenspflicht. Auf die Ausführungen zu § 74 Abs. 2 BetrVG kann daher insgesamt verwiesen werden (vgl. siehe unter § 146 III und § 146 III).

2. Behandlung der leitenden Angestellten

Grundsätze für die Behandlung der leitenden Angestellten

Nach § 27 SprAuG – der nahezu wörtlich der Regelung des § 75 BetrVG entspricht – haben Arbeitgeber und Sprecherausschuss darüber zu wachen, dass die in dem Betrieb tätigen leitenden Angestellten **nach den Grundsätzen von Recht und Billigkeit behandelt** werden. Arbeitgeber und Sprecherausschuss sind damit dem allgemeinen Grundsatz der Gleichbehandlung verpflichtet; dieser findet seine Ergänzung im absoluten Diskriminierungsverbot (§ 27 Abs. 1 S. 1 Halbs. 2 SprAuG) und dem Verbot der Altersdiskriminierung nach § 27 Abs. 1 S. 2 SprAuG. Darüber hinaus stellt § 27 Abs. 2 SprAuG das Persönlichkeitsrecht unter einen besonderen Schutz. Die zur Behandlung der Betriebsangehörigen entwickelten Grundsätze sind entsprechend anzuwenden (vgl. siehe unter § 146 IV).

Benachteiligungs- und Begünstigungsverbot

Neben den allgemeinen Grundsätzen für die Behandlung der leitenden Angestellten enthält das SprAuG auch besondere Regelungen für die Behandlung der Mitglieder des Sprecherausschusses, § 2 Abs. 3 SprAuG. Sie dürfen **weder in noch wegen ihrer Tätigkeit behindert oder benachteiligt** werden. Aus § 2 Abs. 3 SprAuG folgt daher, dass Kündigungen, die ihre Ursache im Amt oder in einer zulässigen Amtstätigkeit haben, nach § 134 BGB nichtig sind. Darüber hinaus dürfen die Mitglieder des Sprecherausschusses wegen ihrer Tätigkeit **auch nicht begünstigt** werden. Sowohl die Benachteiligung als auch die Begünstigung der Mitglieder und Ersatzmitglieder von Sprecherausschüssen wird nach § 34 Abs. 1 Nr. 3 SprAuG bestraft.

III. Geltungsbereich der Sprecherverfassung

Persönlicher Geltungsbereich

Vom persönlichen Geltungsbereich des SprAuG werden Arbeitgeber und leitende Angestellte erfasst; eine Definition der Begriffe Arbeitgeber (vgl. siehe unter § 147 III 1) und leitende Angestellte findet sich dennoch nicht im SprAuG. Maßgeblich ist daher der in **§ 5 Abs. 3 BetrVG** umschriebene **Begriff des leitenden Angestellten**. Insoweit kann auf die Ausführungen zum persönlichen Geltungsbereich des BetrVG verwiesen werden (vgl. siehe unter § 147 III 3).

Sachlicher Geltungsbereich

Nach § 1 Abs. 1 SprAuG ist der sachliche Geltungsbereich in **Betrieben mit in der Regel mindestens zehn leitenden Angestellten** eröffnet. Damit erfährt der Betriebsbegriff auch in der Sprecherverfassung besondere Relevanz; die hierzu entwickelten Grundsätze sind entsprechend heranzuziehen (vgl. siehe unter § 147 IV). Die Bestimmung des § 4 BetrVG über Betriebsteile und Kleinstbetriebe ist auf die Bildung von Sprecherausschüssen allerdings nicht anzuwenden.

I. Sprecherausschuss § 158

Dafür können aber auch mehrere Betriebe einen Sprecherausschuss mit dann mehrbetrieblichem Wirkungsbereich haben, vgl. § 1 Abs. 2 SprAuG. Des Weiteren kann unter den Voraussetzungen des § 20 Abs. 1 SprAuG ein Unternehmenssprecherausschuss gebildet werden.

§ 158 Organisation der Sprecherverfassung

Die Organisation der Sprecherverfassung ist im zweiten Teil des SprAuG geregelt. Danach sind der Sprecherausschuss, die Versammlung der leitenden Angestellten, der Gesamt-, Unternehmens- und Konzernsprecherausschuss zu unterscheiden. Eine **Einigungsstelle** kennt das SprAuG **nicht**.

I. Sprecherausschuss

Der Sprecherausschuss vertritt nach § 25 Abs. 1 S. 1 SprAuG die Belange der leitenden Angestellten des oder der Betriebe (vgl. § 1 Abs. 1 und 2 SprAuG). Insoweit nimmt der Sprecherausschuss als **gewählter Repräsentant der leitenden Angestellten** deren kollektive Interessen gegenüber dem Arbeitgeber – von dem er zur Durchführung seiner Arbeit rechtzeitig und umfassend unterrichtet werden muss (§ 25 Abs. 2 SprAuG) – wahr. Die Mitglieder des Sprecherausschusses können darüber hinaus von einzelnen leitenden Angestellten zur Unterstützung und Vermittlung bei der Wahrnehmung eigener Belange gegenüber dem Arbeitgeber hinzugezogen werden, vgl. § 26 Abs. 1 SprAuG.

<small>Stellung des Sprecherausschusses</small>

Nach § 4 Abs. 1 SprAuG besteht der Sprecherausschuss in Betrieben mit in der Regel (vgl. siehe unter § 147 IV 2) mindestens zehn leitenden Angestellten aus **bis zu sieben Mitgliedern**. Anders als nach § 13 Abs. 2 Nr. 1 BetrVG sind Veränderungen in der Gesamtstärke der leitenden Angestellten während der Amtszeit des Sprecherausschusses ohne Bedeutung. Ohne besondere gesetzliche Sanktion bleibt auch ein Verstoß gegen § 4 Abs. 2 SprAuG, wonach Männer und Frauen entsprechend ihrem zahlenmäßigen Verhältnis vertreten sein sollen.

<small>Zahl der Mitglieder und Zusammensetzung</small>

Über die **erstmalige Errichtung** von Sprecherausschüssen ist vom Wahlvorstand eine gesonderte Abstimmung herbeizuführen, vgl. § 7 Abs. 2 SprAuG. Nur wenn die Mehrheit der leitenden Angestellten ihre Vertretung durch einen Sprecherausschuss verlangt, wird ein solcher nach Maßgabe der §§ 3 ff. SprAuG **alle vier Jahre**, zeitgleich mit den regelmäßigen Betriebsratswahlen gewählt. **Wahlberechtigt** sind alle leitenden Angestellten des Betriebs (§ 3 Abs. 1 SprAuG); **wählbar** sind alle leitenden Angestellten, die sechs Monate dem Betrieb oder einem anderen Betrieb des Unternehmens oder Konzerns als Beschäftigte – also nicht zwingend als leitender Angestellter – angehört haben (§ 3 Abs. 2 SprAuG). Aufgrund der besonderen Funk-

<small>Wahl des Sprecherausschusses</small>

tion und des Vertrauensverhältnisses zwischen Arbeitgeber und leitenden Angestellten erfährt die Wählbarkeit zum Sprecherausschuss in § 3 Abs. 2 Nr. 1–3 SprAuG eine besondere Einschränkung, wonach Sprecherausschussmitglied u.a. insbesondere nicht sein kann, wer allgemein, also für eine unbestimmte Vielzahl künftiger Fälle, auf Seiten des Arbeitgebers Verhandlungspartner des Sprecherausschusses ist.

Geschäftsführung

Der Sprecherausschuss wählt in seiner konstituierenden Sitzung aus seiner Mitte einen Vorsitzenden und dessen Stellvertreter. Diesen oder anderen Mitgliedern des Sprecherausschusses können nach § 11 Abs. 3 SprAuG die laufenden Geschäfte des Sprecherausschusses übertragen werden; jedenfalls aber vertritt der Vorsitzende den Sprecherausschuss im Rahmen der von diesem gefassten Beschlüsse (sog. Vertreter in der Erklärung). Er ist berechtigt, Erklärungen, die dem Sprecherausschuss gegenüber abzugeben sind, entgegenzunehmen (§ 11 Abs. 2 SprAuG) sowie die Sitzungen des Sprecherausschusses einzuberufen. Verpflichtet ist er hierzu, wenn **ein Drittel** der Mitglieder des Sprecherausschusses oder der Arbeitgeber die Einberufung verlangen. Überdies wird auch die Versammlung der leitenden Angestellten vom Vorsitzenden des Sprecherausschusses geleitet (§ 15 Abs. 2 S. 2 SprAuG).

Kosten, Sachmittel und Personal

Nach § 14 Abs. 2 S. 1 SprAuG hat der Arbeitgeber die durch die Tätigkeit des Sprecherausschusses dem Sprecherausschuss wie auch dem einzelnen Mitglied entstehenden **Kosten** zu tragen, wenn und soweit diese bei verständiger Würdigung der Sachlage **erforderlich und verhältnismäßig** waren. Zudem hat er für die Sitzungen und laufende Geschäftsführung in erforderlichem Umfang und unter Berücksichtigung von Art und Beschaffenheit des Betriebs Räume, Sachmittel und Personal zur Verfügung zu stellen. Die Bestimmung entspricht § 40 BetrVG (vgl. dazu unter § 148 I 4 b). Mangels Rechtsfähigkeit des Sprecherausschusses haben die Sprecherausschussmitglieder Aufwendungen, die nicht erforderlich oder unverhältnismäßig sind, selbst zu tragen (vgl. Hromadka, SprAuG § 14 Rn. 14).

Rechtsstellung der Sprecherausschussmitglieder

Die **Rechtsstellung** der Sprecherausschussmitglieder unterscheidet sich entsprechend ihrer Funktion und wegen des andersartigen Aufgabenbereichs des Sprecherausschusses wesentlich von der Rechtsstellung der Mitglieder des Betriebsrats. Wie diese üben sie ihr Amt **unentgeltlich als Ehrenamt** aus und sind nach § 14 Abs. 1 SprAuG von ihrer Tätigkeit ohne Minderung des Arbeitsentgelts zu befreien, wenn und soweit dies erforderlich ist, doch erhalten sie nach herrschender Ansicht **keinen Ausgleichsanspruch für außerhalb der Arbeitszeit geleistete Sprecherausschusstätigkeit** (argumentum e contrario § 37 Abs. 3 BetrVG). Ob dies mit dem Benachteiligungsverbot (§ 2 Abs. 3 SprAuG) vereinbar ist, erscheint indes bedenklich (vgl. MünchArbR/Joost, § 323 Rn. 85 f.). Eine mit § 38 BetrVG vergleichbare Regelung, wonach Betriebsratsmitglieder pauschal von ihrer beruflichen Tätigkeit freizustellen sind, kennt das SprAuG mit Blick auf den geringeren Aufgabenbereich ebenfalls nicht. Ein Anspruch auf Arbeitsbefreiung wegen der Teilnahme an Schulungs- und Bildungsveranstaltungen besteht für die Mitglieder des Sprecherausschusses nur im Einzelfall. Anders als die Betriebsratsmitglieder stehen die Mitglieder des Sprecherausschusses zudem **nicht unter einem besonderen Kündigungsschutz** (§ 15 KSchG, § 103 BetrVG); denkbar ist aber eine Unwirksamkeit der Kündigung nach § 134 BGB i.V.m. § 2 Abs. 3 SprAuG.

II. Versammlung der leitenden Angestellten

Einmal im Kalenderjahr soll nach § 15 Abs. 1 SprAuG die **Versammlung der leitenden Angestellten** des Betriebs einberufen werden; auf Antrag des Arbeitgebers oder eines Viertels der leitenden Angestellten ist eine Versammlung einzuberufen und der beantragte Beratungsgegenstand auf die Tagesordnung zu setzen. Analog § 43 Abs. 1 S. 4 BetrVG kann der Sprecherausschuss zusätzliche Versammlungen einberufen, wenn dies aus besonderen Gründen zweckmäßig erscheint. Die Versammlung der leitenden Angestellten ist eine Vollversammlung; Teilversammlungen sind nur mit Zustimmung des Arbeitgebers zulässig.

Einberufung

In der Versammlung sind die leitenden Angestellten vom Sprecherausschuss über dessen Tätigkeit (§ 15 Abs. 1 S. 1 SprAuG) und vom Arbeitgeber – soweit nicht Betriebs- oder Geschäftsgeheimnisse gefährdet werden – über die Angelegenheiten der leitenden Angestellten sowie die wirtschaftliche Lage und Entwicklung des Betriebs (§ 15 Abs. 3 S. 3 SprAuG) zu **informieren**. Sodann ist der Versammlung Gelegenheit zu geben, die Tätigkeit des Sprecherausschusses, die Angelegenheiten der leitenden Angestellten sowie weitere betriebsrelevante Angelegenheiten zu erörtern, insbesondere Angelegenheiten tarifpolitischer, sozialpolitischer und wirtschaftlicher Art (vgl. § 2 Abs. 4 S. 2 SprAuG). Insoweit kommt der Versammlung **beratende Funktion** zu.

Information und Berichterstattung

Zwar kann die Versammlung dem Sprecherausschuss Anträge unterbreiten und zu seinen Beschlüssen Stellung nehmen (§ 15 Abs. 4 S. 1 SprAuG), **Kontroll- und Entscheidungsbefugnisse** nimmt die Versammlung der leitenden Angestellten indes **nicht wahr**. Ihre Beschlüsse haben weder für den Sprecherausschuss noch für den Arbeitgeber bindende Wirkung. Die Versammlung der leitenden Angestellten ist daher kein Organ der Sprecherverfassung.

Kein Organ der Sprecherverfassung

Die Versammlung der leitenden Angestellten soll nach § 15 Abs. 2 S. 1 SprAuG **während der Arbeitszeit** stattfinden; sie ist nicht öffentlich. Der Arbeitgeber ist einzuladen und damit stets mit ausdrücklichem Rederecht zur Teilnahme berechtigt. Der Betriebsrat und die Verbände haben dagegen kein eigenständiges Teilnahmerecht. Soweit der Arbeitgeber Betriebs- und Geschäftsgeheimnisse bekannt gibt – nach § 15 Abs. 3 S. 3 SprAuG ist er hierzu nicht verpflichtet –, gilt der allgemeine Grundsatz der Verschwiegenheitspflicht.

Teilnahme- und Rederecht, Verschwiegenheitspflicht

Kosten und Entgeltfortzahlung

Die Kosten der Versammlung der leitenden Angestellten trägt der Arbeitgeber entsprechend § 14 Abs. 2 SprAuG; das Arbeitsentgelt ist entsprechend § 44 Abs. 1 S. 2 BetrVG fortzuzahlen.

III. Gesamtsprecherausschuss

Zuständigkeit

Nach § 16 Abs. 1 SprAuG ist, wenn in einem Unternehmen mehrere Sprecherausschüsse bestehen, **zwingend** ein Gesamtsprecherausschuss zu bilden. Dieser ist für die Behandlung von Angelegenheiten, die das Unternehmen oder mehrere Betriebe des Unternehmens betreffen und nicht durch die einzelnen Sprecherausschüsse innerhalb ihrer Betriebe behandelt werden können, originär zuständig (§ 18 Abs. 1 S. 1 SprAuG). Die übrigen Angelegenheiten können zudem infolge eines Mehrheitsbeschlusses an den Gesamtsprecherausschuss zur Behandlung übertragen werden (§ 18 Abs. 2 S. 1 SprAuG).

Zusammensetzung und Stimmengewichtung

In den Gesamtsprecherausschuss entsendet jeder Sprecherausschuss eines seiner Mitglieder; durch Vereinbarung mit dem Arbeitgeber kann aber seine Mitgliederzahl verkleinert oder vergrößert werden (vgl. § 16 Abs. 2 SprAuG). Damit vertreten die Mitglieder des Gesamtsprecherausschusses eine in der Regel unterschiedliche Zahl leitender Angestellter, weshalb nach § 16 Abs. 4 SprAuG eine Stimmengewichtung nach Maßgabe der jeweils in den Wählerlisten eingetragenen leitenden Angestellten vorgesehen ist.

IV. Unternehmenssprecherausschuss

Errichtung

Anders als das BetrVG kennt das Gesetz über die Sprecherausschüsse der leitenden Angestellten die Institution des Unternehmenssprecherausschusses; dieser wird als **eigenständiges Betriebsverfassungsorgan** gebildet. Eine besondere Relevanz kommt dem Unternehmenssprecherausschuss vor allem zu, wenn und soweit nach § 1 Abs. 1 und 2 SprAuG kein Sprecherausschuss gebildet werden kann, weil in keinem Betrieb des Unternehmens die erforderliche Mindestzahl von zehn leitenden Angestellten erreicht wird. Sind nämlich in dem Unternehmen in der Regel insgesamt mindestens zehn leitende Angestellte beschäftigt, ist auf Verlangen der Mehrheit der leitenden Angestellten ein Unternehmenssprecherausschuss zu bilden (§ 20 Abs. 1 SprAuG). Damit werden alle leitenden Angestellten des Unternehmens betriebsübergreifend von der Sprecherverfassung erfasst. Nach Maßgabe des § 20 Abs. 2 und 3 SprAuG können Unternehmenssprecherausschuss und Sprecherausschüsse aber auch nebeneinander gebildet werden.

Funktion

Durch die Institution des Unternehmenssprecherausschusses wird den leitenden Angestellten die Möglichkeit gegeben, ihre **Interessen einheitlich und damit auch effektiver zu vertreten**. Darüber hinaus kommt dem Unternehmenssprecherausschuss die Funktion zu, eine ordentliche Repräsentation der leitenden Angestellten zu gewährleisten, wenn die Entscheidungskompetenzen überwiegend auf der

Unternehmensebene liegen. Im Übrigen hat der Unternehmenssprecherausschuss die Stellung und Funktion eines betrieblichen Sprecherausschusses mit einem auf den Unternehmensbereich ausgeweiteten Aufgabenbereich. Nach § 20 Abs. 4 SprAuG finden daher auch die Vorschriften über die Rechte und Pflichten des Sprecherausschusses und die Rechtsstellung seiner Mitglieder für den Unternehmenssprecherausschuss entsprechende Anwendung. Auf die Ausführungen hierzu kann daher verwiesen werden.

V. Konzernsprecherausschuss

In Unterordnungskonzernen (§ 18 Abs. 1 AktG) kann durch Beschlüsse der einzelnen Gesamtsprecherausschüsse ein fakultativer Konzernsprecherausschuss errichtet werden, § 21 Abs. 1 SprAuG. Er ist **subsidiär** für die Behandlung der Angelegenheiten zuständig, die Konzernunternehmen betreffen und nicht durch die Gesamtsprecherausschüsse der Unternehmen geregelt werden können (§ 23 Abs. 1 SprAuG). Zudem können ihm die Angelegenheiten einzelner Gesamtsprecherausschüsse übertragen werden, vgl. § 23 Abs. 2 SprAuG.

Errichtung und Zuständigkeit

Hinsichtlich Geschäftsführung, Stimmengewichtung und Rechtsstellung der Mitglieder des Konzernsprecherausschusses gelten die Ausführungen zum Sprecherausschuss und zum Gesamtsprecherausschuss entsprechend. Zu beachten ist insoweit, dass der Konzernsprecherausschuss nach §§ 24 Abs. 1, 18 Abs. 3 und 28 SprAuG sog. **Konzernvereinbarungen** abschließen kann. Mangels Rechtssubjektivität des Konzerns sind Konzernunternehmen an solche Vereinbarungen aber nur gebunden, wenn sie unmittelbar oder über eine Bevollmächtigung etwa des herrschenden Unternehmens an dem Abschluss der Konzernvereinbarung beteiligt sind.

Konzernvereinbarungen

§ 159 Mitwirkung der leitenden Angestellten

I. Formen der Beteiligung

Die Mitwirkungsrechte des Sprecherausschusses können durch schriftliche Vereinbarung (§ 28 SprAuG), aber auch durch Regelungsabrede mit dem Arbeitgeber geregelt werden. Soweit der schriftlichen Vereinbarung unmittelbare und zwingende Wirkung zukommt (vgl. § 28 Abs. 2 S. 1 SprAuG), empfiehlt es sich, von einer **Sprecherausschussvereinbarung** zu reden, anderenfalls von einer **Richtlinie**; die Terminologie des § 28 SprAuG ist insoweit wenig genau (vgl. MünchArbR/Joost § 324 Rn. 4 ff.). Die **Regelungsabrede** hat – ungeachtet ihrer praktischen Relevanz – wie im BetrVG auch im SprAuG keine ausdrückliche Regelung gefunden. Sie kommt durch formlose Einigung zwischen Arbeitgeber und Sprecherausschuss zustande.

Richtlinien, Vereinbarungen und Regelungsabreden

Kollektivvertragliche Natur der Sprecherausschussvereinbarung	Auch wenn der Sprecherausschussvereinbarung – anders als dem Tarifvertrag (§ 4 Abs. 1 TVG) und der Betriebsvereinbarung (§ 77 Abs. 4 BetrVG) – keine unmittelbare und zwingende Wirkung kraft Gesetzes, sondern nur aufgrund ausdrücklicher Vereinbarung zwischen Arbeitgeber und Sprecherausschuss zukommt (vgl. § 28 Abs. 2 S. 1 SprAuG, Freiwilligkeitsprinzip), ist sie **Kollektivvertrag**; entsprechende Grundsätze sind daher anzuwenden. Im Übrigen entfaltet auch die Richtlinie verbindliche Wirkung, allerdings nur zwischen dem Arbeitgeber und dem Sprecherausschuss. Insoweit unterliegt sie der Überprüfbarkeit im arbeitsgerichtlichen Beschlussverfahren nach §§ 2a Abs. 1 Nr. 2, 80 ff. ArbGG.
Regelungsdichte der Richtlinie	In aller Regel beschränkt sich der Inhalt von **Richtlinien auf die Regelung allgemeiner Grundsätze**. Entsprechend dem Anwendungsbereich sowie dem Sinn und Zweck des § 28 Abs. 1 SprAuG können und sollen aber auch Detailfragen eine Regelung finden, sofern sie nur für eine unbestimmte Vielzahl künftiger Fälle gelten sollen. Auf die Regelung lediglich allgemeiner Grundsätze sind Arbeitgeber und Sprecherausschuss daher und auch wegen des Freiwilligkeitsprinzips nicht beschränkt.
Gesetzes- und Tarifvorrang	Sprecherausschuss und Arbeitgeber sind an höherrangiges Recht gebunden. Zwingendes Gesetzesrecht kann weder durch Richtlinien noch durch Sprecherausschussvereinbarungen geändert werden; soweit Tarifverträge für die leitenden Angestellten gelten und abweichende Regelungen nicht zulässig sind (vgl. § 4 Abs. 3 TVG), sind auch diese für Sprecherausschuss und Arbeitgeber verbindlich. Entsprechende Vereinbarungen sind daher nichtig. Ob dagegen wie nach § 77 Abs. 3 S. 1 BetrVG von einem Tarifvorrang (vgl. siehe unter § 152 I 5) auszugehen ist, erscheint bedenklich, da sich eine vergleichbare Bestimmung im SprAuG nicht finden lässt. Jedenfalls in extrem gelagerten Ausnahmefällen wird aber auf Art. 9 Abs. 3 S. 2 GG zurückzugreifen sein (vgl. Oetker, ZfA 1990, 43, 84 f.; weitergehend MünchArbR/Joost § 324 Rn. 10).
Günstigkeitsprinzip	Anders als im BetrVG hat das Günstigkeitsprinzip dagegen – wie im Tarifrecht (§ 4 Abs. 3 TVG) – in § 28 Abs. 2 S. 2 SprAuG eine ausdrückliche Regelung gefunden. Im Übrigen gelten die Ausführungen entsprechend (vgl. siehe unter § 152 I 1 c).
Gemeinsame Vereinbarungen	Neben Richtlinie, Sprecherausschussvereinbarung und Regelungsabrede sind auch **gemeinsame Vereinbarungen** von Arbeitgeber, Sprecherausschuss und Betriebsrat denkbar und von praktischer Bedeutung. Die Kompetenzen von Sprecherausschuss und Betriebsrat erfahren keine Erweiterung; die Wirkung der Vereinbarung beurteilt sich nach dem jeweils anzuwendenden Recht.

II. Mitwirkungsrechte

Generalermächtigung	Nach § 28 Abs. 1 SprAuG können zwischen dem Arbeitgeber und dem Sprecherausschuss Vereinbarungen über den **Inhalt, den Ab-**

II. Mitwirkungsrechte

schluss sowie die **Beendigung** von Arbeitsverhältnissen getroffen werden. Damit kommt dem Sprecherausschuss **in freiwilliger Mitbestimmung** eine allgemeine Regelungskompetenz der Arbeitsbedingungen zu; Entsprechendes gilt – allerdings nicht ausdrücklich – nach § 88 BetrVG für freiwillige Betriebsvereinbarungen (vgl. siehe unter § 153 IV). Betriebliche und betriebsverfassungsrechtliche Fragen sowie die wirtschaftlichen Angelegenheiten des Unternehmens sind dagegen nicht durch Richtlinien vereinbar, da sie nicht Gegenstand von Einzelarbeitsverträgen sind.

Dem Sprecherausschuss kommt nach § 25 Abs. 1 SprAuG die **allgemeine und umfassende Kompetenz** zu, die kollektiven Interessen der leitenden Angestellten zu vertreten. Insoweit steht dem Sprecherausschuss ein Initiativrecht zu; aus dem Gebot der vertrauensvollen Zusammenarbeit (§ 2 Abs. 1 S. 1 SprAuG) folgt die Verpflichtung des Arbeitgebers, entsprechende Anträge entgegenzunehmen, sich damit zu befassen und auf Verlangen die Angelegenheiten auch zu erörtern. *(Allgemeine Interessenvertretung)*

Neben dem Recht zur allgemeinen Interessenvertretung kennt das SprAuG einige ausdrücklich bestimmte Mitwirkungsrechte, geregelt in den §§ 30 bis 32 SprAuG. Danach ist der Sprecherausschuss über bestimmte personelle Maßnahmen und wirtschaftliche Angelegenheiten zu **unterrichten**; Änderungen der allgemeinen Arbeitsbedingungen und Beurteilungsgrundsätze sowie Betriebsänderungen, die wirtschaftliche Nachteile für leitende Angestellte befürchten lassen, sind zudem mit dem Arbeitgeber zu **beraten**. *(Mitwirkungsrechte)*

Ein Recht auf tatsächliche und notwendige Mitbestimmung hat der Sprecherausschuss nicht. Ziel der Bestimmungen ist aber eine einvernehmliche Entscheidungsfindung. Damit die Anregungen oder Bedenken des Sprecherausschusses noch in die Entscheidung einfließen können, muss die Unterrichtung **rechtzeitig und umfassend** erfolgen. Auf Verlangen sind die erforderlichen Unterlagen zur Verfügung zu stellen (vgl. § 25 Abs. 2 SprAuG). *(Rechtzeitigkeit)*

Nach § 31 Abs. 1 SprAuG ist dem Sprecherausschuss eine **beabsichtigte Einstellung oder personelle Veränderung** eines leitenden Angestellten rechtzeitig mitzuteilen. Der Begriff der Einstellung ist der gleiche wie bei § 99 BetrVG (siehe unter § 155 III 1 a). Die Mitteilung erfolgt dann rechtzeitig, wenn es noch zu keiner endgültigen Einigung zwischen Arbeitgeber und Sprecherausschuss gekommen ist. *(Einstellung eines leitenden Angestellten)*

Eine grundsätzliche Erweiterung seiner Zuständigkeit erfährt der Sprecherausschuss durch § 31 Abs. 2 SprAuG, wonach er vor jeder Kündigung eines leitenden Angestellten zu **hören** ist und ihm die Gründe für die Kündigung mitzuteilen sind (BAG 27.9.2001 AP Nr. 70 zu § 5 BetrVG 1972). Der Sprecherausschuss nimmt damit nicht nur und ausschließlich die kollektiven Interessen der leitenden Angestellten wahr, vielmehr soll auch dem objektiven Schutzbedürfnis der einzelnen leitenden Angestellten entsprochen werden. *(Anhörung vor einer Kündigung)*

Ein **Widerspruchsrecht** und damit einen betriebsverfassungsrechtlichen Weiterbeschäftigungsanspruch kennt das SprAuG – anders als das BetrVG – allerdings **nicht**.

Wirtschaftliche Angelegenheiten

In **wirtschaftlichen Angelegenheiten** des Betriebs und des Unternehmens ist der Sprecherausschuss mindestens einmal im Kalenderjahr zu **unterrichten**, soweit dadurch nicht Betriebs- oder Geschäftsgeheimnisse des Unternehmens gefährdet werden. Da das SprAuG keinen Wirtschaftsausschuss vorsieht, hat die Unterrichtung gegenüber dem Sprecherausschuss oder dem Unternehmenssprecherausschuss zu erfolgen.

Betriebs-änderungen

Der Sprecherausschuss ist auch über geplante **Betriebsänderungen** i.S.d. § 111 BetrVG (siehe unter § 156 II 1), die wesentliche Nachteile für leitende Angestellte zur Folge haben könnten, rechtzeitig und umfassend zu unterrichten (§ 32 Abs. 2 SprAuG). Wann im konkreten Fall eine Unterrichtungspflicht besteht, orientiert sich an § 111 BetrVG. Daraus folgt, dass der Sprecherausschuss dann nicht unterrichtet werden muss, wenn auch der Betriebsrat nicht unterrichtet werden müsste. Für eine Unterrichtungsverpflichtung müssen also zum einen die Voraussetzungen des § 111 BetrVG und zum anderen die des § 32 Abs. 2 SprAuG vorliegen. Falls die Betriebsänderung wirtschaftliche Nachteile für die leitenden Angestellten mit sich bringt, besteht eine Verpflichtung des Unternehmers nach § 32 Abs. 2 SprAuG, mit dem Sprecherausschuss über Ausgleichsmaßnahmen zur Milderung dieser Nachteile zu beraten. Dagegen besteht **kein Anspruch** des Sprecherausschusses **auf Abschluss eines Sozialplans**.

Anhörung des Sprecherausschusses und des Betriebsrats

Aufgrund möglicher Schwierigkeiten bei der Abgrenzung des leitenden Angestellten von den Arbeitnehmern (vgl. § 147 III 3), kann der Arbeitgeber vor die praktisch bedeutsame Frage gestellt sein, ob vor einer **Kündigung** der Sprecherausschuss oder der Betriebsrat anzuhören ist. Wird nämlich das falsche Gremium angehört, ist die Kündigung schon allein aus diesem Grunde unwirksam (vgl. § 31 Abs. 2 S. 3 SprAuG und § 102 Abs. 1 S. 2 BetrVG). Im Zweifel wird dem Arbeitgeber daher zu empfehlen sein, sowohl den Sprecherausschuss als auch den Betriebsrat anzuhören. Nach § 105 BetrVG ist dem Betriebsrat die beabsichtigte Kündigung eines leitenden Angestellten ohnehin rechtzeitig mitzuteilen; eine Verletzung dieser Mitteilungspflicht führt allerdings nicht zur Unwirksamkeit der Kündigung (vgl. BAG 26.5.1977 AP Nr. 13 zu § 102 BetrVG 1972).

4. Abschnitt: Personalvertretungsrecht

§ 160 Grundlagen des Personalvertretungsrechts

Literatur: ALTVATER/HAMER/KRÖLL/LEMBKE/PEISELER, Bundespersonalvertretungsgesetz, 6. Aufl. 2008; ILBERTZ/WIDMAIER, Bundespersonalvertretungsgesetz, 10. Aufl. 2004; RICHARDI/DÖRNER/WEBER, Personalvertretungsrecht, 3. Aufl. 2008.

I. Einführung

Nach § 130 BetrVG findet das Betriebsverfassungsgesetz keine Anwendung auf Verwaltungen und Betriebe des Bundes, der Länder, der Gemeinden und sonstigen Körperschaften, Anstalten und Stiftungen des öffentlichen Rechts; das **BetrVG gilt also nicht für den öffentlichen Dienst.** Gleichwohl werden auch die Beschäftigten im öffentlichen Dienst fremdbestimmt tätig, Interessengegensätze und Interessenkonflikte sind damit zu erwarten. Entsprechend sollen auch die Angehörigen des öffentlichen Diensts an den sie betreffenden Entscheidungen beteiligt werden.

Interessenvertretung

Rechtsgrundlage für die Beteiligungsrechte der Beschäftigten im öffentlichen Dienst sind – aufgrund verschiedener Gesetzgebungszuständigkeiten – die **Personalvertretungsgesetze des Bundes und der Länder.** Nach Art. 73 Nr. 8 GG hat der Bund die ausschließliche Gesetzgebungskompetenz zur Regelung der Rechtsverhältnisse der im Dienste des Bundes und der bundesunmittelbaren Körperschaften, Anstalten und Stiftungen des öffentlichen Rechts stehenden Personen; im Übrigen kommt dem Bund nur die Rahmengesetzgebungskompetenz zu (vgl. Art. 75 Abs. 1 Nr. 1 GG), bleiben also die Länder zuständig.

Gesetzgebungskompetenz

Im Bundespersonalvertretungsgesetz (**BPersVG**) finden sich daher neben Regelungen zur Personalvertretung im Bundesdienst auch Rahmenvorschriften für die Landesgesetzgebung (§§ 94 bis 106 BPersVG). Darüber hinaus gelten die §§ 107 bis 109 BPersVG sogar unmittelbar für die Länder; die Gesetzgebungskompetenz des Bundes ergibt sich insoweit aus Art. 74 Nr. 12 und 74a GG, ferner ist sie aus Art. 75 Abs. 1 Nr. 1 GG abzuleiten. Soweit sich in den Personalvertretungsgesetzen der Länder entsprechende Regelungen finden, haben diese nur deklaratorischen Charakter.

Rahmenvorschriften und unmittelbar geltendes Recht

Ungeachtet der jeweiligen Gesetzgebungskompetenz muss – wenn der Gesetzgeber die Beschäftigten im öffentlichen Dienst an Entscheidungen beteiligen will, die sich unmittelbar oder mittelbar als Ausübung von Staatsgewalt darstellen – die getroffene Regelung den **Grundsätzen der demokratischen Organisation und Legitimation von Staatsgewalt** (vgl. Art. 20 Abs. 1 und 2 GG, nach Art. 28 Abs. 1

Grundsätze einer demokratischen Organisation und Legitimation von Staatsgewalt

S. 1 GG verbindlich auch für die verfassungsmäßige Ordnung in den Ländern) entsprechen. In einer Entscheidung zum Mitbestimmungsgesetz Schleswig-Holstein vom 24.5.1995 (BVerfG 24.5.1995 BVerfGE 93, 37) führt das Bundesverfassungsgericht zum Erfordernis hinreichender demokratischer Legitimation aus:

„In welcher Art und in welchen Fällen die Mitbestimmung oder eine andere Form der Beteiligung der Personalvertretung verfassungsrechtlich zulässig ist, ist unter Würdigung der Bedeutung der beteiligungspflichtigen Maßnahmen sowohl für die Arbeitssituation der Beschäftigten und deren Dienstverhältnis als auch für die Erfüllung des Amtsauftrags zu bestimmen: Die Mitbestimmung darf sich einerseits nur auf innerdienstliche Maßnahmen erstrecken und nur so weit gehen, als die spezifischen in dem Beschäftigungsverhältnis angelegten Interessen der Angehörigen der Dienststelle sie rechtfertigen (Schutzzweckgrenze). Andererseits verlangt das Demokratieprinzip für die Ausübung von Staatsgewalt bei Entscheidungen von Bedeutung für die Erfüllung des Amtsauftrags jedenfalls, dass die Letztentscheidung eines dem Parlament verantwortlichen Verwaltungsträgers gesichert ist (Verantwortlichkeitsgrenze)." (BVerfG 24.5.1995 BVerfGE 93, 37)

Den Grundsätzen einer demokratischen Organisation und Legitimation von Staatsgewalt ist vom Bundesgesetzgeber mit § 104 S. 3 BPersVG Rechnung getragen worden.

Unterschiedliche Ausgestaltung

Insgesamt haben sich die Personalvertretungsgesetze des Bundes und der Länder in formeller wie auch materieller Hinsicht unterschiedlich entwickelt. Daher ist es nur in sehr begrenztem Umfang möglich, gerichtliche Entscheidungen für andere Länder zu übernehmen; ebenso wird es kaum möglich sein, das Personalvertretungsrecht einheitlich darzustellen. Im Rahmen dieser Darstellung sollen auch deshalb nur die Grundzüge des BPersVG verdeutlicht werden.

II. Beschäftigte im öffentlichen Dienst

Beschäftigte im öffentlichen Dienst

Vom Bundespersonalvertretungsrecht werden nicht nur die Beamten, sondern auch Angestellte und Arbeiter einschließlich der zu ihrer Berufsausbildung Beschäftigten sowie unter Umständen auch Richter und Soldaten erfasst, vgl. § 4 BPersVG. Sie werden zusammenfassend als die Beschäftigten im öffentlichen Dienst bezeichnet, bilden nach § 5 BPersVG aber unterschiedliche Gruppen. Arbeiter und Angestellte sind insoweit nach Maßgabe des § 4 Abs. 3 und 4 BPersVG voneinander abzugrenzen; im Zweifel kommt es auf die für das Arbeitsrecht allgemein geltenden Abgrenzungsmerkmale an.

Nicht als Beschäftigte gelten die in § 4 Abs. 5 BPersVG genannten Personen.

III. Leitprinzipien des Personalvertretungsrechts

Dem Personalvertretungsrecht und dem Betriebsverfassungsrecht liegen im Wesentlichen vergleichbare Leitprinzipien zugrunde. Entsprechend kann zwischen den Grundsätzen der Zusammenarbeit von Dienststelle und Personalvertretung sowie den Grundsätzen der Behandlung der Beschäftigten unterschieden werden.

Nach § 2 Abs. 1 BPersVG arbeiten **Dienststelle und Personalvertretung** unter Beachtung der Gesetze und Tarifverträge **vertrauensvoll** und im Zusammenwirken mit den in der Dienststelle vertretenen Gewerkschaften und Arbeitgeberverbänden **zum Wohle der Beschäftigten und zur Erfüllung der der Dienststelle obliegenden Aufgaben** zusammen. Sie haben alles zu unterlassen, was geeignet ist, die Arbeit und den Frieden der Dienststelle zu beeinträchtigen (§ 66 Abs. 2 S. 1 BPersVG). Maßnahmen des Arbeitskampfs dürfen nicht gegeneinander durchgeführt werden (§ 66 Abs. 2 S. 2 BPersVG); jede parteipolitische Betätigung in der Dienststelle ist zu unterlassen (§ 67 Abs. 1 S. 3 BPersVG).

<small>Grundsätze der Zusammenarbeit</small>

Dienststelle und Personalvertretung haben nach § 67 Abs. 1 S. 1 BPersVG darüber zu wachen, dass alle Angehörigen der Dienststelle **nach Recht und Billigkeit behandelt** werden. Für Personen, die Aufgaben oder Befugnisse nach dem BPersVG übernehmen, wird darüber hinaus in § 8 BPersVG ein Benachteiligungs- und Begünstigungsverbot besonders hervorgehoben, vgl. auch § 107 BPersVG für die Länder.

<small>Behandlung der Beschäftigten</small>

§ 161 Organisation der Personalvertretung

Die Organisation der Personalvertretung richtet sich in erster Linie nach dem Aufbau der Verwaltung. Zu unterscheiden sind dabei der **einstufige und der mehrstufige (hierarchische) Verwaltungsaufbau**. Ist die Verwaltung mehrstufig aufgebaut, sind die oberste Dienstbehörde, eventuell Behörden der Mittelstufe (vgl. § 6 Abs. 2 S. 2 BPersVG) und Unterbehörden auseinander zu halten. Bestimmte Entscheidungen können insoweit unter dem Vorbehalt übergeordneter Dienststellen stehen; nachgeordnete Dienststellen sind an Weisungen übergeordneter Dienststellen gebunden. Der Beschäftigte übt sein Amt in der obersten Dienstbehörde aus und auch der Arbeitnehmer wird hier tätig. Die oberste Dienstbehörde ist damit die Behörde des Dienstherren.

<small>Verwaltungsaufbau</small>

Die Beteiligungsrechte der Beschäftigten im öffentlichen Dienst werden von der Personalvertretung auf Dienststellenebene ausgeübt. Nach § 6 BPersVG versteht man unter der **Dienststelle** die einzelnen Behörden, Verwaltungsstellen und Betriebe der Verwaltungen (Eigenbetriebe), einschließlich der Betriebsverwaltungen. **Behörde** ist insoweit – abweichend vom funktionellen Behördenbegriff des § 1

<small>Dienststelle</small>

Abs. 4 VwVfG – das durch öffentlich-rechtliche Organisationsnormen geschaffene, organisatorisch verselbständigte und mit Zuständigkeit zu konkreten nach außen wirkenden Rechtshandlungen ausgestattete Organ der Verwaltung. **Verwaltungsstelle** ist die einer Behörde eingegliederte, relativ selbständige verwaltungsorganisatorische Einheit, der die Fähigkeit fehlt, Rechtshandlungen mit unmittelbarer Wirkung nach außen vorzunehmen. Für die Dienststelle handelt ihr Leiter (§ 7 BPersVG).

Unterbehörden, Nebenstellen und Teile einer Dienststelle

Die einer Behörde der Mittelstufe nachgeordneten Behörden und Stellen (Unterbehörden) bilden, soweit die nachgeordneten Stellen nach Aufgabenbereich **und** Organisation im Verwaltungsaufbau nicht selbständig sind, gem. § 6 Abs. 2 S. 1 BPersVG eine Dienststelle. Ebenfalls als selbständige Dienststelle gelten Nebenstellen und Teile einer Dienststelle, wenn sie räumlich weit von dieser entfernt liegen **und** die Mehrheit ihrer wahlberechtigten Beschäftigten dies in geheimer Abstimmung beschließen (§ 6 Abs. 3 BPersVG).

Personalvertretung

Nach § 12 Abs. 1 BPersVG werden in **allen** Dienststellen, die in der Regel mindestens fünf Wahlberechtigte beschäftigen, von denen drei wählbar sind, **Personalräte** gebildet. In mehrstufiger Verwaltung werden darüber hinaus bei den Behörden der Mittelstufe **Bezirkspersonalräte** und bei den obersten Dienstbehörden **Hauptpersonalräte** gewählt (§ 53 BPersVG, sog. Stufenvertretung). Diese sind für den gesamten Ausschnitt des unterstehenden Verwaltungsaufbaus, einschließlich der jeweiligen Behörde selbst, zuständig. Soweit Nebenstellen und Teile einer Dienststelle als selbständige Dienststellen gelten, werden nach § 55 BPersVG **Gesamtpersonalräte** – die damit in Hierarchie, Aufgabe und Funktion deutlich von den Gesamtpersonalräten des BetrVG zu unterscheiden sind, vgl. auch § 82 Abs. 3 BPersVG – gebildet. Die **Personalversammlung** besteht aus den Beschäftigten der Dienststelle (vgl. §§ 48 ff. BPersVG). Nach Maßgabe der §§ 57 ff. BPersVG sind ferner **Jugend- und Auszubildendenvertretungen** zu bilden. Wenn über eine Angelegenheit, die der Mitbestimmung der Personalvertretung unterliegt, keine Einigung zustande kommt, entscheidet die **Einigungsstelle**, die bei der obersten Dienstbehörde gebildet wird.

§ 162 Beteiligungsrechte im Personalvertretungsrecht

I. Formen der Beteiligung

Vereinbarungen

Die Beteiligungsrechte der Personalräte werden – dem Betriebsverfassungsrecht vergleichbar (vgl. § 152) – durch **schriftliche Dienstvereinbarungen** mit normativer Wirkung und **Dienstabsprachen** ohne normative Wirkung wahrgenommen. Nach § 73 Abs. 1 S. 1 BPersVG sind Dienstvereinbarungen jedoch nur zulässig, soweit das

BPersVG dies ausdrücklich vorsieht. Anders kann es sich nach Maßgabe der Personalvertretungsgesetze der Länder verhalten; die Rahmenvorschriften treffen über den Inhalt und Umfang der Dienstvereinbarungen keine Regelung.

Soweit die Dienstvereinbarung zulässig ist, handelt es sich um einen **öffentlich-rechtlichen Vertrag**, der zwischen den Partnern der Personalvertretung **schriftlich** vereinbart wird und in geeigneter Weise **bekannt zu machen** ist (vgl. § 73 Abs. 1 S. 2 BPersVG). Ihrem Wesen nach entspricht die Dienstvereinbarung der Betriebsvereinbarung; analog § 77 Abs. 4 BetrVG kommt ihr daher **unmittelbare und zwingende Wirkung** zu. Anders als für Betriebsvereinbarungen gilt aber nicht das Spezialitäts-, sondern das Ordnungsprinzip: Dienstvereinbarungen, die für einen größeren Bereich gelten, gehen nach § 73 Abs. 2 BPersVG Dienstvereinbarungen für einen kleineren Bereich vor. Im Übrigen können Dienstvereinbarungen – wenn nicht etwas anderes vereinbart ist – ohne Einhaltung einer Frist vom Dienststellenleiter wie auch vom Personalrat gekündigt werden. Ist der Gegenstand der Dienstvereinbarung eine Maßnahme der nach § 75 Abs. 3 Nr. 1 bis 6 und 11 bis 17 BPersVG durch Vorschlagsrecht erzwingbaren Mitbestimmung (vgl. § 70 Abs. 1 S. 1 BPersVG), so gelten ihre normativen Regelungen analog § 77 Abs. 6 BetrVG so lange weiter, bis sie durch eine andere Abmachung ersetzt werden.

Dienstvereinbarung

II. Beteiligungsrechte

Die Personalvertretung hat die Aufgabe, zum Wohle der Beschäftigten und zur Erfüllung der der Dienststelle obliegenden Aufgaben mit der Dienststelle zusammenzuarbeiten (vgl. § 2 Abs. 1 BPersVG); durch den Aufgabenkatalog des § 68 BPersVG werden die allgemeinen Aufgaben der Personalvertretung konkretisiert. Der Sache nach lassen sich die Beteiligungsrechte wie im Betriebsverfassungsrecht in **Informations-, Anhörungs- und Beratungsrechte, Zustimmungserfordernisse sowie Initiativrechte** unterteilen (vgl. § 151 I), qualitativ in **Mitwirkungsrechte und Mitbestimmungsrechte**. Dabei sind Inhalt und Umfang der Beteiligungsrechte der Personalvertretung in etwa mit denen des Betriebsrats zu vergleichen, auch wenn das BPersVG nicht ausdrücklich nach sozialen, personellen und wirtschaftlichen (unternehmerischen) Angelegenheiten gegliedert ist; vgl. zu den Einzelheiten §§ 75 ff. BPersVG. Bei Maßnahmen, die der Natur der Sache nach keinen Aufschub dulden, kann der Leiter der Dienststelle bis zur endgültigen Entscheidung vorläufige Regelungen treffen (§ 69 Abs. 5 S. 1 BPersVG).

Mitwirkung und Mitbestimmung

5. Abschnitt: Einführung in die Grundstruktur der Mitbestimmung auf Unternehmensebene

Literatur: Fuchs/Köstler, Handbuch zur Aufsichtsratswahl, 4. Aufl. 2008; Klebe/Köstler, Die Zukunft der Unternehmensmitbestimmung, FS Wissmann (2005), S. 443; Oetker, Großkommentar AktG, 4. Aufl. 1999; Raiser, Mitbestimmungsgesetz, 4. Aufl. 2002; Ulmer/Habersack/Henssler, Mitbestimmungsrecht, 2. Aufl. 2006; Wlotzke/Wissmann/Koberski/Kleinsorge, Mitbestimmungsgesetz, 3. Aufl. 2008.

§ 163 Grundlagen

Unternehmenspolitik in allen Bereichen

Während die betriebliche Mitbestimmung sich auf soziale, personelle und wirtschaftliche Angelegenheiten in der räumlich-organisatorischen Einheit Betrieb bezieht, hat die Unternehmensmitbestimmung die **Beteiligung der Arbeitnehmer an den zentralen unternehmerischen Planungs-, Lenkungs- und Organisationsentscheidungen im Unternehmen** zum Ziel. Den Arbeitnehmern soll eine durch Arbeitnehmervertreter vermittelte Einflussnahmemöglichkeit auf alle Bereiche der Unternehmenspolitik gewährt werden, da unternehmerische Entscheidungen in der Regel zumindest mittelbar auch die Interessen der Beschäftigten betreffen (vgl. zu den Gründen auch siehe unter § 142 II sowie zu den Vor- und Nachteilen der Mitbestimmung siehe unter § 143 V). Entsprechend ist Unternehmensmitbestimmung auch nicht betriebs-, sondern unternehmensbezogen.

Juristische Personen

Anders als die betriebliche Mitbestimmung ist die Unternehmensmitbestimmung **rechtsformspezifisch** ausgestaltet. Sie beschränkt sich auf Unternehmen, die in der Rechtsform der AG, KGaA, GmbH, Genossenschaft und VVaG betrieben werden – mithin auf juristische Personen; auch auf die bergrechtliche Gewerkschaft mit eigener Rechtspersönlichkeit wird von den Vorschriften über die Mitbestimmung im Unternehmen Bezug genommen, doch ist die Rechtsform der bergrechtlichen Gewerkschaft durch § 163 BBergG beseitigt worden.

Die Mitbestimmung im Unternehmen findet statt

– im **Aufsichtsrat** durch die Integration von Arbeitnehmervertretern und

– in der **Unternehmensleitung** (Vorstand oder Geschäftsführung) durch den sog. Arbeitsdirektor (allerdings nur im Geltungsbereich des MitbestG und des MontanmitbestG, nicht im Geltungsbereich des DrittelbG).

Unternehmensbezogene Mitbestimmung findet demnach in den Unternehmensorganen juristischer Personen statt.

Grundlagen § 163

Personenhandelsgesellschaften, Gesellschaften des bürgerlichen Rechts sowie Einzelkaufleute werden dagegen **nicht** von den Regelungen über die Mitbestimmung in Unternehmen erfasst. Diese Unternehmen beruhen auf dem Grundsatz der persönlichen Mitarbeit und Haftung der Unternehmer; eine Mitbestimmung der Arbeitnehmer in unternehmerischen Grundentscheidungen und hinsichtlich der personellen Zusammensetzung der Unternehmensleitung wäre damit nicht zu vereinbaren. Auch wäre die Einführung der Unternehmensmitbestimmung in Personengesellschaften und Einzelunternehmen nicht ohne tiefgreifende und in ihrer Auswirkung kaum abschätzbare strukturelle Veränderungen der Eigentümerstellung möglich gewesen.

Nicht erfasste Unternehmen

Geregelt ist die Unternehmensmitbestimmung im Drittelbeteiligungsgesetz (DrittelbG), im Mitbestimmungsgesetz 1976 (MitbestG), im Montanmitbestimmungsgesetz (MontanMitbestG) und im Montanmitbestimmungsergänzungsgesetz (MontanMitbestErgG).

Rechtsquellen

	Unternehmensgröße	**Zusammensetzung des Aufsichtsrats**	**Mitbestimmung in der Unternehmensleitung (Vorstand)**
DrittelbG	Kapitalgesellschaften mit 500 – 2000 Arbeitnehmern	⅓ Arbeitnehmer, ⅔ Anteilseigner	keine
MitbestG	Kapitalgesellschaften mit mehr als 2000 Arbeitnehmern	½ Arbeitnehmer, ½ Anteilseigner; bei Stimmengleichheit Zweitstimme des Aufsichtsratsvorsitzenden (Anteilseigner)	Arbeitsdirektor (aber keine gesetzliche Bindung an die Arbeitnehmerseite im Aufsichtsrat)
Montanmitbestg	Unternehmen der Montanindustrie mit mehr als 1000 Arbeitnehmern	½ Arbeitnehmer, ½ Anteilseigner, 1 neutrales Mitglied	Arbeitsdirektor (gesetzliche Bindung an die Arbeitnehmerseite im Aufsichtsrat, § 13 Abs. 1 S. 2 MontanmitbestG)

Regelungen zur Mitbestimmung im Unternehmen finden sich mithin in einer Mehrzahl von Gesetzen mit jeweils unterschiedlichen Geltungsbereichen. Zurückzuführen ist diese etwas kompliziert anmutende Regelung auf den immanent politischen Charakter des

Mitbestimmungsrechts: Angesichts beachtlicher politischer Auseinandersetzungen war Konsens nur zu erzielen, indem an Bewährtem festgehalten und den besonderen Gegebenheiten Rechnung getragen wurde.

Zur geschichtlichen Entwicklung siehe unter § 144 II sowie allgemein zur Unternehmensmitbestimmung siehe unter § 143 III.

§ 164 Beteiligung der Arbeitnehmer an unternehmerischen Entscheidungen

Interessenkollision

Der **Aufsichtsrat** mitbestimmter Unternehmen ist nach § 7 Abs. 1 MitbestG sowohl mit Vertretern der Anteilseigner als auch mit Vertretern der Arbeitnehmer zu besetzen. Innerhalb der Arbeitnehmervertreter ist stets eine bestimmte Quote von Gewerkschaftsangehörigen zu berücksichtigen. Diese Arbeitnehmervertreter können neben dem Aufsichtsratsmandat auch besondere Funktionen innerhalb der Gewerkschaft ausüben. Aufgrund ihrer Präsenz im Aufsichtsrat werden Arbeitnehmer an **wirtschaftlichen und sozialen Entscheidungen im Unternehmen beteiligt**. Die Arbeitnehmer haben also Einfluss auf Entscheidungen, die an sich der Arbeitgeberseite zustehen und die auch allein die Arbeitgeberseite zu verantworten hat.

Argumente der Arbeitgeberseite

Die Wirksamkeit der Regelungen über die Mitbestimmung im Aufsichtsrat war bis zum Mitbestimmungsurteil des BVerfG (BVerfG 1.3.1979 AP Nr. 1 zu § 1 MitbestG) **verfassungsrechtlich** unter mehreren Gesichtspunkten unklar. Die Arbeitgeberseite sah einen Verstoß gegen folgende Grundrechte:

– **Art. 14 Abs. 1 GG (Eigentum)**: Durch die Beteiligung der Arbeitnehmer an unternehmerischen Entscheidungen werde die Selbständigkeit und Privatnützigkeit des unternehmerischen Handelns auf der Basis des Eigentums strukturell verändert. Dies sei nicht mehr vom Grundsatz der Sozialbindung des Eigentums umfasst.

– **Art. 9 Abs. 1 GG (Vereinigungsfreiheit)**: Art. 9 Abs. 1 GG gewährleiste die Autonomie der Gesellschaften, insbesondere die freie Bildung des Gesellschaftswillens. Des Weiteren enthalte die Vorschrift das Gebot, die Funktionsfähigkeit der Gesellschaftsorgane zu erhalten. Die Mitbestimmung der Arbeitnehmer im Aufsichtsrat führe zu einer Organverfremdung und beeinträchtige die Handlungs- und Entschließungsfreiheit. Darüber hinaus sei die Funktionsfähigkeit des Aufsichtsrats gefährdet.

– **Art. 12 Abs. 1 GG, Art. 2 Abs. 1 GG (Gewerbe- und Unternehmerfreiheit, Wirtschaftsfreiheit)**: Die in § 7 Abs. 1 MitbestG vorgesehene paritätische Mitbestimmung im Aufsichtsrat bedeute einen

unzulässigen Eingriff in die unternehmerische Entscheidungsfreiheit sowie in die Wirtschaftsfreiheit.
- **Art. 9 Abs. 3 GG (Koalitionsfreiheit und Tarifautonomie):** Dieses Grundrecht garantiere das Institut der Tarifautonomie als solches und seine Voraussetzungen: die freie Bildung, die Gegnerfreiheit und die Gegnerunabhängigkeit der Koalitionen (siehe unter §§ 82, 83). Über das Aufsichtsratsmandat werde jedoch Gewerkschaftsvertretern (vgl. § 7 Abs. 2 MitbestG) Einfluss auf die Entscheidungen des einzelnen tariffähigen Arbeitgebers sowie über diesen mittelbar auf die Arbeitgebervereinigungen verschafft.

Das BVerfG hat sich eingehend mit den Argumenten der Arbeitgeber auseinandergesetzt und hat die Eingriffsqualität zwar als weitreichend, jedoch nicht als von vorneherein übermäßig eingestuft:

<small>Argumentation des BVerfG</small>

„Das Gesetz zielt nicht auf eine unmittelbare Mitbestimmung von Arbeitnehmervertretern in allen Organen der Unternehmen, namentlich der Unternehmensleitung. Die Anteilseigner behalten die alleinige Zuständigkeit für die Grundlagenentscheidungen, [...] Das MitbestG begründet mithin in der Sache nach keine paritätische oder überparitätische Mitbestimmung (der Arbeitnehmer)." (BVerfG 1.3.1979 AP Nr. 1 zu § 1 MitbestG)

Den Eingriff in Art. 14 GG hat das BVerfG als von der Sozialbindung des Eigentums umfasst angesehen.

„Das Gesetz verstößt nicht gegen die Garantie des Eigentums. [...] Der Schutz des Art. 14 GG umfasst auch das Anteilseigentum und das Eigentum der Unternehmensträger. Die Beschränkungen, denen dieses durch die angegriffenen Vorschriften des Mitbestimmungsgesetzes unterworfen wird, erweisen sich nach den dargelegten Maßstäben als Inhalts- und Schrankenbestimmung, zu der der Gesetzgeber nach Art. 14 Abs. 1 Satz 2 GG befugt war. [...] Für das Ausmaß zulässiger Sozialbindung des Anteilseigentums an größeren Unternehmen ist dessen Eigenart von Bedeutung. Das Anteilseigentum ist in seinem mitgliedschaftsrechtlichen und seinem vermögensrechtlichen Element gesellschaftsrechtlich vermitteltes Eigentum. [...] Neben dem Sozialordnungsrecht [...] bestimmt und begrenzt das Gesellschaftsrecht die Rechte des Anteilseigners; nach diesem wird das Vermögensrecht durch das Mitgliedschaftsrecht ‚vermittelt'; der Eigner kann sein Eigentum regelmäßig nicht unmittelbar nutzen und die mit ihm verbundenen Verfügungsbefugnisse wahrnehmen, sondern er ist hinsichtlich der Nutzung auf den Vermögenswert beschränkt." (BVerfG 1.3.1979 AP Nr. 1 zu § 1 MitbestG)

Des Weiteren hat das BVerfG gerade hinsichtlich größerer Kapitalunternehmen, die typischerweise von der Fremdbestimmung des § 7 Abs. 2 MitbestG betroffen sind, einen erheblichen Regelungsbedarf angenommen, dem aber der Gesetzgeber mit Einführung des MitbestG in zulässiger Weise nachgekommen ist. Ein Verstoß gegen die Vereinigungsfreiheit nach Art. 9 Abs. 1 GG hat das BVerfG verneint.

„Soweit es zu gewissen faktischen Erschwerungen der Willensbildung im Aufsichtsrat führt, die sich ihrerseits auf die Leitung und die Geschäftspolitik der Unternehmen auswirken können, bleibt dies im Rahmen der einer Ausgleichsregelung durch den Gesetzgeber zugänglichen Gestaltung. [...] Wenn schließlich an der Willensbildung der Gesellschaften im Aufsichtsrat Personen mitwirken, die nicht von den Mitgliedern der Gesellschaft gewählt sind, [...], so liegt darin keine mit Art. 9 Abs. 1 GG unvereinbare Fremdbestimmung. Denn insoweit tritt bei größeren Kapitalgesellschaften das personale Element zurück, während das Wirken der Gesellschaften in höherem Maße als dasjenige anderer Vereinigungen der Zusammenordnung und des Ausgleichs mit anderen schutzbedürftigen Belangen bedarf. [...] die Existenz und das Wirken von Kapitalgesellschaften macht in weit höherem Maße ausgestaltende gesetzliche Regelungen notwendig, als dies für den politischen, kulturellen, geselligen Verein, den Sportverein, den Interessenverband oder die Gesellschaft des bürgerlichen Rechts der Fall ist." (BVerfG 1.3.1979 AP Nr. 1 zu § 1 MitbestG)

Auch eine Verletzung wirtschaftlicher Grundrechte (Art. 12 Abs. 1 GG i.V.m. Art. 2 Abs. 1 GG) wird vom BVerfG verneint.

„Die angegriffenen Vorschriften des Mitbestimmungsgesetzes verstoßen schließlich nicht gegen Art. 12 Abs. 1 und gegen Art. 2 Abs. 1 GG, soweit dieses Grundrecht die wirtschaftliche Betätigungsfreiheit schützt. [...] Die Einschränkung der Berufsfreiheit der die erfassten Unternehmen tragenden Gesellschaften erscheint durch sachgerechte und vernünftige Erwägungen des Gemeinwohls gerechtfertigt. [...] Der Einfluss der Mitwirkung der Arbeitnehmer im Aufsichtsrat auf die Unternehmensführung ist grundsätzlich kein ausschlaggebender; vielmehr kommt den von den Anteilseignern der Gesellschaft als Unternehmensträger gewählten Aufsichtsratsmitgliedern das Letztentscheidungsrecht zu." (BVerfG 1.3.1979 AP Nr. 1 zu § 1 MitbestG)

Darüber hinaus stellte das BVerfG mangels Eingriffs in den Kernbereich des Art. 9 Abs. 3 GG keine Verletzung der Koalitionsfreiheit fest. Diese Argumentation ist nach der klarstellenden Rechtsprechung (BVerfG 14.11.1995 AP Nr. 80 zu Art. 9 GG) zwar nicht mehr aufrechtzuhalten, es kommt insoweit auf eine Überprüfung des vorliegenden Eingriffs nach allgemeinen verfassungsrechtlichen Gesichtspunkten an. Bei dieser kann jedoch auf die allgemeinen Ausführungen des BVerfG zu dem Verhältnis von Mitbestimmung und Tarifautonomie zurückgegriffen werden:

„Insofern kommt es [...] darauf an, ob bei einem Nebeneinander von erweiterter Mitbestimmung und Tarifvertragssystem die Unabhängigkeit der Tarifpartner in dem Sinne hinreichend gewahrt bleibt, dass sie nach ihrer Gesamtstruktur gerade dem Gegner gegenüber unabhängig genug sind, um die Interessen ihrer Mitglieder auf arbeits- und sozialrechtlichem Gebiet wirksam und nachhaltig zu vertreten [...]. Die Einschränkung der Gegnerunabhängigkeit der Koalitionen der Arbeitgeber [...] greift jedoch nicht in den Kernbereich des Art. 9 Abs. 3 GG ein: [...]

Ebenso muss für die verfassungsrechtliche Prüfung davon ausgegangen werden, dass das MitbestG ungeachtet etwaiger Gewichtsverlagerungen nicht zu nachhaltigen Funktionseinbußen oder gar zur Funktionsunfähigkeit des Tarifvertragssystems führt.

Die mit jeder Form unternehmerischer Mitbestimmung unvermeidlich verbundenen Interessenkollisionen und Überschneidungen können den Funktionen des Tarifsystems oder auch der Mitbestimmung abträglich sein. So können sich etwa nicht unerhebliche Belastungen daraus ergeben, dass das Vorstandsmitglied eines Unternehmens in einer Tarifkommission Mitglieder des Aufsichtsrats seines Unternehmens zum Gegenüber hat, die über seine Wiederwahl mitzubestimmen haben; umgekehrt können mitbestimmende und im Rahmen von Tarifauseinandersetzungen mitwirkende Arbeitnehmervertreter sich in der Freiheit ihrer Entscheidung beeinträchtigt fühlen, weil sie ihr berufliches Fortkommen mitbedenken. Auch gegenüber den von ihnen vertretenen Arbeitnehmern können Arbeitnehmermitglieder von Aufsichtsräten in Schwierigkeiten geraten, wenn sie auf Grund ihrer durch die Tätigkeit im Aufsichtsrat gewonnenen Einsichten über wirtschaftliche Möglichkeiten und Notwendigkeiten Wünsche der Arbeitnehmer nicht mehr mit Überzeugung vertreten können. [...]

Für die Beurteilung [der Folgen solcher Überschneidungen und Kollisionen] durch das BVerfG ist [...] die vertretbare Prognose des Gesetzgebers maßgebend, dem nicht unterstellt werden kann, er sei bei Erlass des MitbestG davon ausgegangen, dass dieses zur Funktionsunfähigkeit des Tarifvertragssystems führen werde." (BVerfG 1.3.1979 AP Nr. 1 zu § 1 MitbestG)

Die **Funktionsfähigkeit des Tarifvertragssystems trotz Mitbestimmung der Arbeitnehmer** im Unternehmen hat sich inzwischen bestätigt, zumal aus dem allgemeinen Grundsatz der gesellschaftsrechtlichen Treuepflicht folgt, dass die Anteilseignervertreter wie auch die Arbeitnehmervertreter **an das Unternehmensinteresse gebunden** sind, mithin ihre privaten Interessen und auch die Interessen der durch sie repräsentierten Gruppen zurückstellen müssen. Insoweit darf allerdings nicht verkannt werden, dass die Verpflichtung auf das Unternehmensinteresse nur ein bedingt wirksames Mittel darstellt, den verschiedenen Interessen gerecht zu werden: Der Begriff des Unternehmensinteresses lässt sich kaum objektiv bestimmen. Er ergibt sich vielmehr aus den unterschiedlichen Interessen innerhalb des Unternehmens und ist damit rechtlich wie tatsächlich schwer in den Griff zu bekommen. Zudem beruht die Mitbestimmung der Arbeitnehmer im Unternehmen gerade auch auf dem Ziel, die Interessen der Arbeitnehmer – sofern nicht schon Unternehmensinteresse – in die inneren Entscheidungsprozesse des Unternehmens einfließen zu lassen.

Interessen-
bindung

Insgesamt lässt sich dennoch festhalten, dass namentlich bei der Stimmabgabe im Aufsichtsrat das Unternehmensinteresse unbedingten Vorrang vor Partikularinteressen verlangt und insoweit jedenfalls grobe und offensichtliche Verstöße zu Ansprüchen der Ge-

Schadens-
ersatzansprüche

sellschaft gegen das jeweilige Aufsichtsratsmitglied auf Schadensersatz nach §§ 116 i.V.m. 93 Abs. 2 AktG führen können.

6. Abschnitt: Mitbestimmungsgesetz 1976

§ 165 Geltungsbereich

Literatur: ULMER, Zur Berechnung der für die Anwendung des MitbestG auf Kapitalgesellschaften maßgeblichen Arbeitnehmerzahl, FS Heinsius (1991), S. 855.

Erfasste Unternehmen

Vom Mitbestimmungsgesetz von 1976 werden nach § 1 Abs. 1 MitbestG alle Unternehmen mit Verwaltungssitz in der Bundesrepublik Deutschland (sog. Sitztheorie) erfasst, die

- in der Rechtsform einer **Aktiengesellschaft**, einer **Kommanditgesellschaft auf Aktien**, einer **Gesellschaft mit beschränkter Haftung** oder **Erwerbs- und Wirtschaftsgenossenschaft** betrieben werden und
- in der Regel mehr als 2000 Arbeitnehmer beschäftigen.

Kommanditgesellschaften

Darüber hinaus gilt das MitbestG auch für Gesellschaften, die in der Rechtsform der **AG & Co. KG** bzw. **GmbH & Co. KG** (vgl. § 4 MitbestG) betrieben werden, sofern

- die Anteile an der persönlich haftenden AG oder GmbH mehrheitlich von Kommanditisten gehalten werden,
- die persönlich haftende AG oder GmbH nicht einen eigenen Geschäftsbetrieb mit mehr als 500 Arbeitnehmern hat und
- die AG bzw. GmbH in der Regel mehr als 2000 Arbeitnehmer beschäftigt, wobei die Arbeitnehmer der Kommanditgesellschaft in diesem Falle als Arbeitnehmer der persönlich haftenden AG oder GmbH gelten.

Unterordnungskonzern

Des Weiteren wird der **Unterordnungskonzern** vom MitbestG erfasst, vgl. § 5 MitbestG.

Beschäftigung von in der Regel mehr als 2000 Arbeitnehmern

Dem Unternehmensbegriff kommt im MitbestG keine eigenständige Bedeutung zu, vielmehr sind alle unter das Gesetz fallenden Gesellschaften als Unternehmen anzusehen; auch eine Absicht, Gewinn zu erzielen, ist ersichtlich aus § 1 Abs. 4 MitbestG nicht erforderlich. Von durchaus praktischer Bedeutung ist dagegen, wann das in Rede stehende Unternehmen **in der Regel mehr als 2000 Arbeitnehmer** (zum Arbeitnehmerbegriff vgl. § 3 MitbestG) beschäftigt. Insoweit ist eine sog. Referenzperiode festzulegen, während der die tatbestandlichen Voraussetzungen vorliegen müssen, sowie das Merkmal der „Beschäftigung" zu konkretisieren ist:

Referenzperiode

Indem die Vorschriften über den Geltungsbereich des MitbestG auf die „in der Regel" Beschäftigten abstellen, sollen **kurzfristige Wech-**

sel des **Mitbestimmungsstatuts verhindert** werden. Maßgeblich für die Beurteilung der Beschäftigtenzahl ist daher nicht die Zahl der Beschäftigten an einem bestimmten Stichtag, sondern die Zahl der Beschäftigten über einen längeren Zeitraum unter Berücksichtigung der Vergangenheit des Unternehmens sowie seiner zukünftigen Entwicklung. Als eine angemessene Referenzperiode kann insofern die **Unternehmensplanung über einen Zeitraum von 17 bis 20 Monaten** angesehen werden (vgl. OLG Düsseldorf 9.12.1994 DB 1995, 277, 278).

„Zur näheren Konkretisierung der Referenzperiode ist [...] auf zwei Zeiträume zurückzugreifen, die in der Systematik des Gesetzes angelegt sind. Dies ist zum einen das Verfahren nach § 97 f AktG, zum anderen das Wahlverfahren für die Arbeitnehmervertreter gemäß §§ 10 f MitbestG in Verbindung mit der Wahlordnung. [...] Beide Verfahren sind notwendig, um einen in seiner Zusammensetzung nicht mehr der Rechtslage entsprechenden Aufsichtsrat zu verändern. Die Prognose der Zahl der Beschäftigten muss hierbei nach Möglichkeit sicherstellen, dass nicht bereits vor Ablauf der Frist eine neuerliche Änderung der Mitbestimmungsform erforderlich wird. Wird hiernach die Dauer des Wahlverfahrens mit etwa zehn Monaten, das Verfahren nach §§ 97 f AktG mit etwa sieben bis zehn Monaten angesetzt, so sind wenigstens die nächsten 17 bis 20 Monate der Unternehmensplanung bei der Ermittlung der fraglichen Arbeitnehmerzahl zu berücksichtigen." (OLG Düsseldorf DB 1995, 277, 278)

§ 1 Abs. 1 Nr. 2 MitbestG stellt – anders als § 1 BetrVG – ausdrücklich auf die Zahl der „beschäftigten" Arbeitnehmer ab. Dem **Merkmal der Beschäftigung** kommt daher – sowie aus Gründen der Entstehungsgeschichte und des Normzwecks (vgl. insoweit ULMER, FS Heinsius (1991), S. 855, 857 ff.) – neben dem Arbeitsverhältnis eine eigenständige Bedeutung zu. Relevant wird dies zum Beispiel beim ruhenden Arbeitsverhältnis, etwa im Falle nicht nur vorübergehender Beurlaubung von Arbeitnehmern: Der Arbeitnehmer verliert hier zwar nicht seine Arbeitnehmereigenschaft, doch wird er auch nicht vom Unternehmen „beschäftigt". Insoweit bestimmt § 21 Abs. 7 BEEG, dass Arbeitnehmer, die sich in Elternzeit befinden oder zur Betreuung eines Kindes freigestellt sind, nicht mitzuzählen sind, solange für sie ein Vertreter eingestellt ist.

Beschäftigung

Unter die Montanmitbestimmungsgesetze fallende Unternehmen sowie **Tendenzunternehmen und Religionsgemeinschaften** und deren karitative und erzieherische Einrichtungen sind vom Anwendungsbereich des MitbestG ausgenommen (vgl. § 1 Abs. 2 und 4 MitbestG). Praktische Bedeutung kommt dabei vor allem dem Ausschlusstatbestand des § 1 Abs. 4 S. 1 Nr. 2 MitbestG zu, wonach Unternehmen, deren Zweck **unmittelbar oder überwiegend** eine Berichterstattung oder Meinungsäußerung im Sinne von Art. 5 Abs. 1 S. 2 GG ist, nicht vom Geltungsbereich des MitbestG erfasst werden.

Ausnahmen

§ 166 Mitbestimmung in Aufsichtsrat und Unternehmensleitung

Die Verfassung der in den Geltungsbereich des MitbestG fallenden Unternehmen erfährt mit Blick auf die Zusammensetzung sowie die Rechte und Pflichten des zwingend zu bildenden Aufsichtsrats (vgl. § 6 Abs. 1 MitbestG) eine Modifikation. Daneben schreibt § 33 MitbestG die Bestellung eines Arbeitsdirektors als Mitglied der Unternehmensleitung (z.B. Vorstand) vor.

I. Aufsichtsrat

Regelungen im MitbestG

Anders als im BetrVG 1952 enthält der 2. Teil des MitbestG eine differenzierte Ausgestaltung hinsichtlich

- der **Zusammensetzung** des Aufsichtsrats (1. Abschnitt, §§ 6 und 7 MitbestG),
- der **Bestellung** der Aufsichtsratsmitglieder (2. Abschnitt, §§ 8 bis 24 MitbestG) und
- der **inneren Ordnung** sowie der **Rechte und Pflichten** des Aufsichtsrats und seiner Mitglieder (3. Abschnitt, §§ 25 bis 29 MitbestG).

Von erheblichem Einfluss auf die Rechtsstellung des Aufsichtsrats sind ferner §§ 30 und 31 MitbestG, in denen u.a. das Recht zur Bestellung der Mitglieder des zur gesetzlichen Vertretung des Unternehmens befugten Organs – also der Unternehmensleitung – geregelt ist, sowie § 32 MitbestG, der sich auf die Ausübung von Beteiligungsrechten an anderen Unternehmen bezieht. Soweit aber das MitbestG keine Regelung enthält, bleibt es bei der Unternehmensverfassung nach Maßgabe der jeweiligen Rechtsform.

½ Arbeitnehmer, ½ Arbeitgeber im Aufsichtsrat

Nach § 7 Abs. 1 MitbestG setzt sich der Aufsichtsrat – entsprechend der Größe des jeweiligen Unternehmens – zwingend aus 12, 16 oder 20 Mitgliedern zusammen, **je zur Hälfte von den Anteilseignern und den Arbeitnehmern** gestellt. Die hohe Zahl der zu bestellenden Aufsichtsratsmitglieder ist auf die Absicht des Gesetzgebers zurückzuführen, die Gruppen der Arbeitnehmer nach § 7 Abs. 2 bis 4 MitbestG in einem ausgewogenen Verhältnis zu beteiligen.

Patt-Situation bei Abstimmungen: Zweitstimme des Vorsitzenden

§ 7 Abs. 1 MitbestG schreibt eine im Grundsatz „paritätische" Unternehmensmitbestimmung vor. Durch die **gerade Anzahl** der Aufsichtsratsmitglieder kann es jedoch bei Abstimmungen zu einer Patt-Situation kommen. Um eine daraus resultierende Handlungsunfähigkeit zu vermeiden, findet in einer solchen Situation ein zweiter Abstimmungsgang statt, bei dem der Aufsichtsratsvorsitzende bei erneuter Stimmengleichheit zwei Stimmen hat (§ 29 Abs. 2 MitbestG). In der Regel gehört der Vorsitzende des Aufsichtsrats zur Gruppe der Anteilseignervertreter, vgl. § 27 Abs. 2 MitbestG. Nach der Konzeption des MitbestG sind also die **Interessen**

I. Aufsichtsrat § 166

der Anteilseigner im Zweifel auch gegen die Stimmen der **Arbeitnehmervertreter durchsetzbar**. Es findet also keine echte „paritätische" Mitbestimmung statt.

„Wird ‚Parität' mit der im Schrifttum vorherrschenden Auffassung als ein Verhältnis zweier Partner aufgefasst, in dem keine Seite imstande ist, eine von ihr gewünschte Entscheidung ohne die Zustimmung der anderen Seite oder doch eines Teils von ihr zu erzwingen, in dem daher auch jede Seite die andere hindern kann, ihre Ziele (allein) durchzusetzen, so bleibt die Mitbestimmung nach dem MitbestG unterhalb der Parität. [...] Trotz der gleichen Zahl von Aufsichtsratsmitgliedern der Anteilseigner und der Arbeitnehmer besteht im Aufsichtsrat keine Parität in dem dargelegten Sinne. Zwar lassen die Regelungen der §§ 29 und 31 MitbestG erkennen, dass bei allen Abstimmungen im Aufsichtsrat zunächst eine – zumindest teilweise – Einigung zwischen den Mitgliedern der Anteilseigner und der Arbeitnehmer erzielt werden soll. Doch vermag im Konfliktsfall diejenige Seite den ausschlaggebenden Einfluss auszuüben, die den Aufsichtsratsvorsitzenden stellt und damit dessen Zweitstimme nutzen kann (§ 29 Abs. 2, § 31 Abs. 4 MitbestG). Dieses Übergewicht ist auf Grund des in § 27 MitbestG vorgeschriebenen Verfahrens über die Wahl des Aufsichtsratsvorsitzenden den Anteilseignern eingeräumt, sofern deren Aufsichtsratsmitglieder von den ihnen gesetzlich zustehenden Möglichkeiten zur Durchsetzung ihres Willens Gebrauch machen. Das Übergewicht, welches das Gesetz der Anteilseignerseite einräumt, kann im Rahmen gesellschaftsrechtlicher Gestaltungsmöglichkeiten wenn nicht verstärkt, so doch abgesichert werden. Darüber hinaus begünstigen die Vorschriften über die Zusammensetzung der Arbeitnehmerseite im Aufsichtsrat (§ 7 Abs. 2, § 15 Abs. 2 MitbestG) und über die Wahl der Aufsichtsratsmitglieder einerseits der Anteilseigner (§ 8 MitbestG i.V.m. §§ 133 ff. AktG), andererseits der Arbeitnehmer (§§ 9 ff. MitbestG) tendenziell ein geschlosseneres Abstimmungsverhalten und damit stärkere Durchsetzungsmöglichkeiten der Anteilseignerseite im Aufsichtsrat." (BVerfG 1.3.1979 AP Nr. 1 zu § 1 MitbestG)

Die Bestellung der **Aufsichtsratsmitglieder der Anteilseigner** erfolgt nach den Regelungen des für die jeweilige Rechtsform maßgeblichen Gesellschaftsrechts, vgl. § 8 MitbestG. Die Wahl der **Arbeitnehmervertreter** in den Aufsichtsrat hat dagegen in den §§ 9 bis 24 MitbestG eine Regelung gefunden. Danach werden die Aufsichtsratsmitglieder der Arbeitnehmer eines Unternehmens mit in der Regel **mehr als 8000 Arbeitnehmern** grundsätzlich **durch Delegierte** gewählt (vgl. §§ 9 Abs. 1 und 10 ff. MitbestG); die Aufsichtsratsmitglieder der Arbeitnehmer eines Unternehmens mit in der Regel **nicht mehr als 8000 Arbeitnehmern** werden grundsätzlich **in unmittelbarer Wahl** gewählt (vgl. §§ 9 Abs. 2 und 18 MitbestG).

Bestellung

Durch die §§ 25, 27 bis 29 MitbestG wird die **innere Ordnung** des Aufsichtsrats für alle unter den Geltungsbereich des MitbestG fallenden Gesellschaften in ihren Grundzügen zwingend einheitlich geregelt. Nur soweit eine Regelung fehlt, ist auf die rechtsformspezifischen Vorschriften des Gesellschaftsrechts zurückzugreifen, wobei

Innere Ordnung

hinsichtlich der GmbH durch § 25 Abs. 1 S. 1 Nr. 2 MitbestG auf die wesentlichen Vorschriften des AktG verwiesen wird. Von herausragender Bedeutung und im Hinblick auf die intendierte Parität von praktischer Relevanz sind die §§ 27 und 29 MitbestG. Nach § 27 Abs. 1 MitbestG wählt der Aufsichtsrat mit Zwei-Drittel-Mehrheit aus seiner Mitte einen Aufsichtsratsvorsitzenden und dessen Stellvertreter. Kommt es jedoch nicht zu der erforderlichen Mehrheit, wählen in einem zweiten Wahlgang die Anteilseignervertreter den Aufsichtsratsvorsitzenden, die Arbeitnehmervertreter dessen Stellvertreter, vgl. § 27 Abs. 2 MitbestG.

Benachteiligungs- und Behinderungsverbot

Die Tätigkeit der Arbeitnehmervertreter im Aufsichtsrat steht unter dem besonderen Schutz des § 26 MitbestG, wonach die Aufsichtsratsmitglieder der Arbeitnehmer **bei ihrer Tätigkeit nicht behindert** werden und auch sonst **keine persönlichen und beruflichen Nachteile** erfahren dürfen. Ein gesetzlicher Anspruch auf entgeltliche Arbeitsfreistellung zur Erfüllung der Aufsichtsratspflichten besteht für die Aufsichtsratsmitglieder der Arbeitnehmer dennoch nicht, auch wenn die Tätigkeit im Aufsichtsrat nach § 26 S. 1 MitbestG Vorrang gegenüber der Arbeitspflicht genießt; in der Regel wird die Einkommenseinbuße allerdings durch die Aufsichtsratsvergütung (vgl. § 113 Abs. 1 AktG) kompensiert.

Bei den Verbotstatbeständen des § 26 MitbestG handelt es sich um ein Verbotsgesetz im Sinne des § 134 BGB; zudem ist jedenfalls das Benachteiligungsverbot des § 26 S. 2 MitbestG Schutzgesetz im Sinne von § 823 Abs. 2 BGB.

II. Arbeitsdirektor als Mitglied der Unternehmensleitung

Kein Vetorecht

Nach § 33 Abs. 1 MitbestG ist als **gleichberechtigtes** Mitglied des zur gesetzlichen Vertretung des Unternehmens befugten Organs ein **Arbeitsdirektor** zu bestellen. Dieser soll für die **Personal- und Sozialangelegenheiten** zuständig sein und nach Möglichkeit das besondere Vertrauen der Arbeitnehmerschaft genießen. Den Arbeitnehmervertretern im Aufsichtsrat steht bei der Bestellung des Arbeitsdirektors aber – anders als nach § 13 MontanMitbestG – kein Vetorecht zu, vielmehr werden alle Mitglieder des Vertretungsorgans einheitlich nach Maßgabe des § 31 MitbestG bestellt. Vom besonderen Vertrauen der Arbeitnehmerseite im Aufsichtsrat ist der Arbeitsdirektor mithin nicht abhängig.

Personal- und Sozialangelegenheiten

Eine genaue Umschreibung der Aufgaben des Arbeitsdirektors findet sich im MitbestG nicht. Auch § 33 Abs. 2 MitbestG hat insoweit nur programmatischen Charakter, als **schon nach allgemeinem Gesellschaftsrecht die Pflicht zur vertrauensvollen Zusammenarbeit** der Vorstandsmitglieder besteht. Nach der Intention des Gesetzgebers soll der Arbeitsdirektor sich vorwiegend um die Belange der Arbeitnehmerschaft kümmern und diese in die Planungen und Entscheidungen des Gesamtvertretungsorgans einbringen; insoweit kann er als Mittler zwischen dem Vertretungsorgan und der Belegschaft bzw. den Betriebsräten angesehen werden. In der Unternehmenspraxis ist der Arbeitsdirektor damit für die personellen und sozialen Angelegenheiten der Belegschaft zuständig.

§ 167 Gegenstand der Mitbestimmung im Aufsichtsrat

Der Gegenstand der Mitbestimmung spiegelt sich in den Kompetenzen des Aufsichtsrats wider. Diese bestimmen sich nach § 25 Abs. 1 MitbestG in Verbindung mit den Regelungen des rechtsformspezifischen Gesellschaftsrechts – vgl. insoweit aber § 25 Abs. 1 S. 1 Nr. 2 MitbestG – sowie nach den §§ 31 und 32 MitbestG.

Der Aufsichtsrat ist   Kompetenzen

- primär **Kontroll- und Überwachungsorgan** des Unternehmens (vgl. § 111 Abs. 1 AktG)
- nach § 31 MitbestG aber auch für die Bestellung und den Widerruf der Geschäftsführung einschließlich Arbeitsdirektor zuständig und hat damit die **Personalhoheit** inne. Dies gilt nach dem MitbestG insbesondere auch für die GmbH, nicht hingegen für die KG auf Aktien, vgl. § 31 Abs. 1 S. 2 MitbestG.
- Zudem hat der Aufsichtsrat vereinzelte **Mitsprache- und Mitentscheidungsrechte**: Neben § 111 Abs. 4 S. 2 AktG, wonach der Aufsichtsrat bestimmen kann, dass bestimmte Arten von Geschäften nur mit seiner Zustimmung vorgenommen werden können, kommt § 32 MitbestG eine besondere Bedeutung zu. Danach können Beteiligungsrechte an anderen in den Geltungsbereich des MitbestG fallenden Unternehmen nur auf Grund von Beschlüssen des Aufsichtsrats ausgeübt werden. Entscheidend ist insoweit, dass diese Beschlüsse nur der Mehrheit der Stimmen der Anteilseignervertreter im Aufsichtsrat bedürfen, vgl. § 32 Abs. 1 S. 2 MitbestG. Auf diese Weise soll eine Kumulation der Mitbestimmungsrechte – durch Einflussnahme der Arbeitnehmervertreter im Aufsichtsrat der beteiligten Gesellschaft auf die Wahl der Anteilseignervertreter im Aufsichtsrat der unter Beteiligung stehenden Gesellschaft – verhindert und die Position der Anteilseigner verstärkt werden.

7. Abschnitt: Drittelbeteiligungsgesetz 2004

§ 168 Weitergeltung und Anwendungsbereich

Das Betriebsverfassungsgesetz von 1972 folgt einer rein arbeitsrechtlichen Konzeption und enthält insoweit – anders als das BetrVG   Weitergeltung

1952 – ausschließlich Vorschriften über die betriebliche Mitbestimmung, nicht aber über die Beteiligung von Arbeitnehmern an den unternehmerischen Grundentscheidungen im Aufsichtsrat. Angesichts heftiger politischer Auseinandersetzungen und der erkannten Notwendigkeit einer Beteiligung von Arbeitnehmern an den zentralen unternehmerischen Entscheidungen wurde daher nach § 129 Abs. 1 BetrVG (a.F.) zunächst die Weitergeltung der Vorschriften des BetrVG 1952 über die Entsendung von Arbeitnehmervertretern in Unternehmensorgane (§ 76 bis 77a, 81, 85 und 87 BetrVG 1952) bestimmt.

Im Jahr 2004 wurde das BetrVG 1952 durch das **Drittelbeteiligungsgesetz** (DrittelbG) abgelöst, mit dem die „unübersichtlichen Regelungen" des BetrVG 1952 redaktionell neu gefasst werden sollten; das DrittelbG dient mithin der Rechtsbereinigung und der Vereinfachung (BT-Drs. 15/2542, S. 10).

Geltungsbereich

Die Vorschriften des **DrittelbG** über die Vertreter der Arbeitnehmer im Aufsichtsrat gelten nur **subsidiär**. Sie finden nach § 1 Abs. 2 S. 1 Nr. 1 DrittelbG keine Anwendung, soweit der Geltungsbereich der übrigen Gesetze zur Regelung der Unternehmensmitbestimmung eröffnet ist; MitbestG, MontanMitbestG und MontanMitbestErgG genießen insoweit Vorrang. Vom DrittelbG erfasste Unternehmen sind daher

- **Aktiengesellschaften** und **Kommanditgesellschaften auf Aktien**, die vor dem 10. August 1994 eingetragen worden und keine Familiengesellschaften sind oder mehr als 500 Arbeitnehmer beschäftigen (vgl. § 1 Abs. 1 Nr. 1 und 2 DrittelbG) und

- **Gesellschaften mit beschränkter Haftung** sowie **Erwerbs- und Wirtschaftsgenossenschaften** mit mehr als 500 Arbeitnehmern (vgl. § 1 Abs. 1 Nr. 3 und 5 DrittelbG), **soweit sie in der Regel nicht mehr als 2000 Arbeitnehmer beschäftigen** (vgl. § 1 Abs. 1 Nr. 2 MitbestG) und **keine Unternehmen des Bergbaus und der Eisen und Stahl erzeugenden Industrie** (vgl. § 1 MontanMitbestG) sind, sowie

- **Versicherungsvereine auf Gegenseitigkeit (VVaG)** mit mehr als 500 Arbeitnehmern, bei denen unabhängig vom DrittelbG ein Aufsichtsrat gebildet wird (vgl. § 1 Abs. 1 Nr. 4 DrittelbG), jedoch **ohne die Begrenzung auf bis zu 2000 Arbeitnehmer**, da das MitbestG den VVaG nicht in seinen Anwendungsbereich einbezieht (vgl. § 1 Abs. 1 Nr. 1 MitbestG).

Zurechnung von Konzernunternehmen

Im Hinblick auf Konzernsachverhalte und die Zahl der beschäftigten Arbeitnehmer sei auf § 2 DrittelbG hingewiesen, wonach Arbeitnehmer eingegliederter oder aufgrund Beherrschungsvertrags abhängiger Unternehmen auch als Arbeitnehmer des herrschenden Unternehmens gelten. Herrschende Unternehmen können insoweit – anders als bei § 291 AktG, wonach es auf die Rechtsform des herrschenden Unternehmens nicht ankommt – **nur** die vom DrittelbG erfassten Gesellschaften sein; abhängige Unternehmen können – neben AG und KGaA und somit über den Wortlaut der §§ 291 und 319 AktG hinaus – **auch** die übrigen vom DrittelbG erfassten Gesellschaften sein.

Vom Geltungsbereich des DrittelbG ausgenommen sind Religionsgemeinschaften und ihre karitativen und erzieherischen Einrichtungen sowie alle Betriebe, die überwiegend politischen, gewerkschaftlichen, konfessionellen, karitativen, erzieherischen, wissenschaftlichen, künstlerischen oder ähnlichen Zwecken dienen, vgl. § 1 Abs. 2 S. 1 Nr. 2 und S. 2 DrittelbG.

Ausnahmen vom Geltungsbereich

§ 169 Mitbestimmung nur im Aufsichtsrat

Durch das DrittelbG wird die Verfassung der erfassten Unternehmen zwingend dahingehend modifiziert, dass der jeweilige Aufsichtsrat **zu einem Drittel** aus Vertretern der Arbeitnehmer bestehen muss, vgl. § 4 Abs. 1 DrittelbG. Einen **Arbeitsdirektor** als Mitglied in der Unternehmensleitung sieht das DrittelbG dagegen **nicht** vor. Eine **Mitbestimmung** findet also **nur im Aufsichtsrat** statt. Hinsichtlich der Verfassung von AG, KGaA, Erwerbs- und Wirtschaftsgenossenschaften und VVaG werden damit lediglich die Vorschriften über die Zusammensetzung des Aufsichtsrats geändert; die allgemeinen Bestimmungen des jeweiligen Gesellschaftsrechts – insbesondere die Rechte und Pflichten des Aufsichtsrats und seiner Mitglieder – bleiben im Übrigen anwendbar.

$1/3$ Arbeitnehmer, $2/3$ Anteilseigner im Aufsichtsrat

Anders verhält es sich bei der GmbH: Hier steht es den Gesellschaftern grundsätzlich frei, einen Aufsichtsrat zu bestellen sowie dessen Rechte und Pflichten zu konkretisieren, vgl. §§ 45 und 52 Abs. 1 GmbHG. Entsprechend bestimmt § 1 Abs. 1 Nr. 3 S. 2 DrittelbG, dass bei einer GmbH mit mehr als 500 Arbeitnehmern ein Aufsichtsrat zu bilden ist. Damit sind insoweit personelle Zusammensetzung sowie Rechte und Pflichten des Aufsichtsrats auch in der GmbH gesetzlich zwingend vorgeschrieben.

Zwingendes Recht

Ebenso wie das MitbestG regelt das DrittelbG nur die Bestellung der Arbeitnehmervertreter, nicht die der Vertreter der Anteilseigner (siehe unter § 166 I). Die Bestimmung der Arbeitnehmervertreter erfolgt nach § 5 DrittelbG i.V.m. § 7 S. 2 BetrVG in **allgemeiner, geheimer, gleicher und unmittelbarer Wahl** durch alle Arbeitnehmer des Unternehmens bzw. dem Unternehmen für mehr als drei Monate überlassenen Arbeitnehmer, die das 18. Lebensjahr vollendet haben. Sind nur bis zu zwei Arbeitnehmervertreter zu wählen, müssen diese als Arbeitnehmer im Unternehmen beschäftigt sein; sind mehr als zwei Vertreter zu wählen, müssen sich unter diesen mindestens zwei Arbeitnehmer aus den Betrieben des Unternehmens befinden, vgl. § 4 Abs. 2 DrittelbG. Zudem soll nach § 4 Abs. 4 DrittelbG dem Anteil der Frauen an den beschäftigten Arbeitnehmern Rechnung getragen werden.

Aktives und passives Wahlrecht

§ 170 Gegenstand der Mitbestimmung

Rechte und Pflichten des Aufsichtsrats

Durch die Integration von Arbeitnehmervertretern in den Aufsichtsrat erfährt die Unternehmensverfassung im Übrigen grundsätzlich keine Änderung. Die Aufgaben des Aufsichtsrats und damit der **Gegenstand der Mitbestimmung** bestimmt sich daher **ausschließlich nach den Vorschriften der jeweiligen Rechtsform**. In der Aktiengesellschaft sind die Rechte und Pflichten des Aufsichtsrats und seiner Mitglieder insbesondere in den §§ 95 ff. AktG geregelt; für die GmbH kommen diese Vorschriften über die Verweisung in § 1 Abs. 1 Nr. 3 S. 2 DrittelbG zur Anwendung. Von praktischer Relevanz ist dabei insbesondere das Recht des Aufsichtsrats – und seiner Mitglieder –, von der Geschäftsführung jederzeit Bericht an den Aufsichtsrat verlangen zu können (vgl. § 90 Abs. 3 AktG).

➲ Weitere Beispiele:
 – **Überwachung** der Geschäftsführung, § 111 Abs. 1 AktG
 – **Prüfung** der Bücher, Schriften und Vermögensgegenstände der Gesellschaft, § 111 Abs. 2 AktG
 – Einberufung der **Hauptversammlung**, § 111 Abs. 3 AktG
 – **Vertretung** der Gesellschaft gegenüber Vorstandsmitgliedern, § 112 AktG (nicht jedoch Vertretung der Gesellschaft nach außen)

Keine Übertragung von Geschäftsführungsaufgaben

Dagegen können dem Aufsichtsrat **keine Maßnahmen der Geschäftsführung** übertragen werden, § 111 Abs. 4 S. 1 AktG. Möglich ist lediglich, dass bestimmte Arten von Geschäften von der **Zustimmung** des Aufsichtsrats abhängig gemacht werden. Die Mitglieder des Aufsichtsrats müssen die Aufgaben **persönlich** wahrnehmen, § 111 Abs. 5 AktG.

Keine Personalkompetenz in der GmbH

Hervorzuheben ist, dass die Personalkompetenz des GmbH-Aufsichtsrats im DrittelbG – anders als in § 31 Abs. 1 MitbestG – nicht ausdrücklich geregelt ist. Mangels Verweisung auf § 85 Abs. 1 AktG bleibt damit die Kompetenz zur Bestellung der Geschäftsführer nach Maßgabe des GmbHG bei der Gesellschafterversammlung, vgl. § 1 Abs. 1 Nr. 3 S. 2 DrittelbG sowie § 46 Nr. 5 GmbHG.

8. Abschnitt: Montanmitbestimmung

§ 171 Geltungsbereich

Voraussetzungen

Das MontanMitbestG von 1951 regelt die Mitbestimmung der Arbeitnehmer in den Aufsichtsräten und den zur gesetzlichen Vertretung berufenen Organen der **Unternehmen des Bergbaus und der Eisen und Stahl erzeugenden Industrie**, sofern sie

- in der Rechtsform einer **Aktiengesellschaft** oder einer **Gesellschaft mit beschränkter Haftung** betrieben werden und
- **in der Regel mehr als 1000 Arbeitnehmer** beschäftigen oder
- „**Einheitsgesellschaften**" sind, vgl. § 1 Abs. 1 und 2 MontanMitbestG.

Die Mitbestimmung der Arbeitnehmer im Unternehmen hängt nach dem MontanMitbestG damit wesentlich von der Verfolgung eines bestimmten **Betriebszwecks** ab. Erfasst werden nach § 1 Abs. 1 S. 1 Buchst. a MontanMitbestG Bergbauunternehmen, deren Betriebszweck in der Förderung oder in der Verarbeitung von Steinkohle, Braunkohle oder Eisenerz liegt und deren Betrieb unter der Aufsicht der Bergbehörden steht (vgl. § 69 BBergG). Nach § 1 Abs. 1 S. 1 Buchst. b MontanMitbestG werden ferner Unternehmen erfasst, deren überwiegender Betriebszweck in der Erzeugung – nicht Verarbeitung! – von Eisen und Stahl besteht sowie von diesen abhängige Unternehmen (§ 1 Abs. 1 S. 1 Buchst. c MontanMitbestG); der Bezugnahmeklausel in § 1 Abs. 1 S. 1 Buchst. b MontanMitbestG kommt keine eigenständige Bedeutung zu (vgl. BGH 28.2.1983 BGHZ 87, 52).

Betriebszweck

Im MontanMitbestG fehlt – anders als im MitbestG (§ 3 MitbestG) und im MontanMitbestErgG (§ 5 Abs. 5 MontanMitbestErgG) – eine Definition des Arbeitnehmerbegriffs. Problematisch ist daher, ob auch die leitenden Angestellten zu den erfassten Arbeitnehmern zählen. Aufgrund der engen Verknüpfung des **MontanMitbestG** mit dem BetrVG (vgl. § 6 MontanMitbestG), findet indes der **betriebsverfassungsrechtliche Arbeitnehmerbegriff Anwendung**, wonach Arbeitnehmer die abhängig Beschäftigten mit Ausnahme der leitenden Angestellten sind (vgl. OETKER, Großkommentar AktG, MontanMitbestG § 1 Rn. 2). Vom Arbeitnehmerbegriff des § 5 Abs. 5 MontanMitbestErgG werden dagegen **auch die leitenden Angestellten** erfasst.

Arbeitnehmerbegriff

Um die Anwendung des MontanMitbestG für einen Übergangszeitraum zu sichern, wurde durch Änderungsgesetz von 1981 § 1 Abs. 3 MontanMitbestG eingefügt, wonach die Vorschriften des MontanMitbestG erst dann nicht mehr anzuwenden sind, wenn in sechs aufeinanderfolgenden Jahren die Voraussetzung des besonderen Betriebszwecks nicht mehr erfüllt oder die erforderliche Anzahl von Arbeitnehmern nicht mehr erreicht wird. Inwieweit das Änderungsgesetz von 1981 mit der Verfassung vereinbar ist, erscheint problematisch. Doch entfaltet § 1 Abs. 3 MontanMitbestG nur eine unechte Rückwirkung, da die Anteilseigner nicht darauf vertrauen konnten, dass die Mitbestimmung der Arbeitnehmer nach dem MontanMitbestG entfallen würde. Auch handelt es sich nicht um ein unzulässiges Einzelfallgesetz, da es als Maßnahmegesetz abstrakt-generell gefasste Tatbestandsmerkmale enthält. Zudem lässt sich die Ungleichbehandlung gegenüber Unternehmen gleicher Produktionsstruktur, die aber nicht in den Geltungsbereich des Mon-

Verlängerungsklausel

tanMitbestG fallen, sachlich begründen: Nicht jede auch nur vorübergehende Unterschreitung der Montanquote soll zu einem Wechsel in der Unternehmensmitbestimmung führen.

Ergänzung Durch das MontanMitbestErgG von 1956 wird die Montanmitbestimmung unter den Voraussetzungen des § 3 MontanMitbestErgG auf Unternehmen in der Rechtsform einer Aktiengesellschaft oder einer Gesellschaft mit beschränkter Haftung erweitert, die ein nach Maßgabe des MontanMitbestG mitbestimmtes Unternehmen **beherrschen**, vgl. § 1 MontanMitbestErgG. Von großer Bedeutung und lange strittig war, ob § 3 Abs. 2 S. 1 Nr. 2 MontanMitbestErgG mit Art. 3 Abs. 1 GG vereinbar ist. Mit Entscheidung vom 2.3.1999 hat das BVerfG die Vorschrift als mit dem GG für unvereinbar und nichtig erklärt, da die absolute Zahl von 2000 Arbeitnehmern kein geeignetes Differenzierungsmerkmal darstelle (vgl. BVerfG 2.3.1999 AP Nr. 2 zu § 3 MitbestErgG).

§ 172 Mitbestimmung in Aufsichtsrat und Unternehmensleitung

I. Aufsichtsrat

Aktienrecht In Gesellschaften mit beschränkter Haftung (GmbH), die vom MontanMitbestG oder dem MontanMitbestErgG erfasst werden, ist zwingend ein Aufsichtsrat zu bilden, vgl. § 3 Abs. 1 MontanMitbestG, § 3 Abs. 1 S. 2 MontanMitbestErgG. Auf diesen finden nach § 3 Abs. 2 MontanMitbestG **sämtliche** Vorschriften des Aktienrechts **sinngemäß** Anwendung, weshalb die Rechte und Pflichten des Aufsichtsrats in allen montanmitbestimmten Unternehmen sich grundsätzlich nach Aktienrecht bestimmen.

Zusammensetzung Der Aufsichtsrat von Montanunternehmen besteht aus **11**, **15** oder **21** Mitgliedern (vgl. hierzu näher §§ 4 Abs. 1 S. 1 und § 9 MontanMitbestG sowie § 5 Abs. 1 MontanMitbestErgG). Er setzt sich zusammen aus

– fünf/sieben/zehn Vertretern der Arbeitnehmerseite,
– fünf/sieben/zehn Vertretern der Arbeitgeberseite und
– einem weiteren Mitglied (dem sog. neutralen Mitglied).

Im Aufsichtsrat besteht hier – anders als im Aufsichtsrat von Unternehmen, die dem MitbestG unterfallen – nicht die Gefahr einer Patt-Situation bei Abstimmungen. Entscheidende Bedeutung kommt also dem **neutralen Mitglied** zu.

Wahl des neutralen Mitglieds Die **Wahl des neutralen Mitglieds** ist in einem Verfahren geregelt, durch das sichergestellt werden soll, dass dieses Aufsichtsratsmitglied das Vertrauen sowohl der Arbeitnehmer als auch der Anteilseigner genießt. Nach § 8 MontanMitbestG benötigt das neutrale

Mitglied daher die Mehrheit aller Stimmen der übrigen Aufsichtsratsmitglieder; zudem ist die Zustimmung von mindestens je drei der den Anteilseignern und den Arbeitnehmern zuzurechnenden Mitglieder des Aufsichtsrats erforderlich. Wird die so qualifizierte Mehrheit nicht erreicht, ist nach § 8 Abs. 2 MontanMitbestG ein Vermittlungsausschuss zu bilden, der aus jeweils zwei von der Arbeitnehmer- und der Anteilseignerseite in getrennten Wahlgängen gewählten Mitgliedern, die selbst nicht dem Aufsichtsrat angehören müssen, besteht.

II. Arbeitsdirektor als Mitglied der Unternehmensleitung

Wie das MitbestG sehen auch das MontanMitbestG sowie das MontanMitbestErgG die Bestellung eines Arbeitsdirektors vor (vgl. § 13 Abs. 1 MontanMitbestG und § 13 MontanMitbestErgG). Dieser ist als gleichberechtigtes Mitglied des zur gesetzlichen Vertretung befugten Organs für personelle und soziale Aufgaben zuständig. Im Unterschied zum MitbestG haben die den Arbeitnehmern zurechenbaren Aufsichtsratsmitglieder im montanmitbestimmten Aufsichtsrat ein sog. **Vetorecht**: Der Arbeitsdirektor kann nach § 13 Abs. 1 S. 2 MontanMitbestG nicht gegen die Mehrheit ihrer Stimmen bestellt werden. Hier muss der Arbeitsdirektor also das besondere Vertrauen der Arbeitnehmerseite genießen. Diese Besonderheit gilt wiederum im Geltungsbereich des **MontanMitbestErgG nicht**. In § 13 S. 1 MontanMitbestErgG wird auf die Bestimmung des § 13 Abs. 1 S. 2 MontanMitbestG ausdrücklich nicht verwiesen.

Vetorecht

§ 173 Gegenstand der Mitbestimmung im Aufsichtsrat

Die Rechte und Pflichten des Aufsichtsrats und seiner Mitglieder bestimmen sich – wie bei der Mitbestimmung nach dem BetrVG 1952 – nach Aktienrecht (vgl. § 3 Abs. 2 MontanMitbestG, § 3 Abs. 1 S. 2 MontanMitbestErgG). Damit sind Gegenstand der Mitbestimmung die Bestellung und der Widerruf der Mitglieder des zur gesetzlichen Vertretung befugten Organs, also des Vorstands bzw. der Geschäftsführung (vgl. § 12 MontanMitbestG). Ferner ist der Aufsichtsrat Kontroll- und Überwachungsorgan des Unternehmens (vgl. § 111 Abs. 1 AktG). In engen Grenzen hat der Aufsichtsrat zudem Mitsprache- und Mitentscheidungsrechte.

Rechte und Pflichten des Aufsichtsrats

9. Abschnitt: Mitbestimmung in grenzüberschreitenden Unternehmen und Unternehmensgruppen

§ 174 Europäischer Betriebsrat

Literatur: Eckhoff, Der Europäische Betriebsrat, 2004; Engels/Müller, Regierungsentwurf eines Gesetzes über Europäische Betriebsräte, DB 1996, 981; Hromadka, Rechtsfragen zum Eurobetriebsrat, DB 1995, 1125; Kort, Bildung eines Europäischen Betriebsrats, JZ 2004, 569; Ruoff, Das Europäische Betriebsräte-Gesetz (EBRG), BB 1997, 2478; Schmidt, Betriebliche Arbeitnehmervertretung insbesondere im Europäischen Recht, RdA 2001, Sonderbeilage Heft 5, S. 12; Willemsen/Hohenstatt, Chancen und Risiken von Vereinbarungen gem. Art. 13 der „Euro-Betriebsrat"-Richtlinie, NZA 1995, 399.

⊃ Übersicht:

I. Geltungsbereich des EBRG
  1. Sachlicher und räumlicher Geltungsbereich
  2. Persönlicher Geltungsbereich
  3. Auskunftsanspruch

II. Zwingende Mitwirkung, aber Vorrang der Verhandlungslösung
  1. Besonderes Verhandlungsgremium (BVG)
  2. Vereinbarung über die Errichtung eines Europäischen Betriebsrats (EBR)
  3. Vereinbarung über ein Verfahren zur Unterrichtung und Anhörung
  4. Subsidiär: Errichtung eines Europäischen Betriebsrats kraft Gesetzes

I. Geltungsbereich des EBRG

Regelungen zur grenzüberschreitenden Mitwirkung der Arbeitnehmer

Angesichts der zunehmenden Globalisierung unterhalten immer mehr Unternehmen Zweigstellen in verschiedenen Ländern. Grundsätzlich richtet sich die Mitbestimmung in den einzelnen Betrieben nach dem jeweiligen nationalen Arbeitsrecht. Dieses hat jedoch grundsätzlich keine Auswirkungen auf Arbeitnehmer in anderen Ländern (Territorialitätsprinzip siehe unter § 147 II). Trifft die Konzernspitze also in einem Land eine Entscheidung, sind die Arbeitnehmervertreter in den übrigen Ländern in der Regel nicht daran zu beteiligen; sie können vielmehr vor vollendete Tatsachen gestellt werden. Eine effektive Vertretung der Arbeitnehmerinteressen bei grenzüberschreitend tätigen Unternehmen läuft dadurch praktisch leer. Um dies zu verhindern, wurden für den Bereich der Mitgliedsstaaten der EG durch die RL 94/45/EG v. 22.9.1994 (ABl. EG Nr. L

I. Geltungsbereich des EBRG § 174

254/64) **Grundsätze für ein Verfahren der Unterrichtung und Anhörung der Arbeitnehmer** in grenzüberschreitend tätigen Unternehmen geschaffen. In Deutschland wurde diese Richtlinie durch das Gesetz über Europäische Betriebsräte (**EBRG**) v. 28.10.1996 (BGBl. I, S. 1548, 2022) umgesetzt. Durch dieses Gesetz soll das Recht der Arbeitnehmer auf grenzübergreifende Unterrichtung und Anhörung in gemeinschaftsweit tätigen Unternehmen und Unternehmensgruppen gestärkt werden, § 1 Abs. 1 S. 1 EBRG.

1. Sachlicher und räumlicher Geltungsbereich

Das EBRG gilt für gemeinschaftsweit tätige Unternehmen mit **Sitz im Inland** und für gemeinschaftsweit tätige Unternehmensgruppen mit **Sitz des herrschenden Unternehmens im Inland**, § 2 Abs. 1 EBRG. Bei Unternehmen mit Sitz in einem anderen Mitgliedstaat der EG gilt das dortige zur Umsetzung der Richtlinie 94/45/EG geschaffene Recht. Liegt die zentrale Leitung (d.h. die Konzernspitze) nicht in einem Mitgliedstaat – etwa in der Schweiz, den USA oder Japan – kommt das EBRG dennoch zur Anwendung, wenn entweder eine nachgeordnete Leitung für Betriebe in den Mitgliedstaaten im Inland liegt oder wenn ein inländischer Betrieb von der zentralen Leitung als ihr Stellvertreter benannt wurde oder wenn der inländische Betrieb die meisten Arbeitnehmer beschäftigt, § 2 Abs. 2 EBRG. Das EBRG kann also sogar dann Anwendung finden, wenn sich die Hauptverwaltung außerhalb eines Mitgliedstaats befindet.

Unternehmenssitz

Mitgliedstaaten im Sinne des EBRG sind die Mitgliedstaaten der Europäischen Union sowie die anderen Vertragsstaaten des Abkommens über den europäischen Wirtschaftsraum (EWR) Norwegen, Island und Liechtenstein, § 2 Abs. 3 EBRG.

Mitgliedstaaten

Gemeinschaftsweit tätig ist ein **Unternehmen**, wenn es mindestens 1000 Arbeitnehmer in den Mitgliedstaaten und davon jeweils 150 Arbeitnehmer in mindestens zwei Mitgliedstaaten beschäftigt (§ 3 Abs. 1 EBRG). Die Voraussetzungen müssen kumulativ erfüllt sein.

Gemeinschaftsweite Tätigkeit

➲ **Beispiele:**
Eine gemeinschaftsweite Tätigkeit liegt vor, wenn das Unternehmen in Deutschland 500 Arbeitnehmer, in Frankreich 300 und in Spanien 200 Arbeitnehmer beschäftigt.

Dagegen liegt keine gemeinschaftsweite Tätigkeit vor, wenn in Deutschland 800 Arbeitnehmer, in Frankreich 100, in Spanien 100 und in der Schweiz 600 Arbeitnehmer beschäftigt werden.

Eine **Unternehmensgruppe** ist gemeinschaftsweit tätig, wenn sie mindestens 1000 Arbeitnehmer in den Mitgliedstaaten beschäftigt und ihr mindestens zwei Unternehmen mit Sitz in verschiedenen Mitgliedstaaten angehören, die jeweils mindestens je 150 Arbeitnehmer in verschiedenen Mitgliedstaaten beschäftigen (§ 3 Abs. 2 EBRG). Die **Berechnung der Arbeitnehmerzahlen** erfolgt nach der

Anzahl der im Durchschnitt während der letzten zwei Jahre beschäftigten Arbeitnehmer, § 4 S. 1 EBRG.

2. Persönlicher Geltungsbereich

Arbeitnehmerbegriff des BetrVG maßgeblich

Vom EBRG erfasst sind auf der einen Seite Unternehmen und Unternehmensgruppen, auf der anderen Seite **Arbeitnehmer** i.S.v. § 5 Abs. 1 BetrVG. Für leitende Angestellte i.S.v. § 5 Abs. 3 BetrVG (siehe unter § 147 III 3) gilt das EBRG grundsätzlich nicht. Diese werden jedoch in Einzelfällen in den Anwendungsbereich einbezogen, so z.B. in §§ 11 Abs. 4, 23 Abs. 6 EBRG.

3. Auskunftsanspruch

Umfassender Auskunftsanspruch

Damit eine Arbeitnehmervertretung feststellen kann, ob das EBRG Anwendung findet, ob also die Errichtung eines Europäischen Betriebsrats möglich ist, konstatiert § 5 Abs. 1 EBRG einen **Auskunftsanspruch** der Arbeitnehmervertretung. Danach muss die zentrale Leitung auf Verlangen Auskünfte über die durchschnittliche Gesamtzahl der Arbeitnehmer, über ihre Verteilung auf die einzelnen Mitgliedsstaaten, Unternehmen und Betriebe sowie über Struktur des Unternehmens oder der Unternehmensgruppe erteilen. Der EuGH versteht diesen Auskunftsanspruch in einem umfassenden Sinn (EuGH 29.3.2001 AP Nr. 2 zu EWG-Richtlinie Nr. 94/45).

„Artikel 11 Absätze 1 und 2 der Richtlinie 94/45 [entspricht § 5 EBRG] [...] ist dahin auszulegen, dass ein Unternehmen, das zu einer Unternehmensgruppe gehört, auch dann zur Auskunftserteilung an die Organe der internen Arbeitnehmervertretung verpflichtet ist, wenn noch nicht feststeht, ob es sich bei der Unternehmensleitung, an die sich die Arbeitnehmer wenden, um die Leitung eines innerhalb der Unternehmensgruppe herrschenden Unternehmens handelt. Gehören die Daten über die Struktur oder die Organisation einer Unternehmensgruppe zu den Informationen, die zur Aufnahme von Verhandlungen zur Einrichtung seines Europäischen Betriebsrats oder zur Schaffung eines Verfahrens zur länderübergreifenden Unterrichtung und Anhörung der Arbeitnehmer unerlässlich sind, so hat ein Unternehmen dieser Unternehmensgruppe diese Daten, soweit es über sie verfügt oder sie sich beschaffen kann, den Organen der internen Arbeitnehmervertretung auf Antrag zur Verfügung zu stellen. Auch die Übermittlung von Unterlagen, die zu demselben Zweck unerlässliche Informationen präzisieren und verdeutlichen, kann verlangt werden, soweit diese Übermittlung erforderlich ist, um den betroffenen Arbeitnehmern oder ihren Vertretern den Zugang zu den Informationen zu ermöglichen, anhand deren sie beurteilen können, ob sie die Aufnahme von Verhandlungen verlangen können." (EuGH 29.3.2001 AP Nr. 2 zu EWG-Richtlinie Nr. 94/45)

Mit einem Urteil aus Jahr 2004 hat der EuGH seine Rechtsprechung fortgeführt und entschieden, dass sich der Auskunftsanspruch in Ermangelung eines die Unternehmensgruppe leitenden Unternehmens mit Sitz innerhalb der EG-Mitgliedsstaaten gegen dasjenige Unter-

II. Zwingende Mitwirkung, aber Vorrang der Verhandlungslösung § 174

nehmen richtet, dessen Leitungsmacht nach Art. 4 Abs. 2 RL 94/45/EG (entspr. § 2 Abs. 2 S. 4 EBRG) fingiert wird. Dieses Unternehmen kann sich zudem nicht darauf berufen, dass es von der ausländischen Unternehmensgruppenleitung nicht die zur Erfüllung des Auskunftsanspruchs erforderlichen Informationen erhalte:

„In Anbetracht des Zweckes und der Systematik der Richtlinie und um sicherzustellen, dass die fingierte zentrale Leitung der Verantwortung gerecht werden und die Pflichten erfüllen kann, die normalerweise die zentrale Leitung treffen, ist Artikel 4 Absatz 1 der Richtlinie (...) dahin auszulegen, dass die fingierte zentrale Leitung gehalten ist, von den anderen in der Gemeinschaft ansässigen Unternehmen der Gruppe die Auskünfte zu verlangen, die zur Aufnahme der Verhandlungen zur Einrichtung eines Europäischen Betriebsrats unerlässlich sind, und dass sie einen Anspruch darauf hat, diese Auskünfte von ihnen zu erhalten." (EuGH 13.1.2004 AP Nr. 3 zu EWG-Richtlinie Nr. 94/45).

Dementsprechend hat das BAG einem auf Auskunftserteilung in Anspruch genommenen Unternehmen, das geltend machte, die im EG-Ausland ansässige Unternehmensgruppenleitung verweigere ihrerseits die Erteilung von Auskünften, den Einwand der Unmöglichkeit nach § 275 Abs. 1 BGB versagt. Das Unternehmen verfüge als fingierte Unternehmensgruppenleitung nämlich über einen eigenen Auskunftsanspruch gegen die anderen abhängigen Gruppenunternehmen in den EG-Mitgliedstaaten. (BAG 29.6.2004 BAGE 111, 191)

II. Zwingende Mitwirkung, aber Vorrang der Verhandlungslösung

Die Konzeption des EBRG hinsichtlich Errichtung und Rechten eines Europäischen Betriebsrats ist entgegengesetzt zur Konzeption des BetrVG. Während nach dem BetrVG die Errichtung eines Betriebsrats freiwillig ist, dessen Rechte aber gesetzlich festgelegt sind, ist die **Schaffung** eines Verfahrens zur Mitwirkung der Arbeitnehmer nach dem EBRG **zwingend**. Die **Ausgestaltung des Mitwirkungsverfahrens** ist jedoch vorrangig **durch Vereinbarung** zwischen Arbeitnehmer und Arbeitnehmervertretung zu regeln. Dabei kann frei bestimmt werden, wie die grenzübergreifende Unterrichtung und Anhörung der Arbeitnehmer ausgestaltet wird, § 17 S. 1 EBRG, wobei sich die Vereinbarung auf alle in den Mitgliedstaaten beschäftigten Arbeitnehmer erstrecken muss, in denen das Unternehmen oder die Unternehmensgruppe einen Betrieb hat, § 17 S. 2 EBRG. Das EBRG sieht für eine solche freiwillige Vereinbarung zwei bzw. drei Möglichkeiten vor:

„Ob" der Mitwirkung zwingend, „Wie" der Mitwirkung grds. frei vereinbar

- die **Errichtung eines Europäischen Betriebsrats kraft Vereinbarung** (§ 18 EBRG) oder
- die **Vereinbarung eines Verfahrens zur Unterrichtung und Anhörung der Arbeitnehmer** (§ 19 EBRG).

– Vereinbarungen über eine grenzübergreifende Unterrichtung und Anhörung der Arbeitnehmer, die schon vor dem 22.9.1996 geschlossen wurden, gelten nach § 41 EBRG fort.

Gesetzliche Lösung erst bei fehlender Einigung

Erst wenn es zu keiner (rechtzeitigen) Einigung kommt, ist ein Europäischer Betriebsrat kraft Gesetzes zu errichten und gelten die gesetzlich festgelegten Mitwirkungsrechte der §§ 31 ff. EBRG. Das „Ob" einer Mitwirkung der Arbeitnehmervertreter auf grenzüberschreitender Ebene ist also zwingend, während das „Wie" der Mitwirkung weitgehend Gegenstand freier Übereinkunft ist. Durch diesen Vorrang der Verhandlungslösung können **maßgeschneiderte Mitwirkungskonzepte für die einzelnen Unternehmen** erarbeitet werden.

1. Besonderes Verhandlungsgremium (BVG)

Bildung eines BVG

Damit die Arbeitnehmerseite mit der zentralen Leitung eine Vereinbarung über eine grenzübergreifende Unterrichtung und Anhörung der Arbeitnehmer abschließen kann, ist ein **Besonderes Verhandlungsgremium** (BVG) zu bilden, § 8 EBRG. Die Bildung geschieht entweder auf Initiative der zentralen Leitung oder auf schriftlichen Antrag von mindestens 100 Arbeitnehmern oder Arbeitnehmervertretern aus mindestens zwei Betrieben in verschiedenen Mitgliedsstaaten, § 9 Abs. 1 und 2 EBRG.

Zusammensetzung

Das BVG besteht aus **je einem entsandten Arbeitnehmervertreter pro Mitgliedsstaat**, in dem das Unternehmen oder die Unternehmensgruppe einen Betrieb hat, § 10 Abs. 1 EBRG. Aus Mitgliedstaaten, in denen mehr als 25/50/75 Prozent der Arbeitnehmer des Unternehmens beschäftigt werden, werden 1/2/3 zusätzliche Vertreter entsandt, § 10 Abs. 2 EBRG.

Bestellung der Mitglieder des BVG

Die **Bestellung der Arbeitnehmervertreter** erfolgt im Geltungsbereich des BetrVG durch den Gesamtbetriebsrat bzw., falls ein solcher nicht besteht, durch den Betriebsrat, § 11 Abs. 1 EBRG. In Unternehmensgruppen ist der Konzernbetriebsrat für die Entsendung zuständig, § 11 Abs. 2 EBRG. Als Mitglieder des BVG können auch leitende Angestellte bestellt werden, § 11 Abs. 5 EBRG.

Beschlussfassung und Kostentragung

Beschlüsse des BVG werden mangels anderweitiger Regelungen mit der **Mehrheit der Stimmen der Mitglieder** gefasst, § 13 Abs. 3 EBRG. Die **Kosten** der Errichtung und Tätigkeit des BVG hat die zentrale Leitung zu tragen, § 16 EBRG. Entstehen z.B. bei der Vorbereitung der Bildung eines Europäischen Betriebsrats Kosten, sind diese von der zentralen Leitung zu tragen (vgl. ArbG Hamburg 17.4.1997 AuR 1998, 42).

„Zur Vorbereitung der Bildung eines europäischen Betriebsrats ist es regelmäßig erforderlich, mit ausländischen Arbeitnehmervertretungen im Bereich der EG eine Abstimmung des Verhaltens zu versuchen. Für eine derartige Abstimmung ist regelmäßig ein persönliches Treffen zwischen Mitgliedern deutscher und ausländischer Arbeitnehmervertretungen erforderlich. Der Kostenerstattungsanspruch für eine Reise zu einem derartigen Treffen ergibt sich aus § 40 BetrVG. Er ist nicht nach §§ 16, 30 des Gesetzes über europäische Betriebsräte ausgeschlossen." (ArbG Hamburg 17.4.1997 AuR 1998, 42).

Auch ist der Arbeitgeber verpflichtet, einen Dolmetscher für Betriebsrats- und Ausschusssitzungen zur Verfügung zu stellen (ArbG Frankfurt 5.3.1997 AiB 1998, 524).

2. Vereinbarung über die Errichtung eines Europäischen Betriebsrats (EBR)

Nach § 18 EBRG ist für die **Ausgestaltung** des Europäischen Betriebsrats kraft Vereinbarung die **Schriftform** einzuhalten. Weitere Voraussetzungen, insbesondere inhaltlicher Art, bestehen nicht. Die Parteien können also selbst bestimmen, in welcher Weise sie die Mitwirkung des Europäischen Betriebsrats ausgestalten. § 18 Abs. 1 S. 2 EBRG enthält hierzu einige Materien, die geregelt werden sollen, z.B. *(Keine zwingenden inhaltlichen Vorgaben)*

1. die **Bezeichnung** der erfassten Betriebe und Unternehmen,
2. die **Zusammensetzung** des Europäischen Betriebsrats,
3. dessen **Zuständigkeit** und **Aufgaben**,
4. **Ort, Häufigkeit** und **Dauer** der Sitzungen.

Die **Bestellung** der Mitglieder des Europäischen Betriebsrats kraft Vereinbarung erfolgt im Wesentlichen in gleicher Weise wie die Bestellung der Mitglieder des BVG, § 18 Abs. 2 i.V.m. § 23 EBRG. Jedoch können **leitende Angestellte nicht** Mitglieder des Europäischen Betriebsrats kraft Vereinbarung werden, sondern haben lediglich unter bestimmten Voraussetzungen ein Teilnahme- und Rederecht, vgl. § 23 Abs. 6 EBRG. *(Bestellung der Mitglieder)*

3. Vereinbarung über ein Verfahren zur Unterrichtung und Anhörung

Nach § 19 EBRG kann statt der Errichtung eines Europäischen Betriebsrats kraft Vereinbarung ein **Verfahren zur Unterrichtung und Anhörung der Arbeitnehmer** eingeführt werden. Erforderlich ist hierfür ebenfalls die Einhaltung der **Schriftform**. Des Weiteren muss geregelt werden, unter welchen Voraussetzungen die Arbeitnehmervertreter das Recht haben, die ihnen übermittelten Informationen gemeinsam zu beraten und wie sie ihre Vorschläge oder Bedenken mit der zentralen Leitung oder einer anderen geeigneten Leitungsebene erörtern können. Inhaltlich muss sich die Unterrichtung insbesondere auf grenzübergreifende Angelegenheiten erstrecken, die erhebliche Auswirkungen auf die Interessen der Arbeitnehmer haben. *(Vereinbarung über Unterrichtungs- und Anhörungsverfahren)*

Weitgehende inhaltliche Gestaltungsfreiheit

Innerhalb dieses von § 19 EBRG vorgegebenen Rahmens können die Vertragsparteien frei vereinbaren, **ob, wann und in welcher Weise** das Mitwirkungsrecht der Arbeitnehmer bestehen soll. Zwischen zentraler Leitung und Arbeitnehmervertretern gilt der Grundsatz der vertrauensvollen Zusammenarbeit, § 38 S. 2 EBRG.

4. Subsidiär: Errichtung eines Europäischen Betriebsrats kraft Gesetzes

Voraussetzungen

Kommt **weder eine Vereinbarung über die Errichtung eines Europäischen Betriebsrats noch über ein Verfahren zur Unterrichtung und Anhörung der Arbeitnehmer** zustande, ist ein Europäischer Betriebsrat kraft Gesetzes zu errichten, § 21 EBRG. Voraussetzung hierfür ist also, dass

– die zentrale Leitung die Aufnahme von Verhandlungen innerhalb von sechs Monaten nach Antragstellung (§ 9 EBRG) **verweigert**, § 21 Abs. 1 S. 1 EBRG, oder

– innerhalb von drei Jahren nach Antragstellung eine Vereinbarung über einen Europäischen Betriebsrat oder über ein Verfahren zur Unterrichtung und Anhörung **nicht zustande kommt**, § 21 Abs. 1 S. 2, 1. Alt. EBRG, oder

– die zentrale Leitung und das BVG das vorzeitige **Scheitern der Verhandlungen** erklären, § 21 Abs. 1 S. 2, 2. Alt. EBRG.

Dies gilt auch dann, wenn die Bildung des BVG auf Initiative der zentralen Leitung erfolgt, § 21 Abs. 1 S. 3 EBRG.

Zusammensetzung

Der Europäische Betriebsrat kraft Gesetzes besteht – wie das BVG – aus **entsandten Arbeitnehmern** aus Betrieben der einzelnen Mitgliedstaaten, § 22 Abs. 1 EBRG. Auch hier ist pro Mitgliedstaat, in dem das Unternehmen einen Betrieb hat, je ein Arbeitnehmer zu entsenden. Bei großen Unternehmen erhöht sich die Zahl der entsandten Arbeitnehmer nach Maßgabe des § 22 Abs. 3 und 4 EBRG. Die inländischen Arbeitnehmervertreter werden zum Europäischen Betriebsrat kraft Gesetzes in gleicher Weise entsandt wie zum Europäischen Betriebsrat kraft Vereinbarung, § 23 EBRG.

Zuständigkeit und Aufgaben

Der Europäische Betriebsrat kraft Gesetzes ist zuständig für **grenzübergreifende Angelegenheiten**, d.h. für Angelegenheiten, die mindestens zwei Betriebe oder zwei Unternehmen in verschiedenen Mitgliedstaaten betreffen, § 31 Abs. 1 EBRG. Die Aufgaben des Europäischen Betriebsrats kraft Gesetzes entsprechen in etwa denen der Wirtschaftsausschüsse. So ist er einmal im Kalenderjahr von der zentralen Leitung über die Entwicklung der Geschäftslage und die Perspektiven des Unternehmens **zu unterrichten und anzuhören**, § 32 Abs. 1 EBRG. Eine zusätzliche Unterrichtungspflicht besteht bei Vorliegen außergewöhnlicher Umstände, etwa die Verlegung oder Stilllegung von Unternehmen, Betrieben oder wesentlichen Betriebsteilen sowie Massenentlassungen, § 33 Abs. 1 EBRG. Über diese Unterrichtungen informiert der Europäische Betriebsrat kraft

Gesetzes die örtlichen Arbeitnehmervertretungen, § 35 Abs. 1 EBRG. Bei Tendenzunternehmen i.S.d. § 118 Abs. 1 BetrVG ist die Konsultationspflicht eingeschränkt, § 34 EBRG. Eine **gerichtliche Durchsetzung der Informations- und Anhörungsrechte** erfolgt durch Beschlussverfahren vor den Arbeitsgerichten, §§ 2a Nr. 3 Buchst. b, 82 Abs. 2 ArbGG.

Zu beachten ist, dass eine **Anhörung i.S.d. EBRG weiter gehend** ist als eine Anhörung nach dem BetrVG (siehe unter § 151 I 2). Nach der Legaldefinition des § 1 Abs. 4 EBRG ist eine Anhörung der Meinungsaustausch und der Dialog zwischen den Arbeitnehmervertretern und der zentralen Leitung. Das Anhörungsrecht ist daher von seiner Qualität her eher ein Beratungsrecht i.S.d. BetrVG (siehe unter § 151 I 3).

<small>Anhörung i.S.d. EBRG entspricht Beratung i.S.d. BetrVG</small>

Die **Beschlussfassung** im Europäischen Betriebsrat kraft Gesetzes erfolgt mangels anderweitiger gesetzlicher Regelung mit der Mehrheit der Stimmen der anwesenden Mitglieder, § 28 S. 1 EBRG. Für das Zusammenwirken zwischen zentraler Leitung und Europäischem Betriebsrat kraft Gesetzes gilt der Grundsatz der **vertrauensvollen Zusammenarbeit**, § 38 S. 1 EBRG. Der zentralen Leitung obliegt die Tragung der **Kosten** für Errichtung und Tätigkeit des Europäischen Betriebsrats kraft Gesetzes sowie die Pflicht zur Bereitstellung von Räumen und Personal, § 30 EBRG. Die **Dauer der Mitgliedschaft** im Europäischen Betriebsrat kraft Gesetzes beträgt vier Jahre, § 36 Abs. 1 EBRG.

<small>Grundsätze der Tätigkeit des Europäischen Betriebsrats kraft Gesetzes</small>

§ 175 Mitbestimmung in der Europäischen Gesellschaft (Societas Europaea, SE)

Literatur: Henssler, Bewegung in der deutschen Unternehmensmitbestimmung – Reformdruck durch die Internationalisierung der Wirtschaft, RdA 2005, 330; Jahn/Herfs-Röttgen, Die Europäische Aktiengesellschaft – Societas Europaea, DB 2001, 631; Junker, Europäische Aktiengesellschaft und deutsche Mitbestimmung, ZfA 2005, 211; Lutter/Hommelhoff (Hrsg.), SE-Kommentar, 2008; Mävers, Die Mitbestimmung der Arbeitnehmer in der Europäischen Aktiengesellschaft, 2002; Nagel, Verschlechternde Regelungen und Vereinbarungen zur Mitbestimmung in der Europäischen Aktiengesellschaft, AuR 2001, 406; Oetker, Die Mitbestimmung in der Europäischen Gesellschaft, in: Lutter/Hommelhoff (Hrsg.), Die Europäische Gesellschaft, 2005, S. 277; Schwarz, Zum Statut der Europäischen Aktiengesellschaft, ZIP 2001, 1847.

⊃ **Übersicht:**

  I. Europäische Gesellschaft (SE)
  1. Rechtliche Grundlagen
  2. Gründung der SE
  3. Unternehmensverfassung (Aufbau der SE)

II. Beteiligung der Arbeitnehmer
1. Beteiligung der Arbeitnehmer kraft Vereinbarung
2. Beteiligung der Arbeitnehmer kraft Gesetzes
3. Verhältnis zum EBRG und zum nationalen Mitbestimmungsrecht

I. Europäische Gesellschaft (SE)

Problematik grenzüberschreitender Tätigkeit von Unternehmen

Unternehmen, die grenzüberschreitend tätig werden, unterliegen im Grundsatz ausschließlich dem Gesellschaftsrecht desjenigen Mitgliedstaats, in dem sie gegründet worden sind (EuGH 5.11.2002 NJW 2002, 3614; vgl. WLOTZKE/WISSMANN/KOBERSKI/KLEINSORGE/KOBERSKI, MitbestimmungsR, 3. Aufl. 2008, § 1 Rn. 19). Aufgrund dessen sind Umstrukturierungs- und Kooperationsmaßnahmen, an denen Unternehmen verschiedener Mitgliedstaaten beteiligt sind, regelmäßig mit zahlreichen rechtlichen Hindernissen verbunden. Die Bereitstellung einer europäischen Gesellschaftsform soll diese Schwierigkeiten verringern und damit die europaweite Fusionierung von Unternehmen erleichtern.

1. Rechtliche Grundlagen

SE-Verordnung und SE-Richtlinie

Im Jahr 2001 wurde nach jahrelangen Verhandlungen über eine Europäische Gesellschaft (Societas Europaea, SE) die Verordnung 2001/2157/EG (ABl. EG Nr. L 294, S. 1 v. 10.11.2001) und die Richtlinie 2001/86/EG (ABl. EG Nr. L 284, S. 22 v. 10.11.2001) erlassen. Die Verordnung (im Folgenden: „SE-VO") regelt die gesellschaftsrechtlichen Fragen der Gründung, Struktur und Organe der SE, während die Richtlinie (im Folgenden „SE-RL") Vorschriften über die Beteiligung der Arbeitnehmer in der SE enthält.

SEAG und SEBG

Die SE-VO ist zwar gem. Art. 249 EG in den EG-Mitgliedstaaten unmittelbar anwendbar, enthält jedoch zahlreiche Regelungsaufträge und Wahlrechte für die nationalen Gesetzgeber. Deswegen wurde sie durch das Gesetz zur Ausführung der SE-VO vom 22. Dezember 2004 (BGBl. I S. 3675; im Folgenden „SEAG" genannt) ergänzt. Das SEAG ist gegenüber der SE-VO nur subsidiär anwendbar, vgl. Art. 9 Abs. 1 SE-VO und § 1 SEAG.

Im Gegensatz zur SE-VO bedarf die SE-RL – ebenfalls nach Art. 249 EG – zwingend der Umsetzung durch ein einzelstaatliches Gesetz. Hierzu ist das Gesetz über die Beteiligung der Arbeitnehmer in einer Europäischen Gesellschaft vom 22.12.2004 (BGBl. I S. 3686; im Folgenden „SEBG" genannt) erlassen worden. Es gilt gem. § 3 Abs. 1 SEBG jedoch ausschließlich für

– SE mit Sitz in Deutschland,

– in Deutschland beschäftigte Arbeitnehmer einer SE sowie

I. Europäische Gesellschaft (SE) § 175

– an einer SE-Gründung beteiligte Gesellschaften (vgl. § 2 Abs. 2 SEBG), betroffene Tochtergesellschaften (vgl. § 2 Abs. 3 und 4 SEBG) und Betriebe mit Sitz in Deutschland.

Aufgrund des Beschlusses des gemeinsamen EWR-Ausschusses Nr. 93/2002 vom 25.6.2002 (vgl. ABl. EG Nr. L 266, S. 69 v. 3.10.2002) gilt die SE-VO zudem in den drei EWR-Staaten Island, Lichtenstein und Norwegen. Dementsprechend bestimmt auch § 3 Abs. 2 SEBG, dass Mitgliedstaaten im Sinne des SEBG die Mitgliedstaaten der EU und die Vertragsstaaten des EWR sind. *Geltung in EU und EWR*

2. Gründung der SE

Die SE ist nach Art. 1 Abs. 2 und 3 SE-VO eine **Aktiengesellschaft** und besitzt eine eigene Rechtspersönlichkeit. Sie kann auf vier verschiedene Arten gegründet werden: *Vier Möglichkeiten der Gründung*

– durch Verschmelzung bestehender Aktiengesellschaften (Art. 2 Abs. 1, Art. 17 ff. SE-VO)
– durch Neugründung einer Holding-SE (Art. 2 Abs. 2, Art. 32 ff. SE-VO)
– durch Neugründung einer Tochter-SE (Art. 2 Abs. 3, Art. 35 f. SE-VO)
– durch Umwandlung einer Aktiengesellschaft in eine SE (Art. 2 Abs. 4, Art. 37 SE-VO)

Der **Sitz der SE** muss in demjenigen Mitgliedstaat liegen, in dem sich die Hauptverwaltung der SE befindet, Art. 7 SE-VO. Eine Sitzverlegung in einen anderen Mitgliedstaat ist nach dem in Art. 8 SE-VO ausführlich geregelten Verfahren möglich und führt weder zur Auflösung der SE noch zur Gründung einer neuen juristischen Person. Jede SE wird in dem Staat, in dem sie ihren Sitz hat, nach dem Recht dieses Staates in ein Register eingetragen, Art. 12 Abs. 1 SE-VO. In Deutschland richtet sich dies nach den Vorschriften, die für die Eintragung einer Aktiengesellschaft in das Handelsregister gelten, § 3 SEAG. Die Firma der Gesellschaft muss den Zusatz „SE" enthalten, Art. 11 SE-VO. *Sitz und Registereintragung*

3. Unternehmensverfassung (Aufbau der SE)

In den einzelnen Mitgliedstaaten bestehen zwei verschiedene Systeme der Unternehmensverfassung. Diesen Besonderheiten hat die SE-VO mit ihren Vorschriften über den Aufbau der SE Rechnung getragen. In jedem Fall verfügt die SE über eine Hauptversammlung der Aktionäre, Art. 38 Buchst. a, 52 ff. SE-VO. Im Übrigen stehen zwei Systeme zur Auswahl: *Zwei Systeme der Unternehmensverfassung*

– Das dualistische System mit einem Leitungsorgan und einem Aufsichtsorgan, wobei eine Doppelmitgliedschaft in beiden Organen unzulässig ist (Art. 39 ff. SE-VO und §§ 15 ff. SEAG), und das

– monistische System, bei dem das Leitungs- und das Aufsichtsorgan in einem einheitlichen Verwaltungsorgan zusammengefasst sind. (Art. 43 ff. SE-VO und §§ 20 ff. SEAG).

Jahresabschluss sowie Auflösung, Liquidation, Zahlungsunfähigkeit und Zahlungseinstellung richten sich nach den Art. 61 ff. SE-VO.

II. Beteiligung der Arbeitnehmer

Das SEBG regelt die Beteiligung der Arbeitnehmer in einem umfassenden Sinn. Es enthält sowohl Bestimmungen zur Unterrichtung und Anhörung der Arbeitnehmer, insbesondere durch Schaffung eines SE-Betriebsrats, als auch zur Mitbestimmung der Arbeitnehmer in den Leitungsorganen der SE, vgl. § 1 Abs. 2 SEBG. Der Begriff der Unterrichtung und Anhörung ist in § 2 Abs. 10 und 11 SEBG, der Begriff der Mitbestimmung in § 2 Abs. 12 SEBG definiert.

1. Beteiligung der Arbeitnehmer kraft Vereinbarung

Vorrang der Verhandlungslösung

Die Konzeption der Arbeitnehmerbeteiligung ist derjenigen des EBRG nachgebildet. Das SEBG enthält Regelungen zur Beteiligung der Arbeitnehmer kraft Gesetzes, § 22 ff. SEBG. Diese Bestimmungen sind zwar zwingend, jedoch soll vorrangig eine freiwillige Vereinbarung zwischen der Arbeitgeber- und Arbeitnehmerseite geschlossen werden.

Bildung eines BVG

Auf der Grundlage einer schriftlichen Aufforderung durch die Leitungen der an einer SE-Gründung beteiligten Gesellschaften wird dazu ein besonderes **Verhandlungsgremium (BVG)** gebildet, das die Aufgabe hat, mit den Leitungen eine schriftliche Vereinbarung über die Beteiligung der Arbeitnehmer in der SE abzuschließen, § 4 Abs. 1 SEBG.

Die Zusammensetzung des BVG richtet sich nach § 5 Abs. 1 SEBG. Danach muss jeder Mitgliedstaat, in dem Arbeitnehmer der beteiligten Gesellschaften, betroffenen Tochtergesellschaften oder betroffenen Betrieben beschäftigt werden, im BVG repräsentiert werden. Im Übrigen hängt die Zusammensetzung des BVG davon ab, wie viele Arbeitnehmer pro Mitgliedstaat von der SE-Gründung betroffen sind und wie sich diese Zahl zu der Gesamtzahl aller betroffenen Arbeitnehmer in allen Mitgliedstaaten verhält. Ergänzende Sonderregelungen gelten für die SE-Gründung im Wege der Verschmelzung, § 5 Abs. 2 und 3 SEBG. Die Wahl bzw. die Bestellung der BVG-Mitglieder richtet sich nach den jeweiligen Bestimmungen der Mitgliedstaaten, § 7 Abs. 1 SEBG. Die Wahl der inländischen BVG-Mitglieder erfolgt durch ein Wahlgremium, das nach § 8 Abs. 2–4 SEBG vorrangig aus den bestehenden betrieblichen Arbeitnehmervertretungen (Konzernbetriebsrat, Gesamtbetriebsrat, Betriebsrat) gebildet wird; nur subsidiär findet eine Urwahl der BVG-Mitglieder unmittelbar durch die Arbeitnehmer statt, vgl. § 8 Abs. 7 SEBG.

II. Beteiligung der Arbeitnehmer § 175

Nach der Einsetzung des BVG können die Parteien bis zu sechs Monate oder – falls die Parteien dies einvernehmlich beschließen – bis zu einem Jahr über den Abschluss einer Beteiligungsvereinbarung verhandeln, § 20 SEBG. Allerdings kann das BVG mit einer Mehrheit von $^2/_3$ seiner Mitglieder beschließen, keine Verhandlungen aufzunehmen oder bereits aufgenommene Verhandlungen abzubrechen, § 16 Abs. 1 SEBG. Infolge eines solchen Beschlusses finden die Bestimmungen zur Beteiligung der Arbeitnehmer kraft Gesetzes keine Anwendung, § 16 Abs. 2 SEBG. Wird die SE jedoch im Wege der Umwandlung gegründet und stehen den Arbeitnehmern der umzuwandelnden Gesellschaft Mitbestimmungsrechte zu, schließt § 16 Abs. 3 SEBG zum Schutz dieser Rechte einen Beschluss nach § 16 Abs. 1 SEBG aus.

Verhandlungen mit dem BVG

Die Kosten, die für die Bildung und die Tätigkeit des BVG erforderlich sind, tragen die beteiligten Gesellschaften und nach ihrer Gründung die SE, § 19 SEBG.

§ 21 SEBG trifft Regelungen zum Inhalt der schriftlich abzufassenden Beteiligungsvereinbarung. In dieser müssen im Hinblick auf die Anhörung und Unterrichtung der Arbeitnehmer nach § 21 Abs. 1 SEBG insbesondere festgelegt werden:

Beteiligungsvereinbarung

– der Geltungsbereich der Vereinbarung (Nr. 1),
– die Zusammensetzung des SE-Betriebsrats (Nr. 2),
– die Befugnisse des SE-Betriebsrats und das Verfahren zu dessen Unterrichtung und Anhörung (Nr. 3),
– die Häufigkeit der Sitzungen des SE-Betriebsrats (Nr. 4),
– die für den SE-Betriebsrat bereitzustellenden Mittel (Nr. 5) sowie
– das Inkrafttreten und die Laufzeit der Vereinbarung (Nr. 6).

Die Parteien sind indes nicht verpflichtet, einen SE-Betriebsrat kraft Vereinbarung zu etablieren, sondern können stattdessen andere Verfahren zur Unterrichtung und Anhörung der Arbeitnehmer vorsehen, für welche die Mindestinhalte des § 21 Abs. 1 SEGB allerdings entsprechend gelten, § 21 Abs. 2 SEBG.

Demgegenüber steht es den Parteien frei zu entscheiden, ob sie in der Beteiligungsvereinbarung Regelungen zur Mitbestimmung treffen wollen. Soweit hierüber eine Vereinbarung zustande kommt, soll sie nach § 21 Abs. 3 SEBG Regelungen zu folgenden Punkten enthalten:

– Zahl der Arbeitnehmervertreter im Aufsichts- oder Verwaltungsorgan der SE (Nr. 1),
– Verfahren zur Bestellung des Arbeitnehmervertreter (Nr. 2) und
– Rechte der Arbeitnehmervertreter (Nr. 3).

Im Falle einer durch Umwandlung gegründeten SE muss die Vereinbarung „in Bezug auf alle Komponenten der Arbeitnehmerbeteiligung" zumindest das gleiche Ausmaß gewährleisten, das in der umzuwandelnden Gesellschaft besteht, § 21 Abs. 6 SEBG. Dadurch soll verhindert werden, dass ein Unternehmen allein deshalb in eine SE umgewandelt wird, um die Beteiligungsrechte der Arbeitnehmer zu schmälern.

Zur Beschlussfassung über eine Beteiligungsvereinbarung ist gem. § 15 Abs. 2 SEBG eine Mehrheit der Mitglieder des BVG erforderlich, die zugleich die Mehrheit der vertretenen Arbeitnehmer repräsentiert. § 15 Abs. 3 SEBG sieht demgegenüber qualifizierte Mehrheiten für den Fall vor, dass mit der Beteiligungsvereinbarung Mitbestimmungsrechte der Arbeitnehmer gemindert werden. Wird die SE im Wege der Umwandlung gegründet, ist eine solche Minderung indes nach § 15 Abs. 4 SEBG ausgeschlossen.

Voraussetzung der Registereintragung
Mit dem Abschluss der Beteiligungsvereinbarung wird das Verfahren zur Beteiligung der Arbeitnehmer förmlich abgeschlossen. Dies ist gemäß Art. 12 Abs. 2 SE-VO eine Voraussetzung für die Registereintragung der SE, die das Registergericht nach Art. 26 Abs. 3 SE-VO zu kontrollieren verpflichtet ist. Kommt eine Beteiligungsvereinbarung nicht zustande, darf die Eintragung nur erfolgen, wenn das BVG nach § 16 SEBG beschlossen hat, keine Verhandlungen aufzunehmen bzw. die Verhandlungen abzubrechen oder die Verhandlungsfrist nach § 20 SEBG abgelaufen ist.

Zweifelhaft ist aber, ob dies auch dann gilt, wenn weder die zu gründende SE, noch deren Tochtergesellschaften Arbeitnehmer beschäftigen und deswegen bei ihr weder ein SE-Betriebsrat gebildet werden kann, noch eine Mitbestimmung der Arbeitnehmer in ihren Leitungsorganen in Betracht kommt; sog. arbeitnehmerlose SE. Das LG Hamburg hat entschieden, dass das Beteiligungsverfahren, einschließlich der Errichtung eines BVG, jedenfalls dann durchzuführen ist, wenn es den an der Gründung einer arbeitnehmerlosen Tochter-SE beteiligten Gesellschaften möglich ist, ein BVG zu bilden. Nicht das Registergericht, sondern dieses BVG habe darüber zu befinden, ob ein SE-Betriebsrat einzurichten ist (LG Hamburg 30.9.2005 ZIP 2005, 2017).

Strukturelle Änderungen
Nach dem ordnungsgemäßen Abschluss einer Beteiligungsvereinbarung sind die Verhandlungen nach § 18 Abs. 3 SEBG wieder aufzunehmen, wenn strukturelle Änderungen der SE geplant sind, die geeignet sind, die Beteiligungsrechte der Arbeitnehmer zu mindern. Die Verhandlungen müssen indes nicht mit einem neu zu konstituierenden BVG, sondern können auch mit einem bereits bestehenden SE-Betriebsrat geführt werden. Wird in den erneuten Verhandlungen keine Einigung erzielt, gelten die Regelungen über die Beteiligung der Arbeitnehmer kraft Gesetzes.

II. Beteiligung der Arbeitnehmer

2. Beteiligung der Arbeitnehmer kraft Gesetzes

Nach § 22 Abs. 1 SEBG gelten mit dem Zeitpunkt der Eintragung der SE in das Handelsregister die Regelungen zur Bildung eines SE-Betriebsrats kraft Gesetzes, wenn

— die Parteien dies vereinbaren (Nr. 1) oder
— bis zum Ende der Verhandlungsdauer nach § 20 SEBG keine freiwillige Vereinbarung zustande gekommen ist und das BVG die Aufnahme von Verhandlungen nicht nach § 16 Abs. 1 SEBG abgelehnt bzw. abgebrochen hat (Nr. 2).

SE-Betriebsrats kraft Gesetzes

Die Errichtung des SE-Betriebsrats und das Verfahren zur Anhörung und Unterrichtung des SE-Betriebsrats sind in den §§ 23 ff. SEBG geregelt. Gemäß § 28 Abs. 1 SEBG ist die Leitung der SE verpflichtet, den SE-Betriebsrat mindestens einmal im Kalenderjahr in einer gemeinsamen Sitzung über die Entwicklung der Geschäftslage und die Perspektiven der SE zu unterrichten und anzuhören. Darüber hinaus ist der SE-Betriebsrat bei außergewöhnlichen Umständen, die erhebliche Auswirkungen auf die Interessen der Arbeitnehmer haben, rechtzeitig zu unterrichten und anzuhören, § 29 Abs. 1 SEBG. Nach dieser Vorschrift gelten als außergewöhnliche Umstände

— die Verlegung oder Verlagerung von Unternehmen, Betrieben oder wesentlichen Betriebsteilen (Nr. 1),
— die Stilllegung von Unternehmen, Betrieben oder wesentlichen Betriebsteilen (Nr. 2),
— Massenentlassungen (Nr. 3).

Der SE-Betriebsrat informiert seinerseits die nach dem einzelstaatlichen Recht gebildeten Arbeitnehmervertretungen der SE, ihrer Tochtergesellschaften und Betriebe über den Inhalt der Unterrichtung und Anhörung, § 30 SEBG.

Liegen die Voraussetzungen des § 22 SEBG vor, finden nur unter weiteren Voraussetzungen, die jeweils vom Gründungsmodus der SE abhängen, die Auffangregelungen zur Mitbestimmung kraft Gesetzes nach §§ 35–38 SEBG Anwendung, § 34 SEBG:

Mitbestimmung kraft Gesetzes

— Bei einer SE-Gründung durch Umwandlung ist dies der Fall, wenn in der umzuwandelnden Gesellschaft Regelungen über die Mitbestimmung der Arbeitnehmer galten (§ 34 Abs. 1 Nr. 1 SEBG). Nach der Umwandlung bleiben diese Regelungen unverändert erhalten, § 35 Abs. 1 SEBG.
— Entsteht die SE durch Verschmelzung, gilt die gesetzliche Auffangregelung des SEBG, wenn entweder die mitbestimmten Gesellschaften mehr als 25 % der Arbeitnehmer aller an der SE-Gründung beteiligten Gesellschaften und betroffenen Tochtergesellschaften beschäftigen oder mindestens eine beteiligte Gesellschaft der Mitbestimmung unterliegt und das BVG die Mitbestimmung kraft Gesetzes beschließt (§ 34 Abs. 1 Nr. 2 SEBG).

Bestehen in den an der Verschmelzung beteiligten Gesellschaften verschiedene Formen der Mitbestimmung, entscheidet grundsätzlich das BVG darüber, welche von diesen bei der SE eingeführt wird, § 34 Abs. 2 S. 1 SEBG. In Ermangelung eines solchen Beschlusses erfolgt die Mitbestimmung, wenn eine inländische Gesellschaft beteiligt ist, durch Wahl einer bestimmten Zahl von Mitgliedern des SE-Aufsichts- oder Verwaltungsrates durch die Arbeitnehmer, § 34 Abs. 2 S. 2 SEBG i.V.m. § 2 Abs. 12 Nr. 1 SEBG. Ansonsten richtet sich die Form der Mitbestimmung nach der Mitbestimmung in derjenigen Gesellschaft, die die meisten Arbeitnehmer beschäftigt, § 34 Abs. 2 S. 3 SEBG.

Die jeweilige Zahl der Arbeitnehmervertreter im Aufsichts- oder Verwaltungsorgan bemisst sich nach dem höchsten Anteil von Arbeitnehmervertretern in einer der beteiligten Gesellschaften, § 35 Abs. 2 S. 2 SEBG.

– Bei der Gründung einer SE-Holding- oder Tochtergesellschaft gelten die Regelungen bei einer SE-Gründung durch Verschmelzung grundsätzlich entsprechend. Der für die Anwendung der gesetzlichen Mitbestimmung maßgebliche Schwellenwert beschäftigter Arbeitnehmer in mitbestimmten Gesellschaften beträgt jedoch 50 %, vgl. § 34 Abs. 1 Nr. 3 und § 35 Abs. 2 SEBG.

Im Übrigen enthält das SEBG Regelungen zur Sitzverteilung, zur Bestellung und Abberufung sowie zur Rechtsstellung der Arbeitnehmervertreter im Aufsichts- oder Verwaltungsorgan der SE, §§ 36 ff. SEBG.

Besonders zu beachten ist, dass das gesetzliche Mitbestimmungsregime des SEBG stets statisch und damit insbesondere unabhängig von der weiteren Entwicklung der Anzahl beschäftigter Arbeitnehmer bei der SE ist. Finden beispielsweise auf eine Aktiengesellschaft mit insgesamt 600 Arbeitnehmern die Regelungen des DrittelbG Anwendung, bleiben diese nach der Umwandlung der Gesellschaft in eine SE im Sinne des § 35 Abs. 1 SEBG auch dann „erhalten", wenn die SE nach ihrer Registereintragung durch Neueinstellungen mehr als 2000 Arbeitnehmer beschäftigt und als Aktiengesellschaft in den Anwendungsbereich des MitbestG gefallen wäre (HWK/Hohenstatt/Dzida SEBG Rn. 48).

Tendenzschutz   Eine Mitbestimmung der Arbeitnehmer kraft Gesetzes ist ausgeschlossen, wenn die SE unmittelbar und überwiegend politischen, koalitionspolitischen, konfessionellen, karitativen, erzieherischen, wissenschaftlichen oder künstlerischen Bestimmungen oder dem Zweck der Berichterstattung oder Meinungsäußerung dient, § 39 Abs. 1 SEBG. Unter diesen Voraussetzungen ist auch der Anspruch auf Unterrichtung und Anhörung begrenzt, § 39 Abs. 2 SEBG.

3. Verhältnis zum EBRG und zum nationalen Mitbestimmungsrecht

Hinsichtlich der Mitbestimmung in den Organen der SE ordnet § 47 Abs. 1 Nr. 1 SEBG in Umsetzung des Art. 13 SE-RL einen Vorrang des SEBG gegenüber dem nationalen Mitbestimmungsrecht an. Das DrittelbG oder das MitbestG finden daher kraft gemeinschaftsrechtlicher Anordnung keine Anwendung auf die SE.

Grundsätzlicher Vorrang der Regelungen der SE-RL

Zudem schließt § 47 Abs. 1 Nr. 2 SEBG grundsätzlich auch die Anwendung des EBRG auf die SE aus. Lediglich für den Fall, dass das BVG einen Beschluss nach § 16 Abs. 1 SEBG fasst und es deswegen kein SE-Betriebsrat kraft Gesetzes gebildet wird, kommt die Bildung eines Europäischen Betriebsrats auf der Grundlage des EBRG in Frage.

Sechster Teil:
Arbeitsgerichtliches Verfahren

1. Abschnitt:
Die Arbeitsgerichtsbarkeit

Literatur: DÖRNER (Hrsg.), Gemeinschaftskommentar zum Arbeitsgerichtsgesetz, Loseblatt; DÜWELL/LIPKE, Arbeitsgerichtsverfahren, 2. Aufl. 2005; GERMELMANN, Neue prozessuale Probleme durch das Gesetz zur Beschleunigung des arbeitsgerichtlichen Verfahrens, NZA 2000, 1017; GERMELMANN/MATTHES/PRÜTTING/MÜLLER-GLÖGE, Arbeitsgerichtsgesetz, 6. Aufl. 2008; GRUNSKY, Arbeitsgerichtsgesetz, 7. Aufl. 1995; HARTMANN, Zivilprozess 2001/2002: Hunderte wichtige Änderungen, NJW 2001, 2577; HOLTHAUS/KOCH, Auswirkungen der Reform des Zivilprozessrechts auf arbeitsgerichtliche Verfahren, RdA 2002, 140; KÜNZL, Die Reform des Zivilprozesses – Auswirkungen auf das arbeitsgerichtliche Verfahren, ZTR 2001, 492, 533; OSTROWICZ/KÜNZL/SCHÄFER, Der Arbeitsgerichtsprozess, 3. Aufl. 2006; REINHARD/BÖGGEMANN, Gesetz zur Änderung des Sozialgerichtsgesetzes und des Arbeitsgerichtsgesetzes – Änderungen des ArbGG, NJW 2008, 1263; ROLFS, Aktuelle Entwicklungen im arbeitsgerichtlichen Verfahrensrecht, NZA-RR 2000, 1; SCHMIDT/SCHWAB/WILDSCHÜTZ, Die Auswirkungen der Reform des Zivilprozesses auf das arbeitsgerichtliche Verfahren (Teile 1, 2), NZA 2001, 1161, 1217.

§ 176 Funktionen und Besonderheiten

I. Entstehung

Literatur: GERMELMANN/MATTHES/PRÜTTING/MÜLLER-GLÖGE, Einleitung Rn. 1 f.; LEINEMANN, Die geschichtliche Entwicklung der Arbeitsgerichtsbarkeit bis zur Errichtung des BAG, NZA 1991, 961; NEUMANN, Kurze Geschichte der Arbeitsgerichtsbarkeit, NZA 1993, 342.

Conseil de prud'hommes

Erste Anfänge einer Arbeitsgerichtsbarkeit sind in den Zunftgerichten des Mittelalters zu sehen, die aber eher den Charakter von Schiedsgerichten hatten. Maßgeblich beeinflusst wurde die Ausbildung einer eigenständigen Arbeitsgerichtsbarkeit in Deutschland durch die **Rechtsentwicklung in Frankreich**. 1806 wurde dort der erste „Conseil de prud'hommes" errichtet. Er bestand aus fünf Fabrikanten und vier Werkmeistern. Dieser wird auch als Keimzelle der modernen Arbeitsgerichtsbarkeit bezeichnet. Die verbindliche Güteverhandlung (siehe unter § 178 III) des heutigen Arbeitsgerichtsprozesses hat hier ihren Ursprung. In den französisch verwalteten Teilen Deutschlands wurden ebenfalls derartige Räte gebildet. Nach diesem Vorbild wurden sodann in Preußen Gewerbegerichte errichtet. Auch nach der Gründung des **Deutschen Reiches** gab es jedoch **keine allgemeine und einheitliche Gewerbegerichtsbarkeit**.

Gewerbegerichtsgesetz 1890

Mit der Verabschiedung des Gewerbegerichtsgesetzes 1890 war erstmals eine **umfassende Gewerbegerichtsbarkeit** geschaffen, die in der

I. Entstehung

ersten Instanz in arbeitsrechtlichen Streitigkeiten vollständig an die Stelle der ordentlichen Gerichte trat. Zwingend vorgeschrieben war die Errichtung eines Gewerbegerichts in Gemeinden mit mehr als 20 000 Einwohnern. Im Übrigen war sie fakultativ. Diese Gewerbegerichtsbarkeit enthielt bereits Elemente der heutigen Arbeitsgerichtsbarkeit. Die Gerichte waren mit einem unabhängigen Vorsitzenden und paritätisch mit Vertreten der Arbeitnehmer und der Arbeitgeber besetzt. Im weiteren Instanzenzug waren jedoch die ordentlichen Gerichte zuständig, Berufungsinstanz die Landgerichte.

Mit dem **ersten Arbeitsgerichtsgesetz von 1926** erfüllte der Gesetzgeber eine Verpflichtung aus der Weimarer Verfassung (Art. 157 Abs. 2 WRV). In erster Instanz zuständig waren die organisatorisch gegenüber der ordentlichen Gerichtsbarkeit selbständigen Arbeitsgerichte. Der Instanzenzug war jedoch in die ordentliche Gerichtsbarkeit integriert; die Landesarbeitsgerichte bei den Landgerichten angesiedelt, das Reichsarbeitsgericht ein besonders besetzter Senat des Reichsgerichts. Die Trennung in Urteilsverfahren (siehe unter §§ 177–181) und Beschlussverfahren (siehe unter §§ 182–184) war jedoch bereits in diesem ersten Arbeitsgerichtsgesetz angelegt. Der **Nationalsozialismus** griff sodann auch in die Arbeitsgerichtsbarkeit tief ein, u.a. wurde das Beschlussverfahren vollständig beseitigt.

Weimarer Republik

Nach 1945 errichteten die Alliierten die Arbeitsgerichte auf der Ebene der Länder auf der Grundlage des Arbeitsgerichtsgesetzes von 1926 neu, was zu einer starken Rechtszersplitterung führte. Mit der heute in Art. 95 Abs. 1 GG enthalten Verpflichtung wurde 1949 der Grundstein für eine einheitliche und eigenständige Arbeitsgerichtsbarkeit in der gesamten Bundesrepublik gelegt. Das **Arbeitsgerichtsgesetz von 1953** schuf deshalb erstmals einen völlig von der ordentlichen Gerichtsbarkeit eigenständigen Instanzenzug mit Arbeitsgericht, Landesarbeitsgericht und Bundesarbeitsgericht. Vorsitzender eines Arbeitsgerichts musste zunächst kein Berufsrichter, sondern konnten bis 1961 auch Personen sein, die durch längere Tätigkeit und Erfahrungen arbeitsrechtliche Kenntnisse erworben hatten.

Nachkriegsdeutschland

In der Folgezeit ist das Arbeitsgerichtsgesetz durch eine Vielzahl von Novellen verändert und 1979 nach umfassenden Änderungen neu bekannt gemacht worden. In der **ehemaligen DDR** behielt die Arbeitsgerichtsbarkeit zunächst ihre Selbständigkeit, wurde 1963 jedoch in die bestehenden **Bezirks- und Kreisgerichte** sowie das **Oberste Gericht** eingegliedert. Vor Beschreitung des Rechtswegs war eine in den Betrieben angesiedelte Konfliktkommission anzurufen. Mit der Einigung trat am 3.10.1990 auch in der ehemaligen DDR das Arbeitsgerichtsgesetz in Kraft. Bis **zum Aufbau der Arbeitsgerichtsbarkeit**, zuletzt in Thüringen 1993, entschieden jedoch die Kreisgerichte als Arbeitsgerichte und die Bezirksgerichte als Landesarbeitsgerichte. Das Bundesarbeitsgericht ist seit dem 3.10.1990 oberste Rechtsmittelinstanz im gesamten Bundesgebiet.

Einigung

ZPO-Reform

Nach weiteren Einzeländerungen hatte die ZPO-Reform vom 27.7.2001 (BGBl. I S. 1887) die stärksten Auswirkungen auf das arbeitsgerichtliche Verfahren. Die Eingriffe ergeben sich nicht so sehr aus Änderungen des Arbeitsgerichtsgesetzes, sondern aus den Rückwirkungen der Änderungen in der ZPO auf den Arbeitsgerichtsprozess. Dies macht den additiven Charakter des Arbeitsgerichtsgesetzes deutlich (siehe unter § 176 IV) und betrifft u.a. die Neuregelung des Berufungsrechts (siehe unter § 179), aber auch die grundlegende Neukonzeption des Beschwerderechts (siehe unter § 181).

II. Aufbau der Arbeitsgerichtsbarkeit

Dreistufiger Aufbau

Die Arbeitsgerichtsbarkeit ist dreigliedrig aufgebaut. Erstinstanzlich zuständig sind die Arbeitsgerichte. In zweiter Instanz entscheiden die Landesarbeitsgerichte, in dritter Instanz das Bundesarbeitsgericht.

Ehrenamtliche Richter

Besonderes Merkmal der Arbeitsgerichtsbarkeit ist es, dass die Spruchkörper **in allen Instanzen** nicht nur mit Berufsrichtern, sondern auch mit ehrenamtlichen Richtern besetzt sind (hierzu STEIN, BB 2007, 2681). Sie bringen ihre besondere **praktische Sachkunde** in den Entscheidungsprozess mit ein. Die ehrenamtlichen Richter werden **je zur Hälfte aus den Kreisen der Arbeitnehmer und der Arbeitgeber** entnommen (§§ 16 Abs. 1 S. 2, 35 Abs. 1 S. 2, 41 Abs. 1 S. 2 ArbGG). Die ehrenamtlichen Richter der Arbeitsgerichte und der Landesarbeitsgerichte werden von der zuständigen obersten Landesbehörde für die Dauer von fünf Jahren berufen. Sie sind dabei unter billiger Berücksichtigung der Minderheiten aus den Vorschlagslisten der Gewerkschaften und Arbeitgebervereinigungen zu entnehmen (§§ 20 Abs. 2, 37 Abs. 2, 43 Abs. 1 ArbGG). Für das BAG beruft das Bundesministerium für Arbeit und Sozialordnung die ehrenamtlichen Richter.

Vollwertige Richter

Die ehrenamtlichen Richter sind gleich den Berufsrichtern **staatliche, unabhängige und neutrale Richter**. Dies bedeutet, dass sie nur an Gesetz und Recht gebunden sind und nicht etwa den Weisungen der Interessenvertretung unterliegen, auf deren Vorschlag sie ernannt worden sind. Ihre sachliche Unabhängigkeit folgt bereits aus Art. 97 Abs. 1 GG. Ihre persönliche Unabhängigkeit wird, da Art. 97 Abs. 2 GG nur für Berufsrichter gilt, einfachrechtlich u.a. über § 26 ArbGG sichergestellt. Die Stellung als vollwertiger Richter manifestiert sich zudem darin, dass auch für die ehrenamtlichen Richter das Gebot des gesetzlichen Richters (Art. 101 Abs. 1 S. 2 GG) gilt, weshalb sie z.B. nur nach im Vorhinein festgelegten Listen zu den Sitzungen herangezogen werden (§ 31 Abs. 1 ArbGG). Die ehrenamtlichen Richter wirken an der mündlichen Verhandlung mit und haben nach Erteilung des Worts durch den Vorsitzenden ein umfassendes Fragerecht. Ihre **Stimme hat das gleiche Gewicht** wie die des Berufsrichters, weshalb zwei ehrenamtliche Richter einen Berufsrichter, z.B. am Arbeitsgericht, aber auch noch am Landesarbeits-

II. Aufbau der Arbeitsgerichtsbarkeit § 176

gericht überstimmen können. Aus Gründen der Beschleunigung des Verfahrens sind bestimmte Zuständigkeiten jedoch allein dem Berufsrichter vorbehalten, so z.B. in erster Instanz die Durchführung der Güteverhandlung (§ 54 Abs. 1 ArbGG; dazu siehe unter § 178 III).

Das Arbeitsgericht ist **in allen arbeitsgerichtlichen Streitigkeiten** als **erste Instanz** zuständig (§ 8 Abs. 1 ArbGG; Ausnahme z.B.: § 21 Abs. 5 S. 2 ArbGG). Anders als im allgemeinen Zivilrecht (Amtsgericht und Landgericht) gibt es nicht zwei – vom Streitwert abhängige – Eingangsinstanzen. Bei den Arbeitsgerichten bestehen Kammern, die mit einem Berufsrichter und zwei ehrenamtlichen Richtern besetzt sind (§ 16 Abs. 2 ArbGG). Die Arbeitsgerichte sind Gerichte der Länder. Ihre Bezirke stimmen oft nicht mit denen der Amtsgerichtsbezirke überein und sind vielfach größer. Deshalb kann die Kammer eines Arbeitsgerichts **Gerichtstage** (§ 14 Abs. 4 ArbGG) abhalten, d.h. regelmäßig an einem bestimmten Tag an einem anderen Ort als dem Gerichtssitz Sitzungen abhalten, ohne dass die Kammer selbst dauerhaft an diesen anderen, auswärtigen Ort verlegt ist, was auch zulässig ist (§ 14 Abs. 2 Nr. 5 ArbGG). Gerichtstage werden z.B. in Nordrhein-Westfalen abgehalten; **auswärtige Kammern** gibt es z.B. in Baden-Württemberg.
Arbeitsgericht

Die Landesarbeitsgerichte sind ebenso wie die Arbeitsgerichte mit einem Berufsrichter und zwei ehrenamtlichen Richtern besetzt (§ 35 Abs. 2 ArbGG). Bei ihnen werden anders als bei den Oberlandesgerichten, denen sie im Rang gleichstehen, keine Senate, sondern Kammern gebildet. Dies rührt noch daher, dass sie in der Nachkriegszeit bei den Landgerichten angesiedelt waren (siehe unter § 176 I). Zuständig sind die Landesarbeitsgerichte für die **Berufungen gegen die Urteile der Arbeitsgerichte und für die Beschwerden gegen deren Beschlüsse** (§ 8 Abs. 2, 4, § 78 ArbGG). In den meisten Bundesländern gibt es nur ein Landesarbeitsgericht, in Bayern und Nordrhein-Westfalen jedoch mehrere.
Landesarbeitsgericht

Das Bundesarbeitsgericht hat seinen Sitz in Erfurt (früher Kassel). Bei ihm sind Senate gebildet, die mit drei Berufsrichtern und zwei ehrenamtlichen Richtern besetzt sind (§ 41 Abs. 2 ArbGG). Es entscheidet als **dritte Instanz** über die gegen die Entscheidungen des Landesarbeitsgerichts eingelegten Rechtsmittel. Im Urteilsverfahren entscheidet es insbesondere über die Revision gegen die Berufungsurteile (§ 8 Abs. 3 ArbGG) und im Beschlussverfahren über die Rechtsbeschwerde gegen die Beschwerdebeschlüsse der Landesarbeitsgerichte (§ 8 Abs. 5 ArbGG). In **zweiter Instanz** entscheidet es über die Sprungrevision gegen Urteile (§ 76 ArbGG) und über die Sprungrechtsbeschwerde gegen Beschlüsse des Arbeitsgerichts (§ 96a ArbGG). Bei dem Bundesarbeitsgericht wird ein **Großer Senat** gebildet (§ 45 ArbGG). Dieser ist zuständig, wenn ein Senat in einer Rechtsfrage von der Rechtsprechung eines anderen Senats abweichen will. Auch Fragen von grundsätzlicher Bedeutung können vom erkennenden Senat dem Großen Senat vorgelegt werden.
Bundesarbeitsgericht

III. Streitentscheidung im Arbeitsrecht

Keine umfassende Kompetenz zur Konfliktlösung

Die Arbeitsgerichte entscheiden jedoch nur über einen **Ausschnitt** der im Arbeitsrecht auftretenden Konflikte. Grundlegend ist zwischen Rechts- und Regelungsstreitigkeiten zu unterscheiden.

Rechtsstreitigkeiten

Bei den Rechtsstreitigkeiten besteht bereits ein festgelegter rechtlicher Rahmen, um dessen Anwendung und Auslegung es geht. Aufgabe der **Arbeitsgerichte** ist die verbindliche Entscheidung dieser Streitigkeiten. Diese Streitentscheidung kann auch durch **Schiedsgerichte** erfolgen. Deren Zulässigkeit ist im Arbeitsrecht jedoch stark eingeschränkt (§§ 4, 101 ArbGG); so z.B. in bürgerlichen Streitigkeiten aus einem Arbeitsverhältnis nur für eng begrenzte, besondere Berufsgruppen, wie z.B. Bühnenkünstler zulässig. Sinn dieser Regelung ist es, im Sinne der Arbeitsvertragsparteien sicherzustellen, dass materielle Arbeitsrechtsstreitigkeiten mit Hilfe der unabhängigen und fachlich qualifizierten Gerichte entschieden werden. Außergerichtliche Verfahren, wie z.B. die Mediation sind jedoch zulässig und schließen die Arbeitsgerichtsbarkeit nicht aus.

Regelungsstreitigkeiten

Für die Entscheidung von Regelungsstreitigkeiten sind die Arbeitsgerichte grundsätzlich nicht zuständig. In diesen Fällen geht es nicht um Rechtsanwendung, sondern um die Schaffung von Rechtsnormen, z.B. den Abschluss eines Tarifvertrags. Auf der Ebene des Betriebs sind dafür die Einigungsstellen (§ 76 BetrVG; siehe unter § 151 III) zuständig. Können Tarifvertragsparteien sich nicht über eine tarifliche Regelung einigen, kann zur Beilegung einer solchen Streitigkeit eine **tarifliche Schlichtungsstelle** zuständig sein (siehe unter §§ 139-141). Ausnahmsweise entscheiden die Arbeitsgerichte jedoch auch über Regelungsstreitigkeiten, nämlich dann, wenn sie die Einigung von Betriebsrat und Arbeitgeber ersetzen können (§ 76 Abs. 5 BetrVG).

IV. Arbeitsgerichtsbarkeit und Zivilgerichtsbarkeit

Literatur: FOERSTE, Die Güteverhandlung im künftigen Zivilprozess, NJW 2001, 3103; KISSEL, Die neuen §§ 17 bis 17 b GVG in der Arbeitsgerichtsbarkeit, NZA 1995, 345; LÜKE, Der Rechtsweg zu den Arbeitsgerichten und die dogmatische Bedeutung der Neuregelung, FS Kissel (1994), S. 709.

Eigener Rechtsweg

Im Verhältnis zur ordentlichen Gerichtsbarkeit wurde die Arbeitsgerichtsbarkeit lange Zeit als Teil derselben angesehen, die Abgrenzung nur als eine Frage der sachlichen Zuständigkeit. Durch § 48 Abs. 1 ArbGG hat der **Gesetzgeber** jedoch **geklärt**, dass die Arbeitsgerichtsbarkeit einen eigenen Rechtsweg darstellt (BAG 26.3.1992 AP Nr. 7 zu § 48 ArbGG 1979).

„Damit hat der Gesetzgeber eindeutig zum Ausdruck gebracht, dass die bisherige Differenzierung des Verhältnisses der Arbeitsgerichtsbarkeit zur ordentlichen Gerichtsbarkeit und den übrigen Gerichtsbarkeiten aufgegeben werden sollte. ... Nachdem § 48 Abs. 1 und § 48 a ArbGG a.F., deren sachliche Regelung allein die Grundlage für die Differenzierung des Verhältnisses der Arbeitsgerichtsbarkeit zu der ordentlichen Gerichtsbarkeit und den übrigen Gerichtsbarkeiten bildete, aufgehoben und gem. § 48 Abs. 1 ArbGG n.F. durch die einheitlich für alle Gerichtsbarkeiten geltende Regelung der §§ 17 bis 17a GVG n.F. ersetzt wurden, ist damit auch die Arbeitsgerichtsbarkeit im Verhältnis zur ordentlichen Gerichtsbarkeit als eigenständiger Rechtsweg ausgestaltet worden." (BAG 26.3.1992 AP Nr. 7 zu § 48 ArbGG 1979)

Dies hat zur Folge, dass die Abgrenzung zur Zivilgerichtsbarkeit eine Frage des Rechtswegs ist und somit die §§ 17–17 b GVG anzuwenden sind. Der Rechtsweg zu den Arbeitsgerichten ist eröffnet, wenn die Zuständigkeit des Arbeitsgerichts nach §§ 2, 2a ArbGG gegeben ist; abzustellen ist auf den Zeitpunkt, in dem die Klage rechtshängig geworden ist (§ 17 Abs. 1 S. 1 GVG; vgl. BAG 29.11.2006 AP Nr. 90 zu § 2 ArbGG 1979).

Praktisch bedeutet dies, dass in den Fällen der Unzulässigkeit des Rechtswegs das Arbeitsgericht zwingend vorab durch Beschluss (§ 17a Abs. 4 GVG) über diese Frage zu entscheiden hat; **eine Entscheidung im Hauptsacheverfahren ist unzulässig.** Das Arbeitsgericht wird den Rechtsstreit an das zuständige Gericht verweisen. Dieses ist nach formeller Rechtskraft des Beschlusses in Bezug auf den Rechtsweg an die Verweisung gebunden, kann also weder zurück- noch weiterverweisen (§ 17a Abs. 2 S. 3 GVG).

Unzulässigkeit des Rechtswegs

○ **Beispiel für Verweisungsbeschluss:**
1. Der Rechtsweg zu den Arbeitsgerichten wird für unzulässig erklärt.
2. Der Rechtsstreit wird an das Amtsgericht Münster verwiesen.

Erachtet das Arbeitsgericht den **Rechtsweg für zulässig**, muss es, wenn auch nur eine Partei die Zulässigkeit des Rechtswegs rügt, vorab über die Zulässigkeit des Rechtswegs entscheiden (§ 17a Abs. 3 GVG). Nach den §§ 17–17 b GVG und nicht nach § 281 ZPO ist gemäß § 48 Abs. 1 ArbGG über die Frage der **örtlichen Zuständigkeit** zu entscheiden, wobei der Beschluss des Arbeitsgerichts insoweit – anders als bei der Entscheidung über den Rechtsweg (§ 17 Abs. 4 S. 2 GVG) – nicht mit der sofortigen Beschwerde angegriffen werden kann, sondern unanfechtbar ist (§ 48 Abs. 1 Nr. 1 ArbGG).

Aufgrund von § 17 Abs. 2 S. 1 GVG entscheidet das Arbeitsgericht den Rechtsstreit unter allen rechtlichen Gesichtspunkten. Ob es damit befugt ist, auch über eine **Aufrechnung** (§ 387 BGB) mit **rechtswegfremden Gegenforderungen** zu entscheiden, ist äußerst umstritten. Das BAG lehnt dies ab, da die Aufrechnung kein anderer „rechtlicher Gesichtspunkt" i.S.d. § 17 Abs. 2 S. 1 GVG sei (BAG 23.8.2001 AP Nr. 2 zu § 17 GVG; BAG 28.11.2007 NJW 2008, 1020).

Alle rechtlichen Gesichtspunkte

„Sinn und Zweck dieser Norm [§ 17 Abs. 2 GVG] bestehen darin, eine einheitliche Sachentscheidung durch ein Gericht zu ermöglichen, wenn derselbe prozessuale Anspruch auf mehreren, eigentlich verschiedenen Rechtswegen zugeordneten Anspruchsgrundlagen beruht. ... Die Aufrechnung ist kein „rechtlicher Gesichtspunkt" i.S.v. § 17 Abs. 2 GVG, sondern ein selbständiges Gegenrecht, das dem durch die Klage bestimmten Gegenstand einen weiteren selbständigen Gegenstand hinzufügt." (BAG 23.8.2001 AP Nr. 2 zu § 17 GVG)

➲ **Beispiel:**
Der Arbeitnehmer erhebt gegen seinen Arbeitgeber Klage auf Zahlung von rückständigem Arbeitsentgelt. Ist der Arbeitgeber zugleich Vermieter des Arbeitnehmers, kann das Arbeitsgericht nicht selbst über vom Arbeitgeber gegen die Entgeltforderung zur Aufrechung gestellte Mietzinsansprüche entscheiden. Das Arbeitsgericht wird den Prozess nach § 148 ZPO aussetzen und bei Entscheidungsreife ein Vorbehaltsurteil (§ 302 ZPO) in Bezug auf die Zahlungsklage erlassen.

Modifizierter Zivilprozess

Im Verhältnis zum Zivilprozess ist das **arbeitsgerichtliche Urteilsverfahren** durch zahlreiche Besonderheiten geprägt. Das ArbGG regelt das Urteilsverfahren jedoch nicht völlig eigenständig, sondern baut auf der ZPO auf. So finden für das Urteilsverfahren erster Instanz die Vorschriften der ZPO über das Verfahren vor den Amtsgerichten (§§ 495 ff., 253 ff. ZPO) Anwendung, soweit nicht das ArbGG etwas anderes bestimmt (§ 46 Abs. 2 ArbGG). Entsprechende Regelungen finden sich für die Berufungs- und Revisionsinstanz (§§ 64 Abs. 6, 72 Abs. 5 ArbGG). Das Urteilsverfahren erschließt sich damit nur in der Zusammenschau von ZPO und ArbGG.

➲ **Übersicht:**
Abweichung des arbeitsgerichtlichen Urteilsverfahrens vom Zivilprozess
- kein früher erster Termin zur mündlichen Verhandlung und kein schriftliches Vorverfahren (§§ 275-277 ZPO)
- kein Urkunds- und Wechselprozess (§§ 592 ff. ZPO)
- keine Entscheidung ohne mündliche Verhandlung nach § 128 Abs. 2 ZPO; zulässig aber, wenn nur noch über die Kosten zu entscheiden ist (§ 128 Abs. 3 ZPO)
- erweiterte Parteifähigkeit in § 10 ArbGG gegenüber § 50 ZPO (siehe unter § 177 V)
- Kostenlast: in der ersten Instanz trägt jede Partei ihre außergerichtlichen Kosten selbst (§ 12a Abs. 1 ArbGG; siehe unter § 178 V)
- anders als im Zivilprozess enthalten alle mit einem befristeten Rechtsmittel anfechtbaren Entscheidungen eine Rechtsmittelbelehrung (§ 9 Abs. 5 ArbGG; siehe unter § 178 V)
- keine Anwendung der Vorschriften über den Einzelrichter (§§ 348 ff. ZPO) im Berufungsrechtszug

Die ZPO-Reform hat jedoch in einem entscheidenden Punkt eine Annäherung beider Verfahrensordnungen bewirkt. Besonderes Charakteristikum des arbeitsgerichtlichen Urteilsverfahrens ist die **obligatorische Güteverhandlung** (§ 54 ArbGG siehe unter § 178 III). Nach dem Vorbild des arbeitsgerichtlichen Güteverfahrens hat § 278 Abs. 2 ZPO eine grundsätzlich obligatorische Güteverhandlung jetzt auch für den Zivilprozess vorgeschrieben. Abweichungen ergeben sich jedoch nach wie vor dadurch, dass im Zivilprozess eine Güteverhandlung unterbleibt, wenn bereits ein Einigungsversuch vor einer außergerichtlichen Gütestelle stattgefunden hat oder aber die Güteverhandlung erkennbar aussichtslos erscheint. Derartige Ausnahmen werden vom Erfordernis der Güteverhandlung nach § 54 ArbGG nicht gemacht; nicht einmal mehr dann, wenn im Berufsbildungsrecht vor der Erhebung der arbeitsgerichtlichen Klage ein Schlichtungsausschuss nach § 111 Abs. 2 ArbGG anzurufen war (krit. hierzu GERMELMANN, NZA 2000, 1017, 1020; zu anderen nicht vergleichbaren Ausnahmen siehe unter § 178 III). Die Güteverhandlung nach § 54 ArbGG ist Teil der mündlichen Verhandlung, während sie nach § 278 Abs. 2 ZPO der mündlichen Verhandlung vorgeschaltet ist. Insgesamt ist der Gedanke der einvernehmlichen Streitschlichtung im Arbeitsgerichtsprozess deshalb trotz Annäherung noch stärker ausgeprägt als im Zivilprozess.

Annäherung der ZPO an ArbGG

Das Beschlussverfahren ist durch weitere Besonderheiten geprägt (siehe unter §§ 182-184). Es ist ein **eigenständiges arbeitsgerichtliches Verfahren** und dem Wesen nach weder Verwaltungsverfahren, Verwaltungsgerichtsverfahren oder Verfahren der freiwilligen Gerichtsbarkeit.

Beschlussverfahren

V. Verhältnis der Arbeitsgerichtsbarkeit zu weiteren Gerichtsbarkeiten

Literatur: PREIS, Koordinationskonflikte zwischen Arbeits- und Sozialrecht, NZA 2000, 914; WISSMANN, Europäischer Gerichtshof und Arbeitsgerichtsbarkeit – Kooperation mit Schwierigkeiten, RdA 1995, 193.

Auf europäischer Ebene ist der EuGH für die **Auslegung des europäischen Rechts** zuständig. Auf dem Gebiet des Arbeitsrechts gibt es auf dieser Ebene inzwischen eine Vielzahl von Regelungen, insbesondere in Form von Richtlinien (siehe unter § 14 I). Über die Auslegung dieser Rechtsvorschriften entscheidet der EuGH insbesondere im **Vorabentscheidungsverfahren** nach Art. 234 EG aufgrund von Vorlagefragen der nationalen Gerichte. Vorlagebefugt sind alle drei Instanzen der Arbeitsgerichtsbarkeit. Für die Arbeitsgerichte und Landesarbeitsgerichte besteht die Möglichkeit der Vorlage, während das Bundesarbeitsgericht für Fragen der Auslegung des Gemeinschaftsrechts zur Vorlage verpflichtet ist, wenn nicht bereits eine gesicherte Rspr. des EuGH vorliegt oder aber die richtige Anwendung des Gemeinschaftsrechts offenkundig ist (EuGH 6.10.1982 AP Nr. 11 zu Art. 117 EWG-Vertrag). Bestimmte europäisch geprägte Bereiche des Arbeitsrechts, wie z.B. das Recht des Betriebsübergangs

EuGH

(§ 613a BGB; siehe unter § 73) sind deshalb ohne einen Pendelblick zwischen EuGH und BAG nicht mehr verständlich.

BVerfG Gleiches gilt in bestimmten Bereichen im Hinblick auf das Verfassungsrecht und die Rechtsprechung des BVerfG. Auch wenn sich das BVerfG ausdrücklich nicht als Superrevisionsinstanz gegenüber der Fachgerichtsbarkeit versteht (bereits BVerfG 15.1.1958 BVerfGE 7, 198, 207), hat es arbeitsrechtliche Streitfragen, sei es auf Grund von **Verfassungsbeschwerden** (Art. 93 Abs. 1 Nr. 4a GG) betroffener Arbeitgeber oder Arbeitnehmer oder aufgrund von **konkreten Normenkontrollanträgen der Arbeitsgerichte** (Art. 100 Abs. 1 GG) entschieden. Beispielhaft sei nur die Entscheidung zum verfassungsrechtlichen Verständnis des Begriffs „Betrieb" in § 23 Abs. 1 KSchG genannt (BVerfG 27.1.1998 AP Nr. 18 zu § 23 KSchG 1969; siehe unter § 61 IV 1).

Sozialgerichtsbarkeit Auch wenn die Sozialgerichtsbarkeit nicht für die Entscheidung arbeitsrechtlicher Streitigkeiten zuständig ist, ergeben sich doch vielfach **Schnittstellen**. So ist sozialrechtliche Beschäftigung die nichtselbständige Arbeit, insbesondere in einem Arbeitsverhältnis (§ 7 Abs. 1 S. 1 SGB IV). Die Koordinierung beider Rechtsgebiete ist nicht frei von Konflikten, was sich z.B. daran zeigt, dass ein einheitliches Begriffsverständnis von Beschäftigtenbegriff und Arbeitnehmerbegriff fehlt (ausf. PREIS, NZA 2000, 914, 917 ff.).

2. Abschnitt: Das Urteilsverfahren

Literatur: ASCHEID, Urteils- und Beschlussverfahren im Arbeitsrecht, 1995; SCHELLHAMMER, Zivilprozessreform und erste Instanz, MDR 2001, 1081.

§ 177 Zulässigkeit

⟳ Übersicht:

1. Deutsche Gerichtsbarkeit (§§ 18-20 GVG)
2. Rechtswegzuständigkeit (§§ 2, 3 ArbGG; siehe unter § 177 I)
3. Örtliche Zuständigkeit (§§ 12 ff. ZPO i.V.m. § 46 Abs. 2 ArbGG; siehe unter § 177 II)
4. Internationale Zuständigkeit (siehe unter § 177 III)
5. Ordnungsgemäße Klageerhebung (§ 253 ZPO; siehe unter § 177 IV)
6. Parteifähigkeit (§ 50 ZPO, § 10 ArbGG; siehe unter § 177 V)
7. Prozessfähigkeit (§§ 51 ff. ZPO)
8. Postulationsfähigkeit (§ 11 ArbGG; siehe unter § 177 V)

I. Rechtswegzuständigkeit

Literatur: KRASSHÖFER-PIDDE/MOLKENBUR, Der Rechtsweg zu den Gerichten für Arbeitssachen im Urteilsverfahren, NZA 1991, 623; REINECKE, Die Entscheidungsgrundlagen für die Prüfung der Rechtswegzuständigkeit, insbesondere der arbeitsgerichtlichen Zuständigkeit, ZfA 1998, 359.

Die Rechtswegzuständigkeit und damit die sachliche Zuständigkeit der Arbeitsgerichte im Urteilsverfahren folgt aus §§ 2, 3 ArbGG. Im Individualarbeitsrecht ist die **praktisch wichtigste Zuständigkeitsnorm § 2 Abs. 1 Nr. 3 ArbGG**. Mit ihr wird eine umfassende Zuständigkeit der Arbeitsgerichtsbarkeit für individualrechtliche Streitigkeiten aus dem Arbeitsverhältnis begründet (BAG 23.2.1979 AP Nr. 30 zu Art. 9 GG).

Individualarbeitsrecht

Für den Arbeitsgerichtsprozess enthält § 5 ArbGG eine Regelung des Arbeitnehmerbegriffs, die aber **keine eigenständige Definition** verwendet, sondern lediglich ausführt, dass Arbeitnehmer i.S.d. ArbGG Arbeiter und Angestellte einschließlich der zu ihrer Berufsausbildung Beschäftigten sind. Es muss auf den allgemeinen Arbeitnehmerbegriff (siehe unter § 8) zurückgegriffen werden. Allerdings stellt § 5 Abs. 1 S. 2 ArbGG Heimarbeiter und **arbeitnehmerähnliche Personen** (siehe unter § 9 III) Arbeitnehmern i.S.d. ArbGG gleich. Eine Sonderregelung für Handelsvertreter enthält § 5 Abs. 3 ArbGG. **Gesetzliche Vertreter** einer juristischen Person oder Personengesamtheit gelten nicht als Arbeitnehmer (§ 5 Abs. 1 S. 3 ArbGG). Diese Fiktion gilt unabhängig davon, ob das der Organstellung zugrunde liegende Rechtsverhältnis ein freies Dienstverhältnis oder ein Arbeitsverhältnis ist. Selbst dann, wenn ein GmbH-Geschäftsführer wegen starker interner Weisungsabhängigkeit materiell-rechtlich Arbeitnehmer ist (siehe unter § 8 II 4 c ff), sind – vorbehaltlich von § 2 Abs. 4 ArbGG – wegen § 5 Abs. 1 S. 3 ArbGG die ordentlichen Gerichte zuständig (BAG 23.8.2001 AP Nr. 54 zu § 5 ArbGG 1979). Wird ein der Geschäftsführerbestellung zugrunde liegendes Arbeitsverhältnis nach der Abberufung aus der Organstellung gekündigt, bleibt es bei der Zuständigkeit der ordentlichen Gerichtsbarkeit. Etwas anders gilt nur dann, wenn nicht das der Organbestellung zugrunde liegende Rechtsverhältnis betroffen ist, sondern eine weitere Rechtsbeziehung (BAG 6.5.1999 AP Nr. 46 zu § 5 ArbGG 1979; BAG 12.7.2006 NZA 2006, 1004).

Arbeitnehmerbegriff

➲ **Beispiel:**
Zuständigkeit der Arbeitsgerichte für Ruhegeldansprüche, die nur im Zusammenhang mit dem Arbeitsverhältnis, nicht aber mit der Vorstandstätigkeit gewährt wurden (BAG 27.10.1960 AP Nr. 14 zu § 5 ArbGG 1953).

Rechtsstreitigkeiten aus einem Arbeitsverhältnis erfassen u.a. die praktisch relevanten Streitigkeiten über die **Zahlung von Arbeitsentgelt** sowie über Rückzahlung überzahlten Arbeitsentgelts, Gewährung von Urlaub (siehe unter § 47), Klagen auf **Schadensersatz wegen**

Umfassende Zuständigkeit

Pflichtverletzungen im Arbeitsverhältnis (siehe unter §§ 51–54), Klagen auf Unterlassung und Beseitigung, wie z.B. die Entfernung einer Abmahnung aus der Personalakte (siehe unter § 36 II 3). § 2 Abs. 1 Nr. 3b ArbGG nennt zudem das Bestehen oder Nichtbestehen eines Arbeitsverhältnisses, womit insbesondere **Beendigungsstreitigkeiten** über die Wirksamkeit von Kündigungen (siehe unter §§ 56 ff.), aber auch Befristungen (siehe unter § 70) erfasst sind. § 2 Abs. 1 Nr. 3c ArbGG weist Streitigkeiten über die Verhandlungen über die Eingehung eines Arbeitsverhältnisses und dessen Nachwirkungen den Arbeitsgerichten zu. Erfasst sind damit u.a. Schadensersatzansprüche aus §§ 280 Abs. 1 BGB i.V.m. 311 Abs. 2 BGB (siehe unter § 21 I) sowie über **nachvertragliche Wettbewerbsverbote** (siehe unter § 72 II 3). Von der arbeitsgerichtlichen Zuständigkeit erfasst sind auch unerlaubte Handlungen im Zusammenhang mit einem Arbeitsverhältnis (§ 2 Abs. 1 Nr. 3d ArbGG) sowie Streitigkeiten über die Arbeitspapiere (§ 2 Abs. 1 Nr. 3e ArbGG), wie z.B. die Rückgabe der Lohnsteuerkarte.

Ausschließlicher Gerichtsstand

Bei § 2 Abs. 1 ArbGG handelt es sich um eine ausschließliche Zuständigkeit der Arbeitsgerichtsbarkeit. Dies bedeutet, dass die Arbeitsvertragsparteien im Wege einer **Parteivereinbarung** oder durch **rügelose Einlassung** für den Arbeitsgerichten zugewiesenen Streitigkeiten nicht die Zuständigkeit der ordentlichen Gerichte begründen können. Umgekehrt kann im Grundsatz die Zuständigkeit der Arbeitsgerichte nicht durch Parteivereinbarung oder durch **rügelose Einlassung** begründet werden (GMP/MATTHES § 2 ArbGG Rn. 3).

Zusammenhangsklage

Durchbrochen wird dieser Grundsatz z.B. von § 2 Abs. 3 ArbGG, wonach rechtswegfremde Streitgegenstände bürgerlich-rechtlicher Art, die mit einer arbeitsgerichtlichen Streitigkeit in einem rechtlichen oder unmittelbar wirtschaftlichen Zusammenhang stehen und für die kein anderer ausschließlicher Gerichtsstand gegeben ist, vor die Gerichte für Arbeitssachen gebracht werden können (sog. Zusammenhangsklage).

⮞ **Beispiel:**
Betriebsfremder Mittäter an einer unerlaubten Handlung eines Arbeitnehmers, z.B. gemeinsame Verwendung der von einem Arbeitnehmer beim Arbeitgeber entwendeten Unterlagen für Konkurrenztätigkeit (vgl. OLG Zweibrücken 28.4.1997 NZA-RR 1998, 225).

Gesetzliche Vertreter

Eine weitere Durchbrechung erfährt dieser Grundsatz durch § 2 Abs. 4 ArbGG. Durch **Vereinbarung** kann danach die Zuständigkeit der Arbeitsgerichte für bürgerlich-rechtliche Streitigkeiten zwischen juristischen Personen und deren gesetzlichen Vertretern begründet werden. § 2 Abs. 4 ArbGG steht in Zusammenhang mit § 5 Abs. 1 S. 3 ArbGG. **Zweck der Norm** ist es, wegen der vergleichbaren Interessenlage für Streitigkeiten aus dem Anstellungsverhältnis des Organs, den Weg zu den Arbeitsgerichten zu eröffnen. Die anwaltliche

I. Rechtswegzuständigkeit § 177

Praxis rät angesichts der insoweit erhöhten Sachkunde der Arbeitsgerichte insbesondere gegenüber den Landgerichten sogar teilweise ausdrücklich zu solchen Vereinbarungen (abwägend GK-ArbGG/ WENZEL § 2 Rn. 218).

Umstritten ist, wie bei der **Zuständigkeitsprüfung** zu verfahren ist, wenn der Klageanspruch auf mehrere Anspruchsgrundlagen gestützt werden kann. Grundsätzlich vollzieht sich die Zuständigkeitsprüfung auf der Grundlage des schlüssigen – aber noch nicht bewiesenen – Vortrags des Klägers (BAG 16.11.1959 AP Nr. 13 zu § 276 ZPO). Ob dem auch so ist, wenn die Arbeitnehmereigenschaft streitig ist, ist angesichts der gesetzlichen Zuständigkeitsverteilung zwischen Zivilgerichten und Arbeitsgerichten, die nicht zur Disposition der Parteien steht, umstritten. Die Rechtsprechung (BAG 24.4.1996 AP Nr. 1 zu § 2 ArbGG 1979 Zuständigkeitsprüfung) unterscheidet nach verschiedenen **Fallgruppen**:

Mehrere Anspruchs- grundlagen

Bei einem Sic-non-Fall kann der geltend gemachte **Anspruch lediglich auf eine arbeitsrechtliche Anspruchsgrundlage gestützt** werden, wobei zweifelhaft ist, ob deren Voraussetzungen vorliegen. In diesen Fällen ist der Vortrag des Klägers doppelt relevant, nämlich sowohl für die Prüfung der Rechtswegzuständigkeit als auch für die Frage der Begründetheit der Klage. Eine Beweisaufnahme im Rahmen der Zulässigkeitsprüfung z.B. über die Frage der Arbeitnehmereigenschaft bedarf es dann nicht. Ist der Kläger kein Arbeitnehmer, ist, da nur eine arbeitsrechtliche Anspruchsgrundlage in Betracht kommt, zugleich über die Begründetheit der Klage entschieden. Ein schutzwürdiges Interesse an einer Verweisung an ein anderes Gericht hat der Kläger im Sinne einer zügigen Sachentscheidung nicht. Bei Bestehen der Arbeitnehmereigenschaft ist die sachliche Zuständigkeit der Arbeitsgerichtsbarkeit ohnehin zu bejahen. Das BAG hält in den sic-non-Fällen – entgegen der Rspr. des BGH (BGH 11.7.1996 NJW 1996, 3012) – die **bloße Rechtsansicht** des Klägers, er stehe in einem Arbeitsverhältnis, für ausreichend (BAG 24.4.1996 AP Nr. 1 zu § 2 ArbGG 1979 Zuständigkeitsprüfung; BAG 9.10.1996 AP Nr. 2 zu § 2 ArbGG 1979 Zuständigkeitsprüfung).

Sic-non-Fall

◯ **Beispiele:**
– Erhebung einer auf § 1 KSchG gestützten Kündigungsschutzklage mit dem Feststellungsantrag nach § 4 KSchG (siehe unter § 177 IV 2). Diese kann nur Erfolg haben, wenn der Kläger Arbeitnehmer ist.
– Auflösungsantrag nach §§ 9, 10 KSchG.

Grundsätzliche Bedenken bestehen dagegen, bei einem sic-non-Fall über die Zusammenhangsklage (§ 2 Abs. 3 ArbGG) auch für eigentlich einem fremden Rechtsweg zuzuordnende Ansprüche den Arbeitsrechtsweg zu eröffnen, weil dann durch die bloße Behauptung der Arbeitnehmereigenschaft für diese Ansprüche der Weg zu den Arbeitsgerichten eröffnet wäre. Dies ermöglicht die **Erschleichung**

Sic-non-Fall und Zusammen- hangsklage

des Rechtswegs, was mit dem Gebot des gesetzlichen Richters (Art. 101 Abs. 1 S. 2 GG) kollidiert (BAG 17.1.2001 AP Nr. 10 zu § 2 ArbGG 1979 Zuständigkeitsprüfung; BAG 15.2.2005 AP Nr. 60 zu § 5 ArbGG 1979).

„Die Gefahr der Manipulation hinsichtlich der Auswahl des zuständigen Gerichts durch die klagende Partei ist dann nicht von der Hand zu weisen, wenn diese im Wege der Zusammenhangsklage (§ 2 Abs. 3 ArbGG) mit einem Sic-non-Fall weitere Streitgegenstände verbindet. Bei Streitgegenständen, für die entweder arbeitsrechtliche oder bürgerlich-rechtliche Anspruchsgrundlagen in Betracht kommen (so genannte Aut-aut-Fälle) oder die widerspruchslos auf beide Rechtsgrundlagen gestützt werden können (so genannte Et-et-Fälle), reicht nach der Rechtsprechung des BAG die bloße Rechtsbehauptung des Kl., er sei Arbeitnehmer zur Begründung der Zuständigkeit der Arbeitsgerichte nicht aus. ... Diese strengeren Anforderungen können durch die Verbindung mit einer Statusklage umgangen werden, die nur erhoben wird, um den Rechtsstreit vor die Arbeitsgerichte zu bringen. Eine solche Umgehungsmöglichkeit, die dem Kl. de facto die Wahl des Rechtswegs überlässt, ist mit Art. 101 Abs. 1 Satz GG nicht vereinbar." (BVerfG 31.8.1999 AP Nr. 6 zu § 2 ArbGG 1979 Zuständigkeitsprüfung)

Aut-aut-Fall — Ein sog. Aut-aut-Fall liegt vor, wenn das Klagebegehren **entweder auf eine arbeitsrechtliche oder** auf eine **rechtswegfremde Anspruchsgrundlage** gestützt werden kann, **die sich gegenseitig ausschließen**. Die Arbeitsgerichtsbarkeit geht in solchen Fällen davon aus, dass sie ihre Zuständigkeit nicht allein aufgrund des schlüssigen Vortrags des Klägers bejahen darf, sondern bei Bestreiten des Beklagten Beweis erheben muss. So soll verhindert werden, dass die gesetzliche Zuständigkeitsverteilung unter den Gerichtsbarkeiten unterlaufen wird (BAG 28.10.1993 AP Nr. 19 zu § 2 ArbGG 1979).

⊃ **Beispiele:**
  – Vergütungsanspruch, der sich entweder aus einem Arbeitsverhältnis oder einem freien Dienstverhältnis ableiten lässt
  – Freistellungsanspruch aus Arbeitsverhältnis oder Gesellschaftsvertrag
  – Urlaubsvergütung eines Dozenten aus Arbeitsverhältnis oder öffentlich-rechtlichem Lehrauftrag

Et-et-Fall — Die Rechtsprechung unterscheidet vom Aut-aut-Fall den Et-et-Fall. Dieser ist dadurch gekennzeichnet, dass sich das Klagebegehren sowohl auf eine arbeitsrechtliche als auch auf eine rechtswegfremde Anspruchsgrundlage stützen lässt. Im **Unterschied zum aut-aut-Fall schließen sich** diese **Anspruchsgrundlagen** jedoch **nicht gegenseitig aus**; vielmehr lässt sich das Klagebegehren widerspruchslos sowohl auf die arbeitsrechtliche als auch auf die rechtswegfremde Anspruchsgrundlage stützen. Das Bundesarbeitsgericht hat auch hier verlangt, dass für die Zuständigkeit der Arbeitsgerichte der schlüssige Vortrag des Klägers nicht ausreicht, sondern bei Bestreiten Beweis zu erheben ist (BAG 28.10.1993 AP Nr. 19 zu § 2 ArbGG 1979; offen gelassen aber von BAG 10.12.1996 AP Nr. 4 zu § 2 ArbGG 1979 Zuständigkeitsprüfung).

⊃ **Beispiel:**
Ein Et-et-Fall und kein Sic-non-Fall liegt vor, wenn über eine außerordentliche Kündigung gestritten wird, weil insoweit § 626 BGB sowohl im Arbeitsverhältnis als auch im freien Dienstverhältnis anzuwenden ist (BAG 10.12.1996 AP Nr. 4 zu § 2 ArbGG 1979 Zuständigkeitsprüfung; str.).

Zuständig sind die Arbeitsgerichte in den Fällen des § 2 ArbGG gem. § 3 ArbGG auch, wenn der Rechtsstreit durch einen Rechtsnachfolger oder durch eine Person geführt wird, die kraft Gesetz an Stelle des sachlich Berechtigten oder Verpflichteten hierzu befugt ist. Die Sachkunde der Arbeitsgerichte soll auch dann in Anspruch genommen werden, wenn die arbeitsrechtliche Streitigkeit durch einen Dritten geführt wird. Im Fall des **Betriebsübergangs** (siehe unter § 73) liegt kein Fall des § 3 ArbGG vor, weil der Erwerber gem. § 613a Abs. 1 BGB die Arbeitgeberstellung erlangt und somit die Zuständigkeit bereits aufgrund von § 2 ArbGG gegeben ist (GK-ArbGG/SCHÜTZ § 3 Rn. 34).

Rechtsnachfolge

Für das kollektive Arbeitsrecht ergibt sich die Zuständigkeit der Arbeitsgerichte im Urteilsverfahren aus § 2 Abs. 1 Nr. 1, 2 ArbGG. Erfasst sind Rechtsstreitigkeiten zwischen tariffähigen Parteien oder zwischen diesen und Dritten auf den Gebieten des **Tarifrechts**, z.B. über die Auslegung von Tarifverträgen (BAG 25.9.1987 AP Nr. 1 zu § 1 BeschFG 1985; siehe unter § 96), des **Arbeitskampfrechts**, z.B. über die Unterlassung rechtswidriger Arbeitskampfmaßnahmen (BAG 10.9.1985 AP Nr. 86 zu Art. 9 GG Arbeitskampf; § 128 V 3) und des **Koalitionsrechts**, wie z.B. über gewerkschaftliche Plakatwerbung im Betrieb (BAG 14.2.1978 AP Nr. 26 zu Art. 9 GG).

Kollektives Arbeitsrecht

II. Örtliche Zuständigkeit

Literatur: KRASSHÖFER-PIDDE/MOLKENBUR, Zur örtlichen Zuständigkeit der Gerichte für Arbeitssachen, NZA 1988, 236; MÜLLER, Der Gerichtsstand des Erfüllungsortes bei arbeitsgerichtlichen Klagen von Außendienstmitarbeitern, BB 2002, 1094.

Das ArbGG normiert die örtliche Zuständigkeit der Arbeitsgerichte nicht selbst. Der Gerichtsstand richtet sich deshalb nach den §§ 12 ff. ZPO i.V.m. § 46 Abs. 2 ArbGG, was den additiven Charakter des ArbGG belegt. Der **allgemeine Gerichtsstand** ist damit der Wohnsitz des Beklagten (§ 13 ZPO) bzw. bei juristischen Personen deren Sitz (§ 17 ZPO). Der Arbeitnehmer kann den Arbeitgeber am Firmensitz verklagen, der Arbeitgeber den Arbeitnehmer an dessen Wohnsitz.

§§ 12 ff. ZPO i.V.m. § 46 Abs. 2 ArbGG

§ 177 Zulässigkeit

Erfüllungsort/ Arbeitsort

Neben dem allgemeinen Gerichtsstand kann der Kläger die Klage auch an einem **besonderen Gerichtsstand** nach den §§ 21 ff. ZPO erheben. Im Arbeitsverhältnis hat dabei der Gerichtsstand des **Erfüllungsorts** (§ 29 ZPO) besondere Bedeutung. Da eine zuständigkeitsbegründende Vereinbarung über den Erfüllungsort zwischen den Arbeitsvertragsparteien i.d.R. unzulässig ist (§ 29 Abs. 2 ZPO), ist der Erfüllungsort gem. § 269 Abs. 1 BGB für die von Arbeitgeber und Arbeitnehmer zu erbringenden Leistungen regelmäßig der Arbeitsort bzw. der Betriebssitz (BAG 3.12.1985 EzA Nr. 1 zu § 269 BGB). Der Arbeitnehmer kann den Arbeitgeber am Arbeitsort verklagen und ist nicht darauf angewiesen, die Klage am Arbeitsgericht des ggf. weit entlegenen Firmensitzes zu erheben. Dies hat der Gesetzgeber seit 1.4.2008 mit der Regelung eines besonderen Gerichtstandes des Arbeitsortes (§ 48 Abs. 1a ArbGG) klargestellt (hierzu REINHARD/BÖGGEMANN, NJW 2008, 1263).

Außendienstmitarbeiter

Bei Außendienstmitarbeitern mit Reisetätigkeit kann die Bestimmung des Erfüllungsorts problematisch sein. In Betracht kommen der Wohnsitz des Arbeitnehmers als auch der Betriebssitz des Arbeitgebers. Wenn der Arbeitnehmer die Arbeiten für einen größeren Bezirk von seinem Wohnsitz aus als Reisetätigkeit ausübt, ist der **Wohnsitz nach** § 269 Abs. 1 BGB **Erfüllungsort** für die Arbeitsleistung (BAG 12.6.1986 AP Nr. 1 zu Art. 5 Brüsseler Übereinkommen; ArbG Hagen 28.4.1998 EzA Nr. 1 zu § 29 ZPO; a.A. ArbG Regensburg 22.2.1989 BB 1989, 634; ArbG Lübeck 12.1.2001 NZA-RR 2002, 45). Daraus kann aber nicht abgeleitet werden, dass der Gerichtsstand von Außendienstmitarbeitern generell deren Wohnsitz ist. Vielmehr bleibt der Bezug zum Betriebsort des Arbeitgebers generell bestehen, wenn die allein am Wohnsitz vorzunehmenden Verpflichtungen als Nebenpflichten nicht wesentlich ins Gewicht fallen (ArbG Augsburg 18.9.1995 NZA-RR 1996, 185; ArbG Bamberg 8.11.1994 NZA 1995, 864). Bei ständig wechselnden Arbeitsstellen ist i.d.R. nach Auslegung des Vertrags davon auszugehen, dass Erfüllungsort der Sitz des Arbeitgebers ist, an dem die Personalverwaltung vorgenommen wird (ArbG Pforzheim 10.8.1993 NZA 1994, 384). Mangels eindeutiger Vereinbarung ist im Einzelfall festzustellen, dass gemeinsamer Erfüllungsort für die beiderseitigen Leistungsverpflichtungen der **Schwerpunkt des Vertragsverhältnisses** ist. Auch diese Problematik erfasst die Neuregelung des § 48 Abs. 1a ArbGG, indem S. 1 darauf abstellt, wo der Arbeitnehmer zuletzt seine Arbeit gewöhnlich verrichtet hat. Ist ein gewöhnlicher Arbeitsort i.S.d. Satzes 1 nicht feststellbar, ist das Arbeitsgericht örtlich zuständig, von dessen Bezirk aus der Arbeitnehmer gewöhnlich seine Arbeit verrichtet oder zuletzt gewöhnlich verrichtet hat (näher REINHARD/BÖGGEMANN, NJW 2008, 1263).

Gerichtsstandsvereinbarungen

Aus §§ 38 Abs. 1, 29 Abs. 2 ZPO i.V.m. § 46 Abs. 2 ArbGG ergibt sich, dass Gerichtsstandsvereinbarungen (Prorogation) der Arbeitsvertragsparteien grundsätzlich **unzulässig** sind. Hintergrund ist, dass der Arbeitgeber nicht im i.d.R. vorformulierten Arbeitsvertrag seinen Firmensitz als ausschließlichen Gerichtsstand festlegen können soll, was eine Prozessbarriere für den Arbeitnehmer darstellen kann. **Ausnahmen** normiert § 48 Abs. 2 ArbGG für Gerichtsstandsvereinbarungen in Tarifverträgen, die auch ein an sich örtlich unzuständiges Arbeitsgericht für zuständig erklären können. Für unbedenklich hält der Gesetzgeber auch die Prorogation nach Entstehen der Streitigkeit (§ 38 Abs. 3 Nr. 1 ZPO i.V.m. § 46 Abs. 2 ArbGG).

III. Internationale Zuständigkeit

Literatur: FRANZEN, Internationale Gerichtstandsvereinbarungen in Arbeitsverträgen zwischen EuGVÜ und autonomem internationalem Zivilprozessrecht, RIW 2000, 81; THOMAS/PUTZO/HÜSSTEGE, Zivilprozessordnung, 28. Aufl. 2007, Kommentierung EuGVVO; ZÖLLER/GEIMER, Zivilprozessordnung, 27. Aufl. 2008, Anh I.

Für grenzüberschreitende Sachverhalte richtet sich die Zuständigkeit der Arbeitsgerichte seit dem 1.3.2002 **in allen Mitgliedstaaten der EG außer Dänemark** für Ansprüche aus Arbeitsverträgen nach den Art. 18 – 21 VO (EG) 44/2001 **über die gerichtliche Zuständigkeit** und die Anerkennung und Vollstreckung von Entscheidungen in Zivil- und Handelssachen (EAS A 2120). Für Klagen des Arbeitnehmers gegen den Arbeitgeber stellt Art. 18 VO (EG) 44/2001 alternative Gerichtsstände zur Verfügung. Dies kann der Wohnsitz bzw. Sitz des Arbeitgebers sein. Der Arbeitnehmer ist jedoch auch berechtigt, den Arbeitgeber an seinem gewöhnlichen Arbeitsort oder, wenn der Arbeitnehmer seine Arbeit gewöhnlich nicht in ein und demselben Staat verrichtet, am Ort der einstellenden Niederlassung zu verklagen. Der Arbeitgeber dagegen ist gem. Art. 20 VO (EG) 44/2001 nur berechtigt, den Arbeitnehmer vor den Gerichten des Mitgliedstaats zu verklagen, in dessen Hoheitsgebiet der Arbeitnehmer seinen Wohnsitz hat. **Gerichtsstandsvereinbarungen** sind nur nach Entstehen der Streitigkeit oder bei einseitiger Begünstigung des Arbeitnehmers, wenn ihm nämlich ein zusätzlicher Gerichtsstand eröffnet wird, zulässig (Art. 21 VO [EG] 44/2001). Insgesamt sind die Regelungen von dem Gedanken getragen, dem Arbeitnehmer die Klagemöglichkeit oder aber bei einer gegen ihn gerichteten Klage die Verteidigungsmöglichkeiten nicht durch weit entfernte Gerichtsstände zu erschweren.

Europäische Gemeinschaft

Findet kein zwischenstaatliches Abkommen, wie das europäische Gerichtsstands- und Vollstreckungsübereinkommen (**EuGVÜ**) im Verhältnis zu Dänemark bzw. das **Luganer Übereinkommen** (Island, Norwegen, Polen, Schweiz), Anwendung, richtet sich die internationale Zuständigkeit nach den **Regeln über die örtliche Zuständigkeit** (§§ 12 ff. ZPO i.V.m. § 46 Abs. 2 ArbGG). Ein örtlich zuständiges deutsches Arbeitsgericht ist auch international zuständig (BAG 17.7.1997 AP Nr. 13 zu § 38 ZPO Internationale Zuständigkeit). § 38 Abs. 2, 3 Nr. 2 ZPO sieht insoweit Erleichterungen für Gerichtsstandsvereinbarungen vor. Das BAG will allerdings im Einzelfall eine Gerichtsstandsvereinbarung dann nicht beachten, wenn die Schutzbedürftigkeit des Arbeitnehmers Vorrang vor der Verein-

Drittstaaten

barungsbefugnis der Parteien hat (BAG 20.7.1970 AP Nr. 4 zu § 38 ZPO Internationale Zuständigkeit). Angesichts ihrer mangelnden Grundlage im Gesetz und ihrer Konturenlosigkeit ist diese Ausnahme bedenklich.

IV. Ordnungsgemäße Klageerhebung

Literatur: ETZEL, Arbeitsgerichtsbarkeit, Verfahren – Klage, AR-Blattei SD 160.7.2.

Bestimmtheit der Klage

Gemäß § 253 Abs. 2 Nr. 2 i.V.m. § 495 ZPO i.V.m. § 46 Abs. 2 ArbGG gilt auch im arbeitsgerichtlichen Verfahren, dass die Klage **hinreichend bestimmt** sein muss und einen **bestimmten Antrag** enthalten muss. Die daraus abzuleitenden Anforderungen müssen auch im arbeitsgerichtlichen Verfahren beachtet werden. Insoweit sind Klagen mit verschiedenen Streitgegenständen zu unterscheiden

1. Klage auf Zahlung von Arbeitsentgelt

Literatur: GRIEBELING, Brutto oder Netto – die gesetzliche Verzinsung arbeitsrechtlicher Vergütungsansprüche, NZA 2000, 1249; GRIESE, Bruttolohnvereinbarung; Nettolohnvereinbarung, in Küttner, Personalbuch, 15. Aufl. 2008; TREBER, Die prozessuale Behandlung des Verzugszinssatzes nach dem Gesetz zur Beschleunigung fälliger Zahlungen, NZA 2001, 187.

In der Regel Bruttolohnvereinbarung

Regelmäßig ist das Arbeitsentgelt als Bruttolohn vereinbart. Die arbeitsrechtliche Vergütungspflicht beinhaltet nicht nur die Nettoauszahlung, sondern umfasst auch die Leistungen, die nicht in einer unmittelbaren Auszahlung an den Arbeitnehmer bestehen, wie z.B. Lohnsteuer, Beiträge zur Sozialversicherung (vgl. BAG GS 7.3.2001 AP Nr. 4 zu § 288 BGB). Bei einer Bruttolohnvereinbarung ist es zu empfehlen, die **Klage auf Zahlung des Bruttolohns** zu richten. Probleme im Hinblick auf die Bestimmtheit und damit auf die Vollstreckbarkeit entstehen nicht. Auch die **Zwangsvollstreckung** ist auf den Bruttobetrag gerichtet (BGH 21.4.1966 AP Nr. 13 zu § 611 BGB Lohnanspruch; BAG 29.8.1984 AP Nr. 27 zu § 123 BGB). Zieht der Gerichtsvollzieher den gesamten Bruttobetrag ein, ist der Arbeitnehmer für die richtige Abführung der Lohnabzüge verantwortlich. Die Zwangsvollstreckung ist jedoch einzustellen (§ 775 Nr. 5 ZPO), wenn der Arbeitgeber durch Quittungen nachweist, dass die öffentlich-rechtlichen Lohnabzüge bereits abgeführt sind (BAG 14.1.1964 AP Nr. 20 zu § 611 BGB Dienstordnungsangestellte; BGH 21.4.1966 AP Nr. 13 zu § 611 BGB Lohnanspruch).

Zinsanspruch

Die Klage auf Zahlung des Arbeitsentgelts wird in der Regel mit einer Klage auf Zahlung von Verzugszinsen (§ 288 BGB) verbunden, wobei sich der Zinssatz aufgrund der Einordnung des Arbeitnehmers als Verbraucher nach § 288 Abs. 1 BGB richtet (siehe unter § 8 III). Der **Zinssatz** berechnet sich **aus dem Bruttobetrag** (BAG GS 7.3.2001 AP Nr. 4 zu § 288 BGB; BAG 11.8.1998 AP Nr. 1 zu § 288 BGB; a.A. BAG 13.2.1985 AP Nr. 3 zu § 1 TVG Tarifverträge – Presse). Die Höhe des gesetzlichen Verzugszinssatzes beträgt nach § 288 Abs. 1

IV. Ordnungsgemäße Klageerhebung § 177

S. 2 BGB 5 % über dem Basiszinssatz des § 247 BGB. Dieser Basiszinssatz ist jedoch keine fixe Größe, sondern variabel und verändert sich zum 1.1. und 1.7. eines Jahres. Dem Bestimmtheitsgrundsatz aus § 253 Abs. 2 ZPO genügt es jedoch, wenn der Klageantrag auf Zahlung des **variablen Zinssatzes** des § 288 Abs. 1 BGB, d.h. von 5 Prozentpunkten über dem jeweiligen Basiszinssatz, formuliert wird. Probleme in der Vollstreckung treten nicht auf, weil der jeweilige Zinssatz stets anhand objektiver Quellen feststellbar ist.

⊃ **Klageantrag einer Bruttolohnklage:**
Der Beklagte wird verurteilt, an den Kläger 10 000 Euro brutto nebst Zinsen in Höhe von 5 Prozentpunkten über dem jeweiligen Basiszinssatz hieraus seit dem . . . zu zahlen.

Auch wenn die Parteien eine Bruttolohnabrede getroffen haben, kann der Arbeitnehmer auf Zahlung des Nettolohns klagen. Dies ist **prozessual zulässig**, aber wegen sich anschließender steuerlicher Probleme nicht zu empfehlen (GK-ArbGG/SCHÜTZ § 46 ArbGG Rn. 89). Hat der Arbeitgeber bereits Teilzahlungen erbracht, kann der Klageantrag auf den Bruttobetrag abzüglich des erhaltenen Nettobetrags lauten. Die erhaltenen Nettobeträge sind im Antrag genau zu bezeichnen. Haben die Parteien ausdrücklich oder konkludent (LAG Köln 1.8.1997 ArbuR 1998, 334) eine **Nettolohnvereinbarung** getroffen, so übernimmt der Arbeitgeber sämtliche Steuern und Sozialversicherungsbeiträge (BAG 8.9.1998 AP Nr. 10 zu § 611 BGB Nettolohn). Ändern sich dann die Grundlagen der Lohnsteuerberechnung (Änderung der Steuerklasse, Wegfall von Freibeträgen, Gesetzesänderung), so wirkt sich dies auf die Höhe des dem Arbeitnehmer zustehenden Nettolohns nicht aus. Dieser wird als feste Größe geschuldet. Da aber die Bruttolohnabrede der Regelfall ist, hat der Arbeitnehmer eine derartige Abrede über den Nettolohn zu beweisen (BAG 18.1.1974 AP Nr. 19 zu § 670 BGB; LAG Düsseldorf 7.11.1984 DB 1985, 1403). Auch bei einer vereinbarten Nettovergütung kann Bruttoklage erhoben werden, wahlweise Nettolohnklage.

Nettolohnklage

2. Kündigungsschutzklage

Literatur: BENDER/SCHMIDT, Neuer Schwellenwert und einheitliche Klagefrist, NZA 2004, 358; BERKOWSKY, Kündigungsschutzklage und allgemeine Feststellungsklage, NZA 2001, 801; BOEMKE, Kündigungsschutzklage (§ 4 KSchG) und allgemeine Feststellungsklage (§ 256 ZPO), RdA 1995, 211; DILLER, Neues zum richtigen Klageantrag im Kündigungsschutzverfahren, NJW 1998, 663; STAHLHACKE, Der Streitgegenstand der Kündigungsschutzklage und ihre Kombination mit der allgemeinen Feststellungsklage, FS Wlotzke (1996), S. 173.

⊃ **Übersicht: Anwendungsbereich der Kündigungsschutzklage**
– Ordentliche Kündigung: Geltendmachung der Sozialwidrigkeit (§ 1 Abs. 2 KSchG) oder anderer Unwirksamkeitsgründe.

– **Außerordentliche Kündigung:** Geltendmachung des Mangels des wichtigen Grunds, der Versäumung der Ausschlussfrist (§ 626 BGB) oder anderer Unwirksamkeitsgründe.

Voraussetzungen | Wendet der Arbeitnehmer sich gegen eine vom Arbeitgeber ausgesprochene (ordentliche oder außerordentliche) Kündigung, so kann hierfür – je nach den Umständen – entweder die Kündigungsschutzklage oder die allgemeine Feststellungsklage die richtige Klageart sein. Die **Kündigungsschutzklage** ist einschlägig, wenn:

– der Arbeitnehmer im Falle der **ordentlichen Kündigung die Sozialwidrigkeit** (§ 1 Abs. 2 KSchG; siehe unter § 62) oder andere Gründe geltend macht, aufgrund derer die Kündigung unwirksam ist;

– im Falle der außerordentlichen Kündigung (auch) das Fehlen eines wichtigen Grunds (§ 626 Abs. 1 BGB; siehe unter § 66 III), die Versäumung der zweiwöchigen Ausschlussfrist des § 626 Abs. 2 BGB (siehe unter § 66 VI) oder andere Kündigungsgründe geltend machen will.

Drei-Wochen-Frist | In diesen Fällen muss er **innerhalb von drei Wochen nach Zugang der Kündigung** Klage erheben (§ 4 S. 1 KSchG, für die außerordentliche Kündigung i.V.m. § 13 Abs. 1 KSchG). Zu beachten ist, dass § 4 KSchG bei allen Kündigungen, die ab dem 1.1.2004 mit der Kündigungsschutzklage angegriffen werden, grundsätzlich alle Unwirksamkeitsgründe umfasst. Stützt der Arbeitnehmer daher seine Kündigungsschutzklage auf „andere Gründe" (Verstoß gegen §§ 138, 242 BGB, fehlende Anhörung des Betriebsrats, usw. siehe unter § 57a), führt eine Versäumung der Klagefrist nicht mehr allein zur Präklusion der (ggf. auch geltend gemachten) Sozialwidrigkeit, sondern grundsätzlich aller Unwirksamkeitsgründe außerhalb des materiellen Kündigungsgrundes (§ 1 Abs. 2 KSchG, § 626 BGB, § 13 Abs. 1 S. 2 KSchG). Ausgenommen von der Präklusionswirkung ist zum einen die Geltendmachung eines Formverstoßes (§ 4 S. 1 KSchG: „... so muss er innerhalb von drei Wochen nach Zugang der **schriftlichen** Kündigung..."). Zum anderen wird die Geltendmachung der Nichteinhaltung der Kündigungsfrist nicht von der Präklusionswirkung erfasst (siehe unter § 57a).

„Die Nichteinhaltung der Kündigungsfrist kann jedoch auch außerhalb der Klagefrist des § 4 KSchG nF geltend gemacht werden... Der Arbeitnehmer, der lediglich die Einhaltung der Kündigungsfrist verlangt, will gerade nicht die Sozialwidrigkeit oder die Unwirksamkeit der Kündigung als solche festgestellt wissen. Er geht im Gegenteil von der Wirksamkeit der Kündigung aus. Er will geltend machen, sie wirke, allerdings zu einem anderen Zeitpunkt als es nach Auffassung des Arbeitgebers der Fall ist." (BAG 6.7.2006 AP Nr. 57 zu § 4 KSchG 1969)

Teilweise wird vertreten, dass auch andere Unwirksamkeitsgründe, die im Zusammenhang mit der Kündigungserklärung als solcher stehen, etwa die Geschäftsunfähigkeit bzw. fehlende Berechtigung des

IV. Ordnungsgemäße Klageerhebung

Kündigenden oder Vertretungsmängel, nicht von §§ 4, 7 KSchG erfasst werden (BENDER/SCHMIDT, NZA 2004, 358, 362).

Unter den Voraussetzungen des § 5 KSchG kann jedoch bei einem Fristversäumnis die nachträgliche Zulassung der Klage in Betracht kommen.

Eine weitere Möglichkeit, der Präklusionswirkung nach §§ 7, 4 KSchG zu entgehen, bietet § 6 KSchG. Sofern ein Arbeitnehmer innerhalb von drei Wochen nach Zugang der schriftlichen Kündigung im Klagewege geltend gemacht hat, dass eine rechtsunwirksame Kündigung nicht vorliege, so kann er sich in diesem Verfahren bis zum Schluss der mündlichen Verhandlung erster Instanz zur Begründung der Unwirksamkeit der Kündigung auch auf innerhalb der Klagefrist nicht geltend gemachte Gründe berufen. Die Drei-Wochen-Frist kann daher nach § 6 KSchG (analog) nicht allein durch die Erhebung einer Kündigungsschutz-/Feststellungsklage, sondern auch dadurch gewahrt werden, dass der Arbeitnehmer aus der Unwirksamkeit einer Kündigung folgende Lohnansprüche mit einer Leistungsklage oder auf Grundlage der Kündigung einen Weiterbeschäftigungsanspruch geltend macht.

„Mit der Anwendung von § 6 KSchG wollte der Gesetzgeber – auch nach Novellierung des Kündigungsschutzgesetzes durch das Arbeitsmarktreformgesetz vom 24. Dezember 2003 – erreichen, dass die Unwirksamkeit einer Kündigung nicht nur durch eine Feststellungsklage innerhalb von drei Wochen nach Zugang der Kündigungserklärung geltend gemacht werden, sondern die Klagefrist auch dadurch gewahrt werden kann, dass der Arbeitnehmer innerhalb der 3-wöchigen Frist auf anderem Wege geltend macht, eine unwirksame Kündigung liege nicht vor (vgl. BAG 16. April 2003 – 7 AZR 119/02 – BAGE 106, 72). Nach der redaktionell missglückten Fassung des § 6 KSchG besteht grundsätzlich Einigkeit, dass die Rechtsfolge nicht nur auf einzelne Unwirksamkeitsgründe zu beziehen ist, sondern sich – wie schon vor der Gesetzesnovelle – generell auf die Verlängerung der Frist zur Erhebung der Kündigungsschutzklage beziehen kann [...].

Zweck der gesetzlichen Regelung des § 6 KSchG ist es, im Zusammenspiel mit § 4 KSchG frühzeitig Rechtsklarheit und -sicherheit zu schaffen. § 6 KSchG will den – häufig rechtsunkundigen – Arbeitnehmer vor einem unnötigen Verlust seines Kündigungsschutzes aus formalen Gründen schützen [...]. Der Arbeitnehmer ist nach §§ 4, 6 KSchG nur verpflichtet, durch eine rechtzeitige Anrufung des Arbeitsgerichts seinen Willen, sich gegen die Wirksamkeit einer Kündigung wehren zu wollen, genügend klar zum Ausdruck zu bringen. Dieser Wille des Arbeitnehmers, eine Beendigung seines Arbeitsverhältnisses nicht zu akzeptieren und das Arbeitsverhältnis auch in Zukunft fortsetzen zu wollen, kann während der dreiwöchigen Klagefrist auch ohne ausdrücklichen Hinweis auf eine ganz konkrete Kündigungserklärung für den Kündigenden hinreichend klar zum Ausdruck kommen, beispielsweise in dem der Arbeitnehmer eine Leistungsklage erhoben hat, deren Anspruch zwingend die Unwirksamkeit der ausgesprochenen Kündigung voraussetzt [...]." (BAG 23.4.2008 EzA § 4 KSchG n.F. Nr. 84)

Darlegungs- und Beweislast

Die **Darlegungs- und Beweislast** für die Geltung des KSchG trägt der Arbeitnehmer. Die Wirksamkeit der Kündigung, insbesondere ihre soziale Rechtfertigung, hat dagegen der Arbeitgeber darzutun. Insoweit kann der Arbeitnehmer sich bei einer ordentlichen Kündigung auf die pauschale Behauptung beschränken, dass die Kündigung weder durch Gründe in seiner Person noch in seinem Verhalten noch durch dringende betriebliche Erfordernisse, die seiner Weiterbeschäftigung in dem Betrieb entgegenstünden, gerechtfertigt sei. Im Falle der außerordentlichen Kündigung genügt die pauschale Behauptung, der Kündigung mangele es an einem wichtigen Grund, weil auch insofern den kündigenden Arbeitgeber die volle Darlegungs- und Beweislast trifft.

Punktuelle Streitgegenstandstheorie

Die Kündigungsschutzklage ist eine (besondere) **Feststellungsklage**. Formuliert der Kläger seinen Klageantrag entsprechend dem Wortlaut des § 4 S. 1 KSchG,

➲ **Klageantrag einer Kündigungsschutzklage:**

Es wird festgestellt, dass das Arbeitsverhältnis der Parteien durch die Kündigung der Beklagten vom ... nicht aufgelöst ist.

so ist **Streitgegenstand**, ob das Arbeitsverhältnis aus Anlass einer ganz bestimmten Kündigung zu diesem von der Kündigung gewollten Zeitpunkt aufgelöst worden ist (punktueller Streitgegenstand; BAG 21.1.1988 AP Nr. 19 zu § 4 KSchG 1969).

„Bei einer Kündigungsschutzklage mit einem Klageantrag nach Maßgabe des § 4 S. 1 KSchG ist Streitgegenstand die Beendigung des Arbeitsverhältnisses durch eine konkrete, mit der Kündigungsschutzklage angegriffene Kündigung zu dem in ihr vorgesehenen Termin. Demgegenüber ist Streitgegenstand bei einer Feststellungsklage nach § 256 ZPO die Frage, ob ein Arbeitsverhältnis im Zeitpunkt der letzten mündlichen Verhandlung in der Tatsacheninstanz oder über einen bestimmten späteren Zeitpunkt hinaus fortbesteht." (BAG 21.1.1988 AP Nr. 19 zu § 4 KSchG 1969)

Mehrfache Kündigungen

Der Arbeitnehmer hat **jede Kündigung gesondert** anzugreifen. Deshalb hat er auch gegen spätere nur vorsorglich ausgesprochene Kündigungen jeweils fristgerecht Kündigungsschutzklage zu erheben.

Rechtskraft der Entscheidung

Wird rechtskräftig festgestellt, dass eine Kündigung das Arbeitsverhältnis zum beabsichtigten Termin nicht beendet hat, so erstreckt sich die Rechtskraft des Urteils nach der Rspr. (BAG 15.1.1991 AP Nr. 21 zu § 113 BetrVG 1972) zugleich darauf, dass zum Zeitpunkt des Zugangs der Kündigungserklärung ein Arbeitsverhältnis bestanden hat. Infolgedessen ist einer erneuten Kündigungsschutzklage gegen eine **vorher** ausgesprochene Kündigung ohne Sachprüfung stattzugeben. Gegen eine **nach Rechtskraft** des der Kündigungs-

IV. Ordnungsgemäße Klageerhebung § 177

schutzklage stattgebenden Urteils zugehende erneute Kündigung muss der Arbeitnehmer wiederum innerhalb der Dreiwochenfrist des § 4 KSchG Klage erheben.

Das gilt selbst dann, wenn dieser Kündigung dieselben Tatsachen zugrunde liegen, über die bereits im ersten Verfahren rechtskräftig entschieden wurde (sog. Wiederholungs- oder Trotzkündigung). Allerdings hat das Gericht eine solche Kündigung nicht mehr auf ihre materielle Wirksamkeit hin zu prüfen, sondern seiner Entscheidung den rechtskräftigen Verfahrensabschluss des ersten Prozesses zugrunde zu legen (BAG 26.8.1993 AP Nr. 113 zu § 626 BGB).

Wiederholungs- und Trotzkündigung

Ist in einem Kündigungsrechtsstreit entschieden, dass das Arbeitsverhältnis durch eine bestimmte Kündigung nicht aufgelöst worden ist, so kann der Arbeitgeber eine erneute Kündigung nicht auf Kündigungsgründe stützen, die er schon zur Begründung der ersten Kündigung vorgebracht hat und die im ersten Kündigungsschutzprozess materiell geprüft worden sind mit dem Ergebnis, dass sie die Kündigung nicht rechtfertigen können (BAG 26.8.1993 AP Nr. 113 zu § 626 BGB).

Hat der Arbeitgeber dem Arbeitnehmer gekündigt und ist das KSchG anzuwenden, so reicht es nicht aus, Klage auf Zahlung des Arbeitsentgelts (siehe unter § 177 IV 1) zu erheben und im Rahmen derer die Wirksamkeit der Kündigung zur Überprüfung zu stellen. Wendet sich der Arbeitnehmer nicht mit der Kündigungsschutzklage nach § 4 KSchG gegen die Kündigung, gilt diese aufgrund der Fiktionswirkung des § 7 KSchG mit Ablauf der Drei-Wochen-Frist als rechtswirksam. Ebenso wenig zu empfehlen ist es, im Kündigungsfalle nur Kündigungsschutzklage zu erheben. Diese – wie auch die allgemeine Feststellungsklage (siehe unter § 177 IV 3) – unterbrechen die Verjährung der Vergütungsansprüche nicht (BAG 7.11.1991 AP Nr. 6 zu § 209 BGB) und – wichtiger – wahren die zweite Stufe einer Ausschlussfrist nicht, die auf dieser die gerichtliche Geltendmachung vorsieht (BAG 8.8.2000 NZA 2000, 1236). Im Falle einer Kündigung sind deshalb also **sowohl Kündigungsschutzklage als auch Zahlungsklage** im Wege objektiver Klagehäufung (§ 260 ZPO) zu erheben.

Verhältnis zur Lohnzahlungsklage

3. Allgemeine Feststellungsklage

⊃ **Übersicht: Anwendungsbereich der allgemeinen Feststellungsklage**
- Klagen des Arbeitnehmers gegen eine Kündigung, mit der er ausschließlich die Formnichtigkeit der Kündigungserklärung oder die fehlerhafte Berechnung der Kündigungsfrist rügen will.
- Alle Klagen des Arbeitgebers.

Gemäß § 256 Abs. 1 ZPO kann auf die Feststellung des Bestehens oder Nichtbestehens eines Rechtsverhältnisses Klage erhoben werden, wenn der Kläger ein rechtliches Interesse daran hat, dass das

Abgrenzung zur Kündigungsschutzklage

Rechtsverhältnis durch richterliche Entscheidung alsbald festgestellt wird. Die allgemeine Feststellungsklage nach § 256 ZPO einerseits und die Kündigungsschutzklage (§ 4 S. 1 KSchG) und Entfristungsklage (§ 17 S. 1 KSchG) andererseits stehen **nebeneinander**, sie haben jeweils unterschiedliche Zulässigkeitsvoraussetzungen und Rechtsfolgen.

Unterschiedliche Voraussetzungen

Während die Kündigungsschutzklage an die Drei-Wochen-**Frist** des § 4 S. 1 KSchG gebunden ist, kann die allgemeine Feststellungsklage grundsätzlich zeitlich unbeschränkt, nur durch die auch im Prozess geltenden Grundsätze über die Verwirkung begrenzt, erhoben werden. § 4 KSchG findet weder auf die Geltendmachung der fehlerhaften Schriftform bzw. Kündigungsfrist noch auf Klagen des Arbeitgebers Anwendung.

Streitgegenstand der Kündigungsschutzklage ist aufgrund der vom BAG (21.1.1988 AP Nr. 19 zu § 4 KSchG 1969) vertretenen punktuellen Streitgegenstandstheorie nur die konkret angegriffene Kündigung, während mit der Feststellungsklage das Fortbestehen des gesamten Rechtsverhältnisses „Arbeitsverhältnis" festgestellt werden kann. Daher ist bei der allgemeinen Feststellungsklage auch der Klageantrag anders zu formulieren als bei der Kündigungsschutzklage:

➲ **Klageantrag einer allgemeinen Feststellungsklage:**

Es wird festgestellt, dass zwischen dem Kläger und dem Beklagten (ungeachtet der Kündigung vom ...) ein Arbeitsverhältnis besteht.

Außerdem bedarf es für die Klage nach § 256 Abs. 1 ZPO eines **besonderen Feststellungsinteresses**, während dies im Rahmen des § 4 KSchG bereits aus der Heilungsfiktion des § 7 KSchG folgt.

Anwendungsbereich

Der Anwendungsbereich der allgemeinen Feststellungsklage ist vielgestaltig. Sie ist die richtige Klageart in allen Bestandsschutzstreitigkeiten, für die weder die Kündigungsschutz- noch die Entfristungsklage einschlägig sind. Namentlich findet sie Anwendung auf

– Klagen des Arbeitnehmers, mit denen er ausschließlich die Formnichtigkeit der Kündigung bzw. die Nichteinhaltung der Kündigungsfrist, mithin solche Unwirksamkeitsgründe geltend machen will, die nicht von § 4 KSchG erfasst werden;
– **alle Klagen des Arbeitgebers**, mit denen er das Bestehen oder Nichtbestehen des Arbeitsverhältnisses festgestellt wissen will.

Feststellungsinteresse

Das von § 256 Abs. 1 ZPO geforderte Feststellungsinteresse hat der Arbeitnehmer in den Fällen der Kündigung von deren Zugang an.

Verwirkung

Eine **Klagefrist** muss der Arbeitnehmer (ebenso wenig wie der Arbeitgeber) im Gegensatz zur Kündigungsschutzklage nicht einhalten. Zeitliche Grenzen sind der Klage allein durch den Rechtsgedanken der Verwirkung gesetzt (BAG 2.11.1961 AP Nr. 1 zu § 242 BGB Prozessverwirkung). Voraussetzung für die Verwirkung ist, dass

IV. Ordnungsgemäße Klageerhebung § 177

- der Arbeitnehmer mit der Erhebung der Klage längere Zeit abwartet,
- infolge des Zeitablaufs ein Vertrauenstatbestand für den Arbeitgeber erwachsen ist und
- dem Arbeitgeber eine Einlassung auf eine Klage nicht mehr zugemutet werden kann.

„Dass die Klagemöglichkeit verwirkt werden kann, ist auch die Auffassung des [2.] Senats. Die Verwirkung der Klagebefugnis tritt dabei dann ein, wenn neben dem Zeitablauf besondere Umstände vorliegen, aus denen sich für den Gegner ein selbständiger prozessualer, sich also gerade auf die Klageerhebung erstreckender Vertrauenstatbestand ergibt und das Erfordernis des Vertrauensschutzes derart überwiegt, dass das Interesse des Berechtigten an der sachlichen Prüfung des von ihm behaupteten Anspruchs zurücktreten muss." (BAG 2.11.1961 AP Nr. 1 zu § 242 BGB Prozessverwirkung)

Anders als es in manchen Entscheidungen des BAG anklingt, verwirkt der Arbeitnehmer jedoch **nicht** etwa sein **Klagerecht**, also den Anspruch gegen den Staat auf Gewährung von Rechtsschutz, sondern den **materiell-rechtlichen Anspruch** gegen den Arbeitgeber.

Rechtsnatur der Verwirkung

Die Darlegungs- und Beweislast hinsichtlich der zur Kündigung berechtigenden Umstände trägt grundsätzlich diejenige Partei, die die Kündigung erklärt hat (§ 1 Abs. 2 S. 4 KSchG). Dazu gehört auch, dass der Kündigende die vom Gekündigten behaupteten Rechtfertigungsgründe ausschließen muss (BAG 12.8.1976 AP Nr. 3 zu § 1 KSchG 1969).

Darlegungs- und Beweislast

„Im Vertragsrecht indiziert ein bestimmter Sachverhalt, der den objektiven Voraussetzungen für eine Vertragsverletzung entspricht, nicht zugleich ein rechts- bzw. vertragswidriges Verhalten. Die Rechtswidrigkeit eines beanstandeten Verhaltens muss vielmehr besonders begründet werden. Zu den die Kündigung bedingenden Tatsachen, die der Arbeitgeber vortragen und ggf. beweisen muss, gehören damit auch diejenigen, die einen Rechtfertigungsgrund für das Verhalten des Arbeitnehmers ausschließen." (BAG 12.8.1976 AP Nr. 3 zu § 1 KSchG 1969)

Eine Überforderung der Beweisführungslast wird dadurch vermieden, dass der Gekündigte den in Betracht kommenden Rechtfertigungsgrund konkret vortragen muss, um dem anderen Teil Gelegenheit zu geben, hierauf konkret zu reagieren. Anders liegen die Dinge dagegen, wenn der Gekündigte einen Verstoß gegen die §§ 134, 138, 242 BGB rügt, denn diese Normen stellen Ausnahmevorschriften dar, deren Voraussetzungen von demjenigen, der daraus Rechte ableiten will, darzulegen und im Streitfalle zu beweisen sind.

Beweiserleichterungen

Will der Arbeitnehmer die fehlende oder fehlerhafte Anhörung des Betriebsrats rügen (§ 102 Abs. 1 S. 1 BetrVG), so genügt es, wenn er das Vorhandensein eines funktionsfähigen Betriebsrats in seinem

Insbesondere: Fehlerhafte Betriebsratsanhörung

Betrieb behauptet. Demgegenüber muss der Arbeitgeber diejenigen konkreten Behauptungen aufstellen, die die abstrakten Voraussetzungen des ihm günstigen Rechtssatzes (ordnungsgemäße Anhörung des Betriebsrats) ergeben (BAG 22.9.1994 AP Nr. 68 zu § 102 BetrVG 1972).

„Bestreitet der Arbeitnehmer die ‚ordnungsgemäße' Betriebsratsanhörung, ist es Sache des Arbeitgebers, deren Richtigkeit und Vollständigkeit darzulegen." (BAG 22.9.1994 AP Nr. 68 zu § 102 BetrVG 1972)

Die Darlegungen des Arbeitgebers kann der Arbeitnehmer durch schlichtes Nichtwissen gem. § 138 Abs. 4 ZPO bestreiten, weil das Anhörungsverfahren weder seine eigenen Handlungen betrifft noch Gegenstand seiner Wahrnehmungen ist, sondern sich ausschließlich im Verhältnis zwischen Arbeitgeber und Betriebsrat abspielt. Allerdings muss er sich im Sinne einer abgestuften Darlegungs- und Beweislast auf den substantiierten Vortrag des Arbeitgebers einlassen und ausführen, welche Angabe des Arbeitgebers er für zutreffend erachtet und welche nicht bzw. welche er mit Nichtwissen bestreitet (BAG 16.3.2000 AP Nr. 114 zu § 102 BetrVG 1972).

4. Verhältnis von allgemeiner Feststellungsklage zur Kündigungsschutzklage

a) Allgemeine Feststellungsklage statt Kündigungsschutzklage

Wegen der eingeschränkten Wirkungen der Klage nach § 4 KSchG, die es insbesondere erforderlich machen, jede spätere Kündigung mit einer erneuten Klage anzugreifen, kann es sich empfehlen, anstelle der Klage nach § 4 KSchG eine allgemeine Feststellungsklage (§ 256 ZPO) zu erheben.

Eine solche allgemein auf die Feststellung des Fortbestands des Arbeitsverhältnisses gerichtete Klage erfüllt wegen ihrer weitreichenden Wirkung nach Auffassung des BAG zugleich die Anforderungen an eine Kündigungsschutzklage (BAG 7.12.1995 AP Nr. 33 zu § 4 KSchG 1969).

„Im Rahmen dieser Feststellungsklage [...] konnte sich der Kläger auf die Unwirksamkeit weiterer Kündigungen [...] berufen, auch wenn er sie erst später als drei Wochen nach Zugang der Kündigung in den Prozess einführte. Dies entspricht der ständigen Rechtsprechung des BAG seit BAG 21.1.1988 AP Nr. 19 zu § 4 KSchG 1969. An ihr hält der [2.] Senat trotz der zum Teil in der Literatur geäußerten Kritik jedenfalls für den Fall fest, dass die Unwirksamkeit der Kündigung gemäß § 1 Abs. 2, 3 KSchG bzw. im Sinne von § 13 Abs. 1 S. 2 KSchG, § 626 BGB bis zum Schluss der mündlichen Verhandlung erster Instanz geltend gemacht wird (§ 6 KSchG). Der speziellen Geltendmachung der Unwirksamkeit steht nicht die schon mit dem Feststellungsantrag nach § 256 ZPO gegebene Rechtshängigkeit entgegen. In der nachträglichen Erhebung des Kündigungsschutzantrages liegt nämlich grundsätzlich zugleich eine – gem. § 264 Nr. 2 ZPO, § 6 KSchG stets zulässige – Änderung des Fest-

IV. Ordnungsgemäße Klageerhebung § 177

stellungsantrags insoweit, als dieser den Zeitraum vor dem mit der nun speziell angegriffenen Kündigung vorgesehenen Auflösungszeitpunkt erfasst." (BAG 7.12.1995 AP Nr. 33 zu § 4 KSchG 1969)

Wird die Klage nach § 256 ZPO selbständig erhoben, ist diese nur zulässig, wenn der Arbeitnehmer weitere Beendigungstatbestände in den Prozess einführt oder wenigstens deren Möglichkeit darstellt und damit belegt, warum ein dem § 256 ZPO genügendes Feststellungsinteresse gegeben sein soll. Das Feststellungsinteresse muss zum Zeitpunkt der letzten mündlichen Verhandlung erster Instanz bestehen. Bei Unklarheiten ist das Gericht jedoch über § 139 ZPO verpflichtet, auf eine Klarstellung hinzuwirken. Trägt der Arbeitnehmer bis zu diesem Zeitpunkt keine weiteren Tatsachen vor oder erklärt er auf Nachfrage des Gerichts, es bestünden keine weiteren Beendigungstatbestände, wird der Antrag unzulässig. Trägt der Arbeitnehmer dagegen den Anforderungen des § 256 ZPO genügende Tatsachen vor, ist die Klage zulässig. Dadurch werden die Interessen des Arbeitgebers nicht beeinträchtigt, denn er weiß, dass der Arbeitnehmer sich gegen jeden Beendigungstatbestand wehren wird. Er ist durch die rechtzeitige Klageerhebung gewarnt und darf deshalb auf die Fiktionswirkung des § 7 KSchG nicht vertrauen (BAG 12. 5. 2005 AP Nr. 53 zu § 4 KSchG 1969 § 4; ErfK/KIEL § 4 KSchG Rn. 37).

b) Allgemeine Feststellungsklage neben Kündigungsschutzklage

Aus Unsicherheit oder übergroßer Vorsicht finden sich in der Praxis nicht selten Anträge, bei denen eine Kündigungsschutzklage mit einer allgemeinen Feststellungsklage verbunden ist:

Verbundene Klageanträge

⊃ **Klageantrag bei Verbindung einer Kündigungsschutzklage mit einer allgemeinen Feststellungsklage:**

Es wird festgestellt, dass das Arbeitsverhältnis der Parteien durch die Kündigung des Beklagten vom ... nicht aufgelöst ist, sondern fortbesteht.

Es ist grundsätzlich möglich, neben der gegen eine bestimmte Kündigung gerichteten Kündigungsschutzklage eine allgemeine Feststellungsklage auf Fortbestand des Arbeitsverhältnisses zu erheben (BAG 21.1.1988 AP Nr. 19 zu § 4 KSchG 1969; BAG 13.3.1997 AP Nr. 38 zu § 4 KSchG 1969). Wenn in einem solchen Fall außer der schon durch den ersten Klageantrag angegriffenen Kündigung keine weiteren Beendigungstatbestände mehr in Betracht kommen, fragt sich, wie mit dem zweiten Antrag („sondern fortbesteht") zu verfahren ist. Das BAG geht davon aus, dass es dann an einem selbständigen Feststellungsinteresse neben dem Kündigungsschutzantrag fehle mit der Folge, dass die Klage teilweise abzuweisen ist (BAG 7.12.1995 AP Nr. 33 zu § 4 KSchG 1969). Bestehen allerdings Zweifel, ob der Klageantrag (auch) ein Feststellungsbegehren gem. § 256 Abs. 1 ZPO beinhaltet, sind diese gem. § 139 ZPO durch das Gericht zu klären.

Schicksal des Feststellungsantrags

Wird daneben der allgemeine Feststellungsantrag nach § 256 ZPO aufrechterhalten, bezieht er sich nunmehr auf die Zeit nach dem durch die angegriffene Kündigung vorgesehenen Auflösungszeitpunkt und gewöhnlich weiterhin bis zum Schluss der mündlichen Verhandlung. Spätestens zum letztgenannten Zeitpunkt muss für den weiterhin gestellten allgemeinen Feststellungsantrag allerdings ein nicht mehr aus den speziell angegriffenen Kündigungen herleitbares Rechtsschutzinteresse an alsbaldiger Feststellung im Sinne von § 256 Abs. 1 ZPO vorliegen; anderenfalls ist die Klage teilweise abzuweisen. (BAG 7.12.1995 AP Nr. 33 zu § 4 KSchG 1969)

5. Entfristungsklage

Literatur: Vossen, Die Befristungsklage nach § 1 V 1 BeschFG, NZA 2000, 704; Vossen, Die Entfristungsklage nach § 17 Satz 1 TzBfG, FS Schwerdtner (2003), S. 693.

Einheitliche Entfristungsklage für alle Unwirksamkeitsgründe

Der Arbeitnehmer, der die Unwirksamkeit einer Befristungsvereinbarung geltend machen will, muss innerhalb von drei Wochen nach dem vereinbarten Ende des Arbeitsverhältnisses Klage auf Feststellung erheben, dass das Arbeitsverhältnis aufgrund der Befristung nicht beendet ist (§ 17 S. 1 TzBfG). Diese Regelung gilt für alle Befristungstatbestände, ist von der Anwendbarkeit des KSchG unabhängig und erfasst wegen § 21 TzBfG auch auflösend bedingte Arbeitsverhältnisse (im Übrigen, auch zu § 17 S. 3 TzBfG, siehe unter § 70 IV). Im Gegensatz zur Kündigung ist die Klagefrist bei allen Unwirksamkeitsgründen einzuhalten, insbesondere also auch dann, wenn die Unwirksamkeit der Befristung wegen fehlender Schriftform (§§ 14 Abs. 4, 16 TzBfG) geltend gemacht wird (APS/Backhaus § 17 TzBfG Rn. 12). Es handelt sich bei der Entfristungsklage nach § 17 TzBfG ebenso wie bei der Kündigungsschutzklage nach § 4 KSchG um eine Klage mit einem **punktuellen Streitgegenstand**. Streitgegenstand ist allein die Wirksamkeit der Beendigung des Arbeitsverhältnisses aufgrund einer bestimmten Befristungsabrede (BAG 3.11.1999 RzK I 9 a Nr. 167; BAG 24.10.2001 AP Nr. 11 zu § 1 BeschFG 1996; vgl. auch BAG 16.4.2003 EzA § 17 TzBfG Nr. 3).

„Die genannte Vorschrift verlangt im Sinne eines punktuellen Streitgegenstands die eindeutige Erkennbarkeit, gegen welche konkrete Befristungsvereinbarung sich die Klage richtet. Dies ist zum einen schon wegen der Notwendigkeit unerlässlich, die Einhaltung der Klagefrist des § 1 Abs. 5 Satz 1 BeschFG [jetzt § 17 S. 1 TzbfG] zu berechnen. Vor allem aber bezieht sich die arbeitsgerichtliche Befristungskontrolle grundsätzlich auf die letzte Befristungsabrede der Parteien. Daher muss zumindest durch Auslegung des Klageantrags erkennbar sein, welche Befristungsabrede der Kläger angreift." (BAG 3.11.1999 RzK I 9 a Nr. 167)

Allgemeine Feststellungsklage

Will der Kläger geltend machen, dass auch aus anderen Gründen ein unbefristetes Arbeitsverhältnis besteht, z.B. aufgrund der Fiktion des § 15 Abs. 5 TzBfG, so muss er – entsprechend dem Verhältnis

IV. Ordnungsgemäße Klageerhebung § 177

von Kündigungsschutzklage und allgemeiner Feststellungsklage (siehe unter § 177 IV 4) – neben der Entfristungsklage eine allgemeine Feststellungsklage, gerichtet auf die Feststellung, dass zwischen den Parteien ein unbefristetes Arbeitsverhältnis besteht, erheben.

⊃ **Klageantrag einer Entfristungsklage:**
Es wird festgestellt, dass das Arbeitsverhältnis der Parteien aufgrund der Befristungsvereinbarung im Arbeitsvertrag vom ... nicht beendet ist.

6. Sonstige Klagen

Auch wenn Klagen auf Zahlung rückständigen Arbeitsentgelts sowie Kündigungsschutzklagen praktisch am häufigsten vorkommen, ist damit nur ein Ausschnitt aus der Vielfalt arbeitsrechtlicher Streitgegenstände angesprochen. Beispielhaft seien einige weitere genannt:

Das KSchG normiert in § 9 KSchG eine besondere Gestaltungsklage, die auf Auflösung des Arbeitsverhältnisses gerichtet ist, wenn die Kündigung zwar (zumindest auch) wegen Sozialwidrigkeit rechtsunwirksam war, die Fortsetzung des Arbeitsverhältnisses dem Arbeitnehmer jedoch nicht zuzumuten ist oder – bei Antrag des Arbeitgebers –, eine den Betriebszwecken dienliche weitere Zusammenarbeit der Parteien nicht zu erwarten ist. Gleichzeitig verurteilt das Gericht den Arbeitgeber zur Zahlung einer angemessen Abfindung, wobei § 10 KSchG an Monatsverdiensten ausgerichtete Höchstgrenzen festsetzt. Da das Gericht jedoch von Amts wegen über die **Höhe der Abfindung** zu entscheiden hat, ist es an die Anträge der Parteien nicht nach § 308 Abs. 1 ZPO gebunden (BAG 26.6.1986 AP Nr. 3 zu § 10 KSchG 1969). Der Bestimmtheitsgrundsatz aus § 253 Abs. 2 ZPO erfordert hier deshalb **keinen bezifferten Klageantrag**. Er wäre für den Kläger auch mit einem Kostenrisiko verbunden. Zwar ist es zulässig einen bezifferten Klageantrag zu stellen, doch hält das Gericht nur eine geringere Abfindung für angemessen, unterliegt der Kläger teilweise und hat die Kosten gem. § 92 ZPO anteilig zu tragen (BAG 26.6.1986 AP Nr. 3 zu § 10 KSchG 1969). Dies wird bei unbeziffertem Klageantrag vermieden.

Gestaltungsklage nach § 9 KSchG

⊃ **Beispiel für Gestaltungsklage nach § 9 KSchG:**
1. Es wird festgestellt, dass das Arbeitsverhältnis der Parteien durch die Kündigung des Beklagten vom ... nicht aufgelöst ist.
2. Das Arbeitsverhältnis der Parteien wird zum ... aufgelöst und der Beklagte verurteilt, an den Kläger eine angemessene Abfindung, deren Höhe in das Ermessen des Gerichts gestellt wird, zu zahlen.

§ 177 Zulässigkeit

Klage auf Beschäftigung

Eine Klage kann auch auf tatsächliche Beschäftigung, insbesondere auf **Weiterbeschäftigung während eines Kündigungsschutzprozesses** (siehe unter § 69) lauten. Der Antrag kann neben einer Kündigungsschutzklage als uneigentlicher Hilfsantrag gestellt werden, über den nur zu entscheiden ist, wenn der Kündigungsschutzklage stattgegeben wird oder aber unabhängig davon als eigenständiger Antrag im Wege der objektiven Klagehäufung (BAG 8.4.1988 AP Nr. 4 zu § 611 BGB Weiterbeschäftigung). Dem Bestimmtheitserfordernis des § 253 Abs. 2 ZPO dürfte genügt sein, wenn im Antrag die Tätigkeitsbezeichnung genannt ist und Beschäftigung zu den bisherigen Arbeitsbedingungen verlangt wird (GK-ArbGG/SCHÜTZ § 46 Rn. 104, str.). Anders ist dies aber, wenn über einzelne Arbeitsbedingungen Streit besteht; dann ist die genaue Tätigkeitsbezeichnung im Antrag anzugeben.

⮕ **Beispiel für Klageantrag auf Weiterbeschäftigung:**

Der Beklagte wird verurteilt, den Kläger ab dem ... (Ende der Kündigungsfrist) als Bürovorsteher zu den bisherigen Arbeitsbedingungen bis zur rechtskräftigen Entscheidung des Kündigungsschutzprozesses weiter zu beschäftigen.

Zeugnis

Weigert sich der Arbeitgeber, überhaupt ein Zeugnis auszustellen oder entspricht das ausgestellte Zeugnis bereits formal nicht den gesetzlichen Vorgaben (siehe unter § 72 I 2), kann der Arbeitnehmer im Wege der **Leistungsklage** die Verurteilung des Arbeitgebers **zur Erteilung eines einfachen oder qualifizierten Zeugnisses** erreichen (Zuständigkeit der Arbeitsgerichtsbarkeit gem. § 2 Abs. 1 Nr. 3 lit. e ArbGG). Er muss den Inhalt des Zeugnisses nicht angeben; dies erfordert auch der Bestimmtheitsgrundsatz nicht (BAG 14.3.2000 – 9 AZR 246/99, n.v.). Die Formulierung des Zeugnisinhalts obliegt zudem dem Arbeitgeber, so dass eine derartige Klage auch unbegründet wäre (BAG 29.7.1971 AP Nr. 6 zu § 630 BGB). Anders ist es, wenn der Arbeitgeber ein formell den gesetzlichen Anforderungen entsprechendes Zeugnis ausgestellt hat, der Arbeitnehmer aber eine **Berichtigung des Zeugnisses** in einzelnen Punkten verlangt. Hier verlangt der prozessuale Bestimmtheitsgrundsatz des § 253 Abs. 2 ZPO, dass der Arbeitnehmer im Klageantrag den gewünschten Wortlaut des Zeugnisses jedenfalls in den abzuändernden Punkten angibt (BAG 14.3.2000 – 9 AZR 246/99, n.v.).

„Dieser Klageantrag entspricht nicht dem Bestimmtheitserfordernis des § 253 Abs. 2 Nr. 2 ZPO. Verlangt ein Arbeitnehmer nicht nur ein einfaches oder qualifiziertes Zeugnis, sondern außerdem auch einen bestimmten Zeugnisinhalt, so hat er im Klageantrag genau zu bezeichnen, was in welcher Form das Zeugnis enthalten soll (...). Nur wenn der Entscheidungsausspruch bereits die dem Gericht zutreffend erscheinende Zeugnisformulierung enthält, wird verhindert, dass sich der Streit über den Inhalt des Zeugnisses vom Erkenntnis- in das Vollstreckungsverfahren verlagert (...)." (BAG 14.3.2000 – 9 AZR 246/99, n.v.)

⊃ **Beispiel für eine Zeugnisberichtigungsklage:**
Der Beklagte wird verurteilt, das dem Kläger am ... erteilte Arbeitszeugnis in folgenden Punkten abzuändern:
1. Im zweiten Absatz wird der letzte Satz „Die von Frau ... erbrachten Arbeitsleistungen waren stets zu unserer vollen Zufriedenheit." durch folgenden Satz ersetzt: „Frau ... arbeitete stets zu unserer vollsten Zufriedenheit".
2. Dem dritten Absatz sind folgende Sätze anzufügen: „Bereits nach kurzer Zeit konnte Frau ... die Buchhaltung zur selbständigen Erledigung übertragen werden. In neue Aufgabenbereiche arbeitete sie sich binnen kurzer Zeit ein."

V. Partei- und Postulationsfähigkeit

Literatur: KLEINE-COSACK, Öffnung des Rechtsberatungsmarktes – Rechtsdienstleistungsgesetz verabschiedet, BB 2007, 2637.

Die Parteifähigkeit, d.h. die Fähigkeit, selbst Partei eines Prozesses zu sein, bestimmt sich im Arbeitsgerichtsprozess wie im Zivilprozess nach § 50 ZPO; sie ist jedoch über § 10 ArbGG erweitert. Danach sind auch die Gewerkschaften in allen Verfahren vor den Arbeitsgerichten parteifähig, wobei das BAG dabei von dem allgemeinen Gewerkschaftsbegriff ausgeht (BAG 23.4.1971 AP Nr. 1 zu § 97 ArbGG 1953; siehe unter § 82). Gleiches gilt für die Vereinigungen von Arbeitgebern. Im Hinblick auf die Gewerkschaften ist § 10 ArbGG historisch zu erklären, weil diese regelmäßig nicht rechtsfähige Vereine sind und deshalb nach § 50 ZPO grundsätzlich nicht aktiv parteifähig, d.h. klagebefugt sind. Allerdings hat auch der BGH die aktive Parteifähigkeit der Gewerkschaften im Zivilprozess anerkannt (BGH 6.10.1964 AP Nr. 6 zu § 54 BGB). Mit der Anerkennung der Parteifähigkeit der **Gesellschaft bürgerlichen Rechts** (BGH 29.1.2001 NJW 2001, 1056) ist eine Kündigungsschutzklage jetzt gegen die GbR als Arbeitgeber und nicht mehr gegen die einzelnen Gesellschafter zu richten (vgl. BAG 1.12.2004 AP Nr. 14 zu § 50 ZPO). Im Hinblick auf die **Prozessfähigkeit**, d.h. die Fähigkeit, Prozesshandlungen selbst oder durch einen Vertreter wahrzunehmen, ist für den Arbeitsgerichtsprozess darauf hinzuweisen, dass sich für Minderjährige diese auch aufgrund der beschränkten Geschäftsfähigkeit gem. §§ 112, 113 BGB ergeben kann.

Parteifähigkeit

Postulationsfähigkeit ist die Fähigkeit, selbst wirksam Prozesshandlungen, wie z.B. die Klageerhebung, vorzunehmen (**§ 11 ArbGG**). In der **ersten Instanz** vor dem Arbeitsgericht sind die Parteien selbst, d.h. auch der Arbeitnehmer, postulationsfähig, d.h. müssen sich keines Vertreters, z.B. eines Rechtsanwalts, zur Prozessführung bedienen; § 11 Abs. 1 ArbGG gibt insoweit den Grundsatz des § 79 Abs. 1 ZPO wieder, wonach eine Einschränkung der Postulationsfähigkeit einer Naturalpartei der Festlegung bedarf, § 11 Abs. 1 S. 2 ArbGG. Den Parteien bleibt es überlassen, die Prozessvertretung dennoch einem Dritten zu übertragen. Gemäß § 11 Abs. 2 S. 1 ArbGG ist die

Postulationsfähigkeit

Prozessvertretung grundsätzlich Rechtsanwälten vorbehalten, doch zählt § 11 Abs. 2 S. 2 ArbGG abschließend weitere Personen und Organisationen auf, die daneben zur Prozessvertretung vor den Arbeitsgerichten befugt sind. Hierzu gehören insbesondere Gewerkschaften und Vereinigungen von Arbeitgebern sowie Zusammenschlüsse solcher Verbände bezüglich ihrer jeweiligen Mitglieder (§ 11 Abs. 2 S. 2 Nr. 4 ArbGG). Im Gegensatz zum bisherigen Recht soll seit Inkrafttreten des Rechtsdienstleistungsgesetzes am 1.7.2008 (Gesetz vom 7.12.2007, BGBl. I S. 2840 ff.) dabei aber nicht mehr eine natürliche Person, sondern unmittelbar die Gewerkschaft, die Arbeitgebervereinigung oder die sog. Rechtsberatungs-GmbH bevollmächtigt werden. § 11 Abs. 2 S. 2 Nr. 5 ArbGG stellt klar, dass auch juristische Personen, die wirtschaftlich von einem in § 11 Abs. 2 S. 2 Nr. 4 ArbGG genannten Verband völlig abhängig sind, zur Prozessvertretung befugt sind (**DGB Rechtsschutz-GmbH**). Zudem können Stations- und Nebentätigkeitsreferendare in Untervollmacht für den sie beschäftigenden Rechtsanwalt in der mündlichen Verhandlung auftreten (BAG 22.2.1990 AP Nr. 12 zu § 11 ArbGG 1979 Prozessvertreter). Vor den Landesarbeitsgerichten wie vor dem Bundesarbeitsgericht müssen sich die Parteien durch einen Prozessbevollmächtigten vertreten lassen, § 11 Abs. 4 S. 1 ArbGG. Neben den Rechtsanwälten als Prozessbevollmächtigten ist auch eine Vertretung durch die in § 11 Abs. 2 S. 2 Nr. 4 und 5 genannten Organisationen möglich, die sich seit Inkrafttreten des Rechtsdienstleistungsgesetzes nicht allein auf die Vertretung vor den Landesarbeitsgerichten, sondern auch auf diejenige vor dem Bundesarbeitsgericht erstreckt. In letzterem Falle müssen die Organisationen durch Personen mit Befähigung zum Richteramt handeln, § 11 Abs. 4 S. 2 und 3 ArbGG.

§ 178 Verfahrensablauf und Verfahrensbeendigung

⊃ Übersicht: **Verfahrensablauf**

1. Verfahrensgrundsätze
2. Klageerhebung
3. Güteverhandlung
4. Verhandlung vor der Kammer
5. Beendigung des Verfahrens (Urteil, Vergleich, Klagerücknahme)

I. Verfahrensgrundsätze

Literatur: ETZEL, Übersicht über das Verfahren bei den Gerichten in Arbeitssachen, AR-Blattei SD 160.7.1 Rn. 44 ff.; SCHAEFER, Was ist denn neu an der neuen Hinweispflicht?, NJW 2002, 849.

I. Verfahrensgrundsätze § 178

Im arbeitsgerichtlichen Urteilsverfahren finden die gleichen Verfahrensgrundsätze Anwendung wie im streitigen Zivilverfahren. Dies gilt zunächst für die **Dispositionsmaxime**, d.h. den Grundsatz, dass das Verfahren nur auf Antrag der Parteien und nicht von Amts wegen eingeleitet wird und die Parteien zur Disposition über den Streitgegenstand befugt sind. Etwas anderes ergibt sich auch nicht aus dem in § 63 SGB IX normierten **Klagerecht der Verbände**, die behinderte Menschen auf Bundes- oder Landesebene vertreten. Zwar können diese an Stelle eines behinderten Menschen gegen dessen Arbeitgeber klagen, wenn er diesen in seinen Rechten aus dem Schwerbehindertenrecht nach dem SGB IX (siehe unter § 34 I 4 b; § 68 I) verletzt. Da jedoch das Einverständnis des behinderten Menschen erforderlich ist, und zudem alle Verfahrensvoraussetzungen in der Person des behinderten Menschen vorliegen müssen, wird die Dispositionsmaxime nicht durchbrochen, es handelt sich um einen Fall der gesetzlichen Prozessstandschaft. Das Gleiche gilt für das Klagerecht des Landes nach § 25 HAG.

Dispositionsmaxime

Wie im Zivilprozess gilt auch im arbeitsgerichtlichen Urteilsverfahren der Beibringungsgrundsatz und nicht der Untersuchungsgrundsatz. Es ist Sache der Parteien, den tatsächlichen Streitstoff beizubringen, Tatsachen streitig zu stellen und Beweis anzutreten. Das Arbeitsgericht ermittelt nicht von Amts wegen. In einem gewissen Spannungsverhältnis zum Beibringungsrundsatz steht die aus **§ 139 ZPO** folgende **Hinweispflicht des Gerichts**. Das Gericht hat darauf hinzuwirken, dass die Parteien sich rechtzeitig und vollständig über alle erheblichen Tatsachen erklären, was z.B. bedeutet, eine Partei darauf hinzuweisen, einen bisher zu allgemein gehaltenen Vortrag zu substantiieren. Aus § 139 Abs. 2 ZPO folgt das Verbot von Überraschungsentscheidungen. Das Gericht darf seine Entscheidung z.B. nicht auf einen rechtlichen Gesichtspunkt stützen, den eine Partei erkennbar übersehen hat oder den beide Parteien erkennbar anders beurteilen als das Gericht.

Beibringungsgrundsatz

Die mit der ZPO-Reform einhergehenden Änderungen des § 139 ZPO sind sehr moderat ausgefallen. Den Gerichten sollen auch weiterhin inhaltlich keine engeren oder detaillierteren Vorgaben gemacht werden als bisher. Es ist bei dem Grundsatz geblieben, dass es nicht Aufgabe des Gerichts ist, durch Fragen oder Hinweise neue Anspruchsgrundlagen, Einreden oder Anträge einzubringen, die in dem streitigen Vorbringen der Partei nicht zumindest andeutungsweise eine Grundlage haben (BT-Drs. 14/4722, S. 77). Die Grenze zur Parteilichkeit darf nicht überschritten werden, das **Gericht ist nicht Berater der Parteien** (BAG 11.4.2006 AP Nr. 1 zu § 533 ZPO).

Hinweispflicht und ZPO-Reform

„Da die Klägerin jedoch bis zum Zeitpunkt der mündlichen Verhandlung vor dem Landesarbeitsgericht ihren Rückzahlungsanspruch nicht darauf gestützt hatte, die Beklagte habe die vorzeitige Beendigung ihrer Weiterbildungsmaßnahme zu vertreten, hätte das Landesarbeitsgericht diesbezüglich nicht auf eine Ergänzung ihres Sachvortrages hinwirken müssen. § 139 Abs. 1 ZPO verlangt nicht, dass das Gericht eine Partei, die sich zur Begründung ihres geltend gemachten Anspruches auf einen ganz bestimmten Lebenssachverhalt und eine sich daraus ergebende Anspruchsgrundlage stützt, darauf hinweist, bei verändertem Sachvortrag könnte auch eine andere Anspruchsgrundlage den geltend gemachten Anspruch rechtfertigen. Es ist nicht Aufgabe des Gerichts, eine Partei darauf hinzuweisen, dass sie ihr Klageziel dadurch erreichen könnte, indem sie sich zur Begründung ihres Klageanspruches auf einen weiteren Lebenssachverhalt und damit eine neue Anspruchsgrundlage stützt." (BAG 11.4.2006 AP Nr. 1 zu § 533 ZPO)

Frühzeitiger und aktenkundiger Hinweis

Durch die ZPO-Reform neu eingefügt ist in § 139 Abs. 4 ZPO die Pflicht, den Hinweis frühzeitig zu erteilen und ihn aktenkundig zu machen. Die frühzeitige Hinweispflicht begründet sich daraus, dass dadurch Anträge auf **Schriftsatznachlass** (§ 139 Abs. 5 ZPO) bzw. **Vertagungen** vermieden werden sollen (BT-Drs. 14/6036 S. 120). Die Hinweiserteilung erst im Kammertermin ist deshalb bedenklich (HOLTHAUS/KOCH, RdA 2002, 140, 143). Der Hinweis ist, z.B. durch **Hinweisbeschluss, Protokollierung in der mündlichen Verhandlung oder Aktenvermerk**, aktenkundig zu machen, weil die Erteilung des Hinweises nur durch die Akten bewiesen werden kann (§ 139 Abs. 4 S. 2 ZPO).

Verfahrensgestaltung

Im arbeitsgerichtlichen Urteilsverfahren gilt wie im Zivilprozess der **Mündlichkeitsgrundsatz** sowie der **Unmittelbarkeitsgrundsatz** (vgl. für die Beweisaufnahme § 58 Abs. 1 ArbGG; zur Videokonferenz § 128a ZPO). Gleichfalls gilt der **Öffentlichkeitsgrundsatz** (§ 52 ArbGG). Besonders stark ausgeprägt ist im Arbeitsgerichtsverfahren der **Beschleunigungsgrundsatz**. § 9 Abs. 1 ArbGG ordnet ausdrücklich an, dass das Verfahren in allen Rechtszügen zu beschleunigen ist. Dies liegt im Interesse beider Parteien. Der Arbeitnehmer soll aus sozialen Gesichtspunkten schnell Rechtsschutz erlangen können und auch der Arbeitgeber hat angesichts der drohenden Kostenbelastung ein Interesse an einer raschen Entscheidung. Der Grundsatz ist in vielen Einzelvorschriften konkretisiert. So beträgt die Einlassungsfrist anders als bei § 274 Abs. 3 S. 1 ZPO (zwei Wochen) nur eine Woche (§ 47 Abs. 1 ArbGG). Die streitige Verhandlung ist so vorzubereiten, dass sie in einem Termin zu Ende geführt wird (§ 56 Abs. 1 ZPO). Bestandsschutzstreitigkeiten sind vorrangig zu erledigen (§ 61a Abs. 1 ArbGG).

II. Klageerhebung

Zustellung

Mit der Einreichung der Klageschrift wird der Rechtsstreit bei Gericht anhängig und mit deren Zustellung rechtshängig (§§ 253 Abs. 1, 261 Abs. 1 ZPO). Soll durch die Zustellung der Klage **eine Frist gewahrt, die Verjährung neu beginnen oder gehemmt** werden, so tritt die Wirkung, sofern die **Zustellung demnächst** erfolgt, bereits mit der Einreichung der Klage ein, § 46 Abs. 2 ArbGG i.V.m. **§ 167 ZPO**. Diese Vorwirkung setzt voraus, dass die Klage vor Ablauf der Frist in die Verfügungsgewalt des Gerichts gelangt und die Zustellung „demnächst" erfolgt. Nach der Rechtsprechung ist die Klage bei einem Verschulden des Klägers an einer verzögerten Zustellung bei einer geringen Zeitspanne (zwei bis drei Wochen) zwischen Fristende und Zustellung noch „demnächst" erfolgt. Trifft den Kläger kein Verschulden an der Verzögerung, so hat die Rechtsprechung bis jetzt noch keine absolute zeitliche Grenze festgelegt und eine Zustellung nach neun Monaten seit Fristende noch als demnächst angesehen (BGH 16.12.1987 NJW 1988, 1980, 1982). In Betracht kommt aber eine Nachfrageobliegenheit des Klägers. Anzuwenden sind diese Grundsätze z.B. für die Wahrung der **Drei-Wochen-Frist der Kündigungsschutzklage** (§ 4 KSchG). Das arbeitsgerichtliche Urteilsverfahren kann auch durch das Mahnverfahren eingeleitet werden (vgl. § 46a ArbGG).

Die Klage als bestimmender Schriftsatz ist schriftlich (§ 46 Abs. 2 ArbGG i.V.m. § 130 Nr. 6 ZPO) mit den zwingenden Angaben des § 253 ZPO einzureichen und grundsätzlich eigenhändig zu unterschreiben. Das Erfordernis der schriftlichen Form ist weitgehend aufgelockert worden und der Gemeinsame Senat der Obersten Gerichte des Bundes hat sogar die Klageerhebung durch **Computerfax** für ausreichend erachtet (GmsOGB 5.4.2000 NJW 2000, 2340). Seit dem 1.8.2001 sieht § 46b ArbGG das Einreichen elektronischer Dokumente vor, bei denen die eigenhändige Unterschrift durch eine qualifizierte elektronische Signatur nach dem Signaturgesetz ersetzt wird, § 46 Abs. 1 S. 2 ArbGG. § 130 Nr. 6 ZPO i.V.m. § 46 Abs. 2 ArbGG lässt bei Übermittelung des Schriftsatzes durch einen Telefaxdienst die Wiedergabe der Unterschrift in Kopie genügen. Die Klage kann allerdings auch mündlich zu Protokoll der Geschäftsstelle erklärt werden (§ 496 ZPO i.V.m. § 46 Abs. 2 ArbGG).

Schriftlichkeit und elektronische Form

III. Güteverhandlung

Literatur: GRUNSKY, Die Schlichtung arbeitsrechtlicher Streitigkeiten und die Rolle der Gerichte, NJW 1978, 1832; KRAMER, Die Güteverhandlung, 1999; VAN VENROOY, Gedanken zur arbeitsgerichtlichen Güteverhandlung, ZfA 1984, 337.

Gemäß § 54 ArbGG beginnt die mündliche Verhandlung mit einer Güteverhandlung. Sie dient zwei Zwecken. Zum einen soll sie die **gütliche Einigung** zwischen den Parteien fördern. Kann diese nicht erreicht werden, dient sie zum anderen zur **Vorbereitung des Kammertermins**. Zwar ist die Güteverhandlung obligatorisch, doch besteht kein Zwang zur Einigung; die Parteien können in der Güteverhandlung nicht erscheinen oder aber nicht verhandeln. Aufgrund der **Besonderheiten der Verfahrensarten** entfällt die Güteverhandlung, wenn gegen einen Vollstreckungsbescheid Einspruch erhoben wird (§§ 700 Abs. 1, 341a ZPO) sowie in Verfahren des einstweiligen Rechtsschutzes (GK-ArbGG/SCHÜTZ § 54 Rn. 14, str.).

Zwecke

Abweichungen von den Vorschriften der mündlichen Verhandlung	Den Termin der Güteverhandlung bestimmt nach Eingang der Klage der nach der Geschäftsverteilung zuständige Richter. In Bestandsschutzstreitigkeiten soll die Güteverhandlung wegen der besonderen Eilbedürftigkeit zwei Wochen nach Klageerhebung stattfinden (§ 61a Abs. 2 ArbGG). Auch wenn die Güteverhandlung Teil der mündlichen Verhandlung ist (siehe unter § 176 IV), finden besondere Vorschriften Anwendung. Zunächst findet die **Güteverhandlung** nicht vor der Kammer, sondern **vor dem Vorsitzenden** allein statt (§ 54 Abs. 1 S. 1 ArbGG). Durch rügeloses Verhandeln wird keine Zuständigkeit eines unzuständigen Gerichts begründet; auch Rügen im Hinblick auf die Zulässigkeit der Klage müssen nicht vor der Verhandlung zur Hauptsache vorgebracht werden (§ 54 Abs. 2 S. 3 ArbGG i.V.m. §§ 39 S. 1, 282 Abs. 3 S. 1 ZPO). **Gerichtliche Geständnisse** haben nur dann bindende Wirkung, wenn sie zu Protokoll erklärt worden sind (§ 54 Abs. 2 S. 2 ArbGG).
Aufgaben des Vorsitzenden	Der Vorsitzende hat mit den Parteien das **Streitverhältnis zu erörtern** und den **Sachverhalt aufzuklären** (§ 54 Abs. 1 S. 2, 3 ArbGG). Er kann sowohl den Kläger als auch den Beklagten befragen. Eine Beweisaufnahme, die vor der Kammer stattzufinden hätte, ist unzulässig. Allerdings ist der Vorsitzende berechtigt, z.B. präsente Zeugen informatorisch zu hören, was jedoch in der Praxis kaum vorkommt (GK-ArbGG/Schütz § 54 Rn. 38 f.).
Disposition der Parteien über den Streitgegenstand	Die Disposition über den Streitgegenstand liegt auch in der Güteverhandlung bei den Parteien. Da nach überwiegender Ansicht das Stellen der Anträge in der Güteverhandlung nicht wirksam möglich ist und zudem in der Praxis auch keine Anträge gestellt werden (GMP/Germelmann, § 54 Rn. 29), kann der Kläger seine **Klage** in der Güteverhandlung **jederzeit und ohne Einwilligung des Beklagten zurücknehmen** (vgl. auch § 54 Abs. 2 S. 1 ArbGG). In der Praxis wird der Rechtsstreit jedoch am häufigsten durch **gerichtlichen Vergleich** beendet. Aufgrund der ZPO-Reform stellt sich die Frage, ob – außerhalb der Güteverhandlung – ein solcher Vergleich auch dadurch geschlossen werden kann, dass die Parteien einen **schriftlichen Vergleichsvorschlag des Gerichts** durch Schriftsatz annehmen. Diese Möglichkeit ist in § 278 Abs. 6 ZPO geregelt, dessen Anwendung im arbeitsgerichtlichen Verfahren nicht ausgeschlossen ist (§ 46 Abs. 2 ArbGG). Allerdings enthält § 278 ZPO die Vorschriften über die Güteverhandlung im Zivilprozess, die durch die speziellere Vorschrift des § 54 ArbGG, der den schriftlichen Vergleich nicht vorsieht, verdrängt werden. Dieser Vorrang bezieht sich jedoch nur auf diejenigen Regelungen des § 278 ZPO, die systematisch zur Güteverhandlung gehören, was für den schriftlichen Vergleich nicht gilt, so dass dieser auch im arbeitsgerichtlichen Verfahren gem. § 278 Abs. 6 ZPO zulässig ist (Holthaus/Koch, RdA 2002, 140, 141).
Verzicht und Anerkenntnis	Der Kläger kann auch in der Güteverhandlung auf den geltend gemachten Anspruch **verzichten** (§ 306 ZPO). Hierbei ist zu bedenken, dass der Arbeitnehmer auf bestimmte Rechte nicht verzichten kann (vgl. z.B. § 4 Abs. 4 S. 1 TVG). Der Beklagte kann den Anspruch des

Klägers **anerkennen** (§ 307 ZPO). Nach § 307 Abs. 1 ZPO kann ein Anerkenntnisurteil jetzt auch ohne gesonderten Antrag ergehen, was es dem Arbeitgeber ermöglicht, bereits in der Güteverhandlung ein Anerkenntnisurteil zu erreichen, dem sich der Arbeitnehmer nicht mehr dadurch entziehen kann, dass er einen entsprechenden Antrag nicht stellt. Ein Verzichtsurteil setzt weiterhin einen Antrag des Beklagten voraus. Verzichts- und Anerkenntnisurteil ergehen durch den Vorsitzenden allein (§ 55 Abs. 1 Nr. 2, 3 ArbGG), wobei umstritten ist, ob diese noch in der Güteverhandlung oder in der streitigen Verhandlung erfolgen müssen (GK-ArbGG/Schütz, § 54 Rn. 53).

Bleibt die Güteverhandlung erfolglos, besteht seit dem 1.5.2000 aufgrund des Arbeitsgerichtsbeschleunigungsgesetzes (BGBl. I 2000 S. 333) die Möglichkeit, die Güteverhandlung in einem **weiteren Gütetermin**, der alsbald stattzufinden hat, fortzusetzen (§ 54 Abs. 1 S. 5 ArbGG). Erforderlich ist die **Zustimmung beider Parteien.** Ob eine weitere Güteverhandlung stattfindet, entscheidet der Vorsitzende dann nach pflichtgemäßem Ermessen, wobei er die Aussichten einer einvernehmlichen Einigung und den Beschleunigungsgrundsatz gegeneinander abwägen muss. Kommt es nicht zu einem weiteren Gütetermin, so schließt sich nach der gesetzlichen Konzeption die streitige Verhandlung unmittelbar an. Da diese jedoch vor der Kammer stattfindet, und die ehrenamtlichen Richter in der Regel nicht anwesend sind, wird der Vorsitzende einen **Termin zur streitigen Verhandlung** bestimmen.

Erfolglosigkeit der Güteverhandlung

Ein praktischer Ausnahmefall ist jedoch die Säumnis. Ist **eine Partei säumig**, d.h. erscheint z.B. nicht, schließt sich die mündliche Verhandlung unmittelbar an. Auf Antrag der anwesenden Partei kann das Gericht ein Versäumnisurteil erlassen, weil der Vorsitzende insoweit allein zur Entscheidung befugt ist (§ 55 Abs. 1 Nr. 4 ArbGG). Sind **beide Parteien säumig**, muss das Gericht das Ruhen des Verfahrens anordnen. Nach dieser Anordnung kann jede Partei den Antrag, Termin zur mündlichen Verhandlung zu bestimmen, nur noch innerhalb von sechs Monaten nach der Güteverhandlung stellen (§ 54 Abs. 5 ArbGG). Nach Ablauf dieser Frist gilt die Klage als zurückgenommen (§ 54 Abs. 5 S. 4 ArbGG).

Säumnis

IV. Kammertermin

Literatur: Grunsky, Die Zurückweisung verspäteten Vorbringens im arbeitsgerichtlichen Verfahren, NZA 1990, Beil 2, 3; Schneider, Richterliche Hinweispflicht und Präklusion, MDR 1991, 707; Weth, Die Zurückweisung verspäteten Vorbringens im Zivilprozeß, 1988.

Der Vorsitzende hat den Kammertermin so vorzubereiten, dass die streitige Verhandlung in einem Kammertermin durchzuführen ist (§ 56 Abs. 1 ArbGG). Diese Konzentration dient der Beschleunigung des Verfahrens (siehe unter § 178 I). Dazu zählt § 56 Abs. 1 S. 2 ArbGG beispielhaft einige Maßnahmen auf. So kann der Vorsitzende

Vorbereitung

gehalten sein, **Aufklärungshinweise** zu geben, was bereits § 139 ZPO gebietet (siehe unter § 178 I). Er kann **amtliche Auskünfte** einholen, das **persönliche Erscheinen** der Parteien anordnen oder **vorsorglich Zeugen laden**. Die Aufzählung ist nur beispielhaft. Auch wenn anders als in § 273 ZPO, der die Vorbereitung des Termins im Zivilprozess regelt, § 142 ZPO in § 56 Abs. 1 ArbGG nicht genannt ist, kann der Vorsitzende im Arbeitsgerichtsverfahren von der in § 142 ZPO neu geschaffenen Möglichkeit, auch nicht am Prozess beteiligte **Dritte zur Vorlage von Urkunden zu verpflichten**, Gebrauch machen. Es handelt sich insoweit um ein redaktionelles Versehen (HOLTHAUS/KOCH, RdA 2002, 140, 146; SCHMIDT/SCHWAB/WILDSCHÜTZ, NZA 2001, 1161, 1163 f.).

Zurückweisung verspäteten Vorbringens

Der Vorsitzende ist auch befugt, den Parteien eine Frist zur Erklärung über bestimmte klärungsbedürftige Punkte zu setzen. Angriffs- und Verteidigungsmittel, d.h. jedes sachliche oder prozessuale Verhalten, dass der Durchsetzung oder Abwehr des streitigen Anspruchs dient, wie z.B. Tatsachenvortrag oder Beweisantritte, sind nur noch dann zulässig, wenn ihre Zulassung nach der freien Überzeugung des Gerichts die **Erledigung des Rechtsstreits nicht verzögern** würde oder die Partei die Verspätung entschuldigt (§ 56 Abs. 1 Nr. 1, Abs. 2 ArbGG). Diese Verspätungsvorschriften gelten über den Wortlaut des § 56 ArbGG hinaus bei jeder prozessleitenden Verfügung und bei jedem Beschluss des Gerichts zur Vorbereitung der streitigen Verhandlung (GK-ArbGG/SCHÜTZ § 56 Rn. 44). Wie im allgemeinen Zivilprozess gilt auch im arbeitsgerichtlichen Verfahren ein **absoluter Verzögerungsbegriff**. Der Rechtsstreit darf bei Zulassung des Angriffsmittels nicht länger dauern als ohne diese Zulassung, was bereits dann der Fall ist, wenn z.B. zur Vernehmung eines Zeugen ein weiterer Kammertermin erforderlich würde. Auf eine hypothetische Betrachtungsweise, nämlich, ob dieser zusätzliche Termin auch bei rechtzeitigem Vorbringen erforderlich gewesen wäre, kommt es nicht an (BGH 2.12.1982 BGHZ 86, 31, 34).

„Der Senat vertritt deshalb in ständiger Rechtsprechung die Ansicht, dass es für die Feststellung einer Verzögerung des Rechtsstreits alleine darauf ankommt, ob der Prozess bei Zulassung des verspäteten Vorbringens länger dauern würde als bei dessen Zurückweisung. Dagegen ist es unerheblich, ob der Rechtsstreit bei rechtzeitigem Vorbringen ebenso lange gedauert hätte (...). Das Gericht ist lediglich verpflichtet, die Verspätung durch zumutbare Vorbereitungsmaßnahmen gemäß § 273 ZPO so weit wie möglich auszugleichen und dadurch eine drohende Verzögerung abzuwenden". (BGH 2.12.1982 BGHZ 86, 31, 34)

Beweisaufnahme

Abgesehen von einigen Ausnahmen des arbeitsgerichtlichen Verfahrens (z.B. § 58 Abs. 2 ArbGG) ist die Beweisaufnahme in der Regel vor der Kammer nach den **allgemeinen zivilprozessualen Grundsätzen** (§§ 355 ff. ZPO) durchzuführen. Nach § 128a ZPO kann jetzt sowohl die mündliche Verhandlung als auch die Beweisaufnahme im Wege der **Videokonferenz** erfolgen. § 128a Abs. 2 ZPO ermöglicht z.B. im Einvernehmnis mit den Parteien und nach Ermessen des Ge-

V. Beendigung des Verfahrens § 178

richts, Zeugen, die sich an einem anderen Ort befinden, im Wege der Videoübertragung zu vernehmen. Ein Anspruch der Parteien auf Schaffung der entsprechenden technischen Voraussetzungen besteht jedoch nicht (BT-Drs. 14/6036, S. 119 f.).

V. Beendigung des Verfahrens

Literatur: CREUTZFELDT, Die Wertfestsetzung im arbeitsgerichtlichen Verfahren, NZA 1996, 956; GROEGER, Die vorläufige Vollstreckbarkeit arbeitsgerichtlicher Urteile, NZA 1994, 251; STEFFEN, Arbeitsgerichtsbarkeit, Streitwert, AR-Blattei SD 160.13.1.

Besonderheiten des arbeitsgerichtlichen Urteils:
- kein gesonderter Ausspruch über die vorläufige Vollstreckbarkeit (§ 62 Abs. 1 S. 1 ArbGG)
- ausdrückliche Festsetzung des Streitwerts (§ 61 Abs. 1 ArbGG)
- Rechtsmittelbelehrung (§ 9 Abs. 5 ArbGG)

In der Praxis werden die **meisten Arbeitsgerichtsverfahren** durch **Vergleich** erledigt. Im Jahr 2006 erledigte die Arbeitsgerichtsbarkeit in der ersten Instanz insgesamt 476 906 Verfahren, davon 249 065 durch Vergleich und nur 36 892 durch streitiges Urteil; 47 623 durch sonstiges Urteil. Die verbleibenden 143 326 Verfahren wurden auf sonstige Weise, wie z.B. Klagerücknahme (§ 269 ZPO) erledigt. *Statistik*

Das arbeitsgerichtliche **Urteil** besteht wie auch das Urteil im Zivilverfahren grundsätzlich aus der **Eingangsformel, der Bezeichnung des Urteils, dem Rubrum, dem Tenor, dem Tatbestand und den Entscheidungsgründen** (§ 313 ZPO i.V.m. § 46 Abs. 2 ZPO; zum Weglassen von Tatbestand und Entscheidungsgründen s. z.B. § 313a ZPO). Es ist allerdings von einigen Besonderheiten gekennzeichnet. So enthält der Tenor keinen Ausspruch über die **vorläufige Vollstreckbarkeit**, weil gem. § 62 Abs. 1 S. 1 ArbGG Urteile der Arbeitsgerichte, gegen die Einspruch oder Berufung zulässig ist, kraft Gesetzes vorläufig vollstreckbar sind. Der Gesetzgeber bezweckt damit die Beschleunigung der Vollstreckung und zusätzlich durch die Einschränkung der Möglichkeiten der Einstellung der Zwangsvollstreckung dem Arbeitnehmer die möglichst schnelle Durchsetzung seiner Ansprüche zu ermöglichen, weil er auf diese in der Regel für seinen Lebensunterhalt angewiesen ist. *Urteilsaufbau*

Im arbeitsgerichtlichen Urteil ist außerdem der Streitwert festzusetzen (§ 61 Abs. 1 ArbGG). Die Streitwertfestsetzung hat **nicht nur kostenrechtliche Bedeutung** (so noch LAG Hamm 15.11.1979 EzA Nr. 1 zu § 61 ArbGG). Vielmehr bindet der Streitwert grundsätzlich auch das Rechtsmittelgericht, womit der festgesetzte Streitwert für die **Berufungsfähigkeit** eines Urteils (siehe unter § 179) von Bedeutung ist (BAG 2.3.1983 AP Nr. 6 zu § 64 ArbGG 1979). Durch das **Kostenrechtsmodernisierungsgesetz** vom 5.5.2004 (BGBl. I S. 718 ff.) sind die bislang bestehenden Sonderregelungen der Streitwertberech- *Streitwert* nung gemäß § 12 Abs. 7 ArbGG a.F. aufgehoben und in das GKG integriert worden (§ 42 Abs. 3 bis 5 GKG).

Rechtsmittelbelehrung

Gemäß § 9 Abs. 5 ArbGG enthalten alle mit einem Rechtsmittel anfechtbaren Entscheidungen eine Belehrung über das Rechtsmittel. Die **fehlende, unvollständige, unklare oder unrichtige Rechtsmittelbelehrung** ist nicht folgenlos, sondern führt dazu, dass die eigentlich gegebene Rechtsmittelfrist nicht zu laufen beginnt, und das Rechtsmittel nur innerhalb eines Jahres seit Zustellung der Entscheidung zulässig ist (§ 9 Abs. 5 S. 3, 4 ArbGG).

Kosten

Eine weitere Besonderheit betrifft die Kostenregelungen im arbeitsgerichtlichen Verfahren. Getragen sind diese von dem Grundgedanken, das Verfahren für die Parteien billiger zu gestalten als vor den ordentlichen Gerichten. Dieser Grundgedanke bleibt auch nach Inkrafttreten des Kostenrechtsmodernisierungsgesetzes, wonach sich die Erhebung von Kosten ausschließlich nach dem GKG (§ 1 Nr. 5 GKG) richtet, erhalten. Das neu gefasste **Kostenverzeichnis (Anlage 1 zu § 3 Abs. 2 GKG, Teil 8 Nr. 8100 ff.)**, in das das bisherige Gebührenverzeichnis (Anlage 1 zu § 12 Abs. 1 ArbGG a.F.) integriert worden ist, sieht weiterhin Gebührenprivilegierung bei arbeitsgerichtlichen Verfahren gegenüber solchen der ordentlichen Gerichtsbarkeit vor. Es wird abhängig vom Streitwert eine einmalige Verfahrensgebühr (§ 35 GKG) erhoben, die sich auf das 2,0-fache der Ausgangsgebühr beläuft (Anlage 1 zu § 3 Abs. 2 GKG, Teil 8 Nr. 8200). Diese Ausgangsgebühr ist nach der nunmehr auch für das arbeitsgerichtliche Verfahren geltenden allgemeinen **Gebührentabelle (Anlage 2 zu § 34 GKG)** nach dem Streitwert gestaffelt. Das Gebührenniveau ist dabei durch die Integration der arbeitsgerichtlichen Sonderregelungen in das GKG zwar insgesamt gestiegen, liegt aber weiterhin 30–40 % unterhalb des Niveaus der ordentlichen Gerichtsbarkeit (Natter, NZA 2004, 686, 690). Entfallen ist jedoch die bisherige Begrenzung der Gerichtsgebühr auf maximal 500 Euro. Anders als im allgemeinen Zivilprozess (vgl. § 65 Abs. 1 GKG) dürfen, um die Klagemöglichkeiten zu erleichtern, **Kostenvorschüsse** nicht erhoben werden (§ 11 GKG).

Kostentragungslast

Auch im Hinblick auf die Kostentragungslast weicht das arbeitsgerichtliche Urteilsverfahren erster Instanz von den allgemeinen zivilrechtlichen Regelungen der §§ 91 ff. ZPO ab. § 12a Abs. 1 ZPO schließt eine **Kostenerstattung** bezogen auf die Entschädigung wegen Zeitversäumnis und wegen der Kosten für die Hinzuziehung eines Prozessbevollmächtigten aus, während im Zivilprozess diese Kosten die unterlegene Partei trägt (§ 91 Abs. 1 ZPO). Unabhängig vom Obsiegen oder Unterliegen trägt diese Kosten im Arbeitsgerichtsprozess jede Partei selbst. Der Arbeitnehmer soll nicht deshalb von der Klage absehen, weil er im Falle des Unterliegens die Rechtsanwaltskosten des Arbeitgebers tragen müsste. Da eine Kostenerstattung insoweit jedoch generell ausgeschlossen ist, muss ein Arbeitnehmer auch im Fall des Obsiegens die Kosten seines eigenen prozessbevollmächtigten Rechtsanwalts, wenn er einen solchen beauftragt hat, nicht selbst aufgetreten ist und sich nicht durch einen Verbandsvertreter hat vertreten lassen, tragen. Auf den Ausschluss der Kostenerstattung hat der Rechtsanwalt hinzuweisen (§ 12a Abs. 1 S. 2 ArbGG). Der Ausschluss der Kostenerstattung in § 12a ZPO ist verfassungsgemäß (BVerfG 20.7.1971 AP Nr. 12 zu § 61 ArbGG 1953 Kosten).

„Die besondere Regelung in § 61 Abs. 1 Satz 2 ArbGG [1953 = § 12a Abs. 1 S. 1 ArbGG 1979] ist sachlich gerechtfertigt. Das gilt zunächst im Verhältnis zu den Verfahrensordnungen, die der obsiegenden Partei einen Kostenerstattungsanspruch ohne weitere Voraussetzungen gewähren. Der Gesetzgeber hat beim Arbeitsgerichtsgesetz besonders berücksichtigt, dass der Arbeitnehmer im Arbeitsgerichtsverfahren typischerweise als der sozial Schwächere dem sozial stärkeren Arbeitgeber gegenübersteht. Dem ist etwa bei der Regelung über die Gerichtskosten Rechnung getragen. Nach § 12 Abs. 1 Satz 1 ArbGG [1953] entsteht im Verfahren des ersten Rechtszuges lediglich eine einzige Gerichtsgebühr, ... Das soll dem Schutz des sozial Schwachen dienen, für den die Kostenlast niedriger und das Prozessrisiko kalkulierbarer wird. Mit solchen Überlegungen lässt sich auch der Ausschluss der Erstattung der Kosten des Rechtsanwalts rechtfertigen. Zwar mag das soziale Argument seit dem Erlass des Gesetzes im Jahre 1953 schwächer geworden sein; es hat aber für die Masse der Arbeitnehmer auch heute noch seine Berechtigung. Allerdings kann sich die Regelung unter Umständen auch zum Nachteil der Arbeitnehmer auswirken. Sie brauchen im Falle ihres Unterliegens ihrem Gegner zwar dessen Rechtsanwaltskosten nicht zu erstatten, erhalten aber auch die eigenen nicht ersetzt, wenn sie gewinnen. Das ändert aber nichts daran, dass das Kostenrisiko durch § 61 Abs. 1 Satz 2 ArbGG [1953] überschaubarer wird. Jede Partei weiß nämlich von vornherein, dass sie an außergerichtlichen Kosten immer und äußerstenfalls nur das zu tragen hat, was sie selbst aufwendet." (BVerfG 20.7.1971 AP Nr. 12 zu § 61 ArbGG 1953 Kosten)

3. Abschnitt: Die Rechtsmittel im Urteilsverfahren

§ 179 Berufung

Literatur: BADER, Übergangsprobleme bei § 5 KSchG n.F., NZA 2008, 620; FRANCKEN/NATTER/RIEKER, Die Novellierung des Arbeitsgerichtsgesetzes und des § 5 KSchG durch das SGGArbGG-Änderungsgesetz; GRUNSKY, Zum Tatsachenstoff im Berufungsverfahren nach der Reform der ZPO, NJW 2002, 800; RIMMELSPACHER, Die Berufungsgründe im reformierten Zivilprozess, NJW 2002, 1897; SCHELLHAMMER, Zivilprozessreform und Berufung, MDR 2001, 1141; STOCK, Berufungszulassung und Rechtsmittelbelehrung im arbeitsgerichtlichen Urteil, NZA 2001, 481.

I. Zulässigkeit

◯ **Übersicht: Zulässigkeit der Berufung**
1. Statthaftigkeit
   - kraft Gesetz (§ 64 Abs. 2 lit. b – d ArbGG)
   - nach Zulassung durch das Arbeitsgericht (§ 64 Abs. Abs. 2 lit. a, Abs. 3 ArbGG)
2. Beschwer (vgl. § 64 Abs. 2 lit. b ArbGG)
3. Form- und fristgerechte Einlegung (§ 519 Abs. 1 ZPO i.V.m. § 64 Abs. 6 S. 1 ArbGG; § 64 Abs. 1 S. 1, 2 ArbGG)
4. Form- und fristgerechte Begründung (§ 520 Abs. 3 ZPO i.V.m. § 64 Abs. 6 S. 1 ArbGG; § 66 Abs. 1 S. 1, 2 ArbGG)

Statthaftigkeit

Die Berufung findet, soweit nicht die sofortige Beschwerde nach § 78 ArbGG gegeben ist, gegen die Urteile der Arbeitsgerichte zum Landesarbeitsgericht statt (§§ 64 Abs. 1, 8 Abs. 2 ArbGG). Die Berufung ist insoweit jedoch nicht uneingeschränkt, sondern nur in den vier in § 64 Abs. 2 ArbGG genannten Fällen statthaft. Dies ist zum einen der Fall, wenn der **Beschwerdegegenstand 600 Euro** übersteigt, wobei dies sowohl in vermögensrechtlichen als auch in nicht-vermögensrechtlichen Streitigkeiten gilt (§ 64 Abs. 2 lit. b ArbGG). Zulässig ist die Berufung unabhängig von einem Beschwerdewert zum anderen immer, wenn Streitgegenstand eine **Bestandsschutzstreitigkeit** ist, d.h. über das Bestehen, Nichtbestehen oder die Kündigung von Arbeitsverhältnissen (§ 64 Abs. 2 lit. c ArbGG) gestritten wird. Die ZPO-Reform hat in § 64 Abs. 2 lit. d ArbGG die Berufung gegen ein arbeitsgerichtliches **zweites Versäumnisurteil** (§ 345 ZPO i.V.m. § 46 Abs. 2 ArbGG) mit der Begründung, dass ein Fall der schuldhaften Säumnis nicht vorliegt, eigenständig für statthaft erklärt. Anders als nach der bisherigen Rspr. des BAG (BAG 22.6.1994 AP Nr. 24 zu § 72 ArbGG 1979) gilt dies immer, unabhängig von einem Beschwerdewert (GK-ArbGG/Vossen § 64 Rn. 81 a).

Nachträgliche Zulassung der Kündigungsschutz- oder Entfristungsklage (§ 5 KSchG)

Auf Antrag des Arbeitnehmers hat das Arbeitsgericht eine Kündigungsschutzklage oder eine Entfristungsklage (§ 17 TzBfG i.V.m. § 5 KSchG) trotz Fristversäumnis zuzulassen, wenn der Arbeitnehmer in entschuldigter Weise an der Einhaltung der Klagefrist gehindert war, § 5 KSchG. Bislang hatten die Arbeitsgerichte über den Antrag auf nachträgliche Zulassung durch separaten Beschluss zu entscheiden, der mit der sofortigen Beschwerde angefochten werden könnte. Seit dem 1.4.2008 legt der neu gefasste § 5 Abs. 4 S. 1 KSchG fest, dass das Verfahren auf nachträgliche Zulassung mit dem Verfahren über die Klage zu verbinden ist. Gemäß § 5 Abs. 4 S. 2 KSchG hat das Arbeitsgericht ebenso die Möglichkeit, das Verfahren zunächst auf die Verhandlung und Entscheidung über den Zulassungsantrag zu beschränken und durch Zwischenurteil zu entscheiden. Die Arbeitsgerichte können daher über alle Anträge ab dem 1.4.2008 nur noch durch Urteil, nicht mehr durch Beschluss entscheiden (Bader, NZA 2008, 620). Sowohl bezüglich des instanzbeendenden, einheit-

I. Zulässigkeit **§ 179**

lichen Urteils gem. § 5 Abs. 4 S. 1 KSchG als auch des Zwischenurteils gem. § 5 Abs. 4 S. 2 KSchG ist die Berufung statthaft. Sofern eine Kündigungsschutz- oder Entfristungsklage in zweiter Instanz anhängig ist, entscheidet nach dem neuen § 5 Abs. 5 KSchG das Landesarbeitsgericht als Kammer, wenn das Arbeitsgericht über einen schon in erster Instanz gestellten Zulassungsantrag nicht entschieden hat, sich aber nun die Entscheidungserheblichkeit der Zulassungsfrage herausstellt. Gleiches gilt bei erstmaliger Stellung des Antrags in der Berufungsinstanz. Auch in diesen Fällen hat die Entscheidung durch einheitliches Urteil bzw. Zwischenurteil zu ergehen (§ 5 Abs. 5 i.V.m. Abs. 4 KSchG).

Darüber hinaus ist die Berufung statthaft, wenn das Arbeitsgericht sie in seinem Urteil zugelassen hat (§ 64 Abs. 2 lit. a ArbGG). Die Zulassung ist nicht auf vermögensrechtliche Streitigkeiten beschränkt. Es bedarf keines Antrags der Parteien. Das Arbeitsgericht entscheidet über die **Zulassung von Amts wegen**. Über die Zulassung muss das Arbeitsgericht auch dann entscheiden, wenn der Streitwert über 600 Euro liegt, weil es nicht wissen kann, in welchem Umfang die Entscheidung von der unterlegenen Partei angegriffen wird (STOCK, NZA 2001, 481, 482). Das Arbeitsgericht muss die Zulassung oder deren Versagung **im Urteilstenor** aussprechen (§ 64 Abs. 3 a ArbGG). Die zwingenden **Zulassungsgründe** – das Arbeitsgericht hat kein Ermessen – sind in § 64 Abs. 3 ArbGG normiert: die grundsätzliche Bedeutung, die besonderen Streitigkeiten nach § 64 Abs. 3 Nr. 2 ArbGG und die Divergenz. An die Zulassung der Berufung durch das Arbeitsgericht ist das **Landesarbeitsgericht gebunden** (§ 64 Abs. 4 ArbGG).

Zulassung der Berufung

Kein Zulassungsgrund sind **Verfahrensfehler**. Bis zur ZPO-Reform war deshalb bei einem Beschwerdewert unterhalb von 600 Euro die Rüge der **Verletzung des rechtlichen Gehörs (Art. 103 Abs. 1 GG)** nur über die **Verfassungsbeschwerde** zulässig, weil ein anderes Rechtsmittel, insbesondere die Berufung, nicht eröffnet war (BGH 19.10.1989 NJW 1990, 838 f.). Auch das Gericht selbst hatte bei einem unbeabsichtigten Verfahrensfehler keine Korrekturmöglichkeit. Um das Bundesverfassungsgericht von der Korrektur von Verfahrensfehlern zu entlasten, sieht § 321a ZPO jetzt die Möglichkeit vor, dass das **Gericht selbst seinen Verfahrensfehler behebt**. Ist die Berufung nicht zulässig, kann die durch das Urteil beschwerte Partei die Verletzung des rechtlichen Gehörs in entscheidungserheblicher Weise rügen, was zur Fortsetzung des Prozesses vor dem Arbeitsgericht führt. In diesem fortgeführten Prozess kann dieses seinen Verfahrensfehler heilen.

§ 321a ZPO

Die formelle und die materielle Beschwer bestimmen sich nach den **allgemeinen zivilprozessualen Grundsätzen** (ausf. GK-ArbGG/VOSSEN § 64 Rn. 9 ff.).

Beschwer

Die **Frist** zur Einlegung der Berufung beträgt einen **Monat**. Sie beginnt mit der Zustellung des Urteils, spätestens mit Ablauf von fünf Monaten nach Verkündung des Urteils (§ 66 Abs. 1 S. 1, 2 ArbGG).

Berufungseinlegung

Die Berufung wird durch einen **bestimmenden Schriftsatz**, der beim Landesarbeitsgericht als Berufungsgericht einzureichen ist, eingelegt (§ 519 Abs. 1 ZPO i.V.m. § 64 Abs. 6 S. 1 ArbGG).

Berufungsbegründung

Die **Frist** für die Berufungsbegründung beträgt seit der ZPO-Reform **zwei Monate** ab der Zustellung des erstinstanzlichen Urteils, spätestens mit Ablauf von fünf Monaten nach Verkündung des Urteils (§ 66 Abs. 1, 2 ArbGG). Der **Inhalt der Berufungsbegründung** richtet sich über § 64 Abs. 6 S. 1 ArbGG nach dem neu gefassten § 520 Abs. 3 ZPO. Wie bisher müssen die Berufungsanträge, d.h. inwieweit das Urteil angefochten wird und welche Abänderungen beantragt werden, enthalten sein (§ 520 Abs. 3 Nr. 1 ZPO). Die inhaltlichen Anforderungen an die Berufungsschrift korrespondieren im Übrigen mit dem neuen Prüfungsumfang in der Berufungsinstanz (HOLTHAUS/KOCH, RdA 2002, 140, 152).

Zulässigkeitsprüfung

Ob die Voraussetzungen für die Zulässigkeit der Berufung gegeben sind, hat das Landesarbeitsgericht **vorab von Amts wegen** festzustellen. Ist die Berufung nicht statthaft oder nicht frist- oder formgerecht eingereicht oder begründet, kann die Kammer des Landesarbeitsgerichts die Berufung **durch Beschluss als unzulässig verwerfen** (§ 66 Abs. 2 S. 2 ArbGG i.V.m. § 522 ZPO). Unzulässig ist aber eine inhaltliche Vorabentscheidung, z.B. wegen mangelnder Erfolgsaussicht der Berufung nach § 522 Abs. 2, 3 ZPO, wie sie im Zivilprozess möglich ist (§ 66 Abs. 2 S. 3 ArbGG).

Keine Güteverhandlung

Anders als in der ersten Instanz ist für den Berufungsrechtszug keine **Güteverhandlung** vorgesehen; § 64 Abs. 7 ArbGG verweist nicht auf § 54 ArbGG, während dies im Zivilprozess jetzt zumindest möglich ist (§ 525 S. 2 ZPO).

II. Begründetheit

Prüfungsumfang

Die entscheidende Änderung im Berufungsrechtszug durch die ZPO-Reform liegt in der Umgestaltung des Prüfungsumfangs des Berufungsgerichts. Die Berufung sollte **von einer vollen zweiten Tatsacheninstanz zu einem Instrument der Fehlerkontrolle und -beseitigung** werden (BT-Drs. 14/4722 S. 61). Die neu in §§ 513, 529, 546 ZPO niedergelegten Prüfungsgrundsätze finden gem. § 64 Abs. 6 S. 1 ArbGG auch im arbeitsgerichtlichen Berufungsverfahren Anwendung. § 513 ZPO nennt zwei Berufungsgründe.

Rechtsverletzung

Die Berufung kann zum einen darauf gestützt werden, dass das Urteil auf einer Rechtsverletzung beruht. § 513 ZPO verweist zur Begriffsbestimmung auf § 546 ZPO, der den Begriff der Rechtsverletzung für das Revisionsverfahren festlegt. Es gelten deshalb insoweit im Verhältnis von Arbeitsgericht und Landesarbeitsgericht die **gleichen Grundsätze**, wie sie **bisher im Revisionsverfahren** im Verhältnis von Landesarbeitsgericht zu Bundesarbeitsgericht **galten**.

II. Begründetheit § 179

⇒ **Beispiel (Auslegung von Willenserklärungen):**

Die Auslegung enthält einen Subsumtions- und damit Rechtsfehler, wenn bei der Anwendung der §§ 133, 157, 242 BGB die Frage falsch beantwortet wird, welche Aspekte wie z.B. Wortlaut, Wille, Umstände bei der Auslegung der Willenserklärung zu beachten sind. Die Gewichtung der Umstände zueinander ergibt sich dagegen nicht aus den genannten Normen. Eine Auslegung, die auf einer vertretbaren Gewichtung beruht, enthält deshalb keinen Rechtsanwendungsfehler, selbst wenn das Berufungsgericht die Auslegung nicht teilt. Von der Auslegung zu unterscheiden ist die Ermittlung der der Auslegung zu Grunde liegenden Tatsachen (RIMMELSPACHER, NJW 2002, 1897, 1899).

Verfahrensfehler beachtet das Landesarbeitsgericht **nicht von Amts wegen**. Erforderlich ist, dass die Verletzung von Verfahrensvorschriften in der Berufungsschrift nach § 520 Abs. 3 ZPO geltend gemacht worden ist (§ 529 Abs. 2 ZPO).
<small>Verfahrensfehler</small>

Berufungsgrund ist auch, dass nach § 529 ZPO zugrunde zu legende Tatsachen eine andere Entscheidung rechtfertigen. Im Grundsatz ergibt sich aber aus § 529 ZPO, dass das Landesarbeitsgericht als Berufungsgericht an die Tatsachenfeststellung des Arbeitsgerichts gebunden ist. Es kann davon nur abweichen, soweit **konkrete Anhaltspunkte Zweifel an der Richtigkeit oder Vollständigkeit der entscheidungserheblichen Feststellungen begründen** und deshalb eine erneute Feststellung gebieten (§ 529 Abs. 1 Nr. 1 ZPO). Auch wenn damit das bislang bestehende „freie" Ermessen des Berufungsgerichts eingegrenzt werden sollte, bietet diese – im Gesetzgebungsverfahren sehr umstrittene Formulierung – nur ein geringes Maß an Rechtssicherheit und ist immer noch sehr weit gefasst. Ziel des Gesetzgebers ist allerdings, es vorhersehbarer zu machen, wann das Berufungsgericht die Beweisaufnahme wiederholt (BT-Drs. 14/6036 S. 123).
<small>Grundsatz: Bindung an Tatsachenfeststellung des Arbeitsgerichts</small>

⇒ **Beispiel zum Prüfungsumfang:**

Das Arbeitsgericht weist die Klage eines Arbeitnehmers gegen eine außerordentliche Kündigung ab, weil „an sich" ein Kündigungsgrund vorliegt. Es hat zudem alle für die Interessenabwägung relevanten Umstände festgestellt und gewichtet. Die Berufung kann nur Erfolg haben, wenn das Arbeitsgericht unzutreffend „an sich" einen Kündigungsgrund angenommen hat (Rechtsverletzung – §§ 513, 546 ZPO) oder aber der Berufungskläger die Tatsachengrundlage des Urteils erschüttert (§§ 513, 529 ZPO). An die vom Arbeitsgericht vorgenommene Interessenabwägung ist das Landesarbeitsgericht allerdings nicht gebunden (vgl. LAG Niedersachsen 25.5.2004 LAGE § 529 ZPO 2002 Nr. 1; a.A. HOLTHAUS/KOCH, RdA 2002, 140, 154 f.).

Neue Tatsachen können im Berufungsrechtszug berücksichtigt werden, wenn dies zulässig ist (§ 529 Abs. 1 Nr. 2 ZPO). Die Zulässig-
<small>Neue Tatsachen</small>

keit eines solchen Vortrags richtet sich nach § 67 ArbGG, der die **Zulassung neuer Angriffs- und Verteidigungsmittel** normiert. Im Vergleich zum Berufungsrechtsstreit im ordentlichen Zivilprozess (§ 531 ZPO) ist neuer Sachvortrag jedoch unter erheblich leichteren Voraussetzungen zulässig, was sich wegen § 529 Abs. 1 Nr. 2 ZPO auch auf die Prüfung des Berufungsgerichts auswirkt.

§ 180 Revision

Literatur: Bepler, Der schwierige Weg in die Dritte Instanz, ArbuR 1997, 421; Prütting, Die Zulassung der Revision, 1977; Schliemann, Die Praxis der Rechtsmittelzulassung, FS Arbeitsgerichtsbarkeit Rheinland-Pfalz (1999), S. 655.

I. Zulässigkeit

⇒ **Übersicht: Zulässigkeit der Revision**
- Statthaftigkeit (§§ 72 Abs. 1, 76 ArbGG) nach Zulassung (§§ 72 Abs. 2, 72a, 76 Abs. 2 ArbGG)
- Beschwer
- Form- und fristgerechte Einlegung (§ 549 ZPO i.V.m. § 72 Abs. 5 ArbGG; § 74 Abs. 1 ArbGG)
- Form- und fristgerechte Begründung (§ 551 Abs. 3, 4 ZPO i.V.m. § 72 Abs. 5 ArbGG; § 74 Abs. 1 ArbGG)

Statthaftigkeit — Die Revision ist statthaft gegen die **Endurteile der Landesarbeitsgerichte** (§ 72 Abs. 1 ArbGG), d.h. als Rechtsmittel gegen die Berufungsurteile der Landesarbeitsgerichte; in den Fällen der **Sprungrevision** aber auch gegen Urteile eines Arbeitsgerichts (§ 76 Abs. 1 ArbGG). Gegen Urteile, die im Verfahren des einstweiligen Rechtsschutzes ergangen sind, findet keine Revision statt (§ 72 Abs. 4 ArbGG).

Zulassung — In allen Fällen ist die Revision aber nur dann statthaft, wenn sie zugelassen worden ist. Das Landesarbeitsgericht muss die Revision zulassen, wenn die Rechtssache **grundsätzliche Bedeutung** hat (§ 72 Abs. 2 Nr. 1 ArbGG; dazu BAG 5.10.1979 AP Nr. 1 zu § 72a ArbGG 1979). Das Gleiche gilt im Fall der **Divergenz**, d.h. wenn das Landesarbeitsgericht von einer Entscheidung eines höherrangigen Gerichts, oder solange eine solche Entscheidung nicht vorliegt, von der eines gleichrangigen Spruchkörpers abweichen will und die Entscheidung auf dieser Abweichung beruht (vgl. § 72 Abs. 1 Nr. 2 ArbGG). Erforderlich ist die Abweichung von einem **abstrakten Rechtssatz**, den das höherrangige bzw. gleichrangige Gericht aufgestellt hat. Hat das Landesarbeitsgericht jedoch diesen abstrakten Rechtssatz seiner Entscheidung zugrunde gelegt und wendet ihn nur falsch an, so liegt ein bloßer Subsumtionsfehler vor, der keine Divergenz begründet (GK-ArbGG/Mikosch § 72 Rn. 27). Das LAG spricht die Zulassung oder die Nichtzulassung der Revision **im Urteilstenor** aus (§§ 72 Abs. 1 S. 2, 64 Abs. 3a ArbGG). Das BAG ist an die Zulassung gebunden (§ 72 Abs. 3 ArbGG).

„Auf einen vom Landesarbeitsgericht aufgestellten divergierenden abstrakten Rechtssatz kann aus diesen fallbezogenen Ausführungen des Landesarbeitsgerichts nicht geschlossen werden. Die Beschwerde geht zwar zu Recht davon aus, dass sich ein divergenzfähiger abstrakter Rechtssatz auch aus scheinbar nur fallbezogenen Ausführungen des Landesarbeitsgerichts zur Begründung seiner Entscheidung ergeben kann (...). Daraus folgt jedoch nicht, jede vom Landesarbeitsgericht für sein Ergebnis gegebene Begründung setze notwendig voraus, dass das Landesarbeitsgericht den Obersatz, der aus seiner Begründung logisch folgt, als abstrakten Rechtssatz aufstellen wollte. Eine solche Annahme verbietet sich jedenfalls dann, wenn das Landesarbeitsgericht den Rechtssatz, von dem es bei seiner Begründung ausgeht, ausdrücklich nennt, wie dies hier der Fall ist. Entspricht das vom Landesarbeitsgericht gefundene Ergebnis nicht diesem Rechtssatz, so handelt es sich um eine fehlerhafte Subsumtion des zu entscheidenden Sachverhaltes unter diesen Rechtssatz und damit um eine fehlerhafte Rechtsanwendung, die allein die Revisionsinstanz nicht zu eröffnen vermag. Wollte man in solchen Fällen jeweils annehmen, der Entscheidung müsse der Rechtssatz zugrunde liegen, der allein das gefundene Ergebnis zu tragen in der Lage sei, so läge bei jeder fehlerhaften Rechtsanwendung eine Divergenz vor, sofern ein divergenzfähiges Urteil vorhanden wäre. Die Revisionsinstanz wegen Divergenz soll aber nur eröffnet werden, wenn das Landesarbeitsgericht seiner Würdigung erkennbar einen unrichtigen Rechtssatz zugrunde gelegt hat, nicht aber wenn der ausdrücklich zugrunde gelegte Rechtssatz fehlerhaft angewendet wird (...)." (BAG 10.12.1997 AP Nr. 40 zu § 72a ArbGG 1979)

Die Revision ist überdies zuzulassen, wenn ein absoluter Revisionsgrund gem. § 547 Nr. 1 bis 5 ZPO oder eine entscheidungserhebliche Verletzung des Anspruchs auf rechtliches Gehör (vgl. § 321a ZPO) geltend gemacht wird und vorliegt (§ 72 Abs. 2 Nr. 3 ArbGG). Abgesehen von diesen ausdrücklich normierten Verfahrensfehlern stellen – anders als in anderen Verfahrensordnungen (z.B. § 132 VwGO – selbst schwerste Verfahrensfehler keinen Grund dar, die Revision zuzulassen. Mit dieser Regelung soll das BAG entlastet werden.

„Der vom Kläger geltend gemachte Verstoß gegen Vorschriften des Verfahrensrechts kann die Zulassung der Revision nicht rechtfertigen. In § 72a ArbGG sind abschließend die Gründe aufgezählt, die eine Nichtzulassungsbeschwerde rechtfertigen können. Das zeigt der Vergleich zu anderen Verfahrensordnungen. Sowohl im verwaltungsgerichtlichen Verfahren (§ 132 VwGO) als auch im Verfahren vor den Sozialgerichten (§§ 160, 160 a SGG) und den Finanzgerichten (§ 115 Abs. 2 und 3 FGO) kann die Nichtzulassungsbeschwerde auf Verfahrensverstöße gestützt werden (...)." (BAG 4.5.1994 AP Nr. 31 zu § 72a ArbGG).

Lässt das Landesarbeitsgericht die Revision nicht zu, kann dies selbständig durch die Nichtzulassungsbeschwerde angefochten werden

Nichtzulassungsbeschwerde

(§ 72a ArbGG). An die Nichtzulassungsbeschwerde werden strenge Anforderungen gestellt. Im Jahre 2006 wurden von insgesamt 1117 nur 71 durch stattgebenden Beschluss erledigt.

Sprungrevision — Anders als bei der Zulassung durch das Landesarbeitsgericht, das von Amts wegen über die Zulassung der Revision entscheidet, sind für die Sprungrevision ein **Antrag und** die **schriftliche Zustimmung des Gegners** erforderlich (§ 76 Abs. 1 ArbGG). Das Arbeitsgericht kann die Sprungrevision nur bei grundsätzlicher Bedeutung der Rechtssache in besonders privilegierten Fällen zulassen (§ 76 Abs. 2 ZPO).

Beschwer — Die formelle und die materielle Beschwer bestimmen sich nach den **allgemeinen zivilprozessualen Grundsätzen** (ausf. GK-ArbGG/MIKOSCH § 72 Rn. 52 ff.).

Revisionseinlegung — Die **Frist** zur Einlegung der Revision beträgt einen **Monat**. Sie beginnt mit der Zustellung des Urteils, spätestens fünf Monate nach Verkündung des Urteils (§ 74 Abs. 1 ArbGG). Die Revision wird durch eine **Revisionsschrift**, die beim Bundesarbeitsgericht als Revisionsgericht einzureichen ist, eingelegt (§ 549 ZPO i.V.m. § 72 Abs. 5 ArbGG).

Revisionsbegründung — Die **Frist** für die Revisionsbegründung beträgt entsprechend der Berufungsbegründungsfrist seit der ZPO-Reform **zwei Monate** ab der Zustellung des erstinstanzlichen Urteils, spätestens mit Ablauf von fünf Monaten nach Verkündung des Urteiles (§ 74 Abs. 1 ArbGG). Der **Inhalt der Revisionsbegründung** richtet sich nach § 551 Abs. 3, 4 ZPO i.V.m. § 72 Abs. 5 ArbGG.

II. Begründetheit

Prüfungsumfang — Die Revision kann nur darauf gestützt werden, dass das Urteil des Landesarbeitsgerichts auf der **Verletzung einer Rechtsnorm** beruht (§ 73 Abs. 1 ArbGG). Grundlage der revisionsrechtlichen Prüfung ist nach § 559 Abs. 1 ZPO dasjenige Parteivorbringen, das aus dem Berufungsurteil oder dem Sitzungsprotokoll ersichtlich ist. **Neues tatsächliches Vorbringen** ist in der Revisionsinstanz **im Grundsatz ausgeschlossen**. Die Rspr. macht davon aus prozessökonomischen Gründen aber Ausnahmen, z.B. wenn ein Vorbringen unstreitig ist und Belange der Gegenpartei nicht entgegenstehen (BAG 16.5.1990 NZA 1990, 825).

§ 181 Beschwerde

Literatur: S. die Kommentierung von DÖRNER zu § 78 ArbGG in GK-ArbGG.

⊃ **Übersicht: Zulässigkeit der sofortigen Beschwerde**
- Statthaftigkeit der Beschwerde (§ 78 S. 1 ArbGG i.V.m. § 567 ZPO)
- Ggf. Beschwerdesumme (z.B. § 567 Abs. 2 ZPO; § 127 Abs. 2 S. 2 ZPO)
- Beschwer
- Form- und fristgerechte Einlegung (§ 78 S. 1 ArbGG i.V.m. § 569 ZPO)

Das Beschwerderecht ist durch die ZPO-Reform grundlegend umgestaltet worden. Die Unterscheidung zwischen einfacher und sofortiger Beschwerde ist weggefallen, es gibt **nur noch** die **sofortige, fristgebundene Beschwerde mit Abhilfemöglichkeit** nach § 567 ZPO, der über § 78 S. 1 ArbGG auch im Arbeitsgerichtsverfahren Anwendung findet.

Grundlegende Neugestaltung

Die sofortige Beschwerde ist statthaft gegen die Entscheidungen der Arbeitsgerichte oder ihrer Vorsitzenden, soweit dies **gesetzlich ausdrücklich bestimmt** ist oder aber es sich um eine, eine mündliche Verhandlung nicht erfordernde Entscheidung handelt, durch die ein das Verfahren betreffendes Gesuch zurückgewiesen wird (§ 78 S. 1 ArbGG i.V.m. § 567 Abs. 1 Nr. 2 ZPO).

Statthaftigkeit

⊃ **Beispiele gesetzlicher Bestimmung der sofortigen Beschwerde:**
- Zurückweisung des Antrags auf Prozesskostenhilfe (§ 127 Abs. 2 S. 2 ZPO)
- Entscheidung des Arbeitsgerichts über die Zulässigkeit des beschrittenen Rechtswegs (§ 48 Abs. 1 ArbGG i.V.m. § 17a Abs. 4 GVG)

Die sofortige Beschwerde ist fristgebunden und kann nur innerhalb von **zwei Wochen** eingelegt werden. Die Frist beginnt mit der Zustellung der Entscheidung, spätestens mit Ablauf von fünf Monaten nach Verkündung des Beschlusses (§ 569 Abs. 1 S. 1, 2 ZPO). Im Übrigen beginnt die Frist nur, wenn die anzufechtende Entscheidung mit einer ordnungsgemäßen **Rechtsmittelbelehrung** versehen ist (§ 9 Abs. 5 ArbGG). Das Gesetz kann aber eine von der grundsätzlichen 2-Wochen-Frist abweichende Frist bestimmen. Lehnt das Arbeitsgericht beispielsweise **Prozesskostenhilfe** ab, beträgt die Beschwerdefrist nur einen Monat (§ 11a Abs. 3 ArbGG i.V.m. § 127 Abs. 2 S. 3 ZPO). Die Beschwerde wird durch eine **Beschwerdeschrift** eingereicht (§ 569 Abs. 2 ZPO), kann im arbeitsgerichtlichen Verfahren aber auch zu Protokoll der Geschäftsstelle erklärt werden (§ 569 Abs. 3 ZPO). Der Beschwerdeführer hat die Wahl, ob er die Be-

Einlegung der Beschwerde

schwerde beim Arbeitsgericht oder aber beim Landesarbeitsgericht einlegt (§ 569 Abs. 1 ZPO).

Begründung und Präklusion

Die Beschwerde soll gem. § 571 Abs. 1 ZPO eine Begründung enthalten. Dies ist zwar nur eine **Soll-Vorschrift**, doch ermöglicht § 571 Abs. 3 ZPO dem Vorsitzenden oder dem Beschwerdegericht, eine Frist für das Vorbringen von Angriffs- oder Verteidigungsmitteln zu setzen. Verspäteter Vortrag kann zurückgewiesen werden.

Verfahren

Erachtet das Ausgangsgericht die **Beschwerde für begründet**, so hat es ihr **abzuhelfen** (§ 572 Abs. 1 ZPO). Bei Beschwerden gegen die Kammer des Arbeitsgerichts muss diese über die Abhilfe entscheiden, wobei es nicht erforderlich ist, die gleichen ehrenamtlichen Richter heranzuziehen (Holthaus/Koch, RdA 2002, 140, 157). Über die Abhilfe einer Beschwerde gegen eine Entscheidung des Vorsitzenden entscheidet dieser allein. Bei **Nichtabhilfe** muss das Arbeitsgericht oder der Vorsitzende die Sache **unverzüglich dem Landesarbeitsgericht** als Beschwerdegericht **vorlegen**. Dort entscheidet der Vorsitzende allein (§ 78 S. 3 ArbGG) durch Beschluss (§ 572 Abs. 4 ZPO).

Rechtsbeschwerde

Gegen die Beschwerdeentscheidung des Landesarbeitsgerichts kann die Rechtsbeschwerde zum Bundesarbeitsgericht statthaft sein. Zweck der in §§ 574 ff. ZPO generell eingeführten Rechtsbeschwerde ist es, auch im Bereich der Nebenentscheidungen eine **einheitliche Rechtsprechung** zu ermöglichen (BT-Drs. 14/4722 S. 69). Die Rechtsbeschwerde ist statthaft, wenn das Landesarbeitsgericht sie **zugelassen** hat, wobei die gleichen Grundsätze wie bei der Zulassung der Revision gelten (§§ 78 S. 2, 72 Abs. 2 ArbGG). Die Zulassung muss vom Landesarbeitsgericht in der anzufechtenden Entscheidung ausdrücklich ausgesprochen werden; in nicht verkündeten Beschlüssen muss die Zulassungsentscheidung aber nicht in die Beschlussformel aufgenommen werden, sondern kann auch in den Gründen erfolgen (BAG 17.1.2007 AP Nr. 40 zu § 64 ArbGG 1979). Das sich bislang in der Praxis stellende Problem, ob das Landesarbeitsgericht als Beschwerdegericht die **Rechtsbeschwerde** zum Bundesarbeitsgericht auch **bei einer Entscheidung über die nachträgliche Zulassung der Kündigungsschutzklage** zulassen kann, ist insofern entfallen, als die Arbeitsgerichte über Anträge ab dem 1.4.2008 nicht mehr durch Beschluss, sondern durch (mittels Berufung und Revision anfechtbares) Urteil entscheiden, § 5 Abs. 4, 5 KSchG (siehe unter § 179 I).

4. Abschnitt: Das Beschlussverfahren

Literatur: Molkenbur, Verfahrensrechtliche Probleme des arbeitsgerichtlichen Beschlussverfahrens, DB 1992, 425; Weth, Das arbeitsgerichtliche Beschlussverfahren, 1995.

§ 182 Zulässigkeit

⊃ Übersicht:
1. Rechtswegzuständigkeit und richtige Verfahrensart (§§ 2a, 3 ArbGG)
2. Örtliche Zuständigkeit (§ 82 ArbGG)
3. Ordnungsgemäßer Antrag (§ 253 Abs. 2 ZPO i.V.m. §§ 81, 80 Abs. 2, 46 Abs. 2 ArbGG)
4. Beteiligtenfähigkeit (§ 50 ZPO, § 10 ArbGG)
5. Prozessfähigkeit (§§ 51 ff. ZPO)
6. Postulationsfähigkeit (§ 11 ArbGG)
7. Antragsbefugnis

I. Rechtswegzuständigkeit und richtige Verfahrensart

Die Rechtswegzuständigkeit ergibt sich für das Beschlussverfahren aus der ausschließlichen Zuständigkeitsnorm des § 2a ArbGG. Hauptanwendungsfall sind die Angelegenheiten aus dem BetrVG, womit die Zuständigkeit der Arbeitsgerichte in diesem Bereich umfassend begründet ist. Anders als in § 2 ArbGG für das Urteilsverfahren ist **keine Begrenzung auf bürgerlich-rechtliche Streitigkeiten** vorgesehen. Zuständig sind die Arbeitsgerichte im Anwendungsbereich des BetrVG deshalb auch für **öffentlich-rechtliche Streitigkeiten**, wie z.B. die Anerkennung von Schulungsveranstaltungen durch die zuständige oberste Arbeitsbehörde des Landes als geeignet gemäß § 37 Abs. 7 BetrVG (BAG 30.8.1989 AP Nr. 73 zu § 37 BetrVG 1972).

Streitigkeiten aus dem BetrVG

⊃ Beispiele für betriebsverfassungsrechtliche Streitigkeiten des Beschlussverfahrens:
– Anfechtung einer Betriebsratswahl (§ 19 BetrVG)
– Streitigkeiten über das Bestehen bzw. den Umfang von Mitbestimmungsrechten (z.B. § 87 Abs. 1 BetrVG)
– Bestellung des Vorsitzenden der Einigungsstelle (§ 76 Abs. 2 S. 2 BetrVG)
– Beteiligung einer Gewerkschaft an einer Betriebsversammlung (BAG 25.3.1992 AP Nr. 4 zu § 2 BetrVG 1972)

Im Beschlussverfahren ist zudem in Angelegenheiten nach dem **SprAuG**, dem **Mitbestimmungsgesetz**, in Fragen der **Schwerbehindertenvertretung** nach dem SGB IX und über Angelegenheiten nach dem **EBRG** zu entscheiden. Anwendung findet es darüber hinaus für die Entscheidung über die **Tariffähigkeit und Tarifzuständigkeit** einer Vereinigung (siehe unter § 90 II, III; § 91). Hierzu enthält § 97 ArbGG besondere Verfahrensregeln.

Weitere Streitigkeiten

§ 182　Zulässigkeit

Abgrenzung zum Urteilsverfahren

Beschlussverfahren und Urteilsverfahren schließen sich gegenseitig aus. Die Beteiligten können über die anzuwendende Verfahrensart nicht disponieren. Entscheidend ist der jeweilige Streitgegenstand. Dabei muss aber die betriebverfassungsrechtliche Frage selbst den Streitgegenstand ausmachen. Es reicht nicht, wenn sie nur **Vorfrage einer individualrechtlichen Streitigkeit** nach § 2 ArbGG ist. Das Beschlussverfahren findet auch dann keine Anwendung, wenn es um **individualrechtliche Ansprüche** zwischen Arbeitgeber und Arbeitnehmer geht, auch wenn deren Grundlage sich aus dem BetrVG ergibt.

➲ **Beispiel:**
Über die Fortzahlung von Arbeitsentgelt gem.; § 37 Abs. 2 BetrVG für Zeiten der Tätigkeit als Betriebsratsmitglied ist im Urteilsverfahren zu entscheiden. Die betriebsverfassungsrechtlichen Aspekte sind nur Vorfragen dieses individualrechtlichen Anspruchs (BAG 28.8.1996 AP Nr. 117 zu § 37 BetrVG).

Prüfung der richtigen Verfahrensart

Ob das Urteils- oder das Beschlussverfahren die richtige Verfahrensart ist, hat das Arbeitsgericht in entsprechender Anwendung der §§ 17- 17 b GVG (siehe unter § 176 IV) **von Amts wegen** zu prüfen.

II. Örtliche Zuständigkeit

Ausschließlicher Gerichtsstand

§ 82 ArbGG begründet für das Beschlussverfahren einen ausschließlichen Gerichtsstand am Sitz des Betriebs oder des Unternehmens, der nicht zur Disposition der Beteiligten steht und deshalb weder durch Parteivereinbarung noch durch rügelose Einlassung begründet werden kann (§§ 40 Abs. 2 Nr. 2, 40 Abs. 2 S. 2, 39 ZPO). Der Betriebsbegriff des § 82 ArbGG folgt dem **Betriebsbegriff des materiellen Betriebsverfassungsrechts**. In Angelegenheiten des Gesamtbetriebsrats, des Konzernbetriebsrats, der Gesamtjugendvertretung, der Gesamt-Jugend- und Auszubildendenvertretung, des Wirtschaftsausschusses und der Vertretung der Arbeitnehmer im Aufsichtsrat bestimmt der Sitz des Unternehmens die örtliche Zuständigkeit (§ 82 S. 2 ArbGG).

III. Ordnungsgemäßer Antrag

Das Beschlussverfahren wird durch schriftlichen oder zur Niederschrift der Geschäftsstelle erklärten Antrag eingeleitet. Wie im Urteilsverfahren kommen auch hier verschiedene Arten von Anträgen in Betracht:

➲ **Übersicht: Antragsformen im Beschlussverfahren**
1. **Leistungsanträge** (z.B. Zur-Verfügung-Stellung von Sachmitteln, wie z.B. PC, für die Betriebsratstätigkeit gem. § 40 Abs. 2 BetrVG)

III. Ordnungsgemäßer Antrag § 182

2. **Feststellungsantrag** (z.B. Bestehen oder Nichtbestehen eines Mitbestimmungsrechts z.B. nach § 87 BetrVG)
3. **Gestaltungsantrag** (z.B. Ersetzung der Zustimmung des Betriebsrats nach § 103 Abs. 2 BetrVG)

Da der Antrag im Beschlussverfahren die gleiche Funktion hat wie die Klageschrift im Urteilsverfahren, muss er ebenfalls **hinreichend bestimmt** sein und einen **bestimmten Antrag** enthalten (§ 253 Abs. 2 ZPO i.V.m. §§ 81, 80 Abs. 2, 46 Abs. 2 ArbGG). Daraus folgt, dass dann, wenn der Betriebsrat bei einem Feststellungsantrag, mit dem er das Bestehen eines Mitbestimmungsrechts festgestellt wissen möchte, dieser den tatsächlichen Vorgang, den er für mitbestimmungspflichtig hält, genau bezeichnen muss (BAG 27.10.1992 AP Nr. 61 zu § 87 BetrVG 1972 Lohngestaltung). Zulässig ist aber auch ein so genannter **Globalantrag**, mit dem der Betriebsrat z.B. begehrt, dem Arbeitgeber generell zu untersagen, ohne seine Zustimmung Überstunden anzuordnen. Inhaltlich ist dieser Antrag hinreichend bestimmt, bezieht sich auf alle künftigen Fallgestaltungen. Er ist aber unbegründet, wenn auch in nur einer denkbaren Konstellation ein Mitbestimmungsrecht des Betriebsrats nicht besteht (GK-ArbGG/Dörner § 81 Rn. 34 ff.).

Inhalt des Antrags

„Ein Antrag muss im arbeitsgerichtlichen Beschlussverfahren ebenso bestimmt sein wie im Urteilsverfahren. § 253 Abs. 2 Nr. 2 ZPO ist nach der ständigen Rechtsprechung des Bundesarbeitsgerichts entsprechend anwendbar. Der Streitgegenstand muss daher so genau bezeichnet werden, dass die eigentliche Streitfrage mit Rechtskraftwirkung zwischen den Beteiligten entschieden werden kann (...). Ausreichend ist allerdings, wenn der Antrag in einer dem Bestimmtheitserfordernis genügenden Weise ausgelegt werden kann. (...) Der so verstandene Antrag ist nicht hinreichend bestimmt iSv. § 253 Abs. 2 Nr. 2 ZPO, denn er enthält keine näheren Angaben insbesondere zum Zeitpunkt des Seminars, aber auch zu dessen Schulungsträger, Kosten und detailliertem Inhalt. Würde über diesen Antrag in der Sache entschieden, so stünde der objektive Umfang der Bindungswirkung der Entscheidung nicht hinreichend fest. (...) Eine Auslegung dahin, dass die Betriebsvertretung berechtigt sei, ganz generell und unabhängig von Zeitpunkt, Schulungsträger, Kosten und genauem Inhalt des Seminars ihren Vorsitzenden zu einem einwöchigen Seminar über Arbeitssicherheit und Arbeitsschutz zu entsenden, entspricht erkennbar nicht dem wohlverstandenen Willen der Antragstellerin. Ein derartiger Globalantrag müsste insgesamt schon deshalb abgewiesen werden, da er Fallgestaltungen umfassen würde, in denen er unbegründet ist (...). Eine derartige Fallgestaltung wäre beispielsweise bei einem unmittelbar vor dem Ende der Amtsperiode liegenden Seminartermin gegeben, könnte doch dann bereits wegen des Zeitpunkts eine Schulung nicht mehr als erforderlich erachtet werden (...)." (BAG 24.1.2001 AP Nr. 50 zu § 81 ArbGG 1979)

IV. Beteiligtenfähigkeit

Beteiligtenfähigkeit entspricht Parteifähigkeit

Das Beschlussverfahren kennt keine Parteien, sondern Beteiligte. Die Beteiligtenfähigkeit entspricht der Parteifähigkeit im Urteilsverfahren. Sie folgt aus **§ 10 ArbGG** und nicht aus § 83 Abs. 3 ArbGG, nach dem sich nur bestimmt, wer im konkreten Verfahren zu beteiligen ist (BAG 25.8.1981 AP Nr. 2 zu § 83 ArbGG 1979).

„Das Arbeitsgerichtsgesetz regelt in § 10 allgemein, wer in einem Beschlussverfahren Beteiligter sein kann (...). Die hier geregelte Beteiligtenfähigkeit entspricht der Parteifähigkeit des § 50 ZPO (...). Sie wird über die nach § 50 ZPO ohnehin parteifähigen natürlichen und juristischen Personen hinaus – neben den Verbänden, den in den Betriebsverfassungsgesetzen, den Mitbestimmungsgesetzen und den zu diesen Gesetzen ergangenen Rechtsverordnungen genannten Stellen – verliehen. § 83 Abs. 3 ArbGG 1979 regelt demgegenüber nicht die Beteiligtenfähigkeit, sondern bestimmt, welche beteiligungsfähigen Personen oder Stellen im konkreten Beschlussverfahren – und zwar von Amts wegen – zu beteiligen sind." (BAG 25.8.1981 AP Nr. 2 zu § 83 ArbGG 1979)

Beteiligte Personen und Stellen

Beteiligungsfähig sind deshalb neben den Personen, die im Urteilsverfahren parteifähig sind (siehe unter § 177 V), gemäß § 10 Halbs. 2 ArbGG in den Fällen des § 2a Abs. 1 Nr. 1 bis 3b ArbGG auch die nach dem BetrVG, dem SprAuG, dem Mitbestimmungsgesetz, etc. einschließlich der dazu ergangenen Rechtsverordnungen, sowie nach dem EBRG, etc. beteiligten Personen und Stellen. Beteiligtenfähige Personen meint natürliche Personen, wie Arbeitnehmer, wenn sie nicht in ihrer individualrechtlichen Stellung sondern in betriebsverfassungsrechtlichen oder mitbestimmungsrechtlichen Stellung betroffen sind. Mit Stellen sind insbesondere die **betriebsverfassungsrechtlichen Organe** wie z.B. der Betriebsrat gemeint. Beteiligtenfähig sind nicht die einzelnen Mitglieder in der Summe, sondern der Betriebsrat als solcher (BAG 5.2.1964 BAGE 17, 72, 73). Daraus folgt, dass die Identität der Stelle auch bei einem **Wechsel der Mitglieder** unverändert bleibt. Ausreichend ist im Grundsatz zudem, dass der Stelle abstrakt Rechte nach dem BetrVG zustehen können. Das BAG hat allerdings die Beteiligtenfähigkeit verneint, wenn der Betriebsrat nicht mehr besteht und ihm auch kein Übergangsmandat (§ 21a BetrVG; siehe unter § 148 I 4 c) oder Restmandat (§ 21b BetrVG; siehe unter § 148 I 4 d) zusteht (BAG 12.1.2000 AP Nr. 5 zu § 24 BetrVG 1972), während dies demgegenüber teilweise für eine Frage der Antragsbefugnis bzw. Begründetheit gehalten wird (GMP/Matthes § 10 Rn. 23).

„Der Zulässigkeit der Anträge steht bereits der Mangel der Beteiligtenfähigkeit des Beteiligten zu 1) entgegen. Beteiligte in einem arbeitsgerichtlichen Beschlussverfahren können gemäß § 10 2. Halbsatz ArbGG ua. die nach dem Betriebsverfassungsgesetz beteiligten Personen und Stellen sein. Eine Stelle iSv. § 10 2. Halbsatz ArbGG ist der Betriebsrat. Ihm als Organ steht die Beteiligtenfähigkeit zu. Seine Beteiligtenfähigkeit endet, wenn das Organ Betriebsrat nicht mehr besteht

V. Antragsbefugnis

und ein Fall des Übergangsmandats oder des von der Rechtsprechung entwickelten Restmandats nicht vorliegt." (BAG 12.1.2000 AP Nr. 5 zu § 24 BetrVG 1972 zum bisherigen Recht)

Im Urteilsverfahren werden Kläger und Beklagter durch die Klage bestimmt. Dies ist im Beschlussverfahren anders. Allerdings wird der **Antragssteller** auch als **formell Beteiligter** bezeichnet, der stets am Verfahren beteiligt ist. Damit wird er aber nicht automatisch zum materiell Beteiligten. **Materiell Beteiligter** ist jede Person oder Stelle, die durch die gerichtliche Entscheidung in ihrer betriebsverfassungs- oder mitbestimmungsrechtlichen Stellung betroffen werden kann (BAG 29.8.1985 AP Nr. 13 zu § 83 ArbGG 1979). Ob dem Antragsteller die materielle Rechtsposition zustehen kann oder aber zusteht, ist eine Frage der Antragsbefugnis bzw. der Begründetheit des Antrags (BAG 30.10.1986 AP Nr. 6 zu § 47 BetrVG 1972). Die Stellung als materiell Beteiligter am Beschlussverfahren folgt aus dem Gesetz und ist vom Gericht **von Amts wegen** zu ermitteln (BAG 11.11.1997 AP Nr. 17 zu § 99 BetrVG 1972 Eingruppierung). Beteiligt das Gericht Personen oder Stellen an dem Verfahren nicht, die materiell zu beteiligen gewesen wären, liegt ein Verfahrensfehler vor. Auch wenn das Gesetz einen **Antragsgegner** nicht verlangt, erlangt er dadurch, dass gegen ihn Rechtsschutz begehrt wird, die Stellung eines formell Beteiligten. Er muss die Möglichkeit haben, sich gegen den Antrag zu wehren. In der Sache kann eine Entscheidung gegen ihn nur ergehen, wenn er materiell Beteiligter ist (vgl. GK-ArbGG/DÖRNER § 83 Rn. 39). Der **Arbeitgeber** ist in jedem Beschlussverfahren Beteiligter (BAG 22.6.1993 AP Nr. 22 zu § 23 BetrVG).

Bestimmung der am Verfahren Beteiligten

V. Antragsbefugnis

Literatur: LAUX, Die Antrags- und Beteiligtenbefugnis im arbeitsgerichtlichen Beschlußverfahren, 1985.

Die Antragsbefugnis ist Zulässigkeitsvoraussetzung im Beschlussverfahren. Mit ihr wird sichergestellt, dass **Popularklagen** ausgeschlossen werden (vgl. BAG 23.2.1988 AP Nr. 9 zu § 81 ArbGG 1979). Auch im Beschlussverfahren soll sich niemand eigenmächtig zum Sachwalter fremder Interessen machen können (WETH S. 126). Grundsätzlich ist diejenige Person oder Stelle im Beschlussverfahren antragsbefugt, die eigene Rechte geltend macht, also **behauptet, selbst Träger des materiellen Rechts zu sein** (BAG 11.11.1997 AP Nr. 1 zu § 36 BDSG). Allerdings normiert das BetrVG insoweit selbst einige gesetzliche Ausnahmen. Dies gilt z.B. für die Antragsbefugnis der Gewerkschaft nach § 23 Abs. 3 BetrVG bei groben Verstößen des Arbeitgebers gegen dessen Verpflichtungen aus dem BetrVG, weil die Gewerkschaft insoweit nicht darauf beschränkt ist, Verletzungen ihr selbst zustehender Rechte geltend zu machen. Eine **gewillkürte Prozessstandschaft** ist nach h.M. unzulässig; insbesondere kann der Betriebsrat nicht eine Gewerkschaft ermächtigen, seine betriebsverfassungsrechtlichen Rechte gerichtlich durchzusetzen (BAG

Zweck

27.11.1973 AP Nr. 4 zu § 40 BetrVG 1972; s. aber auch im Verhältnis Betriebsrat Gesamtbetriebsrat § 50 Abs. 2 BetrVG).

„Antragsbefugt im Beschlussverfahren ist jede natürliche oder juristische Person oder jede nach § 10 ArbGG beteiligtenfähige Stelle, die ausweislich ihres Antrages ein eigenes Recht geltend macht. Wer eine Leistung an sich verlangt, ist antragsbefugt. Ob er die Leistung beanspruchen kann, ist eine Frage der Begründetheit seines Antrages. Antragsbefugt ist auch der, der die Feststellung eines Rechtsverhältnisses beantragt, an dem er selbst beteiligt ist. ... Das Betriebsverfassungsrecht räumt darüber hinaus Personen und Stellen, auch den im Betrieb vertretenen Gewerkschaften, an vielen Stellen ausdrücklich das Recht ein, eine Entscheidung des Arbeitsgerichts zu beantragen. Das gilt etwa für die Bestellung eines Wahlvorstandes nach den §§ 16 Abs. 2 oder 17 Abs. 3 BetrVG, für die Anträge nach § 23 Abs. 1 und 3 BetrVG, für die Bestellung des Einigungsstellenvorsitzenden nach § 76 Abs. 2 BetrVG, für die Ersetzung der Zustimmung des Betriebsrats zu einer personellen Maßnahme nach § 99 Abs. 4 oder § 103 Abs. 2 BetrVG oder für die Feststellung nach § 18 Abs. 2 BetrVG, ob ein Betrieb, Nebenbetrieb oder Betriebsteil vorliegt. Von besonderer Bedeutung ist das Recht in § 19 Abs. 2 BetrVG, die Wahl des Betriebsrats anzufechten, d.h. die Feststellung der Unwirksamkeit der Wahl zu beantragen. Allen diesen ausdrücklich normierten Antragsrechten ist gemeinsam, dass hier dem Antragsteller die Befugnis eingeräumt wird, eine Entscheidung des Gerichts zu beantragen, die nicht über das Bestehen oder Nichtbestehen eigener Rechte des Antragstellers ergeht, sondern auf die betriebsverfassungsrechtliche Ordnung mehr oder weniger gestaltend oder feststellend einwirkt. Eine solche Befugnis muss das Betriebsverfassungsrecht gewähren. Das kann wie in den genannten Vorschriften ausdrücklich geschehen, sich aber auch mittelbar aus dem materiellen Recht ergeben." (BAG 23.2.1988 AP Nr. 9 zu § 81 ArbGG 1979)

§ 183 Verfahrensablauf und Verfahrensbeendigung

I. Verfahrensgrundsätze und Besonderheiten im Verfahrensablauf

Literatur: EYLERT/FENSKI, Untersuchungsgrundsatz und Mitwirkungspflichten im Zustimmungsersetzungsverfahren nach § 103 Abs. 2 BetrVG, BB 1990, 2401; FENN, Dispositions- oder Offizialmaxime im arbeitsgerichtlichen Beschlußverfahren, FS Schiedermaier (1976), S. 117.

Besonderheit: Untersuchungsgrundsatz

Wie sich aus § 81 Abs. 1 ArbGG ergibt, wird das Beschlussverfahren nur auf Antrag eingeleitet und nicht von Amts wegen angestrengt. Es gilt also die **Dispositionsmaxime**. Dies belegt auch § 81 Abs. 2 S. 1 ArbGG, wonach der Antrag jederzeit zurückgenommen werden kann. Im Unterschied zum Urteilsverfahren gilt jedoch der **Untersuchungsgrundsatz**, d.h. das Gericht erforscht den Sachverhalt von Amts wegen (§ 83 Abs. 1 ArbGG). Hintergrund ist, dass die gerichtliche Entscheidung im Beschlussverfahren nicht nur für die Beteilig-

I. Verfahrensgrundsätze und Besonderheiten im Verfahrensablauf § 183

ten Auswirkungen hat, weshalb insoweit nicht allein ihr Sachvortrag ausreichen soll. Indes verpflichtet das Gesetz die Beteiligten zur **Mitwirkung bei der Sachverhaltsaufklärung** (§ 83 Abs. 1 S. 2 ArbGG). Uneinheitlich ist die Rspr. zur Frage, ob auf dieser Grundlage vom Antragsteller der Vortrag eines schlüssigen, den Antrag rechtfertigenden Sachvortrags erforderlich ist (so z.B. BAG 10.12.1992 AP Nr. 4 zu § 87 ArbGG 1979), oder ob das Gericht, wenn der Antrag diesen Anforderungen nicht entspricht, die Beteiligten zur Ergänzung des Vortrags anhand konkreter Fragestellungen auffordern muss (so BAG 11.3.1998 AP Nr. 57 zu § 40 BetrVG 1972). Verletzten die Beteiligten dann ihre Mitwirkungspflicht, kann das Gericht auf der Grundlage des vorgetragenen Streitstands entscheiden. Im Übrigen findet der Amtsermittlungsgrundsatz seine **Grenze** darin, dass das Gericht den Sachverhalt nur im Rahmen der gestellten Anträge ermittelt. Das Gericht darf deshalb nicht in eine Richtung ermitteln, die zu einem anderen Streitgegenstand führt. Dies bedeutet auch, dass es nicht zu prüfen hat, ob ein anderer, nicht vorgetragener Sachverhalt das Begehren des Antragstellers rechtfertigt (BAG 21.10.1980 AP Nr. 1 zu § 54 BetrVG 1972).

Der Grundsatz der **Mündlichkeit** ist **eingeschränkt**. Die Parteien können sich schriftlich äußern (§ 83 Abs. 4 S. 1 ArbGG). Mit Einverständnis aller Beteiligten kann das Gericht ohne mündliche Verhandlung entscheiden (§ 83 Abs. 4 S. 3 ArbGG). Mit dem Gesetz zur Beschleunigung des arbeitsgerichtlichen Verfahrens hat auch der **Beschleunigungsgrundsatz** im Beschlussverfahren in § 83 Abs. 1a ArbGG eine Ausprägung erfahren. Nach dieser Norm kann verspätetes Vorbringen der Parteien zurückgewiesen werden. {Weitere Grundsätze}

Ob zur Wahrung von Fristen, z.B. für die Anfechtung der Betriebsratswahl (§ 19 Abs. 2 S. 2 BetrVG), die Einreichung des Antrags genügt oder in entsprechender Anwendung des **§ 167 ZPO** die Zustellung demnächst erfolgen muss, ist umstritten (GK-ArbGG/Dörner § 81 Rn. 8). Die Einreichung bei einem unzuständigen Gericht soll jedoch genügen, wenn der Rechtsstreit an das zuständige Gericht verwiesen wird. {Fristwahrung}

Anders als im Urteilsverfahren ist eine **Güteverhandlung nicht obligatorisch**. Ob ein Gütetermin stattfindet, steht im **Ermessen des Vorsitzenden** (§ 80 Abs. 2 S. 2 ArbGG), was sich insbesondere dann anbietet, wenn sich die Beteiligten über den Streitgegenstand vergleichen können (s. § 83a ArbGG). Die Güteverhandlung findet auch im Beschlussverfahren nur vor dem Vorsitzenden statt. Das Ausbleiben der Parteien führt allerdings nicht zu den gleichen Folgen wie im Urteilsverfahren (siehe unter § 178 III). Weder wird das Ruhen des Verfahrens angeordnet, noch kann eine Säumnisentscheidung ergehen. {Güteverhandlung}

Verzichten nicht alle Beteiligten, findet eine mündliche Anhörung vor der Kammer statt, die der Vorsitzende vorzubereiten hat. Insbesondere muss er **feststellen, wer Beteiligter ist** und diese zum Anhörungstermin laden. **Keiner der Beteiligten**, nicht einmal der An- {Anhörung vor der Kammer} tragsteller, ist **verpflichtet, zum Anhörungstermin zu erscheinen**. Fehlt allerdings ein Beteiligter unentschuldigt, so ist der Anhörungspflicht genüge getan. Das Gericht kann ohne ihn in der Sache entscheiden. Darauf ist er in der Ladung hinzuweisen (§ 83 Abs. 4 S. 2 ArbGG). Ein Versäumnisverfahren ist ausgeschlossen.

II. Verfahrensbeendigung

Literatur: Lepke, Rechtsschutzinteresse, Antragsrücknahme und Erledigung der Hauptsache im arbeitsgerichtlichen Beschlußverfahren, DB 1975, 1939, 1988; Lepke., Der Vergleich im arbeitsgerichtlichen Beschlußverfahren, DB 1977, 629; Prütting, Prozessuale Koordinierung von kollektivem und Individualarbeitsrecht, RdA 1991, 257; Rudolf, Vorläufige Vollstreckbarkeit von Beschlüssen des Arbeitsgerichtes, NZA 1988, 420.

⊃ **Übersicht: Arten der Verfahrensbeendigung**
- Rücknahme des Antrags (§ 81 Abs. 2 S. 1 ArbGG)
- Vergleich (§ 83a ArbGG)
- Erledigung (§ 83a ArbGG)
- Gerichtlicher Beschluss (§ 84 ArbGG)

Statistik — Das Beschlussverfahren kann auf verschiedene Weise beendet werden. Im Vordergrund steht dabei die sonstige Erledigung. Von 13 793 erledigten Beschlussverfahren erledigten die Arbeitsgerichte im Jahre 2006 7139 auf sonstige Weise, d.h. insbesondere durch außergerichtliche Streitbeilegung. Danach folgt die Erledigung durch Vergleich oder Erledigterklärung (3537). An **letzter Stelle** folgt die Erledigung durch **gerichtlichen Beschluss** (3117).

Inhalt des Beschlusses — Das Gericht entscheidet nach seiner freien, aus dem Gesamtergebnis des Verfahrens gewonnenen Überzeugung durch schriftlichen Beschluss (§ 84 ArbGG). Nach der **Eingangsformel** und der **Bezeichnung als Beschluss** werden im **Rubrum** der Antragsgegner als solcher benannt und alle Beteiligten aufgeführt. Es folgt der Tenor sowie unter der einheitlichen Überschrift **Gründe** die Darlegung von Tatbestand und Entscheidungsgründen. Grundsätzlich findet die Vollstreckung gem. § 85 Abs. 1 S. 1 1. Alt. ArbGG nur aus rechtskräftigen Beschlüssen statt. Eine Ausnahme davon bilden die Beschlüsse in vermögensrechtlichen Angelegenheiten, die vorläufig vollstreckbar sind (§ 85 Abs. 1 S. 2 ArbGG). Weil anders als im Urteilsverfahren Beschlüsse nicht grundsätzlich vorläufig vollstreckbar sind, sollte die **vorläufige Vollstreckbarkeit in vermögensrechtlichen Angelegenheiten** im Beschlusstenor klarstellend ausgesprochen werden (vgl. GK-ArbGG/Vossen § 85 Rn. 13). Der Beschluss enthält gem. § 9 Abs. 5 ArbGG eine **Rechtsmittelbelehrung**; der Streitwert wird – anders als im Urteilsverfahren – nicht festgesetzt.

Rechtskraft — Der Beschluss erwächst in **formeller und materieller Rechtskraft**. Die Rechtskraft erstreckt sich auf alle formell am Verfahren Beteiligten (str. vgl. Prüttung, RdA 1991, 257). Aber auch darüber hinaus entstehen Bindungswirkungen. So kann in einem Wahlanfechtungsverfahren nicht mehr geltend gemacht werden, bestimmte Mitarbeiter seien nicht Arbeitnehmer i.S.d. § 5 BetrVG, wenn dies rechtskräftig zwischen Arbeitgeber und Betriebsrat festgestellt ist (BAG 20.3.1996 AP Nr. 32 zu § 19 BetrVG 1972). Problematisch ist, inwieweit die Entscheidung im Beschlussverfahren Wirkungen für individualrechtliche Streitigkeiten zwischen Arbeitgeber und Arbeitnehmer hat. Die rechtskräftige Entscheidung über den **Inhalt einer Betriebsvereinbarung** wirkt auch gegenüber den einzelnen Arbeitnehmern (BAG 17.2.1992 AP Nr. 1 zu § 84 ArbGG 1979). Die Entscheidung über die **Zustimmungsersetzung** gem. § 103 Abs. 2 BetrVG hat nach der Rspr. des BAG bindende Wirkung für den nachfolgenden Kündigungsschutzprozess (BAG 10.12.1992 AP Nr. 4 zu § 87 ArbGG 1979).

„Im Verfahren nach § 103 Abs. 2 BetrVG ist der betroffene Arbeitnehmer hingegen kraft ausdrücklicher gesetzlicher Bestimmung Beteiligter. Hier geht es nicht nur um seine betriebsverfassungsrechtliche Stellung. Vielmehr werden auch seine Rechte im Verhältnis zum Arbeitgeber entscheidend berührt. Denn mit der rechtskräftigen Ersetzung der Zustimmung wird zugleich die für den nachfolgenden Kündigungsschutzprozess im Grundsatz bindende Feststellung getroffen, dass ein wichtiger Grund für die Kündigung vorliegt (...). Die Befugnis des Betriebsrats, auch noch während des Ersetzungsverfahrens die Zustimmung zur Kündigung zu erteilen, hat der Senat (...) unter anderem mit der Begründung bejaht, der Betriebsrat müsse Herr des vom Arbeitgeber eingeleiteten Beschlussverfahrens bis zur Ersetzung der Zustimmung bleiben. Ist die Zustimmung jedoch durch das Gericht nach Prüfung und Anerkennung der vom Arbeitgeber vorgetragenen Gründe ersetzt worden, so hat diese Entscheidung, wie ausgeführt, präjudizielle Wirkung für den nachfolgenden Kündigungsschutzprozess. Die während des Ersetzungsverfahrens erteilte Zustimmung des Betriebsrats bindet dagegen das Gericht im Kündigungsschutzprozess nicht." (BAG 10.12.1992 EzA Nr. 33 zu § 102 BetrVG 1972)

§ 184 Rechtsmittel

Gegen die das Verfahren beendenden **Beschlüsse der Arbeitsgerichte** im Beschlussverfahren findet die Beschwerde **an das Landesarbeitsgericht** statt (§ 87 Abs. 1 ArbGG). Diese Beschwerde entspricht nicht der sofortigen Beschwerde nach §§ 567 ff. ZPO (siehe unter § 181), sondern der Berufung im Urteilsverfahren (siehe unter § 179). Es gelten die **Vorschriften über das Berufungsverfahren** entsprechend (§ 87 Abs. 2 ArbGG). § 87 Abs. 2 ArbGG verweist allerdings auch auf die an den neuen Prüfungsumfang angepassten Vorschriften über die Begründung der Berufung (§ 520 Abs. 3 ZPO). Daraus könnte folgen, dass damit auch der **neue beschränkte Prüfungsumfang** im Rahmen der Berufung (siehe unter § 179) bei der Begründung und Entscheidung über die Beschwerde im Beschlussverfahren Anwendung fin-

Beschwerde

det. Es handelt sich jedoch um ein Redaktionsversehen. Die Anwendung dieses Grundsatzes träte in ein Spannungsverhältnis zu dem im Beschlussverfahren geltenden Untersuchungsgrundsatz (Holthaus/Koch, RdA 2002, 140, 159). Allerdings hat die ZPO-Reform in § 87 Abs. 3 ArbGG für das Beschwerdeverfahren jetzt ebenfalls eine Präklusionsvorschrift geschaffen.

Beschwerdebefugnis

Da die Beschwerdebefugnis aus der Stellung als Beteiligter folgt, sind **alle am Verfahren Beteiligten** auch beschwerdebefugt (BAG 20.3.1996 AP Nr. 10 zu § 5 BetrVG 1972 Ausbildung). Ist ein Beteiligter materiell zu Unrecht beteiligt worden, weil er in seiner betriebsverfassungsrechtlichen oder mitbestimmungsrechtlichen Stellung nicht unmittelbar betroffen ist, ist er nicht beschwerdebefugt (BAG 25.8.1981 AP Nr. 2 zu § 83 ArbGG 1979); umgekehrt ist ein Nichtbeteiligter beschwerdebefugt, wenn er hätte beteiligt werden müssen (BAG 10.9.1985 AP Nr. 2 zu § 117 BetrVG 1972). Erforderlich ist jedoch darüber hinaus, dass der Beteiligte durch die angefochtene Entscheidung beschwert ist (dazu GK-ArbGG/Dörner § 89 Rn. 7 ff.)

Rechtsbeschwerde

Im dritten Rechtszug findet gegen den **Beschwerdebeschluss des Landesarbeitsgerichts** die **Rechtsbeschwerde an das Bundesarbeitsgericht** statt (§ 92 Abs. 1 ArbGG). Auch diese Rechtsbeschwerde entspricht nicht derjenigen nach §§ 574 ff. ZPO (siehe unter § 181), sondern der Revision im Urteilsverfahren (siehe unter § 180). Es gelten die **Vorschriften über das Revisionsverfahren** entsprechend (§ 92 Abs. 2 ArbGG). Die Rechtsbeschwerde ist bei ihrer **Zulassung** statthaft. Das Landesarbeitsgericht kann sie aus den gleichen Gründen wie die Revision (siehe unter § 180) zulassen (§§ 92 Abs. 1 S. 2, 72 Abs. 2 ArbGG). Gegen die Verweigerung der Zulassung ist die Nichtzulassungsbeschwerde an das Bundesarbeitsgericht gegeben (§ 92a ArbGG). Außerdem kennt auch das Beschlussverfahren die Sprungrechtsbeschwerde vom Arbeitsgericht direkt zum Bundesarbeitsgericht (§ 96a ArbGG).

Stichwortverzeichnis

Abfindungsregelungen § 105 I
Abrufarbeit § 153 III 2
Abwehraussperrung § 109 I, § 117 III 2 b)
Akkordlohn § 153 III 11
Alkoholverbot § 153 III 1
Allgemeinverbindlicherklärung § 101 I, § 101 II
– Ende § 99 IV 6
– Grundrechtsbindung § 105 V 4
– Rechtsnatur § 99 IV 3
– Tarifkonkurrenz § 101 I
– Tarifpluralität § 101 II
– Verfassungsmäßigkeit § 99 IV 4
– Voraussetzungen § 99 IV 5
– Wirkung § 99 IV 1
– Zweck § 99 IV 2
Altersdiskriminierung § 146 IV 3
Altersgrenzen § 105 V 3 b)
Angriffsaussperrung § 109 I
Anhörung des Betriebsrats § 155 IV
– Adressat § 155 IV 6 a)
– Änderungskündigung § 155 IV 5 a), § 155 IV 6 c) ff)
– Arbeitnehmer, ausländische § 155 IV 3 b)
– Arbeitskampf § 155 IV 2
– außerordentliche Kündigung von Betriebsratsmitgliedern § 155 V
– Beendigung des Anhörungsverfahrens § 155 IV 7
– Beendigung des Arbeitsverhältnisses § 155 IV 5
– befristete Arbeitsverhältnisse § 155 IV 5 b)
– betriebsbedingte Kündigung § 155 IV 6 c) ee)
– betriebsratsfähiger Betrieb § 155 IV 2
– Betriebsteil § 155 IV 2
– Bindungswirkung der Stellungnahme § 155 IV 1
– Darlegungs- und Beweislast § 155 IV 8 a)
– Entfernung betriebsstörender Arbeitnehmer § 155 VI
– Fehler im Bereich des Arbeitgebers § 155 IV 8 a)
– Fehler im Bereich des Betriebsrats § 155 IV 8 b)
– Form § 155 IV 6 b)
– Informationspflicht § 155 IV 1
– krankheitsbedingte Kündigung § 155 IV 6 c) cc)
– Kündigung § 155 IV 5 a), § 155 IV 6 c) gg)
– kündigungsgrundbezogene Mitteilungspflicht § 155 IV 6 c)
– Massenentlassungen § 155 IV 7
– Mitteilungspflicht § 155 IV 6 b)
– Nachschieben von Kündigungsgründen § 155 IV 6 c) bb)
– personenbedingte Kündigung § 155 IV 6 c) cc)
– Rechtsfolgen fehlerhafter Anhörung § 155 IV 8
– Stellungnahmefrist des Betriebsrates § 155 IV 7
– subjektive Determinierung § 155 IV 6 c) aa)
– verhaltensbedingte Kündigung § 155 IV 6 c) dd)
– Versetzung von Betriebsratsmitgliedern § 155 V
– Weiterbeschäftigungsanspruch § 155 IV 9
– Widerspruch des Betriebsrats § 155 IV 9
Anrechnungsklausel § 98 II 1 e) ee)
Anschlusstarifvertrag § 94 III 5
Arbeitgeber
– Begriff § 147 III 1
– Pflichten § 150 I 1, § 150 II
Arbeitgeberverband § 75, § 78, § 85, § 87
– demokratische Organisation § 90 III 2 b)
– firmenbezogener Verbandstarifvertrag § 90 III 2 c)
– soziale Mächtigkeit § 90 III 2 a)
– Tariffähigkeit § 90 I, § 90 III 2

Stichwortverzeichnis

Arbeitnehmer
- Arbeitsverhalten § 153 III 1
- außertariflicher § 94 III 5
- Begriff, betriebsverfassungsrechtlicher § 147 III 2
- betriebliche Mitbestimmung § 150 III
- Integration ausländischer § 153 IV
- kollektive Rechte § 150 II
- Ordnungsverhalten § 153 III 1
- Rechte gegenüber dem Arbeitgeber § 150 I 1
- Rechte gegenüber dem Betriebsrat § 150 I 2

Arbeitnehmerentsendegesetz
- Geltungserstreckung § 99 V
- Mindestlohn § 99 V

Arbeitnehmerkonto § 153 III 4

Arbeitsablauf § 154

Arbeitsbereich § 155 III 1 c)
- Änderung § 155 III 1 c)
- Begriff § 155 III 1 c)

Arbeitsdirektor § 166 II, § 172 II
- Rechtsstellung § 143 III

Arbeitsentgelt
- Ausgestaltung § 153 III 10
- Auszahlung § 153 III 4
- Höhe § 153 III 11

Arbeitsgerichtsbarkeit § 176
- Aufbau § 176 II
- europäisches Recht § 176 V
- Gerichtstage § 176 II
- Großer Senat § 176 II
- Historie § 176 I
- Instanzenzug § 176 II
- Kammer § 176 II
- Rechtsweg § 176 IV
- Sozialrecht § 176 V
- Verfassungsrecht § 176 V
- Verhältnis zur Zivilgerichtsbarkeit § 176 IV
- Zuständigkeit § 176 II

Arbeitsgruppe
- Aufgabenübertragung § 147 VI 4
- Begriff § 147 VI 4
- Bildung § 147 VI 4
- Rechtsstellung § 147 VI 4

Arbeitskampf § 114
- Amtsstellung des Betriebsrats § 115 II 1 c), § 125 II 6, § 151 IV
- Anpassung laufender Tarifverträge § 114 I
- Arbeitslosenversicherung § 127 IV 3, § 130 II
- Ausland § 136
- Beginn § 116
- Begriff § 112
- Beitragspflicht § 127 IV 1, § 130 I
- Beschäftigungspflicht § 129 II
- Beteiligungsrechte des Betriebsrats § 115 II 1 c), § 151 IV, § 155 IV 2
- Erforderlichkeit § 117 III
- Erfüllungspflicht § 128 I
- Europarechtsbezug § 138
- Feiertagslohn § 125 II 3, § 132
- Gebot der fairen Kampfführung § 117 IV
- Geeignetheit § 117 II
- grenzüberschreitender § 136
- Grundrechtskonkurrenz § 118
- internationaler § 136
- Krankenversicherung § 127 IV 2, § 130 II
- Krankheit § 125 II 3, § 132
- Kumulation von Kampfzielen § 114 I
- lösende Wirkung § 117 III 2 c)
- Lohnanspruch § 128 II, § 129 I
- Lohnersatzleistungen § 132
- Missbrauchskontrolle § 117 V
- Mutterschutz § 125 II 4, § 132
- politischer § 114 I
- Pressefreiheit § 118 I
- Proportionalität § 117 IV
- Prüfungsschema § 117 VI
- Rechtmäßigkeitsvoraussetzungen § 114, § 116
- Rentenversicherung § 127 IV 2, § 130 II
- Schadensersatzansprüche, deliktische § 127 II, § 128 V 1, § 129 III 2
- Schadensersatzansprüche, vertragliche § 127 II, § 128 V 2, § 129 III 1
- Scheitern der Verhandlungen § 117 III 1
- Schranken § 118
- Sonderprämien § 125 II 2
- Sozialadäquanz § 117 I
- sozialrechtliche Auswirkungen § 127 IV, § 130

- staatliche Neutralität § 111 II, § 127 IV 3
- Strafrechtsordnung § 118 II
- suspendierende Wirkung § 117 III 2 c)
- Suspendierung der Hauptleistungspflichten § 125
- tariflich regelbares Ziel § 114 I
- Übermaßverbot § 117 I
- Ultima-Ratio-Grundsatz § 117 III 1
- Unfallversicherung § 127 IV 4, § 130 II
- Unterlassungsanspruch, quasi-negatorischer § 128 V 3, § 129 III 3
- Unterlassungsklage § 105 VII
- Urlaub § 125 II 5, § 132
- verfassungsrechtliche Garantie § 109 I
- Verhältnismäßigkeitsgrundsatz § 110 III, § 117
- Verhandlungsbereitschaft § 117 III 1
- Vertretenmüssen § 128 V 1 c)
- Werkwohnung § 127 III
- Zweckmäßigkeitskontrolle § 117 V

Arbeitskampf, internationaler § 109 II
- Arbeitskampfort § 136 I
- grenzüberschreitende Unterstützungshandlungen § 136
- Schwerpunkt rechtlicher Beziehungen § 136 I
- Vereinbarkeit mit nationalem Recht § 136 II

Arbeitskampfmittel § 113
- Dienst nach Vorschrift § 113 IV 1
- freie Wahl § 113, § 117 III 2 a)
- individualrechtliches Zurückbehaltungsrecht § 113 V 2
- Massenänderungskündigung § 109 I, § 113 V 1, § 124
- Massenkündigung § 113 V 1, § 124
- partielle Leistungsverweigerung § 113 IV 2, § 121
- Schlechtleistung § 113 IV 1, § 121
- Unternehmensneugründung § 113 IV 4
- verfassungsrechtliche Gewährleistung § 113

Arbeitskampfparteien § 115
- Arbeitgeber, verbandsangehörige § 115 I 2, § 115 II 2 a)
- Arbeitgeberverbände § 115 I 2
- Arbeitnehmer § 115 II 1
- arbeitnehmerähnliche Personen § 115 II 1
- Außenseiter-Arbeitnehmer § 115 II 1
- Auszubildende § 115 II 1 b)
- Beamte § 115 II 1 e)
- Betriebsratsmitglieder § 115 II 1 c), § 146 II, § 151 IV
- Gewerkschaften § 115 I 1
- leitende Angestellte § 115 II 1 d)
- Spitzenorganisationen § 115 I 2

Arbeitskampfrecht § 108 ff.
- Historie § 108 II
- internationale Quellen § 109 II
- Kodifikation § 110 I
- Maximen zur Ausgestaltung § 110 II
- Rechtsgrundlagen § 109 I
- Richterrecht § 110 I

Arbeitskampfrisikolehre § 119, § 131, § 151 IV
- Begriff § 122

Arbeitskampfstatut § 136
- Anwendung ausländischen Arbeitskampfrechts § 137
- rechtlicher Anknüpfungspunkt § 136 I
- Reichweite § 136 III

Arbeitskampfstreitigkeit § 134
- Beteiligte § 134 I
- Feststellungsklage § 134 II
- Unterlassungsanspruch § 134 I
- Unterlassungsklage § 134 II
- Urteilsverfahren § 134 II
- vorläufiger Rechtsschutz § 134 II
- Zuständigkeit § 134 I

Arbeitskampftheorie § 124
- individuelle § 124 II
- kollektive § 117 III 2 c), § 124 II

Arbeitskleidung § 153 III 1
Arbeitsplatz § 154
Arbeitsplatzgestaltung § 154
Arbeitsschutz § 153 III 7, § 153 V
Arbeitsumgebung § 154
Arbeitsunfall § 153 III 7, § 153 IV
Arbeitszeit § 105 I, § 153 II 1
- betriebsübliche § 153 III 3
- Dauer § 153 I 1, § 153 III 3
- gleitende § 153 III 2
- Jahres- § 153 III 2
- kapazitätsorientierte variable § 153 III 2
- Lage § 153 I 1, § 153 III 2

- tägliche § 153 III 2
- tarifliche § 105 V 3 a)
- Verkürzung § 98 II 1 c), § 105 V 3 a)
- vorübergehende Veränderung § 153 III 2, § 153 III 3
- wöchentliche § 153 III 2

Aufsichtsrat § 163
- Abstimmung § 166 I
- Beschlüsse § 167
- Beteiligungsrechte § 164, § 167
- Kontrollrecht § 167
- Parität § 166 I
- Personalhoheit § 167
- Schadensersatzpflicht § 164
- Unternehmensinteresse § 164
- Verfassungsmäßigkeit § 164
- Wahl § 166 I
- Zusammensetzung § 164, § 166 I

Aufsichtsratsmitglied
- Behinderungsverbot § 166 I
- Benachteiligungsverbot § 166 I
- Bestellung § 166 I
- Freistellung § 166 I

Ausgleichsquittung § 98 II 3 a)

Ausschlussfrist
- Abgrenzung zur Verjährung § 98 II 3 c) aa)
- Auslegung § 98 II 3 c) bb)
- Auswirkung auf Sozialbeiträge § 98 II 3 c) aa)
- Begriff § 98 II 3 c) aa)
- Form § 98 II 3 c) bb)
- Inhaltskontrolle § 98 II 3 c) bb)
- Verhältnis zum Kündigungsschutz § 98 II 3 c) cc)
- zweistufige § 98 II 3 c) cc)

Außendienstangestellte § 153 III 10

Außenseiter § 83 III 1 d), § 84 IV 2, § 99 IV, § 103
- Arbeitskampf § 115 II 1, § 116 III
- Tarifvertrag § 95 IV 1, § 99 IV 1, § 99 VII, § 103

Außenseiter-Arbeitgeber
- Aussperrungsbefugnis § 115 II 2 b)
- Einbeziehung in einen Streik § 115 II 2 b)
- Kampferklärung § 116 III

Aussperrung § 108 I, § 113
- Adressat § 115 II 1
- Arten § 113 II
- Begriff § 113 II
- Erklärung § 116 III
- lösende § 115 II 1 c), § 117 III 2 c), § 126
- Quoten § 117 III 2 b)
- suspendierende § 109 I, § 117 III 2 c)
- Verfassungsmäßigkeit § 109 I
- wilde § 113 II

Auswahlrichtlinie § 155 I
- Begriff § 155 I 5
- Beteiligung des Betriebsrats § 155 I 5
- Kündigungsschutz § 155 I 5

Auszubildende
- Begriff, betriebsverfassungsrechtlicher § 147 III 2 a)
- Vertretung des Betriebsrats § 147 III 2 a)
- Wahlrecht § 147 III 2 a)

Bereitschaftsdienst § 153 III 3
Berufsbildung
- Begriff § 155 II
- Beteiligung des Betriebsrats § 155 II
- betriebliche § 155 II
- Kostentragung § 155 II

Berufskrankheit § 153 III 7
Berufsverbandsprinzip § 85
Berufung
- Begründung § 179
- Frist § 179
- Prüfungsumfang § 179
- Rechtsverletzung § 179
- Statthaftigkeit § 179
- Verfahrensfehler § 179
- ZPO-Reform § 179

Beschäftigungsförderung § 155 I 2
Beschlussverfahren § 146 II, § 176 IV
- Abgrenzung zum Einigungsstellenverfahren § 156 I 5
- Abgrenzung zum Urteilsverfahren § 182 I
- Anfechtung der Betriebsratswahl § 148 I 3 b)
- Anhörungstermin § 183 I
- Antrag § 182 III
- Antragsbefugnis § 182 V
- Beendigung § 183 II
- Beschleunigungsgrundsatz § 183 I
- Beteiligtenfähigkeit § 182 IV
- Betriebsbegriff § 182 II

- Dispositionsmaxime § 183 I
- Frist § 183 I
- Güteverhandlung § 183 I
- örtliche Zuständigkeit § 182 II
- Prozessstandschaft, gewillkürte § 182 V
- Rechtskraft § 183 II
- Rechtsmittel § 184
- Rechtsmittelbelehrung § 183 II
- Rechtswegzuständigkeit § 182 I
- Untersuchungsgrundsatz § 183 I

Beschwerde
- Begründung § 181
- Frist § 181
- Rechts- § 181
- sofortige § 181
- Statthaftigkeit § 181
- Verfahren § 181

Besitzstandsklausel § 98 II 1 e) dd)
Beteiligungsrecht des Betriebsrats § 151
- Anhörungsrecht § 151 I 2
- arbeitskampfabhängiges § 151 IV
- arbeitskampfunabhängiges § 151 IV
- Begründung neuer Ansprüche § 151 II 1
- Beratungsrecht § 151 I 3, § 154, § 155 I
- Durchsetzbarkeit § 151 II
- Exekutivrecht § 151 I 7
- Informationsrecht § 151 I 1
- Initiativrecht § 151 I 7, § 153 II 4, § 153 III 10, § 153 III 12, § 153 III 5
- Mitbestimmungsrecht § 151 I 6, § 153 ff.
- Mitwirkungsrecht § 151 I 6
- negatives Konsensprinzip § 151 I 5
- personelle Angelegenheiten § 155 (s. dort)
- positives Konsensprinzip § 151 I 6
- Rechtsfolge bei Nichtbeachtung § 151 II 1
- Rechtsqualität § 151 II 1
- soziale Angelegenheiten § 153 (s. dort)
- Unterlassungsanspruch § 151 II 2
- Unterrichtungsrecht § 151 I 1 b), § 155 I
- Widerspruchsrecht § 151 I 4
- wirtschaftliche Angelegenheiten § 156 (s. dort)
- Zustimmungsverweigerungsrecht § 151 I 5

Betrieb § 147
- Bestimmung der Beschäftigtenzahl § 147 IV 2
- Betriebsratsfähigkeit § 147 IV 2
- Betriebszweck § 100 IV
- Haupt- § 147 IV 2
- Organisationsformen § 147 IV 5

Betrieb, Begriff
- kollektivvertragliche Ausgestaltung § 147 IV 5
- teleologischer § 147 IV 3 a) bb)
- traditioneller § 147 IV 3 a) aa)

Betriebliche Altersversorgung § 152 I 5, § 153 III 10
Betriebliche Lohngestaltung § 153 III 10
Betrieblicher Umweltschutz § 153 IV, § 153 V
Betriebliches Bündnis für Arbeit § 98 II 1 d)
Betriebliches Vorschlagswesen § 153 III 12
Betriebsabsprache § 152 II, § 153 II 5
Betriebsänderung § 156 II 1
Betriebsangehörige § 146 IV
- Diskriminierungsverbote § 146 IV 2
- Gleichbehandlungsrecht § 146 IV 1
- Schutz des Persönlichkeitsrechts § 146 IV 3
- Verhalten im Betrieb § 146 IV 1

Betriebsarzt § 153 III 7
Betriebsausflug § 153 III 8
Betriebsautonomie § 152 I 9
Betriebsbesetzung
- Begriff § 113 IV 3
- Zulässigkeit § 120

Betriebsblockade
- Begriff § 113 IV 3
- Zulässigkeit § 120

Betriebsbuße § 153 III 1
Betriebsferien § 153 III 5
Betriebsfrieden § 146 III, § 155 III 2 f)
- Entfernung betriebsstörender Arbeitnehmer § 146 IV 1

Betriebskindergarten § 153 III 8
Betriebspartner
- Behandlung der Betriebsangehörigen § 146 IV
- Diskriminierungsverbot § 146 IV 2
- Friedenspflicht § 115 II 1 c), § 146 II

- Prinzip der vertrauensvollen Zusammenarbeit § 146 I, § 153 II 6
- Schutz des Persönlichkeitsrechts § 146 IV 4
- Überwachungsgebot § 146 IV 1
- Verbot parteipolitischer Betätigung § 146 III

Betriebsrat § 149 I
- Amtszeit § 148 IV
- Auflösung § 148 I
- Beteiligungsrechte § 151 (s. dort), § 153 ff.
- Bildung § 147 V 1 a)
- freies Mandat § 148 I
- Geschäftsführung § 148 V
- Gewerkschaften § 149 I
- Größe § 148 II
- Haftung § 148 I
- Interessenvertretung § 148 I, § 149 I
- Kosten (s. dort)
- partielle Vermögensfähigkeit § 148 I
- Rechtsfähigkeit § 148 I
- Stellung § 148 I
- Unterlassungsanspruch § 151 II 2, § 153 II 6
- unternehmenseinheitlicher § 147 IV 5
- Vertragsschluss § 148 I
- Zusammensetzung § 148 II
- Zuständigkeit § 147 IV 1, § 147 V 1 b)

Betriebsratsbeschluss § 147 V 3 a), § 151 III 2 e) aa), § 153 II 5
- Mehrheitsbeschluss § 147 V 2 a), § 147 V 3 a)
- Übertragungsbeschluss § 147 VI 4

Betriebsratskosten
- Betriebsratsbeschluss § 148 V 2 d)
- Erforderlichkeit § 148 V 2 b)
- Fachliteratur § 148 V 2 b)
- Kostentragung § 148 V 2 a)
- Pauschalierung § 148 V 2 a)
- Sachausstattung § 148 V 2 b)
- Verhältnismäßigkeit § 148 V 2 d)

Betriebsratsmitglied
- Abmahnung § 148 VI 4
- Amtspflichtverstoß § 148 VI 4
- Arbeitsbefreiung § 148 VI 2
- Ausschluss § 148 I
- außerordentliche Kündigung § 155 V
- Begünstigungsverbot § 148 VI 2
- Benachrichtigungspflicht § 148 VI 2
- Benachteiligungsverbot § 148 VI 4
- Ehrenamtsprinzip § 148 VI 1
- Ende der Mitgliedschaft § 148 IV 2
- Freistellung § 148 VI 2
- Freizeitausgleich § 148 VI 2
- Friedenspflicht § 146 II, § 151 IV
- Gleichbehandlungsgebot § 148 VI 4
- Haftung § 148 I
- Informationsrecht § 151 I 1
- Kostentragung § 148 V 2
- Kündigungsschutz § 148 VI 4
- Lohnausfallprinzip § 148 VI 1
- Lohnfortzahlungsprinzip § 148 VI 1
- Neutralitätspflicht § 115 II 1 c), § 128 III, § 146 II
- Rechtsstellung § 148 VI 1
- Schutz § 148 VI 4
- Simultantheorie § 148 VI 4
- Teilnahme an Streiks § 146 II
- Verbot parteipolitischer Betätigung § 146 III
- Versetzung § 148 VI 4, § 155 V
- Vertragspflichtverletzung § 148 Vi 4

Betriebsratsvorsitzender § 155 IV 6 a)
- Aufgaben § 148 V 1
- Vertretung des Betriebsrats § 148 V 1
- Wahl § 148 V 1

Betriebsratswahl § 84 IV 1 c), § 148 III
- Aktives Wahlrecht § 148 III 1 a)
- Anfechtung § 147 IV 3 a), § 148 III 3 b)
- Anfechtungsfrist § 148 III 3 b)
- Anfechtungsgründe § 148 III 3 a), § 148 III 3 b)
- Leitung § 148 III 2 b)
- Mehrheitswahl § 148 III 3
- Nichtigkeit § 148 III 3 a)
- Passives Wahlrecht § 148 III 1 b)
- Schutz § 148 III 3 a)
- Verhältniswahl § 148 III 3
- Verstoß gegen Wahlvorschriften § 148 III 3
- Wählerliste § 148 III 2 b)
- Wahlausschreiben § 148 III 2 b)
- Wahlbehinderung § 148 III 3
- Wahlverfahren § 148 III 3
- Wahlverfahren, vereinfachtes § 148 III 5
- Wahlvorstand (s. dort)
- Wahlvorstandsmitglied § 148 III 2 b), § 148 III 3

Stichwortverzeichnis

Betriebsrisiko § 125 II 1, § 131
- Begriff § 125
- beim Wellenstreik § 119

Betriebsspaltung § 148 IV 3, § 156 II 1

Betriebsstilllegung § 105 I, § 148 IV 4, § 156 II 1
- Abgrenzung zur Aussperrung § 122
- arbeitskampfrechtliche § 113 IV 5, § 122
- Stilllegungserklärung § 113 IV 5
- suspendierende § 122

Betriebsteil
- Begriff § 147 IV 3 b) aa)
- Betriebsratswahl § 147 IV 3 b) aa)
- räumlich weite Entfernung § 147 IV 3 b) aa)
- Zuordnung § 147 IV 3 a) bb), § 147 IV 3 b) aa)

Betriebsübergang § 156 II 1
- Amtszeit des Betriebsrats § 148 IV 4
- Anhörung des Betriebsrats § 155 IV 4
- Tarifbindung § 99 VI
- Widerspruchsrecht § 155 IV 4

Betriebsvereinbarung § 147 IV 5, § 152, § 153 II 5
- Abdingbarkeit von Mitbestimmungsrechten § 145 III 2
- ablösende § 152 I 1 d)
- Ablösungsprinzip § 152 I 7
- Anfechtung § 152 I 4
- Arbeitsbedingungen, sonstige § 152 I 6
- Bekanntmachung § 152 I 4 c)
- Billigkeitskontrolle § 152 I 9
- Errichtung eines Wirtschaftsausschusses § 156 I 2
- erzwingbare § 152 I 5
- Form § 152 I 4 a)
- freiwillige § 152 I 5, § 153 IV
- genuine Innenschranken § 152 I 9
- gerichtliche Kontrolle § 152 I 9
- gesetzliche Grenzen § 152 I 9
- Gültigkeit § 152 I 4
- Günstigkeitsprinzip § 152 I 1 5, § 152 I 1 c), § 152 I 1 d), § 152 I 8
- Günstigkeitsvergleich § 152 I 1 c)
- Inhaltskontrolle § 146 IV 1, § 152 I 9
- Inhaltsnormen § 152 I 2
- Kündigung § 152 I 5
- normative Regelungen § 152 I 2
- Rechtskontrolle § 152 I 9
- Rechtsnatur § 152 I 1
- Rückwirkung § 152 I 2
- schuldrechtliche Regelungen § 152 I 2
- Umdeutung § 152 I 6
- Unwirksamkeit, teilweise § 152 I 4
- Vertragstheorie § 152 I 4
- Vorrang der § 152 I 1 b)
- Wirkung § 152 I 1
- Zustandekommen § 152 I 4

Betriebsverfassungsgesetz 1952 § 168
- Parität § 143 III

Betriebsverfassungsgesetz 1972 § 145 I
- Abdingbarkeit § 145 III
- Gliederung § 145 I
- Leitprinzipien § 146
- Mitbestimmungsrechte, Beschränkung § 145 III 2 a)
- Mitbestimmungsrechte, Erweiterung § 145 III 2 b)
- Mitbestimmungsrechte, Konkretisierung § 145 III 2 a)
- Mitbestimmungsrechte, Tarifdispositivität § 95 IV 2, § 145 III 2
- Organisationsrecht § 145 III 1
- Reform § 144 I 2

Betriebsverfassungsrecht
- Ausstrahlungswirkung § 147 II, § 147 III 2 c)
- Geltungsbereich § 145 III, § 147
- Historie § 144 I 1
- persönlicher Geltungsbereich § 147 III
- räumlicher Geltungsbereich § 147 II
- Rechtsquellen § 143 II, § 145 I, § 145 II
- sachlicher Geltungsbereich § 147 IV
- Territorialitätsprinzip § 147 II

Betriebsverfassungsrechtliche Streitigkeit § 134 II

Betriebsversammlung § 148 I, § 148 III 2
- Aufgaben § 147 VI 2
- Bestellung des Wahlvorstandes § 148 III 2 a)
- Verhältnis zum Betriebsrat § 147 VI 2
- Zusammensetzung § 147 VI 2

Beurteilungsgrundsatz § 155 I, § 155 I 4

Bezugnahme (s. Verweisung)

Boykott § 113
- Begriff § 113 III
- Einstellungs- § 113 III

Bummelstreik § 113 IV 1
- Begriff § 113 IV 1
- Zulässigkeit § 121

closed-shop-Regelung § 83 III 1 d), § 83 III 2 a), § 84 IV 2

Daseinsvorsorge § 117 IV, § 121
Demonstrationsarbeitskampf § 113 I 4
- Begriff § 114 I
- zuständige Gerichtsbarkeit § 134 I

Dienstabsprache § 162 I
Dienstreise § 153 III 1, § 153 III 3
Dienstvereinbarung § 162 I
- Form § 162 I
- Kündigung § 162 I
- Rechtsnatur § 162 I
- Wirkung § 162 I

Dienstwagen § 153 III 1
Differenzierungsklauseln § 83 III 1 d), § 84 IV 2, § 96 III
Drittelbeteiligungsgesetz
- Aufsichtsrat § 170
- Mitbestimmung § 169
- persönlicher Geltungsbereich § 168
- sachlicher Geltungsbereich § 168
- Wahlrecht § 169

Effektivklausel
- begrenzte § 98 II 1 e) bb)
- Besitzstandsklausel § 98 II 1 e) dd)
- Effektivgarantieklausel § 98 II 1 e) aa)
- negative § 98 II 1 e) ee)
- Verdienstsicherungsklausel § 98 II 1 e) cc)

Eingruppierung § 155 III 1 b)
- Begriff § 155 III 1 b)
- Beteiligung des Betriebsrats § 155 III 1 b)
- Verstoß gegen Gesetze § 155 III 2 a)
- Wirkung § 94 III 4
- Zustimmungsverweigerung § 155 III 4
- Zustimmungsverweigerungsgründe § 155 III 2

Einigungsstelle § 153 I, § 153 II 4, § 154
- Anhörung der Betriebspartner § 151 III 2 c)
- Beisitzer, betriebsangehörige § 151 III 1
- Beisitzer, betriebsfremde § 151 III 1

- Beschlussfassung § 151 III 2 c)
- Einberufung § 151 III 2 b), § 151 III 3
- einstweilige Verfügung § 151 III 2 e) cc)
- Ermessensentscheidung § 151 III 2 d)
- Kosten § 151 III 1
- Mitbestimmung, erzwingbare § 151 III 2 a)
- Mitbestimmung, freiwillige § 151 III 3
- Rechtsnatur § 151 III 1
- Verfahren § 151 III 2 c)
- Vorsitzender § 151 III 1, § 151 III 2 b)
- Zusammensetzung § 151 III 1
- Zwangsschlichtung § 151 III 1

Einigungsstellenspruch § 151 III 1, § 151 III 2 a), § 151 III 2 d)
- Anfechtung § 151 III 2 e)
- gerichtliche Kontrolle § 151 III 2 e), § 152 III

Einstellung § 155 III
- Begriff § 155 III 1 a)
- Benachteiligung anderer Arbeitnehmer § 155 III 2 c)
- Benachteiligung betroffener Arbeitnehmer § 155 III 2 d)
- Beteiligung des Betriebsrats § 155 III 1 a)
- Einsatz von Fremdfirmen § 155 III 1 a)
- Gefahr für Betriebsfrieden § 155 III 2 f)
- Verstoß gegen Auswahlrichtlinien § 155 III 2 b)
- Verstoß gegen Gesetze § 155 III 2 a)
- Wiedereinstellung § 155 III 1 a)
- Zustimmungsersetzungsverfahren § 155 III 2 f)
- Zustimmungsverweigerung § 155 III 4
- Zustimmungsverweigerungsgründe § 155 III 2

Einstweiliger Rechtsschutz
- bei rechtswidrigen Arbeitskämpfen § 135
- Gerichtsstand § 135 I
- Verfügungsanspruch § 135 II
- Verfügungsgrund § 135 III

Entlohnungsgrundsatz § 153 III 10
Entlohnungsmethode § 153 III 10
Entsenderecht § 107
Erhaltungsarbeiten § 117 IV, § 125 I
Erschwerniszulage § 154

Stichwortverzeichnis

Erzwingungsstreik § 113 I 4, § 117 III 1 b)
Ethikregeln § 153 III 1
Europäische Gesellschaft
– Beteiligung der Arbeitnehmer § 175 II
– freiwillige Vereinbarung § 175 II 1
– Gründung § 175 I 2
– Organisation § 175 I 3
– Rechtsgrundlage § 175 I 1
– Registereintragung § 175 I 2
– Sitz § 175 I 2
Europäischer Betriebsrat § 147 IV 1
– Amtszeit § 174 II 4
– Anhörung § 174 II 4
– Ausgestaltung § 174 II 2
– Auskunftsanspruch § 174 I 3
– Beschlussfassung § 174 II 4
– Besonderes Verhandlungsgremium § 174 II 1
– Bestellung der Mitglieder § 174 II 2
– Errichtung, gesetzliche § 174 II 4
– Errichtung, vereinbarte § 174 II 2
– Kostentragung § 174 II 4
– Mitwirkungsverfahren § 174 II
– Prinzip der vertrauensvollen Zusammenarbeit § 174 II 4
– Rechtsgrundlage § 174 I
– Unterrichtungs- und Anhörungsverfahren § 174 II 3
– Unterrichtungsrecht § 174 II 4
– Zusammensetzung § 174 II 4
– Zuständigkeit § 174 II 4
Europäisches Betriebsrätegesetz
– persönlicher Geltungsbereich § 174 I 2
– räumlicher Geltungsbereich § 174 I 1
– sachlicher Geltungsbereich § 174 I 1

Fahrtenschreiber § 153 III 6
Fernwirkung § 151 IV
– Arbeitskampfrisiko § 131
– Einführung von Kurzarbeit § 133
– Störung der Kampfparität § 131
Feststellungsklage
– Abgrenzung zur Kündigungsschutzklage § 177 IV 3
– Anwendungsbereich § 177 IV 3
– Darlegungs- und Beweislast § 177 IV 3
– fehlerhafte Betriebsratsanhörung § 177 IV 3
– Feststellungsinteresse § 177 IV 3

– Streitgegenstand § 177 IV 3
– Verhältnis zur Kündigungsschutzklage § 177 IV 4
– Verwirkung § 177 IV 3
Firmentarifvertrag § 96 I, § 101 I, § 115 II 2 a)
– Begriff § 94 III 1
Flächentarifvertrag § 88 V
Flexibilisierung der Arbeitszeit § 153 III 2
Flucht aus dem Tarifvertrag § 91 V, § 99 I 2 a), § 99 I 2 b) aa), § 99 I 2 c)
Flucht in den Arbeitgeberverband § 99 II
Formalisierte Krankengespräche § 153 III 1
Frauenförderung § 155 I 1
Freie Mitarbeiter § 155 I 3, § 155 III 1 a)
Freiwillige Leistungen § 153 III 10
Friedenspflicht § 88 II, § 99 II, § 116 I, § 128 V 1 b), § 129 III 1
– absolute § 96 I, § 116 I 2
– Betriebsverfassungsgesetz § 146 II
– Dauer § 96 I
– Einwirkungspflicht § 96 I
– relative § 96 I, § 114 I, § 116 I 1
– Schlichtung § 140 II 2
– Tarifvertrag § 96 I
– Unterlassungspflicht § 96 I

Geldakkord § 153 III 11
Gemeinsame Einrichtung
– Allgemeinverbindlicherklärung § 99 IV 2
– Begriff § 95 V
– Nachwirkung § 100 V 3 d)
– tarifliche Regelung § 95 V
Gemeinschaftsbetrieb
– Begriff § 147 IV 4
– Beteiligung in wirtschaftlichen Angelegenheiten § 156 II 1
– öffentlicher Dienst § 147 IV 7 b)
– Vermutungsregel § 147 IV 4
Gemeinschaftsrecht § 107
– Bindung der Tarifvertragsparteien § 105 VI
Generalstreik § 113 I 4
Gesamtbetriebsrat § 147 IV 1, § 147 V 2
– Amtszeit § 147 V 2 b)
– Aufstellung unternehmenseinheitlicher Richtlinien § 147 V 2 b)

- Bildung § 147 V 2 a)
- Kostentragung § 147 V 2 b)
- personelle Einzelmaßnahmen § 147 V 2 b)
- Prinzip der vertrauensvollen Zusammenarbeit § 146 I
- soziale Angelegenheiten § 147 V 2 b)
- überbetriebliche Angelegenheit § 147 V 2 b)
- Verhältnis zu Einzelbetriebsräten § 147 V 2 b)
- Wahlvorstand § 148 III 2 a)
- wirtschaftliche Angelegenheiten § 147 V 2 b)
- Zusammensetzung § 147 V 2 a)
- Zuständigkeit § 147 V 1, § 147 V 2 b)
- Zuständigkeit kraft Auftrages § 147 V 2 b)

Gesamtbetriebsratsmitglied
- Ausschluss § 147 V 2 b)
- Rechtsstellung § 147 V 2 b)

Gesamtsprecherausschuss
- Stimmengewichtung § 158 III
- Zusammensetzung § 158 III
- Zuständigkeit § 158 III

Gesetzesrecht § 104
- Auslegung § 104 IV
- dispositives § 104 III
- einseitig zwingendes § 104 II, § 104 IV
- Tarifautonomie (s. Tarifautonomie)
- tarifdispositives § 104 III
- Tarifvertrag § 104 I, § 104 II, § 104 V
- tarifvertragliche Bezugnahme (s. Verweisung)
- zweiseitig zwingendes § 104 I, § 104 IV

Gesundheitsschutz § 153 III 7, § 153 IV

Gewerkschaft §§ 85 f. § 143 VI, § 149
- Abgrenzung zum Betriebsrat § 149 I
- Anspruch bei rechtswidriger Aussperrung § 129 III 2
- Arbeitskampfbereitschaft § 90 II 2 d)
- Begriff § 90 II
- Betätigungsgarantie § 83 III 2, § 149 I
- betriebliche Betätigung § 149 IV
- Betriebsratswahl § 148 III 2 a), § 148 III 3 b)
- demokratische Organisation § 90 II 2 a)
- Haftung bei rechtswidrigem Streik § 128 V
- Interessenvertretung § 149 I
- Koalitionseigenschaft § 90 II 2
- Leistungsfähigkeit § 90 II 2 e)
- Rechte im BetrVG § 143 VI, § 146 I, § 149 I, § 149 II
- soziale Mächtigkeit § 90 II 2 e)
- Tariffähigkeit § 90 I, § 90 II, § 115 I 1
- Tarifwilligkeit § 90 II 2 b)
- Teilnahme im Wirtschaftsausschuss § 149 II
- Teilnahmerechte im Betrieb § 149 II, § 149 III
- Zugang zum Betrieb § 84 IV 2, § 143 IV, § 149 I, § 149 III

Gleichbehandlungsgrundsatz § 105 V 2, § 123, § 146 IV 1, § 152 I 9, § 155 III 2 d)

Gleichstellungsabrede § 99 VII 3

Gleichwohlgewährung § 130 II

Grundrechtsbindung
- Betriebsvereinbarung § 152 I 9
- Tarifvertrag § 105 V

Gruppenarbeit § 153 III 13

Gruppensprecher § 153 III 13

Gruppenvereinbarung § 147 VI 4
- Rechtsnatur § 147 VI 4
- Tarifvorrang § 147 VI 4

Günstigkeitsprinzip § 94 III 4, § 98 II 1, § 101 I, § 101 III 4, § 104, § 152 I 1 c), § 152 I 1 d)
- Arbeitszeitverkürzung § 98 II 1 c), § 98 II 1 d)
- Effektivklauseln (s. Effektivklausel)
- Gruppenvergleich § 98 II 1 b) bb), § 98 II 1 d)
- Rosinentheorie § 98 II 1 b) bb), § 101 I
- Wahlrecht § 98 II 1 c)

Günstigkeitsvergleich § 98 II 1 b)

Güteverhandlung
- Abweichungen zur mündlichen Verhandlung § 178 III
- Dispositionsmaxime § 178 III
- Erfolglosigkeit § 178 III
- Säumnis § 178 III
- Termin § 178 III
- Vorsitzender § 178 III

Harmonieverband § 82 III 2 a)
Heimarbeiter § 147 III 2 b)

Industrieverbandsprinzip § 85, § 86 I, § 87, § 91 III, § 100 IV, § 101 I
Interessenausgleich § 156 II 3
– Abweichung durch den Arbeitgeber § 156 II 5
– Anspruchskonkurrenz § 156 II 5
– Begriff § 156 II 3
– Einigungsstellenverfahren § 156 II 3
– Form § 156 II 3
– Freiwilligkeit § 156 II 3
– Insolvenzverfahren § 156 II 3
– Nachteilsausgleich § 156 II 5
– Rechtsnatur § 156 II 3
– Rechtswirkung § 156 II 3
– Unternehmensumwandlung § 156 II 3
– Vermittlungsversuch § 156 II 3
– Zustandekommen § 156 II 3

Jugend- und Auszubildendenvertretung
– Aufgaben § 147 VI 1
– Bildung § 147 VI 1
– Personalvertretungsrecht § 161
– Prinzip der vertrauensvollen Zusammenarbeit § 146 I
– Weiterbeschäftigungsanspruch § 148 VI 4

Kantine § 152 I 9, § 153 III 1, § 153 III 8
Kernbereichslehre § 83 III 2 c), § 84 I, § 84 IV 3, § 149 III
Kleinstbetrieb § 150 II
– Begriff § 147 IV 3 b) bb)
– Zuordnung § 147 IV 3 b) bb)
Koalition § 80, § 85 f.
– Aufbau § 85
– Aufgaben § 80
– ausländische § 83 II 2 a)
– Benennungsrechte § 80
– Entsenderechte § 80
– europäische § 83 II 2 b)
– gesellschaftspolitische Betätigung § 80
– Mitgliederentwicklung § 86 II
– Organisation § 86 I
– Rechte § 80
– Rechtsform § 82 I 3
Koalition, Begriff § 82
– Ad-hoc-Koalition § 82 I 2

– Arbeits- und Wirtschaftsbedingungen § 82 II 2, § 105 I
– Arbeitskampfbereitschaft § 82 II 3
– demokratische Willensbildung § 82 III 4
– Freiwilligkeit § 82 I 1, III 2
– Gegnerunabhängigkeit § 82 III 2 a)
– gesetzliche Regelung § 82 I
– körperschaftliche Organisation § 82 I 3
– soziale Mächtigkeit § 82 III 5
– Überbetrieblichkeit § 82 II 2 b)
– Unabhängigkeit § 82 III 2
– Vereinigung § 82 I
– Vereinigungszweck § 82 II 1
Koalitionsfreiheit § 83
– Arbeitgeberrechte § 84 IV 3
– Aufnahmezwang § 83 III 1 b)
– Ausgestaltung § 84 II
– Ausschluss extremistischer Mitglieder § 84 IV 1 a)
– Ausschluss von Streikbrechern § 84 IV 1 b)
– Austritt § 83 III 1 d)
– Beitritt § 83 III 1 b)
– Bestandsgarantie § 83 III 2 a)
– Bestandssicherung § 83 III 2 c) aa)
– Betätigungsgarantie § 83 III 2 c), § 84 IV 3, § 109 I
– Bildung § 83 III 1 a)
– Drittwirkung, unmittelbare § 83 I, § 83 III 1
– Eingriff § 84 III
– gesetzliche Regelung § 83 I
– Grenzen § 84
– individuelle § 83 II 1, § 83 III 1, § 83 III 2 c) bb), § 84 IV
– Kandidatur auf fremden Listen § 84 IV 1 c)
– Koalitionsmittelfreiheit § 82 II 3
– Koalitionsmittelgarantie § 83 III 2 c) bb)
– kollektive § 83 II 2, § 83 III 2, § 84 IV, § 152 II
– Mitbestimmungsgesetz § 142 III
– Mitgliederwerbung § 83 III 2 c) aa), § 84 IV 3, § 149 IV
– negative § 83 III 1 d), § 84 IV 2, § 95 IV 1 a), § 99 VI 4

- persönlicher Schutzbereich § 82 III 1, § 83 II
- sachlicher Schutzbereich § 83 III
- Satzungsautonomie § 83 III 1 b), § 83 III 1 d), § 83 III 2 b)
- Tarifautonomie § 83 III 2 c) bb), § 84 IV 2
- Verbandsausschluss § 83 III 1 c), § 84 IV 1
- Verbandsautonomie § 83 III 2 b), § 84 IV 1

Koalitionspluralismus § 83 III 1 a)
Kollektives Arbeitsrecht §§ 75 ff.
- Bedeutung § 77
- Begriff § 75
- Intention § 76
- Struktur § 78

Kontrolleinrichtung § 153 III 6
Konzern § 147 IV 1
Konzernbetriebsrat § 147 IV 1
- Amtszeit § 147 V 3 a)
- Bildung § 147 V 3 a)
- Kostentragung § 147 V 3 a)
- Prinzip der vertrauensvollen Zusammenarbeit § 146 I
- Verhältnis zu anderen Betriebsräten § 147 V 3 a)
- Wahlvorstand § 148 III 2 a)
- Zusammensetzung § 147 V 3 a)
- Zuständigkeit § 147 V 3 b)
- Zuständigkeit kraft Auftrages § 147 V 3 b)

Konzernmitbestimmung § 143 III
Konzernsprecherausschuss
- Errichtung § 158 V
- Rechtsstellung der Mitglieder § 158 V
- Zusammensetzung § 158 V
- Zuständigkeit § 158 V

Konzerntarifvertrag § 106
Konzernvereinbarung § 158 V
Kündigung § 99 I 2 b) aa)
- Anhörung des Betriebsrats § 128 III, § 155 IV (s. dort)
- Arbeitskampf § 127 I, § 128 III, § 155 IV 2
- Beteiligung des Betriebsrats § 151 I 2, § 151 I 4, § 151 II 1
- betriebsbedingte § 155 IV 6 c) ee)
- Betriebsübergang § 155 IV 4
- personenbedingte § 155 IV 6 c) cc)
- verhaltensbedingte § 155 IV 6 c) dd)
- Weiterbeschäftigungsanspruch § 155 IV 8

Kündigungsschutz
- Mitglieder des Betriebsrats § 148 VI 4
- Mitglieder des Sprecherausschusses § 158 I
- Mitglieder des Wahlvorstandes § 148 III 3
- Mitglieder des Wirtschaftsausschuss § 156 I 3

Kündigungsschutzklage
- Darlegungs- und Beweislast § 177 IV 2
- Frist § 177 IV 2
- Nachschieben von Kündigungsgründen § 155 IV 6 c) bb)
- punktuelle Streitgegenstandstheorie § 177 IV 2
- Rechtskraft § 177 IV 2
- Verhältnis zur Lohnzahlungsklage § 177 IV 2
- Voraussetzungen § 177 IV 2

Kurzarbeit § 133
- Anordnung im Arbeitskampf § 127 VI, § 133, § 151 IV
- Mitbestimmung des Betriebsrats § 153 III 3

Leiharbeitnehmer § 147 III 2 b)
- Begriff § 147 III 2 b)
- Betriebsratswahl § 147 III 2 b)
- Mitbestimmungsrechte § 147 III 2 b)

Leitender Angestellter
- Begriff § 147 III 3
- Europäischer Betriebsrat § 174 II 2
- Interessenvertretung § 157 I
- Kündigungsschutz § 155 IV 3 a)
- Mitgliedschaft im Wirtschaftsausschuss § 156 I 3
- Montanmitbestimmung § 171
- Wahl des Sprecherausschusses § 158 I
- Weiterbeschäftigungsanspruch § 159 II

Lohn § 153 III 10
Lohnrahmentarifvertrag § 94 III 4
Lohnrisiko § 125 II 1, § 131
Lohntarifvertrag § 94 III 4
Luftfahrtunternehmen § 147 IV 6 b)

Manteltarifvertrag § 94 III 2
Maßregelungsverbot § 123, § 127 II

Mehrarbeit § 153 III 3
Mischbetrieb
- Begriff § 100 IV
- tariflicher Geltungsbereich § 100 IV
- Tarifzuständigkeit § 91 III

Mitarbeitervertretung
- Anhörung bei Kündigung § 155 IV 2

Mitbestimmung § 142
- erzwingbare § 151 III 2
- Grundrechtskonkurrenz § 142 III
- Kategorien § 143 I, § 143 IV
- korrigierende § 154
- Rolle der Gewerkschaften § 143 VI
- verfassungsrechtliche Grundlage § 142 III

Mitbestimmungsgesetz § 163
- Beschäftigungsbegriff § 165
- Geltungsbereich § 165
- Parität § 143 III
- Referenzperiode § 165

Mitwirkung § 151 I

Montanmitbestimmung
- Arbeitnehmerbegriff § 171
- Aufsichtsrat § 172 I, § 173
- Betriebszweck § 171
- Geltungsbereich § 171
- Parität § 143 III

Nachweisgesetz § 99 VII 5
Nachwirkung § 101 III 3
- Abmachung § 100 V 3 b)
- Allgemeinverbindlicherklärung § 99 IV 6, § 100 V 3 b)
- Ausschluss § 100 V 3 b)
- Beendigung § 100 V 3 c)
- Betriebsvereinbarung § 152 I 5
- gemeinsame Einrichtungen § 100 V 3 d)
- Mitbestimmungsrecht § 153 I 4
- Normwirkung § 100 V 3 a)
- Tarifbindung § 100 V 3 a), § 100 V 3 c)
- Tarifvertrag § 100 V 2 d)
- Tarifvertrag, Ablauf des § 100 V 3 c)
- Überbrückungsfunktion § 100 V 3 a), § 100 V 3 c), § 100 V 3 d), § 101 III 3

Nebenbetrieb
- Abgrenzung zum Betriebsteil § 147 IV 3 b) cc)
- Begriff § 147 IV 3 b) cc)
- Betriebsratsfähigkeit § 147 IV 3 b) cc)

Nebentätigkeitsverbot § 105 I
Normenkollision (s. Tarifkonkurrenz, Tarifpluralität)
Normsetzungsbefugnis
- Delegationstheorie § 103
- Legitimationstheorie § 103
- staatlicher Geltungsbefehl § 103
- staatliches Rechtsanerkennungsmonopol § 103
- staatliches Rechtsetzungsmonopol § 103

Notstandsarbeiten § 117 IV, § 125 I

Öffentlicher Dienst
- Anwendbarkeit des Betriebsverfassungsrechts § 147 IV 7 b)
- Begriff § 147 IV 7 b)
- Gemeinschaftsbetrieb § 147 IV 7 b)

Öffnungszeiten § 105 I, § 153 III 2
Ordnung des Betriebes § 153 III 1
OT-Mitgliedschaft § 91 V, § 99 I 2 d)

Parität § 83 III 2 c) bb), § 84 II, § 109 I
- formelle § 111 I 2 a)
- Kampf- § 111 I 1, § 114 III, § 117 I, § 119, § 122, § 131
- materielle § 111 I 2 c)
- normative § 111 I 2 b)
- Verhandlungs- § 111 I 1, § 117 I

Parteipolitik § 146 III
Pensionskasse § 153 III 8
Personalfragebogen § 155 I
- Begriff § 155 I 4
- Beteiligung des Betriebsrats § 155 I 4
- Umfang des Fragerechts § 155 I 4

Personalplanung § 155 I 1
- Begriff § 155 I 1
- Mitwirkung des Betriebsrats § 155 I 1
- Personalbedarfsplanung § 155 I 1
- Personaldeckungsplanung § 155 I 1
- Personaleinsatzplanung § 155 I 1
- Personalentwicklungsplanung § 155 I 1

Personalrat
- Anhörung bei Kündigung § 155 IV 2
- Anordnung von Überstunden § 153 III 3
- Beteiligungsformen § 162 I
- Beteiligungsrechte § 162 II
- Bezirks- § 161

- Gesamt- § 161
- Haupt- § 161
- Wahl § 161

Personalratsmitglied
- Begünstigungsverbot § 160 III
- Benachteiligungsverbot § 160 III

Personalversammlung § 161

Personalvertretung § 160
- Behörde § 161
- Beschäftigte im öffentlichen Dienst § 160 II
- demokratische Legitimation § 160 I
- Dienststelle § 161
- Einigungsstelle § 161
- Friedenspflicht § 160 III
- Gesetzgebungskompetenz § 160 I
- persönlicher Geltungsbereich § 160 II
- Prinzip der vertrauensvollen Zusammenarbeit § 160 III
- Verbot parteipolitischer Betätigung § 160 III
- Verwaltungsaufbau § 161
- Verwaltungsstelle § 161

Personelle Angelegenheiten § 155
- allgemeine § 155 I
- Begründung der Zustimmungsverweigerung § 155 III 3
- Beschäftigungsverbot § 155 III 3
- Einzelmaßnahmen § 155 I
- Mitbestimmung des Betriebsrats § 155
- Mitbestimmungsverfahren § 155 III 3
- Rechtsstellung des Arbeitnehmers § 155 III 4
- Stellungnahme des Betriebsrats § 155 III 3
- Unterrichtungsrecht § 155 III 3
- Zustimmungsersetzungsverfahren § 155 III 3
- Zustimmungsverweigerungsgründe § 155 III 2

Politischer Streik
- Begriff § 113 I 4
- zuständige Gerichtsbarkeit § 134 I

Prämienlohn § 153 III 11

Radio am Arbeitsplatz § 153 III 1
Rauchverbot § 153 III 1
Recht am Arbeitsplatz § 129 III 2

Recht am eingerichteten und ausgeübten Gewerbebetrieb § 128 V 2, § 129 III 2

Rechtsstreitigkeit § 139 I, § 151 III 1, § 176 III

Regelungsabrede § 153 II 5
- Abdingbarkeit von Mitbestimmungsrechten § 145 III 2
- Beendigung § 152 II
- Form § 152 II
- Nachwirkung § 152 II
- Sprecherausschuss § 159 I
- Wirkung § 152 II

Regelungsstreitigkeit § 139 I, § 151 III 1, § 176 III

Religionsgemeinschaft § 147 IV 7 a)

Restmandat § 148 IV 4
- Aufgaben des Betriebsrats § 148 IV 4
- Ende § 148 IV 4
- Entstehung § 148 IV 4
- Qualität § 148 IV 4
- Untergang eines Betriebs § 148 IV 4
- Verhältnis zum Übergangsmandat § 148 IV 4
- Zusammensetzung des Betriebsrats § 148 IV 4

Revision
- Begründung § 180
- Frist § 180
- Nichtzulassungsbeschwerde § 180
- Prüfungsumfang § 180
- Sprung- § 180
- Statthaftigkeit § 180
- Verfahrensfehler § 180
- Zulassung § 180

Richter, ehrenamtlicher § 176 II
Rolliersystem § 153 III 2
Rufbereitschaft § 153 III 2, § 153 III 3

Schichtarbeit § 153 III 2
Schichtplan § 153 III 3
Schiedsausschuss § 141 II 1
Schiedsgericht § 176 II
Schlichtung § 151 III 1
- betriebsverfassungsrechtliche (s. Einigungsstelle)
- Historie § 139 III
- obligatorische § 117 III 1

Schlichtung, staatliche
- Organe § 141 II 1

- Rechtsgrundlage § 139 II
- Spruch § 141 II 3
- Subsidiarität § 141 I
- Verfahren § 141 II

Schlichtung, tarifliche § 139
- Arbeitskampf § 117 III 1
- Begriff § 139 I
- Gegenstand § 139 I
- Spruch § 140 III
- Verfahren § 140 II

Schlichtung, vereinbarte § 139 II
- Dispositionsmaxime § 140 II 2
- Scheitern § 140 II 2
- Schlichtungsstelle § 140 II 1
- Verfahren § 140 II

Schlichtungsabkommen § 140 I

Schlichtungsspruch § 140 II 2
- gerichtliche Kontrolle § 140 III, § 141 II 3
- staatliche Schlichtung § 141 II 3
- vereinbarte Schlichtung § 140 III

Schulungs- und Bildungsveranstaltung
- Anspruch, individueller § 148 VI 3
- Anspruch, kollektiver § 148 VI 3
- Betriebsratsbeschluss § 148 V 2 d)
- erforderliche § 148 I 6 c), § 148 V 2 c)
- geeignete § 148 I 6 c)
- gewerkschaftliche § 148 V 2 c)
- Kostenerstattung § 148 V 2 c)
- Reisekosten § 148 V 2 c)
- Teilnahme von Betriebsratsmitgliedern § 148 V 2 c), § 148 VI 3
- Teilnahme von Sprecherausschussmitgliedern § 158 I
- Teilnahme von Wirtschaftsausschussmitgliedern § 156 I 3
- Verhältnismäßigkeit § 148 V 2 c)

Schwerbehindertenvertretung § 147 VI
- Prinzip der vertrauensvollen Zusammenarbeit § 146 I

Schwerpunktstreik § 113 I 4

Seebetriebsrat § 147 IV 6 b)

Seeschifffahrtsunternehmen § 147 IV 6 b)
- Bordvertretung § 147 IV 6 b)

Sicherheitsbeauftragter § 153 III 7

Soziale Angelegenheiten
- Arbeitsbedingungen, formelle § 153 I 1
- Arbeitsbedingungen, materielle § 153 I 1
- Eilfälle § 153 II 2
- individueller Tatbestand § 153 I 2, § 153 III 10
- Initiativrecht § 153 II 4
- kollektiver Tatbestand § 153 I 2, § 153 III 10
- Notfälle § 153 II 3
- Rechtsfolgen mangelnder Beteiligung § 153 II 6
- Subventionen § 153 I 3
- Unterlassungsanspruch § 153 II 6
- unternehmerische Gestaltungsfreiheit § 153 II 1
- Vorrang des Gesetzes § 153 I 3
- Vorrang des Tarifvertrages § 153 I 4
- Vorrang von Verwaltungsakten § 153 I 3
- Vorrangtheorie § 153 I 5
- Zwei-Schranken-Theorie § 153 I 5

Soziale Mächtigkeit § 82 III 5, § 90 II 2 e), § 90 III 2 a), § 115 I 1

Sozialeinrichtung § 153 III 9
- Begriff § 153 III 8
- Errichtung § 153 IV

Sozialkasse § 95 V

Sozialleistung § 153 III 8

Sozialplan § 156 II 4
- Abgrenzung zum Interessenausgleich § 156 II 4 b)
- Aufhebung § 156 II 4 e)
- Aufstellung § 156 II 4 c)
- Begriff § 156 II 4 a)
- Betriebe nach Unternehmensgründung § 156 II 4 b)
- Einigungsstellenverfahren § 156 II 4 d)
- Entlassung von Arbeitnehmern § 156 II 4 b)
- erzwingbarer § 156 II 4 b)
- Form § 156 II 4 c)
- Günstigkeitsprinzip § 156 II 4 a)
- Inhalt § 156 II 4 d)
- Kündigung § 156 II 4 e)
- Nachteilsausgleich § 156 II 5
- Rechtsnatur § 156 II 4 a)
- Rechtswirkung § 156 II 4 a)
- Sozialplanförderung § 156 II 4 a)
- Tarif- § 114 II
- Tarifvorbehalt § 156 II 4 a)

- vereinbarter § 156 II 4 b)
- Zustandekommen § 156 II 4 c)

Spartenbetriebsrat § 147 IV 5
Spezialistenstreik § 113 I 4
Sphärentheorie § 131
Spitzenorganisation
- Begriff § 90 IV
- Tariffähigkeit § 90 I, § 90 IV, § 115 I 1
- Tarifwilligkeit § 90 II 2 b)

Sprecherausschuss § 148 III 2 b), § 157, § 158 I
- Behandlung der leitenden Angestellten § 157 II 2
- Bindung an höherrangiges Recht § 159 I
- Friedenspflicht § 157 II 1
- gemeinsame Vereinbarungen § 159 I
- Geschäftsführung § 158 I
- Günstigkeitsprinzip § 159 I
- Interessenvertretung § 157 II, § 158 I
- Kostentragung § 158 I
- Prinzip der vertrauensvollen Zusammenarbeit § 157 II 1
- Regelungsabrede § 159 I
- Richtlinie § 159 I
- Verbot parteipolitischer Betätigung § 157 II 1
- Wahl § 158 I
- Zusammenarbeit mit dem Betriebsrat § 157 II 1
- Zusammensetzung § 158 I

Sprecherausschuss, Mitwirkungsrechte § 157 I
- Anhörung bei Kündigung § 155 IV 3 a), § 159 II
- Betriebsänderungen § 159 II
- Einstellung von leitenden Angestellten § 159 II
- Generalermächtigung § 159 II
- Initiativrecht § 159 II
- Sozialplan § 159 II
- Unterrichtungsrecht § 159 II
- Widerspruchsrecht § 159 II
- wirtschaftliche Angelegenheiten § 159 II

Sprecherausschussgesetz § 157 I
- persönlicher Geltungsbereich § 157 III
- sachlicher Geltungsbereich § 157 III

Sprecherausschussmitglied
- Ausgleichsanspruch § 158 I

- Begünstigungsverbot § 157 II 2
- Benachteiligungsverbot § 157 II 2
- Freistellung § 158 I
- Kündigungsschutz § 158 I
- Rechtsstellung § 157 I, § 157 II, § 158 I

Sprecherausschussvereinbarung
- gerichtliche Überprüfung § 159 I
- Rechtsnatur § 159 I

Standortsicherung § 155 I 2
Stellenausschreibung § 155 I
- Begriff § 155 I 3
- fehlende § 155 III 2 e)
- Formfehler § 155 III 2 e)
- innerbetriebliche § 155 I 3
- Mitbestimmung des Betriebsrats § 155 I 3

Störung der Geschäftsgrundlage
- Tarifvertrag § 100 V 2 c)

Streik § 108 I
- Abkehr vom Arbeitsvertrag § 113 I 1
- Abwehr- § 113 I 4
- Angriffs- § 113 I 4
- Arten § 113 I 4
- Aufruf § 116 III
- Beendigung § 116 III
- Begriff § 113 I
- Beschluss § 116 I 1, § 116 II
- gemeinschaftliche Arbeitsniederlegung § 113 I 1
- rechtswidriger § 128, § 130
- tariflich regelbares Ziel § 114 II
- Teil- § 113 I 4
- Verfassungsmäßigkeit § 109 I
- wilder § 113 I 3, § 113 I 4, § 116 III

Streikarbeit § 125 I
Streikbruchprämie § 113 IV 6, § 123
Streikgeld § 84 IV 2, § 125 II 6, § 129 I
Sympathiearbeitskampf § 115 II 2 b)
(s. auch Unterstützungsarbeitskampf)
- Auslandsbezug § 138
- Gerichtsbarkeit, zuständige § 134 I

Sympathieaussperrung § 113 II
Sympathiestreik
- Begriff § 113 I 4

Tarifautonomie § 89, § 90 I, § 100 I, § 103, § 104 I, § 109 I, § 152 I 6
- Arbeits- und Wirtschaftsbedingungen § 105 I
- Aufsichtsrat § 164

- Berufsfreiheit § 105 V 3
- Funktionsfähigkeit § 111 I 1
- Gemeinwohlbindung § 105 II
- gerichtliche Kontrolle § 105 VII
- gesetzliche Grenzen § 105 I
- Gleichbehandlungsgrundsatz § 105 V 2
- kollektivfreie Individualsphäre § 105 I
- Lohnminderung, rückwirkende § 105 I
- Rechtsstaatsgebot § 105 III

Tarifbindung § 99
- Ablösungsprinzip § 99 V 1
- Änderung des Tarifvertrags § 99 I 2 b) bb)
- Allgemeinverbindlicherklärung § 99 IV 1
- Arbeitgeber § 99 II
- Ausscheiden aus Geltungsbereich § 99 I 2 b) cc)
- Beendigung § 99 I 2 b), § 99 I 2 c)
- Beginn § 99 I 1
- betriebliche Tarifnormen § 99 III
- betriebsverfassungsrechtliche Tarifnormen § 99 III
- Bezugnahme § 99 VII
- Fiktion § 99 I 2 a)
- Kündigung des Tarifvertrags § 99 I 2 b) aa)
- Mitbestimmungsrecht § 153 I 4
- Mitgliedschaft § 99 I
- Nachbindung § 99 I 2 a)
- Nachwirkung (s. Nachwirkung)
- Verbandsauflösung § 99 I 2 b) dd)
- Verbandsaustritt § 99 I 2 a)
- Verbandswechsel § 99 I 2 b) ee), § 101 III 2

Tariffähigkeit
- Arbeitgeber § 90 I, § 90 III 1
- Beamtenverband § 90 II 2 c)
- Begriff § 90
- Beschränkung § 90 VI
- fehlende § 90 VIII
- gerichtliche Kontrolle § 90 IX
- Innung § 90 I, § 90 V
- Innungsverband § 90 I, § 90 V
- relative § 90 II 2 f)
- Unterverband § 90 IV
- Verlust § 90 VII
- Verzicht § 90 VI
- Voraussetzungen § 90 II 2, § 90 III

Tarifkonkurrenz § 99 IV 1, § 99 IV 5 b), § 101
- Begriff § 101 I
- DGB-Gewerkschaften § 91 III
- Grundsatz der Tarifeinheit § 100 IV, § 101 I
- Normen, betriebliche § 101 III 1
- Normen, betriebsverfassungsrechtliche § 101 III 1
- Spezialitätsprinzip § 101 I, § 101 III 1, § 101 III 2, § 101 III 4
- Verbandswechsel § 101 III 2

Tariflohnerhöhung § 153 III 10
- Anrechnungsprinzip § 98 II 1 e)

Tarifmacht § 105

Tariföffnungsklausel § 152 I 6
- Mitbestimmungsrecht § 153 I 4
- Zulässigkeit § 98 II 2

Tarifpluralität § 91 III, § 101
- Begriff § 101 II
- Betriebsbezogenheit § 101 II
- Grundsatz der Tarifeinheit § 101 II, § 101 III 3
- Nachwirkungszeitraum § 101 III 3
- Verbandswechsel § 101 III 2

Tarifregister § 93, § 99 IV 5 e)

Tarifsozialplan
- Streik um § 114 II

Tarifüblichkeit § 100 V 3 d)
- Begriff § 152 I 6
- Betriebsvereinbarung § 152 I 2, § 152 I 6
- Mitbestimmungsrecht § 153 I 5

Tarifverantwortung § 92, § 98 II 1 e) aa), § 105 IV

Tarifvertrag
- Abschluss § 89
- Abschlussnormen § 99 I 1
- Änderung § 92
- Arbeitskampfregelungen § 96 III
- Arten § 94 III 6
- Auslandsberührung § 107
- Beendigung § 99 I 2 b), § 100 V 2
- Begriff § 89, § 94 III
- Bekanntgabe § 93
- Durchführungspflicht § 96 II
- echte Rückwirkung § 100 V 1
- Einwirkungspflicht § 96 II
- europäischer § 106
- Friedensfunktion § 88 II, § 96 I

881

- gerichtliche Kontrolle § 89, § 105 VII
- Inhalt § 94
- Inhaltskontrolle § 83 III 2 c) bb)
- internationaler § 106, § 107, § 136
- Kartellfunktion § 88 V, § 99 IV 2
- Kündigung, außerordentliche § 98 II 1 d), § 100 V 2 b), § 128 IV
- Kündigung, ordentliche § 100 V 2 a)
- mehrgliedriger § 89, § 94 III
- Negativregelung § 152 I 6
- normativer Teil § 94 I, § 95, § 100 V 1 (s. Tarifvertrag, Normwirkung)
- Normsetzungsprärogative § 84 III
- Normsetzungswille § 94 I
- Ordnungsfunktion § 88 III, § 100 V 3 a)
- Protokollnotizen § 94 II, § 97 I 5
- Rangordnung § 104
- Rechtsnatur § 102
- Richtigkeitsgewähr § 83 III 2 c) bb)
- Rückwirkung § 99 I 2 a), § 105 I, § 105 III
- Schlichtungsvereinbarungen § 96 III
- Schriftform § 92, § 94 II
- schuldrechtlicher Teil § 94 I, § 96, § 100 V 1
- Schutzfunktion § 88 I, § 98 II, § 98 II 3 a)
- Sperrwirkung § 152 I 6, § 152 II, § 153 I 5
- unechte Rückwirkung § 100 V 1
- Vereinbarungen § 94 I, § 96 III
- Verhandlungspflicht § 94 I, § 96 III, § 105 VII
- Verstoß gegen zwingendes Recht § 104 V
- Verteilungsfunktion § 88 IV

Tarifvertrag, Auslegung § 94 II, § 104 VI
- arbeitnehmerschutzorientierte § 97 I 3
- ergänzende § 97 I 4
- gesetzeskonforme § 97 I 3
- Kriterien § 97 I 2
- normativer Teil § 97 I
- objektive Methode § 97 I 1
- subjektive Methode § 97 I 1
- zweckorientierte § 97 I 3

Tarifvertrag, Geltungsbereich § 100
- betrieblicher § 100 IV
- fachlicher § 100 IV
- Nachwirkung (s. Nachwirkung)

- persönlicher § 100 II
- räumlicher § 100 III, § 107
- zeitlicher § 100 V

Tarifvertrag, Normwirkung § 95 I
- Abschlussgebote § 95 II 1
- Abschlussnormen § 95 II
- Abschlussverbote § 95 II
- Beendigungsnormen § 95 III
- Beginn § 100 V 1
- Besetzungsregeln § 95 III
- Betriebsnormen § 95 IV 1
- betriebsverfassungsrechtliche Normen § 95 IV 1
- Formvorschriften § 95 III, § 95 IV
- Geltungsbereich (s. Tarifvertrag, Geltungsbereich)
- Günstigkeitsprinzip § 98 II 1
- Inhaltsnormen § 95 I
- Nachwirkung § 100 V 2 d)
- unmittelbare § 98 I
- verdrängende § 98 III
- Verstoß gegen § 98 III
- zwingende § 98 II

Tarifvertragsstatut § 107
Tarifvorbehalt § 153 I 5
Tarifvorrang § 153 I 4
- Betriebsvereinbarung § 152 I 6, § 153 IV
- Regelungsabrede § 152 II, § 159 I
- Sprecherausschussvereinbarung § 159 I

Tarifzensur § 83 III 2 c) bb), § 97 I 3, § 105 II, § 105 V

Tarifzuständigkeit
- Änderung § 91 II
- Arbeitgeber § 91 II, § 91 III
- Begriff § 91 I
- Einschränkung § 91 II
- gerichtliche Kontrolle § 91 IV
- OT-Mitgliedschaft (s. OT-Mitgliedschaft)
- Satzungsautonomie § 91 V
- Überschneidungen § 91 IV
- Wegfall § 91 III
- Zuständigkeitskongruenz § 91 I

Technische Einrichtung § 153 III 6
Technische Überwachung § 153 III 6
Teilzeitbeschäftigte § 147 IV 2
- Betriebsratswahl § 148 III 3 b)
- Einstellung § 155 III 1 a)

- Lage der Arbeitszeit § 153 III 2
- Stellenausschreibung § 155 I 1

Tendenzbetrieb § 145 I, § 145 III 2 b), § 165, § 174 II 4
- Anhörung des Betriebsrats § 155 IV 2
- Anwendbarkeit des Betriebsverfassungsrechts § 147 IV 6 a)
- Einordnung § 147 IV 6 a)
- Maßnahmentheorie § 147 IV 6 a)

Theorie der notwendigen Mitbestimmung § 151 I 6, § 153 I

Theorie der Wirksamkeitsvoraussetzung § 151 II 1, § 153 II 6

Torkontrolle § 153 III 1

Übergangsmandat § 155 IV 4
- Aufgaben des Betriebsrats § 148 IV 3
- Betriebsspaltung § 148 IV 3
- Eingliederung in einen anderen Betrieb § 148 IV 3
- Ende § 148 IV 3
- Entstehung § 148 IV 3
- Qualität § 148 IV 3
- Zusammensetzung des Betriebsrats § 148 IV 3

Überstunden
- Abbau § 153 III 3
- Anordnung § 153 III 3
- Vergütung § 153 III 3

Übertarifliche Zulage § 98 II 1 e), § 153 III 10

Überwachungseinrichtungen § 153 III 6

Umgruppierung § 155 III 1 b)
- Begriff § 155 III 1 b)
- Beteiligung des Betriebsrats § 155 III 1 b)
- Verstoß gegen Gesetze § 155 III 2 a)
- Zustimmungsverweigerung § 155 III 4
- Zustimmungsverweigerungsgründe § 155 III 2

Umsetzung § 155 III 1 c)

Unternehmen § 147 V 2 a)
- Begriff, betriebsverfassungsrechtlicher § 147 IV 1

Unternehmensleitung § 163

Unternehmensmitbestimmung § 143 III
- Einzelunternehmen § 163
- Historie § 144 II
- Integrationsmodell § 143 III
- juristische Personen § 163

- Personengesellschaften § 163
- Rechtsquellen § 143 III, § 163

Unternehmenssprecherausschuss § 157 III
- Errichtung § 158 IV
- Funktion § 158 IV
- Rechtsnatur § 158 IV
- Rechtsstellung der Mitglieder § 158 IV

Unternehmerische Entscheidung § 153 II 1, § 153 III 2
- Mitbestimmungsfreiheit § 143 IV, § 153 II 1
- Tarifautonomie § 105 I

Unterstützungsarbeitskampf
- (s. auch Sympathiearbeitskampf)
- Begriff § 114 III
- Zulässigkeit § 114 III

Unterstützungskasse § 153 III 8

Unterstützungsstreik
- Freidenspflicht § 114 III
- Verhältnismäßigkeitsgrundsatz § 114 III
- Zulässigkeit § 114 III

Urabstimmung § 116 I 1, § 116 II

Urlaub
- Begriff § 153 III 5
- Dauer § 153 III 5
- Lage § 153 III 5

Urlaubsplan § 153 III 5

Urteilsverfahren
- Abweichungen vom Zivilprozess § 176 IV
- Arbeitnehmerbegriff § 177 I
- Aut-aut-Fall § 177 I
- Beendigung § 178 V
- Beibringungsgrundsatz § 178 I
- Beschleunigungsgrundsatz § 178 I
- Beweisaufnahme § 178 IV
- Dispositionsmaxime § 178 I
- Et-et-Fall § 177 I
- Gerichtsstand § 177 I, § 177 II
- Güteverhandlung (s. dort)
- internationale Zuständigkeit § 177 III
- Kammertermin § 178 IV
- kollektives Arbeitsrecht § 177 I
- Kosten § 178 V
- örtliche Zuständigkeit § 177 II
- Parteifähigkeit § 177 V
- Postulationsfähigkeit § 177 V
- Präklusion § 178 IV

- Prorogation § 177 II
- Rechtsmittelbelehrung § 178 V
- Rechtsnachfolge § 177 I
- Rechtswegzuständigkeit § 177 I
- Sic-non-Fall § 177 I
- Streitwertfestsetzung § 178 V
- Verfahrensgestaltung § 178 I
- Verzögerung § 178 IV
- Zusammenhangsklage § 177 I
- Zuständigkeitsprüfung § 177 I

Urteilsverfahren, Klageerhebung
- Bruttolohnklage § 177 IV 1
- Entfristungsklage § 177 IV 5
- Form § 178 II
- Gestaltungsklage § 177 IV 6
- Klage auf Weiterbeschäftigung § 177 IV 6
- Klage auf Zeugnisberichtigung § 177 IV 6
- Klage auf Zeugniserteilung § 177 IV 6
- Nettolohnklage § 177 IV 1
- ordnungsgemäße § 177 IV
- Zustellung § 178 II

Verbandstarifvertrag § 95 V, § 96 I, § 101 I
- Begriff § 94 III 1

Verdienstsicherungsklausel § 98 II 1 e) cc)

Verhandlungspflicht § 105 VII, § 117 III 1

Vermögensbildung § 153 IV

Verrechnungsklausel § 98 II 1 e) ee)

Versammlung der leitenden Angestellten
- Beratungsfunktion § 158 II
- Beschlusswirkung § 158 II
- Einberufung § 158 II
- Entgeltfortzahlung § 158 II
- Informationsrecht § 158 II
- Kostentragung § 158 II
- Teilnahmerecht § 158 II
- Verschwiegenheitspflicht § 158 II

Versetzung § 155 III 1 c)
- Änderung der Arbeitsumstände § 155 III 1 c)
- Änderung der Arbeitszeit § 155 III 1 c)
- Arbeitsbereich § 155 III 1 c)
- Begriff § 155 1 c)

- Benachteiligung anderer Arbeitnehmer § 155 III 2 c)
- Benachteiligung betroffener Arbeitnehmer § 155 III 2 d)
- Beteiligung des Betriebsrats § 155 III 1 c)
- Betriebsratsmitglieder § 155 V
- Dauer § 155 III 1 c)
- Einverständnis des Arbeitnehmers § 150 III, § 155 III 2 d)
- Erheblichkeit § 155 III 1 c)
- Freistellung während der Kündigungsfrist § 155 III 1 c)
- kündigungsschutzrechtliches Mandat des Betriebsrats § 155 III 2 c)
- Verstoß gegen den Gleichbehandlungsgrundsatz § 155 III 2 d)
- Wechsel des Arbeitsortes § 155 III 1 c)
- Wechsel des Arbeitsplatzes § 155 III 1 c)
- Zustimmungsersetzungsverfahren § 155 III 2 c)
- Zustimmungsverweigerung § 155 III 4
- Zustimmungsverweigerungsgründe § 155 III 2

Vertragsstrafe § 152 I 9

Verweisung
- Arbeitsvertrag auf Tarifvertrag § 93, § 98 II 3 a), § 99 VII, § 101 III 4
- Auslegung § 99 VII 1
- Betriebsvereinbarung auf Tarifvertrag § 152 I 4 a)
- Blankettverweisung § 92, § 152 I 4 a)
- dynamische § 99 VII 1, § 99 VII 3, § 105 IV
- globale § 99 VII 1
- Inhaltskontrolle § 99 VII 4
- konkludente § 99 VII 1
- statische § 99 VII 1
- Tarifvertrag auf Gesetz § 104 VI
- Tarifwechsel § 99 VII 3
- Wirkung § 99 VII 2

Verwirkung § 98 II 3 b), § 177 IV 3

Verzicht
- Rechte aus einer Betriebsvereinbarung § 152 I 1 b)
- tarifliche Rechte § 98 II 3 a)

Wahlvorstand
- Aufstellung der Wählerliste § 148 III 2 b)
- Bestellung § 148 III 2 a)
- Bestellung im vereinfachten Verfahren § 148 III 5
- Feststellung des Wahlergebnisses § 148 III 2 b)
- Kündigungsschutz § 148 III 4
- Neutralitätspflicht § 148 III 1 b)
- Überprüfung der Wahlvorschläge § 148 III 2 b)
- Wahlausschreiben § 148 III 2 b)
- Zusammensetzung § 148 III 2 a)

Warnstreik § 117 III 1 b), § 125 II 1
- Begriff § 113 I 4
- Gerichtsbarkeit, zuständige § 134 I
- neue Beweglichkeit § 117 III 1 b)
- Ultima-Ratio-Grundsatz § 117 III 1 b)

Wechselstreik
- Begriff § 113 I 4

Wegfall der Geschäftsgrundlage
- Sozialplan § 156 II 4 e)

Wellenstreik § 125 II 1
- Begriff § 113 I 4
- Zulässigkeit § 119

Werkdienstwohnung § 153 III 9
Werkmietwohnung § 153 III 9
Wettbewerbsverbot
- (s. Nebentätigkeitsverbot)

Wiedereinstellungsanspruch § 95 II 1
- nach Arbeitskampf § 126

Wirtschaftliche Angelegenheiten § 156
- Beratung § 156 II 1
- Beteiligung bei Betriebsänderung § 156 II 1
- Beteiligung des Betriebsrats § 156 II
- Beteiligung des Wirtschaftsausschusses § 156 I
- Betriebsänderung § 156 II 1
- Betriebsspaltung § 156 II 1
- Betriebsstilllegung § 156 II 1
- Betriebsübergang § 156 II 1
- externer Berater § 156 II 2
- Gemeinschaftsbetrieb § 156 II 1
- Insolvenz des Unternehmens § 156 II 1
- Interessenausgleich § 156 II 3
- Sozialplan § 156 II 4
- Unterlassungsanspruch § 156 II 2
- Unternehmensgröße § 156 II 1
- Unterrichtungspflicht § 156 II 2
- Verlegung von Betrieben § 156 II 1
- wesentliche Nachteile § 156 II 1
- Zusammenschluss von Betrieben § 156 II 1

Wirtschaftsausschuss § 147 VI 3
- Amtszeit der Mitglieder § 156 I 3
- Aufgaben § 156 I 4
- ausländischer Betrieb § 156 I 2
- Beilegung von Meinungsstreitigkeiten § 156 I 5
- Beratung des Unternehmens § 156 I 4
- Beteiligung in wirtschaftlichen Angelegenheiten § 156 I
- Einigungsstellenverfahren § 156 I 5
- Errichtung § 156 I 2
- Funktion § 156 I 1
- Gemeinschaftsbetrieb § 156 I 2
- Geschäftsführung § 156 I 4
- Konzern § 156 I 2
- Kündigungsschutz der Mitglieder § 156 I 3
- Recht auf Vorlage erforderlicher Unterlagen § 156 I 4
- Rechtsstellung der Mitglieder § 156 I 3
- Sitzungen § 156 I 4
- Unterrichtungspflicht § 156 I 4
- Unterrichtungsrecht § 156 I 4
- Zusammensetzung § 156 I 3

Zeitakkord § 153 III 11
Zivilprozessrechtsreform § 181
- Auswirkungen auf die Arbeitsgerichtsbarkeit § 176 I
- Hinweispflicht § 178 I
- obligatorische Güteverhandlung § 176 IV